宋會要輯稿

3

劉琳　刁忠民　舒大剛　尹波等校點

上海古籍出版社

国家出版基金项目
NATIONAL PUBLICATION FOUNDATION

宋會要輯稿　禮二五

郊祀賞賜

【宋會要】

[1]國朝凡郊祀，每至禮成，頒賚群臣衣帶、鞍馬、器幣，下洎軍校繒帛有差。熙寧中，始詔編定，遂著爲式。凡郊祀賞賜：亞獻、三獻皇子加賜銀五百兩，孫、曾孫三百兩，玄孫二百兩。舊式：皇子充亞獻銀三千兩，帛三千匹，加襲衣、金帶、鞍勒馬。文武百官奉祠事，宰臣、樞密使一千五百兩，一千五百匹，銀鞍勒馬，銀重八十兩，樞密使不帶使相重七十兩。宰臣充大禮使，銀、絹各加五百。舊式二千兩、二千匹。親王二千兩，二千匹，銀鞍勒馬。舊式如今數。充開封尹即三千兩、三千匹。使相並同宰臣，外任銀、絹減半，皇親準在京數。知樞密院事、三師、三公、參知政事、樞密副使、同知樞密院事、簽書同簽書樞密院事、宣徽南北院使〔一〕千兩，千匹，銀鞍勒馬如樞密使。宣徽使外任銀、絹減半。舊式：三師、三公二百兩、二百匹，參知、樞副一千五百兩、一千五百匹。東宮三師、三少、僕射、觀文殿大學士七百五十兩，七百五十匹。舊式，東宮三師如三公。三司使三百五十兩，三百五十匹，銀鞍勒馬，重五十兩。權使公事、權發遣使公事同。舊式：使、三部使，並五百兩、五百匹。副使百兩，百匹。權副使、權發遣理資序同。舊式百五十兩、百五十匹。學士、尚書一百五十兩，一百五十匹。舊（制）〔式〕二百兩、二百匹。閣直學士、丞郎、給事中百兩，百匹。自學士已下充四使者，銀、絹各加五十。舊式：丞郎百五十兩、百五十匹，給事中百兩〔二〕、百匹，直學士百五十兩、百五十匹。諫議大夫、舍人、知制誥、待制四十兩，四十匹。內充四使者，銀、絹各加十。舊式五十兩、五十匹，內充四使者加賜金帶，亦有特賜者。待制減十兩、十匹。天聖四年加，後復減如常數。常侍、賓客銀、絹同待制。已上並襲衣、腰帶，其帶金、犀，魚袋隨所佩服。金帶觀文殿學士已上二十五兩，內笏頭者加魚袋二兩五錢，餘二十兩。太常卿至正言二十兩，二十匹。舊式太常卿如丞郎，宗正卿至正言如今數。太常博士至朝官十兩，十匹。舊式太博至五官正如今數，內監察御史、著作郎二十匹〔三〕，後減。京官五兩，五匹。舊式各寺監丞已上十兩、十匹，後減如今數。幕職州縣官五兩，五匹。舊式充校勘、直講、教授、刑法直官、開封府曹官，乃如今數。節[2]度使七百五十兩，七百五十匹，銀鞍勒馬。舊式千兩、千匹，上將軍二百兩、二百匹。留後六百兩，六百匹，餘同節度使。舊式五百兩、五百匹。觀察使三百五十兩，三百五十匹。自節度使已下並加襲衣，金帶二十兩。舊式同留後。防禦使二百五十兩，二百五十匹。舊式三百兩、三百匹。團練使一百五十兩，一百五十匹。舊式二百兩、二百匹，遙領者五十兩、五十匹。刺史百兩，百匹。已上並加襲衣，金帶十五兩。舊式刺史比團練使遞減一等，遙領者五十兩、五十匹。皇親上將軍、節度使千兩，千匹。舊式皇子上將軍如今數。留後七百兩，五百匹。舊式，若充二獻官，加三百兩。觀察使、防禦使五百兩，五百匹。團練使

〔一〕使：原作「事」，據原稿禮二五之二八複文改（按，此部分複文今已删去，參見禮二五之二七校記）。
〔二〕自「五十舊式」至「給事中」：原脱，據原稿禮二五之二八至二九複文補。
〔三〕匹：原作「四」，據原稿禮二五之二九複文改。

五百兩，五百匹。刺史三百兩，三百匹。皇親自刺史已上，並加銀鞍勒馬，上將軍、節度使七十兩，留後已下五十兩。大將軍二百兩，二百匹。遥領防、團者，同正刺史。遥領刺史者二百五十兩，二百五十匹。舊式五百兩、五百匹，後減。領團練使各三百，領刺史各二百，不遥領者如今數。將軍百五十兩，百五十匹。皇親自將軍已上並加襲衣、金帶。上將軍已上二十五兩，節度使至刺史二十兩，遥郡至將軍十五兩。舊式二百兩、二百匹，已減如今數。率府率、副率率百兩、百匹，副率五十兩、五十匹。諸司使至殿直舊式：使百兩、五十匹，領刺史者加襲衣、金帶，副使五十兩、五十匹，承制四十兩、四十匹，崇班三十兩、四十匹，供奉官三十兩、二十匹〔一〕，侍禁十兩、二十匹，殿直十兩、十匹。駙馬都尉、觀察、防團、刺史、將軍三百五十兩，三百五十匹，銀鞍勒七十兩，並加襲衣、馬。内觀察使金帶二十兩，防禦已下十五兩，兩使留後已上自從本官。樞密都承旨、副都承旨五十兩，五十匹，舊式都承旨百兩、百匹。副都承旨五十兩、四十匹，舊式百兩、百匹。横行使、東班昭宣使已上四十兩，四十匹。舊式：内客省使已下横班諸司使百兩、百匹，不掌事横班諸司使減半。横行副使三十兩，三十匹。舊式五十兩、五十匹，不掌事者如今數。兩省都知、押班、帶御器械諸司使副〔二〕四十兩，四十匹，窄四(揆)〔褛〕，金束帶十五兩。舊式：都知、押班、諸司使充行宫使及青城至郊壇巡檢，同押儀仗、管勾應奉物色、提點酒食、管勾大内，百兩、百匹；都知、押班不掌事者加五十兩〔三〕；襲衣，金帶。帶御器械諸司使，五十兩、五十匹，副使五十兩、三十匹，承制三十兩、二十匹。自内客省已下，仍加襲衣、金帶；自帶御器械諸司使已下，加窄袍、金束帶。大將軍諸司使四十 3 兩，四十匹。不掌事者銀減半，絹減十匹。大將軍如勾當金吾引駕仗者，銀、絹各加七十五。舊式：統軍大將軍三十兩、三十匹，諸司使儀仗内押當及乘珂馬，五十兩、五十匹，不掌事減三十兩、二十匹。將軍諸司副使二十兩，三十匹。不勾當事減十匹。舊式，將軍乘珂馬者五十兩、五十匹，判金吾者四十兩、四十匹，副使儀仗内押當及乘珂馬二十兩、三十匹，不掌事減十匹。樞密院諸房副承旨四十兩，四十匹，逐房副承旨減十兩、十匹。舊式，逐房副承旨如今數。閤門通事舍人二十兩，二十五匹，不掌事者減五兩、五匹。自都承旨已下至通事舍人，如充行宫使、青城至郊壇已來巡檢，及同押儀仗、駕前編排臣僚，及御營四面巡檢、都大管勾大内公事，樞密都承旨已下至諸司使，賜七十五兩、七十五匹。都大提舉管勾南郊一行公事，賜百兩、百匹。副使充者五十兩、五十匹。並加襲衣、金帶，重十五兩。即官序支賜本應多者，自從多給。舊式：五十兩、五十匹，不掌事二十兩、二十匹。凡今所載加襲衣〔四〕、金帶，舊式並同加金束帶者，前後異例。内殿承制二十兩，二十匹。帶閤門祗候者同。不勾當事減十兩。舊式二十兩、二十匹，乘珂馬加五匹，不掌事減十兩。崇班、内常侍十兩，二十匹，不勾當事減十匹。舊式崇班十兩、二十匹，乘珂馬加十兩，不掌事減十匹。内常侍十兩、十匹。新定承制、崇班、帶閤門祗候充駕前編排及青城至郊壇四面巡檢等，三十兩、三十匹，窄衣，金束帶十五兩。閤門祗候崇班、供奉官並同崇班掌事者，殿直、侍禁並同崇班不掌事者。舊式：崇班、供奉充者二十兩、二十匹，侍禁、殿直充者十兩、十匹，乘珂馬者加十匹。供奉官至借職供奉官五兩、十匹，侍禁、殿直五兩〔五〕、五匹，奉職、借職三兩、三匹。已上内大使臣絞縛青城，銀、絹各加十，三班使臣各加五，勾當八作司、監修雅飾橋梁道路各加五。攝統軍各二十兩、二十匹。新定八作司文臣朝官比大使臣，京官以下比三班使臣。舊式：三班使臣充諸雜勾當、監當在京庫務及庫務門，

〔一〕二十匹：原稿禮二五之三〇複文作「三十匹」。

〔二〕使副：原作「副使」，據原稿禮二五之三一複文乙。

〔三〕加：疑當作「減」。

〔四〕凡：原作「自」，據原稿禮二五之三二複文改。

〔五〕殿直：原作「乘直」，據原稿禮二五之三二複文改。

十兩至二兩、十匹至二匹凡六等。內侍兩省使臣夾侍、扶侍、聽宣及當閤分供奉官、殿頭高品、高班，并掛御衣供奉官以下至黃門，十兩、二十匹。前省掛御衣同後省掛御衣例。諸雜勾當諸雜勾當并道場及隨駕帶甲等供奉官、殿頭、高品、高班，十兩、十匹。帶器械、帶甲、擡寶、管勾諸閤分當從物諸雜差使〔一〕，黃門至後苑散內品，五兩、十匹。前省諸雜勾當除不管道場外，並同。其隨駕帶甲等供奉官、殿頭、高品、高班，並十兩、十匹。帶器械、帶甲諸雜差使、寄班黃門、小黃門，五兩、十匹。在內及諸處守宿兩省供奉官、殿頭，五 4 兩、十匹。高品、高班，五兩、五匹。後省黃門、祗候、殿頭已下至後苑散內品，前省黃門、小黃門、祗候、高品已下至後苑散內品，三兩、三匹。後省祗候、殿頭已上在內守宿者，加賜二〔匹〕〔兩〕、二匹。昇壇入室等後省昇壇、入室、捲簾、執扇等，進食門帶器械祗候，殿頭至後苑散內品，前省昇壇、入室、捲簾、執扇等及將擎禮衣等祗應，并諸雜差使祗候，高品已下至後苑散內品，並五兩、五匹。諸監皇城門、權監門監西華兼宣德、東華、左右掖、拱宸門，兩省供奉官、殿頭、高品、高班，並十兩、十匹。黃門並減五兩。前省祗候、高品已下至後苑散內品，銀、絹各減半。勾當絞縛青城兩省供奉官二十兩、二十匹，殿頭減十兩，高品、高班減十兩、五匹。後省黃門、前省黃門寄班并祗候、高品已下至後苑散內品，并十兩、十匹。在京監當任使後省供奉官、殿頭，前省供奉官、殿頭、高品，各五兩、十匹。後省高品、前高班，五兩、五〔品〕〔匹〕。前省高班、黃門，三兩、十匹。後省黃門，三兩、三匹。祗候、殿頭至後苑散內品，二兩、二匹。前省祗候、高班已下至後苑散內品，三兩、三匹。舊式：內臣侍聽宣、當閤及諸勾當，十兩至二兩、二十匹至二匹，凡六等。內品監當在京庫務及庫務門，如三班使臣例。三班差使、借職權代殿侍在內守宿錢五貫。管軍殿前都指揮使、副都指揮使並同使相。侍衛親軍馬軍步軍都指揮使、副都指揮使節度使並同殿前，內絹減五百匹〔二〕，餘金帶減五兩，銀鞍〔勒〕減十兩。殿前侍衛親軍馬步軍都虞候〔三〕千兩，千匹，金帶二十兩，銀鞍勒七十兩。內防禦使帶減五兩，絹減五百匹。舊式：管軍都虞候已上節度使千五百兩、千五百匹，留後、觀察千五百兩、千匹，防禦千兩、五百匹。捧日天武龍神衛四廂都指揮使三百兩、三百匹。團練使減百匹。金帶十五兩，銀鞍勒五十兩。舊式並三百兩，並三百匹。捧日天武龍神衛四廂指揮使二百兩，二百匹，金帶十五兩，銀鞍勒五十兩。已上並加襲衣、馬。殿前指揮使、都虞候五十兩，百匹，窄紫羅旋襴，金束帶十五兩〔四〕。馬步軍都軍頭、副都軍頭、馬軍都軍頭、副都軍頭、步軍都軍頭、副都軍頭窄衣一襲，銀帶重十五兩。內馬步軍都軍頭帶遙郡者，改賜金束帶十五兩。軍都指揮使〔五〕、御龍諸直都虞候充夾〔輅〕〔輅陪〕乘及仗內大將軍、將軍押隊〔六〕百兩，百匹，窄衣，金束帶十五兩。5 諸班都虞候窄紫羅旋襴，金束帶一十五兩。在京諸軍軍頭、指揮使同諸班都虞候。不帶遙郡者銀帶二十兩。自都軍頭已下，盡從本額賜錢。管軍自廂都指揮使已上，在外亦給。馬步軍都軍頭領團練使錢百五十千。軍頭、指揮使、馬步軍都軍頭百千。副都軍頭領刺史百千，不領郡九十千。馬軍、步軍都軍頭八十千。副都軍頭七十五千。殿前諸班直〔七〕

〔一〕雜：原脱，據原稿禮二五之三三複文補。

〔二〕「五」下原衍「十」字，據原稿禮二五之三四複文删。

〔三〕衛：原作「御」，據原稿禮二五之三四複文改。

〔四〕帶：原作「帛」，據原稿禮二五之三四複文改。

〔五〕軍都：原作「軍頭」，據原稿禮二五之三四複文改。下文同。

〔六〕將軍：原脱，據原稿禮二五之三四複文補。

〔七〕班直：原作「殿直」，據原稿禮二五之三五複文改。按「殿前諸班直」即《宋史》卷一八七《兵志》一所載殿前司諸班、諸直。

殿前指揮使、内殿直、散員、散指揮〔一〕、散都頭、散祗候〔二〕、金槍班、東西班、招箭班、散直、鈞容直、新立内員僚直、御龍直〔三〕、御龍骨朶子直、御龍弓箭直、御龍弩直、下茶酒班。都虞候遥領郡，東西班不披帶，年小守内、不守内，自百千至五千凡十七等。舊式有外殿直〔四〕，凡十八等。捧日錕直至龍神衛〔五〕，捧日錕直、左射、捧日寬衣、天武錕直、天武左射、天武第五軍、在京員僚直、龍衛錕直、龍衛左射、龍衛、神衛。自捧日第五軍副指揮使至長行，六十千至二十千，凡四等。舊式有捧日弩手、天武第五軍、在京員僚、神衛水軍，軍都指揮使至長行，自百千至二十千凡八等。拱聖左射至奉節拱聖左射、上神勇、神勇、驍騎、弩手、上驍騎、驍騎、上龍猛、北面員僚直、驍捷、新立驍捷、雲騎、武騎、宣武、上虎翼、殿前步軍司虎翼、虎翼水軍、步武上奉節、奉節。都指揮使遥領郡至長行，自百千至十五千，凡十等。舊式有馬直、步直凡十五等。在京吐渾小底并咸平縣契丹直都指揮使至長行，自八十千至十五千凡七等。歸明渤海至步門歸明渤海、揀中龍衛、新立揀中龍衛、神衛、驍猛、神騎、驍雄，歸明神武、雄武、弩手、新立弩手、牀子弩雄武、飛山雄武、雄勇、雄威、廣勇、步門。都指揮使至長行，自七十千至十五千，凡七等。捧日天武第七軍至定州禁軍散員捧日天武第七軍、捧日龍衛神衛第十軍、軍頭司散員、歸明驍騎、揀中武騎、雄武、効順、殿前司廣德、忠猛、定州禁軍散員。都指揮使至長行，自六十千至十三千凡七等。舊式有揀中驍捷、神衛第九軍、飛虎，數同。揀中雄武至就糧威果揀中雄武、雄勇、廣德、清朔、擒戎、慶渭州員僚直、許州員僚剩員直、龍騎、効忠、新立川 6 効忠、雄勝、歸聖、廣備、飛猛、驍勝、寧朔、衛聖、威虎、曹州員僚剩員直、勇門、宣毅、岢嵐軍宣毅牀子弩砲手、淮南等路就糧威果。都指揮使至長行，自六十千至十千，凡七等。舊式有揀中歸明雄武、神射、懷勇、順勝、無勇門、宣毅牀子弩砲手、就糧威果，數同。驍鋭、廣捷指揮使至長行，自四十千至八千，凡五等。舊式鋭捷、廣捷數同。廣鋭至相州禁軍廳子廣鋭、驍武〔六〕、武衛、禁軍弩手、勁勇、飛捷、騎捷、雲翼、驍駿、上威猛、禁軍有馬勁勇、神鋭、相州禁軍廳子。都虞候至長行，五十千至七千，凡六等。天武龍神衛剩員至延州青澗天武、龍衛、神衛、日騎巡檢龍衛、檢中神衛、歸明神衛、剩員新立神衛、帶甲剩員、新立雄勇上下第一、川忠節、川橋道、雲捷、克勝、武清、神威、衛州、川員僚直、勇捷、威武、静戎弩手、平塞弩手、强猛、壯勇、忠節、横道、横塞，河北關西振武，保、寧、環、慶、原、渭、延、秦州、鎮戎、保安軍禁軍蕃落，慶州禁軍安(寨)〔塞〕，延州禁軍捉生，府州威遠，麟州飛騎，定州新立禁軍廳子馬，河北新立禁軍無敵、招收，太原府新立禁軍克戎，儀州新立禁軍蕃落，登州禁軍澄海水軍弩手，江淮東西、荆湖南北諸州軍就糧禁軍，教閲忠節，延州青澗。都虞候至長行，自五十千至七千，凡七等。新定龍衛帶甲剩員，五十千至七千七等〔七〕。雲騎帶甲剩員指揮使至長行，二十千至五千凡七等。舊式有龍衛帶甲剩員、威寧、强猛，無府州威遠至延州青澗，數同。神虎至廣南東西路有馬雄略神虎、下威猛、武嚴、宣効、雄略、保捷、忠勇、揀中宣効、寧遠、清邊弩手、制勝、河東新立禁軍建安、陝西禁軍定功、太原府騎射、登州平海、廣南東西路有馬雄略。都虞候至長行，五十五千

〔一〕散指揮：原脱「散」字，據原稿禮二五之三五複文及《宋史》卷一八七補。
〔二〕散祗候：原脱「散」字，據原稿禮二五之三五複文及《宋史》卷一八七補。
〔三〕御龍直：原脱，據原稿禮二五之三五複文及《宋史》卷一八七補。
〔四〕外殿直：原作「殿外直」，據原稿禮二五之三五複文及《宋史》卷一八七乙。
〔五〕錕：原作「掘」，據原稿禮二五之三五複文及《宋史》卷一八七改。
〔六〕驍：原作「鐃」，據原稿禮二五之三六複文改。
〔七〕七等：原脱「七」字，據原稿禮二五之三七複文補。

至六千，凡七等。舊式無清邊弩手至有馬雄略，都指揮使至長行，自三十千至六千凡五等〔一〕。揀中看倉草場神衛剩員并在京看倉草場剩員，都虞候至長行，四十千至五千，凡六等。舊式有看船神衛剩員，數同。歸明羽林牽攏至歸恩赦罪歸明羽林牽攏、許壽州契丹直、太原府代潞州吐渾安慶直、太原府感聖、夏州揀中廳子馬、在穀熟就糧來化、歸遠、雍丘雄武歸恩赦罪。都指揮使至長行，五十千至五千，凡七等。舊式有三部落，數同。新立廣鋭帶甲剩員至西京奉 7 園，新立廣鋭、神鋭帶甲剩員，新立吐渾剩員直，永安奉先用〔二〕、揀中懷愛、萬捷、馬步軍清塞、揀中教駿、平塞、六軍教駿、備軍、懷順、帶甲龍騎剩員、平塞、効恩、六軍搭材〔三〕、六軍開封府軍都、西京奉園。馬步軍都指揮使至牢城都指揮使，并教駿、六軍搭材都虞候，自五十千至三十五千，凡四等。又自指揮使并廂虞候至長行，自三十千至五千，凡五等。舊式兼効忠有驍捷、武騎帶甲剩員，無効恩、西京奉園，自指揮使三十千至五千凡五等，餘數同。左右金吾巡檢軍指揮使至長行，十千至四千凡三等。驍捷剩員至六軍開封府軍都諸處借事者，驍捷剩員、懷恩、懷愛、新立河清借事、諸處新招雄勇、騎射、功役廂軍、六軍開封府軍都諸處借事者。指揮使至長行，十千至三千凡三等。舊式有牽船、懷愛、揀中窑務，數同。廣捷剩員至懷順剩員，廣捷、常寧、雄勝、効順、懷順。指揮使至長行差出在營，自十千至二千凡四等。新立騎御馬小底指揮使至長行并借事，自四十千至五千凡六等。舊式指揮使至長行，四十千至十五千凡五等。御營喝探軍使至長行，自七千至五千凡三等。八作司至宮觀厨子指揮，八作司造船務作坊、弓弩院事材場、八作司事材場、廣德雜役、効節、効役，造船務雜役，萬壽觀、景靈宫、集禧觀、醴泉觀雜役厨子。都虞候至長行工匠，自二十千至三千凡六等。舊式有看舡廣德、玉清昭應宫，無萬壽觀，數同。店宅務雜役至八作司壯役，店宅修竹本提兼修倉〔四〕、提點修造司雜役、街道八作司壯役。指揮使至長行，自六千至二千凡五等。舊式無街道八作司壯役，數同。太原府就糧、岢嵐軍克戎指揮使至長行，自十千至五千凡三等。新置軍頭司散指揮使至副兵馬使、副都頭，自二十五千至十千凡四等。軍頭司强壯副指揮使至都頭〔五〕、副都頭，自六千至五千凡二等。殿 8 前司軍頭司承局、副兵馬使五千。延州塞門寨捉生指揮使至長行〔六〕，自七千至三千凡三等。諸軍看營剩員指揮使至副都頭，自十千至七千凡二等〔七〕。諸軍馱甲、鈞容直排樂、殿前馬步軍諸司承局，各三千。權管諸軍三班使臣，各依本軍指揮使例支給。諸班直兼管諸軍，各依權管例與本職名例，從多支給。諸班直充河東〔八〕、河北諸處忠烈、宣勇權官及權員僚，并捧日、天武已下指揮

〔一〕三十千：原作「三十年」，據原稿禮二五之三七複文改。
〔二〕用：疑當作「園」，《宋史》卷一八七《兵志》一有「奉先園」，蓋守陵之兵。
〔三〕材：原作「村」，據原稿禮二五之三七複文改。
〔四〕店宅修竹本提兼修倉：語意不明，似應作「店宅務竹木提點修倉」。
〔五〕强壯：原作「壯强」，據原稿禮二五之三九複文乙。《宋史》卷一八七《兵志》一有「强壯軍員」，當即此。
〔六〕捉：原作「促」，據原稿禮二五之三九複文改。
〔七〕二等：原稿禮二五之三九複文作「三等」，當是。
〔八〕「班」下原衍「殿」字，據原稿禮二五之三九複文刪。

使、副使、員僚差充川陝諸州馬步軍都指揮使、副都指揮使者，並依在京本軍班支賜。諸道本城員僚、兵士：諸州本城兵士，晉、絳、慈、隰、澤、潞州等處揀中廂軍，及晉、隰州揀中保節，（潭）〔澤〕州等處揀中宣節，廣州等處教閱澄海，廣南忠敢，河北、河東、陝西保節，淮南教閱壯武，江南教閱武雄，荆湖路教閱静江，兩浙教閱崇節，福建教閱保節，京東教閱忠果。節鎮馬步軍都指揮使遥領郡至長行，不帶甲牢城兵士，自二十千至二千凡八等；防、團、刺史州軍都指揮使至長行，自十三千至二千凡六等。舊式無秦州定功及淮南教閱壯武至京東教閱忠果，節鎮自二十千至二千凡七等，餘數同。澧、復、郢州就糧剩員并永城諸處剩員，及諸處本城剩員，指揮使至長行不帶甲，自七千至二千凡五等。舊式同，無郢州。沿河東北面諸處勁勇等至保州散員指揮使、員僚，勁勇、招收、捉生、報冤、慈州就糧招收及景跡、歸化、定塞，廣信、安肅軍、保州散員指揮使、員僚。都指揮使至長行，自十千至二千凡五等。在京排岸司管轄水軍，奉化并廣牧及開封府界遞鋪，指揮使至長行，自七千至二千凡四等。軍器三庫至諸州馬監，軍器三庫軍器什物庫、揀選衣甲器械庫，弓箭庫，左右騏驥院天駟監、天厩坊，天坰監，并諸州牧龍坊、養馬務，洺州廣平 9 監，相州安陽監，衛州淇水監，管城原武監，澶州鎮寧監，（軍）大名府大名監，白馬靈昌監，同州沙苑監，西京洛陽監，鄆州東平監，單鎮新置馬監，北京元城監，定州定武監，真定府真定監，高陽關高陽監，太原府太原監。指（指）〔揮〕使至長行工匠，七千至二千凡五等。舊式無原武監至太原監〔一〕，數同。歸化至揀充本指揮剩員，歸化、新立歸化、順化，新立順化剩員、年老順化并歸化揀充本指揮剩員。指揮使至長行，十千至二千凡六等。廣固指揮使至剩員，自七千至一千凡五等。川陝武寧指揮使至長行，自二十千至四千凡五等。諸路不教閱廂軍，京東奉化、京西壯武〔二〕、河東旌猛、河北崇勝、淮南寧淮、兩浙雄節、江南効勇、荆湖宣節、福建保節、廣南清化、川峽克寧〔三〕、陝西保寧。指揮使至長行，自七千至二千凡三等。廣濟并新招水軍河清兵士，及在京排岸司裝卸軍，都虞候至長行，自七千至二千凡五等。諸州忠烈至新立逐州宣武，諸州忠烈、宣勇、廳直、散員僚直，并真定府、趙、懷、衛州〔四〕、大名府忠烈、宣勇内（陳）〔揀〕新立逐州宣武。都虞候至長行，自八千至二千凡六等。西京、商、虢、汝州採造務至河陰窑務，西京，商、虢、汝州採造務開山員僚、兵士，并諸州採造務、柴炭務採斫，造船務裝發軍、推車軍，并三門務門匠、西京河陰窑務。指揮使至長行，自四千至一千凡四等。高陽關忠順指揮使至長行，自四千至一千凡四等。饒、池、江、建、邛、嘉、梓、雅、興州鑄錢監，指揮使至長行，自五千至二千凡四等。兖州景靈宮太極觀雜役指揮使至長行，自十千至三千凡三等〔五〕。諸營曹司虞候、獸醫剩員、蚪子、門子等〔六〕，各一千。自歸化至此，舊式數同。陝西沿邊等處守把防托功役、弓箭手、保毅軍寨户、極邊鄜延、環慶兩路，并鎮戎軍及原州

〔一〕原武：原作「原城」，據上文改。
〔二〕壯：原作「莊」，據原稿禮二五之四〇複文改。
〔三〕峽：原作「陜」，據原稿禮二五之四〇複文改。
〔四〕州：原缺，據原稿禮二五之四一複文補。
〔五〕三等：原稿禮二五之四一複文作「五等」，當是。
〔六〕「門」下原重「門」字，據原稿禮二五之四一複文删。

柳泉鎮、西壕、新門、平安等四寨，渭州德順軍〔一〕、隆德、静邊、得勝、水洛等五城寨，秦州極邊諸寨。新定熙河弓箭[10]手同此。軍都指揮使至長行，自四千至三百文凡七等；稍次近裹原州諸縣及新城、開邊、截原等三寨，渭州潘原縣安國、耀武、定川、瓦亭、新寨等五寨，秦州稍次近裹城寨依此例。若非次勾抽極邊使唤，即依極邊本例支給。其秦州下番保毅不支。軍都指揮使至長行，自三千至二百五十文凡七等；近裹地分涇、儀等州。若非次勾抽在極邊或稍次近裹使唤，即依本例支給。軍都指揮使至長行，自二千至二百文凡七等。陝西沿邊防秋，見今上番義勇，軍都指揮使至長行，自四千至三百文凡七等。堂後官兼提點五房公事二十五兩，二十五匹。堂後官十五兩，十五匹。中書職事主事十匹、十兩，禮房録事、主書、守當官各十匹，祗應大禮使司者自從本司例支。守闕五匹，私名二匹。專行大禮文字録事、主書、守當官各十匹、五兩，守闕五匹，私名二匹。大禮使司堂後官加賜十匹、五兩，主事加賜五匹、五兩〔二〕，録事十匹、十五兩，主書十五匹〔三〕、十兩，崇文院孔目官十五匹、十兩，編修院書庫官十匹、十兩，書表司十匹、十兩。樞密院職掌主事并守闕各十匹、十兩，禮房主行南郊司令史、書令史各十匹，新定加五兩。正名貼房五匹，守闕貼房、私名貼房各三匹。三司置司行遣排辦職級前後行，共錢二百千。新定留一百七十三貫充支，以二十七貫充將作監押司官等。提點閤門承受殿直已上五十兩，供奉官已上加二十匹，本色、色衣三件。閤門承受十一人，共絹二十匹。行首銀四十兩，加緑袍衣服。又定承受七人共二十匹。舊式除行首，並如今數。御史臺引贊至知班共絹二十匹。太常禮院抽差出職禮直官六十，太常禮院禮直官至歸司禮生，五十匹至十匹有差。舊式，太常禮直官并寺監職掌、金吾勘箭官，皇城司勘契、聲贊親事官，六軍司、鹵簿儀仗司職掌，騏驥院、教坊部轄〔四〕、色長、二舞教頭，自五十匹至一匹凡八等。前御書院御書祗候至庫子，自二匹、八百文至錢二千爲差。前行加旋襴。凡加衣服，仍隨本色。御藥院自藥童副指揮使至裹幞頭子祗應，自二兩、五[11]匹至二匹、二千爲差。除押司官已下及供御造裹人，並加旋襴。翰林醫官院手分一匹、一千。加旋襴。翰林圖畫院祗候至滌除，自二千至一千、一匹爲差。庫子加旋襴，滌除加旋襴、綿褌、頭巾、麻鞋。大宗正司勾押官至前後行，自二兩一千至一兩一千凡二等。並加旋襴。兩內侍省前後行至貼司，自二匹至一千爲差。皇城司親從指揮使至長行，自十匹、十千至三匹、四千凡六等。都下都頭至營門子，自五匹、五千至一匹、一千凡五等。親事官指揮使至軍醫人，自十匹、十千至一匹、一千凡十一等。入內院子指揮使至營門子，自十匹、十千至一匹、一千凡九等。本司勾押押司官至贊聲親事官，自二兩一千至二匹爲差。勾押至守闕曹司，並加旋襴。行宮司押司官至貼司，自六匹至五千凡三等。除貼司，並加旋襴。御前忠佐軍頭引見司勾押官至軍醫人，自三匹、三千至二匹、二千凡三等。內東門司押司官至曹司，自三匹、二千至一匹、二千凡三等。除曹司，並加旋襴。入內內侍省合同憑由司前後行各二兩一千。加旋襴。都大提舉管勾

〔一〕州：原作「川」，據原稿禮二五之四一複文改。
〔二〕五兩：「五」字原作「兩」字之殘筆，據原稿禮二五之四二複文改。
〔三〕書：原作「事」，據原稿禮二五之四二複文改。
〔四〕坊：原作「切」，據原稿禮二五之四三複文改。轄：原作「書」，據下文改。

所勾押官至守闕前行，自十四至五匹凡三等。都大管勾大内公事所押司官至貼司，自七匹至五千凡四等。提點管勾頓遞所後行五匹。 諸司人：騏驥院教馬官差赴太僕寺祗應〔一〕，六軍儀仗司排仗通直官〔二〕，教坊二舞部轄、色長差赴太常寺祗應，太常寺修製專知官都知等，各五匹。六軍儀仗司排仗大將，太常寺掌祭酒都知，儀仗使司發勾官行遣手分〔三〕、催驅職掌，教坊二舞教頭差赴太常祗應，各三匹。六軍儀仗司喝探頭節級〔四〕，太常寺兩局令丞、正副院官録事，排列引樂官都知，登歌(官)〔宮〕架色長，供官職掌，府典史、副知，驅使官，鹵簿、橋道頓遞 12 使行遣手分，太僕寺中書省職掌，各二匹。司天監尅擇官、禮生，天文院節級，鐘鼓院挈壺正、節級、直官，測驗渾儀所節級、監生、學生，翰林天文院節級、監生、學生、禮生，太常寺修製副知，各二千。 左右街司職掌，排列官節級長行，左右金吾仗司職掌，引車駕排列官都押衙、十將、副將、節級長行，太常寺諸色樂工，引文武舞郎，教坊差赴太僕寺祗應，羊車下童子，司天監天文鐘鼓院監生、學生、守闕學生，各一千。文思院金明池雜役，綾錦院、駝坊、東西窑務、軍營致遠務、四園苑、牛羊司、作坊料物庫、西内染院，右都虞候至押司官，自五兩五千至一兩一千凡五等； 軍頭至軍醫雜役各一千，内西窑務小分五百文。 中書、樞密(使)〔院〕、宣徽院大程官，内酒坊都頭、副都頭，羣牧司、左右騏驥院、裁造院、弓弩院、内香藥、外物料庫、軍器、什物、鞍轡、尚衣、祗候、内藏左藏、南北内弓箭庫、内酒坊、軍器、衣甲、弓槍弩劍箭庫、左右天廄坊、左右天駟監、管勾往來國信所、編押添修弓弩所、專管拆剥變轉不堪弓弩所、專一監造弩樁所專副、勾押、押司官，東西作坊專副、勾押官，各二兩一千。 布庫、雜庫等下界，都茶庫、油醋庫、皮角庫、皮場、大通咸豐門、東西水磨務、雜買務、東西八作司事材場、竹木務、宣德門、太廟南郊家事庫、南郊板木庫、雜物庫上界，修内司在京都大管勾街道司，右專副至杖直庫子節級等，自一兩一千至一千凡二等。 内香藥庫、内外物料庫、鞍轡庫、尚衣庫、祗候庫、太廟祭器庫、内藏庫、左藏庫、南北庫、内酒坊，自十將至杖直； 左右騏驥院、弓弩院、軍器、衣甲、弓槍弩劍箭庫、軍器什物庫、左右天廄坊、左右天駟監，自前後行剩員至押營〔五〕； 東西作坊押司官至虞候； 管勾往來國信所、編揀添修弓弩所、專管拆剥變轉不堪弓弩所、專一監造弩樁所前後行、手分、學士院院子； 都大提點内弓箭、軍器等

〔一〕按，原稿自此句至下文「各三千」一大段，凡受賜人員及所在官署均作小字，而「各五匹」、「各三匹」等受賜數目及單位則作大字，以致文意不明。今皆改爲大字。

〔二〕排仗：原脱「仗」字，據原稿禮二五之四四複文補。

〔三〕手分：原作「手手」，據原稿禮二五之四四複文改。

〔四〕喝探：原作「喝採」，據《宋史》卷一八七《兵志》一改。按宋代禁軍有「御營喝探」，遇皇帝出行或大典禮，兵士不停喝叫，以爲警戒，稱爲「喝探」。其「喝探」之法見《東京夢華録》卷一〇。

〔五〕至：原作「在」，據原稿禮二五之四五複文改。

庫所押司官、前後行〔一〕，羣牧司前後〔行〕、通引官、虞候，提點在京西園苑司手分，集禧觀法從庫前後行手分、庫子，醴泉觀前後行，宜春苑隨龍養老副指揮使，鈐轄，鈞容直所曹司，各一兩一千。崇政殿御弓箭庫曹司，慈孝(司)〔寺〕專副，各一匹、一千。都監院兵士，各一千。(水)〔冰〕井務兵士，各三千。舊式：諸司于南郊事有供應，自都虞候至諸司庫務專副押司官職掌，自五千五兩至一兩一千凡七等。八作司專知勾押官、尚衣庫衹候至諸門長行工匠雜役，自二千至一千凡三等。羣牧司、牧養監、賣馬務指揮使至長行，自二兩三千至一兩一千凡四等。中書、樞密、宣徽院大程官，都頭至長行，自二兩一 13 千至一兩一千凡二等。司天職掌、禮生供官并進牌直官及羊車童子、節級，金吾衙司、太常、教坊、少府雜供應職掌，自二千至一千凡六等。御輦院都虞候至知糧曹司，自十匹、(至)十五千至一匹、一千。車子院十將、將虞候，自二匹、一千至一千爲差。除曹司，並加旋欄。新定車子軍(使)〔馬〕使三匹、四千，副兵馬使三匹、三千。裁造院額外副指揮使至副都頭，自二兩二千至一兩二千凡二等。儀鸞司指揮使至小分看城壕，自七匹、七千至一匹、一千凡七等〔二〕。各加旋欄。翰林司指揮使至長行，自七匹、七千至一匹、一千凡七等。專副勾押官二匹、二千，各加旋欄。御廚指揮使至雜役兵士，自七匹、十千至一匹、一千凡六等。專副勾押官、前後行，各二匹、三千，各加旋欄。法酒庫軍使至副都頭，自三匹、二千至二兩一千凡四等。內軍使、十將、將虞候、節級酒炊匠長行，並加旋欄。鞍轡庫指揮使、副都頭，自三兩二千至二兩一千凡二等。太廟祭器專知官、尚衣庫供御裹匠人，各二兩二千。後苑御弓箭庫曹司至招到工匠，自一兩一千至一千凡三等。曹司加旋欄。朝服法物庫專副至曹司，自二兩二千至一兩二千凡二等。新定給納專副至不給納庫子，自一兩五千至一兩二千凡五等。奉宸庫專副至庫子，自二匹、二千至一千凡四等。除節級、庫子，並加旋欄。後苑東門藥庫節級至手分，以三千五百與一兩爲差。內弓箭庫、給納庫專副及副指揮使至不給納小分長行，自十千至一兩一千凡十二等。內弓箭南內外庫專副及指揮使至小分，自七千至一兩一千凡七等。柴炭庫專副各一兩一千，手分、秤庫子各一千。養象所廣德將 14 虞候至小分〔三〕，自三千至一千凡二等。後苑造作所正副指揮使至秤子，自七千至一千凡四等。勾押官前後加旋欄。後苑化成殿專副至副都頭，各一兩一千。專副、前後行曹司加旋欄。景靈宮宮司前後行至庫子，自三匹至一兩一千凡四等。前後行加旋欄。慶寧延福宮前後行書司至副知，自一兩一千五百至一千凡四等。專副、前後行各加旋欄。廣聖宮前後行至庫子〔四〕，自一兩一千五百至一匹、二千凡二等。前後行加旋欄。龍圖、天章、寶文閣前後行至庫子，自三匹、二千至一兩一千凡四等。前後行加旋欄。資善堂前後行至節級，自二匹、一千至一匹、一千凡二等。牧養監指揮使至剩員，自二兩三千至一兩一千凡四等。奉先資福禪院、慶基殿等所

〔一〕行：原脱，據原稿禮二五之四五複文補。
〔二〕七：原作「一」，據原稿禮二五之四六複文改。
〔三〕廣：原作「養」，據原稿禮二五之四七改。
〔四〕行：原脱，據原稿禮二五之四七補。

曹司，一兩一千。加旋襴。祇候班獸醫，内柴炭庫子、手分，各一千。三館、秘閣庫子至工匠，自二匹、八百文至三千凡二等。舊式：入内内侍省、内東門、皇城司共别支錢二萬七千餘貫，銀八千餘兩，絹萬七千餘匹，衣物四千餘件，充回賜皇城、翰林、儀鸞司、御厨、御輦院等處祇應人恩賞。

雜録

仁宗慶曆二年五月，詔三司減省司，自今南郊支賜，皇后及宗室婦各減舊數之半。

六月，詔三司減省司，自今南郊臣僚支賜，宰臣、樞密使舊銀絹四千，參知政事、樞密副使舊三千，各減一千；三司使舊一千，減三百；資政殿大學士舊五百，翰林學士至樞密直學士舊四百，龍圖閣直學士至三司副使舊三百，各減一百；權御史15中丞、給事中、諫議大夫、知制誥、待制舊一百二十〔一〕。減省司言：「近制，皇后制宗室婦南郊支賜各減其半，其臣僚今亦次第裁減之。」遂以爲定式。

皇祐二年二月，詔三司：在外禁軍，凡郊賞折色並給以實估之直。舊制，在外禁軍郊賞寔估八百者，爲一千以給之。故有是命。

九月，詔將來大禮畢，河陽三城節度使、兼侍中夏竦，保静軍節度使、同平章事、判澶州王德用，武德軍節度使、同平章事、判大名府程琳，宣徽北院使、天平軍節度使、判延州李昭亮，並以襲衣、金帶、器幣、鞍勒馬賜之。大臣在外遇大禮有賜，特恩也。

四年三月，詔：「天下請南郊軍賞，須前一年九月内發衙前上京，限次年三月輦至逐州軍。」先是，外處迫郊日，始差人請軍賞，折支既不及，事又急遽，多至破逃。河北、河東尤苦其役，故條約之。

〔皇祐二年九月〕十六日〔二〕，知制誥嵇穎新除翰林學士，未及謝卒，詔賜明堂賚物。

〔熙寧七年〕十月十六日〔三〕，有司言：「在京并諸路新招到兵士纔到營，所有今年南郊賞給，難與舊人一例支給。」詔應降御札後來新招到禁軍、廂軍等賞給，並半舊人之數。

16神宗元豐三年二月一日，詔：「保州作院募民爲工匠，其給銀鞋錢及南郊賞賜視廂軍。」以諸州軍作院所給，舊並係廂軍投換故也。

十二月二十八日，詔：「軍士若係在公之人招捕及因亡匿首獲〔四〕，在大禮降御札後者〔五〕，賞賜減半給〔六〕，招捕

〔一〕舊一百二十：按前文例，此下當脱裁減後之數目。
〔二〕皇祐二年九月：原無，據《長編》卷一六九補，此條應移前。
〔三〕熙寧七年：原無，據《長編》卷二五七補。
〔四〕「在」原脱，「捕」原作「補」，並據《長編》卷三〇一補改。
〔五〕者：原作「方」，據《長編》卷三〇一改。
〔六〕減：原作「誠」，據《長編》卷三〇一改。

及首獲去肆赦一月內者〔一〕，勿給。」從知保州張利一請也。

六年八月二十一日，陝西轉運司言：「軍興後初經郊賞，望於本路所管封樁錢并銅錢監本錢內，支見錢二十萬緡。」既而戶部乞許支永興軍鑄錢監封樁銅錫本錢十萬緡〔二〕，如不足，貼支華州、陝府錢監銅錫本錢，仍不爲例。從之。

哲宗元祐元年五月十六日，陝西路轉運司言：「將來郊祀賞〔給〕，乞于封樁錢內支撥。」詔給本路常平錢十萬緡。

十月四日，詔新授資政殿學士、知鄭州張璪不許辭免明堂大禮支賜。以璪爲中書侍郎，以疾在告，禮畢執政官例賜，不與祭者停賜，特給之。

十二日，詔以大禮特賜左武衛大將軍郭逵銀、絹、羊、酒。以逵嘗任同簽書樞密院事故也。

十一月十四日，太師文彥博言：「明堂大禮，以病在假，不獲陪祀宿衛，其錫賜乞依例半給。」從之。

四年九月十八日，詔觀文殿大學士、知永興軍韓縝，觀文殿學士、知(穎)〔潁〕昌府范純仁，並依大禮令賜物外，加賜縝器幣五百匹兩〔三〕，純仁半之。

二十二日〔四〕，詔太子太保致仕張方平依大禮令賜器幣。

七年十一月二十七日，三省言：「郊禮畢，徐王加恩，
17 當賜劍履上殿，緣虛文已刪去，請歲增公使緡錢。」太皇太后曰〔五〕：「嘗有例耶？」呂大防等對曰〔六〕：「仁宗時荆王元儼增至五萬緡，徐王昨亦增賜，今爲三萬緡〔七〕。」于是詔許增三千緡。

紹聖二年十月九日，詔諸司使以下差新舊城裏都同巡檢南郊宿衛，依大禮令，內管勾事加賜銀絹，御厨、翰林儀鸞司應奉官，武臣諸司使、文臣朝奉郎以上，諸司副使通直郎以上，內殿承制以下并小使臣、宣德郎至承務郎銀絹有差。

徽宗建中靖國元年四月二十六日，戶部狀：「準都省批下廣西路轉運司奏：本路地瘠民貧，賦入微薄，邊面闊遠，支費浩瀚，年計闕錢，自來並是上煩朝廷資助。所有今年南郊在近，合用賞給錢物，乞于本路提刑、提舉司錢內撥賜本司應副。」詔令本路轉運司於本路朝廷封樁錢內特借錢一十萬貫，應副大禮賞給支用，仍分作五年撥還今借錢司分拘收，依舊封樁。

五月二十三日，戶部狀：「勘會大禮河北路賞給見錢

〔一〕捕：原作「補」，據《長編》卷三〇一改。
〔二〕銅：原脱，據《長編》卷三三八補。
〔三〕五百：原作「三百」，據《長編》卷四三三改。
〔四〕按，《長編》卷四三三此條與上條同日。
〔五〕太皇：原無，據《長編》卷四七八補。
〔六〕呂：原無，據《長編》卷四七八補。
〔七〕今爲三：原作「爲之」，據《長編》卷四七八補改。

并折銀錢，依久來條例，户部應副一十五萬貫。今來本部除已從京支銀三萬兩計價錢外，餘少錢數令本路先次剗刷收簇上供係省錢貼數應副。如不足，特于諸司封樁錢内借支，却將向去接續收到上供係省錢撥還。」從之。

高宗建炎二年二月三日，户部言：「建炎二年大禮賞給銀十一萬七千兩，昨爲金人取去，無可指擬。乞依宣和六年以前大禮申降指揮，下諸路轉運 18 司，用有額上供和買銀四十萬兩到闕應用。」詔逐路共買發銀二十萬兩，内江東路九萬，荆湖南路六萬，福建路五萬。仍限今年五月末到京。

三月十九日，詔：「諸路剗刷今年大禮合用金銀錢帛等，或擅行支用，依擅支朝廷封樁錢物法加一等，不以去官、赦降原減。」

八月二十三日，端明殿學士黄潛厚言：「剗刷到諸路合起錢物樁辦大禮賞給數目：江浙、淮南、福建路，計都錢二十萬四千六百九十八貫，金三百七十一兩八錢，銀一十九萬二千四百一兩，紬一十四萬二千六百六十二匹，絹四十萬八千四百一十匹，綾一千五百四十匹，羅五萬五千二百四十匹，絲六萬二千三十（匹）〔兩〕，綿七十二萬五千七十九兩，布二十疋[一]。」詔行下諸路監司、郡守，催督起發。

紹興元年二月六日，詔：「今歲大禮，江南東西路、福建、荆湖東西路，各令提點刑獄司躬親詣所部州縣剗刷應干合起金銀錢帛，疾速計綱起發，限七月以前到行在左藏庫送納。」從户部侍郎孟庾之請也。

七日，詔：「今歲明堂賞給，令户部限十日條具諸司今歲并以應未起錢物，合以何窠名、若干數目樁充賞給，開具申尚書省置籍。今後起到合充賞給錢物，郊時申賞勾銷。仍令本省不時督責户部，如起發（遠）〔違〕慢去處，令户部按劾聞奏，重行貶黜。户部有失按劾，尚書省覺察取旨。」

十三日，户部侍郎孟庾言：「大禮賞賜金銀錢帛等，19 乞（轉）〔專〕委諸路（交）〔知〕通并本路轉運使副同共計置，並限今年七月終起發到行在送納。限滿，具逐州軍已納到錢物，從户部比較。最多去處官吏，乞行推恩；（遠）〔違〕慢數少，乞行黜責。」從之。

六月二十五日，户部言：「據諸路糧料院申，大禮禮畢支賜，本院自來執用宣和重修大禮令格。其上件令格，昨爲揚州渡江散失，今批録到大觀重修大禮令格，來執使行執用[二]，乞朝廷詳酌，降付本部遵執，參照前次大禮合支數目，逐旋申請施行。」詔依大觀格支賜，如有該載不盡處，令户部參酌比擬，申尚書省。

四年二月十九日，户部尚書黄叔敖等言：「檢會前例，越州榷貨（物）〔務〕都茶場應收到錢物，並樁充大禮使用。今年大禮，仍欲將都茶場見在及以後收到錢物，依例收樁

[一] 二十疋：似當作「二十萬疋」。
[二] 此句文字似有誤，或當作「未許便行執用」。

準備，至日遣給。」從之。

六月二十九日，詔：「應諸軍班直大禮賞給等，並(尊)〔遵〕用自京抄録到政和間御筆修定條格令式，并禮畢賜外路諸軍賞給格全文施行。」

七月四日，荆湖南路轉運司言：「本路安撫司見屯大軍，所管統制、統領、將佐、使臣、効用、民兵〔一〕、水軍等通計二萬一千七百餘人，該遇大禮，合支賞給，未有降到逐等則例。」户部勘當，官員、使臣、將佐大禮賞給，外路不合支破。其民兵、効用遇大禮，爲條格別無賞給則例，行在申降到指揮，民兵支犒設錢一貫，効用支錢二百。其軍兵將校，近【20】據湖南安撫司申會到〔二〕，各以三貫約支。如係三貫以下則例之人，乞(昭)〔照〕應條格則例支給；如係三貫以上軍兵，乞權以前次體例支給。從之。

八月二十二日，户部侍郎梁汝嘉言：「紹興元年大禮七分折色，以當時價紐計，共一百三十一萬餘貫。今年大禮若五分折色，以今日價紐計，共一百六十三萬餘貫。以物價紐計，並無虧損。」從之。

九月九日，户部侍郎梁汝嘉言：「將來大禮，除已降指揮宰執、百官、諸司等給賜並權行住支外，有内外馬步諸軍，並合依赦賞給。今將紹興元年比例措置下項：應行在殿前、馬步軍諸班(值)〔直〕宿衛親兵、御前忠佐忠鋭將兵，及神武右軍、中軍等，並係衛扈車駕行禮人，依在京例賞給。紹興元年六萬三千餘人，賞給三分見錢，七分折支。將見錢并折支約當年在市價紐計，共約支過一百五十六萬六千二百八十餘貫。今年七萬二千八百餘人，賞給欲五分見錢，五分折支。將見錢并折支在市價紐計，共約支錢二百三十一萬二千五百餘貫。應在外諸軍，前次賞給例各不同。紹興元年，劉光世軍支過見錢七萬三千四百餘貫，岳飛軍支過見錢一萬五千六百餘貫。今年在外諸軍，欲依光世先來已得指揮，並依忠順軍增倍賞給。劉光世、韓世忠、岳飛、王燮四軍共一十二萬一千六百餘人，賞給約支見錢二十八萬六百餘貫。總計紹興元年支過内外諸軍見錢、折支共一百六十餘萬貫，今約支内外諸軍見錢、折支共二百五十九萬餘貫。」詔增一分折支。十七日，詔特依舊例七分折支，三分見錢。

同日，户部言：「大禮，内外諸軍依赦賞給。本部先于浙西、池州、江州、吉州各已樁管錢數，理合專委官主管給散。浙西欲委金部郎官，江東、江西、【21】湖南欲委漕臣。如錢不足，許于管下不以有無違礙，應諸司、朝廷封樁不封樁、係省不係省錢内，取撥貼數支給。若有剩數，仍舊樁管。開具已支人數、職次、錢數帳狀申尚書省。」從之。

十八日，左藏東西兩庫言：「將來明堂大禮畢，給賜諸軍班等賞給，欲分三日遣給。」從之。

七年正月二十一日，尚書省言：「大禮賞給，自軍興以來，循例行(左)〔在〕軍兵依舊例以分數折支，其在外屯駐諸軍並依高陽關忠順則例支給見錢。較之今日利害，輕重大段未倫。且如在外屯駐軍兵屏捍外寇，事體爲重，其所得

〔一〕民兵：原倒，據後文所述乙。
〔二〕使司：原倒，按通例乙。

賞給反輕；在内軍兵役使優輕，賞給反重。若不隨時措置，終恐未協。」詔内外諸軍今年大禮合得賞給，並照高陽關忠順則例，令户部酌度增減，並行一等支給。

九月二十二日，明堂大禮赦：「應士庶男子、婦人九十以上者，遞加恩錫。仍令户部勘會則例，疾速下所在州縣就賜，〔毋〕或呼召，以致煩勞。」

同日，明堂大禮赦：「應文武陞朝官以上致仕者，賜束帛、羊酒有差。内曾任太中大夫、觀察使以上官，仍從優異。」

二十二年十一月十二日，同知大宗正事士籛言〔一〕：「行在南班宗室日奉朝參，已得指揮，應住支舊請給、支賜全行支破。今行司南班宗室遥郡防禦使至大將軍一十員，差郊祀大禮行事，已到行在赴朝參。緣逐官被差郊祀大禮行事，若稍有不謹，與行在南班宗室被差責任一同，其禮畢支賜賞給，欲22乞依行在南班宗室已得指揮，依舊格全行支破。」從之。

二十八年十一月六日，輔臣言：「近降指揮，蠲放蘇、湖、常三州被水下户積欠二税，已捐内帑錢補足大農歲計，以寬民力。今大禮金銀錢帛，又準處分令減半供進，恐錫賚之間，或不足用。」上曰：「大禮支費，朕先半年裁爲定格，無分毫濫予，比減前郊一半，何患不足？」

九日，户部言：「郊祀禮成，賜行在諸軍班直等全分賞給，比照前郊例卷，將官庫所有綾、羅、紬、絹、絲、綿、錢、糧等，以三分見錢，七分依立定價折支則例，自一百五十貫以下至一貫文，例計三十等。内有正身合支半分賞給之人，于今來全分中減半勘支。其諸路差來行在將官，并在營家口半分賞給〔二〕，計二十九等。内有正身合支全分賞給之人，今將兩半分合爲全分勘支。」從之。

十六日，詔華容軍承宣使士洪〔三〕，爲病不曾差赴郊祀行事，可特與減半支賜。

三十一年九月五日，華容軍承宣使士洪、蘄州防禦使士豢、眉州防禦使權知濮安懿王園令士程、和州防禦使士石、草(工)〔士〕士穆、士秀言：「並係紹興府置司宗室，家貧累重，俸給微薄，養贍不給。今年明堂大禮大臣攝事，皆不及被差。昨降指揮，大禮畢錫予宗室，自節度使至將軍各減三分之一；又紹興十八年大禮畢，士洪不差行事，尚蒙聖慈依紹興十三年立定指揮減半給賜。乞降睿旨施行。」詔依所乞，内士穆、士秀依居厚例支。

23二十三日，皇姪武康軍節度使、開府儀同三司、判大宗正事、恩平郡王璩言：「明堂禮成，見居紹興府、知宗正事士籛等各已蒙賞賚，依舊例三分減一支給，獨臣未受慶賞，乞依格例支破。」從之。

〔一〕大宗正事：原作「太正士」，據《建炎要録》卷一八〇改補。
〔二〕家口：原作「家亡」，文意不通，據本卷後文禮二五之二四「十月八日」條同類文字改。
〔三〕士：原作「十」，據下文及《建炎要録》卷一七五改。

孝宗隆興二年二月二十一日，詔：「大禮賞給，行事、執事緣祀事差委官，可照應紹興二十八年已支則例。內宰執、宗室應文武官一百匹兩已上，權令減三分之二，餘悉減半。五匹兩而下許令全支。內侍官銀、絹並權減半支破。」乾道三年並同此制。

同日，户部狀：「大禮賞給，內除係軍身人依已降指揮依舊外，其逐處公吏支賜皆不及五十匹兩以上。今乞行下糧料院，照應逐次大禮批放則例，將見錢并銀絹並權行減半。」從之。

乾道元年正月一日，大禮赦：「應士庶男子、婦人年九十以上，與依格給賜束帛等，令户部速下所在州縣就賜，不得追擾。仍仰監司檢察，具就賜過人數、物色名件以聞。」三年十一月二日赦、六年十一月六日赦、九年十一月九日赦並同。

二月二十五日，臣僚言：「檢準隆興二年二月指揮，大禮支賜自宰執、宗室應文武官權減三分之二，餘悉減半。行在奉朝請南班官，依已降指揮三分減二。所有在外南班宗室，若不曾赴行在差充行事、執事，其支賜即不合批。今據士洪奏：『昨于紹興三十一年該遇明堂大禮，已放行支請。今來宗室不行事士諳等已蒙支賜了當，乞依士諳例[24]放行。』契勘士洪昨于紹興三十一年係在行在，故有支賜，今於紹興府居住，不曾陪祠，難以引用爲例。欲望特寢所降指揮，庶合公議。」從之。

十月八日，户部奏：「契勘大禮畢賜諸路差來行在諸軍并在營家口半分賞給，依例合預行攢造進呈。本部今比照前次大禮賞給例卷，將官庫所有綾、羅、絹、紬、絲、綿、糧、錢等以三分見錢，七分依立定價直折支，以多補少，逐一攢算到合依則例，自一百五十貫已下至一貫文計二十九等。內有正身合支全分賞給之人，將今來兩半分合爲全分批勘支給。今次大禮，行在諸軍等賞給例卷二件，今照得與前郊本部例卷已支物色內有折支不同，送部子細參照。本部契勘，今年郊祀賞給例卷則例並同外，所有折支名色內絲帛并紬，取會到糧料院見今批放三衙諸軍人數、職次，將已樁數目依指揮品搭，以多補少攢造，合依今來已奏例卷則例支給，即無差互。」從之。

六年十一月十九日，詔：「郊祀大禮賞給，內宰執依自陳本格減半外，行事、執事緣祀事差委官，並依本格全支一次。」九年並同此制。

九年十一月四日，户部言：「據行在諸司糧料院申，內外諸軍今歲郊祀大禮賞給支賜，所降指揮內未能該載明文，即未審依見今祇受（敦）〔抑〕敦減官資、軍額、職次批放。如依前項已降（前項已降）指揮，將使臣元請七人例以上，并將校、都虞候合得賞給支賜各減[25]四分之一，并七人例敦減作五人例之人，與支承信郎支賜，其餘使臣、將校、節級以下並依元承代官資批放。若不申明，竊恐臨時無以遵執。本部除已行下諸司軍糧料院并淮東西、湖廣總領所，各遵依已降指揮，將使臣七人例以上并將校、都虞候各得賞給支賜各減四分之一，其餘依元承代官資支給施行〔一〕。」詔依。

十九日，詔：「今來郊祀大禮，差皇太子充亞獻，所有支賜依親王例，三分增一分支給。」

光宗紹熙二年十月二十一日，詔：「宰執拜郊支賜，照逐郊體例減半外，更依紹熙元年十月二十一日已降指揮，三分減去一分。」

寧宗嘉（太）〔泰〕三年四月二十七日，禮部侍郎吳釆奏：「伏覩今歲郊祀大禮，令有司除事神儀物、諸軍賞給依舊例外，其乘輿服御及中外支費並從省約。臣有以見陛下三歲一郊，本爲親饗天地、祖宗、百神而設，次則犒賞諸軍，並遵彝制，其餘一切煩費悉從省約，德至渥也。然猶有可言者，臣向在州縣，每見郊禮年分，民間横被科擾，不一而足。上而銀絹，次則車木，微而至於麻皮油粈之類，各有名色。且如銀絹，固有合科之數，而州縣故作大數，多抛匹兩，雖中産下户亦有不免。除合進發外，餘皆掩爲州縣妄用之數，不䘏斯民之被害也。車木者，謂是車輪，乃輦輅所用，非榆即栗，民間最爲艱得，然亦有所産地分。今州縣不問有無出産，一例科敷。若以車木言之，所用亦合 26 有數，不應諸州皆行於諸縣，諸縣皆行於諸鄉，有木則輪木，無木則輪錢，錢不歸官則歸之吏。或所用之木數足，則將不解之木，官吏高下分爲器物之用，不䘏斯民之被害也。至若麻皮油粈等物，其爲擾亦然。所至州縣每遇郊禮，則以此經紀民財，官吏視爲奇貨。其行移不曰户部則曰轉運司也，户部、轉運司若有行下，亦必曰朝廷也，蓋欲以此塞斯民之口爾。深山窮谷之中，但見郊禮事大體重，惟州縣是應，何敢有詞？又豈知陛下有乘輿服御、中外支費並從省約之文，已行於季春之月，州縣視爲牆壁文具，不使斯民先期知之耶？然則斯民破家蕩産，往往多見於郊祀之歲。臣以爲朝廷盛典之舉，本以歛福錫民，顧乃使斯民横被州縣之擾，陛下聞之，亦必爲之惻然也。乞下臣此奏，令户部速下諸路轉運司，行下諸州縣，照大禮年分合解銀絹的寔數目，於人户税錢等第科納，不得多科匹兩。車木合用株數，于出産縣分撥錢收買，不得將不係出産去處亂行科擾。其他雜科，並照寔數行下，不得多作名色，妄行抑納。户部與轉運司各以寔數拘催，仍須出榜州縣，令人户通知。如州縣承此指揮，仍前（科）擾，許被擾人户直經御史臺越訴，將違戾官吏重作施行。」從之。

十月二十八日，户部言：「今次郊祀大禮，諸軍等合用賞給錢物，除諸軍宣卷内錢已立定錢會銀兩分數外，銀欲全以本色支給。27 其三衙使臣支賜銀，欲以二分本色、八分金兩折支。百官諸司局所合得禮畢支賜銀，欲以二分本色、八分金兩支給。所（足）〔有〕執擎、儀仗、排立特支，防火、齪巷犒設錢，内銀全以本色批放，其錢從諸軍宣卷分數

〔一〕官：原脱，據上文補。

三分見錢、七分會子支給。所有不係宣卷合支折羊等錢，欲以三分爲率，一分會子，二分金兩折支。其合支金，欲全以本色支給。」從之。（以上《永樂大典》卷五五〇四）〔一〕

48 真宗大中祥符元年東封〔二〕，詔：「東京留守已下合賜節料，並令留司就賜，其行在羣從官當賜物者，俟還京併賜之。」二年祀汾陰如此例。

大中祥符元年十一月，詔節度、觀察、防禦、團練使、刺史，因東封爲諸州駐泊總管、鈐轄者，並賜襲衣、金帶、器幣。

孝宗淳熙三年十一月十一日，南郊赦：「應文武陞朝官以上致仕者，等第賜束帶、羊酒。」六年、九年明堂赦同。

乾道九年十月十九日，詔：「郊祀大禮，殿前司差充代諸班直，并執擎、儀仗、齪巷使臣效用，特與依乾道六年例犒設一次。」

光宗紹熙二年十二月二十七日南郊赦：「應士庶、婦人年九十以上，與依格給賜束帛，不得追擾。仍仰監司覺察。」

同日，赦：「應内外馬步諸軍將士，各等第支賜賞給。」

同日，詔：「馬軍行司官兵連日排立，可依淳熙十二年郊祀大禮體例，使臣各特支三貫，効用軍兵各支二貫，令户部支給。」

寧宗嘉泰三年十一月十一日，南郊赦文：「應見任及致仕文武官，并諸軍將校合加恩者，並與加恩；應内外馬步諸軍將士，各等第支賜賞給。」以後明堂赦並同。

49 高宗紹興七年九月二十二日明堂赦：「應文武陞朝官以上致仕者，賜粟、帛、羊、酒有差，内曾任太中大夫、觀察使以上官，仍從優異。」赦：「應士庶男子、婦人九十以上者，遞加恩錫，仍令户部勘會則例，疾速下所在州縣就賜。無或呼召，以致煩勞。」

孝宗乾道元年正月一日大禮赦：「應士庶男子、婦人年九十以上，與依格給賜束帛等。令户部速下所在州縣就賜，不得追擾。仍仰監司檢察，具就賜過人數、物色（各）〔名〕件以聞。」

光宗紹熙五年九月十四日，明堂赦：「應内外馬步諸軍將士，各等第支賜賞給。」以後南郊、明堂赦並同。

太祖建隆元年二月，長春節，賜群臣衣各一襲。（以上《永樂大典》卷一三七一九）

〔一〕按，原稿此下自禮二五之二八至禮二五之四八録《大典》卷一三七一九所載《宋會要·郊祀賜例》，與本卷前文禮二五之一至禮二五之一四完全重複，雖出《大典》之不同卷，但在本書之同一卷不宜重收，今删去，只作異文校勘之用。

〔二〕以下諸條年代多混亂，蓋出自《大典》同一卷之不同細目。

郊祀恭謝

【宋會要】〔一〕

50 真宗大中祥符五年十月二十四日戊午〔二〕，天尊降延恩殿。後四日，帝謂宰臣曰：「朕欲詣宮觀焚香〔三〕，以申恭謝。」遂以二十八日幸上清宮、景德寺、玉清昭應宮。閏十月十九日壬午，詔以十一月三日於朝元殿恭謝玉皇。

二十四日，内出薦饗玉皇大帝、聖祖天尊、太祖、太宗配饗樂章，總十六曲，文舞曰《發祥流慶》，武舞曰《降真觀德》。（祥）〔詳〕定所言：「朝元殿恭謝前二日，當先告配帝。今（祥）〔詳〕定，告聖祖于玉清昭應宮本殿，告太祖、太宗于太廟本室。其日太宗南郊配座，奏告請改用質明。」從之。

二十九日癸巳〔四〕，奉天書于文德殿，行酌獻之禮。

十一月三日丙申五鼓，奉天書於朝元殿，服通天、絳紗，乘步輦至殿門外大次，改服衮冕行事。殿上北設玉皇位，聖祖配座在東，太祖、太宗在西，以相王元偓、舒王元偁爲亞、終獻。羣臣詣崇德殿稱賀。賜百官福酒。帝作朝謝玉皇、觀二鶴、神雀詩三首，近臣畢和〔五〕。

六年八月一日庚申〔六〕，内出御札曰：「朕以眇躬，纘兹大寶，荷降康于穹壤，膺錫類于祖宗。明發之心，常增于勵翼〔七〕；大同之俗，獲固于隆平。蓋積累之善祥，豈涼薄之能致！而自欽承瑞命，祇奉元符，陟東岱而上封，款魏睢而大報。再臨鞏洛，躬祀寢園。天監孔章，民和旁洽。既太宮之歸格，乃宣室而凝神。屬以上真，薦迴嘉貺。洪維寶緒，逖悟于有開；復念休期，肇隆于無斁。故將協 51 吉春序〔八〕，卜勝神皋，恭建壇壝，親謝天地。彼渦之曲，既奉于蕭薌；在國之陽，復薦于圭幣。朕以來年春親詣亳州太清宮行朝謁之禮。先于東京置壇，迴日恭謝天地，一如南郊之制。」其後惟奠玉幣奏《萬國朝天》之曲，亞獻、終獻

〔一〕此下所載真宗、仁宗朝條目，其紀日或以數字與干支並用，或純用干支，或純用數字。一、數字干支並用者，其文與《玉海》卷九三或全同，或年月日同，事同而文字不同。全同者有可能是《大典》抄《玉海》，而非《會要》之文；亦可能是《大典》抄《會要》，而據《玉海》添干支（因《玉海》亦抄自《會要》而加干支）。後一種可能性更大。其文字不同者，則應是《會要》之文，而《大典》據《玉海》添干支。二、純用干支者，其文均與《玉海》卷九三全同，可確定是《大典》抄《玉海》補入，而非《會要》之文。三、純用數字者，此種條文均不見於《玉海》，其爲《會要》之文無疑。本書中凡稱《宋會要》而實抄《玉海》者均適用於此規律。

〔二〕按，此條與下條文字與《玉海》卷九三全同，但首句紀日用數字加干支，下文又只用數字，當是《大典》録《會要》而據《玉海》添干支。

〔三〕詣：原作「諸」，據《玉海》卷九三改。

〔四〕以下二條與《玉海》卷九三全同。

〔五〕和：原作「賀」，據《玉海》卷九三改。

〔六〕《玉海》卷九三無「一日」而有「庚申」，以下爲節録，顯見此條爲《會要》之文，「庚申」乃《大典》據《玉海》添。

〔七〕常：原作「帶」，據《宋大詔令集》卷一二三改。

〔八〕吉：原作「春」，據《宋大詔令集》卷一二三改。

奏《平晉》之曲，餘儀節、神位，並如南郊之禮。

九〔月〕〔日〕戊辰〔一〕，司天監言：「恭謝天地壇，宜于城東汴陽鄉同樂村擇地吉。」從之。

十一月九日，詔：「恭謝天地壇，青城役卒方在嚴冬，尚聞野次，可給官舍居之。」

七年正月十三日庚子〔二〕，禮儀院言：「恭謝壇昊天上帝、皇地祇、配帝、五方帝、日、月、神州、天皇、北極及內官五十四〔三〕、中官百三十九〔四〕、外官百六、嶽鎮海瀆十八，請並供制幣，各如方色。自今皇帝親郊，悉用此例。又准禮例，仲春祀九宮貴神，緣已與恭謝天地同日祭于本壇，祭不欲數，請罷常祀。」並從之。

二月十三日己巳〔五〕，具鹵簿詣昭應宮〔六〕，宿于集禧殿〔七〕。翌日庚午，帝服袞冕詣太初、明慶殿薦獻，又詣二聖殿畢，改服通天、絳紗，乘玉輅赴太廟。十五日辛未，朝享。十六日壬申，奉天書升壇，恭謝天地，祖宗並配。司天言慶雲繞日，祥風襲壇，還御乾元門肆赦。十七日，賜從祀官襲〔衣〕、金犀帶、鞍馬、器幣有差。帝作恭謝天地禮成詩賜近臣。

九年五月一日，內出御札曰：「朕獲以菲德，夙紹慶基。法前王昭事之心，荷元昊惟新之命。秘圖申錫，靈祲鴻均，封事紹修，誠明饗答。遘仙宗之降格，示寶系之綿長。52 錫祚蕃滋，輸祥紛沓。爰于前歲，特發精衷〔八〕，式瞻霄極之尊，虔上帝尊之號。仍期奉册，別擇吉年。屬鳴律之再更，果揆辰而有得。今以來歲元日，適叶上辛〔九〕，願同億兆之誠，共薦穹崇之稱。信辭真迹，匪懈于躬親；金簡玉文，庶垂于永久。舉冠絶未行之事，報高明洪覆之恩。謹以來年正月一日詣玉清昭應宮，與天下臣庶恭上玉皇大天帝聖號寶册。重念獲契隆平，荐臻豐楙，慶歡樂之普洽，膺眷祐以殊深。爰稽禋祀之儀，仰答顧懷之貺。又謹以正月十一日有事于南郊〔一〇〕，行恭謝之禮。諸軍賞賜，並以內藏物充，三司勿催促諸路錢帛〔一一〕，諸州、府、軍、監無得以修貢助祭爲名，輒有率斂。務從簡約，無至煩勞。凡百有司，各供其職。」

〔一〕九日：原作「九月」，按祥符六年九月庚寅朔，當月無戊辰，「九月」乃「九日」之誤，承上即八月九日，正爲戊辰。《玉海》卷九三無「九日」而有「戊辰」，以下乃簡述。是此條亦《會要》文，「戊辰」乃《大典》據《玉海》添。

〔二〕《玉海》卷九三首句與此同，以下爲簡述。此條爲《會要》文，「庚子」乃《大典》據《玉海》添。

〔三〕北極：原作「地極」，據本書禮一四之一六、禮二六之三改。

〔四〕百三十九：本書禮一四之一六、禮二六之三均作「百五十九」。

〔五〕此條自此句至「肆赦」，與《玉海》卷九三全同；「十七日」以下，《玉海》唯作「癸酉，帝作恭謝禮成七言詩賜近臣」。可推斷此文乃《會要》文，《玉海》添干支，《大典》又據《玉海》添干支。

〔六〕詣：原作「請」，據《玉海》卷九三改。

〔七〕集：原作「杲」，據《長編》卷八二改。

〔八〕衷：原作「虔」，據《宋大詔令集》卷一一八改。

〔九〕辛：原作「帝」，據《宋大詔令集》卷一一八改。

〔一〇〕自「正月一日」至「又謹以」，原無，據《宋大詔令集》卷一一八補。

〔一一〕催：原作「謹」，據《宋大詔令集》卷一一八改。

十二月九日，禮儀院言：「來年正月恭謝南郊，其祀感生帝望權停。」從之。

天禧元年正月十一日辛亥〔一〕，有事南郊，行恭謝禮。御乾元門肆赦，改元。壬子，作七言詩，近臣咸和。乙卯，詣玉清昭應宮恭謝。晏殊獻頌。

三年十一月辛未，郊祀。丁丑，詣昭應宮行恭謝之禮。己卯，作大禮慶成五言詩。

仁宗天聖五年十一月十七日，親郊。二十四日，以郊祀禮畢，恭謝玉清昭應宮、啓聖禪院、會靈觀、祥源觀。自是禮成恭謝，又幸景靈宮、慈孝寺、相國寺、興國寺，率如儀。

明道元年十月二十三日，詔以十一月六日于天安殿恭謝天地，次詣太廟恭謝。先是，八月十三日，大內火〔二〕，(曲)〔至〕是修宮室成，行恭謝禮。二十二日，太常禮院請備大駕鹵簿，乘輅，百官前日宿朝堂，其日遣官奏告。從之。十一月五日癸酉〔三〕，帝齋于崇政殿。翌日甲戌，天安殿上設昊天上帝、皇地 53 祇位，奉太祖、太宗配，登歌宮縣〔四〕。五鼓，帝服衮冕行恭謝之禮，以皇兄安德軍節度使允升攝左領軍衛上將軍、蔣國公爲亞獻，保静軍節度觀察留後允寧攝右領軍衛上將軍、莒國公爲三獻，禮成備大駕玉輅詣太廟。禮畢，輦還，御正陽門肆赦，改元。

嘉祐元年五月三日甲申〔五〕，內出御札曰：「執圭璧以事神，嚴祖宗而配帝，雖有國之常典，亦因時而制宜。朕承累聖之丕基，撫萬邦之有衆。儉于己，思天下之民豐；勞于心，致天下之民逸。罔敢怠忽，庶幾治平。而首春以來，眇躬爽調，適賴三靈敷佑，百福來臻，順以節宣，獲兹康裕。加以邊隅不聳，風雨以時。顧庶物之並蕃，在眇躬之何力！是用稽先朝之成憲，詢故實於有司，即廣殿之秘嚴，擇令辰之嘉吉，式伸昭謝，以格龐休。宜示先期，俾兹誕告。朕取今年九月內於大慶殿行恭謝之禮，權罷冬至親祀南郊。其賞給並如南郊例施行。至日朕御宣德門宣勑，仍令所司詳定儀注以聞。」

十二日，太常禮院言：「擇九月十三日恭謝。在京宮觀祠廟，依例差官奏告。」從之。

七月三日，太常禮院言：「按明道元年天安殿恭謝，設太祖、太宗配位〔六〕；皇祐五年，詔南郊三聖並侑〔七〕。今請大慶殿設昊天上帝、皇地祇位，以太祖、太宗、真宗並侑，仍

〔一〕以下二條與《玉海》卷九三全同，且除此條首句外，紀日純用干支，當非《會要》文，蓋《大典》據《玉海》補入。

〔二〕火：原作「大」，據《長編》卷一一一改。

〔三〕《玉海》卷九三亦有此條事，有癸酉、甲戌二干支，但叙事較此簡略。可斷此條爲《會要》文，但干支乃《大典》據《玉海》添。

〔四〕登：原作「祭」，據《玉海》卷九三改。

〔五〕甲申：原作「甲辰」，據《玉海》卷九三改。按《玉海》此條無「三日」，有「甲申」，以下只有「詔權罷南郊親祀」一句。是此條乃《會要》文，但干支爲《大典》據《玉海》添。

〔六〕太宗：原作「宗宗」，據《長編》卷一八三改。

〔七〕侑：原作「修」，據《長編》卷一八三改。

前一日饗太廟。」詔恭依。

八月十五日，内出御製恭謝樂章，下太常(隸)〔肄〕習之。

十六日，宰臣文彦博等上表請罷恭謝前一日謁太廟。表54三上，從之。詔將來特遣大臣詣宗廟攝事。

二十三日，太常禮院言，恭謝請如明堂故事，用鸞駕儀仗。從之。

二十八日，詔太常，恭謝日用舊樂〔一〕。

九月一日，閤門言：「將來行恭謝，出入文德殿，依舊例並勘契〔二〕。」從之。

七日，詔：「將來恭謝，九(月)〔日〕、十日内殿致齋，十一日文德殿宿齋。其陪臣内殿崇班以上自九日宿齋，供奉官以下十一日宿齋。」

九日，百官宿齋于朝堂。十日，帝齋于内殿。十一日，齋于文德殿。命宰臣富弼攝事於太廟，樞密副使田況攝事於皇后廟〔三〕，程戡攝事于奉慈廟。

十二日，恭謝天地於大慶殿〔四〕，以皇兄寧國軍節度使、同平章事、北海郡王允弼攝左衛上將軍充亞獻，奉寧軍節度使、同平章事、華原郡王允良攝右衛上將軍充三獻。先是，命汝南郡王充亞獻〔五〕，以疾辭，改命允良。禮成，御宣德門肆赦，改元。

神宗熙寧元年十二月二日，詔：南郊禮畢，更不詣諸神御殿恭謝，止命兩府、近臣分詣逐處焚香。

七年十二月十二日，詣太平興國寺、啓聖院、萬壽觀、神御殿恭謝〔六〕。十三日，又詣慈孝寺神御殿。十四日，遂幸集禧、醴泉觀、大相國寺。

十年十二月十三日，詣太平興國寺、啓聖院、萬壽觀神御殿。十四日，詣慈孝寺神御殿恭謝，遂幸中太一宫、集禧觀、大相國寺。

元豐五年二月十七日，詳定編修諸司敕式所言：「國家大禮，曰南郊，曰明堂，曰祫饗，曰恭謝，曰藉田，曰上廟號〔七〕。今若止以明堂、祫享、南郊55三事共爲大禮式，則恐包舉未盡。兼明堂、祫享、南郊，難以并合一名，須用舊文離修爲式。恭謝、藉田，歷年不講，諸司案檢散亡〔八〕，今若(此)〔比〕類大禮斟酌修定，又緣典禮至重，品式或有未具，則奉行之際，恐致廢闕牴牾，以此未敢修擬。」詔恭謝、藉田，據文字可推考者修定。

〔一〕恭：原作「恭恭」，據《長編》卷一八三删。

〔二〕勘契：原作「契勘」。按北宋前期遇南郊等大禮，皇帝出入所經宫殿門、城門有「勘箭」「勘契」之制，以備非常，勘契即勘驗符契。至神宗時罷，見《宋史》卷一五四《輿服志》六。此處「契勘」乃「勘契」之倒，因改。

〔三〕廟：原無，據《長編》卷一八四補。

〔四〕於：原作「天」，據《長編》卷一八四改。

〔五〕汝南郡王：此下未載姓名，考《宋史》卷二四五《宗室傳》二，當是「趙允讓」。

〔六〕殿：原脱，據《長編》卷二五八補。

〔七〕曰：原脱，據《長編》卷三二三補。

〔八〕案：原作「業」，據《長編》卷三二三改。

六年十一月十四日，詔：「南郊禮畢，以十八日詣景靈宮行恭謝禮。」每恭謝皆分二日，第二日仍宣從臣，賜酒五行。是日，中書省言：「郊前二日，皇帝已詣景靈宮天(具)(興)殿聖祖位朝獻，今來恭謝赴與不赴行禮？」詔赴行禮。

二十五日，以南郊禮畢詣景靈宮行恭謝禮。二十六日，仍詣萬壽觀、凝祥池、中太一宮、集禧觀、大相國寺。

哲宗元符元年十一月二十六日、二十七日，以南郊禮畢詣景靈宮行恭謝禮。二十八日，詣上清儲祥宮。

徽宗建中靖國元年十二月十三日，詔：「南郊禮畢，依故事遣宰臣韓忠彦等分詣寺觀、景靈宮恭謝。」時在欽聖憲肅皇后小祥内故也。

大觀四年九月二十二日至二十四日，以冬祀禮成，恭謝于景靈宮西宮。

十一月二十日，詔：「南郊禮畢，以二十三日、二十四日詣景靈東宮，二十五日詣西宮，行恭謝禮。」

十二月一日，詔依令格差入内使臣於在京宮觀、祠廟焚香。仍令添詣太清儲慶宮、九成宮、誠感殿、龍德殿、崇寧萬壽觀、文昭廟。

政和三年十一月十日，詔：「南郊大禮畢，以十六日詣景靈東宮，十七日詣西宮，56行恭謝禮。」是日恭謝，除景靈宮外，有慶壽崇因閣、感慈塔、上清儲祥宮未曾臨幸，以見今道路積雪泥濘，可令宰相、執政官焚香。時太師、魯國公蔡京，少師、太宰、兼門下侍郎何執中，知樞密院鄭居中分詣。

二十七日，詔：「冬祀禮畢，恭謝燒香，除景靈宮行禮畢外，有慶壽崇因閣、感慈塔、上清儲祥宮未曾臨幸，以見今道路積雪泥濘，可令宰臣、執政分詣燒香，候來春擇日駕幸。」

六年十一月二十五日，以冬祀大禮畢，詣景靈東宮恭謝。二十六日，駕詣景靈西宮恭謝，次詣陽德觀、醴泉觀，仍徧詣凝祥池、中太乙宮、佑神觀、上清儲祥宮行禮，宣臣僚對御作樂，賜酒五行。

八年十二月八日、九日，以南郊禮畢，詣景靈東、西宮行恭謝禮。

宣和元年十一月二十七日、二十八日，以南郊禮畢，詣景靈東、西宮行恭謝之禮。

四年十一月二十六日至二十九日，以南郊禮畢，詣景靈東、西宮行恭謝禮。

七年十二月八日、九日，以南郊禮畢，詣景靈東、西宮行恭謝禮。

高宗建炎元年五月六日，車駕詣鴻慶宮恭謝。上瞻禮祖宗神御，大慟，羣臣皆哭。上即位親行禮焉。

【宋會要】

57紹興二十五年十二月十二日，御史臺言：「郊祀禮畢，車駕詣景靈宮、太一宮行恭謝燒香之禮。舊例，在京恭謝陪位立班，係用正任刺史以上及御史大夫、中丞、六曹尚書、侍郎、左右散騎常侍、給事中、中書舍人、左右諫議大夫、起居郎、起居舍人、開封尹、兼權同。太常、宗正卿、秘書監、侍御史，趁赴陪位立班外，所釐務通直郎以上及行在寺監主簿承務郎以上職事官，更不告集趁赴。」從之。

十二月十六日，上詣太一宮恭謝燒香。先是，太常寺言，郊祀禮畢，依故事合詣太一宮行恭謝燒香之禮。至是進呈，上曰：「兼對御賜茶酒禮例，亦可檢舉。」其後並同此禮。

【宋會要】

58 乾道元年〔正月〕〔一〕，詔十八、十九日，以郊祀畢，詣景靈宮行恭謝禮。次日詣太一宮恭謝燒香，權免對御。其禮畢賜花，駕回作樂并陪臣立班官，並如紹興禮例施行。其權免對御。三年、六年並如之。

【宋會要】

59 乾道元年正月十八日，詔以恭謝值雨，令別擇日。二十一日、二十二日，上詣景靈宮行恭謝禮。二十三日，太一宮恭謝燒香，以值雨，令宰執分詣。（以上《永樂大典》卷五五〇三）

郊祀祭器

【宋會要】

60 真宗景德三年八月九日，詳定所又請造正座玉册、玉匱一副，配座玉册、金匱二副，及金繩、金泥，如禪祭社首之制。其配座金匱，《通禮》藏於太廟埳室，欲依東封例更不鑿動〔壁廟〕〔廟壁〕，只依尊謚册寶置神座之側。又祀禮畢，封玉册匱於廟中，伏緣前代封禪之外，別無祠宇內封玉册制度。今詳所用石匱并蓋三層，方廣五尺，下層高二尺。上開牙縫一周，闊四寸，深五寸。中容玉匱處長一尺六寸，闊一尺。又南北刻金繩道三周，各相去五寸，每勒金繩處闊一寸，深五分。上層厚一尺，仍於上面四角更刻牙縫，長八寸，深四寸。每繫金繩處深四寸，方三寸五分。容天下同文之寶，先就廟庭規度爲埳，深五尺，闊容石匱。及封固之人，先以金繩三道南北絡石匱，候祀畢封玉匱訖，中書侍郎奉匱至廟，與太尉同置匱石中。將作監加上層蓋訖，繫金繩三道畢，各填以石泥，印以天下同文之寶。印畢，皇帝省視後，將作監率執事更加叠頂石蓋，然後以土封固如法。上爲小壇，如方丘狀。詔可，仍命直史館劉鍇攝將作監，與入內殿頭郝昭信同領其事。又命〔三〕〔王〕曾押當玉册金玉匱，朱允中援護，入內供奉官楊懷玉與判門下省官押當受命寶。初，命制置使定置石匱方位，堯叟等據翰林天文邢中和等議，置前殿西間近北壬地吉，或從殿內西間午地安置亦吉。61 既而禮儀使王欽若請依儀注於前殿欄楯之下、

〔一〕正月：原脱。按乾道元年郊祀在正月，據補。此條與下條實爲同一事之先後。

皇帝板位之西奉安石匱，以藏玉册。詔堯叟覆議，請依欽若所定。禮官詳定，亦請如堯叟議，於正殿直南安置，仍别設欄檻遮護。劉鍇又請依東封例，增差石匠二十人。又言封固石匱，將作監率執事者更加盝頂石蓋，然後用土封固，上爲壇如方丘之狀。若只用土，恐未如法。欲先用磚砌，後以土封固。又小壇元無方廣制度，請廣厚皆五尺，飾如丘壇。

【宋會要】62 徽宗崇寧中，命鑄景鍾，凡親(視)〔祀〕用之。立於宫架中以(維)〔爲〕君，惟天子自齋宫詣壇則擊之，以召至陽之氣。既至聲闋，衆樂乃作。禮畢升輦，則又擊之，至齋宫而止。遂爲定制。

【宋會要】政和四年五月一日，禮制局奏：「每歲夏祭，皇地祇及配位各用冰鑑一。今親祀正當暑月，所設酒醴、牲牢、禮料甚衆，欲添置冰鑑四十一，正配每位各六，第二成從祀二十九位各一。」從之。(以上《永樂大典》卷五四五七)

郊祀祝詞

【宋會要】63 真宗祀汾陰后土册文曰：「維大中祥符四年，歲次辛亥，二月乙巳朔，十七日辛酉，嗣天子臣某敢昭告于后土地祇：恭惟位配穹旻，化敷品彙。瞻言汾壤，是宅景靈，備禮親祠，抑惟令典。肇啓皇宋，混一方輿，祖禰紹隆，承平兹久。眇躬纘嗣，勵翼靡遑，厚德資生，綿區允穆。清寧孚祐，戴履蒙休〔一〕，申錫寶符，震以珍物。虔遵時邁，已建天封，明察禮均，有所未答。櫛沐祇事，用致其恭。夷夏駿奔〔二〕，瑄牲以薦，肅然郊上，對越坤元。式祈年豐，楙昭政本，兆民樂育，百福蕃滋。介祉無疆，敢忘祗畏！恭以琮幣犧牲〔三〕，粢盛庶品，備兹瘞禮。皇伯考太祖皇帝、皇考太宗皇帝侑神作主。尚饗！」(以上《永樂大典》卷五四七二)

郊祀神位

【宋會要】64 太宗淳化二年二月八日，吏部侍郎、兼秘書監李至言：「伏見立春祀青帝，舊以句芒配，今以金提氏及句芒配。按令式及《開寶禮》，無金提配食之文，伏請止以句芒配。」詔太常禮院參議，既而上言曰：「禮經並無金提氏並配，惟祭歷代帝王，舊典有金提、句芒二神配太昊伏犧氏

〔一〕戴：原作「載」，據《宋史》卷一〇四《禮志》七改。
〔二〕駿：原作「駸」，據《宋史》卷一〇四《禮志》七改。
〔三〕幣：原作「弊」，據《宋史》卷一〇四《禮志》七改。

廟，亦猶風后、力牧、后土俱配軒轅廟，其土王祀黄帝止以后土從祭。今請祀青帝日去金提配座，祭歷代帝王仍舊兼配。」從之。（以上《永樂大典》卷五四五三）

【宋會要】

65元豐四年十月六日己未〔一〕，詳定郊廟奉祀禮文所言：「《禮運》曰：『地秉陰，播五行於四時。』五行者，天地之間至大之物，萬物之所以生成，故有帝以爲之主，有神以爲之佐。《周禮·小宗伯》：『兆五帝於四郊。』《大宗伯》：『青圭禮東方，赤璋禮南方〔二〕，白琥禮西方，黝璜禮北方。』此五行之帝也。《左氏傳》曰：『木正曰勾芒，火正曰祝融，金正曰蓐收，水正曰玄冥，土正曰后土。』《月令》曰：『孟冬之月，其神勾芒；孟夏之月，其神祝融；季夏之月，其神后土；孟秋之月，其神蓐收；孟冬之月，其神玄冥。』《周禮》曰：『血祭五祀。』此五行之神也〔三〕。祭天以天從，故祀昊天上帝則五帝宜從於南郊〔四〕；祭地以地從，故祀地祇則五神宜從於北郊。五神，地類也，故曰『地秉陰，播五行於四時』。《漢舊儀》祠五祀，五行官也。梁武帝南、北郊皆祀五行之神，故許亨以謂五神主五行〔五〕，隸於地爲陰，祀位在北郊，是也。近世大雩、五時迎氣以五人神配，而不設五行之神，是遺其大而取其小也。伏請祭地祇以五行之神從，以五人神配，用血祭。」從之。

崇(慶)〔寧〕元年八月二十四日〔六〕，禮部尚書黄裳言：「南郊壇十二龕壝中布列從享星位，具載其名，凡三百三十有八。至於北郊，第以嶽鎮、海瀆、山林、川澤、丘陵、墳衍、原隰之目，别以四方，寘于成壝，而不列其名。雖從享于大祇〔七〕，莫非山澤，而何者66來格？今兹講行北郊大禮，尚未論著，是爲闕典。欲乞令太常寺丞陳暘攷其名位，取其可以從享者詳具以聞，列于成壝。」從之。

二年十一月十七日，禮部員外郎陳暘奏：「臣聞天一與地六合而生水於北，其神(元)〔玄〕冥；地二與天七合而生火於南，其神祝融；天三與地八合而生木於東，其神勾芒；地四與天九合而生金於西，其神蓐收；天五與地十合而生土於中，其神后土。蓋地秉陰氣，播五行於四時，當有帝以爲之主，必有神以爲之佐也。五行之帝既從享於南郊第一成，則五行之神亦當列於北郊第一成矣。上辛大雩帝及五時迎氣，並以五人神配，而不設五行之神，是取小而遺大也。神宗皇帝嘗詔地祇之祭以五行之神從享，以五人神配，然尚列嶽鎮海瀆之間。臣今欲陞之第一成。」又言：

〔一〕「己未」二字或是《大典》據《長編》添（今見《長編》卷三一七）。以下二條亦無干支。
〔二〕赤：原作「圭」，據《周禮注疏》卷一六改。
〔三〕神：原作「禮」，據《永樂大典》卷五四五四改。
〔四〕宜：原脱，據《長編》卷三一七補。
〔五〕神：原作「帝」，據《長編》卷三一七改。
〔六〕崇寧：原作「崇慶」，據《文獻通考》卷七六改。
〔七〕大：原脱，據《文獻通考》卷七六補。

「地祇之祭，先儒之説有二，或繫於崑崙〔一〕，或繫於神州，皆無所經見。惟《爾雅》曰：『西北之美者，有崑崙之球琳琅玕焉。』《河圖括象》曰：『崑崙東南萬五千里曰神州。』是崑崙不過域於西北，神州不過域於東南也。神宗皇帝嘗詔禮官討論北郊祀典，位崑崙於方丘第一成之西北，位神州於第一成之東南，而其上設地祇位焉。崑崙、神州之説雖出不經，然古人有其舉之，莫敢廢也，特降於從享之列爾。欲望推明神考詔旨，列崑崙、神州於從享之位。」又言：「三代而上，山川之神有望秩之祭，故五嶽之秩視三公，四瀆之秩視諸侯。五嶽[67]不視侯而視公，猶未極乎推崇之禮，聖朝始帝五嶽而王四瀆。竊惟天莫尊於上帝，而五方帝次之；地莫尊於大祇，而五嶽帝次之〔二〕。神宗皇帝親祠上帝於南郊，而五方帝列於第一成，然則五嶽帝其可尚與四鎮、海瀆而並列乎？今欲陞之於第一成。」並從之。【宋會要】

政和四年三月一日，禮制局言：「《崇寧祀儀》，崑崙地祇設位於壇之第一成，其説出於鄭康成，蓋康成以崑崙地祇爲皇地祇。既皇地祇位於壇上，則崑崙地祇一位不當重設。崇寧四年，有司講明，已知其非，乃復列於西方衆山之首。然既有西山位，則崑崙在其中矣，欲乞除去。」從之。又言：「先依《崇寧祀儀》定方壇神位，謹按皇地祇北向，蓋取答陰之義。故陽祀降神升煙於壇，其位在丙，以陽祀皆南向故也；陰祀降神瘞血於坎，其位在壬，以陰祀皆北向故也。若皇地祇南向，則降神在神位之後，與陽祀不類。歷代沿襲，並設南北之位，非所謂答陰也。元豐、紹聖修定儀注，有失釐正。今新壇亦於午陛設小次，望賜裁定。」詔設神位北向，於北面設小次。

高宗紹興十三年二月十二日，權禮部侍郎王賞言：「若依《五禮新儀》，冬日祀昊天上帝，合稱冬祀大禮，合設昊天上帝位，太祖皇帝配，并從祀共六百九十位。若依元豐已前祖宗朝禮例，於冬日至就圜壇合祭天地，合稱郊祀大禮，合[68]設昊天上帝、皇地祇位，太祖皇帝、太宗皇帝配，并從祀共七百七十一位。所有將來大禮，未審行冬祀大禮，唯復行郊祀大禮。」詔行郊祀大禮。【宋會要】

神宗熙寧四年二月十八日，太常禮院言：「三司乞織造圜壇地衣，準詔檢詳典禮以聞。今檢到前後典禮并南郊一行儀制，即無地衣制度。」詔圜壇無用地衣。

徽宗大觀四年四月二十八日，議禮局又言〔三〕：「《祭法》曰：『燔柴於泰壇，祭天也；瘞埋於泰折，祭地也。』諸儒皆以謂祭天即南郊所祀感生之帝，祭地即北郊所祭神州之神，歷代崇奉，以爲天地大祠。故席以藁秸，其儀必與昊

〔一〕或繫於崑崙：原脱，據《文獻通考》卷七六補。
〔二〕而：原脱，據《文獻通考》卷七六補。
〔三〕議禮局：原作「儀禮司局」，據《宋史》卷一六一《職官志》一改。

天上帝、皇地祇等。」從之。（以上《永樂大典》卷五四五四）

【續宋會要】

69 光宗紹熙二年八月十四日，詔：「將來郊祀大禮，鋪設高宗皇帝御書天地宗廟神位等，自今後依禮部祝册儀範體例，迎引赴圜壇。」太史局條具：「一、圜壇上鋪設御書昊天上帝、皇地祇、太祖皇帝、太宗皇帝神位四位，並係朱紅漆腰拼匣罩，見在文思院雅飾。每位製造迎引朱紅漆獻案一隻，銅麻爐花瓶一副，羅帛花二十枝，點照神位朱漆紅紗燭籠四隻，黄絹夾燭籠袋四箇。一、圜壇十二階龕，鋪設上下從祀神位，黑腰拼匣共十有二，每匣朱紅紗、黄夾袋燭籠各二。一、擡擎御書天地祖宗神位四位，乞差擡擎每位天武官八人。擡獻案，打燭籠，每位天武官各四人。十二階龕從祀神位腰拼匣一十二，每匣乞差打燭籠天武官二人。以上共八十八人，乞下殿前司前兩月差撥赴局，人各制武弁冠、緋羅寶花袍、白抹帶。一、援衛喝引神位，合差街司三十二人，乞下金吾街仗司，牒步軍司差撥。內三十人衣製如天武官外，給黑漆杖子一條。將校二人，乞製平巾幘、紫羅寶花袍、銅革帶、錦騰蛇二件，儀刀二柄。其冠、幘、袍、帶等，乞下文思院依法製造。一、今來增置前項擡擎神位、獻案、燭籠天武官，乞破敕入壇殿號八十八道；援衛喝引三十二人，乞破黄方號三十二道。一、圜壇十二階龕，合用從祀 70 在天諸星神位，係一十二腰拼匣；太廟七祀軷門、九宫貴神、太社、太稷，係四腰拼匣。每一腰拼舊例軍兵四人，共用軍兵六十四人，管押二人。本局依例於殿前、步軍司差到七十人，除擡擎神位外，有四人空閒，欲祇備擡擎軍兵不測病患。一、將來郊祀迎引天地、祖宗神位等，合用點燭和香，乞下兩浙轉運司應辦。一、天地、祖宗神位及從祀神位等至圜壇，乞令儀鸞司預行高大絞縛幕屋五間，以俟至期安奉神位。」禮部、太常寺看詳：「內朱紅漆獻案止合添造一隻，銅麻爐花瓶止添造一副，羅帛花止添造二十枝，其擡擎人照合用數裁減，餘欲並從所申事理施行。」詔依禮部、太常寺看詳到事理施行。

寧宗嘉泰三年九月二十五日，增太子星、庶子星、宋星、感生帝四神位。以張宏圖進《南郊辨駁》，從其言也。（以上《永樂大典》卷五四五三）

【宋會要】

71 神宗元豐元年十一月五日[一]，詳定郊廟奉祀禮文所言：「臣等見親祠南郊儀注，並云祀前三日儀鸞司鋪御座黄道褥。謹按唐故事，郊壇宮廟内壝及殿庭，天子步武所及，皆設黄道褥，壇上立位又施赤黄褥。將有事，命撤之。武德、貞觀之制用紫，至德以來用黄。《開元禮》、《開寶通禮》，郊廟並不設黄道褥。《太常因革禮》曰：『舊制，

[一] 天頭原批：「郊祀神位議論。」

皇帝升壇，以褥藉地，象天黃道，太祖命撤之，設拜於地。和峴乞宣付史館。』天聖二年儀注，又增設郊禮壇壝門道北御座黃道褥。康定初，有司建議，謂配帝褥用緋，以示損於天72地，而自小次之前至壇上諸位〔一〕，其道褥以黃，蓋非典禮。是歲有詔，自小次至壇下撤黃道。臣等伏詳《禮記》：『郊祭之日，氾埽反道。』鄭氏注謂：『剗令新土在上也。』其藉神席，天地尚質則用蒲越、藁秸，宗廟尚文則設莞筵，紛純，加繅席畫純，加次席黼純而已。天子受胙乃有席，《周禮》司几筵所謂『胙席』是也。今來郊壇黃道褥，欲更不設。」（以上《永樂大典》卷五四五四）

郊祀配侑〔二〕

【宋會要】73太宗即位，七祭並以宣祖、太祖更配。太平興國三年親行郊祀，始奉太祖升侑。九年，禮儀使扈蒙建議，引《孝經》嚴父配天之義，請以宣祖配圜丘，太祖配大饗。是冬罷封禪，祀南郊，遂行其禮。太祖受周禪，追尊四廟，親郊以宣祖配天。及太宗即位，禮官以爲舜郊嚳〔三〕，商郊冥，周郊后稷，王業因之而興也。若漢高之太公，光武之南頓〔四〕，雖有帝父之尊，而無豫配天之祭。故自再郊，並以太祖配天，於禮爲允。及將東封，召蒙定禮儀，乃奏此議，時論非之。

淳化四年正月庚寅朔〔五〕，親享五室。辛卯，合祭天地於圜丘，以宣祖、太祖升配。

真宗至道三年十一月，時真宗已即位。有司上言：「冬至祀圜丘，孟夏雩祀，夏至祭方丘，請奉太宗配；上辛祈穀，季秋大饗明堂，奉太祖配；上辛祀感生帝〔六〕，孟冬祀神州地祇，奉宣祖配；其親郊圜丘，奉太祖、太宗並配。」詔可。

咸平二年十一月丙戌〔七〕，合祭天地於圜丘，以太祖、太宗配。

天禧元年正月十一日，奉天書合祭天地於南郊，以太祖、太宗並配。

仁宗乾興元年，真宗崩。六月，詔禮官定還郊祀配帝。乃請孟春上辛祈穀、孟冬祭神州地祇，以太祖配；孟夏雩祀、冬至祀昊天上帝、夏至祭皇地祇，以太宗崇配；上辛祀感生帝，以宣祖配；季秋大享明堂，以真宗崇配〔八〕；皇帝親祀郊丘，以太祖、太宗崇配。奏可。

景祐二年五月一日，詔：「王者奉宗廟，貴功德。禋天

〔一〕諸：原作「請」，據《文獻通考》卷七一改。
〔二〕按今存《永樂大典》卷五四五五原文，此目之文本在下文「祖宗配侑」門之內，徐稿分出，別爲一門。
〔三〕禮：原作「祀」，據《長編》卷二五改。
〔四〕光：原作「九」，據《長編》卷二五改。
〔五〕此條乃抄自《玉海》卷九三，非《會要》文。
〔六〕生：原脫，據《文獻通考》卷七一補。
〔七〕此條抄自《玉海》卷九三，非《會要》文。
〔八〕「季秋」至「崇配」，原脫，據《文獻通考》卷七一補。

祀地，則有侑神作主之尊〔一〕；審諦合食，則有百世不遷之重。朕以寡昧，獲承天74序，實賴先烈，迄臻治平。懼不能揚祖宗之丕休，顯前人之懿鑠，夙夜惟念，弗遑寧居。恭以太祖皇帝奮淳耀之精，輯樂推之運，屬五代屯否，中華剖裂，英威一震，罔不率俾。夷僭黜暴，皇綱再張。革其桀驁，納諸軌度，規摹閎遠，詒萬世法。太宗皇帝躬上聖之資，膺繼及之運。來閩粵，復汾晉，方夏一統，尉候萬里。興文教，拔羣才，思皇政經，憂勞庶務。惠澤漸漬，浹人骨髓。真宗皇帝欽明孝熙，恢纘鴻緒。勤儉以率下，哀矜以慎刑。撫和二邊，兵不復用，民靡知役，物遂其生。因時昭泰，憲章考古，登封巡祭，聲明焯耀。享國多載，仁恩溥博。昔商、周之際，則《長發》大禘，嚴父配天。逮於漢氏，亦能尊二宗，立廟樂，朕甚慕之。肆我藝祖之受天命，建大業，可謂有功矣；二聖繼統，重熙累洽，可謂有德矣。其令禮官稽按典籍，辦崇配之序，定二祧之位。中書門下審加詳閱，稱朕意焉。」

六月九日，太常禮院言：「將來皇帝親祀，以三聖皆侑。其歲時常祀，則至日圓丘，仲夏皇地祇，配以太祖；孟春祈穀，夏雩祀，冬祭神州，配以太宗；孟春感生帝，配以宣祖；季秋大饗，配以真宗。」詔恭依。

十一月乙未〔二〕，郊，三聖並侑。此後迭配，還如前議。歲時常祀則至日圓丘，仲夏皇地祇，配以太祖；孟春祈穀，夏雩祀，冬祭神州，配以太宗；孟春感生帝，配以宣祖；季秋大享，配以真宗。（以上《永樂大典》卷五四五五）

祖宗配侑

【宋會要】

75國初南郊四祭及感生帝、皇地祇、神州地祇，凡七祭，並以僖祖、順祖、翼祖、宣祖迭配。

太祖建隆四年八月二十七日，詔以將親郊祀，有司議配座之制。請冬至祀昊天上帝，夏至祭皇地祇，並以僖祖配；上辛祈穀，孟冬祭神州地祇，以順祖配；雩祀以翼祖配；大享明堂以宣祖配。詔恭依。

【宋會要】〔三〕

皇祐五年八月八日，詔曰：「祇見天地，莫重於親郊；崇嚴祖考，無先於侑帝。朕以紹圖敷治，慎祀講儀。祖功存定配之規，宗德有迭主之序。自合宮(藏)〔蕆〕事，參變舊文，令稽古奉神，特伸廣孝。尊列聖以皆侑，對三后之在

〔一〕作：原脱，據《永樂大典》卷五四五五、《皇朝文鑑》卷三一《祖宗升配詔》補。

〔二〕按，此條乃抄自《文獻通考》卷七一，非《會要》文。《通考》原文「三聖並侑」下尚有「先是禮院言」一段，而後接「此後迭配還如前議」。此處省去中間一段。

〔三〕原無此三字，據《永樂大典》卷五四五五添。《大典》原文自此以下與上文並不在一處，徐稿連抄。

天。因自孝心，不爲常制。今來南郊〔一〕，三聖並侑，其後當復如舊禮〔二〕。」

二十六日，詔曰：「王者因郊反始，無大於躬親；本孝奉先，莫尊於主侑。且明堂之配，以著定儀；而景祐之文，蓋存甲令。雖協事親之愛，猶慎緣情之舉。載諏羣議，述考舊典，皆以謂祖功宗德，宜對越於上靈；文昭武穆，亦並嚴於祀位。息民昭禮，定保永圖。自今南郊，三聖並侑。布告内外，宜體至懷。」初，太常禮院言：「奉詔再詳定三聖並侑事〔三〕。伏以配侑之法，前代不同，古則一主，而後或兼配，皆是變禮彌文，廣申誠愛也。國朝景祐二年，曾下詔書，今後郊禋，三聖並侑。其後以太祖定配，二宗迭配，明76堂大禮亦三聖並侑。今陛下濬發德音，欽明大孝，況是本朝舊禮，已再躬行，於義無爽。」故下是詔。

嘉祐元年七月三日，太常禮院言：「按明道元年天安殿恭謝，設太祖、太宗配位〔四〕。皇祐五年，詔南郊三聖並侑。今請大慶殿設昊天上帝、皇地祇位，以三聖並侑，仍前一日享太廟。」詔恭依。

神宗熙寧元年八月十九日，禮（儀）〔院〕言：「將來南郊，以太祖皇帝定配。」詔恭依。

五年四月三日，中書門下言〔五〕：「伏請奉僖祖神主爲太廟始祖〔六〕，每歲孟春配祀感生帝。乞詔禮院詳定儀注。」詔恭依。始罷宣祖配位。

元豐三年七月二十六日，詔：「朕惟先王制行以起禮，孝莫大於嚴父，嚴父莫大於配天。配天一也，而屬有尊親之殊，禮有隆殺之別。故遠而尊者祖，則祀於郊之圜丘而配天；邇而親者禰，則祀於國之明堂而配上帝。天足以及上帝，而上帝未足以盡天，故圜丘祀天則對越諸神，明堂則上帝而已。故其所配如此，然後足以適尊親遠近之義。昔者周公之所親行，而孔子以爲盛者也。事載典册，其理甚明。而歷代以來，合宮所配既紊於經，乃至雜以先儒六天之說，此皆固陋昧古，以失情文之宜，朕甚不取。其將來祀英宗皇帝於明堂，以配上帝，餘從祀羣神悉罷。」

（五）〔六〕年七月丁未〔七〕，詔以十一月丙午有事於南郊〔八〕。乙卯，祔孝惠、孝章、淑德、章懷皇后於太祖、太宗、真宗廟室。孝惠、孝明、孝章、淑德、懿德、明德、元德、章懷、章穆、章獻明肅、章懿，各以配繼先後爲次。

六年十一月五日冬至，祀昊天上帝于圜丘，以77太祖配。

〔一〕來南：原倒，據《大典》卷五四五五乙。
〔二〕如：原作「加」，據《大典》卷五四五五改。
〔三〕詳：原作「祥」，據《大典》卷五四五五改。
〔四〕按，此條自「嘉祐」至「配位」，原脱，據本書禮二五之五三補。
〔五〕按，此條記事不確，參見本書禮二四之四二校記。
〔六〕僖：原作「禧」，據《長編》卷二四〇改。
〔七〕六年：原作「五年」，據《長編》卷三三七改。此條乃抄自《長編》卷三三七，而將六年誤作「五年」。
〔八〕十一月：原作「十月」，據《長編》卷三三七補。

哲宗元祐元年二月二十六日，吏部尚書呂大防等言：「謹按國朝之制，奉僖祖皇帝、太祖皇帝、太宗皇帝以配郊丘。季秋大享，自唐及本朝皆嚴父之義，伏請宗祀神宗皇帝於明堂以配上帝。」詔恭依。

徽宗大觀四年四月二十八日，議禮局言：「國家崇奉赤帝爲感生帝，以始祖僖祖配侑，與迎氣之禮不同，尊異之也。」

高宗建炎二年十一月二十二日冬至，皇帝祀昊天上帝圜壇〔一〕，以太祖皇帝配。

紹興二年，按太常寺每歲常祀，夏日至祭皇地祇，以太祖皇帝配。

十三年十一月庚申冬至〔二〕，（各）〔合〕祀天地于圜丘，以太祖、太宗並配〔三〕。（以上《永樂大典》卷五四五五）

郊祀配侑議論〔四〕

【宋會要】〔五〕

建隆四年十一月八日，吏部尚書張昭獻議曰：「伏尋漢、魏以來，追謚止於一世，故郊天、祀地即奉以享配。惟光武追立四廟，皆在南陽，不加帝號，而立高祖、文帝、武帝三廟于長安，又立成、哀、平三廟，號爲西廟。曹操封魏王，立三廟，至文帝始追尊其祖爲太皇帝。晉武受魏禪，追尊宣、景、文三廟而立七廟，其四廟亦無帝號。宋武及南齊高帝、梁武帝、陳高祖受禪，皆立七廟，止追尊其父〔六〕，而陳氏正月上辛祀南北二郊，以皇考配。北齊文宣立六廟，止加其父、兄帝號。隋文帝立四廟，亦止追尊其父。唐初立四親廟，帝號但及於父、祖。其後咸亨中，又追上二祖尊號〔七〕。前代追謚，不過一世至二世，無諸廟徧加帝號之文，故郊祀天地必以皇考作配。謹按郊禮用正月，梁 78 天監三年，右丞吳操之議曰：『傳，啓蟄而郊，當在立春之後。』左丞何佟之曰：『周以建子祀天，三月祭地；商以建丑祀天，六月祭地；夏以建寅祀天，七月祭地。』自近代以來，南北郊爲允。故梁、陳南郊皆以間歲正月上辛行事，用特牛祀皇天大帝於壇上，配以皇考。北齊圜丘三年一祭，亦以正月上辛祀昊天上帝，以神武升配。隋冬至日祀昊天上帝於圜丘，以皇考配。唐（正）〔貞〕觀初，以高祖配圜丘，世祖元皇帝配感生帝。高宗嘗親祀圜丘、方澤、明堂、神州，以高祖、太宗並配。中宗即位，南北郊、神州、明堂以高祖、太

〔一〕壇：原作「丘」，據《大典》卷五四五五改。
〔二〕此條乃抄自《群書考索》卷二六，「各」字亦承該書之誤。
〔三〕「配」下原有「元」字，按《大典》卷五四五五原文，下文另引《元太常集禮》，徐稿抄書者誤以爲「元」字屬上文，因而衍，今刪。
〔四〕原無此題。按，下文出《大典》卷五四五六，此卷今亦存。原總題仍承上卷作「郊祀配侑」，但上卷文中有「議論」一細目（見《大典》卷五四五五第十一頁），本卷承之，因補此小題。
〔五〕原稿無此三字，下文與上文連寫，今據《大典》卷五四五六補。
〔六〕止：原作「上」，據《太常因革禮》卷七改。
〔七〕二：原作「上」，據《太常因革禮》卷七改。

宗、高宗三帝並配。梁太祖開平三年郊天，以皇考烈祖文穆皇帝配。恭惟宣祖昭武皇帝積累勳伐，肇基王業，竊考歷代之禮，咸以親廟升配，伏請奉宣祖配享。」從之。

太宗淳化三年十月一日，禮儀使蘇易簡上言曰：「伏以國朝親祀圜丘，以宣祖侑神作主，此則符聖人大孝之道，成嚴父配天之義。恭以太祖光啓丕圖，恭臨大寶，以聖授聖，傳於無窮。謹按唐永徽中，以高祖、太宗同配上帝，欲望將來親祀郊丘，奉宣祖、太祖同配。又按唐永泰中，禮儀使杜鴻漸奏：『冬至祀昊天，夏至祀皇地祇，以太祖景皇帝配；孟春祈穀，孟冬祀神州，以高祖配；孟夏雩祀，以太宗配；季秋大享明堂〔一〕，以肅宗配。』當時之議，以爲得禮。欲望自今孟春祈穀，孟冬祀神州，季秋大享，以宣祖崇配；冬至圜丘，夏至北郊，孟夏雩祀，上辛 79 祀感生帝，以太祖崇配。」詔恭依。

仁宗乾興元年十一月四日，秘閣校理、同判禮院謝絳言：「伏覩本院與崇文院檢討官詳定，以宣祖配感生帝。竊尋宣祖非受命開統，因循配祀，義或未安。臣以謂三代、兩漢之際，經禮雖著，而事遠難法，請以唐典明之。高祖武德初，定令每歲圜丘、方丘、雩祀並以景帝配，祈穀、大享並以元帝配。太宗初奉高祖配圜丘、明堂、北郊之祀，元帝專配感生帝。高宗永徽二年，祀高祖於圜丘，太宗於明堂，兼感生帝作主，又以景帝、元帝稱祖，萬代不遷，乃停配祀，以符古義。臣以爲景帝厥初受封，爲唐始祖，推於事實，蓋與宣祖不侔。恭惟宣祖於唐，是爲元帝之比。唐有天下裁越三世，而景、元二祖已停配祀之典。且有宋受命創業，既自太祖，垂憲纘緒，于兹四聖，而宣祖配侑因而未停，恐非往典之意。請依永徽故事，停宣祖配享。仍用唐太宗故事，宗祀真宗於明堂，兼感生帝作主。若據鄭康成説，則曰五帝迭王，王者因其所感別祭〔二〕，尊之於南郊〔三〕，以祖配之。今若不用武德、永徽故事，則請以太祖兼配，正符鄭説。論者以爲宣祖配坐，亦周配祖之義，竊又惑焉。詳鄭之意，非受命始封之祖不應配，故引周后稷配靈威仰之義爲證。惟太祖始造基業，親受符命，配侑感生帝，據理甚明。如恐太祖既配祈穀，與感生帝祠日相妨，則當以太宗配祈穀，太祖配雩祀，亦不失尊嚴之旨。臣以爲 80 宣廟非爲不遷，而迭用配帝，於古爲疑。禮：『祖有功，宗有德。』但非受命之祖，親盡必毀，況配享乎！」事下兩制，翰林學士承旨李維等議曰：「謹按《禮記·祭法》曰：『有虞氏禘黃帝而郊嚳，祖高陽氏而宗堯〔四〕，夏后氏亦禘黃帝而郊鯀，祖高陽氏而宗禹；商人禘嚳而郊冥，祖契而宗湯；周人禘嚳而郊稷，祖文王而宗武王。』正義曰：『郊謂夏正建寅之月祭感生之帝於南郊。』此則崇配之文也。絳所陳以爲宣祖非受命開

〔一〕秋：原作「夏」，據《太常因革禮》卷七改。
〔二〕其：原脱，據《太常因革禮》卷八補。
〔三〕尊：原作「遵」，據《太常因革禮》卷八改。
〔四〕高陽：原作「高祖」，據《大典》卷五四五六改。

統，不當郊配，則何以鯀、冥非夏、商受命之君，而皆崇配感帝？竊惟感帝比祈穀禮秩差輕，宣祖比太祖功業有異，請太祖配祈穀，宣祖配感生帝，稱情立文，於禮斯協。望依禮官所定。」從之。

景祐二年五月一日，詔欲以太祖、太宗、真宗並配，定崇配之序。禮官言：「臣等聞王者建廟祏之嚴，合昭穆之綴。祖一而已，始受命也；宗無豫數，待有德也。由宗而下，等謂之疏戚，以爲迭毀之制，使後嗣雖有顯揚褒大，猶不得與祖宗並列，所以一統乎尊尊，古之道也。皇帝陛下躬孝治，發德音，永惟三后之盛烈際天接地〔一〕，而推奉之禮有所未稱，明發悼懼，圖惟厥衷〔二〕，使攸司得稽舊章，開群議〔三〕，攄懿鑠，闡孫謀，將䏚合靈心，垂榮無極，非臣等孤陋所能及已。竊以太祖皇帝誕受寶命，付畀四海，鋪敦燮伐，潛黜不端，夷澤（路）〔潞〕之叛，兼淮海之昧，東焚吳輿，右困蜀壘，湘楚閩禺，請吏入朝。當此之時，天下之人去大殘，蒙更生，卜81年長世，丕闡洪業。太宗皇帝敦受皇圖，廣運神武，龔天之討〔四〕，底定太原。由是慎九刑之辟〔五〕，藝四方之貢，信賞類能，重食勸分，官無煩苛，人無恫怨。又引搢紳諸儒講道興學，炳然右文，與三代同風。真宗皇帝乾粹日昭，執競維烈，重威撫和，休寧北方。順斗布度，先天作聖，遂考夏諺，覘虞巡，秘牒岱宗，育穀冀壤，翕受瑞福，普浸黎元，肖翹跂行，罔有不寧。百度已備，眷受明辟。洪惟一祖二宗之烈，歷選墳誥，未有高焉者也。昔成湯爲商之祖，太甲、太戊、武丁實號三宗；后稷爲周之祖，文王、武王庸建二祧；高帝爲漢之祖，孝文、孝武特崇兩廟。皆子孫世世奉承不輟。我皇伯祖經綸草昧，遂有天下，功宜爲帝者之祖；皇祖勤勞制作，皇考財成治定，德宜爲帝者之宗。三廟並萬世不遷，宣布天下，以示後世，臣等請如聖詔。至於升侑上帝，裒對先謨，本之周道，克厭典禮〔六〕。昔太宗親郊，奉宣祖、太祖配焉；真宗肇祀，奉太祖、太宗配焉。自爾有司不敢輕議。今二祖同躋不祧之位，則祀無異等。伏請自今以往，太祖爲定配，二宗爲迭配，稱情適事，理實無嫌。其將來皇帝親祠，伏請以三聖並侑〔七〕，上顯對越之聖，次申遹追之感〔八〕，聖人之能事，群臣之大願。此後迭配，還如前議。昔唐高宗之封也〔九〕，以太武皇帝、文皇帝配昊天；明皇之封也，以高祖配天，睿宗配地；開元之著禮也，高祖配方丘，太宗配神州。此二宗迭配

〔一〕烈：原作「列」，據《太常因革禮》卷八改。
〔二〕衷：原作「終」，據《太常因革禮》卷八改。
〔三〕群：原作「辟」，據《太常因革禮》卷八改。
〔四〕龔天：原作「襲天天」，據《太常因革禮》卷八改刪。「龔」同「恭」，即恭行天討。《大典》卷五四五六原文亦訛作「襲」。
〔五〕刑：原作「州」，據《太常因革禮》卷八改。
〔六〕克：原作「堯」，據《大典》卷五四六六改。
〔七〕並：原作「皆」，據《太常因革禮》卷八改。
〔八〕遹：原作「適」，據《太常因革禮》卷八改。
〔九〕「封」上原有「上」字，據《太常因革禮》卷八刪。

之前比〔一〕。垂拱、82開元之間，高祖、太宗、高宗同配昊天；真宗登介丘，降社首，並以太祖、太宗崇配天地。此三聖皆侑之明準。其歲時常祀，則至日圜丘，仲夏皇地祇，配以太祖；孟春祈穀，夏雩祀，冬祭神州，配以太宗；孟春感帝，配以宣祖；季秋大饗，配以真宗。伏請皆如禮典〔二〕。」中書門下言：「准詔及禮官所議，臣等伏以禮之爲大則必以宗祏居先，德之所尊則不隨昭穆而毁，此有國之丕律，而饗親之大猷。是嚴父配天，因心之本；惟聖饗帝，至孝之宗。非夫濬哲聰明，曷能舉百王之闕佚！恭惟國家膺神明之寶器，馮積厚之鴻基，源深流長，本固枝茂，祖宗之烈昭淖，顧復之施綿延。是以濬哲啓淵衷，詳求懿範。降發中之詔，鼓動於温辭；戒執事之司，諮諏於舊史。仍俾丞疑之列，重詳今古之文，官抱蕝而協恭，物有章而惟允。若是則七世之廟，咸一德而可觀；三后在天，雖百代而不毁。至於配侑之則，並申寅奉之崇，遠以襲商、周之儀，近以沿漢、唐之制。廣矣大矣，無得而名，真百王之稱首矣。此蓋皇帝陛下纘承寶緒，援席瑶圖，推尊於締搆之初，制禮於治平之日。至德要道，時定於祊祧；長世善經，風行於海域。繇兹而教，疇敢弗祇！其禮官所定，伏望付外施行。」詔恭依。

【宋會要】〔三〕

康定二年十月二十六日，同判太常寺呂公綽言：「伏覩景祐五年南郊儀注：『設昊天上帝、皇地祇神座於壇〔四〕，南83向西上；設太祖皇帝、太宗皇帝配座於東方，西向北上。』又注云：『准大中祥符元年勅，設太祖、太宗配座位，西北側向，以表祖宗恭事天地之意。』臣案《春秋傳》曰：『自外至者，無主不止。』《詩》云：『思文后稷，克配彼天。』又云：『對越在天。』皆謂以祖宗之靈配順天地，侑神作主之義。考歷代郊祀之制，設祖考配位，無側向之理〔五〕。昔真宗將有事於泰山〔六〕，以《封禪壇圜圖》宣示宰臣曰〔七〕：『當郊禋日，祀昊天上帝不以正座，蓋有皇地祇次之。今封禪大禮，昊天上帝位當子位，太宗皇帝配位；北郊禋日，稍斜置之。』此可明先帝以告成報功〔八〕，酌宜變禮之意。外廷罔知淵旨非爲定規〔九〕，每南郊撰儀，必引著祥符一勅，事乖先志〔一〇〕，體越舊章。雖後來有司相承，仍於東方宜設配座，不從西北側向之文，緣儀矩兩存，未嘗折衷於上，在有司蕆事之際，擇一而從，此又非慎重大事之所宜也。請

〔一〕前比：原作「典此」，據《大典》卷五四五六改。
〔二〕皆：原作「嘗」，據《景文集》卷二六改。
〔三〕此三字原脱，據《大典》卷五四五六補。
〔四〕地：原作「帝」，據《太常因革禮》卷八改。
〔五〕理：原作「經」，據《太常因革禮》卷八改。
〔六〕於：原無，據《太常因革禮》卷八補。
〔七〕示：原作「宗」，據《大典》卷五四五六改。
〔八〕成：原作「誠」，據《太常因革禮》卷八改。
〔九〕外廷：原脱，據《太常因革禮》卷八補。
〔一〇〕乖：原作「承」，據《太常因革禮》卷八改。

詔有司撰郊儀，設太祖皇帝配座，只具東方西向之儀。如此，則增封建號，自存希闊之文；就陽配天，不爽古先之法。」詔從之。舊禮，配享神座在昊天上帝之東，西向北上。東封之歲，詔以祖宗配座皆西北斜向置之，用表祖宗恭事天地之意。至天禧元年南郊，遂因封禪故事側置配座，至是始改焉。

嘉祐七年正月二十七日，諫官楊畋上言：「《洪範五行傳》曰：『簡宗廟，則水不潤下。』又曰：『聽之不聰，厥罰常水〔一〕。』去年夏秋之交，久雨傷稼，澶州河決，東南數路大水爲災。84 陛下臨御以來，容受直諫，非聽之不聰也；以孝事親，非簡於宗廟也。然而災異數見，臣愚殆以爲萬機之聽，必有失於審者；七廟之享，必有失於順者。惟陛下精思而矯正之〔二〕。」於是詔太常禮院檢詳郊廟未順之事，禮官乃言：「按《孝經》曰：『郊祀后稷以配天。』《春秋傳》曰：『自外至者，無主不止。』然則天地之祭，必有所配者，皆侑神作主之意也。祖一而已，始受命也；宗無豫數，待有德也。由宗而下，功德顯著，自可崇廟社之制，百世不遷，垂之無窮。至於對越天地，則神無二主，所以奉上帝之尊，示不敢瀆。唐垂拱中，始用三祖同配。至開元十一年，明皇親享，遂罷之。皇祐五年詔書：『今南郊且奉三聖並侑，後復迭配如舊禮。』未幾復降詔，三聖並侑，以爲定制。雖出孝思，然其事頗違經禮，當時失於講求。」乃復下兩制議，而翰林學士王珪等議曰：「推尊以享帝，義之至也。尊尊不可以瀆，故郊無二主。今三后並侑，欲以致孝也，而適所以瀆乎享帝。推存事亡，則非所以寧神也。請如禮官所議，自今南郊以太祖定配。」詔恭依。既而太常禮院奏議遷僖祖神主藏於西夾室，乃下詔議定廟祧之序。

高〔帝〕〔宗〕皇帝紹興元年四月十一日，刑部尚書、兼權禮部尚書胡直孺等言：「謹按百王之禮，沿革不同，然而祀天地於丘郊，天神地祇無不從祀〔三〕。祀上帝於明堂，祫享祖宗於太廟，此三者萬世不易之禮。惟仁宗皇帝在位之 85 二十八年，改元皇祐。是時元昊納款，王則伏誅，四方無虞，萬物盛多，神祇祖考，無不安樂。明年九月辛亥，大享于明堂，時則合祭天地，並配祖宗，偏禮百神〔四〕。故仁祖有禮緣人情之語，而文彦博以仁祖爲能達禮之情，適禮之變。由是觀之，皇祐宗祀本非爲萬世不易之禮也〔五〕。國朝配祀而無定制，自英宗皇帝始專配以近考，司馬光、呂誨争之，以爲紬祖進父，然卒不能奪王珪、孫抃之諂辭。其後神宗皇帝謂：『周公宗祀在成王之世，成王以文王爲祖，則明堂非

〔一〕常：原作「賞」，據《長編》卷一九六改。
〔二〕精：原作「積」，據《長編》卷一九六改。
〔三〕此句原作正文書寫，而《文獻通考》卷七四所載無此句。今改作小注，以使正文文氣通暢。
〔四〕偏：原作「偏」，據《文獻通考》卷七四改。
〔五〕非：原脱，據《文獻通考》卷七四補。

以考配明矣。』王安石亦對以誤引《孝經》嚴父之説〔一〕，惜乎不能將順上意以辨正其禮。今或者曰：『后稷爲周之祖，文王、武王是爲二祧；高祖爲漢之祖，孝文、孝武特宗兩廟，皆子孫世世奉承不絶。太祖功宜爲帝者祖，太宗、真宗德宜爲帝者宗。』皇祐以二祖、二宗並配，議出于此。竊惟太祖皇帝削平僭僞，混一區宇；真宗皇帝丕承基緒，保綏黎元。二聖基命定命，有德有功，而謂當同爲二祧，並崇兩廟，考之周、漢，懼不相侔。直孺等聞，前漢以高祖配天，後漢以光武配明堂，蓋古之帝王自非建邦啓土、肇造區夏者，皆無配天之祭。故雖周之成、康，漢之文、景、明、章，其德業非不美也〔二〕，然而子孫不敢推以配天者，避祖宗也。聖宋崛起，非有始封之祖，則創業之君，太祖是矣。太祖則周之后稷配祭於郊者也，太宗則周之文王配祭于明堂者也。此二祭者，萬世不遷之法。86皇祐宗祀，合祭天地，固宜以太祖、太宗配，當時蓋拘於嚴父，故配帝并及于真宗。今主上紹膺天統，自真宗至于神宗均爲祖宗，獨躋則患在于無名，並配則幾同於祫饗。又從祀百神在於明堂，本非典禮，或升或黜，慢瀆爲多。今參酌皇祐詔書，將來請合祭昊天上帝、皇地祇于明堂，奉太祖、太宗以配天。惟禮專而事簡，庶幾可以致力于神明。然後申飭攸司，各揚乃職，犧牲必成，粢盛必潔，衣服必備，以稱致力於神之意，則一朝大典，豈特於艱難之時情文粗稱，雖萬代行之可也。」從之。

二年閏四月二十七日，太常少卿王居正等言：「九月二日，季秋祀昊天上帝前二日，奏告神宗皇帝配侑。居正等竊惟去歲明堂大禮，是時禮官仰稽神宗聖訓〔三〕，及取司馬光、呂誨、王安石等説，皆以謂向者明堂配以近考，失《孝經》本旨，遂請以太祖、太宗配，而朝廷參用侍從、臺諫之議行之矣。其九月四日祀昊天上帝，實每歲季秋大饗明堂之禮。今既不敢因舊配以神宗，而去歲明堂緣奉詔書參酌皇祐故事，有合祭並配之禮，與今來每歲季秋祀上帝禮復不同。乞令禮官合議，取旨施行。」從之。已而權禮部侍郎趙子（書）〔晝〕等言：「謹按《孝經》：『郊祀后稷以配天，宗祀文王於明堂以配上帝。』前漢以高祖配天〔四〕，後漢以光武配明堂，説者謂：『古之帝王自非建邦啓土、肇造區夏者，皆無配天之祭。聖宋崛起，非有始封之祖，87則創業之君，太祖是矣。太祖則周之后稷配祭于郊者，太宗則周之文王配祭于明堂者。』仰惟祖功宗德，萬世不遷，配帝配天，禮無易此。頃當三歲之親祠，爰奉祖宗而並配，雖爲舊典，其實權宜。自今每歲季秋攝事，臣等伏請專祀昊天上帝，以太宗皇帝配侑。」詔依。

【宋會要】〔五〕

〔一〕説：原作「悦」，據原稿禮二五之九五複文改。
〔二〕美：原作「羑」，據原稿禮二五之九五複文改。
〔三〕訓：原作「順」，據本書禮二四之八五改。
〔四〕句首原有「以」字，據本書禮二四之八五刪。
〔五〕此三字原脱，據《大典》卷五四五六補。

英宗治平元年正月二十五日〔一〕，太常禮院言，請與兩制同議大行皇帝當配何祭。翰林學士王珪等奏：「唐代宗即位，用禮儀使杜鴻漸等議，季秋大享明堂，以考肅宗配昊天上帝；德宗即位，亦以考代宗配。王涇《郊祀録》注云，即《孝經》周公嚴父之道。本朝祀儀，季秋大享明堂，祀昊天上帝，以真宗配。今請以仁宗配，循用周公嚴父之道。」知制誥錢公輔議：「謹按三代之法，郊以祭天，而明堂以祭五帝。郊之祭，以始封之祖有聖人之功者配焉〔二〕；明堂之祭，以創業繼體之君有聖人之德者配焉。故《孝經》曰：『昔者郊祀后稷以配天，宗祀文王於明堂以配上帝。』又言：『孝莫大於嚴父，嚴父莫大於配天，則周公其人也。』以周公言之，則嚴父也；以成王言之，則嚴祖也。方是之時，政則周公，祭則成王，亦安在乎必嚴其父哉？《我將》之詩是也。後世失禮，不足考據，請一以周事言之。臣竊謂聖宋崛起，非有始封之祖也，則創業之君，遂爲太祖矣。太祖則周之后稷配祭于郊者也，太宗則周之文王配祭于明堂者也〔三〕。此二配者，至大至重，萬世不遷之法也。真88宗則周之武王，宗乎廟而不祧者也，雖有配天之功，而無配天之祭，未聞成王以嚴父之故，廢文王配天之祭而移于武王也。仁宗則周之成王也，雖有配天之業，而亦無配天之祭，亦未聞康王以嚴父之故，廢文王配天之祭而移於成王也。以孔子之心推周公之志，則嚴父也；以周公之心攝成王之祭，則嚴祖也。嚴祖、嚴父，其義一也。下至于兩漢，去聖未甚遠，而明堂配祭，東漢爲得。在西漢時，則孝武之世始營明堂，而以高帝配之，其後又以景帝配之，孝武之後無聞焉。在東漢時，則孝明始建明堂而以光武配之，其後孝章、孝安又以光武配之，孝安之後無聞焉。當始配之代〔四〕，適符嚴父之説，及時異事遷，而章、安二帝亦弗之變，此最爲近古而合禮者。有唐始在神龍時，則以高宗配之，在明皇時則以睿宗配之〔五〕，在永泰時則以肅宗配之。禮官杜鴻漸、王涇輩不能推明經訓，務合古初，反雷同其論以惑時主，延及于今，牢不可破。當仁宗嗣位之初，儻有建是論者，則配天之祭常在乎太宗矣。當時無一言，故使宗周之典禮不明于聖代，而有唐之曲學流蔽乎後人。願陛下深詔有司，博謀羣賢，使配天之祭不膠於嚴父，而嚴父之道不專乎配天，循宗周之典禮，替有唐之曲學。」於是又詔臺諫及講讀官與兩制，禮院再詳定以聞。觀文殿學士、兼翰林侍讀學士孫抃等議：「謹按《孝經》出於聖述，其談聖治之89極則謂人之行莫大於孝，舉孝之大則謂莫大於嚴父而配天。仲尼美周公，以居攝而能行天子之禮，尊隆於父，故曰『周公其人』，

〔一〕按，自此句以下至禮二五之九四「詔恭依」，與本書禮二四之三三至禮二四之四二相關部分重複，但出於《永樂大典》之不同卷。
〔二〕功：原作「德」，據《文獻通考》卷七四改。
〔三〕者：原無，據《太常因革禮》卷一〇補。
〔四〕當：原脱，據《永樂大典》卷五四五六補。
〔五〕皇：原作「堂」，據《太常因革禮》卷一〇改。

不可謂之『安在乎必嚴其父』也。又若止以太祖比后稷，太宗比文王，則宣祖、真宗向者皆不當在配天之序。推而上，則謂明堂之祭，真宗不當以太宗配，先帝不當以真宗配，今日不當以仁宗配，必配之以祖也。臣等按《易·豫》之説曰：『先王作樂崇德，薦之上帝，以配祖考。』蓋若祖若考，並可配天者也。茲又符於《孝經》之説，亦不可謂『安在乎必嚴其父』也。祖、考皆可配帝，郊與明堂不可同位，亦不可謂『嚴祖、嚴父，其義一也』。雖周家不聞廢文配而移於武，廢武配而移於成焉，然則《易》之配考，《孝經》之嚴父，歷代循守，固亦不爲無説。魏明帝宗祀文帝於明堂以配上帝，史官謂是時二漢郊祀之制具存，魏所損益可知，則亦不可謂東漢章、安之後配祭無傳，遂以爲未嘗嚴父也。自唐至本朝，其間賢哲講求不爲少，所不敢以異者，捨周、孔之道無所本統也。今以爲《我將》之詩祀文王於明堂而歌者也，亦安知非仲尼删《詩》，存周之全盛之頌，被於管弦者獨取之也？仁宗繼體保成，置天下於大安者四十二年，德之於人可謂極矣。今祔廟之始，遂抑而不得配上帝之享，甚非所以宣章陛下爲後嚴父之大孝。臣等參稽舊典，博考公論，敢以前所定議爲便。」知諫院司馬光、呂誨議〔一〕：「竊以孝 90 子之心，誰不欲尊其父者？聖人制禮以爲之極，不敢踰也。故祖己訓高宗：『典祀無豐于昵。』孔子與孟懿子論孝，亦曰『祭之以禮』。然則事親者，不以祭爲孝，貴於得禮而已。先儒謂禘郊宗祖，皆祭祀以配食也。禘謂祀昊天於圓丘也，祭上帝於南郊曰郊，祭五帝、五神於明堂曰祖宗。故《詩》曰：『思文后稷，克配彼天。』又《我將》：『祀文王於明堂。』此其證也。下此皆不見於經矣。前漢以高祖配天，後漢以光武配明堂〔二〕。以是觀之，古之帝王自非建邦啓土及造有區夏者，皆無配天之祭。故雖周之成、康，漢之文、景、明、章，其德業非不美也，然而子孫不敢推以配天者，避祖宗也。《孝經》曰：『嚴父莫大於配天，則周公其人也。』孔子以周公有聖人之德，成太平之業，制禮作樂，而文王適其父也，故引之以證聖人之德莫大於孝，答曾子之問而已，非謂凡有天下皆當尊其父以配天，然後爲孝也。近世祀明堂者，皆以其父配五帝，此乃誤識《孝經》之意而違先王之禮，不可以爲法也。景祐二年，仁宗詔禮官稽案典籍，辨崇配之序，定二祧之位，仍以太祖爲帝者之祖，比周之后稷，太宗、真宗爲帝者之宗，比周之文、武。然則祀真宗於明堂以配五帝，亦未失古禮。今仁宗雖豐功美德洽於四海，而不在二祧之位，議者乃欲捨真宗而以仁宗配食明堂，恐於祭法不合。又以人情言之，是絀祖而進父也。夏父弗忌躋僖公，先兄而後弟，孔子 91 猶以爲逆祀，書於《春秋》，況絀祖進父乎？必若此行之，不獨乖違典禮，恐亦非仁宗之意也。臣等竊謂宜遵舊禮，以真宗配五帝於明堂爲

〔一〕誨：原作「晦」，據《大典》卷五四五五改。
〔二〕光武：原作「光光」，據《大典》卷五四五六改。

便。」詔從抃等議，以仁宗配享明堂。

十月二十五日，翰林學士王珪等言：「殿中侍御史趙鼎奏：『謹按本朝祀儀，冬至祀昊天上帝，夏至祭皇地祇，並以太祖配。正月上辛祈穀，孟夏雩祀，孟冬祭神州地祇，並以太宗配。正月上辛祀感生帝，以宣祖配。季秋大享明堂，舊以真宗配，循用周公嚴父之道，最爲得禮。陛下純孝之誠，固已格於上下矣。臣聞孝者善繼人之志，善述人之事，陛下祇紹大統，纂承洪業，固當繼先帝之志而述先帝之事也。仁宗臨御四十二年，配享真宗於上帝者四十一祭，今一旦黜真宗之祀廟而不配，非所以嚴崇祖宗、尊事神明之義也。臣謹按《易》之《豫》曰：先王以作樂崇德薦之上帝，以配祖考。明此稱祖者，乃近親之祖，非專謂有功之始祖也。考《易》象之文，則真宗配天之祭亦不可闕也〔一〕。臣竊詳有唐武德初，以元皇帝配享明堂，兼配感生帝。至〔正〕〔貞〕觀中，緣情革禮，奉祀高祖配明堂，遷世祖配感生帝，此則唐太宗故事，已有遞遷之典，最爲治古之道〔二〕，有足考驗。臣伏請遞遷真宗配孟夏雩祀，以太宗專配上辛祈穀、孟冬神州地祇，循用有唐故事。如此，則列聖參侑，對越於昊天；厚澤流光，垂裕於萬祀。』臣珪等按祀典，天地大祭有七，皆襲用歷代 92 故事，以始封受命創業之君配神作主。至於明堂之祭用古嚴父之道，配以近考。故朝廷在真宗則以太宗配，在仁宗則以真宗配，今則以仁宗配。方仁宗始以真宗配明堂，罷太宗之配，而太宗先已配祈穀、雩祀、神州地祇，本非遞遷。今明堂既用嚴父之道，則真宗配天之祭於禮當罷，難議更分雩祀之配。」天章閣待制兼侍讀李受、天章閣侍講傅卞言：「昨於學士院會議，竊有愚見，與衆不同，不敢不以聞。竊惟自唐末喪亂及五代陵遲，中夏分裂，皇綱大壞。我太祖、太宗以神武英睿，一統海內，功業之大，上格皇天。真宗以盛德大明纂承洪緒，恭儉御物，仁恕撫民，勤勞萬機，哀矜庶獄，綏懷二鄙，遂偃甲兵。因宇內之泰寧，興曠代之典禮〔三〕，登封、汾祀，烜赫聲明，臨御永年，仁恩普浹，則是二聖定天下而真宗成之也。故先帝景祐詔書，令禮官議定，以真宗與太祖、太宗並爲萬世不遷之廟〔四〕。然則侑配之道，是宜與國無窮矣，豈可甫及陛下而遂闕其禮乎！且禮不由天降〔五〕，不由地出，合于人情而已矣。今若以人情揆之，則仁宗臨御四十二年，配享真宗於上帝者四十一祭，又定爲萬世不遷之廟者，孝道之大可謂著明矣。今仁宗神靈在天，乃以配享代真宗之舊而虛真宗之配，則仁宗以子而代父，使父不得與於配侑，豈神靈之孝心可得安乎？議者乃謂遵用嚴父配天之義，臣

〔一〕「則」下原有「一」字，據本書禮二四之三八複文刪。
〔二〕道：原作「近」，據本書禮二四之三八複文改。
〔三〕之：原脱，據《大典》卷五四五六補。
〔四〕「爲」下原衍「爲」字，據《大典》卷五四五六刪。
〔五〕且：原作「具」，據本書禮二四之三九複文改。

等竊以爲所謂嚴父云者〔一〕，[93]非專謂考也。故《孝經》曰：『嚴父莫大於配天，則周公其人也。』下乃曰：『郊祀后稷以配天，宗祀文王於明堂以配上帝。』夫所謂天者，謂郊祀配天也；夫所謂帝者，謂五帝之神也。故上云『嚴父配天』，下乃云『郊祀后稷以配天』，則父者專謂后稷也。且先儒謂祖爲王父〔二〕，亦曰大父，則知父者不專謂乎考也。議者又引唐制，代宗用禮儀使杜鴻漸等議，季秋大享明堂，以考肅宗皇帝配昊天上帝，德宗亦以考代宗皇帝配。又稱王涇《郊祀録》注云，即《孝經》周公嚴父之道。夫杜鴻漸、王涇一時之言，豈可便爲萬世不移之議哉？臣等竊謂趙鼎之議亦爲得禮，若以太宗配雩祀既久，不欲一旦遷侑，乞以仁宗與真宗並配明堂，亦爲合禮。謹按《孝經》〔三〕：『郊祀后稷以配天，宗祀文王於明堂以配上帝。』又按《禮記·祭法》：『周人禘嚳而郊稷，祖文王而宗武王。』文、武俱言祖宗者〔四〕，則知明堂之侑下及乎武王矣，是文、武並配於明堂也〔五〕。故鄭氏曰：『祭五帝、五神於明堂曰祖宗。』祖宗，通言耳。國家祭祀既遵用鄭氏之義，固亦當稽鄭氏祖宗之説也。又《易》曰：『先王以作樂崇德薦之上帝，以配祖考。』是亦以祖、考並配上帝也。上帝之祭，正謂明堂宗祀耳。昔梁國子博士崔靈恩，該通之士，達於禮者也。總三《禮》諸儒之説而評之，爲《義宗》，論議洪博，後世蓋鮮能及〔六〕。其申明鄭義，亦謂九月大饗帝之時，以文、武二王泛配，謂之祖宗。祖者，始也；宗者，尊也。所[94]以明祭爲尊、始者，明一祭之中有此二義。稽乎《孝經》、《祭法》、《周易》、《義宗》之言，則父子並侑可謂明著矣。或者謂父子並座，有乖禮制，臣等竊謂不然。昔唐朝故事，已有並侑之禮。況向來本朝祀典，太宗親祀昊天，奉太祖配；真宗親祀，奉太祖、太宗配；仁宗親祀，奉太祖、太宗、真宗同侑〔七〕。歷五六十載之間，本朝通儒不以爲非，則於此獨何疑哉？如是，則太宗既不失雩祀之配，真宗又不遷明堂之舊，得周家祖宗之義，合鄭氏九祭之説，神明安之，祖考享之，而孝道盡矣。臣等學術淺薄，不足以議祖宗之事，謹據前典，條兹二義。」詔從珪等議。

神宗治平四年七月四日，翰林學士承旨張方平等言：「准詔，以太祖皇帝神主祔廟畢，所有時享并南郊配座，下兩制與禮院官同定。臣等謹按《孝經》曰：『昔者周公郊祀后稷以配天，宗祀文王於明堂以配上帝〔八〕。』又曰：『孝莫大於嚴父，嚴父莫大於配天。』國朝典禮循唐之舊，真宗、仁宗皆祀於明堂以配上帝。今季秋大享明堂，伏請以英宗皇

〔一〕「臣等」下原有「謂」字，據《長編》卷二〇三刪。
〔二〕爲：原作「謂」，據本書禮二四之三九複文改。
〔三〕按：原作「孝」而有殘筆，據《長編》卷二〇三改。
〔四〕祖：原脱，據《長編》卷二〇三補。
〔五〕堂：原作「宗」，據《長編》卷二〇三改。
〔六〕鮮：原作「解」，據《長編》卷二〇三改。
〔七〕「配仁宗」至「真宗」凡十二字原脱，據《長編》卷二〇三補。
〔八〕明：原無，據本書禮二四之四二複文補。

帝配神作主，以合嚴父之議。」詔恭依〔一〕。（以上《永樂大典》卷五四五六）

〔一〕此下原稿尚有禮二五之九四尾部「高宗皇帝」至禮二五之九七「配侑詔依」若干文字，因與本卷禮二五之八四至禮二五之八七相關部分重複，且出於《永樂大典》之同一卷，故刪。

宋會要輯稿　禮二六

郊祀玉帛〔一〕

【宋會要】

1 真宗（景德三年十月二十四日）〔大中祥符三年八月二十五日〕〔二〕，內出《脽上后土廟圖》，令陳堯叟量加修飾，仍詔汾陰壇后土黃琮、神州地祇兩圭有邸，令文思院以美玉制之。

十二月二十四日，詳定所言：「所用玉幣，望下太府寺、少府監製造供用。又車駕還鞏縣日，道次設幄殿，皇帝服鞾袍，設香、酒、時果、牙盤食，遥拜諸陵，命大臣以香幣酒脯詣致告，后陵即別差官。」並詔恭依。

神宗元豐六年十一月五日親郊，命吏部尚書奉玉幣，從皇帝至昊天上帝神座前奠鎮圭，奠玉幣，次詣太祖神座前奠圭幣，一如元豐四年禮院言儀。

【宋會要】

高宗紹興元年二月五日，詔祀天玉以蒼璧，皇地祇以黃琮，感生帝以四圭有邸，神州地祇、太社、太稷以兩圭有邸，止依方色奠幣，權不用玉。時闕玉，權宜也。

八月七日，詔祀神玉令文思院製造蒼璧、黃琮，尚慮數少，更降玉璧一塊，可相度添用。

八日，參知政事張守奏：「蒙降出蒼玉璞，已送文思院。」上曰：「所從買家知是大禮所用，頗邀厚價，朕以祀天，不可計費。」

四年四月十六日，太常寺言：「大禮依儀合用禮神真玉，除昊天上帝、皇地祇已有蒼璧、黃琮外，其餘五方帝、日、月等玉，依天聖故事用珉。」從之。2 以臣僚言明堂大禮如非祀禮，賞軍，其他冗費每事減節故也。

【宋會要】

紹興十三年十月，禮部太常寺修立郊祀禮儀：祀日丑前五刻，太府卿帥其屬入，陳幣於篚，少府監陳玉，各置於神位前。昊天上帝以蒼璧，皇地祇以黃琮，青帝以青珪，赤帝以赤璋，黃帝以黃琮，白帝以白琥，黑帝以黝即玄，避聖祖諱。璜，神州地祇以兩圭有邸，日、月以珪璧，五嶽以兩圭有邸，皆盛於匣。昊天上帝、配帝幣皆以蒼，皇地祇以黃，日、月、內官以下各從其方色。祀日質明行事，皇帝升壇，詣昊天上帝神位前，跪，奠鎮圭，興，又跪。內侍加玉于幣，以授吏部尚書，吏部尚書以授左僕射，左僕射西向跪以進。禮儀使奏請受玉幣，皇帝受。奠訖，吏部侍郎東向跪受以興，

〔一〕玉帛：原無。按以下輯自《永樂大典》卷五四五九，據《永樂大典目録》，《大典》此卷事目爲「郊祀．玉帛」，今據以補二字。

〔二〕原稿繫年有誤，據《玉海》卷九四改。按真宗此舉乃爲次年春祀汾陰作準備，《玉海》叙此次祀事前後過程甚詳，其所記時間必不誤。景德三年尚無祀汾陰之意，不可能有以下事。又下條亦是祥符三年末詳定所擬定次年皇帝自汾陰經西京，鞏縣回京之安排，故言「還」，決非景德三年事。

進于昊天上帝神位前。次詣皇地祇、太祖、太宗神位前，奠鎮圭、玉璧，並如上儀。配位唯不奠玉。皇帝東向受幣，左僕射北向進，吏部侍郎南向受，以奠於配帝神位前。至賜胙，再拜訖，吏部侍郎帥太祝執篚進，取幣。降，詣柴壇，升，置燎柴，諸大祝又以神位幣帛從燎。

【宋會要】

孝宗乾道六年閏五月十四日，中書門下省檢正左右司言：「郊祀事務合歸有司者，乞並不申三省。其禮部備申朝廷降旨者，如檢舉排辦事務，依前郊大禮，左藏庫3供應幣帛。望自今本部徑下太常寺，照例報所屬排辦。」從之。

【宋會要】

寧宗嘉泰四年十月九日，吏部侍郎兼侍讀顔棫等言：「臣等近因進讀《高宗皇帝聖政》，至紹興元年八月辛未降出蒼玉璞付文思院，上曰：『賣者知是大禮所用，頗邀厚價，朕以祀天，不當計費。』上喜見玉色。臣讀畢，因奏曰：『近者竊聞有以四圭有邸來獻陛下者，陛下即以付之奉常，其事正與光堯相類。』陛下顧謂臣曰：『卿曾見來，此中原舊物，極大且厚，色甚温潤。』又顧臣棫等，天顔悦甚。臣又奏：『高宗皇帝得蒼璧而喜，陛下得圭邸而喜，豈以得玉爲喜，蓋誠於奉天，故喜於得祀天之器。況又中原故物，湮没七十年間，陛下一旦得之，正以至誠所感耳。』乞降付史館，書之簡策。」從之。

【宋會要】

〔大中祥符〕七年正月十三日〔一〕，禮儀院言：「南郊合祭天地，太府寺供幣七十八段，除正位十三段外，自餘施於內官則有餘，用於中外官〔二〕、嶽瀆則不足。竊尋禮制，內外官、海嶽幣從方色。欲望皇帝親祠昊天上帝、皇地祇，配帝、五方帝、日、月、神州、天皇、北極及內官五十四、中官百五十九、外官百六、嶽鎮海瀆十八，請並供制幣，各如方色，著爲定制。」從之。

【宋會要】

徽宗大觀四年四月二十八日，議禮局言：「《周官·肆師》：『立4大祀用玉帛牲牷，立次祀用牲幣，立小祀用牲。』牲之有幣，致酬酢之義，（以）〔似〕飲酒之有酬幣也。七祀在《周官》亦祭於宫中，蓋羣小祀之比，則祀不用幣亦可知矣。先儒謂小祭祀，王（元）〔玄〕冕所祭也。今祭七祀用特牲，而所服止於（元）〔玄〕冕，乃有奠幣之儀，於禮不稱。夫幣之通制，一丈八尺，大祀、次祀、小祀無不用焉，則祭饗之間何以别之？望依《開元》、《開寶通禮》，七祀不設奠幣，焚幣之儀，他小祀准此，以合《周官·肆師》立祀之意。」從之。

【宋會要】

政和四年四月十四日，禮制局言：「古者祭祀禮神，無不用玉。《周官》典瑞掌玉器之藏，蓋已事則藏，有事則出

〔一〕大中祥符：原無，據本書禮一四之一六補。
〔二〕官：原作「宫」，據本書禮一四之一六改。

而復用，未嘗有燔瘞之文。其説起於鄭氏注與《韓詩外傳》、崔氏《義宗》三家謬誤。鄭氏注《周禮·大宗伯》「以槱燎祀司中司命」，謂「玉帛燔燎」也。又《大宗伯》「以貍沈祭山林川澤」，鄭氏注謂埋牲玉也。則《周官》本無用玉而燔燎之文。又《詩》稱「告祭柴望」，《書》稱「至於岱宗柴」，《禮記》「天子適四方先柴」，又曰「燔柴於泰壇」，皆止謂以柴爲燔。而《韓詩外傳》謂「天子奉玉升柴，加於牲上而燔之」，意外增加用玉，豈有六經止説燔柴如此之詳，而無一字及玉者？其後崔氏又引《雲漢》之篇稱「圭璧既卒」，以爲「燔瘞而盡，故至於無」，其説愈加繆戾。蓋古者止有祀天燔帛，祭地瘞繒之禮，以玉難得，故諸侯五玉既覲，乃復還之。在三代時玉已難[5]得，而祭祀用玉之數爲多，其不燔瘞可知。乞依《周禮》正經，並不燔瘞。今後大禮及諸常祀，皆以真玉爲禮神之器，仍依《周官》典瑞之職掌其藏，時出而用，無得燔瘞。」從之。

四月二十六日，太常寺言：「《夏祭大禮格》，皇地祇玉以黃琮二，神州地祇用兩圭有邸二。議禮局降到儀注，皇地祇玉以黃琮，神州地祇、五嶽以兩圭有邸。案《周禮·典瑞》：『兩圭有邸，以祀地，旅四望。』本寺歲祭四望嶽鎮海瀆，各用兩圭有邸。若依《大禮格》，即嶽鎮海瀆皆無用玉之文；若依議禮局儀注，并歲祭四望即皆合用兩圭有邸。」詔送禮制局議定。禮制局言：「《周官》旅上帝、四望，皆謂非常之祭，則嶽鎮海瀆從祭大祇，不當用玉。紹聖《親祀北郊儀注》，皇地祇以黃琮，神州地祇以兩圭有邸，嶽鎮海瀆亦不用玉。則今來夏祭合依《大禮格》，皇地祇、神州地祇用玉外，餘並不用。兼看詳《周禮》『圭璧以祀日月星辰』，《新義》云：『日月星辰以璧爲邸，則四圭邸璧可知；四圭邸璧，則兩圭邸琮可知。』先儒之説，兩圭有邸，亦以璧爲邸，其理非是，合依《新義》兩圭邸琮。」從之。

五月五日，禮制局言：「祭祀始則求神而禮之，終則正祭而祀焉。《大宗伯》『以黃琮禮地』，蓋施於求神之時也，與《大司樂》以『函鍾爲宮』至『地示皆出，可得而禮』同矣。《典瑞》『兩圭有邸以祀地』，蓋施於薦獻之時，與《大司樂》『奏大簇、歌應鍾、舞咸池以祭地』同矣。鄭氏乃謂以黃琮禮地神之在崑崙者，兩圭[6]有邸以祀地祇於北郊神州之神。且黃琮、兩圭有邸，《周官》特言禮地、祀地而已，初無崑崙、神州之別。鄭氏之説本於讖緯之書，前代如長孫無忌輩固嘗辨其非矣，又況皇地示、神州地示同位於一壇之上，於皇地示則禮而不祀，於神州地示則祀而不禮，豈禮意乎？晉徐邈、唐顯慶禮皆以蒼璧、四圭有邸爲祀天之玉，何獨於黃琮、兩圭有邸而疑之哉？國朝祀儀，祭皇地示以函鍾爲宮而下爲降神之樂，以奏太簇、歌應鍾爲薦獻之樂，至於用玉，尚依鄭氏之説，未應禮注。伏請黃琮、兩圭有邸並施於皇地祇，求神則以黃琮，薦獻則以兩圭有邸。」又言：「黃琮，鄭康成及梁正《三禮圖》皆謂八方以象地。聶崇義言黃琮比大琮，每角各剡出一寸六分，共長八寸，厚寸。蓋厚寸乃大琮之制，而每角各剡出一寸六分，共長八寸，於經無見，不知崇義何所據而爲此説。謹案《考工記》：大琮十有二寸，作内鎮，宗后守之；璧琮有九寸者，諸侯以饗天子；有八寸者，以頫聘；瑑琮八寸，諸侯以饗夫人；駔琮有七寸者，天子以爲權；有五寸者，宗后以爲權。其所用者各異，獨不言黄琮廣狹厚薄制度。今方澤並用坤數，而黄琮乃禮地之器，則其制宜廣六寸，厚二寸，爲八方而不剡。」又言：「《考工記》云：『兩圭五寸有邸，以祀地。』兩圭之長宜共五寸，《新義》云兩圭並宿一邸，則兩圭宜託宿宗於琮也。然琮色黄，而圭乃不言色，由體以起用，恐當[7]用黄琮之色。謹案《周官·大宗伯》：『以玉作六器，以禮天地四方』，而繼之以『皆有牲幣，各放其器之色』。牲幣且當放玉之色，則圭之色獨可以異於琮邪？伏請兩圭並以黄玉爲之。」並從之。（以上《永樂大典》卷五四五九）

郊祀牲牢

【宋會要】古者大祭祀之牲牷，先期三月殊養之。國朝大、中、小祠，皆前一日有司供於祠所，太僕寺掌供羊牛，司農寺掌供豕。太祖建隆四年八月二十九日，有司上言：「準《禮》，宗廟之牛角握，天地之牛角繭栗。太廟四室各用犢一，昊天上帝用犢一，皇地祇及配帝用犢一，加羊、豕各一，五方帝

用隨方色犢各一，大明赤犢一，夜明白犢一，神州地祇黝犢一，皆有羊、豕，從祀中外官而下，共用羊、豕各九。周顯德元年，郊祀、太廟、四至共用犢一，郊壇用犢、羊、豕之數如故，頗異舊制。」詔太廟宜用犢二，郊壇宜用犢五，羊、豕如令。

開寶元年十一月十四日，冬至親郊，詔有司，宗廟共用犢一，郊壇用犢牲如周制。

二年六月二十九日，詔：「大祀所供犢，自今委牛羊司豢養，無得闕事。其常祀惟昊天上帝、皇地祇用犢，自餘大祀悉以羊、豕代之。」

七月二十一日，牛羊司上言：「本司無犢牛，望仍舊委開封府收市。」詔自今每犢給錢五千，復委開封府祗應。

太宗淳化三年九月二十一日，侍御史王洞上言：「諸祠祭並用少牢，其羊並太僕寺於牛羊司請重二十斤以上者。近日供到多是瘦瘠，臨[8]時既難换易，供用便爲虧禮。況關進胙，誠合用心。自今望令本司以肥腯者充，如有違慢，望行懲責。」從之。

四年正月二日親郊，以宣祖、太祖並配上帝，增用犢四。

真宗咸平二年十一月丙戌南郊，正位二，配位二，每位用犢一、羊一、豕一；五方帝，每位用羊、豕一；日、月、神州，每位羊二、豕二；從祠七百三十七位，皆不用牲，並以上件羊、豕分充。用幣帛七十八段，天帝、配帝、日、月、五

方帝、神州外，餘六十六段。五年六月上甲，始庀牲。十月上甲，始繫牲。

景德三年十二月二十日，詳定所言：「准禮例，后土地祇用黃牲一，配帝二座用黃牲二，神州地祇用黝牲一，並繭栗犢；及從祀羊、豕各五。仍各置副，使預先滌養。」

四年十月十二日，詔：「自今應用犧牲，歲初委擇純色別豢養之，太常寺察舉，在滌無得捶扑，一如舊典。中、小祠止用肉者，並加羊一。」

大中祥符元年七月四日，詳定所上言：「南郊正位二，配位三，每位用犢一、羊一、豕一；五方帝，每位用羊一、豕一；日、月、神州，每位羊二、豕二；從祀七百三十七位，皆不用牲，並以上件羊、豕分充。今參詳，準手詔，五方帝、日、月、神州並特用方色犢，其舊用羊、豕二十二，望改充從祀牲。」從之。

八月四日，詳定所上言：「准光禄寺牒，景德二年南郊，天皇大帝、北極二位升在第一等，與日、月、五方帝神位同用十籩、十豆。封禪日，未審用何等禮料。今參詳，日、月、五方帝、神州地祇，准禮用[9]犢；天皇大帝、北極元是星座，准禮不用犢。封祀日，欲望令光禄寺於從祀牲肉薦體，其籩豆禮料依第一等神座例。」從之。

三年三月，詔：「自今十坊監、車營務、乳酪院、諸園苑、開封縣西郭省莊，有孳生純赤黃色牛犢，別置欄圈餵養，準備揀選供應。如養飼可充用者，每一犢省莊人户支錢三千，坊監二千。逐處有新生犢，即申省簿記，關太僕寺逐祭取索供應。」

四月二十四日，詔：「自今祠祭猪、羊宰殺分爲四段，入房封鎖，至時請出，更不用火印。仍令監祭常切點檢，稍有怠慢，罪在監祭使。」

仁宗天聖元年十二月，詔：「自今每禁屠宰日限内有祠祭，據合用肉依仍宰殺供應，即不得宰過所用數。」

二年三月，詔：「供庖務、牛羊司，自今據司農寺合要祠祭猪數，預先收買及式樣，純黑、長尾肥好猪，破糟食子粟飼養供應。如後更供瘦病不完具者，主典當行嚴斷。仍令開封府每年舉行指揮。」

景祐五年四月三日，三司言：「祠祭用犢，預先并母豢於牛羊司，候祭訖，犢支錢五千，母給本主。今後乞并母給錢，免妨耕種。」從之。

嘉祐七年八月一日，翰林學士王珪等言：「准詔詳定秘閣校理裴煜奏：『五方及感生帝皆大祠[一]，其從祀牲用羊一、豕一。䄍祭正位、從祀二百九十有三，牲用羊二、豕二。釋奠雖曰中祠，文宣王配位、從祀九十有三，武成王配位、從祀七十有五，各用羊一、豕一，其封割殆不徧足。』禮院請祀[10]五方、感生帝、䄍百神[二]，釋奠文宣王、武成王，

[一]「及」下原有「七」字，據王珪《華陽集》卷四五刪。
[二]百：原作「八」，據《華陽集》卷四五改。

從祀者衆，其用牲既少，俎實幾不能充，今宜加五方、感生帝羊二、豕二，䄍百神羊五、豕五，文宣、武成王羊三、豕三。請如禮官之議〔一〕。」詔恭依。

【宋會要】

〔神宗元豐四年〕十月十二日〔二〕，詳定郊廟奉祀禮文所言：「熙寧祀儀，正月上辛祀感生帝，孟冬祭神州地祇，牲用羊、豕。宜俱用犢而去羊、豕。」從之。

元豐〔五〕〔六〕年二月癸酉〔三〕，監察御史王桓言：「祭祀牢醴之具皆掌於光禄，而寺官未嘗臨涖，失事神之敬。伏請大祠皆輪光禄卿、少卿，朔祭及中祠輪丞、主簿監視。」並從之。

哲宗元祐六年正月，詔自今祠祭毋用羔羊。從禮部請也。

紹聖三年，禮部侍郎黄裳言：「北郊配帝牲用赤，與南郊用牲不同。帝王德配天地，則其牲幣宜從所配，請皆用黄。」從之。

徽宗大觀元年八月七日，詔京畿轉運司於近畿擇地置官設徒，養牛千頭，以備祠饗。有餘供他用。故事，祭祀用牛令畿縣科買，言者謂擾民，故有是詔。

【宋會要】

〔元豐元年〕九月十四日〔四〕，詳定禮文所又言〔五〕：「《禮記》曰：『郊特牲而社稷太牢。』又曰：『祭天地之牛角繭栗。』蓋以覆燾持載之功，無物可稱，故至恭不壇，掃地而祭，以下爲貴也；大裘不裼而冕無旒，陶匏之器，稾鞂之席，以素爲貴也；用繭栗犢，取其誠慤，以小爲貴也；特牲而已，不及羊、豕，以少爲貴也。配坐亦特【11】牲，以其祖遠而尊，故以天道而事之。《書》曰『用牲於郊，牛二』，《春秋傳》曰『養牲養二卜』是也。嚴父明堂則有牛羊，以其邇近而親，故以人道事之。《詩》曰『我將我享，維羊維牛』是也。孔安國不原於此，乃曰『郊以后稷配，后稷貶於天，有羊豕』，殊無經據。本朝儀注，昊天上帝、皇地祇、太祖皇帝之坐，各設三牲俎，不獨配位誤用羊豕，而正位亦不專用犢，非尚質貴誠之義。伏請改正，親祠圜丘、方澤，正、配位皆用犢，不設羊豕俎及鼎匕。有司攝事准此。」從之。

三年六月十三日，詳定郊廟奉祀禮文所言：「謹按古者祭祀用牲，有豚解，有體解。薦腥則解爲七體，薦熟則解爲十一體。《記》曰：『腥其俎，熟其殽。』鄭氏曰：『腥其俎，謂豚解而腥之；熟其殽，謂體解而爓之。』孝子不知神之所享，故薦腥而薦熟，以備古今之食。所謂豚解者，四鬄

〔一〕議：原作「儀」，據《華陽集》卷四五改。
〔二〕神宗元豐四年：原無，據《長編》卷三一七補。
〔三〕六年：原作「五年」，據《長編》卷三三三改（按《文獻通考》卷五五誤作政和六年）。
〔四〕元豐元年：原無，據《長編》卷二九二補。
〔五〕詳定禮文所：原無，據《長編》卷二九二補。按《宋會要》原文此前蓋尚有詳定禮文所言，故此云「又言」。

去蹄，殊其肩髀，如解豚然也。胖合升，蓋吉祭升右胖，非吉祭升左胖，特豚則左右胖合升，《士冠禮》曰『特豚載合升』是也。周人貴肩而賤髀，若薦熟升一胖，則髀不升；若薦腥左右胖俱載，則髀亦升。賈公彥曰：『凡言合升皆并髀升，若體解升者髀不升』是也。故先儒言吉祭薦腥七體，謂兩髀、兩肩、兩胉并脊也。其髀與肩、胉皆左右胖俱用，以其解之如解豚，則合載亦當如升豚矣。至薦熟俎，惟用右胖，髀不升，而體解爲十一體，即用朝踐所薦七體沈於湯而體解之，除脊全用外，其肩、骼、脅唯解右胖。肩、臂、臑、肫、胳、正脊一、脡脊一[一]、橫脊一、短脅一、12正脅一、代脅一，皆二骨以並。《周官》內饔辨體名肉物，凡宗廟之祭祀，掌割亨之事；外饔掌外祭祀之割亨，陳其鼎俎，實其牲體；諸子大祭祀，正六牲之體，謂此也。今親祠南郊，正、配位之俎用牛羊豕之足各一，用肉各一。太廟每室用羊豕之足各一[二]，用牛肉各一。至饋熟，又爨三牲之肉各一，不殊左右胖，不分骨之貴賤，無豚解、體解之别。伏請自今郊廟薦腥之時，解其牲兩髀、兩肩、兩脅，并脊爲七體，左右胖俱用。共載于俎，則以兩髀在兩端，兩肩次之，兩脅次之，脊居中，皆進。未至薦熟，沈肉於湯，止用右胖，髀不升。前體肱骨離爲三，曰肩、臂、臑；後體股骨去體離爲二，曰肫、胳。其足附謂之觳神，俎所不用。前脊二骨，謂之正脊；其次直者二骨，謂之脡脊；又其次闊於脡脊者二骨，謂之橫脊。所謂脊從前爲正，而脊先前也。脅最後二骨爲短脅，旁中二骨爲正脅，最前二骨爲代脅。所謂脅旁中爲正，脅先後也。若升于俎，則以肩、臑在上端，膊、胳在下端，脊、脅在中央。其載之次序，則肩也，臂也，臑也，正脊也，脡脊也，橫脊也，代脅也，長脅也，短脅也，膊也，胳也。此十一體在俎之序，謂（直）〔宜〕依此設之。《少牢禮》曰：『下利升豕，其載如羊，皆進下。』鄭氏曰：『進下，變於食生也。所以交於神明，不敢以食道。』賈公彥曰：『《公食大夫》、《鄉飲酒》，牲體皆進腠，腠是本，是食生人之法。此言進末，末爲終，謂骨之終，是食鬼神法，故云變於食生也。』今骨體升俎，進於神13座之前，伏請依《少牢禮》，皆進下。」又言：「古者堂上既朝踐，然後退而合亨，亨人以鄉者朝踐所薦腥爛牲體，更爨於鑊令熟，乃薦。今來若俟更爨熟方薦，則恐稽緩，欲乞以牲體肩、臂、臑、肫、胳、正脊、脡脊、橫脊、長脅、短脅、代脅分割骨節，各以其半爲腥俎，半爲熟俎。腸胃膚俎亦然。」並從之。

元豐（元）〔三〕年八月[三]，又言：「請凡天神之祀，皆燔牲首以報陽；凡地祇之祭，皆瘞牲左髀以報陰。凡薦享太廟，皆升首於室。」從之。

三月[四]，太常寺言：「郊廟奉祀禮文所言，應大中小

〔一〕脡：原作「胖」，據《長編》卷三〇五改。
〔二〕每：原脱，據《長編》卷三〇五補。
〔三〕三年：原作「元年」，據《長編》卷三〇七改。
〔四〕三月：疑有脱誤。

祀正、配，合依禮解牲，七體腥〔一〕，十一體熟，諸祀每位以羊一、豕一，方得牲體數足。高（楳）〔禖〕等四位循例共羊一、豕一、犢一，解牲體不足。今欲諸祀正、配位用全體解割，餘從祀位並分設位神俎，内雨師有正、配兩位，見用羊一、豕一，乞各增其一。」並從之。

【宋會要】

（五年二月癸酉監察御（史）王桓言）〔元豐四年十月十一日，詳定禮文所言〕〔二〕：「國朝南郊、太廟儀注，雖有太常卿、宗正卿省牲之文，實未常行。至於明堂，又無省牲之官〔三〕，惟太祝巡牲而已〔四〕。其省鑊則以光禄卿，而又未嘗視腥熟。伏請祭前一日，禮部尚書、侍郎省牲，光禄卿奉牲告充備，禮部尚書省鑊。祭之日，禮部侍郎視腥熟之節。」從之。又言：「應緣親祠告天地、宗廟、社稷，並依令用牲。」從之。

哲宗紹聖三年六月二十七日，權禮部侍郎黄裳言：「北郊配帝之牲用赤，與南郊用牲其色不同。竊以帝王德配天地，則其牲幣宜 14 從所配之色，請皆用黄。」從之。

徽宗大觀四年四月二十八日，議禮局言：「古者天子必有養獸之官，遂人授之牧人，牧人授之充人，擇其毛而卜之吉，然後養之三牢，芻之三月，封人歌其肥腯，而宗伯省其純全，然後用之，欽之至也。故《記》曰：『帝牛必在滌三月。』《春秋傳》曰：『鼷鼠食郊牛角，過有司也，展道盡矣，其所以備災之道不盡也。』言省牲而知傷，是展察之道盡也；牢閑不謹，傷之者至是，備災之道不盡也。古之養牲，一月在外牢，二月在中牢，三月在明牢，天時成矣，然後以爲天（性）〔牲〕也。又其養牲也，必養二，帝牛不吉則以爲稷牛，乃復取稷牛而用之。大祀犧牲，其嚴如此。今郊廟所用牲牷，雖已專置滌宮，然未嘗易牢也。乞命有司毛其純色，芻之三月，月易一牢，以應在滌之義。中祀六十日，小祀三十日，皆考古法，庶協禮經。」從之。

政和四年四月二十一日，太常少卿林震言：「祠祭用牲，未嘗偏省，恐失滌養之本意。伏請自今以一祭合用牲數並加省視畢，然後告充、告腯如常儀。」

五月九日，太常言：「夏祭親祠，升四鎮、海瀆十三位於第二成，乞增用牛、豕各三。今後常祠皇地祇依此。」從之。

〔一〕七：原脱，據文意補。按上文云：「薦腥則解爲七體，薦熟則解爲十一體」，是也。

〔二〕以上二句，原稿作「（元豐）五年二月癸酉監察御史王桓言」。按此條所記之事，《長編》卷三一七繫於元豐四年十月十一日甲子，並作詳定禮文所言。李燾原注云：「元豐四年十月十一日中書劄子：奉聖旨依奏。」《長編》之記載甚明，今據改。又按：原稿「五年二月癸酉監察御史王桓言」二句實爲另一條之殘文，該條全文見本卷前文禮二六之一〇，不知此二句何以脱落在此，而其中之「五年」又爲「六年」之誤（詳前文校記），據《長編》卷三二五，元豐五年四月王桓始爲監察御史。

〔三〕「實未」至「省牲之」：原脱，據《長編》卷三一七補。

〔四〕祝：原作「祀」，據《長編》卷三一七改。

〔紹興〕八年十二月〔一〕，國子監丞、兼權太常博士王普言：「國朝郊祀天地用犢，而社稷、宗廟與大饗明堂用牛、羊、豕，皆合於古。巡幸以來，禮文草創，天地之祭止用少牢，此權時之宜，非循舊典。近因大臣所請，乃詔有司依舊制用 15 太牢。緣太牢係牛、羊、豕，唯大饗當用，所有冬祀、夏祭、祈穀、雩祀正、配位，止合用犢。欲乞並依舊制。」時太常寺申言：「來年正月一日上辛祈穀祀上帝，合用正副牛犢共四頭并母，係角繭栗、純黃色雄犢，欲下兩浙轉運司於臨安府并所隸州縣官買。兼每遇祀天地，牲牢前九十日送牛羊司入滌，仍乞以後依限收置。」並從之。（以上《永樂大典》卷五四六〇）

〔一〕紹興：原無，據《建炎要録》，王普紹興三年至十二年間爲太常博士，因補「紹興」二字。

宋會要輯稿　禮二七

大禮五使

【宋會要】

1 祭祀行事官〔一〕。淳熙三年九月二日，詔：「郊禮在近，合差官行事。所攝官稱，其間有合沿革，可令禮部、太常寺討論議定，申尚書省。」

九月十四日，詔以參知政事龔茂良爲大禮使，參知政事李彦穎爲禮儀使，同知樞密院事王淮爲儀仗使〔二〕，簽書樞密院事趙雄爲鹵簿使〔三〕，武泰軍節度使、開府儀同三司、充萬壽觀使曾覿爲橋道頓遞使。並以職事爲序，更不置司，合行事令三省禮房專行。後同此制。

十七日，禮部、太常寺言：「《開寶通禮》，皇帝冬至祀圓丘，行事所攝官稱，係太尉掌誓百官，侍中進玉幣并奏請致齋，及輦輅前奏請并用侍中。至政和新定官 **2** 制，以左輔、右弼、太宰、少宰易侍中、中書令、左右僕射之名，以《五禮新儀》大禮行事攝官稱，用太宰、少宰、左輔攝事。至靖康元年，詔三省長官名可並依元豐官制。自紹興元年至乾道六年，大禮行事所攝官稱，依舊用左右僕射、侍中。乾道八年，詔改左右僕射爲左右丞相，及侍中、中書尚書二令並删去。乾道九年郊祀大禮，以左右僕射及侍中並改稱左右丞相。前項所攝官稱典故沿革不一，（令）〔今〕參倣上件禮例，掌誓欲依舊例差宰執攝；行禮（曰）〔日〕進玉幣、爵酒，欲依舊差執政攝；前三日奏請皇帝致齋〔四〕、車駕自太廟詣青城輦輅前奏請、進接圭兼進飲福酒殿中監，近降詔旨，侍中雖已删去，緣每遇大禮，進接圭兼進飲福酒殿中監亦差官攝事，參倣上件禮例，並用侍中攝事，貴存舊名，以備禮文。欲依舊例差侍從攝；禮畢肆赦，承旨宣制，近降詔旨，中書令雖已删去，參倣殿中監攝事禮例并《開寶通禮》，用中書令攝事，貴存舊名，以備禮文。欲依舊例差執政或侍從攝。」從之。

四年十月五日，太常少卿齊慶胄言：「乞照詳國朝典故，自今宗廟祠祭並於宗室使相以下輪次選差，非實有疾，不許辭免，庶幾祀事益肅，班聯可觀。乞下大宗正司斟酌，若實年老，難於拜跪，免差行事。其年齒差高，可以拜跪官，欲乞並令本司依上件儀制差充五享初獻行禮。其除差亞、終獻等官，亦合照應儀制，指揮輪差。」從之。

3 同日，太常博士章謙言：「如同日祠祭，御史臺報闕監察御史，從本寺申禮部關吏部，輪請六曹郎官攝。並不許辭避，更不降敕。如在散齋之内闕監察御史，除初獻外，如本祭有郎官，即請郎官攝監祭行事；如無郎官，欲從上請官一員攝。行在鼇務官、

〔一〕天頭原批：「吉禮。郊祀職事。大禮五使。」按，自此至禮二七之一六「典憲從之」，本書禮一四之一〇八至禮一四之一二〇有複文，但并非全同。
〔二〕「淮」下原有「以」字，據本書禮一四之一〇〇删。
〔三〕事：原作「使」，據本書禮一四之一〇〇改。
〔四〕前：原作「萬」，據本書禮一四之一〇八改。

浙西安撫司、臨安府屬官差充祠祭行事〔一〕，內無齋舍及無本司者，聽於鄰近寺觀致齋，前一日質明赴(司)〔祠〕所。每遇祠祭，祗應人前夕須管於祠所附近寺觀澡浴〔二〕，赴祠所祗應，不得輒離祠所。諸色祗應等人如不嚴肅，及違犯約束，並令監察御史彈奏。無官人送大理寺。」內祠祭無察官處，委本祭獻官檢察。從之。

五年三月二十七日，太常寺言：「每遇祀祭，依儀制輪請本寺少卿行事。今來太常少卿齊慶胄時暫兼權侍立修注職事，乞依已降指揮，先趁赴侍立畢，徑赴祠所省饌致齋行事。及日後遇祭祀，輪請本寺少卿行事。致齋日分內有朝殿，亦乞依上件指揮。」從之。先是，國子司業、兼太子左諭德、兼權起居舍人蕭燧爲仲春上丁釋奠至聖文宣王充初獻行事，在致齋內係常朝日分，許趁赴侍立畢徑赴齋，故有是命。

六年七月五日，詔以右丞相趙雄爲大禮使，樞密使王淮爲禮儀使，參知政事錢良臣爲儀仗使，少傅、保寧軍節度使、充醴泉觀使、兼侍講史浩爲鹵簿使〔三〕，少保、寧武軍節度使、充醴泉觀使曾覿爲橋道頓遞使。既而良臣言：「五使之序，4 止以職事爲定，臣偶備員政府，濫在第三。史浩以舊學元老兩登相位，今廼下列，望改臣所領處浩之次。」上批：「大禮五使，以職爲序，卿見參機政，自有前郊體例，不須謙辭。」

六年七月九日，詔：「應被差行事等官，如敢依前託故避免，申乞改差之人，委臺諫密切覺察，具名彈奏取旨。」從中書門下省請也。

十三日，太常寺言：「明堂大禮前一日朝饗太廟，合差南班宗室，乞降勅差官施行。」從之。員數如彝式。

同日，皇叔祖嗣濮王士輵言：「將來明堂大禮，合差宗室行事，士輵見年八十七歲，乞免陪位立班。」詔別廟初獻改差嗣濮王士輵，（見年八十七歲，乞免陪位立班，詔別廟初獻改差嗣濮王士輵）亞獻改差恩平郡王璩，終獻改差保康軍節度使士歆。

八月五日，皇城司言：「明堂大禮，從駕臣僚祗應人依格將帶外，其餘應合行事官許帶一名。若過數，依闌入法，不以大禮赦原。」從之。此申明紹興三十一年已降指揮，權依大觀皇城司例。十五年八月同此。

七年八月二日，詔：「自今吏、户、刑三部郎官免差祠祭，如遇闕官〔四〕，許於卿、監、館職通差。」以中書舍人施師點言，考功、侍右勿使兼貳四時祠祭〔五〕，乞與免差，故有是命。

九年七月十三日，詔：「今歲明堂大禮，少師史浩、少保陳俊卿並特令赴闕陪祠，令學士院降詔。」浩、俊卿各以疾辭，詔免。十二年十月同。

〔一〕充：原作「免」，據本書禮一四之一〇九改。
〔二〕浴：原作「洿」，據本書禮一四之一〇九改。
〔三〕浩：原作「誥」，據《宋史》卷三九六《史浩傳》改。下同。
〔四〕闕：原脱，據本書禮一四之一一〇改。
〔五〕貳：原作「二」，據文意改。「貳」謂副貳。

九年九月二日，詔以左丞相王淮爲大禮使，右丞相[5]梁克家爲禮儀使，知樞密院事周必大爲儀仗使，參知政事李彦穎爲鹵簿使〔一〕，安德軍節度使、開府儀同三司、充萬壽觀使伯圭爲橋道頓遞使。

十年八月八日，臣僚奏：「仁宗朝，包拯因監祭九宫貴神〔二〕，見以常朝官充攝行事，遂引唐天寶中故事爲言，乞攝太尉者差兩制以上，所貴差重其禮，以申崇奉之意。今所祀九宫貴神，三獻官類皆用寺監丞簿以下攝行祭事，慮其太輕，崇奉未至。」詔禮部同太常寺看詳。今檢照，遵用《政和五禮新儀》差官。數内初獻係以禮部尚書、侍郎，如禮部尚書、侍郎或闕，依次輪別曹長貳充初獻行事。先吏部、次户部之類。

十〔一〕年六月十五日〔三〕，臣僚言：「臣聞禮典有大祀、中祀、小祀之別，主其祀者有宰執、侍從、卿少、博士、郎官之異，亦曰尊卑隆殺，惟其稱而已矣。今或大祀而合主以侍從者，乃代以寺監丞簿；中祀而合主以卿少者，乃代以局務官。品位邈絶，爲禮不稱。禮非其禮，敬何從生？祭而非敬，祭何益焉！欲望明戒有司，自今祭祀委官，必當一遵禮法，如果拘於職守，適有疾病者，須自未受齋戒之前報聞，當差一等班列充代。」從之。

十二年八月五日〔四〕，太常少卿朱時敏言：「臣聞祭祀之有齋〔五〕，非虚文也，所以致其誠敬之心，求於恍惚神明也。散齋七日以定之，致齋三日以齊之。散齋於外，致齋於内。散齋、致齋，名言不同，在外在内，存誠則一，蓋使之愈久而愈敬，益深而[6]益嚴耳。禮經所戒，祭律所禁，莫不皆然。而今之所謂齋者，散齋不廢宴集，致齋不廢游觀。夫獨不忍數日之不宴游，舉禮、律而棄之乎！祖宗郊丘之歲，車駕至青城，召侍從觀水嬉，登觀警埸。至神宗以爲非致齋所宜，罷之，至今齋日，悉止游幸。陛下昭事天地，孝饗祖宗，禮敬百神，内則盡志，外則盡物，得其道矣，百官有司，豈所當忽！望明示禁戒〔六〕，使各（齊）〔齋〕心以助精禋。祭則受福，當非虚語〔七〕。」從之。

九月十四日，詔：「今歲大禮，皇孫、安慶軍節度使、平陽郡王擴令陪祠。」

十月十三日，宰執進呈起居舍人李巘奏：「竊見郊禋之際命官行事〔八〕，或環列壇垓，或周布營壝，或執事登降，或陪祠左右，皆所以尊天禮神。然贊導之吏利於速集，往往先引就位，以待行禮，漏下或數十刻，尚未及期。立俟既久，筋力有限，徙倚疲頓，或至倒側。及當行禮，多不如儀，

〔一〕穎：原作「隸」，據《宋史》卷三八六《李彦穎傳》改。
〔二〕拯：原作「極」，據本書禮一四之一一〇改。
〔三〕十一年：原作「十年」，據本書禮一四之一一一補。
〔四〕五日：本書禮一四之一一一作「十五日」。
〔五〕聞：原作「詞」，據本書禮一四之一一一改。
〔六〕示：原作「爾」，據本書禮一四之一一一改。
〔七〕當：原作「堂」，據本書禮一四之一一一改。
〔八〕際：原作「祭」，據《宋史全文》卷二七下改。

肅敬之誠，何從而生？恐未足以仰承陛下欽崇寅畏之心。乞下有司，將來祀禮如引行事等官，雖在時前，亦須稍近行禮之時，方令就位，不得多經時刻〔一〕，使至疲頓，務在肅敬，無或惰慢，庶幾可以盡事神之禮，而不失重祠之意。」上曰：「此説甚當。朕往日在潛邸爲亞獻時，催班亦早，時風緊簾疏，頗覺難待。況百官既無幕次，又立班太早，所謂雖有肅敬之心，皆倦怠矣。蓋引班吏只欲早了佗事，寧顧時之未可？今次只須先二刻催班，卿可諭與禮官〔二〕。」

十二年十月十三日，7詔以左丞相王淮爲（太）〔大〕禮使，右丞相梁克家爲禮儀使，樞密使周必大爲儀仗使，參知政事、兼同知樞密院事施師點爲鹵簿使，參知政事黃洽爲橋道頓遞使〔三〕。

十五年六月十三日，權刑部尚書、兼侍講、兼太子詹事葛邲言：「當郊之際，天地、祖宗，陛下之所親饗；百神從祀，遣官分獻。然神有尊卑，官有大小，不可以不求其稱。如天皇、北極、神州、后土、大明、夜明，與夫五帝、五嶽之類，居天地之次，爲百神之最尊，而國家之所甚重者。考之舊比〔四〕，乃止遣寺監丞簿分詣，無乃不稱歟！臣嘗求其故，蓋宰執既爲五使，而侍從、卿監、郎官又皆在應奉執事之列，故分獻例差寺監丞以下，初不問其秩之不等而禮之不稱也。今秋大饗明堂，既在諒陰之内，太廟、景靈宮只是遣官行事，則應奉執事之官自當減省。乞差近上官詣近上神位分獻，庶於禮爲稱。」禮部、太常寺看詳：「今來明堂大禮，所設神位係並依淳熙九年外，其兩朵殿分獻官五員，乞差寺監丞以上官充分獻行禮。」從之。

十五年八月十日，詔以左丞相周必大爲大禮使，知樞密院事黃洽爲禮儀使，參知政事、兼同知樞密院事留正爲禮衛使，參知政事蕭燧爲禮器使，少傅、滎陽郡王伯圭爲禮頓使〔五〕。

紹熙二年四月十三日，太常少卿耿秉言：「祀事以敬爲主，每祭必用三獻。以一獻爲未足則再獻，以再獻爲未足則又獻，示誠敬之有加。過三則瀆矣。8初獻以甲充，亞獻必別以乙充，終獻則別以丙充，各先期齋戒，以達其一時之敬，與神明交，庶或饗之。竊見祠祭行事官自受誓戒之後，或有疾故，則以次官兼攝。如初獻有故，乃以亞獻兼攝初獻；如亞、終獻有故，則以一攝二。適奠爵於神之前者此人，再奠爵於神之前者又此人，慢瀆孰甚焉！乞今後三獻官如有疾故，則於押樂、奉禮、捧俎等官内選擇，以足獻官之員。庶幾三獻各異其人，不至慢瀆。其獻官之外有闕，自從舊例兼攝。」從之。

紹熙二年九月二十五日，詔郊祀大禮以左丞相留正爲

〔一〕得：原作「將」，據本書禮一四之一一二改。
〔二〕諭：原作「論」，據《宋史全文》卷二七下改。
〔三〕洽：原作「給」，據《宋史》卷二一三《宰輔表》四改。
〔四〕比：本書禮一四之一一二作「禮」。
〔五〕滎：原作「榮」，據《宋史》卷二四四《宗室傳》一改。

大禮使，〔知〕樞密院事葛邲爲禮儀使，參知政事、兼同知樞密院事胡晉臣爲儀仗使，太尉、保大軍節度使、提舉萬壽觀郭師禹爲鹵簿使，户部尚書、兼給事中葉翥爲橋道頓遞使。

紹熙五年八月十三日，以明堂，命少保、左丞相留正爲大禮使，樞密使趙汝愚爲禮儀使，〔知〕樞密院事、兼參知政事陳騤爲禮衛使，參知政事余端禮爲禮器使，簽書樞密院事羅點爲禮頓使。

慶元元年正月二十三日，臣僚言：「恭遇哲文神武成孝皇帝神主祔廟，陛下親詣重華宫行寧神奉辭之禮，然後迎奉神主即於太廟。千官在列，百執趨事，嚴恭儼恪，無或不虔，亦知宗廟重事，國家大典，不敢輕也。然誠之所寓，三獻而已，神之鑒否，惟是之視。今之獻官乃有甚不然者，以錢塘縣尉師邃爲終獻官是也。事莫重於宗廟，官莫卑【9】於縣尉，以至卑之官行至重之事，何禮敬之不孚，情文之不副也！臣按《政和五禮新儀》，太廟、别廟，親王、宗室使相，節度使并郡王觀察使以上爲初獻，宗室正任以上爲亞獻〔一〕。今縱闕官，何至以一尉通攝乎！若以不曾受誓爲嫌，則以亞獻兼終獻可也。今事已無及，但惜以卑官行重禮，不能體陛下孝思之誠，無以慰孝宗降鑒之靈耳。臣求其故〔二〕，蓋由近上宗室憚於致齋行禮，多以疾辭，臨時倉猝，遂令通攝。乞申飭有司，自今有事於太廟，行事官則依《五禮新儀》定差；有辭疾者，則令内侍省押醫看驗。庶幾官稱其事，實副其名，祀事孔嚴，神明顧享。」從之。

八月二十六日，臣僚言：「竊見近來祠祭，每於受誓宿齋之次，所差官以疾辭者率是數人，不免委以次官通攝，至有簿、尉、監當而充獻官者，甚不稱陛下咸秩群祀、揭虔妥靈之意。竊原人情縱弛，前後相襲，彈劾未及，得以自肆，固是一説；然吏部所差員數有限，而祠祭無月無之，一旬之間至有三四，又有同時數處者，如職事稍冗，被差頻併，却有所妨。官清務簡，莫如館學，宜於禮文所不當略。矧國之大事在祀，若視爲煩浼，不屑爲之，臣子之恭，豈應有此！乞下吏部置籍消注，將館學照前後所差職事體例，與寺監等處一等輪差。除太學私試先期將鎖院、開院日分報部照應外，如所差官托疾推免，當遵承條格彈奏施行。」從之。

三年二月七日，臣僚【10】言：「禮莫嚴於祀宗廟，祀莫重於奉神主。祏室肅開，擁侍出入，榻位儼設，陟降奉安，備盡恪恭，罔敢失墜，此宫闈令之職也。執事匪輕，差官宜擇。臣備員分察，監祭匪一，竊見所差宫闈（令）〔令〕，年齒幼小者率居其半。其年未長、人物短小者，難於攀取，易於乖疏，進止周章，步趨惶遽。職奉神主，豈比他官？禮或有違，臣實懼焉。乞日後遇祭宗廟，應差宫闈令必擇長成重厚之人，仍不許托疾避免。庶幾謹於執事，宜於大體，有

〔一〕正：原作「止」，據本書禮一四之一一四改。
〔二〕故：原作「教」，據本書禮一四之一一四改。

以仰副陛下寅奉宗廟之意。」從之。

四月十三日，禮部郎官、兼實録院檢討官曾喚言：「竊惟禮以誠敬爲本，而寓於周旋揖遜之容。故禮儀三百，威儀至於三千，而漢之徐生以善爲容，世世掌禮。若夫祀事，則尤禮之大者。國家嚴於祭祀，郊廟百神，無所不盡其敬。而奉常贊引之吏，比年習玩，浸成簡忽，凡見於動容周旋，往往僅存文具。盥洗之詣，水弗及盥而帨儀已畢〔一〕；滌爵之所，笏未暇搢而贊拭已終。神位之前，跪方至地，幣已代薦；酌獻之際，爵甫及手，奠已至三。其升降拾級之(忽)〔怱〕遽，俛伏興拜之迫促，若此類者，未易悉數。祠官進趨之節，唯贊引是從，彼既一於務速，此亦汲汲，常若有所弗逮，雖欲少加安徐，以展誠敬，顧何可得！恭惟陛下欽崇禋祀，務盡肅恭，茲方禮行於郊，尤宜申飭誠敬。願戒奉常，舉凡祀事，亟革舊習，俾諸薦獻執事之官稍得從容中節。」詔令太常寺常切覺察遵守，如 11 有違戾，令御史臺彈奏。

慶元三年八月二十三日，以郊祀大禮，命左丞相京鏜爲大禮使，保寧軍節度使、開府儀同三司、充萬壽觀使韓侂胄爲禮儀使，參知政事、兼知樞密院事謝深甫爲儀仗使，參知政事何澹爲鹵簿使，簽書樞密院事葉翥爲橋道頓遞使。繼而改韓侂胄爲橋道頓遞使。

十二月八日，詔：「朕初郊禮成，五使依例加恩外，在法合得墳寺〔二〕，特許指占下等寺院一次，不以爲例。」

四年八月二十六日，侍御史陸峻言〔三〕：「祭祀行於宗廟神祇，不可不致其嚴。故先事以戒期，齋宿而就列，誓其職者有誓，糾其慢者有官，如是而敬事之誠著。今被差之官〔四〕多有託疾避免，而臨時通攝者幾(年)〔半〕。至如國忌行香，有經年勉赴一二者。何其敢爲慢易若是耶！廢禮玩法，莫此爲甚。謹按《御史臺彈奏格》：應朝宴及祠祭官，或國忌日稱疾不赴者，皆牒入内内侍省差人押醫官診視，詐妄者彈奏。六參及釐務望參官，爲朝參連三次請假，一歲通計五六次者，與外任差遣。欲望申嚴前項令格，以儆有位。」從之。

六年八月二十五日，以明堂，命右丞相謝深甫爲大禮使，知樞〔密〕院事、兼參知政事何澹爲禮儀使，簽書樞密院事陳自強爲禮衛使，少師、永興軍節度使、充萬壽觀使、平原郡王韓侂胄爲禮器使〔五〕，昭化軍節度使、開府儀同三司、充萬壽觀使吳環爲禮頓使。

嘉泰三年八月二十五日，以郊祀大 12 禮，命右丞相陳自强爲大禮使，太師、永興軍節度使、充萬壽觀使、平原郡王韓侂胄爲禮儀使，知樞密院事、兼參知政事許及之爲儀

〔一〕帨：原作「悅」，據本書禮一四之一一五改。
〔二〕寺：原作「守」，據本書禮一四之一〇五改。
〔三〕侍：原作「待」，據本書禮一四之一一六改。
〔四〕被：原作「彼」，據本書禮一四之一一六改。
〔五〕禮器使：原作「禮儀器使」，據本書禮一四之一〇五刪「儀」字。

仗使，參知政事費士寅爲鹵簿使，同知樞密院事張孝伯爲橋道頓遞使。

開禧二年七月二十七日，以明堂大禮，命太師、平章軍國事韓侂胄爲大禮使，右丞相陳自强爲禮儀使，知樞密院事張巖爲儀仗使，參知政事李壁爲鹵簿使，吏部侍郎、兼權吏部尚書楊炳爲橋道頓遞使。

嘉定二年八月四日，以明堂大禮，命知樞密院事、兼參知政事雷孝友爲大禮使，參知政事婁機爲禮儀使，參知政事樓鑰爲儀仗使，同知樞密事章良能爲鹵簿使，簽書樞密院事宇文紹節爲（樓）〔橋〕道頓遞使。

嘉定五年二月二十八日，臣僚言：「竊見朝廷每遇祠事，所差行事官雖本之以朝士，然必以在部及寓居雜流之人參焉，多至十之五，少亦三之一，雜然如十指之不齊。竊其容貌，率皆塵俗；視其舉動，類多乖野。夫食禄於朝，仕於京局與府縣之官不爲少矣，何至乏才？究其所以，蓋所差非盡出於吏部之手，率是符給空名，付之游手，尋覓寄居等官，旋行填鑿〔一〕。授之者有定價，得之者不過苟微潤而圖餔啜。當受誓之日，隨衆一來，臨期襆被，託宿齋宮，一夕而去，其所謂齋者，懵不知爲何事。國家備犧牲粢盛之屬，不敢闕一，將以昭假神示，以來福禄，顧使苟微潤、圖餔啜者周旋其[13]間，禮意失矣。望戒吏部，今後只從在朝及見任釐務等官差委祠事。遇郊祀年分，典禮盛大，執事者衆，方許於在部官内選擇儀狀端正〔二〕、容止可觀者與祭，其餘癃老與雜流出身，一切住差。庶幾禮敬，無不足之患矣。」從之。

五年九月二日，以郊祀大禮，命右丞相史彌遠爲大禮使，知樞密院事、兼參知政事雷孝友爲禮儀使，參知政事樓鑰爲儀仗使，同知樞密院事章良能爲鹵簿使，簽書樞密院事宇文紹節爲橋道頓遞使〔三〕。

六年正月六日，臣僚言：「士夫弛慢之弊，祠祭率多避免。受誓既畢，猶復告假。丞郎以上，罕有被差。親故夤緣，有終歲而不預；臨期通攝，或一人而兼數職。乞下吏部差官行事，以京官、選人分置兩簿，委自尚左〔四〕、侍左郎官掌管，自上而下，周而復始，繳送御史臺銷注，以防不均。又其差及到部官，良以爲苦，蓋外方之士裹糧赴調〔五〕，或遇雨雪沾濕寒凛之際，大爲狼狽〔六〕，兼請出祭服，必用付身文字抵當。併乞下吏部，止就在京職事局務等官内輪流差委，不必更及參選待次之人。」從之。

七年十月十三日，臣僚言：「朝廷大祭一歲三十有四，中祀九，小祀三，太廟朔祭、薦享、奏告不與焉。典禮崇重，

〔一〕旋：原作「施」，據本書禮一四之一一六改。
〔二〕狀：原作「莊」，據本書禮一四之一一七改。
〔三〕「院」原作「縣」，「爲」原作「度」，據前後文意、文例改。
〔四〕委：原作「香」，據本書禮一四之一一七改。
〔五〕裹：原作「褁」，據本書禮一四之一一七改。
〔六〕狽：原作「狙」，據本書禮一四之一一七改。

無不備至。被差行事官臨時託故請假者過半，太常吏綿蕝，差見在者通攝，一員至攝三兩員職事，禮官稀疏，極爲不肅。乞令所屬，(令)〔今〕後行事官臨時請假者，仰御史臺、太常寺差到吏人具姓[14]名申臺部，不理本月當差人數，次月再差行事。如實有病患事故，權與給假，次日御史臺審實。庶幾禮文整肅，仰副陛下至誠感神之意。」從之。

八年八月六日，以明堂大禮，命右丞相、兼樞密使史彌遠爲大禮使，參知政事鄭昭先爲禮儀使，簽書樞密院事曾從龍爲儀仗使，吏部尚書李大性爲鹵簿使，禮部尚書范之柔爲橋道頓遞使。

十年三月七日，臣僚言：「檢《御史臺彈奏格》：應祠官不恭，及器服、禮料不如法者，彈奏。又《誓戒》云：『各揚乃職，敢有不恭，邦有常刑。』臣三月三日季春出火祀大辰，適與監祭。初據太常寺修寫進胙奏狀，係臣與攝光禄卿、太常寺主簿黄民望連銜具奏。續因終獻官請假通攝，別换奏狀，卻係太官令、監臨安府都税院蔡戎攝光禄卿，與臣連銜。臣即索上通攝單子點對，乃是民望擅令人吏改請通攝，初無公文辭免。臣照得民望職隸容臺，豈不知祠祀爲國之大事，務在嚴肅，顧乃規避拜跪，私易一監當選人攝事，與臣連銜具奏。非惟失事神之敬，抑且失尊君之義。臣職當彈奏，乞將民望罷黜，以爲祠官不恭者之戒。」從之。

十一月二日，臣僚言：「國之大事在祀，配以祖宗，又祀之至重者也。謹按《中興禮書》、《五禮新儀》及太常寺條具《祠祭合差行事官窠目格式》，照得本朝每歲大祀雖多，而以祖宗配饗者有七。除正月上辛祈穀、孟夏雩祀、季秋合祀上帝并夏日至祭皇[15]地祇、冬日至祀昊天上帝，凡此五祀，皆以宰執充初獻，其亞獻則差禮部尚書、侍郎，或闕，依次輪差別曹長貳，次給舍、諫議外，有正月上辛祀感生帝、立冬日後祭神州地祇，合差禮部尚書、侍郎、太常卿少；闕，聽報祕書省長貳充初獻。其亞獻則差太常卿少、禮部郎官；或闕，差五曹郎官；又闕，差太常丞。其終獻及執事官皆照班列，以次輪差。若局務監當，皆不與焉。以此可見祀天祭地爲重，故以祖宗爲配，所差獻官必先宰執、侍從，而後卿監、郎曹。伏見今月十二日爲立冬日後祭神州地祇，前二日奏告太宗皇帝，而所差掌誓、涖誓、初獻官，乃以尚書、侍郎爲職有妨，互相推避，類差郎官及監丞、博士攝之。尊卑不稱，輕重不等，甚非所以仰副陛下交神明、盡誠敬之義也。乞下太常寺、吏、禮部，今後祠祭合差行事官，寺監丞簿已下從吏部左選依儀差攝〔一〕；卿監已下、郎官以上，從太常寺具申尚書省點差。所有感生帝〔二〕、神州地祇兩祀，係以太祖、太宗爲配，其初獻、掌誓、涖誓官乞依前五祀亞獻所差禮部長貳體例；如有故或闕，即依次輪差別曹長貳或給舍、諫議充攝。仍並照卿監體例，具申

〔一〕儀：原作「議」，據本書禮一四之一一九改。
〔二〕所：原作「取」，據本書禮一四之一一九改。

尚書省一併點差，庶免臨期妄有推託，而陛下尊崇祀典之意不爲具文。」從之。

十一年七月五日，臣僚言：「恭惟陛下純誠篤實，生於內心；嚴恭寅畏，俱非外飾。臨御以來，於今二紀，一歲常祀，三歲大祀，靡神不舉，靡16祀或闕。四孟朝享，拜跪煩勞，而不以爲憚〔一〕；烈風驟雨，而不爲少止〔二〕。或慶雲翔飛於壇壝之次，或陰霾頓散於默禱之餘。聖君在上，一誠對越，如此其至，在位百辟，奚忍負之？乃今有未胥應者，可不有以戒（敬）〔警〕之！已受誓戒，或預宴樂；齋宿祠宮，或至聚飲。喧譁笑語，無所裁制，怠惰偃蹇，見於動容。以至胥贊樂工之徒，習於褻慢，升歌方作，而罇俎之間或竊酒饌；燎瘞未終，而禮器、燈燭爲之一空。似此不虔，何以上答陛下格於神明之誠？欲望下臣此章，頒示百司〔三〕，各令遵守〔四〕。自今已後，受誓戒不得輒預宴樂，齋宿祠宮不得聚飲喧譁，隸使不得竊取酒饌，瘞燎未畢不得遽撤禮器、燈燭。如或違戾，許御史臺一一彈奏，寘之典憲。」從之。

十一年八月四日，以明堂大禮，命右丞相、兼樞密使史彌遠爲大禮使，參知政事鄭昭先爲禮儀使，簽書樞密院事曾從龍爲儀仗使，吏部尚書李大性爲鹵簿使，户部尚書薛極爲橋道頓遞使。

十四年八月十四日，以明堂大禮，命少保、右丞相、兼樞密使史彌遠爲大禮使，知樞密院事、兼參知政事鄭昭先爲禮儀使，同知樞密院事宣繒爲儀仗使，簽書樞密院事俞應符爲鹵簿使，吏部尚書、兼權户部尚書薛極爲橋道頓遞使。（以上《永樂大典》卷一三三二六）

〔一〕憚：原作「彈」，據本書禮一四之一一九改。
〔二〕「不」下原有「以」字，據本書禮一四之一一九刪。
〔三〕示：原作「爾」，據本書禮一四之一一九改。
〔四〕遵：原作「尊」，據本書禮一四之一一九改。

宋會要輯稿　禮二八

郊祀御札

【宋會要】 **1** 乾德元年八月一日，内出御札曰：「王者誕膺駿命，光啓鴻圖，罔不升中於泰壇，昭祀於上帝，著諸令典，是謂彝章。朕自撫中區，行周四載，稼穡既聞於豐稔，邦家屢集於休祺。豈涼德之升聞，感兹多祜；蓋上穹之降鑒，錫我小康。得不祇率前文，躬行大禮！式展奉先之志，虔申報本之誠〔一〕。用答天庥，且符人欲。朕以今年十一月十六日有事於南郊。宜令所司，各揚其職，務從省約，無至煩勞。諸道州府不得以進奉爲名，輒有率斂，庶遵儉德，以奉嚴禋。中外臣僚，當體予意。」先是，有司言：「《通禮》以冬至日祀圜丘，今歲十一月二十九日冬至，國家初行郊祀，近晦日，乞改用十六日。」乃從之而下(詔是)〔是詔〕。後親郊御劄唯裁制變革則備載。

二日，詔曰：「中原多故，百有餘載，禮樂儀制，不絶如綫。方今天下無事，時和年豐，禮神報本〔二〕，資乎備物。執事者所宜講求遺逸，遵行典故，無或廢墜，以副我寅恭之意。」於是宰臣范質等相與討尋故事。時官籍散落，舊吏皆物故〔三〕，惟得後唐天成中《南郊鹵簿字圖》，考以今文，頗爲疏略，其相違戾者亦多。質等參定新本，曰《南郊行禮圖》，質自爲序，乙未上之。凡壇壝、牲器、玉帛、醴饌、齋戒之制，與祠官定儀以聞。

六日，太常禮院言：「皇帝親祀南郊，諸司應奉，預申嚴辦： **2** 鹵簿儀仗；兵部。鼓吹、樂懸、登歌；太常寺。車輅；太僕寺。六軍儀仗，左右金吾仗；六軍諸衛、左右金吾衛。芳亭、鳳輦、香蹬、腰輿、繖扇；殿中省。立金鷄擊鼓；將作監、太常寺。祭器、朝服、祭服、諸法司物；少府監。皇帝通天冠、絳紗袍、衮冕服、鎮圭、拂翟、殿上扇；宣徽院。明德門外太廟、南郊齋宮百官幕次，郊壇棘(成)〔城〕，青板城粎盆；開封府。百官班次，前資致仕、舁寶令史、贊者牙版、位版；門下省。百官班次，前資致仕官、諸方客使、進奉僧道耆壽番客陪位；御史臺、四方館、鴻臚寺。崇元殿、明德樓、太廟御幄、大次，郊壇綵樓，席褥，蠟燭；儀鸞司。皇帝位版，行事位版；太常禮院。南郊壇衆星位版并刻漏時辰；司天臺。開啓宮門；皇城司、武德司。仗馬；宮苑司。修撰儀注，移牒諸司，詳定儀仗法物，殿庭并太廟、南郊壇贊引行事；禮儀使司、太常禮院。南郊壇、太廟、城門外并沿路軷祭供備，逐處禮料粢盛。光禄寺、太常寺、太僕寺、太府寺、將作監、少府監、司農寺、司天臺、宗正寺、衛尉寺、祕書省。」從之。

〔一〕本：原作「木」，據《宋大詔令集》卷一一八改。
〔二〕禮：原作「神」，據《群書考索》前集卷二五改。
〔三〕吏：原作「史」，據《長編》卷四改。

十一月二日，太常禮院言：「唐韋縚爲太常卿知禮儀事，又杜鴻漸、楊綰並以太常卿爲禮儀使，其職一也。準儀注，以禮儀使贊導，而《開元禮》合用太常卿，今請並置，分左右前引。」從之。

十二日，命皇弟開封尹匡義（克）〔充〕南郊御營使，殿前都指揮使韓重贇爲儀仗都總管，殿前都虞候楊義副之。自後親郊增置行宫使四人，青城内至郊壇巡檢及押儀仗、新舊城裏權都巡檢使、權都同巡檢使各二人，管勾大内。

十三日，帝宿齋於崇元殿。翌日，服通天冠、絳紗袍，執鎮 3 圭，乘玉輅，由明德門，群臣夾侍，鹵簿前導，赴太廟。五鼓，朝饗禮畢。質明，乘輅赴郊，齋於帷宫。十六日甲子，服衮服，執圭，合祭天地於圜丘，奉宣祖配(一)。以皇弟開封尹匡義爲亞獻，興元尹光美爲終獻。舊制，皇帝升壇，以褥藉地，象天之黄道，帝曰：「朕潔誠事天，不必用此。」命徹之。自是親郊宿齋、朝饗率如儀，唯變革則録。

〔開寶〕四年七月甲午朔(二)，詔冬至郊祀。既平嶺南，行報謝禮。

十一月二十六日戊午，親饗太廟，始用繡衣鹵簿。

二十七日己未，合祭圜丘，肆赦。

〔九年〕四月（三）〔四〕日(三)，合祭天地於圜丘。還御五鳳樓，肆赦。

〔太平興國〕六年九月二十一日(四)，詔曰：「并汾平殄，吴越來朝，萬國封疆，盡稟正朔。又飛蝗盡瘞，霖雨頻霑，稼穡咸登，黎元大慶。朕以今年十一月十七日親行大禮，躬詣圜壇，虔伸告謝之誠，用表吉蠲之懇。」

九年六月二十三日，詔權停封禪，以其年十一月二十一日有事於南郊。畢，肆赦。

〔淳化三年〕九月二日(五)，詔將以十一月二十日有事於南郊。前祀十日，皇子許王薨，有司言王薨在未受誓戒之前，準禮天地社稷之祀不廢。帝疑禮有未便，命宰臣於中書集公卿詳議。吏部尚書宋琪等議曰：「伏見先王制禮，本於人情，垂爲世範，匪天降而地出，必適變以從宜，允叶大中，是爲要道。國家以冬至之日皇帝有事於圜丘，適值親 4 王薨謝，獻議者據禮文，云天地社稷之祭不廢。竊以許王薨謝，去郊禮纔十餘日，詔輟十一日已後五日常朝。且至尊成服，百寮皆當入慰(六)，又以今月十二、十三日，百僚並赴尚書省受誓戒(七)。按令式，受誓戒之後不得弔喪問疾、決斷刑獄。皇帝既輟朝而未成服，則全爽禮文；百

(一) 宣：原作「禧」，據《長編》卷四改。
(二) 「開寶」原無，「甲午」原作「甲子」，據《長編》卷一二補改。又按，以下三條，首條乃抄自《玉海》卷九三（《玉海》亦訛作「甲子」，《大典》抄之而不察），後二條之干支蓋亦據《玉海》補。
(三) 「九年」原無，「四日」原作「三日」，據《長編》卷一七補改。
(四) 太平興國：原無，據《宋大詔令集》卷一一八補。
(五) 淳化三年：原無，據《太常因革禮》卷三三補。
(六) 皆當：原無，據《太常因革禮》卷三三補。
(七) 並赴：原無，據《太常因革禮》卷三三補。

僚既受誓戒而入奉慰，則又違令式。所謂國家之儀盡失，吉凶之制相干，況在聖明，所宜慎重。且許王地處親賢，望隆磐石，於朝廷爲世子，於昆仲爲大宗[一]。薨謝已來，臣庶泣歎，伏想聖情追念，其可量也！當悲悼慘傷之日，行昭升嚴配之儀，臣等實慮上帝之不歆，下民之斯惑矣。今陛下濬發精意，親祀昊穹，制書既已宣行，大禮不可中輟，當更祭日，庶叶通規。臣等按祭天之數[二]，歲有四焉，載於禮經，非有差降。伏請移日就來年正月二日上辛行禋祀之禮，則許王之喪紀已終，郊廟之吉儀獲展，以家以國，情禮兼申。」詔從其議[三]，改用來年正月二日上辛行郊祀之禮。其冬饗太廟，差公卿攝事。漢武以正月上辛祀甘泉圜丘，取齋戒自新之義。

至道元年十二月十五日，詔曰：「昨降明詔，將奉郊丘，取來歲之仲春，伸大報於上帝。載稽方策，旁求故實。二月初吉，蓋是中和之辰；獻歲上辛，合伸祈穀之典。宜從改作，庶叶通規。朕今用來年正月十日有事於南郊。」先是，帝語近臣：「凡郊饗必在合祭之日，不當違經制。」故改用[5]正月上辛。

二年正月己酉[四]，親饗太廟。辛亥，合祭天地於圜丘，肆赦。

真宗咸平元年八月二日，翰林學士承旨宋白等上新畫《南郊圖》。先是，至道二年，太宗令内侍裴愈、石承慶於朝元殿集畫工繪此圖，命白總其事。至是方畢，凡爲三幅，外幅列儀衛，中幅輅車及導駕官，人物皆長寸餘。又畫圜壇、祭器、樂架及青城警場，悉皆詳備。命藏於秘府，賜白銀、綵一百匹兩，愈、承慶各錢三萬，翰林畫待詔高元吉賜緋，餘工迨掌事緡錢有差。王延德爲行宫使，爲《南郊録》。

景德二年七月十日，詔：「向來每因郊祀，於京畿近州配率供億。念兹氓庶，良可矜優，宜令三司未得循例施行，別俟進止。」

十一月十三日，親郊前七日，百官習儀於郊壇。是日大雪，詔改用次日習儀。禮成，還御乾元門，召從官賜酒，三行而罷。帝自齋即進蔬茹，至是始飲酒焉。

大中祥符六年八月一日，詔以來春親詣亳州太清宫行朝謁之禮，先於京城東別置壇，回日恭謝天地。

七年二月十六日，有事於東郊。

九年五月一日，詔以來年正月一日詣玉清昭應宫，與天下臣庶恭上玉皇大天帝聖號寶册；十一日有事於南郊[五]，行恭謝之禮。三日，禮儀院言：「諸司每行郊禋文字，皆指名郊天，恐非寅恭之意。欲自今凡於郊禮止稱南郊，凡言合祭亦不得指名『地』

[一] 大：原作「太」，據《太常因革禮》卷三三改。
[二] 之：原作「地」，據《太常因革禮》卷三三改。
[三] 從：原作「後」，據《太常因革禮》卷三三改。
[四] 此條乃抄自《玉海》卷九三，惟添「肆赦」二字。
[五] 十一日：原作「十日」，據《宋大詔令集》卷一一八改。《長編》卷八七作「十七日」，亦誤。次年天禧元年正月辛亥謝天地於南郊，正是十一日。

字。」從之。

仁宗天聖二年八月十二日，太常禮院言：「南郊合行薦6告之禮，望降所用日。」詔將來玉清昭應宮、景靈宮、太廟同日行禮。

十六日，橋道頓遞使王臻言：「自太廟赴郊壇日，望取舊路向西，經景靈宮前過，令御街直南，由朱雀門赴青城〔一〕。」奏可。自景靈宮成，真宗饗廟畢赴青城，改路由廟南（低）〔抵〕麗景門街西，合御街南出，蓋不欲乘輅過景靈宮門。至是，臻請始復景德舊制，仍令至日差官奏告景靈宮。

九月二十二日，太常禮院言：「將來南郊，只自行禮前三日禁止京城裏外喪葬哭泣，候禮畢次日依舊例。」

十一月丁酉〔二〕，祭圜丘，御正陽門赦天下，天安殿上尊號。

五年七月二十八日，詔：「將來南郊除奉天地、宗廟自依典禮外，其餘供應乘輿服御等物（各）〔合〕行雅飾者〔三〕，令三司相度減省，務從簡約。」

二十九日，禮儀使劉筠言：「伏詳天聖二年南郊制度，皇帝自天安殿一日之内數次展禮，萬乘之陟降爲勞，百執之駿奔不暇。欲乞將來南郊禮畢，別定日詣玉清昭應宮、景靈宮行恭謝之禮。」詔送太常禮院，禮官言：「皇帝南郊前宿齋行禮，實爲煩併。參詳前三日致齋於天安殿，其赴太廟日，先詣景靈宮行薦饗之禮如太廟之儀，赴太廟致齋。俟南郊禮畢，別擇日詣玉清昭應宮行恭謝之禮。」從之。

景祐二年十一月十（四）〔五〕日〔四〕，合祭天地於圜丘，三聖並侑。降壇（如）〔而〕御小次，須三獻禮畢復版位，望燎還次，鼓吹振作。先是，帝以祖宗功德之大，重配侑之典，命禮官詳定7其事。有司著儀，以太祖定配，太宗迭配。今歲親郊，請以三聖侑。至是，壇上設太祖、太宗、真宗三位配祭。又親（揆）〔撰〕歌（樂曲）〔曲樂〕章，（樂）以申嚴奉。故事郊廟親祀，上設更衣幄殿，未有小次。至是，禮官引《周禮》之文，請設小次於版位少東，每獻畢降壇就小次，俟三獻行禮畢，復就版位。詔如所議。

〔寶元元年〕八月十六日〔五〕，御大慶殿門觀新南郊儀仗法物，宰臣、兩制以上預焉。

十一月十八日親郊，以寧江軍節度使允讓爲郊廟亞獻〔六〕，安化軍節度觀察留後允弼爲終獻。事畢肆赦。

慶曆元年十一月十五日，詔免諸蕃太廟陪位，其宣德門、景靈宮門外及南郊壇立班如故。

〔一〕赴：原脱。按《長編》卷一〇二作「朱雀門赴郊宮」，「郊宮」即青城也，據補「赴」字。

〔二〕此條乃抄自《玉海》卷九三。

〔三〕飾：原批以爲當作「飭」，其語云：「飭，見下熙寧二年八月詔書。」按：飾、飭二字通。

〔四〕十五：原作「十四」。按：據《長編》卷一一七、《宋史》卷一〇《仁宗紀》等，十一月辛巳朔，十五日乙未祀天地於圜丘，因改。

〔五〕寶元元年：原無，據《玉海》卷九三補。下條亦寶元元年事。

〔六〕寧：原作「迎」，據《宋史》卷二四五《宗室傳》二改。

二十日，親郊，詔：「郊壇黄道褥改用緋絹。奠（弊）〔幣〕登獻畢，朕更不就小次，並捲去簾障，以表恭事天地之意。」

〔四年十一月〕二十二日〔一〕，帝齋於大慶殿。翌日，詣景靈宮行薦饗禮畢，次赴奉慈廟行躬謁之禮。

二十四日，齋於郊宮。夜四鼓，合祭天地於圜丘。始至壇下，詔太常大樂六變，無擅減節，不御小次，徹黄道褥，以盡恭肅之心。舊制，郊禮黄道褥鋪至一級，其第一級接以緋褥，至神位。至是，盡令徹去。

治平二年十一月十六日，合祭天地於南郊，以太祖配。故事，皇帝將就版位，祠官回班向皇帝，須就位乃復；侍[8]臣跪讀册〔二〕，至御名則興。至是，詔以尊奉祠事〔三〕，勿回班及興。時呂公著攝太僕卿參乘，爲上言仁宗親祠，徹黄道以登，虚小次不入，上皆循用之。

熙寧元年二月九日，翰林學士承旨王珪言：「準詔令兩制以上至臺諫官，與太常禮院同詳定今年冬至當與未當親行郊禮，謹上議曰：按《王制》：『喪三年不祭，唯祭天地、社稷，爲越紼而行事。』傳謂『不敢以卑廢尊也』。是則居喪而可得見天地也〔四〕。《春秋》僖公三十三年《傳》：『凡君薨，卒哭而祔，祔而作主，特祀於主，烝嘗禘於廟。』杜預以謂親主既特祀於寢，則宗廟四時常祀，自當如舊。是則居喪而可得見宗廟也。周公稱商高宗諒闇，三年不言，子張疑之，以問仲尼，仲尼答云：『何必高宗，古之人皆然〔五〕。』高宗不云服喪三年而云諒闇三年者，杜預又謂古者天子、諸侯三年之喪，既葬而服除，諒陰以居心喪，不與士庶同禮也。然則服除之後，郊廟之祭可勿舉乎？南齊以前，人君嗣位，或仍前郊之年，或别自爲郊，下有司議。而王儉乃援晉、宋以來皆改元即郊，而不用前郊之年。自漢文以來，皆即位而謁廟。至唐德宗以後〔六〕，亦踰年而行郊。況本朝景德二年，真宗居明德皇太后之喪，既易月而服除，明年遂饗太廟，而合祀天地於圜丘。請冬至行郊廟之禮，其服冕、車輅、儀物、音樂，緣神事者皆不可廢。」詔用景德故事，惟郊廟及景靈宮禮神用樂，鹵簿鼓吹及樓[9]前宮架、諸軍音樂皆備而不作，警場止鳴金鉦、鼓角，仍罷諸軍呈閲騎隊。故事，齋宿必御樓觀警嚴〔七〕，幸後苑觀花，作水戲，至是悉罷之。有司言：「故事，當謁謝於祖宗神御殿，獻享月吉禮，以禮官攝。」詔遣輔臣，仍罷詣佛寺。是後

〔一〕四年十一月：原無。按下條言十一月二十五日南郊，而仁宗朝唯慶曆四年南郊在此日，則此條亦慶曆四年十一月事，據補。

〔二〕讀：原作「講」，據《長編》卷二〇六改。

〔三〕事：原脱，據《長編》卷二〇六補。

〔四〕可得：原倒，據王珪《華陽集》卷四五《服除躬行郊廟議》乙。

〔五〕古：原作「故」，據《華陽集》卷四五《服除躬行郊廟議》改。

〔六〕宗：原無，據《華陽集》卷四五《服除躬行郊廟議》補。

〔七〕「觀」原無，「嚴」原作「言」。按《文獻通考》卷七一云：「故事，車駕至青城少休，即召從臣幸後苑閲水嬉，復登端門觀太常警嚴。」是當有「觀」字，「言」當作「嚴」，因改。

國有故，皆遣輔臣。

七月四日，内出御札曰：「有天下者莫重上神之報，爲人子者莫嚴宗廟之承。率躬三歲之祠，常俟一陽之運。緬慕先聖，光施冲人，載循禋類之期，適在諒陰之際，大懼不能備飾儀物，奉將粢盛。於是剌六經之文，傅博士之議，皆以謂喪有以權而順變，祭無以卑而廢尊。矧稽參西漢之彝，沿用景德之制。顧予涼菲〔一〕，賴帝況臨，遂卜天正之辰，往修郊見之禮。方且進祈茂祉以大芘黎元，昭格至精以終圖熙事，庶幾能饗，其敢憚勤！ 朕以今歲十一月十八日有事於南郊。咨爾攸司，各揚厥職。諸道州府不得以進奉爲名，輒行科率〔二〕，其百司除事神之物並宜仍舊外，餘應干供奉所須，務令純約，以稱朕不忘孝思之義。」

八月，詔：「將來南郊，除祇奉天地、宗廟依典禮外，其餘供應乘輿、服御等事件，務從簡約。應不須雅飾之物，不得妄有申舉，枉有勞費。」

十一月十七日，上齋於郊宮，罷臨觀闕，幸苑囿。

十八日昧爽，合祭天地於圜丘。帝至壝門，却御蓋登壇，〔徹〕黄道褥，不御小次，命侍祠官勿回班，以罄寅恭報本之意。

四年，楊傑爲禮官，識諸司 10 所職祠事，爲《郊祀總要》一卷。

七年七月二日，内出御札曰：「王者饗帝圜丘，以虔報本之誼；尊宗親廟〔三〕，以將反始之誠。人道至隆，國章茲重。維五聖之故事，謹三歲之親祠。朕以不德，獲承先憲，以時稱秩，其敢怠荒！ 宜卜天正，往修郊類。庶繇精意之享，以祚蒸民之生。且詔先期，用孚群聽。朕以今年十一月己未有事於南郊〔四〕。咨爾有司，各揚厥職，相予祀事，罔或不恭。」

十年七月三日，内出御札曰：「燔柴而祭泰壇，執幣以事上帝，陟配祖烈，靈承天明。永惟五聖之謀，率用三年之禮。顧朕菲德，纘時丕圖，亟蒙宗廟之休，裒對神祇之祐，屢迪熙典，訖登至平。是用卜天之正，考日之至，致精以嚴大報，饗福而庇黎元。戒以前期，告于有衆。朕以今年十一月甲戌有事於南郊。咨爾攸司，各揚廼職，協成祀事，稱朕志焉。」

十一日，提點南郊事務向宗儒言：「準式，後苑造回鸞花草牡丹一萬朵，鑾枝七百五十朵，請如宴式更造新樣，依式賜外，御營喝探軍別無應奉，教駿只係收馬及擡擎，乞罷給。」從之。仍(照)〔詔〕殿前、馬、步軍都副指揮使已下等第益數，四廂都指揮使、横行使副、兩省供奉官殿頭舊無例者，並特賜給。

〔一〕予：原作「子」，據《華陽集》卷一一《熙寧元年南郊御札》改。
〔二〕輒：原作「輙」，據《華陽集》卷一一《熙寧元年南郊御札》改。
〔三〕尊宗親廟：《宋大詔令集》卷一一九作「尊祖清廟」，較長。
〔四〕十一月：原作「十月」，據《宋大詔令集》卷一一九補。

〔二年八月〕〔元豐元年二月八日〕〔一〕，詔：「自今親祀，奠而不酹。內壝之外衆星位，周環每二步别植筍樁一，綳青繩三重，以爲限域。」先是，提點南郊事務向宗儒言：「車駕詣太廟行禮畢，焚册於齋 11 殿門外，禁衞於此坐甲，地步狹隘，而郊壇內壝之外衆星設位舊無限域，乞自今於南神門外少東焚册，以筍樁綳繩爲壝外之限。」又言：「冕服器用多參以今禮，唯匏爵獨循古制，恐未爲稱。又酹酒於盤，嫌於祼獻，恐非大神不祼之意〔二〕。乞下禮官詳議。」至是，禮院奏，以爲焚册於南神門外，壇壝綳繩以限星域，及匏爵奠而不酹，當如宗儒議，至欲飾匏爵即非古。按先儒義説，但曰破匏爲爵而不云有飾，且取其自然，以象天地之性。故有是詔。

六年七月四日，內出御札曰：「王者煬煙泰壇，以致承天之義；祼鬯清廟，以嚴達孝之誠。永惟五聖之謨，必躬三歲之祀。肆惟菲德，獲紹丕圖，賴帝（博）〔溥〕臨，豐年屢應，群生和而草木茂，三光全而寒暑平。宜卜天正，恭修郊類，以對篤周之祜，以展放唐之文。特戒先期，用孚大號。朕以今年十一月丙午有事於南郊。咨爾有司，各揚厥職，相予祀事，罔或不恭。」

哲宗元祐七年七月七日，內出御札曰：「萬物皆本於天，顧何以報；五禮莫重於祭〔三〕，所貴者誠。惟本朝郊禘之文，有列聖典章之舊。朕勤遵太母之訓，祗守丕基之成，八年於兹，萬宇以治。深惟菲德之及此，實由上帝之祐民，宜修親饗之恭，以盡欽承之義。奠玉以致純潔，升煙以達高明，嘉與臣工，共圖釐事。朕以今年十一月十四日 12 有事於南郊。咨爾有司，各揚厥職，相予禋祀，罔或不恭。」

九月十八日，詔〔四〕：今歲圜丘，宜依熙寧十年故事，設皇地祇位，以申始見之禮；候親祠北郊，依元豐六年五月八日指揮。時輔臣建言，帝初郊，特設皇地祇位以合祭。帝至壇外壝，命徹蓋；及內壝，詔百官不回班；自小次歷午階升壇，不設茵褥，稽首跪奠。禮畢，御史言：「皇帝親祀南郊，自誓戒之後，陰時不常，十二日微雪，十三日郊壇點饌，亦有大風。至夜星月爛然，行事之時氣和風静，宣赦之日天色澄明，其夜陰風，次日大雪。乃知天地神祇感應歆饗，以彰盛德。乞宣付史館。」從之。是時宰臣至侍從官皆進詩稱賀。

紹聖三年正月二十七日，詔罷合祭。

元符元年七月三日，制曰：「朕纘承聖緒，紹述先猷，以微渺之身，託士民之上。惟德弗類，荷帝降衷，錫之元符，以申景命。天休滋至，殆弗克堪。黎民時雍，西戎即叙，協氣來應，豐年屢臻。永惟方夏之底寧，寔自穹昊之眷

〔一〕元豐元年二月八日：原作「二年八月」，據《長編》卷二八八補改。下條亦爲元豐事。

〔二〕「神」下原有「大」字，據《長編》卷二八八删。

〔三〕禮：原作「經」，據《宋大詔令集》卷一一九改。

〔四〕按，此詔全文見《長編》卷四七七，以下所引僅爲大意。

祐。若稽大報之義，蓋講宗祈之文。燔高煙於紫壇，薦鬱鬯於清廟〔一〕，庶幾祖考之格，且獲明靈之歆。嘉與臣工，共圖釐事。亶孚有衆，申戒前期。朕以今年十一月二十日有事於南郊。咨爾有司，各揚乃職。」

徽宗建中靖國元年七月五日，內出御札：「敕內外文武臣僚等：祭莫重於天，聖人極郊丘之報；德莫加於孝，王 13 者嚴宗廟之儀。朕以渺躬，獲嗣丕祚，煢然銜恤，逮茲踰年。欽惟三歲之郊，每候一陽之應。稽諸禮典，不以卑而廢尊；越予冲人，亦惟事而師古。矧德弗類，賴帝降康，諸夏乂安，遠人欵附，四時不忒，百穀用成。若稽先王之猷，祇遹列聖之訓，順迎穀旦，躬饗圜壇，以致靈承之心，以祈右序之貺。用孚大號，誕告前期。朕以今年十一月二十三日有事於南郊。咨爾有司，各揚厥職，相予禋祀，罔或不恭。」

八月五日，詔將來南郊，權行合祭之禮。

二十六日，詔罷合祭。《政和會要》誤於崇寧三年十一月二十六日始載罷合祭，今改正。

十一月四日，詔：「將來南郊行禮，入壝門、就版位，百官皆不得回班，讀册至御名勿興，壇陛徹去黃道茵褥，入壝門不張蓋，並如故事。」

十八日，帝將（來）親郊，初自景靈宮赴太廟即雪作，聖情憂軫，形之詞色。乃命太官屏常膳，御素食以致禱，是夕雪霽。及宿齋青城，星月爛然。帝升壇行事，凡三登三降，

有司請御小次，終不許，秉圭立於版位，以至禮畢。

崇寧三年七月六日，詔曰：「朕欽若昊天，丕釐景命，稽七聖之彝訓，謹三歲之親祠。粵自纘圖，敢忘繼志！嘗率循於典禮，已祗見於郊丘。寔賴顧歆，益臻綏靖。故七政靡忒，三農屢豐，四夷咸賓，九功惟叙。爰念高穹之眷，聿當大報之時。禮於泰壇，敬稱秩於元祀；侑以烈祖，嚴陟配之上儀。申戒前期，誕（爲）〔孚〕衆聽。朕以今年冬至有事於南 14 郊。咨爾有司，各揚乃職，相予祀事，罔或不恭。」

十一月二十六日，祀昊天上帝于圜丘。前三日，帝發神宗徽號（于）寶册於大慶殿。至郊禮畢，悉如元豐三年之儀。

大觀四年七月五日，內出御札曰：「朕恭典神天，嗣膺曆服，永惟七聖之成憲，必遵三歲之親祠，爰自纘承，敢忘祗率！嘗緝於曠禮〔二〕，再稱秩於明禋。荷帝況臨，躋世（齊）康乂，四序咸若，三農屢豐，邊陲敉寧，民俗和豫。宜順新陽之（侯）〔候〕，肆陳大報之儀。裸玉以致乎孝思，燔柴以達乎精意。配侑烈祖，對越上靈。庶饗德於昊穹，用均釐於寰宇。其孚渙號，以戒先期。朕以今年冬至日祀天于圜丘。咨爾攸司，各揚厥職，相予肆祀，罔或不恭。」以皇弟燕

〔一〕鬱：原作「爵」，據《宋大詔令集》卷一一九改。
〔二〕「緝」下疑脱一字。

王俣爲亞獻，越王偲爲終獻。禮成，上御端誠殿，宰臣以下稱賀。遣中使賜御製詩一首，許輔臣和進。

十一月十五日，宰臣何執中言：「臣備位近司，猥緣使事，陪侍親（祀）〔祠〕。伏見陛〔下〕專精其德，（齊）〔齋〕莊其容，靡不盡禮。又如升壇，入壝不回班，不張蓋，不設黃褥，讀祝至御名勿興之類，皆已先事頒旨，遵爲典常。其事天事神之禮，凡可以致崇奉之意者，亦皆講於平時，訓敕無所不盡。宿於端誠，遣黃經臣傳旨，諭臣以『前此風霾，器幣、禮料每事務在精潔』。臣奉詔令，遣官屬親臨按視，再加潔滌。翌日升壇奠獻，俯降跪興皆過于恭，退立壇下，不御小次，略無怠容。用是神靈歆格，乾清坤夷，盛德之事，足以示訓。乞宣付史館，以傳無窮。」又言：「臣等伏見涉冬以來，[15]率多陰晦，風霾雪霰繼作。逮冬祀前期十日而戒，天乃晴霽。車駕殿宿之旦，陰雲四合，抵晚微雨垂作，中夜風師盡驅纖翳。黎明鑾輿順動，杲日東升，至朝謁原廟，裸獻太室，祗見圜丘，熙事備成，天景晏温，日星明潤，中外士庶，歡呼鼓舞。蓋由皇帝陛下有大舜慕親之孝，盡文王事帝之心，齊明誠一，克舉元祀。又比年以來，修益政事，求合於天，建皇極之道，下寬大之書，善繼善述，無偏無黨。民情和於下，天意得於上，歲以有年，雨暘時若，熙熙庶俗，若登春臺。斯足以昭聖人之能事，驗天神之饗德矣。臣等備位近司，親覩盛事，竊自欣幸，不敢但已。伏望宣付史館，傳示無窮。」詔並從之。

政和三年七月五日，内出御札曰：「朕惟乃聖乃神，克禋克祀。舉三歲之大典，不數不疏；得四海之歡心，以妥以侑。肆予菲德，遵國舊章。升煙紫壇，伸昭事上帝之義；裸鬯清廟，嚴衎我烈祖之誠。宜卜景長，往修郊類。俾緝熙于純嘏，用敷錫於庶民。誕告前期，式孚群聽。朕以今年冬至日祀天于圜壇。咨爾攸司，各揚乃職，相予祀事，罔有不恭。」

九月七日，管幹龍圖天章等閣言：「舊制，大禮圜壇設瑞物十，今來受命玉璽、篆字玉印已留禁中，更不排設。」詔以天正堯瑞石及天下太平瑞木代。

九月二十一日，詔曰：「若昔先王，父天母地，嚴恭祀事，躬行而歲（偏）〔徧〕。朕嗣承丕祚，率循舊章，三歲一郊，大賚天下，祇載郊廟。荷天之休，罔有[16]不格。率時昭考，既革合祭之非；牽狃故常，尚稽夏至之禮。大報天地，弗及方丘，夙夜以思，靡遑寧處。夫祭不欲數，數則煩；不欲疏，疏則怠。廢而不舉，其可乎？惟明與察，不敢不虔。自今每遇冬祀大禮後祭地於方澤〔一〕，其儀物，仗衛應奉事悉從減省，從祭臣僚與隨駕衛士量行支賜。簡而易行，無偏而不舉之失，以稱朕意。可令禮制局裁定以聞。」

十月二十一日，詔：「冬祀大禮，以道士百人執威儀前引，分列兩序，立於壇下樂架左右。以玉虛殿道官以下及

〔一〕祀：原脱，據《宋大詔令集》卷一二三補。

習學法事道士充，仍執御前降付道録院掌管威儀。今後準此。」

十一月五日，帝躬上神宗皇帝、哲宗皇帝徽號寶册于太廟。越翌日，祀昊天上帝于圜丘，以皇弟燕王俁爲亞獻，越王偲爲終獻。

九日，太師蔡京等言：「天神降格，實爲大慶，乞宣付史館，播告天下。仍乞許臣等稱慶。」内出手詔曰：「朕德不類，獲承至尊。永惟天地、宗廟之重，夙夜惕厲，罔或弗祇，乃以冬日之至，欽修肆祀。爰命有司，規法三代，肇造禮器，體兹大道，改用元圭，祇戒精專，以期昭感。自宫徂郊，顧瞻空際，天神降格，輦輅仗衛現于道左，雲剥日出，見之顯然。裒時之對，來止來臨，非特影響形聲之應，顧朕何德以堪之！天人之際，夫豈遠哉，緬稽天若〔一〕，其敢不欽！惟爾百辟卿士，務（脅）〔協〕乃心，交修罔怠，用答揚我休應。可依所奏，止東上閤門拜表。」

御製《天真降臨示現記》曰：「朕嗣承祖宗基業，永惟萬[17]事之統，有典有則，流光垂祚，貽厥後裔，丕承祇載，罔敢墜失。率時昭考，追法先王，休功盛烈，布在天下。粤自初載，於志無所不繼，於事無所不述，正身以齊家，治内以及外。序親疏以睦族，正名分以審官。迪之以學校而人倫以明，導之以師儒而士類率服。賓興其賢能，野無遺材，敦尚以行實，人不幸進。鰥寡有養，道無窮丐；疾病有醫，民鮮横夭。收山海之利，商賈阜通；施漏澤之惠，送死無憾。以富備禮，以和作樂，皆祇修先烈，以克用乂。紹述之効，彰明較著。蓋黜邪見僻學之士，斥罔上惑衆之言，放妨功害賢之姦，故詖行不作，讒言不興，正論以定，天道以明。是以上當天心，荷天之休，宗廟之靈，告成厥功，元圭自至。顧惟寡昧，豈敢自居？推而上之，自我神考，肇造法度，克成康功。涓選休辰，歸美復命，加上徽稱，以伸孝思罔極、因心則友之義。爰以冬日之至，燎禋泰壇，裒對太室，祇率祀事。陳鼎罍爵豆新作三代之器，改執内赤外黑十有三山之圭，奠匏玉之爵，奏大晟之樂，以交神明，接三靈之歡。仲冬之月，淑氣温煦，百駿職奔，從事以禮，前期戒具，罔有不虔。自宫徂郊，出自廟門，南至玉津，朕祇慄精專，無思無爲。顧瞻東方，忽見宫殿臺觀，重樓複閣，半隱半現。顧執綏蔡攸曰：『此是何處？』攸對以『郊外無樓閣，惟有齋宫』。朕顧青城在南尚遠，攸時面西，朕令回視。攸奏曰：『樓去地十餘丈，半隱空際。』朕顧雲中人[18]物湧出，持旌節，持寶蓋，持幢幡，持羽扇，持大枝花，展轉寖衆。所持竿皆高數丈，人長丈餘。中有若鳳輦狀，侍衛周密，可千餘人。須臾，日光穿透，人物全體俱現，行者、趨者、側者、正者、相顧者、迴首者，或若持簡道流，或若垂髫童子，或衣朝服，或冠道士大冠，或黄或青，或紫或紅，或淡黄杏黄，或緋緑淺碧，或若繡，或若繪畫。又有一輅，青色，

〔一〕緬：原作「面」，據《宋大詔令集》卷一三六改。

不類焉，狀若龍虎，前後擁約數千人。雲氣漸開，衣紋眉目歷歷可辨。幢幡飛動宛轉，人亦輕揚飄舉。自東稍南回旋，却由東南漸遠漸隱，移刻始不見。朕問攸及侍臣劉友端、張祐，所見悉同。又諭衛士、行門親從等，悉皆瞻睹嗟嘆，或登御街短垣，升高以望，俯伏以拜。朕考載籍所記，高宗之夢得說，武王之夢與齡，其精誠相感於寤寐恍惚之間，陟降在帝左右而已，未有示現若此也。上天之載，無聲無臭，知幽明之故，通神明之德，以贊天地之變化，非至神其孰能與於此！ 先是辛卯六月一日，夜夢至一宮殿，有幢幡羽蓋旌節，跪受帝訓，興隆道教，與今所見大槩相類。夙夜震慄，不敢遑寧。今上帝降格，來止來臨，顧何德以堪之！ 夫天人相與之際，其勢若高遠不可及，惟德能動，惟誠能格。朕敢不（面）〔緬〕稽天若，勵精寅畏，以答揚顧諟光顯之訓，爲宗廟萬民之慶！ 政和癸巳冬至日，謹記。」

六年七月六日，內出御札曰：「朕祇膺駿命，嗣守丕圖，誕[19]昭報本之誠，式廣奉先之孝。肆遵成憲，專詔親（祀）〔祠〕，大闡彌文，寖興墜典。萬邦作乂，囹圄空虛，休祥紛至。荐獲平成之治，允資高厚之功。（求）〔永〕念圜壇，敢怠忘於元祀；眷言方澤，宜修講於盛容。昭格二儀，陟配烈祖，庶告成於熙事，庸溥被於鴻休。申戒先期，具孚群聽。朕以今年冬日至祀天于圜壇，來年夏日至祭地于方澤。咨爾攸司，各揚乃職，相予肆祀，罔敢不恭。」

十一月八日，朝獻景靈宮。九日，朝享太廟。翌日己亥[一]，祀昊天上帝於圜壇。皇弟燕王俁爲亞獻，越王偲爲終獻。

十六〔日〕，詔南郊禮畢，以二十五日詣景靈東宮，二十六日詣西宮，次陽德觀、醴泉觀，仍徧詣凝祥池、中太一宮、佑神觀、上清儲祥宮行禮。禮畢，宣臣僚對御作樂，賜酒五行。

宣和元年七月三日，內出御札曰：「朕席累聖之宏基，撫重熙之昌運。乾健坤順，夙昭眷祐之休；時和歲豐，茲實敉寧之効。布政叶陰陽之序，率民同道德之歸。遐方慕化而來庭，逋寇畏威而欵塞。霄宸降嘏[二]，每從御辯之游[三]；日觀迎鑾，荐閱升中之請。若時報本[四]，無越親祠。其乘二至之祥，載秩一純之薦。祓紫垓而事上帝，肅方澤以對柔示[五]。假于太宮，前謹祼將之奉；侑我烈祖，並嚴陟配之常。用仰達於精誠，庶函蒙於丕貺。誕敷大號[六]，明戒先期。朕以今年冬日至祀天于圜壇，來年夏日至祭地於方澤。咨爾攸司，各揚乃職，相予肆祀，罔或

[一]「己亥」二字當是《大典》據《宋史》卷二一《徽宗紀》三添。
[二]宸：原作「晨」，據《宋大詔令集》卷一一九改。
[三]辯：原作「辨」，按《莊子·逍遙遊》：「御六氣之辯，以遊於無窮。」辯，變也。據改。
[四]本：原作「木」，據《宋大詔令集》卷一一九改。
[五]柔示：《宋大詔令集》卷一一九作「桑林」。
[六]大：原作「文」，據《宋大詔令集》卷一一九改。

不恭。」

20 十一月二十七日、二十八日，以南郊禮畢，詣景靈東，西宮行恭謝之禮。

四年七月一日，內出御札曰：「朕寅奉燕謀，丕釐景命。刺六經而立制，誕輯彌文；洽百禮以事神，用伸美報。荷〔二〕儀之眷祐，格四海之乂寧。風雨若時，日星軌道。和氣協頌常之度，珍祥示修德之符。嘉穀屢豐，遠戎即叙。茂集太平之應，敢忘毖祀之誠！是宜祇見上帝於紫垓，躬禮柔示於方澤。奠蒼璧、黃琮，而牲幣各放其色；（無）〔撫〕《雲門》、《咸池》，而鍾律以諧其聲。前饗太宮，升侑烈祖，率循彝憲，克廣孝心。蘄祉福之函蒙，均邇遐而敷錫。肆頒涣號，明戒先期。朕以今年冬日至祀天于圜壇，來年夏日至祀地于方澤。咨爾攸司，各揚乃職，相予肆祀，罔或不恭。」

〔十一月〕二十一日〔一〕，太宰王黼言：「仰惟陛下以將聖睿智，撫御丕圖，前烈寖明，士風於變，休孚旁錫，瑞應並臻，屢豐之祥，薄海內外。丙寅以日至將大報圜丘，有司先甲惟寅，盛容具舉。丁卯宿齋大慶，冬景晏溫。戊辰朝獻天興殿，陰雲解剝，陽景來臨。薄午至廟，止輦却蓋，步入齋宮。己巳享於太廟，祼鬯神考，淚落霑裳，祭爵册告，涕泗交墜，侍祠之臣皆惻楚感動。庚午躬祀，蠲吉選休，百禮俱洽，亞獻既升，不御小次。已事而退，密雪四委；御樓肆侑，已告盈尺。越兩晝來，同雲忽霽，白日朝鮮。惟聖德動天，昭格如響，實萬世無疆之休。乞宣付秘書省，許拜表稱賀。」從 21 之。

七年七月四日，內出御札曰：「朕膺二儀之眷命，茂輯純禧；奉三歲之親祠，式昭美報。永惟普率，咸底乂寧，七政順而四時和，九穀登而百嘉遂。燕雲沃壤，悉還輿地之圖；齊魏奥區，盡復良農之業。宜因南北之至，躬款圜方之壇。以靈承上帝之休，以哀對柔祇之貺。假太宮而前饗，尊烈祖以配神。冀多福之函蒙，俾群生而均被。肆頒大號，明戒先期。朕以今年冬日至祀天于圜壇，來年夏日至祭地于方澤。咨爾攸司，各揚乃職，相予肆祀，罔或不恭。」

〔十一月〕二十四日〔二〕，太宰白時中言：「伏覩皇帝陛下迄用歲祥，躬修大報，吉蠲齋祓，夙夜惟寅。謁欵殊庭，休氣充塞；嚴假于廟，祖考燕寧。暨祼獻神宗（佑）〔祐〕室，涕泗交頤，左右之臣靡不感動。既乃御于郊次，雲陰四集，夜漏初下，天宇開除，爰升紫壇，珠璧明潤。矧方冬凝凛之候，協景氣晏溫之符，億兆歡呼，嘆所未盡。蓋陛下道膺親享，（考）〔孝〕通神明，精意感格，慶祚無疆。乞宣付祕書省。」手詔答曰：「朕躬欵陽郊，三歲大報，荷天降祐，景氣

〔一〕十一月：原無。按此條乃宣和四年十一月十五日郊祀後王黼之奏，據補「十一月」三字。
〔二〕十一月：原無。按此條乃宣和七年十一月九日郊祀後白時中之奏，據補「十一月」三字。

晏温。先期祇獻清廟，既祼之際，追念罔極，霜露所感，人子常情，何足書于太史？所請不允。」

高宗建炎二年七月七日，内出御札曰：「天子必有尊，斯極兩儀之奉；聖人能饗帝，故膺多福之崇。朕以眇躬，嗣承鴻業，念險阻艱難之未濟，常嚴恭寅畏而靡寧。乃應22乎天，維新其命，兆民欣戴而無離德，大將數起而少凶年。遣使交鄰，庶底干戈之載戢；出師蕩寇，已臻枹鼓之稀鳴。顧廟社之復安，實神祇之並貺。惟世祖建武之二載，始立郊位之規；而肅宗乾元之初年，嘗行禋祀之典。雖屬羽檄交馳之際，豈忘天地祇事之誠！在古有稽，於今敢怠？是用遵累朝之成憲，舉三歲之親祠，謁欵紫壇，升侑烈祖，裒萬靈而咸秩，洽百禮以精禋。列陳嘉籩，聿降大報之誼；（遵）〔導〕迎善氣，均錫函生之休。明戒先期，誕孚群聽。朕以今年十一月二十二日郊祀天地。咨爾攸司，各揚乃職，相予肆祀，罔或不恭。」

八月二十八日，詔令東京所屬官司般取起發祭器、大樂、朝祭服、儀仗、法物赴揚州行在，應副郊祀大禮。

十月二十二日，翰林學士葉夢得言：「竊見祖宗以來，天下承平，中外乂安，三歲一郊，大抵皆以年穀順成、兵革不用爲辭而主報。今者夷狄内侮，盜賊尚多，二聖在遠，四方未寧，與祖宗之時不同，則當專以寅畏惕厲、陳情懇禱爲辭而主祈〔一〕。昨降御札，循用舊制，未嘗明著此意，臣以爲未稱。恭惟陛下欽崇天道，夙夜畏威，深憫多虞，冀以廓清四海者蓋非止於此。臣近因申明昊天上帝、皇地祇册文，得旨别撰，已爲祈辭。今來合降赦書，謂宜更行推廣，歷叙天下艱危之狀，深自貶損，明示四方，無有遠近，皆知陛下爲民請命，以徼福於上下神示之意。」從之。

十一月二23十二日〔日〕南至，皇帝祀昊天上帝〔於〕圜壇，以太祖皇帝配。先是，有司築壇于揚州南門内江都縣之東南。是日，〔車〕駕自常（殿朝）〔朝殿〕，用細仗二千人詣圜壇行禮如儀。禮畢，還行宫。

〔紹興〕十三年正月十九日〔二〕，禮部、太常寺言：「國朝禮制，圜壇在國之東南，壇之側建青城齋宫，以備車駕出郊宿齋。今欲令臨安府於行宫東南城外，先次踏逐可以修建圜壇并青城齋宫去處。」從之。先是，臣寮奏請大禮復用南郊冬祀壇陛之儀，尋下有司討論，至是上之。

六月九日，内降御札：「敕内外文武官寮等：朕嗣膺曆服，越在東南。念初載於維揚，嘗肇禋於泰畤。深惟累聖之成憲，必（尊）〔遵〕三歲之親祠。肆涓路寢之筵，久曠圜壇之禮。今日上穹垂祐，邊境休兵，寇盜弭寧，民俗康阜。日致慈寧之孝，歲收高廩之豐。格此多祥，敢忘大報！見祖禰於諸室，合丘澤之一祠。嘉與臣工，共圖熙事。朕以

〔一〕「主」下原有「所」字，據文意删。按「主祈」與上文「主報」相對，「所」與「祈」形近而衍。

〔二〕紹興：原無，據《宋史》卷九九《禮志》二補。

今年冬至日有事於南郊。咨爾攸司，各揚乃職，相予肆祀，罔或不恭。」

八月三日，宰執進呈有司檢舉大禮依舊例合用珠子、坐褥事。上曰：「事天以誠爲主，如器用陶匏之類，貴其質也。若惟事華麗，恐非事天之本意。」

二十三日，禮部、太常寺言：「在京，大禮前一日差官軷祭利涉門。」從之。其後更名曰嘉會門，每遇南郊，率用此例。

二十八日，禮部、太常寺言，南郊禮例，合權罷本季内朝獻。從之。

九月四 24 日，禮部、太常寺言：「大中祥符五年恭謝玉皇，應群官并應奉人如有服制，不得升殿預祀事。今來郊祀大禮，乞依禮例施行。」從之。

十月十六日，詔：「郊祀大禮，應行事、執事官等，務在嚴肅，如有懈怠不恭，令（合）閤門取旨，送御史臺。」自是每遇親郊，並降此詔。

二十八日，宰執進呈兵部狀，爲行宮南門低，欲於宮門外設次，皇帝乘平輦出門升輅。上曰：「郊祀合乘玉輦，若乘輦出門恐非禮，可令有司措置，當乘輅出。」

十一月八日親郊，以安德軍節度（使）、知大宗正事士夽爲亞獻〔一〕，揚州觀察使、同知大宗〔正〕事士太爲終獻。

九日，禮部、太常〔寺〕言：「伏見郊祀大禮，皇帝前期齋于正殿，聖心虔誠，令尚食進素膳。及朝獻景靈宮、朝饗太廟，車駕至逐處欞星門外，並却織扇。既入門，即降輦步至齋殿。并太廟行禮酌獻，詣徽宗室，感咽涕泣，還版位淚猶未止。有司請還小次，弗許，端立版位，直至禮畢。迨赴青城，更不乘輦，步出廟門，徑升玉輦。逐件事迹，望宣付史館，以彰聖孝。」從之。其後親郊行禮，凡有聖孝事迹與夫有司奏請祥瑞，類皆宣付史館。

十日，禮部、太常寺言：「在京遇大禮畢，車駕詣宮觀行恭謝燒香之禮，緣行在宮觀並未曾修建，欲依紹興十年明堂禮例，差侍從二員行禮。」從之。

25 十六年六月一日，内降御札：「敕内外文武臣僚等：朕纘承基緒既二十年，荷神靈眷祐之休，奉祖考典章之舊。敢忘大報，躬三歲之親祠；備舉上儀，迎一陽之協氣。告虔清廟，祇祓紫壇。念顯相允賴於群工，而助祭率資於四海，肆頒孚號，明戒前期。朕以今年十一月十日謁欵於南郊。惟爾有官，各揚乃職，相予祀事，毋或不恭。」

十一月甲戌〔二〕，朝獻景靈宮。乙亥，享太廟。丙子，合祀天地於南郊，以普安郡王瑗爲亞獻，恩平郡王璩爲終獻。禮成，大赦天下。

十九年六月十一日，敕内外文武臣寮等：「朕荷上天之隆眷，紹列聖之宏規，蓋嘗未明求衣，夜分乃寐，圖所以

〔一〕士夽：原作「士文」，據《建炎要録》卷一四八改。
〔二〕此條純用干支紀日，當非《會要》文。

柔理區夏，上當天心者，二紀於兹矣。比年以來，日當虧而雲密護，歲或饑而麥有秋，囹圄屢空，邊境寧謐。顧朕菲德，獲以鴻休，乃卜陽至之辰，祗修郊類之禮，以答在天之貺，以伸報本之誠。大號是孚，先期以戒。以今年十一月十四日謁欵於南郊。咨爾攸司，各揚乃職，相予祀事，罔或不欽。故兹札示，想宜知悉。」

〔十一月〕十二日庚寅〔一〕，朝獻景靈宫。十三日辛卯，饗太廟。十四日壬辰冬至，合祭天地於圜丘，以普安郡王瑗爲亞獻，恩平郡王璩爲終獻。

二十三日，禮部、太常寺言：「恭覩皇帝飭精意於郊禋，嚴孝思於宗廟，大報成禮，天人交歡。舊儀，乘輿直至齋殿，26 兹者朝獻、朝饗，皇帝纔至欞星門，降輦步行，趨齋殿惟謹。禮設小次，用備憩息，以須終、亞獻行禮。兹者太廟、圜壇酌祼畢，奏請歸小次，皇帝端衮凝立，益加嚴恪，仍宣押樂太常卿徐其音奏，勿令損節。朝饗之夕，至徽宗室，皇情感惻，泣下沾襟，内侍屢進巾帕。由是侍祠百執莫不聳動。當大慶殿宿齋之初，陰靄彌空，垂欲下雨，及皇帝清曉駕出閶闔，層陰解駮，晨曦赫然。逮於太廟、圜壇行事之際，不唯皓月流空，星宿明潤，乃至迴野無風，萬籟收息，天氣晏温，樂聲和暢。及御端門肆赦，有彩雲見於端門及直於雞(竽)〔竿〕之上。都城士庶，觀者如堵，萬口一詞，讚嘆歡喜。間有耆老，或記戊申南郊之年，甫期晴霽，氣令如春，八十始有今日，莫不舉手加額，咸慶中興之盛。伏望敷奏，宜付史館，以垂無窮。」又太史局令胡平言：「今月十二日，聖駕詣景靈宫行禮。於十一(月)〔日〕夜，陰雲濃厚，欲將雨降。至未明前皇帝登輦出内，天氣開晴，見帝座及三台星體明耀，是爲祥應。十三日卯時後，陰霧四垂，至辰時後車駕至青城，陰霧收斂，太陽光盛。又登壇行事，略無風色，燭焰不動。至禮畢，天氣澄肅，星月明瑩。逮回鑾肆赦，有紅青紅黄彩雲在上。皆爲祥應之象，乞宣付史館。」並從之。上因是親製《喜霽詩》，其序曰：「己巳郊祭，前夕欲雨，方次宗廟，雲忽開晴，皆上相弼亮之勞，因成四韻。青城祇謁事郊丘，輔相賢勞共欵留。初訝密雲 27 低覆冒，遽看霽景上飛浮。氣回俎豆群工泰，喜入貔貅萬馬秋。赫赫天心允昭格，協恭同德賴嘉猷。」時宰執、侍從而下皆和以進。

十二月十四日、十五日，以郊祀畢，上詣景靈宫行恭謝之禮。其後並行此禮。

二十二年六月一日，内降御札：「敕内外文武臣僚：朕承天地之成命，紹祖宗之燕謀，每舉親(祀)〔祠〕，以伸告報，益臻隆施，茂底丕平。綏靖四方，悦豫形于簫勺；順成百穀，芬芳備於粢盛。其修三歲之禋，以應一陽之氣。上儀將講，夙戒是孚。朕以今年十一月十八日有事於南郊。咨爾攸司，各揚厥職，相予肆祀，罔或不恭。」

〔一〕十一月：原無，據《群書考索》卷二六補。

十一月十八日親郊，以普安郡王瑗爲亞獻，知大宗正事士㑹爲終獻〔一〕。

二十八年六月一日，内出御札：「勑内外文武臣僚等：朕宅天休命，纂國丕圖，永惟燕翼之謀，尤重欽柴之祭。自紹開於景運，累謁欵於熙壇。祇荷博臨，益恢隆施。五兵不試，既茂迪於民康；百穀用成，亦屢書於歲有。宜候迎陽之旦，載躬類帝之禋。合鏘玉之和聲，備潔粢之令薦。庶申吉報，仰達精誠。資肸飭于上儀，覬函蒙於多祉。特敷大號，明戒先期。朕以今年十一月二十三日有事於南郊。咨爾攸司，各揚厥職，相予肆祀，罔或不恭。」

十月二十六日，太常寺言：「大禮所用酒（齋）〔齊〕、禮料、什物、幕次等，並係臨安府應副排辦，乞專委知府提領。」從之。

十一 28 月二十三日親郊，以普安郡王瑗爲亞獻，恩平郡王璩爲終獻。

淳熙十二年十一月二十二日，南郊禮畢，百僚詣端誠殿稱賀，宰執内（閤）〔閣〕奉賀。上曰：「方登壇時雨點下，及奠幣玉便晴，此皆上天垂祐。」王淮等奏：「陛下聖德格天，欲雨而晴，乃所以顯上帝臨饗之意，實邦國大慶。」（以上《永樂大典》卷五四三七、五四三八）〔二〕

【宋會要】 29 孝宗隆興二年正月一日〔三〕，詔曰：「朕恭覽國史，太祖皇帝乾德元年郊祀詔書有云：『務從省約，無至勞煩。』仰見事天之誠，愛民之仁，所以創無疆之業，垂萬世之統者在是。朕祇膺慈訓，嗣守丕祚，今歲冬至日當郊見上帝，以伸景命，用遵皇祖之典，崇儉德而戒勞民。可令有司除事神儀物、諸軍賞給依舊制外，其乘輿、服御及中外之費，並從省約，限一月條（其）〔具〕以聞。」

六月六日，内出御札曰：「朕受太上之燕詒，宅域中之廣大，將迎景至，初欵圜丘。念報本反始，匪尚乎虚文；而交神塞明，在顯乎誠意。稽皇祖之詔令，敕攸司而討論。凡粢盛祭典則不改故常，若鹵簿賜式則俱從省約。行潦潢汙之可薦，斯舉邦彝；騂駒鑾路之勿修〔四〕，敢勞民力！庶函蒙於繁祉〔五〕，以大庇于黎元。豐年無患于虫蝗，斥候不驚于烽火。遂成熙事，用答鴻休。大號是盼，先期逌戒。朕以今年十一月二十九日謁欵于南郊。咨爾有司，各揚厥職，相予肆祀，罔或不恭。」

十二日，詔兩浙轉運副使朱夏卿充郊祀大禮提點一行事務官，依已降旨，務從省約，更不差置屬官。自後遇郊並同。

〔一〕士㑹：原作「士太」。按據《建炎要録》卷一六三，此時知大宗正事仍爲士㑹，據改。

〔二〕《大典》卷次原缺，據《永樂大典目録》卷一五補。

〔三〕天頭原批：「郊祀。接前。」

〔四〕騂：原作「駐」，據洪适《盤洲文集》卷一一改。

〔五〕繁：原作「蘩」，據《盤洲文集》卷一一改。

九月五日，洪适言：「今歲郊祀，依典故用（驚）〔警〕場鼓吹外，所有禮畢駕回導引振作合用軍樂，端門肆赦用宮架雅樂。」從之。時以不作燕樂，适謂軍樂、雅[30]樂非燕樂比，故有是命。

十月六日，詔：「以禮部、太常寺言，郊祀行禮并前期獻饗宮廟，讀册官讀至御名勿興，壇殿徹黄道裀褥，入壇殿不張蓋，百官不回班，御燎從物、繖扇不入壇殿，行禮前衛士不起居呼萬歲。禮畢御端誠殿受賀，登麗正門肆赦，並如紹興禮令施行。」自後遇郊並同。

十一日，詔：「郊祀行事、執事官等，務在嚴肅，如有懈怠不恭，令閤門取旨，送御史臺。」

二十二日，工部言：「郊祀畢回鑾，依禮例賜花，令導駕官並用常服，合自端誠殿稱賀畢簪花導駕，至麗正門權去花。俟肆赦立班訖，自祥曦殿簪花，從駕至德壽宮上壽，仍簪花從駕還内。」從之。

乾道元年正月一日親郊，以王子鄧王愭爲亞獻，慶王愷爲終獻。

同日，執政同班奏事于後幄，上宣諭：「宿齋日大雪，及饗景靈宮、太廟、圓丘，幸得晴霽禮成。」錢端禮等奏曰〔一〕：「斯實陛下誠意格天。昨日學士院欲添入赦書，蒙批旨不許。」上曰：「朕正不欲自言。」端禮等奏曰：「陛下聖德謙沖，非臣等淺局所量，容退具奏，乞宣付史館。」上曰：「可！」

二日〔二〕，宰臣陳康伯等奏：「臣等恭覩郊祀大禮，皇帝宿齋之日，通夕大雪。聖心憂勤，昭格上下，翼日親饗原廟〔三〕，天宇開霽，雲物清明。正月朔旦，有事圓丘，星緯粲然，和氣充塞，上帝溥臨，允彰德應。尋准學士院諮報，欲於赦文内具載其實，即具奏聞，蒙宸翰批出〔四〕，不許宣告。仰惟陛下謙沖退託，休祥嘉應，不以自居，小心翼翼，根于[31]誠明。至于躬執圭幣，自初獻燔燎不還小次，拱立惟謹，皆人君之至德也。臣等叨陪近列，獲觀盛事，鋪張宏休，揚厲顯績，乃其職分。欲望特許宣付史館，以垂示萬世。」從之。

二十一日、二十二日，以郊祀畢，上詣景靈宮行恭謝之禮。翼日，將詣太一宮恭謝燒香，值雨，令宰執分詣。自後並行此禮。

三年六月五日，内降御札曰：「朕祇紹慶圖，躬承睿訓。謂天地父母，禮莫大于親郊；而尊祖敬宗，誼尤嚴于陟配。載卜一純之薦，荐修三歲之祠。涓選休成，庶幾宴享。賴穹昊之敷祐，格寰宇之敉寧。五穀皆熟爲大有年，丕顯豐登之祐；兩國之民若一家子，益惇信睦之規。眷惟並況之多，敢後思文之報！爰昐涣號，申飭先期。朕以今

〔一〕禮：原無，據《宋史》卷三八五《錢端禮傳》及下文補。
〔二〕二日：原作「是日」，據本書瑞異一之二七改。
〔三〕親饗原廟：原無，據本書瑞異一之二七補。
〔四〕出：原無，據本書瑞異一之二七補。

年十一月二日謁欵于南郊。咨爾攸司，各揚乃職，相予肆祀，毋或不恭。」

九月六日，禮部、太常寺言：「今年郊祀前一日朔祭，乞依禮例權停。」從之。

十九日，太常少卿王淪等言：「郊祀大禮并前二日朝獻景靈宮〔一〕，前一日朝饗太廟，合用祭器，乞依每歲同祀委本寺官監視，于祠前一日嚴加洗滌，監察御史親行檢察。其果實等，前期令臨安府精擇新好入庫，各以祠前一日令光禄丞同太官令監視市令司等以香水浄滌烘焙〔二〕。是日圓壇神位七百七十一所，其監視收徹禮料等官，乞免赴端誠殿稱賀立班。」並從之。

十月一日，詔：「郊祀祭器、果實，並用香水滌濯，令都大提舉主管李綽、林[32]肇躬親監視，務要嚴潔。」

〔十一月〕三日親郊〔三〕，以皇子慶王愷爲亞獻，恭王惇爲終獻。

六年六月九日，内出御札曰：「朕欽奉詒謀，嗣膺令緒。蒙天地之況，顧敢怠于靈承；席祖宗之休，尤不忘于抑畏。思報本反始之道，屬持盈守成之時。惟三歲之親祠，候一陽之應氣，欵廟室以祇見，即郊丘而克禋，義取合祛，禮嚴陟配。念兹熙事，當敕攸司。要當一純二精，務盡吉蠲之饗；蓋爲羣黎百姓，匪專服御之華。冀悉至懷，先期申戒。朕以今年十一月六日謁欵于南郊。咨爾百官，各揚乃職，相予肆祀，罔或不恭。」

七月一日，詔車駕陞玉輅詣青城，餘金輅等後從，諸色人毋得喧雜。令都大提點并幹辦排連法駕鹵簿儀仗官王琪等專一差人編欄，無色號人毋得放入。」

十一月六日，親郊，以皇子慶王愷爲亞獻，恭王惇爲終獻。

九(月)〔日〕，臣僚言：「郊祀前陰雨連日，自皇帝致齋、酌獻景靈宮，天宇澄霽，霏煙瑞霧環繞殿楹。回鑾太廟又雨，已而復霽。明日車駕如青城，亦晴，道旁觀瞻甚盛。未幾雲煙霏微，凍雨還作，將祭之夜，駕幸大次更(依)〔衣〕，數星燁然，現于雲表。及登壇樂作，四郊雲陰尚盛，獨歲星中天，雲光燭路，禮成不雨。行禮之次，差官巡仗，至城門雨大霔，獨泰壇無有。祥異卓然，實聖上夤恭祇畏，格于上下，天意昭答。乞宣付史館，以彰聖德。」從之。

九年三月四日，宰執進呈郊祀除事神儀物、諸軍賞給外，餘並從省約。上[33]曰：「可戒諭有司，前雖有例戒約，多是文具，今郊須要從實省約。可逐一(具條)〔條具〕聞奏。」禮部、太常寺條具如前郊。

六月八日，内降御札曰：「朕紹中興之鴻烈，受太上之燕謀。謂三歲一郊，涓選休成而並況；故九州四海，函蒙

〔一〕「二」原作「一」，「獻」原作「顯」，據《中興禮書》卷八改。
〔二〕視：原無，據《中興禮書》卷八補。
〔三〕十一月：原無，據《宋史》卷三四《孝宗紀》二補。

祉福以常期。方敬率于舊章，將復稱于元祀。矧荷兩儀之祐，丕承(烈)〔列〕聖之休。農扈屢豐，戎軒載戢，崇禮樂而四達，嘉(夙)〔風〕俗之再淳。玉巵每奉于親闈，美化遂形于海宇。兵足食足而百姓足，聲和形和而萬物和。祇候新陽，虔修大報。肆預頒于一札，庸誕告于百工。朕以今年十一月九日謁款于南郊。咨爾攸司，各揚乃職，相予肆祀，罔或不恭。」

十月一日，太常寺言：「郊祀并前二日朝獻景靈宮，前一日朝饗太廟，皇太子亞獻。參酌典故，乞前祀十日質明，詣太廟齋坊受誓戒。參照《開寶通禮》及乾道逐次禮例，其日早二刻開麗正門，以右丞相一員掌誓，依禮例立班。及將來宿齋，欲依太平興國中典故，第一日就本(宮)〔官〕廳。」並從之。

六日，閤門、太常寺言，參定皇太子立班稱賀儀制。詔依所定施行，仍令太常寺參照，于儀注内修定關報。其儀：大慶殿奏請皇帝致齋日，宣贊舍人引皇太子結佩入詣大慶殿立班。車駕自太廟詣青城，入還内，皇太子馬于駕前方圍子内導駕。端誠殿受賀，皇太子于殿下立班，舍人通文武百僚皇太子已下起居稱賀。其麗正門肆赦，皇太子、三公、三少、宰[34]臣、親王、文武百僚等樓前立班，候赦書宣訖，納三省班首僚橫行立定，引皇太子出班致詞。

十一月四日，詔郊祀禮畢，端誠殿稱賀，令太史局跪奏祥瑞。

九日，親郊，以皇太子爲亞獻，皇兄永陽郡王居廣爲終獻。

十一日，宰臣曾懷等奏：「郊祀禮成，普天同慶，兼以瑞雪應時，未明而霽，以至青城宿齋，圜丘蒇事，天氣澄爽。此皆聖德昭著，故高穹降格，靈貺如此。」上曰：「如卿等所言，然君臣之間，正當修飭以答天貺可也。」

淳熙三年九月二十三日，門下後省言：「將來郊祀大禮，奏請守視八寶、導駕應奉行禮，合遣外符寶郎二員，依已降指揮，前期申朝廷(羞)〔差〕官權攝。」從之。

十一月九日，文武百僚赴大慶殿奏請皇帝詣齋殿。十日，皇帝詣景靈宮朝獻。禮畢，詣太廟宿齋。十一日，朝饗于太廟。禮畢，詣青城齋宿。十二日，親郊于圜壇，以皇太〔子〕惇爲亞獻，永陽郡王居廣爲終獻。先是，内出御札曰：「天地有覆載生成之德，非精禋無以伸報本之誠；祖宗有光明盛大之功，非陟配無以展奉先之孝。粵若累朝之定制，具嚴三歲之親祠。既疏數之適中，亦情文之備舉。自予纂紹，彌極寅恭，四行郊廟之儀，久荷神天之況。親庭萬壽，方開七十載之祥；農畮屢豐，幾有再三登之象。外則邊陲之綏靖，内焉民俗之阜康。顧誠感之甚昭，曷宗祈之敢怠！乃卜陽來之旦，載殫躬見之勤。庶永祚于家邦，且祝釐于夷夏。誕孚羣[35]聽，明戒先期。朕以今年十一月十二日謁欵于南郊〔一〕。咨爾攸司，各揚乃職，相予肆祀，罔或不恭。」

〔十二年〕十一月二十二日〔二〕，先是內降御札曰：「朕纂圖丕慶，撫世洪寧。天神地祇，通輯明靈之顧；祖功宗德，嘉承懿鑠之垂。維成命之欽，莫重于親祠；維思文之報，莫崇于陟配。舉秩一純之祀，順稽三歲之儀。於顯合宮，既荐修于大饗；爰熙紫時〔三〕，宜載蕆于宗祈。矧農扈之寖登，暨邊陲之咸肅。庭闈尊奉，並衍于壽祺；民物協和，馴臻于休應。敢忘昭事，展精禋！涓成陽復之初，拜況帝臨之際，庶交孚于上下，以申右于家邦。祇戒先期，誕肹明旨。朕以今年十一月二十二日謁欵于南郊。咨爾攸司，各揚乃職，相予肆祀，毋或不恭。」

十一月二十二日冬日至，祀昊天上帝。車駕詣圓壇行禮訖，還青城，文武百僚赴端誠殿稱賀，宰執內閣奏事。上曰：「方登壇時雨點下，及奠幣玉便晴，此皆上天垂祐。」王淮等奏：「陛下聖德格天，欲雨而晴，用所以顯上帝臨饗之意，實邦國大慶。」

二十七日，宰臣內（閣）〔閤〕奏事，賜坐。上曰：「前日郊祀行禮時，宮中簷溜已滴，聞北闕左右雨尤甚，只圓壇無雨。」王淮等奏：「陛下至誠感格，正登壇時，雲氣垂垂，分明（閣）〔閣〕雨在半空，天地百神休饗明甚，臣等不勝鼓舞。」

光宗紹熙元年十月十二日，戶部言：「諸郡合發大禮錢物，已降指揮，就委各州通判照舊例窠名如數起發。竊慮內有替移事故及徇情不爲盡 36 實剗刷，有妨給遣。乞如有替移事故，即交割付後官，遵依施行。若日後有闕正官去處，令權官主管，候正官到日交割。」從之。

二年三月十三日，詔：「今歲郊祀大禮，令有司除事神儀物、諸軍賞給依舊制外，其乘輿、服御及中外支費，並從省約。」以右正言孫逢吉言：「臣嘗于陛下初郊之歲，乞遵用壽皇隆興詔書，除事神儀物、諸軍賞給外，凡乘輿、服御及中外支費悉從省約。陛下開納，且諭臣曰：『圜壇不尚華飾，亦事天簡素之意。』又曰：『中外支賜，合從（感）〔減〕省。』有以見陛下毖祀之嚴，用物之節。然而俟命旬日，未聞施行。夫至恭無文，大禮必簡，遠則藝祖已行于建國之初，近則壽皇又行于初郊之歲。乞斷自淵衷，一循隆興之制。」故有是命。

四月二十六日，門下後省言：「郊祀大禮，合以八寶陳于宮架之側。」禮院以八寶不係奉神之物，係乘輿儀衛，請依乾道省約之制，更不排辦。從之。

〔一〕十二日：原作「十三日」。按此年南郊在十一月十二日癸丑，見《宋史》卷三四《孝宗紀》二等，上文亦云「十二日」，據改。

〔二〕十二年：原無。按下文言，定於「今年十一月二十二日謁款於南郊」，考孝宗淳熙三年之後，惟淳熙十二年南郊在十一月二十二日，則此條必是十二年事，據補。

〔三〕時：原稿先作「疇」，又旁批作「寺」。按：當作「時」。此時指南郊壇。《宋史》卷一四二《樂志》一六「寧宗郊祀大禮四首」：「練時蒐曠典，紫時觚壇。」是也。因改。

六月七日，内降御札曰：「内外文武臣僚等：朕躬荷詒謀，仰膺眷命。自纘承于統緒，每寅畏于夙宵。秩禮而懷百神，尤重親郊之議；飭躬以奉上帝，必嚴初見之儀。屬家邦福慶之方臻，暨穀穡豐穰之荐告。備萬物而報本，亶及其時；爲兆民而祈禠，匪專于己。肆求盛典，祇欸圜丘。遵行三歲之常，涓用一陽之吉。天地合祛而臨饗，祖宗升侑以綏成。庶殫齋肅之心，益迓休嘉之況。念惟元祀，當戒先期。朕以今年十一月二十七日37欸謁于南郊。咨爾攸司，各揚乃職，相予肆祀，毋或不恭。」

十月三日，詔：「郊祀大禮，應行事、執事官等，務在嚴肅，如有懈怠不恭，令閤門取旨，送御史臺。」

二十一日，詔：「宰執拜郊支賜，照逐郊體例減半外，更依紹熙元年十月二十一日已降旨揮，三分減去一分。」

二十八日，詔令都大提舉主管黃邁、甘昺躬親監視滌濯祭器、果實，並要嚴潔。

十一月二十七日，親郊于圜壇，爲值雨，望祭殿行禮。風雨大至，上震懼，始感疾。《存心録》作「紹(興)〔熙〕元年十一月壬申」。

寧宗慶元三年三月十三日，詔：「今歲郊祀大禮，令有司除事神儀物、諸軍賞給依舊制外，其乘輿、服御及中外支費，並從省約。仍疾速從寔條具聞奏。」嘉泰三年、嘉定五年並降此詔。

八月二十六日，三省言：「郊祀典禮，事體至重，竊慮所屬官司應奉生疏，有乖儀制。」詔令禮部嚴行約束應奉官司，遇有行禮，須管預先閲習慣熟，務要整肅。稍有違戾，重作施行。

十月六日，禮部、太常寺言：「郊祀大禮，依禮例俟端誠殿稱賀畢，皇帝服通天冠、絳紗袍，乘大輦還内。導駕官並朝服導駕外，其餘合簪花，應奉官等並合簪花。至麗正門，合立班官並常服，俟肆赦立班畢，自後殿並簪花，從駕至壽康宮上壽。次詣慈福宮、壽慈宮朝賀畢，簪花，從駕還内。」從之。

二十二日，禮部、太常寺言：「郊祀大禮畢，皇帝率文武百僚詣壽康宮上壽、飲福，稱賀，係冬至日，乞依禮例用黃麾角仗，令兵部差辦，38于壽康宮殿内外排設。次詣慈福宮、壽慈宮，如宮中之禮。」從之。

十一月三日，詔：「馬軍行司官兵連日排立，可依紹熙二年郊祀大禮體例，使臣各特支錢三貫文，効用兵各支二貫文，令户部支給。」嘉泰三年、嘉定五年亦如之。

四日，詔：「(令)〔今〕歲郊祀大禮天寒，應從駕諸班直、親從親事官并諸軍指揮、軍兵將校等，並特依紹熙二年郊禮增三分給賜柴炭，願依例折錢者聽。令臨安府疾速施行。」嘉泰三年、嘉定五年亦如之。

十一月五日，先是内降御札曰：「朕遵謀燕翼，緒慶鴻基。天神地祇，日荷博臨之況；祖功宗德，世垂啓佑之光。紫壇之熙，莫大于精禋；清廟之祼，仍嚴于陟配。(祓)〔爰〕

舉卜郊之重，順逆步景之長。稽汶上之圖，昔首堂筵之饗；奉雲陽之玉，今躬鸞輅之陳。宮闈茂衍于壽祺，寰宇函蒙于福澤。祥占瑞政，霄躔叶以潤明；瑞紀金穰，邊瑣安而寧謐。恪涓孝奏，昭益休嘉。漢百官侍祠，翔言共承于黼繡；周四海來祭，駿奔宜謹於豆籩。益迓祉于三靈，永綿芳于萬葉。輯循舊典，亶播先期。朕以今年十一月五日謁欵于南郊。咨爾攸司，各揚乃職，相予肆祀，毋或不恭。」

六日，宰執同班奏事，京鏜奏：「郊祀慶成，陛下中宵升壇，天宇澄肅，星象粲然。及御樓宣赦，霜日流輝，萬姓觀瞻，無不歡悦。此皆陛下饗帝之誠，有此感應。」上曰：「是夜登壇風作。」鏜奏曰：「是夜二鼓後微有數點雨，得此雨遂晴。」上曰：「郊禮之成，皆卿等輔贊之力。」鏜等又奏曰：39「此是聖德格天，熙事備成。」皆再拜賀。

嘉泰三年四月二十三日，左司諫兼侍講宇文紹節奏〔一〕：「伏見近者四郊闕雨，上軫宸慮，遣官禱祈。甫頒明旨，旋已感應，連日浹洽，農事寬憂。凡我都人，莫不嘆詠，以爲陛下聖德無我，上格天心。蓋前乎講行大典，親閲武事，臨幸學宮，薦享原廟，天日熙晴，人情和豫，誠所謂曰雨而雨、曰暘而暘者，豈非政事云爲，號令賞罰，俯合人心，上當天心而致然歟！夫以高高在上，藐然若不相及，而視人心以爲從違，其應如響，豈不甚可畏哉！願陛下念爲君之匪易，思終始之難一，謹之又謹，天下幸甚。今歲郊祀大禮，僅在數月間，已降指揮務從省約，正恐有司視爲具文，檢舉逐郊之例，不以加意。欲望申飭攸司，凡百所須，措置預辦，嚴戢搔擾，明支物價，務革舊弊。庶幾人心翕然，以副上天之意。」從之。

十一月十一日，先是内降御札曰：「朕以眇躬，仰承大統，自總萬務，于今十年。重屋圜丘，已迭舉瘞燔之禮；閟宮太室，凡三修祼獻之儀。荷天地之畀休，賴祖宗之垂佑。陰陽順序，四時調玉燭之和；田疇屢豐，百穀應金穰之瑞。重闈奉册以稱慶，邊障寢戈而肅清。將因三歲之常，式謹一純之報。益殫精意，匪事虚文。大號是頒，先期攸戒。朕以今年十一日十一日謁欵于南郊。咨爾攸司，各揚乃職，相予肆（祀，毋）或不恭。」

嘉定五年十一月二十日，先是内降御札曰：「朕奄宅庶邦，于今七40閏。念宗社纘承之重，若涉深淵；雖宮庭蠖濩之微，如對上帝。矧當禋祀，尤極嚴恭。曏更中外之多虞，益顯高明之垂佑。銷旱蝗之孽，寖格豐年；洗戈甲之腥，溢爲穌氣。既汔小康之効，盍從大報之儀。況嘗洊饗于堂筵，茲用恪修于郊類。方將推筴而迎日至，奉瑄而見雲陽。爲百姓以祈，敢云專鄉；來諸侯之助，其罔弗欽。爰戒先期，亶孚羣聽。朕以今年十一月二十日謁欵于南郊。咨爾攸司，各揚乃職，相予肆祀，毋或不恭。」（以上《永樂大典》卷五四三九）

〔一〕紹：原作「詔」，據《宋史》卷三九八《宇文紹節傳》改。

祀汾陰 北郊 [一]

太祖開寶(元)〔九〕年七月十七日[二]，詔河中府寶鼎縣徙汾陰后土廟于舊廟稍南。

太宗太平興國四年八月十三日，詔重修后土廟，命河中府歲時致祭。下太常禮院定其儀，禮院請依先代帝王用中祠禮。

真宗景德三年三月二十七日，翰林學士、判太常寺李宗諤上言：「神州地祇壇壝迫隘，不合禮文，中有坑塹及車馬之迹，請于黑帝齋宮北別選壇位，依令式封標，諸壇外壝禁耕墾樵牧。」遂命內侍同禮直官度地，徙壇于方丘之西。

四年正月十七日，以朝拜諸陵，遣工部尚書王化基乘驛詣后土廟致祭，用大祀禮。其祭服、祭器並自京齎送。

大中祥符元年九月五日，以將東封，議同日遣官致祭汾陰后土。詳定所上言：「按西漢祭天于甘泉泰畤，祭地于汾陰后土，後漢始定南北郊。然則今之汾陰后土，本漢祀地之所也。將來既禪社首，祀皇地祇，則后土不當同日更祭。又按唐 41 開元十二年、二十年祀后土于汾陰(睢)〔脽〕上，十三年封禪不別祀。欲望車駕將行，遣官告祭，封禪日即罷祭。」從之。乃命給事中馮起致祭。及禮成，又遣右諫議大夫薛映祭謝。

十一月三十日，詔：「凡祭天地、宗廟、社稷、嶽瀆者，并祭后土，著在令式。」

二年正月十三日，詔少府監製后土廟衣冠，遣使奉上。仍令禮官詳定制度，禮院上言：「《禮令》不載后土衣冠之制，今請用皇后禮衣修製。」從之。

三年六月六日，河中府言：「進士薛南及僧道父老千二百九十人狀，欲請車駕躬祠后土。」詔不允，仍不許父老赴闕。七月十八日，南等再詣府陳請，知府、屯田員外郎楊舉正，護國鎮國等軍〔節〕度、河中尹、寧王元偓繼有陳述，詔不允。二十四日，文武百僚詣東上閤門上表陳請，詔答不允。自是繼三上表抗請。

八月一日，內出御劄曰：「王者膺籙受圖，保邦纂極，必竭誠于明察，期浸福于蒼黔。朕以寡昧之姿，紹龐鴻之業。丕承先訓，在宥中區；欽事上靈，協和庶績。常勵守成之戒，聿丁下武之期。向者寶命自天，真符錫祚，荷鑒觀之垂祐，罄溥率以蒙休。福應沓臻，神祇訢合。揚祖宗之盛烈，答蒼昊之眷懷。稽增封廣禪之文，追昭姓考瑞之事。勒成展寀，繼志垂鴻。交歡三神，均恩萬寓。以台菲德，建茲上儀，匪敢遑寧，益思惕勵。不謂蒲坂遺耋，冀部守臣，稽合輿情，述宣舊典。且以汾河之曲，素嚴后土之祠，遠貢

[一] 天頭原批題爲「郊祀事務」。按此爲《輯稿》整理者所批，非《宋會要》或《永樂大典》原題。此題空泛而不切合正文內容，茲予重擬。以下至「郊祀事務六」皆同。

[二] 開寶九年：原作「開寶元年」，據《文獻通考》卷七六、《玉海》卷九四改。

封函，繼陳勤[42]請。載惟曠絶，難議允俞。復又拱著之倫，扣閽屢至，以爲運格熙盛，俗洽阜康〔一〕，野有多稌之謡，邊靡嬴糧之役。奉祠脽壤，昭報坤元，非得而辭，所宜利往。奏疏三上，羣情益堅。恭念席廟社之慶靈，被穹壤之況施。陟封喬岫，已展于告虔；祈穀柔祇〔二〕，理當于親祭。爰舉歲巡之典，式申母事之誠，冀集祺祥，永孚黎獻。朕取來年春有事于汾陰后土。咨爾掌禮之士，暨于有位之臣，當揚乃職。禮神珪幣，致饗犧牲，並務吉蠲，庶伸欽奉。其乘輿服御，供帳羣司，勿致勞煩，悉從節減。應有費用，皆以官物致辦，不得差擾，輒借科率〔三〕。諸司須索，非勑命，州縣不得供給。所經道路，無役丁夫，廣有修葺，仍不用香臺、青繩欄干等物。諸路長吏無擅離本任赴行在，仍不得以修貢助祭爲名，輒有率歛。兩京、諸州起居章表，附驛以聞。」又詔宰臣等曰：「朕前歲以靈真告期，祕文垂貺，乃升岱岳，以展明誠，冀受百祥，以阜九域，而汾陰后土，盛典闕焉。雖奉祀北郊，降禪社首〔四〕，瞻言脽壤，久屬朕懷。況元鼎新祠，開元蕆事，肸蠁所答，方册具存。若尊卑之禮或偏，則明察之報漸廢。前史所謂郊天而不祀地，失對偶之義也。朕恐兹禮未周，貽譏後代。昨東魯升中，除奉神之外，庶事省約，途中次舍，務在從儉，往復千里，絶不擾民。今蒲津父老，屢扣闕庭，斯亦人事所啓，深符宿意。當議潔蠲，用答景貺。」先是，召王旦等（曰謂）〔謂曰〕：「朕覽史書，見汾陰祠后[43]土事，亦古禮也。」因勑陳彭年等檢討歷代祀汾陰及廢后土祠事。帝曰：「朕以河中父老再有陳請，復以封禪纔畢，議者得不以地遠勞費爲言耶！」旦等曰：「陛下爲民祈福，不憚櫛沐，聖心既定，固已達于神明。」帝曰：「但冀民獲豐穰，于朕躬固無所憚。」故事〔五〕，有司上言：「臣等當上表陳請。」至是既允，復下詔，是日分遣常參官告天地、廟社、岳鎮、海瀆。

四日，命翰林學士晁迥、楊億，龍圖閣學士杜鎬、直學士陳彭年、知制誥王曾，與太常禮院詳定儀注。仍命曾與入内高品朱允中同製造玉册，内殿承制李廷訓勾當神位祭器。是日，陳堯叟等辭于長春殿，賜宴及鞍馬、對衣、金腰帶、束帶。令至河中府，先詣后土祠祭告。

五日，詔：汾陰路禁弋獵〔六〕，不得侵佔民田，如東封之制。增遞鋪卒至八千四百五十人。

六日，以度支判官曹國權通判河中府，前知河中府楊舉正判府事，秘書丞張纂、楊塤簽書節度觀察判官事，祕書丞焦敏知寶鼎縣。

十日，三司言：「輦送汾陰物，望令李士衡、林特舉京

〔一〕洽：原作「治」，據《宋大詔令集》卷一一七改。
〔二〕祈：原作「祇」，據《宋大詔令集》卷一一七改。
〔三〕輒：原作「輙」，據《宋大詔令集》卷一一七改。
〔四〕降：原作「陰」，據《宋大詔令集》卷一一七改。
〔五〕故事：似當作「先是」。
〔六〕禁弋：原作「戈」，據《長編》卷七四改補。

朝官二人，分水陸路催督。」詔止令三門白波發運使、河陰都監領其事。

十一日，詔：「寶鼎縣諸色人有罪，並送本府區遣。雜户、婦人不得至臨晉、寶鼎縣。賜汾陰給役將士緡錢。」自是累賜水陸運挽舟、急脚遞鋪卒、牛羊司棧圈軍士緡錢、茶酒、時服、綿袍有差。

十二日，詳定所言：「車駕出京前，皇帝親告太廟，如東封之禮，太祖、太宗並告以配神 44 作主之意。告廟前一日，命中書門下攝太尉柴告南郊，牲幣如祀禮。至汾陰，復命告后土廟，如岱宗告至之禮。又自西京以西諸州貢物，望並令赴河中府，朝覲日列于壇下。」並從之。

十七日，命王旦撰《后土地祇册文》，趙安仁撰太祖、太宗配座册文，並兼書。詳定所言：「告太廟，祀后土，並用法駕，車駕往還及離祀所行宫，經西京，並用鑾駕。」從之。

三年八月十七日，詳定所言：「車駕出京告天地，自來皇地祇只于南〔望郊〕〔郊望〕告。今緣汾陰專祀后土地祇，望别命官于北郊祭告。」從之。

十八日，詳定所〔言〕：「請獻后土地祇樂以《博安之曲》爲名。又故事，告天地，皇地祇止于南郊望告，今緣親祀，出京前命官柴告。南郊日，望别命攝太尉于北郊本壇致告。又法駕鹵簿三引，内寶鼎令、河中尹，望令太僕寺别造車上題牓。」並從之。

十九日，遣入内都知秦翰賫詔書、茶藥詣汾陰勞陳堯叟以下，仍加宴設。九月，再命副都知張繼能賫詔勞問、宴賜有差。

二十三日，詔：「如聞汾陰路勾當官除州縣供頓外，别取索準備物，宜禁止。」王欽若言：「昨東封畢，收到三脊茅，除進納外猶有二十五束。今汾陰祀事，可以〔克〕〔充〕用。」遣内侍齎置上清宫嚴潔處，旋命先送汾陰。陳堯叟言：「陝州硤石縣湫隘，不足以駐鑾駕，兼衛兵無停止之處，其行宫望特遣使臣檢視。」詔以近硤石寬平之地建行宫，如迎鑾、翔鑾之制。

二十六日，陳堯叟等言：「相度洪流澗 45 移，稠桑道路自高原經過，初上處斗峻，尋命工開修。今自靈寶縣由虢州路至函谷關，却合漢武帝廟前，道路寬平，已行修治。」從之。先是，往河中有二路，一由陝州浮梁歷白徑嶺，一由三亭渡渡黄河〔一〕。司天保章正賈周言二路巖險湍迅，不如出潼關，過渭、洛二水趨蒲津，地頗平坦。雖興工，不過十數里。事下堯叟等，請如周議。而渭河當同州新市鎮多灘磧，自此稍南而西，紆行十數里，小狹處可爲梁。又洛河上亦爲浮梁，直抵河中。復以稠桑舊路緣崖而行，南有峭壁，霖濘多摧圮，乃請徙路自靈寶縣南入虢州路，至函谷關口，復合漢武廟前舊路〔二〕，甚平坦。

〔一〕「渡」字原不重，據《長編》卷七四補。
〔二〕廟：原無，據《長編》卷七四補。

三十日，河中府遣虞鄉縣令氏昭度部送父老、僧道、進士薛南等奉迎車駕，對於崇政殿。帝親勞問之，賜以緡錢，即令辭還。近制，假日閤門無辭見之例，以其衆遠來，特引對而遣之。

九月三日，詔：「西京路行宫宜令儀鸞司止用油幕爲屋，以備宿衛，不須覆以蘆竹。」

五日，詳定所言：「河中府河東縣伏羲、神農、漢文帝廟，河西縣舜廟，龍門縣禹廟，寶鼎縣湯廟，臨晉縣周武王廟，望于祀汾陰前七日，用中祠禮料致祭。開封府中牟縣列子廟，陝州靈寶縣老君廟，中嶽真君廟，望于車駕經過日，以香幣酒果致祭。鄭州靈顯王廟，周嵩陵，河南府偃師縣魏文帝廟，河南府周公廟，新安縣後唐莊宗廟，陝州湖城縣軒轅廟，閿鄉縣女媧陵，中嶽，啓母少姨廟，濟瀆，洛水，46太行山，並望以中祠禮料致祭。西海、北海舊于河中府孟州望祭，亦同此例，仍請特詔遣官。其餘十里内神祠，非功德顯赫者，止令本州府設祭。一品、二品墳，至西京日，遣官以香幣脯醢祭告。」詔可。

六日，陳堯叟等言：「河東轉運使陳若拙請以緡錢、芻粟十萬，由晉、絳赴河中，以助大禮。緣比奉詔旨，不得擾民，其緡帛可以輕賫，望令輦送，其芻粟令絳州以秋税就輸寶鼎縣。」從之。

十日，詳定所言：「禪祭社首壇用三脊茅縮酒藉神，后土壇望以三脊茅縮酒，香茅爲藉。」從之。

十一日，詳定所言：「東封前七日，祭前代封禪帝王。今檢討漢武帝、宣帝、元帝，後漢光武，唐明皇，並嘗祀汾陰，望前七日祀于脽下。」從之。

十二日，詳定所言：「祀后土奠獻、飲福登歌宫架樂章，望令學士修撰。」從之。

十七日，詔有司自車駕離京至汾陰祀前無舉樂，所過州縣不得以樂人迎。

十八日，詳定所上祀汾陰、告廟望拜及朝謁諸陵、還宫恭謝太廟儀注。又言：「先以祀事畢，難于祠宇之旁更行肆覲之禮，欲望迴至河中府朝會肆赦。今準制置使奏，寶鼎縣行宫前可以建壇受朝，望令依泰山朝覲壇制度興建。」從之。

十九日，命王旦撰《祀汾陰壇頌》，王欽若撰《朝覲壇頌》，陳堯叟撰《親謁后土廟頌》。初，帝以御筆寫「后土廟頌」字示宰相，命陳堯叟撰此頌。王旦曰：「《東封泰山銘》是御製御書，此銘非臣下可爲。」帝曰：「朕更不屬文，堯叟未有文字，不必47如此。」既而王欽若又上表請令堯叟撰《朝覲壇頌》，遂詔堯叟爲親謁頌，而帝自製配饗銘焉。

二十八日，詳定所言：「寶鼎縣行宫去脽上約九里，其祠前皇帝致齋三日，望止就行宫，至時赴脽上。其行事官前一日宿祀所，更不隨駕。」詔從之。

二十九日，詳定所上寶鼎縣朝覲肆赦儀注，詔可。

十月四日，詳定所言：「祀汾陰畢親謁后土本廟登歌

《靖安》三曲樂章，請令學士院別撰。」從之。

五日，賜寶鼎縣行宮名曰「奉祗」，前殿曰「穆清」，後亭曰「嚴慶」、「嚴信」，行宮前亭曰「望雲」，渭河橋曰「省方」，洛河橋曰「迎蹕」。

十九日，晁迥上祀汾陰親謁后土廟樂章十首，詔付所司。

二十三日，丁謂赴汾陰路計度糧草。

十一月十日，詔：「奉祀官及職掌有期已上服未闋，大功已下未卒哭，不得預祀。汾陰迴，在路振作音樂，在偃師近陵一程權止，離鞏縣日依舊。」

十二日，詳定所言：「祀汾陰前，皇帝親告太廟，遣官告后廟，元德皇太后廟。前一日祭社稷，其臘日饗祭望權停。告祭日，請用常祀之禮，獻官祭服，御史監祭。」從之。

十二月六日，詳定所言：「參詳御史臺所奏，告廟日羣臣有服制合立班陪位與否者。準《職制律》，廟饗有緦麻已上喪遣充掌事者笞五十，陪從者笞三十。又準唐《郊祀録》，緦麻已上喪不預宗廟之祭，以明吉事凶人不干也。又(正)〔貞〕元初，吏部奏請，既葬公除之後，得許權改吉服，以(後)〔從〕宗廟之祭。此一時之事，非舊典也。今請依禮律
48 不陪廟庭，不預祀事。(文)〔又〕準其禮，祭天地之神不禁緦麻已上喪者，示不敢以卑廢尊也。今準詔，期周已上服未滿，餘服未卒哭，不得預祭。其立班陪位，典禮無文禁止，其祀汾陰日，望立班如儀。」從之。

十日，帝齋于朝元殿。翼日，備鸞駕至太廟，服衮冕朝拜天書，配奠大室，行告禮。

十二日，以寧王元偓爲河中府華州管内橋道頓遞使，資政殿大學士向敏中權東京留守，龍圖閣待制孫奭權判留司御史臺〔一〕，查道權判留司尚書都省，三司使丁謂爲行在三司使〔二〕，林特副之，鹽鐵判官陳靖、度支判官孔宗閔爲判官，度支副使盧琰、户部副使鮑中相同勾當留司三司事。

二十二日，命内侍二人、殿直五人管勾汾陰壇牲牢、祭器，並須禮畢天明始許收徹。仍命内侍右班副都知竇神(實)〔寶〕、左藏庫使張景宗都大提點。

二十四日，以簽書樞密〔院〕事馬知節爲行宮都總管，客省使曹利用、入内都都知秦翰、入内都知鄧永遷、東八作使安守忠、帶御器械綦政敏並爲行宮使，(恪)〔洛〕苑副使趙守倫爲都監。

二十五日，奉祀官習儀於錫慶院。

二十六日，詔以汾陰展禮有期，大官進蔬食。宰相百官三上表請御常膳，上曰：「昔太祖、太宗每遇郊禮，皆屏葷茹。朕三祀圜丘並遵行，而外庭不知耳。昨朕東封，自戒塗即蔬食，今以群情懇惻，俟至京師即御肉味。」帝因作

〔一〕待制：原作「待詔」，據《長編》卷七四改。
〔二〕上「三司使」原作「三館」，據《長編》卷七四改。

《奉天庇民述》以示王旦等〔一〕。又詔禁扈從諸色人燔爇道路草木。

二【49】十九日，侍御史知雜事趙湘言：「親事汾陰，請依《周禮》置土訓，纂録所經州縣山川、古迹、風俗，繼日（間）〔聞〕奏。」從之。

三十日詳定所言：「車駕往還至西京，並上東五鳳門勘箭，麗景門勘契，其金耀門不勘。」從之。

四年正月，詔：「應汾陰行事官及執掌人敢有懈怠者，勿以赦原。」

八日，詳定所言：「后土廟開石匱瘞坎，望令於祀前七日内擇日穿土。」從之。

九日，賜太常寺、少府監升壇職掌衣服有差。

十日，詔：「應汾（應）〔陰〕陪位人，並先車駕一日進發。」

十一日，帝親習祀后土儀于崇德殿〔二〕。初，有司詳定止習壇上儀，帝崇重大祀，乃并廟庭及封石匱儀徧肄習焉。

十七日，命樞密直學士周起、閤門祗候郭盛、入内内侍殿頭閻文慶編排駕前貢奉，直集賢院錢易〔三〕、直史館陳越、祕閣校理劉筠、集賢校理宋綬修所過圖經〔四〕。

十九日，命入内都都知秦翰提舉行在御厨、翰林儀鸞司，其細務悉得裁決，不須申覆。

二十一日，詔沿路程頓窄隘處，從官量減呵導。仍賜百官休假二日辦裝。

二十三日，儀衛使已下具黃麾仗、道門威儀、教坊樂，奉天書出乾元門，升玉輅，扶侍使翊從，前後部鼓吹振作而行。少頃，帝服鞾袍，御大輦，備鑾駕儀仗出京師。向敏中等辭于順天門内。至瓊林苑，召敏中、杜鎬、張秉、〔孫〕奭及王孫已下，賜酒三行。京城父老辭于苑中，帝慰諭之。遂改常服，乘小輦即路。從官窄衣。留司文武百官辭于苑門之西。沿路止音樂，禁扈從【50】以網罟鷙禽自隨。沿路父老見于行宮，賜酒食茶帛，所過賜軍士緡錢。自是所至皆然。

二十四日，命王旦、晁迥、工部侍郎馮起分告諸陵，又命龍圖閣直學士陳彭年、待制王曙同詳定邀車駕詞狀〔五〕。

二十七日，帝以道出鞏洛，密邇陵寢，方奉祀事，故陳望拜之禮。

二十八日，至西京。自白馬寺西幄次更衣，備鑾駕入大内。詔常參官自新安縣先發，至陝州迎駕。回日如之。

三十日，發西京。中路慈澗頓，大官始進素膳。

二月一日，詔禁諸色人以進奉爲名，私染御服繒帛及製乘輿服用之物，飾以龍鳳。詔行在總管司〔六〕，凡亡命卒

〔一〕奉：原作「奏」，據《長編》卷七四改。
〔二〕祀：原作「視」，據《長編》卷七五改。
〔三〕直：原作「真」，據《宋史》卷三一七《錢易傳》改。
〔四〕綬：原作「緩」，據《宋史》卷二九一《宋綬傳》改。
〔五〕曙：原作「曉」，據《長編》卷七五改。
〔六〕詔：原無，據《長編》卷七五補。

及貧民小竊者，不須收捕，再犯者準法。

二日，命薛映造輦水小車十乘，付行在三司〔一〕。時山路泉深，負汲者勞，帝憫之，俾運載以代其役。

四日，駐（驛）〔蹕〕陝州，賜扈駕諸班直、諸軍緡錢。樞密院言：「沿路羣官貢酒食者，望自給諫、刺史已上取旨，餘悉準直優賜縑帛。」從之。

五日，詔：「執毬仗使臣百餘人，如聞鞍馬之弱，長路匪易，令日定二十人引駕，至州府即如舊。」仍詔沿路病馬悉付同州沙苑監養療，令羣牧司用殿最之法以賞罰之。

十日，王旦攝太尉，誓百官于行在尚書省，誓宗室于行在中書。李宗諤先至汾陰，誓百官于寶鼎縣。是日，以馮起爲考制度使，趙湘副之。

十一日，命王旦先赴汾陰，告至于后土。

十三日，發永安鎮。帝于中路頓更御大輦，備鸞駕，至寶鼎縣奉祇宮。陳堯叟等奏脽上羣臣下馬處：51京官已上訖大卿監，至脽下路口；龍圖閣待制已上，至（胙）〔脽〕上；諸司使已下，依比品例。」從之。

十四日，帝齋于穆清殿，詔赴脽上，留行宮都監趙守倫在宮，仍權命趙承煦管勾行宮事。以龍衛、神衛兵各百人給馬知節，自奉祇宮至后土廟巡警。

十五日，命從祀官、諸司職掌濯浴，遣入内都知鄧永遷詣祠上衣服、供具。先是，制置使潔其室，仍遣中使涖之。

十六日，百官習儀于壇廟。是夜一鼓二籌，扶侍使奉天書升玉輅，先赴脽上。二鼓，帝乘金輅，法駕繼進。自縣至脽壇，夾道設燎火，其光如晝。盤道詰屈，周以黄麾仗。初，路出廟南，上以未修謁，不欲乘輿輦過其前，令鑿路由廟後。至是，從新路至壇次。翼日，帝服衮冕登壇，祀后土地祇，奉天書于左次〔二〕，以太祖、太宗配侑。親封玉册，正座于玉匱，配座于金匱，攝太尉奉之以降，置玉匱于殿庭石匱，將作監領徒封固。帝還次，少頃，改服通天冠、絳紗袍〔三〕，乘輦謁后土廟，設登歌奠獻，遣官分奠廟内諸神。又至庭中，視所封石匱。即時還奉祇宮，鈞容樂、太常鼓吹始振作。是日，詔改上奉祇宮號曰「太寧宮」，設后土聖母塑像，選道士焚修。本朝崇奉，一如舊制。賜經度制置使陳堯叟已下襲衣、金帶、器幣有差。

十八日，御朝覲壇，受朝賀，肆赦。有司設宮架、仗衛，文武百官、諸軍將校、州郡長吏、蕃夷酋長、四方進奉使（舉）〔與〕僧道、（者）〔耆〕老等皆在列。宴羣臣于穆清殿，父老于宮門，賜52時服、茶帛。帝製《汾陰二聖配饗銘》、《河瀆顯聖靈源公》、《西海廣潤王贊》示輔臣，又作七言詩賜向敏中。詔以脽壇奉祀官並（如）〔于〕《二聖配饗銘》碑陰刻名，五使及天書儀衛使已下、法駕内導駕官並于《汾陰頌》碑陰刻

〔一〕行在：原作「至」，據《長編》卷七五改補。

〔二〕左：原作「右」，據《長編》卷七五、《文獻通考》卷七六、《宋史・禮志》七改。

〔三〕紗：原無，據《長編》卷七五、《文獻通考》卷七六、《宋史・禮志》七補。

名，后土廟行事官並于《親謁廟頌》碑陰刻名，扈從文武升朝官及内殿崇班、諸班都虞候已上、進奉蕃客並于《朝覲頌》碑陰刻名，謁西嶽廟扈從官刻名廟中。

二十日，次河中府，賜西京、河中府、陝鄭二州緡錢，爲宴犒肴酒之費。仍賜所過州府長吏襲衣、器幣有差。

二十三日，命周起權知河中府，王〔曉〕〔曙〕編排貢奉〔一〕，劉鍇同詳定詞狀。

三月一日，次陝州。詔離州日百官放沿路起居，令先赴西京。

六日，次西京。自穀水備鑾駕，給從臣假二日。

四月一日，車駕至自汾陰，御乾元門，觀甲馬歸營。賜中書、樞密院休假二日，百官三日，扈從諸班直、諸軍及所經戍兵鋪卒、諸司官健緡錢有差。道病死者，悉給其家。帝作《西祀還京歌》賜近臣，繼和。

五日，詔：「汾陰后土壇，令官吏守奉，勿令人至其上。」

十六日，詔：「脽〔土〕〔上〕后土廟，宜令本殿周設欄楯，民庶祈賽，止拜于庭中〔二〕，官吏非祠祭亦勿升殿。」以廟主簿張立簡爲廟令，賜公服、銀帶、銀絹等。以河中府進士薛南爲試將作監主簿，以首詣闕請祀汾陰故也。

十九日，命内供奉官郝昭信、趙履信增葺太寧宮廟，並依修會真宮例。仍令周起一月一至檢校。

五年七月十四日，慶成53軍言太寧宮廟成。知河中府周起請自今每年祭醮，令河中府預備禮料。其后土殿、司命天尊殿，請如詔，官吏民庶有祈賽者，無得升殿。從之。

六年四月六日，慶成軍言：「太寧宮請自清明至四月八日天慶節，三元各五日，並聽士庶焚香。」從之，仍戒無得以酒肴入宮。

七年四月十七日，詔：「太寧宮廟每歲祠祭〔三〕，委慶成知軍行禮。」

仁宗景祐元年十月六日，太常禮院言：「祀昊天，享太廟，並中書攝事。夏至祭皇地祇于方壇，止以郎官行禮。天地禮同，望差兩制已上臣僚攝事。」禮官議曰：「《祠令》，諸大祠、中祠有行事須攝者，昊天上帝、太廟二祀，太尉則中書門下攝，司徒、司空以尚書省五品攝。餘大祀，太尉以尚書省四品，諸司三品攝，闕則兼五品。宜從令文定制。」詔自今夏至祭皇地祇，遣大兩省以上官攝事。其後神州地祇亦遣兩制以上官攝事。

二年〔四〕，詔有司，孟冬祭神州地祇，遣内臣降香。春

〔一〕奉：原作「舉」。按上文云命周起等「編排駕前貢奉」，則此處「貢舉」亦當作「貢奉」，蓋以王曙代周起也。因改。
〔二〕止：原作「上」，據《長編》卷七五改。
〔三〕祠：原作「祀」，據《長編》卷八二改。
〔四〕二年：此下無月日，據《長編》卷一一六，此事在景祐二年正月二十一日丙午。

秋朝陵、諸祠祈解亦然。

皇祐二年八月三日，詔以親享明堂，罷立冬祭神州地祇。初，太常禮院以黑帝及神州地祇皆當合祭于明堂，請罷立冬之祭，帝以四時迎氣不可輟，故止罷祠神州地祇。

三年九月十七日，詔太常寺：皇地祇壇舊制狹小，宜如唐《郊祀録》增廣之。

嘉祐八年十月二十八日，龍圖閣直學士司馬光言：「昨以大行皇帝謚號奏告天地、宗廟、社稷、皇地祇，止于員丘望告。伏以王者父天母54地，祇寓于南郊，失尊卑之叙，欲乞遣宰臣詣北郊行事。」詔太常禮院詳定，既而請自今非次奏告，差官專詣行禮。從之。

神宗元豐元年二月六日，郊廟奉祀禮文所言：「古者祀天于地上之圜丘，在國之南；祭地于澤中之方丘，在國之北。其牲幣、器用〔一〕、歌詩、奏樂亦皆不同，凡以順陰陽，因高下而事之，以其類也。漢元始間，以禮樂既各有合，而禮又有夫婦共牢之文，于是合祭天地，以隆一體之誼。後漢之光武至魏之黄初，與夫東晉元帝及唐武后以來，皆因仍之，殆非所謂求神以類之意。本朝親祀上帝，即設皇地祇位，雖盡恭事之誠，而稽之典禮則有未合。」詔詳定更改禮文以聞。禮官又言：「夏至日祭地方丘，乃典禮之正。郊祀之歲不及親祀地（祈）〔祇〕，即盛禮容，具樂舞，遣冢宰（設）〔攝〕事，于禮爲宜。」所有親祀南郊及罷皇地祇并從祀位，〔三年〕五月二日〔二〕，詔太常禮院速詳定以聞。

至六年五月九日，尚書禮部言：「太常寺修定郊祀之歲夏日至皇帝親祭皇地祇于北郊方丘及上公攝事儀，盡如南郊。其上公攝事，唯改樂舞名及不備官〔三〕，其俎豆、樂架、圭幣之數，史官奉祝册〔四〕，盡如親祀。」自元豐元年詳定郊廟奉祀禮文，命陳襄、王存、李清臣、張璪、黄履、陸佃、何洵直、楊完等討論。而襄等初議，或以當郊之歲，冬、夏至日分祭南、北郊，各一日而祀徧；或於圜丘之旁〔五〕，别營方丘而望祭；或以夏至盛暑，天子不可親祭，改用十月；55或欲親郊圜丘之歲，夏至日遣上公攝事於方丘。議既不一，上獨詔定夏至日親祀北郊并上（公）攝事之禮爲宜，下禮官議定。至是，禮部上其儀，乃詔定焉。是年郊天，始罷祭皇地祇并從祀位。

二年八月十七日，詔夏至日祭皇地祇，太尉用中書門下攝。以詳定郊廟奉祀禮文所言〔六〕：「昊天上帝、太廟則中書大臣及宗室親王使相攝事，皇地祇則以兩制、大兩省行禮，在輕重先後之序，有所未安。請皇地祇之祭，太尉用中書門下攝，所貴郊廟之禮，各得其稱。」故有是詔。

〔一〕用：原作「色」，據《長編》卷三〇四改。
〔二〕三年：原無，據《長編》卷三〇四補。
〔三〕及不：原倒，據《長編》卷三三五乙。
〔四〕祝：原作「竹」，據《長編》卷三三五改。
〔五〕於：原作「爲」，據《宋史》卷一〇〇《禮志》三改。
〔六〕詳：原作「祥」，據《長編》卷二九九改。

三年六月二十八日，詔：「祭皇地祇祝版與牲幣、饌物，並瘗于埳，更不設燔，其燎壇合除去。」

七月二十五日，詔改北郊圜壇爲方丘。

八月十四日，詔：「皇地祇之祭，瘗牲之左髀以報陰，庶合禮意。」

四年十月十六日，詔：「祭地祇以五行之神從，以五人神配，仍用血祭。」凡四事，皆從詳定郊廟奉祀禮文所請。

元豐六年五月（八）〔九〕日〔一〕，禮部狀：「太常寺修定郊祀之歲夏至皇帝親祭皇地祇于北郊方丘及上公攝事儀。」詔依。親祀北郊儀盡如南郊，其上公攝事唯改樂舞名及不備官，其俎豆、樂懸、圭幣之數，史官奉册，盡如親祠。

（以上《永樂大典》卷五四三九）

56（十年）〔元祐七年〕十一月十四日〔二〕，帝初郊，特設皇地祇位于圜丘合祭，以輔臣建言故也。

紹聖三年正月二十七日，詔曰：「朕惟先王之祀天地，其時物器數各以其象類求之。故以陽求天，祀于冬至之日；以陰求地，祭于澤中之丘。載于典經，其義明甚。而合祭之論，特起于腐儒之臆説，歷世襲行，未之有改。先皇帝以天縱之大智，緝熙王度，是正百禮〔三〕，以交神明，遂定北郊親祀之儀，將舉千載已墜之典，雖甚盛德，無以復加。乃者有司不原本旨，尚或因陋。肆予冲人，嗣有令緒，仰惟先志，其敢忽忘！宜罷合祭。自今間因大禮之歲〔四〕，以夏至之日躬祭地祇于北郊。應緣祀事儀物及壇壝、道路、帷宮等，宜令有司參酌，詳具以聞。」

六月二十七日，權尚書禮部侍郎黄裳等言：「謹按大禮前（三）〔二〕日，車駕朝獻景靈宫，前一日饗太廟。元豐所定北郊親祀儀稱，如遇車駕赴景靈宫、太廟，即依大禮儀注施行。其宣德門肆赦，亦有已定儀注，並係朝廷臨時指揮。臣等參酌，如不赴景靈宫、太廟，即親祀前二日齋於大慶殿兩宿，然後詣北郊。」詔景靈宫、太廟于三年南郊大祀已有告享之禮，今北郊係間行，更不躬詣景靈宫、太廟，前期兩日止齋宿大慶殿，并禮成肆赦，並如南郊儀注。又言：「南郊青城至壇所五百一十八步，自瑞聖園至皇地祇壇之東壝五百五十六步，相去不57遠。其地祇壇係國初建，神靈顧饗已久。元豐間，有司請地祇、神州並爲方壇，壇之外爲坎，詔止改圜壇爲方。今來親祀，請下有司，比類南郊增飾制度，除治四面，稍令低下，以應澤中之制。」詔令禮部再詳，具合用典禮深闊高廣丈尺及層級制度，工部計度增飾事件以聞。又言：「皇祐中，以初行親饗明堂，其樂章并鼓吹局前後部所用歌，並詞臣撰進。今北郊親祀，亦乞詔學士院撰進。」從之。

〔一〕九日：原作「八日」，據上「元豐元年二月」條及《長編》卷三三五改。

〔二〕元祐七年：原作「十年」，據《長編》卷四七八、《文獻通考》卷七一改補。又天頭原批：「接前。」

〔三〕「百」下原衍「官」字，據《宋大詔令集》卷一二三删。

〔四〕自：原無，據《宋大詔令集》卷一二三補。

〔四年〕五月二十五日〔一〕，禮部言：「太常寺新定到親祀北郊儀注，乞頒付有司施行。」從之。

元符元年正月二十五日，帝幸瑞聖園觀新成北郊齋宮。故事，郊宮悉設以幕帟，其費不貲。上命繕營，不日而成。時章惇曰〔二〕：「齋宮金碧相照，非所以事天地也。」上曰：「三歲一郊，次舍之費縑帛三十餘萬〔三〕，工又倍之。易以屋宇，一勞永逸，所省多矣。且齋明以事天地，而爲浮侈，朕豈不知？齋宮近在城外，耳目所接，何嘗有此！」至是臨幸，引惇徧視，上曰：「有金碧之飾乎？」惇惶恐謝。

二年六月二十七日〔四〕，詔曰：「致明察者莫重於郊丘之祀，極優肅者莫嚴于祖考之薦。乃者奉若猷訓，憲章古昔，罷合祭之瀆，修特禋之禮，將以夏日之至，祇欵皇祇之靈。比覽有司之陳，欲寢前期之告。朕惟朝獻于原廟，祼將于太室，詎容曠歲之久，不及躬祀之奉！豈獨異事天之禮，抑未稱饗親之誠。怵惕永懷，靡遑寧處。其欽承于先烈，用悉講于多儀。匪敢憚勤，庶幾58盡志。將來親祀北郊，前二日躬詣景靈宮朝獻、太廟朝饗，並依南郊儀制。其紹聖三年六月二十七日朝旨更不躬詣景靈宮、太廟一節，更不施行。」

〔徽宗建中靖國元年〕八月五日〔五〕，詔三省，將來南郊見天地之始〔六〕，權合祭天地于圜丘。

十日，詔三省後次大禮親祀北郊。

二十六日，詔罷合祭。

崇寧二年六月八日，試給事中、詳定編修大禮勑令鄧洵仁等言：「昨修建南北郊齋宿宮殿，南郊曰『帷宮』，事體如一，而名稱不同，〔令〕〔今〕欲並稱『齋宮』。」又言：「北郊行禮在仲夏，衛士坐甲殿庭，自可聽旨給冰，或設幕遮映。其在外仗下人馬，遇日色盛熱，欲令就近更休，俟夜涼及車駕經由，即預依行方之道置甕貯水供給人兵等，請著爲令。」並從之。

六月十五日，編修大禮勑令所言〔七〕：「將來北郊，若依南郊例，百官並宿青城，竊恐盛夏幕次逼窄。今有廢草場地與青城及方丘相近，請宰相〔八〕、親王、使相、執政、侍從官、六曹尚書侍郎，並設次青城內，餘就草場設次。」從之。是日，又言：「崇寧二年五月十五日，詔諸司應奉人服繡單衣等，令後苑作依數改造。其不可造纈之物，代以草畫。乞依已得詔旨。」從之。

〔一〕四年：原無，據《玉海》卷九四補。
〔二〕章：原作「張」，據《長編》卷四九四改。
〔三〕三十：原作「三千」，據《長編》卷四九四、《文獻通考》卷七一改。
〔四〕二十七日：《長編》卷五一一繫於二十五日丙申。
〔五〕徽宗建中靖國元年：原無，據《九朝編年備要》卷二六補。
〔六〕始：原無，據《玉海》卷九三補。
〔七〕修：原無，據上條補。
〔八〕宰相：原作「宰執」，按「執」指執政，與下文重，因改。

〔政和三年〕十月二日〔一〕，詔差保静軍節度觀察留後、直睿思殿楊戩提舉修蓋夏齋宫。戩畫圖以進，詔依。

十一月十五日，詔：「夏祭前一日宿方澤齋宫内殿致齋，更不宿大慶殿。太廟、景靈宫冬祀已親祀，更不行禮。去乘大輦，歸就齋宫解嚴放仗，回易常服乘輦，更不 59 登樓。禁衛支五分衣甲。」

十二月九日，御札：「朕紹承聖緒，祗述先猷，翕受無疆之休，茂膺有秩之祐。家給人足，荐登康年，嶽貢川珍，殆無虚月。獲履平成之運，實資覆載之功。瞻彼圜壇，已屢稱于禋祀；眷兹方澤，未專詔于親郊。是用稽周室之舊章，遵神考之貽憲，順迎夏日之至，往即國都之陰。因卑以求，歌詩必類。禮用黄琮之器，樂奏函鍾之宫。昭格柔祇，顯配烈祖。天明地察，初備講于彌文；河潤山容，俾悉從于望秩。庶裒諸福之物，敷佑烝民之生。播告先期，式孚羣聽。朕以來年夏至祭地于方澤。咨爾攸司，各揚厥職，相予肆祀，罔或不恭。」

四年三月十三日，詔齋宫至方壇，往迴並乘大輦。

十八日，太常寺言：「行禮前十日，太宰誓導駕、行事、陪祀官、執事人于（廟）〔朝〕堂，少宰誓親王、宗室于太廟。今夏祭不詣太廟，别無行禮執事（室宗）〔宗室〕，如有亞獻并陪祀宗室，欲乞並赴朝堂受誓戒。」從之。

五月八日，太常寺言：「天（元）〔玄〕而地黄，除琮玉、牲幣已用黄外，欲乞夏祭方澤，宫室、牆壝、器皿並用黄色。」從之。是日，詔：「夏祭齋宫添置四角樓，著爲定式。今後大禮，諸班直隊馬不得入齋宫、皇城門，止于城外；六尚局不許于厚德殿内釘設幕次，拘占挾廊；喝探人兵止于厚德殿門外，不許入殿。」

六月一日，御製《夏祭禮成神應記》曰：「國之大莫重于祭，祭之大莫重于天地。天之高，地之厚，非高明博厚蓋不足以知之。古之聖 60 人知幽明之故，體天地之撰，求諸天地，必以象類。求天以陽，凡麗于陽者屬之天；求地以陰，凡毗于陰者屬之地。陰陽異道，故南北異方，冬夏異時，圜方異位，高卑異數。其器其幣，其樂舞，其牲牢，名既不同，禮亦異制。冬日之至祀天以國南之丘，日月星辰皆從；夏日之至祭地于郊北之澤，山林川澤丘陵墳衍原隰皆從。各以其類，雖聖人興，不能易也。逮〔周〕德下衰，禮廢樂壞，無復大全，因時苟簡，名存實廢。合天地于圜丘，黷神害義，違禮失正。歷世之（王）〔主〕，狃習故常，因陋就寡，曾莫之革。昔我神考，天縱大德，稽參三代，是洽百禮，乃

〔一〕政和三年：原無。按，據本書禮二八之七四，下條爲政和三年，推之史事，此條亦當爲政和三年事。徽宗定於政和四年夏至親行北郊禮，故前一年命楊戩修蓋北郊齋宫。據本書禮二之二，四年四月齋宫成，詔諸門殿亭命名，蓋半年而成，時間亦合。若爲崇寧二年，相距已十餘年，修一齋宫不應費時如此之久。又據《宋史》卷四六八《楊戩傳》云，内侍楊戩「崇寧後日有寵」，不應崇寧二年官已至節度留後；而據本書禮三四之一四，政和三年楊戩之官銜正與此條相同。是則本條應爲政和三年，而非崇寧二年。以下各條亦爲政和事，因補。

下明詔，釐而正之，修墜典于千載之後，萬世允賴，未遑以行。哲宗嗣興，繼體居正，紹述先烈，命官庀徒，作宮待祀于國之北，有志弗遂，中外太息。惟德不類，嗣無疆大曆服，夙夜惟勵，罔敢怠忽。于志靡不繼，于事靡不述，興弊起廢，黜邪闢正，惟古是若，惟大猷是經。乃詔攸司，舉而行之。爲壇澤中，其制三成〔一〕，得地之數；廣三十有六丈，取坤之成。法陰之盛，（色）〔用〕以薦黄玉之琮于求神之初；因地之利，用以奉兩圭之邸于禮神之後。旂常並建，一維新金玉之文；輅鼎有作，皆稽古尚象之器。以五月十有一日乙酉，齋明盛服，自宮徂郊，（董）〔薰〕風自南，途不遇雨，而都城之内滂沱幾尺。越明日昧爽，升輦就次，陰雲四興，天地變色，駿奔執事，震疊大懼，朕祗戒精專，内盡其志。羣臣暑服以紗，朕不敢 61 慢，被衮冕如冬服。秉圭陟壇，輕飈滌煩，涼不癉暑；奉俎薦牲，人不跛倚，洞洞屬屬，若在其上。告成釐事，密雲不雨，而壇壝之外不遠百步，帷幄車馬零蒙霑濡。哀時之對，震于神休，而羽衛多士、奉輦武夫與陪祝之官，顧瞻中天，陰雲開剥，電光穿透，有形有象，若人若鬼，持矛執戟，鳥喙獸面，列于空際。見者駭愕，人馬辟易。傳曰：『地上之圜丘，若樂六變則天神降；澤中之方丘，若樂八變則地示出。』朕祗虔祀事，冬則衣冠見于道左，夏則鬼神駐於雲表，天神降，地示出，蓋非虚語。既事迴鑾，萬騎翼從，纖塵不興；下輿還宮，雨遂周溥。天地博臨，來格來享，顧朕何德以堪之！永惟盛德休烈，自我神考肇正禮典，哲宗繼述，克相在天，賚我思成，罔敢自居，歸美以報。陵闕在望，不遠伊邇，弗獲躬行，親製表文，命使以告，用伸孝思罔極，因心則友之意。于興訛造訕之人與挾姦幸禍之惡，靦顔駭汗，緘口結舌，莫敢出氣，小人于是乎消，邪正于是乎分。夫能制俗者不流于俗，善用衆者不牽于衆。夏（際）〔祭〕之禮，行于先王而見沮于後世，載在方册而不見信于流俗，蓋千有餘歲。朕奮于百世之下，斷而行之，迄用有成。凡厥萬事，其視于兹，因筆以詔天下後世。政和甲午六月朔日記。」

七年二月四日，詔以王子嘉王楷爲夏祭都大提舉行宮使。

三月二十五日，詔夏至百官朝祭服用紗。

五月十四日，皇帝祭地于方澤，以 62 皇弟越王偲爲亞獻，普安（羣）〔郡〕王仲忽爲終獻。

宣和二年五月十八日，皇帝親祭地于方澤。

五年五月二十一日，皇帝親祭于方澤。

〔紹興二年〕〔二〕，程瑀又言：「每遇祀昊天上帝，依儀用禮神真玉、牲牢、禮料，差三獻官行禮。所有祭皇地祇，今欲並依祀昊天上帝禮例，所貴祀祭一體。」從之。

〔一〕三：原作「已」。按《玉海》卷九四載元豐北郊壇制：「方丘三成，每成高四尺。」是「已」爲「三」之誤，因改。

〔二〕紹興二年：原無，據《宋史》卷一〇〇《禮志》三補。下條閏四月亦在紹興二年。

閏四月二十日，禮部、太常寺言：「夏至日祭皇地祇，國朝禮設神位于壇上北方，南向。昨政和四年，因夏祭方澤，禮制局議定設皇地祇神位于壇上南方，北向。緣今來夏至日係于北面望日行禮，即難以北向設位。欲自今後夏至日祭皇地祇，設位依舊例。」從之。（以上《永樂大典》卷五四四〇）

五方帝　感生帝〔一〕

國朝每歲四郊迎氣及土王日祀五方上帝，以五人帝配，五官、三辰、七宿從祀。又于正月上辛祀感生帝。

太祖皇帝乾德元年閏十二月二十八日，國子司業兼太常博士聶崇義上言：「皇家以火德上承正統〔二〕，應五行之王氣，纂三元之命曆，恭尋舊制，存于祀典。伏請奉赤帝爲感生帝，每歲正月別尊而祭之。」事下尚書省集議，請如崇義之奏。有司酌隋制，感生帝爲壇于南郊，高七尺，廣四丈，奉宣祖陞配。牲用騂犢二，玉用四圭有邸，幣如方色，常以正月上辛奉祀。

二年十一月二十五日，太常禮院言：「准舊禮，正月上辛祀昊天上帝，以順祖配，五方帝從祀。又准敕，聶崇義奏請別祀赤帝爲感生帝，以符火德，日用上辛，配以宣祖。然則一日之中，兩祀赤帝。按《祭法》云：『祭 63 不欲數，數則煩，煩則不恭。』數尚不可，況同日乎？且祀爲感帝，尊而奉之，列于從祀，降而卑之。以此酌詳，愈知矛楯。請于上辛日昊天從祀之内不設赤帝一座，所貴顯特尊于感帝，符不數之禮文。」從之。

太宗太平興國八年十月五日，詔祀土德于黄帝壇，珪、幣、牢具如大祠制，俾祠官領之。

〔淳化〕三年十一月二十七日〔三〕，南郊禮儀使上言：「來年上辛祈穀，與祀感生帝皆同日。竊況祈穀壇舊不設赤帝位〔四〕，今緣親行祀禮，其祈穀壇備設赤帝位，乞權罷感生之祀〔五〕。」從之。

至道元年十月十五日，太常禮院言：「來年正月十日上辛有事于南郊，准畫日九日立春祀青帝，緣青帝從祀郊丘，望權停祭。」從之。

〔真宗景德〕四年十二月十六日〔六〕，都官員外郎、同判太常禮院孫奭言：「立冬祀黑帝，按禮文以高陽氏配，（元）〔玄〕冥辰星，三辰、七宿從祀。今則配帝以下皆不設席。按《通禮》席以莞，且人帝以下無取掃地之義，望依禮設席。又所設樽惟散樽二，一以盛勺，一以盛酒，復不加冪。按禮

〔一〕天頭原批題爲「郊禮事務二」，今改題。
〔二〕火：原作「大」，據《長編》卷一三改。
〔三〕淳化：原無，據《太常因革禮》卷三三補。
〔四〕自「上言」至此句「壇舊」，原無，據《太常因革禮》卷三三補。
〔五〕乞權：原無，據《太常因革禮》卷三三補。
〔六〕真宗景德：原無，據《太常因革禮》卷四七補。

文，黑帝、配帝各六樽，二罍。樽實五齊，獻神酌之〔一〕；罍實三酒，飲福酌之。從祀樽亦各别〔二〕，皆加勺幂。幂者用御風塵，祀天神，以疏布爲之，取其質也。今禮不用五齊、三酒，皆以法酒代之〔三〕，獻神飲福，于禮當有差降。既不加幂，恐不吉蠲。望自今祠祭，量設犧、象樽以獻神，山罍以飲福，庶人神不擾，尊卑有序。」詔太常寺與崇文院檢討詳定以聞〔四〕。判太常寺李宗諤上言〔五〕：「按《郊祀録》，天、地、日、月、五方帝、九宫並席以藁秸，餘以莞。唐制，天、64地、日、月、社、稷、五方加褥。又天、地以下樽，有太樽〔六〕、著樽、犧樽、象樽、壺樽、山罍之制，凡樽皆加勺幂〔七〕。望並依奭奏，令光禄寺、太府寺、少府監自今依禮陳設。」從之。

仁宗皇祐二年八月二十五日，太常禮院言：「今年立冬祀黑帝及祭神州地祇，緣近明堂大饗，皇帝各行親獻，今來皆合輟罷。又緣祀黑帝是一時迎氣之祭，如從而輟罷，比之常歲却闕一祭。」詔依例祀黑帝，罷神州地祇祭。

嘉祐元年十（一）〔二〕月九日〔八〕，集賢校理丁諷言：「按《春秋文耀勾》，五帝之名曰靈威仰、赤熛怒、含樞紐、白招拒、叶光紀。今每歲奉祠，而祝文位板皆書其名〔九〕，令有司呼斥〔一〇〕，非所以恭神之意。」于是下太常禮院議而去之。

元符二年十月二十日，太常少卿曾旼言：「祀黑帝配以帝顓頊，字與神宗廟諱同，其祝文皆不迴避。乞稱帝高陽氏。」從之。

徽宗大觀四年四月二十八日，議禮局言：「國家崇奉赤帝爲感生帝，以始祖僖祖配侑，與迎氣之禮不同，尊異之也，而乃祀于立夏迎氣之壇，甚不稱所以尊異之意。謹按《禮記·郊特牲》云：『兆于南郊，就陽位也。』《祭法》云：『燔柴于泰壇，祭天也。』先儒指爲周制感生帝之壇，以爲王者之興必感五帝之精以生，因其所感别祭尊之。自曹魏、後齊、後周與隋，皆别壇而祭。雖其制不同，而各崇奉所感生之帝，正合先儒之論。請于南郊别立感生帝壇，依赤帝高廣之制，庶稱國家尊異之禮。」從之。

高宗紹興元年，禮部、65太常寺討論〔一一〕：孟春上辛日祀感生帝，以僖祖配，于天慶觀設位望祭，幣依方色，權不用玉。正、配二位每位罇、爵、籩、豆各一，實以酒、脯、鹿臡，以獻官一員行禮。

〔一〕神：原脱，據《太常因革禮》卷四七補。
〔二〕從：原脱，據《太常因革禮》卷四七補。
〔三〕法酒：原倒，據《太常因革禮》卷四七乙。
〔四〕詳：原作「許」，據文意、文例改。
〔五〕李：原作「奈」，據《長編》卷六七改。
〔六〕有太樽：原脱，據《長編》卷六七補。
〔七〕皆：原無，據《長編》卷六七補。
〔八〕十二月：原作「十一月」，據《長編》卷一八四改。
〔九〕祝：原作「祀」，據《長編》卷一八四改。
〔一〇〕令：原作「今」，據《長編》卷一八四改。
〔一一〕討論：原倒，據《文獻通考》卷七八乙。

三年四月十五日，司封員外郎鄭士彦言：「立春、立夏、季夏之土王、立秋、立冬祀五方帝于四郊，亦祀之大者。望詔禮官講求典禮，舉而行之。」從之。時太常寺討論，不用牲牢，止設一籩一豆，差獻官一員，依奏告禮例行事。其後比擬舊制，用禮料視感生帝。（以上《永樂大典》卷五四四〇）

郊祀卜日[一]

【宋會要】

66 真宗景德三年十二月十四日，崇文院檢討、龍圖閣待制陳彭年言：「伏覩晝日，來年正月三日上辛祈穀于昊天上帝，至十日始立春。緬尋歷代，雖或相遵，博考禮經，實非舊典。謹按《禮記·月令》：『正月，天子以元日祈穀于上帝。』注云：『爲上辛祈穀，郊祀昊天上帝。』又《春秋傳》曰：『啓蟄而郊，郊而後耕。』蓋春氣初至，農事方興，郊祀昊天以祈嘉穀，故當在建寅之月，迎春之後矣。自晉泰始二年始用上辛，不擇立春之先後。齊永明元年，立春前郊，議者欲遷日，王儉啓云：『宋景平元年、元嘉六年，並立春前郊。』遂不遷日。其後吳操之又云應在立春後。然則左氏所記『啓蟄而郊』，乃三代彝章，百王不易；王儉所啓郊在春前，乃後世變禮，經籍無聞。載詳《月令》正月元日祈穀，則明在正月之辛；左氏『啓蟄而郊，郊而後耕』，則明在立春之後。參較其議，煥然無疑。來年正月十日立春，三日上辛祈穀，斯則襲王儉之末議，違左氏之明文，理有未安，事當復古。況陛下式嚴祀典，以迓神休，豈可捨周、孔之格言，用齊、晉之曲説？伏望憲章三古，取則六經，常以正月立春之後上辛行祈穀之祀。誕告禮官，著爲甲令。」詔太常禮院詳定以聞。禮院言：「按《月令》云『正月元日祈穀於上帝』，《左傳》云『啓蟄而郊』，杜預云：『啓蟄，夏正建寅之月，祀天南郊。』又按梁何佟之議云：『今之郊祭，是報昔歲之 67 功而祈今年之福，故取歲首上辛，不拘立春之先後也。周人冬至於郊丘，大報天也，夏正又郊以祈農事，故有啓蟄之説。自晉太初二年并圜丘、方澤同於二郊，是以一郊之中，有祈有報。不待啓蟄而用上辛，始於此也。』又云：『齊永明元年立春前郊，王儉啓云，宋景平元年、元嘉六年立春前郊，則近代明例。』梁吳操之又云：『郊應在立春之後。』本院今詳禮傳正文既言建寅之月啓蟄而郊，則合在正月立春之後，所用上辛不拘立春先後，則後代相承。今據禮傳明文，請依彭年所奏，當於立春之後正月辛日祈穀[二]，祀昊天上帝，頒下所司，永爲定式。」從之。

四年四月二十六日，太常禮院言：「準詔與崇文院檢討同詳定諸祠祭事。據晝日今年四月五日雩祀昊天上帝

[一] 天頭原批題爲「郊祀事務三」，今據《永樂大典目録》所載《大典》卷五四八三原目改。

[二] 當：原作「常」，據《太常因革禮》卷三三改。

於圜丘，十三日立夏祀赤帝于南郊。按《月令》：『立夏之日，天子迎夏于南郊。』注云：『迎夏爲祀赤帝于南郊。』又云：『是月也，大雩。』注云：『《春秋傳》曰龍見而雩。謂建巳之月，陽氣盛而常旱，萬物待雨而長，故祭天以祈雨。』龍星，謂角、亢也，立夏後昏見于東方。又按《春秋左氏傳》云：『啓蟄而郊，龍見而雩。』注云：『雩謂建巳之月，蒼龍七宿之體昏見東方，萬物始盛，待雨而大，故祭天，遠爲百穀祈膏雨也。』又按《唐書》云：『夏孟之月龍星見，雩五方上帝于雩壇。』又按《五禮精義》云：『四月大雩帝圜丘，傳云龍見而雩。東方角、亢等七宿昏見南方之時，此即孟夏純陽之月，萬物待雨而長，故必祀天。』《序例》云：『自周已來，歲星差度，今之龍見或在[68]五月，以祈甘雨，於時已晚，但四月上旬卜日。』載詳立夏之後，蒼龍昏見，萬物將蕃，陽氣方盛，故雩祀上帝以求甘雨，即與啓蟄而郊，其義無殊。後來唯用改朔，不待得節〔一〕，祭于立夏之前，違茲舊禮之意。所云龍見或在五月，於時已晚，但用四月上旬卜日，苟或龍見於仲夏之時，雩祀於季春之節〔二〕，相去遼闊，於理未周。欲請今後雩祀，並於立夏後卜日。如立夏在三月，則待改朔後卜日。庶節氣協于純陽，典禮符于舊史。又按《月令》云：『季秋之月，乃命冢宰，農事備收，藏帝籍之收于神倉。是月也，霜始降，上丁用樂正入學習吹。』鄭玄注云：『爲將饗帝也。』『是月也，大饗帝。』《正義》云：『四月大雩以祈穀，九月大饗以報功。』此則季秋之月，農事既終，大饗明堂，報茲嘉穀。苟或猶未得節，尚當建酉，因而卜日，有屬先時。欲望自今並過寒露然後卜日。或寒露在八月末，則待至九月乃卜，仍在上丁之後，庶符《月令》之文。自餘諸祠祭，皆叶《禮令》，無所改易。』詔從之。

天禧元年十二月一日，禮儀院言：「來年正月十七日辛亥祈穀，用立春後辛日，前二日奏告太祖一室。伏緣其月十五日朝拜玉清昭應宮在致齋日內，望改用正月上辛，不以立春先後（立春）爲準，即於朝拜無礙。」從之。

隆興二年十二月八日，詔：「郊祀大禮，可遵至道典故，改用獻歲上辛。令學士院降詔。」詔曰：「朕比以軍興，未遑郊[69]見，欲涓建巳之月〔三〕，以戒先庚之期。幸消弭於外虞〔四〕，懼稽遲於大報。敬惟元日，正得上辛，合《魯經》啓蟄之文，法周室用騂之禮。神釐可逆，猶漢帝拜于甘泉；祖武是繩，蓋太宗行於至道。式從改卜，虔舉彝章。朕今以來年正月一日有事于南郊。」初以近晦改卜郊日，禮官討論用來年孟夏，應文武百僚、將校、文學、進士恩例並依前郊赦，內外諸軍賞給於今年冬至日先給，已令學士院

〔一〕待得：原稿劃掉「得」字而旁批「待」，據《長編》卷六四，二字皆爲正字，故保留。
〔二〕節：《長編》卷六四作「日」。
〔三〕涓：原作「消」，據《中興禮書》卷一改。
〔四〕幸：原作「辛」，據《中興禮書》卷一改。

降詔。至是，臣僚言邊隅未安，恐或親巡勞師〔一〕，乞於近期行禮，故有是命。（以上《永樂大典》卷五四八三）

郊祀用日〔二〕

太祖乾德元年十一月十三日，宿齋於崇元殿。十四日，赴太廟。五鼓，朝饗。質明，赴南郊，齋于帷宫。十六日，合祭天地于圜丘。自是親郊宿齋、朝饗率如儀。

開寶元年十一月二十四日、四年十一月二十七日、九年四月（三）〔四〕日〔三〕，並親郊。

太宗太平興國三年十一月十五日、六年十一月十七日、雍熙元年十一月二十一日、淳化四年正月二日、至道二年正月十日，並親郊。

（直）〔真〕宗咸平二年十一月七日、五年十一月十一日、景德二年十一月十三日，並親祀南郊。

大中祥符七年二月十六日，以朝謁太清宫，於京城東郊置壇，恭謝天地。

天禧元年正月十一日，南郊。

三年十一月十六日，奉天書于天安殿，齋于殿内。翌日，奉〔天書〕赴景靈（官）〔宫〕，薦獻于天興殿。禮畢，齋于太廟。十八日，行朝饗之禮，扶侍使等奉天書先赴青城，帝齋于郊宫。十九日，奉 70 天書升壇，合祭天地。

仁宗天聖二年十一月十三日、五年十一月十七日、八年十一月十九日、景祐二年十一月十四日、寶元元年十一月十八日、慶曆元年十一月二十日、四年十一月二十五日、七年十一月二十八日，並親祀南郊。

皇祐二年，詔以大慶殿爲明堂。九月辛亥，有事于明堂〔四〕。

五年十一月（十）四日〔五〕，親郊。

英宗治平二年十（二）〔一〕月十六日〔六〕，祀南郊。

神宗熙寧元年十一月十八日，合祭天地于圜丘。

七年十一月二十五日己未〔七〕、十年十一月二十七日，並親祀圜丘。

元豐六年十一月五日丙午冬至，祀圜丘。

哲宗元祐七年十一月十四日、元符元年十一月二十日，並冬至祀圜丘。

徽宗建中靖國元年十一月二十三日、崇寧三年十一月二十六日、大觀四年十一月三日、政和三年十一月六日、六年十一月十日、宣和元年十一月十三日、四年十一月十五

〔一〕師：原作「帥」，據文意改。
〔二〕天頭原批題爲「郊祀事務四」，今據《永樂大典目録》所載《大典》卷五四八三原目改。
〔三〕四日：原作「三日」，據《宋史》卷三《太祖紀》三改。
〔四〕此句乃據《職官分紀》卷四五等書添。
〔五〕四日：原作「十四日」，據《宋史》卷一二《仁宗紀》四改。
〔六〕十一月：原作「十二月」，據《宋史》卷一三《英宗紀》改。
〔七〕此下二條干支當是《大典》據他書添。

日、七年十一月十九日，並冬至祀圓丘。夏至祭方澤四：政和〔四年〕〔一〕、七年、宣和二年、五年。八年，先詔而未及祭。（以上《永樂大典》卷五四八三）

郊祀齋戒〔二〕

〔乾德元年〕八月十八日〔三〕，禮儀使陶穀言：「享廟、郊天，兩日行禮，從祀官前七日皆合於尚書省受誓戒。自來一日之内受兩處誓戒，有虧虔潔。今用十一月十六日行郊禮，望依禮文於八日先受從饗太廟誓戒，九日別受郊天誓戒，其日請放朝參。」從之。

十月十五日，又言：「準禮例，皇帝崇元殿致齋日至郊祀日，京城内及坊市禁斷凶穢，不得71聞哭泣之聲，禮畢仍舊。」詔依。

十一月十三日，帝宿齋於崇元殿。翌日，赴太廟。五鼓，朝饗禮畢，質明赴南郊，齋于帷宮。十六日，合祭天地于圓丘。

六年九月十四日，南郊禮儀使言：「舊制，皇帝致齋於崇元殿。伏見乾元殿乃正寢受朝之所，宜爲齋庭。」詔宿齋乾元殿。

開寶四年十一月冬至，親郊，宿齋文明殿。

九年三月二十三日，中書門下言：「皇帝四月四日有事於南郊，請前二日致齋於天福殿。」詔依。

四月二日，（辛）〔幸〕西京親郊，齋于文明殿。

太宗太平興國三年十一月冬至，親郊，復齋乾元殿。

四年八月十三日，詔重修后土廟，命河中府歲時致祭。下太常禮院定其儀，禮院請依先代帝王用中祠禮，行事官以本州長官爲初獻，上佐官已下爲亞獻、三獻。諸獻官各散齋二日於正寢，致齋一日於廟所。散齋理事如舊，唯不弔喪問疾，不判刑殺文書，不行刑罰，不預穢惡。致齋惟祀事得行，其餘悉斷。其祭官已齋而闕者，通攝行事。諸祭官至齋之日，各習儀於齋所。

九年十一月十一日，禮儀使扈蒙言：「郊祀受誓戒，文武百僚於尚書省，亞獻、三獻於中書。其諸王如赴尚書省，緣在宮城内，慮恐不及。又亞獻、三獻及諸王隨皇帝宿齋，未審齋於何處。」詔韓王元休以下三人及皇姪孫惟吉隨亞獻於中書受誓戒，仍於本官廳内宿齋。

神宗熙寧元年十一月，上齋於郊宮，罷臨觀闕，不幸苑72囿。故事，車駕至青城少休，即召從臣幸後苑，閱水嬉，復登端門觀太常警嚴。至是，上精意奉祠，悉罷遊觀，遂減徹門闕亭苑，省草木禽獸千七百餘事。至十年，又罷去寢殿後至寶華門花磚砌道〔四〕，著爲定制。

元豐三年六月二十八日，詳定郊廟奉祀禮文所言：

〔一〕四年：原脱，據《宋史》卷二一《徽宗紀》三補。
〔二〕原無此題，據《永樂大典目録》所載《大典》卷五四八四原目補。
〔三〕乾德元年：原無，據《長編》卷四補。
〔四〕後：原作「從」，據《文獻通考》卷七一改。

「謹按唐《開元禮》并本朝《開寶通用禮》，皇帝致齋前一日，尚舍奉御設御座於正殿西序及室内，俱東(西)〔向〕。《儀禮》注〔一〕：『堂東西牆謂之序〔二〕。』至日皇帝出自西房，即御座東向。又唐《郊祀録》：『凡致齋必東向者，變聽政之位也。』蓋取《論語》『齋必變食，居必遷坐』，殊爲舛誤。伏請南郊致齋，皇帝自内寢居大慶殿御幄易服，有司奏中嚴外辦畢〔三〕，即大慶殿御座南向，百官北面再拜奏請訖，皇帝降就齋所，更不設東房、西房及御榻東向位。明堂致齋文德殿依此。」從之。

四年十月六日，又言：「《周禮》太宰之職：『祀五帝則掌百官之誓戒。祀大神祇亦如之，享先王亦如之。』又《大司寇》：『禋祀五帝〔四〕，則戒之日涖誓百官〔五〕，戒于百族。』蓋王者奉天地、祖宗之神，必具百官以揚其職，百官廢職則服大刑，非先事聚衆以警之，使失禮而入刑，則亦罔人而已。太宰治官，所以佐王事神祇祖考，獨掌誓戒者，欲人之聽於一也。大司寇刑官，戒之日涖誓者，失禮乃入刑故也。國朝沿唐制，以太尉掌誓戒。太尉三公官，所謂坐而論道者，非掌誓之任，未合禮意。伏請親祠，命吏部尚書一員掌誓戒，刑部尚書一員涖之。」詔從之。内掌誓戒以左僕射。

六年正月二十三日，尚書禮部言：「舊禮，大祀前七日平明，太尉誓百官 73 於尚書省。近制，親祀南郊、明堂、太(尉)〔廟〕，掌誓戒用左僕射，闕即以右僕射，以刑部(尚)書涖之。今有司攝事，大祀即初獻官掌誓戒，前期七日南(饗)〔嚮〕讀誓文，無涖誓之官。又吏部、刑部官於歲時常祭皆不聯事，實爲闕誤。臣竊惟祭祀之有誓戒，所以要之以刑，重失禮也。古者掌誓戒有專官，欲人之聽於一也。周以太宰掌百官之誓戒，謂其爲天官之長，且佐王治；而以大司寇涖誓百官〔六〕，戒于百族，蓋言失禮則入刑也。唐以太尉掌誓戒，亦緣任隆公輔，地居冢司故也。《周禮》三公無官，必兼冢宰然後可以佐王治。《書》曰：『惟周公位冢宰，正百工。』故以太宰掌百官之誓戒。今以宰相、親王、執政官、宗室使相郡王節度使以上爲初獻，即掌戒得其職矣。蓋與周冢宰、唐之太尉同意。自餘初獻，止是禮部尚書以下，既不爲攝太尉而亦掌誓戒，誤矣。又按《周禮》，小宰『以官府之六聯合邦治，一曰祭祀之聯事』，謂一官不能獨舉則六官共有事於此，故曰官聯。今尚書省六曹，乃周六官之任，諸祠祭以禮部爲獻官，以户部、兵部、工部爲奉俎官，而吏部、刑部無事於其間，非所謂官聯也。伏請自今大祠，宰相、親王、執政官、宗室使相郡王節度使以上爲初獻行事，依舊掌誓戒，餘以吏部尚書或侍郎掌之。蓋吏部，天官之任也。

〔一〕儀禮：原倒，按下引文實出《儀禮・士冠禮》鄭玄注，因乙。
〔二〕牆：原作「壇」，據《儀禮注疏》卷一改。
〔三〕辦：原作「辯」，據《長編》卷三〇五改。
〔四〕禋：原作「煙」，據《周禮注疏》卷三四改。
〔五〕日：原作「曰」，據《周禮注疏》卷三四改。
〔六〕誓：原脱，據《周禮注疏》卷三四補。

仍用刑部尚書涖誓，闕即以侍郎，並不致齋，不與行事。其掌誓之西別爲一班，亦南嚮。受誓戒者，獻官禮官以西[74]爲上，奉俎官以東爲上，分獻官立于獻官之後，並北嚮。監祭使執事位自如故事。親祠即依元豐四年十月六日詔，用左、右僕射掌誓，刑部尚書涖誓。」從之。

十一月二日，將親郊，齋于大慶殿。三日，齋于太廟。四日，齋于南郊之青城。五日冬至，祀天于圜丘。

〔徽宗〕政和三年十一月十五日，詔夏祭前一日宿方澤齋宮内殿致齋，更不宿大慶殿。

四年五月十二日，皇帝親祭地于方澤。前期，皇帝散齋七日於別殿，致齋三日於内殿〔一〕，一日於齋宮。

宣和元年十一月二十一日，太府卿盧法原言：「頃者冬祭而天神降，夏祭而地祇出，圜丘、方澤，雪應變異，萬目咸覩，曠古所未聞也。因嘗下詔以其日名天應、寧貺節，且禁刑殺，止屠宰，所以承神祇之休無所不至。竊謂凡遇親祠，雖行事等官受誓戒，及有司不奏刑殺文書，然其餘百司庶府及四方郡縣，蓋未嘗有禁也。切緣親祠之日，各隨冬、夏之日至，與天應、寧貺節每日不同。伏望凡遇冬祀、夏祭親祠之日，俾天下並止刑殺，屠宰一日，著之於令。」詔今後冬祀、夏祭親祠日，禁止刑殺，屠宰一日。

高宗紹興十三年三月八日，權禮部侍郎王賞等言：「國朝禮例，每遇冬祀大禮，依儀皇帝宿齋三日，内一日於大慶殿，一日於太廟，一日於青城。今唯復依紹興十年明堂大禮例，並於前殿宿齋。」詔依祖宗禮例，即不得創造齋殿。又言：「已得旨，郊祀齋宫更不[75]修蓋，止令計置幕殿。檢會在京青城宮殿大内門曰泰禋，東偏門曰承和，西偏門曰迎禧，正東門曰祥曦，正西門曰景曜，後門曰拱極，大殿門曰端誠，大殿曰端誠，便殿曰熙成。將來如車駕前一日赴青城宿齋，乞令儀鸞司同臨安府豫先體倣青城制度絞縛。其行事、執事、陪祠官宿齋幕次，亦乞排辦。」詔令隨宜絞縛，不得侈大。

二十一日，太常寺言：「大禮依儀，前三日皇帝詣大慶殿宿齋。前〔三〕〔二〕日皇帝服通天冠、絳紗袍，乘玉輅詣景靈宮聖祖天尊大帝行禮，差侍從官分詣元天大聖后并諸殿神御前行禮畢，皇帝服通天冠、絳紗袍，乘玉輅詣太廟宿齋。前一日，皇帝詣太廟諸室前行禮畢，皇帝服通天冠、絳紗袍，乘玉輅詣青城宿齋。冬至日，皇帝詣圜壇行禮。禮畢，擇日恭謝景靈宮，遍詣諸殿行禮。」從之。

十二月九日，禮部、太常寺言：「伏見郊祀大禮，皇帝前期齋於正殿，聖心虔誠，令尚食進素膳，望宣付史館。」從之。

【宋會要】

孝宗乾道三年，月行近心大星，宰執次日奏對，上憂懼

〔一〕三日：原作「七日」。按古禮，大祀皇帝親祠者皆散齋七日，致齋三日。宋代亦然，本書中此類甚多，從無致齋七日者，因改。

天戒，形於玉色。因言：「近時祭祀全不嚴肅，何以感格天地？可令禮官條具，措置約束。」

閏七月七日，宰執以禮官定郊廟祠祭事進呈，上曰：「訪聞致齋處多飲酒喧笑者，可令監察御史，須俟祠祭一切了畢，方許退。」

五年六月二十四日，太常少卿林栗言：「朝獻行禮前一日，欲令宰76執並赴尚書省宿齋。或值雨分詣，則行事官皆已齋戒，於禮爲宜。」從之。

九年十月一日，太常寺言：「郊祀并前二日朝獻景靈(官)〔宮〕，前一日朝饗太廟，皇太子亞獻。參酌典故，乞前祀十日質明，詣太廟齋坊受誓戒。（誓文參照《開寶通禮》及乾道逐次禮例。）其日早二刻開麗正門，以俟右丞相一員掌誓，依禮例立班。及將來宿齋，欲依太平興國中典故，第一日就本官廳。」並從之。

光宗紹(興)〔熙〕二年十一月二十四日，應行事、執事、陪祠官赴大慶殿奏請皇帝詣齋殿。二十五日，皇帝詣景靈宮朝獻禮畢，赴太廟齋宿。二十六日，朝饗于太廟。禮畢，詣青城齋宿。二十七日，親郊于圜壇。（以上《永樂大典》卷五四八四）〔一〕

郊祀五使〔二〕

國朝親祭祀，舉大禮，沿唐制置五使，以宰臣爲大禮使，太常卿爲禮儀使，御史中丞爲儀仗使，兵部尚書爲鹵簿使，知開封府爲橋道頓遞使。是後太常卿、中丞、兵部尚書或闕，乃以學士及他尚書、丞郎爲之，其職掌用禮部、御史臺、兵部吏如故。儀衛、名物，鹵簿使掌之；儀仗使無專掌，但以中憲督察諸司。如叙使司，則橋道頓遞使最下。國初京尹有親王爲之者，即升次大禮使，或以大禮、頓遞併爲一使。真宗東封西祀，皆以輔臣爲五使。仁宗籍田、恭謝、大享明堂，祫饗太廟〔三〕，並循用故事。大中祥符七年，上玉皇聖號，時宰臣向敏中次當禮儀贊導，以年耆不任磬折，改命參知政事丁謂，以敏中領儀仗。後互77差儀仗、鹵簿使。至和初，用賈黯議，始改正焉。唐自元和以前，史籍不載。長慶後有禮儀使，太常卿爲之；大禮使，御史中丞爲之。哀帝時，中丞爲儀仗使而不載大禮使。梁以河南尹爲大禮使，餘二使如舊。又有儀仗、法物二使，以武將爲之。後唐以宰相爲大禮使，兵部尚書爲(大)禮儀使，御史中丞爲儀仗使，兵部侍郎爲鹵簿使，開封尹爲頓遞使。周唯

〔一〕《大典》卷次原缺，陳智超《解開宋會要之謎》頁一五七定於卷五四八四，今從之。《大典》此卷事目爲《郊祀·齋戒》。

〔二〕天頭原批題爲「郊祀事務五」，又誤置於此門第二條之上，今據《永樂大典》卷五四八四原目改。

〔三〕太廟：原作「大饗明堂」。按此四字乃因上句而衍。古之祫祭乃是合祭祖宗於太廟，則此文當作「祫饗太廟」。如《宋史》卷一四〇《樂志》一五云：「《奉禋歌》，其後祫享太廟亦用之」是也。

以禮儀使歸太常，餘如之。唐有禮儀判官，五代有大禮副使、判官、修裝法物使，國朝皆不置，頓遞使增橋道之名，而命內臣與諸司同修飭法物云。

太祖建隆四年八月二十二日，以親郊，命宰臣范質爲大禮使，翰林學士承旨陶穀爲禮儀使〔一〕，吏部尚書張昭爲鹵簿使，御史中丞劉温叟爲儀仗使，皇弟開封尹爲橋道頓遞使〔二〕。

乾德六年八月七日，以親郊，命宰臣趙普爲大禮使，翰林學士承旨陶穀爲禮儀使，翰林學士王著爲鹵簿使，樞密直學士趙逢爲儀仗使，皇弟開封尹匡義爲橋道頓遞使。

開寶四年七月十二日，以親郊，命宰臣趙普爲大禮使，參知政事薛居正爲禮儀使，呂餘慶爲鹵簿使，太子賓客、權判御史臺邊光範爲儀仗使，皇弟開封尹匡義爲橋道頓遞使。

九年正月二十六日，以西京親郊，命皇弟晉王爲大禮使，翰林學士李昉爲禮儀使，知制誥扈蒙爲儀仗使，李穆爲鹵簿使，彰德軍節度使、知河南府焦繼勳爲橋道頓遞使。

78 太宗太平興國三年八月一日，以親郊，命皇弟齊王廷美爲大禮、橋道頓遞使，翰林學士李昉爲禮儀使，扈蒙爲儀仗使，知制誥李穆爲鹵簿使。

六年親郊，五使闕。

九年七月二十四日，罷封禪，親郊，命宰臣宋琪爲大禮使，翰林學士承旨扈蒙爲禮儀使，翰林學士宋白爲鹵簿使，賈黄中爲儀仗使，右諫議大夫、權知開封府事辛仲甫爲橋道頓遞使。仍令鑄五使印。先是，郊禋大禮皆權借諸司印記行移文字，至是始各鑄印焉。

雍熙四年十月二十八日，以籍田，命宰臣李昉爲大禮使，開封尹陳王元僖爲橋道頓遞使，翰林學士宋白爲禮儀使，賈黄中爲鹵簿使，御史中丞張宏爲儀仗使。

淳化三年九月一日，〔以〕親郊，命宰臣李昉爲大禮使，翰林學士承旨蘇易簡爲禮儀使，尚書戶部侍郎王沔爲鹵簿使，御史中丞王化基爲儀仗使〔三〕，開封尹許王元僖爲橋道頓遞使。

至道元年八月七日，以親郊，命宰臣呂端爲大禮使，翰林學士承旨宋白爲禮儀使，給事中賈黄中爲鹵簿使，御史中丞李昌齡爲儀仗使，開封尹壽王德昌爲橋道頓遞使。

真宗咸平二年七月十六日，以親郊，命宰臣張齊賢爲大禮使，翰林學士承旨宋白爲禮儀使，禮部尚書温仲舒爲鹵簿使，御史中丞魏庠爲儀仗使，工部侍郎、權知開封府魏羽爲橋道頓遞使。

五年七月二日，以親郊，79 命宰臣呂蒙正爲大禮使，翰林學士承旨宋白爲禮儀使，翰林侍讀學士夏侯嶠爲鹵簿

〔一〕承：原作「丞」，據《宋史》卷二六九《陶穀傳》改。
〔二〕按此使未記姓名，實爲趙匡義。
〔三〕化：原脱，據《宋史》卷二六六《王化基傳》補。

使，御史中丞温仲舒爲儀仗使，刑部侍郎、權知開封府寇準爲橋道頓遞使。

景德二年七月十四日，以親郊，命宰臣畢士安爲大禮使，翰林學士趙安仁爲禮儀使，資政殿學士王欽若爲鹵簿使，御史中丞呂文仲爲儀仗使，户部侍郎、權知開封府張雍爲橋道頓遞使。

〔大中祥符〕三年八月三日〔一〕，以〔祀汾陰，命〕宰臣王旦爲大禮使，知樞密院事王欽若爲禮儀使，參知政事馮拯爲儀仗使，趙安仁爲鹵簿使，知樞密院事陳堯叟爲橋道頓遞使。又以旦爲天書儀衛使，欽若、安仁副之，三司使丁謂爲扶侍使〔二〕，供備庫使藍繼宗爲扶侍都監，内侍周懷政、皇甫繼明爲夾侍，發陝西、河東兵五千人赴汾陰給役，置急脚遞鋪，出厩馬增驛傳。

五年閏十月三日，以恭謝太廟，命宰臣王旦爲大禮使，向敏中爲禮儀使，樞密使、同中書門下平章事王欽若爲儀仗使，陳堯叟爲鹵簿使，樞密使馬知節爲橋道頓遞使。故事，每大禮以宰相領大禮使，而禮儀等使皆署申狀。東封歲，上特命中書、樞密院領五使，汾陰亦如之。至是，旦言：「頃歲臣叨備相位，欽若以下皆知樞密院、參知政事。今敏中洎欽若、堯叟悉同平章事，詢於事體，頗似非宜。」帝曰：「第依近制可也。」

六年十月九日，以朝謁太清宮恭謝天地，命宰臣王旦爲奉祀大禮使，向敏中爲禮 80 儀使，樞密使、同中書門下平章事王欽若爲儀仗使，陳堯叟爲鹵簿使，參知政事丁謂爲橋道頓遞使。先是，帝謂宰臣曰：「朕自封岱山，祀汾陰，再朝陵寢，親奉高真以來，已嘗恭謝天地。今既謁太清，欲別築壇，展告謝之禮。如專言太清，即不見恭謝之意。」遂命以奉祀經度制置使爲名。又以旦爲天書儀衛使，欽若爲同儀衛使，謂爲儀衛副使，兵部侍郎趙安仁爲天書扶侍使〔三〕。

九年五月三日，以恭上寶册、朝饗太廟、南郊恭謝，命宰臣王旦爲恭上寶册南郊恭謝大禮使，向敏中爲儀仗使，樞密使王欽若爲禮儀使，樞密副使張旻爲鹵簿使，曹利用爲橋道頓遞使。又以旦爲天書儀衛使，欽若爲同儀衛使，兵部尚書、參政事丁謂爲儀衛副使，尚書右丞趙安仁爲扶侍使。又以謂爲修奉寶册使、恭上寶册參詳儀制使，户部侍郎林特爲修奉寶册副使，翰林學士陳彭年爲參詳儀制副使。七月，命樞密直學士、權知開封府任中正勾當南郊橋

〔一〕大中祥符：原無，承前似爲景德三年，然景德三、四年並無大禮，無緣置大禮等使。查《宋史》卷七《真宗紀》二載：大中祥符三年八月「己酉，王旦爲祀汾陰大禮使，王欽若爲禮儀使」。己酉正是八月三日。又《宋史》卷一〇四《禮志》七載大中祥符三年以將祀汾陰任命五使，與《輯稿》此條全同，以下「又以旦爲天書儀衛使」及發陝西、河東兵等事，亦與此文同。可證此條爲大中祥符三年事無疑，因補四字。又原稿下文亦交待不清，茲參照前後文例補「祀汾陰命」四字。以下三條亦爲大中祥符事。

〔二〕侍：原作「持」，據《宋史》卷一〇四《禮志》七改。

〔三〕侍：原作「持」，據《長編》卷八一改。

道司事。九月，彭年參知政事，爲天書儀衛副使、參詳儀制修奉寶册使，秘書監、知禮儀院楊億爲參詳儀制副使。

天禧三年七月十四日，以親郊，命宰臣向敏中爲大禮使，翰林學士承旨晁迥爲禮儀使，樞密直學士王（曉）〔曙〕爲鹵簿使，翰林學士錢惟演爲儀仗使，給事中、權知開封府馬元方爲橋道頓遞使。仍命敏中兼天書儀衛使，宰臣寇準同儀衛使，參[81]知政事丁謂爲儀衛副使，李迪爲扶侍使。自大中祥符後，特命輔臣領五使之職，至是復舊制。故事，三歲一親郊，不郊輒代以他禮，慶賞（興）〔與〕郊同，而五使皆輔臣，不以官之高下。天聖二年，翰林學士領儀仗，御史中丞領鹵簿，始用官次。

仁宗天聖二年七月十四日，以親郊，命宰臣王欽若爲大禮使，翰林學士承旨李維爲禮儀使，翰林學士晏殊爲儀仗使，權御史中丞薛奎爲鹵簿使，龍圖閣待制、權知開封府王臻爲橋道頓遞使。故事，御史中丞爲儀仗使，兵部尚書爲鹵簿使，是後中丞、兵部尚書或闕，乃以學士及它尚書、丞郎爲之。今有中丞而换使額，非舊制也。祥符中，向敏中次當禮儀贊導，以年耆不任罄折，乃改命王欽若與丁謂，以敏中領儀仗，遂互差儀仗、鹵簿使，其胥吏互換，頗爲非便。自後沿誤而不復改。

五年七月十三日，以親郊，命宰臣王曾爲大禮使，翰林學士承旨劉筠爲禮儀使，翰林學士宋綬爲儀仗使，龍圖閣學士馮元爲鹵簿使，翰林學士、權知開封府陳堯咨爲橋道頓遞使。八月，堯咨知天雄軍，以樞密直學士、權知開封府陳堯佐代。

八年七月十二日，以親郊，命宰臣呂夷簡爲大禮使，資政殿學士晏殊爲禮儀使，翰林學士盛度爲儀仗使，御史中丞王隨爲鹵簿使，翰林學士、權知開封府徐奭爲橋道頓遞使。九月，奭卒，以樞密直學士、權知開封府寇瑊代。

景祐二[82]年七月九日，以親郊，命宰臣呂夷簡爲大禮使，翰林學士承旨章得象爲禮儀使，翰林侍讀學士馮元爲鹵簿使，御史中丞杜衍爲儀仗使，龍圖閣學士、權知開封府王博文爲橋道頓遞使。

寶元元年七月七日，以親郊，命宰臣張士遜爲大禮使，資政殿大學士宋綬爲禮儀使〔一〕，御史中丞晏殊爲儀仗使〔二〕，翰林學士丁度爲鹵簿使，權知開封府胥偃爲橋道頓遞使。

慶曆元年七月八日，以親郊，命宰臣呂夷簡爲大禮使，資政殿學士李若谷爲禮儀使，權御史中丞柳植爲儀仗使，翰林學士承旨丁度爲鹵簿使，龍圖閣直學士、權知開封府賈昌朝爲橋道頓遞使。十一月，植病，以翰林學士王堯臣代。

四年七月七日，以親郊，命宰臣章得象爲大禮使，翰林

〔一〕宋：原作「朱」，據《長編》卷一二二改。
〔二〕儀：原脱，據前後文例補。

學士承旨丁度爲禮儀使，翰林學士宋祁爲鹵簿使，權御史中丞王拱辰爲儀仗使，翰林學士、權知開封府吳育爲橋道頓遞使。

七年七月六日，以親郊，命宰臣陳執中爲大禮使，翰林學士楊察爲禮儀使，彭乘爲鹵簿使，權御史中丞魚周詢爲儀仗使，樞密直學士、權知開封府明鎬爲橋道頓遞使。

〔皇祐〕五年七月六日〔一〕，以親郊，命宰臣龐籍爲大禮使，翰林學士承旨王拱辰爲禮儀使，翰林學士趙概爲鹵簿使，權御史中丞孫抃爲儀仗使，端明殿學士、權知開封府楊察爲橋道頓遞使。閏七月，籍知鄆州，以宰臣陳執中代。

嘉祐元年五月二十八日，以恭 83 謝天地，命宰臣文彥博爲大禮使，劉沆爲禮儀使，富弼爲鹵簿使，樞密使王德用爲儀仗使，狄青爲橋道頓遞使。八月，青知陳州，以參知政事王堯臣代。

英宗治平二年七月六日，以親郊，命宰臣韓琦爲大禮使，翰林學士王珪爲禮儀使，范鎮爲儀仗使，權御史中丞賈黯爲鹵簿使，端明殿學士、權知開封府韓絳爲橋道頓遞使。是月，易黯爲儀仗使，鎮爲鹵簿使。故事，南郊以御史中丞領儀仗，天聖二年誤用中丞薛奎領鹵簿，而又以翰林學士晏殊爲儀仗使，至是用黯言而改之。八月，絳權三司使，以龍圖閣學士、權知開封府沈（遣）〔遘〕代；黯知陳州，以翰林學士馮京代。

神宗熙寧元年七月十八日，以親郊，命宰臣曾公亮爲大禮使，翰林學士承旨王珪爲禮儀使，翰林學士司馬光爲鹵簿使〔二〕，權御史中丞滕甫爲儀仗使，翰林學士、權知開封府呂公著爲橋道頓遞使。

七年七月十一日，以親郊，命宰臣韓絳爲大禮使，翰林學士元絳爲禮儀使，翰林侍讀學士陳繹爲鹵簿使，權御史中丞鄧綰爲儀仗使，天章閣待制、知開封府韓縝爲橋道頓遞使。八月，元絳權三司使，以右諫議大夫宋敏求代。

十年七月五日，以親郊，命宰臣吳充爲大禮使，樞密直學士陳襄爲禮儀使，翰林學士許將爲鹵簿使，權御史中丞鄧潤甫爲儀仗使，龍圖閣直學士、權知開封府孫固爲橋道頓遞使。

元豐六年七月十三日，84 以親郊，命宰臣王珪爲大禮使，尚書禮部侍郎李常爲禮儀使，御史中丞黃履爲儀仗使，兵部侍郎許將爲鹵簿使，龍圖閣直學士、權知開封府王存爲橋道頓遞使。

哲宗元祐元年五月六日，以明堂，復命輔臣爲禮儀等使。故事，南郊以宰臣爲大禮使，於有司並行劄子，餘四使止差從臣，並行關牒。至是，復以輔臣爲禮儀等四使，詔應下有司文字並用劄子。

七年七月二十二日，以親郊，命宰臣呂大防爲大禮使，禮部尚書胡宗愈爲禮儀使，兵部尚書蘇軾爲鹵簿使，御史

〔一〕皇祐：原無。按慶曆、嘉祐間惟皇祐之五年有南郊事，又閏七月亦在此年，據補。

〔二〕光：原作「元」，據《宋史》卷三三六《司馬光傳》改。

中丞李之純爲儀仗使，寶文閣待制、權知開封府韓宗道爲橋道頓遞使。

元符元年七月七日，以親郊，命宰臣章惇爲大禮使，權禮部尚書蹇序辰爲禮儀使，御史中丞安惇爲儀仗使，兵部侍郎黄裳爲鹵簿使，寶文閣待制、權知開封府路昌衡爲橋道頓遞使。

十九日，詔：「自今大禮，自禮儀使以下並命執政官。」乃命知樞密院事曾布爲禮儀使，中書侍郎許將爲儀仗使，尚書左丞蔡卞爲鹵簿使，尚書右丞黄履爲橋道頓遞使。

徽宗建中靖國元年七月二十九日，以親郊，命宰臣韓忠彦爲大禮使，曾布爲禮儀使，知樞密院事蔣之奇爲儀仗使〔一〕，門下侍郎李清臣爲鹵簿使，中書侍郎許將爲橋道頓遞使。十月八日，清臣知大名府，以將代，命尚書右丞陸佃爲橋道頓遞使。

崇寧三年七月十四日，以親郊，命宰臣蔡京爲大禮使，知樞密院事蔡卞爲禮儀使，門下侍郎許將爲儀仗使，中書侍郎[85]趙挺之爲鹵簿使〔二〕，尚書右丞吴居厚爲橋道頓遞使。八月十二日，將知河南府，以挺之代，命居厚爲鹵簿使。

大觀四年七月十日，以冬祀圜壇，命宰臣何執中爲大禮使，張商英爲禮儀使，知樞密院事鄭居中爲鹵簿使，尚書左丞劉正夫爲儀仗使，同知樞密院事侯蒙爲橋道頓遞使。十月十四日，居中爲太一宫使，以門下侍郎吴居厚代。

政和三年七月六日，以冬祀圜壇，命太師、魯國公蔡京爲大禮使，少傅、太宰何執中爲禮儀使，知樞密院事鄭居中爲儀仗使，門下侍郎余深爲鹵簿使，中書侍郎劉正夫爲橋道頓遞使。

十二月八日，以明年夏祭方澤，命太師、魯國公蔡京爲大禮使，少師、太宰何執中爲禮儀使，知樞密院事鄭居中爲儀仗使，門下侍郎余深爲鹵簿使，中書侍郎劉正夫爲橋道頓遞使。

六年七月六日，以今年冬祀圜壇，明年夏祭方澤，命太師、魯國公蔡京爲大禮使，少保、太宰鄭居中爲禮儀使，少宰劉正夫爲儀仗使，知樞密院事鄧洵武爲鹵簿使，門下侍郎余深爲橋道頓遞使。十二月二十六日，正夫授開府儀同三司，充安化軍節度使致仕，命中書侍郎侯蒙代爲夏祭方澤儀仗使。故事，南北郊、宗祀大禮前期半年，各降御札及命五使。至是冬、夏祭同一御札，五使亦同日命之。

宣和元年七月九日，以太師、魯國公蔡京爲冬祀夏祭大禮使，少保、太宰兼門下侍郎余深[86]爲禮儀使，特進、少宰、兼中書侍郎王黼爲儀仗使，少保、知樞密院事鄧洵武爲鹵簿使，門下侍郎白時中爲橋道頓遞使。

四年七月三日，詔今年冬日至祀天於圜壇，來年夏日

〔一〕蔣：原作「將」，據《宋史》卷二一二《宰輔表》三改。
〔二〕挺：原作「廷」，據《宋史》卷二一二《宰輔表》三改。

至祭地於方澤，以少師、太宰、兼門下侍郎王黼爲冬祀夏祭大禮使，少師、威武軍節度使、領樞密院事鄭居中爲禮儀使，門下侍郎白時中爲儀仗使，中書侍郎張邦昌爲鹵簿使，尚書左丞王安中爲橋道頓遞使。

七年七月四日，詔今年冬日至祀天于圓壇，來年夏日至祭地于方澤，以特進、太宰、兼門下侍郎白時中爲大禮使，起復銀青光祿大夫、少宰、兼中書侍郎李邦彦爲禮儀使，太保、領樞密院事蔡攸爲儀仗使，中書侍郎張邦昌爲鹵簿使，尚書左丞趙野爲橋道頓遞使。

高宗紹興四年七月一日，禮部、太常寺言：「檢會慶曆七年禮院言：『郊祀國之重事，百司聯職，僅取濟集，若居喪被起之官悉不與事，則或有妨闕。但不以慘粗之容接於祭次，則亦可行。今後大祭祀，應有父母喪被起者，依舊不得入宗廟外，其郊壇所聽權吉服行職事，唯不得入壝門，庶協禮意，亦不廢官守。』詔可。今來大禮使差宰臣，如係被起官，欲依故事自領大禮使職事，唯不得入殿門。其行禮日，乞別差以次官通攝大禮使行禮。除奏請致齋自合立班外，其受誓戒立班及致齋，雖不合趍赴，又緣受誓戒、致齋、祀事，正隸大禮使所總，所有受誓戒 87 日，本官自合入省及前三日亦合宿省治事。」從之。先是，起復守尚書右僕射、同中書門下平章事朱勝非奏：「自去年四月丁母憂，至八月奉制書起復。竊見九月明堂大禮，宰執例差五使，臣見在服制，竊慮不合陪祠。」尋下禮部、太常寺討論，故有是議。（以上《永樂大典》卷五四八四）〔一〕

神宗熙寧十年三月二十二日〔二〕，中書門下言：「檢校每遇大禮，從中書選差官二員通管提點一行事務，依式施行。仍許抽人吏等五人。」詔人吏並減半，候降御札即差。

光宗紹(興)〔熙〕二年十月二十八日〔三〕，詔令都大提舉主管黃邁、甘昺躬親監視滌濯祭器、果實，並要嚴潔。

孝宗乾道三年十月一日〔四〕，詔：「郊祀祭器、果實，並用香水滌濯，令都大提舉主管李綽、林肇躬親監視，務要嚴潔。」

南郊家事庫〔五〕

88 玉津園南郊家事庫，在玉津園後，景德四年置，掌南

〔一〕《大典》卷次原缺，據陳智超《解開宋會要之謎》頁一五七所定補，《大典》此卷事目爲《郊祀．五使》。

〔二〕天頭原批：「此條原粘在本卷第七十四前半頁『政和三年』前。」

〔三〕天頭原批：「此條原粘在本卷第七十六前半頁『光宗紹熙二年十一月』前。」

〔四〕天頭原批：「此條原粘在本卷第七十五頁之後半『五年』一條上。」

〔五〕天頭原批題爲「郊祀事務六」，據正文內容改。

郊家事，以本園官兼領。

真宗大中祥符六年九月，詔朝服法物每祗應禮畢〔一〕，有損缺者，即時申報修飾。

仁宗天聖七年十二月二十七日，詔：「每遇大禮，諸軍及行事官從人等〔二〕，於朝服法物、內衣物、新衣庫支借出法物〔三〕、儀注衣服等，自今後禮畢日，諸軍諸司職掌并太常樂部並限五日，餘限十日送納。如違限及損壞官物者，令本庫檢察。」

八年八月，詔：「朝服法物、內衣物、新衣庫，自今大禮，除諸司職掌係應奉祀事及儀仗內祗應人合請儀注衣服〔四〕，其群臣從人、諸色人等，並不得支借衣服。如有違犯，閤門、御史臺覺察以聞。」

嘉祐八年，詔玉津園南郊庫，別差監官、專知官〔五〕、手分、庫子專一管勾〔六〕。

神宗熙寧五年，詔玉津園南郊庫，差本園使臣兼管勾，係將作監提轄。《續會要》朝服法物庫附太常寺〔七〕，定德樓家事庫附衛尉寺，南郊什物庫附太常寺外，餘無此門。（以上《永樂大典》卷次原缺）〔八〕

〔一〕服：原作「物」，據本書食貨五二之一六改。
〔二〕官：原作「定」，據本書食貨五二之一六改。
〔三〕借：原作「供」，據本書食貨五二之一六改。
〔四〕合：原作「令」，據本書食貨五二之一六改。
〔五〕知官：原作「管」，據本書食貨五二之一七改補。
〔六〕專：原脱，據本書食貨五二之一七補。
〔七〕「續會要」三字原單作一行，又被圈去，下文則作爲正文之一條。今審其內容，此實應爲張從祖、李心傳《國朝會要總類》之編者按，說明《續會要》（指乾道所修《續國朝會要》）與元豐增修《國朝會要》分門之異同，「續會要」三字與下文相接，不可删去。今改正，並改爲小字注。
〔八〕按，據《永樂大典目録》卷三九，此門當在《大典》卷一四七八五至一四七九〇「庫」字韻「庫名」目內。

宋會要輯稿　禮二九

歷代大行喪禮　上

太祖

【宋會要】

1 開寶九年十月二十日，太祖崩於萬歲殿。遺制曰：「修短有定期，死生有冥數，聖人達理，古無所逃。朕生長軍戎，勤勞邦國，艱難險阻，實備嘗之。定天下之祅塵，成域中之大業，而焦勞成疾，彌留不瘳。言念親賢，可付後事。皇弟晉王光義天鍾睿哲[一]，神授英奇[二]，自列王藩，愈彰厚德，授以神器，時惟長君。可於柩前即皇帝位。喪制以日易月，皇帝三日聽政，十三日小祥，二十七日大祥。諸道節度、觀察、防禦、團練使、刺史、知州等，並不得輒離任赴闕。聞哀之日，所在軍府三日出臨釋服。其餘並委嗣君處分。更在將相協力，中外同心，共輔乃君，永光丕構。」召群臣叙班殿庭，宰臣宣制發哀畢，移班謁見帝，于殿之東楹稱賀，復奉慰盡哀而出。

二十一日，太常禮院言：「群臣當服布斜巾、四脚，直領布襴，腰絰[三]。命婦布帽頭，裙，帔。皇弟、皇子、文武二品以上，加布冠、斜巾、帽，首絰，大袖，裙，袴，竹杖。士民縞素，婦人素縵。諸軍就屯營三日哭。請皇帝視事日去杖、絰，服斜巾、垂帽。小祥日改服布四脚、直領布襴，腰絰，布袴。二品以上官亦如之。大祥日，皇帝服素紗軟脚折上巾，淺黃衫，緅皮鞓黑銀帶[四]。羣臣及軍校以上，皆本色慘服、鐵帶，鞾、笏。諸王入內服衰，出則服慘。」從之。

二十二日，太常禮院言：「準禮例，羣臣成服後，朝晡臨 **2** 三日，朝臨三日。大小祥、禫除、朔望，並入臨進名奉慰。」詔恭依。是日，詔：「大行皇帝山陵有期，準遺詔不得勞擾百姓，宜令所司奉承先旨。應緣山陵支費，一取官物供給；工人、役夫並先用官錢傭雇。」

二十三日，羣臣上表請聽政，詔答不允。

二十四日，大斂成服，宰臣薛居正前跪奏請聽政，制可之。翌日，移御長春殿。

二十五日，命翰林使、饒州團練使杜彥圭爲山陵按行使，武德使王繼恩副之。內出遺留物賜近臣有差。

二十七日，命宰臣薛居正撰陵名、哀册文，沈倫撰謚册文，盧多遜書哀、謚册并寶，翰林學士李昉議謚號。

十一月一日，帝不視朝，羣臣奉慰。自是至祔廟、冬至、朔望

[一] 弟：原作「第」，據《宋大詔令集》卷七改。光義：原作小字「太宗舊名」，今回改。
[二] 授：原作「受」，據《宋大詔令集》卷七改。
[三] 絰：原作「經」，據《宋史》卷一二二《禮志》二五改。下同。
[四] 鞓：原無，據《宋史》卷一二二《禮志》二五補。

皆然。

二日，詔以諸鎮節度在京，早欲迎受恩命，所有百官服式，宜令文班班首與學士、舍人同詳議以聞。太子太師王溥等言：「祥禫服式請如舊制，其臣僚迎謝恩命、殿庭出入，候中祥變服之後權吉服。至祥禫日，並於幕次著孝服入臨奉慰，仍於内東門權設次換衣。」從之。

五日，命開封府尹、齊王廷美爲山陵使兼橋道使〔一〕，翰林學士李昉爲禮儀使，知制誥李穆爲鹵簿使，侍御（使）〔史〕知雜事雷德驤勾當儀仗使事。既而又命齊王兼充頓遞使。宰臣薛居正上陵名曰永昌，詔恭依。

六日，内出遺留物，遣使齎賜藩鎮。

八日，禮儀使言：「準禮例，中書門下兩省、御史臺文班各撰挽歌詞二首，送中書省，付太常寺教習應奉。」從之。

十五日，中書省 3 言製造哀、謚册二副，用階玉。從之。每册條六十。内一十條折褾四片，五十條書册文。册匣二具，長七尺五寸，使金鍍銀含稜遍地合羅花盤龍裝，紅錦托裹，揭搭、象鼻、鍢鈒〔二〕、銀鑞鑰各全。穿聯册銀條，兩頭銀絲結花二朵，各一副。襯册條錦二面，可册匣。襯册大紅綾三幅，夾帕一條，長一丈。蓋册匣紅綾四幅，夾帕一條，長一丈三尺。蓋册便紅四幅，夾帕一條，長一丈三尺。舉册紅絲板條兩條，各長一丈三尺。綽册匣紅絲圓條各長一丈五尺，紅綾案褥各一副，油畫檐床各一張，銀裹脚角、銅螭頭全。襯檐床紅綾褥各一面，行事紫大綾蓆褥一副，進册文紅羅夾複一條。

十二月一日，翰林學士、權判太常卿事李昉〔三〕，請上尊謚曰英武聖文神德皇帝，廟號太祖。議曰：「伏以易名之典，仰惟舊章，所以昭著聖猷，傳示來世，流芳垂裕，永永無窮，此百王不易之道也。伏惟大行皇帝稟上聖之姿，居至尊之位，契三靈之睠命，開萬世之洪基。應乎天而順乎人，聲爲律而身爲度。奄宅區宇，十有七年，以乃神乃聖之功，守克勤克儉之德。躬決庶務，則日旰忘疲；廣覽群書，則宵分輟寐。外戒畋遊之樂，内無耳目之娱。揭進善之旌，懸敢諫之鼓。解衣推食，憫戰士之勤勞；薄賦輕徭，念農人之疾苦。萬古皇王之道，平窺於掌握之中；三方僭僞之君〔四〕，生致於闕庭之下。威加四海，德洽二儀。三辰正而天道無差，兆民康而年穀屢稔。功已成矣，理已定矣，而猶小心恭己，詰旦視朝。既勤倦以勞心，致寒暄而遘厲。馬歸華嶽，方臻偃武之期；龍去鼎湖，遽促仙山之駕。今虔遵舊典，上易尊稱。謹按《謚法》：『道德應物曰英，除亂静難曰武，窮神知化曰聖，經緯天地曰文，陰陽不測曰神，功成民用曰德。』若乃坐籌決勝，訓卒練兵，復吴蜀之土疆，弔交廣之生聚，畏天威者不召而至，慕皇風者重譯而來，豈不謂之『英武』乎？又若興起學校，搜訪隱淪，廣延儒雅之徒，樂聞俎豆之事，明王聖帝，靡不葺其祠宇，名山大川，靡不奉其禋祀，豈不謂之『聖文』乎？又若宸謀不測，睿略遐敷，先天而天且不違，用事而事無愆素，功侔造化，智洞玄微，萬靈歸指顧之中，六合入牢籠之内，豈不謂之『神德』乎？『太』者，表尊極之稱；『祖』者，彰開創之德。洪惟清廟，永配昊天，伏請上尊謚爲英武聖文神德皇帝，廟號太祖。」

五日，禮儀使言：「山陵禮畢祔廟，準例太常卿撰一室登歌酌獻歌詞，舞名，下太常寺教習。」詔差翰林學士李昉撰進。

〔一〕廷：原作「庭」，據《長編》卷一七改。
〔二〕鍢鈒：原作「鍢鉞」，據文意改。按鍢鈒即箱匣上用於加鎖之搭扣。《玉篇·金部》：「鍢，鍢鈒也。」《集韻·迄韻》：「鍢，鍢鈒，鎖紐也。」
〔三〕李：原無，據《太常因革禮》卷八九補。
〔四〕方：原作「分」，據《太常因革禮》卷八九改。

十四日，鹵簿使言：「諸司吉凶仗，周世宗慶陵及【4】改卜安陵人數有異，未審何從。」詔並依安陵例，用三千五百三十人。吉凶仗惟增（韞）〔轀〕輬車及神帛肩輿。

太平興國二年三月十三日，禮儀使言：「靈駕發引，請由明德門度御橋出宜秋門。神主回京，請由閶闔門出右掖門，於近西便殿權安，行九虞之祭。」詔以大明殿。

十七日，攝太尉齊王廷美率群臣奉謚號册寶告于南郊。翌日，奉主于萬歲殿，攝中書令讀册。册文曰：「哀弟嗣皇帝臣光義謹再拜稽首上言〔一〕：伏以膺圖受命，千年肇啓於洪基；表行稱功，萬世永言於茂實。奉哲王之懿號，乃歷代之通規。敢憑稽古之文，虔舉易名之典。伏惟大行皇帝量包四海，道冠百王。頃事周朝，實當大任，貔虎内權於萬旅，干戈外奉於四征。由戰伐而立武功，歷艱難而創皇業。三靈睠命，兆庶樂推。既應天以順人，乃變家而爲國。自臨大寶，光宅中區，端拱九重，留心萬務，嚮明而治，惟道是求。公車徵草澤之賢，束帛聘丘原之秀。勤卹民隱，澄清化源，秣馬勵兵，陳師勤旅。偏將南征而湘中定，靈旂西指而劍外降。嶺表、金陵〔二〕，相繼面縛，削平區宇，混一車書。萬物於是由庚，二儀以之正觀。然乃無爲而治，讓德於天，四登圓壇，告類上帝。神功聖德，冠絶古今。方修檢玉之儀，遽趣上仙之駕。訴穹旻而靡及，痛弓劍以俄遺。因山之陵寢既成，陟岡之孺慕何以！臣虔遵顧命，俾奉宗祧，徒知懷翼翼之心，何以繼安安之化！爰徵舊典，上奉尊稱。謹遣攝太尉、皇弟〔三〕、檢校太尉、兼中書令、行開封尹、齊王廷美，奉寶册上尊謚曰英武聖文神德皇帝，廟號太祖。伏惟俯鑒至誠，允膺盛禮。陵遷谷變，長垂不朽之名；地久天長，永福無疆之祚。」

二十日，少府監言：「山陵轀輬車并諸色擎舁共五千九百五十六人，請下步軍司差。」從之。

二十五日，以儀鸞副使段人誨爲山陵行宫使。

二十六日，禮儀使言：「發引日，皇帝服初喪服，行啓奠、祖奠、遣奠之禮。啓攢前三日，合禁止在京音樂，俟祔廟畢仍舊。」從之。

二十九日，李昉上太祖廟室酌獻請舞《大定》之舞，詔恭依。

四月四日，禮儀【5】使言：「太祖舊尊號寶册，欲準禮例，祔廟前一日内降列於仗内，安置本室。」詔恭依。

五日，以武德使王繼恩兼永昌陵使。

七日，帝以將啓攢宫，前三日不御坐，神主祔廟日亦然。

十日，啓攢宫，帝與群臣皆服初喪服，群臣朝晡臨殿中，退易常服出宫城。

十三日，發引，帝服衰服啓奠于梓宫，群臣入臨，升梓宫于龍輴。祖奠徹，設次明德門外，行遣奠，攝中書令讀哀册。册文曰：「維開寶九年，歲次丙子，十月甲午朔，二十日癸丑，太祖英武聖文神德皇帝崩于萬歲殿，旋殯于殿之西階。粤以太平興國二年夏四月辛卯朔，二十五日乙卯，遷座于永昌陵，禮也。仙馭將升，哀歌暫闋，晨霞欲曉於東方，宿仗初辭於北闕。揭丹旐以徐進，闢素帷而待撤。龍輴雖命乎少留，象物於焉而虚設。皇帝增孺慕以何極，痛天倫之永訣。感在原之恩重，愴陟岡之望絶。瞻鳳翣兮徘徊，想龍髯兮嗚咽。爰詔輔臣，式揚徽烈。其詞曰：惟天

〔一〕光義：原作「太宗廟諱」，據太宗舊名回改。
〔二〕嶺：原作「領」，據《宋大詔令集》卷九改。
〔三〕弟：原作「帝」，據《宋大詔令集》卷九改。

有命，惟宋膺期。始炳靈於五緯，亦開祥於二儀。誕生人聖，俾毓黔黎。作中原之真主，啓萬代之丕基。昔在潛躍，屢屬阽危，蕭鈇既授，寅車載馳。并汾盪寇，淮泗行師，威凌虎兕，氣懾熊羆。功既成兮不伐，訟攸歸兮豈知。天既咎周，人皆戴舜。乃御乎乾，乃出乎震。杲日上而六合明，慶雲升而萬物潤。伐必有罪，戰皆不陣。潞寇既夷，江都俄燼。帝業於是初融，皇猷以之克振。乃發號令，乃奠寰區，雷動天際，風行海隅，物無不惠，人亦來蘇。康哉寶運，赫矣瑶圖。乃新宫闕，法乎大壯；乃肅郊祀，受兹玄貺；乃立刑書，百工觀象；乃正樂章，八音交暢。諸侯繇是以駿奔，四海因兹而内嚮。大風於焉泱泱〔一〕，大化以之蕩蕩。若乃五材並用，誰能去兵；七德既懋，王于有征。爰命將帥，載闢寰瀛。湖湘既殄，巴庸尋平。百越受焚巢之禍，三吴有歸命之行。四隩既宅，萬物由庚。功侔立極，道濟遺氓。逖矣媯、燧，無得齊名，眇哉漢、魏，孰敢爭衡！方篆玉以紀績，佇泥金而告成，俄鑄鼎於荆岫，忽乘雲於玉京。蓋萬幾兮久倦，匪百疾兮能嬰。畏軒臺兮如在，遏順樂兮無聲。嗚呼哀哉！有唐之末，寓縣分裂，運既有開，天惟生哲。驅萬旅之雄師，制八方之餘孽。俾係頸以獻琛，或束身而就絏。四海以之混同，三辰爲之昭晰。何萬世之功兮如此，何九齡之夢兮杳絶！未訪道於崆山，已遊神於禹穴。嗚呼哀哉！鷺翮難駐，鸞車已乘，想鳥耘於舜葬，稽鶴語於堯崩。山獻壽兮安可信，時祈年兮 6 何足徵！終顧命於玉几，虚納册於金縢。嗚呼哀哉！同軌斯來，因山是卜。陪鶴馭於緱嶺，閟傾曦於昧谷。悲風空颺乎笳簫，宿霧已凝於林麓。雖脱屣於人寰，永垂芳於帝籙。嗚呼哀哉！漢塋渭北，周葬岐陽，或四百餘祀，或三十六王。矧惟鴻烈，諒集休祥。壽原既謹，景祚無疆。期卜年兮卜世，與地久兮天長。嗚呼哀哉！」禮畢，奉辭，釋哀服還宫，群臣出都城外奉辭。

二十五日，永昌陵掩皇堂〔二〕，群臣奉慰。

二十九日，虞主至京，群臣迎拜於都城西門之外，奉安于大明殿，行虞祭之禮。

五月一日，賜永昌陵執事官器幣有差，諸司職掌流内銓常選人減選、加階、超資注擬有差。

十九日，帝奉辭神主于丹鳳門外，有司奉導至太廟，近臣題謚號，行祔饗之祭，祔于第五室，以孝明皇后王氏升配。禮畢，群臣奉慰。

太宗

【宋會要】太宗至道三年三月二十九日，太宗崩於萬歲殿。遺制曰：「朕聞兩曜麗天，不能逃虧昃之數；四時成歲，無以逾代謝之期。知冥運之有終，乃達人之大觀。朕以涼德，君臨萬邦，二紀于兹，庶政咸乂。爰從春首，憂勞遘災，雖藥石之載加，奈沈綿而逾劇。以至大漸，弗瘳弗興。皇太子恒〔三〕，克茂温文，夙彰孝愛，自處前星之位，彌光主鬯之賢。嗣守丕圖，必符昌運。宜于柩前即皇帝位。爾其任賢去邪，克遵于往誥；布德施惠，深念於烝民。更賴中外藎臣，文武多士〔四〕，一心協佐，共致雍熙。諸軍賞給，並取嗣君處分。喪紀以日易月，山陵制度務遵儉約。應在外臣僚不得擅離治所，只於本處舉哀。於戲！有生必死，品物之

〔一〕於焉：原脱，據《宋大詔令集》卷一〇補。
〔二〕堂：原作「帝」，據《宋史》卷一二二《禮志》二五改。
〔三〕恒：原作小字「真宗御名」，今據其名回改。
〔四〕士：原脱，據《宋大詔令集》卷七補。

大**7**端；送往事居，前哲之明訓。克稱鴻業，吾無恨焉。」召文武百官敍班殿庭，參知政事温仲舒宣制發哀畢，移班謁見帝，于殿之東楹稱賀，復奉慰，盡哀而退。

三十日，文武百官、諸軍將校臨於殿中，自是二十七日而止。

太常禮院上言：「皇帝服布斜巾、四脚、大袖、裙、袴、帽，竹杖，腰絰〔一〕、首絰，直領布襴衫、白綾襯服。諸王皇親以下亦如之，加布頭冠，襯服用絹。皇太后、皇后、內外命婦，布裙、衫、帔、帕頭、首絰，絹襯服。六宮內人無帔。皇帝、皇后、諸王、公主、諸縣主、諸王夫人、六宮內人，並左被髮，皇太后全被髮。初，有司定散髮之禮，言皇帝當聽政，更不散髮。帝曰：「豈有居父之喪不盡禮乎？朕已散髮矣。」中書門下、樞密使、副使，宣徽、三司使，翰林學士，節度使，金吾上將軍，文武二品以上，布斜巾、四脚、頭冠、大袖、襴衫、裙、袴、腰絰、竹杖，絹襯服。自餘百官並布幞頭、襴衫、腰絰。兩省五品、御史臺尚書省四品、諸司三品以上，見任前任防禦、團練使，刺史，內客省、宣政、昭宣、閤門使，前殿及入內都知、押班，服布頭冠、幞頭、大袖、襴衫、裙、袴、腰絰。詔都知同少府監依所定修製。又諸軍人、百姓，白衫、紙帽子，婦人素縵，不花釵。三日哭而止。京城內外禁止音樂。自四月三日成服後，五日群臣朝晡臨，六日至八日朝臨。自後每遇大小祥、朔望日入臨殿庭，移班近東，進名奉慰。」從之。

四月一日，命宣政使王繼恩爲按行使，入內內侍都知李神福副之。太常禮院言：「小祥日，所司備祭饌，**8**皇帝就殿上御位，宰臣文武百官就位哭，十五舉音〔二〕，再拜。皇帝行禮訖，就東間御座。百僚移班奉慰訖，皇帝釋衰服，文武以上並改服布幞頭、布襴衫、腰絰、布袴。」詔依。

二日，群臣上表請聽政，詔答不允。自是三上表，乃從之。是日，內出遺留物賜宗室近臣。

三日，大歛成服，群臣入臨，帝服衰絰慟哭，群臣奉慰。

四日，御崇政殿西序，群臣入謁，帝號慟以見，輔臣以次奉慰。

詔翰林學士承旨宋白爲禮儀使，工部侍郎郭贄爲鹵簿使，侍御史知雜事牛冕爲儀仗使，開寶末，闕中丞，以知雜御史雷德驤勾當儀仗使。至是闕中丞，冕復充使。權知開封府畢士安爲橋道使，太祖山陵時，就命〔橋〕道使齊王充頓遞使，至是命士安兼充。後郭贄知大名府，命給事中魏庠代禮儀使，請給印，詔以奉使印給之。邕州觀察使劉知信爲修奉山陵都護，入內副都知衛紹欽爲都監。五月，王繼恩得罪，命知信兼充按行使，仍充斬草祭后土獻官。

六日，掩攢宮，群臣入臨奉慰，賜百官銀帛有差。

七日，命宰臣呂端撰陵名、哀册文，參知政事王化基書册寶，温仲舒撰謚册文，李昌齡書册，翰林學士承旨宋白議謚號。

九日，禮儀使言：「按《通典》，小祥前百官無假，每日

〔一〕絰：原作「經」，據《宋史》卷一二二《禮志》二五改。下同。
〔二〕十五舉音：「十五」下原有「日」字。按「十五舉音」指哭十五次，作「十五日」則不通。此下諸帝喪禮多有此文，皆無「日」字，故刪。

詣延英門進名起居，不入正衙。緣今九日不臨，十日旬假，詳酌近禮，欲俟其日百官並詣崇政殿序班起居。今按周太祖崩，百官自止臨後每日入朝，不立班；五日一詣萬歲殿立班起居，問聖體。今請自十一日小祥後，除遇假不入外，每日常參官並於崇政（殿）序班起居。候皇帝（禪）〔禫〕除畢日，9 一依舊例朝參。」從之。

十日，太常禮院言：「得御史臺牒，準儀注，大祥日百僚改服慘服，未審幞頭垂脚以否。今按《五禮精義》：『再期二十五日，朝服縞冠，祭同吉禮，故謂之大祥。』又《通禮義纂》：『禫者，淡也。二十七日而禫，服玄衣、黃裳、綅冠、采纓而祭，猶未全吉，其貌淡然，踰月乃復平常。』詳此，欲望令百官並隨服色改服慘服，素紗、垂脚、幞頭、鞾、笏，黑鞓或脂皮鞓腰帶。」從之。軍馬副都指揮使以上亦服慘服。

十二日，太常禮院言：「準禮例，山陵前朔望皆不視事，羣臣詣閤門進名奉慰。」詔群臣朔望並詣萬歲殿哭奠，退詣內東門奉慰。及十月啓攢，又以壽寧節亦在是月，自朔日即不視事，至八日始於後殿聽政。

十四日，群臣上表請御正殿，詔答不允。自是三上表，乃從之。

十七日，修奉都護劉知信等言：「皇堂請深百尺，方廣八十尺，陵臺方二百五十尺。」詔可。

二十三日，太常禮院言：「準詔問皇弟雍王以下釋服後本宮所服之服。謹按《喪服四制》云：『門內之治恩掩義，門外之治義斷恩。』唐（正）〔貞〕元中，德宗王皇后崩，百官釋服，惟王太子及舒王誼以下每詣正內覲謁暫服墨慘，歸其院則衰麻三年。本朝皇帝、百僚釋慘之後，便著常服，其皇親出入朝參請用常服，歸至本院並衰麻以終喪制。」從之。

二十四日大祥，帝與群臣皆禫服，百官入臨奉慰。從之〔一〕。

二十六日釋服，群臣入臨奉慰。是日，宰臣呂端上陵名曰永熙，詔恭依。

二十八日，禮儀使言：「永昌陵儀仗 10 用三千五百三十三人，考之《禮令》，全不及大駕鹵簿之半。今若全依《禮令》，則用萬八千九百三十六人，必慮道塗往復爲難。今請除太僕車輅仍舊止用玉輅一、革車五外，凡用九千四百六十八人，合大駕鹵簿半數。」詔恭依。太僕遂增崇德、進賢、黃鉞、豹尾車，司天除舊用相風烏、交龍、鉦鼓、十二神輿外，亦增鼓樓一。（告）〔吉〕仗內導駕出京時及往來經過州府，並服袴褶，衣冠，在路止公服。

五月二日，帝始御正殿視朝，退御後殿閱事如常儀。

十五日，不視朝，群臣入臨，退詣內東門奉慰。自是訖山陵，朔望皆然。

六月七日，翰林學士承旨宋白請上尊謚曰神功聖德文武皇帝，廟號太宗。議曰：「臣聞明一合道曰皇〔二〕，德象天地曰帝。聰

〔一〕從之：按此前並無臣僚奏議，故此二字當是衍文。

〔二〕明一合道：原作「一合道義」，據《太宗皇帝實録》卷八〇、《太常因革禮》卷八九改。

明文思，行也；堯舜禹湯，謚也。王者膺圖受曆，應天順人，美盛德而試諸難，騰英聲而節一惠。生有尊號，終受大名，垂諸簡編，如揭日月。伏惟大行皇帝允恭克讓，豁達神武。千年誕聖，彤雲紫氣之祥；五行鍾秀，日角龍顏之表。純孝因心，奉宣祖而尊嚴父〔一〕；雍睦悌長，翊太祖以肇興王。始者姬室下衰，梁王在位，謳訶獄訟，去周來宋。王于出征，帝亦言邁，三靈改卜，百姓與能。陳橋有切諫之言，京邑無敚攘之患。市不易肆，遂登皇極，佐聖之功大也。乃荒魯邦，乃建元侯，内總熊羆，肅清禁衛。龍潛邸第，晦九五之跡；鳳德尹京，洽億兆之心。洎奄有四海，爲天下君，大寶曰位，其命惟新。改元太平，符守文之代；於鑠軍政，叶《下武》之詩：應運之期至也。蕞爾汾晉，結緣林胡，逆節亂常，兩朝三紀，勞人動衆，堅不可拔。帝赫斯怒，定議親征。矢石齊攻，金湯不守，折鐵易於摧枯，渠魁倏已銜璧。與民更始，惠如春陽。本封晉王，終定厥土：受天之命光也。漳泉入覲，混同文軌；杭越獻地，一統寰區。無思不服，無遠弗屆。占城于闐之封，大食賓同之國，獻琛奉贄，府無虚月。白鸚紫鵲之異，神麟丹鳳之靈，嘉禾連理，史不絶書：中孚之信及也。經緯天地，克定禍亂，政之大者，必躬親之。高臺講武〔二〕，臨軒選士，英儒瞻聞之鴻博，骨騰肉飛之傑俊，天下英雄，落吾彀中。升之峻級，待以清華，不十數年，有登廊廟而定疆場者：知人之鑒精也。幽有鬼神，明有禮樂，墜典聿修，無文咸秩。五展南郊之儀，一議東封之禮，籍田勸農，御樓肆赦。釋老之教，崇奉爲先，名山大川，靈蹤勝境，神祠仙宇〔三〕，經之營之：致恭之誠廣也。11 求賢審官，化民成俗，爲政以德，惟刑恤哉。置詳刑之曹，下考課之令，萑蒲不棄，涇渭分流，時無遺才，吏皆守法。興廢繼絶，矜孤振寡，視民如子，使無盜乎。水旱思艱食爲憂，幽遐念籲天無所，增加使額，勤恤人隱：納隍之言遠也。俯仰山谷，詳延隱淪。修史氏之職，改班秩之稱。著治化之書，貞觀之風也；紀佗山之石，開元之事也。弧矢以威天下，善射通神；藥石以救濟人，仙方填委。樂正雅頌，無相奪倫。幸太學以談經，召儒臣而侍講。卑宫室則斲雕爲樸，減尊稱則法天崇道。開理檢以登聞，升便殿而崇政。立儲定社稷之本，清心布大庭之妙〔四〕：治化之規修也。在宥天下，二十有二年，王澤深矣，機務詳矣，臣下之歸尊至矣，黎甿之受賜多矣。越書契以無倫，盡帝王之能事，還淳返古，如指諸掌。泥金檢玉，方卜遐期〔五〕，而鼎成龍至，聖駕上仙，萬方縞素，九域遏密。下臣奉詔，擬議徽烈，丕揚耿光，追惟古始。巢燧之際，載籍未備；神皇已還，聲明有章。若乃兼商周之質文，總唐虞之雄盛，乃聖乃神，乃武乃文，叙全功與全德，實映後而輝前也。旁稽禮文，恭按謚典，應變無方，不疾而速，得不謂之『神』乎？施爲於民，財成萬物，得不謂之『聖』乎？萬邦爲憲，帝德廣運，得不謂之『文』乎？保大定功，奄有九域，得不謂之『武』乎？『太』法太初，前志謂太上立德；『宗』以宗德，禮經有宗祀配天。惟千齡應運之君，爲百代不遷之主。請上尊謚曰神功聖德文武皇帝，廟號太宗。」

十六日，詔翰林寫先帝常服及絳紗袍〔六〕、通天冠御容二，奉帳座，列於仗衛大升轝之前，至陵所。

二十四日，禮儀使言：「靈駕發引，自萬歲殿出長春殿門、西上閤門、朝堂右昇龍、乾元門。神主回京，入順天門，入右掖門，奉安於含光殿，俟日行祔廟之禮。」詔可。

七月七日，禮儀使言：「山陵禮畢，擇日祔廟，準例差太常卿撰一室登歌酌獻歌詞，下太常寺教習。」詔翰林學士承旨宋白撰進。

十日卒哭，群臣入臨奉慰，退詣啓聖院行香。

十九日，少府監言：「凶仗法物合使擡擎牽駕兵士、力

〔一〕宣：原作「先」，據《太宗皇帝實録》卷八〇、《太常因革禮》卷八九改。
〔二〕講：原作「謀」，據《太宗皇帝實録》卷八〇、《太常因革禮》卷八九改。
〔三〕神：原作「仁」，據《太常因革禮》卷八九改。
〔四〕布：《太宗皇帝實録》卷八〇、《太常因革禮》卷八九作「希」。
〔五〕遐：原作「近」，據《太常因革禮》卷八九改。
〔六〕常：原脱，據《宋史》卷一二二《禮志》二五補。

士共一萬一千一百九十三人，數内力士一千七百二十人，請下開封府雇募。」從之。

八月四日，禮儀使言：12「靈駕發引，五使及從人宜何服？故事，啓攢宫後，百僚並服初喪服。發引日，俟皇帝還御幄，五使改常服，進名奉辭。今詳舊儀雖有改服之文，緣既服初喪之服護隨靈駕，其奉辭欲更不改服，從人惟紫衫、帽子。」從之。

十八日，詔應齋郎並令攝永熙陵挽郎行事。

二十二日，詔太尉率百僚奉謚寶册告（扶）〔於〕圜丘，親王並令立班。御史臺言：「親王並立班，準舊儀，中書門下對使相、樞密使序立。今緣宰臣攝太尉行禮，不歸本位立，今欲請樞密使於中書門下位對親王序立。」從之。

二十四日，禮儀使言：「今月二十五日奏告太宗皇帝靈座，十六日赴南郊壇，二十七日赴萬歲殿讀謚册寶，二日欲望并輟朝參。」從之。

二十五日，太常寺言：「將來山陵合排鼓吹、儀仗，及教習挽歌、代哭諸色人等，欲於開寶寺大殿前教習。」從（人）〔之〕。命入内副都知衛紹欽爲永熙陵使〔一〕，内殿崇班楊繼銓副之，仍置衛兵五百人守奉。

二十六日，攝太尉、宰臣呂端率群臣奉謚號册寶告于南郊。翌日，奉上於萬歲殿，攝中書令李至讀册。册文曰：「哀子嗣皇帝臣恒謹再拜稽首言〔二〕：臣聞天地之大莫能形容，聖神之功無所擬議。然則圓方之象必取於强名，堯舜之稱蓋從乎節惠。伏惟大行皇帝承天立極，執象臨人。其生也感大電之精，其出也應真人之運。聲身爲其律度，道德作其藩籬。若日月之明，無幽不燭；如江海之量，無大不容。爰自曆數在躬，大横叶兆。舊疆來復，盡有江吴；戎輅親征，旋平汾晉。出於睿斷，運以聖謀，繫象不能賾其微〔三〕，鬼神不能窺其奥。是以總宇宙於掌握，得英雄於轂中。宅諸夏以制四維，坐明堂而覲羣后。鑿首貫胸之類，接武於藁街；景星甘露之祥，纍書於册府。在宥天下，二十二年。當是時也，靈臺偃伯，13象闕懸書〔四〕，甌脱弛嚴，縣道率化。物無疵癘，歲有順成，積粟腐於太倉，豐財溢乎内帑。材官劍客，皆六郡之豪；分閫登壇，盡萬人之敵。自歷代已來，未有若斯之盛者也。於是賜民酺飲，展禮籍田，被衮冕於泰壇，躬俎豆於清廟。幸成均而視學，屢覩横經；紀延閣以垂文，嘗紆睿思。若乃生知多藝，天縱聰明，灑草隸之華，得琴棋之絶，擅弧矢之妙，洞玄釋之微，皆作世楷模，出人意表。豈力學之攸及，實振古之未聞。大哉邈乎，不可得而論矣！然猶日慎一日，雖休勿休，温顔以盡下情，虚己以延讜議。一夫不獲，納隍之慮每深；萬邦有罪，在予之責尤切。至若省去徽號，漢后之不言聖也；杜絶畋獵，玄元之慮發狂也；屏藻井之飾，夏禹之卑宫也；念黄沙之枉，成湯之祝網也。有一於此，猶謂之聖，況兼是數者乎！方將鳴鑾東夏，檢玉介丘，而天禍忽臨，仙駕長往。群臣咽絶，願贖以身；萬姓哀窮〔五〕，如喪厥考。顧惟寡昧，虔奉丕圖，荒疚哀迷，懼不克荷。今因山甫畢〔六〕，同軌咸臻，敢薦大名，爰稽載籍，詢博士禮官之公議，叶宰衡庶尹之輿情，定謚於南郊，得請於上帝。謹遣攝太尉、尚書右僕射、兼門下侍郎、同中書門下平章事、監修國史呂端，奉寶册，謹上尊謚曰神功聖德文武皇帝，廟號太宗。恭惟聖靈，誕膺茂典。錫茲純嘏，俾

〔一〕衛：原作「禱」，據本書禮三七之五改。
〔二〕恒：原作「真宗御名」，今以其本名回改。
〔三〕賾：原作「順」，據《宋大詔令集》卷九改。
〔四〕懸：原作「圜」，據《宋大詔令集》卷九改。
〔五〕哀：原作「充」，據《宋大詔令集》卷九改。
〔六〕甫：原作「俯」，據《宋大詔令集》卷九改。

盛業之無疆，播厥鴻休，垂永代而不朽。嗚呼哀哉！」禮畢，進名奉慰。

二十九日，交州南平王黎(栢)〔桓〕遣使來貢。詔以方物薦於靈座，仍許使人行拜奠之禮。

三十日，禮儀使言：「舊儀注內事有未便，當改正者：啓攢宮日，皇帝親行奠禮畢，近侍扶皇帝至東門南向座。候遷奉梓宮當正位，百僚移班近東奉慰。今諸侯行禮畢，百僚並退，詣內東門外立班，候遷梓宮當正位訖，進名奉慰。又靈駕發引前一日之夕晝漏未盡三刻，群臣詣萬歲殿哭臨，次挽歌作，二更嚴警。發二更以後，群臣逐更哭臨，挽歌、嚴警並如初更之制。今緣逐更出入宮禁，甚爲喧雜，望除晝漏未盡三刻群臣依舊禮哭臨，二更以後更不入。又未發引前，皇帝行啓奠之禮，百官立班，今緣其日申時發引，群臣赴內庭立[14]班不及，又內中難於止宿，望令除啓奠行禮公卿宿於內中，餘官並止赴乾元門前幕次，至時候謁靈駕。又諸司職掌元無喪服制度，今請應職掌引從贊謁之人，止令服本色公裳，免有紊亂。」並從之。

九月六日，禮儀使言：「挽郎合服白練寬衫、白練裙、勒帛、絹幘，請下少府監製造。」從之。

七日，禮儀使言：「啓攢宮前三日，合禁音樂，祔廟畢仍舊。祔廟儀仗欲只用山陵往來儀仗應奉。」詔可。

十四日，命宰臣呂端攝太尉，持節導靈駕至山陵及奠謚册、謚寶，監鏁玄宮；以侍衛步軍都指揮使高瓊爲山陵兵馬總管，蔡州團練使符昭愿、供備庫使賈繼勳爲一行巡檢。

二十九日，太常禮院言：「來月朔日群臣當赴朝臨，其日壬辰，請用前一日。」帝謂宰臣曰：「此出何禮？」呂端等曰：「陰陽家流有此避忌。」帝曰：「艱疚之中，安有此禮？第令朔日入臨。」

十月三日，啓攢宮，帝與群臣並服初喪服，群臣入臨、奉慰。

四日，群臣朝臨。

五日，群臣朝晡臨，退於乾元門外。

六日，帝啓奠于梓宮，群臣入臨，升梓宮于龍輴。祖奠徹，帝徒步慟哭，與親王、宗室從至乾元門外幄次。梓宮升轝，設遣奠，攝中書令、參知政事李沆讀哀册。册文曰：「維至道三年三月二十九日，太宗神功聖德文武皇帝崩於萬歲殿，旋殯於殿之西階。粵以十月十八日遷座於永熙陵，禮也。初啓攢塗，夙陳備物。萬國來庭，千官執紼。殘月耀於素帷，朔吹生於玄律。列天仗以啓行，整宮車而將出。孝子嗣皇帝臣恒仁孝純至〔一〕，創鉅滋深，攀號遺奠，惻怛堯心。感血淚以交墜，若哀憂之弗任。乃命宰執，奉揚德音。詞曰：五代已還，戰爭交起。上天眷命，與民更始。皇宋肇[15]基，誕膺繁祉。我后重熙，繼天養理。將泰黎元，先制姦宄。恢張睿略，震耀武功。柔懷越徼，親殄并戎。四夷奉贄，八表承風。神化天下，鑑清域中。聲教遐被，車書大同。而猶親覽萬機，焦勞庶政，辨論官材，勤卹民病。爰念刑章，實懸人命，務盡哀矜，必惟公正。九服歸仁，百靈助聖，雨霈皇恩，風宣時令。文武萬品，提封四方，一夫之不獲，一士之所長，必從拯濟，亟示明敭。天覆地載，禮具樂張，一耕帝籍，五郊上蒼。豐年薦瑞，群

〔一〕恒：原作「真宗御名」，今據其名回改。

物効祥。多能天縱，盛德日新。飛翰延閣，横經上庠。草隸垂於世範，歌詞播於樂章。學究天人之際，文騰日月之光。神功不宰，聖智無方。高視前古，耀映百王。將欲登封岱嶽，布政明堂，爽怡神於姑射，俄寢疾於未央。成荆山之鑄鼎，往蒼梧而陟方。嗚呼哀哉！ 君臨二紀，澤浸四維。天崩杞國，日墜崦嵫。綴衣在御，脱屣如遺。導憑几之顧命，抱遺弓而涕洟。烏耘增感，龍去難追。萬姓摧心，徒行號而巷哭；三辰失色，競雨泣而風悲。當華渚之誕月，是輴輬之去時。嗚呼哀哉！ 見同軌之咸臻，訴上玄而永訣。雙闕展儀，六飛就列。旌旐蔽空而色慘，簫笳拂天而韻咽。照鸞翻兮寒日悠揚，飄鳳翣兮哀飈悽切。嗚呼哀哉！ 薦犧罇兮已畢，嚴龍輴而下來。出清禁兮顧慕，臨馳道兮徘徊。莫覩冕旒於祕殿，空送冠劍於夜臺。 宸儀肅肅兮想如在，仙馭遥遥兮去不迴。嗚呼哀哉！ 勢接嵩峰，地連洛宅。 蕭蕭陵邑兮草木寒，寂寂寢園兮霜露白。纔停靈駕兮萬邦歸，一掩玄扉兮千古隔。 惟赫赫實圖，巍巍睿德，至王道之一平，布皇猷而四塞。垂萬葉之耿光，亘百代而爲則。 嗚呼哀哉！」帝俯伏哭踊盡哀，群臣及諸將列校皆慟哭流涕。靈駕既發，帝哀服還宫。先是，禮官具儀，遣奠畢改吉服，帝性至孝，未忍改，故猶服焉。 群臣縞素，出順天門外立班，於大升轝前奉辭，號哭盡哀。 退，改常服，還詣西上閤門進名奉慰。 初，靈駕將發，吉凶儀仗務從崇盛，至於太宗平生玩好〔一〕、弓劍、筆硯、琴碁之類，皆蒙以組繡，置之輿輦，陳於仗内。

八日，始御崇政殿視事。自九月晦日廢朝，至是復常。

九日，以皇太后護從靈駕，遣使奉表起居，及詔撫問雍王元份、宰臣吕端等。

十五日，不視朝，以未掩皇堂，群臣奉慰。

十八日，永熙陵掩皇堂，群臣奉慰。

二十一日，詔：「神主 16 將至京師，顧惟彝章，未盡哀感。今月二十三日，神主自右掖門入，將至承天門，朕服鞾袍前導，歸含光殿行禮。十一月三日祔廟，亦服鞾袍，從西上閤門出，至乾元門外奉辭。」

二十三日，虞主至京，群臣出城叙班奉迎。帝自含光殿門外慟哭迎拜，前導升殿。有司行安神之禮。自是至祔廟，皆不視朝。

二十六日，賜山陵使以下休假三日，銀帛有差。

十一月二日，帝齋於長春殿。翌日，奉寧神主訖，前導出乾元門外奉辭。有司奉神主至太廟，近臣題謚號，(竹)〔行〕祔饗之祭。祔于第六室，以懿德皇后符氏升配。禮畢，群臣奉慰。先是，帝謂李至等曰：「神主至日，朕欲親導及拜辭，於禮如何？」至曰：「此禮〔歷〕代所闕，今陛下行之，誠至孝之德超於百王，是爲萬世法。」即具儀以聞。

五日，德音：「兩京畿内減死刑，釋杖罪。應沿山陵科率，蠲復賦役。營奉行事官量與恩澤。」

咸平元年三月十五日，詔以小祥忌，京城内外前後各十五日禁音樂，廢朝七日。

二年三月大祥，群臣進名奉慰。是月，止於長春殿視事，朔望罷朝，百官起居去舞蹈，京城禁樂一月。至是前後各三日不視事。是月除常祭外，至撤靈筵時，帝又特設祭奠，躬護神御至祭所，别命學士具祭文。

五月二十九日，釋祥服，廢朝三日。

〔一〕玩好：原作「好玩」，據《宋史》卷一二二《禮志》二五乙。

六月二十九日，禫除，不視事，群臣進名奉慰，退赴啓聖院行香。帝雖以易月之制，外朝即吉，而内庭實服通喪也。（以上《永樂大典》卷七三四六）

真宗

【宋會要】

17 真宗乾興元年二月十九日，真宗崩于延慶殿。遺制曰：「朕嗣守丕基，君臨萬宇。懼德弗類，側身靡寧，業業兢兢〔一〕，倏踰二紀。幸賴天地之祐，祖宗之靈，符瑞荐臻，邊鄙不聳，訖乎至治，無愧古先。而寒暑外侵，憂勞内積，遘兹疾殄，屢易炎涼。雖博訪良醫，徧走群望〔二〕，逮諸禳禬之法，徒竭精恪之誠，弗獲寢興，至于大漸。皇太子禎〔三〕，予之元子，國之儲君，仁孝自天，岐嶷成質。爰自正名宗嗣，毓德春闈，延企雋髦，尊禮師傅，動遵四術之教〔四〕，誕揚三善之稱〔五〕。矧穹昊眷懷，寰區系望，付之神器，式協至公。可於柩前即皇帝位。然念方在冲年，適臨庶務，保兹皇緒，屬於母儀。宜尊皇后爲皇太后，淑妃爲皇太妃，軍國事權於皇太后處分，必能祇荷慶靈，奉若成憲，撫重熙之運，副率土之心。更賴佐佑宗工，文武列辟，輔其不逮，惟懷永圖。諸軍賞給，並取嗣君處分。喪服以日易月，山陵制度務從儉約。在外群臣止於本處舉哀，不得擅離治所。於戲！修短之數，豈物理之能逃；付託之宜，諒輿情之增慰。咨爾中外，體朕至懷。」召群臣叙班殿庭，輔臣宣制發哀，移班謁見帝，於殿之東楹稱賀，復奉慰。殿上垂簾，奉慰皇太后。

二十日，禮儀院言：「準禮例，合差官奏告天地、社稷、太廟、諸陵，應祠祭惟天地、社稷、五方帝諸大祠，宗廟及諸中小祠並權停，俟祔廟禮畢仍舊。未除服前，祭告、18 祠祀行（祀）〔事〕官權改吉服，禮畢如故。應諸道州府官吏舉哀成服，三日而除；沿邊州鎮皆以金革從事，不用舉哀。京城坊市及外縣禁止音樂，軍人、百姓等白衫、紙帽，婦人素縵不花釵，三日而止。皇帝服粗布頭冠、布大袖、布裙、斜巾〔六〕、首絰、布帽、布四脚、襴衫、腰絰、布袴、竹杖、絹襯衫，皇太后、太妃粗布蓋頭、裙、衫、帔子、絹襯衫、首絰，長公主、親王、宗室刺史以上，内外命婦、内人服式，並如至道三年之制。宗室諸司使以下至殿直，服布斜巾、四脚、襴衫、裙、袴、首絰、腰絰、絹襯衫。樞密、龍圖閣直學士、玉清昭應宫副使，並依翰林學士例。前後殿都知、押班止服布斜巾、四脚、襴衫、腰絰。禫服畢，服金玉帶者易以犀角，乘花繡韉者易以皂。上陵畢，改純吉服。喪制以日易月。十

〔一〕兢兢：原作「競競」，據《宋大詔令集》卷七改。
〔二〕群：原脱，據《宋大詔令集》卷七補。
〔三〕禎：原作「仁宗御名」，今據其名回改。
〔四〕術：原作「街」，據《宋大詔令集》卷七改。
〔五〕三：原作「萬」，據《宋大詔令集》卷七改。
〔六〕斜巾：原作「斜布」，據本卷前文禮二九之七改。

二日爲小祥，二十五日爲大祥，二十七日爲禫除。群臣自今月二十四日成服後至二十五日赴朝晡臨，二十六日後止朝臨，至二十八日而止。餘至大小祥、禫除，並赴殿庭哭臨，移班近東進名奉慰。」並從之。近臣官爲製服，餘並給布。是日，命閤門使薛貽廓告哀于契丹，宣慶使韓守英爲大内都巡檢，内侍分領宫殿門，衛士屯護。閤門使王遵度爲皇城四面巡檢，新舊城巡檢各權添差，益以禁兵器仗，城門亦設器甲，以辨姦詐。

二十一日，群臣入臨，見帝于東序。閤門使宣口敕曰：「先皇帝奄棄萬國，凡在臣僚，畢同號慕，及中外將校，並加存撫。」群臣拜舞稱萬[19]歲，盡哀退。是日，群臣上表請聽政，詔答不允。自是表三上，始從之。禮儀院言：「準禮例，成服日有司備祭饌，皇帝就殿上御位，宰臣文武百官就位哭，十五舉音，再拜。皇帝行祭奠之禮，太尉進酒，近臣讀祝文，再拜。太常卿贊導禮畢，皇帝垂帽即御座，群臣奉慰。小祥日，祭奠如儀，群臣奉慰訖，皇帝釋衰服，裹布幞頭、襴衫、袴、腰絰，宰臣文武二品以上改服布幞頭、襴衫、袴、腰絰。」詔可。

二十二日，命宰臣丁謂爲山陵使，翰林學士承旨李維爲禮儀使，御史中丞薛映爲儀仗使，樞密直學士李及爲鹵簿使，龍圖閣直學士、權知開封府呂夷簡爲橋道頓遞使，後謂貶，以宰臣馮拯代；及知杭州，以翰林學士晏殊代；夷簡參知政事，以翰林學士、權知開封府李諮代[一]。入内内侍省都知藍繼宗爲按行使，内侍省押班王承勛副之，侍衛步軍副都指揮使夏守恩爲山陵修奉都護，西染院副使盧守懃爲都監，入内都知張景宗、押班雷允恭同管勾一行諸司。内出遺留物賜近臣學士以上，軍職都虞候以上，襲衣、金帶、鞍馬、器幣有差。遣使分往十六路告諭。

二十三日，命宰臣丁謂撰陵名、哀册文，馮拯撰謚號册文，參知政事任中正書哀册，王曾書謚册、寶，翰林學士承旨李維議謚號。後謂、中正罷黜，命宰臣馮拯、參知政事呂夷簡代。詔兩省、御史臺文班各撰挽詞二首，付太常寺教習。是日，禮儀院言：「準禮例，大祥日祭奠奉慰訖，皇帝釋服，裹素紗軟脚幞頭，服淡黄衫、緅色鞓黑[20]銀腰帶。群臣並隨服色慘服，素紗垂脚幞頭，黑鞓或脂皮鞓腰帶，靴、笏。軍員都虞候已上慘服，餘常服。又按《通典》，小(詳)〔祥〕前百官無假，每日平明詣延英門進名起居，不入正衙者。今月二十九日不臨，三十日旬假，欲俟其日百官並詣崇政殿序班起居。所有三月一日小祥後如遇假不入外，每日常參官並於崇政殿序班起居。皇帝禫除畢日，如常例朝參。」詔可。是日，延慶殿陳先帝(主)〔生〕平服玩及珠襦、玉匣、含、襚應入梓宫物，召輔臣遍觀。

[一] 李諮：原作「李豁」，查宋代名臣中并無此人，翰林學士、知開封府地位皆甚高，史籍不應不載。考《宋史・李諮傳》，諮於真宗末年爲翰林學士，仁宗即位，權知開封府，正與此處所述相符，則「李豁」當爲「李諮」之誤，今改。

二十四日，大斂成服〔一〕，帝行祭奠如儀。群臣服衰服臨庭中，俟皇帝垂帽即御座，移班稍東奉慰。俟殿上垂簾，復慰皇太后。次赴内東門，拜名祇慰皇太妃。詔每七日於觀音啓聖院、開寶寺塔設齋會，中書、樞密院分往行香。命判少府監楊嵎、入内供奉官李懷儼、康延讓同管勾製造凶仗。少府監言：「檢會永熙陵法物，比永昌陵凶仗又增辟惡車、重車、象生輦、逍遥子各一，刻木殿直供奉各五十人，控鶴官馬步軍隊各五百人，六尚内人各十人，音聲隊白幕、象生器物五千，床椅二十副，駞馬各三十，羊群五，茶藏、食藏、屏風、掩障、神御帳，宫城、園苑各一。今請如永熙陵修製。」從之。又添造涼車，氈帳、引駕象大輦各一，瓷甎添七，瓦甎添十四，紗幪大小四百五十，聚蓋青黄各十，從物白藤檐子、駕頭扇筤各一，供奉〔宫〕〔官〕殿直各五十人，六尚内人四十人。内弟子、控鶴〔宫〕〔官〕、殿侍當從物及下茶酒者，鈞容及西第二班執樂者，帶甲馬步軍各二百人，入内院子三十人，金甲將軍二〔二〕〔十〕人，五坊三十人，翰林御厨、儀鸞司〔二〕、祇候庫、武德司、親事官内六班各五十人，清道四人。御馬二十疋，散馬五十疋，帶甲馬二疋并鞍轡，控鶴官駞百頭，羊五圈，圈百口，果子、雜花各二十株，金銀器物各一輿，金錢酒器各五十，食奩二十副，兀子一十副，酒甕二十副，茶檐四副，龍床、踏床各二，仰觀、伏聽、清道蒿里老人、鯢魚各一，招幡子六十，贈作五十輿，衣服三百五十輿，琴阮各六事，21 碁局二副。又内出大小御侍十人，朱漆椅卓各十，逍遥〔于〕〔子〕、平頭輦各一，並赴陵下。是日，命輔臣各還私第。自初喪至是皆入宿于中書、樞密院，及成服，乃詔歸。

二十五日，有司設御座，垂簾於崇政殿之西廡，簾幕皆縞素。群臣叙班殿門外。帝衰服，去杖、絰，服布襴衫、腰絰，斜巾，垂帽，侍臣扶升座〔三〕。通事舍人引群臣入殿庭，西向合班。俟簾捲，群臣再拜，宰臣班首奏聖躬萬福，隨班三呼萬歲。退，宰臣升殿奏事如儀。

二十六日，召輔臣至清景殿，拜先帝靈御。御至延慶殿梓宫前拜奠〔四〕，令環繞梓宫閲視，其覆蓋及周絡皆飾以珠珍雜寶。侍臣咸哭，盡哀而退。

二十七日，翰林學士承旨李維請上尊謚曰文明章聖元孝皇帝，廟號真宗。議曰：「伏以古之王者，申節惠之文，舉易名之典，取法於天地，陳禮於郊廟，蓋所以褒勸成德，彰示方來，著爲令猷，歷代不易者也。伏惟大行皇帝誕膺基命，祇嗣寶圖，席二后之慶暉，接五精之正統。業隆富有，德茂中孚。端黼扆以嚮明，偃琱戈而下武。四鄙清定，九區率順，面内之吏欽向，充庭之貢狎至。豐澤流灑，載謡洋溢，孰遠而弗達，胡微而弗浸！仍歲嘉熟，方内大寧。協百志以咸熙，總萬機而惟允。厲精以思道，廣聽而博納。刑罰止息，品彙阜滋。形忠利以宣猷，焕文明而施化。家興禮義，俗躋仁壽。無爽物牲，勤恤民隱，咸祇遹於成憲，乃克務於在寬。居無自我之規，動叶用中之道。乃至慎選列辟，體貌皇僚。疇咨謇諤之臣〔五〕，以箴王闕；濬發丁寧之札，蓋重農本。一二之言好問，聲色之娱不邇。九功灼叙，百吏肅謹。講求禮式，著明憲度，政體以之必舉，時俗以之於變。潔誠而致祀，欽容以事天，舉必率於齋禋，奉必資於崇寵。精專祇戒，翕習示祥。天人之際已交，帝王之制兼劭。旋荷昭回之鑒，荐膺奥祕之錫。示先期於路寢，接冷御於紫闈。丕昭濯濯之靈，怳悟綿綿之緒。傳觀品列，誕告方國，均同於純貺，載嚴於崇

〔一〕斂：原作「歛」，據《宋史》卷一二二《禮志》二五改。
〔二〕鸞：原作「鑾」，據《宋史》卷一六四《職官志》四改。
〔三〕侍：原重此字，據《宋史》卷一二二《禮志》二五删。
〔四〕「至」上「御」字疑當作「又」或「繼」。
〔五〕謇：原作「蹇」，據《太常因革禮》卷九一改。

報。隆神罷之精宇，範端功之晬像〔一〕。紀節物於令甲，總使職於台宰。闡繹集虛之道，奉延御辯之游。茂講景儀，專致精意。聿詢夏諺，載事虞巡，祗建天家之封，親欸皇后之祀。金庭順拜，緬尊於道蔭；昊壇薦類，式報於春祺。震耀采章之容，紛綸符瑞之富。且夫修 22 明典則，祗祓燔蘊，必歸美於祖宗，祈褫於兆庶。然後發渙汗之號，建尊顯之稱，昭浸盛之威容，騰英茂之馨烈。繇是振天章之藻翰〔二〕，紀鏤石之信辭，鐘律均和，黼黻交麗。逮星灰之屢改，積緹緗而彌廣。矧乃中禁之地，侔於上帝之府〔三〕，金楹叢倚，鈿軸相鮮，邁炎漢之好文，盛開元之致治。朝廷無事，皇家多歡。處帝府之祕深，味真風於沖漠，希微致用，晬穆居尊。體廣運於乾元，保久視於教父。齊皇極以敷訓，示太素以御民。固以守丕業之盈成，致懷生於茂遠。豈圖時有浸沴，疾生腠理，欻馮玉以大漸，遽脱屣以上仙。冢宰導乎遺音，天下悲乎晏出。所以三靈憤慘，萬國號慕。穆卜惟吉，同軌赴辰，列哀仗於綺城〔四〕，引龍輴於御道。虔遵禮典，上易徽稱。（講）〔謹〕按《謚法》〔五〕：『經緯天地曰文，無幽不察曰明，法度明大曰章，通達先知曰聖，主善行德曰元，慈惠愛親曰孝。』文以化成，明以臨照，章以垂憲，聖以廣運，元以法天，孝以述志。惟治也本乎證道，惟德也所以稱宗，則法舊史之明文，爲來葉之懿範者，蓋天之所以命矣。請上大行皇帝尊謚曰文明章聖元孝皇帝，廟號真宗。」

三月一日小祥，帝行祭奠，釋衰服，群臣入臨、奉慰如儀。

二日，以大行皇帝喪二七日〔六〕，群臣入臨，退赴內東門，進名奉慰。自是每七日皆臨，至四十九日而止。是日，禮儀院言：「準禮例，禫除後、山陵前，每遇朔望，群臣並入臨，進名奉慰。」從之。自是凡進名奉慰皇帝於西上閤門，皇太后於內東門。

四日，掩攢宮，帝行祭奠，群臣入臨、奉慰如小祥之儀。是日，群臣拜表請御正殿。

十三日，大祥，帝行祭奠，釋服，群臣奉慰、改慘服如儀。

十四日，司天監言：「山陵斬草用四月一日丙時吉。」從之。

十五日，禫除，帝行祭奠，群臣奉慰如大祥之儀。帝服常服，群臣並吉服。

十六日，山陵按行使藍繼宗等言：「據司天監定奪到永安縣東北六里以來地名臥龍崗，堪充山陵。」詔雷允恭覆按以聞。

十七日，禮儀院言：「禫除，外庭百官已吉服，皇親尚有乘白布 23 緣裹車檐出內庭者，請令內東門告諭。」從之。自是內人從靈駕至山陵迴日，並改吉服。

十八日，內園副使岑守素言：「準詔寫大行皇帝聖容，其一常服，用神御帳；其一服通天冠、絳紗袍，用行殿。其帳殿前各設香鑪合燭臺，委少府監修製，還京日真容止安匣內。」從之。

〔一〕功：原作「印」，據《太常因革禮》卷九一改。
〔二〕天章：原作「章天」，據《太常因革禮》卷九一乙。
〔三〕於：原作「以」，據《太常因革禮》卷九一改。
〔四〕仗：原作「依」，據《太常因革禮》卷九一改。
〔五〕謹：原作「講」，據《太常因革禮》卷九一改。
〔六〕二七日：原作「二十七日」。按前述，真宗崩於二月十九日，至三月二日，乃第十四日，即「二七日」也，因删「十」字。

二十三日，五七日，以其日值壬辰，群臣赴奠酹，不舉哭。

二十六日，門下省言：「太尉持節導梓宮，所用旌節請下少府監製造。」從之。

二十七日，禮儀院言：「永熙陵所補挽郎二人，餘以齋郎攝事，共十九日，服白練寬衫裙、勒帛、絹幘。按故事用挽郎六十人，望下太常寺差攝，所服衣幘亦委少府監製造。」從之。

二十八日，詔：「應緣山陵一行并逐頓所用錢帛、糧草，諸般動用物色，仰三司、轉運司擘畫般撥，以官物置辦供給，不得科配擾民。仍曉示人户知悉。」

四月九日，入内都知張景宗言山陵西北隅可以創造佛寺，就命監修下宮帶御器械皇甫繼明、閤門祗候郭延化兼管勾修創。後賜名永定禪院。是日，又命(三)〔山〕陵副使郝昭信修上宮。

五月二十九日，卒哭，羣臣入臨，奉慰。

六月五日，命龍圖閣直學士呂夷簡、魯宗道、入内押班岑保正、入内供奉官任守忠，即時乘傳詣永安縣相度皇堂地，仍遣司天監主簿侯道寧、周訥隨往，又令夷簡召京城習陰陽地理者三五人偕行。先是，藍繼宗與王承勛按行山陵封域已定，又命雷允恭覆按。允恭乃與邢中和輩擅移皇堂就東 24 南，地頗峻側。衆知非便，以允恭交結丁謂，莫敢言者。開築之際，土石相半，興作踰月，皇堂内東北隅石脈通泉，夏守恩停役上聞。丁謂復言，雖掘見泉水，緣已及元料，請便修築地基。既從之，而内侍毛昌達入奏，具言皇堂爲允恭擅移向東南二十步〔二〕。即詔中書審議，復請令繼宗、承勛與司天監亟往參定，又命入内押班楊懷玉同之。時謂欲庇允恭擅移之罪，衆皆疑懼不決，遂請命呂夷簡、魯宗道等往視焉。未幾，懷玉言翰林天文詰難中和等，稱新移皇堂不及元按行之地，夷簡等奏至，請移就元按行處。是日旬假，即内出其狀，令張景宗召馮(振)〔拯〕、曹利用而下就謂私第參議同否。始謂志在黨庇，依違群議，至是特出中旨，謂始與同列請從夷簡等奏。仍令王曾往彼責衆狀，如無同異，即興工役。曾至審驗，用元按行地止占新移處西北一角，乃從之。即遣内侍羅崇勳就鞏縣劾允恭擅移之狀，并得隱盜官物金玉萬計，及與謂交搆賄賂之迹。詔杖死允恭，籍没其家，而謂及於貶(去)〔云〕。

十一日，詔以修奉已來累停役作，命參知政事王曾充祭告使，張景宗充都監，又遣夷簡、宗道分告諸陵。時曾等受命即行，又命皇堂工作並稟曾指揮。

十六日，王曾等上言：「得司天監主簿(候)〔侯〕道寧狀：『按由吾《葬經》，天子皇堂深九十尺，下通三泉。又一行《葬經》，皇堂下深八十一尺，合九九之數。』今請用一行之説〔三〕。舊開上方二百尺，今請止百四十尺。」並從之。

是日，以内殿承制郝昭信、入内供奉官羅自賓代雷允恭修壘兆域，藍繼宗充山陵修奉鈐轄，内殿承制王克讓同管勾。

十九日，契丹國遣殿前都點檢、崇義軍節度使耶律三隱，翰林學士、工部侍郎、知制誥馬貽謀，充大行皇帝祭奠使、副；左林牙、左金吾衛上將軍蕭日新，利州觀察使馮延

〔二〕言：原脱，據本書禮三七之七補。
〔三〕今：原作「合」，據本書禮三七之七改。

休，充皇太后弔慰使、副；右金吾衛上將軍耶律寧、引進使姚居信，充皇帝弔慰使、副。所司預於滋福殿設大行皇帝神御座，又於稍東設御座。祭奠、弔慰使副並素服，由西上閤門入，陳禮物25於庭。中書門下、樞密院並立於殿下，再拜訖升殿，分東西立。禮直官、閤門舍人贊引耶律三隱等詣神御座前階下，俟殿上簾捲，使、副等並舉哭，殿上皆哭。再拜訖，引升殿西階，詣神御座前上香、奠茶酒。貽謀跪讀祭文畢，降階復位，又舉哭。再拜訖，稍東立。俟皇太后升座，中書、樞密院起居畢，簾外侍立。舍人引弔慰、祭奠使副朝見，殿上舉哭，左左皆哭。弔慰使、副蕭日新等升殿進書訖，降座。俟皇帝升座，中書、樞密院起居畢，升殿侍立。舍人引弔慰、祭奠使副朝見，皇帝舉哭，左右皆哭。弔慰使、副耶律寧等升殿進書訖，賜三隱等襲衣、冠帶、器幣、鞍馬，隨行舍利牙校等衣服、銀帶、器幣有差。弔慰使、副蕭日新等復詣承明殿，俟皇太后升座，中書、樞密院侍立如儀，舍人引蕭日新等升殿進問聖候書畢，賜銀器、衣着有差。仍就客省賜三隱等茶酒，又令樞密副使張士遜別會三隱等，伴宴於都亭驛。

二十五日，内降《鎮墓法》、《五精石鎮墓法》、《謝墓法》〔一〕，令山陵修奉司委在彼祗應人將陰陽文字看詳，如得允當，即依逐件事理，候至時精潔鎮謝。

二十九日，詔：「山陵出京日，應皇親并文武百僚及宮觀等處合排祭，令閤門將官品高下分定資次，告報皇親及諸臣僚。」設祭之次，請以楚王爲先，次定王，次大長公主，次親王夫人以下，次曹州觀察使德雍以下，次内園使守約以下，次供奉官承顯以下，次中書，次樞密院，次玉清昭應宮，次景靈宮，次會靈觀，次祥源觀，次三司使以下，次翰林學士以下，次文武百官，次管軍節度使以下，次駙馬都尉以下，次團練使以下，次宣慶使以下，次宣政使以下，次閤門使以下，並自迎真橋西從宜陳設。

七月一日，百官當入臨，禮儀院言：「其日戊辰，禁哭，又當建先天節道場。今參詳，惟皇親入奠，不舉哭；宰臣以下上清宮行香畢，奉慰。其先天節於前一日進表稱賀。」從之。

六26日，詔陵名曰永定。初，丁謂奉詔撰陵名曰鎮陵。及謂貶，馮拯以三陵名上皆有「永」字，謂不遵先制，故改焉。按宣祖陵止名安陵，永安乃縣名也。又翼祖陵已名定陵，至是追改爲靖陵。

七日，禮儀院言：「玄宮上字理合迴避，請只以皇堂爲名。」從之。

八日，禮儀院言：「皇親逐程並朝臨宿頓處，百官未入前晡臨訖退。應行事及從官候奉安靈駕畢朝臨，晚候皇親退即入臨。」從之。

十三日，中書門下言：「已經卒哭，望令諸州不禁音樂。其文武臣僚家，即俟終三年之制。」詔兩京及諸道州府如所奏，東京候山陵畢日，許士庶用樂。是日，禮儀院言：「九月十八日啓攢宮，前三日及靈駕所過州縣并在京禁止音樂，俟祔廟畢依舊。」從之。

十七日，禮儀院言：「山陵儀仗依永熙陵例，用九千四百六十八人。今請上路後從永昌陵例，用三千五百三十三人。大升轝力士九百八十四人，把幕婦人一百五十人，舁行殿三百四十四

〔一〕謝墓法：原脱，據本書禮三七之八補。

人，開封府雇召；挽龍輴方相一百二人，喪葬作事雇召；擡擎牽駕兵士一萬二百三十三人，諸軍差。祔廟日所排仗九千四百六十八人，止以山陵出京人充。」從之。時皇姪新婦以下諸喪祔葬永安，詔每頓並先靈駕前發，不得與大行儀仗相參。

二十四日，禮儀院言：「準禮例，發引日皇帝服初喪服，行啓奠、祖奠訖，出詣正陽門外，行遣奠之禮。上哀册訖，詣大升轝前哭盡哀，稽顙再拜奉辭，退還幕殿。侍中詣轝前跪，奏請靈駕進發，山陵使已下近南進名奉辭皇帝，前一日辭皇太后如儀。吉凶從官即前一日辭。靈駕進發，皇帝釋衰服，改吉服，還内。群臣詣板橋立班奉辭，候靈駕至，皆舉哭，再拜辭畢，退赴 27 西上閤門及内東門，進名奉慰。靈駕經過州縣，官吏並服初喪服，出城奉迎并辭，皆哭，十五舉音，再拜訖退。掩皇堂日，群臣常服進名奉慰，山陵使并諸行事官等進表奉慰。神主回，所經州縣及到京日，群臣並出城至板橋立班奉迎，再拜訖退，以俟會慶殿宗正卿安神主。」詔可。

二十九日，命入内〔内〕侍省副都知麥守恩充永定陵使，内園副使岑守素充都監。

八月六日，司天監言：「太宗梓宮先於丙地内奉安。按經書，壬、丙二方皆爲吉地，今請靈駕先於上宮神牆外壬地新建下宮奉安，俟十月十二日申時發赴丙地幄次，十三日申時掩皇堂。」禮儀院言：「丙地奉安梓宮處至陵門甚近，竊慮儀仗難爲施設，欲望下儀仗、鹵簿使相度，若全設不得，即量排皷吹、香鐙、繖扇、細仗導引。」並詔可。

八日，禮儀院言：「九月十八日啓攢宮後，至二十四日靈駕未發引前，百官并赴朝臨。緣日數稍遠，望令每日於幕次换喪服，入臨畢改常服出入。又自掩皇堂祭後及設九虞祭，皆宗正卿行禮，應隨從百官並合陪侍立班。神主回日，每宿頓亦預先迎拜。每靈駕未起發前，皇太妃先朝臨，次皇親入，次外命婦入，次山陵使以下入。其朔望及掩皇堂畢，山陵使以下具名紙、外命婦具牓子慰皇太妃。」從之。

十二日，禮儀院言：「靈駕發引前，有司進龍輴於延慶殿西階，挽士退，先請皇太后奉寧龍輴，舉哭盡哀退。行事官 28 入，皇帝行奉寧之禮。神主至京日，皇太后出城奉迎酌奠，至會慶殿門，皇帝服韡袍前導〔一〕，安神設奠。祔廟日，皇太后先詣會慶殿行禮，次皇帝奠獻訖，步導出會慶殿，至正陽門外拜辭而還。靈駕在路及未祔廟以前，每朔望百僚並奉慰。啓攢後不進刑罰文書。」從之。每歲下元日朝拜景靈宮，今緣神主未祔廟，至日只令宮使行禮。二十四日降聖節，百僚合詣東上閤門拜表稱賀，緣神主才經祔廟，更不行拜表之禮，只令進表稱賀。神主至瓊林苑，山陵使以下見皇太后于苑中。至會慶殿，亦於殿東御幄前起居，赴殿下陪位立班，以俟皇帝行禮。次日朝見如儀。

十三日，禮儀院言：「神主祔廟日，其后廟亦合差官徧行饗禮。」從之。

九月五日，攝太尉、宰臣馮拯率群臣奉謚號册寶告于

〔一〕服韡袍：原作「服韡服」，據後文禮二九之三二改。

南郊。翌日，奉上于延慶殿，攝中書令、宰臣王曾讀册。册文曰：「哀子嗣皇帝臣禎謹再拜稽首言曰〔一〕：夫謚以行成，號以功顯。法日而明者，蓋德之甚盛；稱天以誄者，爲名之至公。三五以還，何莫由斯道也！伏惟大行皇帝稟上聖之資，襲累仁之祚，緝熙嘉靖，丕冒統一，生成覆露，踰於二紀。昔者以維城之固，膺主器之重，班政京室，始基風化。纘戎在宥，昭前善繼，清明獨運，顒卬博臨。研幾而衆志通，定心而萬物服。奉養長樂，極純至之性；協比九宗，隆敦睦之教。有陶唐之恭讓，同姬王之抑畏。慘怛忠利，本於好生；焦勞敏給，未嘗自滿。豁大度以含垢，詢善言而堲讒〔二〕。勤恤幽隱，實行儉樸。重糾刑之任，謹觀農之制，罰不濫而人趍本矣；廣薦能之路，嚴校材之式，官無邪而朝多士矣。述教條以戒郡國之吏，裒簡策以緝君臣之訓。倬天章以成憲，炳人文而化下。繹治古之閎論，叙彝倫於大中。物則昭明，政俗純固。曩以疆事猶警，武節方耀。親巡河右，啓和戎之利；懷柔西鄙，納保塞之欵。二邊寧晏，五刃銷戢。民用休息，物皆茂遂。職貢填於夷邸，歡謡溢於農疃。祇謁園寢〔三〕，孝通乎神明；罷去羽獵，仁及乎飛走。誠和交感，休嘉震動。寶圖申錫，誕恢於景命；飈游胥接，逖知於遐胄。講崇報之則，振希闊之儀，勒成岱宗，荅禮脽上〔四〕。帝望群嶽〔五〕，祠仙李〔六〕，築宫於神隩，薦册於霄極。馨香齋慄，百祀以修；欽翼靜愨，萬祥表見。休烈浹洽，德澤鴻鬯。然猶處謙而歸勛不有，禔福而俾人大賚。覽元(元)〔玄〕樞之至妙〔七〕，穆 29 道風於無外。巍巍端拱，稱首百王。遽厭黄屋之勤，奄從白雲之舉。華夏摧隕〔八〕，攀號靡及。顧兹眇質，獲嗣丕構，哀窮迷憒〔九〕，懼忝貽法。方中既啓，同軌赴期，考尊名節惠之文，合群公庶尹之議，虔遵古訓，敢揚懿鑠。謹遣攝太尉、司徒、兼侍中、充玉清昭應宫使、昭文館大學士、監修國史馮拯，奉實册上尊謚曰文明章聖元孝皇帝，廟曰真宗。恭惟在天降鑒，昭膺茂典，錫祉流慶，(與)〔興〕運無極。嗚呼哀哉！」禮畢，群臣奉慰。

十一日，召中書、樞密院赴會慶殿，觀入皇堂物，皆先帝生平服御玩好之具，列置兩廡下，乃至硯格、筆狀〔一〇〕、書奩、詔槀，尚衣司飾周身之物，一無遺者。

十二日，帝與皇太后垂簾見輔臣，議及前後所降天書，皆先帝尊道奉天，膺受靈貺。刻玉副本已奉安於玉清昭應宫，元降真文止於内中供養，則先帝意可見。矧殊尤之瑞，屬于元聖，不可留於人間，宜於永定陵奉安，用符先旨。即詔禮儀院草定儀注以聞。既而請天書乘逍遥輦，其小輦并香燈燎子亦合陳列，令扶侍都監與夾侍以禁衛五十人陳設。靈駕發引前一日，奉迎赴文德殿奉安，量設細仗并道門威儀迎引。帝詣長春殿奉辭，至夜量設道場。赴文德殿日，輔臣迎拜前導，奉安畢，班首上香，俱再拜退。將來候梓宫進入皇堂，即天書次入。合用導引歌詞，請下學士院修撰，付太常寺教習。並依奏。

十三日，禮儀院言：「啓攢宫後，百僚並服初喪服，其

〔一〕禎：原作「仁宗御名」，今據其名回改。
〔二〕堲：原作「暨」，據《宋大詔令集》卷九改。
〔三〕祇：原作「致」，據《宋大詔令集》卷九改。
〔四〕脽：原作「醮」，據《宋大詔令集》卷九改。
〔五〕望：《宋大詔令集》卷九無此字，似當删。
〔六〕李：原作「季」，據《宋大詔令集》卷九改。按「李」指老子。
〔七〕樞：原作「極」，據《宋大詔令集》卷九改。
〔八〕華：《宋大詔令集》卷九作「函」。
〔九〕哀窮迷憒：原作「充窮迷潰」，據《宋大詔令集》卷九改。
〔一〇〕筆狀：按此處皆爲實物，「筆狀」不知何物，疑當作「筆牀」。筆牀爲古代文人放置毛筆的長方形小架子，有似於牀，其形制見明高濂《遵生八牋》卷一五。

問官員有近經轉補或自外代歸未曾給孝服者，止以公服陪位。山陵使已下至永安，並依至道故事，更不朝拜三陵。」並從之。

十五日，山陵使言：「館閣校勘李淑已差至永安縣行事，欲30就差管勾隨行章表。」從之。

十六日，命入內內侍押班岑保正充大昇轝前後巡檢山陵一行都大管勾。

十八日，啓攢宮，群臣具衰服序班於延慶殿。帝服初喪之服，行祭奠之禮。俟時梓宮遷正位，群臣詣內東門進名奉慰。自是至發引，並日素服入臨，班退改常服而出。

二十一日，召輔臣赴延慶殿東廡，觀金字模勒先帝《謝天書表》及《政要》十卷，皆將納皇堂故也。

二十三日，帝自內中奉導天書至長春殿權駐，上香，再拜奉辭訖，還內。輔臣於殿堦下迎拜，前導赴文德殿奉安。是夕，帝詣延慶殿親行祭奠之禮，舉哭再拜，親王已下赴班。

二十四日，天書先發。既旦，帝啓奠于梓宮，群臣入臨，升梓宮于龍輴。祖奠徹，步從以出正陽門外。梓宮升轝，設遣奠，攝中書令魯宗道讀哀册。册文曰：「維乾興元年，歲次壬戌，二月庚子朔，十九日戊午，真宗文明章聖元孝皇帝崩於延慶殿。三月庚午朔，四日癸酉，旋殯於殿之西階。粤十月丁酉朔，十三日己酉，還座于永定陵〔一〕，禮也。桂殿飈迴，蓬壺景滅，舜方之先遠有期，禹服之來賓永訣。孝子嗣皇帝臣禎〔二〕，雲望如疑，天瞻逮絶，號弓之慕山長，執綍之哀川咽。杳御辯之霓軒，攀上霄之電轍。哽戀清光，仰懷鴻烈，爰申命於宰衡，冀恭揚於聖哲。其詞曰：穹旻立極，華夏歸德，太祖膺之，四海文命，黎民時雍，太宗紹之。三葉嗣興，重熙繼明。道大天大，奉之作程；曰慈曰儉，守之立誠。無私臨照，得一清寧。岐嶷多能，温恭躋聖。三善克修，萬邦以正。問寢皇歡，承顔帝慶。尹茲千里〔三〕，表乃四方。惠均閭閈，頌洽康莊。纂承厥初，光宅爰始。物物來斯，師師仰止。淵默雷聲，風清草靡。行天子之孝，以之感人；用百姓爲心，以之致治。事無過舉，言必度思。對越后帝，載悚載祇；肅雍陵廟，是饗是宜。執契居尊，握圖布政。百度允釐，萬方惟命。馭朽爲懷，靡矜全盛；烹鮮是師，庶臻大定。哀念必罰，心乎在寬；恭慎出令，慮乎行難。是作中典，訓茲理官，爰開三面，克宥黎元。屬想希微，凝神惚怳〔四〕。欒只無何，寂兮31罔象。端拱穆清，獨觀昭曠。軫慮邦本，周爰率賓。以刀勸播，如傷視民。薄斂里粟〔五〕，全袪算緡。延登俊良，柬擢翹秀，盡副樂育，無遺英彀。七德爰武，五兵匪佳。惠養生植，柔懷邇遐。納賮無恨，通歡有加。戍卒餘閑，野農休息。展豫觀風，宣條問俗。渥賜耆艾，撫存惸獨。亡國之後，保其舊族；死事之孤，隆其賦禄。遊心藝學，著意典墳。際天博達，冠古多聞。雅尚立言，覃精垂訓。汗簡光華，刻金英潤。登高必賦，遇物有成。珪璧六府，絲篁七情。五射神傳，八法天縱。星鏑啼猿，煙毫舞鳳。不二妙本，正一淵宗。與世舉照，爲人指蒙。囿游以時，燕處以禮。出則怡怡，居則濟濟。嚴恭真聖，崇奉神靈。欽明國典，蠲薦德馨。徼福蒼黔，祈禠太紫。十極鑒觀，百嘉效祉。玉水發源，珠星循軌。温麥兩岐，周禾九穗。奇木交柯，寶芝連理。端命至衆，乾文獨尊。錫慶皇祚，呈祚帝閽。積德下著，殊勳上存。簡易可久，清净是敦。治定功成，奉符展寀。上儀聿修，盛德斯在。景從庶邦，風

〔一〕還：原作「還」，據《宋大詔令集》卷一〇改。
〔二〕禎：原作「仁宗御名」，今據其名回改。
〔三〕茲：原作「慈」，據《宋大詔令集》卷一〇改。
〔四〕凝：原無，據《宋大詔令集》卷一〇補。
〔五〕粟：原作「栗」，據《宋大詔令集》卷一〇改。

占寰海。驂馭飛龍，軒墀卿靄。六轡遵途，謳歌接響。群后述職，銜軸相望。清蹕躊躇，湛恩曠蕩。祇款郊丘，祀事孔嚴。弭蓋洛宅，山園載瞻。孝思卒獲，容物具兼。舉燎坎牲，茲體至大。配侑祖宗，無曠三載。堯罇共樂，漢飲多歡。駕肩懌懌，比户安安。盡美升聞，至真臨降。親視睟容，恭瞻寶仗。賜飲瑶漿，延陪黼帳。琢玉騰文，鎔金肖像。猶龍上聖，指李仙鄉。聿增徽稱，冥答丕祥。琳館肇新，琅函斯秘。玉帝寶册，瑶壇禋類。永惟主鬯，崇建元良。大本有繫，斯人用康。夙夜寅威，若靡寧處。旰昃勤劬，遘茲弗豫。方垂裳兮穆如〔一〕，忽脱屣兮棄去。嗚呼哀哉！悠悠穹蒼，哀哀父母。幅員土宇，廓然兮無覩；億兆生聚，茫然兮何怙！同軌遏密，窮荒縞素，慟劍舄於宫車，悵衣冠於雲路。嗚呼哀哉！太筮襲吉，容成戒期。望喪陵而慘慘，登畢陌以遲遲。銘旌露潤，鹵簿風悲。儼時巡之仙仗，護川逝之宸儀。嗚呼哀哉！攀鼎龍兮莫皇，瞻幄鳳兮何有。霜封窆綍，塵飄翣柳。雲蒼梧兮不還，日濛谷兮莫就。哭象物以斷魂，拜鳥耘而迴首。惟盛德與大功，同天長而地久。嗚呼哀哉！」帝哭踴盡哀。禮畢，歸大次。皇太后詣大升轝前奉辭。侍中奏請靈駕進發，諸司具吉凶儀仗〔二〕，百官素服赴順天門外，至板橋立班奉辭。改常服，還詣西上閤門、内東門進名奉慰。先是，禮儀院請靈駕既發，内外並吉服，帝以純孝之性，不忍遽易，至於左右内臣，衰服如初。辛臣援引典禮執奏三四，乃詔内侍省翌日釋服。

二十七日，帝始御崇政殿，輔臣奏事如常儀。自十七日至是，始御便殿。

十[32]月七日，命樞密副使張士遜馳往永定陵，掩皇堂日設祭告之禮。

十三日，葬永定陵，群臣奉慰如儀。

十八日，虞主至京，群臣出郊奉迎，皇太后詣瓊林苑迎拜。山陵五使就苑朝見。帝服韡袍，會慶殿門迎拜，涕泣前導，奉安殿幄。太常贊導行奠獻之禮，群臣奉慰。

十九日，群臣詣會慶殿行九虞祭〔三〕，至二十二日止。是日，帝齋于長春殿，群臣宿于内庭。

二十三日，帝奉迎神主訖，步導出正陽外奉辭。所司先至别廟迎莊穆皇后神主至廟南門之西幄，俟神主至，知制誥宋綬題謚號，行祔饗之祭，祔于第七室。禮畢，群臣奉慰。

二十四日，德音：「兩京畿内減死刑，釋杖罪。沿山陵應奉科率，蠲復賦役。營奉行事官量與恩澤，山陵使以下進勳封有差。」

十一月二日，宴群臣於崇德殿，酒七行，不作樂，以山陵禮畢也。

天聖元年正月十五日，禮儀院言：「二月十九日小祥忌，準禮例京城禁止音樂前〔後〕各半月，忌前後各三日不視事，其日群臣進名奉慰。」詔自正月二十日禁樂，至二月晦日忌前後各五日不視事，臣僚朝見、辭謝並權放。其日命婦並詣神御殿前酹酒及奉慰，樞密使已下、副指揮使已上，並赴相國寺行香，依太宗小祥日例，賜乳香二斤。

六月八日，永定陵使麥守恩請守陵天武龍衛卒日增菽

〔一〕兮：原作「弓」，據《宋大詔令集》卷一〇改。
〔二〕吉：原作「告」，據《宋史》卷一二三《禮志》二五改。
〔三〕臣：原無，據《宋史》卷一二二《禮志》二五補。

米二升半，奉先卒月增錢二百，俟三年罷給。從之〔一〕。

十五日，河南府言，永定陵占故杜彥珪田十八頃，凡估錢七十萬。詔特給百萬。

二十二日，永定陵使麥守恩請徙偃師縣巡檢於永定陵。從之。

八月五日，賜永定陵使河南府[33]官房廊錢日四千〔二〕。

十二月二十三日，詔：「來年正月朔日，兩府、兩制以上，節度使、駙馬都尉，許入内赴神御殿澆奠。」

二年正月二日，詔：「以大祥忌，自正月十五日至二月終，朔望不座，不御正殿，於長春殿視事。忌前後各五日不視事，百官起居不舞蹈。其應見、謝、辭者，並權放。自二月一日至月終，禁屠宰，前後各五日不行刑罰。忌日常祭撤饌訖，將除靈座，朕躬親扶護神御，别設一祭如遺奠之禮。」

十六日，太常禮院言：「謹按《禮記喪服制》云：『再周之喪三年也，周之喪二年也，九月之喪三時也，五月之喪二時也，三月之喪一時也。』注云：『哀節應歲時之氣也。』三年周喪，數歲不數閏也；大功已下數月者，數閏也。鄭玄云：『三年之喪，天下之通喪，百王之所同，古今之所不可損益，故曰無易之道也。』又《禮儀纂》云〔三〕：『再期之喪，二十五月而畢，二十七月而禫，二十八月始樂，此鄭學之所宗也。』《正典》云：『今約經傳，求其適中，可二十五月終而大祥，受以祥服，素縞麻衣；二十六月終而禫，受以禫服；二十七月終而吉，吉而除；徙月樂，無所不佩。夫如是，求其情而可合乎禮矣。』又按《禮記·間傳》云：『再周而大祥，素縞麻衣；中月而禫，禫而纖，無所不佩。』中猶間也，謂大祥祭後間一月而禫也。《五禮精義》云：『從祥至吉，服凡有六：祥祭，朝服縞冠，一；祥訖，素縞麻衣，二；禫祭，玄衣黄裳，三；禫訖，朝服縞冠，四；踰月吉祭，玄冠朝服，五；既祭，玄[34]端而居〔四〕，六。』今參詳典禮，合於三月晦日祥除。所云大祥後間月而禫，究其意，要成二十七月之數。今除九月不數外，合至四月十九日服禫服，至五月十九日禫除即吉。又按《正禮義纂》云：『三年之喪，以爲痛極也。聖人制禮，不以死傷生，爲之取法四時變易，應歲時之氣以殺其情，故二十五月除衰裳、去杖絰也。』《喪大記》云：『棄杖，斷而棄之於隱者。』鄭注以喪服至重，不得褻之。按禮，祭服弊則焚之〔五〕，衰裳亦當宜焚也。今請大祥，皇帝、皇太后、親王以下、真宗内宫人衰裳、絰杖並焚之。又按《義纂》：『大祥去杖絰，著朝服，縞冠素紕〔六〕、革

〔一〕自「守陵」至「從」凡二十八字原脱，據本書禮三七之八補。

〔二〕廊：原作「廓」，不可通，當作「廊」。宋人習稱房宅曰「房廊」，如《宋史》卷一六三《職官志》三：户部房地科「掌諸州樓店務、房廊課利」，等等。因改。

〔三〕儀：疑當作「義」，《禮義纂》與下文《正禮義纂》、《義纂》即盧多遜等所修《開寶通禮義纂》。

〔四〕而：原脱，據《禮記集説》卷一〇三補。

〔五〕弊：原作「幣」，據文意改。

〔六〕冠：原脱，據下文及《禮記·玉藻》補。

帶、素履而祭，接神告正祭服也。既祭反服素縞麻衣，哀未忘也。近代禮簡，唯有素縞，無祥祭之冠，亦不著朝服，但以十五升白布爲深衣，唐禮因行之。』又云：『祥變之日，主人必本其意，服祥祭之服受之，重其禮也。卒事，反大祥之服，素縞麻衣是也。』又云：『縞冠素紕，既祥之冠也。當祭著朝服，卒祭反服素縞麻衣，未全吉也。』今請大祥後比附近儀，皇帝服素紗軟脚幞頭，白羅衫，黑銀腰帶，朔望祭奠及内中則服。又按《開寶正禮》云：『大祥之日設祥祭，主人就位哭盡哀。畢，各還於寢，撤饌，掌事者除靈座以降。自大祥後，外無哭者。至禫祭，設几筵。自禫之後，内無哭者。』今請大祥日，皇帝祭畢撤饌訖，除靈座。又按典禮，祥日改服素縞、麻衣、吉屨；及禫，云白皮兩袴腰帶。今請令親王已下除衰絰後，只以35皂絁軟脚幞頭、素白服、黑鞓腰帶。俟釋祥服，服素紗軟脚幞頭、淺色慘服、黑帶。踰月復平常，在本宮入内澆奠，至幕次則服。又按《義纂》：『鄭玄變除，云黑（経）〔經〕白緯曰綅。二十七月而禫，綅冠采纓，服玄衣黃裳、縞帶吉履，如平常也。』今請皇帝四月十九日釋祥服後，服素紗軟脚幞頭、淺色黃羅袍、黑銀腰帶，朔望祭奠及内中則服。皇太后、太妃已下禫服，請隨服色，並以淺慘色爲服，踰月復平常。』詔可。

二十五日，太常禮院言：『將來大祥日，望依小祥例，樞密使已下、副指揮使已上赴行香；文武臣僚詣西上閤門、内東門奉慰，退亦赴行香；外命婦入内奠酹、奉慰。』並從之。

二月十一日，入内供奉官羅崇勳言：『大祥日，除皇帝祭奠外，未見皇太后祭奠儀注。』詔以問禮院，請俟皇帝祭奠撤饌訖，別設香、酒、時果，尚儀詣幄前奏請釋衰服，服常服行禮。其釋祥服日亦如此。從之。

十二日，詔文武百官朝臣、軍員都虞候以上，令十五日入内奠酹，退赴會慶殿燒香。十七日、十八日、十九日，輔臣取長春殿入奠酹。十九日，百官奉慰退，赴啓聖禪院行香，就賜奠筵。

二十五日，禮院上言：『四月二十九日釋祥服，五月二十九日禫除，欲依咸平二年例，並前後各一日不座。其日不視事，文武百僚並詣西上閤門、内東門進名奉慰，退赴大相國寺行香，樞密使以下悉集。』從之。

仁宗

【宋會要】36嘉祐八年三月二十九日，仁宗崩於福寧殿。遺制曰：『朕荷國大統，四十有二年，常懼菲涼，不足以承祖宗之鴻烈。然兵休民靖，底于丕平，顧朕何德以堪之！乃自春以來，積勤爽豫，今至大漸，恐不得負扆以見群臣。皇子曙以天性之愛〔一〕，朝夕寢門，未始少懈。況聰知明睿，朕

〔一〕曙：原作「英宗御名」，今據其名回改。

素有承嗣之託，夫豈不順天人之望哉！可於柩前即皇帝位。皇后以坤儀之尊，左右朕躬，慈仁端順，聞於天下，宜尊爲皇太后。應諸軍賞給，並取嗣君處分。喪服以日易月，山陵制度務從儉約。在外群臣止於本處舉哀，不得擅離治所，成服三日而除。應沿邊州鎮皆以金革從事，不用舉哀。於戲！死生之際，維聖賢爲能達其歸。矧天之寶命，不墜于我有邦。更賴文武列辟，輔其不逮，朕何慊焉！咨爾中外，體予至懷。」召文武百官敘班殿庭，輔臣宣制發哀畢，移班謁見帝，於殿之東楹稱賀，復奉慰。

四月一日，群臣朝晡入臨，諸軍班副指揮使以上臨於宣祐門外。至十一日而朝一臨，臨三日而止。軍使、押班帥其屬哭於其營。百官縞素，婦人素縵，並三日止。輔臣宿資善堂，宗室遥郡刺史以上宿崇政殿門之外，至成服止。

二日，詔：喪服制度並如乾興故事〔一〕。又詔：大行皇帝山陵有期，所司宜奉承先旨，應沿山陵工役，先給錢物雇召，諸費一取官物，不得差科人户。太常禮院言：「禮，三[37]年之喪，唯祭天地、社稷諸大祠，而宗廟及中小祠皆廢，至祔廟如故。」從之。提舉製造梓宫石全彬進梓宫畫樣，詔令務在堅完，不得過有華飾。三司言：乞内藏錢百五十萬貫，紬絹二百五十萬疋〔二〕、銀五十萬兩，助山陵及賞賚。從之。

三日，命入内内侍省副都知李允恭充按行山陵使〔三〕，帶御器械張茂則副之，供備庫副使梁寔爲都監，引進副使王道恭充契丹告哀使。

四日，命宰臣韓琦爲山陵使，翰林學士范鎮爲禮儀使，權御史中丞王疇爲儀仗使，龍圖閣直學士周沆爲鹵簿使，翰林學士、權知開封府馮京爲橋道頓遞使。

五日，命宰臣韓琦撰哀册文及陵名，曾公亮撰謚册文，參知政事歐陽修書哀册、謚寶，趙槩書謚册，翰林學士王珪議謚號。詔兩省、御史臺文班各撰挽歌詞二首，付太常寺教習。又詔哀謚册條依乾興故事，用階玉製造。

六日，命侍衛親軍馬軍副都指揮使郝質爲山陵都護，宣慶使石全彬爲鈐轄。

七日，群臣表請聽政，詔答不允。自是三上表，始從之。

八日，大斂成服，群臣入臨，移班奉慰，退詣内東門進名奉慰皇太后。自後凡進名奉慰皇帝於西上閤門，皇太后於内東門。

十一日，帝同皇太后御内東門小殿，垂簾聽政，群臣於門外進名起居。

十二日小祥，群臣入臨，奉慰，内出遺物賜輔臣近侍金帛、器幣有差。

十五日，發諸路卒四萬六千七百八十人修奉山陵。

十七日，太常禮院言：[38]「故事，皇帝釋慘常服，群臣

〔一〕度：原作「席」，據《宋史》卷一二二《禮志》二五改。
〔二〕紬：原作「綢」，據本書禮三七之九改。
〔三〕按：原作「接」，據本書禮三七之九改。

如之，宗室出則常服，居則衰麻以終喪。」從之。

十九日，權三司使蔡襄言，山陵一用永定陵制度。詔可。於是右司諫王陶上言：「民力方困，山陵不當以永定陵爲準。」其後京西轉運使吳充、楚建中、知濟州田棐繼上疏，請遵先帝遺制，山陵務從儉約，皇堂上宮除明器之外，金玉珍寶一切屏去。乃詔禮院與少府監議，唯省乾興中所增明器而已，其佗猶一用永定陵制度。太常禮院請三京、諸路軍民至卒哭，東京至祔廟，靈駕所過州縣畢山陵，文武官至三年，乃聽用樂。皆從之。

二十一日，以大行皇帝喪三七日，群臣入臨。自是每七日皆朝臨，四十九日而止。

二十三日，掩攢宮，群臣入臨、奉慰。

二十五日，大祥，群臣入臨、奉慰。宰臣韓琦上陵名曰永昭，詔恭依。

二十七日，禫除，群臣入臨、奉慰。

五月九日，太常寺言：「準例，代哭一百人，於靈轝四面作和聲。按《周禮》挈壺氏，凡喪，以水火守壺以代哭者。《禮記》：『君喪官代哭。』注：『代，更也。未殯哭不絕聲，爲其罷倦，既歛，可以爲刻漏，分時而更哭也。』今來殊乖典故，欲請不用。」從之。

十(月)〔日〕，太常禮院請大祠用乾興故事，備樂而不作，祔廟畢如故。從之。

十二日，按行使李允恭等上所按地圖，命翰林學士賈黯、入內內侍省副都知石全育覆按之。

十三日，命三司户部判官張靖權西京轉運使，終山陵而罷。

十五日，賜鄭州公使錢五 39 百貫，以靈駕所過故也。

十九日，翰林學士王珪言：「謹按《曾子問》曰：『賤不誄貴，幼不誄長，禮也。唯天子稱天以誄之。』《春秋》公羊説，以爲讀誄、制謚於南郊，若云受之於天然。乾興元年夏，既定真宗皇帝謚，其秋始告天於圜丘，史臣以爲天子之謚，當集中書門下、御史臺五品以上，尚書省四品以上，諸司三品以上，於南郊告天，議定，然後連奏以聞。近制唯詞臣撰議，即降詔命，庶僚不得參聞，頗違稱天之(議)〔義〕。臣今擬上先帝尊謚，欲望明詔有司，稽詳舊典，先之郊，而後下臣之議，庶先帝之茂德休烈，有以信萬世之傳。」詔兩制詳議，翰林學士賈黯等議如珪奏，從之。

二十三日，橋道頓遞使請以剩員百五十人代雜户、婦人把幕。從之。

二十四日，賈黯等言，覆定陵地如初按。從之。

六月七日，詔皇后送大行靈駕至山陵，既葬三日而返。其後以疾不果行，又令宗室遥郡團練使以上及出嫁郡縣主隨從〔一〕。

〔一〕及：原作「又」，據本書禮三七之一〇改。

十二日，賜西京公使錢千貫，以山陵所在故也〔一〕。

十三日，直秘閣呂夏卿言：「請定九廟之制。及請俟山陵復土，百官班迎靈駕還內，山陵使先入見，日中行始虞之祭，虞主不題諡號。九虞既畢，然後行卒哭之祭，明日而祔廟。」詔兩制及待制以上與禮官議，觀文殿學士孫抃等奏：「夏卿所陳九廟，事不經見。其言周、漢以來九虞之祭，皆在十六日外，欲俟靈駕還內，日中行始虞之禮。緣古之葬去國近，平旦 40 而葬，日中而虞于寢。今之葬遠，虞主在塗，日還舍，不可以無祭。其言漢制不題諡虞主，及終虞而行卒哭之祭，則乞如夏卿所議。」從之。

二十二日，山陵使言：「諸頓所調物過多，請選朝臣一員，付之計度。」命權三司鹽鐵判官楚建中往裁其數。

七月二日，判大宗正司允弼言，乞許宗室防禦使以上妻隨靈駕。從之。

十二日，卒哭，群臣入臨、奉慰。

十三日，帝始御紫宸殿〔見〕群臣，退御垂拱殿，中書、樞密以次奏事，帝感慟者久之。自是隻日御前殿，雙日御後殿。禮院奏請朔望不御前、後殿，至祔廟如故。從之。

十八日，大遼皇太后遣林衙、左金吾衞上將軍蕭福延，觀書殿學士、禮部侍郎、知制(詔)〔誥〕、同脩國史張嗣復，皇帝遣昭德軍節度使蕭遜、給事中王籍，充祭奠使副；皇太后遣左驍衞上將軍耶律達，衞尉卿、昭文館學士劉霖，皇帝遣安東軍節度使耶律衍、四方館使韓貽慶，充弔慰使副。入詣皇儀殿大行皇帝靈座前祭奠，如乾興之儀。

二十八日，以入內內侍省副都知甘昭吉充永昭陵使，莊宅使、嘉州團練使劉保信副之。是夕，以請諡南郊宿齋，群臣于尚書，宗室于都亭驛。

二十九日，攝太尉、宰臣韓琦，中書、樞密及侍從官，御史臺五品，尚書省四品，諸司三品，宗室團練使以上，請諡于南郊。議曰：「臣聞元精磅礴，濟萬物而不昭其迹者，薦名曰天；至德汪洋，澤萬世而不有其功者，建諡于帝。伏思在昔帝王，生膺大名，終紀大行，使金聲而玉振之，以詔虖無窮之聞者，帝莫盛於堯、舜，王莫隆於禹、湯也。蓋易 41 名之典，下不得誄上，古將爲至尊之諡，必質于郊，然後定之，所以推天下之至美，明天下之至公，雖天子不得以自專也。洪惟大行皇帝躬上主之姿，承累聖之序，流大漢之愷悌，履放勳之欽明。包富有之業而能守以約，攬泰定之勢而弗恃以安，固嘗邈然馳視所未形，俛然積思所不及。謂天命之匪易，迺嚴恭戒懼，庶有以答靈心之顧；謂民懷之靡常，迺涵容煦咻，庶以陶善類之歸。知括萬慮而不可測〔二〕，恩滲四垠而不可形，如兩儀之無不燾載，如三辰之無不臨燭。於時修廢官，繼絶世，禮高年，勸力穡，減常賦，抑末游，虛己以遇豪俊之材，降志以從忠直之諫。振立賞罰而權衡之，章明典禮而黼黻之，宥恕刑獄而蕩滌之〔三〕，惠哀困窮而衣食之。人情莫不欲逸，愛其力而不勞；人情莫不欲壽，輔其生而不傷。群公庶尹，罔弗夷(止)〔正〕，相與謀王之朝；殊鄰絶區，罔弗億寧，相與慕王之境；父父子子，兄兄弟弟，罔弗順祇，相與立王之塗。蓋仁教之施，沛然其若是，莫之能禦也。矧復耕籍於千畝之田，祫祭於先王之廟。報天之誠篤，則八莫於圜丘；嚴父之志盡，則再侑於明堂。宗支既蕃，則

〔一〕山：原作「上」，據本書禮三七之一〇改。
〔二〕測：原作「賾」，據王珪《華陽集》卷四五、《太常因革禮》卷九一改。
〔三〕之：原脱，據《華陽集》卷四五、《太常因革禮》卷九一補。

廣諸分玉之愛〔一〕；邦統未紹，則豫有主器之屬。下議樂之詔以考鍾石之和〔二〕，置寫書之官以緝經墳之學〔三〕。邇英敷席，圖講藝也；凝機校字〔四〕，資味道也。藻思粹發，窮聖作也；飛毫灑落，肆天縱也。知聲色之靡伐於德義，於是乎屏燕飲之娛；知雉兔之獲殫於精神，於是乎絕盤游之欲。念組織之僭則却服御之華，念土木之費則損宫室之麗。西羌阻命，不欲久戍勞師，而遂納玉關之誓；南蠻肆姦，不欲深入薄伐，而自致藁街之戮。時則有踰沙軼漠卓犖之貢委來〔五〕，應圖合牒沕潏之瑞叢至〔六〕。四十二年于兹，可謂海内大治矣。竊迹羲皇之前，夐虖莫索其詳，自詩書之載，揆厥所元，終都攸卒，未有如兹之盛者也。方將勒鴻休，受永祐，豈圖神機欻厭，邦釁上延。仙鼎已成，不返荆山之御；玉衣雖在，空陳渭水之遊。嘉原既新，同軌畢至〔七〕，下華蓋於北極，引龍輴之西巡。此萬國所以摧心，三靈爲之變色。有司繇是飭舊典，册丕稱，皇哉鑠虖，幾有以焕王靈而炳帝烈也。謹按《謚法》：『一民無爲曰神，經緯天地曰文，通達先知曰聖，保大定功曰武，照臨四方曰明，慈惠愛親曰孝。』若乃群生啿啿，鼓之舞之，不知至化之所自然，非至神虖？制作禮樂，際天接地，焕然而大備，非至文虖？永惟宗廟之奉，實發先識，以建大本，非至聖虖？戴白之老，不識兵革之警，非至武虖？群黎之情，格於聰明而無所遺，非至明虖？惇序九族，以述夫祖先之志，非至孝乎？粤廟號之建尚矣，維其歷古聖賢之君，莫不極所以尊明令稱，又或至于代相襲之。夫仁者聖人之盛德，豈獨未有以當之耶？抑當時鴻儒鉅學，乃略於稽求，將天之所啓，期以克配大行之廟虖？《詩》云『維天之命，於穆不 42 已』，此之謂歟！惟功以創業爲祖，德以守成爲宗，皆尊尊之大誼也。大行皇帝尊謚，宜天錫之曰『神文聖武明孝皇帝』，廟曰仁宗。」禮畢，還齋宫，太尉以下列名上之。

八月二日，命内侍省副都知李允恭爲大升轝前後都大巡檢，東上閤門使張希一、内侍押班李繼和爲大升轝防援巡檢。

十三日，詔置永昭陵奉先指揮兵士五百人。初，三陵皆置卒五百人，唯定陵後以章獻太后故別置一指揮。至是，昭陵使甘昭吉以定陵爲例，奏請置守陵奉先兩指揮，而京西轉運司請減定陵卒半以奉昭陵。詔止令選募一指揮，以五百人爲額。

二十五日，詔賜永定院額曰永定昭孝禪院。初，翰林學士賈黯言「永定院去昭陵不遠，乞量加葺飾，別賜名額，兼奉二陵」故也。

九月二日，命侍衛親軍步軍副都指揮使賈逵爲靈駕都總管，永昭陵使甘昭吉兼大升轝前後編欄儀仗都大巡檢。

六日，詔自七日不御前殿，以修輴車路也。

七日，以謚號奏告天地、宗廟、社稷、宫觀。

八日，攝太尉、宰臣韓琦率群臣奉謚册寶上于福寧殿，攝中書令讀于靈座。册文曰：「哀子嗣皇帝臣曙謹再拜稽首曰〔八〕：臣聞名以賓實，謚以表行，先王之通憲也。宓羲氏躬法象，正五行，故首太皞之稱；有熊氏建中和，存萬世〔九〕，故冠黄軒之號。彰大聖烈，義莫此先。恭惟大行皇帝粹天之武，純地之文，纘祖之功，繼昭之勳。憯怛忠利，有唐堯之至仁；深沉溥博，有漢高之大度；身先敦樸，有夏王之克儉；躬自抑畏，有高宗之無逸。昔在潛隱，早章於睿問；載登元良，益儲於群望。天禧之季，永定倦勤，是諮監撫，乃總機務。九扆奠枕而晏謐，四表覆盂而安定，君人之量已

〔一〕玉：原作「王」，據《華陽集》卷四五、《太常因革禮》卷九一改。
〔二〕考：原作「孝」，據《華陽集》卷四五、《太常因革禮》卷九一改。
〔三〕緝：原作「綴」，據《華陽集》卷四五、《太常因革禮》卷九一改。
〔四〕校字：原作「祓宇」，據《華陽集》卷四五、《太常因革禮》卷九一改。
〔五〕有：原無，據《華陽集》卷四五、《太常因革禮》卷九一補。
〔六〕牒：原作「諜」，據《華陽集》卷四五、《太常因革禮》卷九一改。
〔七〕畢：原作「迫」，據《宋朝事實》卷一改。
〔八〕曙：原作「英宗御名」，據其名回改。
〔九〕萬：原作「方」，據《宋大詔令集》卷九改。

表於沖年矣。及嗣天宅統，紹宣聖職，以大公馭群品，以大定域群生，以四海食宗廟，以天下養文母。於時遐邇祇厲，風化景開。賓延老成，斥逐兇黨，賞不失勞而忠義勸，罰不遺近而權倖讋。若乃旌用讜直，開納諫諍，增言職之選，廣所未聞，復制策之舉，詢及在下，士得盡忠矣。播刑之迪，所尚在寬，間臨便座，親慮繫獄，申厥攸司，增設課法，人以不冤矣。封先代之後，録功臣之世，民化而歸厚矣。察貢士之行，裁入流之冗，官修而無邪矣。矧復 43 建親邸以合族，幸學宮而尊教，杜斜封之啓寵，禁私謁之敗公。放後宮之御，以遂物情；發少府之藏，以廣平糴。制田廩以活艱食，賜爵幣以禮高年。摘山抵禁，論者日報，故弛之以惠下；鑄鐵亂幣，刑者歲積，故平之以利俗。加以戢兵而時動，得武之善經。當夏戎之不恭也，謀臣獻濯征之議，猶念暴師于外，卒從欵塞之請；儂寇之背叛也〔一〕，上將建蕩平之策，猶慮勤人於遠，遂止深入之伐。自是二方之虜冠帶而入朝，百越之長梯航而請吏。其禦戎來遠之術深矣，保邦息民之利長矣。至于明號令〔二〕，信言動，遠聲色〔三〕，屏佞士。邇英歲啓〔四〕，惟講學之接；觀文燕居，必墳史之玩。究禮樂書射之藴，洞陰陽圖緯之奥。斯又天縱神悟〔五〕，上聖之兼德也。故能統一海内，四十有二年。緝熙光明，格于上下，三辰軌道，群瑞昭錫。九薦陽址，皆上帝之顯臨；再類合宫，極聖人之能事矣。方當歸勛祖考，謝德穹厚，大庭特室，垂拱無爲。不圖邦禍，奄棄宸極，三靈變景，萬類摧心。顧惟菲質，獲承丕緒，哀窮荒惑〔六〕，懼弗克嗣。今考筮迪吉，因山有日，爰稽節惠之法，虔講至郊之文，丕承監觀，以易稱謂。謹遣攝太尉、門下侍郎、同中書門下平章事臣韓琦，奉寶册，上尊謚曰神文聖武明孝皇帝，廟號曰仁宗。伏惟睿靈昭格，允膺大典，錫祚流慶，與運無極。嗚呼哀哉！」禮畢，群臣奉慰。

十六日，啓攢宫，群臣以喪服臨。自是日一臨，臨已易常服出，至靈駕發而止。

十月五日，群臣入臨，輔臣宿中書、樞密院，皇親宿於内東門外。

禮二九

六日，帝啓奠于梓宫，群臣入臨，升梓宫于龍輴。祖奠徹，與皇太后步哭以從，出宣德門。梓宫升轝，設遣奠，〔讀〕哀册。册文曰：「維嘉祐八年，歲次癸卯，三月癸卯朔，二十九日辛未，仁宗神文聖武明孝皇帝崩于福寧殿，旋殯于殿之西階。粤十月戊辰朔，六日癸酉，遷座于永昭陵，禮也。龍馭賓天〔七〕，珠襦留殯，萬方之軌同臻，七月之期兹近。法仗已嚴，靈輴未進。風雲慘鬱以生悲，臣妾啼號而思殉。孝子嗣皇帝臣曙接統承堯，念親晞舜。徘徊象物，驚禁從以如存；摧慕僊遊，致哀誠兮必盡。繄臨奠以長辭，蓋終天之永恨。乃命弼臣，以文傳信。其詞曰：惟宋受命，與天無疆。藝祖以武，底寧四方。神宗以文，萬邦一王。真廟紹隆，赫然其光。逮夫仁宗，益熾而昌。厥生之初，上帝惟祐。天日之表，振古不覩。色出珪璋，步嚴龍虎。其俾真人，來綏下土。元良之建，匕鬯是主。寢門之問，惕若文、武。嗣訓之循，纂承丕緒。左右獻后，以蒙自處。大運歸乾〔八〕，獨化陶甄。進良黜佞，始章聖權。44 其仁如天，其度如淵。其仁伊何，得之自然。草莠而茁，蟲飛而翾，尚不忍傷，況吾民焉。恩澤之霈，旁被幅員。物無不滋，四十二年。猗如天兮，化工則全。其度伊何，汪然莫際。巨細必容，默分誠僞。其在言職，不知諱忌。時肆詆訐，衆嫉狂易〔九〕。聖心怡然，曰此忠義。是也吾從，過焉何戾。猗如淵兮，是能致治。明慎庶獄，極于哀

〔一〕背叛：原作「皆誕」，據《宋大詔令集》卷九改。
〔二〕明：原脱，據《宋大詔令集》卷九補。
〔三〕遠聲色：原作「法遠聲」，據《宋大詔令集》卷九改。
〔四〕邇：原作「迹」，據《宋大詔令集》卷九改。
〔五〕又：原作「文」，據《宋大詔令集》卷九改。
〔六〕哀：原作「充」，據《宋大詔令集》卷九改。
〔七〕馭賓：原作「馳腔」，據韓琦《安陽集》卷四一改。
〔八〕大：原作「姦」，據《安陽集》卷四一改。
〔九〕嫉：原作「嫁」，據《安陽集》卷四一改。

矜。惟法所在，未嘗妄刑。郡邑之吏，責之詳平。一失入罪，無階顯榮。尊爲天子，以儉爲貴。崇尚清虛，屏斥紛麗。向緣不懌，輔臣入視。殿幄蕭然，茵衾故敝。率用縉素，了無文綺。衆目驚嗟，上曰何喟〔一〕。吾之受用〔二〕，素止如是〔三〕。此民膏血，烏敢妄費。恭事天地，孝承祖宗。九見圜丘〔四〕，再祫合宫。大祫于廟，親籍于東。服器精備，粢盛潔豐。小次不御，秉圭顒顒。何必户曉，民胥偃風。取士之路，務存至公。十二臨軒，策之必躬。雋髦盡得，巖穴幾空。有將有相，曰功曰庸。眇視三代，吾其比崇。北胡之强，西夏之猘。時欲跳梁，恣其貪嗜。吾以威懷，折其兇鋭。兩皆摇尾，從我羈餌。百蠻梯航，琛賫日至。禮樂具修，干戈不試。夫惟立嗣，天下之基。前世令王，或牽以私。事不前定，濱于亂危。我出獨斷，挺然不疑。求賢于宗，唯聖是知。神器之重，其傳有歸。廟社以安，生靈以禧。迹其大公，堯舜之爲。昔在人上，必有偏好。或樂馳逐，或喜征討。或務宴游，或專營造。或邇聲色，或泥丹竈。棋弈之工，擊拂之妙。有一于此，下從而効。噫吾仁宗，淡無所樂。曰吾好者，在勤政道〔五〕。日必旰昃，惟先之紹。間時弄翰，或隸或草。聖筆之揮，千奇萬巧。去冬之暮，清燕之閒。再闢天閣，詔呼從官。親作飛白，侍臣縱觀。心合造化，生成筆端。書幅踰百，大均寵頒。退坐群玉，行觴盡歡。嗚呼哀哉！賜墨尚濕，宸章未刊。植璧斯虔，遽有金縢之禱；綴衣遂徹，俄承玉几之言。嗚呼哀哉！大變之來，天傾地裂。四海之慟〔六〕，風號雨血。兆民震駭其無生，百辟寃呼而僅絶。乘雲之游兮，汗漫而自高；持髯之慕兮〔七〕，僵仆而徒切。因疑前會之非常，似與群臣之叙訣。嗚呼哀哉！候律云凜，諏辰協元。嚴蹕輅以方駕，視羽幢兮始前。池竹摇雉，車旗飾鸞。背朱雀之通逵〔八〕，指青龍之吉山。關路長兮去復去，宫車挽兮還不還。痛徹六宫兮莫如逝〔九〕，淚灑重瞳兮胡可攀。嗚呼哀哉！寒日晝昏，愁陰夜積。卷晴霓於丹旌〔一〇〕，蕩霜波於素帟。哀笳互咽，《六州》之奏增悽；駿嶽前瞻，萬歲之聲何闃。大隧一扃，幽堂永寂。人間之恨空長，帝所之歡豈極。嗚呼哀哉！秦漢而下，御邦子民，夐越三紀，纔聞數君。其間治亂以相駮，否亨之不醇。如仁宗饗國之久，而始終太平兮，彼安敢望吾之清塵。生而無窮者厚載，健而不息者高旻。惟至仁盛德與高厚之俱兮，萬世巍然而不泯。嗚呼哀哉！」帝與皇太后奉辭還宫，群臣奉辭于板橋，易常服而返。

十一日，詔45給田三十頃、房錢日一千，賜永定昭孝禪院。

十五日，奉安大行梓宫于永昭陵之下宫。

二十七日，永昭陵掩皇堂。

十一月二日，虞主至京，群臣板橋奉迎，皇太后詣瓊林苑迎拜。帝服鞾袍，集英殿門迎拜，前導奉安殿幄，宗正卿行九虞之祭。

七日，帝行卒哭之禮，群臣奉慰。

八日，帝齋于垂拱殿。

九日，帝奉迎神主訖，自集英殿導至宣德門外奉辭。有司奉神主至太廟，端明殿學士蔡襄題謚號，行祔饗之祭，祔于第八室。禮畢，群臣奉慰。

〔一〕喟：原作「謂」，據《安陽集》卷四一改。
〔二〕受：原作「售」，據《安陽集》卷四一改。
〔三〕止：原作「上」，據《安陽集》卷四一改。
〔四〕九：原作「八」，據《安陽集》卷四一改。
〔五〕政：原作「正」，據《安陽集》卷四一改。
〔六〕慟：原作「動」，據《安陽集》卷四一改。
〔七〕慕：原作「幕」，據《安陽集》卷四一改。
〔八〕逵：原作「達」，據《安陽集》卷四一改。
〔九〕如：原作「知」，據《安陽集》卷四一改。
〔一〇〕霓：原作「蜺」，據《安陽集》卷四一改。

十二日，德音：「兩京畿内減死刑，釋杖罪。沿山陵科率，蠲復賦役。應奉行事官量與恩澤。」

二十日，賜山陵行事官器幣有差。

英宗治平元年三月一日，詔以小祥禁京師樂，至四月十五日，前後各五日不視事。是日，三司言内藏庫撥錢三十萬貫修奉永昭陵，欲依乾興例蠲其半。從之。

二十四日，以小祥不視事，至四月四日，禁京師屠十日。

二十六日，輔臣、待制、觀察使以上及皇親遥（群）〔郡〕防禦使入奠于福寧殿，三日而止。

四月十一日，增置永昭陵巡檢一員。

二年正月九日，詔以大祥，京師自二月一日、府畿自三月一日禁樂，至四月十五日，諸路禁樂前後各七日，沿邊州軍勿禁。

三月朔，以大祥（月）〔日〕不御前、後殿，及望亦如之。

二十二日，太常禮院言：「近依國朝故事，詳定仁宗大祥變除服制，以三月二十九日大祥〔一〕，至五月二十九日禫，以六月二十[46]九日禫除，至七月一日從吉〔二〕，已蒙詔可。臣等謹按禮學，王肅以二十五月爲畢喪，而鄭康成以二十七月。《通典》用康成之説，又加至二十七月終，則是二十八月畢喪，而二十九月始吉，蓋失之也。祖宗時，據《通典》爲正，而未經講求，故天聖中更定《五服年月敕》，斷以二十七月，今士庶所同遵用。夫三年之喪，自天子達於庶人〔三〕，不宜有異，請以三月二十九日爲大祥，五月擇日而爲禫，六月一日而從吉。」

二十四日，以大祥不御前後殿，令開封府停決大辟，及禁屠至四月五日。是日，輔臣、待制、觀察使以上及宗室管軍奠于福寧殿，自是日一奠，至二十八日而群臣皆入奠。馬端臨《文獻通考》：按自仁宗以來，視朝則用易月之制，而宫中實行三年之喪。故於小祥、大祥、禫除之時，旋行禁音樂及奠祭之禮，蓋亦適禮之變云。

二十九日，大祥。

五月九日，服禫。

二十九日，除禫服，群臣皆奉慰。

四年三月九日，太常禮院言：「仁宗大忌，準禮例前後各三日皇帝不視事。其日百官進名奉慰，次詣内東門慰太皇太后、皇太后，退行香于景靈宫孝嚴殿。」從之。（以上《永樂大典》卷七三四七）

英宗

【宋會要】

[47]治平四年正月八日，英宗崩於福寧殿。遺制曰：「朕蒙先帝之遺休，荷高穹之眷命，獲主大器，于兹五年，樂與群公，講求至治。先身以儉，冀臻四海之富康；勵志之

〔一〕大：原脱，據《文獻通考》卷一二二補。
〔二〕一日：原脱，據《宋史》卷一二三《禮志》二五補。
〔三〕於庶人：原脱，據《長編》卷二〇四補。

勤，未嘗一日而暇逸。而憂勞積慮，疾恙踰時，有加無瘳，遂至大漸。皇太子頊睿哲之性〔一〕，天姿夙成，儲兩之明，人望攸屬。可於柩前即皇帝位。尊皇太后爲太皇太后，皇后爲皇太后。諸軍賞給，並取嗣君處分。喪服以日易月，山陵制度務從儉約。在外群臣止於本處舉哀，不得擅離治所，成服三日而除。應沿邊州鎮皆以金革從事，不用舉哀。於戲！死生之理，聖智所同，惟賴宗社之靈，臣鄰協德，輔我元子，永康王家。咨爾多方，當體予意。」召文武百官叙班殿庭，輔臣宣制發哀畢，移班謁見上，於殿之東厢賀，復奉慰。退，輔臣宿于資善堂，宗室于殿門外。是日，以景福殿使石守彬提舉製造梓宮。

九日，群臣朝晡臨於殿庭，止小祥。

同日，詔：「大行皇帝山陵有期，準遺命，不得勞擾百姓。應緣山陵一行合役工人、役夫，並須先給錢物雇召；諸雜費用，一切官物供給，不得差遣人户，科配州縣。」

同日，命入内内侍省副都知石全育、張茂則都大管勾山陵事；入内副都知李繼和爲山陵(安)〔按〕行使，帶御器械李若愚副之；東上閤門使馮行已爲大遼國告哀使。

十日，命宰臣韓琦爲山陵使，龍圖 48 閣直學士李柬之爲禮儀使，知制誥韓維爲鹵簿使，權御史中丞彭思永爲儀仗使，龍圖閣學士、權知開封府傅求爲橋道頓遞使。後思永知太平州，以權御史中丞王陶代；陶知陳州，以權御史中丞司馬光代；柬之致仕，以知制誥宋敏求代；維知汝州，以龍圖閣直學士張掞代〔二〕。以侍衛親軍步軍副都指揮使宋守約爲山陵都護，内侍押班張若水爲山陵鈐轄〔三〕。入辭日，守約賜窄衣、金帶、銀鞍轡馬，若水賜窄衣、金束帶。

同日，太常禮院言：「喪服請如嘉祐故事。準禮例，群臣自成服後朝晡臨，三日止。朔、望日祭奠即入臨。成服後，乘布裹鞍轡；小祥臨訖，除頭冠，方裙，大袖；大祥臨訖，裹素紗軟脚幞頭，慘公服，乘皁鞍轡；禫除臨訖，裹素紗幞頭，常服，黑帶。二日改吉服，去佩魚。」從之。

十一日，群臣拜表請聽政，答不允。自是表三上，始從之。

同日，命宰臣韓琦撰陵名及哀册文，曾公亮撰謚册文，參知政事歐陽修書册寶，翰林學士承旨張方平議謚號。

十二日，大斂，群臣入臨，奉慰。

十三日，成服，群臣入臨，奉慰。

同日，三司使韓絳等言：「竊見赦書，其諸軍將校賞給已支散外，文武百官既已轉官加恩，德澤已厚，其餘賜賚乞檢詳真宗上僊遺賜、仁宗即位頒賚舊事施行。其山陵制度，遺詔戒從省約，乞下三司及經由州縣，凡科率所及路

〔一〕頊：原作「神宗御名」，據其名回改。
〔二〕張掞：原作「張棪」，據《宋史》卷三三三《張掞傳》改。
〔三〕鈐：原作「軨」，據文意改。

分，當職官吏各據的確名數，明立期會，務在愛惜官私物力〔一〕。」詔[49]遺賜令入內內侍省取旨裁減，山陵制度令三司奉行遺制。

十四日，內出遺留物金器、文犀帶、寶器、衣著，賜輔臣、宗室、兩制、雜學士、待制、御史知雜、三司副使、修起居注、正刺史、閤門副使以上。夏國主、交趾郡王、西蕃角廝囉等，各遣使賜銀、絹、袍、帶、鞍轡馬有差。

十七日，上服衰絰，始見群臣于福寧殿之東序。

十八日，三司言：「修奉山陵，欲乞依例於內藏庫給見錢三十萬貫充用。」從之。

二十日，小祥，群臣入臨、奉慰。

二十二日，上始御迎陽門幄殿，輔臣(奉)〔奏〕事。詔皇親正任團練使以上并出嫁郡縣主、正任防禦使以上新婦，令從靈駕至山陵，大宗正司具人數以聞。

二十三日，山陵使言：「嘉祐八年山陵所役卒四萬六千四百四十二人，今只乞差三萬五千人，諸路轉運司和雇石匠四千人。」從之。

二十四日，宰臣韓琦上陵名曰永厚，詔恭依。是日，群臣拜表請御正殿。自是表三上，乃從之。

二十五日，按行使李繼和等上所按地圖，命翰林學士王珪、入內內侍省副都知張茂則覆按之。

二月二日，大祥，群臣入臨，改禫服奉慰。

三日，掩攢宮，群臣入臨、奉慰。

四日，禫除，群臣入臨、奉慰。

六日，上始御崇政殿。

九日，詔曰：「大行皇帝身先四方，克勤克儉，惟勵精於庶政，用保惠於兆民。故其憑几之言，慮及因山之制，俾從省約，無致煩勞。今興役有期，庀徒伊始，重申末訓，且示深懷，毋傷遺德之仁，成朕奉先之志。應山陵一行[50]并逐頓合用錢帛、糧草，及凡百動用物色，仰三司、轉運司並須擘畫般輦，及將官物修置供給，不得科率差配人民。勉思裁(辨)〔辦〕，毋致煩勞。咨爾攸司，當體朕意。」

二十一日，王珪等言，覆定陵地如初按。從之。

二十四日，詔山陵地內有墳墓者，並等第給錢遷葬，無主者以官錢徙於官地葬之。

三月二日，駙馬都尉李瑋、王師約及德州防禦使李珦乞陪扈靈駕至山陵，並從之。

四日，以入內內侍省副都知石全育爲永厚陵使，文思副使王保常副之。

閏三月五日，詔給田十頃，房錢日一千，賜永定昭孝禪院。

七日，詔永厚陵別置奉先第七指揮，以五百人爲額。

十二日，永厚陵封山斬草，上不御前後殿。

十八日，卒哭，群臣入臨、奉慰。

〔一〕私：原作「司」，據《長編》卷二〇九改。

二十八日，太常寺言：「準禮例，挽郎六十人，以試御前資幕職州縣官充攝。」從之。

四月三日，攝太尉、宰臣韓琦率群臣請謚號于南郊。議曰：「臣聞惟天爲大，在形器而已分；惟君爲尊，仰德名而後顯。皇墳帝典，玉版金函，勒鴻垂休，略見方册。我宋受命，以祚神主，乃武乃文，克明克類。故七世之廟可以觀德，三靈之心懷于有仁。保定之眷，永錫景祚；淳耀之烈，爰集治平。恭惟大行皇帝濬哲膺期，泰清撫運，體乾元之剛健，涵陽精之光爍。粤初清明在躬，隱而未見，則惟尊德性而道問學，致廣大而極淵微。儲思養正而聖功内充，處謙自牧而物情已服。仁宗皇帝深燭天意，知人神之依，曰惟汝賢，授之宗器。乃懷抑畏，堅遜歷年，不易乎世，無然歆羨。至誠達節，天下莫際其量。《文言》曰：『確乎其不可拔，潛龍也。』曆數謳謡，諒非人事，遂膺圖籙，正位凝命。景至而冬夏應，氣動而風雷從。震聲而離明，巽齊而兑説。既已保富有之業，席嘉靖之治，敕天之命，嚴恭勵翼。率時昭考之道，祗奉慈儀之尊。肇禋圜丘，誠志内盡；登祼清廟，孝思維則。君道王體，大本舉矣。若乃勵精庶政，收録群策。朝以聽決，至于中昃；51夕而訪覽，迨於乙夜。稽考典刑，綜核名實，謹憲度，振綱律。《中庸》所謂審問謹思，篤行固守，其自致也悉矣。惟其體貌丞弼，優遇耆舊，辨章才品，重惜名器，虚懷以待俊德，前席以盡嘉言。納用不專於親近，眷接無間於疏遠。惟擇髦秀以充册府，增置學官以訓宗胄〔一〕，惟日孜孜，每懷靡及。喜老氏之清净，則樂行其道；貴大《易》之簡易，而嘗以爲言。故無有作好，用敦乎儉。器服纔具，玩巧不設；未嘗致意于觀于逸，于遊于田；宫室苑囿，無一增飾；左右嬪御，無一名號。爵罔及於私昵，恩無假於近習。夙戒戚里〔二〕，微濯龍車馬之乘；裁省主第，靡堂邑山林之侈。身先處厚，以示四方。此皆治古之盛事，哲王之懿鑠，得其一二，足以垂光載牒，宣昭義問。矧翕受敷施，廣大悉備，兹士民之所目見，天下之所共聞者矣。至于寬仁温厚，熙然若春陽之布和；莊毅明察，凛然若秋霜之肅物。其稽古也，多識前言往行；其御今也，有以極深研幾。而猶罷朝則敷經于外閤，退食則開帙于内殿〔三〕。惇叙宗屬，撫懷戎狄。欽恤刑辟，蠲薄賦繇。惠養鰥獨，賑卹乏絶〔四〕。凡曰仁政，不忘寤寐。儻若日月得天而能久照，四時更化而能久成，於萬斯年，永綏壽愷，則雄才大略足以彌綸於高厚，豐功遠烈足以輝掩於往初。以此積德，則三代不足企也；以此立威，則四夷不足攘也。上儀壯觀，遺風茂實〔五〕，奇偉倜儻，竹帛不可殫紀〔六〕。奚厭世之已早，遽乘雲而上賓。植璧于壇，顧金縢之靡啓；遺弓在地，悵龍馭之莫攀。因山已穹〔七〕，同軌畢會，爰稽舊典，申詔近臣，參考歷代之法，崇加對天之號。謹按《謚法》：『聖能法天曰憲，經天緯地曰文，剛德克就曰肅，保大定功曰武，重光奠麗曰宣，尊仁安義曰孝。』若夫惟天聰明，惟聖攸法，惟臣欽率，惟民從乂，兹所以爲『憲』。典常是師，俊民用章，乂用明〔八〕，以化成天下，兹所以爲『文』。以義制事，以禮制心，王道正直，罔失法度，兹所以爲『肅』。董正治官，威懷並設，六服八表，靡不承德，兹所以爲『武』。丕顯哉皇祖之謨，丕承哉三宗之烈，緝熙景訓，垂裕後昆，兹所以爲『宣』。持盈保成，夤恭戒懼，顧諟明命，克昌統業，兹所以爲『孝』。孔子曰：『大道之行也，與三代之英，丘未之逮也，而有志焉。』蓋禹、湯、文、武三代之英者，維德有以當之，不主在乎禹、湯、文、武克專其美也。是故繼韶夏，建鴻名，必本諸事業，質諸公論，考諸先聖而不謬，垂之萬世而不疑，則可以昭告于郊，錫命于帝，宗廟享之，子孫保之，言而可爲天下信，著而可爲後王法。蓋詩書所存，斷自唐虞以下，所以發揚盛德，詔於無窮者用此。大行皇帝尊謚，宜天錫之曰憲文肅武宣孝皇帝，廟

〔一〕胄：原作「曹」，據《宋大詔令集》卷八改。
〔二〕夙：原作「風」，據《宋大詔令集》卷八改。
〔三〕帙：原作「秩」，據《宋大詔令集》卷八改。
〔四〕賑：原作「振」，據《宋大詔令集》卷八改。
〔五〕遺風：原作「龍風」，據《宋大詔令集》卷八改。
〔六〕紀：原作「绝」，據《宋大詔令集》卷八改。
〔七〕穹：原作「穿」，據《宋大詔令集》卷八改。
〔八〕明：原作「俊民」，據《宋大詔令集》卷八改。《尚書·洪範》：「乂用明，俊民用章。」

曰英宗。」禮畢，還齋宮，太尉而下列名奏上之。

十八日，殿前都虞候竇舜卿充靈駕都總管，入内副都知52張茂則、内藏庫使楊抽充行宫使都大管勾，入内副都知石全育充大升轝前後都大巡檢，西京左藏庫副使鄧惟濟、内殿崇班謝士元勾當大升轝，供備庫副使陳克寧、内殿承制張保壽充大升轝前後巡檢，引進使馮行已、内殿押班鄧德誠充行宫四面巡檢。

五月四日，賜修奉山陵兵匠緡錢有差。後又賜編欄、巡檢、修道路兵士布衫袴，填塗道兵士緡錢，執儀仗柴（灰）〔炭〕等。

六月三日，大遼國祭奠弔慰（奉）使奉寧軍節度使蕭禧、永州觀察使蕭餘慶、安遠軍節度使蕭輔、荊州觀察使蕭福慶，副使右諫議大夫知制誥陳覺、太常少卿充乾文閣待〔制〕王言敷、威州團練使柴好問、太常少卿充史館修撰劉詵，並入奠大行皇帝神御于皇儀殿。是日，御殿之東幄，禧等進慰書入見，如嘉祐之儀。

七月十四日，太常禮院言：「將來啓攢并發引前一日，輔臣各宿于中書、樞密。準禮例，自七月二十三日至八月九日不御前後殿，八月十一日至九月九日不御前殿。其發引，掩皇堂、祔廟日，前後殿不視事。發引後一日，祔廟前一日，不御前殿。九月三日虞主至京，八日卒哭祭，自九月三日至八日，前後殿並不視事。」從之。

十六日，攝太尉〔一〕、宰臣韓琦率群臣奉謚册寶上于福寧殿，攝中書令讀于靈座。册文曰：「哀子嗣皇帝臣頊謹再拜稽首言曰：臣聞號者功之表，謚者行之迹。王者則天以爲大〔二〕，非號無以立隆；法日以爲明，非謚無以垂遠。故要之于終，擬而後言，以詔乎無窮之聞者，易名之謂也。眇覩前聖，率循兹範，則我昭考之光烈，其不可闕已。恭惟大行皇帝濬哲自天，紹熙有宋，53得一而清明奮，用九而剛健致。粤自毓德藩房，齒學庠序，不釋卷以究先王之道，不窺牖而知天下之事，此高宗之宅河洲也。仁宗皇帝雅知興世之量，遂定主器之託。謙鞏弗嗣，控愬歷年，終迫人神之望，勉狥社稷之計，此漢文之遜代邸也。及夫紹天纂曆，正位凝命，不遍覽六合而視已明，不遍聽八荒而聰已達。總覽萬務而指諸其掌，役用衆智而斷之以獨。歲未再閏，表裏褆福，洋洋乎聖謨神化，不可度已。若乃荷仁廟付畀之重，盡志乎三年之喪；思慈后鞠育之深，竭誠乎四海之養；肇禋乎郊而萬靈秩，始祼在廟而八室顧：孝格於人祇矣。立嚴以救政寬，故道克無弊〔三〕；循名以核吏理，故下皆儆職；發廪贍歲而流冗悉沾〔四〕，除籍蠲負而繫縲一空：澤深於細黔矣。至于好問不倦，從諫無壅，日臨經幕，以御講訓，間開別殿，延訪侍從。其用人也拔于未顯，其求賢也常若不及。廣宗子之學，親同姓也；增册府之員，羅遺俊也。籍兵於畎畝，復古教也；取才於跅弛〔五〕，明馭術也。矧復敦朴以率儉，勤毖以訓恭，後宮無職御之授，外家無封爵之過。輿馬之迹不涉於苑囿，鍾鼓之音不流於俎席。然猶克自抑畏，退託不逮，日昃而聽理，夜分而程奏。三上徽稱，深拱而未俞〔六〕，再詔庶位，直言而箴缺。于斯之時，憲度清夷，品式明備，文武各致其用，農工不奪其力。北有悍虜，欵附而請盟；西有黠羌，文告而伏辠。何其德之隆，治之盛歟！夫惟創業之迹固勞，

〔一〕太尉：原作「太常」，據下册文所述職銜改。
〔二〕者：原作「曰」，據《宋大詔令集》卷九改。
〔三〕克：原作「充」，據《宋大詔令集》卷九改。
〔四〕沾：原作「占」，據《宋大詔令集》卷九改。
〔五〕跅弛：原作「跰跑」，據《宋大詔令集》卷九改。
〔六〕俞：原作「前」，據《宋大詔令集》卷九改。

守成之功易怠。今乘大治而慮益深，御丕平而精益勉〔一〕，雖商言武丁，周云成康，亦未有淳風之可擬也〔二〕。宜夫天錫永命，以閎闡我祖宗之統業。而夏后勤德，忘於勞身；文王憂民，訖至損壽。遽棄天人之實，上從飈欻之駕。三辰霧慘，兆姓血泣。肆及涼菲，獲奉遺訓，哀窮荒惑〔三〕，懼弗克承。因山戒期，同軌畢至，一二卿老，洎百工庶尹，相與節大惠，稽舊章，謁款于郊，得請于帝〔四〕，仰謀稱謂，以對光鑠。謹遣攝太尉、守司空、兼侍中、昭文館大學士、監修國史韓琦奉寶冊，上尊謚曰憲文肅武宣孝皇帝，廟曰英宗。伏惟睿靈在天，昭監在下，膺是典禮，永祚來葉。嗚呼哀哉！」禮畢，群臣奉慰。

十七日，大行靈駕將發治道，不御垂拱殿，至于祔廟。

二十六日，啓攢宮，群臣服初喪服入臨、奉慰。

八月八日，上啓奠于梓宮，百官入臨，升梓宮于龍輴。祖奠徹，步哭以從，出宣德門。梓宮升轝，設遣奠〔五〕，讀哀册。册文曰：「維治平四年，歲次丁未，正月庚戌朔，八日丁巳，英宗憲文肅武宣孝皇帝崩于福寧殿，旋殯于殿之西階。粵八月丁未朔，八日甲寅，遷座于永厚陵，禮也。曆在而帝，鼎 54 成則仙。四海驚摧兮，猶考妣之喪也；群臣號慕兮，有衣冠之葬焉。哀仗初肅，靈輴即前。孝子嗣皇帝臣頊永念罔極，痛深所天。覩象物兮如在〔六〕，挽宮車兮莫旋。一奠之訣兮，既已悲霄壤之隔；萬古之信兮，又將假文字之傳。乃命臣琦，繼之以言。其詞曰：惟宋之興，祀踰百年。聖聖相授，前義後軒。於穆英宗，其承赫然。嗣世惟五，應期則千。厥初在藩，潛德固異。惟善吾樂，惟學吾嗜。朝夕詩書，寤寐仁義。顯心聖賢，舉跬孝悌。官之否臧，民之病利，必詢而得，務在康濟。明哉仁廟，知子其至。推堯之心，乃命主器。曰非所當，駭然懇避。敦迫踰年，始辭邸第。高世之行，實出文帝。既紹統業，大猷日新。於父之道，以持以循。於母之養，以（齊）〔齋〕以勤。欲泰天下，儉吾一身。衣必經浣，食皆屏珍。府有餘積，賜無橫緡。損約邦用，深虞害民。比户而化〔七〕，咸歸至淳。壼內之制，有妃有嬪，位號之等，其詳可聞。吾悉不備，蕭然禁宸，侍左右者，故宮幾人。爲治之本，先乎睦親。不愛苑囿，衆居以均。大興學校，群心自馴。首善之勸，于何不臻。荷天之休，所報惟懿；承先之祐，其事彌恪。始見郊廟，陰慝前作。霖霪累旬，朝位皆愕。謂宜改爲，言者交錯。聖心益堅〔八〕，夙夜祇若。及期而祀，景氣澄廓。至誠之應，若稚歌樂。庶政思乂，萬機必躬。一令之細，惟審而後下；一言之善，則沛然是從。覽四方之奏，率至於夜艾；訪前殿之對，動踰於日中。協虞舜聰明之聖，盡漢宣綜核之公。好文之盛，前無比崇。籍兵之廣，寓之在農。既恢隆於素教，又振宣於武功。於是西之悍羌，北之强貊〔九〕，威德所加，望風奪魄。陰繕戎備，歛藏兇迹。奔走間者，伺吾策畫。惟固結於盟誓，幸保全於砂磧。若使天錫洪休，壽鍾遐曆，則累世之弊，不數期而盡更；二虜之驕，將一朝而掃迹。奈何歲俯經於再閏，年未偕於不惑。帝鄉甚邈，遽樂白雲之游，路寢斯嚴，忽預彤裳之册。得非嗣聖當發，興符有開，啓宏規於厥後，俾大治於將來！太平之功，既遺己而不有；億兆之衆，徒訴天而盡哀。嗚呼哀哉！違豫以來，憂民不替，蠲賦恤災〔一〇〕，寬刑霈惠。親揮宸筆，以定儲位。明聖志之在先〔一一〕，俾群情之大慰。謂勿藥兮宜瘳，何與齡之終戾。嗚呼哀哉！太筮諏吉，蕭辰正秋。下廣内以將旦，即大升而弗留。臣庶攀慟，風雲慘愁。背紫臺之崇崇，颺丹旐之悠悠。萬乘銜悲，睇斜暉之莫返；六

〔一〕丕平：原作「不乎」，據《宋大詔令集》卷九改。

〔二〕亦：原無，據《宋大詔令集》卷九補。

〔三〕哀：原作「充」，據《宋大詔令集》卷九改。

〔四〕得：原作「得得」，據《宋大詔令集》卷九删。

〔五〕奠：原作「殿」，據前諸帝喪禮文例改。

〔六〕象：原作「免」，據韓琦《安陽集》卷四一改。

〔七〕比：原作「不」，據《安陽集》卷四一改。

〔八〕堅：原作「監」，據《安陽集》卷四一改。

〔九〕北：原作「比」，據《安陽集》卷四一改。

〔一〇〕災：原作「哉」，據《安陽集》卷四一改。

〔一一〕志：《安陽集》卷四一作「知」。

宮灑泣，雜暮雨以難收。嗚呼哀哉！熒圃宵嚴，汜關朝啓。登嶺道之縈回，瞰鞏郊而迤邐。池魚輕躍於帷幌，薤露淒流於心耳。氣暝緱山，陰凝洛水。方開萬歲之阡，已湊諸侯之軌。姬嬙素寡，何須銅雀之爲；珠玉弗藏，詎有金鳧之侈。嗚呼哀哉！會聖臨右，永昭峙旁。侍仙遊之縹緲，之帝所以軒翔。名素在於真籙，迹空留於壽堂。百年之間，自比軒臺之畏肅；九疑之下，幾瞻耘鳥之飛揚。德固不朽（一），慶方大昌。惟英主之號，自我而獨得兮，宜與 [55] 天而共長。嗚呼哀哉！」上與皇太后奉辭，服衰服還宮，百官奉辭于板橋。

二十五日，詔西京、河陽、鄭州長吏、通判、職官，中牟、管城、滎陽、汜水、永安、鞏縣令佐，及逐頓管勾京朝官、使臣、選人，各等第賜賚，仍令長吏以係省錢徧與犒設。判河陽富弼降勑書獎諭。其諸長吏已下賜銀絹有差。

二十七日，永厚陵掩皇堂。先是爲石椁，匠人須俟奉（宮）〔安〕梓宮後方壁其南而掩之，計又延二日而畢。高品黄懷信建議，令椁四周皆備，止留覆石，機窆有法，故及時而復土。

九月三日，虞主至（言）〔京〕，群臣板橋班迎，皇太后詣瓊林苑奉迎。上服鞾袍迎拜于集英殿門外，前導奉安于殿內，宗正卿行九虞之祭。

八日，上行卒哭之祭，群臣奉慰。

九日，上齋於垂拱殿。

十日，上奉寧神主訖，自集英殿導至宣德門外奉辭。有司奉神主至太廟，翰林學士王珪題謚號，行祔饗之祭，祔于第九室。禮畢，群臣奉慰。

十三日，德音：「兩京、鄭州、河陽減死刑，釋杖罪。緣山陵科率，蠲復賦役。應奉行事官量與德澤。」

十六日，詔河南府撥官房錢日一貫三百，充永厚陵酌獻。

十月二十六日，賜《英宗皇帝石記文》于昭孝禪院：「英宗憲文肅武宣孝皇帝生于壬申，蓋天聖十年之正月三日（二）；崩于丁未，蓋治平四年之正月八日。葬于永厚陵，蓋其年之八月二十七日。永厚陵南至永定陵七里一百三十一步，東至永昭陵九十步。其令永定昭孝禪院爲二陵追福，仍賜良田十頃，房錢日一千，歲度童行二名，僧一人紫衣于院。」

[56] 十一月二十九日，太常禮院言：「將來小祥，自正月五日命輔臣至待制以上，管軍臣寮正任觀察使，皇親遥郡防禦以上，日詣福寧殿奠酹。準禮例，前後各五日不視事。」從之。

熙寧元年十月二十六日，詔：「將來大祥，令諸路州、府、軍、監各就寺觀，破係省錢，請僧道三七人建道場七晝夜。罷散日設齋醮一事，各賜看經施利錢三十貫。道士少處只據人數設醮。」

二十九日，太常禮院言：「大祥，在京自十一月一日、

（一）朽：原作「杇」，據《安陽集》卷四一改。

（二）天聖十年：原脱「十」字。按《宋史》卷一三《英宗紀》，云英宗「明道元年正月三日，生于宣平坊第」。明道元年即天聖十年，因補「十」字。

府畿自十二月一日禁樂，止正月十五日。諸州縣前後各七日。」從之。

十二月二十一日，太常禮院言：「將來大祥，請三月內擇日而禫祭。自此後服禫服，至晦而除。前一日不坐，其日不視事。」從之。

二年正月三日，太常禮院言：「大祥前後各五日不視事。自是日輔臣及待制、觀察使、皇親遥郡防禦使以上，入奠于福寧殿。」

元豐四年七月二十四日，保章正馮士安、魏成象等言：「臣聞祖宗朝嘗於永熙陵東西三男位築隄以鎮土，已獲感應。今可於永厚陵及濮安懿王園東寅、卯、辰三位天柱壽山行鎮土之術，仍乞於鎮土隄逐方位以珍寶玉石爲獸埋之[一]。宜因鄆王舉葬祭告諸陵，斬草之日，興動土工，可無妨忌。」詔送提舉司天監所集官定。本所奏，於陰陽書及國音別無妨礙，從之。其鎮土事，令衆官詳定申中書。

神宗

【宋會要】57元豐八年三月五日，神宗崩于福寧殿。遺制曰：「朕以菲涼，奉承大統，獲事宗廟，十有九年。永惟萬機，靡敢暇逸，賴天祐序，方內乂寧。逮茲首春，偶至違豫，病既益進，遂爾彌留，恐不復誓言，以嗣茲志[二]。皇太子煦溫文日就[三]，睿智夙成，仁厚孝恭，發於天性，人望攸屬，神器所歸。可於柩前即皇帝位。然念方在沖年，庶務至廣，保茲皇緒，實繫母儀。皇太后聖哲淵深，慈仁惻隱，輔佐先帝，擁佑朕躬，誠達幾微，聞於四海，宜尊爲太皇太后。皇后爲皇太后，德妃朱氏爲皇太妃。應軍國事，並太皇太后權同處分，依章獻明肅皇后故事施行。如向來典禮有所闕失，命有司更加討論。諸軍賞給，並取嗣君處分。喪服以日易月，山陵制度務從儉約。在外群臣止於本處舉哀，不得擅離治所，成服三日而除。應緣邊州鎮皆以金革從事，不用舉哀。於戲！推生知死，惟聖人能達其情；託重受遺，惟賢者能致其義。尚賴左右輔弼、文武官師，同寅協恭，永底至治。」召群臣叙班殿庭，輔臣宣制發哀於殿之西階，移班於殿之東偏稱賀。

同日，詔入內內侍省使臣四十人於內東門內外，並被甲；殿前指揮使六十人於內東門之外，坐甲。增新舊城門皇城司守卒，并諸門各增親從。在內監門使臣留宿，命如京副使樂士宣等四人各部親從百人巡檢宮禁內外。以供備庫使曹諮等十二人各部甲士二百人，巡檢皇城及新舊城門，58至成服罷。殿前副都指揮使燕達乞守宿內東門外，從之。

[一] 逐：原作「遂」，據《長編》卷三一四改。
[二] 茲：原作「慈」，據《宋大詔令集》卷七改。
[三] 煦：原作「哲宗廟諱」，今據其名回改。

同日，又命閤門通事舍人朱伯材部禁兵五十人巡察。諸軍副指揮使以上臨於宣祐門外。自是至小祥，皆朝晡臨；自小祥至禫祭，朝一臨。軍使、押班帥其屬哭於其營，三日〔止〕。宰臣、執政官並宿於資善堂，宗室遥郡刺史以上宿於崇政殿門外，至成服罷。

六日，命入内副都知石得一都大管勾山陵事。

同日，閤門通事舍人宋球假西上閤門使〔一〕，告哀于大遼，權改名淵。

七日，命宰臣王珪爲山陵使，禮部尚書韓忠彦爲禮儀使，兵部侍郎許將爲鹵簿使，御史中丞黄履爲儀仗使，龍圖閣（侍）〔待〕制、權知開封府蔡京爲橋道頓遞使。

八日，群臣詣閤門拜表請皇帝聽政〔二〕，又詣内東門拜表請太皇太后聽政〔三〕，並批答不允。自是三上表，從之。

九日，西京左藏庫使、高州刺史竇仕宣爲山陵按行副使。先是宋用臣爲按行副使，奏陳以山陵鈐轄相妨，故有是命。

十三日，大殮，帝成服於福寧殿之東楹，群臣成服於垂拱殿門内外，次臨慰如儀。是日，分遣使臣齎詔告諭諸道。

十四日，尚書省官權於門下、中書省治事。

十七日，小祥，群臣臨慰如儀。

十八日，二七，群臣朝臨於福寧殿。自是每七日皆朝臨，四十九日而止。

十九日，禮部言：「大行皇帝山陵宜依治平四年故事，靈駕所經由地及西京城内，俟神主到京日方許開樂。」從之。

二十一日，上御迎陽門聽政，見百官，瞻大[59]行皇帝像于集英殿。宰臣等及文臣御史、武臣横行以上，以次升殿舉哭，盡哀而退。

二十二日，大行皇帝殿菆，上行祭奠之禮于福寧殿，群臣臨慰如儀。

二十六日，大行皇帝遺賜西蕃董氊金帶、錦衣〔四〕、銀、帛、茶等，令李憲以蕃字書，選使臣齎賜。

二十九日，大祥，群臣臨慰如儀。

四月一日，禫除，群臣臨慰如儀。

八日，禮部言：「尊太皇太后、皇太后、皇太妃册，請三年喪畢行禮。」從之。

同日，詔内侍省内侍押班劉有方都大管句一行山陵事。

十一日，禮部言：「治平故事，山陵掩皇堂畢，宗正卿行虞祭之禮。官制行，太廟舊儀悉隸太常寺。將來虞祭，乞改太常卿行事。」從之。

十二日，入内副都知石得一等言：「奉詔按行大行皇帝山陵，於永安縣南鳳臺鄉固縣村得地。」詔遣禮部侍郎李

〔一〕球：原缺，據《長編》卷三五三補。
〔二〕群：原作「郡」，據《長編》卷三五三改。
〔三〕聽：原重此字，據《長編》卷三五三删。
〔四〕錦：原作「銀」，據《長編》卷三五三改。

常、內侍省押班趙世長覆視。

十三日，禮部言：「元豐二年故事，三路（治）〔沿〕邊臣僚祔廟畢許開樂，治平四年（治）〔沿〕邊臣僚以百日，有此不同。今乞依元豐二年故事。」從之。

十八日，中書舍人王震假龍圖閣直學士，充大行皇帝遺留北朝禮信使〔一〕，內殿承制騫育假供備庫使副之。

五月二日，詔西南兩路祔葬，西路太常少卿葉均領之，南路鴻臚卿陳睦領之。仍各差內臣一員。

六日，宰臣王珪上山陵名曰永裕陵，詔恭依。

十七日，詔右僕射蔡確權領山陵使事，以王珪病故也。

二十八日，命尚書左僕射蔡確爲山陵使，60 仍撰哀册文，右僕射韓縝撰謚册文。

六月一日，群臣臨于福寧殿。詔再觀大行皇帝畫像于集英殿，以前像未肖故也。

二十一日，兵部尚書王存爲山陵鹵簿使。

二十六日，詔石得一爲永裕陵使〔二〕，宋用臣副之。

七月五日，宰臣率中散大夫、卿監、宗室正任團練使已上請謚于南郊，翰林學士鄧温伯請上尊謚曰英文烈武聖孝皇帝，廟號神宗。議曰：「臣聞生而不有，爲而不恃，澹然無極而不可强名者，天也；感而後動，迫而後應，化育萬物而不可爲象者，帝也。夫人君之德，得天如此，則可以配神明，享天地，小大精粗，無乎不在，尚何俟乎外之文哉！然爲之臣子者，必列大功，紀大行，繼韶夏，崇號謚，刻之玉册，藏之金匱，歷之春秋，垂之後世，豈特貽觀者之耳目也，蓋以祖考對天之閎休〔三〕，成萬世無疆之大業，其事豈小補哉！然下不得以誄上，古人之道也，唯天子制謚於南郊，以明受之於天而不敢事也。故周官太史，漢官大行，實守其事，而歷世莫之敢已。恭惟大行皇帝天啓上聖，人與成能。其英偉之識，高明之學，微妙之德，雋傑之功，卓乎不可以名象也。然非建顯號，施尊名，則何以加施萬物之上，充塞天地之間，以與堯、舜、文、武比隆，而傳示無極哉！惟王者之迹熄久哉，綿綿延延，至於五代，而四方遂分裂，不合不公，群聖人之道寖以微滅。至宋受命，真人者出，迺能合天下於一。聖子神孫，繼繼承承，緝禮典，協音樂，定制度，一軌量，正刑辟，招儒學之士，闢仁義之塗，然後先王之道弛而復張，鬱而復發，而天下之治幾於三代。及大行踐祚，則超然遠覽，垂意當世，曰天之所以付予有家，既全安盛大如彼，而祖宗之積累德業，又豐融顯懿如此，苟不能紹志述事，以底于極治，則何以稱神靈之心哉！雖然，天下之治必以二帝三王爲法，若秦、漢而下，局促狹隘，紛厖鉤裂，蓋不足論也。於是諮諏諸儒，若稽古昔，協禮文，正法度，以庠序造士，以經術取人，以法理覈吏，以水土理財，以免役息民，以考課任子，以六典正官，以品式叙用，以清議善俗。摧兼併，抑末作，以一民之業；絀浮淫，務切實，以致民之治。爲之師長以教其不及，爲之醫藥以救其夭死，爲之政以糾其偷墮，爲之刑以禁其暴傲。同度量以一之，正曆紀以齊之，昭文章比象以示之，爲等級度數以穆之。夫合祖宗，立原廟，隆孝治也〔四〕；定郊祀，尊一天，緝上儀也；祀明堂，修定配，正大典也；考鍾石，協聲律，61 復雅樂也；刺六經，絀百家，扶道術也。決萬微之務也，踰於日昃；覽四方之奏也，至於夜艾。其拔士也，用其所長而棄其所短；其推賞也，記人之功而忘人之過。尊寵儒術，駕馭豪俊，所以爲天下興利除害。變法易政，以成大功者，豈特數十而已哉！故十九年間，表裏晏然，德澤洋溢，逢涌原泉，雲布霧散。符瑞期應，間見曾出，俶儻窮變。若夫守謙挹，却

〔一〕信：原作「言」，據《長編》卷三五四改。

〔二〕陵：原脱，據《長編》卷三五七補。

〔三〕「祖考」上似脱一字，或當作「揚」。

〔四〕治：原作「至」，據文意改。

徽號，尚敦樸，斥侈靡。內則繇安車輦道，以致天下之養；外則合同宗遠屬，以章天下之睦。念英考之烈也，則抱終身之戚而致其慕；念光獻之慈也，則謹四時之祀而極其安。罷徹田游之樂，首節燕私之娛。其道學問也，足以并包經術，綿絡天地；其縱神藻也，足以轇轕雲漢，陶鎔典謨。荀卿曰『欲觀聖王之迹，則於其粲然者矣』。矧復審計策，奮威武，飭邊備，正馬法，實府庫，利器械，廣倉庾，謹平糴，以兵法授諸將，以什伍敷人民。誅奔軍叛帥以作士氣，推高爵厚禄以勸有功。其所以規恢萬世之策，可謂深雄而博大矣。然睿聖之心，廼在於安彊中國，制勝無形，而不以(覿)〔黷〕武事，夸遠略爲務。故遣使旁午，婉辭飾幣，以固北戎之好，而息邊甿之勞。出師征誅，正名問罪，以拯夏人之患，而無過時之役。是以三垂晏然，兵寢不用，大化神明，恩施浹洽。與夫勞師遠功，快心於狼望之北，以國殫貨，以鱗介易我衣裳者，豈同日而論哉！惜乎大業未究，荆山鼎成，遽憑玉几，導揚末命，此四海所以殞心，群臣所以泣血。廼相與稽舊常，圖徽稱，以表裏詩書而與天地相終始也。謹按《謚法》：『道德應物曰英，經緯天地曰文，秉德遵業曰烈，保大定功曰武，窮神知化曰聖，繼志述事曰孝。』夫乂用三德，以應萬物，非至英乎？綴禮緝樂，陶冶群生，非至文乎？藏用以爲神，設飾以爲業，非至烈乎？不怒而威，不殺而服，非至武乎？嗣更制作，民莫能名，非至聖乎？紹述前烈，慈惠愛親，非至孝乎？皇皇哉！真丕天之人律，王者之絕業，惟備道全美者，廼能與於此。粵廟號之建久矣，其間聖賢之君作而應天下之治多矣，然未有以神爲號者。蓋神者，妙萬物以爲言，而難其稱歟？抑天之所以配大行之廟乎？《書》載益稱堯之德，曰『乃聖乃神，乃武乃文』。蓋聖、神所以立道，武、文所以立事也。大行皇帝謚號，宜天錫之曰英文烈武聖孝皇帝，廟曰神宗。』

十三日，夏國陳慰使丁努嵬名謨鐸、副使呂則陳聿精等進慰表于皇儀門外，退赴紫宸殿門，賜帛有差。

十四日，遼國遣奉國軍節度使耶律琚〔一〕，起居郎、知制誥、充史館修撰王師儒來祭奠。又遣寧州觀察使蕭傑，客省使、海州防62禦使韓昭愿來吊慰。入奠于皇儀殿大行皇帝神御前〔二〕，行祭奠之禮。移班東幄殿見上，進名奉慰如儀。

二十二日，禮部言：「大行皇帝虞主回京，至瓊林苑權奉安，依故事皇太后行奉迎之禮。今皇太后已從靈駕，回不當行奉迎之禮。」詔靈駕發引，皇太后不從行，候虞主回京，依故事於瓊林苑奉迎。

二十五日，詔頒大行皇帝尊謚、廟號，群臣奉慰如儀。

八月四日，泰寧軍節度觀察留後李珣爲山陵都大管句行宮事，入內押班梁從吉同管句行宮巡檢，温州刺史向宗回、內侍押班趙世長並爲大昇轝編欄儀仗，入內副都知石得一爲都大巡檢，秀州刺史向宗良、左藏庫副使石璘爲大昇轝巡檢。

八日，遣內侍省押班劉有方代李珣都大管句大行皇帝行宮事。

十二日，步軍副都指揮使、容州觀察使苗授爲山陵都護。

十七日，步軍都虞候〔三〕、雄州團練使劉昌祚爲靈駕一行都總管。

〔一〕奉國軍：原作「奉軍國」，據《長編》卷三五八乙。
〔二〕神：原脱，據《長編》卷三五八補。
〔三〕都：原脱，據《宋史》卷三四九《劉昌祚傳》補。

九月八日，讀大行皇帝謚號寶册于福寧殿。册文曰：「哀子嗣皇帝臣煦謹再拜稽首言曰〔一〕：臣聞大象無形，孰窺於奥妙；至人無己，理絶於稱謂。然而萬物並作，道亦彊爲之名；兆姓樂推，號焉以表其德。自書契所載，帝皇相因，有見於先，率由茲義。嗚呼！曾未若我聖考，道濟天下而未始有其善，功冠帝者而不自尾其成。歸美祖宗，屏却徽稱，雖欲頌次，無得而名。至於諒行飾終，勒崇垂後以詔于萬世者，詎不敢已。恭惟大行皇帝挺生知之姿，席勃興之運，尊德性以服仁義，道問學而熙光明。爰自妙齡，克廣聖業，遠膺寶命，垂福黎元。言動以爲法則，聲身以爲律度，文參乎《象》《象》，音中乎《韶》《夏》。於以考訓《詩》《書》，更正《禮》《樂》，媺教化，厲風俗，修舉廢墜，剗除弊蠹。綱紀文章，燦然可述；品程條式，按之可行。至於務農訓兵，理財均力，急於其先務，行之以不倦者，要以正心誠意爲本。且承顔兩宫，篤温63（清）〔凊〕之養，昭述七世，增悽怵之感。厚天倫之愛，禮同於家人；屈帝妹之貴，首執於婦道。閱新史則淚落簡册，享原廟則哀動左右。罷郡國之獻，節苑囿之幸。無歌鍾燕遊之娱，無田獵馳騁之好。宫室以弗廣，池臺以弗繕。府寺是嚴，溝郭是固。此自家以刑國也。爵諸王之後，續功臣之世。任宗子以職事，課群吏以法令。蠲減賦租，寬省徭役。抑兼併，禁游末。修水土之政，增農田之官。聯比閭以寓兵，按什伍以司盜。出使者以問疾苦，舉逸民而振滯淹。延對草萊，褒表巖穴。蕃夷之長，日齒内朝；遐徼窮陬，如附畿甸。此自近以及遠也。籍大田，粢盛於是乎潔；弛禁禦，蒭蕘於是乎往。哀矜庶獄，闊略小過。發常平以振乏絶，儲義倉以救飢殍。仁無施而不徧，物無微而不格。至於除戎器，班馬政，親程材官，指授將略，兵習其帥，士萃所屯，隱雷霆於軍聲，伏龍蛇於陣勢。其静也淵默，其動也天行。左顧而楚越潰，右盼而河湟闢。殊絶之域，狙獷之渠，覆其穴巢，携厥種落，相與裂毳裳，弁鬊首，頓顙屈膝，四面而至，請事於鴻臚者相屬不絶。陰陽調和，符瑞沕潏；靈芝産於宫楹，慶雲覆於洛水，麒麟至，神龍擾，抑而弗奏者詎可殫紀！若夫郊以一天，饗以一帝，丘澤有辨，廟寢有制。旍常車服以昭文采，鍾籥度量以和聲律。審渾儀，定曆象。立五學以造士，咸本於經術；復三省以正官，卒迪於古訓。蓋十有九年，覃精於此，樸皇質，雕唐文，補帝典，張王綱，照臨若日月，變化如神明。善政致於累百，大功逾於數十，辯者莫能悉談，智者不可勝計。爲之而不有，視之以餘事。洋洋乎旋乾闢而闔坤户，三代以來未之聞也。祖功宗德，自我光之；文昭武穆，自我長之；辟廱明堂，自我章之；幽崖朱垠，自我荒之。巍巍皇皇，何以尚之！當斯時也，天下安於泰山，神器重於九鼎。積勤宵旰，遽爽晦明。生民無禄，昊天不弔，棄我黄屋，歘乘白雲。望車轍者猶徯乎東巡，畏軒臺者不敢以西嚮。末予小子，獲嗣丕訓，煢煢在疚，罔知攸濟。王公卿士，稽合典禮，以謂移御上宫，升袝清廟，于茲有日矣，宜制六經之文，以聯八宫之號。夫聖不可知者道之妙，物無以稱者名之尊。堯勳舜華，禹文湯武，并包衆美，庶幾萬一。是用滌祓牲幣，有請于郊，人謀天同，錫茲定命。鏤以玉簡，櫝之金匱，薦于几筵，告於宗社。於以示至公而彰大信，施罔極而播無窮。謹遣尚書左僕射、兼門下侍郎蔡確奉寶册，上尊謚曰英文烈武聖孝皇帝，廟曰神宗。伏惟威靈在天，對越于下，於皇受之，式時昭鑒。維萬斯年，永裕于後。嗚呼哀哉！」禮畢，群臣奉慰。

十一日，遼國弔慰太皇太后國信使、長寧軍節度使耶律仲，副使、太常少卿、充乾文閣直學士呂頤浩等，見于64大行皇帝神座前，行祭奠禮畢，皇帝御紫宸殿引見仲等。

十六日，弔慰使、副耶律仲等見皇儀殿神御前，奉辭。

十八日，禮部言：「大行皇帝神主袝廟畢，其時享并明堂祀上帝配座，欲依故事下待制以上及祕書省長貳、禮官詳定以聞。」從之。

二十三日，菆塗前一日，群臣哺臨于福寧殿。

二十四日，上行祭奠禮畢，還梓宫正位，群臣服初喪

〔一〕煦：原作「哲宗御名」，今據其名回改。

服，入臨于福寧殿。自是日一臨，臨已易常服出，至十月五日仍晡臨。

十月一日，禮部言：「靈駕發引，三日一遣使宣問，於皇太后以表，皇太妃以牋。羣臣准此。」從之。

三日，夏國遣芭良巍名濟賴〔一〕、昴聶張圭正進助山陵馬〔二〕。

六日，啓奠，升梓宮于龍輴。徹祖奠，太皇太后哭送出垂拱殿門，上與皇太后、皇太妃哭以從，出宣德門。梓宮升轝，上遣奠，中書侍郎、攝中書令張璪讀哀册。册文曰：「維元豐八年，歲次乙卯，三月甲午朔，五日戊戌，神宗英文烈武聖孝皇帝崩于福寧殿，旋殯於殿之西階。粵十月壬戌朔，六日丁卯，遷座于永裕陵，禮也。法仗宿陳，柳宮徐引。前翿抗麾，厭車動軫。孝子嗣皇帝臣煦奠送大庭〔三〕，號訣中經。顧瞻象物，眇默光靈。去華日之昭昭，即閟闥之冥冥。紀我光烈，屬茲近弼。寥廓登閎，其可殫述！庶彷彿於遺塵，示丕天之大律。其辭曰：皇矣上帝，既厭五季。乃眷藝祖，授之神器。朱旗所指，降王四至。施于太宗，九服會同。真昭仁穆，涵濡蕃育。既安既久，豈無弊俗。英宗慨然，捄溢扶偏。玉册方鏤，白雲已仙。神宗烝哉，天之所開。龍顔日角，大略雄材。帝出乎震，其明斤斤。黄屋非心，宅道之深。緒餘土苴，以應天下。建用皇極，威福惟辟。爲律爲度，人斯覲德。奉親怡怡，睦于宗支。賓禮黄髪，登賢拔奇。紹志無競，遹聲有爲。翕張消息，注錯設施。顯仁藏用，妙合兩儀。王政之行，民厚厥生。弛除力役，勸相農耕。取陳振乏，視壤（息）征。銷弭浮惰，摧抑兼併。九功以叙，百室其盈。乃建太學，以迪後覺。發揮道真，彫蟲反朴。乃嚴二郊，奠璧薦匏。簿盛甘 65 泉，樂追大《韶》。乃開明堂，宗祀孔揚。登配一天，復周舊章。乃作原廟，盡物致孝。館御列聖，泣朝遺貌。乃辨百（歲）〔職〕，循名考實。董正三省，緝熙庶績。課吏肅章，滅私偃室。化墨爲廉，以勞制食。衆言淆亂，聖學是判。講陋肅成，義高虎觀。卓矣英藻，焕乎實翰。如河出圖，如天有漢。蠻夷獷詐，古稱猾夏。神武烈烈，莫予奸者。教士連營，伍符寓野。手畫奇正，風雲變化。黄帝振兵，宣王同馬。北懾天山，西澄玉關。南收九溪，東發三韓。重譯底貢，舊疆復還。沔彼洛水，來自熊耳。清貫三都，漕通萬里。匪禹之迹，繇我而始。蠲害興利，修墜起廢。規摹宏遠，品式其備。下逮百工，必善其事。和弓兑戈，亦足傳世。太平之效，斯民皥皥。天用降康，地無愛寶。靈芝煒煒，嘉禾方阜。澤及肖翹，況爾倪旄。駿功推而不有，徽名却而不受。不邇聲色，不新館囿。十有九載，無荒無怠。決事日昃，覽章夜艾。豈積勤以過厲，將隘俗而厭代。嗟册祝兮何及，竭遠遊兮安在！窮萬國兮荼毒，慘百靈兮震駭。已虚壁帳之凝嚴，徒望鼎湖之晻壒。嗚呼哀哉！律變星移，春還秋去。仍几想以猶新，同軌驚其畢赴。綃幕振於寒飇，麻衣迷於苦霧。迫遠日以摧心，指初陵而啓路。嗚呼哀哉！晝漏上兮燎火微，降前殿兮背端闈。捧雲蓋兮動圭翣，駕金根兮載龍旂。紛千乘兮萬騎，羅羽林與佽飛。邑清蹕以如昔，送終天而不歸。嗚呼哀哉！歷鄭圃兮揚鑣，登虎牢兮按節。轉旌旆兮委蛇，流簫笳兮悽咽。臨西邑之山川，邈浚都之城闕。嗚呼哀哉！儉遵宋命，吉卜新宮。金雁不藏於泉下，玉衣初幸於方中。痛既掩兮大隧，愴空回兮六龍。神其超兮倒景，臺自對兮青嵩〔四〕。嗚呼哀哉！御寶曆兮有期，殆真人兮獨知。觴集英而示之以主鬯之嗣，眺延春而悠然有凌雲之思。託燕謀於文母，保興運於皇基。猗盛德與大業，非至神兮孰與於

〔一〕芭：《長編》卷三六〇作「芭」。賴：上引無此字。

〔二〕昴：《長編》卷三六〇作「昂」。圭：上引作「聿」。

〔三〕煦：原作「哲宗御名」，今據其名回改。

〔四〕嵩：原作「蒿」，失韻且無義，當爲「嵩」之誤。「青嵩」指嵩山，唐宋人詩文中多有之。如白居易《分司》詩：「碧落青嵩當主人。」劉攽《彭城集》卷八《和楊彦文嵩山詩》：「楊侯作邑山水中，縣南百里維青嵩。」北宋諸帝后多葬永安，南對嵩山，故挽詞中亦多用此詞。《海録碎事》卷一〇下引《仁宗挽詞》：「西葬青嵩道，千秋豈復晨。」與此云「臺自對兮青嵩」意同。

斯。嗚呼哀哉！」帝奉辭畢還宮，群臣奉辭于板橋，易常服退。

八日，詔沿邊禁樂，除民庶、軍營已有旨外，餘並俟三年。初，太常寺以治平四年禁樂故事，沿邊臣僚止百日，詔俟祔廟畢弗禁。至是，雄州言，故事送迎虜使及犒設北界取銀絹人，皆不作樂，故復有是詔。

十八日，于闐國貢奉使爲大行皇帝飯僧追福，降敕書獎諭。

二十四日，葬于永裕陵，群臣奉慰如儀。

二十九日，神宗虞主至自永裕陵，群臣、夏國高麗使迎于板橋，皇太后於瓊林苑，上於集英殿門奉迎，前導升殿，奠于幄殿。安神禮畢，太皇 66 太后行酌獻，皇帝行奠獻之禮。進名奉慰。

十一月一日，虞祭於集英殿。自復土，六虞在塗，太常卿攝事，三虞行禮於殿。

四日，卒哭祭，權罷冬至、正旦御侍以下賀表。

五日，神宗皇帝祔廟前二日，奏告天地、宗廟、社稷。

七日，群臣班集英殿，行告遷禮，祔神宗皇帝神主于太廟第八室。

十日，德音：「應兩京、河陽減死刑，釋杖罪。緣山陵科率，蠲復賦役，應奉行事官量與恩澤。」

元祐元年二月十八日，詔：「將來三月五日神宗皇帝小祥，京城音樂合自閏二月五日至三月二十日禁止。」

同日，禮部言，合自三月二日宰臣等詣福寧殿奠酹。從之。

二十九日，禮部言：「神宗皇帝小祥，欲比附故事，是日外命婦並詣神御前奠酹，及奉慰太皇太后、皇太后訖退。及三省、樞密院文武百官等，先赴西上閤門奉慰，次赴內東門奉慰太皇太后、皇太后訖，退赴大相國寺行香。內軍員副指揮使以上赴。仍依例賜乳香二斤。其日於本寺佛殿上權設神宗皇帝神御位。」從之。

三月一日，小祥前，不視事。

二日，三省、樞密院及監察御史以上入奠于福寧殿，三日而止。

五日，小祥，群臣進名奉慰如儀。

十二月八日，禮部言：「將來大祥，依故事權住作樂，在京自正月一日，開封府界諸縣自二月一日，並至三月十五日。諸州府縣并沿邊民庶、諸軍營，前後各七日。」從之。

同日，禮部言：「神宗皇帝將來大祥，乞依英宗皇 67 帝故事，諸州府軍監各就一寺觀開啓道場齋醮。」詔依熙寧元年十二月十六日故事施行。詳見永厚陵。

二年三月五日，大祥，群臣詣東上閤門慰。自二月十日不御前後殿，令開封府停決大辟及禁屠。至三月十日，待制、觀察使以上及宗室管軍，日一奠于福寧殿。至三月四日，群臣皆入奠。

二十日，太師、宰臣、執政、親王、宗室自群玉殿迎奉神宗皇帝神御〔一〕，權奉安於文德殿。

二十一日，群臣詣文德殿行告遷禮，皇帝行酌獻禮，宗室立班。前導神御至景靈宮宣光殿奉安，宗室立班如儀。迎奉神御鼓吹及鈞容、教坊作樂〔二〕，皆吉禮。文德殿酌獻，皇帝並權易吉服〔三〕，宗室逐處立班及前導神御，權用吉服、鞍韉，禮畢如初。

五月十二日，禫祭，群臣詣東上閤門慰如儀。

哲宗

【宋會要】元符三年正月十二日，哲宗崩于福寧殿。遺制曰：「朕嗣守大業，十有六年，永惟付託之重，夙夜祗懼，靡敢遑寧。賴天之休，方内乂安，蠻夷率服。乃自去冬以來，數冒大寒，寢以成疾，藥石弗效，遂至彌留，恐不獲嗣言以詔列位。皇弟端王佶〔四〕，先帝之子，而朕之愛弟也。仁孝恭儉，聞於天下，宜授神器，以昭前人之光。可於柩前即皇帝位。皇太后、皇太妃保佑朕躬，恩德至厚，凡在禮數，其議所以增崇，以稱朕欲報無已之意。方嗣君踐祚之初，應軍國事皇太后權同處分。應諸軍賞給，並取嗣君處分。68喪服以日易月，山陵制度務從儉約。在外群臣止於本處舉哀，不得擅離治所，成服三日而除。應緣邊州鎮皆以金革從事，不用舉哀。於戲！死生之期，理有必至，宗社之奉，其永無疆。尚賴股肱近臣，中外百辟，叶輔王室，底綏萬邦。咨爾臣民，咸體朕志。」宰臣章惇宣制訖〔五〕，與輔臣同陞殿奠茶酒，移班于東序稱賀。上慟哭久之，惇等進奉慰曰：「伏願陛下少抑哀情，以幸天下。」降階，慰皇太后，復陞殿奏事訖，退。

同日，詔諸門增兵防，及殿前都副指揮使守内東門外，閤門通事舍人巡察軍器庫，並如元豐八年故事。是日至晡，百官入臨，諸軍副指揮使以上臨於宣佑門外。自是至小祥，皆朝晡臨。自小祥至禫祭，朝一臨。軍使、押班帥其屬哭於其營，三日止。宰執並宿資善堂，宗室遥（群）〔郡〕刺史以上宿崇政殿門外，至成服罷。

十三日，命尚書左僕射、兼門下侍郎章惇爲山陵使，尚書吏部侍郎徐鐸爲禮儀使，尚書兵部侍郎黄裳爲鹵簿使，御史中丞安惇爲儀仗使，知開封府吴居厚爲橋道頓遞使，尚書度支郎中王詔兼權京西路轉運使，應奉山陵。四月二十四日，命禮部侍郎趙挺之爲山陵禮儀使，代徐鐸；御史中丞豐稷爲儀仗使，代安惇；尚書兵部侍郎陳軒爲鹵簿使，代黄裳。

同日，以入内内侍省副都知吴靖方、入内内侍省押班

〔一〕奉神宗皇帝：原脱，據《長編》卷三九六補。
〔二〕鈞容教坊：原脱，據《長編》卷三九六補。
〔三〕「吉」上原有「言」字，據《長編》卷三九六删。
〔四〕佶：原作「徽宗御名」，據其名回改。
〔五〕章：原作「張」，據《宋史》卷二一二《宰輔表》三改。

藍從熙爲都大管句山陵事，入内内侍省押班馮世寧提舉製造梓宮[69]兼按行山陵使，内侍省内侍押班閻安副之，捧日天武四廂都指揮使賈嵓、内侍省押班宋用臣爲修奉山陵都護，閤門通事舍人宋淵假西上閤門使，告哀于大遼。四月二日，賈嵓卒，以侍衛親軍馬軍都虞候、知代州王崇拯管句馬軍司，充修奉山陵都護，仍令乘驛徑赴山陵所，候事畢赴闕供職。十五日，宋用臣卒，以宣慶使、入内内侍省副都知梁從政爲修奉山陵鈐轄。

十四日，詔三省集侍從、禮官，以太平興國二年所用服紀詳定聞奏。

十五日，三省奏行三年之喪，詔恭依。

同日，命宰臣章惇撰陵名及哀册文，知樞密院曾布撰謚册文[一]，中書侍郎許將書哀册，右丞蔡卞書謚册寶[二]，翰林學士承旨蔡京撰謚議。

十六日，群臣請皇帝聽政，詔答不允。自是五上表，乃從之。

十八日，大殮成服，群臣入哭于福寧殿下，俟皇帝行禮畢，移班奉慰。又進名慰皇太后、皇太妃、皇后于内東門。分遣三省官告于天地、宗廟、社稷，内侍告諸神祠，使臣劉安民等告諸路官吏兵民等。

同日，命以大行皇帝遺留物賜尚書左僕射章惇、知樞密院曾布、中書侍郎許將、尚書左丞蔡卞及前宰執有差。

二十一日，禮部言：「檢會故事，大行皇帝升遐，内外臣庶、軍營至禫除後，文武臣僚之家至山陵祔廟畢，並許嫁娶，仍不用花綵，候開樂日依舊。三京諸道軍兵至卒哭，東京軍及三路沿邊臣僚至祔廟，其餘文武[70]臣僚至三年，仍聽用樂。其諸道州、府、軍、監等，並合依此施行。」從之。

二十四日，小祥，群臣臨慰如儀。

二十五日，以二七，群臣朝臨于福寧殿。自是每七日皆朝臨，四十九日而止。

二十六日，群臣瞻大行皇帝畫像于集英殿，哭盡哀而出。

三十日，太史局言山陵斥土用四月四日吉，從之[三]。詔山陵制度並依元豐八年例施行。

二月一日，群臣臨于福寧殿，慰上于東階，進名慰皇太后、皇太妃、皇后于内東門。自是朔望臨慰，至靈駕發引而止。

二日，以皇帝聽政奠告于大行皇帝。

三日，請皇帝御正殿，詔答不允。自是三上表，乃從之。

五日，殯于福寧殿之西階，上祭奠，群臣臨慰如儀。

六日，大祥，群臣臨慰，遂易禫服。

[一] 謚：原脱，據《長編》卷五二〇補。
[二] 右丞：《長編》卷五二〇作「左丞」。
[三] 之：原脱，據《長編》卷五二〇補。

七日，詔東上閤門使、知涇州李許赴闕供職，仍管山陵事務，俟靈駕行日分布四面巡警。

八日，禫除，上行酌獻之禮，群臣臨慰如儀。

二十六日，按行山陵使馮世寧言，於河南府永安縣得地。詔侍從官一人及入内内侍省副都知梁從政覆〔按〕。

二十九日，命尚書工部侍郎杜常假龍圖閣直學士，爲大行皇帝遺留遼國禮信使，閤門通事舍人朱孝孫假西上閤門使副之。

三月二日，命梁從政爲山陵使，左藏庫使羅允和副之。

九日，河北路計〔定〕〔度〕轉運副使吳安憲假寶文閣待制，充大行皇帝遺留北朝禮信使，以杜常至澶州稱疾而回故也。

十四日，命馮世寧詣斬草所定皇堂。

71 二十三日，以檢校司空、保静軍節度使高公繪爲山陵行宫使，侍衛親軍步軍副都指揮使曹誦爲山陵總管，入内内侍省東頭供奉官李遇裁定山陵車馬人從食錢等。

四月一日，宰臣章惇上陵名曰永泰，詔恭依。

十九日，宰臣率中散大夫、卿監、宗室正任團練使以上，請謚于南郊。二十三日，翰林學士承旨蔡京請上尊謚曰欽文睿武昭孝皇帝，廟號哲宗。議曰：「臣聞道有常道，名有常名，道無乎不在，而名未始有極，此道與名之常也。古之聖人得道之常以入於有，即其應物之迹而名隨焉，雖所稱異號，而道之所謂常名者固存乎其中矣。恭惟大行皇帝以天縱之聖，承百年積累之業，越在冲幼，履帝之位，若固有之。體道以爲德，故寂然不動，有以見天下之賾，明而用晦，蓋不言者九年。及南面而聽天下，疏觀萬物，泛應曲當，其闢也開而天，而闔也淵而神，雖左右之人莫能察其喜怒之色。臨下以簡，制動以静，可謂盛德之至，無得而名言者矣。然臣考之前載，質諸先王。柔外直内謂之欽，經天緯地謂之文，思以作聖謂之睿，戡定暴亂謂之武，無小不見謂之昭，繼志述事謂之孝。於是竊迹盛德大業著於事爲而可以形容者，絛列而擬象之。蓋外温恭而内允塞，欽天之威，遇災而懼，順帝之則，小心翼翼，動容周旋，必中於禮，望之如天之不可度，就之如日之温而可愛，可謂『欽』矣。沉潛剛克，高明 72 柔克，剛柔錯綜，以濟其用，尊欽儒學以緝熙於光明，罷黜章句之小道，發明六藝之科指，可謂『文』矣。致虚以爲明，致一以爲思，思而後言，言簡而切，迫而後動，動而不跆，擴而充之，至於大而能化之聖，可謂『睿』矣。不令而威，不嚴而肅，偏師裨將，授以成筭，乘邊出塞，不頓一戟，開疆闢地，列陣置守，羌人扶杖而請罪，隴右稽顙而乞降，可謂『武』矣。吉之先見，獨觀乎昭曠之原；衡聽萬事，而不惑於是非取捨之際。富善人，敦有德，或自一言而知；難任人，堲讒説，或由一見而察。光被四表，不遺微小，可謂『昭』矣。遹駿其聲，丕承其烈，悼法度之掃蕩則當宁太息，憤姦罔之誣詆則歛容出涕，政無小大，追而復之，不奪於浮言，不移於異意，熙寧、元豐之政得復行於今日，可謂『孝』矣。故十有六年，海内乂安，百姓蒙福，天地協應，姦宄不作，神寶自至，祥光屬天，時和歲豐，物無疵癘。遐荒幽遠氈裘毳服左衽之俗，莫不面内而來臣。方慨然欲有爲，以追迹三代之隆，志未就而上賓，此萬國所以摧心，三靈爲之變色也。雖殫天下之美，固不足以名，而百辟卿士（齊）〔齋〕心滌慮，合天下之公，即南郊之陽，以請命于上帝。乃按《謚法》曰：『威儀悉備曰欽，道德博聞曰文，象方蓋平曰睿，闢境斥土曰武，聖欽日躋曰昭，繼志成事曰孝。』合是衆德以爲之名，垂（是）〔於〕後世，於是爲稱。然古之王天下者，考祖有功而宗有德〔一〕，德之可宗者莫大乎哲。昔73之稱堯曰『知人則哲，惟帝其難之』；稱舜曰『濬哲文明』；稱成湯至于帝乙，曰『經德秉哲』；稱太王至武王，曰『世有哲王』。竊考大行皇帝運量酬酢，萬世所得而宗者，哲也。蓋帝之所難而王之所繇興，非天下之至明，其孰能與於此？大行皇帝宜天錫之曰欽文睿武昭孝皇帝，廟號哲宗。」

二十二日，卒哭，群臣臨慰如儀。

二十四日，頒大行皇帝尊謚、廟號，群臣詣西上閤門奉慰，退詣内東門進名慰皇太后、皇太妃、皇后。

五月十五日，以羅允和爲永泰陵副使，代藍從熙。

二十二日，罷吳靖方山陵都大管句，以馮世寧代之。

六月一日，遼國遺臨海軍節度使蕭安世，太常少卿、乾文閣學士姚企貢來祭奠；利州觀察使蕭進忠，客省使、勝州防禦使耿欽愈來弔慰。入奠于皇儀殿，見上于東幄。罷，赴福寧殿奉慰。百官進名奉慰于皇儀殿門外。

三日，命權户部尚書李南公爲修奉太廟使，勾當御藥〔院〕閻守懃爲都大管勾，以哲宗神主將祔廟故也。

六月九日，命内侍省押班樂士宣爲山陵行宫四面巡檢。

七月二日，遣官以啓菆奏告天地、宗廟、社稷及宫觀。

同日，以謚號册寶奏告天地、宗廟、社稷。

三日，夏國主乾順遣使進奉山陵。

同日，攝太尉、守尚書左僕射章惇率群臣奉玉册、玉寶于福寧殿，攝中書令許將讀册（寶）〔文〕。册文曰：「哀弟嗣皇帝臣佶謹再拜稽首言〔二〕：臣聞神妙萬物，故民莫能名；尊無二74上，故下不得諱。然有迹者固名之所歸，命於天者固諱之從出。是以《詩》《書》以來，曰帝曰王，生有丕稱，没有顯號，擬議形容，蓋有不可廢者已。恭惟大行皇帝聰明剛健，出於天縱，深智遠識，洞然幾微。神考蚤棄萬邦，屬以宗社。踐祚之日，實在幼沖，委政簾帷，恭默淵静。年甫及冠，而猶沉潛用晦，十年不言。廟堂宗工，左右携僕，朝夕陪侍，莫能窺其髣髴。一日親政，獨運神斷，指顧號令，聳動中外。登延勳舊，屏斥姦回，威聲所加，電擊雷

〔一〕考：疑衍。
〔二〕佶：原作「徽宗御名」，據其名回改。

奔。於是祖述先業，詢圖治道，熙寧、元豐之際，美政良法切於世務，便於人情，可傳於後世者，莫不斟酌增損，舉而行之。申嚴典刑，振肅媮惰，扶傾起廢，苴補闕漏，品式防範，粲然一新。方西戎亂常侮吏，狃於姑息，日益驕熾。赫然一怒，收攬羣策，聽任裁決，始終不疑，選將練兵，指授方略，寬其銜勒，責以成効。故王師所嚮，囊括席卷，執俘斬馘，動以千計。橫山天都，耕(收)〔牧〕要地，建麾列戍，十據八九。遺醜窮蹙，寖以孤弱，情見力屈，叩關請吏，而俯徇其志，亟下詔與之休息。隴右酋帥，接踵款塞，殊鄰遠俗，莫不震慴。若夫祠昊天於圜丘，以克享上帝之心；作新宮於方澤，以終成昭考之志。三講嚴配希闊之典，以親饗明堂；載收館御圖象之容，以祕藏內閣。孟祠于原廟則致恭進退，不憚陟降之勤；祼將于太室則揮淚歔欷，已有動人之色。內則躬率子職，尊事兩宮，容典儀物，多所益崇。至於75誠心所加，惻隱善類，常謂一言之失，不可以廢人。群小伺隙，巧詆忠良，而委曲保全，卒不使陷于橫議。邇英講藝，至樂賢之詩，則咨嗟稱誦，擢講官于不次，而置之侍從之列。彗星見象，則側躬寅畏，深飭輔弼，以進賢退不肖答天之戒。邇臣進對，間有異論，則諦聽熟察，灼見是非，可否之間，必處其當。詳延多士，燕見紬繹，寸長片善，靡不褒旌。官發倉廩，以振貧窮，凶年荒歲，(營)經營拯救，惟恐不及。凡所以事神治人，曲盡誠敬，孝愛之風，昭格幽顯。嘉言德意，聞于在位；文明武烈，見於有爲。神光寶璽，不求自至，珍符瑞(諜)〔牒〕，洋溢外府。謂宜翕受純嘏，永錫難老，而視朝聽政，不避凝冽，積勤(講)〔構〕厲，奄至彌留。率土崩摧，如失怙恃。顧臣眇質，嗣服大統，無窮追慕，哀莫能勝。因山告成，先遠卜吉。清廟九室，升祔有期，節惠易名，實惟舊典。率籲衆志，稽謀于天，闡揚英聲，昭示來世，以章可大之業，以永無窮之傳。謹遣攝太尉、特進、守尚書左僕射章惇奉玉册、玉寶，上尊號曰欽文睿武昭孝皇帝，廟號哲宗。伏惟靈德在天，昭鑒不遠，誕膺典册，比隆唐虞，錫羨邦家，萬世無斁。嗚呼哀哉！」禮畢，群臣奉慰。

十日，啓菆塗前一日，群臣晡臨于福寧殿，輔臣宿于中書、樞密院。

同日，內降御製挽詩五章付禮部。

十一日，啓菆塗，上祭奠禮畢，遷梓宮正位，群臣服初喪服，入臨于福寧殿。自是日一臨，臨已常服出，至靈駕發引而止。

76十九日，群臣朝晡臨，輔臣宿于中書、樞密院，宗室宿于內東門外。

二十日，啓奠于梓宮，百官入臨，陞梓宮于龍輴。祖奠徹，皇太后、皇太妃哭送出垂拱殿門，上與元祐皇后、元符皇后步哭以從，出宣德門。梓宮陞轝，上遣奠轝前，中書侍郎、攝中書令許將讀哀册。册文曰：「維元符三年，歲次庚辰，正月戊寅朔，十二日己卯，哲宗欽文睿武昭孝皇帝崩于福寧殿，旋殯于殿之西階。粤七月丙寅朔，二十日乙酉，遷于永泰陵，禮也。龍輴徹菆，蜃車載路，夙占遠日之良，將即因山之固。二儀改色以雲愁，四海殞心而涕慕。哀弟嗣皇帝臣佶義隆繼體〔一〕，創深陟岡，篤因心於致義，敬盡禮於方喪。仰神靈之在廟，哀衣冠之永藏，乃命弼臣，具揚烈光。其辭曰：惟天祚宋，有宋配天。祖功宗德，以道相沿。子繼弟及，以聖相傳。化浹區宇，治登古先。於穆哲宗，乘運應期。岐嶷聖質，徇齊天資。爰在幼齡，遂纘丕基。神器有屬，人心不危。執其徽柔，保以恭默。抗心神明，不大聲色。晦若冲機，曷從而測。淡然衆美，罔知其極。量固參於天地，功允孚於社稷。逮乾綱之獨運，申巽令而風從。萬微以反，一言乃雍。究觀治本，允成聖功。凡施設於天下，尸素定之淵衷。深察朋比，稔惟姦欺。擅國不道，罔上行私。交修舊怨，釋憾一時。俾正邦憲，用垂世規。國是既定，王威乃强。執曰項領，以缺斧斨。前律後令，小紀大綱。法行不撓，治具畢張。遠撫 77 旁招，公聽一視。翕受九德，思樂多士。壞植無黨，使能以器。懲虛譽以竅言，擢異才於不次。昔在神考，緝熙庶績。農服先疇，士守常職。官無濫名，法有成式。迺者紛更，莫不僭忒。趍異爲賢，惟變是力。民彝攸斁，衆職率惑。帝用畫然，孝思維則。有壞必舉，既廢斯植。具遵貽謀，益顯休德。昔在神考，兼撫四夷。威昭聖武，伐罪正辭。驅彼犬羊，固我邊陲。近者廢弛，大興謗（疪）〔疵〕。盡棄險阻，以壞藩籬。勢益張大，不可指揮。帝用赫然，聊命偏師。授纓以縛，折箠而笞。舊壤加斥，勝筭無遺。遵神考之制而揚功，繼神考之志而述事。格苗干羽，功効已試。文柔武憺，外寧内治。殊方知中國之尊，萬物蒙大君之賜。惟德之隆，惟孝之至。致嚴郊社，修敬宗祏。刺經考古，備物盡誠。原制作以義起，契情意而力行。一代之典既具，三王之制復明。智崇於天，仁根所性。時敏道學，日躋聖敬。報德劬勞，問安温（清）〔凊〕。致色養於兩宫，示本教於百姓。嗟功業之向懋，棄春秋於鼎盛。嗚呼哀哉！地不愛寶，天方降康。玉璽呈瑞，神光効祥。集珍符之遝還，何靈貺之茫茫。蓋文王之壽或損，而周世之卜彌長。嗚呼哀哉！憬彼蕃酋，請降納土。靈臺頒偃伯之詔，端門受銜璧之虜。盛事久廢，大儀將舉。比茲累足而至，不及重瞳之覩。嗚呼哀哉！聽斷忘疲，憂勤遘厲。方致金縢之禱，已聞玉几之誓。鑄鼎遽成，脱屣俄逝。乘白雲於帝鄉，遺黄金於人世。嗚呼哀哉！哀仗列素，78 蕭辰薦悲，薤歌遞發，柳翣前移。背高闕之岧嶢，遵去路以委蛇。極愛兄於宸抱，慟哭子於母慈。嗚呼哀哉！祖於庭兮路軷，引既發兮難攀。望秋景兮益遠，儽幽堂兮不還。銀凫閉兮長夜寂，銅麟峙兮白日閑。已掩弓劍，永想威顔。嗚呼哀哉！君臨天下，十有六年。德澤浸乎含識，休聲震乎無前。軒昊接踵，堯虞比肩。何

〔一〕佶：原作「徽宗御名」，今據其名回改。

壽命之奄忽兮，起萬方之沉悁；焕睿哲之名號兮，亘億世而不騫。嗚呼哀哉！」上奉辭，服衰服還宮。靈駕發引，百官立班奉辭于板橋，改常服，還詣西上閤門、內東門奉慰。元祐皇后護從靈駕至永泰陵。

二十二日，詔以哲宗皇帝靈駕發引在道，雨勢未已，甚不遑寧。其開宮觀、寺院三日，仍禁在京宰殺，庶獲晴霽。

二十四日，奏告太廟八室，以東夾室安置石室，權奉安哲宗皇帝神主，并奏告神宗皇帝以權赴齋殿奉安之意。

二十八日，禮部、太常寺言：「將來皇帝詣集英殿親行虞祭之禮，檢會元豐八年故事及近降朝旨，定到儀注。其日皇帝自內中服鞾袍赴集英殿東御幄。有司於大行皇帝虞主前陳祭器、牙盤，光禄卿具牲牢、禮料。文武百官、親王并橫行立班定，閤門報班齊，禮直官、太常博士導引太常卿詣御幄前俛伏跪，稱『攝太常卿具位臣某言，請皇帝詣虞主前行虞祭之禮』。奏訖，俛伏興，前導皇帝詣殿下西向褥位立。奏再拜，皇帝再拜。贊者曰拜，應在位官俱再拜。前導皇帝詣 79 罍洗，內臣沃盥，皇帝盥手，內臣取巾進。皇帝(脱)〔帨〕手訖，內臣授巾。前導皇帝升詣虞主香案前，舉哭，殿下皆哭，十五舉音，奏止哭。又奏跪，三上香。太尉進幣，皇帝(奏)〔奉〕奠訖，又(又)進酒。奏上爵，三祭酒訖，奏俛伏興。少立，侍臣跪讀祝文訖，又奏舉哭，殿下皆哭，十五舉音。奏再拜，皇帝再拜。贊者曰拜，應在位官俱再拜訖，前導皇帝歸御幄。禮直官、太常博士引太常卿詣御幄前俛伏跪，奏稱『攝太常卿具官臣某言，禮畢』。奏訖，俛伏興，退。皇帝還內如來儀。光禄卿徹饌〔一〕，文武百官退。」從之。

八月一日，御史中丞豐稷、殿中侍御史龔夬奏：「哲宗皇帝大升轝至鞏縣，陷泥淖中不能出，次日方至幄殿。」詔稷劾治頓遞使以下聞奏。

同日，奉安梓宮于永泰陵之下宮。

八日，復土，群臣奉慰如儀。

十三日，虞主至京，群臣奉迎於板橋，元符皇后於瓊林苑，上於集英殿門奉迎，前導陞殿，奠于幄殿。群臣詣西上閤門、內東門進名奉慰。

十四日，虞祭。自復土，六虞在塗，太常卿攝事，三虞行禮于集英殿。權高麗國事王熙奉表稱慰。

十七日，上行卒哭之祭，群臣奉慰。

十八日，上齋于垂拱殿。翌日，奉安神主。上自集英殿導神主至宣德門外奉辭，有司奉神主，翰林學士承旨蔡京題謚號，行祔饗之祭，權祔于太廟夾室。禮畢，群臣奉慰。

九月一日，以陞祔畢，群臣純吉服如故事。

四日，德音：「兩京、畿內、河陽、鄭州管內減死刑，釋 80 杖罪。沿山陵科率，蠲復賦役。應奉行事官量與恩澤。」

〔一〕饌：原作「撰」，據文意改。

六日，太常寺言：「謹按《禮記》，事君方喪三年。至漢文以日易月，行公除之制；魏、晉以降，既葬即除。本朝參稽歷代，典禮加隆。太宗皇帝上繼太祖，兄弟相及，雖有易月之制，實服斬衰三年，以重君臣之義。公除已後，庶事相稱，具載國史〔一〕。今皇帝嗣位哲宗，實承神考之世。正月中，本寺檢用開寶故事，爲哲宗合服斬衰重服，已施行訖。今哲宗神主陞祔已畢，百官之服並用純吉，皇帝服御未經討論，宜如太平興國二年故事。」禮部言：「祖宗故事，靈駕進發，皇帝釋衰服，改吉服還内。昨來太常已失供具儀注。若據太平興國中宰臣薛居正表稱：『公除以來，庶事相稱，獨茲徹樂，誠未得宜。』即是公除以後，除不舉樂外，釋衰服從吉，事理甚明。今已係哲宗祔廟之後〔二〕，皇帝服御如依此故事，即已踰時，便合改御吉服。今檢會累朝典故，太宗爲太祖之服，太平興國元年十二月甲寅，上服衮冕御乾元殿受朝，仗衛如式，太常樂備而不作。真宗爲太宗之服，靈駕既發，衰服還宮。《會要》云：『雖以易月之制，外朝即吉，而内庭實服通喪也。』仁宗爲真宗之服，禫除祭奠，群臣奉慰，帝服常服，群臣並吉服。禮儀院請靈駕進發，皇帝釋衰，改吉服還内，詔可。七月，靈駕進發，内外並吉服。皇帝以純孝之性，不忍遽易，至於左右内臣，衰服如初。宰臣援引典禮執奏三四，乃詔内侍 81 省翌日釋服。英宗爲仁宗之服，嘉祐八年四月二十五日大祥，二十七日祥除。太常禮院言：故事，皇帝釋黲，御常服，群臣亦如之。神宗爲英宗之服，讀哀册訖，上與皇太后奉辭，衰服還宮。哲宗爲神宗之服如前。今皇帝合釋黲，御常服，素紗展脚幞頭、淡黄衫、黑犀帶，請下有司製造。」宰臣韓忠彦等言：「禮本人情，先王曲爲之節；喪從先祖，後世莫得而踰。敢緣舊章，以正大典。竊以本朝故事，真廟以來，皆緣父子之相承，故有衰麻之本制。易月雖同於四海，在京實行於三年。恭維太宗，上繼藝祖，於君臣之服雖重，兄弟之禮亦明。伏惟皇帝陛下以弟及於泰陵，實子承於神考〔三〕，天倫之戚，家法斯存。祔祭應除，往古有已行之誼；群臣既吉，至尊無獨異之文。矧惟聖孝之誠，日奉東朝之養，每親蘭膳，猶御素衣。蓋當有司講禮之初，未及乘輿易服之制。比再閲奉常之議，謂宜如興國之儀。況加隆已過於八音，願易吉上遵於列聖。伏請皇帝陛下從禮官所議，改用吉服。餘依從官等前議。」詔答曰：「參考僉言，蔽自朕志，仰念繼承之義，宜服三年之喪。嘗告治庭，衆論惟允，難以中道復議改更。」自是三上表，乃下詔候周期服吉。

十一日，左正議大夫、尚書右僕射、兼中書侍郎韓忠彦爲右光禄大夫，知樞密院事曾布爲左光禄大夫，左正議大夫、門下侍郎李清臣爲左光禄大夫，中書侍郎許將爲右銀

〔一〕具：原作「且」，據《宋史》卷一二二《禮志》二五改。
〔二〕係：原作「後」，據本書禮三六之二〇改。
〔三〕承：原作「子」，據本書禮三六之二一改。

青光禄大夫，[82]右正議大夫、尚書右丞黃履爲左正議大夫，通議大夫、同知樞密院事蔣之奇爲右正議大夫，宰臣用曾公亮例遷兩官，並以永泰陵復土也。

十月二日，御史臺制勘所奏：「橋〔道〕頓遞使吳居厚，提舉修治橋道承議郎宋喬年、通直郎盧槩、奉議郎李公年、朝散郎李爲，道路不治，致哲宗皇帝靈駕陷於泥淖，暴露經宿。」詔龍圖閣學士、左中散大夫、新知永興軍吳居厚落職知和州，喬年等各降一官，槩仍衝替。

十二月五日，禮部、太常寺狀：「勘會明年正月十二日哲宗皇帝小祥，其在外州軍合依大忌例禁樂、行香。」從之。

建中靖國元年正月七日，哲宗皇帝小祥前不視朝五日。

九日，宰臣率監察御史以上入奠于福寧殿，三日止。

十二日，小祥，群臣詣西上閤門及内東（内）門進名（奏）〔奉〕慰。

二十五日，詔俗忌以哲宗神帛恐不可與大行皇太后俱存，令禮部討論典故聞奏。禮部言神帛不見於經，唯二十五日除靈。上云：「如此不須議也。」

二十七日〔一〕，詔曰：「朕纂圖宸極，繼及承祧，祗奉園陵〔二〕，遹追先服。遘難伊始，敷告具存，而元符末年，異論蠭起。秩宗宰輔，咸有建言，力陳日侍親闈，豈可久衣素韠〔三〕，援經執據，引義制情〔四〕。批訓再三，章却復上，開諭弗已〔五〕，抗疏愈堅。茲時方侍慈顏，顧念難伸素志，勉從所請，中實盡傷。致養既終，因心可展，率遵初詔，用慰紹承。已依元降服喪三年之制，其元符三年九月『自小祥[83]從吉』指揮宜改正，庶盡厚終之義，稱予繼序之誠。布告中外，咸使聞知。」

九月二十日，禮部言：「哲宗皇帝建中靖國二年正月十二日大祥，今檢到神宗皇帝大祥故事，聖旨令州、縣、軍、監各就一寺觀，支破係省錢，請僧道三七人，長吏專切管勾，開啓道場七晝夜，罷散日設齋醮一座，各賜看經錢三十貫文〔六〕。内道士少處，只據人數設醮。」詔依故事施行。

十月二十三日，禮部言：「來年正月十二日，哲宗皇帝大祥，合依英宗皇帝故事，大祥在京、府界諸縣自十二月一日禁樂，至五月十五日弛禁；諸州縣鎮前後各七日。沿邊州軍以金革從事，其大祥前後皆不禁，惟大祥日依大忌例。」從之。

崇寧元年正月七日，以大祥前五日〔七〕，不御前後殿，待制、觀察使、宗室遥郡防禦使以上及管軍，日一奠于福

〔一〕二十七日：本書禮三六之二一作「二月三日」。
〔二〕園陵：本書禮三六之二一作「泰陵」。
〔三〕韠：原作「鞸」，據本書禮三六之二一改。
〔四〕引義：原作「託議」，據本書禮三六之二一改。
〔五〕已：原作「忍」，據本書禮三六之二一改。
〔六〕看：原作「者」，據本卷禮二九之五六改。
〔七〕五日：原作「三日」。按前後諸條所述，哲宗大祥爲十二日，則「七日」爲大祥前五日，因改。

寧殿。

十一日，群臣以大祥前一日入奠于福寧殿。

十二日，大祥，群臣奉慰如儀。

三月十九日，禫祭，群臣奉慰如儀。（以上《永樂大典》卷七三四八）

宋會要輯稿 禮三〇

歷代大行喪禮下

孝宗

【宋會要】❶紹熙五年六月九日，至尊壽皇聖帝崩于重華宫重華殿。遺誥曰：「内外文武臣僚等：吾承高廟之詒謀，纂御基圖，二十有八載，厲精思治，夙夜不敢康。功成克遜，期協于帝，迺舉神器，親授嗣聖，退處北宫。逮兹六稔，幸宗社有託，中外晏寧，得以優遊養性，垂登七袠之壽。偶爽節宣，遂愆和豫，今至大漸，將不克享天下之養。皇帝孝愛，憂形于色，祈禱備至，日期康復，而定數莫踰。吾方高蹈冲虚，夙明至理，顧循終始，復何憾焉！壽聖隆慈備福皇太后可尊爲太皇太后，壽成皇后改稱皇太后。將來候撤几筵，重華宫可改爲慈福宫，却於向後蓋殿以居壽成皇后，庶幾以便定省侍奉。皇帝成服，三日聽政。喪紀以日易月，羣臣共爲寬釋，勿過摧傷。百官入臨，並隨地之宜。諸路州府長吏以下三日釋服。在京禁音樂百日，在外一月，無禁祠祀嫁娶。沿邊不用舉哀。本宫提舉所見在錢銀共一百萬貫，令撥付朝廷，量行給散内外諸軍。山陵制度務從儉約。他不在誥中，皆取皇帝處分。更賴臣鄰庶寀，協心扶翊，永保平泰，以副至意。故兹遺誥，想宜知悉。」

是日宣遺誥，文武百僚常服黑帶，去金玉飾，詣殿下立班定。禮直官引班首出班前東向立，搢笏，宣遺誥訖歸位，並舉哭一十五音，再拜。班首稍前，躬❷身致詞，奉慰壽聖隆慈備福皇太后、壽成皇后，次奉慰皇帝、皇后。歸位，各再拜訖退。

同日，詔内侍楊舜卿、關禮差充都大主管喪事，吴回、劉信之充造梓宫官。

同日，詔大行至尊壽皇聖帝合用衮冕大圭，令工部下文思院製造供納。

同日，禮部、太常寺言：「文武百僚朝晡臨於宫庭内外。文武百官並詣殿下立班，再拜訖，禮直官引班首詣香案前，搢笏，三上香，出笏，歸位，舉哭一十五音訖，再拜訖班退。自小祥後至禫祭，朝一臨。自是每七日皆臨，四十九日而止。禫除後，山陵前，每遇朔望，羣臣並朝臨。如值雨或霑濕，權免入臨。成服日、大小祥、禫除、朔望，百官奉慰并進名奉慰壽聖隆慈備福皇太后、壽成皇后、皇帝、皇后。」從之。

同日，又言：「檢照故事，初喪日，皇帝合服白羅袍、黑銀帶、絲鞋，白羅軟脚折上巾。成服日，皇帝服布斜巾，四脚，裙袴，冠帽，竹杖，腰絰，首絰，直領大袖布襴衫，白紗襯衫。皇太后、皇后、太妃、内外命婦，麤布蓋頭，裙衫，帔子，首絰，紗襯服。六宫内人無帔，内外命婦合入臨人仍加冠。

嘉王、許國公合服布頭冠、幞頭、大袖襴衫、裙袴、首絰、腰絰、麤麻布爲屨。前項服制，並乞下文思院製造。羣臣服制並斬衰服。斬衰服，謂不緝。中書門下省、樞密使副、尚書、翰林學士、節度使、金吾衛上將軍、文武二品以上，布頭冠、布斜巾、布四脚、大袖襴衫、裙袴、首絰、腰絰、竹杖、絹襯衫。文武五品以上并職事官監察御史以上，内客省、宣政、昭宣使、知閤門事及入内都[3]知押班，布頭冠，幞頭、大袖襴衫、裙袴、腰絰。自餘文武百官，三省、樞密院書令史以上及御史臺、閤門、太常寺引班祗應人，布幞頭、襴衫、腰絰。已上並合用麤麻布爲屨。前項服制，並乞下臨安府製造。軍人、百姓等，白衫、紙帽。婦人素縵，不花釵，三日止。行在諸軍統制、統領官免入臨，就寨掛服。將副、部隊將官、使臣、散使臣陞朝官以上及將校副指揮使以上，常服哭於本營，三日而止。常日朝殿，祗應排立行門禁衛班直將校副指揮使以上，并御前忠佐，俟百官臨，即哭於殿門外。在外諸路監司、州軍縣鎮長吏以下，服布四脚、係幞頭。直領襴衫、上領不盤。腰絰，以麻。朝晡臨，三日而除。沿邊不用舉哀。士庶婚嫁服除外不禁。内外品官禁樂二十七(日)[月]。京城内外民庶，自舉哀至祔廟，合行禁樂。諸路州縣管内寺觀，自關報到日，修建道場七晝夜，禁屠宰三日，民庶等禁樂百日。沿邊軍中及在内諸軍，軍行教閱不禁。」並從之。

同日，又言：「檢照典禮，自成服至釋服日遇朝殿，所有簾幕並用縞素，輦輿從物中淺黃色包裹，御前禁衛、行門班直，親從、快行、親事官、輦官等，服青皂或褐衫帶子。」從之。

同日，又言：「伏覩遺誥，喪紀以日易月，合至六月二十一日小祥，七月三日大祥，七月五日禫除。」從之。

同日，又言：「檢照典禮，皇帝視事日，宰執奏事去杖，小祥日去冠，餘官奏事依此。皇帝聽政，未釋服前，其引班人若行[4]弔臨之禮，即服衰絰；如遇内殿引班奏事及從駕，常服黑帶。」從之。

同日，太常寺言：「今來大行至尊壽皇聖帝升遐，所有宣遺誥并日後入臨、成服奉慰，乞令許國公並行趁赴立班。」從之。

同日，禮部侍郎許及之等言：「今來大行至尊壽皇聖帝升遐，製造衮冕一副，隨大殮衣設於梓宮内。」從之。

同日，又言：「檢照禮書，斬衰用負版、辟領、衰。其負版方一尺八寸，在背上，綴於領下垂放之。辟領方四寸，置於負版兩旁，各攙負版一寸，亦綴於領下。衰長六寸，廣四寸，綴於前衿當心。並以布爲之。所有今來皇帝并皇孫及應文武官五品以上，并職事官監察御史以上，内客省、宣政、昭宣使、知閤門事及入内都知押班，其所服皆合用負版、辟領、衰，乞令所屬依上件禮製造施行。」從之。

同日，禮部、太常寺言：「檢照乾興元年典故，大殮前延慶殿陳生平服玩及珠襦、玉匣、含襚應入梓宮之物。今來大殮，乞依上件典故施行。」從之。

同日，又言：「用六月十三日大殮成服，行祭奠之禮。其日，儀鑾司設素幄於几筵殿之東，時將至，行事、陪位官易服就位立班，皇帝服素服，詣素幄即座，簾降。太史奏時及，太常卿當幄前俛伏，跪奏：『太常卿臣某言，請皇帝爲大行至尊壽皇聖帝升遐成服。』內侍官爲皇帝釋素服，易衰服。簾捲，禮直官引太常博士，博士引太常卿導皇帝出幄，(几)〔凡〕前導官並同。詣几筵側，西向褥位立。太常卿奏請再拜舉哭，凡奏請並係太5常卿。皇帝再拜舉哭，在位官皆再拜哭。前導官導皇帝詣香案前三上香，跪。內侍進茶酒，酹茶，三奠酒。俛伏，興，奏少立。讀祝文官跪讀祝文訖，奏請哭盡哀，皇帝哭盡哀，在位官皆哭盡哀。奏請再拜，皇帝再拜，在位官皆再拜。前導皇帝還褥位，奏請再拜，皇帝再拜，在位官皆再拜。前導皇帝還幄，簾降，奏禮畢。百官移班稍東進名，班首出班致詞，復位再拜，奉慰壽聖隆慈備福皇太后，仍進名奉慰壽成皇后，次進名奉慰皇帝、皇后訖，班退。」

同日，立銘旌高九尺，書大行至尊壽皇聖帝梓宮。同日立重。同日，詔辰日不得忌哭。

十日，禮部、太常寺言：「大行至尊壽皇聖帝升遐，合差官奏告昊天上帝、皇地祇、太社、太稷、太廟、別廟、諸陵、欑宮。」從之。

十一日，禮部言：「檢照典故，未祔廟前，每遇大祠奏告等，行事官權改吉服，用樂去處備而不作。百官不入臨日，皇帝未聽政已前，百官於文德殿門外進名起居。釋服後祔廟，遇朔望不御前後殿，並於常御殿門外進名奉慰。」從之。

同日，又言：「小祥日，皇帝改服布四脚、直領布襴衫、腰絰、布袴。所有百官五品以上并職事官監察御史以上，內客省、宣政、昭宣使、知閤門事、入內都知押班，改服布幞頭、布襴衫、腰絰、布袴。大祥日，皇帝改服素紗軟脚折上巾、淺黃袍、黑銀帶。合赴文武官三省、樞密院書令史以上及御史臺、閤門、太常寺引班祗應人，合服禫服，係素紗軟脚幞6頭、黲布公服、白鞓錫帶。故例係幞頭令臨安府製造給散，其黲布公服、錫帶止令本府各支布一疋半，自令包裹製造。禫除日，皇帝釋黲，常服。文武百官有繫金玉帶及佩魚者，並易以黑帶，仍去魚；乘花韉、狨座，易以皂韉，去狨座。宗室出則常服，居則衰服，依服屬終喪。」從之。

十二日，詔謚册寶并沿册法物、哀册并沿册法物，並下文思院修製。

同日，命少保、左丞相留正撰哀册文，知樞密院事趙汝愚撰謚册文，參知政事陳騤書哀册文，同知樞密院事余端禮篆寶文，翰林學士李巘撰謚議。

同日，詔大行至尊壽皇聖帝陵名，命少保、左丞相留正擬撰。

同日，禮部、太常寺言：「禫除前，重華宮內侍官依所定官品服制；其餘内侍官遇到重華宮行禮，合依所定服制，遇從駕及出入和寧門，合常服、黑帶。啓欑(官)〔宫〕并梓宫發引日，百僚並服初喪服。」從之。

同日，檢照將來殿欑行燒香之禮：前一日，儀鸞司設素幄於殿欑方位之東。祭土時至，都大主管喪事官行祭土之禮，以俟太史報時及，導奉梓宫至殿欑方位。其合用儀物令都大主管喪事官供應。都大主管官監視殿欑訖，行事、陪位官就位立班定，皇帝服衰服詣素幄即座。太常博士引太常卿當幄前奏請皇帝行燒香之禮，前導官(導官)導皇帝出幄，詣西向褥位立，奏請再拜舉哭，在位官皆再拜哭。前導官導皇帝詣香案前三上香，跪。内侍進茶酒，酹茶，三奠酒。俛伏，興，奏少立。俟讀祝文官跪讀祝文訖，奏[7]請哭再拜，皇帝哭再拜，在位官皆哭再拜。前導官導皇帝還褥位，請再拜，在位官皆再拜。前導官導皇帝還幄，簾降，奏禮畢，百官奉慰如上儀。

同日，又言：「百司以日易月，服制之内入局治事，即不合易服。」從之。

十三日，禮部、太常寺言：「今來大行至尊壽皇聖帝升遐，用六月十三日辰時八刻大殮，未時八刻成服。今欲乞十四日百司作休務假一日，依舊朝晡臨立班。」從之。

同日，又言：「慈福宫提點王公昌傳奉太皇〔太〕后聖旨，皇帝以疾，聽就内中成服，太皇太后代行祭奠之禮，(知)〔如〕宫中之儀。宰執率文武百官就重華宮殿下成服立班，奉慰太皇太后、皇太后訖，百僚服衰服入和寧門，詣後殿門外立班，奉慰皇帝、皇后訖退。」從之。

十四日，禮部、太常寺言：「今來大行至尊壽皇聖帝升遐，如遇車駕詣重華宫，除應奉官權服常服、黑帶隨駕外，其從駕官及逐幕次起居官，至禫除前權免從駕起居，先赴重華宫門外幕次迎駕起居，俟禫除後依舊。」從之。

十六日，太常寺言：「檢照七月三日大行至尊壽皇聖帝大祥，皇帝行祭奠之禮。其日儀鸞司設素幄於几筵殿之東，時將至，行事、陪位官就位立班，皇帝服布四脚、直領布襴衫、腰絰、袴，詣幄即御座，簾降。太常卿當幄前俛奏，請皇帝行祭奠之禮。簾捲，前導官導皇帝出幄，詣褥位西向立。太常卿奏請再拜舉哭，皇帝再拜舉哭，在位官皆再拜哭。前導官導皇[8]帝詣香案前，奏請三上香，跪。内侍進茶酒，皇帝酹茶，三奠酒。俛伏，興，奏請少立。讀祝文官跪讀祝文訖，奏請哭盡哀，在位官皆哭盡哀。奏請拜，皇帝再拜，在位官皆再拜。前導皇帝降階，詣殿下褥位，西向。奏請拜，皇帝再拜，在位官皆再拜。前導皇帝還幄，簾降，奏禮畢。百官奉慰如上儀。皇帝改禫服。七月五日，禫除，皇帝行祭奠之禮。其日儀鸞司設素幄於几筵殿之東，時將至，行事、陪位官就位立班，皇帝服禫服，詣幄即御座，簾降。太常卿當幄前跪奏，請皇帝行祭奠之禮。簾捲，前導官導皇帝出幄，詣殿下褥位，西向立。奏請再拜舉哭，皇帝再拜舉哭，在位官皆再拜哭。前導皇帝升殿，詣香案前，三上香，跪。内侍進茶酒，皇帝酹茶，三奠酒。俛伏，興，奏請少立。讀祝文官跪讀祝文訖，奏請哭盡哀，皇帝哭盡哀，在位官皆哭盡哀。奏請拜，皇帝再拜，在位官皆再拜。前導皇帝降階，詣殿下褥位，西向立。奏請拜，皇帝再拜，在位官皆再拜。前導皇帝還幄，簾降，奏禮畢，退。百官奉慰如上儀。皇帝釋禫服。」

十八日，詔：「大行至尊壽皇聖帝山陵，當遵遺誥，務從儉約。凡修營百費，並從内庫支降，如或不足，即以封樁錢貼支，免侵有司經常之費。諸路監司、州府軍監等，止進慰表，其餘禮物並令免進，仍不得以助修奉欑宫爲名。」

二十一日，小祥，皇帝行宫中之禮。

二十五日，詔朝請郎、試祕書監、兼實録院檢討官薛叔【9】似假顯謨閣學士、朝散大夫、提舉萬壽觀、兼侍讀、信安郡開國侯、食邑一千户、食實封壹百户、賜紫金魚袋，差充奉使金國告哀使；果州防禦使、帶御器械、幹辦皇城司謝淵，假廣州觀察使、知閤門事、兼客省四方館事、永康縣開國子、食邑七百户，副之。

同日，禮部、太常寺言：「將來大行至尊壽皇聖帝禫除行禮畢，皇帝合服皂幞頭、淡黄袍、黑鞓烏犀帶、素絲鞋。下文思院造進。」從之。

二十八日，詔朝請大夫、試司農卿林湜假朝請大夫、試吏部尚書、宜春縣開國侯、食邑一千户、食實(俸)〔封〕一百户、賜紫金魚袋，充遺留禮信使；武經郎、閤門宣贊舍人游恭，假泉州觀察使、右衛上將軍、仁和縣開國伯、食邑七百户，副之。

同日，詔少保、左丞相留正爲欑宫總護使，緣機務繁冗，改差少保、大安軍節度使、充萬壽觀使郭師禹；皇伯檢校少保、興寧軍節度使、提舉佑神觀師夔爲橋道頓遞使，中大夫、試工部尚書趙彦逾爲按行使。

紹熙五年七月七日，禮部、太常寺言：「檢照典禮，將來大行至尊壽皇聖帝梓宫發引，合用大昇轝并輴。一、欑宫内安設，合用黝三匹、纁二匹，黝、纁乞下左藏庫支供。贈玉一段，盛黝、纁，贈玉匣牀及帕、鏁、匙全〔一〕。一、啓奠、祖奠、遺奠，所有祭器合用牙牀三張。一、將來掩欑宫畢并神主祔廟，合用虞主一、神主一、大匵二、小匵二、腰輿二、汲水鐵絡桶二，索全。矮香案二，紫羅衣子全。白羅拭巾一，長八尺小尺。筆硯墨一、白羅巾二，各長八尺小尺。【10】行障二，紫羅衣子全。襯藉神主虞主紫羅褥子二、浴斛二、趺座二，錦褥子全。曲几二，衣子全。紬絹帕二，各三幅。罩匵黄羅夾帕二，各三幅。并祏室法物等，並乞下文思院製造。」從之。

十六日，按行使副孫逢吉、吳回言：「荆大聲等相視大行至尊壽皇聖帝神穴在永祐陵下宫之西南，永思陵下宫之東南，那趲向南石板路上，乞差官覆按施行。」詔權工部侍郎兼侍講黄艾充覆按使，入内侍省押班續康伯副之。先

〔一〕「全」字原脱，據本書禮三〇之八二補。

是，按行使趙彦逾言：「判太史局荆大聲等相視，神穴合在永思之西，緣其地土肉淺薄，雖民有獻者，又皆窄狹，與國音相妨，乞於永思之西向南近上安建。」朝廷未以爲然，彦逾請别命官按行，於是軍器監簿、按行使司準備使唤王恬被旨審度相視，迺言乞就昭慈永祐下宮安建，比之大聲所定高六尺三寸。改命孫逢吉按行，乞那攢向南石版路上，比前所定增上一丈，委實高厚，可以安建。既而艾等覆按爲是，迺從之。

十九日，工部言：「文思院申，今來修製謚册玉寶一鈕，乞照應高宗皇帝謚寶樣製造施行。」從之。

二十四日，詔大行至尊壽皇聖帝攢宮修奉都護差侍衛步軍都虞候閻仲，鈐轄差入内内侍省押班續康伯。

二十七日，禮部、太常寺言：「將來梓宮發引日，依禮例總護、橋道頓遞使、都大主管官就幄次前朝辭，餘行事官並免。」從之。

同日，又言：「將來梓宮發引日，所用鼓吹、警場、挽郎，依淳熙十四年禮例，係總護、橋道頓遞使前一日同都大主管官，禮部、11太常寺官，就貢院按閲。」從之。一、警場合用金鉦一十二人，鼓手六十人，鳴角六十人，逐色教頭共五人，武嚴教頭三人，管轄人員三人，部押使臣一人。一、鼓吹合用鼓吹令丞、職掌、府典吏、引樂官共一十人，歌色一十六人，篳篥色三十六人，笛色三十六人，簫八人，大鼓一十六人，節鼓一人，金鉦四人，擡擎人兵共一十八人。一、挽歌合用押教二人，執色四十八人。並日支食錢有差。挽詞，翰林學士、中書舍人撰二十首，文臣職事官各二首。導引歌詞，學士院撰，前一日太常寺教習。

同日，詔修奉大行至尊壽皇聖帝攢宮，所有合用木植塼瓦，可行下臨安府、兩浙轉運司同共疾速計置，津發應辦。所有其餘應干合用物料，亦令兩浙轉運使行下所在州軍計置應辦，價直却於修奉都壕寨官請降到料次錢内支撥。

二十九日，詔張宗尹差都大主管大行至尊壽皇聖帝喪事。

八月十三日，攢宮修奉使司言：「修奉攢宮故例，其石藏利害至重，緣二浙土薄地卑，易爲見水，若不預行措置，竊慮水脈津潤，於久未便。乞於厢壁石藏外五尺别置石壁一重，中間用膠土打築，與石藏一平。雖工（立）〔力〕倍增，恐可禦濕。」從之。

十六日，禮部、太常寺言：「攢宮内合用十二神，乞下文思院修製。」從之。

十八日，詔：「皇堂内椁，令有司用沙板隨宜修製。俟將來掩皇堂時，先下椁底板，俟進梓宮於椁底板上定正訖，然後安下椁身，次將天盤囊網於椁上安設。梓宮已有牙脚，止用平底，可就修奉攢宮12處製造。」

二十五日，詔攢宮營造總護使司應副錢糧、梓宮發引在司編排應辦渡江舟船等、頓遞使司應辦錢糧，差兩浙運判黃黼。

九月二十日，百日，皇帝行燒香禮，如宫中之儀。宰執率文武百僚詣重華殿入臨，進名奉慰。行在禁屠宰三日，諸路州軍等處一日。

二十四日，詔右丞相趙汝愚擬撰大行至尊壽皇聖帝陵名。汝愚上陵名曰永阜，詔恭依。

同日，詔撰謚議官改差給事中、兼直學士院樓鑰。

同日，禮部、太常寺言：「今年孟冬朝獻景靈宫，緣係在大行至尊壽皇聖帝服制之内及未祔廟，見停宗廟之祭，乞依孟秋禮例權停。」從之。

二十七日，詔撰哀册文官改差右丞相趙汝愚，撰謚册文官改差知樞密院事、兼參知政事陳騤，書哀册文官改差參知政事余端禮，書篆寶文官改差簽書樞密院事京鏜。

十月五日，詔奉上謚册寶攝太傅差右丞相趙汝愚，奉謚册寶官差知樞密院事、兼參知政事陳騤，讀謚寶攝侍中差參知政事余端禮，讀謚册攝中書令差簽書樞密院事京鏜。

十四日，禮部、太常寺言：「將來奉上謚册寶并神主祔廟，合差官奏告。」從之。

十七日，攝太傅趙汝愚率百官詣南郊請謚于天。其日文武百僚並赴南郊幕次，各服其服。行事官服祭服，陪位官服常服、吉帶。有司設權置謚議匣案、褥位於壇午階下稍西，東向。次設禮料。御史臺、閤門、太常寺分引文武百僚入詣午階下[13]之南，北向立。次引奉禮郎、太祝、太官令詣陪位班之前褥位，北向立；次引讀謚議官詣謚議案之後褥位立；次引舉謚議官詣讀謚議官之後褥位立；次禮直官引太傅詣卯階下稍東，西向褥位立。贊者曰拜，在位官皆再拜。奉禮郎、太祝、太官令陞壇，各就位立。禮直官引太傅詣盥洗位，搢笏，盥手，帨手，執笏，詣爵洗位，搢笏，洗爵，拭爵，執笏陞壇，詣昊天上帝神位前，搢笏跪，三上香。奉禮郎搢笏，跪奉玉幣授太傅。凡執事並搢笏，事已執笏。太傅受玉幣，奠玉幣，執爵，三祭酒于茅苴，奠爵。執笏，俛伏，興，少立。太祝跪讀祝文，太傅再拜，降壇復位，少立。禮直官再引太傅詣謚議案權置位立，舉謚議官跪舉謚議匣，興。執事者先捧謚議案詣昊天上帝神位前，當中置於褥位。太傅搢笏，捧謚議匣陞壇至位，跪奠謚議，置於案上，執笏，興，少退立。次讀謚議官詣謚議案後立，舉謚議官跪舉謚議，讀謚議官跪讀謚議訖，復位。舉謚議官奠謚議，舉謚議匣興。執事者先捧案降壇，置於褥位，舉謚議官舉匣降壇，太傅後從，至權置位置定，太傅、舉謚議官俱復位立。贊者曰拜，在位官皆再拜。次考功郎官詣謚議權置位前立，舉謚議官詣謚議案，舉謚議以授考功郎官。考功郎官受之，加於笏上，退歸本班。太傅率行事官詣望燎位，有司取祝板、幣帛陞燎壇。燎訖，文武百僚退，合書謚議官並歸。次考功郎官以謚議付本部，[14]以俟書畢投進。

同日，攝太傅趙汝愚等請大行至尊壽皇聖帝謚曰哲文神武成孝皇帝，廟號孝宗。〔議曰〕：「臣聞帝王之出治，豐功茂烈，生則著見於天下，而其流傳於後世者，則待節惠之名，要皆取其盛者而傳之。文王一怒而安天下，非無武也；武王告武成而作《洪範》〔一〕，非無文也。取其盛者而傳之，則備道全美可以一言定也。甚哉，孝之大也！虞舜之大，武王之達，自漢歷唐，無不謚帝爲孝。本朝累聖相承，皆用舊典。若夫集孝道之大成，則未有如大行之盛者也。恭惟大行至尊壽皇聖帝繩藝祖之武，重光堯之華，以天縱之能，日新之德，臨御天下二十有八載，巍巍煌煌，不可備述。若形容天地，繪畫日月〔二〕，則不容無辭。方在初潛，龍德而隱，學聚問辯，師教不煩，日就月將，君德昭著。虔鞏勞謙，共爲子職，日趨朝謁。威儀雝肅，雖莫窺其涯，而中外屬心，天人協應。光堯内禪，高視唐虞。嗣位以來，勵精庶政，召收故老，尊禮元臣。臨朝若神，待物如春。崇節儉以革奢汰之風，振紀綱以起偷墮之習。事無小而不察，人無微而不記。機務雖繁，酬酢無壅，立法定制，動爲後則。以科舉爲未盡，則立待補之法以蒐遺才；以武舉爲未盛，則優入仕之級以收智勇。年勞並用，以裁濫賞，而不致於累遷；銓闈加嚴，以抑任子，而又爲之限節。改秩必使之作邑，謂舉以親民而使之治民；御史必取之賢宰，謂受人之察而後可察人。以周 15 行速化，必使試郡而後爲郎；以延閣清華，必俟有功而後除職。監司守將必延見而臨遣〔三〕，癃老昏繆之人不得而隱藏；姦贓之吏必窮治而斥逐，清介潔廉之士則從而拔用。朝士闕官乃除，遂無待次之淹；要郡留闕選才，遂無輕授之冗。黜贓吏之世賞，進軍功於流内。長慮却顧，守之至堅，故雖日不暇給，而四方靡然向化矣。于時疆埸未寧，戎車方駕，激厲將士，嚴備邊陲，張皇六師，明見萬里。中原起來蘇之望，殊鄰多歸附之民，撫而有之，還以爲用。天威既振，戎虜畏讋〔四〕。雖犂庭掃閭，未快初志，而信使復通，減幣殺禮，至今無烟火之警。苟非雄斷遠略，何以臻此！臨政既久，治道愈明，物來能名，事至輒斷〔五〕。精神之運，上際下蟠於天地之間；智慮所關，六通四闢於帝王之德。行公道以銷黨偏之蔽，推平心而絶喜怒之私。間有水旱之變，應天以實而禮文尤備。州縣之奏恐其不速，蠲復之數恐其不多。傾囷倒廩以濟其急，賞勤罰惰以勵其餘〔六〕。民不知其有災，歲亦隨以登熟。幸太學，幸祕省〔七〕，廷策貢士，布文教以振士風；御鞍馬，親弓矢，申嚴軍法，立武事以張國威。内外小大之臣，無不列之屏以待黜陟；山川險要之地，無不措諸

〔一〕武成：原脱「武」字，據《攻媿集》卷四九補。
〔二〕畫：原作「晝」，據《攻媿集》卷四九改。
〔三〕延：原作「廷」，據《攻媿集》卷四九改。
〔四〕讋：原作「警」，據《攻媿集》卷四九改。
〔五〕輒：原作「轍」，據《攻媿集》卷四九改。
〔六〕惰：原作「隋」，據《攻媿集》卷四九改。
〔七〕「祕」下原有「書」字，據《攻媿集》卷四九删。

掌以立防閑。治具畢張，化風已成，方且玩意希夷而無奉道之過，游心寂寞而無佞佛之迹。作敬天之圖，兢懼愈深；闢延和之殿，諏訪愈切。躬講讀之勤，設遺補之官。其於保治〔一〕，有16始有卒。至於脱屣萬乘，燕居重華，授受之際，尤爲雍容。嗚呼！身退而道彌高，尊極而用彌儉，是宜萬有千歲〔二〕，永處慈宸，而厭代登遐，歸于帝鄉，此羣臣萬姓所以攀號擗踴，泣盡而繼之以血也。遠日有期，恭定尊謚，請之南郊，以詔萬世。謹按《謚法》曰：『能官賢才曰哲，帝德廣運曰文，應變無方曰神〔三〕，保大定功曰武，持盈守滿曰成，慈惠愛親曰孝。』迹夫知人而善任，使文武各得其用，非所謂能官賢才乎？修德以來遠人，矢文以洽四國，非所謂帝德廣運乎？酬酢以周萬機，圖回以盡衆智，非應變無方乎？妙韜略而不用，極聰明而不殺，非保大定功乎？守基圖之廣大，延國祚於綿遠，非持盈守滿乎？若夫孝道之盛，非惟臣子所不能稱贊，雖考之謚法，求之六家，語其甚盛者，曰慈惠愛親而已，是則未足以彰大行之孝也。報本反始而奉郊禋，尊祖敬宗而事廟饗。惟高宗皇帝爲天下而得人，太皇〔太后〕盡母道以愛子，而大行天賦至性，不可解於心。備四海九州之養，謹五日一朝之儀，委曲周盡，猶恐不及。兩宮九閏，終無間言，固已風動四方，震服夷虜。高宗屬疾，則衣不解帶，躬自嘗藥；及棄天下，則勺水不入於口，倚廬有過於哀。鄙漢文之短喪，陋晉武之無斷，身服苴麻，禮盡苫塊，行有匹夫之所難，哭則哀動於左右。虜使來弔，止許朝于喪次，顔色之戚，哭泣之哀，虜使退而嘆曰：皇帝聖孝乃如此！大臣或進諭解之17言，則流涕被面，曰大恩難報。羣臣感泣，莫敢仰視。易月之制既終，因山之役既畢，孺慕無已，追遠弗勝，遂舉大寶，以畀聖子。不曰倦勤，不曰求逸，惟曰不得日奉先帝之几筵，躬行聖母之定省，又曰俾予一人獲遂事親之心，永膺天下之養。於是御素服於乘輿〔四〕，尊几筵於内殿，退處亞室以終三年之喪，哀疚不忘，齋潔自若〔五〕，欽事慈福，温凊無違。嗚呼！兹豈非集孝道之大成，又豈慈惠愛親之所能盡也！大行至尊壽皇聖帝，宜天錫之曰哲文神武成孝皇帝，廟號孝宗。臣謹議。」詔恭依。

十八日，詔：「金國弔祭人使到闕〔六〕，其見辭、受書應干禮（議）〔儀〕，並照淳熙十五年禮例施行。」

二十一日，禮部、太常寺言：「大行至尊壽皇聖帝將來奉上謚册寶畢，合稱哲文神武成孝皇帝，祔廟畢合稱孝宗哲文神武成孝皇帝。」詔恭依。

二十三日，御筆：「自今後應有拜表稱賀等事，爲在至

〔一〕於：原作「餘」，據《攻媿集》卷四九改。
〔二〕宜：原作「以」，據《攻媿集》卷四九改。
〔三〕應：原作「思」，據《攻媿集》卷四九改。
〔四〕素：原作「潔」，據《攻媿集》卷四九改。
〔五〕潔：原作「素」，據《攻媿集》卷四九改。
〔六〕闕：原作「關」，據文意改。

尊壽皇聖帝喪制之内〔二〕，並權免。」

二十八日，欑宫按行使司言：「相視到分立神穴神圍，所有永祐陵西籬鋪屋及果木等有礙打量索路，合行奏告了日除去。」從之。

二十九日，攝太傅趙汝愚率百官奉上哲文神武成孝皇帝謚册寶。前一日，奉上謚册寶太傅、讀册中書令、讀寶侍中、奉謚册官、奉謚寶官、舉册官、舉寶官，並常服黑帶，去魚，守行宫門，入詣行宫殿門外幕次，太常寺贊引祇應人、禮部職掌及儀衛親從官等，並於殿門外隨地排立，以俟進 18 請謚册寶。内侍官請降謚册寶，將出行宫殿門，次引奉謚册官、奉謚寶官於内侍處受册寶，於殿門上幄次權置定。次禮直官、贊者引太傅已下詣殿門下隨地立班，再拜訖，如值雨或泥濘免拜。權退，側身立。俟有司奉迎儀衛進行，太傅已下步從至宫門合上馬處上馬，騎從至重華宫門外幄次權安奉訖，太傅已下退歸本司宿齋。其日俟開重華宫門，陪位文武百僚入詣幕次，有司設權置册寶褥位於殿下，東向。次奉謚册寶入重華宫門，太傅已下行禮官並後從，至殿堦下，東向權置位，册北寶南，太傅已下權退歸幕次。俟有司排辦畢備，御史臺、閤門、太常寺分引文武百僚詣殿裏外，隨地之宜立班定。次禮直官引讀册中書令、讀寶侍中詣册寶之後褥位立，次引舉寶官於讀册中書令、讀寶侍中之後立，次引奉謚册寶官詣册寶案之南東向立，次引奉上謚册寶太傅詣殿下褥位西向立定。禮直官贊太傅躬拜，在位官皆再拜訖，次引太傅升殿，詣香案前搢笏上香，再上香，三上香。跪，一酹茶，三奠酒，執笏，俛伏，興，再拜訖降階復位，少立。次再引太傅詣殿下褥位，北向，俛伏，跪奏稱「太傅臣某言，奉詔謹奉上大行至尊壽皇聖帝謚册寶」。奏訖，俛伏，興，退復位。奉謚册官詣册案前立，次舉册官詣册案，搢笏跪，舉册匣，興。凡舉册寶皆禮部職掌助舉。職掌先捧册案升殿，詣殿上香案前，置於褥位，北向。次奉謚册官搢 19 笏奉謚册。次引太傅詣册匣之後，搢笏，奉謚册官以謚册授太傅。受訖，奉謚册官執笏退位。次舉册官舉行，太傅捧册升殿，至褥位北向跪，奠册匣於案上。太傅執笏興，少退稍西褥位，東向立。次舉册官執笏興，少立。次引讀册中書令升殿，詣册案之後北向立，舉册官搢笏，跪舉册。讀册中書令搢笏，跪讀册訖，執笏興，降復位。舉册官奠册，舉册匣興。職掌先捧册案於殿下稍東褥位置定，舉册官舉册匣跪，置于案上。舉册官執笏興，降復位。初，讀册官讀册將畢，次引奉謚寶官詣寶案前，次舉寶官搢笏跪，舉寶盝興。職掌先捧寶案升詣殿上香案前，置於褥位北向，次奉謚寶官搢笏奉寶盝。次引太傅降階，於寶盝之後搢笏。次奉謚寶官以寶盝授太傅，太傅受訖，奉謚寶官執笏退，復位立。次舉寶官舉行，太傅捧升殿，至褥位北向跪，奠寶盝於案上。太傅執笏興，少退稍西褥位，東向立。次舉寶官執

〔二〕聖：原脱，據上文補。

笏興，少立。次引讀寶侍中升殿，詣寶案之後北向立，舉寶官搢笏跪，舉寶。次讀寶侍中搢笏跪，讀寶訖，執笏興，降復位立。舉寶官奠寶，舉寶盝興。職掌先捧寶案於殿上稍東褥位置定，舉寶官舉盝跪，置于案上。舉寶官執笏興，降復位立。次引太傅降復位，西向立定。禮直官贊太傅躬拜，在位官皆再拜。如值雨泥濘，隨宜於殿裹外并廟上趲那(主)〔立〕班。次移班稍東，進名班首出班致詞，復位，再拜，奉慰壽聖隆慈[20]備福太皇太后。次進名再拜奉慰皇太后(訖)，次進名再拜奉慰皇帝，次進名再拜奉慰皇后訖，班退。次詣後殿門外立班，進名奉慰太上皇帝、太上皇后訖，班退。

謚册文：「維紹熙五年，歲次甲寅，十月戊子朔，二十九日丙辰，孝孫嗣皇帝臣擴謹稽首再拜言曰[一]：臣聞道之大者，擬議之所不能加；尊之極者，形容之所不能盡。然天地之德非可俄度，而總其大曰生；帝王之美非可易言，而極其至惟孝。誠以萬善之本，孝爲之先，理無不該，治所從出，建人文以立極，包衆甫以用中。巍巍煌煌，充滿天地，生闉不憲，没垂閎休，振古無倫，不可尚已。恭惟大行至尊壽皇聖帝以天縱不世出之姿，輔高明大有爲之志，神武甚類於藝祖，至仁克叶於高宗。在位二十八年，紀綱法度，慶賞刑威，文物典章，源流品式，焕乎三辰之明，藹乎《韶》《濩》之音，截然風霆之震驚，沛然雨露之滲漉。雖精神之運微妙難測，而出治之迹較然可紀。方在沖幼，岐嶷徇齊，儼如神人，已係羣望。就傅王邸，睿質日躋，沉潛聖經，反復舊史，發爲言訓，有老師宿儒之所不及。洎膺付(記)〔託〕，光御曆服，當宁太息，風揮日舒，蒐延浚明，昭發猷念。勤勞夙夜，以恢康濟久大之圖；明厲奮決，以起偷墮苟安之習。智出庶物，不流於滿假；思周萬機，罔病於叢脞。規爲建置，常欲凌厲漢唐而紹休祖宗。故推對越之誠，首輯敬天之圖；充惻怛之念，洊頒卹民之詔。[21]總章圜丘之迭舉，而報本之義盡；儒館辟廱之親臨，而右文之化展。重惜名器也，雖(官)〔宮〕闈之恩澤(婁)〔屢〕減損而不卹；務公賞刑也，雖勳戚之抵冒必詰責而無赦。貢稱羨餘則却之，法奏祥瑞則删之。復六察之彈糾，不止於檢簿書之稽違；詰三省之煩苛，貴在乎明朝廷之體要。課儒生以金穀，懼空言之無補；角進士以弧矢，慮戎備之或忘。申飭閹人，毋預軍政；體貌大臣，常延便坐。嚴更迭〔之〕法以練才實，躬臨遣之煩以達壅蔽。權任所寄，誕謾敗事者必謫；暬御之臣，請託爲姦者必戮。孜孜汲汲，日不遑暇，羣工奔走率職，而庶事秩然舉矣。至於躬服儉素，研精典學。聲色靡曼，未嘗留意，成湯之弗邇也；雙日休暇，間坐書筵，孔子之時習也。反安南之象，則《旅獒》之不蓄；觀御苑之麥，則《無逸》之先知。乾文參乎典謨，宸畫麗乎河漢。儲宮入侍，每迪以剛健；安康下降，必訓以温柔。旁采崔寔之達權，深嘉陸贄之忠蓋。言動以爲法則，身聲以

[一] 擴：原作「御名」，按此處指宋寧宗，今據其名回改。

爲律度。厥惟始初，遭虜匪茹，赫然震怒，猋厲武節。念版圖之未歸，痛陵寢之弗祀，大講岐陽之蒐，冀申有扈之伐。而敵釁未啓，雄圖終鬱。雖宿耻之猶在，顧大誼之已明。此則有開於後來，將纘聖志而成之也。歷考自昔，粤帝與王，雖謹於初，鮮不終怠，而大行臨御既久，日新又新，每深苞桑之戒，居軫朽索之懼。尊賢勵德，晚而彌篤，洋洋風聲，軼乎疆外。用能大和熏塞，方内底寧，肖翹[22]蚑行，罔不咸遂。神明未衰，王化方洽，遒舉神器，以授聖子，揖遜之盛，光於有虞。方且獨超希夷，爲衆之父，玩其清浄，福我邦家，而生民無禄，昊天不弔，奄棄大養，欻乘白雲。率土崩心，際天雨泣。末予小子，追念烈祖之訓，㷀㷀在疚，罔知攸濟。王公卿士，諏經訂禮，以謂因山匪遠，升祔有期，當崇徽稱，庸詔罔極。夫惟懿鑠，豈易管窺，亶是孝思，寔高載籍。承顔之敬，綿九閏而益共；致養之隆，極九州而未已。和氣愉色，根於自然，纖介不形，淳篤天至。逮執喪紀，古制是遵。漢文弗思而輕變，晉武雖行而未盡。仁殫義備，始自聖明，固已挽百代之澆風，示一王之丕式矣。夫舜之獨稱大，武王、周公之獨稱達，豈其他聖賢皆不然哉，蓋即其特盛者而名之也。粤兹諫行，稽謀于天，鏤玉簡薦之清廟，於以揚厲景烈，宣明至公，貫顯幽而無斁，亘今古而如在。謹遣攝太傅、光禄大夫、右丞相、提舉編修玉牒、提舉實録院、提舉編修國朝會要、天水郡開國公、食邑六千五百户、食實封二千户趙汝愚，奉玉册、玉寶，上尊謚曰哲文神武成孝皇帝，廟號孝宗。伏惟威靈在天，膺受容典，於萬斯年，永幬厥後。嗚呼哀哉！謹言。」

閏十月三日，禮部、太常寺言：「將來神主祔廟，合添一室，修置祏室等，乞下兩浙轉運司計會本寺修蓋。」從之。

同日，又言：「將來神主祔廟，製造孝宗室牌一面，進請御書。修製畢，權於修内司安奉，以俟擇日迎[23]奉安掛。」從之。

四日，内出御製挽詩五首。其一曰：「德壽一言決，昌陵七世孫。躬方膺曆數，志欲整乾坤。揖遜循先烈，崇高仰至尊。繐筵如在上，猶得奉晨昏。」其二曰：「聖德何加孝，惟皇集大成。哀誠動蠻貊，至性格神明。盡物難圖報，稱天遂易名。直從虞舜後，今日見躬行。」其三曰：「九閏凝丕績，中興鼎盛時。聖圖天廣大，王度日清夷。已矣南風曲，傷哉十月巵。都人紛涕淚，舊事説淳熙。」其四曰：「曉發移霜紼，風行引素旂。攀車勤孺慕，臨酹動慈闈。地接稽山窆，寒生漢殿衣。史臣占瑞象，歸奏五雲飛。」其五曰：「久荷緑車寵，俄驚玉几憑。居喪履苦（蒐）〔塊〕，嗣統劇淵冰。祖業何能潤，宸謨敢不承？因山遵素志，萬古近思陵。」

七日，詔欑宮修奉司：「今來修奉哲文神武成孝皇帝下宫，於永思陵下宫之西修蓋。」

同日，橋道頓遞使司言：「將來梓宮發引（度）〔渡〕江，依舊例，梓宮前後官司除内人船外，其餘並於前兩日渡江，庶得整肅，不致喧嘩。」從之。

同日，太史局言：「將來梓宮發引經由道路，合依淳熙十四年高宗皇帝梓宮經由去處，於候潮門直南水門兩橋之間，權拆禁城修作門户出城，取牛皮巷跨浦橋登舟，係是東南利方，於國音即無妨礙。」從之。

八日，詔朝請郎、守尚書右司員外郎林季友假煥章閣學士、朝請大夫、提舉萬壽觀、兼侍讀、咸安郡開國公、食邑一千户、食實封一百户、賜紫金魚袋，充奉使金國報謝使；[24]武功大夫、左領軍衛將軍郭正己假明州觀察使、知閤門事、兼客省四方館事、宜春縣開國侯、食邑一千二百户，副之。

十日，御史臺言：「勘會梓宮發引日，百官出城奉辭，合設文臣路祭一座。乞依例，應文臣選人並照本身料錢每貫三十文省，於臨安府送納，令本府排辦。候畢，如有支不盡錢，繳納左藏庫。」從之。

十一日，金國弔祭使、資政大夫、吏部尚書尼厖古鑑，副使正議大夫、尚書户部郎楊伯通，讀祭文官朝列大夫、行祕書丞賈守謙赴重華殿行祭奠禮。前期，儀鸞司於重華殿東廊設御幄，并重華殿上並施簾。其日，有司預於殿上設哲文神武成孝皇帝神御座，主管事務及諸司於殿上先設香案、香茶、酒果、食盆臺等。俟使人并讀祭文官至重華殿門外幕次，如有使人附到祭食，先期於重華殿上排設畢。皇帝先詣重華宮前行燒香之禮，如宮中之儀。畢，東廊御幄簾降，其合赴起居侍立等官，並如閤門儀。禮直官引内侍官於重華殿門外捧祭文、奠書案，入於殿階下使副拜褥之右。禮直官、舍人、通事引使副、讀祭文官，並殿下褥位北向立定，讀祭文官重行立。初，引使副入重華殿門，殿上簾捲，皇帝於幄内舉哭，殿上下官皆舉哭，使副升殿止哭。揖躬。使副、讀祭文官俱再拜訖，内侍官捧祭文、奠書案升西階，詣神御座前稍西。使副、讀祭文官隨升殿，使副詣殿上北向立，讀祭文官在[25]祭文奠書後立。引使詣神御座前，就一拜，跪，三上香，奠茶，奠酒畢，就一拜，興，復位立。内侍官捧案詣神御座前置定。讀祭文官詣神御座前，就一拜，跪，啓封讀祭文、奠書訖，就一拜，興。引使副、讀祭文官降西階下殿歸位，揖躬再拜。皇帝於幄内舉哭，殿上下官皆舉哭。禮直官、舍人、通事引使人並權退，殿上簾降。使人出重華殿門外幕次，以俟朝見。

十五日，禮部、太常寺言：「將來梓宮發引，依典故啓欑前三日奏告天地、宗廟、社稷、天慶觀、報恩光孝觀、太一宮。」從之。

十六日，金國弔祭使尼厖古鑑等赴重華殿奉辭。前期，儀鸞司於重華宮殿上施簾。其日，有司預於殿上設哲文神武成孝皇帝御座，主管事務及諸司於殿上先設香案、香茶、酒果、祭食盆臺等，并重華宮親從親事官排立如儀。俟使人并讀祭文官至重華殿門外幕次，俟親從親事官〔自拜〕〔揖躬〕兩拜訖，次御史臺、閤門、太常寺分引宰執侍從官入赴當殿，北向立定。殿上簾捲，揖躬兩拜訖，宰執並由西階升殿，分東西立，侍從官於殿下東壁面西立。禮直官、舍人、通事引使副、讀祭文官入殿前，殿上下官皆舉哭。至殿下褥位北向立定。揖躬兩拜訖，引使、副由西階升殿，殿上下官止哭，讀祭文官依舊殿下立。使、副於殿上北向立。引使詣神御座前，就一拜，跪，三上香、奠茶、三奠酒畢，就一拜，興，復位。引使、副降西階下殿，歸位立，殿上下官皆舉哭。26 揖躬兩拜訖，退。宰執並降西階，侍從官已下以次退，殿上簾降。

二十一日，詔攝太傅持節導靈駕及奠謚寶、監掩欑宮差右丞相趙汝愚，欑宮禮儀使差太師、嗣秀王伯圭，攝少傅差吏部尚書鄭僑。

二十三日，禮部、太常寺言：「將來虞主回赴重華宮并神主祔廟，依禮例用細仗五百人、太常鼓吹一百三十一人，乞下兵部、太常寺差撥施行。」從之。

二十四日，禮部、太常寺言：「靈駕發引，依禮例差太傅一員，後從皇帝行啓奠、祖奠、遣〔殿〕〔奠〕之禮。」詔差右丞相趙汝愚。

同日，禮部、太常寺言：「已降指揮，掩欑宮畢，太常卿沿路行六虞祭畢，奉迎虞主詣重華宮，皇帝行奉迎、安神禮。及行第七、第八、第九虞祭，依禮例係間日行禮。并依國朝故事，神主祔廟前二日，皇帝親行卒哭之祭。所有神主祔廟日辰，太史局選用十二月十八日，其間日一虞，緣相去祔廟日遠，今檢會昨淳熙十五年禮例，亦緣祔廟日遠，係三日一虞。今欲乞將來十二月四日，奉迎虞主詣重華宮几筵殿行奉迎安〔神〕禮畢，欲乞於六日皇帝親行第七虞祭，十日八虞，十三日九虞，十六日卒哭。」從之。

二十五日，詔奉迎神主并神主祔廟禮儀使差右丞相趙汝愚，都大主管官差霍汝翼。

二十九日，詔靈駕發引并至永阜陵欑宮，除太傅、禮儀使、少傅一員，復土九鍤就差禮儀使伯圭。

十一月四日，詔書題祔廟神主差吏部尚書鄭僑。

十27一日啓欑，皇帝服初喪之服，行祭奠之禮。其日啓欑時前，總護使行啓欑禮畢，捧遷梓宮還殿安奉訖，禮直官引讀祝文官詣殿上香案之西東向立，次禮直官、太常博士引太常卿詣幄前立定，次御史臺、閤門、太常寺分引陪位宰執、文武百僚，並服初喪服，詣重華殿裏外隨地之宜立班定。皇帝服初喪之服，詣幄即御座。簾降，禮直官、太常博士引太常卿當幄前俛伏，跪奏稱：「太常卿臣某言，請皇帝詣哲文神武成孝皇帝梓宮前行啓欑祭奠之禮。」奏訖，伏，興，退復位。簾捲，前導官前導皇帝出幄，詣殿上褥位西向立。奏請拜，皇帝再拜舉哭，在位官皆再拜舉哭。前導官前導皇帝詣香案前北向立，奏請皇帝上香、再上香、三上香，跪。內侍進茶酒，奏請皇帝酹茶，三奠酒于茅苴。奠爵訖，俛伏，興，又奏請皇帝少立。俟讀祝文官讀祝文訖，皇帝哭，在位官皆哭。奏請拜，皇帝再拜，在位官皆再拜訖，前導官前導皇帝還褥位，西向立。奏請拜，皇帝再拜，在位官皆再拜訖，前導官前導皇帝歸御幄。簾52降，禮直官、太常博士引太常卿當幄前俛伏，跪奏稱「太常卿臣某言，禮畢」。奏訖，伏，興，退。百官移班稍東，進名班首出班致詞，復位，再拜，(奏)〔奉〕慰太皇太后。次進名再拜奉慰皇太后，次進名再拜奉慰皇帝，次進名再拜奉慰皇后訖，班退。換常服、黑帶，詣後殿門外進名再拜奉慰太上皇帝，次進名再拜奉慰太上皇后訖，班28退。自是百僚並服初喪服，朝一臨，臨退不易服，至發引奉辭靈駕畢，易常服、黑帶。

紹熙五年十一月十四日，詔靈駕發引，其排立禁衛諸班直，親從、等子并殿前司擺鋪經由道路坊巷官兵折食錢，依淳熙十五年例，令户部日下特與倍支。

同日，監察御史吳獵言：「準敕差監掩欑宮，續詔令在路糾察儀仗等人船，不得前後攙先遠去。照得舊例，察官俟掩欑宮畢，不候隨虞主，先回，今既有糾察指揮，未審合與不合隨虞主至行在？」詔令隨虞主回程，餘依已降指揮。

十五日，靈駕發引，行啓奠、祖奠、遣奠之禮。其日行啓奠禮時前，太皇太后、皇太后自宫中服衰服，提舉官奏請太皇太后、皇太后詣梓宫前舉哭，行燒香奉寧之禮畢，權歸幄次。有司設牙床、牲牢、禮饌畢，禮直官引讀祝文官詣殿上東向立，進幣爵酒官詣殿上西向立，酌酒官於酒尊之後立。次引太傅、宰執、總護使、皇親南班官、行事侍中等及總護使司官屬詣殿下北向立定。禮直官、太常博士引太常卿於幄前立定，皇帝服衰服，至御幄即座。侍衛之官各服初喪之服。簾降，太史報時前二刻，禮直官、太常博士引太常卿當幄前俛伏，跪奏稱「太常卿臣某言，請皇帝行啓奠之禮」。奏訖，伏，興，退復位。簾捲，前導皇帝出幄，詣殿上褥位西向立。奏請拜，皇帝再拜舉哭，在位官皆再拜舉哭。次内侍官進盤匜沃水，奏請皇帝盥手。内侍官進29爵，奏請皇帝洗爵。内侍官進巾，奏請皇帝拭爵。前導官前導皇帝詣哲文神武成孝皇帝靈座前，次禮直官引太傅後從。凡升降及祖奠、遣奠禮，皆太傅後從。又奏請皇帝跪，上香，再上香，三上香。進幣爵酒官西向跪，先進幣，次進爵酒。又奏請皇帝受幣，奠幣，執爵，三祭酒于茅苴。奠爵訖，俛伏，興。又奏請皇帝少立，哭止，讀祝文官東向跪。讀祝文官奏請皇帝哭，在位官皆哭。又奏請拜，皇帝再拜，在位官皆再拜。次前導皇帝還褥位西向立，又奏請拜，皇帝再拜，在位官皆再拜訖，前導皇帝權歸幄。簾降，前導官於幄前立，陪位等官並權退，徹啓奠禮饌。俟時至，侍中詣哲文神武成孝皇帝靈座前俛伏，跪奏稱「侍中臣某言，請哲文神武成孝皇帝靈駕進發」。奏訖，伏，興，退復位。凡侍中奏請，皆俛伏跪奏訖伏興。俟輦官等捧梓宫稍前，侍中又奏請哲文神武成孝皇帝靈駕少駐，俟權置定，輦官等並權退。次提舉官奏請太皇太后、皇太后詣梓宫前舉哭，行燒香奉辭之禮畢，還宫。有司設牙床、牲牢、禮饌畢，次引太傅、宰執、總護使等陪位官，皆立定。陪位官如啓奠之儀。次禮直官、太常博士引太常卿當幄前俛伏，跪奏稱「太常卿臣某言，請皇帝行祖奠之禮」。奏訖，伏，興，退復位。簾捲，前導皇帝出幄，詣殿上西向褥位立。奏請拜，舉哭行禮並如啓殿之儀訖，前導皇帝於稍東褥位西向立。太傅、宰執、前導官、總護使30官屬等權退，詣重華宮門外，以俟前導後從立班。次引皇親南班官於殿下稍東少立，次引總護使升殿，於皇帝褥位之東西立。禮直官引侍中奏請哲文神武成孝皇帝靈駕進發，初行祖奠之禮，少府監帥其屬進龍輴於重華殿下。輦官等升捧梓宮，太傅持節導梓宮進發。降殿，太常少卿帥執翣者分左右障梓宮。初，梓宮降殿，皇帝舉哭從行，總護使、皇親南班官並舉哭，陪從至重華殿。次引侍中詣哲文神武成孝皇帝靈駕前，奏稱「侍中臣某言，請哲文神武成孝皇帝梓宮升龍輴」。奏訖，退。次將作監捧梓宮登龍輴，挽士奉引至重華宮門外，侍中奏請哲文神武成孝皇帝靈駕權駐，升大昇轝。初至宮門外，皇帝歸幄。簾降，行事、陪位官少退，前導官立於御幄前。次少傅率梓宮官係將作監。奉梓宮升大昇轝訖，有司設哀册牙床，實牲牢禮饌畢，次引讀册官、舉册官、進爵酒官，各隨地之宜立，酌酒官於酒尊之後立。次宰執、總護使等陪位官皆立定。陪位官如啓奠之儀。次禮直官、太常博士引太常卿當幄前俛伏，跪奏稱「太常卿臣某言，請皇帝行遣奠之禮」。奏訖，伏，興，退復位。簾捲，前導官前導皇帝出幄，詣大昇轝之前褥位立，奏請拜，皇帝再拜舉哭，在位官皆再拜舉哭。內侍進盤匜沃水，奏請皇帝盥手。內侍進巾，奏請皇帝帨手。內侍進爵，奏請皇帝洗爵。內侍進巾，奏請皇帝拭爵。前導官前導皇31帝詣哲文神武成孝皇帝靈駕前，又奏請皇帝跪，上香，再上香，三上香。進幣爵酒官跪，先進幣，次進爵酒，又奏請皇帝受幣、奠幣，執爵，三祭酒于茅苴。奠爵訖，俛伏，興，又奏請皇帝少立，哭止。讀哀册官跪讀哀册訖，奏請皇帝哭，在位官皆哭。又奏請拜，皇帝再拜，在位官皆再拜訖，陪位官皆退。有司徹牙床，禮饌，前導官前導皇帝權歸幄次。禮直官引侍中奏請哲文神武成孝皇帝靈駕進發，有司率僧道各執威儀、鑼鈸、道具并車轝、法物、哀册、謚册寶等，及儀衛執持物人前引靈駕進發。前導官前導皇帝出幄舉哭，執紼繩，俟大昇轝進發，內侍官割繩訖，前導官前導皇帝歸幄，哭止。簾降，前導官退。

哀册文：「維紹熙五年，歲次甲寅，六月庚寅朔，九日戊戌，哲文神武成孝皇帝崩于重華宮之重華殿，殯於殿之西階。粵十一月戊子朔，十五日壬寅，遷座于永阜陵欑宮，禮也。即遠期臻，通喪義切，象物儼乎既備，龍輴憺其將發。孝孫嗣皇帝臣擴孝深念祖〔一〕，制實代親，欒棘表性，苴麻厚倫。望仙遊而已邈，企貽訓以如新。丕闡大烈，亶資弼臣。其詞曰：於皇太祖，肇基我宋。神旗一揮，萬國星拱。功拯兆人，德彌千紀。傳祚友于，弗私其子。慶鍾來裔，元聖遹開。珠庭日角，大略雄才。洪惟高宗，鑒挺則

〔一〕擴：原作「御名」，即寧宗之名，今據其名回改。

哲。早毓英睿，謂膺圖（諜）〔牒〕。爰付大統，天心允協。乾道紀旦，於赫皇明。清風發而杲日麗，潛龍奮而春雷驚。仄席籲俊，[32]宵衣厲精。政核名實，治規平成。革玩歲之末習，揭爽邦之大經。羣臣震疊以亮采，方内涵濡而底寧。慨九陵之蕪穢，悼二都之羶腥。苦劇嘗膽〔一〕，風行建瓴〔二〕。意欲刷耻雪憤，掃穴犁庭，陳藁街之斧鉞，報清廟之威靈。雖壯圖之耆昧，炳聖志之丹青。亶示訓於有生，尤茂昭於人極。享帝虔恭，奉先祇惕。兢兢早暮，載嚴于職。玉巵奉而慈顔怡愉，寶册陳而叶氣充塞。十閏致養，三年宅卹。表裏交盡，初終如一。行軼曾、閔，道光載籍。乃若學洞壼（粵）〔奧〕，文追典謨。諏經米廩，援翰鴻都。儒化聿宣，文風誕敷。居率儉勤，動虞驕逸。覽章夜分，決事日昃。聲色靡好，囿游不飭。賜無横緡〔三〕，府有餘積。至仁漸暨，邦本先卹。延見牧守，丁寧戒飭。中外更試，以練羣能。曰長養成就，忠良奮興。善無微而不録，惡無隱而不懲。曰司紀綱，或糾愆謬。不難屈己，以伸法守。體正用大，消平黨偏。其德赫赫，其心淵淵。蓋明足以燭知洪纖而不病於察，智足以獨御區宇而不矜其全。神機電斷，蔑優遊之失；卓識天授，顯精一之傳。春秋日高，聖敬彌邵。肆垂宏遠之規，終契希夷之妙。脱屣黄屋，怡神絳宮。方展寀而慶七衮，忽賓天而乘六龍。文母流涕以臨訣，聖嗣抱疹而嬰兇。嗟舜宥之甫頒，哀秦醫之莫逢。嗚呼哀哉！彌留之辰，天震地裂，人心靡怙而皇皇，國勢阽危而業業。賴遺澤之滲漉，想靈旓之颯沓。偉大策之中定，鞏皇圖於不拔。嗚呼哀哉！流晷于[33]邁，隱憂載深。繁霜粲兮眩目，朔吹嚴兮殞心。撫玉座兮虚以寂，瞻素旗兮翩復森。長樂鍾殘，猶意綵衣之問；鈞天夢斷，空驚廣奏之沉。嗚呼哀哉！因山遽催，同軌畢赴，背巍巍之邃宇，即杳杳之靈户。紛羽衛兮赫奕，愴凶儀兮縞素。薤歌咽兮前導，蔞翣移兮屢駐。流蘇月滿，清厢之夜色空凝；輦路苔生，别苑之春光誰顧。嗚呼哀哉！指濤江而欲度，辭廟祏以增欷。睇稽山兮暫寓，眷鞏洛兮終歸。痛深泉下之銀海，藏謹中方之玉衣。葬遠蒼梧，蹇二妃之不從；宴終瑶圃，眇八駿以何之。嗚呼哀哉！君臨天下二十有八年，睿澤浸乎華夏，德名振乎天淵。儷美堯、禹，跨成軼宣。何崇朝之厭代兮，鬱四海之煩冤。焆大孝之絶德兮〔四〕，芘神孫於萬年。嗚呼哀哉！」

二十四日，内降制曰：「三年之喪，古有彝制。朕勉承慈訓，寅紹邦圖，仰孝宗之家法具存，宜眇躬惟古道是復，以盡厚終之義，以昭尊祖之誠。朕當遵用三年之制，可令禮官條具合行典禮以聞。」先是，禮部、太常寺言，欲大祥

〔一〕苦：原作「若」，據文意改。
〔二〕風：原作「夙」，據文意改。
〔三〕緡：原作「綿」，不通。按韓琦《安陽集》卷四一《英宗皇帝哀册文》：「府有餘積，賜無横緡。」此處乃倒用韓句，據改。
〔四〕焆：按此字訓「火氣」，於此無義，疑當作「焆」。《廣韻》：「焆，明也。」

畢，更服禫兩月，至九月一日從吉。上曰：「但欲禮制全盡，不較此兩月。」於是監察御史胡紘言：「伏覩已降御筆布告，遵行三年之制。是時太上感疾，未能執喪，故陛下下此明詔，欲以安海內，示夷狄也。今孫爲祖服已過期矣，議者欲更持禫兩月，不知用何典禮。若曰嫡孫承重，則太上聖躬亦已康復，於宮中自行二十七月之重服，而陛下 34 又行之，是喪有二孤也。往時權臣當國，不有太上，故禮官造爲不經之説，以濟其不軌之謀。自古孫爲祖服，何嘗有此禮制？今陛下詎可不爲親屈，以爲之差別乎？謂宜二十五月而釋服。六月九日釋服之後，用王肅祥禫共月之義，且放古未逾月纖冠之意，服常服色之淺淡者終月，至七月一日純吉服。自餘一切如常服之舊。太上皇帝宜禫而釋服，至九月一日純吉。庶無二孤之嫌，又合祥禫共月之制。乞下侍從、臺諫、給舍集議。」吏部尚書葉翥等議到：「當來有司失於討論，今來胡紘所乞委是允當。兼照典故，山陵進發日，皇帝釋衰服，改吉服。今服衰服已至大祥，高世之行，度越漢、唐，乞從所請。」詔：「集議到禫制事，嘗宣諭宰執，雖合禮經，然於朕追慕之意有所未安。後月過慈福宮，更當取太皇太后聖旨。」至是過宮奏知，面奉聖旨，以羣臣所議既合禮經，況太上皇帝聖躬雖未全康愈，宮中亦自行三年之制，宜從所議。朕既承慈訓，敢不遵依？議狀付外施行。」《宋史・禮志》：初，高宗之喪，孝宗爲三年服。及孝宗之喪，有司請於易月之外〔一〕，用漆紗淺黃之制，蓋循紹興以前之舊。朱熹初至，不以爲然，奏言：「今已往之失不及追改，惟有將來啓欑發引，禮當復用初喪之服，則其變除之節，尚有可議。望明詔禮官稽考禮律，豫行指定。其官吏軍民方喪之服，亦宜稍爲之制，勿使肆爲華靡。」其後詔中外百官皆以涼衫視事，蓋用此也。方朱熹上議時，門人有疑者，未有以折之。後讀《禮記正義・喪服小記》「爲祖後者」條，因自識於本議之末，其略云：「準《五服年月格》，斬衰三年，嫡孫爲祖（謂承重者），法意甚明，而禮經無文，但傳云『父没而爲祖後者服斬』，然而不見本經，未詳何據。但《小記》云『祖父殁而爲祖母後者三年』，可以傍照。至『爲祖後者』條下疏中所引《鄭志》， 35 乃有『諸侯父有廢疾不任國政，不任喪事』之問，而鄭答以『天子、諸侯之服皆斬』之文，方見父在而承國於祖服。向來上此奏時，無文字可檢，又無朋友可問，故大約且以禮律言之。亦有疑父在不當承重者，時無明白證驗，但以禮律、人情大意答之，心常不安。歸來稽考，始見此説，方得無疑。乃知學之不講，其害如此，而禮經之文誠有闕略，不無待於後人。向使無鄭康成，則此事終未有所斷決〔二〕，不可直謂古經定制，一字不可增損也。」

二十八日，掩欑。其日俟大昇轝至欑宮，侍中詣大昇轝前俛伏，跪奏稱：「侍中臣某言，請哲文神武成孝皇帝靈駕降轝，升龍輴，詣獻殿。」奏訖，俛伏，興。有司捧梓宮升龍輴，入詣獻殿上訖，俟掩欑日時前行遷奠禮。有司於梓宮前陳設祭器，實設禮料畢，先引陪位官立定，次引奉禮郎已下入就位立定，次行禮總護使詣獻殿梓宮前立定。禮直官贊躬拜，總護使再拜，在位官皆再拜舉哭。次引奉禮郎、太祝、太官令各入就位立定，次引行禮總護使詣盥洗位盥

〔一〕司：原作「所」，據《宋史》卷一二二《禮志》二五改。
〔二〕未：原無，據《宋史》卷一二二《禮志》二五補。

手帨手，洗爵拭爵，詣酒尊所跪，執爵。俟太官令酌酒訖，興，詣梓宮前跪，上香，再上香，三上香。奉禮郎奉幣，行禮總護使受幣奠幣，執爵三祭酒，奠爵，俛伏，興，少立，止哭。俟太祝跪讀祝文訖，行禮總護使再拜舉哭，在位官皆舉哭。總護使復位，又再拜，在位官皆再拜訖，哭止。次引總護使詣望瘞位，奉禮郎、太祝、太官令重行立定。有司瘞祝幣訖，退。俟掩欑時至，引侍中詣梓宮前俛伏，跪奏稱：「侍中臣某言，請哲文神武成孝皇帝靈駕赴欑宮。」奏訖，俛伏，興。有司捧遷梓宮，少傅引梓宮即欑宮畢，權退。俟梓宮進皇堂訖，次引將作監掩欑[36]宮，太傅、監察御史並監掩欑宮。次引少保復土九鍤。内謁者浴虞主訖，以羅巾拭訖，俟掩欑宮將畢，引内謁者詣欑宮前俛伏，跪奏稱「内謁者臣某言，請哲文神武成孝皇帝神靈上虞主」。訖奏，俛伏，興，扶侍，夾侍啓(啓)匱覆訖，捧腰輿，内侍捧遷虞主升腰輿，至獻殿上南向權置定。次引内謁者詣虞主腰輿前俛伏，跪奏稱「内謁者臣某言，請哲文神武成孝皇帝虞主降輿升座」。内侍捧遷虞主即座訖，權退。初掩欑宮畢，引太常卿行掩欑宮之禮，並如遷奠之儀。唯不用陪位官。掩欑宮行禮畢，總護使已下並易常服、黑帶。訖，次詣虞主前行虞祭之禮，如別儀。

十二月四日，虞主渡江，於權安奉處，禮儀使行奉迎之禮。其日威儀、僧道、儀衛、親從等，並詣權安奉哲文神武成孝皇帝虞主幄次前排立，禮直官引禮儀使、都大主管官已下詣虞主幄前褥位立班定。禮直官揖躬拜，禮儀使拜，在位官皆再拜訖，次引禮儀使升詣虞主香案前，搢笏上香、再上香、三上香。執笏降復位，再拜，在位官皆再拜訖，次引禮儀使、都大主管官升詣殿幄分立定。禮直官引内謁者詣虞主腰輿前俛伏，跪奏稱「内謁者臣某言，請哲文神武成孝皇帝虞主進行」。奏訖，俛伏，興，退。次威儀、僧道、儀衛、親從等前引禮儀使騎從，都大主管官并主管諸司等往來照管。俟虞主進行至重華宮門外，禮儀使已下馬並權退，以俟皇帝行奉迎[37]之禮。其僧道、儀衛、親從等止於重華宮門外退。

同日，文武百僚常服、黑帶，出城奉迎虞主詣重華宮。

同日，皇帝於重華宮門外奉迎虞主升殿，行安神之禮。其日皇帝詣重華宮門内御幄，簾降，禮直官、太常博士、太常卿於幄前立定。俟哲文神武成孝皇帝虞主至重華宮門外，禮直官、太常博士引太常卿當幄前俛伏，跪奏稱：「太常卿臣某言，請皇帝奉迎哲文神武成孝皇帝虞主，行安神之禮。」奏訖，俛伏，興，退復位。簾捲，前導官前導皇帝出幄，詣重華宮門外褥位南向立。奏請拜，皇帝再拜訖，扶侍、夾侍捧腰輿入門，前導官前導皇帝步導虞主升殿，至几筵殿上權駐，前導官前導皇帝詣殿上褥位西向立。次引内謁者詣虞主腰輿前俛伏，跪奏稱：「内謁者臣某言，請哲文神武成孝皇帝虞主降輿升座，權安奉。」奏訖，俛伏，興，退。内侍官捧虞主升座，前導官前導皇帝權歸几筵殿東廊御幄。簾降，前導官並權退。次提舉官奏請太皇太后、皇太后詣虞主前北向立，内侍官啓匱于後，以白羅巾覆之訖，少退。太皇太后、皇太后行安神燒香禮，如宫中之儀訖，退。次前導官詣御幄前立，御幄簾捲，前導官前導皇帝詣虞主香案前北向立，奏請皇帝上香、再上香、三上香。又奏請拜，皇帝再拜訖，前導官前導皇帝詣褥位西向立。俟内侍官啓巾捧匱覆虞主訖，前導官前導皇帝歸几筵殿東廊御幄。簾降，禮直官、38太常博士引太常卿當幄前俛伏，跪奏稱「太常卿臣某言，禮畢」。奏訖，俛伏，興。前導官退，以俟進名奉慰訖退。

六日，皇帝詣几筵殿行第七虞祭之禮。第一至第六虞，有司行禮；第七至第九虞，皇帝親行禮。其日有司設牙床、牲牢、禮饌。行禮時前，御史臺、閤門、太常寺先引文武百官詣几筵殿裏外立班，次禮直官引讀祝文官詣殿上東向立，進幣爵酒官詣殿上西向立，酌酒官於殿上酒尊之後北向立定，次禮直官、太常博士引太常卿詣幄前立定。皇帝入御幄，簾降，禮直官、太常博士引太常卿當幄前俛伏，跪奏稱「太常卿臣某言，請皇帝行虞祭之禮」。奏訖，俛伏，興，退復位。簾捲，前導官前導皇帝出幄，詣殿上褥位西向立。内侍啓虞主匱于後，以白羅巾覆之訖，奏請拜，皇帝再拜，在位官皆再拜。次内侍進盤匜沃水，奏請皇帝盥手。内侍進巾，又奏請皇帝帨手。内侍進爵，又奏請皇帝洗爵。内侍進巾，又奏請皇帝拭爵。訖，前導官前導皇帝詣虞主前，奏請皇帝跪，上香、再上香、三上香。進幣爵酒官搢笏跪，先進幣，次進爵酒，又奏請皇帝受幣、奠幣、執爵，三祭酒于茅苴。奠爵訖，俛伏，興，又奏請少立。讀祝文官搢笏跪，讀祝文訖，奏請拜，皇帝再拜，在位官皆再拜訖，前導官前導皇帝還褥位西向立。奏請拜，皇帝再拜，在位官皆再拜訖，内侍啓虞主巾，捧匱覆虞主訖，前導官前導皇帝歸御幄。簾降，禮直官、39太常博士次引太常卿當幄前俛伏，跪奏稱「太常卿臣某言，禮畢」。奏訖，俛伏，興，退復位。前導官退，陪位、行事官以次退。第八、第九虞並如上儀。

十日，皇帝行第八虞祭之禮。十三日行第九虞祭之禮。

十二日，吏部尚書鄭僑等議，請以故宰臣贈太師、魯國公、謚文恭陳康伯配饗孝宗廟廷。從之。

十三日，詔兩浙轉運司、紹興府創蓋欑宫都監、巡檢廨舍并吏舍軍營等，並依永思陵欑宫體例施行。已而本府得其地在永思陵巡檢廨舍之北，因命建焉。

十六日，皇帝詣几筵殿行卒哭之禮。其日有司設牙床、牲牢、禮饌。行禮時前，御史臺、閤門、太常寺先引文武百官詣几筵殿裏外立班定，次禮直官引進幣爵酒官詣殿上西向立，引讀祝文官詣殿上東向立，酌酒官詣殿上酒尊之後北向立定，次禮直官、太常博士引太常卿於幄前立定。皇帝入御幄，簾降，禮直官、太常博士引太常卿當幄前俛伏，跪奏稱「太常卿臣某言，請皇帝行卒哭之祭」。奏訖，俛伏，興，退復位。簾捲，前導官前導皇帝出幄，詣殿上褥位西向立。內侍啓虞主匱于後，以白羅巾覆之訖，奏請拜，皇帝再拜，在位官皆再拜。次引內侍進盤匜沃水，請皇帝盥手。內侍進巾，又奏請皇帝帨手。內侍進爵，又奏請皇帝洗爵。內侍進巾，又奏請皇帝拭爵。前導官前導皇帝詣虞主前，奏請皇帝跪，上香、再上香、三上香。進幣爵酒官搢笏跪，先進幣，次進 40 爵酒，又奏請皇帝受幣、奠幣，執爵三祭酒于茅苴。奠爵訖，俛伏，興，又奏請少立。讀祝文官搢笏跪，讀祝文訖，奏請拜，皇帝再拜，在位官皆再拜訖，前導官前導皇帝還褥位西向立。奏請拜，皇帝再拜，在位官皆再拜訖，內侍啓虞主巾，捧匱覆虞主訖，前導官前導皇帝歸御幄。簾降，禮直官、太常博士引太常卿當幄前俛伏，跪奏稱「太常卿臣某言，禮畢」。奏訖，俛伏，興。前導官退，陪位、行事官以(俟)〔次〕進名奉慰訖退。

十七日，學士院製撰哲文神武成孝皇帝原廟殿名「系隆」，太廟樂章名《大倫》。詔恭依。

十八日，神主祔廟，皇帝行寧神奉辭之禮。其日儀仗、鼓吹、儀衛等於重華宮門外排立定，禮直官、太常博士引太常卿於幄前立定。皇帝(請)〔詣〕几筵殿前御幄，簾降，禮直官、太常博士(引)太常卿當幄前俛伏，跪奏稱「太常卿臣某言，請皇帝行寧神奉辭之禮」。奏訖，俛伏，興，退復位。簾捲，前導官前導皇帝出幄，詣几筵殿上褥位西向立。俟內侍啓虞主匱于後，以白羅巾覆虞主訖，奏請拜。皇帝再拜訖，前導官前導皇帝詣哲文神武成孝皇帝虞主香案前，奏請皇帝上香、再上香、三上香。又奏請拜，皇帝再拜訖，前導官前導皇帝詣殿門外御幄。簾降，禮直官、太常博士引太常卿於幄前立定，次輦官擎腰輿詣几筵殿下置定。禮直官引內謁者詣虞主前俛伏，跪奏稱「內謁者臣某言，請哲文神武成孝皇帝虞主降座升輿進行」。奏訖，俛伏，興，退。內侍官啓白羅巾，以匱覆虞主訖，扶侍、夾侍捧腰輿，內侍官捧虞主升(虞)〔腰〕輿訖，輦官擎腰輿進行。俟虞主將至 41 宮門御幄，簾捲，前導官前導皇帝導虞主進行。至重華宮門，前導官前導皇帝詣褥位西向立，內謁者詣虞主前俛伏，跪奏「內謁者臣某言，請虞主少駐」。奏訖，俛伏，興，退。輦官置虞主腰輿定，扶侍、夾侍輦官已下並權退。俟有司陳香案等畢，前導官前導皇帝詣重華宮門外虞主香案前北向立。奏請拜，皇帝再拜訖，又奏請皇帝上香、再上香、三上香。又奏請拜，皇帝再拜訖，前導官前導皇帝歸御幄。簾降，禮直官、太常博士引太常卿當幄前俛伏，跪奏稱「太常卿臣某言，禮畢」。奏訖，俛伏，興，前導官退。輦官擎虞主腰輿進行，儀仗、鼓吹、儀衛前引禮儀使、都大主管官後從，赴太廟。

同日，神主祔廟，以成穆皇(皇)〔后〕、成恭皇后配，行晨祼之禮。前期，有司設幄次於太廟南神門之外，太廟奉安所捧神主腰輿詣幄次，設浴斛、案、巾、香、筆墨硯等，告遷成穆皇后神主、成恭皇后神主，詣太廟南神門外幄次權行安奉，以俟同時祔謁升祔。其行事官內合赴迎奉者，守太廟門出，赴重華宮門外，俟再拜訖，前導虞主詣太廟櫺星門外下馬，步導禮儀使、都大主管官後從虞主，至南神門外幄次權安奉訖，禮儀使、都大主管官、前導官退歸幕次，禁衛更（牙）〔互〕排立。祠祭官引宮闈令詣殿下再拜訖，開室整拂神幄，次引薦香燈官入詣殿下，北向再拜訖，升殿詣諸室立定。有司前期設祭器實之，皆如常享之儀。太官令監視訖42退，次引光祿卿詣殿下褥位再拜訖，升殿點閱畢，次引監察御史升殿按視訖，俱退還齋所，並服喪服。祔享時將至，禮直官引禮儀使詣神主幄前稍南，北向立。次禮直官引都大主管官詣神主幄前稍南，北向立〔一〕，次禮直官引都大主管官詣禮儀使之後稍東，北向立。次引內常侍入幄，搢笏，捧孝宗哲文神武成孝皇帝神主詣（洛）〔浴〕斛，跪，浴拭訖，置于案，執笏興，退。次引題神主官詣幄前盥洗位西向，搢笏，盥手帨手訖，執笏，入詣孝宗哲文神武成孝皇帝神主案前，搢笏跪，題神主訖，執笏興，退。有司漆之。次引內常侍詣神主案前，搢笏，捧神主置於腰輿，以白羅巾覆之，執笏退。次引扶侍、夾侍官、捧腰輿官捧神主腰輿次于虞主腰輿訖，次引禮儀使詣虞主前俛伏，跪奏稱「禮儀使具官臣某言，請孝宗哲文神武成孝皇帝神靈上神主」。奏訖，俛伏，興，退復位立。次太廟奉安所捧遷虞主詣本廟册寶殿權安奉。次御史臺、閤門、太常寺分引宰執、使相、文武百官入詣殿庭，分東西相向立，北上。禮直官、贊者分引祔享行事官詣神門外揖位立定，禮直官贊揖。次引太常卿、丞、協律郎，次引監察御史、奉禮郎、太祝、太官令入就殿下席位，北向立。次引初獻兵部工部尚書，亞、終獻入就殿下席位，西向立。祠祭官於殿上贊奉神主。次引薦香燈官入室，搢笏，奉帝主啓匵於後，以白羅巾覆之。執笏退，復執事位。引宮闈令，搢笏，奉后主如上儀。以青羅巾覆之。執笏退，復執事位。祠祭官於殿上43贊奉神主訖，俟太史報時及，禮直官引內謁者詣神主幄前，西向俛伏，跪奏稱「內謁者臣某言，請孝宗哲文神武成孝皇帝、成穆皇后、成恭皇后神主進行」。奏訖，俛伏，興。次詣神主腰輿前，徹巾，奉神主入匵訖，次贊者引扶侍、夾侍，捧腰輿內侍詣幄，捧腰輿進行。內謁者前導，禮直官引禮儀使、都大主管官後從，入南神正門，詣泰階下北向，禁衛退。御史臺、閤門、太常寺分引宰執、使相、文武百僚合班，北向立定。次內謁者詣殿下褥位，南向俛伏，跪奏稱「內謁者臣某言，請孝宗哲文神武成孝皇帝、成穆皇后、成恭皇后神主少駐」。俛伏，興，少退立。禮直官引都大主管官先退，次禮直官引禮儀使升自泰階，詣殿上當中褥位，北向俛伏，跪奏稱「禮儀使具官臣某言，請孝宗哲文神武成孝皇帝、成穆皇后、成恭皇后神主祔謁」。奏訖，俛伏，興，退復本班位。次引宮闈令詣殿下帝后神主腰輿前，搢笏，捧帝后神主升自泰階，詣殿上當中褥位，北向啓匵，權奉孝宗哲文神武成孝皇帝神主于座，以

〔一〕「次禮直官」以下二十字疑爲衍文，引都大主管官在下句。

白羅巾覆之。次奉成穆皇后神主、成恭皇后神主如上儀。以青羅巾覆之。其匱皆設于座後。捧腰輿内侍并扶侍、夾侍官並退，宫闈令執笏興，少立。俟祔謁訖，宫闈令搢笏跪，奉孝宗哲文神武成孝皇帝神主入匱，并奉成穆皇后神主、成恭皇后神主入匱。興，詣孝宗室，各啓匱，奉神主于座。各以巾覆之。其匱設于座後。宫闈 44 令執笏退，復執事位。禮直官贊：「有司謹具，請行事。」贊者曰再拜，在位官皆再拜訖，次引押樂太常卿、丞、協律郎詣樂架立定，次引監察御史、奉禮郎、太祝、太官令各升殿就位立定。次禮直官引初獻詣盥洗北向立，搢笏，盥手，帨手，執笏，詣爵洗位北向立，搢笏，洗瓚拭瓚訖，以瓚授執事者。執笏升殿，詣太祖室尊彝所西向立，執事者以瓚授初獻。初獻搢笏跪，執彝者舉冪，太官令搢笏跪，酌鬱鬯訖，執笏興，先詣太宗室尊彝所北向立。初獻以瓚授執事者，執笏興，入詣太祖室北向立，搢笏跪。次奉禮郎奉瓚授初獻，初獻執瓚，以鬯祼地，奠瓚。次執事者以幣授奉禮郎，奉禮郎奉幣以授初獻訖，執笏興，先詣太宗室前西向立。初獻受幣奠訖，執笏俛伏，興，出户外再拜訖。次詣太宗室，次詣真宗室，次詣仁宗室，次詣英宗室，次詣神宗室，次詣哲宗室，次詣徽宗室，次詣欽宗室，次詣高宗室，次詣孝宗室，祼鬯、奠幣，並如上儀。訖，俱復位。宫架作《興安》之樂、《孝熙昭德》之舞，九成止。既晨祼，薦香燈官取毛血奠於神座前，太官令取肝，以鸞刀制之，洗於鬱鬯，貫之以膋，燎於爐炭。薦香燈官以肝膋詔於神座，又以隨祭三祭于茅苴，退復位。

饋食之禮：享日〔一〕，有司設俎二十二於神廚，各在鑊右。進饌者詣廚，升羊於鑊，載於一俎。肩、臂、臑、肫、胳，正脊一，直脊一，横脊一，長脅一，短脅一，代脅一，皆二骨以並，具載于俎。肩、臂、45 臑在上端，肫、胳在下端，脊、脅在中。升豕如羊，載於一俎。豕熟十一體，如羊。執事者入，設於饌幔内，俟初獻既升晨祼，捧俎官及執事者捧俎入，詣西階下〔設〕於左右。次引兵部尚書、工部尚書詣西階下，各搢笏，奉俎升殿。宫架作《豐安》之樂。奉俎詣太祖室北向跪奠訖，先薦羊，次薦豕，執笏，俛伏，興。有司設置於豆右腸胃膚之前，羊在左，豕在右。次詣諸室，奉俎並如上儀。俱降，復位立，樂止。初奠俎訖，次引薦香燈官取蕭合黍稷擩于脂，燎於爐炭。當饋熟之時，薦香燈官取菹擩於醢，祭於豆間三，又取黍稷肺祭如初，俱藉以茅。退復位。次引初獻再詣盥洗位，宫架《正安》之樂作。初獻升降行止，皆作《正安》之樂。北向立，搢笏，盥手，帨手，執笏詣爵洗位北向立，搢笏，洗爵拭爵訖，以爵授執事者，執笏升殿，樂止。登歌樂作，詣太祖室酌尊所西向立，樂止。登歌《皇武》之樂作，太宗室《大定》之樂，真宗室《熙文》之樂，仁宗室《美成》之樂，英宗室《治隆》之樂，神宗室《大明》之樂，哲宗室《重光》之樂，徽宗室《承元》之樂，欽宗室《端慶》之樂，高宗室《大德》之樂，孝宗室《大倫》之樂。執事者以爵授初獻，搢笏跪，執爵、執尊者舉冪，

〔一〕享：原作「亨」，據文意改。

太官令搢笏跪，酌犧尊之醴齊訖，先詣太宗室酌尊所北向立。初獻以爵授執事者，執笏興，入詣太祖室北向立。搢笏跪，執爵三祭酒于茅苴，奠爵，執笏，俛伏，興，出户外少立。次太祝東向搢笏跪，讀祝文訖，執笏興，先詣太46宗室東向立。初獻再拜，次詣諸室行禮，並如上儀。太官令復詣太祖室酌尊所，太祝復位。初獻將降階，登歌樂作；降階，樂止。宮架樂作，復位，樂止。文舞退，武舞進，宮架《正安》之樂作。舞者立定，樂止。次引亞獻詣盥洗位北向立，搢笏，盥手，帨手。執笏詣爵洗位北向立，搢笏，洗爵、拭爵訖，以爵授執事者，執笏升殿，詣太祖室酌尊所西向立。宮架作《武安》之樂、《禮洽儲祥》之舞。執事者以爵授亞獻，亞獻搢笏跪，執尊者舉冪，太官令搢笏跪，酌象尊之盎齊訖，執笏興，先詣太宗室酌尊所北向立。亞獻以爵授執事者，執笏興，入詣太祖室北向立。搢笏跪，執事者以爵授亞獻，亞獻執爵，三祭酒于茅苴。（尊）〔奠〕爵訖，執笏，俛伏，興。出户外再拜訖，次詣諸室行禮，並如上儀。初、亞獻行禮將詣第三室，次引終獻詣洗及升殿行禮，並如亞獻之儀訖，樂止，降復位。次引太祝徹籩、豆，籩、豆各一，（具）〔俱〕少移故處。登歌《恭安》之樂作，卒徹，樂止。次引宮闈令東茅訖，俱復位。禮直官曰「賜胙」，贊者承傳曰「賜胙，再拜」，在位官皆再拜訖，送神宮架《興安》之樂作，一成止。祠祭官於殿上贊奉神主入祏室，次引薦香燈官搢笏奉帝主入祏室，執笏退，復位。次引宮闈令奉后主入祏室訖，次引初獻兵部工部尚書、亞、終獻詣殿下望瘞位立定。有司取幣帛、束茅置於坎，次引監察御史、太常卿丞、奉禮郎、協律郎、太祝就望瘞位。禮直官曰「可瘞」，寘土半47坎，本廟宮闈令監視。次引初獻以下詣神門外揖位立定，禮直官贊揖，畢揖訖，退。御史臺、閤門、太常寺分引宰執、使相、文武百僚以次退。太官令帥其屬徹禮饌，次引監察御史詣殿上監視收徹訖，還齋所。宮闈令闔户訖以降，太常藏祝版於匱。次光禄卿以胙奉進，監察御史就位展視，光禄卿望闕再拜而退。

慶元元年正月十九日，詔欑宮了畢，官吏推賞有差，餘依淳熙十五年六月已降指揮施行。内兩該人止從一重。

二十二日，右丞相趙汝愚辭免孝宗祔廟後轉三官，乞只轉一官。上曰：「宰相與百執不同，豈可只轉一官？」

三月十六日，禮部、太常寺言：「將來孝宗哲文神武成孝皇帝小祥，前後五日不視事，臣僚見辭權放。依禮例，命輔臣至權侍郎以上，正任觀察使、皇親遥郡防禦使以上，詣几筵殿行奠酹禮。」七月八日同。

九日小祥，車駕詣重華宮几筵殿行祭奠禮，如宮中之儀。禮畢，次御史臺、閤門、太常寺分引宰執、文武百僚詣几筵殿内外立班。再拜訖，引班首升殿，詣香案前三上香。降階再拜訖，次進名奉慰。其不係從駕官先詣壽康宮，以俟立班奉慰訖，並赴仙林普濟院行香，如忌辰行香之儀。訖，班退。

十七日，詔：「孝宗皇帝欑宮，昨值寒凍，修奉迫於期限，慮有損動去處，令有司逐一子細檢計以聞。」

二年正月二十六日，禮部、太常寺言：「將來六月九日孝宗哲文神武成孝皇帝大[48]祥，合禁屠宰三日。諸路州、府、軍、監各就寺觀請僧建道場七晝夜，罷散日設醮一座。應官僚合於佛寺設位，集僧道行香，令都進奏院遍牒施行。」從之。

六月一日，禮部、太常寺言：「勘會已降指揮，六月九日大祥禮畢，皇帝及百官並從吉服。每遇祖宗帝后忌辰日，并忌前一日，皇帝服忌日之服。今來雖已從吉，是日皇帝仍服忌日之服還內，所有百僚俟焚几筵畢服常服、黑帶，就重華宮進名奉慰，次赴壽康宮進名奉慰，次赴仙林普濟院行香，並純吉服退。」從之。

九日，大祥，皇帝詣几筵前行祥祭之禮。其日夙興，太常入陳祭器，供設禮饌於几筵殿。文武百僚不係從駕者，並先赴重華宮門外，以俟迎駕起居。其日皇帝御後殿，從駕臣僚、禁衛起居如閤門儀。皇帝御座，乘輦將至重華宮，文武百僚迎駕兩拜起居訖，權退歸幕次，以俟奉慰立班。如值雨霑濕，免起居。皇帝至重華宮降輦，入詣孝宗皇帝几筵殿側御幄，簾降。援衛几筵禁衛及僧道於殿門外排立定，次引進幣爵酒、讀祝文、酌酒官入殿，及執燭等官並先升殿，各就位立定。次引禮儀使、陪位官，宗室使相、郡王、南班宗室，各入就位。禮儀使、前導、執事、陪位官，供進盤匜等內侍官及侍衛之官，並服衰服。次禮直官、太常博士、太常卿於御幄前立定，俟皇帝服祥服訖，次禮直官、太常博士引太常卿當幄前俛伏，跪奏稱「太常卿臣某言，請皇[49]帝爲孝宗哲文神武成孝皇帝大祥行祥祭之禮」。奏訖，俛伏，興，退復位。簾捲，前導官前導皇帝出幄舉哭，在位官皆舉哭。詣殿上褥位西向立。太常卿奏請拜，皇帝再拜，在位官皆再拜。訖，內侍各執盤匜帨巾以進，奏請皇帝盥手，內侍進盤匜沃水，皇帝盥手。內侍進巾，奏請帨手，皇帝帨手訖，內侍進爵沃水，奏請皇帝洗爵，內侍進巾，奏請拭爵。皇帝拭爵訖，前導官前導皇帝詣孝宗哲文神武成孝皇帝几筵前褥位立。奏請皇帝跪，上香、再上香、三上香。進幣酒官跪，先進幣，次進爵酒，又奏請皇帝受幣、奠幣、執爵，三祭酒於茅苴。奠爵訖，俛伏，興，奏請皇帝少立，哭止。在位官皆哭止。讀祝文官跪，讀祝文訖，奏請拜，皇帝再拜，在位官皆再拜訖，前導官前導皇帝還褥位西向立。奏請拜，皇帝再拜，在位官皆再拜訖，前導官前導皇帝歸幄，簾降。次禮直官、太常博士引太常卿當幄前俛伏，跪奏稱「太常卿臣某言，〔禮〕畢」。奏訖，俛伏，興，退復位立。前導官、陪位等官並權退。次引禮儀使、執事官詣望燎位立，俟焚燎祝幣訖，權退。太常撤祭器、禮饌訖，俟几筵欽奉所別設香案、茶酒果等訖，提舉官(奉)〔奏〕請太皇太后、皇太后行禮畢，退。

同日，除几筵。其日焚几筵時前，俟皇帝行祥祭禮畢，及太皇太后、皇太后行禮畢，次禮直官、太常博士、太常卿於御幄前立定，次禮直官、太常博士引太常卿當幄前俛伏，跪奏稱「太常卿 50 臣某言，請皇帝躬親扶護几筵」。奏訖，俛伏，興，退復位。簾捲，前導官前導皇帝出幄，詣殿上褥位西向立。太常卿奏請拜，皇帝再拜，舉哭。前導官前導皇帝躬親扶護神御內侍官分左右扶護。至東南權安奉訖，哭止。前導官前導皇帝歸幄，簾降，前導官於幄前立定。次太常入陳祭器，供設禮饌訖，次引進幣爵酒、讀祝文、酌酒官、執燭等官先升殿，各就位立定。次引禮儀使、陪位官、宗室使相、郡王、南班宗室，各入就位。次禮直官、太常博士引太常卿當幄前俛伏，跪奏稱：「太常卿臣某言，請皇帝爲孝宗哲文神武成孝皇帝大祥除几筵，行祭奠之禮。」奏訖，俛伏，興，退復位。簾捲，前導官前導皇帝出幄，舉哭，在位官皆舉哭。詣殿上褥位西向立。太常卿奏請拜，皇帝再拜，在位官皆再拜訖，內侍各執盤匜帨巾以進，奏請皇帝盥手。內侍進盤匜沃水，皇帝盥手。內侍進巾，奏請帨手。皇帝帨手訖，內侍進爵沃水，奏請皇帝洗爵。內侍進巾，奏請拭爵。皇帝拭爵訖，前導官前導皇帝詣孝宗哲文神武成孝皇帝几筵前褥位立。奏請皇帝跪，上香、再上香、三上香。進幣爵酒官跪，先進幣，次進爵酒，又奏請皇帝受幣、奠幣、執爵，三祭酒于茅苴。奠爵訖，俛伏，興，奏請皇帝少立，哭止。在位官皆哭止。讀祝文官跪（讀祝文官跪），讀祝文訖，奏請拜。皇帝再拜，在位官皆再拜訖，前導官前導皇帝還褥位西向立。奏請拜，皇帝再拜，在位 51 官皆再拜訖，前導官前導皇帝歸幄，簾降。次禮直官、太常博士、太常卿當幄前俛伏，跪奏稱「太常卿臣某言，禮畢」。奏訖，俛伏，興，退復位。前導、陪位等官退。次引禮儀使、執事官詣望燎位立，俟焚燎祝幣訖退。次引宗室使相、郡王、南班宗室詣殿下，分左右立。次引禮儀使升詣几筵前，俛伏，跪奏稱「禮儀使臣某言，請孝宗哲文神武成孝皇帝几筵降座升輦輿」。奏訖，俛伏，興，少退東向立。次內侍官扶護几筵升輦輿，輦官捧擎進行，宗室使相、郡王、南班宗室分左右導引，禁衛援衛及僧道作法事迎引，禮儀使後從。至焚几筵處，俟輦輿過，退，有司俟時焚訖並退。皇帝還內如來儀。

八月十六日，禫祭，皇帝行禫祭之禮。其日夙興，太常入陳祭器，供設禮饌訖，文武百僚不係從駕者，並先赴重華宮門外，以俟迎駕起居。其日皇帝服靴袍，御後殿，從駕臣僚、禁衛起居如閤門儀。皇帝降御座，乘輦將至重華宮〔一〕，文武百僚迎駕，兩拜起居（記）〔訖〕，權退歸幕次，以俟奉慰立班。皇帝至重華宮，降輦，入詣禫祭行禮殿側御

〔一〕「乘」字原接「差右丞相京鏜」。按文，「乘」字下應有脱文，而原稿「差右丞相京鏜」以下乃是叙述憲聖慈烈皇后喪禮，與孝宗喪禮無關。憲聖慈烈皇后崩於慶元三年十一月六日，下文所述即此日以後至次年二月間事。經查證，此處乃是與本書禮三四「后喪」文字互爲錯簡。今將原稿此處禮三〇之五一第十五行「差右丞相」至下頁第十三行「騎從官入」移至彼處，而將禮三四之三四第十五行「輦將至」至次頁第十三行「歸幄簾」移至此。二段字數略等，蓋編《永樂大典》時書吏所抄之稿各爲一頁，編纂時不慎互易。

幄，簾降。次引進幣爵酒、讀祝文、酌酒官、執燭等官先陞殿，各就位立定。次禮直官引禮儀使、陪位宗室使相郡王、南班宗室，各入就位立定。禮直官、太常博士、太常卿於幄前立定，俟皇帝服禫服訖，次禮直官、太常博士引太常卿當幄前俛伏，跪奏稱：「太常卿臣某言，請皇帝爲孝宗哲文神武成孝皇帝行禫祭之禮。」奏訖，俛伏，興，退復位。簾捲，前導官前導皇帝出幄，詣殿上褥位西向立。太常卿奏請拜，皇帝再拜，在位官皆再拜訖，內侍各執盤匜帨巾以進，奏請皇帝盥手。內侍進盤匜沃水，皇帝盥手。內侍進巾，奏請帨手，皇帝帨手。內侍進爵沃水，奏請皇帝洗爵。內侍進巾，奏請皇帝拭爵訖，前導官前導皇帝詣孝宗哲文神武成孝皇帝神位前褥位立。奏請皇帝跪，上香，再上香，三上香。進幣爵酒官搢笏跪，先進幣，次進爵酒，又奏請皇帝受幣、奠幣、執爵，三祭酒於茅苴。奠爵訖，俛伏，興，奏請皇帝少立。讀祝文官搢笏跪，讀祝文訖，（奉）〔奏〕請舉哭拜，皇帝舉哭再拜，在位官皆舉哭再拜。拜訖，哭止。前導官前導皇帝還褥位西向立，奏請拜，皇帝再拜，在位官皆再拜訖，前導官前導皇帝歸幄，簾 52 降〔一〕。次禮直官、太常博士引太常卿當幄前俛伏，跪奏稱「太常卿臣某言，禮畢」。奏訖，俛伏，興，退復位。次前導、陪位官退。次引禮儀使、執事官詣望燎位立，俟焚燎祝幣訖，退。皇帝還內如來儀。次宰執率文武百僚詣慈福宮奉慰，次赴壽康宮奉慰訖，次仙林普濟院行香訖，退。《宋史·高宗吳皇后傳》：孝宗崩，始正太皇太后之號。時光宗疾未平，不能執喪，宰臣請垂簾主喪事，后不可。已而宰執請如唐肅宗故事，羣臣發喪太極殿〔二〕，成服禁中，許之。后代行祭奠禮〔三〕。翌日，尋用樞密趙汝愚請，於梓宮前垂簾，宣光宗手詔，立皇子嘉王爲皇帝。翌日，册夫人韓氏爲皇后，徹簾。

宋孝宗崩〔四〕，留正等請憲聖太后垂簾主喪。蓋是時正等之請垂簾也，以國本係乎嘉王，欲因簾前奏陳宗社之計，使命出簾幃之間，事行廟堂之上，則體正言順，可無後艱〔五〕。而吳琚素畏慎，且以 53 后戚不欲與聞大計，此議竟格。

《戊辰修史傳》：寧宗小祥，詔羣臣服純吉。真德秀爭之，曰：「自漢文帝率情變古，惟我阜陵方衰服三年，朝衣朝冠皆以大布。惜當時不併定臣下執喪之禮，此千載無窮之憾。近阜陵上賓，從臣羅點等議，令羣臣易月之後未釋衰服，惟朝會治事權用黑帶、公服，時序仍臨慰，至大祥始除。惟侂胄反慶元之政，始以小祥從吉。且帶不以金，鞓不以紅，佩不以魚，鞍韉不以文繡，此於羣臣何損？於朝儀何傷？」議遂格。德秀屢進鯁言，上皆虛心開納，而時相益嚴憚之，其黨乃謀所以相撼，畏公議未敢發。給舍王塈、盛章始駁德秀所主濟邸贈典，繼而殿中侍御史莫澤遂劾之，與職祠。諫議大夫朱端常又劾之，落職罷祠。監察御史梁成大又劾之，請加竄殛。上曰：「仲尼不爲已甚。」乃止。

《朝野雜記》〔六〕：孝宗之喪，上實以嫡孫行三年服。慶元二年三月辛丑，監察御史胡紘言，皇帝爲孝宗當服期，詔侍從、臺諫、給舍限三日集議釋服。

〔一〕自禮三四移來之文至此句「簾」字止。
〔二〕發：原作「奔」，據《宋史》卷二四三《后妃傳》下改。
〔三〕奠：原作「尊」，據《宋史》卷二四三《后妃傳》下改。
〔四〕此節文字未注明出處，據查，應是《宋史》卷三九二《趙汝愚傳》，但第一句略經改寫。
〔五〕後：原無，據《宋史》卷三九二《趙汝愚傳》補。
〔六〕按以下引文不見於《建炎以來朝野雜記》，而見於《兩朝綱目備要》卷四（僅無「慶元二年三月辛丑」一句），疑此處誤引。

吏部尚書葉翥等言：「孝宗升遐之初，太上聖體違豫，就宮中行三年之喪。皇帝受禪，止宜倣古方喪之服以爲服。昨來有司失於討論，今胡紘所奏，引古據經，别嫌明微，委是允當。欲從所請，參以典故，六月九日大祥禮畢，皇帝及百官並純吉服，七月一日皇帝御正殿，饗祖廟，以全權制屈伸之義。將來禫祭，令禮官檢照累朝禮例施行。」四月庚戌，詔：「羣臣所議雖合禮經，然於朕追慕之意有所未安。早來奏知太皇太后，面奉聖旨，以太上皇帝雖未康愈，宮中亦行三年之制，宜從所議。朕躬奉慈訓，敢不遵依？議狀可付外施行。」六月辛亥，從紘太常少卿，使草定其禮。七月癸未，親饗太廟如故事焉。（以上《永樂大典》卷七三六三）

光宗

【宋會要】54慶元六年八月八日，聖安壽仁太上皇帝崩于壽康宮壽康殿。遺誥曰：「吾以涼德，受禪孝宗，勵精圖回，六更寒暑。志近道遠，焦勞成疾，爰以神器，畀于嗣聖，退處北宮，專意調養，以冀康寧之福。七年于兹，小愈復增，連遭拜釁〔一〕，積憂熏心。重涉炎歊，益費將理。皇帝方在哀疚，復朝夕左右，躬侍藥膳，齋戒專精，祈禱備至。大數莫奪，竟底彌留。夜旦之常，此理數究，得所付託，無遺憾矣。壽成惠慈皇太后可尊爲太皇太后。將來徹几筵畢，壽康宮可撥還大内。皇帝成服三日聽政，喪紀以日易月。羣臣共爲寬釋，勿過摧傷。百官入臨，隨地之宜，諸道州府長吏以下三日釋服。在京禁音樂百日，在外一月，無禁祠祀嫁娶。沿邊不用舉哀。本宮見在金銀一百萬貫，撥付朝廷，給散内外諸軍。山陵制度，務從儉約。不在誥中者，皆取皇帝處分。更賴中外臣僚協心戮力，翊扶庶政，以副至懷。故兹遺誥，想宜知悉。」其日文武百僚常服、黑帶，入詣殿下立班定，禮直官引班首出班，於班前南向立，搢笏宣遺誥訖，歸位，並舉哭一十五音。再拜，移班稍南立，班首稍前立，躬身致詞，奉慰壽成惠慈皇太后，次奉慰皇帝、皇后，歸位，各再拜訖退。

同日，詔聖安壽仁太上皇帝升遐，令有司疾速討論典禮施行。

同日，詔内侍55李大謙充都大主管喪事，依舊兼大行太上皇后都大主管喪事，大行太上皇后提點事務、内侍楊端友改差充大行太上皇帝升遐同都大主管喪事，内侍毛居實充造梓宮官。

同日，禮部、太常寺言：「文武百僚朝晡臨於宮庭内外，文武百僚並詣殿下立班再拜訖，禮直官引〔班〕首詣香案前，搢笏三上香，出笏歸位，舉哭一十五音，再拜訖班退。自小祥後至禫祭朝一臨，自是七日皆朝臨，四十九日而止。禫祭除後，山陵前，每遇朔望，羣臣並朝臨，進名奉慰皇太后、皇帝、皇后。」成服日、大小祥、禫、朔望並奉慰〔二〕。從之。

同日，禮部、太常寺言：「檢照典故，初喪日皇帝合服

〔一〕拜：似當作「邦」。
〔二〕朔望：原作「朔服」，據本書禮三〇之八一改。

白羅袍、黑銀帶、絲鞋，白羅軟〔脚〕折上巾。成服日，皇帝布斜巾、四脚、裙、袴、冠帽、竹杖、腰絰、直領大袖布襴衫、白絹襯衫。皇帝視事日，去杖、首絰。小祥日，改服布四脚、直領布襴衫、腰絰、布袴。大祥日，服素紗軟脚折上巾、淺黃袍、黑銀帶。皇太后、皇后、貴妃、内外命婦，麤布蓋頭、衫、帔、首絰、絹襯服。六宮内人無帔，合服麤布蓋頭、長衫、裙、首絰、絹襯服。内外命婦合入臨人，仍加冠。吳興郡王合服布頭冠、布斜巾、四脚、大袖襴衫、裙、袴、腰絰、竹杖、絹襯衫。並下文思院製造。羣臣服制，並斬衰服。斬衰謂不緝。中書門下省、樞密院使副、尚書、翰林學士、節度使、金吾上將軍、文武二品以上，布頭冠、布斜巾、布四脚、大袖襴衫、裙、袴、首絰、腰絰、竹杖、絹襯服。文武五品以上并職事官監察御史以上，内客省、宣政、昭宣、知閤門事及入内都知押班，布頭 56 冠、幞頭、大袖襴衫、袴、腰絰。自餘文武百僚，三省樞密院書令史以上，及御史臺、閤門、太常寺引班祗應人，布幞頭、襴衫、腰絰。已上並合用麤麻布爲屨，並下臨安府製造。軍人百姓等白衫帽，婦人素縵，不花釵，三日止。」並從之。

同日，禮部、太常寺言：「檢照典故，御前禁衛、行門班直、親從快行、親事輦官等，自成服日前並服青紫或褐衫、帶子，至釋服日並依舊。自成服日至釋服日前，如遇朝殿，亦服青紫或褐衫、帶子。」從之。

同日，禮部、太常寺言：「檢照典故：一、自舉哀日皇帝不視事，擇日成服。一、擇日奏告天地、宗廟、社稷、諸陵。一、自舉哀至祔廟，停宗廟祭享并中小祠及禁樂。一、欲令臨安府禁屠宰三日。一、將來孟冬朝獻，乞依典故權停。」從之。

同日，禮部、太常寺言：「檢照典故，成服日至釋服日前遇朝殿，所有合用簾幕並用縞素。其輦輿并御龍直執打從物等，權用淺黃包裹。」從之。

同日，詔辰日不得忌哭。

九日，詔：「今來大行聖安壽仁太上皇帝升遐，所有應合行典禮及支費賞賜等，並依高宗皇帝升遐典故施行。」

同日，禮部、太常寺言：「檢照乾興元年典故，大殮前延慶殿陳生平服玩及珠襦、玉匣、含襚應入梓宮之物。今來大殮，欲乞依上件典故施行。」從之。

十一日，禮部、太常寺言：「檢照舊制，喪服以日易月，二十七日而除。行在諸軍統制、統領官免入臨，就寨掛服。將副、部隊將、管隊使臣陸朝官 57 以上，及將校副指揮使以上，常服哭於本營，三日止。常日朝殿，祗應排立行門禁衛班直將校副指揮使以上，并御前忠佐，俟百官臨，即哭於殿門外。在外監司、州軍縣鎮長吏以下，服布四脚、係幞頭。直領襴衫、上領不盤。腰絰，以麻。朝晡臨，三日而除。沿邊不用舉哀。應士庶婚嫁，服除外不禁。内外品官禁樂二十七月。京城内外民庶，自舉哀至祔廟，合行禁樂。諸路州縣(等)〔管〕内寺觀，自關報到日，修建道場七晝夜，禁屠宰三日。民庶等禁樂百日。沿邊軍中及在外諸軍軍行、教閱不禁。」從之。

十二日，禮部、太常寺言：「檢照典故，龍圖等閣祖宗神御殿權停節序、旦望、帝后生忌辰酌獻，過易月大祥依舊。未祔廟前，每遇大祠奏告等，行事官權改吉服，用樂去處備而不作。百官不入臨日，皇帝未聽政前，並進名起居。釋服後祔廟前，遇朔望不御前後殿，並進名奉慰。」從之。

同日，禮部、太常寺言：「檢照典禮，小祥日皇帝改服布四脚、直領布襴衫、腰絰、布袴。文武百官五品以上并職事官監察御史以上，內客省、宣政、昭宣使，知閤門，入內都知押班，改服布幞頭、布襴衫、腰絰、布袴。大祥日，皇帝改服素紗軟〔脚〕折上巾、淺黄袍、黑銀帶。合赴立班文武官、三省、樞密院書令史以上，及御史臺、閤門、太常寺引班祗應人，合服禫服，係素紗軟脚幞頭、黲布公服〔一〕、白鞓錫帶。故例幞頭令臨安府製造給散，其黲布公服、錫帶止令本府各支布一匹半，自今包裹製造。禫除日，皇帝釋黲，58常服，文武百官如之。繫金玉帶、佩魚者，易以黑帶，去魚；乘花繡韉、狨座者，易以皂韉，去狨座。宗室出則常服，居則衰服，依服屬終喪。」從之。

同日，禮部、太常寺言：「檢照典禮，禫除前壽康宮內侍官依所定官品服制。其餘內侍官遇到宮行禮，合依所定服制；遇從駕及出入和寧門，合常服、黑帶。」從之。

同日，禮部、太常寺言：「百司於以日易月服制之內入局治事，即不合易服。」從之。

同日，禮部、太常寺言：「依典故，皇帝釋黲，常服，羣臣如之。宗室出則常服，居則衰服，以終喪。今來宗室合隨羣臣釋服外，仍合依服屬終喪，其婚嫁各依服屬終喪日，許令婚嫁。」從之。

十三日，禮部、太常寺言：「依典故，文武臣僚之家至山陵祔廟畢，並許嫁娶，仍不用花綵，候開樂日依舊。」從之。

十四日，禮部、太常寺言：「將來神主祔廟，合於太廟內添一室，修製祏室，乞下臨安府、兩(折)〔浙〕漕司先相度修蓋。」從之。

同日，大殮成服，行祭奠之禮。其日儀鸞司先設素幄於几筵之側稍前，時將至，分引行事、陪位官易服就位立班定，皇帝服素服，詣大行太上皇帝几筵側素幄即座。太史奏時及，禮直官、太常博士引太常卿當幄前俛伏，跪奏「太常卿臣某言，請皇帝爲大行聖安壽仁太上皇帝升遐成服」。奏訖，俛伏，興，內侍官爲皇帝釋素服，易衰服。禮直官引讀祝文官詣香案北面南立。簾捲，前導官前導皇帝出幄，詣殿上褥位北向立。奏59請拜，皇帝再拜，哭，在位官皆再拜，哭。前導官前導皇帝詣香案前，奏請三上香，跪。內侍進茶酒，奏請酹茶，三奠酒，俛伏，興。奏請少立，俟讀祝

〔一〕布公：原倒，據下注文乙。

文官稍前跪讀祝文訖，奏請皇帝哭盡哀，在位官皆哭盡哀。奏請拜，皇帝再拜，在位官皆再拜。前導官前導皇帝還褥位北向立，奏請拜，皇帝再拜，在位官皆再拜。前導官前導皇帝還幄，簾降，太常卿奏禮畢，退。百官移班稍南，進名班首出班致詞，復位再拜，奉慰壽成惠慈皇太后，次進名再拜奉慰皇帝，次進名再拜奉慰皇后訖，班退。

同日，立銘旌，高九尺，書「大行聖安壽仁太上皇帝梓宮」。

同日，立重。

同日，殿欑行燒香之禮。前一日，儀鸞司先設素幄於大行太上皇帝殿欑方位之東稍前。其日祭時至，都大主管喪事官行祭土之禮，以俟太史報時及，導奉大行太上皇帝梓宮至殿欑方位。其合用儀物，令都大主管喪事官供應。都大主管喪事官監視殿欑訖，分引行事、陪位官就位立班定，皇帝服衰服，復詣素幄即座。禮直官、太常博士引太常卿當幄前俛伏，跪奏稱：「太常卿臣某言，請皇帝爲大行聖安壽仁太上皇帝殿欑行燒香之禮。」奏訖，俛伏，興。禮直官引讀祝文官詣案北面南立。簾捲，前導官前導皇帝出幄，詣殿上褥位北向立。奏請拜，皇帝再拜，哭，在位官皆拜，哭。前導官前導皇帝詣香案前，奏請三上香，跪。內侍進茶酒，奏請酹茶，三奠酒，俛伏，興。奏請少立，俟讀 60 祝文官稍前跪讀祝文，奏請皇帝哭，再拜，在位官皆哭，再拜，跪。前導官前導皇帝還褥位，奏請拜，皇帝(拜)〔再〕拜，在位官皆再拜。訖，前導官前導皇帝還幄，簾降。太常卿奏禮畢，退。百官移班稍南，進名班首出班致詞，復位再拜，奉慰壽成惠慈皇太后，次進名再拜奉慰皇帝，次進名再拜奉慰皇后訖，班退。

同日，禮部、太常寺言：「已降指揮，御前禁衛等，自成服日並服青紫或褐衫、帶子，至釋服日依舊。其輦輿從物等權用淺黃包裹。及依典故，禫服畢，文武官有繫金玉帶及佩魚者，易以黑帶，仍去魚；其乘花繡韉、狨座者，易以皂韉。俟祔廟畢別降指揮。今來禫除畢，百官常服、黑帶，所有禁衛等并輦輿從物，乞候祔廟畢取旨。」從之。

同日，詔：「大行聖安壽仁太上皇帝升遐，應干支費並照應高宗皇帝升遐例，內庫及封樁庫支降，免侵有司經常之費。諸路監司、州府軍監等，止進慰表，其餘(體)〔禮〕物並令免進，仍不得以助修欑宮爲名，有所貢獻。」

同日，御筆：「大行太上皇帝奄棄至養，朕宮中服三年之喪，羣臣自遵易月之令。」

同日，詔右丞相謝深甫擬撰大行聖安壽仁太上皇帝陵名。深甫上陵名曰永崇，詔恭依。

十六日，詔臨安府應已買過鋪户客旅物件，日下從實盡支價錢交還，稍有阻抑及輒除(冠)〔尅〕，許經御史臺陳訴。

同日，詔總護使差韓侂胄，按行使副差韓邈、黃鑑，橋道頓遞使差吳璹，修奉都監差吳曦，鈐轄差續 61 康伯。

同日，詔朝奉郎、右司郎中李寅仲假焕章閣學士、朝議大夫、提舉萬壽觀、兼侍讀、咸安郡開國侯、食邑一千户、食實封壹伯户、賜紫金魚袋，充奉使金國告哀使；從義郎、左衛郎將張良顯假福州觀察使、右武衛上將軍、德化縣開國伯、食邑七百户，副之。

十七日，禮部、太常寺言：「檢照典禮，皇帝聽政未釋服前，其引班人如行弔臨之禮，即依舊服衰絰；如遇内殿引班奏事及從駕，合常服、黑帶。皇帝視事日，宰執奏事令去杖，至小祥日去冠。餘官奏事依此。」從之。

十九日，禮部、太常寺言：「已降指揮，禫除後、山陵前，每遇朔望，羣臣並朝臨，進名奉慰太皇太后、皇帝、皇后。所有將來九月十五日，係在明堂大禮致齋之内，欲乞是日皇帝免詣几筵殿燒香，文武百僚亦免入臨奉慰。」從之。

二十日，小祥，行祭奠之禮。如永阜陵之儀。

二十七日，禮部、太常寺言：「將來梓宫發引及神主祔廟，合用法物並下文思院製造。」從之。

二十八日，詔謚册寶并沿册寶法物、哀册并沿册法物，並下文思院製造。

同日，詔撰謚册文并書謚册文官差右丞相謝深甫，撰哀册文并書哀册文官差知樞密院事、兼參知政事何澹，書篆寶文官差簽〔書〕樞密院事陳自强，撰謚議官差起居舍人、兼權中書舍人、兼權直學士院邵文炳。

九月二日，大祥，行祭奠之禮。如永阜陵之儀。

三日，禮部、太常寺言，乞依故例集議謚號于尚書省。從之。

四[62]日，禫除，行祭奠之禮。如永阜陵之儀。

七日，詔：「皇堂内椁令有司用沙板隨宜修製。候將來掩皇堂時，先下椁底板，候進梓宫於椁底上定正訖，然後安下椁身。次將天盤囊（綱）〔網〕於椁上。梓宫已有牙脚，其椁止用平底，可就修奉欑宫處製造。」

十九日，總護使韓侂胄言：「將來梓宫發引，尚慮州縣以排辦爲名，亂有追呼（緊）〔監〕繫科擾，乞出給黄牓曉諭。仍乞劄下諸使、諸司并經由監司、州郡縣鎮，體認恤民之意。如或違戾，許令被擾之人指實越訴，具名奏劾，重寘典憲。」從之。

二十二日，禮部、太常寺言：「檢照典故，山陵皇堂、神臺及上宫等不同，今來係修奉欑宫，乞依高宗皇帝、孝宗皇帝禮例施行〔一〕。」從之。

同日，又言：「欑宫内合用十二神等，乞下文思院修製。」從之。

二十四日，按行使副韓邈、黄鑑言：「判太史局荆大聲等相視得大行太上皇帝神穴，係在永阜陵西、永思陵下空閒地段，委是國音王氣秀聚之地，依得尊卑次序，可以安

〔一〕孝宗皇帝：原無，據本書禮三七之三五補。

建。乞差官覆按。」詔吏部尚書、兼侍讀袁説友充覆按使，入内内侍省押班盧安仁副之。既而説友等亦以爲是，迺從之。

同日，禮部、太常寺言：「將來梓宮發引前夕并沿路導引宿頓排設，合用警場、鼓吹、挽歌，依故例係總護、頓遞使同都大主管官、禮部太常寺官，於發引前二日就貢院按閲。」從之。挽詞，翰林學士、中書舍人撰二十首，文臣職事官以上各撰二首；導引歌詞，學士院撰。

同日，又言：63「發引日，合用鹵簿儀仗，權以儀衛服青紫褐衫〔一〕，執持儀物充代，乞令主管禁衛所前期相度差撥。」從之。

同日，又言：「依禮例，發引日總護使、頓遞使、都大主管官就幄次前朝辭，餘行事官並免。」從之。

同日，内出御製挽詩五首。其一曰：「問寢長清禁，賓空遽白雲。萬方懷覆育，六載想憂勤。虚己來辰告，稽經每夜分。遺言猶薄葬，不起霸陵墳。」其二曰：「德盛兼神聖，仁深似祖宗。繁幾勞聽斷，高蹈適從容。日謹承尊養，天胡降閔凶。稽山傳禹葬，僊寢又閟封。」其三曰：「顧復恩勤厚，基圖父子傳。雖懷心愛日，曷報德如天。太極方同運，神機倏已僊。可勝殂落痛，得疾爲民編。」其四曰：「亹深涼德薄，禍踵數旬餘。（毋）〔母〕範成真馭，喪容正倚廬。尚成慈父養，又愴大庭虚。號絶羹牆慕，奎文但寶書。」其五曰：「祖載僊輼去，因山浙水東。銘旌愁落照，挽鐸咽悲風。鳳翣羣靈擁，烏號兆姓同。嬛嬛心欲折，哭踊望陵宮。」

三十日，禮部、太常寺言：「今來靈駕前所立重，乞依典禮，俟發引日捧擎至欑宮，令太史局選利方，至掩欑日埋瘞。」從之。

十月一日，詔朝散大夫、吏部郎中、兼删修勑令官丁常任假朝議大夫、工部尚書、清化郡開國侯、食邑一千户、食實封一百户、賜紫金魚袋，差充太上皇帝遺留禮信使；武翼郎、左驍衛中郎將郭掞假嚴州觀察使、知閤門事、兼客省四方館事、安仁縣開國伯、食邑七百户，副之。

五日，詔將來請謚于南郊，64 攝太傅差右丞相謝深甫，讀謚議官差權吏部侍郎、兼給事中費士寅。

六日，欑宮修奉司言：「今來修奉欑宮，所有下宮俟標定上宮地段畢，依永阜陵禮例，於上宮之後隨地修蓋。」從之。

八日，欑宮修奉司言：「將來鋪砌皇堂石藏，照得高宗皇帝、孝宗皇帝石藏裏明長一丈六尺二寸，闊一丈六寸，深九尺，今乞依上件高低深闊丈尺修奉施行。」從之。

二十五日，禮部、太常寺言：「將來梓宮發引日，大轝、龍輴車並在壽康宮前排設，委是擁遏。乞依典故，除啓奠行禮太傅、宰執、總護使、皇親、行事侍中以下前導等官外，

〔一〕權以儀：原無，據本書禮三〇之八二同類文字補。

餘文武官並免立班，徑赴城外奉辭靈駕。」從之。

二十七日，攝太傅謝深甫率百官請諡於天。如永阜陵之儀。

同日，攝太傅謝深甫等請大行聖安壽仁太上皇帝諡曰憲仁聖哲慈孝皇帝，廟號光宗。議曰：「臣聞至大而不可名者天，至盛而不容述者聖。聖人之道，實原於天，而功德之盛，與天同大。堯、舜相繼，勛、華並稱。逮文命之祗承，昭神禹之授受。心傳微妙，精一執中，廣運而神，誠難俄測，而帝舜兩申命於惟賢，孔子三致意於無間。於是禹之爲大，古今同辭，流祚揚休，相爲先後。亦猶欽明文思，温恭濬哲，隨事以著，推類以言，合衆美而歸全〔一〕，猶可得而髣髴也。繄我神宋，同符帝王。太祖肇基，太宗踐祚，傳緒十葉，炎圖中興。巍乎大哉，時乃天道。法堯蹈舜，跨商軼周，稽三聖之傳，揭二《典》之範，鋪張[65]丕績，視禹益光，則固有在乎今日也。恭惟大行聖安壽仁太上皇帝躬上聖之資，際重熙之運。粤自朱邸〔二〕，升儲青宮，鷄鳴問寢而子道克全，龍潛進修而君德滋懋。淵泉溥博以時出，聰明聖智而能知。剖明訟牘，已得於尹正之始；諳知物情，復見於參決之初。中外想慕而屬心，聖父臨朝而嘉歎。天人協應，内禪增華。欽奉燕謀，潤色鴻業。嚴兩宮之尊奉，益供進之常儀。述壽皇已行之規，期於必遵，以見繼承之實；念祖宗已成之憲，自有深意，以塞更張之源。先器識而務典實，則鑒取士之家法；貴久任而重數易，則循命守之聖謨。尊老成以悦重華，揚寶册以慶慈福。業業孜孜，守以一道也。畏天變之上形，而感動於六事之陳；欲人心之無怨，而察聽於土木之役。戒言瑞物，而思豐登之樂業；勵精治道，而却歌頌之宣功。不貴奇珍，而杜遠方之求；不殖貨利，而務節用之本。行所無事，則以心不私而能公；道運無積，則審器日用而不蠹。休務之假益減，治事之日益增，則克勤於邦；會計始於宫掖，恩澤損於椒房，則克儉於家。亹亹穆穆，進以無疆也〔三〕。建大中而消朋黨，好正直而尚公平。以任賢使能爲致治之要，以更出迭入爲用人之法。語近臣以遏絶僥倖，飭監司以發擿姦贓。清介純實則列置禁塗，博洽純正則輔導王府。講筵取經學賅通之老，館閣儲議論正平之人。擇邊帥於大臣詳議之餘，得殿巖於[66]參稽公論之素。訪舊弼以來讜論，擢御史以獎直言。訪問而致謇愬之不行，虚懷而使所陳之得盡。採封事之議以伸四方敢言之氣，講景命之書而痛近習移人之非。論寬卹之可行即行，而不當具文；謂懋賞之當與即與，而不可不信。於以謹黎獻之時舉，而嘉言之罔伏也。念户口之雖衆而民生實艱，審窖藏之非地而民憂無蓄，雨暘形於憂喜，水旱欲以實聞。賑恤牧養，必責以盡心；勸

〔一〕合衆：原作「全衆」，據本書禮四九之七九改。
〔二〕粤：原作「奥」，據本書禮四九之七九改。
〔三〕疆：原作「彊」，據本書禮四九之七九改。

課農桑，必儆以無擾。嚴郡邑名舍實取之禁，廣諸道預備先具之儲。經總之繁多，綱運之折閱，科罰對減之色目，預買畸零之取贏，蠲減代輸，必歸於一。立法惡其太重〔一〕，疑刑務從厥中。情犯之適輕則開其自新，流徙之抵遠則示以不殺。春夏之際，俾非重事而勿拘；盛暑慮囚，俾必前期而及遠。覽囹圄空虛之奏，則喜形於獎諭；聞肌體或傷之罪，則言寓於哀矜。於以見政在於養民而刑期於不犯也。以義武寓兵之法爲近古，以兩淮藩籬之本爲在民。軍政欲一，指統帥副貳分治之爲非；守禦有地，視重屯列戍增損之當異。將臣屢戒於掊克，歸正常務於撫存。招生部以結蕃戎，創神勇以收子弟。柔遠能邇，敷文德也。羣臣進對，商略大事，率言簡而理得；諸儒講論，反覆折衷，皆心會而意明。傳聞失實，知非王霸之圖；細故從事，識非大體之務。臨照百官而深辨邪正，明見萬里而曲盡事情。由思而睿，惟幾康也。臨御[67]六載之間，規（撫）〔橅〕百王之上。九功之所以著，庶績之所以凝，端由學聚問辨，咸篤實輝光之新，日就月將，大緝熙光明之盛。重離之繼照而薄海咸仰，天鑑之下濟而品物流形。何千萬年，俾昌而熾。而乃履乾之正，體道之宗，玩意希夷，脱屣高蹈。肆舉神器而親授聖子，俾功太極而頤燕壽康。爲天子父以極其尊，享天下養以致其樂。歲受内朝之稱慶，日顧寢門之問安。歡欣穆愉，慈愛備至。遽聞憑几導揚之命〔二〕，俄趣乘雲上賓之遊。茲皇帝所以興哀無時，孝思罔極，擗踊追慕，悼心悲摧〔三〕，愴昊天之不辰，痛飈馭之莫返，而三靈改色，臣庶攀號，泣盡而繼之以血也。禹陵獻卜，會稽是瞻，因山有期，羨封夙戒。參酌古義，攷訂六家，將飭攸司，勒崇丕册，庶幾有以冠徽稱而詔萬世。謹按《謚法》：『聖能法天曰憲，施仁服義曰仁，通達先知曰聖，能官賢才曰哲，視民如子曰慈，繼志述事曰孝。』迹夫至公無私以應物，自强不息以進德，非聖能法天乎？濟衆而均於一視，博愛而事得其宜，非施仁服義乎？極深研幾而融照萬微，窮理盡性而超卓獨見，非通達先知乎？明於知人而務取所長，量材授任而各得其用，非能官賢材乎？惻怛欽恤而軫懷如傷，撫綏和柔而燕及遠邇，非視民如子乎？授受一轍而允執厥中，孝理天下而率由舊章，非繼志述事乎？萬善俱備，全德丕顯，固已被四表而宅天下，至海隅而及萬邦。宣昭洪[68]輝，揚厲景鑠，疑非愚臣之所能及而天下之所得私。若昔成式，天子之謚則請之南郊。況我慈皇，堯舜之道既原於天，彝倫之疇復畀於帝，爲綱爲紀，克允成功，赫奕煒煌，配天無極。申以節惠，於昭至公，對在天之靈，無俯仰之愧。大行聖安壽仁太上皇帝尊謚，宜以天命錫之曰憲仁聖哲慈孝皇帝，廟號光宗。臣等謹議。」詔恭依。

〔一〕立法：原在上句「必」字上，據本書禮四九之八〇乙。
〔二〕遽：原作「遞」，據本書禮四九之八〇改。
〔三〕摧：原作「擢」，據本書禮四九之八〇改。

十一月一日，詔令侍從、兩省、臺諫、太常寺、秘書省官集議配饗功臣。既而禮部尚書張釜等詳議，請以故右丞相、贈少師葛邲配饗光宗廟庭〔一〕。從之。

同日，禮部、太常寺言：「將來虞主回并神主祔廟，合用細仗（百）〔五〕百人，太常鼓吹一百三十一人，兩日排設振作導引，乞下兵部、太常寺差撥。」從之。

三日，詔奉上謚册寶攝太傅差右丞相謝深甫，奉謚册寶官差知樞密院事、兼參知政事何澹，讀謚寶攝侍中差簽書樞密院事陳自强，讀謚册中書令差禮部尚書兼吏部尚書張釜。

五日，禮部、太常寺言：「大行聖安壽仁太上皇帝依典故俟奉上謚號册寶了日，合稱憲仁聖哲慈孝皇帝，祔廟畢合稱光宗憲仁聖哲慈孝皇帝。」詔恭依。

十一日，學士院擬光宗皇帝原廟殿名「美明」，光宗皇帝室太廟酌獻樂名《大和》。詔恭依。

同日，詔奉迎虞主并神主祔廟，禮儀使差右丞相謝深甫〔二〕，都大主管官差入内内侍省押班盧安仁。

同日，禮部、太常寺言：「將來掩欑宮畢，六虞在塗，太常卿 69 行禮。以後三虞係間日皇帝行禮，并依故事，神主祔廟前二日，皇帝行卒哭祭。今來祔廟用十二月二十一日，所有間日一虞，緣相去日逼，今欲乞十二月十四日行安神禮，十五日第七虞，十六日八虞，十七日九虞，十九日卒哭祭。」從之。

同日，禮部、太常寺言：「國朝禮制，掩皇堂畢虞主回，皇帝行奉迎、安神、虞祭、卒哭、寧神、奉辭之禮，並服韡袍。紹興二十九年用見服素黄袍、黑帶、素履，淳熙十五年用見服白布折上巾、黑帶、白布袍、素履，所有今來衣服，乞施行。」詔依淳熙十五年禮例。

十二日，禮部、太常寺言：「將來神主祔廟，依典禮合前二日奏告天地、宗廟、社稷、宮觀。」從之。

十三日，禮部、太常寺言：「將來神主祔廟，製造光宗室牌一面，進請御書，修製畢，權於修内司安奉，以俟擇日迎奉安掛。」從之。

十四日，攝太傅謝深甫率百官奉上憲仁聖哲慈孝皇帝謚册寶〔三〕。如永阜陵之儀。謚册文曰：「維慶元六年，歲次庚申，十有一月癸丑朔，十四日丙寅，孝子嗣皇帝臣擴謹稽首再拜言曰〔四〕：臣聞堯舜之道禹傳之，而揖遜之懿同乎三聖；堯舜之治禹繼之，而垂拱之盛同乎三朝。以言其德則冠百王，以言其功則被萬世。立極垂統，憂深慮遠，迺以神器，親授與子。是以表行賓實，因名爲謚，生則以禹稱之，没則以禹號之，歷數千載〔五〕，莫之與京。惟我烈考，無間

〔一〕邲：原作「祁」，據《宋史》卷一〇九《禮志》一二改。
〔二〕深：原作「申」，據《宋史》卷二一三《宰輔表》四改。
〔三〕深：原作「申」，據《宋史》卷二一三《宰輔表》四改。
〔四〕擴：原作「御名」，據寧宗名回改。
〔五〕千：原作「十」，據本書禮四九之八一改。

然矣。恭惟大行太上皇帝亶明明美睿之姿，厲亹亹圖回之70志，爲聲爲律而輔以稽古，爲綱爲紀而本以守謙。毓德震宫，推戴已久；繼明離照，謳歌皆歸。精一執中，妙於心傳；曆數在躬，得於面命。禹之懋德丕績，終陟元后也。神臯之尹正而深識民情，議事之參決而洞達國體。踐祚之初，天德清明，號令之發，竦動羣聽，惠澤之霈，滲漉函生。戒百官之貪濁而嚴糾劾，戒長吏之更易而重久任。蠲三輔預買丁庸之賦，損四川鹽酒折估之額。輕傜役，謹刑罰。禹之德惟善政，政在養民也。條列五事，守孝宗所尚之規，申飭三省，遵孝宗已行之法，即祇承於帝也。廣豐年之平糴以厚儲積，行歉歲之賑貸以救流徙，即思溺由己也。旁開求言之路，日引輪對之班，詔執政舊臣之論事，諭宰輔侍從之入奏，即聞善言則拜也。薦舉賢俊，命於近列，斥逐嬖倖，奮自威斷，即稱善人不善人遠也。減休務之假，增治事之日，警怠忽，察偷惰，克勤於邦者也。恩澤裁損不私於椒塗，會計節省必始於宫掖，克儉於家者也。勸講經籍，發明百篇之義，遊戲翰墨，備具八法之體，洛書之錫也。承三宫之（勸）〔歡〕，極四海之養，欵郊丘，饗宗廟，致孝之道也。若乃焦勞思治，致爽冲和，爰念退閑，遜於大位，褰裳高蹈，頤神澹泊，與天爲徒，宜享康寧，永躋上壽。遽乘白雲，返於帝鄉。嗟夫！臨御六年之間，垂模億載之遠，有典有則，貽厥子孫，道在敬承，罔敢失墜。載惟一家父子之親傳，三世聖明之相繼，體堯蹈71舜，豈似乎禹。今也弓劍之藏，復歸禹穴，原始要終，若合符節〔一〕，嗚呼，豈偶然哉！臣以涼德，嬛然在疚，即遠有期，攀號莫及，敢紀鴻名，圖報罔極。然巍巍之治，莫可擬議；非渾渾之書，豈能形容！管窺蠡測，姑述見聞。是用稽謀於衆，請命於天〔二〕。憲垂百代之後，仁居五常之先。惟睿作聖，惟明作哲。首三寶以爲慈，冠百行而爲孝。誕輯衆美，具揚丕鑠。至於德之著者光於上下，功之顯者光於祖宗，若帝與王，孰能兩盡！由今準古，厥光大矣。謹遣攝太傅、特進、右丞相、提舉實録院、提舉編修勅令、岐國公、食邑八千六百户〔三〕、食實封三千二百户臣謝深甫〔四〕，奉玉册、玉寶，上尊謚曰憲仁聖哲慈孝皇帝，廟號光宗。伏惟皇矣威靈，克配彼天，於萬斯年，以顧越我國家。謹言。」

十八日，百日，皇帝詣梓宫前行燒香禮，如宫中之儀。宰臣率文武百僚詣壽康殿下臨，次移班進名奉慰太皇太后訖，退。行在禁屠宰三日，諸路一日。

同日，詔總護使改差謝深甫。

十九日，禮部、太常寺言：「將來靈駕發引，欲乞（行）〔依〕禮例差太傅一員，（復）〔後〕從皇帝行啓奠、祖奠、遣奠之禮。」詔差右丞相謝深甫。

〔一〕合：原作「今」，據本書禮四九之八一改。
〔二〕請：原作「精」，據本書禮四九之八一改。
〔三〕八千：原作「三千」，據本書禮四九之八二改。
〔四〕封：原脱，據本書禮四九之八二補。

同日，禮部、太常寺言：「將來梓宮發引，依典故於啓欑前三日奏告天地、宗廟、社稷、宮觀。」從之。

同日，詔攝太傅、持節導靈駕及奠謚册謚寶、監掩欑宮，差右丞相謝深甫；禮儀使、攝少傅、帥捧梓宮官奉升大昇轝，又引梓宮即欑宮，攝少保復土九鍤，並差禮72部侍郎陳宗召。

同日，右丞相謝深甫率文武百僚三上表，奏請御正殿。內批宜允，俟過百日擇日，詔用二十三日權御後殿。

二十三日，詔書題神主官差給事中張巖。

三十日，啓欑，皇帝服初喪之服，行祭奠之禮。如永阜陵之儀。

十二月三日，靈駕發引，皇帝行啓奠、祖奠、遣〔奠〕之禮。如永阜陵之儀。哀册文曰：「維慶元六年，歲次庚申，八月甲申朔，八日辛卯，憲仁聖哲慈孝皇帝崩於壽康宮之壽康殿，旋殯於殿之西階。粤十二月癸未朔，三日乙酉，遷座於永崇陵欑宮，禮也。神禹賓天，會稽啓穴，廞儀既備，靈輿將發。孝子嗣皇帝臣擴爰泉在疚〔一〕，陟岵增欷，望原陵而擗踊，攀池翣以躊躇。念德厚以莫報，且功成而不居，肆詔邇臣，作册大書。其詞曰：我宋中興，法堯禪舜。大統再傳，同符三聖。天錫九疇，爲生人主。淵停少海，多歷年所。洞鑒古今，周知稼穡。歷試諸難，尹茲京邑。精一心傳，不言已孚。帝欲面命，俾侍都俞。堂建議事，參運化鈞。位正九五，尊嚴若神。初元紹熙，一意勵精。賞信罰必，聽聰視明。有蠹必剔，無姦敢萌。減休務以熙庶政，日輪對以通下情。俗方尚於(徧)〔偏〕黨，帝首建於皇極。訪舊弼以示謙虛，賞封事以來忠直。非時延見於公卿，乙夜究觀於典籍。遠遵烈祖之制度，近守淳熙之規畫。威以攬權，仁以守位。恤刑獄而一民不寃，蠲賦輸而百姓受賜。節費先自於宮掖，馭下尤嚴於閹寺。去佞靡拔73山之難，從諫踰轉圜之易。智徧庶物，藝超百王。舞鵷鸞於宸翰，發錦繡於天章。以仁義道德而爲麗，豈觀逸遊田之是荒。至若奉三宮之養，則尤嚴五日之常。孝治方隆，節宣偶失。變復罹於荼毒，功未收於藥石。獨觀昭曠，退藏深密。天德出寧，雖止於六祀；文謨啓佑，可延於千億。宮斂興慶，地聯禁扃。徽稱牒陳於鏤白，聖政書成於汗青。味黃老以冲淡，友偓佺而燕寧。登壽觴於北內，傾沛澤於南溟。叶氣川流，歡聲濤沸。曾期月之未浹，欻長秋之先逝。故劍尋兮孤飛，遺弓號兮相繼。聖子省疾於昕夕，拜手祈哀於天地。耳恩言兮猶在，相睟容兮莫侍。嗚呼哀哉！地坼兮天傾，創鉅兮痛深。歲八千以祝壽，年半百而病侵。明庭紛兮縞仗，寢門閉兮槐陰。赤水(元)〔玄〕珠，望真遊而弗返；清都絳闕，陪列聖以來臨。嗚呼哀哉！駒隙載馳，蓂階屢變。清霜肅兮井梧飄，白露濃兮宮草羨。上金鏡兮佳節，想玉扆兮前殿。衮在御兮生塵，景凋年兮結戀。嗚呼

〔一〕擴：原作「御名」，今據寧宗之名回改。

哀哉！甫竁協吉，司常戒期，背岧嶢之鳳闕，建婀娜之鸞旗。六紼動兮千官泣，七萃行兮萬宇悲。長樂鐘鳴，已隔龍樓之問；鈞天樂奏，徒傾鶴駕之思。嗚呼哀哉！命方相兮先驅，指越江兮東渡。神祇奔走以效職，魚龍雜遝而來護。蓬萊鬱兮在望，巖壑秀兮争露。哀莫哀兮棄九州之養，樂莫樂兮從二帝之祔。風蕭蕭兮玉衣冷，雲慘慘兮栢城暮。嗚呼哀哉！若古有夏兮稱極功，前 74 聖後聖兮道則同。損已以益人兮，積勤而致忠。與子而高蹈兮，何齡之不豐！帝之治兮春以育，帝之仁兮天比崇。光祖宗兮建號，揭日月兮焉窮。嗚呼哀哉！」

九日，掩欑。如永阜陵之儀。

十四日，虞主渡江，於權安奉處禮儀使行奉迎之禮。如永阜陵之儀。

同日，文武百僚常服、黑帶，出城奉迎虞主詣壽康宮。

同日，皇帝於壽康宮門外奉迎虞主升殿，行安神之禮。如永阜陵之儀。

十五日，皇帝詣壽康殿，行第七虞祭之禮。如永阜陵之儀。

十九日，皇帝詣壽康殿，行卒哭祭之禮。如永阜陵之儀。

二十一日，神主祔廟，皇帝行寧神奉辭之禮。如永阜陵之儀。

同日，神主祔廟，以慈懿皇后配，行晨祼之禮。如永阜陵之儀。

二十二日，詔諸司、諸(司)〔軍〕等推恩有差，餘並依慶元四年五月十七日指揮施行。内兩該人止從一重。

嘉泰元年正月十四日，禮部、太常寺言：「今來弔慰祭奠使副到(關)〔闕〕，詣壽康殿行禮并朝見，欲乞依禮例皇帝服衰絰。其行禮朝見日并奉辭日，宰執已下合赴立班官并應奉官及引班人，服布幞頭、布襴衫、腰絰、布袴。」從之。

二十五日，金國弔祭使驃騎衛上將軍、兵部尚書完顔充〔一〕，副使嘉議大夫、尚書户部侍郎李仁惠，讀祭文官朝列大夫、翰林修撰張復亨，赴壽康殿行祭奠禮。如永阜陵之儀。

三十日，金國弔祭使完顔充等赴壽康殿奉辭。如永阜陵之儀。

二月十二日，詔中奉大夫、右司郎中 75 閻丘泳假試兵部尚書、永嘉郡開國侯、食邑一千三百户、食實封三百户、賜紫金魚袋，差充奉使金國報謝使；武翼大夫、右屯衛將軍李言假福州觀察使、知閤門事、兼客省四方館事、壽昌縣開國伯、食邑七百户，副之。既而泳以疾，改差起居舍人俞烈，借官仍舊。

八月五日，爲光宗皇帝小祥前三日，輔臣至六曹權侍郎以上，管軍臣僚正任觀察使、皇親遥郡防禦使以上，詣几筵殿行奠酹禮。六日同。

八日，小祥，皇帝詣壽康殿行祭奠之禮，如宮中之儀。次御史臺、閤門、太常寺分引文武百僚詣几筵殿内外立班定，禮直官揖躬拜，在位官皆再拜訖，禮直官引班首升殿，

〔一〕完：原作「元」，據《宋史》卷三八《寧宗紀》二改。下同。

詣几筵殿香(安)〔案〕前，搢笏三上香訖，執笏降階，復位立。禮直官揖躬拜，在位官皆再拜訖，次移班進名奉慰太皇太后、皇帝訖，次赴傳法寺行香如忌辰之儀訖，班退。

十七日，禮部、太常寺言：「檢照紹興七年徽宗皇帝升遐，初詔羣臣候祔廟畢純吉服，繼令候過小祥日取旨。八年正月二十五日小祥，二月二十三日詔百官純吉。至淳熙十四年高宗皇帝升遐，詔並依紹興七年典禮，又詔羣臣自遵易月之制。欲乞詳酌，遵用紹興已行之典、淳熙申命之文，百官過小祥，用九月一日並服純吉。」從之。

二十六日，禮部、太常寺言：「今來光宗皇帝已經小祥，百官用九月一日並服純吉。所有見應奉從物并禁衛班直、親從等，依典故並合仍[76]舊，俟將來皇帝純吉日，即合從吉。」從之。

嘉泰二年五月十一日，禮部、太常寺言：「將來八月八日，光宗憲仁聖哲慈孝皇帝大祥，自初三日命輔臣至六曹權侍郎以上，管軍臣僚遙郡觀察使，應宗室南班官，詣光宗皇帝几筵奠酹。自是日一奠，至初七日羣臣皆入奠。入奠日，依故事，臣僚到闕未見、還官未謝、已辭未發，並聽隨班入奠。奠酹日，應奠酹官服常服、黑帶，去魚。立班奠酹畢，換吉帶，退。」從之。

八月八日，光宗憲仁聖哲慈孝皇帝大祥，皇帝行祥祭之禮。其日夙興，太常入陳祭器，供設禮(撰)〔饌〕於壽康宮几筵殿。文武百僚並赴壽康宮，常服、黑帶，以俟奉慰立班。儀衛、几筵禁衛及僧道於殿門外排立定，次引進幣爵酒官、讀祝文、酌酒官入殿，及執燭等官，並先陞殿，各就位立定。次引禮儀使、陪位官、宗室使相、郡王、南班宗室，各入就位。禮儀使、前導、執事、陪位官、供進盤匜等內侍官及侍衛之官，並常服、黑帶。次禮直官、太常博士、太常卿於御幄前立定。皇帝服衰服，入詣几筵殿側御幄，簾降，釋衰服，易祥服，服白素紗軟脚幞頭、白羅袍、黑銀帶，即座。次禮直官、太常博士引太常卿當幄前俛伏，跪奏稱「太常卿臣某言，請皇帝爲光宗憲仁聖哲慈孝皇帝大祥行祥祭之禮」。奏訖，伏，興，退復位。簾捲，前導官前導皇帝出幄，詣殿上褥位北向立。太常卿奏請拜，皇帝再拜，在位官皆再拜訖，內侍各執盤匜帨巾以進，(奉)〔奏〕請皇帝[77]盥手。內侍進盤匜沃水，皇帝盥手。內侍進巾，奏請帨手，皇帝帨手訖，內侍進爵沃水，奏請皇帝洗爵。內侍進巾，奏請拭爵。皇帝拭爵訖，前導官前導皇帝詣光宗憲仁聖〔哲〕慈孝皇帝几筵前褥位立，奏請皇帝跪，三上香。進幣爵酒官搢笏，先進幣，次進爵酒，又奏請皇帝受幣、奠幣、執爵，三祭酒於茅苴。奠爵，俛伏，興，奏請皇帝少立。讀祝文官搢笏跪，讀祝文訖，奏請舉哭，拜，皇帝舉哭、再拜，在位官皆舉哭、再拜訖，哭止。前導官前導皇帝還褥位北向立，奏請拜，皇帝再拜，在位官皆再拜訖，前導官前導皇帝歸幄，簾降。次禮直官、太常博士引太常卿當幄前俛伏，跪奏稱「太常卿臣某言，禮畢」。奏訖，伏，興，退復位立。前導、陪位等官並權退。次引禮儀使、執事官詣望燎位立，俟焚燎祝幣訖，權退。太常撤祭器，禮饌訖，俟几筵欽奉所別設香茶酒果等訖，提舉官奏請太皇太后行燒香禮畢，退。

同日，光宗皇帝除几筵，奏請皇帝扶護几筵行禮。其日焚几筵時前，俟皇帝行祥祭禮畢，及太皇太后行燒香禮畢，次禮直官、太常博士、太常卿於御幄前立定。次禮直官、太常博士引太常卿當幄前俛伏，跪奏稱「太常卿臣某言，請皇帝躬親扶護几筵」。奏訖，伏，興，退復位。簾捲，前導官前導皇帝出幄，詣殿上褥位北向立，太常卿奏請拜，皇帝再拜，舉哭。前導官前導皇帝躬親扶護神御，（內侍官分左右扶護。）至東南權安奉訖，[78]哭止。前導官前導皇帝歸幄，簾降。前導官於幄前立定，次太常入陳祭器，供設禮饌訖，次引進幣爵酒官、讀祝文、酌酒官、執燭等官先陞殿，各就位立定。次引禮儀使、陪位官、宗室使相、郡王、南班宗室，各入就位。次禮直官、太常博士引太常卿當幄前俛伏，跪奏稱「太常卿臣某言，請皇帝爲光宗憲仁聖哲慈孝皇帝大祥除几筵，行祭奠之禮」。奏訖，伏，興，退復位。簾捲，前導官前導皇帝詣殿上褥位北向立，太常卿奏請拜，皇帝再拜，在位官皆再拜。訖，內侍各執盤匜帨巾以進，奏請皇〔帝〕盥（水）〔手〕。內侍進盤匜沃水，皇帝盥手。內侍進巾，奏請帨手，皇帝帨手訖，內侍進爵沃水，奏請皇帝洗爵。內侍進巾，奏請拭爵，皇帝拭爵訖，前導官前導皇帝詣光宗憲仁聖哲慈孝皇帝几筵前褥位立。奏請皇帝跪，三上香。進幣爵酒官搢笏跪，先進幣，次進爵酒，又奏請皇帝受幣、奠幣，執爵，三祭酒於茅苴。奠爵訖，俛伏，興，奏請皇帝少立。讀祝文官搢笏跪，讀祝文訖，奏請舉哭、拜，皇帝舉哭、再拜，在位官皆再拜訖，哭止。前導官前導皇帝還褥位北向立，奏請拜，皇帝再拜，在位官皆再拜訖，前導官前導皇帝歸幄，簾降。次禮直官、太常博士引太常卿當幄前（挽）〔俛〕伏，跪奏稱「太常卿臣某言，禮畢」。奏訖，伏，興，退復位。前導陪（臣）〔位〕等官退，次引禮儀使、執事官詣望燎位立，俟焚燎祝幣訖，退。次引宗室使相、郡王、南班宗室詣殿下，分左右立。次[79]引禮儀使陞詣几筵前，（挽）〔俛〕伏，跪奏稱「禮儀使臣某言，請光宗憲仁聖哲慈孝皇帝几筵降座陞輦輿」。奏訖，伏，興，少退，南向立。次內侍官扶護几筵陞輦輿，輦官捧擎進行，宗室使相、郡王、南班宗室分左右導引，禁衛、援衛及僧道作法事迎引，禮儀使後從。至焚几筵處，俟輦輿過，退。有司俟時焚訖，並退。次文武百僚赴傳法寺行香，如忌辰儀。

十月二十八日，光宗皇帝禫除，皇帝行禫祭之禮。如永阜陵之儀。

寧宗

【宋會要】

嘉定十七年閏八月三日，寧宗皇帝崩於福寧殿，遺制曰：「朕承十一聖之丕基，歷三十有一年之久。允賴天地之祐，祖宗之靈，海內乂安〔一〕，年穀豐衍，北方故壤，寖入版圖，中原遺黎，咸懷內附〔二〕。而朕夙夜祗懼，不敢荒寧，宵衣御朝，感寒致疾，迄今大漸〔三〕，不得負扆以見羣臣。皇子御名神授英奇〔四〕，天鍾睿哲，春容朝謁，休問日彰，授以宗祧，天人允叶。可於柩前即皇帝位。然嗣君夙居外邸，未熟萬幾，皇后左右朕躬，歷年滋久，秉心公正，務在進賢，任、姒之稱，聞於天下，可尊爲皇太后，權同聽政。應軍國事務，並聽皇太后處分，必能祗荷寵休，奉若成憲，佐中興之運，副率土之心。更賴左右宗子，文武列辟，輔其不逮，惟懷永圖。皇帝成服，三日聽政，喪紀以日易月。羣臣共爲寬釋，勿過摧傷。百官入臨，隨地之宜。諸道州府長吏以[80]下三日釋服〔五〕。在京禁音樂百日，在外一月，無禁祠祀、嫁娶。沿邊不用舉哀。內外諸軍並令支賜，並聽皇太后、皇帝處分〔六〕。於戲！念有生之必死，如晝夜相代之常；惟付託之得人，乃宗社無窮之計。咨爾有衆，體予至懷。」其日，文武百僚黑帶，去金玉(飭)〔飾〕，入詣殿下立班定，禮直官引班首出班前東向立，搢笏宣遺制訖，歸位，並舉哭，再拜，移班稍東立定。皇帝即位，遜避再四，乃於殿上東楹即坐。班首出班，躬身起居皇太后，次起居皇帝。次移班奉慰皇太后，殿上下並舉哭。次奉慰皇帝，班首躬身致詞，歸位舉哭。各再拜訖，皇帝降坐，並退。

同日，禮部、太常寺言：「檢會國朝山陵故事，羣臣敘班殿庭，輔臣宣制發哀畢，移班謁見帝於殿之東楹稱賀，復奉慰盡哀而退。今欲依上件典故施行。」從之。

同日，又言：「檢會國朝故事，皇帝合服初喪服，白羅袍、黑銀帶、絲鞋，白羅軟脚折上巾。成服日，皇帝服布斜巾、四脚、裙、袴、冠帽、竹杖、腰絰、首絰、直領大袖布襴衫、白絹襯衫。皇帝視事日，去杖、首絰。小祥日，改服布四脚、直領布襴衫、腰絰、布袴。大祥日，服素紗軟脚折上巾、淺黃袍、黑銀帶。皇太后、內外命婦，粗布蓋頭、裙、衫、帔子、首絰、絹襯服。六宮內人無帔，合服粗布蓋頭、長衫、裙、首絰、絹襯服。內外合入臨人，仍加冠。所有今來服制，欲乞並依前項典故，令工部下文思院製造供應。」從之。

四日，又言：「檢會國朝故事，城內外諸[81]寺院共聲鐘二十五萬杵，乞依典故令臨安府吉報聲鐘。文武百僚朝晡臨於宮庭內外，自小祥後至禫祭朝一臨，自是七日皆朝臨，四十九日而止。禫祭除後，山陵前，每遇朔望，羣臣並朝臨，進名奉慰皇太后、皇帝。」成服日、大小祥、禫、朔望，並奉慰。

同日，詔辰日不得忌哭。

〔一〕乂：原作「又」，據本書禮四九之九六改。

〔二〕咸：原作「感」，據本書禮四九之九六改。

〔三〕漸：原作「斬」，據本書禮四九之九六改。

〔四〕御名：本書禮四九之九六作「與莒」。按，此指理宗。據《宋史》卷四〇《寧宗紀》四、卷四一《理宗紀》一，「與莒」爲理宗原名，然此時已改名「昀」，似不應稱「與莒」，今仍其舊。英：原作「美」，據本書禮四九之九六改。

〔五〕以下：原作「以以」，據本書禮四九之九七改。

〔六〕據前孝宗、光宗遺誥，「並聽」上似當有「他不在誥中者」一句。

同日，禮部、太常寺言：「檢照典故，諸路監司、州軍縣鎮長吏以下，依禮例合服四脚，係幞頭。直領襴衫，即是大袖上領不盤。謂以布一條屈爲領，雖如涼紫衫領而不用斜剪盤成，是爲直領。腰經，以麻爲帶。朝晡臨，三日除之。」從之。

同日，又言：「檢照典故，内外品官禁樂二十七月。京城内外民庶等，自舉哀至祔廟，合行禁樂。諸路州縣管内寺觀，自關報到日，修建道場七晝夜，禁屠宰三日。民庶等禁樂百日。沿邊軍中及在内諸軍軍行、教閲不禁。」從之。

同日，又言：「檢照典故，自成服至釋服日，遇朝殿，所有簾幕並用縞素，輦輿從物用淺黄包裹。」從之。

六日，又言：「乞依典禮，集議大行皇帝謚號於尚書省。」詔恭依。

十三日，又言：「檢照典禮，皇帝釋禫服行禮畢，皇帝服皂幞頭、淡黄袍、烏犀帶、素絲鞋。皇太后冠僘禕衣冠，去華飾；服僘禕衣，以淡黄羅製造；鞋淺色。」從之。

十八日，又言：「檢照典禮，將來梓宫發引，合用節一副，大昇轝并輴一副。一、欑宫内安設合用黝三匹，纁二匹，黝、纁乞下左藏庫揀選堪好物帛充。贈玉一段。盛黝、纁，贈玉 82 匣(狀)〔牀〕及帕、鎖、匙全。一、啓奠、祖奠、遣奠祭器，就本寺見管使用外。合用牙牀三張。合差擡擎兵士一十五人，節級一名，乞下步軍司差赴寺，事畢發遣。如經由水路，乞下所屬差撥人船。欑宫畢并神主祔廟，合用虞主一，神主一，大匱二，小匱二，腰輿二，汲水鐵絡桶二，索全。矮香案二，紫羅衣子全。白羅拭巾一，長八尺。小尺。筆硯墨一副，白羅巾二，各長八尺。小尺。行障一，紫羅袍衣全。藉神主、虞主紫羅褥子二，浴斛二，(趺)〔趺〕座二，錦褥子全。曲几二，衣子全。油絹帕二，各三幅。罩匱黄羅夾帕二，各三幅。并祏室法物等，並乞下文思院製造。」從之。

十九日，又言：「檢照故事，帝、后謚號，其間一字相連。昨上孝宗皇帝謚號，安穆皇后、安恭皇后改從『成』字。今來大行皇帝將欲議謚，所有恭淑皇后謚號，合依典故改謚。」從之。

二十日，又言：「將來梓宫發引，沿路導引、宿頓排設，合用警場、鼓吹、挽歌，依故例係總護使同橋道頓遞使、都大主管官、禮部太常寺官按閲。」從之。

同日，又言：「一、挽詞，翰林學士、中書舍人撰二十首，文臣職事官各二首；導引鼓吹歌詞，學士院撰。一、合用挽歌郎，依例差撥。一、發引日，總護、橋道頓遞使、都〔大〕主管官就幄次前朝辭，餘官並免。一、合差掩欑宫行事官，候回日計會閤門朝見。一、合用鹵簿儀仗，權以儀衛服素紫褐衫，執持儀物充代。」從之。

二十六日，詔以參知政事宣繒爲欑宫總護使，吏部侍郎、兼中書門下省檢正諸房公事、兼同詳定勅令官楊燁爲按行使，保康軍承宣使、入 83 内内侍省押班鄭偰副之，師貢爲橋道頓遞使，馮榯爲修奉總護，符思信爲鈐轄。

同日，詔：「今來大行皇帝升遐，應合行典禮及支費賞賜等，並依光宗皇帝升遐典故施行。」

二十八日，命少傅、右丞相、兼樞密使、魯國公史彌遠撰哀册文并書哀册文，參知政事宣繒撰謚册文，簽書樞密院事薛極書篆寶文，禮部侍郎、兼中書舍人、兼直學士院程珌撰謚議。

同日，禮部、太常寺言：「今來大行皇帝升遐，依故事合修製謚册寶并沿册寶法物、哀册并沿册法物，並乞下文思院修製。」從之。

九月二十三日，宰臣史彌遠擬撰大行皇帝陵名曰永茂，詔恭依。

十月二十一日，詔令封樁庫支會子二十五萬貫，豐儲倉支米二萬石，付紹興府充應辦梓宮事務使用。於内撥會子一萬貫，付都大提舉喪事所應辦使用。

二十九日，按行使副楊燁、鄭俁言：「判太史局周奕等相視得泰寧山形勢起伏，龍虎掩抱，依經書於此創建大行皇帝神穴，亦合隨即補治，乞差官覆按施行。」詔寶謨閣直學士、樞密都承旨聶子述充覆按使，昭慶軍承宣使、帶御器械、符寶郎羅舜舉副之。先是，太史局周奕等於永崇陵之下相視，迫溪，無地可擇，繼至泰寧寺山標建，故命使、副覆按。既而子述等言：「恭惟大行皇帝僊馭上賓，神宮定卜，而有泰寧寺者，素擅形勢之區，名爲絶勝之境，岡巒懷抱，氣脈隱藏，朝揖分明，落勢特達。是 84 乃天造地設，儲之數百年以俟今日之用。非大臣閲歷之久，主張之力，上以開陳兩宮，下以鎮壓羣議，則僧徒寧保其不爲動摇哉！今此神穴坐壬向丙，亦與國音爲利益。伏望明飭有司，早嚴修奉。」上謂使、副曰：「泰寧與昭慈相去多少？」使、副奏曰：「昭慈陵側僅一里許，往來最便。」上曰：「甚善。」迺從之。

十二月九日，禮部、太常寺言：「將來梓宮發引，虞主未還宮，如遇文武百僚奉慰，欲乞於後殿門外立班，其合赴官許令入出和寧門。」從之。

二十九日，少傅、右丞相史彌遠等請大行皇帝謚曰仁文哲武恭孝皇帝，廟號寧宗。議曰：「臣等聞皇墳帝典，咸述於徽謨；玉鎖金函〔一〕，悉儲於美號。然史紀五帝之壽，於古獨高；而商稱三后之年，歷書有永。蓋履位既久，則膏潤之被也必深；而享國既長，則治功之凝也必盛。惟功德之兼茂，宜名號之益張。恭以熙朝，上承堯運，仁皇御曆四十二年〔二〕，高宗中興三十六載。偉淳熙之繼體，亦四七以承休。逮我先皇，垂及三紀。羲昊而上，莫可訂詳；《詩》《書》所編，於斯爲盛。昭德作謚，宜鑒在兹。恭惟大行皇帝夢日開祥，神光闡瑞，萬善衆美，天授神鍾。迹其登賢聘逸，消庸斥回，放勛之明也；歡奉兩宮，善述前志，重華之孝也；食不御珍，衣裳屢澣，大禹之儉也；陰燠小愆，露禱清禁，文王之畏天也；未昕視朝，暑寒不變，宣王之勤

〔一〕金：原作「全」，據程珌《洺水集》卷四改。
〔二〕四十二年：原脱「四」字，據《洺水集》卷四補。

也。視民若傷，念兵在己。敬大臣，恤小臣，察邇言而莫惑，塈讒説而85不行。郊廟迭舉，以隆報本之心；親幸儒宫，以示右文之化。日惟一講，肇始再臨。録先聖之後，賜諸儒之謚。奥學上窺於軒昊，飛毫俯爛於雲章。既書《説命》以錫輔臣，復翰《無逸》以置坐右。蠲兩浙丁錢之困，減江東折帛之重。建學以垕宗枝，錫廟以表忠節。苑囿不修，游幸絶跡。禁罔持嚴於金翠，仁心下逮於肖翹。閔民食之稍艱，即發豐儲之廪；念民生之不易，數捐内帑之金。凡帝軌王塗，聖言哲行，若修身之三德，暨爲治之九經，無不躬蹈而力行，積久而不懈。用是純德上格，實意下孚。五雨十風，羣生茂豫；冰天桂海㈠，愛戴同心。重譯鞮靼，連歲輸忱；四世金讎，絶幣不與。粤自南渡，塊土未還，今也名若魏、梁，大若齊、魯，略河以北，循山而東，奉圖職方，請印少府。而又中土人心，影從風動，豪士則挈州送欵，黔民則襁褓歸仁。列處邊亭，凡數百里，萬艘餘粟，沾及傖荒。矧其傳國古璽，元祐寶章，與夫薦天之璧，祀廟之器，爵尊璟珂，鐘律鏗鏘，列玉大圭，盡歸廣内，邊吏不絶受，史館不絶書。履德於踐祚之始，收功於真積之餘。巍巍煌煌，光洗六合，如清風戒曉而白日昇，如蟄雷起春而應龍奮。良由德盛於身，故功顯於世，本末有第，非倖而致。仰惟玩志穆清，觀道昭曠，宜千億歲，比筭三皇。顧以求衣中宵，忘食過旰，焦勤聖體，寖爽天和。既愆豫於逾旬，尚臨朝於一日。若與臣子永訣僊凡，自是廣庭不再清蹕。三靈爲86之色變，萬宇爲之心摧。初，玉几甫憑，亟命聖子，自承大統，盛德愈新。付託得人，海邦胥慰。體天議謚，下屬末臣。臣等是用循列聖之規，剌六經之制，闡章天之藻德，酌希代之雋功，合爲徽稱，用昭億世。謹按《謚法》：『功施於人曰仁，聖德廣運曰文㈡，知人能官曰哲，闢土斥疆曰武，接下不驕曰恭，繼志成事曰孝。』夫澤流方夏，餘被北方，非功施於人乎？道統既明，邪説自殄，非聖德廣運乎？信賢逐佞，至明不惑，非知人能官乎？北方版圖，日衍月增，非闢土斥疆乎？羣臣謁奏，虚心樂從，非接下不驕乎？憤解百年，功光列廟，非繼志成事乎？夫賢起有堯之野，萬國咸安；舜躬天德之全，出寧四海。或遺大龜之寶，亦取安邦，或惟武功之圖，亦貴能敉。然則『寧』之爲義，大矣哉！夫植顯號，建鴻名，必也稽之事業，考之僉輿，關於百聖而不疑，質諸鬼神而無媿。故薦於天而天心受，陳於廟而帝意愉。韋昭曰『王者無上，故於南郊稱天以謚』。大行皇帝尊謚，宜天錫之曰仁文哲武恭孝皇帝，廟號寧宗。」詔恭依。

寶慶元年正月四日㈢，禮部、太常寺言：「大行皇帝謚寶，欲以『仁文哲武恭孝皇帝之寶』十字爲文，乞下工部

㈠天：原作「洋」，據《洺水集》卷四改。
㈡廣：原作「光」，據《洺水集》卷四改。
㈢按，李心傳《續總類國朝會要》止於寧宗嘉定十七年，然此節寧宗之喪禮，不得不接叙至理宗寶慶二年喪事之終，故以下仍爲該書之文。

行下文思院修製。」從之。

九日，又言：「將來靈駕發引，依禮例差太傅一員後從皇帝行啓奠、祖奠、遣奠之禮。」詔差少傅、右丞相、兼樞密使、魯國公史彌遠。

十六日，臣僚言：「近同副使鄭俁再詣先皇帝新陵恭行告土之儀。[87]啓土之日，天宇澄霽，陽耀宣明，土脈縝密，形勢秀聚，天造地設，合於地理之吉。見〔者〕莫不舉手加額而相告曰：『此先皇帝盛德之應也，兩宮孝思之格也！』七月而葬，禮有常經，以月計之，爲期已迫。欲望明詔有司，預涓發引之日。仍乞行下應辦諸司，務在督趣整備，使無臯緩苟簡之虞、倉卒科擾之弊。」從之。

同日，禮部、太常寺言：「將來梓宮發引，依典故啓欑前三日奏告天地、宗廟、社稷、宮觀。」從之。

十七日，詔將來梓宮發引，依故例前一日免呈拽。

同日，禮部、太常寺言：「將來奉上（太）〔大〕行皇帝謚册寶，宜用正月二十八日己丑吉。」從之。

十九日，又言：「將來神主祔廟日，皇帝行寧神、奉辭虞主之禮。今欲乞是日於皇帝行禮前，提舉官奏請皇太后詣虞主前，先行寧神奉辭燒香之禮。靈駕發引掩欑畢，迎奉虞主回，皇帝親行三虞祭及卒哭祭之禮。」

二十日，又言：「將來神主祔廟，合於祔享時前告遷恭淑皇后神主，詣太廟南神門外幄次權行安奉，以俟同時祔謁，升祔寧宗室。一、合差宮闈令一員，自別廟告遷恭淑皇后詣太廟升祔行禮。扶侍、夾侍各一員，捧腰輿官四員，並前一日赴太廟致齋。乞令太常寺報入内内侍省差官施行。一、合差儀衛親事官三十人，裝着儀注全，乞令皇城司差撥，前一日赴太廟奉安所上宿，至日祗應。一、所有告遷儀注，令太常寺修定關報施行。」從之。

二十七日，又言：「將來[88]梓宮用三月十二日掩欑，依典故除欑宮薦獻外，自三月十日爲始，禁止屠宰三日。令進奏院牒紹興府，行下合屬縣分禁止施行。」從之。

二十八日，少傅、右丞相史彌遠率文武百僚奉上寧宗仁文哲武恭孝皇帝謚册文，曰：「維寶慶元年，歲次乙酉，正月壬戌朔，二十八日己亥，孝子嗣皇帝臣昀謹稽首再拜言曰〔一〕：臣聞德必有功，功，德之幹也；功必由德，德，功之本也。然古者祖有功，宗有德，槩而言之，匪曰區別，銘德紀功，敬宗尊祖，其義一也。徽名顯號，鏤玉繩金，帝王以降，寖加詳矣。思我昭考，詎容闕遺！恭惟大行皇帝生有神光，夢符抱日。天之所畀，秉德粹沖。充養滋深，始終克一。爰自潛蟠，逮於御極，雅言懿行，善政良規，皆德之發也。表正影隨，根茂實遂，休功偉續，得於自然，皆德之應也。屢書悉數，莫可勝紀，敢因節惠，採摭形容，庶幾萬一焉。凝神靖穆，靡事玩好，歲寒清心，揭以名室，至純也。《中庸》《大學》，克明要旨，秦皇、梁武，是謂渺茫，至正也。

〔一〕昀：原作「御名」，據理宗名回改。

金華説書，演爲朝夕，黼扆聽朝，不怠旰旦，衣必服澣濯，飲不過三行，勤於邦，儉於家矣。容止進退，可觀可度，在朝在宮，雝雝肅肅，動容周旋中禮矣。畏天則遇災而懼，減膳徹樂，露立請禱，寧親則克諧以孝，問安侍疾，躬進藥餌，事天如事親矣。以和顏接臣鄰，以大度納諫諍，憂民之憂，聞必憯怛，樂民之樂，不自滿假，體羣臣而愛百姓矣。及夫形而爲言，於學問則[89]曰人主一心，攻之者衆；於講讀則曰引古證今，庶非文具。語珠玉之寶，而明德業之爲寶；語君爲舟、民爲水，而明覆舟之可畏。因舉子有君，則謂父母之心由之以生；因收平海寇，則謂招徠得用，又可全生。推是以往，言皆德言。於是見諸行事，則政必由中書，官不私嬖近。祖宗成憲，遵承惟謹，便民奏牘，命以敓行。立賢無方而朋比亡，惡惡必去而姦邪沮。捐帑儲，振乏絶，發倉廩，救饑饉。丁口之賦全以弛之，折科之色重則損之。興崇學校，廣及宗庠，褒謚先賢，録及後裔，拔民豪以爲將，軫死士而恤孤。罪疑惟輕，可憫即貸，平反者有賞，失入者有罰。十詔取士，八策於庭，惟實用是求；七饗合宮，三登圜陛，惟時宜（時）〔是〕舉。設施注措，莫非德政。稽驗成功，則天地順應而陰陽和，風雨時，年穀阜成，羣物暢茂。帝歆親祀，夜氣澄肅；封人歲祝，晨光赫曦。眷佑之來，可幸而得耶！人心丕應而户口蕃息，囹圄空虛，遺黎襁負以向化，豪傑率衆以來王。山河境土，寖復版圖；符寶珍瑞，復還御府。多助之至，可彊而致耶！故雖殘虜陸梁，終自取敗；寇攘間作，斃不旋踵。權姦自孽而莫逭，叛將弗征而就誅。在位三十有一祼，事變屢萌而汔康，感應之機有不疾而速、不行而至者。大功數十，是不曰盛德之所召乎！乃若（震）〔宸〕奎寶畫，筆由心正；弓矢侯鵠，中由體直。以之而書《無逸》，書《説命》，則書可以觀德矣；以之而尚武勇，去弋獵，則射[90]可以觀德矣。游於藝者猶若是，豈功而非德歟！夫有大德者必得其壽，謂宜無（彊）〔疆〕惟休，眉壽萬歲，夫何遽厭黄屋，靈駕莫追！殂落之旦，風雨晦冥，天人俱慘。臣方□荒，頓足摧心，乃承憑几之命，俾紹丕圖之休。追惟涼菲，凜弗克勝，煢煢在疚。因山告期，四輔羣工若稽古訓，敬紬稱謂，得請於郊，人謀天同，誕昭懿鑠。謹奉玉册、玉寶，上尊謚曰仁文哲武恭孝皇帝，廟號寧宗。恭惟睿靈如在，允膺茂典，列於宗廟，妥安閟恤，於萬斯年，永昌厥後。嗚呼哀哉！謹言。」

二月二日，檢察宮陵所言：「將來大行皇帝欑宮所有差置官吏、諸色祇應軍兵等人，并應干合行事務，乞照諸陵體例差官。應合支破請給、人從、理任、酬賞，並依前後已得指揮施行。」詔差都監一員兼香火，并差内外巡檢一員，主管官物一員，專知官一名，手分二名，餘從之。欑宮修奉（關）〔闕〕官掌管出入牌記，權令永崇陵欑宮都監陳叔達兼權，候差到正官日仍舊。主管官物及專知官，從本所於見任得替小使臣、校副尉内指差。其官吏并諸色祇應人、防守軍兵等，應合得諸般請給，令紹興府挨排，按月批勘。

二十一日，都省言：「今來梓宮發引在近，合行祈晴。」詔日輪侍從一員，詣上天竺靈感觀音前及分詣東嶽、城隍、福順廟、旌忠觀祈禱，香自入内内侍省請降。

二十四日，梓宮啓欑，皇太后詣梓宮前行燒香，如宮中之儀。皇帝行祭奠禮，文武百僚赴91几筵殿陪位立班，進名奉慰。

同日，禮部、太常寺言：「檢會淳熙元年已降指揮節文，遇合班去處，如東〔班〕闕宰執，即移西班執政過東班。今來二月三十日仁文哲武恭孝皇帝梓宮發引，渡江船路朝晡臨，并掩欑宮畢朝拜路陵、進表奉慰，及沿路虞祭等合班，即無宰執，止有攝太傅、簽書樞密院事，恩數並依執政，合過東班作班首，上香立班及進上皇太后、皇帝慰表。」從之。

二十七日，詔靈駕發引在即，令提領豐儲倉所撥（來）〔米〕七萬石，令臨安府日下委官抄劄城内外貧乏下户大小口數，賑給一次。務要實惠及民，毋令吏胥漏落欺隱及減尅作弊。

同日，詔令封樁庫日下取會殿前司、馬步軍司守衛官兵及班直、皇城司并諸司見管兵人數，每日各特支犒設錢一貫文，並以會子支撥，付逐處當官點名給散。

同日，詔梓宮發引在近，見行祈晴，應（雨）〔兩〕浙路州軍城内外并屬縣官私房錢，並放有差。

三十日，靈駕發引，皇太后行（奉寧）〔寧神〕奉辭禮，皇帝行啓（殿）〔奠〕、祖奠禮畢，次詣皇城門外奉辭，行遣奠禮。

哀册文：「維嘉定十七年，歲次甲申，閏八月乙未朔，三日丁酉，仁文哲武恭孝皇帝崩於福寧殿，旋殯於殿之西階。粤寶慶元年二月壬辰朔，三十日辛酉，遷座於永茂陵欑宮，禮也。雲繞帝鄉，漏沉天闕。陳宸（帣）〔帟〕以如在，挽車旌而尚列。蒼梧連泣竹之野，玉匱藏函書之穴。瞻象物以悽黯，企僊游而愴咽。92孝子嗣皇帝臣昀摧痛罔極〔一〕，銜哀永訣。弓劍漠以難攀，尊罍奠而將徹。端咨近輔，緝揚洪烈。其詞曰：天享至仁，格於藝祖。誕舜明命，全付區宇。覲謳盛乎虞夏，誓伐卑乎湯武。啓祐我後，以篤斯（祐）〔祜〕。若時中興，三聖繼序，文孫丕承，實天所與。秉哲而麗正，飭躬而履純。寅畏以事上帝，徽柔以懷小民。度常裕以有容，威不嚴而自神。舍己從善，忠讜畢陳。予亮予弼，汝臣汝鄰。渾然如天，熙然如春。措一世於昇平，陶八荒於晏醇。三十一年，仁祖之仁。始其慈福開宮，壽慈對殿。巍巍壽康，高蹈清燕。翠蹕來朝，問安視膳。寶册交舉，瓊觴齊獻。慶重儀縟，龢翔澤遍。孝德之全，光乎三禪。太紫之庭，蘭茝之掖，嗜好不營，服御無飭。衣必再浣，洗更以錫。苑圃不增，遊畋屏迹。輦路苔侵，禁園草積。賜絶横緡，嬪皆虚席。儉德之隆，卓冠載籍。若乃天作清明，機運英剛，迄翦姦孽，總收權綱。新化如滌，皇猷

〔一〕昀：原作「御名」，今據宋理宗名回改。

聿彰。衆正僉受，帝紘孔張。宗社之計，赫乎靈張。乃挈治統，乃疏政經。九賦數減，一役不興。刑雖小而(逾)〔愈〕恤，兵惟應而弗征。親齋露禱，忱通顧歆。歲書屢豐，變銷無形。立國之勢，以尊以寧。至於七畝堂延，三登觚時，原廟之謁，太室之祀，升以苾馨，涓以芳美。天地昭答，神祇嘉喜，貺之珍符，介之蕃祉。帝眷載膺，聖志愈抑。惟成憲是監，惟古訓是式。兩講迭進，緝熙日益。帝曰能定，朕心自得。萬機餘間，玩情翰墨。鸞虯翬矯，奎璧絢奕。首幸

93 辟雍，儒道用光。若稽舊典，肇復東庠。輯麟趾之振振，環冠帶之鏘鏘。俾道德而詠仁，咸追琢乎圭璋。而又發(輝)〔揮〕幽潛，表章正學，録裔胄於洙泗，錫諡名於關洛。振斯文而接墜緒，鏡羣昏而開後覺。於是聖化被乎六合，皇威信乎四陲。内修既備，外攘兼施。蹙胡運於垂盡，起遺黎之來思。故壤輿圖，疊上封圻。聞風動河北之應，布令感山東之歸。景命用集，鴻禧羨滋。璽還玉府，禮行瑶墀。恩滲漉於臣庶，聲震讋於戎夷。媲宣王復古之雅，邁宣帝興業之規。要畧恢乎紹興，宏模廣乎淳熙。方當躬撫昌期，丕凝庶績，旦旦視朝，寒暑不易，終始如一，遂爽冲豫，遂親藥石。層雲蔽闕以連朝，彤霞覆殿而竟夕。忽鈞天之宵斷，駭宫車之晏出。嗚呼哀哉！天崩莫柱，民哀斯擗。雷號薄乎霄漢，雨淚淒乎郡國。風煙爲之俱慘，日星幾於無色。而況母幄流悲，宫闈傷(盡)〔畫〕，忍憑几之導揚，賴東朝之擁翼。省付託之至重，每縈疚而加惕。嗚呼哀哉！詢謀方篤，晬容遽違，旂衛猶整，音塵寖微。黼座寒兮花露欲泫，素翻肅兮鴈霜共飛。乙夜書殘，唯想又新之訓；景陽鐘絶，那求未曉之衣。嗚呼哀哉！同軌咸臻，元龜協吉。澄暉涵萬壑之秀，佳氣貫五陵之玉。審協祔之胥契，庶妥寧之允穆。飛簾先導而塵清，海若駿奔而波伏。鹵簿引兮，嗟越渚之道迎；龍輴渡兮，痛京阜之巷哭。山川拱扈，永陪四后之遊；松檜鬱森，申衍萬年之福。嗚呼哀哉！

94 列聖一心，以仁而傳。忠厚之基垂裕於後，豈弟之治浹深於前。細而覃乎草木，充而塞乎天淵。蒼籙興兮損文王之壽，丹鼎就兮催黄帝之僊。願靈休之敷遺，長燕及於皇天。嗚呼哀哉！」

同日，内出御製挽詩五首。其一曰：「我宋書開雒，炎圖統得天。年推仁祖久，曆至紹興綿。孝廟鴻謨永，光皇寶祚延[一]。四朝各三紀，盛德洽民編。」其二曰：「帝烈王謨大，居然備一身。聰明堯寔並，孝友舜惟均。夏后猶稱儉，周王獨擅仁。兼之惟聖德，天賦絶群倫。」其三曰：「冲澹凝金汞[二]，憂勤失寶丹。講餘曦已午，班趣漏方殘。濟野雲生暗，蒼梧日轉寒。列朝從藝祖[三]，天闕會金鑾。」其四曰：「僊御賓空日，龍飛杳杳間。五霞呈瑞彩，九虎敞重

[一] 光：原作「先」，據《古今事文類聚》前集卷四九改。按「光皇」謂光宗。
[二] 汞：原作「永」，據《淵鑒類函》卷一八二改。
[三] 列：原作「烈」，據《古今事文類聚》前集卷四九改。

闕〔一〕。寶輦扶蒼鶴，雲韶擁玉班〔二〕。千年棲佛地，今日覲天顔。」其五曰：「一意遵先烈，無忘付託功。天心期不負，帝業勉無窮。七月猶爲近，三年尚有終。惟餘飄血淚，千歲五雲東。」

三月四日，詔令提領豐儲倉所貼撥米二萬五千六百石，付臨安府添充賑給貧民。

十二日，仁文哲武恭孝皇帝掩欑宫，文武百僚赴後殿門外，進名奉慰皇太后、皇帝。

十七日，皇帝於皇城門外奉迎虞主升殿，行安神之禮。

二十五日，祔廟前二日，遣官奏告天地、宗廟、社稷、宫觀。

二十六日，詔仁文哲武恭孝皇帝祔廟，應臨安府城内外官私房賃錢並放有差。小祥、大祥並如之。

二十七日，神主祔廟，皇帝95行寧神奉辭之禮。

四月二日，内降德音，以寧宗仁文哲武恭孝皇帝祔廟畢，在臨安府、紹興府管内見禁罪人，鬬殺情輕及雜犯死罪以下至徒流遞減一等，杖以下釋之。

二十七日，詔靈駕發引畢，欑宫諸使及應辦修奉官各特轉一官。其知紹興府應辦欑宫及兩浙運副各除職。

六月二十六日，欑寧畢，頓遞使、主管宿頓官、壕寨官屬推賞有差，内兩該人止從一重，選人比類施行。以檢校少保、奉國軍節度使、知大宗正事師貢言頓欑宫了畢，乞依節次體例推賞人從，工、吏部勘當，故有是命。

七月十六日，詔都大提舉喪事所、諸司官屬依例各推恩有差，以安奉掩欑了畢故也。

八月二十四日，殿前司言：「措辦木植物料，創造修補大料例船，通計一百一十四隻，借付臨安府、紹興府、轉運司等處應奉梓宫發到了當外，有檢視印烙訖未修船一百五十七隻，乞支降會子，揍行打造。」詔令封樁庫取撥，支牒六十三道付殿前司，每道作八百貫變賣，專充修造未辦船隻，務要堅壯經久。

二年正月一日，皇太后、皇帝詣几筵殿行祭奠禮，如宫中儀。輔臣至六曹權侍郎已上，管軍臣僚正任觀察使、皇親遥郡防禦使已上，並赴几筵殿行奠酹禮。《宋史·張忠恕傳》〔三〕：理宗即位，户部郎官張忠恕移書史彌遠，請取法孝宗，行三年喪。且曰：「孝宗始自踐祚，服勤子職凡二十有七年。今上自外邸入繼大統，未嘗躬一日定省之勞，欲報之德，視孝宗宜有加。」寶慶初，詔求直言，忠恕上封事曰：「人道莫先於孝，送死尤爲大事。孝宗朝衣朝冠皆以大布，迨寧考96以嫡孫承重〔四〕，光宗雖有疾，未嘗不服喪宫中也。洎光宗上賓，權倖方張，莫有言者。去秋禮寺受成胥吏，未嘗以義折衷。慶元間再期而祥，百僚始純服吉。今若甫經練祭〔五〕，雖朝臣一帶之微，不復有吉凶之别，則是三年之喪降而爲

〔一〕敞：原作「敝」，據《古今事文類聚》前集卷四九改。
〔二〕韶：原作「歆」，據《古今事文類聚》前集卷四九改。
〔三〕忠：原脱，據《宋史》卷四〇九《張忠恕傳》補。
〔四〕寧：原作「定」，據《宋史》卷四〇九《張忠恕傳》改。
〔五〕今：原作「之」，據《宋史》卷四〇九《張忠恕傳》改。

期，害理滋甚。况人主執喪于内〔一〕，而羣工之服無異常日，是有父子而無君臣也。」（以上《永樂大典》卷七三六四）

〔一〕内：原作「外」，據《宋史》卷四〇九《張忠恕傳》改。

后喪一

昭憲皇后〔一〕

【宋會要】❶太祖建隆二年六月二日，皇太后崩于滋德殿，遺令曰：「生死者人之常道，修短者天之定數。考終爲福，又奚其悲！予年過六旬，比多衰病，家國之故，憂勞積念，自春及夏，風氣頻作，鍼石備至，有加無瘳。將盡天年，宜申理命。皇帝天資仁孝，親侍醫藥，衣不解帶，涉于數旬。軍國事繁，人神所託，勉思遠大，無過哀毁。予瞑目之後，宜以宗社爲心，更賴群臣，共與開釋。皇帝成服，三日聽政，以日易月，一依舊制。在京文武臣僚十三日而除，諸司長官以上及近臣、列校朝晡臨於宮門外。諸道州府長吏以下三日釋服，軍人百姓不用縞素，沿邊州府不得舉哀。釋服之後，勿禁作樂。園陵制度，務從儉省。勉從予志，勿用煩勞。」故事，皇太后下書曰（今）「〔令〕」，稱「（末）〔未〕亡人」。今制首云「皇太后敬問（其）〔具〕位」。惟太上皇書曰「誥」，稱「予」。今昭憲下「誥」，復稱「予」，蓋學士之誤也。其後明德亦仍此矣。是日，帝行服於滋德殿。

三日，文武群臣入臨。

四日，大歛，攢於滋福宮，百官成服。中書門下、文武百僚、諸軍副兵馬使以上，並服布斜巾、四脚、直領襴衫、腰絰。外命婦帕頭、帔、裙、衫。

五日，太常禮院請文武百官臨三日後更不入臨，每日入朝不立班。小祥、大祥、禫除日，並赴滋福宮臨，移班少東奉慰，又進名奉慰皇后。緣百官既已除服不臨，外命婦進牋慰皇后，朔望日百官進名奉慰。又准禮例，合權停太廟時饗及中小❷祠，俟山陵畢復舊。從之。是日，宰臣范質等上表請聽政，表三上。七日，詔答允。

八日，以樞密副使趙普爲山陵按行使，又命内客省使王贊、司天監趙修己同往按行。

九日，帝見百官於紫宸殿門。太（掌）〔常〕禮院言：「皇后、燕國長公主高氏、皇弟泰寧軍節度使光義〔二〕、嘉州防禦使光美並服齊衰三年。准故事，合隨皇帝以日易月之制，二十五日釋服，二十七日而禫除畢，服吉服，心喪終制。」從之。

十四日，百官釋服。

十九日，有司言，請以今年十月十六日祔葬安陵，從之。

〔一〕天頭原批：「禮。凶禮。后喪。」又「皇后」下原標「喪禮」二字，今既取天頭所批「后喪」爲題，故删此二字。

〔二〕光義：原作「太宗舊名」，今據其舊名回改。

二十三日，太常少卿馮吉請上尊謚曰明憲皇太后，詔恭依。謚曰：「臣聞謚所以知行，號所以表功。功大者播之無窮，德厚者傳之不朽。唯詩人之詠，本王化之基。姜嫄發后稷之祥，太姒興武王之業。祖宗之慶，今古相沿。恭惟大行皇太后沙麓儲靈〔一〕，塗山孕粹，恢張陰教，表正人倫，化行而九族惟和，法正而六宮承式。事光彤史，美溢椒塗。母儀方耀於庶邦，仙馭俄聞於厭世。褘衣褕翟，即成原廟之遊；蜃路龍輴，將祔霸陵之寢。葬期定謚，斯曰舊章。謹按《謚法》：『照臨四方曰明，聖善周達曰憲〔二〕。』請上尊謚曰明憲皇太后。」

〔二〕十四日〔三〕，命宰臣王溥爲山陵使，太常卿邊光範爲禮儀使，御史中丞劉溫叟爲儀仗使，兵部尚書李濤爲鹵簿使，端明殿學士、知開封府事呂餘慶爲橋道頓遞使。又詔王溥攝太尉，持節導梓宮，題册寶，監鏁玄宮；工部尚書竇儀攝 3 司徒，率捧紫宮官奉升大升轝，又引梓宮即玄宮，又攝司空復土九鍤；左諫議大夫崔頌攝侍中〔四〕，奏請靈駕御龍輴，及沿路奏進發，及陵所奏翟車進發；中書舍人扈蒙攝中書令讀哀册文，攝禮部侍郎奉謚册寶、哀册等案；太常丞呂端、著作郎馮正、右贊善大夫辛文悅、安守鏻輿策舉册；秘書監張鑄授哀册、謚册；太府卿衛融奉幣；太子詹事尹拙攝少府監進龍輴，陳明器、幡翣，又攝將作監捧梓宮登龍輴，兼鏁玄宮；太常少卿馮吉帥執翣者障梓宮；太常丞呂端攝監察御史監鏁玄宮；太常博士和峴、通事舍人王信，並分引行事；尚輦奉御寧仁裕押腰輿，又攝尚衣奉御捧衣箱置輿中；宗正卿趙矩充九虞及掩玄宮饗官；少卿趙洙祭望栢城及陵左后土；著作郎馮正題虞主；中書舍人扈蒙題神主。

二十五日，太常禮院言：「吉凶儀仗，準詔減省數目。今除兵部鹵簿儀仗，太常寺鼓吹，太僕寺翟車、從車等，殿中省輦輿、繖扇、法物，中書省謚册、哀册、法物，門下省謚寶、緣寶法物外，其凶仗：大升轝、轝士百五十人。輴車、挽士二十人。哀册車、謚册車、謚寶車、鵝茸纛車〔五〕、魂車、香輿、重車、焚於城門外。銘旌車、買道車、方相車、十車並駕以牛，駕士各一。白幰弩、素信幡各一，錢山輿、黃白紙帳各二，暖帳、夏帳〔六〕、千味臺盤各一，拂纛二，鐸、翣各八，挽歌二十人，花釵禮衣一副，梓宮、儀槨各一，夷衾一，障梓宮翣十二，十二時神、當壙、當野、祖明、祖思、地軸 4 各一，贈玉一，包牲輿三，倉瓶輿、五穀輿各一，招幡二十，衣物輿，音聲隊，白幕像生車擔，駝〔七〕、馬各二十，羊二圈，器物五十，刻木

〔一〕太：原無，據《太常因革禮》卷九二補。
〔二〕達：原作「逵」，據《太常因革禮》卷九二改。
〔三〕二十四日：原作「十四日」，據原稿又禮三一之二補。按《長編》卷二載王溥爲山陵使在六月丙辰，正是二十四日。
〔四〕諫：原作「練」，據原稿又禮三一之二改。
〔五〕茸：原脱，據本書禮三三之二四補。
〔六〕夏：原作「下」，據本書禮三三之二四改。
〔七〕駝：原作「馱」，據本書禮三三之二四改。

控鶴官、內人各二十，神御帳一，牀倚四副，屏風、掩障、宮城、園苑各一，轜車三，望令少府監修製。」從之。

七月八日，太常禮院言：「準詔議定皇太后謚。按唐憲宗母王(大)〔太〕后崩，有司集議，以百官謚狀讀於太廟，然後上之，取受於祖宗之義也。周宣懿皇后謚號即有司撰定奏聞，未嘗集議，制下之日，亦不告郊廟，修謚册畢始告廟，還讀於靈座前。」詔從周制。

十九日，太僕寺言：「啓攢宮啓奠、祖奠、遣奠，共使犢二。」詔悉改用羊。

八月七日，詔：「應諸司寺監合差園陵行事官等，宜一半差在京前資州縣京官黃衣人，一半差本司職掌。如本司不足，即取別司人充，並取次三選已上者。如逐司行事官不足，即並令通攝。仍令逐司點檢出身、歷任書解由曆子分明，方得差補。」

九月六日，群臣奉謚册寶告于太廟，翌日上于滋福宮。册文闕。禮畢，群臣詣滋德殿門進名奉慰。

二十七日，藩侯、郡守以山陵有期，各貢物來助。

十月十三日，啓攢宮，群臣服初喪之服，詣滋德殿門進名奉慰。

十五日，帝啓奠于梓宮，百官入臨，升梓宮于龍輴。祖奠徹，帝從出明德門，百官叙班。梓宮升輿，設遣奠，中書舍人扈蒙讀哀册。册文闕。帝哭盡哀而退。

十六日，葬安陵，群臣詣西上(閣)〔閤〕門奉慰。虞主至，迎安于滋德殿。

十一[5]月四日，神主祔太廟宣祖室。禮畢，群臣奉慰。

乾德元年十二月二十三日，詔改卜安陵于河南府鞏縣。事見「安陵」門。

二年二月二十五日，禮儀使言：「明憲皇太后改謚昭憲，所有謚册寶，按唐朝故事，加謚則册文不改，(令)〔今〕改上尊謚，與加謚之禮迥殊，其謚册寶合重修製。緣定謚號時太尉已曾率百僚告於太廟，昨改題神主，又已差官告，其重製册寶，欲候至啓靈日，遣太尉上於神座，更不告廟。」從之。

三月二十五日，命攝太尉、開封尹光義奉寶册[一]，改上尊謚曰昭憲皇太后，攝中書令讀于陵次。册文曰：「哀子嗣皇帝臣匡胤再拜上言[二]：恭以厚載配天，作沴則六幽潛震；太陰儷日，薄蝕而重輪乃昏。稽象緯之無私，諒浮休之有數。粵自謳謌允屬，曆數在躬，火德應於皇家，天命隆於宋祚。諸侯率服，既革故而鼎新；百辟樂歸，遂遷虞而事夏。皆稟奉於慈訓，致寰區之大同。寢門方慶於三朝，靈府俄生於六疾。邦家寡祐，藥膳俱違。捧遺誥以哀摧，遵治命而負荷。日者兆非利往，義取隨時，權遷座於近

[一] 光義：原作「太宗御名」，今據其舊名回改。
[二] 匡胤：原作「太祖御名」，據其名回改。

郊，祔安陵之玄寢；今則祝史告吉，令龜有徵，闢大室之上腴，遵穀林之故事。鷖輅前引，龍輴對昇。九逵之翊衛雲屯，萬靈扈蹕；同軌之吏民麕至，八極銜哀。山靈而楚挽酸辛，野静而漢儀嚴肅。詔司空而復土，命大匠以（它）〔庀〕徒。珠襦將閟於無窮，玉簡宜編於茂實。於是會宗伯，詢禮官，徵懿行以摛神休，易鴻名而告清廟。聯6宣考之一字，于以循舊章；明作憲於萬邦，于以垂永（伐）〔代〕。尚虞徽稱，未盡孝思，群議僉同，豈敢失墜！對典册以增欷，服劬勞而罔極。謹遣攝太尉、特進、檢校太尉、同中書門下平章事、開府尹光義奉寶册〔一〕，上尊謚曰昭憲皇太后。景行光顯，聖靈鑒昭。祔翬翟於軒臺，終天無恨；奉晨昏於長樂，畢世難期。攀慕寃號，殁齒何已！」

二十六日，啓故安陵。

二十七日，靈駕發引，攝太尉、開封府尹光義行遣奠〔二〕，讀哀册。册文曰：「維建隆二年六月二日，大行皇太后崩於大内之寢殿，旋殯於滋德殿之西階。粤以乾德二年四月十六日〔三〕，遷祔于安陵，禮也。玉座塵飛，銅壺漏咽。儼龍輴而將御，顧繐帷而日徹。九仙哀慕以聲疊，駟馬悲鳴而仰秣。旌旗悠揚，笙簫怨絶。金鑪再爇兮香爲灰，玉巵三奠兮淚成血。哀子嗣皇帝臣匡胤痛地維之絶紐〔四〕，歎月窟之淪光。方荷燮家之慶，咸期饗國之長。昊天不弔，叩地無疆〔五〕。從蒼梧之壙野，閉漪漣之畫堂。違綵御之列侍，儼翛靈而在旁。順大鈞之委化，貫一氣以無方。惟令名兮不朽，垂億載兮彌光。其詞曰：堯爲唐侯，保姓垂祉；晉主夏盟，因封易氏〔六〕。堂堂杜伯〔七〕，我祖之始。貽厥無窮，聿修不墜。漢、晉后族，唐、梁相門。功藏汗簡，澤流裔孫。天贊興運，地發洪源。嬪我皇考，垂裕後昆。法媯汭以禪堯，因塗山而啓夏。顧曆數之在躬，念名器之無假。慕黄老之慈儉，道豈遠而；繼任姒之謨猷，孰爲難者！母儀7是則，王道勃興。奉慈顔而不匱，獻壽酒以如澠。溥天就養，任土咸徵。奚大年之不永，疑陰隲以難憑。駭積壤之告坼〔八〕，鬱繁陰而弗開。奚軒星之遽隕，隨逝水以無迴。寃號萬乘，震蕩九垓。鉤弋香兮是不是〔九〕，甘泉魂兮來不來。嗚呼哀哉！背採珠之遠水，面檢玉之崇山。睇斜陽於郊鄗，鏁宿霧於轘轅。辛木蕭蕭兮成列，耘鳥翩翩兮自還。漆燈有焰千年碧，銀海無波萬古寒。嗚呼哀哉！翬翟在衘，精爽何之。留彤管之遺訓，乘

〔一〕光義：原作「太宗舊名」，今據其舊名回改。
〔二〕光義：原作「太宗舊名」，今據其舊名回改。
〔三〕十六日：《宋大詔令集》卷一六作「九日」。《長編》卷五：乾德二年四月九日「乙卯，改葬宣祖昭武皇帝、昭憲皇太后於安陵」。是即遷祔安陵也。
〔四〕匡胤：原作「太祖御名」，今據其名回改。
〔五〕「昊天」二句：「弔」原作「屆」，「疆」原作「彊」，據《宋大詔令集》卷一六改。
〔六〕氏：原作「比」，據《宋大詔令集》卷一六改。
〔七〕伯：原作「北」，據《宋大詔令集》卷一六改。
〔八〕壤：原作「壞」，據《宋大詔令集》卷一六改。
〔九〕鉤：原作「波」，據《宋大詔令集》卷一六改。

白雲而不歸。會化石之啓母，訪鼓瑟之湘妃。粧臺蘚蝕菱花缺，鸞館桑濃戴勝飛。嗚呼哀哉！內令罷書，玄宮永閟。七廟几筵，兩朝圖史。玉衣既掩，九原之煙靄淒涼；金輅徐還，一代之榮華已矣。嗚呼哀哉！」

四月九日，安陵掩皇堂。

孝明皇后　孝惠皇后

【宋會要】8太祖乾德元年十二月七日，皇(太)后王氏崩於滋德殿。

八日，文武百官入臨於宮庭。太常禮院言：「皇帝初發哀，服布羅服〔一〕，加布斜巾、帽，首(經)〔絰〕、絹襯服；公主布帊頭，帔、裙、衫，首(經)〔絰〕、襯服。皇帝七日而釋，內外文武官三日而釋，外命婦就本家成服。內外禁音樂。群臣百官釋服後不入朝，至皇帝釋服日，並入詣西宮門外進名奉慰。成服後，群臣日一臨，退易常服出宮城，去金銀帶、魚袋。」從之。

二十五日，命樞密承旨王仁贍爲園陵按行使〔二〕。時議改卜安陵於鞏縣，并以孝明、孝惠二皇后陪葬安陵，又命內侍二人分爲園陵監護使。皇堂之制，下深四十五尺，上高三十尺。陵臺再成，四面各長七十五尺〔三〕。神牆高七尺五寸，四面各長六十五步。南神門至乳臺四十五步，高二丈三尺。吉仗用中宮鹵簿，凶仗名物悉如安陵而差減其數〔四〕，別有重車、招幡。孝惠皇后梓宮初奉於故安陵幄殿，上謚冊，不設鹵簿，其凶仗如孝明之制，稍減其數。

二年正月七日，太常禮院言：「按《唐會要》，元和十一年，順宗皇后王氏崩，謚曰『莊憲』。初，太常少卿韋縓進謚議，公卿書定〔五〕，欲告天地宗廟。禮官奏議曰：『按《曾子問》，賤不誄貴，幼不誄長，禮也。古者皇后之謚則讀於廟，《江都集禮》引《白虎通》曰：皇后何謚，謚之於廟。又曰：皇后無外事，無爲於郊，所以必謚於廟者，謚宜受成於祖宗，故皇后謚成於廟。請準禮集百官連書謚狀訖，讀於太廟，9然後上謚於兩儀殿。』今孝明皇后上謚，望如舊禮。」詔令尚書省集官議定以聞。

太常卿邊光範上謚議曰：「歷觀彤史，眇覿皇闈，咸推中饋之賢，以輔興邦之運。塗山之隆有夏，姜嫄之王宗周，雖婉孌於椒塗，能經綸於草昧。其或烏蟾缺耀，丹壑遽移，長秋之官屬仍存〔六〕，闕翟之徽容永閟，得不望北郊而灑涕，臨南面而不怡！將攄黃屋之情，唯獻曲臺之謚。恭以

〔一〕布羅：疑當作「白羅」。本書禮四三之一，皇帝爲皇太子發哀，服羅衫，可爲旁證。
〔二〕贍：原作「瞻」，據《宋史》卷一二三《禮志》二六改。
〔三〕十：原作「千」，據《宋史》卷一二三《禮志》二六改。
〔四〕如：原作「知」，據《宋史》卷一二三《禮志》二六改。
〔五〕書：原作「集」，據《太常因革禮》卷九三改。
〔六〕官：原無，據《太常因革禮》卷九三補。

大行皇后瑤圖襲慶〔一〕，星婺降祥，生知陰教之文，宿植坤儀之道〔二〕。爰自嬪於朱邸，瑞我皇家，望雲預識於勃興，求劍偏鍾於聖念。暨化家爲國，類帝禋宗，十四位之嬪嬙皆師禮法，五千言之《道德》刻意薰修〔三〕。纔踰笄總之妙齡，已類蓍龜之道鑒。思賢諫字，昌言過補袞之臣；長樂深宮，視膳盡先姑之禮〔四〕。永言福履，何止期頤。胡天理之混同，繆人倫之報應！祺壇告慶，俄成柘館之悲；桂魄沉暉，無復行宮之揖。九有悽酸於中壼，六宮號噎於內朝。方士帳中，寂歷之香魂不返；甘泉壁上，平生之畫像空存。何殫當宁之懷，但擬易名之典。謹按《謚法》：『法度明大曰章，慈和遍服曰順。』請謚曰章順皇后。」尋改謚曰孝明。

二月十五日，禮儀使扈蒙等奏議曰：「《白虎通》云：『后夫人謚於廟，臣子共定謚，白之於君，然後加之。婦人天夫，故但由君而已。』唐順宗王皇后是憲宗之母，其時禮官遂行賤不誄貴之文，讀之於廟，是受成祖宗也。今詳后夫人者，有太后也，有皇后也〔五〕，若不尊卑異[10]制，終恐禮意未然。欲請凡母后之謚，則定於廟而讀之，仍合賤不誄貴之意。皇后之謚，取天夫之義，自君之命可也。其孝明、孝惠謚號，俟百官定議，制下後〔六〕，行册之前，止命官告太廟。告訖，上於靈座。又與周宣懿皇后禮例並同，於義稍允。又准禮例，掩皇堂畢，陵下設第一虞，奉神主回京，沿路間日而虞，九虞祭畢，擇日祔廟。周(皇)〔宣〕懿皇后以十月二日掩皇堂，神主至京，於(四)〔西〕御莊權住，每日一虞，或一日兩虞，至八日祔廟。國朝昭憲皇太后以十月十六日掩皇堂，神主迴至滋德殿，皆間日而虞，至十一月四日祔廟。今請如昭憲故事，間日而虞，至西御莊權安神主，俟四月二十六日祔於別廟。」從之。

十六日，太常禮院言：「准詔問孝惠皇后改葬合造虞主及得與孝明皇后同祔謁太廟可否。按《開元禮》及《五禮精義》，改葬無虞主，只於葬所西南設一虞祭。今詳孝惠皇后不合更造虞主，緣准敕與孝明同祔別廟，欲請止俟祔謁廟前俱造神主，各題謚號。又按唐先天元年，祔昭成、肅明二皇后神主於儀坤廟。詳酌故事，雖無同謁太廟之文，且有同日祔別廟之禮。以此比類，同謁爲宜。欲請奉二后神主同祔謁於太廟。」從之。

十七日，禮儀使言：「宣祖靈駕與孝惠皇后靈輿自故安陵發引，同日孝明皇后靈駕自內發引，其吉、凶儀仗至城西御莊西合路。今請孝明靈駕俟至御莊西，少俟宣祖靈駕至，孝明監[11]護使詣宣祖前跪，奉孝明皇后王氏奉見，俛伏，興，退。大升輿上路，依次而行，其儀仗並相參行列。」

〔一〕圖：原作「闓」，據《太常因革禮》卷九三改。
〔二〕植：原作「值」，據《太常因革禮》卷九三改。
〔三〕五千：原作「三十」，據《太常因革禮》卷九三改。
〔四〕視：原作「妙」，據《太常因革禮》卷九三改。
〔五〕有皇后也：原無，據《太常因革禮》卷九三補。
〔六〕制：原作「判」，據《太常因革禮》卷九三改。

從之。

二十五日，禮儀使言：「孝惠皇后謚册，伏緣追謚以來未嘗告廟，今詳酌，欲與孝明皇后同日告於太廟。其謚册亦候啓陵日，遣太尉上於靈座。」從之。

三月二十六日，遣攝太尉、開封尹光義奉孝惠皇后謚册寶〔一〕，告於幄殿。册文曰：「皇帝若曰：堯女嬪於嬀汭，配聖興虞；啓母出於塗山，克勤翼夏。盛德如在，往牒流芳。致應籙以受圖，内自家而刑國。昔予良配，實齊功於古人；悼彼柔儀，早沉光於曉魄。自慶垂我祖，運啓炎靈。雖追遠之思，尋稽典禮；當卜遷之日，爰奉徽名。皇后賀氏柔順積中，英華發外，藴含章之具美，出積善之華宗。魚芼學於女師，麟趾得其婦道。端莊容止，斯和珩珮之音；浣濯衣裾，不貴珠瑠之飾。而自其昌叶吉，先近有言，羞榛栗於舅姑，薦蒸嘗於祖禰。奢約中度，温凊承顔。肅雍播於四時，慈愛睦於九族。洎謳謡有屬，清明在躬。念王風而樂在進賢，知神器之俯將授聖。隆公宫之篤行，致靈臺之積勞。祺祥莫會於神祇，蘭茝例凋於霜霰。嗚呼！年祀云遠，圖牒彌光。膴膴壽原，著兆克昌於改卜；悠悠貞魄，芝焚永隔於和鳴。乃命禮官，具陳備物。錫鏤金之册，百行斯全；揚如玉之音，千秋永茂。謹遣使攝太尉、檢校太尉、同中書門下平章事、開封尹光義册謚曰孝惠皇后〔二〕。良史序美，樂工登【12】歌。珮玉之清音寂寂，堅金之懿範峨峨。嘆逝云遠，積慶攸多。皇極之建繁衍，清廟之頌猗那。綿天長兮地久，永保合於太和。嗚呼哀哉！」又遣攝太尉、門下侍郎、平章事趙普奉孝明皇后謚册寶，告於攢宫。册文曰：「皇帝若曰：惟王居尊，立后作配。治行敷於内，故六宫率職；德教流於外，則四海承風。是故功如奠山，亦資啓母之聖；仁如解網，實賴莘妃之賢。其或沴氣屬於四星，窮數纏於三翟，空遺惠問，永謝徽音。易名將示於千年，考行宜旌於五可。皇后王氏天鍾善聖，生稟柔明，幼彰偃月之奇，夙契俔天之異。游心圖史，節步珩璜。自師氏之發祥，由公宫而著美。稱《詩》化下，《國風》爲王政之基；率《禮》居中，《内則》繫人倫之本。洎乾亨而開景運，資德以贊昌圖。宫號長秋，斯隆繁衍；車如流水，所誡奢豪。黄琮自比於正規，彤管每書於景行。恩推褒紀，尋爲宗族之光；道盛嬪虞，方永國家之慶。俄而桃蕡速謝，椒掖長捐。空膺沙麓之期，永垂懿範；不遇蓬丘之藥，寧返清魂！天道遠而莫知，陰隲定而無奈。公桑秀緑，誰從繭館之儀；敖穀焦黄，遽及壽宫之葬。有司獻議，列辟同辭，宜允至公，永彰大行。今遣攝太尉、門下侍郎、平章事、集賢殿大學士趙普册謚曰孝明皇后。周公之法，垂彝典以攸遵；太姒之名，與册書而不朽。臨文悼往，言不勝情。嗚呼哀哉！」禮畢，群臣奉慰。

〔一〕光義：原作「太宗舊名」，今據其舊名回改。下同。
〔二〕惠：原作「憲」，據上文改。

二十七日，孝明皇后啓攢宮，群臣服初喪之服[13]臨於庭。

二十八日，孝惠皇后神柩自幄殿發引，有司行祖奠，攝中書令讀哀册。册文曰：「維乾德二年三月二十六日，啓孝惠皇后之陵，以四月丁卯朔九日，遷座陪葬於鞏縣之南，改卜安陵，禮也。帝宅區中，孝治天下，符靈龜之吉兆，命青烏之相者，改卜園陵，茂植松檟。奉易名之寶册，遷於九原；御載主之金車，遠逾十舍。爰告先后，聽兹祝嘏。辭象闕以啓行，祔龍輴而夙駕。重槨沿周，綢練從夏。靈筵肆設，慘行色於萬人；哀挽一聲，起悲風於四野。紼引斯發，素幃將徹。永懷悼於皇情，直筆揚其休烈。其辭曰：惟后之門，清望發源；惟后之美，彤管立言。嘒星之行，偃月之顔，婉兮正順，禮以防閑。始問名於甲族，終作配於塗山。主祭蒸嘗，問安晨省，夙興夜寐，冬温夏清〔一〕。養慈顔而有方，同薰風之不競。淑問汪汪，小心翼翼。樂《樛木》之惟言，念柔桑之女績。食不求甘，裝不務飾。昔維或躍在淵，肇基王跡，謳謡雖洽於外言，輔助允由於内則。非禮弗動，常樂善以進賢；有開必先，果變家而爲國。二《南》於以登歌，六親用之作式。憂人之憂，利人之利，神宜福於遐齡，波忽驚於長逝。洎朔頒鳳曆，洛出龜書。惟孝通於神明，寘懷罔極；以禮奉於祖考，必本於初。改卜玄宮於鞏洛，備陳明器於塗芻。乃遷賢后，祔於皇姑。嗚呼哀哉！閲水興嘆，因山飾終。利正萬祀，歔欷六宮。織室桑壇，圖緗細而垂訓；金堦玉城，空繪素以爲容。[14]速何速於過隙，傷莫傷於淒露。月晦缺而望圓，花秋彫而春茂。留德音兮孔昭，問貞魂而無處。嗚呼哀哉！維嵩之北，清洛之南，前峻嶺兮虎膺其地，左長流兮龍偃其潭。望壽原兮膴膴，颻絹幕兮縿縿。雲不凝兮慘白日，人不忍兮迴素驂。嗚呼！奉嬪之則，含章之德，王風被於殊鄰〔二〕。瘞推蘭兮冥寞，封泥芝兮刊勒。泉隧斯篇，柔明永息。積餘慶以祚皇家，饗牲牢而傳無極。嗚呼哀哉！」

孝明皇后神柩亦自滋德殿發引，帝於明德門外素服，設幄殿，行遣奠之禮，攝中書令讀哀册。册文曰：「維乾德元年十二月七日，孝明皇后崩於滋德殿，以其月庚寅殯於殿之西階。粤二年三月癸卯，遷座陪葬於西京鞏縣之安陵，禮也。宫漏將曉，殿帷撤素，奠玉斝之餘酌，移金釭之殘炷。階進龍輴，仗隨鸞（洛）〔輅〕。命婦咸臻而景從，内親如初而孺慕。自永巷以長辭，由閶門而遠遡。皇帝撫漢劍以悼往，瞻軒星而念（忘）〔亡〕。長秋闃其無人，天姿慘慘；羽葆御而不返，聖心惶惶。詞臣奉詔，恭述遺芳。其詞曰：輕清爲天，沉濳爲地。陽曜垂照，素靈攸儷。乃命以后，作配於帝。所以往聖删《詩》，用兹首《關雎》之義；前

〔一〕夏清：原作「夜清」，據文意改。《禮記·曲禮上》：「凡爲人子之禮，冬温而夏清。」

〔二〕此下當脱一對句。

王制禮，於斯創人倫之始。在昔龍德或躍，鳳兆爰符。門崇閥閱，族茂膏腴。占淮契乎遐福，遷晉賴於嘉謨。紛綸軒冕，赫奕彤旒。乃生聖範，合此昌圖。契塗山之佐夏，叶潙汭之興虞。清風允穆，淑問誕敷。柔順化人，皆除妬媢；幽閒慎獨，不願15遊娛。常滋蘭畹，以撫椒塗。至仁加於群族，大孝奉於先姑。六宮以和，八妾以肅。奉嚴禋於清廟，勤率（絃）〔紘〕綖；體光生於方祇，教先種稑。儉取《葛覃》，仁遵《樛木》。聞三英之紱帶，則載悦載忻；顧百子之寢床，則以鞠以育。方集克門之慶，永祝華封之祝。嗚呼哀哉！毓德雖高，降年不永，神徒罄於禳禬，天何深於災眚！涪公罔効，彭尸作梗。浮生易化，爽延祐於大期；陰隲難知，遽收華於短景。復衣篋兮不開，仙輧往兮莫迴。捐沉沉之紫掖，遊杳杳之丹臺。嗚呼哀哉！龜策叶吉，龍輴用遷。笳簫嗚咽，仗衛駢闐。侍先皇之弓劍，從太后之杯棬。新城之山煙羃羃，去途之野草綿綿。伊洛縈迴於封外，嵩山巉巖於闕前。念徽音之遠矣，惟此地之終焉。嗚呼哀哉！」

四月九日，葬孝惠皇后於安陵之西北，孝明皇后於安陵之北，群臣奉慰。

二十六日，奉神主祔於別廟，群臣奉慰。

太平興國二年五月十九日，孝明皇后神主升祔太廟太祖室。

孝章皇后

【宋會要】

太宗至道元年四月二十八日，開寶皇后宋氏崩，輟朝五日。先是，后疾甚，遷燕國長公主之第，即日崩。

二十九日，太常禮院言：「准禮例，合差官奏告天地、社稷、太廟。」從之。

五月一日，太常禮院言：「親王、宗室準式合給假七日，以喪日爲始。」從之。

三日，太宗出次，素服舉哀，皇親皆服，群臣詣崇政殿門奉慰。

六日，命翰林學士承16旨宋白議謚號，禮部侍郎兼秘書監賈黃中撰謚册文，吏部侍郎李至譔哀册文，直祕閣潘慎修書。

十四日，太常禮院言：「權欑日，請依恭孝太子權殯禮例，輟朝一日，群臣進名奉慰。」從之。

初議卜陪葬永昌陵，司天言是歲在未，陰陽所忌，故權攢於沙臺〔一〕。

十七日，命給事〔中〕郭贄充監護使，入内都知李神福都大監領喪事。

六月六日，翰林學士承旨宋白請上謚曰孝章皇后。議

〔一〕沙臺：原作「涉臺」，據《宋史》卷一二三《禮志》二六改。

曰：「臣聞后妃之德，王化所基，《詩》曰以御邦家，《禮》曰以聽内治。統六宮而立教，叶兩曜以齊明。嬀汭嬪虞，光啓重華之運；塗山翼夏，遂成文命之功。昭示母儀，流芳女史。輔佐之美，圖牒彰聞。恭惟開寶皇后柔順利（正）〔貞〕，肅雝逮下。挺生公族，號金穴以承家；作配先朝，覆玉衣而表異。彤庭鉛砌，不移儉約之心；織室蠶宮，每盡躬親之禮。夫何景靈不祐，六氣生災，疾有加而無瘳，壽降年而不永。奄辭椒掖，悲動璇宮。今皇帝追感天倫，愴懷壼則，輟紫宸之朝謁，御素服以發哀。爰命禮官，俾旌懿範。下臣奉詔，敢揚徽烈。謚者行之跡也，號者功之表也，節以一惠，謚以尊名，將符善行之祥，宜舉易名之典。謹案《謚法》〔一〕：『慈愛忘勞曰孝，温克令儀曰章。』伏請謚曰孝章皇后。」詔尚書省集官議定，準禮例中書令讀謚册於靈座。册文曰：「皇帝若曰：恭以定謚考終，褒德揚善，格言之制，歷代攸遵。開寶皇后爰在先朝，正位中壼。儷日呈曜，如朏魄之示 17 冲；配乾成儀，符坤厚以載物。賁河洲之令範〔二〕，顯沙麓之殊祥。節環珮以叶和鑾，必循法度；服澣濯而遵大練，動誡奢盈。逮下以推仁，體道而育物。鴻圖有耀，翠嬀豈獨於娥、英；茂族聯華，白水徒稱於陰、郭。理内之風正九族，用國之望和萬邦。六衣在御，居極而若靈；三妃成列，進賢而無怠。翊昌運卜年之祚，光前經《内則》之文。桂華忽謝於陰靈，蕙路載盈於椒問。固以溢美圖史，流芳鍾（右）〔石〕。今禕褕將祕，軀笠同盈，備物夙陳，祖庭供事，仗衛慘容於雲日，園林變色於（雲）〔雪〕霜。舊禮具存，徽容不昧，合詢有位之公議，恭薦易名之大典。謹遣使某官册謚曰孝章皇后。伏惟允膺簡册，垂休無疆。嗚呼哀哉！」

七月十四日，太常禮院言：「凶仗合用堊車三兩，請下少府監製造。」從之。

八月十二日，太常禮院言：「今年十一月十二日靈駕發引，赴安肅門外權攢，準詔鹵簿儀仗減大駕之半。内左右廂合設牙門旗四，得金吾仗牒，稱儀仗内元無牙門旗，只有紅門旗，係南郊吉仗所用。按詳禮文，牙旗者，後周所制，畫獸以助軍威，名以牙爪之義。今請依禮改製牙門旗，以備儀仗應奉。」從之。

十月二十一日，太常禮院言：「十一月一日啓攢宮，十二日權攢，欲望並放朝參，群臣進名奉慰。」詔可。

二十三日，詔三館直館安德裕等二十五人，各撰挽歌十首。

二十四日，太常禮院言：「將來權攢，去路十里内祠廟合差官祭告。」從之。

18 二十九日，太常禮院言自啓攢至遣奠逐祭儀注，詔啓攢宮、啓奠、祖奠、遣奠四祭，並遣監護使郭贄攝太尉致

〔一〕謹案：原無，據《太常因革禮》卷九三補。

〔二〕洲：原作「州」。按，此用《詩》「關關雎鳩，在河之洲」之典，因改。

祭。其日仍止令皇親已下立班，百官只城外立班。后自入宮即有中宮之號，然未降制命，故喪儀咸有降損。

十一月一日，以啓攢宮不視朝，群臣奉慰。

十二日，以靈輀發引，有司行遣奠之禮，攝中書令讀哀册。册文曰：「維至道元年，歲次乙未，四月丁卯朔，二十八日甲辰，開寶皇后崩於别殿，諡孝章皇后〔一〕。粤十一月癸卯朔，十二〔月〕〔日〕甲寅，將遷座於陵臺，禮也。攢塗夕開，象物晨備，帷慟縞衣，轅悲素驥。皇帝敦睦日深，孝悌天至，望蒼野以永懷，感陰宮而特異。祖於庭兮，嗟尊靈之寖遠；謚於廟兮，考彝章之有自。爰命下逮，式揚遺懿。其詞曰：烈烈太祖，功高舜禹。日月其文，雷霆其武。造我皇宋，臨兹率土。眷後宮之虚位，期陰教之稽古。將荇菜之化供，庶桃夭之斯覩。配于乾而且兩，詢其可而惟五。微子遐胄，漢氏遐孫，乃忠乃孝，爲藩爲垣。貂蟬奕奕，棨戟盈門。金、張孰擬，田、竇奚言。慶既未央，善不徒積。神覆玉衣，夢懷桂魄。瑞集氣黄，喜捫空碧。宜産夫人，衣兹褕翟。修德忘勞，逮下無斁。芣苢同芳，葛覃擬迹。樂親蠶而嘗往，鄙戲馬以寧窺。仰宗親而示戒，服澣濯以從宜。率宮中之嬪則，化天下之母儀。詎假大家之誨，寧煩女史之規。信人倫之是憲，實王化之攸資。洎宸駕上仙，璇宮居默，參鑾[19]自删，亡珠誰匿。蠲脂澤之公田，安練裳之儉德。希任、姜兮比隆，尚皇、英兮臻極。唯駐景兮弗能，欲後天兮莫得。嗚呼哀哉！玄堀將去，素奈先開。棄椒蘭兮奄忽，委嬪御兮徘徊。收玳簪於漢殿，遺寶鑑於秦臺。杳何之兮岱嶽，邈不見兮蓬萊。嗚呼哀哉！永巷吁嗟，長秋哀送。望鸞輅兮含酸，奠犧罇兮增慟。去復去兮生若浮，悲且悲兮事如夢。緬遺蹤兮昔也濯龍，背雙闕兮依然丹鳳。嗚呼哀哉！月明宮掖，風迴殿扉。耿蘭釭兮悄悄，虚玉座兮依依。像設儼兮如在，雲雨淒兮不歸。來何難兮輴輲降，往何易兮朝露晞。嗚呼哀哉！咽薤唱於山園，慘松煙於隧路。覩昭代兮何年，即玄扃兮長暮。嵩雲黯兮野日沈，鞏木槭兮寒吹度。唯懿範之不忘，播《關雎》之章句。嗚呼哀哉！」是日，帝輟視朝，群臣拜送於安肅門外，皇太子及諸王、戚里、藩鎮皆設祭於道左。

十二月九日，太常禮院言：「園陵禮畢，神主回，行謁廟之禮，祔於别廟。」詔可。

二十九日，太常禮院言：「來年發引，應經過橋道及十里内神祠，並合差官祭告。園陵畢，神主迴，行九虞祭。」從之。

二年三月二十三日，太常禮院言：「孝章皇后、故許王及夫人李氏、魏王夫人王氏、楚王夫人馮氏、皇太子亡妻莒國夫人潘氏、將軍惟正亡妻裴氏，以來年正月二十日陪葬永昌陵。謹按故事，孝章陵皇堂、陵臺、神墻、乳臺、鵲臺並如孝明園陵制度。其許王贈皇太子，按唐禮合以陵[20]爲

〔一〕章：原作「莊」，據上文諡議改。

名；又緣淳化四年出葬之時，止用親王鹵簿，今請墳高一丈八尺，墓田方九十步。其王氏、馮氏、潘氏〔一〕，並同親王一品例。裴氏比三品例〔二〕，墳高一丈四尺，墓田方七十步。其誌文緣既改遷，望重修撰。其許王合用親王鹵簿，緣陪從孝章靈駕〔三〕，已有中宮鹵簿儀仗前導，望更不施設。其楚王夫人馮氏，仍令依裴氏例，安葬在莒國夫人之下。」從之。

十二月六日，太常禮院言：「吉、凶仗按舊儀合用內僕令一員，內謁者監四員，給事二人，於吉仗內騎分左右；內常侍二人，(奉)〔奏〕請神駕詣龍輴及請進發；內侍二人，陳明器、玄纁及監(繰)〔鐰〕，并捧衣箱、導神駕；內侍伯二人，騎，分左右夾翟車〔四〕。並請於內臣內差攝。其內給使百二十人，去年出京權欑之時曾差應奉，雖禮文具載，然別無執掌，園陵往復，虛成煩擾，今請罷差。」從之。

三年正月二日啓攢，八日發引，並輟視朝，群臣詣閤門奉慰。

二十日，祔葬永昌陵之北。

二十三日，虞主還京，宰臣、文武百官拜迎於順天門外，虞祭於燕國公主第。

二十四日，命知制誥王旦攝太尉，行祔饗之禮。工部員外郎席羲叟題神主。鹵簿減半，自主第導至廟。

二月二日，神主祔別廟，群臣詣閤門奉慰。

元德皇后

【宋會要】真宗至道三年十二月五日，制曰：「朕獲纂洪圖，仰懷慈訓，式遵茂典，誕舉徽章。太宗皇帝賢妃李氏輔佐先朝，
21 發揮內則〔五〕，柔明之範，圖史傳芳〔六〕。顧惟涼薄之資，敢忘劬勞之德！追崇禮秩，用慰孝思。追上尊號爲皇太后。」

十七日，太常禮院上言：「準制，追尊故賢妃爲太后，改奉園陵，請令司天監卜地揆日，宗正寺於皇后廟別立廟室〔七〕。」從之。

真宗咸平元年正月九日，祕閣校理舒雅請上尊謚曰元德皇后，詔恭依。議曰：「恭惟皇太后沙麓儲祥，河洲襲慶〔八〕。早習姆師之訓，茂揚邦媛之風。言德具修，圖箴是憲。爰被長秋之選，克彰象服之宜。志在進言，恩均逮下。

〔一〕潘氏：原脱，據本書禮三七之四八補。
〔二〕比：原作「北」，據本書禮三七之四八改。
〔三〕從：原無，據本書禮三七之四八補。
〔四〕夾：原作「來」，據文意改。《宋史》卷一四七《儀衛志》五載皇后鹵簿：「內寺伯二人，騎，領寺人六人分左右夾重翟車。」是也。
〔五〕揮：原作「輝」，據本書禮三七之四九改。
〔六〕傳芳：原倒，據本書禮三七之四九乙。
〔七〕室：原作「堂」，據本書禮三七之四九改。
〔八〕洲：原作「州」，據《太常因革禮》卷九四改。

服澣濯而崇儉，謹珩璜而慎儀。協贊戚藩，表正帷壼。兆殊祥於甲觀，揚淑問於塗山。慶奉天飛，榮疏封邑。主帝闈之陰教，載女史之徽猷。奄忽不停，光儀永謝。皇上由震宮而毓德，升皇極以纂戎。祇荷慶靈，永懷顧復，孝思罔極，典册備陳。稽文母之功，早參於十亂；遵帝嚳之制，夙正於四妃。爰加長樂之稱，以報昊天之德。易名斯在，節惠可稽。謹按《謚法》：『茂德丕績曰元，惠和淳淑曰德〔一〕。』伏請上尊謚曰元德皇太后。」

十四日，知制誥王禹偁上謚册文〔二〕，詔付所司。

二月一日，司天監言：「準詔改卜園陵，請以三年庚子三月二十日啓攢宮，二十五日發引，四月八日掩皇堂，祔葬永熙陵。」從之。

二月五日，太常禮院言：「今月十二日，元德皇太后忌，請準禮例，皇帝前一日不視朝，至日群臣進名奉慰，就佛寺行香。」詔恭依。

二年四月二十三日，命西京作坊副使藍[22]繼宗爲按行園陵使。議立陵號〔三〕，太常禮院言：「唐德宗昭德皇后王氏，順宗之母，始葬崇陵，睿宗肅明皇后始葬惠陵，後祔葬橋陵。周顯德末，都省集議，引故事：帝后同陵謂之合葬，同塋兆謂之祔葬〔四〕。漢呂后陵在長陵西百餘步，以同塋兆而無名號。又唐穆宗二后，王氏生敬宗〔五〕，蕭氏生文宗，並祔葬光陵之側。今園陵鵲臺在永熙陵封地之内〔六〕，恐不須別建陵號。」從之。

六月二十六日，知制誥梁周翰上哀册文，詔付所司。

三年二月七日，太常禮院言：「啓攢發引赴園陵，合用挽歌，請下文班各撰二首，太常寺教習〔七〕。」從之。

八日，宗正卿趙安易言：「請因元德皇太后山陵之時，并懿德、淑德、莊懷皇后，各就舊位塋園改卜陵臺。」司天監狀：「《葬範》云因凶亦可大葬諸喪。今因園陵增修陵臺，並吉。」詔可。

九日，命宰臣李沆爲園陵使，翰林侍讀學士夏侯嶠爲禮儀使，御史中丞魏庠爲儀仗使，刑部侍郎郭贄爲鹵簿使，工部侍郎、權知開封府錢若水爲橋道頓遞使。初，禮官請如孝章故事，差監護使一員，特命五使〔八〕。

十一日，太常禮院言：「靈駕發引，舊例自京至陵下十頓。蓋緣梓宮舊攢普安院，其發引後望止爲九頓。其神主迴程爲五頓，入京權於燕國長公主宅安置，只設啓欑宮、啓奠、遣奠三祭，更不設祖奠。又故事改卜只設一虞，今緣神

〔一〕惠：原作「忠」，據《太常因革禮》卷九四改。
〔二〕知制誥王禹偁：原作「知制王誥王禹稱」，據《宋史》卷二九三《王禹偁傳》删改。
〔三〕陵：原作「靈」，據文意改。
〔四〕塋：原作「葬」，據《長編》卷四六改。
〔五〕敬：原作「恭」，據《長編》卷四六改。按，此是宋人避諱改字。
〔六〕永：原作「允」，據《長編》卷四六改。
〔七〕寺：原作「禮」，據本書禮二七之四九改。
〔八〕五使：原作「三使」。按前述實有五使，此「三」字必形誤，因改。

主未升祔廟室，欲請備設九虞，祭畢升祔廟室。」從之。

十九日，太常禮院23言：「啓攢未發引前一日，合差官奏告太廟，并告沿路十里内祠廟。」從之。

二十日，禮儀使夏侯嶠言：「按《開寶通禮》：『改葬服緦麻，舉下緬也。』緦是五服之下，言君子不以死事視親，故無反服重之禮。又《禮疑義》，戴德云：『制緦麻具而葬，葬而除。』謂子爲父、妻爲夫、孫爲祖後，餘皆吊服。又云：『改葬前一日，子、孫、妻妾俱服緦麻葬，餘親以下皆素服。』今參詳故事，伏請皇帝服素羅衫、紗軟脚幞頭、黑銀腰帶，皇后碧羅帕頭、帔、白羅寬袖衫、淡黄縠子裙，諸王以下並白羅衫、吉幞頭、角帶，群官常服。」詔楚王諸子服緦，諸王、皇親、諸親止素服，諸王夫人及公主並常服，不施花釵，餘如所請。

三月二日，禮儀使言：「準儀注，皇帝二十五日乙時掛服，同時皇后掛服。準禮例，成服後並合赴靈座前祭奠。今緣靈駕就時辰發引，行事臣僚俱在攢庭，欲請其日未掛服前，皇后先詣奠爵，候時辰成服，以從便宜。又皇帝親行遣奠□府，準禮例，群官並隨從立班舉哀。今緣皇親諸親止素服，群官常服，欲望其日只令皇親諸親陪位行禮，群官止於門外立班，俟禮畢進名奉慰。又露駕在路，准禮例扈從，押當、行事官並合哭臨。今緣各衣吉服，望每至頓所，只以隨從皇親哺奠，一舉哭而退。又發引，准禮例文武群官並合於京城門外立班奉辭，掩皇(帝)〔堂〕日，神御升榻安置訖，宗正少卿素服導靈主降羡道入皇堂，於神榻前奠酒再拜訖24，跪奏請神上主。並請依故事施行。」從之。

三日，禮儀使言：「按(建)〔乾〕德二年改卜安陵故事，自啓攢宮前一日直至掩皇堂日，神主到京及祔廟日，並皇帝不視事。今請啓攢宮、發引、掩皇堂、神主回京、祔廟，前後各一日不座，並禁音樂。其日中書門下、文武百官並詣西上閤門或所御幄門外進名奉慰。」從之。

六日，禮儀使言：「靈駕經過州縣，官吏並吉服出城奉迎并辭，再拜訖退。神主到京日，中書門下、文武百官立班奉迎，再拜訖退。」從之。

七日，禮儀使言：「準禮例，神主祔廟日先祔謁太廟，置於祖姑之室東(璧)〔壁〕下祔褥之上，宗正卿行安神之禮。伏緣元德皇太后以『太』字尊親，遂立别廟，則祔謁之典，於禮無文。況當禘祫之時，不預合食之列，饗於本廟，自與太廟禮同。其將來神主祔廟前三日，欲請差官奏告天地、社稷、太廟并后廟四室，其神主便詣本廟南神門外，題主訖，還祔本室。仍以常饗禮薦獻，行安神之禮。」詔恭依。

十五日，有司祔廟鹵簿請减園陵之半，詔勿减。

二十日，啓攢宮，帝親臨奠，群臣奉慰。是日，有司奉謚册寶告於靈座，攝中書令梁周翰讀册。册文曰：「孝子嗣皇帝臣恒謹再拜稽首上言〔一〕：伏以孝莫大乎顯親，德

〔一〕恒：原作「真宗御名」，今據其名回改。

莫厚乎追遠。生有懿範，未正於尊稱；殁有徽章，式光於幽壤。易名考行，斯爲舊典。仰承鞠育之重，永懷霜露之歎。敢叙罔極，以明孝思。恭惟皇太后德合先朝〔一〕，功存内治。肅穆[25]以奉上，閑和以逮下。珩璜中節，車服有儀。循法度以率躬，勵慈儉以垂訓。輔佐之美，流詠乎聲詩；婉淑之譽〔二〕，傳芳於圖史。音容早謝，日月云邁。高禖之祀，餘慶發祥；長樂之宫，慈顔永隔。藐是眇質，紹隆寶圖，居萬乘之尊，有四海之富，而劬勞莫報，孺慕增感。嗚呼！爲天下之母，弗能饗三牲之養；爲天下之君，弗能奉一日之膳。風林不止，悠悠彼蒼。而况堯母之門，巋然空在〔三〕；儀坤之廟，闕而未立。是用申明詔，下有司，務依故實，式展情禮。僉謂后妃之制，簡牘具存，以子貴者《春秋》之明文，加『皇太』者秦、漢之故事。所宜按周公之謚，旌文母之賢，遠徵仲子考宫之儀，近取昭成祔葬之禮。玉衣象服，備物如式。九原可作，保斯印綬；百代不刊，永光載籍。謹遣攝太尉奉玉册、玉寶，上尊謚曰元德皇太后。伏惟神靈降格，膺兹典禮。上配聖考，在天照臨。保祐沖人，饗國長久。廟貌蒸嘗，世世勿絶。嗚呼哀哉！」

二十五日，靈駕發引，帝詣普安禪院行祖奠。及龍輴降殿，帝從皇親諸親陪後階哭。梓宫就大升輿，復行遣奠奉辭，攝中書令讀哀册。册文曰：「維咸平三年三月戊寅朔〔四〕，二十日丁酉，追上太宗皇帝賢妃李氏尊謚曰元德皇太后。粵四月乙卯，遷座祔於永熙陵之次，禮也。翟輅宵陳，鷄人曉唱，虚庭挈乎祖載，修路儼乎仙仗。九重天至以如慕，六宫日遠而增愴。哀子嗣皇帝運昌繼體，孝極因心，荷寶圖之惟永，懷慈訓[26]之下臨。事先遠兮兆叶，志慎終兮感深。乃詔近侍，恭播徽音。其詞曰：皇家積慶，昊穹眷命。構象膺乾，來嬪偶聖。高陽命族，厲鄉得姓。派别韓魏，門傳英偉。華轂接軫，黄雲効祉。五可夙彰，六行純備。粵自藝祖，揖(攘)〔讓〕登皇。帝尹京邑，表則四方。后治閨壼，身順含章。流虹感粹，夢日延祥。塗山誕啓，摯氏生昌。爰洎神宗，承平御曆。汾、晉盪定，閩、吴來格。海外憚威，域中潰澤。輔佐邦治，温柔惠迪。登進時賢，勤勞軫惻。助饗紫壇，奉祠清廟。穜稑致恭，紘綖盡妙。動循典禮，式是準繩。居翫圖史，明於廢興。聰叡周敏，顧問允膺。節勵清門，儉敦素履。環珮有聲，簪珥防侈。卹隱流惠，辭封播美。賢以興化，世仰餘輝。仁則多壽〔五〕，天胡有違。黄祇隕載，皓魄沈暉。皇子勝衣，受封胙土。漢邸承徽，姬宗夾輔。維寧攸賴，問安莫覩。元良肇建，萬國以明。地啓蒼震，天臨玉京。克廣丕構，長懷善成。德無(彊)〔疆〕兮坤元，業有開兮聖嗣。承天道兮慶其長，啓帝緒兮

〔一〕朝：原作「期」，據《宋大詔令集》卷一五改。
〔二〕譽：原作「裕」，據《宋大詔令集》卷一五改。
〔三〕在：原作「作」，據《宋大詔全集》卷一五改。
〔四〕三：原作「元」，據《宋大詔令集》卷一六改。
〔五〕壽：原作「書」，據《宋大詔令集》卷一六改。

昌而熾。壽觴稱慶兮養莫伸，脂澤增感兮哀靡寘。嗚呼哀哉！禮褘衣兮有奉，貴玉璽兮是徵。廟如在兮肅肅，祭以時兮蒸蒸。帝母之尊兮斯至，昊天之戚兮難勝。嗚呼哀哉！洞啓山園，風淒雲馭。企穀林之封域，拂嵩丘之煙霧。石闕沉沉兮夜臺，栢城慘慘兮朝露。嗚呼哀哉！稽任、姒之壼政，冠周、召之國風。唯重熙之錫羡，與三代而比隆。播彤管兮有煒，佑皇祚兮無窮。嗚呼哀哉！」群臣詣幄奉[27]慰。

四月八日，祔葬永熙陵。

十三日，虞主至京，百官郊迎，虞祭於故燕國大長公主第。

二十日，奉安神主於新廟。自啓攢、發引、掩皇堂及神主還都，皆廢朝，禁京城樂音，群臣奉慰。虞祭內止座長春殿，群臣起居不舞蹈。

大中祥符六年十月三日，升祔太廟太宗室。（以上《永樂大典》卷七三六五）

明德皇后

【宋會要】

[28]真宗景德元年三月十五日，皇太后崩於萬安宮之滋德殿。遺誥曰：「內外文武臣僚等：日月運行，春秋代謝，人生定分，天道難知。予自去冬嬰茲疾疹，百藥無效，四體積羸，有加無瘳。迫於大限，宜申治命，用示所懷。皇帝至孝至仁，克勤克儉，躬親侍奉，旦夕煎調，憂損子容，衣不解帶。然而天位至重，君臨事繁，必思軍國之大綱，無執庭闈之近禮。所宜自勉，弗用過哀。更賴股肱近臣，共爲開釋。皇帝成服之後，三日聽政，服紀以日易月，一依舊制。在京文武群臣十三日除。文武百僚、諸司長官及近臣觀察使已上臨於宮庭，自餘職官臨於宮門外。諸路官吏已下三日釋服，軍民不用縞素，沿邊不用舉哀。制服釋服之後，勿禁作樂。園陵制度，務在儉省。勉從予志，勿事煩勞。」是日，宰臣、文武百官入臨，奉慰帝於東序。

十六日，太常禮院言：「準禮例，應祠祭除天地、社稷及諸大祠外，太廟及中祠並合權停，俟園陵畢，京城內外禁斷音樂，至皇帝釋服並仍舊。中書門下、文武百僚、樞密使、節度、防禦、團練、刺史、前任行軍副使、諸軍指揮使副、兵馬使、三班殿直已上，並服齊衰，布四脚，直領布襴衫，腰（經）〔絰〕。」並詔可，中書、樞密院主事以上及禮直官亦然。

十七日，群臣上表請聽政，詔答不允。自是繼上五表，始[29]詔允。

十八日，大斂，群臣入臨、奉慰。太常禮院言：「按《通典》，小祥前百官無假，每日平明詣延英門進名起居，不入正衙。今請除成服日百官入詣萬安宮臨訖移班奉慰，成服後，未聽政前，百官並詣萬安宮進名起居，聽政之後並詣崇政殿起居。又皇帝小祥日去絰、杖、衰裳，百官入臨及移班奉慰。詔百官並釋衰服，服常服訖，今請小祥後過大祥及禫除日，百官並詣萬安宮門外立班，進名奉慰。餘日即並於崇政殿序班起居，俟皇帝釋禫除日如舊例朝參。其小祥日仍進名奉慰皇后。百官釋服後，月朔亦於萬安宮進名奉慰。禫除訖，後園陵〔一〕，朔望特不視事。二十八日，欑於萬安宮，按昭憲皇太后禮例，百官已除服不臨。今（祥）〔詳〕二十八日，百官已除服，望只令詣萬安宮門外立班，進名奉慰。」並從之。

二十一日，有司設幄於崇政殿廊，帝去杖、絰，服衰裳，近臣扶即御座，哀動左右。宰臣李沆等跪奏「陛下毀瘠過甚，伏望割哀強食，以爲宗廟社稷，臣等不勝大願」而退。

二十二日，命宮苑使劉承規爲園陵按行使，入內副都知鄧永遷副之，仍詔與西京作坊副使藍繼宗同議。

二十三日，太常禮院言：「皇后本服齊衰三年，准昭憲皇太后禮例，合隨皇帝以日易月之制，四月十日釋服，四月十二日禫除。宗室雍王以下禫除畢，吉服，心喪終制。今月二十七日小祥，皇帝親行祭奠訖，太常卿引皇帝詣東閤即[30]御座，群臣移班近東再拜奉慰退，就幕次釋衰服。」並從之。

二十五日，太常禮院言：「大祥日，皇帝改服素紗軟脚幞頭、淡黃衫、黑銀腰帶，至禫除日服常服。」詔可。

二十七日，小祥，群臣入臨，奉慰如儀。

二十八日，司天監言：「準詔與翰林天文尅擇陰陽官〔二〕，以諸家葬書同選定園陵歲月、方位。緣今年歲在甲辰，不利動土，須俟丙午年十月方吉。請止於今年閏九月二十二日，就西北壬地權攢。」詔下尚書省集文班百官與翰林學士，并朝官自來與免及不赴集議官，並令赴省詳定以聞。

四月一日，吏部侍郎、集賢院學士、判太常寺郭贄上尊謚曰明德皇太后，詔恭依。議曰：「臣聞一氣肇分，天地列剛柔之位；三才既序，邦家立內外之朝。周十亂而文母推賢，漢六宮而明后著美。陰教克宣於內助，母儀允顯於萬方。恭維皇太后挺生世家，作配宸極。玉衣覆寢，顯符甄后之祥；璇宮炳靈，迥表星娥之瑞。雍肅早彰於慎密，賢明動叶於箴規。方期內贊雍熙，外康億兆，忽嬰疾疹，俄歷冬春，進藥餌以無憑，禱神祇而弗應。皇帝至仁至孝，事地事天，情鍾陟屺之哀，禮過茹荼之戚。永懷罔極，欽奉鴻名。爰命有司，式遵茂典。下臣虔承睿旨〔三〕，用闡徽猷。且謚者行之跡也，號者名之美也，考之善行，定以美名，冀揚不朽之芳，永播無窮之譽。謹按《謚法》曰：『無幽不察曰明，中和純備曰德。』伏請上尊謚曰明德皇太后。」

四[31]日，判太常禮院孫何等言：「準詔詳定園陵月日者。伏以宗廟之儀，饗祀爲大，若三年不祭，則闕孰甚焉！

〔一〕後：疑當作「至」。
〔二〕與：原作「興」，據本書禮三七之五〇改。
〔三〕承：原脫，據《太常因革禮》卷九五補。

今司天監言丙午歲方利大葬，今歲止可於壬地權欑，仍勿動土。臣等再三詢問，復有論列，安敢以禮官、博士之議，拒馮相、保章之説？況事繫園寢，理要便宜。今參詳喪葬之義，古有變禮。合祔自乎姬旦，始墨由乎晉襄。書之簡編，亦無譏誚。謹按《禮》云：『葬者，藏也，欲人不得見也。』既不欲穿壙動土，則莫若便就司天監所擇地，依《喪記》，王后之殯〔一〕，居棺以龍輴，欑木題湊，象椁上四注，如屋以覆蓋，盡塗之，所合埋重。若不欲入土，即至時焚之。如此，即是用欑禮而存葬名〔二〕，所冀稍合經典〔三〕，便可升祔神主。九虞之祭，至日可行，七廟之尊，三年獲薦。」帝曰：「陰陽拘忌，前代不取。今但依典禮而行，不煩定議。」宰臣李沆等奏：「近年皇族繼有悲慘，又母后上仙，聖心過有哀毁，陰陽之説亦有所疑，恐須避忌。若如禮官所請，則於國家之事得合便宜，宗廟之祠亦無曠闕。」從之。宗正卿趙安易上言：「伏覩衆議，明德皇太后閏九月二十二日於壬地權欑，依禮例埋重，升祔神主。臣今以爲未可埋重，預升祔神主，瀆亂陵廟，唐突祖宗也。況諸廟既及七月，即合依時薦饗。臣當職分，審合奏陳。伏望下尚書都省或御史臺，集京百司官吏、太常禮院等，令檢勘等帳分析〔四〕，向來祇奉帝后，如委是六室，先止陵，後祔廟，則將來靈座發 32 引，乞約孝章近例，徑於壬地權欑，未立神主〔五〕，升祔凶儀一切祇奉，俟丙午年靈駕西去園陵，東迴祔廟。如此則免顛倒，不利國家。」詔禮院詳定以聞，判院孫何等言：「據安易狀言《禮》云既虞作主。虞者，已葬設吉祭也，明未葬則未立虞主及神主。所以周制但鑿木爲懸重，以主神靈〔六〕。王后七月大葬，則埋懸重，掩玄宫。凶杖、輼輬車、龍輴之屬焚於栢城訖，始可立虞主。吉仗還京，備其九祭，復埋虞主，然後立神主，升廟室。自曠古至皇朝，上奉祖宗陵廟，遵行此禮。何以今日乃違典章，苟且升祔？方權欑妄立神主，未大葬輒埋懸重，柰棺柩未歸園陵，則神靈豈入太廟？祭栢城未焚凶仗，則凶穢唐突祖宗』者。本院先按《晉書》，羊太后崩〔七〕，廢一時之祀，天地、明堂去樂不上胙。又按《禮》，王后崩，五祀之祭不行，既殯而祭。所言『五祀不行』，則天地之祭不廢。遂議以園陵年月不（使）〔便〕，須至變禮從宜。又緣先准禮文，候神主升祔畢方行饗祀。若俟丙午歲，則三年不祭宗廟，於禮文既有所闕，在孝思抑亦不爲。況明德皇太后德配先朝，禮合升祔。遂與史館檢討同參詳，以爲廟未祔則神靈不至〔八〕，伏恐祭祀難行；欑既畢則梓宫在郊，可以葬禮比附。遂按《禮》云：

〔一〕殯：原作「嬪」，據《長編》卷五七改。
〔二〕名：原作「者」，據《長編》卷五七改。
〔三〕經典：原倒，據《長編》卷五七乙。
〔四〕析：原作「祈」，據本書禮三七之五一改。
〔五〕主：原作「立」，據《長編》卷五七改。
〔六〕主神：原倒，據《長編》卷五七乙。
〔七〕羊：原作「王」，據《長編》卷五七改。
〔八〕祔：原作「符」，據《長編》卷五七改。

『葬者，藏也，欲人不得而見也。』既不欲穿壙動土〔一〕，則龍輴欑木題湊，象椁上四注，如屋以覆蓋〔二〕，盡塗之〔三〕，所合埋重，一依近例，便可升祔神主。中書門下以爲國家之事得合便宜，宗[33]廟之祠免於曠闕，用兹定議，實亦無嫌。議允所奏下有司，尋蒙詔可。伏以宗廟之事，至重至嚴，誠非職司所敢輕議。詳此，蓋安易本不知書，直謂未升祔間，諸廟既及七月，即合依時薦饗，所以妄逞瞽言〔四〕，謂凶仗爲凶穢〔五〕，目群官爲顛倒〔六〕，指梓宮直名棺柩，令百司分析園陵，浼瀆聖聽，誣罔臣下。又云『昔日覩群官盡公，奉二帝諸后並先山陵，後祔廟；今日覩群官顛倒，奉明德皇太后獨先祔廟，後園陵』者。本院詳當時先山陵，後祔廟，蓋爲年月便順，別無陰陽拘忌。孝章皇后乃太宗嫂氏，不妨宗廟祭饗。今既年月未便，禮合從宜。未埋重則禮文不備，未升祔則廟祭猶闕，須從變禮，以合聖情。夫三王不相襲禮，五帝不相沿樂，愚夫則執而守之〔七〕，妄生異議。況已經中書參定，詔命頒行，兼明德皇太后將赴權欑，而安易所稱『栢城未焚凶仗，則凶穢唐突祖宗』。本院按《檀弓》云：『喪之朝也，順死者之孝心也。』鄭玄注云：『朝謂遷柩於廟〔八〕。』又云：『其哀離其室也，故至於祖宗之廟而後行。商朝殯於祖，周朝而遂葬。』今亦遥辭宗廟，豈可以禮經所出目爲顛倒，吉凶具儀謂之唐突？又云：『孝章皇后至道元年崩，亦緣有所嫌避，未赴園陵。出京權欑之時，不立神主入廟。直至至道三年西去園陵禮畢，然後奉虞主還京，易神主祔廟，以合經典。』本院檢詳當時文籍，孝章爲太宗嫂氏，上仙之時止輟五日視朝，百官不曾成服，已與今[34]來不同，從初亦無詔命令住廟饗。今明德皇太后母儀天下，主上孝極曾、顔，上僊之初，即有遺命權停饗祀。按於禮文，固合如此。安易荒唐庸昧，妄有援引，以大功之親比三年之制，欺罔君上，乃至於斯！本院所議，並明稱典故，旁考時宜，雖曰從權，粗亦稽古。在宗廟則不乖祭祀，於園陵則無失便安。昔墨衰起於晉襄，搢紳不議；合祔出於姬旦，賢達無譏。孝章配世祖於更衣，見稱范史；叔孫作原廟於複道，載美班書。豈不以爲所慮者遠圖，所成者大事，務叶通人之論，不妨近俗之譏。就而酌中，雅合權變，顛倒苟且，孰爲而然！究經詢議，而爽丕式。伏請一依本院元狀施行。」詔可。

五日，太常禮院言：「準昭憲皇太后禮例，謚號勅下日〔九〕，百官詣閤奉慰。今月六日謚號勅下日，望依故事。」

〔一〕既：原作「就」，據《長編》卷五七改。
〔二〕屋：原作「星」，據前文改。
〔三〕盡：原無，據前文補。
〔四〕逞：原作「稱」，據本書禮三七之五二改。
〔五〕爲：原作「謂」，據本書禮三七之五二改。下句同。
〔六〕群：原作「郡」，據本書禮三七之五二改。
〔七〕執：原作「孰」，據本書禮三七之五三改。
〔八〕朝：原無，據《禮記注疏》卷九補。
〔九〕謚：原作「議」，據《太常因革禮》卷九五改。

從之。

九日，群臣上表請御正殿，自是三上表，始允以十四日御正殿。

十日，大祥，群臣奉慰如儀。

十三日，命翰林學士承旨宋白撰哀册文，知制誥李宗諤撰謚册文，知制誥趙安仁書册寶。

五月一日，以梓宫在殯不視朝。自是至升祔，朔望皆然。

六日，詔兩制、三館、祕閣官各撰挽詞五首，送中書省。

二十五日，按行使劉承珪言：「得司天監史序狀，園陵宜在元德皇太后陵西安葬。其周王墳先葬孝章皇后陵北，亦無妨礙。其地南神門外去永熙陵地百二十一步，東神門外去元德陵西，於神門外封地侵却十五步，35餘二十五步分作兩陵封地。其地西稍高，地勢不平。按一行《地里經》：『地有土阺不平，擁塞風水，宜平治之。』正在永熙陵壬地，如貫魚之形。」從之。時又令承珪等并按行安王、周王塋域，帝閱其地圖，謂宰臣曰：「乃以周王祔永熙陵而安王處於外，少長失序，此尤非便，宜别度地以聞。」

二十七日，以宰臣李沆爲園陵使，翰林學士承旨宋白爲禮儀使，御史中丞呂文仲爲儀仗使，吏部侍郎郭贄爲鹵簿使，翰林學士、知開封府梁顥爲橋道頓遞使。沆卒，宰臣畢士安代。顥卒，光禄卿、權知開封府陳省華代。

六月一日，禮儀使言：「請就安肅門外浚儀縣旌孝鄉程趙村沙臺設欑宫，用栢塹籠帳。靈駕由西上閤門、朝堂門，右昇龍門出乾元門、閶闔門，過白鶴橋，出安肅門，至普濟院東。神主迴日入右掖門、右承天門，於萬安宫奉安。」從之。

二十五日，卒哭，不視事，群臣奉慰如儀。

二十九日，中書門下言：「已經卒哭，望許京城及諸州不禁樂。」從之。

七月二十二日，禮儀使請升祔題神主除「太」字，從之。

八月二日，太常禮院言：「今月十二日，太尉率百僚奉謚册告太廟。伏尋禮例，親王、樞密使、副使、宣徽使、翰林樞密直學士並赴，諸司使及軍員並不赴。」詔唯親王不赴，餘並依。時闕宰相，唯參知政事畢士安攝太尉，帝以班序不便，故令親王不赴。及行禮時，士安已相，復詔親王並皆赴。

十二日，攝太尉、宰臣36畢士安率群臣奉謚册寶告於太廟。翌日，上於萬安宫之靈座。册文曰：「孝子嗣皇帝恒謹再拜稽首上言〔一〕：伏以奉先追遠，人子之大猷；考行易名，格言之彝訓。仰懷顧復之重，莫伸孺慕之心。思極尊稱，以光懿範。恭惟大行皇太后塗山協慶，沙麓儲祥。配乾居尊，儷日垂照。而自佐佑先帝，雍容内朝，周旋合於聲詩，造次循於法度。母儀萬物，二紀於兹。九族用親，六

〔一〕恒：原作「真宗御名」，據其名回改。

宮是式。猥以冲昧，祇荷宗祧。夤奉寶圖，繼體宸極。橋山送往，常積於孝思；長樂問安，方榮於色養。每遵清淨之教，敢忘黃老之言。痛聖善之長違，念風木以增感。昊天罔極，遠日有期。爰命有司，疇咨故實〔一〕，節以一惠，式揚盛烈。今禕褕將祕〔二〕，龜筮同寅。典禮具存，明靈如在。是用定議宗廟，告謚几筵。謹遣攝太尉、吏部侍郎、平章事畢士安奉册寶，上尊謚曰明德皇太后。伏惟神鑒昭格，體茲至公〔三〕，配聖考以在天，饗鴻名於永世。謄休簡册，茂揚耿光，億萬斯年，垂裕無極。謹言。」

九月十日，禮儀使言：「靈駕赴欑宮日，皇帝親行啓奠、祖奠，乾元門外遣奠。至欑宮，有司攝事，行遷奠并掩欑宮祭及設第一虞祭畢，迎神主升翟車，還京赴萬安宮行安神之祭。伏緣百官出城奉辭，又入赴西上閤門奉慰，若神主當日還京，又須出城奉迎，一日之内，禮容重疊，護衛車輅，來往奔馳。欲望欑宮經宿，至二十三日第二虞祭畢，迎神主還京，所冀禮容周備。」又按昭 37 憲皇太后時，侍中一員奏請靈駕升降、進發、權駐，元德皇太后時，只内常侍奏請。今請依元德故事，止命内常侍奏請。」從之。

十九日，禮儀使言：「起靈時早，啓奠、祖奠行事官合就學士院、閤門宿止。自啓欑，百僚、皇親各服初喪服，軍員内班更不服初喪之服，内庭諸色人、執事、職掌、五使人從只服本色公裳。啓欑宮前三日，合禁止在京音樂，候祔廟畢仍舊。」並從之。

二十四日，禮儀使言：「神主迴赴萬安宮奉安禮畢，宗正卿以酒脯安神。其日望令百官詣西上閤門進名奉慰。」詔：「奉迎神主，宜盡嚴恭。其迴宮日，朕服靴袍於萬安宮門内奉迎，前導至萬安殿行禮。候祔廟日亦服靴袍，出乾元門外奉辭。餘可。」

二十六日，禮儀使言：「準禮例，太宗神主迴京，内諸司使副已下及軍員將校，只於順天門外奉迎，退赴西上閤門奉慰。今請依舊例，只於安肅門外奉迎，俟樞密使赴萬安宮行禮退奉慰。昭憲皇太后山陵禮例，自啓欑前三日直至園陵禮畢，神主到京，皇帝並不坐，放朝參。祔廟日亦不坐，百官奉慰。太宗山陵禮例，續詔神主未祔廟以前方行虞祭，依舊前後殿不坐。元德皇太后園陵禮例，啓欑及發引、掩皇堂、神主迴京并祔廟日，並不視事，百官奉慰。其祔廟以前，京朝官並於後殿見謝辭。今請自啓欑前三日直至祔廟日，前殿不坐，其啓欑、發引、掩欑宮、神主到京、祔廟日，仍不視事，見謝辭止就 38 後殿。」並從之。

閏九月十九日，太常禮院言：「檢詳《通禮義纂》云：『三年之喪，以爲至痛極也。聖人制禮，不以死傷生，爲取法四時變易，應歲時之氣以殺其情。故二十五日除衰裳、

〔一〕疇：原作「時」，據《宋大詔令集》卷一五改。
〔二〕今：原無，據《宋大詔令集》卷一五補。
〔三〕公：原作「宮」，據《宋大詔令集》卷一五改。

去杖，絰也。』又《喪大記》云：『棄杖，斷而棄之於隱處。』鄭注：『以喪服至重，不得褻之。』按《禮》：『祭服弊則焚之。』衰裳亦當焚也。今緣權欑禮畢，已從葬禮以日易月，又當服除，望俟乾元門外奉辭禮畢，吉服還内，所有衰、絰、杖並請焚之。其諸王及六宫衰服，亦請焚之。又按《穀梁》云：『葬桓王。傳曰改葬也，改葬之禮緦，舉下，緬也。』稱緦，舉五服之下，以喪緬邈遠也。故改葬之禮其服輕，言緬釋所以緦也。至丙午改葬之時，準禮例皇帝服素紗軟脚幞頭、白羅衫、黑銀帶，及諸王已下並服白羅襴衫，腰（經）〔絰〕。」帝初覽奏，以欑宫禮畢，焚棄喪服，甚難其事。宰臣固引典禮爲對，乃下詔曰：「葬而除服，雖俯就於禮文；孝以奉先，方永懷於創鉅。在於皇族，合守心喪，庶全攀慕之誠，以畢外祥之制。」帝慮皇族中以爲釋服，不能謹守心喪，有違禮制，乃降是詔。

二十日，啓欑宫，帝與諸王、宗室衰（經）〔絰〕，群臣素服，臨於萬安宫。翌日，群臣朝夕臨。

二十二日，帝啓奠畢，梓宫升龍輴。祖奠徹，行哭從出乾元門，設遣奠，攝中書侍郎讀哀册。册文曰：「維景德元年，歲次甲辰，三月乙酉朔，十五日己亥，明德皇太后崩於萬安宫之滋德殿。以其月二十七日辛亥，殯於殿之西階。閏 39 九月壬子朔，二十二日癸酉，遷座於欑宫，禮也。素衛宵陳，祖獻躬撤，黼幌洞啓，龍輴停轍。瞻神御之將移，痛璇宫之永訣。哀子嗣皇帝天孝攸資，雨泣纏悲，承慈顔而不及，念仙駕以難追。徽音如在，懿範長垂。爰詔下臣，奉（楊）〔揚〕芳規。其詞曰：神宗繼統，罄宇爲尊。内朝正位，德契柔純。河洲令德，閥閲清門。彤管有煒，蘭芳玉温。仙李遐胄，日華凝秀。逮下仁深，載物恩厚。化被六宫，言孚九有。仁聖之姿，溥率之母。月吐黄芒，人施玉衣。珩璜有節，褘褕以歸。沼沚必循，穜稑無違。正名宫壼，率禮嬪妃。輔佐先帝，光昭内則。長樂居尊，大練無飾。陰教施於公宫，箴誡形於邦國。何卜世之方隆，而降年之有極。嗚呼哀哉！日往月來，春敷冬索。故歲方暮，惟疾初作。上感宸襟，止期勿藥。寒沍外侵，風虚内薄。冰霰陰凝，軒星夜落。嗚呼哀哉！戚里悲摧，國族悽愴。草木變衰，人靈沮喪。椒風詎可以少留，蕙路徒增於悵望。嗚呼哀哉！王靈獻兆，吉日惟良。金根夙駕，神路攸長。背都闉之凝邃，流挽唱之悲涼。歆九虞之蠲潔，饗六璉之蒸嘗。歎輝光兮無效，嗟玉釜之虚芳。嗚呼哀哉！翳輅迓兮神駕收，椒殿寂兮蕙闕秋。昔比帝子之望舜，今如文母之興周。結遺愛而山積，宣惠問而川流。惟惇史之紀德，亘億載而揚休。嗚呼哀哉！」帝躃踴奉辭，既發引，哭還宫。

二十三日，群臣詣安肅門外奉迎虞主，以虞祭未畢，入居萬安殿。帝迎拜於宫外，40 嗚咽流涕。禮畢，群臣奉慰。

十月(十)七日〔一〕，帝齋於長春殿。翌日，祔神主於太廟太宗皇帝室。帝自萬安宮步導至乾元門，再拜涕泣奉辭，群臣奉慰。

二年正月十四日，詔以此月十八日親朝拜明德皇后欑宮，(今)〔令〕太常禮院定儀以聞。禮院請其日設幄殿於欑宮之側，文武百官及皇親先赴幕次，俟皇帝常服乘馬出內，至幄殿改常服淺色淡黃羅紗袍。太常卿贊導行事，皇帝再拜，哭。位設珍羞之饌，侍臣進酒。讀祝版奉辭訖，(帝)〔常〕服還內。詔特製素白之服，餘如所請。又請立班日，諸司使副及軍員並不預，從之。仍令入内副都知鄧永遷依此勾當。

十七日，遣西京作坊副使藍繼宗修奉園陵。

三月四日，太常禮院言：「今月十五日小祥，伏請皇帝不視事。十日群臣進名奉慰，退詣佛寺行香。」詔特前殿不座，七日禁止京城音樂，餘依所請。

三年二月六日，帝詣欑宮行朝拜之禮，如二年之儀。

三月一日，太常禮院言：「今月十五日大祥忌辰，伏緣明德皇后已從葬禮，衰服、絰、杖並已焚之，別無變除之文，須至酌情，特定前後各一日不視事，群臣進名奉慰，退赴佛寺行香。又按《開寶通禮》，大祥之日設祭徹饌，掌事者除靈座以降，自大祥後外無哭者。至(禪)〔禫〕祭日設几筵，自(禪)〔禫〕之後内無哭者。今詳皇族雖守心喪，禮從吉祭，神主祔廟又已踰年，其大祥忌辰，伏請皇帝常服詣萬安宮設饌祭奠，禮畢除靈 41 座，釋素服，服吉服如常儀。所有禫祭日設几筵，今緣服制已除，別無變易，望更不行(癸)〔祭〕奠，不座及群臣進名奉慰之禮。」詔：「大祥忌日不視事五日，特製素白之衣，仍禁(中在)〔止京〕城音樂十日，禫除日不視事。及除靈座日，朕躬親扶護神御，別設一祭，祝文如遣奠之意。餘如所奏。」

四日，詔以大祥俯邇，自今日後群臣起居於長春殿，權罷舞蹈。

七月二十三日，以宰臣王旦爲園陵使，翰林學士晁迥爲禮儀使，御史中丞王嗣宗爲儀仗使，吏部侍郎郭贄爲鹵簿使，樞密直學士、權知開封府李濬爲橋道頓遞使。是冬，賜王旦錢百萬，米、麵各百石，羊、猪各一百，酒三百瓶，炭千秤，薪三千斤。又令應緣儀仗小可過犯委軍中區斷，徒已上罪並取園陵使處分。

八月二十八日，禮儀使言：「將來啓欑宮，請皇帝赴欑宮幕殿成服，行奠酹之禮。」詔恭依。

九月二日，禮儀使言：「啓欑宮前一日至掩皇堂後一日，並請皇帝不座。欑所發引、掩皇堂日，並不視事。群臣皆詣所御殿幄門奉慰。仍禁在京音樂。」

三日，禮儀使言：「靈駕在路，準禮例每住程，應扈從行事官並哭臨。今緣皆以吉服行事，望每程於幄殿橫行奠

〔一〕七日：原作「十七日」。按，據《長編》卷五八、《宋史》卷七《真宗紀》二，明德皇后祔太廟在十月八日戊子，則此處當作「十月七日」，因改。

酹訖退，其隨從皇親設晡奠，一舉哭而止。所過官吏吉服出城奉迎、奉辭。掩皇堂日，園陵使已下進表奉慰。又准禮例，啓欑日百官詣西上閤門奉慰。今縁其日乘輿出赴欑宮成服，行奠酹之禮，望並令赴欑宮，俟奠[42]酹畢，於御幄門外奉慰。」從之。

十四日，樞密院上言〔一〕：「園陵吉凶儀仗步騎五千三十一人，望以拱聖天武軍充。」從之。帝慮有司以頓遞廣有須索擾人，乃詔内侍取宮掖諸王院一行人數付御厨、翰林儀鸞司，除本司祗備外，具所須什物畫一以聞，即詔州縣供給。仍諭所至非有宣勑，不得應付，揭榜以示民。後以風雪賜役卒錢，令休息之〔二〕。

二十七日，龍圖閣待制陳彭年言：「司天監選定十月十六日甲時靈駕發引，陛下永懷罔極，荐（隆）〔降〕制書，將以未明親臨遣奠。竊尋歷代以至聖朝園陵之儀，未有夙陳五輅，宵啓九門，出自宮城，遠赴郊野者也。伏望遏霜露之悲，慎巖牆之戒〔三〕，申命禮官，別議從宜之制。或先事一日酌奠於欑宮，或既發未明奉辭於別次。雖屈至性，深協輿情。」詔司天監別擇時以聞，遂改用丙時。

十月三日，以將啓欑宮不視朝。

四日，帝詣欑宮行獻奠之禮。

十五日，帝再詣欑宮致奠。

十六日，靈駕發引，帝素服行祖奠、遣奠之禮，號慕嗚咽。奉辭訖，歸大次，俟靈駕稍遠乃還宮。

十九日，遣中使馳驛詔園陵、頓遞使，令所至以鄆王、安王、周王喪就東西序設次，仍畫圖示之〔四〕。先是，所司備頓置，靈駕所次並設三王幄殿，皆位南向。帝閱之，以其失尊卑之别，遂有是命。且怒禮司之廢，俟迴日按其罪。及還，旦等上表待罪，詔答論釋之。

二十九日，以掩皇堂不視朝。

十一月三日，以[43]神御至（克）〔京〕不視朝。先是，有司言神御到京，無奉迎之禮，特詔不視朝。

五日，賜園陵使王旦等器帛有差。應祇奉園陵沿路置頓地，復來年夏租，陵所役人並優賜之。

章懷皇后

【宋會要】

至道三年真宗即位未改元。六月十三日，制曰：「朕仰荷慶靈，嗣守基構，永言懷舊之感，再稽追遠之文。聿舉徽章，用旌幽隧。故莒國夫人潘氏早以華冑，嬪於沖人，克遵圖史之規，茂著河洲之德。正名中壼，允極哀榮。可追册爲皇后。」

至道三年正月，陪孝章皇后葬永昌陵西北。

〔一〕院：原脱，據本書禮三七之五四補。
〔二〕令：原作「今」，據本書禮三七之五五改。
〔三〕巖：原作「嚴」，據《長編》卷六四改。
〔四〕畫：原作「盡」，據《長編》卷六四改。

七月二十四日，直祕閣朱昂請上謚曰莊懷皇后，詔可。議曰：「臣聞推美者在乎易名，錫號者在乎考實，此定謚之大旨也。其或懿範前著〔一〕，柔風後垂，宜摭芳猷，用符徽稱。國有舊典，我舉而行。伏以故莒國夫人道叶坤靈〔二〕，德隆陰教，非善不舉，率禮無違。居則有蘋藻之勤，動則有璁珩之節。慈以接下〔三〕，順以睦親。長秋之位未昇，大夜之悲俄至。靈駕不返，仙籍長歸。無方士以推尋，動聖皇之怊悵。今則皇帝以纘承大業，恢振丕圖，澤流九泉，恩覃八表。惻修齡之不饗，嘆中壼之未居。寶帳兮徘徊可傷，瑶池兮歸去何速。繇是舉其茂典，飾以崇名，追行金鈿之榮，表正璇宮之位。永言茫昧，諒極哀榮。謹按《謚法》：『履正志和曰莊，慈仁哲行曰懷。』伏請上謚號曰莊懷皇后。」

八月三日，朱昂上陵名曰保泰，本廟舞名曰《永和》。從之。

44 十一月三日，神主祔后廟。

章穆皇后

【宋會要】真宗景德四年四月十五日，章穆皇后郭氏崩於萬歲殿之後寢，遷座於萬安宮。宰臣王旦等見帝萬安殿之別次奉慰。是日，輔臣、節度使、兩省五品、尚書四品、諸司三品以上，並入臨於萬安宮庭。文武百官、諸軍將校、內諸司使副以下，並臨於宮門之外。遣官分告天地、太廟、社稷。

十六日，太常禮院言：「準禮例，唯祭天地、社稷及諸大祠，其太廟及中祠並權停，俟園陵畢京城禁（樂音）〔音樂〕。至皇帝釋服日並仍舊。又按孝明皇后故事，皇帝未成服，群臣日赴萬安宮一臨。皇帝七日釋服，群臣三日釋服。諸道州府官吏，計到日舉哀成服，三日而除。沿邊州縣軍鎮並不舉哀。」詔從之。時議遣使告契丹，王旦等或請止令邊臣具録詔命以告之。帝曰：「命使赴告，於理爲順。然每歲兩次命使而往，頗聞彼中供億頗勤，至今若以此命使，即自此凡有大禮大故，各須命使交馳，益增煩費也。莫若密諭安撫司，俟彼中遣人來體問，即録詔命報之。或來人詢以朝廷不行訃告之意，當令李允則具言朝廷與契丹故無猜間，今者不專遣使訃告，蓋慮勞煩之意。」

十七日，太常禮院言：「按唐太宗文德長孫皇后上仙，百僚服三日，其禁衛諸軍使各於本軍廳事素服臨，六品以下非常參官及士庶各於本家素服一臨。45 竊詳素服本家，明非哀服矣。又據聖朝孝明皇后上仙，百官成服三日，仍日臨，退易吉服出內城。漢魏相好觀漢家故事，以爲古今異制，務在奉行故事而已。當今典策遺文既沿革而不備，

〔一〕懿：原作「諡」，據《太常因革禮》卷九六改。
〔二〕叶：原作「升」，據《太常因革禮》卷九六改。
〔三〕下：原脱，據《太常因革禮》卷九六補。

祖宗近制宜遵守而無違。欲望依故事，群臣成服臨，退易吉服出内城，去金銀帶、魚袋，俟釋服仍舊。軍員別無幕次，許取便於皇城門内易衣。又准禮例，中書門下、文武百官、節度、防、團、刺史、前任行軍副使、諸軍指揮使副、兵馬使以上，並服（衰齊）〔齊衰〕服；親王、宗室四脚、布領襴衫、腰帶；長公主、郡縣主、宗婦布帊頭、帔子、布裙服。並白羅襯服。」詔可，仍於廊下設幕次。

十八日，知樞密院王欽若上言：「伏覩勑文，皇帝本服齊衰，准近例七日釋服，非期周易月之制，請改至十三日釋服，庶合禮文。」詔崇文院檢討、龍圖閣待制陳彭年檢討故事。彭年言：「按唐德宗皇后王氏崩，太常博士徐乾議：『周景王有后之喪，既葬除服，準禮七月而葬，帝得以七日除服。』又按《春秋左氏傳》杜預注：『天子絕期，唯服三年。』又晉穆后、楊后之喪，並既葬而除。唐德宗朝禮官柳冕等議，皇后爲父母服十三月，其稟朝旨，十三日而除。會昌五年，武宗爲（恭）〔敬〕宗母義安太后服期，行易月之制，十三日釋服。則別無帝王爲皇后行期周易月故事。」中書以聞，帝以欽若之言爲允，乃下詔曰：「帝王禮樂，沿襲不同，因事從宜，亦存前訓。今者宮闈遘戚，官司定議，質聖
46 祖之舊章，協宗周之令典。顧循讜議〔一〕，特有沿情〔二〕，用導畫傷〔三〕，亦敦風化。朕今用十三日釋服。」

十九日，大歛，群臣成服，進名奉慰。太常禮院言：「準禮例，百官成服後三日，朝臨而釋服，不入朝。欑塗及皇帝釋服日，並於萬安宮門外進名奉慰，其兩日請不視事。」從之。

二十日，龍圖閣待制杜鎬言：「準詔檢討歷代皇后上仙，無群臣請聽政之表，即無不視事之例。」（令）〔令〕太常禮院詳定以聞。既而上言，請群臣釋服後，皇帝於便殿視事。皇帝釋服後，即前殿視事，釋服日進名奉慰。從之。

二十一日，司天監上言：「選定園陵月日，宜在卒哭之内舉葬，請以五月二十九日啓欑宮，六月八日發引，二十一日掩皇堂。」帝曰：「此亦便於事，雖不取七月之期，於義無嫌。但每事務從簡儉，是所宜也。」乃命内侍左班副都知閻承翰爲園陵按行使，入内副都知藍繼宗副之。承翰等言：「永安縣陵臺側有地三兩處，司天監並云地位不廣，無可選擇。」帝令祔元德皇太后陵安葬，但可安厝，不必更要寬廣。其棺槨等物無得鐫刻花樣，務令堅固。仍令減省工作，給時服、緡錢、麻屨及公使錢，務令優足〔四〕。又以密邇諸陵，神貴安靜，其役徒不得輒令喧鬧及率衆唱號。當此暑熱，每至日中，各令憩歇。或風雨飄暴，亦須權停。諸陵松栢，無令傷動。兼慮此盛暑，少屋宇憩泊，速諭三司以船運蘆蓆、竹竿三二萬數往彼。

〔一〕讜：原作「謹」，據《宋大詔令集》卷一四六改。
〔二〕特：原作「持」，據《宋大詔令集》卷一四六改。
〔三〕畫：原作「盡」，據《宋大詔令集》卷一四六改。
〔四〕「堅固」至「公使錢務令」二十一字原脱，據本書禮三七之五六補。

二十五日，殯於萬安宮之西階，群臣奉慰。

二十八日，帝釋服，群臣奉慰。命入 47 內副都知藍繼宗、內殿崇班張繼能、三陵都監康仁遇、高品閤文度同監修園陵，步軍都虞候鄭誠爲都鈐轄〔一〕，孫正辭副之。

〔二〕十九日〔二〕，以宰臣王旦爲園陵使，翰林學士晁迥爲禮儀使，御史中丞王嗣宗爲儀仗使，工部侍郎魏庠爲鹵簿使，樞密直學士、權知開封府李濬爲橋道頓遞使。命翰林學士晁迥撰謚册文，楊億撰哀册文，知制誥周起書，翰林學士、判太常寺李宗諤議謚號。

五月一日，不視朝，群臣奉慰。自是訖（外）〔升〕祔，朔望皆然。

二（月）〔日〕，詔兩制、三館、祕閣官各撰挽詞五首。

十一日，禮儀使言：「準禮例，發引所過州縣官吏素服出城奉迎及辭，皆哭，十五舉音。神主迴日，奉迎到京日，百官班迎。今請並準近例。其隨從園陵皇親及文武官，緣並服初喪服，望令每至宿頓，立班臨哭、奠酹。又安陵故事，啓陵日會葬者服緦麻，不會者不服，掩皇堂畢除之。今請群臣發引日並服初喪服。又按孝明皇后發引日，皇帝服本服親行遣奠，改常服還內。周顯德中，宣懿皇后啓欑宮時亦然。今請準故事，啓欑宮前三刻，皇帝服衰服，文武官及皇親各服初喪服，入詣宮庭行禮。俟梓宮出乾元門，皇帝行遣奠，讀哀册訖，百官再拜退。不會葬者城外奉辭訖，改常服，詣西上閤門奉慰。會葬者俟皇堂畢改常服虞祭。神主迴，奉安於瓊林苑。緣苑中前殿有花竹，難於立班升降，欲止就西階奉安。昨降詔，自啓欑至掩 48 皇堂禁音樂，緣六月二十六日卒哭，七月三日神主祔廟，相去尚有七日，望仍禁止。」從之。

十六日，翰林學士、判太常寺李宗諤請上謚曰莊穆皇后。詔可。議曰：「臣聞《關雎》爲王化之基，坤元以厚德載物。是以椒塗在御，正位而聽內朝；蕙問既淪，易名而示四海。流芳亘古，垂裕方來。奉節惠之文，有不刊之典。伏惟大行皇后斗維降慶，沙麓儲休。令質柔嘉，懿姿純茂。靈符告於石字，吉祥驗於玉衣〔三〕。粵自邦媛有歸，戚藩作儷，逮事先帝，寅奉皇姑。恭順發於誠心，正淑表於姻戚。銅扉肇啓，金璽承榮，執纂組以彌勤，服圖史而無斁。屬明於大寶，爰總治於長秋。德冠六宮，母臨萬國。樛木逮下，聿協聲詩；大練爲衣，克敦儉素。而又侍養長樂，順承慈顏，朝夕勤紛帨之儀，行步有佩環之節。允釐壼則，式是邦家。所宜永服褘褕，勤事穜稑，而軒星掩曜，桂魄沉暉，遽謝昌辰，靡延鴻算。皇上悼音徽之如昨，念日月之有期，爰命下臣，仰稽前訓，庶芳猷之不泯，紀大號以長存。作著策書〔四〕，告於宗廟。謹按《謚法》：『履正志和曰莊，賢德

〔一〕虞候：原作「御侯」，據本書禮三七之五六改。
〔二〕二十九：原作「十九」，據本書禮三七之五六補。
〔三〕玉：原作「王」，據《太常因革禮》卷九六改。
〔四〕作著：《太常因革禮》卷九六作「列于」，似是。

信修曰穆。』伏請謚曰莊穆。」詔尚書省集翰林學士、兩省、御史臺(宮)〔官〕、本省六品、諸司四品已上定議以聞。吏部尚書張齊賢等上議曰：「臣等聞天清明而秉陽，乃恢圓覆；地博厚而載物，遂正方輿。萬彙於是財成，二儀以之功濟。亦由伉儷重人倫之本，河洲隆王化之基。恭惟大行皇后承乾清明，法 49 地柔順，稟汾陽之慶緒，襲塗山之令儀。主上銀榜升儲，謀猷夙効，玉扆嗣統，輔佐惟寅。嬪虞契月亘之明，媚周叶天飛之運。神宗聖母，昔揚賢淑之稱；清廟閟宮，屢奉吉蠲之祀。勤宣四教，表正六宮。蹈陰陽之和，德範昭矣；服圖史之訓，善美具焉。運迫登天，哀纏率土。顧兹節惠，爰命儒臣。詳觀考行之文，允協易名之典，質於有衆，無爽至公。伏請依宗謂所議。」

閏五月八日，禮儀使言：「奉謚册告於萬安殿。檢會孝明故事，上謚册日不輟朝。明德皇后上謚册日，群臣奉慰。今請其日皇帝前殿不坐，放朝。六月十五日靈駕在路，望許群臣奉慰。二十六日神(京)〔主〕到京日，亦請不視事。七月一日，雖園陵禮畢，緣在未祔廟之前，亦望前殿不坐，放朝。」並從之。

十三日，攝太尉、宰臣王旦奉謚册告於萬安宮，攝中書令、知制誥朱巽讀册。册文曰：「皇帝若曰：后妃之德，風化之源。法垂象於四星，叶休符於五鹿。生則建長秋之位，取諸漢儀；没則按彤管之書，定其周謚。所以循節惠之前典，表飾終之異數。大行皇后郭氏坤元毓粹，月魄淪精。出金沉之華宗〔一〕，集玉衣之瑞命。玄雲入户，素擁於神休；吉夢捫天，果歸於帝室。逮事先聖，祇若皇姑。儷朱邸以開榮，進畫堂而增峻。粤繼大統，乃陟中宮。服以螭虎之鈕，奉以椒蘭之殿。鍾鼓之禮盛，河洲之詠作。而能含章體順，率禮蹈和，厚德無疆，謙光載路。言可復於圖史，動必中 50 於珩璜。避濯龍之遊，恬淡特立；引貫魚之列，優柔逮下。抑制外族，述宣陰教。眷惟輔助，屬在賢明。方當節用去奢，正始敦本。先蠶致饗，率職於紘綖；籍田蕆事，贊獻於穜稑。而祥符素柰，釁結玄墀。嬰進賢之心，憂勤成疾；虧勿藥之喜，奄忽冥升。羽蓋虚陳，瑶齋罷宴。禕褕弗御，璋瓚空存。掩軒曜之光芒，失塗山之翼贊。悲纏戚里，哀動掖庭。池綍講儀，園陵卜吉。庀徒斯具，練日惟良。司典上言，追崇克允。載詢公議，式賁徽章。今遣攝太尉、工部尚書、平章事王旦册謚曰莊穆皇后。垂芳竹帛，著範壼闈，永閟音容，良深軫悼。嗚呼哀哉！」

二十九日，啓欑宫，群臣衰服，諸軍將校常服，臨於萬安宮。帝親臨酹奠，群臣奉慰。

六月八日，靈駕發引，帝素服行遣奠之禮，攝中書令、

〔一〕金沉：不可通，疑當作「金穴」。《後漢書·光武郭皇后傳》言郭后弟況以后而貴盛，京師號況家爲「金穴」。此處以真宗郭后擬於光武郭皇后，故用「金穴」之典。「穴」字俗書作「宂」，遂訛爲「沉」。下文録哀册文曰「家承金穴，祥開翠衣」，與此文同意，字正作「穴」。

翰林學士李宗諤讀哀册〔一〕。册文曰：「維景德四年，歲次丁未，四月丁卯朔，十五日辛巳，大行皇后郭氏崩於萬歲殿之後殿，有司奏謚曰莊穆。以其年六月乙未朔，二十一日乙卯，將遷座於靈臺，禮也。朱火昏中，靈輴夙駕。慘晝月於素旗，咽悲風於廣厦。皇帝軫深懷於丙殿，痛淑德於長秋。感璧臺之不遇，嗟黼帳之將收。降輴賓階，親臨祖饋，爰詔詞臣，奉揚遺懿。其詞曰：厚德載物，至哉坤元；著明垂象，倬彼星軒。《關雎》教始，俔天禮尊。章明内治，啓迪化源。慶屬休辰，運鍾元聖。諸夏宅心，三靈眷命。稽若前經，述宣内令。玉璽疏榮，蘭闈布政。文昭貴[51]胄，虢仲遐枝〔二〕。家承金穴，祥開翠衣。莒華瑞命，荇菜聲詩。女圖是憲，象服攸宜。列邸承化，東朝作儷。言無出閫，義敦主饋。塗山翼贊，周姜思媚。譽藹掖庭，禮均娣姒。允升中壼，寅奉皇姑。承顔左右，上食朝晡。禮待陰、郭，輔佐唐、虞。嬪風載穆，陰教誕敷。厭翟斯皇，濯龍希從。江漢化行，褘褕禮重。薄氏仁善，靡徼恩寵。大家經書，習聞雅頌。外戚稟訓，謙沖静退。嬪御懷仁，祝延飲酹。半楚啓邦，罔循私愛。哀紀舊章，尚辭封拜。陪遊温洛，致孝南陵。親易脂澤，躬薦粢盛。帝車來復，朏魄載盈。釁生椒掖，災纏玉京。嗚呼哀哉！顧兔淪輝，騰龍變彩。地震芳輿，人謡素柰。西山藥兮杳無期，聚窟香兮不可待。欻駕逝兮靡留，玉音琤兮如在。金釭凝兮夜何長，白駒度兮時易改。中庭悽兮緑草生，洞户寂兮流塵晦。嗚呼哀哉！宸居愴悼，戚里悲傷。痛深臣妾，哀極嬪嬙。藹蘭宫兮女史，闃繭館兮公桑。掩遺書兮無復視，念故劍兮何時忘。閟珠襦兮畫梓，湛銀海兮玄堂。望懿藩兮畢陌，從先后兮雲陽。嗚呼哀哉！統五鼓兮嚴城曉，儼六衣兮清吹度。陳愍册兮祖庭，咽邊簫兮上路。灑涕兮重瞳，呑聲兮長御。背直城而右轉，歷重岡而遐騖。溯迤邐之周京，指蕭條之鞏固。嗚呼哀哉！陵園黯兮將閉，景象淒兮若秋。瞻樂宫兮永歎，覽雲屋兮增愁。畢九虞兮祔營魄，節一惠兮闡大猷。挹遺芳兮彤管，諸賢德兮河洲。諒音徽之不泯，曠載祀以彌[52]休。嗚呼哀哉！」帝就次釋服還宫，群臣、諸軍將校衰服設祭道左，奉辭於順天門外，還詣閤門進名奉慰。

二十一日，葬永熙陵之西北，群臣奉慰。

二十三日，太常禮院言：「虞主至京，群臣出城奉迎，其祔謁太廟行事官已受誓誡，請不赴立班。其日及卒哭，請特放朝參。」並從之。

二十六日，不視朝。虞主至京，文武群臣迎於順天門外，奉安於瓊林苑，以九虞未畢故也。

二十七日，賜園陵大禮使宰臣王旦休假三日〔三〕，禮儀

〔一〕諤：原作「鶚」，據《宋史》卷二六五《李宗諤傳》改。
〔二〕虢：原作「號」，不可通。按姓氏書皆言郭氏出於周代之虢國，郭、虢一聲之轉。此處「號」乃「虢」之誤，謂郭皇后爲虢仲之遠枝。
〔三〕休：原作「林」，據原稿又禮三一之三七改。

使而下行事官各三日，應園陵行事官器帛有差。

七月三日，不視事，有司奉神主自瓊林苑謁太廟，祔饗於昭憲皇后。饗畢，祔别廟，群臣奉慰。先是，禮儀使言：「乾德中，祔孝明、孝惠皇后於别廟，同殿異室。有司言孝明正位宫壼，宜居上；孝惠追號，次之。其廟室請准太廟，以西爲上。詔從其議。今莊懷皇后雖先廟饗，本自追崇；莊穆皇后正位宫壼，母儀天下。其神主祔廟，望依禮例遷於上室。」從之。

大中祥符元〔年〕三月二十一日，帝以后喪倏及期年，議撤宫中所奉几筵，訪於宰臣，且言孝明再期而徹。王旦曰：「若以虞練事神，既葬祔廟，則几筵之設非古也。然國家孝明上仙，已用家人之禮，行之三載。莊穆母儀天下十年，酌於人情，宜守故事。」王欽若等曰：「几筵之設，典禮所無，況及期年，徹之可也。」帝曰：「但以情所不忍耳。」陳堯叟曰：「中宫不可虚位，若建長秋而莊穆几筵尚在，於禮難安。」53帝曰：「萬安宫宫中自亦遠於正寢，況人行服，尋已宫除，晨夕供養，無哭泣之哀。且禮沿人情，國朝已來素行此禮，朕守祖宗故事，便議除去，豈爲禮意乎？」遂至再期而徹。

四月十五日，帝不視朝，以喪始期也。群臣奉慰。

二年四月十五日，大祥，詔特廢朝，群臣奉慰。先是訪於禮官，言禮文不載，故特下詔〔一〕。（以上《永樂大典》卷七三六六）

〔一〕原稿此後尚有又禮三一之一至三一之三八，與此上禮三一之一至三一之五三重，且爲廣雅書局清本，非徐松原稿，今删。

后喪 二

章獻明肅皇后〔一〕

1 仁宗明道二年三月二十七日夜三鼓，皇太后崩于寶慈殿，遷座于皇儀殿。遺誥曰：「吾受遺先朝，保助今聖，綿歷十載，憂勤一心。以天下之母儀，沐人君之榮養。皇帝深於孝愛，濟以英明。精窮治道之源，洞該文武之術。智燭微隱，性敦儉慈。典刑協中，動静循理。杜絶畋游之好，樂聞獻替之言。吾得以罄竭所懷，翊隆時務，内仰成於衡弼，外分寄於藩維，迄臻大寧，無愧前古。而涼暄所迫，筋力(寢)〔寖〕衰，腠理爽和，焦勞遘疾。皇帝躬親省侍〔二〕，備極禱禳，藥必先嘗，衣不解帶，而吾大期云及，積恙無瘳。以耆 2 暮之年，見升平之運，獲從先帝，寧魂九原，質於常情，夫復何恨！緬惟文武以及軍民，荷三朝之厚恩，當四葉之昌祚，必傾亮節，永奉聖君。吾參輔朝經，既踰旬歲，今於武衛，宜有推恩。内外諸軍將士並與特支，在京文武官僚并外處管軍臣僚並與支賜。皇帝邦國事繁，人神屬望，宜思遠大，勿徇哀傷。更賴股肱近臣，共爲開釋。皇帝成服之後，三日内聽政。服紀以日易月，一依舊制。在京文武群臣十三(月)〔日〕而除，諸長官及近臣觀察使以上臨於宮庭，其餘職官臨於宮門外〔三〕。諸道州府長吏以下三日釋服，軍人百姓不用縞素，沿邊州府不得舉哀制服。釋服之後，勿禁作樂。園陵制度，務遵儉省。勉從吾志，勿事勞煩。」初，遺誥有云：「皇(大)〔太〕妃與吾同事先朝，備彰懿範，自今朝之臨御，亦共贊於内謀。爰屬兹辰，允當崇奉，宜尊爲皇太后。往者皇帝踐阼，方在沖年，吾稟先帝遺言，權助軍國。今皇帝統臨一紀，盛德日新，此後聽斷，一依祖宗舊規。如有軍國大事，皇帝與太后内中裁旨商量。」是時帝久臨御，盛德已著，中外相望親政。及宣告之際，尚有「裁旨商量」之語，往往竊議。浸淫聞上，乃令中書門下掇去遺誥中皇太后事，不須班告天下。於是群臣相慶，知帝明睿獨斷出前古遠甚，有司因得用咸平舊章以正其禮。

三十日，召群臣詣皇儀殿，宣遺誥，臨哭，見帝于殿之東厢，奉慰。太常禮院言：「宗室削杖，不散 3 髮，餘如乾興之制。中書、樞密、使相比宗室，去斜巾、垂帽、首(經)〔絰〕及杖。翰林學士至龍圖學士已上，并節度使〔四〕、文武

〔一〕獻：原作「憲」，據本書禮三七之五七、《宋史》卷二四二《后妃傳》上、《太常因革禮》卷九七改。

〔二〕親：原作「視」，據文意改。

〔三〕宮：原作「官」，據《宋大詔令集》卷一四改。

〔四〕度使：原倒，據原稿又禮三二之二乙。

二品已上，又去中單及袴。兩省、御史中丞〔一〕、文武百官已下，諸軍指揮使副、兵馬使、三班殿直已下，四脚幅巾〔二〕、連裳、腰（經）〔絰〕。中書、樞密院主事以下，前後殿都知押班已下，亦如之。工部尚書李迪、太子少傅致仕晁迥、御史中丞蔡齊、兩使留後陳堯咨並曾任近職，請依學士例破服。館閣讀書、翰林待詔、技術官並給孝服。宰相、文武百官朝晡臨三日，內外命婦朝臨三日。皇帝成服後，未聽政前，百官日詣皇儀殿門進名參起居。聽政後，百官遇假不入，餘日詣崇政殿序班參起居。二十七日禫除服，服常服，群臣皆黑帶，卒哭始純吉服。皇帝成服日及小祥，百官皆入臨，移班奉慰。大祥、禫除及卒哭日，並詣皇儀殿門奉慰，唯中書、樞密入兩省，觀察使以上入殿，哀致奠訖，赴殿門立班。山陵前遇朔望不視事，百官並詣皇儀殿門奉慰。神主未祔廟日，並詣西上閤門奉慰。皇帝聽政日，於崇政殿西廊東向陳設御座，百官西向立班參起居，班首少前跪，奏（讀）〔請〕皇帝聽政，宣徽使承旨退，稱制可。餘如舊儀。」從之。詔（外）〔升〕園陵爲山陵，命宰臣呂夷簡爲山陵使，翰林學士盛度爲禮儀使，章得象爲儀仗使，權御史中丞蔡齊爲鹵簿使〔三〕，權知開封府程琳爲橋道頓遞使，後夷簡等并兼莊懿皇太后園陵五使〔四〕。入內內侍押班盧守懃、右班 4 副都知閻文應爲山陵按行使，東染院使岑守素爲山陵修奉都監〔五〕，馬軍副都指揮使高繼勳爲山陵一行都總管〔六〕。守懃等亦兼領園陵之名。

四月一日，群臣詣皇儀殿朝晡臨，自是五月止。詔遣東上閤門使曹琮告哀於契丹。莊穆皇后崩，不專遣使赴告，止令邊臣録詔命報之，今特命告哀。分遣使（論）〔諭〕〔諸〕路告諭，及出遺留物賜輔臣有差。

二日，群臣上表請聽政。自是五表，始詔答允。

三日，召輔臣對皇儀殿西廂。工部尚書李迪自河陽赴召未見，亦特對焉。命翰林學士章得象充契丹遺留國信使，崇儀使安繼昌副之；銀器、衣著各二千，數並約先帝遺物例。供備庫副使李用和持遺物賜西平王趙德明〔七〕。衣物、銀器、絹有差。

六日，太常禮院言：「准明德皇太后園陵禮例，凶仗合用六十事。」詔增造二十事，於建隆觀製造。

八（月）〔日〕，成服，群臣衰服入臨，奉慰如儀。是日，攢塗于皇儀殿，群臣復進名奉慰。命宰臣張士遜撰哀册文，參知政事陳堯佐撰謚册文并書册寶，翰林學士馮元議謚號。

十日，太常禮院言：「准詔同司天監詳定山陵制度。

〔一〕「史」下原有「臺」字，據文意刪。
〔二〕幅：原作「副」，據《宋史》卷一二三《禮志》二六改。
〔三〕爲：原脱，據本書禮三七之五七補。
〔四〕懿：原無。按本卷禮三二之一五莊懿皇太后喪禮文內云：「八日，詔大行皇太后山陵五使、修奉都監、總管，並兼園陵之名。」據補「懿」字。
〔五〕染：原作「淥」，據本書禮三七之五七改。
〔六〕都指：原倒，據本書禮三七之五七乙。
〔七〕持：原作「特」，據《長編》卷一一二改。

皇堂深五十七尺。神牆高七尺五寸，四面各長六十五步。乳臺高一丈九尺，至南神門四十五步。鵲臺高二丈三尺，至乳臺四十五步。」詔下宮更不修蓋，餘依。石門一，合二段，長一丈二尺五寸，闊六尺，厚二尺。越額一，長一丈八尺，高四尺五寸，厚二尺五寸。直額一，長二丈八尺，闊四尺，厚二尺五寸。挾二，長一丈二尺，闊[5]二尺五寸，厚二尺。門砧二，長五尺，闊二尺五寸，厚二尺。門砌三，闊、厚二尺二寸，長六尺，一長三尺。榼鏁柱一，長一丈三尺五寸，闊二尺，厚一尺。漆燈盆一，座盆高四尺五寸，徑三尺；座方二尺五寸，厚一尺。蠟燭臺一〔一〕，座高二尺，徑一尺五寸。宮人二，高八尺，闊二尺五寸，厚二尺；土襯二，長四尺，闊三尺五寸，厚六寸；座二，長三尺五寸，闊三尺，厚八寸。文武官四，身高九尺五寸，闊二尺五寸，厚二尺；土襯四，各長四尺，闊三尺，厚六寸；座四，長三尺五寸，闊二尺五寸，厚八寸。羊四，高六尺五寸，闊六尺，厚二尺五寸；土襯四，長七尺，闊三尺五寸，厚六寸；座四，長六尺五寸，闊二尺五寸，厚八寸。虎四，高六尺五寸，闊五尺，厚三尺；土襯四，長六尺五寸，闊四尺，厚六寸；座四，長六尺，闊三尺五寸，厚八寸。馬二，長一丈，頭高六尺，厚三尺五寸；土襯四，長七尺五寸，闊四尺五寸，厚八寸；座二，長七尺，闊四尺，厚八寸。把馬官四，高八尺五寸，闊二尺五寸，厚二尺；土襯四，長五尺五寸，闊三尺，厚六寸；座四，長五尺〔二〕，闊二尺五寸，厚八寸。望柱二，長一丈四尺，徑二尺五寸；土襯二，方四尺五寸，厚六寸；座二，方三尺。師子八，高六尺五寸，闊五尺，厚三尺；土襯八，長六尺五寸，闊五尺，厚六寸；座八，長六尺，闊四尺五寸，厚八寸。

十一日，小祥，群臣入臨，釋服，奉慰如儀。

十三日，帝衰服御崇政殿之西廂，始聽政，群臣以次參起居，帝哭[6]慟不自勝。契丹賀乾元節使耶律信寧等到闕，捧大行皇太后書詣皇儀殿靈座前置奠。其日契丹使、副見皇帝訖，次詣皇儀殿幕次。中書、樞密先入至奠陛下再拜上香，奠茶酒，再拜訖升殿，詣座前分左右侍立。禮直官、宣事舍人贊引契丹使、副至殿門上捧書，俱入詣殿陛下，北向立定，跪，內侍一員接書，由東階升殿跪，置於靈座前。契丹使、副再拜，班首詣香案前三上香，奠茶酒，俱再拜訖而退。

十五日，群臣詣皇儀殿進名奉慰。太常禮院言：「准明德太后禮例，中外禁樂至百日，請如故事。」從之。

十六日，雄州上言：「契丹賀乾元節使迴，迎送未審舉樂與否？」詔不舉樂。

十七日，群臣上表請御正殿。自是三上表，詔答允。

二十七日，始御紫宸殿。

〔一〕蠟燭：原作「臘燈燭」，據本書禮三三之二六改。
〔二〕長：原作「丈」，據本書禮三七之五八改。

十八日，山園使言：「往回程頓，欲依乾興例〔一〕，自京至陵所十程，自陵所回京五程。」詔可。

十九日，太常禮院言：「准例兩省、御史臺、館閣官各撰挽詞二首，下太常寺教習。」從之。

二十三日，大祥，群臣詣皇儀殿進名奉慰。

二十五日，禫除，群臣奉慰如儀。

二十七日，以宰臣張士遜爲山園使，御史中丞范諷爲鹵簿使，參知政事王隨撰謚册并書册寶。呂夷簡出知陳州、蔡齊爲三司使故也。是日，翰林學士馮元請上尊謚曰莊獻明肅皇太后，詔恭依。議曰：「臣聞謚者行之跡，名者實之賓。然則謚行相符，名實無爽，傳之不朽，在乎至公。若乃帝母之尊〔二〕，節惠[7]斯異，議之於官府，考之於朝廷，書之於册寶，讀之於清廟，上之於梓宮，藏之於金匱，實古今之攸重，非臣子之敢專。恭惟大行皇太后毓粹柔嘉，含章敏惠。奉事先帝，登建中宮。率四教以有倫，閱群言而罔倦。存躬儉之志，美播《葛覃》；推逮下之恩，仁均《樛木》。豈惟表正於闈則，抑亦内助於朝經。頗歷歲時，允臻安靜。及乎膺道揚之終命，申燕翼之遠謀，協佑嗣皇，述宣至化，交修一德，並覽萬機。探政治之本原，識憲章之體要。親臨祕殿，共對邇臣，咨訪賢能，講求機務。辭氣溫裕，智慮洪深，有善必從，無言不聽。朝幾廢食，昃亦忘勞。夙夜憂勤，始終齋肅。承偃武之昌運，保持盈之令圖。然後嚴奉祼將，恭升太室，於以申追養，於以謝成功。皇帝仰紹先猷，俯遵慈訓，敦孝恭而不匱，承志意以無違。克諧存虞舜之心，善繼達武王之治。其或會朝嘉序，拜慶誕辰，國郊四展於鴻儀，軒陛再加於徽號，未嘗不恭趍帷帟，盛集臣僚，祝萬壽以稱觴，奏九韶而盡禮。愛親化於民俗，榮養光於簡編。逮夫九域風從〔三〕，順時而述職；四夷景慕，納貢而來庭。侍疾宮闈，徧嘗藥石，夜不遑寢，晝不解衣。覃恩宥於萬邦，設祈禳於百祀。方循陔而竭力，遽陟屺以纏哀。乃眷官司，特頒詔令，致喪之具，加於舊儀，彰善之名，倍於常數。所以極優崇之典，導感慕之懷耳。謹按《謚法》：『履正志和曰莊，聰明睿智曰獻，無幽不察曰明，威德克就曰肅。』總夫[8]衆美，奉於尊名，昭示後昆，永隆徽稱。伏請上尊謚曰莊獻明肅皇后。」

五月初一日，以謚號敕下，群臣詣皇儀殿奉慰。

十三日，賜内藏庫錢三十萬給山園用度。

十四日，禮儀使言：「準明德皇太后園陵禮例，儀仗二千三百三十四人，今山園欲如例。」詔可。

六月二十一日，司天監言，宜用十月五日丁丑時安葬吉。詔可。

二十五日，賜山園役兵布背搭、手巾。

〔一〕例：原作「殿」，據本書禮三七之五九改。
〔二〕帝：原作「至」，據《太常因革禮》卷九七改。
〔三〕域：原作「城」，據《太常因革禮》卷九七改。

七月二(月)〔日〕，太常禮院言：「山園合用花釵禮衣各一副，請下少府監修製。按乾興禮例，齋(即)〔郎〕六十人攝挽(即)〔郎〕行事，欲依明德皇太后園陵例不用。」並從之。

九日，太常寺言：「山園各排鹵簿儀仗，合用《導引》、《六州》、《十二時》歌詞六章，請下學士撰，付寺教習。」從之。

十日，卒哭，近臣觀察使以上詣皇儀殿庭，文武百官殿門下拜奠，退，進名奉慰。

八月一日，契丹祭奠弔慰使、副到闕。文武百官、兩省都知押班已下，並常服、黑帶、素鞍韉，禁止在京音樂。使、副入皇儀殿祭奠，并進慰書。文武百官並詣殿門外進名奉慰。朝辭日，祭奠弔慰使、副先詣皇儀殿靈座前奉辭訖，次紫宸殿朝辭。所司預於皇儀殿前御座垂簾，又於東楹南向設御座。其日祭奠弔慰使、副自朝堂由西上閤門至皇儀殿外幕次，並素服。祭奠弔慰使皂冠、蹀躞，副使素紗展脚(撲)〔幞〕頭，並白羅衫、黑鞓帶。俟皇帝服素服依齋七日宮中之服，及有司設祭奠酒食等畢，禮直官、宣事舍人 9 贊引祭奠弔慰使、副俱詣神御座前堦下北向立定。殿上簾捲，祭奠使、副並舉哭再拜，殿上皆哭。引祭奠使、副升殿西階神御前，祭奠使一員三上香、奠茶酒畢，祭文及書祭奠使啓封，中書舍人二員跪捧。祭奠副使跪讀訖，內侍捧受，置於神御前，降階復位，又舉哭再拜。禮直官、宣事舍人贊引祭奠弔慰使、副並稍東立，禮直官、宣事舍人先退。未祭奠前，皇帝升御座，中書、樞密於使、副未入前先參起居侍立，次館伴使、副入見如儀。祭奠畢，宣事人引弔慰使、副等於階下當御座前跪，進慰書。殿上垂簾，閤門使一員受書，升殿進呈。弔慰使少立，候上啓封讀訖，皇帝舉哀，簾捲，閤門使引弔慰使升(慰)〔殿〕，詣御座前稍南，傳語及回問如儀，引降階復位。宣事舍人引奠祭使、副并弔慰使、副下已，俱合班北向立定，舍人贊拜，各兩拜，班首奏聖躬萬福。又贊拜，隨拜，三呼萬歲。引班首稍前，致詞奉慰畢，歸位，又贊拜。如謝茶藥、御筵及撫問，即依例出班致詞謝訖，退歸幕次，改常服赴客省賜茶酒。使、副隨行從人並令門見，侍使、副歸館，別差近上臣僚押賜御筵。其日後殿不坐，至朝辭日御紫宸殿，引祭奠弔慰使、副等入詣庭。其起居，朝辭、受書及支賜，並依閤門舊儀。

三日，禮儀使言：「神主回京，未委於甚殿權安、選日祔廟？」詔於皇儀殿權安，用十月十七日祔廟。

六日，禮儀使言：「檢會明德皇太后啓攢，文武百官、10 皇親各服初喪之服，內庭諸色人員及從五使執事職掌，只服本色公裳衹應。將來啓櫕，欲依禮例。」從之。

十三日，太常禮院言：「將來山園，應沿路州縣官吏並服初喪服，出城奉迎并辭，並舉哭再拜畢，改吉服。俟山園禮畢，神主回京，即並常服出城再拜奉迎并辭，再拜訖退。」詔依。

十四日，賜山園役兵、工匠、和雇百姓布袍、袴、頭巾、麻屨。

二十二日，太常禮院言：「每年十月一日，宰臣已下及軍員諸班並著所賜錦袍襖子入謝。將來十月一日靈駕在路，並合只著常服謝。」從之。

二十三日，太常禮院言：「山園發引長行所排吉凶儀仗，慮上路交雜，欲望至板橋合爲一處排列，前引莊懿皇太后靈駕先次進發，莊獻明肅皇太后靈駕以次進發。掩皇堂日，各於逐陵排列〔一〕，候神主至宿頓幄殿，却合爲一處。次日進發，莊獻明肅皇太后神主先行，莊懿皇太后神主以次而行。」詔依。

二十四日，太常禮院言：「將來莊獻明肅皇太后啓攢後，百官並服初喪之服，前後殿都知、押班已下并軍員、三班使臣、伎術官更不服初喪之服，並常服、黑帶。文武百官俟至板橋奉辭畢，並權改常服、黑帶，次日純吉服。俟神主至京日，並常服、黑帶。五使已下，俟掩皇堂，並常服、黑帶，候祔廟禮畢，並純吉服。」詔可。

二十八日，禮儀使言：「將來十月五日下事已前，各自丙地幄殿奉遷梓宮至遂道前幄帳下，行事臣僚并諸色祇應11人等並吉服，候莊懿皇太后掩皇堂畢，其服孝服者權改吉服立班。題神主畢，却服孝服。俟莊獻明肅皇太后掩皇堂畢，並改吉服。」詔依。

九月四日，太常禮院言〔二〕：「山園五使依乾興例，更不朝拜諸陵。將來靈駕發引，群臣至板橋奉辭，次日西上閤門進名奉慰。掩皇堂畢，并神主到京，皇儀殿奉安訖，及祔廟禮畢，群臣並詣西上閤門進名奉慰訖，退。五使已下俟掩皇堂訖，進表奉慰。」並從之。

五日，太常禮院言：「將來謚册寶告太廟，讀於靈座，欲望軍員更不立班。」從之。

六日，太常禮院言：「將來山園，皇后隨行掩皇堂，應隨從臣僚並合立班，進名奉慰。并山園皇后已下隨行，並逐程於靈駕未發前朝臨，至晚晡臨，其隨從命婦等俟逐程奉安靈駕畢，行朝臨。將來莊獻明肅皇太后發引前一日，除行禮公卿及諸司合祇應人等在內止宿，如內庭有本司者宿於本司，無本司者宿於皇儀殿門外幕次。宰臣、樞密宿於中書、密院。」從之。

七日，宰臣率百官奉二太后謚册寶告於太廟。翌日，上於靈座。册文曰：「哀子嗣皇帝臣禎〔三〕言：伏以致孝之本，莫大於顯親；敦化之方，莫先於追遠。矧荷明辟之重，形四海之風，追惟鞠育之仁，永懷孺慕之感。不誄大行，何以昭衆聽；不鏤顯册，何以信後來！恭惟大行皇太后沙麓開祥，塗山鍾粹。本靜專以法地，體柔明而配天。動遵珩珮之儀，言合圖史之訓。以任、姒之德，12嘗佐治

〔一〕逐：原作「遂」，據本書禮三七之五九改。
〔二〕言：原作「吉」，據本書禮三七之六〇改。
〔三〕禎：原作「仁宗御名」，據其名回改。

於周家；以陰、馬之賢，更翼隆於漢室。至於受遺先帝，稱制從宜，保佑菲躬〔一〕，尊臨天寓，風教被乎蠻貊，仁澤及於昆蟲。九廟展祠，六宮承式。焦勞一紀，覆育萬物。蘭殿問安，適恭於子養；椒塗淪景〔二〕，奄遘於内艱。羽衛戒期，至靈協吉〔三〕，用舉追崇之禮，式申顧復之恩。爰詔有司，俾敕容典。乃鋪懿鑠，備颺淑聲。祇薦大名，以應丕則。謹遣攝太尉、門下侍郎、兼兵部尚書、同中書門下平章事、昭文館大學士、監修國史張士遜，奉册寶，上尊謚曰莊獻明肅皇太后。伏惟聖靈降格，膺兹典禮，幽贊丕祉，對越鴻休〔四〕，廟祏烝嘗，永永無極。」禮畢，群臣進名奉慰。

十日，山園使張士遜言：「乞差集賢校理王琪隨行管勾章表。」從之。後以琪病，復差集賢校理聶冠卿。

十一日，啓攢宫，百官衰服臨於皇儀殿，易常服出内。自是至發引皆如之。

十七日，參知政事、樞密副使、文武百官臨於皇儀殿庭及門外。宰臣、樞密使、山園五使分官赴洪福院臨。自是輔臣分押百官班臨，至發引如儀。

二十日，帝行啓奠於梓宫，百官入臨。梓宫升龍輴，祖奠徹，帝顧輔臣曰：「朕欲親行執紼之禮，以申孝心。」乃引紼行哭出皇儀殿門，輔臣、禮官固請乃止。仍步送至正陽門外，百官立班。梓宫升輿，設遣奠〔五〕，參知政事王隨讀哀册。册文曰：「維明道二年，歲次癸酉，三月甲午，莊獻明肅皇太后崩於寶慈殿。四月癸卯，旋殯於皇儀殿之西階。粵十月 13 丁酉，遷座祔於永定陵，禮也。椒闈月曉，蕙路霜淒。啓茀塗於祕殿，歛羽衛於通逵。哀子嗣皇帝禎痛慈覆之長隔〔六〕，悲遠日之有期。山開松檟，兆協蓍龜。
徒瞻象物，莫駐龍帷。從先后之不返，邈上賓以何之。爰發宸旨，下及台司，俾導揚於孝治，庶光昭於母儀。詞曰：太上立德，建用皇極。惟天所輔，惟帝之則。其次立功，追皇比崇。亭毒品彙，賂合鴻濛。其次立言，徽懿是宣。有教無類，非文不傳。思齊有慈，作合先帝。總是三者，以經萬世。自昔來儀，鍾夫卓異。捫霄協夢，(攡)〔儷〕乾育粹。占麓開祥，擾龍凝系。玉度沈潛，蘭儀靜嫕。十亂同符，三辰允契。内助聖考，洽成至治。斗極交歡，天符輯瑞。六合車書，一同文軌。軒鼎既昇〔七〕，綴衣在辰。顧惟沖眇，以託慈仁。乃御坤元〔八〕，乃助乾健。丕揚景命，順迪皇憲。游精道籥，棲志神扃。希夷自得，壽考惟寧。邃探古記，遠監前經。心該治亂，道應神靈。敦叙天枝，奬隆宗

〔一〕菲：原作「匪」，據《宋大詔令集》卷一五改。
〔二〕淪：原作「倫」，據《宋大詔令集》卷一五改。
〔三〕至：原作「王」，據《宋大詔令集》卷一五改。
〔四〕越：原脱，據《宋大詔令集》卷一五補。
〔五〕奠：原作「殿」，據文意改。帝后靈柩自殯所發引赴山陵皆行啓奠、祖奠、遣奠之禮。
〔六〕禎：原作「仁宗御名」，今據其名回改。
〔七〕昇：原作「昴」，據《宋大詔令集》卷一六改。
〔八〕乃：原作「於」，據《宋大詔令集》卷一六改。

室。顧待無貳，寵嘉咸秩。善養士類，勤求俊奇。弓旌相踵，巖穴無遺。屏去雕文，敦尚朴素。織紈是親，濯衣是御。仁恕賦意，惻愍居懷〔一〕。施德行惠，救患分災〔二〕。歲逋蠲釋，民隱矜哀。宏開壽域，茂建春臺。方隅潤澤，遠邇胥來。珪璋之行，竹帛難紀。著在鴻臺，書之彤史。嗚呼哀哉！積焦勞之不豫兮，歷涼燠以無瘳。懟挹霞之罔驗兮，恫徂景之難留〔三〕。發緒言之不佚兮〔四〕，眷維辟以垂休。嗚呼哀哉！龍輴夙駕兮遵途超忽，蜃車宵載兮直城右出。紛14圭翣兮張徘徊，列地幌兮澹蒙密。霧楚挽兮淒凝，風素旗兮慘慄。嗚呼哀哉！周原鞏木兮岑鬱蕭條，經皇神寢兮幽巖汭寥〔五〕。脂澤生塵兮寶奩茲暗，巾箱遂覆兮仙鳳其遙。體魄即安兮協儀囊册，神明升濟兮御辨層霄〔六〕。嗚呼哀哉！德業光大兮信編紀聖，恩腴普博兮群倫訓定〔七〕。保我黎元兮順時立政，佑我皇圖兮祈天永命。生著懿範兮九圍胥詠，没存徽謚兮千齡愈盛。嗚呼哀哉！」禮畢，奉慰。群臣赴板橋奉辭訖，易常服退。

二十一日，群臣詣閤門奉慰。

二十九日，命樞密副使李諮往山陵祭告復土。

十月五日，葬永定陵之西北隅〔八〕，群臣奉慰。

十日，虞主至京，群臣奉迎於瓊林苑，帝服靴袍，導迎於皇儀殿門，奉安於皇儀殿。有詔，賜山園五使休（暇）〔假〕三日，百官一日。

十二日，群臣班皇儀殿虞祭，進名奉慰。自是至祔廟，間日虞，立班奉慰如儀。

十六日，帝齋於垂拱殿，群臣宿於朝堂。

十七日，帝酌獻於皇儀殿。神主載重翟車，帝親步導出正陽門奉辭，祔於奉慈廟。有司行祔廟之禮，群臣奉慰。

二十一日，德音：「兩京、畿内釋徒罪。應沿山園科率，並蠲復賦役。」

二十六日，奉安御容於慈孝寺彰德殿。

景祐元年三月二十五日，詔小祥前後禁樂各三日，不視事各二日。詔大祥前一日不視事。（以上《永樂大典》卷七三六五）

【宋會要】　章懿皇后

15仁宗明道元年二月二十六日，宸妃李氏薨，欑塗於嘉慶院。三月十四日，葬於洪福禪院之西北隅。命翰林學士馮元攝鴻臚卿，與入内侍省押班盧守懃、上御藥張懷德監護喪事，三司使、尚書兵部侍郎晏殊撰墓銘。

〔一〕惻：原作「側」，據《宋大詔令集》卷一六改。
〔二〕救：原作「牧」，據《宋大詔令集》卷一六改。
〔三〕恫：原作「侗」，據《宋大詔令集》卷一六改。
〔四〕佚：原作「迭」，據《宋大詔令集》卷一六改。
〔五〕巖：原作「嚴」，據《宋大詔令集》卷一六改。
〔六〕升：原作「外」，據《宋大詔令集》卷一六改。
〔七〕博：原作「詠」，據《宋大詔令集》卷一六改。
〔八〕定：原脱，據《宋史》卷一二三《禮志》二六補。

二年四月(十五)〔五〕日〔一〕，詔中書門下曰：「朕哀制之中，未遑議政。皇太后謂朕曰：『宸妃早事先帝，尤推懿恭，膺降誕之符，守謙冲之德。至於奉侍陵寢，聿周禫祥，歸奉母儀，克勤輔佐。興居合禮，言動有常。兩朝徽音，九御承憲。奄悲淪謝〔二〕，俄歷歲華，權厝梵宮，未崇位號。當遵舊典，祇上尊名，別卜寢園，用光世範。況今大行太后方議山陵，宜因茲時，式便修奉。』朕仰承慈旨，惕念劬勞，愴慕之懷，夙宵罔措，敢忘燕翼，以奉誨言！宜令中書門下依先朝追榮元德皇后禮典，追崇宸妃尊謚、位號及營奉園陵。」制曰：「王者撫育黎元，務恢要道。蓋孝篤於已則化之厚，感發於天則報必隆。有懷顧復之恩，爰舉尊崇之典。故宸妃李氏輔佐先聖〔三〕，誕育眇躬，空流彤管之音，未正星軒之位。是用順稽舊禮，恭薦徽名，庶申創慕之思，以稱劬勞之德。宜追尊爲皇太后。仍令有司擇日備禮奉册。」宰臣率百官詣西上閤門進名奉慰。

八日，詔大行皇太后山陵五使、修奉都監、總管，並兼園陵之名。命翰林學16士馮元議謚號，西京作坊副使張永和爲園陵按行使。是後儀制同莊獻明肅皇太后者，不重録。

九日，命宰臣李迪撰哀册文并書，參知政事陳堯佐撰謚册文并書册寶。

二十七日，翰林學士馮元請上尊謚曰莊懿皇太后。詔恭依。議曰：「追册之儀，具存於在昔；增名之典，昭示於方來。仰濬哲之挺生，由後坤之載震。誕保隆平之運，永懷顧復之恩。爰極尊稱，式彰恭事；乃崇謚號，用播德音。伏惟皇太后夙奉先朝〔四〕，久恭内職。柔嘉有裕，温順無違。孝愛之心，諒從天賦；勤儉之德，本自性成。懿範聿修，令聞斯著。事上喜循於禮法，逮下常敦於惠和〔五〕。繇是帝澤優隆，群情悦服，發祥符於吉夢，育嗣聖於昌辰。及乎仙輿登遐，龍輴送往，侍山園而終喪紀，還掖殿而佐母儀。動必肅雍，静惟淑慎。屢升班級，愈峻徽章。宸衷潛荷於劬勞，慈誨每稱於謙退。方立四妃之位，未正三宮之名。俄遘沉疴，忽歸厚夜。帷幌盡飾，既安賁於郊原；陵寢載營，將祔還於兆域。皇帝痛睟顔之永隔，思榮養以無因，欲伸罔極之情，爰舉追崇之禮。特頒詔旨，以示宰衡，仍諭官司，當遵故事。於是大陳器備，盛列威容。重翟褘衣，始隆於異數〔六〕；閟宮繐帳，期奉於明靈。先命近臣，俾論節惠。苟非實録，曷著芳猷！而況告於廟祧，紀於圖

〔一〕五日：原作「十五日」。按此條含一詔一制，皆是仁宗追尊其生母李宸妃爲皇太后。《宋大詔令集》卷一三以詔繫於四月二十一日，制繫於四月壬寅(六日)。今按作十五日、二十一日皆誤。據《長編》卷一一二、《宋史》卷一〇《仁宗紀》二，追尊李宸妃爲皇太后在四月六日壬寅，然按程序，必是出詔授意在前，學士草制於後，故斷作「五日」，原書作「十五日」者，衍一「十」字也。

〔二〕奄：原作「淹」，據本書禮三七之五七改。

〔三〕宸：原作「崇」，據《宋大詔令集》卷一三改。

〔四〕夙奉：原倒，據《太常因革禮》卷九七乙。

〔五〕逮：原作「建」，據《太常因革禮》卷九七改。

〔六〕隆：原作「降」，據《太常因革禮》卷九七改。

牒，幸參史觀，敢盡公言。謹按《謚法》：『履正志和曰莊，温柔聖善曰懿。』皇太后慶承仙系，秩序壼闈，持身常務於静專，接衆每彰於輯[17]睦，可不謂履正志和乎？誕生真主，祇守皇圖，克成《下武》之功，允副《思齊》之德，可不謂温柔聖善乎？伏請上尊謚曰莊懿皇太后。」

五月十日，帝詣洪福院欑宫，展告奉尊謚之禮。其儀用啓聖院朝謁之禮，添祝官一員。自後遇朔望薦饗，皆權起幄殿。

十四日，太常禮院言：「將來莊獻明肅皇太后發引前夕，皇帝親行祭奠之禮。莊懿皇太后發引前夕，欲望就差園陵發引使行祭奠之禮。」詔差宰臣李迪。

八月二十五日，太常禮院言：「將來二太后同日啓欑，隨靈駕皇親、文武官，欲只着昨來所被孝服。」詔莊懿皇太后啓欑日，别造皇帝衰服，李用和骨肉孝服。

二十六日，太常禮院言：「將來山園發引，欲依司天監所定時辰。其日皇帝正陽門前奉辭莊獻明肅皇太后靈駕畢，釋衰，服素紗展脚幞頭、淡黄衫，出朱雀門〔一〕，赴洪福院。臣僚亦權常服、黑帶。皇帝至洪福院，易衰服，百官孝服立班行禮。所有啓欑後一日，皇帝親詣洪福院行祭奠之禮。」詔出保康門赴洪福院，餘依奏。

二十八日，太常禮院言：「靈駕發引日，莊獻明肅皇太后靈駕先發，至瓊林西道北設幄殿權奉安，俟莊懿皇太后靈駕至，内常（寺）〔侍〕於莊獻明肅皇太后靈駕後跪奏莊懿皇太后奉見訖，先行，莊獻明肅皇太后以次而行。其（議狀）〔儀仗〕並合爲一處前行。」詔可。

九月十一日，遷梓宫於洪福院，分命百官易服立班，如皇儀之禮。

十二日，帝幸[18]洪福院，服衰服，詣靈座前行祭奠禮，號慟久之。群臣易服叙班如儀。

十三日，攝太尉、宰臣張士遜奉謚册寶赴洪福院，上於靈座。册文曰：「孝子嗣皇帝臣禎言〔二〕：伏以奉先追遠〔三〕，本孝治之篤終；迹行表功，示禮章之榮後〔四〕。故生未盛其位，則没有尊其稱。仰惟慈覆之重，早興孺慕之感。念報罔極，式嚴追禮。恭惟皇太后軒象儲景，曾沙證期，儷軌先朝，協華椒掖。行與道合，位以德升。動循珩珮之音，居服保阿之訓。外履質約，桂裳無文；中存禮閑，玩好不飾。蘭儀玉度，六列以爲表模；淑問暉章，四教於是領略。天隆其祐，神表惟祉。載誕孤蒙，屬當統業。積善有報，垂裾無疆。一紀於兹，四方用乂，方期顧復，永奉恩嚴，豈謂景命靡融，忽賓霄極，悠悠蒼昊，誠難諶哉！况夫君臨四海，母託萬邦，而歡嘉未伸，音容俄隔，劬勞永感，終天曷窮！頃雖薦號閟宫，厝神浄界，禮分未稱，心焉如摧。今

〔一〕朱：原作「未」，據原稿又禮三二之一二改。
〔二〕禎：原作「仁宗御名」，據其名回改。
〔三〕遠：原脱，據《宋大詔令集》卷一五補。
〔四〕示：原脱，據《宋大詔令集》卷一五補。

園寢告成，龜繇叶吉。時宰庶尹，儒宗禮官，考儀緗圖，探烈彤史。咸以謂紀謚之法實始宗周，追册之儀蓋本炎漢。敢稽往典，虔易大名。謹遣攝太尉、門下侍郎、兼兵部尚書、同中書門下平章事、昭文館大學士、兼修國史張士遜，奉册寶，上尊謚曰莊懿皇太后。伏惟明靈如在，鴻典是膺，上從聖真，陰右皇序。祔饗清廟，與邦家無窮。」禮畢，群臣詣閤門奉慰。

十四日，帝幸洪福院，詣靈座前祭告，如十二日之儀。

二十日，帝幸洪福院，服衰服，19親奉引梓宮降殿，至庭中行遣奠禮。攝中書令、樞密副使李諮讀哀册。册文曰：「維明道二年，歲次癸酉，四月丙申朔，六日辛丑，追上真宗皇帝宸妃李氏尊號曰莊懿皇太后。粤十月癸巳朔，五日丁酉，遷座祔於永定陵之次〔一〕，禮也。燎火餘熒，星華啓明，森靈位以宿設〔二〕，儼仙輼而欲行。風物淒其變采，鐸挽唱以流聲。哀子嗣皇帝禎痛隔慈顔〔三〕，欽揚卹典，感劬勞於欲報，竭誠信於先遠。乃命執事，紀垂芳猷，瑑之金玉，代彼旂旒。詞曰：函關紫氣，柱史族貴；軒轅黃龍，次妃位崇。含德之厚，是稱坤母；配天之尊，乃侔乾元。祚發竹書，運膺赤伏。三葉重雍，九圍率服。王化所先，壼政惟穆。修明陰教，登進才淑。倬哉邦媛，允矣儒門。遥華啓緒，積善昌源。稱詩率禮，有德有言。如松之茂，如玉之温。託景椒塗，陪游蘭館。象服斯皇，女功載纘。勤懋觀圖，謙聞辭輦。位映紫廷，芬揚彤管。繼明昭晉，隤阯靈長。業開持禹，慶叶生商。夢日興貴，祠禖感祥。載震載夙，宜君宜王。黃離洊吉，金幹增强。帝所無還，湘川不從。銅臺蕙帷，先園是奉。安車赤綬，禮策加重。懷恩永慕，居約彌沖。攀慈宴於長樂，戒外戚於濯龍。仁則宜壽，明胡弗融。奄嬰六疾，未建三宮。邈求藥兮冥津闊，杳登真兮雲漢重。嗚呼哀哉！闇忽不追，炎涼甫換。剛健龍申，威光霆斷。躬擥維綱，緬思聖善。堯母門兮歸獨存，身毒鑑兮猶可見。嗚呼哀哉！崇章極號，情文克申。尊名20茂行，廞誄斯陳〔四〕。殯宮載闢〔五〕，園法攸遵。變黃衣兮祚聖，對玉璽兮思親。嗚呼哀哉！鮒隅之陰〔六〕，將開陵兆；夷則之奏，聿嚴妣廟。追遠兮慎終，揚名兮繼孝。嗚呼哀哉！駒塵莫駐，牲膳誰羞〔七〕。林欲静而風不止，露既降而歲云秋。覽池閣以心痗，閲巵匜而涕流。嗚呼哀哉！東背浚郊，西瞻鞏霧。黯嵩色兮凝陰，浩洛波兮奔注〔八〕。皇闕聳兮長斑苔，銀海深兮潛漆炬。矧可度兮九虞，空復還兮五輅。嗚呼哀哉！蕭蕭松柏，肅肅几筵。閟暈珩而夷體，攀弓劍以偕仙。

〔一〕於：原無，據《宋大詔令集》卷一六補。
〔二〕位：《宋大詔令集》卷一六作「衛」，當是。
〔三〕禎：原作「仁宗御名」，據其名回改。
〔四〕廞：《宋大詔令集》卷一六作「厥」。
〔五〕載：原作「再」，據《宋大詔令集》卷一六改。
〔六〕鮒隅：原作「鮒魚」，據《宋大詔令集》卷一六改。
〔七〕牲：原作「拄」，據《宋大詔令集》卷一六改。
〔八〕洛：原作「浩」，據《宋大詔令集》卷一六改。

慟極宸宸，哀深昊天。內盡志兮顒若，如事生兮僾然〔一〕。嗚呼哀哉！柔明之風，始資內治；顧復之愛，終光聖嗣。含飴之樂雖違，饗德之靈俾熾。伊淑範與懿聲，永奉傳於金匱。嗚呼哀哉！」靈駕發，帝復攀引大升輿，步至院西南隅。宰臣固請止步，俟仗轉乃還次。

二十三日，禮賓使、同勾當皇城司李用和言：「莊懿皇太后開壙，梓宮上有水濕痕，下面有泉眼出水。勘會元係上御藥張懷德踏行，翰林學士馮元、入內押班盧守懃勾當監護。」詔並免勘，懷德罰銅三十斤，移本路稍遠處州軍，依舊編管；守懃落入內押班，與鈐轄差遣；馮元落翰林學士、兼侍講，守本官、龍圖閣學士知河陽。

十月五日，葬於永定陵之西北隅。

十日，虞主至京，奉安於皇儀殿。自是至十六日，有司行虞祭之禮。

十七日，祔神主於奉慈廟，命有司行祔廟之禮。帝導迎虞主宿齋，群臣辭迎虞主，奉慰 21 皇帝，並如莊獻明肅皇太后儀。

景祐元年二月九日，詔忌辰前後禁樂各三日，不視事各一日，禁屠宰各一日。

莊惠皇太后

【宋會要】 仁宗（景祐）〔明道〕三年十一月五日〔二〕，保慶皇太后上僊於保慶殿，還殯於皇儀殿，宰臣、文武百官班奠於殿庭。詔前後殿不視事三日，京城禁樂百日，外州軍官吏不發哀，不禁樂，選日奏告宗廟、諸陵。太常禮院比附檢詳典禮以聞。放文武三班使臣、幕職州縣見謝辭，正衙至十七日依舊。

六日，命吏部侍郎、知樞密院事王隨爲園陵監護使，入內都知王惟忠爲園陵都監，入內押班劉從愿爲同都監，侍衛馬步軍副都指揮使鄭守忠爲修奉總管。仍令從愿往永安四陵側近按行園陵。

七日，詔特祔奉慈廟，命翰林侍讀學士、判太常寺李仲容議謚號，翰林學士承旨章得象撰哀册文，翰林侍講學士馮元撰謚册文，知制誥李淑書哀册，王舉正書謚册，胥偃書謚寶，張永和管勾修奉慈廟室。

八日，太常禮院言：「逐時祭奠，準例監護使行禮。」從之。

九日，詔：「將來發引，皇親并郡縣主逐院最長一名從；祔葬，宮院率房去。」太常禮院言：「京城禁樂百日，凡遇祭饗大、中祠用樂，並備而不作，候滿日依舊。園陵前，每朔望皇帝不視事一日。冬至、元日並在園陵之內，其日群臣詣皇儀殿門奉慰。」從 22 之。司天監定神臺高下、入

〔一〕僾：原作「優」，據《宋大詔令集》卷一一六改。
〔二〕景祐：原作「明道」，據《長編》卷一一九、《宋史》卷一〇《仁宗紀》二改。

地深淺、神牆步數、皇堂門闊及鵲臺、乳臺相去步數，詔皇堂用四十五尺，神牆高一丈，餘依。

十日，太常禮院言：「皇帝本服緦麻三月。皇帝、皇后服皆用細布，成服日服布，殿欑日服羅。宗室皆素服、吉帶，正刺史已上服練羅，（除）〔餘〕並練綾。大長公主已下亦素服。公主、夫人、郡縣主已下服練羅，郡縣君以下服練綾，其帊頭、帔子皆以碧。並常服入內，就次易服，三日而除。本宮人首絰、布服。送葬者葬訖而除，不從者發引日並除之。皇帝成服，祭奠，皆太常卿贊導，哭訖歸御幄，皇親移班奉慰，群臣並進名奉慰。以日易月之制，當成服三日而除。皇帝不視事三日，不視朝三日，當朝視事並常服。」詔曰：「保慶皇太后夙深慈育，保祐沖人，特荷擁全，遂增徽號。奄纏凶釁，痛慕何深！宜加服爲小功五月，用易月之制，五日而除。（親）〔視〕朝特服素沙巾、淺色衣、黑帶，俟祔廟畢服常服。」

十一日，大歛，成服，群臣奉慰。劉從愿言：「同司天監官按行到永定陵都俸地一段，堪充園陵。」詔可。

十二日，太常禮院言：「凶仗請下少府監製六十事。」監護使王隨言：「準明道三年例，內藏庫支錢三十萬貫供用，今來更不差頓遞使。」詔凶仗增製四十事，錢內藏庫支一十萬貫，餘從之。

十三日，太常禮院言：「準詔特加服小功，皇親亦合隨皇帝五日而除。」從之。

十六日，欑於皇儀西階，群臣奉慰。

十七日，翰林侍讀學士、判太常寺李仲容請上謚曰莊惠皇太后。詔可。議曰：「夫名以 23 賓實，謚以表行，古今之通義也。矧極天子之孝，致四海之養，旌慈仁之烈，答愛育之德，不亦義之大乎？伏惟保慶皇太后柔順含章，淑明成裕。襲赤泉之遐胄，流太姒之徽音。維儉約之是敦，維謙祇之是履。寬而逮下，動必得中。外族無假借之私，公室盡恩勤之意[一]。自家刑國，表裏肅然。在昔永定登真，實參付託之重；大明繼照，每懷顧復之恩。皇帝爰自纘承，早從依怙，是用追長樂之往制，揭保慶之尊名，親倚之隆，皇情斯厚。方且怡神黃老，比壽松喬，弗慮弗圖，光靈倏閟。因心追遠，有惻於上仁；考行易名，式揚於坤範。謹按《謚法》：『維德端嚴曰莊，慈哲遠識曰惠。』伏請上尊謚曰莊惠皇太后。」

十八日，太常禮院言：「奉慈廟殿見今六間[二]，內莊獻、莊懿室殿兩頭挾屋只收尊號寶册，欲將挾室內寶册法物於本室奉安，將六間分三室，以西爲上，奉安神主。」從之。

二十一日，詔來年二月六日葬訖，八日覆（三）〔土〕，九日離陵所，十三日宿普安院，就百日五更燒神帛。一行人入京，影座於右掖門入，由景暉門赴慈德殿。即保慶殿也。七

[一] 恩：原作「思」，據《太常因革禮》卷九八改。

[二] 六：原作「一」，據《長編》卷一一九改。

日皇后於會聖宮朝拜。八日諸陵朝拜。

二十三日，太常禮院言：「請兩制、館閣官各撰挽詞二首，付太常寺教習。執儀仗人用太常、太僕、金吾左右街司、殿中省、司天監兵衛二千三百三十四人。」奏可。

十二月八日，太常禮院言：「園陵所過州縣，發引前三日至神主回京，並禁樂。群臣於板 24 橋奉辭靈駕畢，次日赴西上閤門進名奉慰。祝册文並稱『孝子嗣皇帝臣某』[一]。園陵監護使應隨從官並常服、黑帶，皇親各素服隨從宿頓，詣幄殿前立班致奠。所過州縣官吏，送迎並常服、黑帶，應佩魚者權去之。皇帝親行遣奠之禮，掩皇堂畢并九虞祭，並用大祠，具宗正卿行禮。應隨從官並陪侍，立班再拜。升祔奉慈廟并每歲五饗，三室牲牢共用羊豕四。大升轝百五十人，輴車挽士二十人，挽歌三十六人，餘準昭憲皇太后禮例。」並從之。

十一日，内降御製挽詞二首，令太常寺教習。

十七日，太常禮院言：「將來神主到京，請於瓊林院權奉安，以行升祔之禮。祔廟前一日，皇帝親行酌奠。園陵沿路十里内神祠，準禮例差官祭告。掩皇堂前夕，合差内侍行祭奠。」詔差〔人〕〔入〕内都知王惟忠祭奠，餘並依。

二十六日，太常禮院言：「園陵掩皇堂畢，應隨從臣僚並合進名奉慰皇后。神主至京及祔廟，群臣合出城并廟前奉迎。」從之。

四年正月十三日，詔二月六日掩皇堂，命右諫議大夫孫沖祭告。

十六日，群臣奉謚册寶告太廟[二]。翌日，上皇儀殿靈座。謚册曰：「孝子嗣皇帝臣禎言[三]：伏以敦仁厚愛，撫育之恩深；尊位大名，推崇之禮備。緬思自己之重，追述累行之節。垂之徽册，表乎公議。恭惟保慶皇太后河汾遺胄，岷蜀遥源。早翼贊於先帝，常參聽於内治。時修蘋藻之事，動監箴圖之戒。簡狄佐嚳，象應四星； 25 女英嬪虞，道存二典。被文考之末命，增皇太之尊稱。擁衛眇躬，紹承丕祚。陰教既洽，孝饗是承。協恭母儀，謁款世室。副禕重翟，服御以光；璋瓚玉盌，裸薦有序。克成從獻之義，用達追養之心。逮夫專侍瑶齋，遂受琮鎮，避臣(名)〔民〕之尊奉，辭歲計之供須。譽藹紫闈，音播彤史。當錫神祉，以均邦祚，而旻穹不弔，凶咎奄鍾。荷顧復之私，每懷欲報；致踊哀之痛，永感不忘。亟下詔書，咸告中外。禁聲樂，加服紀，所以申哀素也；陳龍輁，飾鳳轀，所以嚴備物也；祔山兆，升閟宫，所以建陵廟也；訂寶謚，勒金策，所以昭德號也。有司定論，庶尹同辭，皆謂嚴正齋恭之誠，慈哲寬裕之範，積實於既往，流芳於將來，誰曰不然，斯爲允矣。謹遣攝太尉、右僕射、兼門下侍郎、同中書門下平

[一] 子：原脱，據後謚册文補。
[二] 謚册：原作「懿册」，據文意改。
[三] 禎：原作「仁宗廟諱」，今據其名回改。

章〔事〕呂夷簡奉册寶，上尊謚曰莊惠皇太后。伏惟慶靈垂鑒，蕃數是膺，歸安仙園，敷佑皇極。歆歲時之常祀，媲宗社而長存。」

十八日，啓欑宮，帝詣皇儀殿行祭奠之禮。

二十四日，監護使詣皇儀殿行啓奠，奉梓宮升龍輴。至中庭，復行祖奠禮畢，龍輴出宣德右門外，升大昇轝。百官叙班，帝行遣奠之禮，攝中書令讀哀册。册文曰：「維景祐三年，歲次丙子，十一月乙亥朔，四日戊寅，保慶皇太后上仙，旋殯於皇儀殿之西階。有司奏謚曰莊惠。粤明年歲次丁丑，二月甲辰朔，六日己酉，將遷座祔於永定陵，禮也。雕輼夙戒，祖奠宵陳，列銘旌於廣陌，嚴仗[26]衛於清晨。孝子嗣皇帝臣禎感慕日增〔一〕，哀懷天至。禮有數而載加，物無容而不備。惴遠卜之遄臨，痛慈顔之永閟。爰詔辭臣，奉揚淑懿。辭曰：姬周之冑，發祥憑厚。綿緒蕃昌，慶靈遠茂。瑶魄凝輝，珠躔炳秀。華閥挺生，熙辰聿遘。昔在先朝，助宣内治。静順柔明，温恭喆惠。四星耀極，位列其次。六宮修職，坐論其事。率禮無違，秉心罔詖。登進賢才，憂勤寢寐。協和邦教，敦厚人倫。均恩逮下，節用先身。練繒示儉，椒蘭藹芬。休瑞應期，多歡在旦。陪從巡遊，周旋間燕。左右圖史，朝夕規諫。鼎湖升駕，（王）〔玉〕几遺言，付（訖）〔託〕尤重，儀服斯尊。橋山送往，清廟薦饗。烝烝展孝，翼翼告虔。洪惟聖皇，寔資保育。克愛克慈，是顧是復。顯號推崇，徽章渥縟。爰作寶命，乃受琮玉。光輝靡耀，德範彌隆。勞謙降志，沖約處躬。盡還賦邑之奉，屢辭外戚之封。味金仙之妙典，探老氏之淵宗。方怡神於壽域，俄縈釁於璇宮。嗚呼哀哉！天乎難諶，高不可問。生也有涯，同歸於盡。迫真馭於九清，促千齡於一瞬。嗚呼哀哉！中宸愴慘，禁掖淒涼。繐帷掩兮晝闃，欑殿虚兮夜長。嬪媛何依兮攀號殆絶，褘褕弗御兮廞襚深藏。瞻黼筵兮流塵易晦，祔陵園兮拱木相望。嗚呼哀哉！龜册告猷，龍輴進轍。服馬悲鳴，繁笳怨咽。背層闕之浮雲，睇西郊之落月。閲逝波兮不復迴，恨終天兮從此訣。嗚呼哀哉！陰陰泉（遂）〔隧〕，森森柏城。上無光兮翳白日，下無象兮潛萬靈。想神[27]遊兮莫測，惟體魄兮長寧。饗閟宮之嚴祀兮，昭謚册之大名。同皇基之永固兮，侔厚載以難傾。嗚呼哀哉！」禮畢，奉辭，群臣赴城西板橋奉辭。

二月六日，葬於永定陵之西北隅，群臣奉慰。

十三日，群臣赴順天門外立班，迎拜虞主，權安於瓊林苑。

十四日，帝幸瓊林苑行酌奠之禮。

十五日，詔賜監護使已下休假三日。

十六日，群臣叙班奉慈廟前，神主祔升，行祔饗之禮畢，詣閤門奉慰。凡叙班、奉慰、行禮，並賜酒食於幕次。

十七日，德音：「兩京、畿内釋杖罪。應沿園陵應奉科

〔一〕禎：原作「仁宗御名」，據其名回改。

率，並蠲復賦役。沿路道場看經僧道並賜紫衣〔一〕。」

神宗熙寧二年七月二十七日，命龍圖閣直學士張掞攝太常卿，以十月九日瘞神主於園陵。詔、議具「別廟」。九月二十八日，起發，上幸瓊林苑奉辭。

張皇后

【宋會要】 仁宗明道二年十月三十日，詔故美人張氏追册爲皇后。天聖六年九月二十日薨，殯咸宜坊之别第，葬奉先西北隅。

十一月三日，詔追册皇后官告焚黄進入内。

十一日，詔遣内侍相視陵園地步，太常禮院詳定儀式以聞，務從簡儉。

十六日，命内園使、帶御器械岑守素管勾修葺園陵。

景祐（九）〔元〕年正月九日〔二〕，司天監言：「準詔，太常禮院定到陵臺制度，修展牆（園）〔圍〕，移正門户，石作牆外據地步置棘（園）〔圍〕，獻堂安鴟尾，别無妨礙。興修年 28 月至乙亥年二月八日利便〔三〕。」從之。

郭皇后

【宋會要】 仁宗景祐二年十一月八日，金庭教主、冲静元師郭氏薨，治喪於嘉慶園。二十五日，詔以后禮葬，太常禮院詳定儀式以聞〔四〕。

二十九日，太常禮院言：「參詳故郭氏出葬日吉凶鹵簿儀仗，欲望比孝章皇后例，墳園陵臺依張皇后例，大舁轝、影帳欲只綵結。」從之。

（二）〔三〕年正月□日〔五〕，太常禮院言：「出葬日排吉凶儀仗，望自嘉慶院導引出崇明門，赴奉先院。」從之。

十三日，制曰：「國家推褒寵之恩，不忘於存殁；舉追崇之禮，用極於哀榮。其有曾沙降祥，俔天表貴，雅尚清虚之志，素懷冲默之風。脱屣世紛，爰棲於真境；飛名仙籍，奄謝於人寰。邈想音容，特申命數。故郭氏德門鍾慶，竇婺分輝。鑒圖史之前規，服組（訓）〔紃〕之懿誡。早自玉衣叶兆，金屋承榮。統御六宫，久宣於陰教；逮事先后，備罄於孝誠。克彰輔佐之勤，茂著閑和之則。而乃遺情物表，探味淵宗，獨抗出塵之心，遂（壓）〔厭〕塗椒之地。靈期遽迫，晞露難留。良增悼往之懷，載厚飾終之典。嗚呼！柔儀永隔，内範如存。躡三景之蹤，倏同於萬化；應四星之

〔一〕看：原作「首」，據本書禮三七之六一改。

〔二〕元年：原作「九年」。按景祐無九年，且後文有「乙亥年」之語，景祐二年爲乙亥，則此處當是元年，因改。

〔三〕興：原作「典」，據本書禮三七之六一改。

〔四〕儀：原作「議」，據本書禮三七之六一改。

〔五〕三年：原作「二年」。按自「十三日」以下三條所述事，據《長編》卷一一八，均在景祐三年正月，則知此條之「二年」乃「三年」之誤，因改。又日分不詳，但原無空格，今補空圍。

象，復正於徽名。魂而有知，歆兹優渥。宜特追册爲皇后，仍令所司擇日備禮册命。」

十七日，詔曰：「朕纂緒膺圖，建中御極。念持盈守成之誡，敦自家刑國之風。期表正於萬邦，務恢隆於至化。故郭氏早由冠族，29選備椒房，允資令人，以宣内治。而頃因忿鬱，偶失謙恭，既虧承順之儀，當行廢黜之典，止還别館，冀省前非。而屢上奏封，願爲羽服，懇志彌確，敦諭不回。勉從勤請之誠，仍建修真之宇。遽嬰沉疾，奄謝昌辰。朕以其入預長秋，僅周一紀，逮事先后，親奉寢園，存殁若斯，軫悼良切，特申追册之命，復正中壺之名。制禮緣情，靡懷於往咎；飾終漏澤，且慰於遊魂。郭氏已降敕追册爲皇后，其謚册祔廟並停。咨爾宰司，當體予意。」

十八日，命知制誥丁度、内侍省内侍押班藍元用同護葬事，建陵臺於奉先院之東北隅。

嘉祐三年閏十二月二十六日，詔太常禮院議修郭皇后影殿於洪福院，禮官言景祐追册詔書已停謚册祔廟之禮，其修影殿於典禮無文，伏請寢罷。又議者謂不若祔於廟，復詔兩制同禮官檢詳祔廟典禮以聞。

四年八月十六日，知制誥劉敞言郭氏嘗被廢，不當祔廟，又詔學士院考詳折衷之論。同知太常禮院張洞言〔一〕：「既追復后號，豈可絶其祭饗，請創立别廟，遇禘祫則奉以入饗，於義爲允。」敞又以洞所言爲非禮，洞亦疏難之。其後學士院卒不上議，朝廷亦未遑施行。詔、議具「皇后廟」。

慈聖光獻皇后

【宋會要】30神宗元豐二年十月二十日，太皇太后崩於慶壽宫，遺誥曰：「吾受兩朝之託，翊嗣聖之興，十有七年，安居房闥。皇帝天篤仁孝，日滋睿神〔二〕，嘗咨務於禁中，獲助勤於天下。而炎涼變序，疾疢乘衰，皇帝夜不解衣，朝至忘食。雖聖心之備盡，終天數之莫踰。吾嘗觀性命之原，達死生之際，生而饗慶壽之養，没則從昭陵之遊，顧循初終，夫復何恨！皇帝宜念宗廟之重，無過哀傷，更賴股肱近臣，共爲寬釋〔三〕。成服之後，三日外聽政〔四〕。服紀以日易月，在京文武百官十三日而除，諸司長官及近臣觀察使以上31臨於宫庭，其餘臨於宫門外。諸道州府長吏以下三日釋服，軍民不用縞素。沿邊不得舉哀。釋服之後，勿禁作樂。園陵制度，務遵儉省。勉從吾志，勿事煩勞。餘並依昭憲明德皇太后故事施行。」是日，文武百官入宫庭，宰臣王珪升西階宣遺誥已，内外舉哭盡哀而出。

二十一日，百官朝晡臨於慶壽宫，三日止，又朝臨四

〔一〕張：原缺，據《長編》卷一九〇補。
〔二〕日：原作「自」，據王珪《華陽集》卷二三改。
〔三〕寬：原作「歡」，據《華陽集》卷二三改。
〔四〕外：原作「内」，據《華陽集》卷二三改。

日。初，太常禮院言：「昭憲皇太后故事，百官朝晡臨〔一〕，
三日止。」詔加朝臨四日，宗室朝臨至成服止。禮院又言：
「明德皇太后故事，京城（外内）〔内外〕禁樂，至皇帝釋服如
舊。」詔過卒哭。

二十二日，詔入内都知張茂則主管殿葴事，入内東頭
供奉官宋用臣修梓宮。昭德軍節度使、兼侍中曹佾入臨，
被髮行服，佾子姪誦、評、諭、誘、誌、讀，並準子爲母喪服，
免朝參，不釐務，見任俸給並如舊。

二十三日，詔曰：「準遺誥，園陵制度務遵儉省。恭以
（太）〔大〕行太皇太后輔佐仁宗皇帝，援立先皇帝，保翊朕
躬，獲安宗廟社稷，功隆德盛，聞於四海，垂及後世，光輝無
窮。而天畀聖質，今昔絶擬，遊心道域，退託不居，淵默宸
闈，福庇天下。方圖崇報，未知攸爲。今遺命陵號，於本朝
舊制乃重有貶抑〔二〕，曷以茂對顯烈，慰塞中外之望乎？
可詔有司易園陵曰山陵，餘恭依遺誥施行。」命參知政事蔡
確撰哀册文〔三〕，同知樞密院呂公著撰謚册文〔四〕，翰林學士
章惇撰謚號文，龍圖閣直學士韓縝書哀册、謚册、謚
寶文〔五〕。

二十四日，命韓縝爲山32陵按行使，昭宣使、入内副
都知王中正副之。

二十五日，詔：「山陵修奉，深慮有司過有煩勞，枉費
人力，不能仰承遺誥務遵儉省之意，可豫戒三司，斟酌轉移
應付，毋得寬剩計置。除京西路轉運司自合供辦，其諸道
非抛降，毋得妄有進助。」

二十六日，大殮，命宰臣王珪爲山陵使、判太常寺陳薦爲禮儀使，御史中丞李定爲儀仗使，知開封府錢藻爲橋道頓遞使，同判太常寺陳襄爲鹵簿使。後襄辭疾，以翰林學士蒲宗孟代之。時中書言：「本朝命儀仗、鹵簿二使，或因闕官，或緣誤例，御史中丞皆得領之。今按昭憲明德皇太后例，差御史中丞兼儀仗使，天聖二年南郊差御史中丞薛奎爲鹵簿使。《會要》引故事，御史中丞當爲儀仗使，國初尚依此制。其後中丞或闕，以他丞郎爲之，其職掌猶用臺吏如故。儀仗使無專掌，但令憲司督促諸司而已。天聖、明道時皆有中丞以爲鹵簿使，非舊制也。」

同日，又命入内副都知李憲爲山陵都大主管，入内東頭供奉官、寄六宅使宋用臣爲都大提舉修奉皇堂。是日，百官拜表請聽政，不允。自是七上表，乃詔俟終易月之制，有司定日御殿。

同日，太常禮院言：「昭憲明德皇太后故事内有年歲深遠，禮制不全，欲乞參詳，比類山、園陵案例申請施行〔六〕。」從

〔一〕晡：原作「晦」，據《長編》卷三〇〇改。
〔二〕朝：原作「廟」，據《宋大詔令集》卷一二改。
〔三〕確：原作「雄」，據《長編》卷三〇〇改。
〔四〕謚：原作「哀」，據《長編》卷三〇〇改。
〔五〕謚寶：原作「號」，據《長編》卷三〇〇改。
〔六〕山園陵：《長編》卷三〇〇作「山陵」。

之。

二十七日，命權主管侍衛馬步軍司燕達爲山陵修奉總管〔一〕，專總禁兵護役，宋用臣專令總役兵修奉，兩司毋得33侵越。

二十九日，皇帝成服於慶壽殿，百官成服於内東門外，入奉慰於慶壽殿之東廂，慰皇太后、皇后於宮門外〔二〕。

十一月一日，群臣慰上及皇太后於慶壽宮門外。自是朔望以爲常，至祔廟止。

同日，太常禮院言：「明道山陵故事，啓菆，百官服初喪服，入内省〔三〕、内侍省都知、押班以下并軍員、三班使臣、伎術官不服，請如故事。」詔都知、押班以下並如百官服初喪服，餘如故事。

二日，百官進名起居於慶壽宮門外〔四〕，至御殿日止。

三日，小祥祭，百〔官〕衰服班慶壽宮廷哭，仍慰皇太后於宮門外。

四日，詔諸路州縣並禁樂至卒哭。既而太常禮院言：「按禮，葬而後虞，虞而後卒哭，卒哭而後祔。景德中，明德皇后以百日爲卒哭，卒哭後不禁樂。以百日爲卒哭，蓋古之士禮，不當施於朝廷。」迺詔改卒哭爲百日。又言：「故事，大祥、禫除，宰臣、（徑）〔樞〕密使、大兩省、觀察使以上入宮庭奠訖，率百官班宮門外。又準遺誥，近臣觀察使以上臨於宮庭，餘臨於宮門外。將來大祥、禫除，欲如故事及遺誥施行。」詔大祥、禫除、卒哭，可並準小祥故事。

十三日，翰林學士章惇上言：「竊稽典禮，下不得誄上，則大行太皇太后謚號，蓋非臣子之所敢專。必將有所請，謂若請之太廟，於禮爲宜。願付禮官詳議。」於是太常禮院言：「孝明皇后之喪，詔尚書省百官議，皆曰：『母后之謚，則宜定於廟而讀之，以明受成於祖宗。孝明皇后謚，請百官議定，制下，乃34遣官告於太廟而不讀。』今參詳古者謚法，后受之於夫〔五〕，臣受之於君。大行太皇太后作配仁祖〔六〕，於禮爲尊，宜集官謚之於廟。又幼不誄長，子不爵母。内英宗皇帝廟室，於禮不當請謚。欲乞集中書、樞密院、侍從官、御史臺五品、尚書省四品、諸司三品、宗室正任團練使以上，赴太廟行請謚之禮，然後詔有司作册寶，告於天地、宗廟、社稷，讀於慶壽殿。」從之。

十四日，殯於慶壽殿之西階，百官班宮庭哭，慰上及皇太后。

十五日，大祥祭，如小祥禮。先是，太常禮院上大祥儀注，皇帝祥祭訖，釋小祥服，服素紗幞頭〔七〕、黪黄衫、黑銀

〔一〕「總管」及下「專」字，原脱，據本書禮三七之六三補。
〔二〕皇后：原脱「后」字，據《長編》卷三〇〇補。
〔三〕省：原脱，據《長編》卷三〇一補。
〔四〕名：原作「門」，本書中屢言「進名起居」，據改。
〔五〕夫：原作「天」，據《長編》卷三〇一改。
〔六〕作：原作「仁」，據《長編》卷三〇一改。
〔七〕服：原無，據《長編》卷三〇一補。

帶，群臣移班奉慰。上批：「宮中自實行三年之喪，不釋服受群臣慰。」至是，祥祭畢，上衰服如故。

十七日，禫祭，如大祥禮。

十九日，上服素紗幞頭、淡黄衫、黑犀帶，御崇政殿西廡幄次，號哭見群臣。群臣西向起居訖，升殿奉慰。

十一月二十日，山陵按行使韓縝等言：「永昭陵北稍西地二百十步内，取方六十五步，可爲山陵。」詔依。又以陵域迫隘，問縝可與不可增展。縝言：「若增十步作七十五步爲陵域，合徵火相生及中五之數。」詔增十步。

二十一日冬至，百官慰上及皇太后於慶壽宮門外。

二十五日，上不視事，群臣請大行太皇太后謚於太廟。

二十八日，翰林學士章惇請上尊謚曰慈聖光獻皇后，詔恭依。議曰：「故事，祖宗諸后謚號皆二字，惟章獻明肅皇后以四字。即具奏稟，奉[35]御寶批付臣曰：『先帝以宗子入繼大統，嗣位之初，哀毁過度，感疾逾年，軍國機務無所稟決，人情恟懼，神器震搖。賴大行太皇太后聰明睿智，(機)〔權〕宜裁處，於是中外妥貼，宗廟獲安。逮皇躬康寧，匪由人言，即詔復辟，退饗東朝之養，十有七年，以慈爲寶，拊子育孫，裕如也。功德盛大，振古無有。今以四字爲謚，大懼未足形容萬一，姑循故事而已。宜以四字定謚。』臣再拜稽首奉詔。於是有司擇日，集百官於太廟，以請大行太皇太后尊謚。臣謹昧死上議：竊推迹上世，虞夏以前，質勝文隱，未有謚號，以名配位，死生同稱。降及於商，雖有成湯之號，而其傳蓋略，無得而稽焉。迨周公旦相武賦憲，作爲《謚法》，以跡行表功，實往名歸，大細相稱，而後百王遵之，莫或廢失。故生有豐功盛德，殁有大名顯號，於〔以〕發揮光烈，垂耀後世。蓋其爲法，下不得誄上，求諸典禮，后之謚必請於廟，所以質諸神明，示天下於至誠大公之極，非臣子之所敢專也。恭惟仁祖道侔乾坤，德配堯禹，天既啓以太平至治之運，乃作之合，以助成『關雎』『麟趾』之化。是以大行太皇太后應運挺生，賦畀篤厚，超絶今昔。聰明睿智之性，慈仁恭儉之行，天成生知，不習而至。養德閨門則有窈窕之淑聞，儷體宸極則有思齊之徽音。輔佐君子，朝夕憂勤，有《卷耳》之志；被服澣濯，躬儉節用，有《葛覃》之本。愛均庶嬪，有《樛木》之逮下；化行隱遠，有《兔罝》之好德。退抑[36]戚屬而飭之以恭謙，惠哀鰥寡而振之以衣食。教内修乎閨闥，治外形於家邦。安止乎禮義之宮，嬉息乎藝文之囿，煒煒乎！維兹以論后妃之德，固已極矣，然猶未足以彷彿盛美萬分之一也。若乃嘉祐之末，仁祖春秋既高，皇嗣未立，中外懔懔，人懷不寧。已而英宗入居東宮，國本既建，於是天下之心泰然。雖仁祖聖斷不惑，早定大計，寔由大行太皇太后先知達識，力贊以成。及英宗即位之初，哀毁感疾，於是權宜聽政，廟社以安。亦既復辟，退處東朝，委遠功名之隆，優遊妙道之域。悟性命之靈，通死生之變，不訪乎崆峒而得治身之要，不登乎姑射而知凝神之方。蓋正位宮闈，垂範十載，受遺兩世，母儀三朝，淵默無爲，饗四海之養者十有七年。皇帝仁孝純至，恩義致隆，咨務談經，問安視膳，尊奉報稱，在禮無違。今明詔之所發揮，皆本諸至誠大公之極，斯足以照映前古，光輝無窮。《記》曰文王無憂，以其有王季爲之父，武王爲之子也。恭惟大行太皇太后，仁祖以爲夫，英祖以爲子，皇帝以爲孫，聖神相承，源深流遠，以此較彼，文王爲不足侔。臣歷觀載籍之傳，任、姒於周，有内助之效，而無聞於社稷之功；馬、鄧在漢，有關政之勤，而不知乎道德之奧。猶且流（身）〔聲〕雅頌，騰芳簡編，舉以槩今，不其陋歟！嗚呼，羲軒以前既不可得而考者，自三五以來，后妃之美未有如大行太皇太后仁功聖德之盛，昭天漏泉 37 者也。是宜爲宋文母，以詔於萬世。謹按《謚法》：『愛民好與曰慈，能以仁教曰慈；通達先知曰聖，窮理盡性曰聖；和寧百姓曰光，格乎上下曰光；聰明睿智曰獻，博聞多能曰獻。』恭惟大行太皇太后包括衆美，以集大成，神明之所歆，天地之所合契，宜以祖宗之命，奉上尊謚曰慈聖光獻。」詔恭依。

同日，太常禮院言：「靈駕已奉詔出慶壽宮南便門，出内東門。今參詳，自内東門出宣祐門、西上閤門，過文德殿門，出朝堂門，入右昇龍門，出宣德門，過天漢橋西，出宜秋門[一]、順天門。」從之。

十二月八日，太常禮院言：「故事，見任文武陞朝官之家，候祔廟畢嫁娶，京官以下過禫除不禁。臣子之喪制一等，而用吉禮有遠近之差，非是。乞見任文武官之家，候九虞祭畢爲卒哭，許嫁娶，軍民過易月禫除不禁，仍不用花綵。」從之。

二十五日，詔宗室正任防禦使以上許從靈駕，已從濮安懿王夫人者免從。先是，中書言：「詔司天監選年月日時，遷祔濮安懿王三夫人。今大行太皇太后山陵，濮安懿王三夫人亦當舉葬。」故有是詔。

三年正月一日，不視朝，群臣及遼使詣閤門進名奉慰，又慰皇太后於慶壽宮門。

五日，太常禮院言：「發引前日晡，群臣及命婦當詣慶壽宮尊[二]。」詔發引前四日臨朝，前一日仍晡臨。

九日，詔鹵簿不用褥稍，内臣二十四人捧梓宮。

十四日，群臣詣慶壽宮上謚册，曰：「維元豐三年，歲次庚申，正月 38 乙丑朔，十四日戊寅，孝孫嗣皇帝臣頊再拜稽首言曰[三]：臣聞道本無形，不可擬以稱謂；德合無疆，不可規以封畛。然自昔賢聖相繼，作民父母，莫不稽行以立謚，紀功而建號，著在典册，聲於郊廟。蓋休烈盛美，既有以冒於四海[四]，則隆名尊稱，必有以詔於萬世。恭惟大行太皇太后實天祐宋，誕生淑聖。聰明淵静，至性得於自然；慈仁粹和，懿範冠於往昔。惟藝祖肇造區夏，武

[一] 出宜：原倒，據原稿又禮三二之二六乙。
[二] 尊：疑誤，或當作「奠」。
[三] 頊：原作「神宗御名」，今據其名回改。
[四] 有以：原作「以以」，據原稿又禮三二之二七改。

惠之勳，從享大室，積德流慶，用大集於後昆。迺登中闈，作配仁祖。夙夜警戒，逾三十年，億寧神人，嘉靖内外。翊贊聖治，迄用有成。深惟宗社之重，援立先帝，大策既定，五謀協從。諒闇之初，哀疚弗豫，勉同聽決，庸濟艱難。群情於是獲安，神器以之增重。而進退以正，勞謙有終，迹不踐於外廷，歲甫（基）〔期〕而復辟。方且宅心道祕，頤神物表，享東朝之尊，十有七年。福浸黎元而撝挹不居，奉極天下而恭儉自牧。較其全德遠度，休聲茂實，雖詩人所載任、姒之美，殆無以加，漢氏以來馬、鄧之烈，曾莫得而比倫矣。顧惟沖菲，獲奉晨昏，教誨撫存，慈惠兼至。間稟要務，仰遵成規，家用平康，民以寧一。庶蒙休祐，永錫難老，以伸小子欲報之志，以慰萬方欣戴之心。不圖邦釁上延，奄棄崇極。玉衣如在，飈駕不還，痛色養之長違，顧孺慕而何及！考卜維吉，因山有期，迺稽舊章，節大惠，易鴻名，請於祖宗，告於几筵。謹遣攝太尉、光禄大夫、行尚書禮部侍郎、[39]同中書門下平章事、集賢殿大學士王珪，奉寶册，上尊謚曰慈聖光獻皇后。伏惟明靈在天，降鑒於下，膺兹典禮，永配廟（祐）〔祏〕，儲祉錫羡，光於無窮。嗚呼哀哉！謹言。」上謚寶畢，群臣退赴宫門外奉慰，及（懿）〔慰〕皇太后。

十五日，上元節，群臣奉慰，及慰皇太后。

二十二日，詔：靈駕發引，行宫四面增差天成一指揮。

二十六日，詔增差禁兵二百人守陵。

二十九日，太常禮院言：「啓菆故事，前三日在京禁樂，祔廟畢仍舊。所過州、府、縣、鎮，候主回京仍舊。」又言：「明道中，山陵文字首稱莊獻明肅皇太后、莊懿皇太后，即是當年一時之（時）〔制〕，别無經見。大行太皇太后雖已有謚號，然山陵未畢，俟掩皇堂題虞主，去『大行』，稱『慈聖光獻太皇太后』；祔廟題主，稱『慈聖光獻皇后』。」並從之。

二月二日，以啓菆前一日，宰臣率百官奠于慶壽宫。詔靈駕發引日，聽高麗使陪位，并遇奉慰、入寺觀燒香，並聽改服黑帶。館伴所言柳洪等願比群臣服黑帶故也。

三日，啓菆，宰臣率百官朝臨於慶壽宫。上奠告遷梓宫於兩楹間，百官奉慰，及慰皇太后，遂晡臨。自是百官臨朝，三日止。

五日，詔皇堂創爲地宫，非嘉祐、治平故事。安厝梓宫，須别爲規度，可命都大提舉修奉宋用臣專一主管。

十六日，發引前三日，百官服初喪服，臨於慶壽殿。自是日一臨，前一日仍晡臨。

十七日，祕（閣）〔閣〕校理何洵直言：「按《禮》曰『遂適殯宫』、『三虞』，鄭氏曰：[40]『虞，安也。』既葬，迎精而還，祭之於殯宫以安之。《士虞禮》云：『側享於廟門外。』廟則殯宫之謂也〔一〕。凡宫有鬼神曰廟，故説者以爲虞、卒哭在

〔一〕謂：原作「禮」，據《長編》卷三〇二改。

寢。《春秋左氏傳》曰：『反哭於寢〔一〕。』杜預云：『既葬，日中自墓還，虞於正寢。』蓋古者之葬近在國城之北，故可以平旦而往，至日中即虞於寢，所謂葬日虞，弗忍一日離也。後世之葬，其地既遠，則禮有不能盡如古者。今大行太皇太后葬日至第六虞〔二〕，自當行之於外，如舊儀；其七虞及九虞、卒哭，謂宜行之於慶壽殿。且虞以安神，卒哭以告祔，必就殯宮。蓋即其平日居處之地，則神靈之所憑依而來寧故也。又按《士虞禮》，主人衍尸之後，有亞獻、三獻，大略與饋食禮同。其所以變於吉者，吉事尚左，此則尚右。如設洗于西階西南，及陳鼎于西階前之類是也。唐儀注，虞祭(大)〔太〕尉亞獻，如不親行事，則宗正卿亞獻，光祿卿終獻。皇帝素服，太尉、司徒以下祭服，群官、皇親、諸親皆素服。臣以爲虞祭當用亞獻、終獻如親祠，其服宜比附參酌施行。又按《春秋公羊傳》曰：『虞主用桑。』何休注引《士虞禮》曰：『桑主不文。』《後漢書·志》亦曰：『桑木主不書謚。』夫栗主書謚，爲禘祫之時別昭穆。若虞主瘞於兩階之間，則謚安用書？舊儀題虞主，伏請罷之。」下太常禮院，言謂〔三〕：「洵直所引《虞禮》乃士禮，《左氏傳》乃諸侯之禮，若朝廷禮則經無所見。況嘉祐、治平故事，並虞於集英殿，宜如近詔，虞主回，奉安於集英殿。又餕尸、衍 41 尸，並爲事尸之禮。後世既不設尸，難用此禮，宜且仍舊。又嘉祐、治平故事，虞主已不書謚，今欲如洵直所請。」從之。

十九日，鹵簿使陳仗於宣德門外，輔臣宿本司。

二十日，發引，上啓奠于慶壽殿，祖奠于庭，遣奠于宣德門外，百官及高麗使陪位，右諫議大夫、參知政事蔡確讀哀册，曰：「維元豐二年〔四〕，歲次己未，十月丙申朔，二十日乙卯，慈聖光獻太皇太后崩于慶壽宮之萃德殿，旋殯於慶壽殿之西階。粵三年三月甲子朔〔五〕，十日癸酉，遷座祔於永昭陵，禮也。燎映九關，漏終五夜。淒鳳吹以發音，儼金根其趣駕。孝孫嗣皇帝臣頊痛悲遠日之至〔六〕，擗踊終天之訣。飛馭莫攀，奠觴既徹，迺詔邇臣，追揚休烈。其詞曰：猗歟太母，遐矣洪緒。承派軒后，啓封邾(王)〔土〕。逮于武惠，爲宋方、虎。陰有善慶，超漢援、禹。其在後昆，篤生聖女。瑞慶天連，玉毫衆睹。當炎精之四帝，求丹闈之內輔〔七〕。既作之合，遂宅厥祥。占陋沙麓，兆輕壽房。正家陰順，載物坤方。聰明聖智，端一誠莊。珩珮惟和，綀衣猶浣。出閫無言，脱簪有諫。蠶織是親，圖書是玩。海富聖學，鸞飛神翰。化自身先，恩無私謁。盛公族之麟趾，微

〔一〕反：原作「及」，據《長編》卷三〇二改。
〔二〕第：原作「等」，據《長編》卷三〇二改。
〔三〕言謂：《長編》卷三〇二作「以爲」。
〔四〕元：原作「永」，據《宋大詔令集》卷一二改。
〔五〕粵：原作「奧」，據《宋大詔令集》卷一二改。
〔六〕頊：原作「神宗御名」，今回改。
〔七〕求：原作「永」，據《宋大詔令集》卷一二改。

外家之金穴。仰惟英考〔一〕，入紹仁宗。與子天下，贊謀禁中。定九鼎之岌岌，慰萬國之喁喁。皇躬未康，勉親幾政。明辟旋復，避遠威柄。心契於道，權歸乎正。盛德若虚〔二〕，至仁則静。再副遺託，克昌繼嗣。勞神乎遭變之始，受養乎承平之際。一人[42]定省，大務諮議。每顔温而訓篤，何慈深而愛至。造金仙之妙旨，探柱史之微言。撫赤綬之諸王，弄文褓之曾孫。斗維誕日之慶，天囿嘉時之燕。壽觴舉而三宫樂，寶輿動而九逵抃。忽脱屣於紫房，遽歸神於清漢。玉音絶兮窅何所，黼幄空兮漠無見。嗚呼哀哉！下誥之夕，霜霰寒初；祖庭之日，艸木春餘。驚流景之過隙，從吉占之啓途。去深殿兮背白日，指新宫兮竁黄壚。嗚呼哀哉！煙拂羽仗，月低斗城。出六衣於東闈，轉五路於西坰。紛相趨兮侍衛，恍如在兮平生。嗚呼哀哉！馬躑躅兮風蕭散，度翚原兮臨洛岸。近橋山之衣冠，下銀海之鳧雁。龍鑑收兮將就蝕，劍户闔兮何時晨。寢肅肅兮蒼野，簾陰陰兮緑塵。拂曉几兮泣長御，瞻暮柏兮悲宫臣。聖孝執喪於三歲，輿情結慘於八垠。嗚呼哀哉！塗山殯兮夏盛，太任歸兮周隆。視今兮揆古，軼德兮踰功。彤管之紀但傳於土苴，白玉之鏤惡足以形容。嚴清廟之登配，光億載以無窮。嗚呼哀哉！」是日，上自慶壽殿步導梓宫，且行且哭，至宣德門外，立班（挨）〔俟〕時，號慟不絶聲。王珪等及雍王顥、曹王頵更進開釋，不能止。百官、士卒感動悲咽，高麗使至於出涕。靈駕既行，上衰服還内，百官辭於板橋。退，改常服入門。翌日，詣閤門進名奉慰，又慰皇太后于内東門。

二十五日，太常禮院言：「慈聖光獻皇后祔廟前二日，告天地、社稷、太廟、皇后廟如故事。至日，奉神主先詣[43]僖祖室，次翼祖、宣祖、太祖室、次太宗室〔三〕。次太宗皇帝懿德皇后、明德皇后同一祝，次饗元德皇后。慈聖光獻皇后異饌異祝，行祔廟之禮。次真宗、仁宗、英宗室。禮畢，奉神主歸仁宗室。如此，則古者祔謁之禮及近代徧饗故事並行不廢。」從之。其三月朔并寒食節，大行太皇太后未祔卜宫，酌獻於幄殿。

二十七日，山陵禮儀使言：「虞主回京乘重翟車，神帛在大安輦，今定行圖，輦居前，車在後，恐於義未安。乞下有司議。」太常禮院請以車在前，從之。

三月六日，靈駕至陵所，群臣奉慰，及慰皇太后。

十日，葬于永昭陵，群臣奉慰，及慰皇太后。

十四日，太常禮院言：「遺誥雖言釋服後勿禁作樂，續詔民庶過百日作樂，自啓菆至祔廟，詔復禁止。即群臣自宜依禮律，期年聽樂。」詔三路沿邊官祔廟畢許用樂，餘文武官皆期年。

〔一〕考：原作「兮」，據《宋大詔令集》卷一二改。
〔二〕德：原無，據《宋大詔令集》卷一二補。
〔三〕「次太宗室」及下句「次」字，原脱，據《長編》卷三〇二補。

十五日，虞主至自永昭陵，群臣迎于板橋，皇太后迎於瓊林苑。有司行六虞祭，上服靴袍迎於内東門外，奉安于慶壽殿，群臣奉慰。初，詔（陵山）〔山陵〕使以下導虞主至板橋，先入朝謁，而禮儀使陳薦因請令侍從官前導至集英殿，禮官以爲不可。上批：「虞主於集英殿奉安，據禮官、從臣之議，終爲未允。蓋集英殿在平日未嘗一御，又非昔厝殯宫之所，殊失妥虞神靈禮意。或作慶壽殿奉安，恐亦無嫌。可下太常禮院詳定以聞〔一〕。」既而禮官以爲於義無嫌，請虞主自右掖門繇承天、宣祐、内東門入慶壽殿。44 虞主至京，山陵使以下導至右掖門。並從之。

十六日，七虞祭，群臣奉慰。自是八虞、九虞，皆上親祭。

十九日，卒哭祭，群臣皆奉慰。

二十一日，上宿于慶壽殿側，輔臣宿于本司，百官宿于朝堂。

二十二日，神主祔于太廟。

二十五日，德音：「兩京、畿内、河陽減死刑，釋杖罪，沿山陵科率，蠲復賦役。應奉行事官量與恩澤。」

二十七日，詔六宅使宋用臣修皇堂有勞，於見寄使額上遷五資。

五月八日，宰臣王珪言，弟尚書職方郎官琉昨主管山陵使司牋表，乞推恩。詔以琉爲蔡河撥發〔二〕。

四年十一月二十三日，禫祭，宰臣王珪等上表請聽政，詔答不允。五表，乃從之〔三〕。（以上《永樂大典》卷七三六七）

〔一〕下：原無，據《長編》卷三〇三補。

〔二〕詔：原作「詑」，據《長編》卷三〇四改。

〔三〕原稿此後尚有又禮三二之一至三二之三一，與此上禮三二之一至三二之四四重，且爲廣雅書局清本，非徐松原稿，今删。

宋會要輯稿 禮三三

后喪 三

温成皇后

【宋會要】

■1仁宗至和元年正月八日，貴妃張氏薨，治喪於皇儀殿，詔近臣、宗室入奠。移班奉慰帝於殿東楹。特輟朝七日。■2命參知政事劉沆爲監護使，入内内侍省内侍押班石全彬、勾當御藥院劉保信爲監護都監，殿前都虞候王凱爲總管。

十二日，制曰：「王者峻宫闈之班秩，非選德無以冠後庭；崇房闥之號稱，非遺懿無以憲天壼。斯所以舉褒懷之禮，申哀衈之文。誕告在朝，令申舊典。故貴妃張氏性歸淵穆，體本淑和。踵紱冕之慶華，蹈圖史之良訓。克惇母教，允協嬪風。恭儉之儀每以盡其志，憂勤之助必以罄其心。進陪褘翟之容，退存軒龍之象。偶寒暄之遺厲，俄夙夕以延災。向以失内禁之宵嚴，犯周廬之夕警，能挺身而衛丹極，遂捐己以護皇居。暨惘雨以請僁，方責躬而引咎，因援刀而割膚㈠，乃濡翰以封章。事既祕而不言，物有存而可歎。報君憂國，望古無倫㈡，遽爾長辭，邈焉如在。宜正魄車之御，益隆虎劍之章。鋪顯豐融，以昭憯惻。於戲！彤管有煒，或播於聲徽；象服是宜，載揚於命數。庶幾渥澤，永饗休嘉。可特追册爲皇后，所司擇日備禮册命。」仍賜謚曰温成。初謚恭德，言者以謂「德」字不當同太宗諸后謚，故改賜之。

十三日，詔京城禁樂一月。自啓攢至葬，復禁止。命翰林學士承旨王拱辰撰謚册文，端明殿學士楊察撰哀册文，知制誥王洙書。

十四日，殯於皇儀殿之西階，群臣進名奉慰。

十六日，遣官告太廟、皇后廟、奉慈廟。

十九日，遣宰臣梁適奉謚册告於皇儀殿。册文曰：「皇帝若曰：夫内德之茂，■3非正位無以顯其猷；彤史所載，非大名無以表其行。矧予嬪合之懿，夙著徽柔之則，故生則副珈褕翟以寵其初，没則襚章愍册以垂於後。褒功節惠，繇來舊矣。故皇后張氏坤順以大，月盈而沖。毓秀儒門，參儷天極。煩擱著於延葛，雍和見於流荇。自初選納，惟德之行。琴瑟之音，莫不静好；椒蘭之美，居多服媚。遠貴勢而不處，履華寵而能降。翼朕偕閎天之盛，導予躋黄老之福。憂勞臣下，永念樛木之仁；檢御近姻，慨慕濯

㈠援：原作「授」，據《宋大詔令集》卷二〇改。
㈡古：原作「右」，據《宋大詔令集》卷二〇改。

龍之戒。至於盜驚盧徼〔一〕，挺身以衛至尊；時丁旱暵，刺臂以祈來貺。愛君之烈，何謝古人！祲癘難期，疹痗斯遘，千齡何遽，一晌而亡。奔駒逝川，追悼奚及！筮龜協吉，園兆有期。奉常據古，稽合二稱。朕揆庸較德，昭錫徽名，公言僉同，世繫攸穆。今遣攝太尉、尚書禮部侍郎、同中書門下平章事、集賢殿大學士梁適，奉册謚曰温成皇后。仙遊匪邈，典策是膺。茂範存於壼闈，嘉問流於緹素。音容永閟，哽結難勝。嗚呼哀哉！」禮畢，群臣進名奉慰。是夕，設警場於右掖門外。

二十日，帝成服於皇儀殿之別幄，群臣進名奉慰。是日，輴車發引，由右昇龍門出右掖門，升大昇轝。有司設遣奠，讀哀册。册文曰：「維皇祐六年，歲次甲午，正月丙寅朔，八日癸酉，貴妃張氏薨。十二日丁丑，册謚曰温成皇后。十四日己卯，殯於皇儀殿之西階。粤其月二十日乙酉，遷座於菆宮，禮也。素綍整徒，靈衣戒御，祖饋宵陳，遣 4 觴晨具。泣縞從以成雨，黯椒塗而生霧〔二〕。皇帝顧懷嬪則，感切仁衷。悼副褘之不見，嘆華掖之俄空。爰命詞禁，紀揚芳風。其辭曰：厥初洪濛，分判太儀。陽運剛粹，陰凝方祇。肇經邦家，乃正后妃。河雎播響，王化是基。四女佐嚳，二娥隆嬀。天作之配，人光厥期。黄帝遐源〔三〕，留封景胄。德厚慶遥，蔭華族茂。玉勝啓祥，珠阜挺秀。有倬英媛，淪精降神。夙智先晤，含徽體真。儗婺齊寶，瞻巫等雲。孕瑞紫闥〔四〕，來翔秘宸。位以德舉，榮繇才甄。貴首天秩，妃亞后尊。儷儀乾體，協美坤元。履正居位，處順承天。外毗陽化，内參陰政。助月成光，均軒騰景。惠問蘭敷，清懷靈整。性與幽閒，心資婉令。苕茂其柔，淵澄其静。六列宗模，四業純備。言必稽典，動斯率義。蘩藻並修，組紃咸事。鑒史求箴，稱詩迪志。逮下必均，進賢無詖。抑遠外族，澤無偏曁。敦履素約，衣無窮麗。自頃周廬，誰何弛衛〔五〕。觸瑟方警，當熊已厲。近閔時雨，側躬減味。齋素助祈，精誠獨至。瀝血書文，請咎歸己。深諴不言，遺毫在紙。勤勚爽和，晦明生疹。醫政失全，祲司告燀。生也弗融，天兮難問。奄忽之間，靈暉遒盡。嗚呼哀哉！善必鍾祉，仁期永命。展如之良，宜百斯慶。柘館屢閟，日懷乏應。半燭收光，方春委盛。何華之繁兮實之瘁，胡德之昭兮福之昧。背明世之豐樂，儽幽扃而永逝。異今昔於俯仰，變歡哀於鑒寐。慟皇情於遺物，滲榮恩於恤禮。詔遏音以盈月，輟昕朝而廢視。嗚呼 5 哀哉！熒燎光斷，金波影低。哀笳寒急，楚挽清淒。動轜軒兮晻靄，轉霜旐兮逶遲。風含咽以沉籟，雲縈愁而不飛。去復去兮寧復泛，悲莫悲兮長別離。甘泉之像兮空若在，

〔一〕驚：原作「警」，據《宋大詔令集》卷二〇改。
〔二〕黯：原作「黜」，據《宋大詔令集》卷二〇改。
〔三〕帝：原作「序」，據《宋大詔令集》卷二〇改。
〔四〕孕：原作「乃」，據《宋大詔令集》卷二〇改。
〔五〕何弛：原作「可施」，據《宋大詔令集》卷二〇改。

方士之述兮終亦非。惟芳聲之郁烈，綿百代而揚徽。嗚呼哀哉！」權厝於奉先院。禮畢，宰臣率百官還詣西上閤門奉慰。

二月二日，詔太常禮院，孝惠、孝章、淑德、章懷皇后、章惠皇太后、温成皇后，皆立小忌。尋罷之。

七月六日，詔以温成皇后舊宅立廟，參定四時饗祀之制。太常禮院言：「檢詳國朝孝惠皇后，太祖嫡配，即陵所置祠殿以安神主，四時設常饌，無薦饗之禮。今宜就葬所立祠殿，參酌孝惠故事施行。仍請題葬所曰温成園。」復詔詳議以聞。禮院上言：「準詔就葬所立祠殿，請廟南設一門，用二十四戟。其殿間室并石埳、神牆制度〔一〕，並乞依皇后廟一室制。」從之。

九月十日，太常禮院言：「葬所請稱温成皇后園陵。」從之。

二十五日，啓欑，帝不視事，群臣進名奉慰。

二十七日，詔監護使宰臣劉沆爲園陵監護使，石全彬、劉保信並園陵都監。先是，權御史中丞孫抃、侍御史范師道、毋湜言：「劉沆既爲宰相，不當領監護使〔二〕。」不報。翌日，有是命。後知諫院范鎮言：「太常議温成皇后葬禮，前謂之『園』，後謂之『園陵』；宰臣劉沆前爲『監護使』，後爲『園陵使』。如聞此議，皆出禮官，前日是則今日非，今日是則前日非，必有一非於此矣。夫禮典素定而不可 **6** 輕變者也，議論異同如此，是爲禮官而以禮自舞者。古者法吏舞法〔三〕，而今世禮官舞禮〔四〕，若不加詰，恐朝廷典章寖壞而不可救也。乞下臣章問禮官前後同異狀，以正中外之惑〔五〕。」不報。

十月四日，太常禮院言：「祠殿祭器，請視皇后廟一室之數。四時薦新及朔望，並如例令宗正寺官行事。」從之。

六日，宰臣率百官詣奉先院拜奠。

七日，葬於奉先院之東北隅，虞主權奉安玉津園，宗正卿行九虞之禮。帝不視事，群臣進名奉慰。

十六日，神主入廟。不視事，群臣進名奉慰。

十一月五日，內出太廟禘祫、時饗及温成皇后廟祭饗樂章、樂曲〔六〕，下太常肄習。

嘉祐七年正月二十七日，詔改廟爲祠殿，歲時令宮臣以常饌薦之。詔議具「皇后廟」。（以上《永樂大典》卷七三六七）

宣仁聖烈皇后

【宋會要】

7 哲宗元祐八年九月三日，太皇太后崩于崇慶宮之壽

〔一〕牆：原作「主」，據《太常因革禮》卷一〇〇改。
〔二〕監：原脱，據本書禮三七之六一補。
〔三〕法吏舞法：原作「法使舞人」，據《長編》卷一七七改。
〔四〕官舞禮：原重此三字，據《長編》卷一七七刪。
〔五〕惑：原作「感」，據《長編》卷一七七改。
〔六〕曲：原作「典」，據《長編》卷一七七改。

康殿。遺誥曰：「吾受遺神宗，保佑聖嗣，憂勤庶務，今茲九年，未嘗以一物徇於己私，片言害于公義。神祇助順，宗社降康，方隅底寧，年穀屢稔。然吾素有末疾，已逼耆齡，寒燠所侵，疹恙時作。比欲釋天下之重負，就東朝之燕間，復辟以時〔一〕，實吾之志。屬嬰沉疾，有加無瘳。皇帝以純孝之誠，盡躬侍之養，冠帶不脱於朝夕，藥食必視其寒温。吾安于理命之常，決于死生之分，大期有極，固不可移，寧神厚陵，夫復何恨！皇帝宜念繼統之重，躬聽斷之明，無過哀傷，勉慰物望。近臣、輔弼，更爲開陳。吾稽參舊章，推恩兵衛。内外諸軍將士，並與特支；在京文武臣僚并外處管軍臣僚，並與支賜。皇帝成服之後，三日内聽政，以日易月，一依舊制。在京文武羣臣十三日而除，諸司長官及觀察以上臨于宮庭，其餘官臨于宮門外。諸道州府長吏以下三日釋服，軍民不用縞素，沿邊州府不得舉哀。制服釋服之後，勿禁作樂。園陵制度，務遵儉省。勉從吾志，勿事煩勞。餘依章獻明肅皇太后典故。」

四日，文武百僚詣崇慶宮聽遺誥，移班慰上。是日朝晡臨。詔曰：「太皇太后受遺稱制，保佑眇躬，勤勞九年，阜安四海。大德未報，奄棄東朝，布宣末命〔二〕，中外悲怛。永惟平 8 日謙恭之至意，每避先后臨御之常儀〔三〕。逮此遺言，止以園陵爲號，既非朕尊崇之本志，又失臣下愛戴之誠心。宜令有司易園陵爲山陵，餘恭依遺誥。」樞密院言：「太皇太后遺誥，内外諸軍將士並與特支，録明道二年章獻明肅皇太后上僊特支例，同三省奉旨，令尚書户部照會其已銷及創置軍分并該説不盡，比類施行。」

五日，詔群臣詣皇儀殿宣遺誥、臨哭，見上于殿之東廂奉慰。是日遣使告哀遼國及諭夏國。

七日，禮部言：「據太常寺狀，大行太皇太后崩，準遺誥節文，釋服之後勿禁作樂，餘依章獻明肅皇太后典故施行〔四〕。本寺檢會章獻明肅皇太后故事，中外禁樂至百日。其百日止爲民庶，所有沿邊州軍自合依遺誥施行。又檢會元豐三年太常禮院言，續降朝旨，民庶音樂已展過百日，及自啓菆至祔廟畢仍舊。其臣僚既爲大行太皇太后于《禮令》服齊衰不杖期，其同天節開啓雖係以日易月，釋服後又緣在期年之内，準《律疏》，期喪服内不許作樂。所有臣僚合依禮律，候期年滿日即得聽樂。其沿邊州軍伏乞詳酌施行。」從之。詔三路沿邊臣僚祔廟畢許用樂，其餘文武官並候一年，合依故事施行（從之）。

八日，文武百官詣崇慶宮朝晡臨。

九日，大斂，皇帝成服，群臣衰服入臨、奉慰如儀。

同日，命宰臣呂大防爲山陵使，户部尚書李清臣爲禮儀使，御史中丞李之純爲儀仗使，權兵部侍郎韓宗師爲鹵

〔一〕復：原作「使」，據《宋大詔令集》卷一一改。
〔二〕末：原作「未」，據蘇轍《欒城後集》卷一四改。
〔三〕避：原作「逢」，據蘇轍《欒城後集》卷一四改。
〔四〕章獻：原作「章憲」，據前「遺誥」改。下同。

簿使，龍圖閣直學士、權知開封府錢勰爲橋道頓遞使，侍衛親【9】軍步軍副都指揮使姚麟爲修奉山陵都護，入内内侍省都知張茂則爲山陵都大管勾并行宫事。

同日，群臣上表請聽政。自是七表，始從之。

十日，命尚書右僕射范純仁撰哀册文并書，門下侍郎蘇轍撰謚册文并書册寶，翰林學士顧臨撰謚號文。是日，步軍副都指揮使姚麟等言：「檢會元豐二年都大提舉修奉皇堂所申，所役諸州人兵内，有避見工役，逃走往諸處，首獲，逐處依例收禁，移牒會問因依，方行結絶，動經一兩月，有誤修奉工役。欲乞指揮，如首獲修奉人兵，並令晝時牢固差人監押轉赴陵所。」從之。

十一日，禮部、太常寺言：「準遺誥節文，大行太皇太后崩，依章獻明肅皇后典故施行。勘會士庶軍民禁婚娶等，緣上件案例不全，今檢準慈聖光獻皇后故事，文武臣僚之家，並候將來九虞祭畢爲卒哭，許嫁娶，其軍民即過禫除，仍不用花彩，各候聽樂日依舊。」從之。

十二日，山陵使呂大防奏：「修奉乞差役兵二萬人。内廣固人兵有條不許抽差，今修奉事大，乞就差前去。」御批：「廣固人兵不差，其所缺人數，於諸路軍差撥。」又奏：「乞應提舉京城、汴河隄岸諸局并寺監管下諸色作匠，據合銷人數並行抽差役使，如有闕數，仍許於内外官司抽差，或令和雇應副。若拘礙一切條禁，並不許占留，晝時發遣。」御批：「修京城人不差，所有汴河隄岸諸局造作及寺監，除應奉山（林）〔陵〕〔一〕物色的確合使人數【10】外，餘依所奏施行。」

十四日，樞密院都承旨范純禮、入内内侍省押班梁惟簡奏：「臣等准勑差充太皇太后山陵按行使、副，未審陵園依慈聖光獻太皇太后陵作七十五步，或只依故事以六十五步標定？」詔依慈聖光獻太皇太后封標。

十六日，菆于崇慶殿之西階，羣臣進名奉慰。

十七日，詔曰：「朕恭以太皇太后保祖宗之基命，定社稷之永圖，德參二儀，功冠千古。今普天喪恃，四海同哀，雖築陵高于太山，備禮殫於萬物，顧無以報，亦未爲多。惟遵奉於訓言，益光昭于儉德，以對在天之盛烈，以揚愛物之遺仁。緣山陵非久修奉，慮有司過有煩勞，枉費人力〔二〕，不能仰承遺誥務遵儉省之意。其令尚書户部斟酌應付，毋得寬剩計置。除京西路轉運司自合供辦，其諸道非抛降，毋得妄有進助〔三〕。咨爾中外，當體朕懷。」

二十二日，中書舍人呂陶假龍圖閣直學士，爲大行太皇太后遺留北朝國信使，左藏庫使郝惟立假西上（閤）〔閤〕門使副之。

同日，三省、樞密院奏：「今月二十二日，獲侍天顔，伏覩陛下猶御絰杖之服。乞依祖宗舊制及遺誥處分，以日易

〔一〕陵：原作「林」，據范祖禹《范太史集》卷三〇改。
〔二〕力：原脱，據《范太史集》卷三〇補。
〔三〕助：原作「取」，據《范太史集》卷三〇改。

月，用小祥變除之制。奉御寶批：『禮雖有時變之文，朕實行三年之喪於宮中，理所不忍遽易衰服，宜體悉之。』臣等愚昧，不達大體，敢用近世權宜之制聞於宸聽。伏奉批詔，方知宮中實行三年之喪，有以見聖德隆厚，篤於典禮。然將來大祥、禫除，若依定儀，須俟釋服 11 方行慰禮。欲望將來禫除日，不俟釋服，即行慰禮。」從之。

十月一日，群臣上表請御正殿。自是五上表，乃從之。

二日，上御迎陽門見群臣，哀動左右。

三日，上御崇政殿親政。

六日，三省、樞密院同進呈翰林學士顧臨所擬太皇太后謚，請用「宣仁聖烈」四字。呂大防等因稱述太皇太后聖德中外所以欣戴者，施恩而不私，外嚴而內寬，不用兵，不任刑，恭勤儉約，度越前古。上曰：「太皇太后性雖嚴而慈，宮中事儉約，常服多用補衣，唯恐人之知也。裝奩中物，雖藥玉之類亦無。户牖之飾，但用小漆，簾帷質素。皆卿等所嘗見。至於珍寶玩好，一未嘗有，比送北朝遺留物，乃取於奉宸庫。」大防等再三誦嘆，以謂前世所不及。上曰：「自古無也，顧四字謚豈能盡其美！」

七日，尚書户部郎中郭茂恂兼權京西路轉運使，應副山陵事務。

十一日，詔：「正任觀察使已上見無疾病者，宜令隨從靈駕至山陵，餘宗室、宗女、宗婦并特與免行。」

十一月一日，上御垂拱殿。

九日，群臣尚書左僕射、兼門下侍郎呂大防等赴太廟請謚。

十一日，翰林學士顧臨請上尊謚曰宣仁聖烈皇后，詔恭依。議曰：「洪惟大行太皇太后考高陳王〔一〕，武烈王之孫也；妣鎮國太夫人曹氏，武惠韓王之孫也。武惠事太祖、太宗，削平僭僞，混一區宇，有慈惠不殺之仁〔二〕。武烈事真宗，有見危致命、協策平難之義。二人咸有大勳勞，紀于太常，兹所以發祥演 12 慶，誕降睿聖，配英皇，生神考，保佑聖孫，德備道隆，巍巍乎其極三后之崇也。方英皇龍蟠濮邸，乃公姓承華履泰之時〔三〕。曆數冥會，天作之合，夙夜相與稽求經訓，博觀史氏歷代之載，樂將終身焉。仁皇在御，日月久，春秋高，天下之本未立，眷求宗藩，燭見潛隱，試難皇子，正命儲宮。嘉祐末年，乃位天德，配體儷極，母儀四方。夤事慶壽，師其矩度，忘崇高之奉，彌以敦素爲修身刑家之本。其服御顧非敝極，雖更歷年紀，未嘗輒易，以苟費天物。敬以婦道風天下，駿惠我慈聖之儀則，克相英宗，紹仁宗之休榮，薄海內外，罔不配天其澤。迨英宗厭代，神考繼序，崇慶、寶慈，敬致色養，益懷謙抑，以尊東朝。清明內融，仰稽天若，超心道微，泠然乎萬物之表。日繹舊

〔一〕陳王：《宋大詔令集》卷一二作「楚王」。按《宋史》卷二八九《高繼勳傳》亦云高遵甫「追封楚王」。
〔二〕惠：原作「勇」，據《宋大詔令集》卷一二改。
〔三〕承華：原作「承革」，據《宋大詔令集》卷一二改。

學，覃思前往，增益其所自修。元豐八年，神宗寢疾，請同聽覽。俄鼎湖上仙，玉几遺命，擁保聖嗣，出震繼照，共御延和，制政四海。安正明微，不踰防範，以至拜慶册禮，上壽坤成，卒避臨前朝，以推隆乎先后。監觀前世后族之家，怙勢(于)〔干〕政，亂國殄家，昏迷顛覆，相踵而不戒，首訓飭厥家〔一〕，毋得妄祈恩寵，以玷國章。乃大出所奉，營第合族，阜其儩入，畢給常養，惇我親仁，以修正義〔二〕。有擬仲父踐更有勞，請擢置法從，明諭非欲，以戒開寵。有以恩入官者實繁，宜以時損，首裁外家，以申厥命。妙選坤極，咸屬賢閥。輿言滿盈，確乎不可。肇自治平，格于元祐，歷年踰世，家無[13]一人翱翔任事乎顯要之路。咸以抑畏退藏，承教自勵，罔或一毫之私〔三〕，冒謁諸朝。賓帝之後〔四〕，其內親外戚，左右侍御之臣〔五〕，惟朝夕論德流涕，而無平時僥倖之虞。考《詩》任、姒，徽音相承，以隆周家，而光絕乎後。其治內有如此者。體坤用乾，妙乎其不爲首，研極論相〔六〕，以統百官，代天器工，分乂庶務，未嘗出聰明，見適莫〔七〕，專智擅事，或罹偏吝之累。曠然凝默，以仰厥成。故當國大臣，敬委任責，咸得以程大猷，申故實〔八〕，曲列詳說，周旋事情，以承可否之命。尤屏絕側聽，峻防姦幾，付之庶謨，大同乃繹。增置諫員，審求端士，俾危言篤論不留，下情暢乎上聞，以疏壅塞之弊。聽受之際，一以民爲度，民之所欲者行，民之所否者棄，無所爲而不與民同者，故天下之民不能離而議也。間或六氣戾和，三辰異軌，則輟食忘寢，反復究省，詢過于朝，引咎于己〔九〕，側身咨嗟，感動中外，二帝三王之所以治天下不過乎是。其治外有如此者。履天下之利勢，運天下之利用，不出閨闥，九年之間，無內外之難。泰定純終〔一〇〕，由古以來未之有也。聖心曲妙，不可形容，竊用民言，髣髴其跡。尊賢在位，使能在官，貴老興教，哀窮恤隱，省徭惜力，薄賦厚生，常武戢兵，平法輕刑，蠲藏惠民，去吝濯俗，愚夫愚婦，咸乎大公，夫是之謂『宣』。教嚴其在己，恕裕其在人，內無諸華，外無四夷，哀矜一視，允懷如傷，夫是之謂『仁』。研幾超睿，迪順佑神，兢業言動，奠而後發〔一一〕，[14]惟恐一物不當，有憂乎上帝之心，始卒一誠，二配俱極，夫是之謂『聖』。政貴有常，人惟求舊，允釐百度，以定衆志，倍其篤實，披靡浮華，純素之風，孚近浹遠，克相上帝，寵綏四方，詒謀燕翼，丕承列聖之鴻緒，以固無疆之大業，夫是之謂『烈』。臣謹按《謚

〔一〕飭：原作「飾」，據《宋大詔令集》卷一二改。
〔二〕義：原作「乂」，據《宋大詔令集》卷一二改。
〔三〕之：原作「侍」，據《宋大詔令集》卷一二改。
〔四〕賓：原作「先」，據《宋大詔令集》卷一二改。
〔五〕侍御之臣：原作「之御臣」，據《宋大詔令集》卷一二改。
〔六〕相：原作「桓」，據《宋大詔令集》卷一二改。
〔七〕適：原作「識」，據《宋大詔令集》卷一二改。
〔八〕申：原作「中」，據《宋大詔令集》卷一二改。
〔九〕己：原作「天」，據《宋大詔令集》卷一二改。
〔一〇〕純：原作「絶」，據《宋大詔令集》卷一二改。
〔一一〕後：原作「復」，據《宋大詔令集》卷一二改。

法》：『聖善周聞曰宣，施而不私曰宣；克己復禮曰仁，功施于民曰仁；窮理盡性曰聖，裁成萬物曰聖；秉德尊業曰烈，安民有功曰烈。』合是衆美〔一〕，宜敬承乎祖宗之命，光大其徽稱，以信無窮之傳。謹上尊謚曰宣仁聖烈皇后。」

十八日，三省奏：「門下侍郎蘇轍言，奉勑撰謚册文，謹先進呈。」詔恭依。

二十八日，詔：「應修奉山陵兵級等，當此雪寒，可特支賜。」

十二月二日，禮部、太常寺言：「太皇太后謚號勑下，按故事，山陵未畢稱大行太皇太后，掩皇堂畢稱宣仁聖烈太皇太后，祔廟題神主稱宣仁聖烈皇后。」從之。

十四日，遼國祭奠（祭奠）、弔慰使副到闕，入奠于慶壽殿，并進慰書。文武百官並詣殿門外進名奉慰。

十六日，尚書左僕射、兼中書侍郎范純仁奏：「奉勑差撰宣仁聖烈太皇太后哀册文，謹先進呈。」詔恭依。

二十六日，羣臣詣慶壽宮上大行太皇太后謚册。册文曰：「孝孫嗣皇帝臣煦再拜稽首言〔二〕：臣聞聖人之興，默契天運。昔真宗、仁宗之際，章獻臨御，歲周一紀，實能協合神人，以綏靖國家。逮我聖考，蚤厭萬國，惟末小子，未堪多難，則亦聖祖母躬受其艱〔三〕。15 始終九年，臣民以寧，社稷以固。欲報之德，未獲其所。惟周人以諱事神，以謚易名，明詔聖德，以示後嗣，庶幾不忘，世以爲憲。恭惟大行太皇太后實天生德，作合皇祖，無私如天，博愛如地。内自宮省之祕，外薄華戎之廣，丕冒德澤，以生以成。昔在景德，北戎弗若，時則武烈參定大計，師于澶淵，克遂有功。南北底定，垂九十年，民獲養生送死，功書鼎彝，澤加于後。及我仁祖，將援宣孝以奠天位，亦惟慈聖實以從母先識潛德。宜于室家，施及朝廷。元豐之末，天地震裂〔四〕，疾方彌留，群公卿士拱手相視，罔知所措，而大策中定，與天爲謀。肆時冲人，實主神器，帷幄既施，號令時叙。稽于衆庶，庸一二老。政無舊新〔五〕，以便民爲先；人無戚疏，以守正爲用。故士耻奇衺〔六〕，民知嚮方，耕田而食，遂底于今。雨暘小愆，責躬菲食，饑饉時告〔七〕，振廪輟漕。憂世之心，常若不及。人賴其賜，神享其誠，薰然和平，無大災害。間修咸平之政，大弛逋責，中外所釋以千萬計，飢寒者得以衣食，流散者得以安處，歌舞之音，流于四方。遼人恃和，時肆猾姦，一聞信義，歛然知畏，迄無一言之争。夏人恃遠，更出侵擾，一被恩德，屢畔仍屈，卒爲乞盟之計。雖燕處于中壺，實大义於萬邦。究觀設施，莫見其朕。惟約

〔一〕是：原作「時」，據《宋大詔令集》卷一二改。
〔二〕煦：原作「哲宗御名」，今據其名回改。
〔三〕艱：原作「難」，據蘇轍《欒城後集》卷一四改。
〔四〕裂：原作「烈」，據《欒城後集》卷一四改。
〔五〕政：原書整理者劃去此字而旁批「臣」字，實屬臆改，今不取。
〔六〕衺：原作「衷」，據《欒城後集》卷一四改。
〔七〕時：原作「食」，據《欒城後集》卷一四改。

心以公，自二王一主洎于外家，均遇以法，無僥倖之求。處躬以儉，自飲食服器至于宮室，取足于用，無華靡之飾。雖履大位，以天下養，而歲月之16奉，子弟之薦，猶視長樂之故。是以貴戚近習相視而愧，元臣耄老聞風而嘆，不言而化成，不威而心服。自三代、漢、唐，一人而已。若夫先后舊儀〔一〕，具在有司，每自抑畏，置而弗舉。受册之禮當在文德也，而退即於崇政〔二〕；明堂之賀當在集英也，而儀止於東闈。將成宣光，則原廟之設自處于治隆；將損任子，則族人之恩下比于列辟。凡輕于約身而重于違禮，推之庶政，蓋有不可勝言者矣。臣夙遭閔凶，未習師保之訓，提携閔閔，若農之望歲。誘之以詩書之樂，滋之以勸講之良，示之以聽納之寬，導之以決斷之明。久而不忘，遂以成性。方將率德以自廣，致養以盡誠，而命之弗知，哀恫邦國。臨朝惘然，未知攸濟。易月之制，既弗敢違，因山之期，兹復以告。是用博訪于卿士，受命于祖宗。惟德之至不可以名言，而功之隆不可以數舉，敢因古人一惠之義，益以累朝四謚之法，庶以盡子孫之誠，而慰海内之望。謹遣攝太尉、守尚書左僕射、兼門下侍郎呂大防，奉册寶，上尊謚曰宣仁聖烈太皇太后。伏惟靈德在天，令名垂世，光配廟祏，賁於太史，歿而不忘，永永無極。嗚呼哀哉！」又上謚寶畢，群臣退赴宮門外奉慰，及慰皇太后。

紹聖元年正月一日，群臣及遼國使、副詣西上（閣）〔閤〕門進名奉慰。

五日，侍衛馬軍都虞候呂真充靈駕都總管。詔元豐庫支錢十萬緡、絹七萬匹，應奉山陵支費。從户部請也。又詔賜山陵修17奉兵士等特支錢有差。

九日，啓菆前一日，文武百僚詣崇慶殿奠（酎）〔酹〕。

十日，啓菆宮，文武百寮詣崇慶殿立班。禮畢，奉慰于皇儀殿門外，晡臨訖退。

十一日，朝臨，至發引日止。

十四日，禮部、太常寺言：「欲依學士院議，永厚陵於下宮告遷奉安英宗皇帝大行太皇太后御容祝文，其皇后行禮，欲稱『孝孫嗣皇帝御名謹遣孝孫婦皇后妾孟氏』。」從之。

十五日，内降御製太皇太后挽詞四首，付禮部。詔以發引前一日，鹵簿使陳仗于宣德門外〔三〕，輔臣宿本司。

十六日，發引，上啓奠于崇慶殿，祖奠于庭，遣奠于宣德門外，百官陪位，（中）門下侍郎蘇轍讀哀册。册文曰：「維元祐八年，歲次癸酉，九月丙子朔，三日戊寅，大行太皇太后崩于崇慶宮之壽康殿，旋殯于崇慶殿之西階。有司奏謚曰宣仁聖烈。粵明年二月癸卯朔，七日己酉，遷座祔于永厚陵，禮也。菆殿帟空，祖庭燎晻，雲似卻以復凝，月雖

〔一〕后：原作「後」，據《欒城後集》卷一四改。
〔二〕政：原作「朝」，據《欒城後集》卷一四改。
〔三〕使陳仗：「使」、「仗」二字原互錯位，據文意乙。

輝而如慘。孝孫嗣皇帝臣煦臨遺奠以興哀〔一〕，瞻振容而永慕。鳳吟管以何悲，龍挾輴而若駐。羽衛羅闕〔二〕，神儀布路。爰制近司，紀陳聖度。其詞曰：皇矣大宋，寶命自天。重明累聖，跨成軼宣。正后在中，契於坤乾。校任比姒，亦逾于前。有系自姜，源深積厚。功熙我朝，方、虎是偶。奄韓宅魯，益昌厥後。月瑞日符〔三〕，是興大母。於鑠大母，躬義率仁。居静猶地，含和如春。正素自稟，聰明夙聞。作合英祖，齊昇並耀。受養神考，陰功善教。體道不違，惟德是効。元豐末命，帝念惟辟。聽斷勉同，以補天隙。擁佑18神孫，立民之極。公以勵人〔四〕，儉唯化俗。衣有大練，奩無片玉。房闥不出，四海在目。信義由中，九夷思服。如鑑不塵，如璞不緇〔五〕。三事大夫，正直是咨。宗藩外戚，滲漉惠慈。人爵王官，雖畀不私。廟謁靡行，外朝靡踐。池籞靡臨〔六〕，唯正是勉〔七〕。服御靡更，唯惡是善。庸示萬方，爲則爲典。左右皇躬，日就月將。動有壇宇，居由範防。造次于是，寖隆且昌。如天清明，霽日之光。治化方成，憂勞亦至。外若平居，中潛搆厲。坤軸軋以夜摧，月輪翩而曉墜。曾大化之靡怛〔八〕，尚斯民之爲意〔九〕。嗚呼哀哉！珠箔低垂兮雲霧猶隔，繐帳髣髴兮爐煙未消。想仙馭以何適，謝人寰而已遥。萬乘號慟，哀纏九霄；千官縞素，雨泣東朝。嗚呼哀哉！人與神兮變何速，秋復春兮時已徂。犧罇盈兮未忘于平昔〔一〇〕，龍綍動兮難留于須臾〔一一〕。翼八翣以爲衛，陳六衣而汜塗。嗚呼哀哉！野蒼茫兮人漸遠，仗徘徊兮天欲晚。遡洛澗兮嗟備物之如在，逾鞏岸兮知神遊之不返。山川已兆於真宅，松栢猶凝於故苑〔一二〕。嗚呼哀哉！玉晦龍蟄，金藏鑑昏。泉闕掩夜，宫闈泣晨。車軌同兮雖來于萬國，寶座閉兮唯朝於百神。魚爲炬以非日，鴈長飛而不春。嗚呼哀哉！成内則于三朝，貽素風于千祀。致理之勤兮今已往，大道之公兮古如此。何遠其家以爲國，而憂其民之猶子。宜大書而作册，俾永光於宋史。嗚呼哀哉！」上自崇慶殿步哭導梓宫至宣德門外，遣奠禮畢，哀服還宫。百官辭靈駕于19板橋。

十七日，羣臣詣西上閤門進名奉慰，及慰皇太后于内東門。

〔一〕煦：原作「哲宗御名」，今據其名回改。又「奠」原作「殿」，據《皇朝文鑑》卷三二改。
〔二〕羅：畢仲游《西臺集》卷一七作「麗」。
〔三〕自「逾于前」至此句「月」字共二十八字原脱，據《西臺集》卷一七、《皇朝文鑑》卷三二補。
〔四〕勵：原作「泣」，據《西臺集》卷一七、《皇朝文鑑》卷三二改。
〔五〕璞：原作「瑾」，據《西臺集》卷一七、《皇朝文鑑》卷三二改。
〔六〕籞：原作「禦」，據《西臺集》卷一七、《皇朝文鑑》卷三二改。
〔七〕正：原作「政」，據《西臺集》卷一七、《皇朝文鑑》卷三二改。
〔八〕曾：《西臺集》卷一七、《皇朝文鑑》卷三二作「守」。
〔九〕意：原作「義」，據《西臺集》卷一七、《皇朝文鑑》卷三二改。
〔一〇〕罇：原脱，據《西臺集》卷一七、《皇朝文鑑》卷三二補。
〔一一〕龍：原脱，據《西臺集》卷一七補。
〔一二〕凝：原作「疑」，據《西臺集》卷一七改。

十八日，賜山陵修奉、提舉、採石官以下錢絹，修奉總管以下銀絹，各有差。

二十八日，禮部言：「將題號太皇太后神主，謹按章獻明肅皇后神主題云『章獻明肅皇后劉氏神主』。」詔依故事。

二十九日，山陵使司言：「虞主至京，入瓊林苑，依迎入右掖門例〔一〕，量排香燈、腰輿、繖扇、細仗導引入苑。」從之。

同日，開封府言：「請依元豐三年慈聖光獻皇后掩皇堂〔例〕，禁屠宰三日。」從之。

三十日，賜京西轉運司、西京、河陽、鄭州山陵應奉官銀絹有差。

〔三〕〔二〕月一日〔二〕，中書省言：「山陵使司奏，應緣山陵用度，欲依故事，差户部郎官郭茂恂、右通直郎呂由誠會計編録，具册以聞。」從之。

〔五〕〔七〕日〔三〕，葬于永厚陵，掩皇堂。文武百僚俟時詣西上閤門奉慰。

八日，樞密院言：「宣仁聖烈太皇太后虞主祔廟，差昭宣使、入内内侍省押班馮宗道都大提舉神主祔廟一行儀仗。」

十二日，虞主至，奉安於皇儀殿，皇帝奉迎行禮畢，文武百寮詣西上閤門奉慰。初，虞主將至皇儀殿門，上望腰輿哭盡哀。

十三日，上行虞祭禮，文武百寮立班，退詣西上閤門奉慰。至十五日止。

十六日，上詣皇儀殿行卒哭禮，文武百寮立班，退詣西上閤〔門〕奉慰。

十七日，虞主祔廟，上詣皇儀殿行告遷禮訖，上前導虞主至宣德門外奉辭訖，赴太廟，皇帝還宮。俟祔饗訖，文武百寮赴西上閤門奉[20]慰。初，虞主降皇儀殿，上步導出門，見執蓋者，顧左右卻之。自皇儀門前導，且行且顧。既再拜奉辭，禮官贊請還幄，上不聽，南向久之。詔從駕諸班直及神主祔廟禮畢執儀仗兵員，並賜特支錢有差。

二十一日，德音：「兩京、河陽、鄭州減死刑，釋杖罪。沿山陵科率，蠲復賦役。應奉行事官量與恩澤。開封府界提點府界諸般勾當文武官，河陽、汜水、府界、中牟知縣賜銀絹有差。」

二十四日，山陵了畢，五使以下管勾等官祔廟畢，宰臣以下應奉行事官並賜器幣有差，兩該賜者從一多給。

七月十七日，禮部、太常寺言：「今年九月三日，宣仁聖烈皇后小祥，按先降勅，三路沿邊臣寮祔廟畢許用樂，其餘並候一年。今及小祥，合俟十月一日臣寮開樂。又在京

〔一〕例：原無，據本書禮三七之六五補。
〔二〕二月：原作「三月」。按，據《宋史》卷一八《哲宗紀》二，以下葬永厚陵、祔廟等事均在二月，則知此處「三月」乃「二月」之誤，因改。
〔三〕七日：原作「五日」。按本書后妃一之四及《宋史》卷一八《哲宗紀》二皆云二月七日己酉葬於永厚陵，此「五日」應爲「七日」之誤，因改。

禁樂日分，見依典故申請外，小祥故事例案不全，無外州軍禁樂體例。」詔依慈聖光獻皇后大祥故事，將來小祥日，在京臣寮奉慰，行香，外州軍行香，禁樂，應依故事。內外合設資薦道場處，並差人排辦。餘從之。

八月一日，詔：「九月三日小祥，酌獻于崇慶宮，前後禁樂各三日，不視事各二日，禁屠各一日。」

九月三日，小祥，羣臣詣西上閤門、內東門奉慰。

二年九月三日，大祥，上行禮于神御前，百官奉慰。

十一月十五日，禫祭，宰臣率百官奉慰。

三十日，(潭)〔禫〕除，宰臣率百官奉慰。

欽聖憲肅皇后

【宋會要】21 徽宗建中靖國元年正月十三日夜，皇太后崩於慈德殿。翌日，百官入班殿庭，尚書左僕射韓忠彦宣遺誥於殿之西階，曰：「吾冑于相門，作配神宗，逮事英宗，母儀三朝，惟社稷是憂，惟臣民是恤。積勤遘厲，累月弗瘳。皇帝天性誠孝，夙宵左右，衣不暫解，藥必親嘗，禳禬祓除，靡所不至。間雖小愈，卒至彌留。生必有終，天地之道，修短之際，亦數之常。吾昨遭時艱難，親決大策。屬以聖意勤請，與聞政機，曾未踰年，遽復明辟。既從容東朝，以享天下之養，而擁佑神聖，以爲天下之福。年垂耳順，往從裕陵之遊〔一〕，靜惟乃心，尚復何憾！皇帝以宗社大計爲念，無過哀傷。更賴臣鄰，共與開釋。仍追尊故皇太妃爲皇太后，其典禮並依章懿皇后故事。皇帝成服之後，三日內聽政。服紀以日易月，在京文武百官十三日而除，諸司長官及近臣觀察使以上臨于宮庭，其餘臨于宮門外。諸道州府長吏以下三日釋服，軍民不用縞素，沿邊不得舉哀。釋服之後，勿禁作樂。園陵制度，務從儉省。勉從吾志，勿事煩勞。餘並依慈聖光獻皇太后故事施行。」宣畢，內外舉哭，盡哀。是日，輔臣宿資善堂。命延福宮使、入內內侍省都知梁從政管勾殿葺事，入內內侍省押班閻安監造梓宮。

十五日，百官入臨于慈德殿，移班奉慰上于殿之東廂，輔臣陞殿問聖體，上哀慟過甚。韓忠彦等進曰：「皇太后久疾，陛下省侍累月，已極憂勞，今復 22 過哀，臣等不勝憂懼。願上爲宗社，少寬聖情。」自此百官朝晡臨三日止，朝臨四日止，宗室朝臨至成服日止。

同日，命門下侍郎李清臣撰哀册文，尚書右丞范純禮撰謚册文，翰林學士王觀撰謚議。

同日，中書省言：「園陵修奉，深慮有司不能仰承遺誥務從儉省之意。」詔令户部並依往例，斟酌的確合用之物，不得過有寬剩。除西京轉運司供辦外，不得於別路須索。

十六日，詔曰：「恭以大行皇太后逮事英宗，輔佐神考，保佑先帝。遭國變故，首建大策，援立朕躬。艱難之

〔一〕裕陵：原作「丞裕」，據《宋大詔令集》卷一四改。

初，暫同聽斷，日月未幾，遽欲復辟。朕固請不獲，勉徇慈旨。退處宸闈，遊心道妙，謙尊鮮儷，冲静自居。惟功隆德鉅，福被天下，永言圖報，未知所從。今遺命陵號乃重有貶損，曷以仰酬慈德，以慰塞中外之望乎！可詔有司，易園陵曰山陵，餘恭依遺詔施行。」

同日，命尚書右僕射曾布爲山陵使〔一〕，吏部尚書陸佃爲禮儀使，兵部侍郎何執中爲鹵簿使，吏部侍郎張舜民權儀仗使，給事中、兼權開封府温益權橋道頓遞使。舜民、益候差正官日罷。延福宮使、入内内侍省都知梁從政爲山陵修奉都監，龍神衛四廂都指揮使徐和爲山陵修奉總管，延福宮使、入内内侍省副都知馮世寧爲按行山陵使〔二〕，入内内侍省押班閻安、入内内侍省東頭供奉官、管勾御藥院閻守懃並都大管勾山陵事〔三〕，尚書都官郎中曾孝序、提調孳生馬監高偉並爲採石[23]官。

同日，詔大行皇太后以四字爲謚。又詔山陵五使而下，並（建）〔兼〕領追尊皇太后園陵。并諭輔臣裁節山、園陵浮費，凡所用不急，非有益神靈者除之。命户部侍郎王古主其事。追尊皇太后，欽慈皇后也，事具後卷〔四〕。

同日，禮部、太常寺言：「檢會慈聖光獻皇后故事，京城及諸道並禁樂至百日；文武臣僚之家，九虞祭畢卒哭，許嫁娶；其軍民即過易月禫除不禁，仍不用花彩，各候聽樂日依舊。欲依故事施行。」從之。

十九日，詔下諸路差石匠六千人赴陵所。

同日，詔以皇太后遺留物賜輔臣有差。

二十日，命御史中丞趙挺之爲儀仗使，權禮部尚書豐稷爲禮儀使，龍圖閣待制、權知開封府温益爲橋道頓遞使。

二十二日，大殮，上成服於慈德殿，百官成服于内東門，入慰上于殿之東廂。

同日，文武百僚上表請聽政，詔答不允。自是七上表，乃從之。

二十四日，小祥，上祭奠訖，百官衰服班慈德殿庭，慰上于東廂。

二十五日，罷梁從政山陵修奉，以閻守懃爲山陵鈐轄，仍許往來照管。

二十七日，命權尚書刑部侍郎岑象求爲覆按山陵使，入内内侍省押班劉瑗副之。

二月五日，詔：「靈駕發引日，宗室節度使以上從行，餘悉免。」三省檢會故事，慈聖光獻皇后山陵，從者二十一人；宣仁聖烈皇后山陵，從者六人。近以覃恩，正任員多，而節度使止六人，故有是詔。

七日，大祥，皇帝釋服，服素紗垂脚幞頭、淡黄[24]袍、緅鞓、黑銀帶，文武百官並服素脚幞頭、黲色公服、黑鞓帶。

〔一〕陵：原作「林」，據本書禮三七之六六改。
〔二〕陵：原作「林」，據本書禮三七之六六改。
〔三〕院：原作「園」，據本書禮三七之六六改。
〔四〕此小注原作正文書寫，今據文意改爲注文。

是日，百官並赴慈德殿陪位。祥祭訖，移班慰上于東廂，及詣內東門進名奉慰。

八日，山陵按行使馮世寧言，得地于河南府永安縣鳳臺鄉。詔遣內侍齎圖示覆按所。

同日，禫除，群臣入臨，奉慰。

十日，文武百寮左光禄大夫、尚書左僕射、兼門下侍郎韓忠彥等上表請御殿，詔答不允。自(上)〔是〕五上表，乃從之。

十一日，殯于慈德殿之西階，百官班臨，慰上于東廂，次詣內東門進名奉慰。

十三日，太常寺言：「大行皇太后山陵一行法物，欲依元豐二年慈聖光獻皇后山陵故事。大昇轝、轝士一百五十人〔一〕。輴車、挽士二十人〔二〕。哀册車、謚册車、謚寶車、鵝茸纛車、魂車、香車、重車、城門外焚〔三〕。銘旌車、買道車、方相車〔四〕。方相氏金四目，黑衣朱裳，執戈揚盾，載於車。自哀册車已下並駕牛，駕士二，常服。白幰弩、素信幡、錢山舁二，黃白紙帳二，暖帳、夏帳各一，千味臺盤一，衣物舁，拂纛二，挽歌三十人，鐸八，翣八，花釵禮衣一副，漆梓宮，夷衾一〔五〕，障梓宮翣十二柄，十二時辰各一，當壙、當野、祖明、祖思、地軸各一〔六〕，贈玉一段，刻木控鶴官二十人，刻木內人二十人，像生器物五十事，屏風一，掩幃一，像生牀椅四副，音樂隊，神御帳一，宮城一，園苑一，苞牲輿三，蓋并一轝〔七〕。儀槨一〔八〕，并車。倉餅舁一〔九〕，招幡子二十個，五穀舁一〔一〇〕，像生駝二十，像生馬二十，像生車擔，羊群二圈〔一一〕，白幕惡車三乘，渾刷白布25幃簾，駕士白布衫巾。桑木、栗木神主各一座。并(趺)〔趺〕匱、腰舁、曲几、箱帊等，浴神主盆。太廟添修石室一。一、皇堂開壙，下深六十九尺，填築六尺，面方二丈五尺，石地宮深一丈，明高二丈一尺，鹿巷長七十二尺。一、神臺高四十一尺，下脚一十九步，計九十五尺。一、神壙高一丈三尺。一、山門角闕各大辦高二丈七尺，次辦高二丈三尺，小辦高一丈九尺。一、鵲臺二座，各大辦高二丈七尺，次辦高二丈三尺，小辦高一丈九尺。一、乳臺二座，各高二丈七尺。一、神門四座，每座三間，各四椽四鋪，作事，步間修蓋，深二丈，平柱長一丈二尺。一、獻殿一座，共深五十五尺。殿身三間，各六椽五鋪，下昂作事四(輔)〔轉〕角，二夏頭，步間修蓋，平柱長二丈一尺八寸。副階一十六間，各兩椽四鋪，

〔一〕「昇」原作「舁」，「轝士」原脱，據本書禮三一之三改補。又「一百五十人」原作大字，亦據改爲小字。
〔二〕「挽士二十人」原作大字，據本書禮三一之三改爲小字。
〔三〕焚：原作「梵」，據本書禮三一之三改。
〔四〕方相車：原脱，據本書禮三一之三補。
〔五〕夷衾：原作「夾衾」，據本書禮三一之三、《宋史》卷一二二《禮志》二五改。
〔六〕各一：原無，據本書禮三一之四補。
〔七〕「蓋并一輿」原作大字，據文意改爲小字（本書禮三一之四無此四字）。
〔八〕槨：原作「郭」，據本書禮三一之三改。
〔九〕倉：原作「蒼」，據本書禮三一之四、《宋史》卷一二二《禮志》二五改。
〔一〇〕五：原作「玉」，據本書禮三一之四改。
〔一一〕圈：原作「國」，據本書禮三一之四改。

下昂作事四轉角，步間修蓋，平柱長一丈。一、闘亭二座，每座五間，各四椽四鋪，柱頭作事深二丈二尺。每座三蘷一轉角，柱高一丈二尺。一、鋪屋四座，每座二間，各兩椽，單科直贊，作事深一丈二尺，柱高八尺。一、宫人二箇，各身高八尺，背闊二尺三寸。一、獅子八箇，各高六尺一寸已上至六尺六寸已下，胸〔開〕〔闊〕二尺七寸。一、文武官四箇，各身高九尺以上，九尺三寸已下，背闊二尺七寸。一、羊四箇，坐高六尺一寸，胸闊二尺三寸。一、虎四箇，坐高五尺六寸，胸闊二尺二寸。一、馬二匹，各高五尺三寸，頭尾長九尺，鞍轡事件全。把馬官四箇，各身高八尺，[26]背闊二尺二寸。一、望柱二條，各高一丈三尺二寸，徑圍七尺八寸。一、門下合二段〔一〕，各長一丈二尺五寸，闊六尺，厚二尺。越額一段，長一丈八尺，高四尺五寸，厚二尺五寸。挾二段，各長一丈二尺，闊二尺五寸，厚二尺。直額一段，長一丈八尺，闊四尺，厚二尺五寸。門砧二段，各長五尺，闊二尺五寸，厚二尺。門砌三段，各闊、厚二尺，二段長各六尺，一段長三尺。一、榼鎖柱一條，長一丈三尺五寸，闊二尺，厚一尺五寸。一、漆燈盆一座，計二段：盆一段高四尺五寸，徑三尺；座一段方二尺五寸，厚一尺。一、蠟燭臺一段〔二〕，高二尺，徑一尺五寸。」從之。

同日，上服素紗幞頭、淡黄衫、黑犀帶，御迎陽門。百官起居，宰臣跪請聽政訖，與親王、宗室、侍從官以次陞殿奉慰，上掩泣久之。

十〔四〕日〔三〕，太常寺言：「故事，葬先輕而後重，祭先重而後輕。追尊皇太后宜以五月六日寅時掩皇堂，大行皇太后宜以巳時掩皇堂。」從之。

十九日，封山斬草。

二十二日，詔何執中入國日，令徐勣兼權兵部侍郎，充山園陵鹵簿使。

三月八日，宰臣韓忠彦率羣臣請謚號於太廟。議曰：「臣聞古之欲明明德於天下者，先治其國；欲治其國者，先齊其家。故舜帝之所以帝，始于嬀汭之嬪；文王之所以王，本乎《關雎》之化。蓋身修而後家齊，家齊而後國治，國治而後天下平者，王道本末之序也。恭惟大行皇太后生於慶門，世濟勳德。在父母家，已能躬儉好禮，[27]不以公卿之閥驕其心。方神宗龍潛〔潁〕〔潁〕邸，天作之合，共遵詩禮之訓，交修子婦之道。及帝握乾符，御大寶，憲章一祖四宗維圖之具，稽考二帝三代善俗之道〔四〕，登延雋髦，崇尚經術，以隆萬世之業。后亦正坤儀，講内治，上以奉慶壽〔五〕、崇慶之歡，下以廣《兔罝》、《麟趾》之實。恭承明祀，述宣陰

〔一〕門下合二段：本書禮三二之四作「石門一，合二段」。
〔二〕臺：原脱，據本書禮三二之五補。
〔三〕十四日：原脱「四」字，據後文禮三三之三七補。
〔四〕俗：原作「裕」，據《歷代名臣奏議》卷二八二改。
〔五〕慶：原作「處」，據《歷代名臣奏議》卷二八二改。

教，以爲六宮之率。故神考之休德盛烈〔一〕，流于無窮；慈德之徽音茂實，光于不朽。此家齊、國治而天下平之顯效也。承天儷之極十有九年〔二〕，饗東朝之養十有七載，率履不越，謙尊而光，於求賢則懷輔佐之志，於鞠子則推均一之愛。服御簡素，不玩珠玉，鑒觀圖書，增益自得。深戒私謁，未嘗以親屬干朝廷。神宗每訪家事，終無所言。幾務未決，或以試之，從容析理，多出常情之表，遇待日隆。文簡盛族，支派蕃衍，纖介偶聞，切責隨至。於是有戒謹恐懼之福，無驕奢傲慢之咎。每歲推恩宗黨，法有定數，以次及之，罔或偏厚。哲廟繼統之初，崇慶預政之際，裨益宏多，中外陰受其賜。詎哲宗富于春秋，不懌未幾，遽至大漸，弗及馮玉几見羣臣，人情恟懼〔三〕，神器震揺。獨仗大義，靜重自若，導揚末命，援立仁聖，措天下於泰山之安。其守正不惑有如此者。皇帝踐阼，權宜同政。御後殿，近制也，辭之而弗處；避家諱，常禮也，戒之以無諱。事無易難，克己不吝，心無適莫，惟善是從。始終數月之間，屢申退託之命。皇帝泣涕祈懇，至于累旬，確乎不從，遂[28]復明辟。其委遠利勢有如此者。還政故事，褒崇外氏，宗回〔四〕、宗良，議皆寵以異數，詔旨欲宣，堅持不下。帝雖數請，慈意莫回，後不得已，纔聽易鎮。其惡盈防患有如此者。不豫之日，皇帝衣不解帶，藥必親嘗，霈恩多方，禱福群望。疾稍間，所語者軍國遠慮而已，言不及佗。固宜享萬壽無疆之休，而遽棄大養。因山有期，昭行以禮。臣竊嘗探風雅于古詩〔五〕，考紀傳於前史。有后妃之德者，或無遭變之功；有遭變之功，或致專威之誚。至於功德兼隆，美善俱盡，奇偉倜儻〔六〕，未有如大行皇太后之全也。然則雖欲形容，詎能髣髴！惟是乎於詔令，頌于士民，巍巍乎其著明者，乃獲粗陳其梗槩焉。若夫精微妙密，則何能名之有？謹按《謚法》：「敬事節用曰欽，威儀悉備曰欽；通達先知曰聖，揚善賦謀曰聖；型政四方曰憲，聖能法天曰憲；剛德克就曰肅，執心決斷曰肅。」不加飾於簪珥，惟致美于禕褕，升降進退，皆有法度，左右親信，罕見惰容，可謂『敬事節用』矣，可謂『威儀悉備』矣。坐鎮危疑，洞察情僞，於天人相與之際，有蓍龜先見之明，其動也時，能斷大事，可謂『通達先知』矣，可謂『揚善賦謀』矣。母儀三世，兢兢終身，淵默尊嚴，嬪御自化，海隅蒼生，風靡誠服，可謂『型政四方』矣，可謂『聖能法天』矣。内健外順，好謀而成，以天下之大公，任天下之重責，力安宗社，澤及生靈，可謂『剛德克就』矣，可謂『執心決斷』矣。擅是衆美，集爲大成，質諸鬼[29]神而無疑，蔽乎天地而無愧，斯足以振盛典，垂鴻名，丕

〔一〕休：原作「修」，據《歷代名臣奏議》卷二八二改。
〔二〕之：原無，據《歷代名臣奏議》卷二八二補。
〔三〕恟：原作「惱」，據《歷代名臣奏議》卷二八二改。
〔四〕宗回：原作「崇回」，據《宋史》卷二四三《后妃傳》下改。
〔五〕探：原作「採」，據《歷代名臣奏議》卷二八二改。
〔六〕儻：原作「黨」，據《歷代名臣奏議》卷二八二改。

有烈光，以昭後世。大行皇太后宜敬承祖宗之命，上尊謚曰欽聖憲肅皇后。」禮畢，列名奏上之。詔恭依。

十一日，輔臣欲以大行皇太后爲欽慈憲肅，追尊皇太后爲欽聖。上曰：「慈聖、宣仁皆有『聖』字，宜以大行皇太后爲欽聖憲肅，追尊皇太后爲欽慈。」輔臣皆頓首稱善。

二十一日，詔大行皇太后、追尊皇太后發引，命官分導于靈前。

二十八日，詔四月四日以大行皇太后謚册告廟。是日，遂上大行皇太后謚册於慈德殿。

四月一日，太常寺言：「按故事，大行皇太后啓菆前三日，在京禁樂，祔廟畢仍舊。所過州、府、縣、鎮，候虞主回京仍舊。」從之。

二日，啓菆前日，宰臣率百官奠于慈德殿。

四〔月〕〔日〕，以大行皇太后謚册告廟。是日，遣宰臣韓忠彦上玉册、玉寶于慈德殿。册文曰：「孝子嗣皇帝臣佶再拜稽首言曰〔一〕：竊惟詩人推本周文王之功德，曰『文武初載，天作之合』。自古帝王之興，必有聖女以助内治，以陰教表裏協濟，王功以隆，而後能同享太平之福。嗚呼，非天眷命于有邦，其曷以臻此！惟我烈考，聰明齊聖，緝熙五聖之遺緒，興起萬世之長利。惟我聖母，應期挺生，粤自潛邸，作配宸極。肅正中闈，敦睦九族，法度形于燕閒，恩惠逮于微賤。俾我烈考之德孚于朝廷，丕冒海宇。惟予小子，幼被撫養顧復之恩，長受教誨勸導之益，延入翼室，用端命 30 于上帝。方圖内承東朝之訓，外竭四海之養，而否德薄祐，天降割于我家，亟奪我聖母。煢煢在疚，日月于邁，有司稽古，將節惠以易名。惟小子曷足以仰窺淵懿，敢祇述所知，以昭後世。恭惟大行皇太后徽柔肅雍，恭儉慈愛，實我咸平相臣文簡公之曾孫。維時文簡，輔我真祖，勤勞在官，垂裕乃後。是産淑哲，與聖俱興。志在女工，婦道已茂。正位于内，三十餘年，夙夜儆戒，靡有違德。慈聖、宣仁，兩姑並尊，承顔三宫，孝恭烝烝。元符之末，國統弗嗣，相臣異心，大計杌隉。中外震懼，寒心拱手。惟我聖母，稽謀神祇，憲章典禮，力援眇躬，大統以定。惟平日退託，潛德弗耀；而任大投艱，克有餘裕。片言析理，兇狡震服。所謂坤至柔而動也剛，雷聲而淵默者歟！惟宗社有奉，神人有依，實自我聖母。祇率故事，恭請同政，至于再三，勉與聽斷。蕩宥多辟，寃滯昭蘇，決去蔽蒙，人才咸敘。華夏蠻貊，戴白垂髫，聞風歡呼，喜氣横流。休功美利，中固景命，亦惟我聖母。而乃夙夜克自抑畏，視事不臨於便坐，私諱不行于外庭。不敢自同先后，而復遠鑒前古，期以泰陵祔廟，退處房闥。既又謙懼，亟降璽書，曾未及期，已復明辟。友愛二弟，恩恤篤至，而憂其挾貴，請外不許。宫室器服，無所增廣，不爲浮麗可喜之觀。嗚呼，爲天下之母而躬賢哲難能之節，當太平盛世而謹古今易忽之戒，可謂

〔一〕佶：原作「徽宗御名」，據其名回改。

明哲純德鮮儷矣！卜宅爰從，因山既藏，是用[31]咨于卿士，受命祖宗。惟道大不可形以名言，德厚不可盡以稱謂，謹稽四謚之法，略舉衆善之端，以慰臣民，以示子孫。謹遣攝太尉、左光禄大夫、尚書左僕射臣韓忠彦奉册寶，上尊謚曰欽聖憲肅皇后。恭惟神靈在天，休聞在下，光于清（祐）〔祏〕，表于有宋，億載萬世，與國無極。嗚呼哀哉！」禮畢，百官退赴殿門外奉慰。

是日，大行皇太后啓菆，百官朝臨于慈德殿，上行祭奠之禮，告遷梓宫于兩楹之間，百官奉慰，遂晡臨。自是百官朝臨，三日止。

十四日，以大行皇太后發引前三日，百官服初喪服，臨于慈德殿。自是日一臨，前一日仍晡臨。

十五日，内出御製挽詩五章，付禮部。

十七日，大行皇太后靈駕發引，上啓奠于慈德〔殿〕，百官入臨，奉梓宫陞龍輴，祖奠于庭，遣奠于宣德門外。百官陪位，攝中書令李清臣讀哀册。册文曰：「粤建中靖國元年，歲次辛巳，正月壬戌朔，十三日甲戌，大行皇太后崩于慈德殿。二月壬辰朔，十一日壬寅，殯于西階。以三月壬戌朔八日己巳，戒百官請命于太廟，謚曰欽聖憲肅皇后。太史筮之，將以五月辛酉朔六日丙寅，遷座于永裕陵，禮也。哀子嗣皇帝臣佶極永感之懷〔一〕，寫無窮之慕，躬羞洞酌〔二〕，奉寧輴馭。痛三牲之養，忽至于遺奠〔三〕；悲萬壽之祝，俄成於晞露。謦欬如在，聲容不返。畢銅史之餘滴，動金商之清挽。暑令忽其成淒，薰風颯其變慘。像設既嚴，物儀具有〔四〕。惟是册書，用傳[32]不朽。官以承詔，式虔事守。紀美寓哀，貽之永久。其詞曰：我宋隆康，恩漸動植。若遠及邇，生成滋息。趍走賢智，修官懋職。遐方四裔，左袵重譯。維相向公，梁棟宗祏〔五〕。逮女曾孫，逌家瑞國。蚤歸王藩，旋被褕翟。至性温温，令儀翼翼。道德禮學，生知自得。慶壽、寶慈，問安昕夕。執養寒暑，端莊不易。内輔神宗，贊助陪益。凡厥見聞，徐爲啓迪。十有九年，晏粲椒掖。萬邦託慈，六宫仰德。約省外氏〔六〕，湯沐脂澤。敬恭西竺，檀旃（簷）〔薝〕蔔。斯世丕平，陰與多績。比懿夏商，塗山、簡狄。姜嫄、大姒，聯袪並舄。元符三祀，歲執徐直，正月己卯，變同割衋。巍巍哲宗，武威文德。天何弗佑，忽遘窀穸。上嗣考廟，將決大策。干將鴻臣〔七〕，或藏邪慝。輒進異論，欲倒白黑。賴我聖母，沉潛剛克。折之陛前，氣殫語塞〔八〕。庭羅犀渠，門比闒戟〔九〕。龍德利見，人

〔一〕佶：原作「徽宗御名」，今據其名回改。
〔二〕洞：原作「涧」，據《皇朝文鑑》卷三二改。
〔三〕忽：原作「勿」，據《皇朝文鑑》卷三二改。
〔四〕有：原作「在」，據《宋大詔令集》卷一六改。「有」與下文朽、守、久叶韻。
〔五〕棟：原作「梠」，據《皇朝文鑑》卷三二改。
〔六〕氏：原作「式」，據《皇朝文鑑》卷三二改。
〔七〕干將鴻臣：《皇朝文鑑》卷三二作「于時弼臣」。
〔八〕殫：原作「彈」，據《皇朝文鑑》卷三二改。
〔九〕比：《皇朝文鑑》卷三二作「屯」。

寰慶懌。一指顧間，長寧社稷。譬如媧皇，神功妙力〔一〕。鍊石補天，斷鼇立極。沖融宇宙，滉漾澡滌。靡賢不登，靡寃不釋。臣嘗侍對，與聞訓勅。曰我皇帝，聖材天錫。子道勤毖，政事祇惕。治本亂原，講磨紬繹。惠心溥博，物理研覈。帝堪多難，予復明辟。何俟祔饗，始還禁闥。幸濟初難，後罔予責。重下教告，亟就安適。帝扳以留，懇欵驟積。數請弗回，推璽欲籍。義盡今茲，事高往昔。在漢馬、鄧，固多慚色。其于邦民，憂不離臆。動履仁儉，示先壼則。服無珠璣，器無金碧。禁戒雕繪，棄捐組織。言祖經墳，智該儒墨。諸書過眼，疑旨洞33析。兢兢瞿瞿，殆忘寢食。涼暄密移，沴氣侵蝕。皇帝聖孝，啓處在側。藥審刀圭，術窮鍼石。禬禳山川，猶期千億。丹劑雖靈，冥算終厄。佛供晝昏，喪氣夜赤。祲象告凶〔二〕，軒星示坼。數圮坤元，景淪望魄。五十六載〔三〕，馳光度隙。嗚呼哀哉！梓匠奏工，嬪娥罷飾。帳殿先途，殯堂徹席。縞士鼎鼎，綘旌奕奕。左背城闕，右經阡陌。轂騎逡邅，綈車咿噫。簫笳悲吟〔四〕，鹵簿哆赫。萬類奪輝，四民聚慼。御服苴麻，皇情欒棘。嗚呼哀哉！霧雨故宫，莓苔舊墄〔五〕。鳳幌蕭森〔六〕，獸扉虚寂。輦路鑑奩，孰非陳迹。引望山園，涕濡竹栢。惟有徽音，長留寶册。嗚呼哀哉！」上自慈德殿步導梓宫，行且哭，至宣德門外立，俟梓宫登大昇轝發引訖，奉辭，哀服還内。元祐皇后扈靈駕以行。

是日，普安院追尊皇太后靈駕同時發引，百官辭于板橋，退改常服入門。翌日，詣西上閤門、内東門奉慰。

二十七日，大行皇太后靈駕至陵所，群臣奉慰。

五月六日，葬于永裕陵，掩皇堂，群臣詣西上閤門奉慰。

十一日，虞主至自永裕陵，群臣迎于板橋，元符皇后迎于瓊林苑，有司行六虞祭。上服韡袍、素紗幞頭、黑鞓犀帶，迎于内東門外，奉安于皇儀殿，群臣奉慰。

十二日，七虞祭，群臣奉慰。自是八虞、九虞，皆上親祭。

二十五日，上以祔廟前一日宿于慈德殿側，輔臣宿于本司，百官宿于朝堂。

二十六日，奉欽聖憲肅皇后、欽慈皇后神主祔于神宗廟室。

二十八日，德音：「應兩34京、河陽、鄭州減死刑，釋杖罪。緣山陵科率，蠲復賦役。應奉行事官量與恩澤。」

七月一日，詔吏部尚書陸佃贖銅十斤，起居舍人(季)〔李〕昭玘放罷，少府少監韓粹彦降一官，坐欽聖憲肅皇太

〔一〕力：原作「則」，據《皇朝文鑑》卷三二改。
〔二〕告：原作「吉」，據《宋大詔令集》卷一六、《皇朝文鑑》卷三二改。
〔三〕六：《皇朝文鑑》卷三二作「八」。
〔四〕簫：原作「蕭」，據《皇朝文鑑》卷三二改。
〔五〕墄：原作「棫」，據《宋大詔令集》卷一六、《皇朝文鑑》卷三二改。
〔六〕鳳：原作「龍」，據《皇朝文鑑》卷三二改。

后山陵奉虞主不恭。佃嘗自言，故薄其罪。

崇寧元年正月十三日，小祥，羣臣奉慰如儀。

十月二十日，禮部言：「來年正月十三日，欽聖憲肅皇后大祥，依故事禁樂。」從之。（以上《永樂大典》卷七三六八）

欽慈皇后

【宋會要】

35 哲宗元祐四年六月二十八日，美人陳氏薨，贈充儀，菆塗於萬壽觀。九年二月，移菆多慶寺之東。紹聖四年四月，贈貴儀。

徽宗元符三年正月十二日，徽宗入繼大統，詔有司議尊崇之典，追尊皇太妃，推恩外家，逮其姻戚，崇奉園寢，朔望、歲時薦新。

十二月二十七日，詔：「故皇太妃園寢封地，除塋域外皆勿禁。」以有司奏欲毁民墳九百六十所、民居數百區，故有是命。

建中靖國元年正月十六日，詔曰：「朕惟守位曰仁，事親者仁之實；教民以孝，因心者孝之先。煢然眇躬，幼失所恃，有霜降露濡之感，無昏定晨省之因。隆祐深慈，具言於遺訓；章懿盛典，並列于有司。明告治朝，追榮顯號。故皇太妃陳氏柔儀端靖，淑德齊明，標茂範于皇闈，藹徽音于彤史。輔佐永裕，肅雝内庭。誕育冲人，纘承大統。彼蒼不弔，陟屺纏哀。聞雞猶想於問安，吹棘徒增於隕涕。既不能致四海之養，銜恤無窮；將何以報昊天之恩，崇名爲慰。用廣如存之敬，以伸終慕之情。宜追尊爲皇太后，仍令所司擇日備禮册命。」詔大行皇太后山陵五使而下，並兼領追尊皇太后園陵。又詔祔葬永裕陵。

同日，三省進呈章懿皇后故事，仁宗皇帝詣園寢者四：一展告，二上謚，三啓菆，四發引。上不欲數出城，將減上謚，餘如故事。并諭輔臣裁節山園陵浮費，凡於用不急、非有益神靈者 36 除之。命户部侍郎王古主其事。

十八日，命同知樞密院事蔣之奇撰哀册文并書，中書侍郎許將撰謚册文并書册寶，給事中、兼直學士院徐勣撰謚議。

同日，太史局言：「園陵斥土宜用二月十九日，發引用四月十七日，大葬用五月六日。」從之。

二十日，詔皇堂視大行皇太后制度修奉。

二十七日，命權尚書刑部侍郎岑象求爲覆按山陵使，入内内侍省押班劉瑗副之。

二月三日，詔以三月六日拆菆，四月四日啓攢。

八日，太常寺言，請俟易月畢詣園寢行展告追尊皇太后之禮，御史臺請自園寢設追尊皇太后路發，並從之。

十三日，「詔追尊皇太后四月五日啓菆宮〔一〕，進大昇

〔一〕按此句之前當脱「△△言」（據下文文意，當是山陵使言），以下爲有司之奏。

轝，發引赴多慶院，俟車駕親詣行禮訖，靈駕赴普安院權奉安。有合行事，欲依下項：一、閤守懃劄子：『欲乞自三月六日便行拆去追尊皇太后增修神臺，且留舊壙塼罩，令儀鸞司絞縛幕殿〔一〕。俟啓菆前五日，將塼罩及地宮拆去，取見梓宮，開修隧道，即用幕罩幃。進龍輴至神門外上大昇轝，聖駕行遣（典）〔奠〕之禮畢，長行至普安院殿前設幕殿奉安，就大昇轝添飾梓宮了，先降封鎖。』使司令相度，欲令于啓菆前三日漸次拆去塼罩，至初三日拆去地宮，見梓宮，開隧道，用木罩幃掩覆。俟初五日啓奠行禮畢，進龍輴，奉梓宮發大昇轝，赴多慶院幕殿權奉安，以俟聖駕行遣奠之禮畢，進發赴普安院。其初三、初四日，五使並宿[37]衛于多慶院幕次。餘依閤守懃所申施行。一、多慶院、普安院合設置奉安幕殿，并準備內人及五使以下幕次，並令頓遞使司、都大管勾所貼定地位，次令儀鸞司絞縛陳設〔二〕。并其餘各排辦事件，令頓遞使司預行計置。一、啓奠行事并遣奠，讀哀册文合用儀注及合排儀仗，應合行事件並令禮、兵部、太常寺限三日詳議聞奏。」貼黃：「據禮官稱，啓攢日有啓（典）〔奠〕，更無祖奠之禮，止俟聖駕到多慶院，讀哀册，行遣奠之禮。一、防護軍兵等，令馬軍司選差押教使臣一員，量帶人馬五百人騎，同已差下軍廂主管押，于四月初三日赴多慶院，并本地方都同巡檢，帶領本頭項人馬同共巡宿。一、多慶院頓遞，已降指揮令兼管普安院頓，慮兩處管幹不前，欲令頓遞使司更切相度，如合別差官分頭管幹，即具合添員數、姓名申司奏差，事畢先次減罷。」從之。詔以四月四日多慶院追尊皇太后啓菆，須慈德殿大行皇太后啓菆禮畢乃可出。宜以五日啓菆宮，權赴多慶院宿頓，俟車駕行遣奠禮畢，赴普安院奉安。

十四日，太常寺言：「故事，葬先輕而後重，祭先重而後輕。追尊皇太后宜以五月六日寅時掩皇堂。」從之。

十九日，封山斬草。

二十三日，詔啓菆日服衰。

三月一日，以追尊皇太后啓菆，命園陵使曾布奏告宗廟、社稷。

八日，同知樞密院事蔣之奇言：「詔撰謚册文，檢詳故事，或稱太后，或稱皇后某氏，[38]惟祭別廟者加『太』字，而祔太廟者去『太』字，祖母則稱『太皇太后』，崩亦如之。加『太』字者，所以別尊稱也。謹按唐順宗莊憲皇后王氏，初稱並云莊憲皇后。開元六年正月，太常奏昭成皇太后謚號，禮部非之。太常報曰：『入廟稱皇后，義繫於夫；在朝稱太后，義繫于子。』臣竊詳册文云『孝子嗣皇帝』，則前合存『太』字，以申陛下臣子之志；既從先帝之謚，又納之陵寢，則復合去『太』字，以正從夫之號。蓋事干典禮，名不可以不正，望下禮官詳議。所有大行皇太后亦應視此。」詔太

〔一〕鸞：原作「鑾」，據《宋史》卷一六四《職官志》四改。
〔二〕鸞：原作「鑾」，據《宋史》卷一六四《職官志》四改。

常寺詳議以聞。於是太常寺檢會慈聖光獻故事，祔陵廟則去「太」〔子〕〔字〕，其餘則存之。册文初稱大行太皇太后，尊謚即曰慈聖光憲皇后，今合遵用。詔恭依。

十一日，宰臣韓忠彦率群臣請追尊皇太后謚號於太廟，謚曰欽慈皇后。詔恭依。議曰：「臣聞道與世而升降，禮稱情而節文。自周之興，始存紀謚之法；逮漢而降，乃有追册之儀。歷代莫不共由，先王未之或改。載簡編而弗泯，升郊廟以無慚。孝子慈孫，豈責三牲之養；成功盛德，冀永萬年之觀。於皇治朝，順考舊典。撫隆平之休運，懷顧復之深恩。（戴）〔載〕惻淵衷，式欽承於先訓；爰崇顯號，庸昭示于至公。以詔無窮，以垂不朽。洪惟神考，克紹寶圖。有虞舜之風，以釐二女；有文王之化，以刑四方。修明壼儀，登進邦媛。是生聖母，來應昌辰。伏惟皇太后令質粹合，懿姿淑茂。恭儉成于所性，柔嘉得于自[39]然。動容周旋，默中珩璜之節；夙夜儆戒，肆觀圖史之規。贊陰教于紫庭，藹芳聲於彤管。尊敬保阿之訓，被服澣濯之衣。纘女功而不違，化婦道以無斁。雝穆而敦逮下之惠，信順以體資生之仁。形夢日之嘉祥，協祠禖之終吉。克昌國祚，誕育聖躬。貽社稷無疆之休，慰華夷胥徯之望。永裕之仙遊忽遠，坤儀之正位未隆。舟藏壑以密移，駒過隙而難駐。天長地久，結遺恨以何窮；日往月來，想徽音而莫覯。皇帝紹膺駿命，嗣守慶基，極孺慕以奚從，感色養而無及。念之不見，彌深陟屺之哀；維以永傷，更甚茹荼之苦。肆舉追崇之典，用申罔極之情。爰命下陳，敬遵故事，紀遺芳而傳史牒，涓穀旦以告廟祧。臣謹按《謚法》：『威儀悉備曰欽，敬事節用曰欽；一心均愛曰慈，能以仁教曰慈。』皇太后體該衆美，性藴先知。名之可言，乃其髣髴；德之所届，無以形容。永對天地之休，敬承祖宗之命，恭上尊謚曰欽慈皇后。」

十四日，詣多慶院園寢，行展告之禮。

二十一日，詔將來發引，命官分導于靈駕前，啓菆，親王、宗室並素服角帶。

二十八日，詔四月五日上謚册于多慶院幄殿，候車駕遣奠回告廟。以太常失請，故上謚先之。

四月二日，詔啓菆前二日，遣官奏告天地、宗廟、社稷、宫觀。

五日，啓菆。園陵使啓奠畢，奉梓宫升龍輴，至神門外登大昇轝，赴多慶院幄殿，百官班臨。遣宰臣韓忠彦上玉册、玉寶于幄殿。册文[40]曰：「維建中靖國元年，歲次辛巳，四月辛卯朔，五日乙未，孝子嗣皇帝臣佶稽首再拜言曰〔一〕：臣聞謹終追遠，前聖之格言；立愛惟親，先王之猷訓。維末小子，未堪多難，悼菲質之靡依，痛慈顔之永隔。有懷顧復，曷報劬勞！欲申終慕之情，必盡欽崇之禮。是諏穀旦，敬上尊名。恭惟追尊皇太后體道思齊，含章履正，

〔一〕佶：原作「徽宗御名」，今據其名回改。

柔嘉播于德範，温惠本乎天資。中環珮之節，動儀乎紫庭；奉圖史之戒，美溢乎彤管。輔佐先帝，誕生冲人。爰自潛藩，入纘大統。天神地祇，罔不祇協；社稷宗廟，咸以康寧。推原慶靈，自我聖母。而上壽未究，淑命弗融，奄捐盛時，浸閲華歲。園陵在望，音徽如存。不待承東朝之顔，不及享四海之養。昊天罔極，空勤報德之誠；春露既濡，深結愴心之感。顧久稽於位號，兹未慊於誠懷。屬慈德以上賓，形于遺命；惟章懿之故事，具在有司。是用鏤玉牒之鴻休，鋪椒塗之懿鑠。聿嚴昭薦，式慰孝思。方將啓在浚之靈宫，祔維嵩之吉宅，日先其遠，龜告厥猶。役徒繁興，功緒丕作。始因山而戒具，終復土以有期。仗衛肅其前驅，簫笳淒以徐引。念之不見，往寧體于皇堂；慨然有聞，旋升神於清祏。於是群公庶尹，博士諸儒，考協前古之遺文，討論一代之成憲。咸以謂謚者所以迹行，號者所以表功，義有受成，名無浮實，節惠之法，厥惟舊哉。其祇率於彝章，用褒加於徽稱。謹遣攝太尉、尚書左僕射韓忠彦奉玉册、玉寶，41 上尊謚曰欽慈皇后。伏惟昭鑒在上，膺兹鉅典，永錫祚裔，垂裕家邦，於萬斯年，配天無極。嗚呼哀哉！」

同日，上詣多慶院幄殿，服衰，親奉引庭中，行遣（典）〔奠〕之禮。攝中書令許將讀哀册，册文曰：「維建中靖國元年，歲次辛巳，四月辛卯朔，六日丙申，上神宗皇帝妃陳氏尊謚曰欽慈皇后。粤五月辛酉朔，六日丙寅，遷座于永裕陵之次，禮也。羨道夙啓，告奠載撤。羽衛警而有行，翳輅隱其將發。孝子嗣皇帝臣佶永慕徽音〔一〕，恭率禮典，瞻黼筵以踊痛，奉靈車而恭遣。乃詔邇臣，敬揚聖善。其詞曰：維陳肇氏，實先堯母。有嬀之後，維舜之胄。陳之啓封，實始于周。繇漢歷唐，或相或侯。逮我有宋，世遠彌盛。族出京兆，爲時顯姓。皇圖有赫，益光炎正。《關雎》成化，曾沙協慶。乃鍾淑哲，爰際神聖。女功是纘，婦職是聽。樂修四教，懋崇六行。齋戒從桑，左右流荇。儀若蘭郁，度如玉瑩。逮下惟仁，奉上惟敬。兩宫隆愛，九御憚美。女謁無私，彤管有煒。妙彰筆劄，戒視圖史。克厚人倫，以受帝祉。日符表運，履敏應祥。超任邈（似）〔姒〕，翼夏生商。宜民宜人，爲君爲王。則篤斯慶，于邦有光。昔在元豐，帝齡見夢。撫神鼎以號絶，睇鳳臺而茹痛。愴橋山之已遠，惜蒼梧之未從。怊兮永懷，窈兮至静。袿裳無飾，珠藏金屏。樂施不倦，好謙自秉。憂勤克念，夙夜猶警。月望未幾，華殞斯頃。蓋與世以皆昌，胡畀年而不永。嗚呼哀哉！鈎陳動色，陰靈墮輝。林有風而不 42 止，露在草而先晞。昊天不弔，慈顔早違。有蜃其車，有縞其旂。旐繼纚綍，翟綴褘衣。衡總晦采，幽堂闔扉。望國郊其未遠，空故庭兮不歸。嗚呼哀哉！時龍天飛，離明玉麗。祇

〔一〕佶：原作「徽宗御名」，今據其名回改。

遹遺訓，亶隆前制。乃正坤極，允尊皇孋。瑞琮陳笥〔一〕，重翟在庭。玉瑑有册，實上尊名。金範有璽，實奉至榮。文備邦禮，哀貫皇情。以萬國之貴而聿追于後，以四海之養而不逮其生。嗚呼哀哉！　靈殿雲結，神闕山立。乘輿親謁，獻斚躬執。衣黄怳見，淚俎紛如。二儀感而風悲，千官侍而雨泣。靈之下兮既享，澹將歸兮陵邑。嗚呼哀哉！　吉月兮辰良，嵩霏兮緌霧。龜兆兮告遷，轜龍兮莫駐。嗚笳遞咽，杠旐列注。背吹臺以右轉，越鞏岡而西去。盛夏殂兮不復春，晨不復兮夜臺路〔二〕。嗚呼哀哉！　仰烈考兮在天，遡從之兮洛川。洛川兮斯瑩，松栢兮有阡。九虞續兮其返，神顧我兮來還。原既安兮不騫，祚後之人兮萬年。嗚呼哀哉！」禮畢，靈駕發引，赴普安院奉安。俟聖駕至宣德門，上登輦還內。

十五日內出御製挽詩五章，付禮部。

十七日，大行皇太后、追尊皇太后靈駕同時發引。候大行皇太后靈駕至普安院前，追尊皇太后靈駕奉見訖先行，大行皇太后靈駕以次進發。百官辭于板橋，退改常服入內。翌日，詣西上閤門、內東門奉慰。

二十七日，奉安靈駕于永裕之下宫。

同日，靈駕至陵所，群臣奉慰。

五月六日，葬于永裕陵，掩皇堂，群臣詣西上閤門奉慰。

十一日，虞主至自永裕陵，群臣迎 43 于板橋，元符皇后、皇后迎于瓊林苑。有司行六虞祭。上服鞾袍、素紗幞頭、黑鞓犀帶，迎于內東門外，奉安于皇儀殿，群臣奉慰。

十二日，七虞祭，群臣奉慰。自是八虞、九虞，皆上親祭。

二十五日，上以祔廟前一日宿于慈德殿側，輔臣宿于本司，百官宿于朝堂。

二十六日，神主祔于神宗廟室。

二十八日，德音：「應兩京、河陽減死刑，釋杖罪。緣山陵科率，蠲復賦役。應奉行事官量與惠澤。」

八月六日，詔供備庫副使陳永成等進官有差，以欽慈皇后祔廟故也。

欽成皇后

【宋會要】

徽宗崇寧元年二月十六日，聖瑞皇太妃朱氏薨，輟視朝十日。詔曰：「聖(端)〔瑞〕皇太妃昔事神考，無險詖私謁之心，有警戒相成之道。誕育哲廟，享養西宫，助紹隆繼述之功，遵慈儉保佑之德。今云殂殞，良用疊傷。思父念兄，禮宜隆厚，特優彝典，以賁其終。可追崇爲皇太后。」

十七日，禮部、太常寺言：「追崇聖瑞皇太妃爲皇后，

〔一〕笥：原作「司」，據《宋大詔令集》卷一六改。
〔二〕「盛夏」二句原無，據《宋大詔令集》卷一六補。

欲依景祐三年故事，歲時祭（典）〔奠〕以監護使行禮。」詔遷于皇儀殿治喪，大殮後擇日出殯普安院，仍權用綵轝奉安，出右掖門。聖瑞殿應有服人并合行事，並禁中取旨，合行典禮令禮部、太常寺詳定。蔡王似權于皇儀殿門外設次行服，仍于殿下製梓宮。群臣于不奏事日赴皇儀殿上香。餘依所奏。

十八日，制曰：「夫孝之至者其愛廣，報之厚者[44]其禮隆。朕適駿皇圖，極思父念兄之感；愴懷聖瑞，盡飾終追遠之情。敷告治朝，特尊顯號。故聖瑞皇太妃朱氏懿恭惟則，柔惠且和。早衍慶于螽斯，克相儀于椒掖。輔佐昭考，有警戒之道而無險詖之心；保祐泰陵，助繼述之功而遵慈儉之德。仰徽音之愈茂，嗟淑命之不融。於戲！婦順謙沖，生不及四海之崇養；寵章華煥，歿而加萬世之鴻名。惟哀慕之無窮，用褒榮于罔極。宜追尊爲皇太后，仍令所司擇日備禮册命施行。」

是日，命中書侍郎許將爲園陵監護使，延福宮使、入内内侍省都知馮世寧爲園陵都監，龍神衛四廂都指揮使張存爲園陵修奉總管，尚書禮部侍郎周常爲禮儀使，尚書兵部侍郎鄒浩爲儀仗使，尚書工部侍郎龔原爲鹵簿使〔一〕，尚書刑部侍郎杜常爲橋道頓遞使，將作監許幾爲提舉採石官。尚書祠部郎中王詔權尚書度支郎中兼京西路轉運使〔二〕，候園陵事畢還闕。

同日，太史局言：「追尊皇太后大殮用二月二十二日，成服用二十八日，出殯用二十九日。」從之。仍詔出殯并發引及葬日，並不視朝，群臣許詣西上閤門進名奉慰。又詔追尊皇太后應祭（典）〔奠〕，並令蔡王行禮，出殯後令就普安院行服止宿。前降令監護使行禮指揮勿行。

同日，追尊皇太后園陵事務所言：「斥土用四月六日，啓菆用五月四日，發引用十日，葬用二十四日。」園陵監護使言：「章惠園陵故事，迨今七十餘[45]年，典籍不存，乞參用建中靖國元年園陵并前後故事增損施行。」從之。

二十二日，大殮，群臣奠于殿庭。

同日，命吏部尚書趙挺之撰哀册文，翰林學士郭知章撰謚册文，尚書工部侍郎龔原撰謚議。

二十七日，詔追尊皇太后園陵，京城禁樂一月，葬日（即）〔及〕祔廟，各前後禁樂七日。

同日，學士院撰到（尊）〔追〕尊皇太后出殯鼓吹《導引》歌詞一首，詔送太常寺。

二十八日，太史局選到追尊皇太后斬草破地宜用四月初六日庚寅吉，時宜用當日辰初四刻。先自皇堂下手，刻期趁辦大葬外，神門闕角等繼續修蓋。從之。

同日，以成服上行祭奠之禮，不視朝。

二十九日，出殯，群臣進名奉慰訖，赴普安院上香。

〔一〕龔原：原作「龔園」，據後文「二十二日」條改。參《宋史·龔原傳》。
〔二〕祠：原作「嗣」，據本書禮三七之六八改。

三月二十日，禮部言：「追尊皇太后園陵修奉所狀：『准尚書省劄子，今來園陵皇堂用四十五尺，依朝旨參酌增損丈尺等。其修砌皇堂地宮、鹿巷、廂壁、火口、土閣在四十五尺內，並依去年皇堂故例，開深六十九尺，打築六尺，的用六十三尺〔一〕。』今來陰陽官胡晟等狀，依經法開掘五十三尺，打築八尺外，的用四十五尺〔二〕。今來既用石地宮，若依修奉所狀内事理，除别無典禮該載外，取到太史局狀：『看詳胡晟等狀内所定皇堂下深并填築丈尺〔三〕，即别無妨礙。内看詳神牆高一丈，即未合經法。若用九尺或一丈一尺，及神臺等若依去年故例修製，各别無妨礙。』内參酌增損丈尺名件，即陰陽經書不載，若 46 依所請，即無妨礙。又取到太常寺狀，勘會建中靖國元年園陵神牆用一丈三尺。」詔用一丈一尺，餘依修奉所申。

四月十日，宰臣韓忠彦等請追尊皇太后謚于太廟，謚〔四〕〔曰〕欽成皇后。詔恭依。議曰：「臣恭以神宗皇帝在宥天下十有九年，凡禮教之所儀型，道化之所鼓動，而四方靡然向風者，實自齊家始。六宫之内，位不必備，左右祇肅，類以德進。雖復恩數優渥，莫不撙節自飭，其賢否有以道相成者，非一日積也。恭維追尊皇太后興自慶系，進登貴名，柔懿恭順，久著休聞，仁淑勤儉，見于躬行。而又謹環佩之音，（帥）〔師〕保阿之訓，其夙夜所以警戒者，有故賢妃之風。故善積而慶從，行成而報厚。熙寧九年，天命誕集，是生哲宗皇帝。元祐初，昭受顯策，享養西宫，儀衛之崇，冠服之盛，定儀禮閣，榮動一時。曾不以帝母之貴自居，而進承宣仁、欽聖之辭也，惟婦順是盡。凡所以保佑訓迪于泰陵者，一遵兩宫慈儉之德。迨紹聖故事，增光神考之休烈，則又有紹隆繼述之助焉。然而二十年間，經涉變故，從容俯仰，謙冲自牧，燕及中外，初無間言。豈惟神考陶冶成就，亦敏于聽從出自天性也。皇帝踐祚，益加禮意，聞者胥謂追尊皇太后方且康寧譽處，享有多祉，不幸憂傷之末，感厲爽和，久之未平。皇帝睠言動容，爲推恩出繫囚，下令訪醫術，日冀少愈。奄忽大故，尤用盡傷，亟降詔書，追崇爲皇太后，肇正中宫 47 之名秩，增賁東朝之母儀。位號兼隆，繼美先后。宣制之日，聽觀一新。園陵有期，思有以節惠易名者，申命羣臣，請謚太廟，而命臣撰號文。臣伏讀詔書追尊之訓辭，參考六家易名之舊法，仰觀神宗内治之恂達，於是序列追尊皇太后終始之事，至夫所以上當祖宗之意，以信萬世無窮之傳者，一與謚法相應。謹按《謚法》：『威儀備悉曰欽，敬事節用曰欽；婦德均一曰成，夙夜警戒曰成。』追尊皇太后宜敬承祖宗之命，恭上尊謚曰欽成皇后。」

十五日，攝太尉、尚書左僕射、兼門下侍郎韓忠彦，奉

〔一〕「的」原作「明」，「六十三」原作「三十六」，據本書禮三七之六八改。
〔二〕的：原作「明」，據本書禮三七之六八改。
〔三〕填：原作「添」，據本書禮三七之六八改。

欽成皇后謚册寶。册文曰：「維崇寧元年，歲次壬午，四月乙酉朔，十五日己亥，皇帝佶謹再拜稽首曰〔一〕：夫謚者行之迹，號者功之表。歷稽前代〔二〕，厥有成憲。蓋生而飛英聲，騰茂實，既有以聞於一時；則殁而施尊名，隆徽稱，又將以詔于萬世。況先朝淑哲〔三〕，奄忽大故，方謹終追遠，惻怛震悼，異數寵章，腆縟煇焕。爰命有司，若稽往制，約美節惠，庶幾形容于萬一也。恭維追尊皇太后柔嘉靖正，體仁蹈和。昔在神考，聰明睿知，勵精庶政，教化雍睦，德禮陶漬，《關雎》之風行，家人之道正。當是時，皇太后贊熙内治，協相椒闈，寤寐思服，夙夜警戒。輔佐憂勤，受祉上帝，衍慶螽斯，篤生哲宗。塗山、簡狄，丕續並麗。元豐之末，裕陵上賓，宣仁垂簾。當是時，皇太后婦職允修，皇姑是尊，崇慶、慈德，朝夕祗順，承顔問安，孝恭匪懈。雖擁佑天下[48]之主，有鞠育顧復之恩，而不自矜其功；雖參亞坤元之位，有輿服儀衛之寵，而不自挾其貴。謙冲静默，得於誠性，終始全粹，無有間言。紹聖之初，哲廟親政，濬發睿斷，起廢興壞，丕變治功，憲度典章，復還熙寧、元豐之盛。方是時，皇太后助紹隆繼述之志，有啓迪贊導之益，陰功隱德，人所不知，休烈盛美，蓋有不可得名言者矣。謂宜熾福禄〔四〕，昌壽考，以長享西宫之養，而爲四海之所矜式，遐齡未究，淑命弗融。因山有期，龜筮既從，兹用博訪于卿士，受命于祖宗，表行易名，所以愜輿議，當神心，而詒不朽之傳。謹遣攝太尉、尚書左僕射、兼門下侍郎韓忠彦奉寶册，上謚曰欽成皇后。伏惟先靈如存，淑問不息，膺兹鉅典，昭厥懿德，對越清廟，永永無極。嗚呼哀哉！」

三十日，詔追尊皇太后啓菆，宰臣率百官行禮，讀謚册寶，奏告天地、宗廟、社稷。靈駕發引日，群臣奉辭于板橋，並如欽慈皇后故事。

五月四日，追尊皇太后啓菆，梓宫俟時還正，群臣焚香，遂讀册寶于靈座。蔡王似行祭〔典〕〔奠〕之禮，群臣奉慰如儀。

七日，帝詣普安院追尊皇太后菆宫祭奠。

十日，靈駕發引，蔡王似行啓奠、祖奠之禮，攝中書令趙挺之讀哀册。册文曰：「維崇寧元年，歲次壬午，四月乙酉朔，十五日己亥，追上神宗皇帝妃朱氏尊謚曰欽成皇太后。粤五月乙卯朔，十日甲子，遷座于永裕陵之次，禮也。彤輀夙戒，奠俎方徹。慘哀笳[49]於廣陌，引素仗于明發。皇帝德懿並隆，恩禮斯洽。屬羽衛之有行，念徽音之永絶，爰命侍臣，茂揚懿烈。其辭曰：維我有宋，繼天立極。王化之基，自家型國。於皇神考，百度修飭。元豐之功，下土是式。妙選六宫，升進淑德。静恭柔懿，私謁不行。夙夜警戒，協謀相成。履武發祥，纂繼丕緒。奕奕西宫，是燕是

〔一〕佶：原作「徽宗御名」，今據其名回改。
〔二〕稽：原作「選」，據《宋大詔令集》卷一五改。
〔三〕朝：原作「期」，據《宋大詔令集》卷一五改。
〔四〕熾：原作「藏」，據《宋大詔令集》卷一五改。

處。慈仁克儉，宜壽而臧。胡不永年，忽云淪亡。嗚呼哀哉！泰陵初載，恭默不言。佐佑保護，忠和且温。逮及親政，紹隆繼述。贊助之勤，一心密勿。逖想音容，空餘髣髴。嗚呼哀哉！厥初遘厲，覬其有瘳。禳祓禱祠，靡神不周。訪秦醫之殆徧，肆舜宥以寬憂。愴隙駒之易轉，驚逝水以難留。嗚呼哀哉！永懷父兄，屬以大統。聖心孝思，報稱攸重。稽章惠之舊儀，詔議臣而折中〔一〕。正位號之尊榮，隆典彝而追奉。琢寶玉兮（環）〔瓌〕奇，鏤匪金兮錯綜。嗚呼哀哉！考卜維吉，揆時既良。仙馭沓去，銘縿載揚。背浚郊之奥壤，傃洛土之崇岡。陵寢盤兮空曲，珍木茂兮鬱蒼。流殿苔兮素月，隕壠陌兮晨霜。閟珠襦兮寶笥，零雨涕兮宫牆。石門兮深扃，漆炬兮永夕。雲軿駕兮弗還，繐帷空兮常寂。嗚呼哀哉！有形兮必終，有數兮斯盡。生能享天下之奉兮無違，殁以歸裕陵之原而何恨。雖千百兮斯年，終不騫兮不隕。嗚呼哀哉！」

同日，元祐皇后扈靈駕以行，百官奉辭于板橋回，奉慰如儀。

二十二日，太常寺言：「虞主到京日，請依章惠皇后故事，于瓊林[50]苑權奉安，行陞祔之禮。」從之。

二十四日，葬于永裕陵，群臣奉慰如儀。百官奉迎。

二十九日，虞主至自永裕陵，百官奉迎于板橋，元符皇后奉迎于瓊林苑。

六月五日，神主陞祔于神宗廟室。

八日，德音：「應西京、河陽減死刑，釋杖罪。緣園陵科率，蠲復賦役。應奉行事官量與恩澤。」

十六日，朝散郎、試將作監許幾特授朝請郎，以辦園陵有勞故（止）〔也〕。

二年正月二十日，太常寺言：「二月十六日小祥，其日不視事，禁屠宰一日。景祐無禁樂故事。」詔禁樂。

十二月十一日，太常寺言：「來年大祥，乞依小祥例。」從之〔二〕。（以上《永樂大典》卷七三六九）

〔一〕折：原作「祈」，據《宋大詔令集》卷一五改。

〔二〕原稿此下尚有又禮三三之一至三三之三五，與此上禮三三之一至三三之五〇重，且爲廣雅書局清本，非徐松原稿，今删。

宋會要輯稿 禮三四

后喪四

昭懷皇后

【宋會要】

❶徽宗政和三年二月九日，崇恩太后劉氏崩。十日，詔曰：「朕嗣承哲宗基緒，永惟大恩無以報稱，夙夜靡忘。崇恩太后作配元符，母儀天下，比緣憂疾，遂爽和平，藥石弗瘳，遽至淪謝。友恭之義，是用盡傷，追往送終，禮宜從厚。已降指揮，參酌孝章、欽成皇后體例施行。如或未稱，可更檢會故事，務在優隆，以稱朕意。」又詔：「崇恩宮太后薨，輟朝五日，內二日不視事，治喪于外。（除）〔餘〕依開寶皇后故事。」

同日，詔：「崇恩太后今月九日感疾，暴卒於宮中，今已遷于普安禪院治喪。伏念友恭之義，務全禮制，應有合行禮儀，可依欽成皇后及開寶皇后故事，參酌中制，裁定取旨。」

同日，詔：「差園陵、按行、管勾使并都監，今來諸處❷行移文字內，便合稱崇恩太后園陵。」又詔在京禁音樂七日，在外三日除。沿邊訃告到，舉哀成服，三日而除。

二十五日，駕幸普安院澆奠。

四月一日，詔將來五月二十七日崇恩太后祔葬永泰陵，以資政殿大學士、提舉萬壽觀鄧洵武爲園陵監護使，越州觀察使李瓌爲提舉修奉園陵；户部郎中張謂兼權京西路轉運副使，京西路轉運判官吳長吉，並應辦園陵事務。

二日，詔奉議郎張思永添差充永安軍使，應副園陵事，候事畢日罷。

閏四月十一日，工部侍郎、議禮局詳議官宇文粹中請上謚曰昭懷皇后〔一〕，詔恭依。議曰：「臣聞紀實以名，名者實之賓也；表行以謚，謚者行之迹也。以載籍之言，參稽前代之制。飾終追往，既有以盡情文之厚；制名約美，又將以信悠久之傳。是以周家之法，禮經存節惠之文；東漢以還，后謚有加崇之典。所以昭明既往而垂示無窮，至公之道，不可易也。況夫天挺淑質，克配哲廟，典禮異數，極于褒崇，則俯酌群言，仰遵成憲，丕揚顯稱，其可後乎？恭惟崇恩太后毓粹高閎，承芳（今）〔令〕族。姓系之美，著于氏譜；德善之積，基于前人。澤厚流光，慶鍾（顧）〔碩〕媛。粵自幼歲，莊飭令儀，姆教是親，女工是懋。早膺選擇，協贊宮闈，位列四妃，坐論婦禮。惟是悉心匪懈，以陪弓韣之祠；故吉夢効祥，遂膺熊羆之慶。元符之間，中宮虛位，宰輔建言，坤道承天，所以持載萬物，后德佐王，所以叶修❸

〔一〕宇：原作「于」，據《宋史》卷一五二《輿服志》四改。

陰教。九廟祭祀之重，必有以恭承；兩宮晨昏之奉，不可以無助。宜諏穀旦，選建長秋。哲宗皇帝誠身以御家邦，達孝以承祖考，亶稟慈訓，敷號治朝，遂正椒房，升儷宸極。典册之備，褘翟之華，足以統齊六宮，章明婦順。逮夫紹聖嗣服，昭善繼之功，篤因心之友。於崇寧二禩，特頒詔旨，以獻愍之贈，既視春宮，《春秋》之義，母以子貴。於是褒崇位號，仰慰在天之靈；改賜宮名，以隆敦叙之意。儀物恩典，光顯榮耀。是宜增有永之年，以長享安榮之福，而遐齡未究，淑命弗融，藥石靡瘳，遽至淪謝。宸衷憫（盡）〔晝〕，申飭有司，備物送終，務從優厚。日月有期，龜筮告吉，爰遵故實，以謚易名，詔于萬世。謹按《謚法》曰：『容儀恭美曰昭，仁慈短折曰懷。』崇恩太后膺此令名，揆實云稱，僉言惟穆，允協至公。伏請謚曰昭懷皇后。」

五月二十七日，葬于永泰陵，群臣奉慰如儀。

六月十四日，神主陞祔于哲宗廟室。

十九日，德音：「應兩京、河陽、鄭州減死刑，釋杖罪。緣園陵科率，蠲復賦役。應奉行事官量與恩澤。」

七月五日，中書省言：「鄧洵武奏〔一〕：昨被命充昭懷皇后園陵監護使，依故例奏差到屬官。其逐官應奉一行諸事，實以五使職務分委主管。兼夏雨暴至，蹉程前進，夙夜協力，各得整辦，委有勞效。伏望詳酌，比附故例，優與推恩。」詔並特與轉一官，李東表更減一年磨勘。

九月十三日，詔昭懷皇后園陵修奉官以下，各特轉一官，及有止 4 法人並特轉行。內知河南府陵臺令、中奉大夫任璋轉中大夫。

十二月十一日，禮部奏：「來年二月九日小祥，乞依欽成皇后故事，其日不視事，內外禁屠宰，仍禁樂。」從之。

五年正月十日，太常寺言：「二月九日大祥，其日不視事，中外禁屠宰，乞依小祥故事。」從之。

六月，禮部奏，忌辰依故事作大忌。從之。

顯恭皇后

【宋會要】

徽宗大觀二年九月二十六日，皇后王氏崩。尚書省言：「按章穆皇后故事，真宗皇帝服七日，百官三日，諸道州府訃到日，長吏以下與將校三日，沿邊州縣皆不舉哀。」〔詔〕在京擇日依故事，餘從之。

二十七日，詔百官赴皇儀殿朝臨。

十月一日，百官朝臨。

同日，命中書侍郎林攄爲大行皇后園陵使，尚書禮部侍郎李圖南爲禮儀使，尚書兵部侍郎沈錫爲儀仗使，尚書工部侍郎賈炎爲鹵簿使，尚書刑部侍郎馬防爲橋道頓遞使，知入內內侍省黃經臣爲園陵按行使，定州觀察使郭天信副之，知入內內侍省藍從熙監修園陵。

〔一〕洵：原作「詢」，據《宋史》卷三二九《鄧洵武傳》改。

五日，中書省言：「京西路見闕轉運使一員，及修奉皇后園陵合權置轉運使一員。」詔以尚書主客員外郎張徽言爲京西路轉運副使，尚書庫部郎中陳師文權京西路轉運使，候皇后園陵畢赴闕。

十六日，詔翰林學士許光凝撰大行皇后謚册文〔一〕，翰林學士葉夢得撰哀册文，中書舍人俞桌5書謚寶文。

同日，太史局言：「大行皇后園陵斬草用十月二十四日，斥土用十一月十三日，葬用十二月二十七日。諸宗室合祔葬者，並依大行皇后月日時刻。」從之。

十八日，太史局言：「已選定十月二十四日大行皇后園陵封山斬草，依例園陵合祭后土，差行事官。」詔就差提舉修大行皇后園陵兼總管、知入内内侍省藍從熙行禮。

同日，京西路轉運司言：「今來修奉大行皇后園陵，會故例知永安縣一員外，添差知縣一員同管事。」詔權添差朝請郎、新廣濟河輦運王璹，候事畢日罷。

十一月十九日，禮部、太常寺言：「大行皇后十二月十日發引，合差攝中書令讀哀册。」詔差禮部尚書鄭久中〔二〕、尚書左僕射蔡京攝太尉上謚册寶并奏告太廟，知樞密院事張康國攝中書令讀册，門下侍郎何執中讀寶。

同日，宰臣蔡京等請上謚曰靖和皇后。議曰：「臣嘗讀《詩》《周南》言王者之風，而《關雎》以下則獨稱后妃。至《大雅·思齊》之詩曰：『大姒嗣徽音，則百斯男。』而序云：『文王之所以聖，蓋感人之道神矣，孰得而議？所見者后妃之化而已，由后妃以觀焉，則文王之聖可知矣。』夫豈特文王然哉，舜之所以大見于嬀汭之嬪，禹之所以神見於塗山之翼，則古帝王之功未有不始于内而推之天下者也。洪惟我宋，聖神相授，真主嗣興，天作之合，化先閫内，帝業以隆。蓋方儷體宸極，則儀聲茂實，既有以彰於一時；及6奄棄椒塗，則鴻名徽稱，斯有以垂於萬世。是用稽于公卿大夫，以合天下公議，靡敢私也。恭維大行皇后〔仁〕慈惠和，徽柔肅恭，實故尚書令秦正懿王之後。惟時正懿佐命藝祖，勳載旗常，慶流苗裔，是生淑哲，出應昌運。白龜見夢，朱蛇效祉，載誕之夕，祥光滿室，來嬪之初，神僧授記，褘褕之尊，信有符矣。故方養德閨門，則端莊靜重，不妄言笑，身衣澣濯，靡有厭色。逮作配潛邸，正位坤儀，則功德之盛，超今絶古，粲然可紀。若其祇奉九廟，則嚴恭以相祀事，致養慈德，則思媚以盡婦道。謂靡麗之飾傷儉也，故服御無珠玉之奉；謂私謁之風害德也，故外家無干請之私。居母儀之貴而能守禮執義，懷抑畏之小心；視嬪嬙之衆而能屈己逮下，無嫉妬之詖行。然則后之德可謂至矣。屬飛龍之御天，而有拱翼聖躬之勤；感占熊之應兆，而有誕育元嗣之慶。繼生貴主，以啓天支之蕃衍；章明陰教，以致閫内之雍熙。思賢才之爲助，所以（轉）〔輔〕佐聖

〔一〕凝：原作「疑」，據《宋史》卷四五六《申積中傳》改。

〔二〕鄭久中：按此人文獻中亦作「鄭允中」，本書中亦「久」、「允」並見。

德；擇左右以誨子，所以協成義方。然則后之功可謂極矣。矧乃雞鳴而起，侍求衣也；齊明盛服，侍旰食也；言摭經史，化聖學也；揮毫灑落，法宸翰也。族既蕃矣，則歲薦必以賢而弗及于庸下；家既寵矣，則訓弟必以學而靡容於怠荒。至于侍上宴間，則裨政化而甚密；爲民祈福，則捐脂澤而不吝。此又徽美昭著，中外之所共仰者也。方且崇清静之化，悟真乘之理，遊心於恬 7 淡，絶意於紛華，此又不翫于富貴而超然獨得者也。歷考在昔，后妃之賢，如大行皇后，可謂鮮儷矣。聖上感德大業，丕冒海宇，廓爾天造，淵然神化，鼓舞群生，莫窺其奥。竊仰大行皇后之懿，則主上之所聖，可概見其萬一已。夫以所示於行，則知存諸心者有不可量之善；以所施於外，則知祕于内者有不勝述之迹。然則殫竹帛，罄金石，有不足以形容者矣。若迺漢、魏以來，史氏所稱，身衣大練，裝不務飾，無戲弄音樂之好者，猶且載美詠歌，流芳簡册，曾何敢望大行皇后之德之美之髣髴哉！聖上歎珩璜之弗御，悼窀穸之有期，叡情傷軫，典禮備舉。乃詔有司，揚德善，册丕稱。皇哉鑠乎，豈不慰明靈而協衆願哉！謹按《謚法》曰：『柔德教衆曰靖，恭仁鮮言曰靖；雍熙閫内曰和，閨門有禮曰和。』恭維大行皇后衆德之所備，大名之所歸，神人合契，罔不惟稱。伏請謚曰靖和皇后。」

同日，太常寺言：「大行皇后園陵十二月十日發引，其日皇帝宣德門外行遣(典)〔奠〕之禮，合差下項官。」詔中書令一員讀哀册，宜差禮部尚書鄭久中；舉册官二員，宜差著作郎何志同、著作佐郎胡伸；捧册官四員，宜差太常寺丞張邦憲、宗正寺丞王菲、光禄寺〔丞〕許偲、衛尉寺丞趙子櫟。

同日，太常寺言：「將來大行皇后謚册寶修製成，依近降朝旨，擇日讀于靈座前。前一日差官告太廟，依故事合差官施行。」詔太尉一員上謚册寶并赴太廟奏 8 告，宜差蔡京；中書令一員讀册，宜差張康國；侍中一員讀寶，宜差何執中。舁册官四員，宜差秘書丞蔡修、秘書省著作郎何志同、祕書省校書郎葉焕、毛友龍。舁寶官四員，宜差祕書省校書郎朱承、任熙明，太常博士姚易、馮厚。捧册官二員，宜差右司郎中吴亮、左司員外郎唐恪。舉寶官二員，宜差吏部員外郎林成材、司封郎中鄭知微。太常博士一員，宜差太常博士張山。

十二月一日，太常寺言：「將來大行皇后十二月十日發引，十二月二十七日午正三刻大葬，依故事合差行事官下項。」詔太尉一員，持節前導梓宫即皇堂，及奠謚寶於皇堂神座之西，并監鏁皇堂，宜差中書侍郎林攄。司徒一員，帥奉梓宫官及所司奉梓宫(外)〔升〕大昇轝并引接官即皇堂，自京至陵下行事，宜差禮部侍郎李圖南。司空一員，俟梓宫下大昇轝，以巾拂梓宫并俟掩皇堂訖復土九鍤，宜差户部侍郎、權開封尹李孝稱。侍中一員，奏大行皇后升輴車并沿路奏大昇轝進發前去至陵所，回奏翟車進發及沿路至京，宜差刑部侍郎馬防。禮部侍郎一員，奉謚册、哀册等按自京至陵下行事，宜差工部侍郎賈炎。

六日，以上靖和皇后謚，遣官奏告天地、宗廟、社稷、宫觀。

十日，靈駕發引，帝于宣德門外行遣奠之禮，攝中書令鄭久中讀哀册。册文曰：「維大觀二年，歲次戊子，九月戊申朔，二十六日癸酉，大行皇后崩于坤寧9殿，旋殯于皇儀殿西階。有司請謚曰靖和。越十二月丙子朔，二十七日壬寅，太史卜吉，遷座于永裕陵之域，禮也。輼車戒塗，組旒在列，饋奠既終，黼筵將徹。皇帝軫伉儷之深情，追壼闈之懿烈，撫軿輅而莫留，悼餘哀於永訣。迺命辭臣，具揚淑哲。其詞曰：惟天祚宋，一德以興。自家型國，奕葉相承。於顯惟后，系隆太原。龜靈效符，實嬪潛藩。乾龍應天，風雲聿從。屹屹椒塗，正于六宫。帝臨萬邦，靡務不舉。誰其相之，我有内輔。上帝監觀，乃錫元子。繼生王姬，以燕厥祉。紘紞是親，璋瓚是肅。以率藻蘋，以先穜稑。慈德居尊，時惟東朝。左右奉承，靡懈夙宵。下逮嬪嫱，以莫不然。琴瑟鼓鍾，所友惟賢。横恩靡祈，私謁靡惑。孰玩以娱，圖書翰墨。至于儉勤，尤克自勵。大練是師，衣不曳地。齊明裕和，惟静以方。謹固憂勞，惟久以常。凡此衆美，世亦鮮備。迺獨兼之，從容以肆。赫赫皇圖，景命日新。謂永順承，式儀我民。星軒忽淪，舒景告釁。百齡匪長，曾莫容瞬。嗚呼哀哉！洞户泬寥，音容渺茫。方蕃華之熠燁兮，神遠舉而安適。委瑶齊而弗處兮，一朝閉此幽堂。悲空山之冥冥兮，松栢鬱其造天。翳重扉之無曉兮，邈修夜之不陽。嗚呼哀哉！素紗月慘，丹旐風遒。紞五鼓之將沉兮，聽簫笳而復咽。六驥仰而悲鳴兮，洛川憺而不流。瞻姑繇之回環兮，儼輿鍰之既設。喟長秋之閒寂兮，寧禕狄之可求。嗚呼哀哉！動皇情之紆軫，羌念昔而感10兮。諏舊典以斟酌兮，粲情文之既備。暢芬芳於隱册兮，蹇弗墜乎徽音。俯金穴兮寵故在，攬篋衣兮念尤深。嗚呼哀哉！物終必窮兮，大化倏其密移。雖上知無可奈何兮，曰適來者時。尚平生之髣髴兮，從皇姑以下游。妥罔原之既固兮，其千萬歲于兹。惟流芳於彤管，永作福于丕基。嗚呼哀哉！」

二十日，奉安梓宫于永裕陵之下宫。

二十七日，掩皇堂。

（二）〔三〕年正月二日，虞主至自永裕陵，群臣奉迎，奠慰如儀。

十日，奉神主祔于别廟。

十四日，德音：「應兩京、河陽、鄭州減死刑，釋杖罪。緣園陵科率，蠲復賦役。應奉行事官量與恩澤。」

十五日，静江軍節度使王薦除檢校司空、河陽三城節度使、中太一宫使。以靖和皇后葬事畢加恩。

四年八月三日，禮部言：「靖和皇后九月大祥，依章穆皇后故事不立忌外，是日内外禁樂一日。」從之。

十二月十六日，〔詔〕靖和皇后可改謚惠恭，宜依典故疾速施行。

政和元年十一月二日，太常寺言：「惠恭皇后昨九月二十六日大祥，係依章穆皇后故事，不立忌。大祥後初年是日禁樂，以後並依章穆皇后故事。」從之。

高宗紹興七年五月二十七日，詔吏部尚書孫近等依故事集議，易惠恭皇后舊謚。六月一日，近等請上謚曰顯恭皇后，詔恭依。議曰：「惠恭皇后稟坤德之至柔，配離明之淳耀。鍾粹公侯之族，發爲宮掖之祥。言則有常，克奉《詩》《書》之訓；動而合禮，無煩保傅 11 之嚴。用能正位居室，作嬪于京，綱紀人倫，母儀天下。躬行四教以興內朝之治，身率六宮而親北郊之蠶。服澣濯之衣，崇節儉也；有進賢之志，念艱難也。無險詖，無嫉妬，不以燕私之意刑于外也；進賢才，知勤勞，不以外家之事請于朝也。是以奉神靈之統，理萬物之宜，配至尊作宗廟主，而天下化之。乃若猗蘭夢日，華渚流虹，天祐下民，是生淵聖。以三善之德，重列聖之光。雖逸駕〔鎗〕〔蹌〕鑾，方周流於八極；而深仁厚澤，已滲漉于無垠。然則推原內助之風，上論繼明之自〔一〕，必有徽號，永配宸極。臣等謹按《謚法》曰：『嚴欽事上曰恭，嚴欽鬼神曰恭，夙夜供事曰恭，接下不驕曰恭。』夫思媚諸姑，歸寧父母，非『嚴欽事上』乎？躬視滌溉，薦豆孔庶，非『嚴欽鬼神』乎？肅環佩之節，謹鷄鳴之戒，非『夙夜〔恭〕〔供〕事』乎？有逮下之言，盡衆妾之心，非『接下不驕』乎？國家重規沓矩，比迹周、漢。昭憲之謚，仰法於宣祖；三后之號，並同於章聖。至乎宣孝之祔，欽仁之配，罔不由斯。其意若曰，婦無遂事，理不專美，後順得常之道也。伏請上惠恭皇后尊謚曰顯恭皇后。」（以上《永樂大典》卷七三六九）

顯肅皇后 缺

顯仁皇后

【宋會要】

12 〔紹興〕三十年二月十四日，禮部、太常寺言：「昨來顯仁皇后祔廟畢，故事，群臣並純吉服。得旨候人使回日，令禮部條具取旨。檢會明道二年章獻明肅皇后神主祔廟，紹興七年顯肅皇后神主祔廟，並純吉服。今顯仁皇后神主祔廟畢，及弔祭使人已回，其內外百官並令純吉服。」詔依，令自十五日吉服。

二十日，宰臣湯思退等率百官上表請皇帝吉服御殿。至是三上表，詔依所請。先是，太常寺言：「國朝典故，景德元年明德皇后大祥，皇帝服素紗軟脚幞頭、淡黃衫、黑銀腰帶，至禫除服常服。二年正月十八日朝拜明德皇后欑宮，禮院請皇帝常服乘馬出內門，至幄前改淺色淡黃羅韡袍行事訖，常服還內。詔製素白之服。恭覲顯仁皇后遺

〔一〕自：原作「目」，據本書禮五八之七七改。

誥，以日易月。今祔日久，皇帝御前之服尚未純吉。講求卹典，在聖孝固已過期；未正彝章，實群情之所不忍。欲乞遵依遺誥，拜表奏請皇帝御殿，令有司供吉服如故事。」既而思退等自十五日率百官上表，不允。至是三上表，始依所請。

二十二日，詔：「近臣僚三上表，請依典故以吉服御殿。朕雖允從，深(准)〔惟〕人子之孝，未能割情。二十四日常服，且服淡黃袍、紅鞓帶，俟期服易之。」

二十四日，皇帝始御垂拱殿。服淡黃袍、犀帶。

二十七日，禮部、太常寺言：「已得旨，顯13仁皇后神主祔廟畢，百官未純吉服，民間作樂候百官純吉服日依舊。今來已經祔廟卒哭，及百官既純吉服，民間作樂欲乞依舊。」從之。（以上《永樂大典》卷七三七五）

明達皇后

【宋會要】

徽宗政和三年七月二十二日，貴妃劉氏薨，謚曰明達懿文，命太常博士李富國撰謚議。謚議闕。

八月十八日，明達懿文貴妃劉氏葬，御製挽詩五首。

十九日，制曰：「門下：朕于古其訓〔一〕，克綏厥猷。眷懷內助之良，申錫厚終之14典。亶敷明命，播告大庭。故明達懿文貴妃劉氏，從容以和，洵美且異。謹終如始，寡笑與言。無傷善而有憂勤夙夜之心，不怛化而達死生性命之理。異香經日，白氣屬天。分不可踰，葬之以禮。皇后樂得淑女，憂在進賢，殄瘁其亡〔二〕，悅懌有美。謂名數之未進〔三〕，則存歿之無殊。親札奏封，祈正名號。朕嘉其亡險詖之忌行〔四〕，是用循追册之舊章，表勸六宮，垂訓萬世。於戲！好是懿德，有嘉象服之宜；嗟我懷人，共彰彤管之煒。往者不可作已，神其能尚享之。可追册爲明達皇后。」

二十八日，詔追册明達皇后園陵監護官，差龍圖閣學士、兼侍讀蔡攸；製造册寶、造神主，差保靜軍節度觀察留後、直睿思殿楊戩；撰册文官差翰林學士强淵明；書寶官差翰林學士承旨白時中；奉册寶官差少傅、太宰、兼門下侍郎何執中；讀册官差知樞密院事鄭居中〔五〕；讀寶官差門下侍郎余深；奉神主差太師、魯國公蔡京。仍差官奏告天地、宗廟、社稷、諸陵。

九月十一日，太常寺言：「貴妃劉氏追册贈明達皇后，詔差官告天地、宗廟、社稷、諸陵。奏告昊天上帝、皇地祇、太廟、別廟、太社、太稷用九月十五日，諸陵用二十日。餘依已降指揮。」

同日，禮部言，太史局選定發明達皇后寶册、謚册，詔

〔一〕古：原作「右」，據《宋大詔令集》卷二〇改。
〔二〕殄瘁：原作「於憐」，據《宋大詔令集》卷二〇改。
〔三〕未：原作「求」，據《宋大詔令集》卷二〇改。
〔四〕亡：原作「忘」，據《宋大詔令集》卷二〇改。
〔五〕知：原脱，據後「十三日」條補。

用九月二十日。

十三日，尚書省言：「勘會追册明達皇后，撰册文官已差翰林學士强淵明，書册寶翰林學士承旨白時中，奉册寶少傅、太宰、兼門下15侍郎何執中，讀册官知樞密院事鄭居中，讀寶官門下侍郎余深。」詔追册文改門下侍郎余深，書册寶改中書侍郎劉正夫，撰册寶文差翰林學士强淵明，讀册寶差翰林學士承旨白時中。

十五日，詔明達皇后謚册，奉册寶官改差知樞密院事鄭居中，追册、讀册官差尚書左丞侯蒙，讀追册寶官差尚書右丞薛昂，謚册讀册官差資政殿大學士、中太一宫使鄧洵武，謚册讀寶官差吏部尚書張克公，奉追册官差户部尚書劉炳，禮部尚書(鄧)〔鄭〕久中，奉謚册官差檢校太尉武信軍節度使童貫，吏部侍郎慕容彦逢。

二十日，發册寶。册文曰：「皇帝若曰：在昔先王，御于家邦。人倫正而王道成，德化行而風俗美。實資内助，以形四方。惟時碩媛，輔成予治。考求典禮，宜有極于褒崇。故貴妃劉氏性自天成，動由禮義。嬪于初載，憂勤夙夜。懷《卷耳》輔佐之心，篤《螽斯》衆多之慶。别白邪正，斥遠姦慝，用協贊於予治。德孚而衆服，言寡而行先。卑以自牧，不伐不矜。静而得常，惟忠惟正。明死生之分，達性命之理。遺形去愛，古人之所難。胡爲不淑，奄至淪亡！皇后均寤寐之求，(忘)〔亡〕險詖之行，親奉懇陳，請授號以訓宫掖。朕嘉乃誠心，彰乃懿德，申錫追册之典，以祈協于臣民。今遣太宰、兼門下侍郎何執中持節追册。於戲！德者天下之達尊，名者古今之通義。位以德稱，故足以表勸六宫；名以禮崇，故足以垂訓萬世。爾其16歆承休命，非獨以永示無窮之聞，予亦庶乎姜、任之賢復見于今。是惟邦之榮懷，神其尚鑒兹哉！」

同日，詔太師、魯國公蔡京撰《追册明達皇后記》并書。

十二月一日，尚書省言：「勘會京畿開、祥兩縣人户，今歲科差應副明達皇后園陵役使。」詔免來年合著河防并開河夫役一次。

四年二月二十六日，詔將來明達皇后御容于顯德殿、昭賢寺、德明殿奉安，禮儀使差蔡京，都大勾官差楊戩。

四月十三日，詔朝散大夫、京畿計度轉運副使趙霆可朝請大夫，仍除直秘閣。以修奉明達皇后陵寢應副有勞故也。

六月十二日，禮部言：「明達皇后初周祥，西上閤門進名奉慰訖，赴昭賢寺神御、德明殿燒香。其日前後殿不坐，止樂。近奉勅，明達皇后初周年，依惠恭皇后小祥故事，令禮部、太常寺條具申請。檢會惠恭皇后小祥特不視事一日，西上閤門進名奉慰，依小祥内外禁樂一日。乞朝廷速賜指揮。」詔其日止樂，即合内外禁樂一日。

十二月二十七日，詔：「修奉明達皇后園陵官應副有勞，可特推恩。優等特各與減二年磨勘，次等各特與減一年磨勘。内選人令吏部依條施行。」

五年六月四日，太常寺言：「將來明達皇后三周祥，欲依周祥故事施行。」從之。

明節皇后

徽宗宣和三年四月二日，貴妃劉氏卒。八〔月〕〔日〕，謚爲明節 17 和文。

【宋會要】五月十日，詔曰：「朕惟自昔王天下者，風化所基，必由内始。故正位乎外，在假有家，而景命維何，釐于女士。明節和文貴妃劉氏柔嘉淑謹，出自性成。飭行卑躬，率履不越。惟帝所賚，出輔眇躬。歷年于兹，無險詖之心，有恭儉之操，警戒夙夜，實聞家邦。逮兹淪亡，窮數知命，奏訣之語，切在斯民。中宮思悼賢才，傷惻弗已，力援舊典，請謚追崇。外稽師虞，咸揆其素，德行儀刑，尤所昭顯。謚以尊名，禮則未稱。載惟正始之道，不專爲恩，于棐民彝，勉從衆志。可追封爲明節皇后。應(于)〔干〕典禮，並依明達皇后故事施行。誕告中外，咸使聞知。」

十一日，制曰：「有憂國愛君之行，勸相我家；推追往送終之恩，率兹常典。時維懿德，孚告大庭。故明節和文貴妃劉氏，淑謹慧雅而飾之以文，浚明肅恭而節之以禮。在神霄之府，號九華玉真之妃；生南極之天，實赤文大帝之女。嬪于初載，式是六宮。振振如螽斯之多，莫莫有葛覃之本。寤寐思服，至于憂勤，夙夜在公，莫遑寧息。進不以諂而以德，義不奉私而奉公。儀行莫倫，忠言猶在。被中宮之鞠育，助陰教之儀行。不伐不矜，以和以睦。展如邦媛，可無身後之餘榮；嗟我懷人，具有司存之恤典。用作爾祉，實慰我心。嗚呼！禮緣于情，豈徇名數之限；恩稱其義，用昭(忠)〔終〕始之全。以承王休，以光嬪則。往者不作也，神其尚克欽哉！可特追册明節皇后。仍令有司擇日備禮册命，主者施行。」

18 十二日，詔少保、太宰王黼持節追册明節皇后，少傅、領樞密院事鄭居中奉册寶，中書侍郎馮熙載奉謚册寶，門下侍郎白時中撰册文，尚書右丞王安中撰謚册文。

閏五月二十一日，尚書省言：「修建明節皇后陵寢并改修顯德昭賢寺，係書藝局應副，本所指擬就用外路計置未到木植使用，元係提舉陝西、河東、京西路木植趙子渲應副，立限一季結絶。今來本人已丁母憂，竊慮應辦闕誤。」詔特與趙子渲起復，依舊提舉措置催促陝西、河東木栰，伺候應副畢日罷。仍依已降指揮交割與提刑司。

八月八日，發册寶于德隆殿。

十五日，神主(附)〔祔〕于别廟。

四年正月四日，詔監司並爲應奉明節皇后園陵等木植有勞，可依逐次推恩。提舉秦鳳等路常平湯東野轉一官，起復提舉措置陝西河東木栰趙子渲特轉行一官。河東運副魏伯文轉一官，依條回授，仍落「副」字。

七日，淮康軍節度使、開府儀同三司蔡攸特授少保，易鎮鎮海，餘如故。以董治明節皇后園陵畢賞。九日，詔奉直大夫、直秘閣呂淙可中奉大夫，朝奉郎蘇之悌除直秘閣、權知濟州。並以修奉明節皇后園陵畢工有勞也。

四月二日，明節皇后小祥，百僚赴德徽殿行香。

五年正月二十六日，太常寺言：「四月二日，明節皇后二周祥。檢會明達皇后二周祥、明節皇后初周祥故事，其日文武百官詣西上閤門進名奉慰訖，赴神御 19 殿燒香，前後殿不坐，內外禁樂并禁屠宰一日。尚衣局不進牌子，是日作休務假。所有將來明節皇后二周祥日，欲依上件故事施行。其燒香去處，未審係于德徽殿，唯復寶璘殿，合取自朝廷指揮。」詔並依故事施行，於寶璘殿燒香。（以上《永樂大典》卷七三六九）

憲聖慈烈皇后

【宋會要】 20 慶元三年十一月六日，壽聖隆慈備福光佑太皇太后崩于慈福宮之慈福殿，遺誥：「內外文武百寮等：予以菲薄，獲事高廟，逮今五紀而餘，三逢揖遜之朝，七受尊崇之典。繄上天之錫佑，與列聖之垂休，時方敉寧，安饗至養。三宮五殿，左右無違。壽躋八十有三，蓋亦人世罕有。嘉與海內，共樂休期。彌（旬）〔旬〕以來，偶嬰微疢。皇帝問安嘗藥，夙夜疚懷，醫禱萬端，莫回定數。死生夜旦，亦理之常，況以考終，一無可憾。太上皇帝疾未全愈，宜於宮中承重。皇帝服齊衰五月，喪紀以日易月，成服三日聽政。行在文武百僚十三日而除，百官入臨並隨地之宜。諸道州府長吏以下三日釋服，軍民不用縞素，沿邊不得舉哀。釋服之後，勿禁作樂、嫁娶。應營奉等費，並以慈福宮錢物支給。陵寢制度，務從儉省，毋事煩勞。仍依顯仁皇后故事施行。故（慈）〔茲〕遺誥，想宜知悉。」其日文武百僚常服、黑帶，去金玉飾，入詣殿下立班定，禮直官引班首出班前東向立，搢笏宣遺誥訖，歸位，並舉哭一十五音，再拜。移班稍東立，班首稍前，躬身致詞，奉慰壽成惠慈皇太后，次奉慰聖安壽仁太上皇帝、壽仁太上皇后，次奉慰皇帝、皇后。歸位，各再拜訖退。

同日，禮部、太常寺言：「文武百僚朝晡臨於宮庭內外。文武百僚並詣殿下立班，再拜訖，禮直官引班首詣 21 香案前搢笏三上香，出笏歸位，舉哭一十五音訖，再拜訖班退。成服以後，文武百官臨三日，後更不入臨。如值雨或霑濕，權免入臨。自成服日，大小祥、禫、朔望，百官奉慰，并進名奉慰皇太后、太上皇帝、太上皇后、皇帝、皇后。檢會累朝舊制，喪服以日易月，在外三日而除，行在除陞朝官以上及職事官合赴臨外，諸軍統制、統領免入臨，就寨掛服。其餘將副并部隊將、管隊使臣并散使臣陞朝官以上，及將校副指揮使以上，常服哭於本營，三日而止。其常日朝殿祗應排立行門禁衛班直、將校副指揮、御前忠佐，俟百官赴臨，即哭於殿門外。在外州縣長吏以下成服，朝晡臨，三日而除。沿邊不用舉哀，應士庶婚嫁服除外不禁。欲依上件典故施行。」從之。

七日，禮部、太常寺言：「檢照典故，成服日太上皇帝合服布斜巾、四脚、裙、袴、冠帽、桐木杖、腰絰、首絰、直領大袖布襴衫、白綾襯衫。皇帝已降指揮服齊衰期。服齊衰、布頭冠、幞頭、大袖襴衫、裙、袴、腰絰、白綾襯衫。皇太后、太上皇后、淑妃、内外命婦，合服粗布蓋頭、長衫、裙、帔、首絰、絹襯服。皇后合服布蓋頭、長衫、裙、帔、絹襯服。六宫内人無帔，合服粗布蓋頭、長衫、裙、首絰、絹襯服。内外命婦合入臨人仍加冠。吳興郡王合服布頭冠、布斜巾、四脚、大袖襴〔衫〕、袴、腰絰、桐木杖、絹襯服。並用文思院製造。中書門下省、樞密使副、尚書、翰林學士、節度使、金吾上將軍、文武二品以上，并齊衰，服布頭冠、布斜巾、四脚、大袖襴衫、[22]裙、袴、腰絰、桐木杖、絹襯服。文武五品以上并職事官監察御史以上，内客省、宣政、昭宣、知閤門事及入内都知、押班，布頭冠、幞頭、大袖襴衫、袴、腰絰。自餘文武百官、三省樞密院書令史以上，及御史臺、閤門、太常寺引班祗應人，布幞頭、襴衫、腰絰。并下臨安府製造。軍人百姓等白衫紙帽，婦人素縵，不花釵，三日止。在外諸路監司、州軍縣鎮長吏以下，合服布四脚、係幞頭。直領襴衫、上領不盤。腰絰，以麻布。朝晡臨，三日而除。諸路州縣管内寺觀，自闕報到日，修建道場三晝夜。臨安府并諸路並禁屠宰三日。」從之。

同日，禮部、太常寺言：「檢照典禮，自成服至釋服日遇朝殿，所有簾幕並用縞素，輦輿、從物用淺黄色包裹。御前禁衛、行門班直、親從快行、親事官、輦官等，服青皂或褐衫，帶子。」從之。

同日，又言：「檢照典禮，禫除前慈福宫内侍官依所定官品服制，其餘内侍官遇到宫行禮，合依所定服制。遇從駕及出入和寧門，合常服、黑帶。」從之。

同日，又言：「百司於以日易月服制之内入局治事，即不合易服。」從之。

同日，又言：「大行太皇太后上僊，依禮例合擇日奏告天地、宗廟、社稷、諸陵。」從之。

同日，又言：「依故事，集百官於尚書省議謚，俟謚號下日告廟，次日讀謚册於靈座前。」從之。

同日，詔：「大行太皇太后陵寢，當遵遺誥，務從儉省。應營奉等費，並以慈福宫錢物支給，免侵有司經常之費。諸路監司、州府軍監等，止進[23]慰表，其餘禮物並令免進。仍不得以助修奉欑宫爲名，有所貢獻。」

同日，禮部、太常寺言：「太尉、昭化軍節度使、提舉佑神觀吳環等言：『恭惟大行太皇太后奄棄宫闈，臣等乞解官持服，以終三年之喪。』詔令禮官討論。今檢會故事，欽聖憲肅皇后升遐，其二弟服衰服，終三年之喪，逐七、百日在家設位行禮。其掛服日，合於當日掛服時内，於權開門外服衰服入赴立班。顯仁皇后上僊，韋誼等弟姪亦已解官持服。今來吳瓌等係姪，合依前項典故施行。」從之。

八日，禮部、太常寺言：「將來梓宮發引，合用挽詞，候降付本寺日，差撥挽郎教習施行。發引前夕，并沿路合用警場及導引鼓吹，所有歌詞下所屬修撰，其鼓吹下本寺按習施行。」從之。

同日，又言：「發引日，皇帝行啓奠、祖奠、遣奠禮，除總護使及行事侍中等官合赴外，欲乞用南班并本宅親屬陪位。其百官於城外奉辭畢，次赴進名奉慰。照得依故事，奉辭並服初喪之服。所有成服後文武官至行在者，不當别造喪服，止合公服、黑帶陪位。」從之。

同日，又言：「大行太皇太后將來奉上册寶畢，稱憲聖慈烈太皇太后，祔廟畢稱憲聖慈烈皇后。」詔恭依。

九日，大歛成服，行祭奠之禮。其日，儀鸞司先設素幄於几筵之東稍前。時將至，分引行事、陪位官易服，就位立班定。皇帝服素服，詣大行太皇太后几筵側素幄即座。太史奏時及，禮直官、太常博士引太常 24 卿當幄前俛伏，跪奏：『太常卿臣某言，請皇帝爲大行太皇太后上僊成服。』奏訖，俛伏，興。内侍官爲皇帝釋素服，易衰服。禮直官引讀祝文官詣香案西面北立。簾捲，太常卿導皇帝出幄，詣几筵側西向褥位立。在位官皆再拜哭。奏請拜哭，在位官皆再拜哭。太常卿導皇帝詣香案前三上香，跪，内侍進茶酒，酹茶，三奠酒于茅苴。奠爵訖，俛伏，興，奏少立。俟讀祝文官稍前，跪讀祝文訖，請皇帝哭盡哀，在位官皆哭盡哀。請皇帝再拜，在位官皆再拜。太常卿導皇帝還褥位，再拜，在位官皆再拜。太常卿導皇帝還幄，簾降，太常卿奏禮畢，退。百官移班稍東，進名班首出班致詞。復位，再拜奉慰皇太后，仍進名再拜奉慰太上皇帝，次進名再拜奉慰太上皇后，次進名再拜奉慰皇帝，次進名再拜奉慰皇后訖，班退。

同日，立銘旌，高九尺，書「大行壽聖隆慈備福光佑太皇太后梓宫」。

同日，立重。

同日，禮部、太常寺言：「討論典故，園陵皇堂神臺下深丈尺不同，上宫合置四神門，南門置乳、鵲臺、石作宫人等。今來係修奉欑宫，乞比附顯仁皇后體例施行。」從之。

同日，又言：「將來發引合用大昇轝、龍楯，係比附紹興二十九年體例，并欑宫合用十二神等，並乞下文思院修置施行。」從之。

同日，詔謚册寶并沿册寶法物、哀册并沿册法物，並下文思院製造。

同日，詔撰哀册文并書哀册文官，差參知政事、兼知樞密院事謝深甫；撰謚册 25 文并書謚册文官，差參知政事何澹；書篆寶文官，差簽書樞密院事葉翥；撰謚議官，差中書舍人、兼直學士院高文虎。

同日，詔欑宫按行使、副及修奉、橋道頓遞使諸司下辟差官吏，並照紹熙五年人數並三分減一。兩浙轉運司、紹興府除見任官合差管幹職事外，其辟差官吏亦照紹熙五年人數減半。以上餘分並不差。

十日，禮部、太常寺言：「討論到將來正旦人使到闕，垂拱、紫宸兩殿陳設并從床衣子，乞用黃素。其餘朵殿、兩廊等處，並用紫。」從之。

十一日，詔朝請大夫、大理少卿趙介假試禮部尚書、通義郡開國侯、食邑一千户、食實封一百户、賜紫金魚袋，差充奉使金國告哀使，武節郎、閤門舍人朱龜年假利州觀察使、左武衛上將軍、德化縣開國伯、食邑七百户，副之。繼而禮部、國信所言，其合行事件並依正旦體例，從之。

十二日，詔辰日不得忌哭。

同日，禮部、太常寺言：「一、欑宫内安設，合用黝三疋，纁二疋。黝、纁並乞下左藏庫支堪好物帛充。贈玉一段。盛黝、纁、贈玉匣(林)〔牀〕及帕、鏁匙全。一、啓奠、祖奠、遣奠之禮，所有祭器合用牙床三張。一、將來掩欑宫畢并神主祔廟，依故事合用虞主一，神主一，大匱二，小匱二，腰輿三，汲水鐵絡桶二，索全。矮香案二，紫羅衣子全。白羅拭巾一，長八尺小尺。筆硯墨一副，青羅巾二，各長八尺小尺。行障二，紫羅衣全。襯藉神主、虞主紫羅褥子二，浴斛二，趺座二，錦褥子全。直几二，衣子全。油絹帕二，各三幅。罩匱紅羅夾帕二，[26]各三幅。并祏室法物，乞下文思院製造。」從之。

十五日，殿欑，行燒香之禮。前一日，儀鸞司先設素幄於大行太皇太后殿欑方位之東稍前。其日祭土時至，都大主管喪事官行祭土之禮，以俟太史報時及，導奉大行太皇太后梓宫至殿欑方位。其合用儀物，令都大主管喪事官供應。都大主管喪事官監視殿欑訖，分引行事、陪位官就位立班定。皇帝服衰服，詣素幄即座。禮直官、太常博士引太常卿當幄前俛伏，跪奏：「太常卿臣某言，請皇帝爲大行太皇太后殿欑，行燒香之禮。」奏訖，俛伏，興。禮直官引讀祝文官詣香案西，面北立。簾捲，太常卿導皇帝出幄，詣西向褥位立。奏請再拜哭，在位官皆再拜哭。太常卿導皇帝詣香案前三上香，跪，内侍進茶酒，酹茶，三奠酒于茅苴。奠爵訖，俛伏，興，奏請少立。俟讀祝文官稍前跪讀祝文訖，皇帝哭，再拜，在位官皆哭，再拜。太常卿導皇帝還褥位，再拜，在位官皆再拜。太常卿導皇帝還幄，簾降，太常卿奏禮畢，退。百官移班稍南，進名班首出班致詞，復位。再拜奉慰皇太后，次進名再拜奉慰太上皇帝，次進名再拜奉慰太上皇后，次進名再拜奉慰皇帝，次進名再拜奉慰皇后訖，班退。

同日，吏部尚書許及之等言：「準詔集議大行太皇太后母儀四朝謚號字數，及山園陵名。臣等伏見大行壽聖隆慈備福光佑太皇太后聖德懿範，遭時多艱，協濟高宗中興之功，翊贊三朝揖遜之盛，母[27]儀四世，垂六十年。頃者太上違豫，屬意與子，決大計簾幃之間，擁佑聖孫嗣登寶位，貽宗社無疆之福。其與昭憲皇后啓佑創業之模，章獻明肅、慈聖光獻、宣仁聖烈、欽聖憲肅、昭慈聖獻五后垂簾之懿，匹休具美，足以無愧。臣等集議，謚號宜以四字，易園陵曰山陵，昭示方來，於典禮爲當。」詔恭依。

十七日，詔將來神主祔廟，令兩浙轉運司、臨安府於高宗皇帝室内預先修製祏室施行。

十八日，小祥，行祭奠之禮。其日儀鸞司先設素幄於几筵殿之東，禮直官引讀祝文官先詣殿上香案之西東向立，次禮直官、太常博士引太常卿詣幄前立定，次御史臺、閤門、太常寺分引陪位官北向立班。俟皇帝服期服詣幄即御座，簾降，禮直官、太常博士引太常卿當幄前俛伏，跪奏：「太常卿臣某言，請皇帝爲大行太皇太后小祥行祭奠之禮。」奏訖，伏，興，退復位。簾捲，前導官前導皇帝出幄，詣褥位西向立。太常卿奏請拜，皇帝再拜舉哭，在位官皆再拜哭。前導官前導皇帝詣香案前，奏請上香，再上香，三上香。跪，内侍進茶酒，奏請皇帝酹茶，三奠酒于茅苴。奠爵訖，俛伏，興，又奏請皇帝少立。俟讀祝文官讀祝文訖，奏請皇帝哭盡哀，在位官皆哭盡哀。奏請拜，皇帝再拜，在位官皆再拜訖，前導官前導皇帝還褥位西向立。奏請拜，皇帝再拜，在位官皆再拜訖，前導官前導皇帝還幄。簾〔降〕，禮直官、太常博士引太常[28]卿詣幄前俛伏，跪奏：「太常卿臣某言，禮畢。」伏，興，退。百官移班稍東，進名班首出班致詞，復位。再拜奉慰太上皇帝，次進名再拜慰太上皇后，次進名再拜奉慰皇帝，次進名再拜奉慰皇后訖，班退。

十九日，詔：「皇堂内椁可令有司用沙板隨宜修製。候將來掩皇堂時，先下椁底板，俟進梓宮於椁底板上定正訖，然後安下椁身。次將天盤囊網於椁上安設。梓宮已有牙脚，(上)〔止〕用平底。可就修奉欑宮處製造。」

二十三日，禮部、太常寺言：「大行太皇太后山陵，已差按行使，檢照顯仁皇后祔葬永祐陵典故，即不合差覆按。」從之。

十二月一日，大祥，如小祥祭奠之禮。

三日，(禪)〔禫〕除，宰臣京鏜等三上表奏請皇帝御正殿。内批：「俟(禪)〔禫〕祭畢，自八日權御後殿。」

四日，詔自今後遇旦、望、一、五日，車駕詣慈福宮大行太皇太后梓宮前燒香。

五日，檢察宮陵所言：「將來創置大行太皇太后欑宮，其應(于)〔干〕合行事理，並照諸陵前後已行體例施行。」從之。

八日，禮部、太常寺言：「勘會已降指揮，自今後遇旦、望、一、五日，車駕詣慈福宮大行太皇太后梓宮前燒香。今照得數内旦、望日，宰執文武百僚奉慰，今欲乞每遇初一日、十五日，除合從駕應奉官從駕詣慈福宮以俟奉慰立班，其沿路逐幕次起居官並免，徑赴慈福宮門外，以俟迎駕起居訖，如值雨雪濕權免。次宰執文武百僚就慈福殿下進名奉慰皇太后、太上皇帝、太上皇后、[29]皇帝、皇后訖退。其合從駕應奉官以俟從駕還内，合起居官却赴逐幕次以俟駕回。」從之。

同日，修奉使司言：「今來修奉攢宮，並依顯仁皇后體例施行。所有皇堂石藏，省記得顯仁皇后石藏裏明長一丈四尺八寸八分，闊一丈三寸，深九尺。若依此鋪砌，竊恐至期安下神殺外椁，空分窄狹，事屬利害。照得高宗皇帝石藏裏明長一丈六尺二寸，闊一丈六寸，深九尺，欲乞依上件丈尺修奉施行。」從之。

九日，恭承皇太后聖旨：「自今後遇旦、望日，車駕詣慈福宮大行太皇太后梓宮前燒香，所有已降一、五日指揮更不施行。」

同日，臣僚言：「今來攢宮修奉并將來梓宮發引，並係慈福宮遺餘錢物排辦。竊見紹興府十年之間，三經此役，今歲薄歉，民力不支，乞（今）〔令〕監司、守臣前期講究，嚴革舊弊。至如雇募人夫，收買薦屨竹木，差雇舟船，措置屋宇什物等，委自守臣精擇廉勤官吏，責付錢物，比舊稍增價直，自行收買，即時支給。如敢尚循舊例科敷，許赴御史臺越訴，官吏重寘典憲，更不引用將來德音原減。兼照得紹熙五年德音：『紹興諸邑第四等以下人户，來年身丁內合納本色并折帛綿絹放免一年。』今欲依上件體例，於歲前引用將來畢工赦恩，先次除放，使民皆霑實惠，却於慈福宮元給降錢內撙節浮費，撥還户部，以仰副遺誥卹民之意。」詔並從之。

十一日，詔將來梓宮發引，令臨安守臣趙師 30 睪同橋道頓遞使措置。

十二日，中大夫、試尚書禮部侍郎、兼侍講、兼實録院同修撰楊輔等言：「照對將來正月朔太陽交蝕復滿，係在辰正二刻後，依禮例避殿、不視事、減膳，百司守職，過時乃罷。又緣大行太皇太后梓宮在殯，車駕詣慈福宮梓宮前行燒香之禮如宮中之儀，百官立班進名奉慰日分，難以依常例廢務。欲乞是日絕早，百官守職，過時乃罷。俟辰正二刻後，車駕詣慈福宮行禮訖，次宰執率百官入詣慈福殿下再拜訖，引班首升殿，詣梓宮香案前搢笏三上香訖，跪酹茶，三奠酒，執笏，俛伏，興，降階復位，再拜訖，次進名奉慰皇太后、太上皇帝、太上皇后、皇帝、皇后訖，退。」從之。

十七日，按行使、副錢象祖等言：「判太史局吳澤等狀：按行大行太皇太后神穴，係在永思陵正北偏西祔攢，相視其地土肉黄潤〔一〕，三男旺盛，秀氣所聚，委是高阜，依得昭穆次序，可以安建。」從之。

十九日，禮部、太常寺言：「今參酌禮例，條具：一、啓攢發引，百僚並服初喪之服。一、發引日，總護、頓遞使、都大主管就幄次朝辭，餘並免。一、鼓吹、警場、挽郎，於發引前二日係總護、頓遞使同都大主管官、禮部、太常寺官就貢院按閱。」並從之。

同日，又言：「將來啓攢前三日，依禮例合差官奏告天地、宗廟、社稷、宮觀。」從之。

〔一〕肉：原作「内」，據本書禮三七之七五改。

二十二日，禮部、太常寺言：「今來靈駕前所立重，乞依典禮，俟將來發引日捧擎至欑宮，令太史局選31利方，至掩欑日埋瘞。」從之。

二十八日，按行使司言：「欑宮地段分立神圍，緣永思陵鋪屋棄木等有礙，乞行奏告去拆。」從之。

四年正月三日，右丞相京鏜等請上大行太皇太后謚曰憲聖慈烈皇后。（謚）〔議〕曰：「臣聞周家肇造，施祉子孫，齊媚嗣徽，貽謀燕翼，于時聿來胥宇，自滸及岐，實惟太姜艱難經始。然而閱母儀於四世，擁聖禮於三朝，則莫之聞也。漢室重興，系隆基統，性仁躬儉，甄既振炎，于時征伐將兵，徙淯旋洛〔一〕，實惟光烈勤勞叶圖。然而侈尊養於九齡，衍號榮於七册，則莫之見也。維天眷顧宋德，維宋迓續天休，端瑞坤元，於赫景運，立憲垂則，再造有家，秉惠著慈，丕佑累聖，功成德盛，不能盡宣，巍巍乎，煌煌乎，弗可及已！ 緊欲篤追遠之志，焕賁崇之彝，則謚以彰功，名以賓實，誠邦家之景鑠，古今之豐規。允屬明時，發揚大美，天人協契，咸在兹歟！ 恭惟大行太皇太后淑哲而聰文，儉恭而仁聖，德足以配乾之運，明足以儷日之常。言動雍容，肅然法度； 威容端穆，鬱有禮儀。昔者神羊告符，絳煇貫室，灼知帝意，垂羨皇圖。 蓋自高宗規恢復古，則啓贊謨斷，同乂艱難〔二〕。航海之初，扈兵失軌，后擐戎服，射中數人，悉就梟擒，事克康濟。外難迄靖〔三〕，内政畢修，祗奉慈寧，日精寢膳，藥皆親餌，帶鮮釋衣。言婉計周，進賢是勸，誠明慮遠，贊巽惟先。頤懌大庭，全享曼壽。亦粤孝宗，禮膺寶祚，夙勤保養，特著恩仁，助決高32皇，親傳神器。天日之表，慈訓所形。黄屋非心，並安至養，甘旨必奉，燕虞必躬。芙蓉幸游，大安侍宴，四登瑶册〔四〕，歲介玉卮。退處重華，密拱長樂，事親之篤，邃昔所無。至于上皇，祗承畀付，參定文命，光授神孫。 夤事層闈，疊隆顯號，時則有慈福之稱。逮我聖上，遹駿巽謨，飭御簾帷，備勤擁立。曾孫有慶，天下以寧，時則有「光佑」之號。若乃大練澣服，斥翠賤璣，《葛覃》之儉也；選采嬪媛，登御掖闈，《關雎》之風也；開寤淵衷，援據前古，《鷄鳴》之戒也；閔勞臣下，甄別勛勤，《卷耳》之義也。而又研繹《詩·雅》，基化二《南》，璿闈邃深，榜以「賢志」，成誦《通鑑》〔五〕，陳戒后家，畹戚勤趍，厲以學行，其思遠矣。遊心藻墨，耽樂典文，寶晝銀鉤，儷美堯翰，凝神澹薄，咀味道真，鳳篆龍編，日虔僊籍，其志

〔一〕淯：原作「涓」，據本書禮四九之九一改。按《後漢書·光烈陰皇后紀》：光武初起兵，「后隨家屬徙淯陽」；光武即位，后至洛陽。即此所謂「徙淯旋洛」是也。
〔二〕乂：原作「義」，據本書禮四九之九一改。
〔三〕外：原作「舛」，據本書禮四九之九一改。
〔四〕登：原作「歲」，據本書禮四九之九一改。
〔五〕成：原作「誠」，據本書禮四九之九一改。

崇矣。故輔治南内凡二十年〔一〕，婦順宣明，陰教敷卣，承祀宗廟，潔共粢盛，助篤求才，政銷私謁，而内治彰。優遊東朝三十有五年，天眖叢臻，人心驩贊，養有聖子，禪有重孫，慶衍祥流，禮明物盛，而全福備。方當綿萬年之曆，來五日之儀，行地無疆，鞏宋罔極，遽興厭世，不返乘風。漢殿深沉，迥閟含飴之樂；母池杳渺，空傳飛鶴之迎。然而嗇用廣儲，豫裁陵役，卻藥輟進，務全護醫，若德與仁，亦至矣乎！仰聖上之懷思，期恩慈之報稱，中禁舉爲期之制，外庭從易月之宜。迺詔司存，飭豐恤典，媲垂簾而質謚，即因山而圖陵，有以見維則之繩、謹終之厚矣。竊觀世有后33德，莫如聖朝。若章獻明肅，則擁佑仁皇，同決幾政；若慈聖光獻，則援立英宗，傳序神廟；若宣仁聖烈，則決策泰陵，臨朝九載；若欽聖獻肅，則預立哲后，宅勤帝帷；若昭慈聖獻，則基命中興，載定宗社。至於贊堯禪舜，以武繼文，戮力一心，垂模四世，時維太后，視前增輝。輯懋飭終之經，肇閎易名之義，宜鋪張而揚厲，俾碩大而光明。謹按《謚法》：『聖能法天曰憲，通達先知曰聖，視民如子曰慈，安民有功曰烈。』夫叶扶炎正，共致泰平，苞偃干戈，黼黻禮樂，非憲之大歟？丕贊巽禮，申衍孫謀，允玩冲虛，躬享康祉，非聖之至歟？備嘗艱險，鞏成至功，涵澤深長，躋民仁壽，非慈之盛歟？基圖有永，宗廟再安，肅擁重闈，本支百世，非烈之偉歟？嗚呼！道大者莫容管窺，德隆者尤難藻繪，伊欲合典文而齊久，被金石以宣聲，庸建塗山之勳，式昭媧石之造。俯欽明命，恭獻棐辭，闡繹號文〔二〕，受成廟祏，于以昌億祀之慶，于以媚在天之靈〔三〕。大行太皇太后請謚曰憲聖慈烈皇后。臣謹議。」詔恭依。

二十日，内出御製挽詩五首。其一曰：「景命開皇宋，純坤祐我家。御天興大漢，鍊石有神媧。勤儉仍終逸，文明並上嘉。更能承聖統，慈烈迥光華。」其二曰：「南渡中天業，思陵復古心。一時參慮遠，五紀泳仁深。德冠周任、姒，功高漢郭、陰。艱難前日事，無路聽徽音。」其三曰：「躬致東朝禮，親觀孝廟時。繩金興府册，奉玉未央巵。道大昌鴻業，謀深34侈燕詒。惕思傳授計，何以報恩慈。」其四曰：「聖父膺虞禪，神孫奉漢闈。綠車承愛撫，素幄贊傳歸。方謹龍樓侍，俄驚鶴馭飛。復存長樂注，盛德在簾幃。」其五曰：「四世陰功遠，三朝孝養尊。自慚膺大統，尤篤擁曾孫。增謚難名德，爲基罔極恩。僊輿攀不得，慟哭灑堯門。」

二十五日，禮部、太常寺言：「將來六虞祭，宗正卿行禮畢，奉迎虞主詣慈福宮，皇帝親行奉迎安神禮。及第七、

〔一〕二十：原作「三十」，據本書禮四九之九一改。按，據《宋史》卷二四三《憲聖慈烈吳皇后傳》，后以紹興十三年立爲皇后，至紹興三十二年高宗退位，凡二十年，即此所謂「輔治南内」也。又自孝宗立至慶元三年后卒，凡三十五年，即下文所謂「優遊東朝三十有五年」也。

〔二〕繹：原作「澤」，據本書禮四九之九二改。

〔三〕媚：原作「婿」，據本書禮四九之九二改。

第八、第九虞，依禮例係間日行禮，并神主祔廟前二日行卒哭祭。今來祔廟用四月十九日，其間日虞祭相去日遠，欲乞依故事三日一虞，四月二日行安神禮畢，五日第七虞，八日第八虞，十一日第九虞。所有十四日昭慈聖憲皇后忌，十五日車駕行燒香禮，十六日章穆皇后忌，欲用十七日行卒哭祭。」從之。

同日，禮部、太常寺言：「勘會已降指揮，修製謚册寶畢，選日告廟，次日奉上。」詔奉上謚册寶，攝太傅差右丞相京鏜（一），奉謚册寶，攝太傅差參知政事兼知樞密院事謝深甫，讀謚寶，攝侍中差參知政事何澹，讀謚册，攝中書令差簽書樞密院事葉翥。

同日，禮部、太常寺言：「討論今來欑宮下宮，乞依永祐陵禮例，大行太皇太后御容於永思陵下宮後殿憲節皇后之次安設帳座崇奉。」從之。

二月三日，禮部、太常寺言：「將來奉上謚册寶，依禮例前二日奏告天地、宗廟、社稷、宮觀。」從之。

四日，禮部、太常寺言：「國朝禮制，皇帝行虞祭、卒哭祭，並用韡袍。紹興二十九年用素黃袍、黑帶、素履。今來皇帝既用期制，亦難以便行降殺，且從前項典故，服見今所服皂幞頭、黃袍、黑鞓、犀帶、素履行事，候祔廟畢别行取旨。」從之。

八日，攝太傅京鏜率百官奉上憲聖慈烈皇后謚册寶。前一日，奉上謚册寶太傅、讀册中書令、讀寶侍中、奉謚册官、奉謚寶官、舉册官、舉寶官，並常服、黑帶，詣祥曦門外幕次。　太常寺贊引祗應人、禮部職掌及儀衛、親從官等，並於殿門外排立。內侍官請降謚册寶，出祥曦殿門，奉謚册寶官受册寶，於殿門上幄次權置。　禮直官引太傅以下詣殿門下隨地立班，再拜訖，如值雨或泥濘免拜。　權退，側身立。　儀衛進行，太傅以下步從，至宮門上馬，騎從至太廟欞星門外幄次。　有司捧册寶權入幄次，應騎從官入35幕次，換吉帶，儀衛等換色服、腰帶，捧擎謚册寶入南神門，奉上謚寶太傅以下步從，詣殿西階下權置位，册北寶南，置定。　俟告于太廟行禮畢，次捧大行太皇太后謚册寶出南神門進行，寶下祗應人，並於太廟册寶幄之側幕次宿衛，奉上大行太太傅已下後從，至齋殿册寶幄權奉安。　文武百僚以次退。奉上謚册寶太傅、奉謚册寶中書令、侍中、舉册寶官、應册皇太后謚册寶。　其日奉上謚册寶太傅已下常服、吉帶，於權安奉大行太皇太后謚册寶幄前立定。　次有司奉謚册寶出幄，儀衛進行，太傅已下後從，出太廟欞星36門外。　有司捧册寶權歸幄次，太傅已下入幕次，換黑帶，儀衛等換紫衫、黃帶子。　入幄，奉謚册寶進行，太傅已下上馬騎從。　至慈福宮門，太傅已下步從，有司捧册寶進行，至大行太皇太

（一）自此句「差右丞相」至下文「八日」條「騎從官入」四百餘字原在本書禮三〇之五一至五二，與原稿此處「輦將至」至「歸幄簾」四百餘字互爲錯簡，今對移。參彼處校記。

后靈座殿下東向權置位，册北寶南，置定。太傅已下權退歸幕次。有司排辦畢備，御史臺、閤門、太(常)寺分引文武百僚詣殿裏外隨地之宜立。次引讀册寶中書令、侍中詣册寶之後立，舉册、舉寶官又於其後立，奉謚册寶官於册寶位稍東南向褥位立，太傅於殿東褥位西向立。禮直官揖太傅躬拜，在位官皆再拜訖，引太傅升殿，詣香案前搢笏，三上香，跪。一酹茶，三奠酒，執笏，俛伏，興。再拜訖，降階復位，少立。次再引太傅詣殿下北向褥位，俛伏，跪奏稱：「太傅臣某言，奉詔謹奉上大行太皇太后謚册寶。」奏訖，伏，興，復位。次引奉謚册寶官詣册案前，舉册官搢笏跪，舉册匣，興。凡舉册寶皆禮部職掌助舉。職掌先捧册案升詣殿上香案前，置於褥位，次引奉謚册官西向立，次引太傅詣册匣之後東向立。奉謚册寶官搢笏，以册授太傅，太傅搢笏受訖，奉謚册寶官執笏退，復位立。次舉册官舉行，太傅捧册匣升殿，至褥位北向跪，奠册匣於案上。太傅執笏興，少退，於褥位西向立。次舉册官執笏興，少立。次引讀册官升殿，詣册案之後北向立。舉册官搢笏跪，舉册，次讀册官搢笏跪，讀册。訖，執笏興，降階復位立。舉册官奠册，舉册匣興。職掌先捧[37]册案於殿上稍東褥位置定，舉册官舉册匣詣褥位跪，置于案上。舉册官執笏興，降復位。俟讀册官讀册將畢，引奉謚册寶官詣寶案前北向立，次引太傅降階，於寶盝之後東向立，次舉寶官搢笏跪，舉寶盝興。職掌先捧寶案升詣殿上香案前，置於褥位。次奉謚寶官西向搢笏，奉寶盝以授太傅。太傅搢笏受訖，奉(册)〔寶〕官執笏退，復位立。次舉寶官舉行，太傅捧寶盝升殿，至褥位北向跪，奠寶盝于案上。太傅執笏興，少退，於褥位西向立。次舉寶官執笏興，少立。次引讀寶官升殿，詣寶案之後北向立。舉寶官搢笏跪，舉寶，次讀寶官搢笏跪，讀寶。訖，執笏興，降階復位立。舉寶官奠寶，舉寶盝興。職掌先捧寶案於殿上稍東褥位置定，舉寶官舉寶盝詣褥位跪，置於案上。舉寶官執笏興，降階復位立。次引太傅降階復位，西向立定，禮直官揖太傅躬拜，在位官皆再拜訖，如值雨泥濘，隨宜於殿裏外并廊上趲那立班。次太傅以下歸本班。進名班首出班致詞，復位，再拜奉慰皇太后，次詣壽康宮進名再拜奉慰太上皇帝，次進名再拜奉慰太上皇后，次詣文德殿進名再拜奉慰皇帝，次進名再拜奉慰皇(帝)〔后〕訖，退班。

謚册文：「維慶元四年，歲次戊午，二月己巳朔，八日丙子，孝曾孫嗣皇帝臣某謹稽首再拜言曰：臣聞生而得名，既極天下之美；没而定謚，宜超禮典之常。況垂範于層闈，爰勒崇于永世。恭惟大行太皇太后延陵開裔，[38]秦中起家，善積慶餘，祥當女貴〔一〕。神羊紀待康之夢，紅光昭誕聖之符。惟我高皇，艱難締建，靡行不從，有事必咨，果應俔天之求，以翊興王之業。柔順麗乎中正，逸樂念夫憂勤。脱簪珥而納箴規，躬縿練而倡純儉。事姑盡孝，故

〔一〕女：原作「如」，據本書禮四九之九二改。

能得其懽心；逮下以仁，故能均其恩意。動容有度而中珩珮之儀，出言有章而藹彤史之載。遊戲翰墨則妙奪《蘭亭》之蹟[一]，玩味經史則尤精《通鑑》之書。湯沐請還於縣官，私謁不行於宮掖。厲外家以講學，毋使得戚里之名；榜便坐爲「賢志」，以自見輔佐之義。清浄守老聃之訓，鑒戒存列女之圖。豈徒周室之姜、任，實乃女中之堯、舜。二王建邸，當璧未分，逮帝心之倦勤，咨聖德而内禪。外罕聞於大議，中獨贊於神謨。旋儷極於北宮，以怡神於少廣。思陵厭代，孝廟執喪，將移御於重華，復助成於與子。從容所決，固已著塗山翼夏之績；倉卒而斷，抑又有女媧立極之功。頃烈祖之上賓，屬聖父之違豫，志安社稷，策定簾幃。高懷曲徇於慈尊，神器克傳於眇質。懇辭雖切，擁佑采堅[二]。恩與天隆，孝方日至。身享曾孫之養，位居太母之元。實茂而聲愈宏，仁高而壽益永。將修陽復之慶，忽爽節宣之宜。視夜旦以爲常，却藥餌而弗御。霓旌來導，鶴馭難留。痛切三宮，悲纏萬宇。載惟終始，獨備哀榮。正長秋之位，則歲浹再旬；受長樂之朝，則數周三紀。母儀坐閲於四世，聖算宏開於九帙。兩霈如天之慶【39】澤，七登鏤玉之彌文。披載籍則靡聞，考皇家而創見。信乎備生人之全福，極天下之至美矣。顧大德雖泯於不言，而遺烈具存於公議。參稽故實，度越彝章，易名聯五后之芳，因山視長陵之制。彰一時之保護，揭千載之儀刑。謹遣金紫光禄大夫、右丞相、提舉編修玉牒、提舉實録院、提舉編修國朝會要、提舉編修敕令、豫章郡開國公、食邑七千一百户、食實封二千四百户臣京鏜奉册寶，上尊謚曰憲聖慈烈皇后。伏惟儼若明靈，膺兹盛禮，齊放勛在天之駕，扶炎宋無疆之統。謹言。」

十一日，詔書題神主差吏部尚書、兼給事中許及之。

同日，詔奉迎虞神并神主祔廟，禮儀使差右丞相京鏜，都大主管差趙大榮。

同日，詔將來靈駕發引，帥捧梓宮奉升大昇轝，又引梓宮即欑宮，攝少保復土九鍤，差權工部尚書錢象祖。（以上《永樂大典》卷七三八〇）

[一] 蹟：原作「靖」，據本書禮四九之九二改。
[二] 采：原作「深」，據本書禮四九之九二改。

宋會要輯稿　禮三五

請聽政御殿

❶淳熙十四年十月八日，皇帝詣德壽宮，侍太上皇帝湯藥。是日，大行太上皇帝升遐于德壽宮德壽殿。遺誥：「皇帝成服三日聽政，喪紀以日易月。」

十二日，宰臣王淮等率百僚三上表請皇帝還内聽政，不允。

十四日，上令中使宣諭輔臣曰：「欲不用易月之制，實行三年服，自不妨聽政。」

十五日，宰臣王淮等復上二表請皇帝還内及聽政，批答：「俟過小祥還内，設素幄，宰臣奏事。」

十月二十一日，皇帝還内。

十一月五日，宰臣王淮等又三上表請皇帝聽政。批答：「可自十八日内殿引輔臣及上殿班，俟過祔廟，勉從所請。」

十四日，上令中使傳旨：「欲不用易月之制，如晉孝武、魏孝文實行三年服，自不妨聽政。」是日未時，令輔臣赴德壽宮素幄奏事。上服衰絰，嗚咽流涕。王淮等奏蚤來喪服指揮，上曰：「司馬光《通鑑》所載甚詳。」淮等奏：「《通鑑》載晉武雖有此意，後來止是宮中深衣練冠。」上曰：「當時群臣不能將順其美，光所以譏。後來武帝竟欲行。」淮等奏：「記得亦不能行。」上曰：「自我作古，何害？」淮等奏：「御殿之時，人主衰絰，群臣吉服，可乎？」上曰：「自有等降。」淮等奏：「乞令有司討論，庶使四方知陛下之聖孝。」

同日，右諫議大夫謝諤等言：「三日聽政，固有遺詔及典禮可稽，至若還内典故，前所未有。乞明詔大臣，少緩進表，與禮官更加詳議，酌典禮之宜。」從之。

十五年四月二十八日，宰臣王淮等奏：「伏觀已降聖旨：『緣群臣屢請御殿易服，故以布素視事内殿。雖有俟過祔廟勉從所請之詔，然稽諸禮典，心實未安，行之終制，乃爲近古。』臣等仰體聖孝，不敢具表陳請。惟是侍從、史官、管軍、御帶、環列、禁衛等，皆合星拱宸極，豈容曠日弗朝？儻陛下未欲臨正衙，坐垂拱，自可間御後殿。」示詔禮官同閤門、御史臺參酌取旨。既而權禮部侍郎尤袤等奏：「檢準《國朝會要》：嘉祐八年三月二十九日，仁廟之喪，英宗七月十三日始御紫宸殿見群臣，退御垂拱殿，中書、樞密以次奏事。蓋始御内朝，猶未御正衙也。今外朝、内朝，皆未臨御。竊詳後殿及延和殿，乃祖宗崇政施化之所，緣今來延和地步窄隘，難以排立侍從、史官、管軍、御帶、環列、禁衛等。今參酌，欲乞皇帝於後殿視事，所有儀制乞下閤門、禁衛所條具，申尚書省。」閤門奏：「奉旨〔一〕，後殿坐，

〔一〕奉：原作「事」，據本書儀制五之三三改。

起居班次並如假日儀〔一〕。遇四參日，權令侍從官趁赴起居。其御後殿日分，令太史局選日，主管禁衛所照日常後殿窠差班直、親從共三百人排立祗應。」詔裁減一百五十人，餘依。

紹熙五年七月二十六日，宰臣留正等上表〔二〕，以皇帝在重華宮大行至尊壽皇聖帝喪次，請聽政。凡三上表固請，迺允。

慶元三年十一月六日，壽聖隆慈備福光祐太皇太后崩 2 于慈福殿〔三〕，遺誥皇帝成服三日聽政。九日，釋服。十日，宰臣京鏜等上表請還内聽政，三表迺允。二十一日，復請御殿，復三上表固請，始詔權御後殿。六年六月四日壽仁太上皇后、八月八日聖安壽仁太上皇帝、開禧三年五月十六日壽成惠聖慈祐太皇太后崩，亦如之。

六年五月二十一日，爲亢（爲）〔陽〕爲沴，避殿減饍。宰臣京鏜等上表請御殿復膳，再上表，迺允。嘉定八年五月亦如之。

嘉泰元年四月十五日，爲回禄爲災，避殿減膳。宰臣謝深甫等上表請御殿復膳，三上表，迺允。嘉定二年七月成肅皇后大祥禮畢，亦如故事。（以上《永樂大典》卷一六五七二）

請舉樂

【宋會要】3 太祖建隆四年六月八日，宰臣范質等上言曰：「伏以三年不言，既畢諒闇之制；八音未奏，豈爲達禮之喪！陛下自纏陟岵之哀，尤抱終天之戚。易月雖遵於遺誥，因心曲盡於孝思。今則星紀再周，祥禫已闋，猶徹在縣之樂，尚懷罔極之悲，將何以接和人神，對越天地？望體聖賢之通制，俯從中外之群情。」詔答不允。繼三上表，詔曰：「朕積釁上延，禍鍾長樂。雖軍國之事，敢不勉旃；而人子之情，實惟永感。固於雅奏，焉忍遽聞！卿等援引古今，繼陳章表，明先王之制禮，俾涼德以俯從。式徇群情，良增深愧。所請宜允。」九月十（一）〔七〕日〔四〕，宴廣政殿，始作樂。

開寶七年正月二十九日，中書門下上言曰：「王者尊居宸極，禮絶正期。今聖節將臨，壽觴斯獻，皇帝陛下以恭懿長公主喪猶在殯，哀出常情，曲敦同氣之恩，尚徹在縣之奏。雖君父友愛，發於自然；而臣子祝延，何以爲禮！伏望長春節日，特允教坊奏樂。」詔從之。

太宗太平興國二年十月十三日，宰臣薛居正等上言曰：「臣聞禮之大在乎順，順則酌古今之中；君之心本乎仁，仁則從億兆之欲。質文迭用，損益可知。敢撫前經，式陳公議。伏惟皇帝陛下大明毓粹，至道在躬，宣猷於納麓之辰，邁德於飛天之運。恢纂舊服，發揮永圖，恭勤日躋，

〔一〕假：原作「價」，據本書儀制五之三三改。
〔二〕留：原作「劉」，據《宋史》卷二一三《宰輔表》四改。
〔三〕隆：原作「降」，據《宋史》卷二四三《后妃傳》下改。
〔四〕十七：原作「十一」，據《長編》卷四、《宋史》卷一《太祖紀》一改。

孝友天賦，實曆逾稔，至懷益臻。遊豫之娛，動而有節；擊拊之樂，遏而不陳。曠三五而4無偕，豈蹈詠之能盡！群臣庸淺，謬竊寵光，空仰雲天，何裨萬一。然則先王之禮，過弗能踰；四海之情，勤不可奪。伏況易月之制，遺詔甚明，公除以來，庶事相稱，獨從輟樂，誠未得宜。今者流虹紀節之初，在鎬宣恩之際。梯航之貢，並集彤庭，華裔之人，同承大慶。禮容不備，盛德何觀！周行之臣，實任其責。伏望俯迴睿鑒，曲采輿詞，許容賜宴之辰，特舉在縣之奏。」詔答曰：「朕猥以渺躬，嗣守鴻業。顧惟諒黯，纔及期周，瞻弓劍以未遥，履霜露而增感。遏密于下，自有三年之期；創鉅因心，固無一日之樂。所陳章表，難遂乃誠。凡爾具僚，體茲未忍。」自是三上表固請，始詔允。十一月九日，宴大明殿，始作樂。

真宗咸平二年七月二日，宰臣張齊賢等上言曰〔一〕：「先王之禮，過乎哀有俯就之文；聖人之孝，終其制有順變之道。況三年之喪斯畢，而九奏之樂未陳，敢導群誠，冒聞丹扆。伏惟皇帝陛下稟惟睿之德，襲重熙之盛。元功侔於造化，惠澤浸於生民。而自玉几受遺，橋山送往。雖以日易月，法唐、漢之舊規；而絶漿泣血，過參、皐之至性。洎孜孜而求理，惟望望以如疑。矧懷繼體之難，更動因心之感。每孜勉親庶政，總覽萬機，宅憂出於常情，恭己遵於先訓。所以丕承之美，掩千古以推高；孝治之風，率萬方而知化。今則炎涼再易，祥禫既除，已成達禮之喪，猶遏在縣之奏。伏望順考古道，俯〔仰〕〔抑〕聖懷，采羲《易》崇德之言，稽《禮》祥琴之5義，許陳金石，允合儀章。」詔答曰：「禍酷上延，纂承是重，勉親朝政，退守心喪，祥禫奄終，荼毒如昨。卿等共循典故，旅拜囊封，冀徇群誠，聿陳備樂。音惟可尚，情所未安。」自是五上表，宰臣因對懇請，方勉從之。二十三日，鎮寧軍節度使柴禹錫來朝，宴于長春殿，不作樂。時雖許臣〔僚〕之請，尚以禫制甫畢，聖情未忍故也。八月七日，宴群臣於崇德殿，始作樂。

景德元年三月十五日，明德皇太后崩。十月，神主祔廟。二十一日，宰臣畢士安等上言曰：「比者既行升祔之儀，已釋苴麻之服，宗祏烝嘗而是奏，春秋饗宴以爲先。至於御革輅以省方，幸金郊而講武，清廟之笙鏞合奏，廣庭之金石在縣。時巡則親采聲詩，軍行則振作鼓吹。樂之盛也，豈徒然哉！遠尋漢室之舊章，近取唐朝之故事，皆從祔廟之後，便陳九奏之音。望抑至懷，俯徇公議。」詔不允，表三上，終不許。是冬，車駕親征，士安等復三上表。詔曰：「卿等叶贊謀猷，周爰典故，請陳具樂，俾導明鑾，用壯軍容，以從戎事。抗封章而三上，因造膝以屢言。抑朕至懷，徇茲懇請，庶協從宜之禮，止資耀武之威。所請宜允。仍候還京日，其教坊不得更有按習。」

〔一〕賢：原脱，據《宋史》卷二一〇《宰輔表》一補。

二年七月(二)十一日㈠，詔舉郊祀之禮。二十三日，宰臣畢士安等上言曰：「先王作樂，所以治人心；聖人制禮，期於順變㈡。今公除已畢，嚴祝將陳㈢，尚闕雅音，實鬱群懇。陛下永懷顧復，(遇)〔過〕執哀摧，外雖釋於苴麻，中未(忌)〔忘〕於樂6棘。金石徹縣而斯久，鳥獸率舞以何階！當戎輅省方，聊振作於鼓吹；洎宸輿歸闕，復遏密於簫韶。昔漢明帝曾未再期，親祀爰陳於廟樂；唐高宗始逾周歲，饗禮特設於宮縣。故實備存，討論可見。伏望俯遵典禮，稍抑孝思，特詔奉常，(裨)〔俾〕陳雅奏。庶六代之具舉，致三神之交歡。」詔答不允。繼三上表，詔曰：「朕勉徇輿情，審思中道，除郊天之庶事，資禮樂以相成。暫舉簫韶，所請宜允。俟嚴禋之告畢，守舊制以如初。復執心喪，用申永感。凡諸音樂，依前寢停。當體朕懷，即斷來表。」士安等復面奏曰：「將來誕節，萬方入貢，北戎始通和好，遣使祝聖，苟不舉樂，恐禮容不備。況典據盡在，望許依故事施行。」帝曰：「北使到日，當令在外作樂可也，朕將固守心喪，以申感慕。」再三陳述，終不俞其所請。

八月十四日，群臣復再上表，請郊禮畢舉樂如故。不許。宰臣因對，懇激陳述，帝曰：「昨以大禮俾振作，蓋不得已，士庶宴樂，亦不禁絶。朕固守喪制，以申哀慕，無煩過請。」

三年六月十八日，群臣上表請舉樂，詔答不允。繼三上表固請，始從之。七月二十四日，大宴含光殿，始用樂。

四年正月十五日，中宮召外命婦觀燈，以皇從弟右監門衛將軍德鈞卒，罷之。

八月十四日，中書門下上言：「伏覩宣徽院告示，秋宴不舉樂者。伏自長秋虚位，遠日有期，詢禮閣之典司，考喪服之制度，追懷內治，固軫天衷。方深愴悼之情，宜罷鏗鏘之奏。今則已安7神寢，爰祔閟宮，既稽從吉之文，尚遏同和之韻。然則啓鈞臺之廣宴，祝華渚之誕辰，四隩來同，九賓在列。伏望鑒兹衆懇，深詔禮官，博考舊章，庶遵彝矩。」詔太常禮院與崇文院檢討官詳定以聞。於是奏議曰：「按《左氏春秋》，周景王穆后崩，既葬除喪而宴，叔向曰：『宴樂以早，非禮也。』此蓋未行易月，故云太早。漢文帝酌變禮之宜，創易月之制，既已釋服，即皆從吉。又晉泰始十年，武元楊皇后崩，依舊制既葬，帝及群臣除喪即吉。唐昭德皇后(正)〔貞〕元二年十一月丁酉崩，三年二月甲申遷座于園陵，壬寅神主祔廟，四月戊寅德宗御宣政殿，備禮册太尉李晟。按《開元禮》，臨軒册三公，皇帝出入奏《太和》之樂，受册者出入奏《舒和》之樂，此則禮典所載，明文可稽。伏以莊穆皇后遷駕寢園，祔謁宗廟，苴麻已釋，檀槐再遷。豈可即吉之宜，已行於率土，徹樂之戚，尚軫於宸

㈠十一：原作「二十一」，按《長編》卷六〇，此事在七月十一日丁巳，據删「二」字。
㈡此句失對，「順」下疑脱「時」字。
㈢祝：疑當作「禋」。

心！儻九奏之音不陳，則百辟之情可措。伏請準故事舉樂。」十九日，再上表固請，詔答曰：「卿等以久畢公除，備陳典禮。在簡編之所述，故事雖存；但金石之具揚，予心未忍。將從勤請，亦貴酌中。啓宴饗於高秋，暫停雅奏；俟冬正之令節，即允乃誠。」十月二十四日，宴群臣於崇德殿，始用樂。

大中祥符元年六月十二日，宰臣王旦等上言：「伏自秦國長公主薨，未嘗舉樂。竊以恭膺靈貺，親迓寶文，設儀衛之纂嚴，在聲(客)〔容〕之備物。伏請舉樂如故。」詔爲迎奉天書，可[8]暫舉樂。

二年十一月二十九日，晉國大長公主薨。十二月一日，詔曰：「惟姊之親，愛均於同氣；終天之訣，哀切於深衷。屬以誕節屆辰，庶邦畢會，有司獻議，願罷樂縣。在於朕心，亦所未忍，俾停展禮，用表追懷。其日群臣上壽，宜令權罷。」宰臣王旦言：「在禮，天子絶正期。今大長公主既已成服，不當罷會。」帝曰：「來年正月，惟天慶節供養天書令作樂。臨軒之禮，朕不忍也。」

三年正月五日，宴尚書省五品、諸軍都虞候以上、契丹使於崇德殿，猶不作樂。

四年九月一日，皇從姪惟叙卒，帝問宰臣曰：「九日榮王元儼生辰，於禮如何？」王旦曰：「宮中之會，但不舉樂，亦於禮無嫌。」遂詔元儼如欲置會，令別候擇日。

七年七月先天節上壽，賜宴如儀，不舉樂。以曹王元偁在殯故也。

天(僖)〔禧〕元年三月，太極觀奉册禮畢，百官詣崇德殿稱賀。時安王新婦卒，疑作樂有妨。禮儀院上言：「大禮慶成，百僚公會。安王新婦族居卑幼，服止功緦。王侯絶期周之文，典經有厭降之禮。況元天大聖后位號至崇，儀範彌重，群臣稱賀，非以宴私，在於舉樂，別無妨礙。」從之。

仁宗天聖二年六月三日，宰臣王欽若等上言曰：「禮典從宜，俯而就者戒乎過制；喪期有數，順於變者務在稱情。矧惟治世之音，本於象德之舉，敢沿古誼，祇達宸聽。恭惟皇帝陛下濬哲温恭，聰明睿智，奉承寶訓，紹宅鴻基。攀馭不留，深結遺弓之感；綴衣如昨，倏驚過隙之陰。而諒闇[9]宅憂，充窮踊戚。及禫安而從吉，尚遏密以寘懷。既言乃讙，厥有前訓，惟樂之作，以宣至和。伏望申飭攸司，俯從衆欲，並陳鍾石之奏，庶格神人之休。」詔答曰：「朕自構閔凶，勉親幾務。苴麻之飭，方及於禫除；(茶)〔荼〕蓼之懷，豈忘於孺慕！卿等遽形需牘，俯述群情，願於此時，肆舉備樂。奉先追遠，誠所未安。」又詣內東門上表曰：「樂以崇德，蓋極中和之音；禮之達喪，用明輕重之節。且迄成於禫祭，宜進御於祥琴。敢援故常，冒昧陳請。伏惟皇太后陛下静淵凝慮，温懿成猷，奉玉几之遺言，翼鴻區之大政。易月之制，既久屬於公除；三年之喪，又固執於哀禮。伏望順稽往訓，俯抑慈衷，申詔工師，肆陳金石。庶臻順氣之象，永底嘉生之休。」批答曰：「頃遵治命，虔輔丕圖，指景增懷，號天罔極。卿等遽援禮典，請御樂章。顧禫制之方終，悼仙遊之未遠，在庭之奏，難徇所陳。」凡五上表，從之。初，欽若等屢請，帝諭曰：「今雖勉從，俟大宴且用樂色之半。其請遊幸，則心所未忍。」欽若等曰：「陛下雖孝思過人，然先王制禮，不可以踰也。」八月一日，宴群臣于崇德殿，始作樂。後帝復宣諭大臣曰：「昨宴宮中，朕數四上勉，皇太后方聽樂。」欽若等尋以帝詔聞皇太后，皇太后曰：「自先帝棄天下，吾終身不欲聽樂。皇帝再三爲請，其可重違乎？」

景祐元年正月二十六日，宰臣呂夷簡等五上表，爲請聽樂，不允。二年三月七日，夷簡等復上表曰：「禮本制中，10 聖賢不過其節；樂惟象德，人神乃通其和。若夫家國異容，古今殊軌，或當益而損，或應質而文，各趨所宜，用垂來法。矧報親之義已備，則戚與時遷；即吉之制有初，則情緣物變。必繫大合，以殺餘哀。恭惟皇帝陛下躬上聖之姿，擁乾元之號，嗣守神器，光照前人，一紀于兹，萬方允若。自母闈厭代，椒（極）〔掖〕纏悲。陛下孺慕自然，孝思罔極，悼徽音之永閟，銜荼毒以無容。泣奉仙輼，別啓雲陵之兆；祔升虞主，大敞閟宮之庭。霜露凝懷，烝嘗結欷。雖外臨庶政，而實守通喪。至於遏密鏗鏘，簡廢游御，訖兹首夏，已涉三期。大祥而御琴，終事之彝制，行於匹庶，尚乃爲宜。況帝範皇猷，等威迥絶，以日易月，義取從權。雖在哀疚，猶當自抑。況穀升燧改，數紀悉周，揆于今則人無異辭，質于往則古有慙德。固當勉順至變，藉揚鴻徽，考金石之音，振羽萬之美，蕩滌邪蘊，招來太和。因以舉誕辰之壽觴，納歡盟之戎費。示惠於在位，飾喜於當陽。襲既美又善之文，彌不爲將壞之嘆。此臣等所以總輿議而上干聰謀者也。伏望俯回天慈，旁徇人欲。俾工師肄業，物采旅儀。抃鳥獸於虞庭，震坑谷於軒野，納之大順，不亦休哉！」詔曰：「夫禮以順變，蓋有達喪之期；樂以布和，誠爲治世之本。朕紹承丕構，務合大中。自慈掖升遐，永懷罔極。隙駒迅度，燧火荐新。甫臨祥祭之辰，遽覽封章之請。敷明大義，援據舊經，願因饗宴之時，將陳金石之奏。日月以 11 易，雖勉徇於權宜；霜露既濡，固彌增於感怵。未過禫安之制，難從率籲之心。」繼五上表，始從之，仍詔俟禫祭後聽樂。八月三日，宴紫宸殿，初舉樂。

十二月十一日，詔契丹使還，出京畿聽用樂。先是，十一月四日，章惠皇太后上仙，詔禁京城樂百日，至是在殯故也。

慶曆三年正月五日，宴契丹使。先是，以鄂王喪服既除，下太常禮院議，而言：「天子絶期，今鄂王雖有爵命，而不爲殤，皇帝爲制服已除，於禮當作樂。」從之。既宴罷，同知太常禮院陸經復論奏，以鄂王爲無服之殤，宴在以日易月之内，不宜舉樂。帝以經前後反覆，又援臣庶之禮非是，乃落職監汝州酒税。

四年三月三日，以燕王在殯，罷上巳諸苑賜宴。

四月十一日，契丹使來賀乾元節，以翌日燕王葬，罷垂拱殿宴。

五年三月四日，以楚國太夫人在殯，罷春宴。

皇祐三年三月十五日，中書門下上言：「自魏國大長公主感晦明之疾，馳醫祝之勤，特紆法駕之尊，躬展家人之禮，泫然流涕，親爲舐瞳。秦臺終迫於上賓，沁水俄嗟於東逝〔一〕。訃聞屢悼，往臨盡哀。五日廢朝，頻却太官之膳；千秋遜節〔二〕，預停韶樂之音。申遣近璫，諭宣沖旨。尋禮官之獻議，原主黨以裁情，已除功慘之喪〔三〕，得承吉祭之事。既立文而有素，於用樂以無嫌。況復華渚戒祥〔四〕，寶鄰馳慶，相趨萬玉之會，大設九賓之朝，重譯所通，遠方皆至。伏望勉遵彝典，稍抑聖懷，收既往之晝傷〔五〕，順無疆 [12] 之祝頌〔六〕。沛然還慮，許一奏於咸英；鏗爾發音，用參和於夷夏。臣等不勝至願。」詔曰：「故齊國獻穆大長公主，先帝同體，爲朕諸姑，宗黨所嚴，尊親莫貳。奄捐外館，增悼予衷。屬誕節之邇期，有稱觴之彝制，俾毋舉樂，用以稱情。乃援降服之文，請御在庭之奏。義之所厚，情固難勝。」再表固請，乃從之，猶詔輟契丹使見日作樂。

英宗治平二年六月三日，宰臣韓琦等上言曰：「禮立制以緣情，以終祥禫之變；樂象功而飭喜，宜颺金石之聲。敢援經典之常，兼述祖宗之憲。冒聞淵聽，罄述群心。恭惟皇帝陛下濬哲在躬，欽明稽古。撫五辰而居正，凝百度而執中。爰自軒鼎成仙，堯牆興慕，屢改槐檀之候，洊驚霜露之濡。至性天成，內充窮而銜恤；小心日慎，外信默以宅憂。奄盡達喪之期，尚稽當食之舉。且復常貴乎弗過，既除遏密之哀；將廢戒於不爲，庶集翕純之盛。伏望曲循往訓，俯抑聖情，列韶奏以在庭，命夔工而率職。將使郊丘廟祏之祭，親奉於神歡；會朝饗宴之容，參舉於賓禮。」詔答曰：「三年之喪，二十七月而畢，則外之至痛之飾於是乎始去矣，然內之哀隱惻怛之懷，其可以遽忘乎！故於金石絲竹之音、干戚羽旄之容以奉乎宴私者，朕心之所未忍也。」繼五上表固請，乃從之。

神宗熙寧二年四月一日，宰臣富弼等上言曰：「三年之喪，既變除於祥禫；六樂之奏，將底協於人神。儻稽禮節之經，曷建中和之 [13] 極？冒塵淵聽，罄叙愚衷。恭惟皇帝陛下迪罔極之純心，垂無窮之洪覆。涵養庶物，相助三靈之功；潤飾五常，光大累朝之業。是宜振動金石，流被筦絃，風化多方，鼓舞群品。俾聖神休德，發見乎耳目之間；乾坤太和，通融於志氣之內。然自攀號軒鼎，久纏龍

〔一〕沁：原作「泌」，據胡宿《文恭集》卷一〇改。按沁水（今沁河）在古魏國界，故以取喻。
〔二〕遜：《文恭集》卷一〇作「邇」。
〔三〕功：原作「切」，據《文恭集》卷一〇改。
〔四〕戒祥：《文恭集》卷一〇作「誕期」。
〔五〕晝：原作「盡」，據《文恭集》卷一〇改。
〔六〕頌：原作「續」，據《文恭集》卷一〇改。

去之悲，遏密舜簫，曠絶鳳儀之瑞。茲實朝廷之政，不勝臣子之情。望抑厭孝思，講求古制，敕后夔而庀職，詔神瞽以考聲。凡在有生，罔不同樂。」詔答曰：「三年之喪，先王稱情而立制。雖粗衰之服以時而除，而愴慕之懷豈能遽已！至於鳴管磬，振羽萬，所以持平而飾喜者，雖欲强勉，蓋未能也。」繼五上表，乃從之。五月六日，宴紫宸殿，始作樂。

元豐四年十二月二十三日，宰臣王珪等上表曰：「喪以外除，既畢三年之制；恩繇義斷，當陳九奏之音。敢率瞽言，冒聞聰聽。竊以禮云順變，事貴從宜。示民有終，粤禫安而即吉；徙月而樂，將日舉以遵和。制自先王，施諸後世。成規不易，故實具存。伏惟皇帝陛下憲道於天，施仁自己。言貴稽古，動皆合經。方太母之升遐，以神孫而服重。易月之制，雖勉徇於外朝；茹荼之悲，自真行於中禁。孝形海宇，誼動神靈。燧火荐更，縞纖易御，是新觀聽，當復故常。伏望深詔有司，俯遵彝典，戒工師而率職，齊羽萬以俟期。當堯曆之肇新，近舜韶而盡善。上崇德美，迓協氣於三靈；下飾宴慈，格歡心於萬國。」詔答曰：「朕欲於慈聖光獻皇[14]后伸三年之喪，以致隆極報，雖竭情盡義，猶未足以稱思慕之至也。今禫祭初徹，餘哀未忘，而群公卿士乃詣門上表，遽以聲樂爲請，則豈曰達朕志哉！所請宜不允。」自是五上表，乃從之。

哲宗元祐二年六月一日，太師文彦博、宰臣率百官詣東上閤門上表言：「仰惟至性，已達終喪，祥琴何有於嫌，人事於是乎盡。遵歷代之成憲，採一時之瞽言，申敕有司，發揚雅奏，天下幸甚。」三日，宰臣率百官詣東上閤門聽批答，不允。自是五上表，始從之。

二十二日，詔：「近臣、文武百僚累表聽樂，雖是降旨勉從所請，而有司引故事，欲開樂宴于禁中福寧殿，次紫宸。迺者旱災，責躬省過，今天意始有消伏，而又神宗皇帝禫除未遠，何可遽特開樂爲宴！宜行寢罷。其用樂候遼國人使到闕日依例。」

元符三年正月十二日哲宗皇帝崩，建中靖國元年正月十三日欽聖獻肅皇后崩。崇寧二年四月八日，群臣五上表請舉樂，至是從之。

三月十九日[一]，詔：「太常寺議三年服制，稱『易月公除，聽樂自不妨』一節，顯屬不當。少卿曾旼、孫傑，博士吳絪、王允中、黄中、鄭居中各降一官。內曾旼與小郡。」

大觀二年九月二十六日，皇后王氏崩。三年正月十日，神主祔廟。三月三十日，宰臣蔡京等上表請舉樂。詔曰：「蔡京等：省所上表，『伏望遵景德之詔(音)〔旨〕，禮由義起；御鈞天之法部，樂與民同』事，具悉。昔我懿后，來嬪潛藩，發祥震維，正位坤極。壽不[15]副德，文以稱情，姑輟雅音，有懷疇昔。覽群公之奏牘，援本朝之舊章，禮不敢

[一]按，此指元符三年，參見本書職官六七之三〇。

逾，義當從請。宜允。」

高宗紹興十二年十月六日，權禮部侍郎施坰等言：「謹按禮經『蕃樂出於荒政』，蓋古人一時以示貶損之意，雖經大故，亦未有過三年不爲者也。昨來内外臣庶暫止用樂，蓋以徽考梓宫未還，太母在遠，權宜禁用。徽考、顯肅服制既踰三年，梓宫欑奉並畢，而太母已就慈寧之養，其時節上壽，理宜用樂，而乃尚仍遏密之禁，於禮誠有未安。欲望自十月七日以後，應中外官司臣庶並許用樂，悉如舊制。」詔官司自二十五日、臣庶自初八日爲始。

淳熙十六年十一月二十五日，禮部、太常寺言：「國朝典故，從吉日宰執率文武百僚拜表請舉樂，降詔允日，遇宴作樂。國朝典故，祔廟畢，民庶開樂。昨降指揮，高宗皇帝祔廟畢，民間合候百官純吉服日方許開樂。今來宰執并百僚，自二月二日並已純吉服。恭覩至尊壽皇聖帝躬行三年之喪，係於十二月十七日行禫祭禮，至三十日禫除，皇帝亦未舉樂，即與國朝典故不同。民庶開樂，比（廟）〔朝〕典故，及近降侯百官純吉服指揮，已合施行。今指定，乞十二月十七日禫祭行禮畢，自十二月十八日民庶開樂外，今來已降指揮，來年正月一日奉上尊號册寶，合設宮架樂并合用導引鼓吹。若依典故，係從吉後拜表請舉樂。」從之。於是三上表，迺允。表曰：「春秋重改元，法蓋先於16五始；君子不爲樂，古無越於三年。請爲王言，冀同民樂。恭惟皇帝陛下系隆列聖，娱侍三宮。綿宇屬心，既極謳歌之戴；重華盡孝，尚承遏密之餘。顧烈祖之報厚莫重焉，然文孫之制期已久矣。況復高廟即安於神御，壽皇俯和於祥琴〔一〕，下逮都人，悉除樂禁。新王春而建號，進寶册以歸尊。願飭攸司〔二〕，各揚乃職，鏘八音而應律，肅萬舞以充庭。仰奉重親，益見慈顔之喜〔三〕；下孚衆聽，普臻和氣之祥。」翌日，批答曰：「朕仰奉慈謀，丕揚聖孝。粤惟備道，務必守於禮經；爰在纘圖，敢遽遑於樂紀〔四〕！顧中心之祇惕，勞列辟之懇祈。今將發大册以尊親，會新元而蕆事〔五〕，冀陳和奏，用舉上儀。三載四海之遏音，固無踰於吉制；六律五聲之在治，當俯順於群情。所請宜允。」（以上《永樂大典》卷二一七一七）

〔一〕和：原作「御」，據樓鑰《攻媿集》卷一五改。
〔二〕飭：原作「飾」，據《攻媿集》卷一五改。
〔三〕見：原作「厚」，據《攻媿集》卷一五改。
〔四〕紀：原無，據《中興禮書續編》卷七六改。
〔五〕事：原作「服」，據《中興禮書續編》卷七六改。

宋會要輯稿　禮三六

喪服

斬衰服

【宋會要】❶淳化五年八月三日，詔曰：「孝居百行之先，喪有三年之制。著於典禮，以厚人倫。中外文武官或父母之(淪)〔淪〕亡，蒙朝廷之收叙，未及卒哭，固已斷喪，頓忘哀慼之容，不念劬勞之報。雖僶俛從事，克遵匪懈之言；而創鉅因心，殊乖未忍之意。自今因父母亡歿叙用，未經百日不得趣赴公參。令御史臺專加糾察，并有冒哀求仕、釋服從吉者，並以名聞。」

至道二年十二月十二日，故右僕射宋琪男貽序等言，乞終喪制。從之。先是，琪卒，諸孤皆授官，及卒哭入謝訖，咸乞終制，特有是命(之請)。

天禧(二)〔三〕年五月〔一〕，詔廣南、福建路京朝官、幕職州縣官丁憂者，委轉運使權差官替放離任〔二〕。

四年十二月，御史臺言：「向來京朝官併丁父母憂者，相承服五十四月，別無條例。」事下太常禮院詳定以聞，禮院議曰：「按《禮·喪服小記》云：『父母之喪偕，先葬者不虞、祔〔三〕，待後事，其葬服斬衰。』注曰：『謂同月若同日死也。先葬者母也。其葬服斬衰者，喪之隆哀宜從重也。假令父死在前月而同月葬，猶服斬衰，不葬不變服也。言其葬服斬衰，則虞、祔各以其服矣。及練、祥皆然。卒事，反服重。』《雜記》云：『有父之喪，如未沒喪而母死〔四〕，其除父之喪也，服其除服。卒事，反喪服。』注云：『沒，猶終也。除服謂祥祭之服。卒事既祭，反喪服，服後死者之服。』又晉杜預云：『若父母同日卒，其葬先母後父，皆服斬衰。其虞、祔先父後母，各服其服，卒事反服父服。若父已葬而母卒，則服母之服，虞訖反服父之服。既除練，則服母之服。喪可除，則服父之服以除之，訖而服母之服。』賀循云：『父之喪未終，又遭母喪，當父服應終之月，皆服祥祭之服，如除喪之禮。卒事，反母服之服。』臣等參攷歷代典故，只有重輕兼服之制，遇虞、祔、練之際，各服齊、斬之服，則是隨先後而除之，無通服五十四月之制。自今望依舊禮改正〔五〕。」從之。

〔一〕三年：原作「二年」，據《長編》卷九三改。按：此條《長編》繫於五月二十八日。

〔二〕離：原作「雜」，據《長編》卷九三改。

〔三〕祔：原作「附」，據《禮記注疏》卷三三改。

〔四〕沒：原作「歿」，據《禮記注疏》卷四二改。「沒」、「歿」字雖通，但作「歿」則與以下注文不相應。

〔五〕禮：原無，據《宋史》卷一二五《禮志》二八補。

仁宗天聖二年十二月七日〔一〕，御史中丞薛奎言：「舊制，京朝官丁憂服（闕）〔闋〕，其告敕並送本臺給付，近日多不親到臺，頗涉慢易。乞自今並令躬親到臺，於三院御史廳下拜授。」從之。

大中祥符元年二月十一日〔二〕，三班借職王遜言，父母繼歿，請終喪廬墓，服滿赴職。從之。

四年十一月，詔：「自今川峽、廣南、福建路京朝幕職州縣官丁憂父母者，並許令持服。仍未得離任，速具奏聞，候差到替人交割訖，依例持服。」

景德三年八月，三班奉職張允恭、允文以父亡，乞歸冀州，同守喪制。從之。舊制，奉職以下居喪百日，即追出就列，其願終制者亦從，特恩也。

天聖七年五月十八日，詔：「自今在京及近地州軍勾當諸司使副至三班使臣遭父母喪，仰先申所司差官權勾當，依近條與假，仍續給俸。其添給、驛料、食直，即候過 2 卒哭，朝參赴職，依舊支給。在外者不得擅離任。若奔喪路近，可以假限內往來者，亦聽。如正官在假年月已滿，替人續到，仰便交割管勾，其假滿人發來赴闕。所有在假月日，並許理爲在任。其沿邊并廣南、川峽〔三〕、福建州軍勾當遭父母喪者，只給假三日，仍不得妨本職公事。若短使諸勾當在路遭父母喪者，並須所使事畢，別無縮繫，方得申牒隨處州府，依條給假訖奏，更不得勘請驛料。其在京未有差遣及已有差遣待闕遭父母喪者，各申所在去處，依條施行，仍續給請受。」

慶曆七年十二月十四日，草土王恪、王整言：「準御史臺告報，令受服闋敕告，遂陳狀以母安康郡君呂氏五年三月二十三日、父司封郎中雍當年七月九日相繼亡歿，乞通持五十四箇月服制。今再準告報，不許通持服制。臣等父母繼歿，亦止統服三年，在孝子罔極之心，實所難忍。若朝廷以素有典制，恐遂更張，即乞不以爲例。」詔恪等許通持服。

慶曆三年七月九日，詔：「自今三司副使以上非領邊寄而遭父喪，並聽解官終制，仍以月俸續之。武臣非在邊而願解官者，亦聽。」初，言者請臣僚遭喪並持服，下太常禮院議，而言：「《禮記》：『父母之喪無貴賤，一也。』又曰：『三年之喪，人道之至大也。』請不以文武品秩高下，並聽行終喪之禮。」帝以武臣人流者雜，難盡令解官持服，裁定之。

皇祐五年六月十一日，詔：「武臣除喪者，自今如文臣

〔一〕按，此條《長編》卷一〇二繫於十二月二十三日丙子。

〔二〕按，上條爲天聖，此條反爲祥符，似是年代混亂。審本目諸條，若依年代順序以爲起訖，似分爲五段。疑是《大典》輯録《會要》之條文，分屬不同之類目，徐松手下書吏爲之連抄，非是《宋會要》原本如此。

〔三〕川峽：原作「川陝」。按此處乃指四川與廣南、福建等距中原較遠地區，并不包括陝西，故當作「川峽」。四川地區唐代設劍南東川、劍南西川，宋初分爲西川路、峽路（《長編》卷四二），合稱「川峽路」。至真宗咸平四年又分爲益州、利州、梓州、夔州四路，合稱「川峽四路」，簡稱「四川」。本書及其他文獻中，「川峽」往往訛作「川陝」，當分辨。

例，先給告身，然後入見。」

至和元年十月十一日，詔：「川峽選人〔一〕，自今聽奔父母喪。」先是，判流内銓劉敞言：「都官員外郎燕度建議，川峽選人遭喪，須代者至，然後聽去官，非所以全人子之孝也。」故釐正之。

嘉祐四年九月十四日，詔：「帶閤門祗候使臣、内殿崇〔斑〕〔班〕、太子率府率及正刺史以上遭父母喪及嫡孫承重者，並聽解官行服。其元係軍班出職及見管軍若路分總管、鈐轄、都監、極邊知州軍縣、城寨主、都監、同巡檢，並給假百日，追起之。供奉官以下仍舊制，願行服者聽。宗室解官給全俸。」先是，編三班院敕韓縝言：「今武臣遭父母喪，不得解官行服，非天下之通制。」下兩制、臺諫官詳定，而具爲令。

嘉祐七年三月九日，權御史中丞王疇言：「故内園副使李永世頃以孫旦爲子，奏補郊社齋郎，今爲大理寺丞。近旦聞其父喪，即解官自陳。大理寺論其本不得蔭，當追所出身。且旦上不敢欺君，下不忍忘父，盡誠無隱，以禮行服，乃蒙坐法，廢之終身。兼旦母年老，無他子孫食禄，乞貸以州縣之俸，使養其親。」詔吏部流内銓，候旦服除，與判司簿尉。

九月十日，詔横行使及内臣昭宣使以上持服者，並全給料錢，節度使給其半，正任刺史以上給三分之一。

元豐三年五月八日，三班差使王奎父喪，乞解官持服，許之。仍3詔兵部，自今有請如奎比者，宜即聽許。

高宗紹興元年四月四日，御史臺言：「特進至承務郎遇有丁憂，吏部、進奏院報到持服年月日，下元報州軍，〔見〕〔具〕的實丁憂年月、差遣因依籍記。候服闋日，前一月檢舉牒本官，催趁見臺。其簿籍緣渡江散失，別無照驗，多不曾關申所屬報到，致本臺無憑檢舉。今相度，如有丁憂人於州縣給到服闋公據并印紙、料錢文曆，曾經批鑿月日，内有一件可照，欲令召本色官一員，委保正身非不許到闕之人。如無照驗，依舊例召保官二員，以憑給牒赴朝參。」依所召保官並不理爲委保參部等保官員數。

皇祐元年十一月三日，大理評事石祖仁言：「先於八月十五日，祖父太子少傅致仕中立身亡，叔國子博士從簡成服，後於十月十五日身亡。祖並無兒男，祖仁是嫡長孫，欲乞下太常禮院定奪，合與不合承祖重服。」詔禮院詳定，博士范鎮議曰：「按經無接服，非禮也，始於徐邈、何承天、司馬操之説，而古未之行也。今祖仁以嫡長孫，固當傳重也。始喪而傳重可也，其叔已傳重，叔死而接服，不可也。就使祖仁接服，不幸而祖仁又死，須它孫繼之，制禮之意若是其不決乎？是不然也。故聖人不言接服，其不言者，不許之也。庾蔚之以爲邈、承天、操未見其據者，此也。然則如之何而可？宜以本服主喪，服除而止，母在則練服主祭

〔一〕峽：原作「陝」，據《長編》卷一七七改。下文同。

可也。」博士宋敏求議曰：「按子在父喪而卒，嫡孫承重，禮令無文。《通典》載《江都集禮》，晉人問徐邈：『嫡孫承重在喪中亡，其從弟已孤，未有子姪相繼，疑於祭祀。』邈答曰：『今見有諸孫而事同無後，甚非禮意。禮，宗子在外則庶子攝祭，可使一孫攝主而服本服。』『期除則當應服三年否？』何承天答曰：『既有次孫，不得無服，但次孫先已制齊衰，今不得更易服，當須中祥乃服練。』裴松之曰：『次孫本無三年之道，無緣忽於中祥重制，如應爲後者。次孫宜爲喪主終三年，不得服三年之服。』而司馬操駁之，謂二説無明據，其服宜三年也。庾蔚之云：『嫡孫亡無爲後者，祖有衆孫，不可使傳重無主。況子之子居然爲祖持重，所以范宣云次子應服三年。』是也。今中立未卒哭，未經葬，而從簡繼卒，求其類乃無出此，雖亦有詆之者，然已著前代論議。自《開元禮》以前，嫡孫卒則次孫承重，況從簡爲中子已卒，而祖仁爲嫡孫乎？古者重嫡，正貴所傳，其爲後者皆服三年，謂之承重。大凡外襄終事，内奉靈席，有練祭、祥祭、禫祭，可無主之者乎？今中立之喪未有主之者，祖仁名嫡孫而不承其重，乃曰從簡已當之矣，而可乎？且三年之喪，必以日月之久而服之有變也。今中立未及葬〔一〕、未卒哭，從簡已卒，是日月未久而服未經變也，焉可無所承哉？或謂已服期，今不4當接服斬而更爲重制。按《儀禮》〔二〕：『子嫁，反在父之室，爲父三年。』鄭康成注：『謂遭喪而出者，始服齊衰期，出而虞則以三年之喪。』杜佑號通儒，引其義附前問答之次。況徐邈、范宣之説已爲操駁之，是服可再制明矣。又舉葬必有服，今祖仁宜解官，因其葬而制斬衰，其服三年。後有如其類而已葬者，用再喪制服。通歷代之闕，折衷禮文，以沿人情，謂當如是。請著爲定式。」詔如敏求議。

熙寧八年閏四月，集賢校理、同知太常禮院李清臣言：「檢會《五服年月敕》『斬衰三年加服』條『嫡孫爲祖』注：『謂承重者。爲曾祖、高祖後者亦如之。』又『祖爲嫡孫正服』條注云：『有嫡子則無嫡孫。』又準《封爵令》，公侯伯子男皆子孫承嫡者傳襲。若無嫡子及有罪疾，立嫡孫。無嫡孫，以次立嫡子同母弟，無母弟立庶子，無庶子立嫡孫同母弟，無母弟立庶孫。曾孫以下準此。究尋《禮令》之意，明是嫡子先死而祖亡，以嫡孫承重則體先庶叔，不繫諸叔存亡，其嫡孫自當服三年之服，而衆子亦服爲父之服。若無嫡孫爲祖承重，則須依《封爵令》嫡庶遠近，以次推之。且傳爵、承重，義當一體，《禮令》明白，固無所疑。而《五服年月敕》不立庶孫承重本條，故四方士民尚疑爲祖承重之服，或不及上稟朝廷，則多致差誤。除嫡孫爲祖已有上條外，欲乞特降朝旨，諸祖亡無嫡孫承重者，依《封爵令》傳襲條，子孫各服本服。如此，則明示天下，人知禮制，祖得繼

〔一〕未及：原倒，據《長編》卷一六七乙。
〔二〕按：原作「接」，據《長編》卷一六七改。

傳，統緒不絕，聖主之澤也。」事下太常禮院詳定，禮院〔言〕：「檢會《五服年月敕》，斬衰三年加服，嫡孫爲祖。（爲〔謂〕承重者。爲曾、高祖後亦如之。）當院自來凡有詳議持祖服紀內，其間無嫡孫及庶子者依《封爵令》，取庶長孫爲後，持三年斬衰之服。緣從來未有明條，多是議論不一，致有差舛。今欲乞爲祖承重者，依《封爵令》立嫡孫〔一〕，以次立嫡子同母弟，無母弟立庶子，無庶子立嫡孫同母弟。如又無嫡孫之同母弟，即立庶長孫承重，行斬衰之服。」於是禮房看詳：「古者封建國邑而立宗子，故周禮適子死，雖有諸子，猶令適孫傳重，所以一本統，明尊尊之義也。至於商禮，則適子死立衆子，然後立孫。今既不立宗子，又未嘗封建國邑〔二〕，則嫡孫喪祖，不宜純用周禮。欲於《五服年月敕》『嫡孫爲祖』條修定注詞，云：『謂承重者。爲曾祖、高祖後亦如之。嫡子死，無衆子，然後嫡孫承重。即嫡孫傳襲封爵者，雖有衆子猶承重。』」從之。

大中祥符八年四月十九日，皇弟廣平公德彝卒。先是，德彝娶王顯孫，問名納采畢，大歸有期，詔問禮例。禮官言：「按《禮記》：『曾子問曰：取女有吉日而女死〔三〕，如之何？孔子曰：婿齊衰而吊，既葬而除之。夫死亦如之。』注云：『謂無期、三年之恩也，女服斬衰。』又按《刑統》云：『依禮，有三月廟見、有未廟見就婚等三種之文，妻並同夫法，其有克吉日及定婚夫等，唯不得違約改嫁。自餘相[5]犯，並同凡人。』今詳女合服斬衰於室〔四〕，既葬而除；或未葬，但出攢即除。」從之。（以上《永樂大典》卷一九七九七）

齊衰服

【宋會要】[6]真宗咸平元年六月八日，詔：「自今三司、館閣丁憂，並令持服。」

三年三月二十一日，殿中丞石嶼言：「昨知懷安軍，在任丁母憂，準勑不離任。今得替，準勑赴闕，又緣服制未滿，不敢依例朝見。」詔嶼許令朝見。今後京官任川〔陝〕〔峽〕、廣南、福建等路，在任丁憂者未得離任。候替人到，餘服未滿者，並令持服。

天聖二年四月二日〔五〕，大理評事杜杞言：「祖母潁川郡君鍾所生二男並先亡，祖母歿，並無服重子婦，止餘孤孫七人。諸孫之中臣最居長，今已服斬衰，即未審解官以否。」詔太常禮院詳定以聞。禮院言：「按《禮記·喪服小記》曰：『祖父卒，而後爲祖母後者三年。』正義曰：『此一經論適孫承重之服。祖父卒者，謂適孫無父而爲祖後。祖

〔一〕「立嫡孫」至「嫡孫同母弟」，凡二十六字，原無，據《宋史》卷一二五《禮志》二八補。
〔二〕未嘗：原作「不常」，據《宋史》卷一二五《禮志》二八改。
〔三〕取女：原作「娶」，據《禮記注疏》卷一八改。
〔四〕合：原作「令」，據《宋史》卷一二五《禮志》二八改。
〔五〕按：《宋史》卷一二五《禮志》二八記此事作「天聖四年」。

父已卒，今遭祖母喪，故云爲祖母後也。事事得申，若父卒爲母，故三年。若祖父卒時，父已先亡，亦爲祖父三年。若祖卒時父在〔一〕，已雖爲祖期，今父没，祖母亡時，已亦爲祖母三年也。』又後魏永平四年，太常劉芳議：『累代承嫡，方得爲嫡子、嫡孫耳。不爾者，不得繼祖也。』又按令文：『爲祖後者，祖卒爲祖母。祖父殁，嫡孫爲祖母承重者，齊衰三年，並解官。』當院參詳，合依《禮令》承重，解官。」從之。

天聖七年六月五日，廣南西路轉運使王惟正言〔二〕：「祖母身亡，緣臣父早喪，望特許解官持服。」詔太常禮院詳定，禮院言：「按《禮令》：『嫡孫爲祖母承重者，齊衰三年。』又云：『諸喪斬衰、齊衰三年者，並解官。』其王惟正若無親伯叔及兄，即當依上項禮例解官持服。」詔惟正詳禮院檢定《禮令》施行。

寶元二年八月十三日，三司度支判官、集賢校理薛紳言：「祖母萬壽縣太君王氏卒，蒙給假三日。竊以祖母王氏是先臣所生母，服紀之制，罔知所適。伏乞申詔有司，檢詳條制，俯降朝旨，庶知遵守。」詔送太常禮院詳定。禮官言：「《五服年月勑》：『齊衰三年，爲祖後者，祖卒則爲祖母。』注云：『爲曾、高祖母亦如之。』又曰：『齊衰不杖期，爲祖父母。』注云：『父之所生庶母亦同，唯爲祖後者乃不服。』又按《通禮義纂》：『爲祖後者，父所生庶母亡，合三年否？《記》云爲祖母也，爲後三年，不言嫡庶。然奉宗廟當以貴賤爲差，庶祖母不祔於皇姑，已受重於祖，當爲祭主，不得申於私恩；若受重於父〔三〕，代而養，爲後可也。』又曰：『庶祖母合從何服？禮無服庶祖母之文，有爲祖庶母後者之服。晉王廙議曰：受命爲後，則服之無嫌。婦人無子，託後族人，猶爲之服，況其子孫乎？人莫敢卑其祖也。且妾子父殁，爲母得申三年，孫無由獨屈，當服之也。』今取到薛紳本家服圖，紳係爲庶孫，不爲祖後，受重於父。看詳《五服年月勑》不載持重之文，於《義纂》即有所據。今薛紳不 7 爲祖後，受重於父，合申三年之制。」史館檢討、同知太常禮院王洙言：「伏以禮法二柄，合爲憲章，本無異端，同底於治。故君子蹈之則爲禮，小人違之則及刑。雖進退異名，而制度一體。百官之守，所當奉行；尺一之文，是爲不易。薛紳以父之所生庶母亡，疑所服，乞下有司詳定。衆官會議，輒不憑用敕文，只據《義纂》定奪。又直引《義纂》『受命爲後則服之無嫌』，此蓋晉王廙解祖庶母之説，非庶祖母之事。臣竊見自來有司或覩令勑不便者，必於無事之時，或事畢之後，明具利害，及衝改舊文奏上〔四〕，再下有司，或差官定奪可否。如實可衝改，即再具利害奏聞取旨，方降宣勑施行。未有臨事之時，別引他書，擅自不依勑文，一面定奪奏上。況《五服年月勑》與新定令及《通

〔一〕在：原與下句「已」互倒，據《宋史》卷一二五《禮志》二八乙。
〔二〕惟：原作「堆」，據《長編》卷一〇七改。
〔三〕重：原脱，據《宋史》卷一二五《禮志》二八補。
〔四〕及：原作「乃」，據文意改。

禮》正文内五服制度，皆聖朝典法，此三處並無爲父所生庶母服三年之文。唯《義纂》者，是唐世蕭嵩、王仲丘等撰集，本名《開元禮義鑑》，開寶中改修爲《開寶通禮義纂》，並依舊文，不曾有所損益，非創修之書，未可據以決事〔一〕。其所引《義纂》兩條，皆近世諸儒之説，不出於六經之文，臣已别狀奏駁。若自今在外臣庶或有值父所生庶母亡，與薛紳事體一同者，如只準令敕不行三年之制，未知處以何罪？若使天下刑法之司捨令敕而守《義纂》，未見其可也。又詳《五服年月敕》係天聖五年詔兩制與太常禮院詳定施行，此實本院所定之文，今乃臨事之時，自不遵守，豈謂令敕便爲刑書，與禮文有異，略而不取？亦未可也。況敕文初因孫奭，本朝名儒，常授經禁中，天下知其達禮，不應於《義纂》所載兩條不出於六經，所以奭不取也〔二〕。今以令敕之條不載，六經之文不出，輒引以爲據，廢格制書，臣所以不敢雷同具奏。臣非好立異議，唯知謹守敕文，不可臨事改易。且禮法之局，所共執行，於法則議刑，於禮則制服，非一司獨能專也。伏乞降狀付外，令御史臺、刑部、審刑院、大理寺與禮院同共定奪聞奏。所貴禮法之官，參議其極，畫一之典，無輒重輕。」别狀曰：「竊以《義纂》皆近世諸儒之意，不合經義，謹具解正條駁如後。《義纂》云『禮無庶祖母之文，有爲祖庶母後者之服』者，此答問之人明知禮經之中並無庶祖母之事，乃有《喪服小記》祖庶母之説爲此〔三〕。按《喪服小記》云：『爲慈母後者，爲庶母可也，爲祖庶母可也。』注云：『父之妾無子者，亦可命己庶子爲後。』疏云：『謂己父之妾爲祖庶母。』即非今所謂父所生庶母者也。又云『晉王廙議曰，受命爲後，服之無嫌』者，此王廙釋祖庶母之事，謂妾子受父之命，爲祖妾之後，服之無所嫌疑也。又云『婦人無子，託後族人，猶爲之服，況其子孫乎？人莫敢卑其祖也』者，此亦王廙引此言婦人無子〔四〕，或託夫宗姓之子與爲之後，猶當服之，況其夫之庶子、庶孫也？庶孫受 8 父之命，爲祖妾之後，是莫敢卑其祖也。又云『妾子父没〔五〕，爲母得申三年，孫無由獨屈，當服之也』者，此亦王廙引此，言妾子父没，尚得爲母三年，孫不可不服也。臣謹按《喪服小記》云：『别子爲祖。』注云：『諸侯之庶子别爲後世爲始祖也。』又云：『繼别爲宗。』注云：『别子之世長子爲其族人爲宗也〔六〕。』又按《喪服小記》云：『慈母與妾母不世祭也。』注云：『以其非正也。』引《春秋傳》曰：『於子祭，於孫止。』疏云：『妾母謂庶子自爲其母也〔七〕。既非其正，故惟子祭之，而孫則否。』據王廙雖知禮經正文

〔一〕可：原作「有」，據《宋史》卷一二五《禮志》二八改。
〔二〕「不應」二句文意不通，似當作「不應於《義纂》所載兩條不知，以其不出於六經，所以奭不取也」。
〔三〕有：似當作「引」。
〔四〕子：原無，據上文補。
〔五〕子：原作「之」，據前條及本條後文所述改。
〔六〕子爲：原無，據《禮記注疏》卷三二補。
〔七〕謂：原作「爲」，據《禮記注疏》卷三三改。

無庶祖母之事，乃曲引祖庶母及婦人無子託後族人，并父歿爲母申三年者，凡三條，强爲此類，而皆非經典本意。殊不知承别子之後，自爲大宗，所守者重，不得更爲父所生庶母申三年也。況妾母不世祭，豈於祭有厭降之文，於服無衰殺之節？其不然也。且王廙所議，不云受重與否，但云當服之也；不顯言喪期之數，同蒙三年之文，非文之不具，蓋不達禮之本意也。況此議初問有服無服，本不在三年之章，亦不謂受重者也。臣看詳紳爲映之孫也，耀卿爲别子始祖也。紳繼别之後爲大宗也，所守至重，非如次庶子等承傳其重者也，不可輒服父所生庶母三年之喪，以廢始祖之祭也。《義纂》云：『《記》云爲祖母也，爲後三年。』此《義纂》引之，傳寫錯繆也。又云『不言嫡庶，然奉宗廟當以貴賤爲差，庶祖母不祔於皇姑，己受重於祖，當爲祭主，不得申於私恩』者，此釋爲祖之後，自然不得爲祖母三年也。又云『若受重於父，代而養，爲後可也』者，此釋子傳父重者，代父修養庶祖母亦得三年也。臣謹按禮經所謂重者，皆承後之文。據《義纂》稱『重於父』，亦有二説：一者，嫡長子自爲正體，受重可知；二者，或嫡長亡，取嫡或庶次承傳父重，亦名爲受重也。若繼别子之後，自爲大宗，所承至重，不得更遠係庶祖母，爲之服三年，唯其父以生己之故，爲之三年可也。詳《義纂》所謂『受重於父』者，指嫡長子亡，次子承傳父重者也，但其文不同耳〔一〕。臣切詳《義纂》，其間論説多不與《通禮》正文相副。若於條勑之外，辯詳典禮，或取或舍，質正異論可也，非可便取爲執據，移奪令勑也。」詔太常禮院與御史臺詳定聞奏。衆官參詳：「耀卿，王氏子。紳，王氏孫，尤親於慈母、庶母、祖母、庶祖母也。耀卿既亡，紳受重代養，當服之也。復又薛紳頃因籍田覃恩，乞將叙封母氏恩澤迴授與故父所生母王氏〔二〕。其薛紳官爵未合叙封祖母，蓋朝廷以耀卿已亡，紳是長孫，敦以孝道，特許封邑。豈可王氏生則輒邀國恩，歿則不受重服！況紳被王氏鞠育之恩，體尊義重，合令解官持齊衰三年之服。」詔從之。

元豐三年十二月十五日，太常禮院言：「自今承重者，嫡子死，無諸子，即嫡孫承重；無嫡孫，嫡孫同母弟承重；無母弟，庶孫長者承重。9 曾孫以下準此。其傳襲封爵者，自依《禮令》。」從之。先是，知太常禮院兼寺丞王子韶言：「寺丞劉次莊祖母亡，有嫡曾孫，次莊爲嫡孫同母弟。本院定次莊祖母亡，無諸子及無嫡孫，次莊以嫡孫同母弟當承重。檢近降五服條『嫡孫爲祖』，註：『謂承重者。爲曾祖、高祖後亦如之。嫡子死無子，然後嫡孫承重。即嫡孫傳襲封爵，雖有衆子猶承重。』切詳上條，止爲嫡孫承重與不承重立法，即無庶孫承重之文。自來嫡孫即不問長幼承重。若嫡孫已死，見有親弟年少，又有庶母弟年長，若論

〔一〕同：原作「周言」，據《宋史》卷一二五《禮志》二八刪改。
〔二〕迴：原作「迴」，據《宋史》卷一二五《禮志》二八改。

長即庶長孫承重。若謂庶孫不當承重，即嫡孫同母弟雖少，當爲祖父母齊斬三年。未嘗明降指揮，乞下禮官詳議立法。」故也。

元祐八年七月二十九日，禮部言：「知建州、左朝散郎王汝舟於去年十二月内繼祖母身亡，有叔承重，營幹喪葬了畢。今叔於三月二十九日身亡，汝舟係嫡孫，今來祖母之喪雖已經卒哭，緣别無伯叔合承重，乞解官持服。尋下太常寺，本寺看詳：『皇祐中，石祖仁遭叔父之喪，未葬，〔在〕小祥以前。當時禮院用何承天、司馬操、庾蔚之等議，令因葬制爲三年之服。朝旨沿情廣恩，事已施行。至元豐中，段謂遭叔父喪，在小祥之後，其期服已畢。禮院用徐邈議，乞令心喪三年，以終喪祭。朝旨以義爲制，令依本服。今王汝舟所陳事理，與石祖仁體例頗同，皆在小祥以前，欲令王汝舟解官執喪，俟其小祥變服，以爲三年之制。其小祥後如段謂之比者，即用徐邈議，許令素服臨祭，解官以申心喪，通三年而畢。』本部看詳，王汝舟係嫡孫，其祖母之喪雖經卒哭，既無伯叔承重，合依太常寺所定，解官行服，通三年而畢，貴合禮意。」從之。

熙寧八年十月二十三日，前右司諫、直集賢院孫覺知潤州。初，覺知廬州，喪祖母，以嫡孫解官持服，而覺有叔父在，有司以新令嫡子死無衆子，然後嫡孫承重，覺不當爲祖母解官，故有是命。

紹興三十年二月十六日，大理評事元徽之以高祖母安人犖氏死，乞承重解官。從之。時徽之亦年幾五十矣。（以上《永樂大典》卷一九七九八）

齊衰杖期

【宋會要】

10 景祐二年〔一〕，郭稹爲出嫁母行服，太常博士、同知禮院事宋祁以（當不）〔不當〕行服，乃奏曰：「禮者，叙上下，制親疏，别嫌明微，以爲之節也。故三年之喪，雖天下達禮，至於情文相稱，必降殺從宜〔二〕。故尊有所伸，則親者有所屈，不敢以所承之重而輕用於其私者也。伏見前祠部員外郎、集賢校理郭稹，生始數年而父喪，其母邊氏更適士人王涣，稹煢然孤苦，以致成立。見無伯叔，又鮮兄弟，奉承郭氏之祭者，惟稹一人而已。邊氏既適王氏，更生四子。今邊不幸而死，稹乃解官行服，以臣愚管見，深用爲疑。伏見《五服制度勑》『齊衰杖期降服』之條，曰：『父卒母嫁及出妻之子爲母服。』注曰：『謂不爲父後者。若爲父後者〔三〕，則爲嫁母無服。』今詳邊氏，嫁則從夫，已安於王室；死將同穴，永非於郭耦。而稹既爲父後，則宜歸重本

〔一〕此條前原有「禮院言郭稹爲出嫁母行服」，似爲標目，然與全書體例不符，今删。

〔二〕降：原作「隆」，據《宋景文集》卷二六改。

〔三〕「爲父後者」及下「則」字，原脱，據《宋景文集》卷二六補。

宗，雖欲懷有慈之愛〔一〕，推無絶之義，亦不得爲已嫁之母亢父而進其禮也〔二〕。何者？ 輕奉父統，則郭之承重更無他親；備執母喪，則王之主祀自有諸子。臣詳求禮制，疑稹不當解官行服。夫禮有所殺，君子之俯就也；義有所斷，聖人從宜也。況當孝治，宜謹彝經。伏乞降臣此狀，下有司詳議，其郭稹爲父後，爲出嫁母應與不應解官行三年之喪〔三〕，然後明垂定制，俾守洪規。臣備禮官，不敢寢嘿〔四〕。」

續准批下侍御史劉夔奏議：「臣聞父尊母親，天下之達禮也；存養没喪，天下之達節也。故父在爲母期，父没爲母三年，降殺之義，在此而已。勛、華而下，周、（隨）〔隋〕以還，沿襲之文或殊，齊斬之儀無革。惟（載）〔戴〕《記》載孔氏喪出母，自子思始以譏廢禮。至若父卒爲出嫁母杖期，又爲父後者無服，周公制禮，宣聖定儀，具載簡編，初無此説。今宋祁謂疑稹不當解官行服，臣謹按天聖六年六月十二日敕，禮部侍郎劉筠等同定刑部郎中孫奭所奏、左僕射劉照等所議開元五年五服制度，依《開寶正禮》録出舊載齊衰降服條例，與祁所言不異。又按唐憲宗朝丞相鄭餘慶、陸贄等議：『父卒母嫁，夫義絶，無服。』裴茝注云：『准天寶六年正月二日敕，出、嫁母終年。』又《假寧令》〔五〕：『諸喪，斬衰三年、齊衰三年，並解官；齊衰杖期及爲人後者爲其父母，若庶子爲後爲其母〔六〕，亦解官，申心喪〔七〕；母及出、嫁母，爲父後者雖不服，亦申心喪。』注云：『皆爲生已者。』又《職制令》：『諸聞父母若夫喪，匿不舉哀者，流二千里。』《喪制律》：『諸居父母若夫喪，釋服從吉若忘哀作樂。』注云：『自作、遣人等徒三年，雜戲徒一年。』《疏義》曰：『其父卒母嫁及爲祖後者，祖在爲祖母，若出妻之子，並居心喪之内，未合從吉。若忘哀作樂，自作、遣人等亦徒三年，雜戲徒一年。又冒哀求仕者徒一年。』註：『謂父母喪，禫制未除及在心喪内者。諸冒哀求仕者，謂父母 11 之喪二十五月大祥後，未滿二十七月而預選求仕。但父母之喪，法合二十七月是正喪，若釋服求仕，即當不孝，合徒三年。其二十五月外二十七月内是禫制未除，此中求仕，名爲冒哀，合徒一年。若釋服從吉，自從釋服從吉之法。及在心喪内者，爲妾子及出妻之子合降其服〔八〕，其二十五月内爲心喪。』臣再詳格令：『子爲出、嫁母，雖爲父後者不服，亦當申心喪。』又稱：『居心喪者，釋服從吉及忘哀作樂、冒哀求仕者，並同父母正服之例。』今稹不自空桑而生，當念哀哀劬勞，報德罔極，若食稻衣錦，去衰麤，徹哀隕而享安榮，是謂以母死而爲利。且天下豈有無母之國哉？

〔一〕懷：原作「壞」，據《宋景文集》卷二六改。
〔二〕進：《宋景文集》卷二六作「盡」。
〔三〕應與不：原脱，據《宋景文集》卷二六補。
〔四〕寢：原作「侵」，據《宋景文集》卷二六改。
〔五〕假：原作「改」，據《長編》卷一一七、《宋史》卷一二五《禮志》二八改。
〔六〕其：原脱，據《長編》卷一一七、《宋史》卷一二五《禮志》二八補。
〔七〕申心：原作「其正」，據《長編》卷一一七、《宋史》卷一二五《禮志》二八改。
〔八〕合降其服：原作「合除」，據《長編》卷一一七、《宋史》卷一二五改。

臣向覩今龍圖閣學士王博文爲殿中侍御史、中丞杜衍任太常博士日，並爲出、嫁母解官致喪，識者韙之。切惟朝論士庶喪嫁母者比比皆是，輒舉近班二臣以明非要。矧王涣身没之後，邊氏却還稹家，母子如初，累變星琯。若使生爲母子，没同路人，循開元屑屑之制，滅孝子充充之行，則必虧損名教，廢墜人倫，下扇澆風，上玷孝治。事體至重，不可不惜。今稹既自解官，已伏苫塊，伏望聖慈遂其孝心，則至治之朝，敦風厚俗，在此舉矣。且杖期降服之制，本出《開元禮》文，逮乎天寶，已降别勑，令終三年。然則明皇當時已悟失禮，但緣此勑在後，遂令執用舊文。方今聖哲熙朝，文物大盛，自我作古，誰曰不可，何必遵李唐之常議，略先王之經制，守爲後之末節，絶母子之要道哉！臣又聞晉袁準謂〔一〕：『爲人後，服嫁母服。』劉智云：『雖爲父後〔二〕，猶爲嫁母齊衰。』譙周云〔三〕：『父卒母嫁，非父所絶，爲之服周可也。』昔孔鯉之妻，鯉卒而嫁於衛，故《檀弓》曰：『子思之母死，柳若謂曰：子聖人之後也，四方於子乎觀禮，子盍慎諸！子思曰：吾何慎哉！』石苞問淳于睿曰：『爲父後者不爲出母服〔四〕。嫁母猶出母也，或者以爲嫁與出不異，不達禮意，雖執從重之義，而以廢祭見譏。君爲詳正。』睿引子思之義爲答，且言：『聖人之後服嫁母服，分明無可嫌。』詳觀古賢精密之論，則稹之行服不爲過矣。」

上令太常禮院、御史臺與前降指揮一處同共詳定聞奏，曰〔五〕：「臣等今檢詳禮條如左。參詳宋祁所奏疑《五服年月勑》內爲父後者爲嫁母無解官之文，劉夔以爲母嫁亦當申心喪之禮。竊緣以有下項典禮及律條分明，更難别立條制。」

又翰林侍講學士馮元奏：「准中書批下宋祁等奏狀，疑稹行服。參酌《禮記正義》，皆古之正禮，《開寶通禮》及《義纂》并《五服年月勑》，皆國朝見行典制，明有義據，即無子爲父後、爲嫁母行服三年、廢父祖祭祀之禮。但有司未經遵用，止徇人之常情，寧不致疑，互持偏説？《禮記正義》、《開寶通〔理〕〔禮〕》、《五服年月勑》皆言爲父後者爲出、嫁母無服。惟《開寶通禮義纂》引唐天寶六年制，出母、嫁母並終服三年〔六〕。又引劉[12]智《釋議》：「雖爲父後，猶爲出、嫁母齊衰，卒哭乃除，踰月乃祭，禮也。」且《通禮義纂》，聖朝所定，疏云出母、嫁母並終服三年；又云爲出母、嫁母縗，卒哭乃除。二者並存，其事相違，何也？竊詳天寶六年之制〔七〕，言諸子爲出母、嫁母，故云並終服三年；劉智《釋義》曰爲父後者爲出母、嫁母，故云猶爲齊縗，卒哭乃

〔一〕「袁」原作「元」，「準」原作「准」，據《長編》卷一一七、《宋史》卷一二五《禮志》二八改。
〔二〕父：原作「文」，據《長編》卷一一七、《宋史》卷一二五《禮志》二八改。
〔三〕云：原作「公」，據《長編》卷一一七、《宋史》卷一二五《禮志》二八改。
〔四〕服：原脱，據《長編》卷一一七、《宋史》卷一二五《禮志》二八補。
〔五〕曰：原作「者」，據《長編》卷一一七、《宋史》卷一二五《禮志》二八改。
〔六〕終：原作「終終」，據《長編》卷一一七、《宋史》卷一二五《禮志》二八刪。
〔七〕竊：原作「初」，據《長編》卷一一七改。

除。二理昭然，各有所謂，固無疑也。況天聖中《五服年月勑》，父卒母嫁及出妻之子爲母降服杖期，則天寶六年出母並終服三年之制已經行改，不可行用。又《五服年月勑》但言母出及嫁，爲父後者雖不服，亦申心喪，即不言解官〔一〕。臣以爲，若專用禮經，則是全無服式，施之今世，理有未安；若諸子杖期，又於條制更相違戾。既求禮意，當近人情。自今後子爲父後、無人可奉祭祀者，依《通禮義纂》、劉智《釋議》，齊縗之服卒哭乃除，逾月乃祭，仍申心喪，不得作樂，即與《禮記正義》、《通典》、《開寶通禮》、《五服年月勑》爲父後爲出母、嫁母無服文，言不相遠也。如非爲父後者，出母、嫁母依《五服年月勑》，降齊縗杖期，亦解官申其心喪，則與《通禮・五服制度》言『雖周除〔二〕，仍申心喪三年』，及《刑統》言『出妻之子合降其服〔三〕，皆二十五月內爲心喪』，其義一也。以此論之，則國朝見行典制盡與古之正禮相合，餘書有偏見不合禮經者，皆不可引用也。今積即未審有無伯叔兄弟可奉父祖祭祀，應得子爲父後之條以否，合行勘會。又緣其人解官行服，已過期年，難於改易。臣今議，欲乞依下項陳乞：自今後子爲父後，委實無人可奉父祖祭祀者，並依聖朝典制施行。」從之。（以上《永樂大典》卷一九七九九）

齊衰不杖期

【宋會要】

13 哲宗元祐四年七月十一日，中書省言：「三班奉職陳永和狀：親妹美人陳氏出殯開聖院，永和與弟姪等係期親之服，乞掛服守靈。」詔不允。

紹興二十九年十二月十七日，宰臣湯思退言：「喪長女，依條乞給式假五日。」詔令朝參治事，止給早出假。（以上《永樂大典》卷一九八〇〇）

緦麻服

【宋會要】

14 天聖五年四月二十三日，翰林侍讀學士孫奭言：「伏見禮院及刑法司、外州各執守一本《喪服制度》〔四〕，編附入《假寧令》者，顛倒服紀，鄙俚言詞。如外祖卑於舅姨〔五〕，大功加於嫂叔，其餘謬妄，難可遽言。臣於《開寶正禮》録出五服年月，并見行喪服制度，編附《假寧令》，伏乞詳擇，雕印頒行。又禮文作齊衰『期』，唐避明皇諱，改『周』，聖朝不可仍避，伏請改『周』爲『期』，用合經禮。」詔送兩制與太常禮院詳定聞奏。翰林學士承旨劉筠等言：「奭所上五服年月別無誤錯，皆合經禮，其『齊衰期』字，却合改『周』爲

〔一〕「母出」至「不言」凡十八字，原脱，據《長編》卷一一七補。
〔二〕周：原作「同」，據《長編》卷一一七、《宋史》卷一二五《禮志》二八改。
〔三〕降：原作「除」，據《長編》卷一一七、《宋史》卷一二五《禮志》二八改。
〔四〕執：原作「報」，據《宋史》卷一二五《禮志》二八改。
〔五〕如：原無，據《宋史》卷一二五《禮志》二八補。

『期』，以從經典。又節取《假寧令》合用條件〔一〕，各附五服之後，以便有司檢討，並以修正。望下崇文院雕印，頒下中外，所有舊本更不得行用，其印板仍付國子監印造出賣。」從之。

皇祐四年正月十九日，吉州司理參軍祝紳請持兄服，從之。初，江南東路體量安撫司言：「紳幼亡父母，養於兄嫂，已嘗爲嫂持服，今又請解官持兄喪。」帝曰：「近世蓋有匿父母喪而干進者，今紳雖所服非禮，然不忘鞠養恩〔二〕，亦可勸也。既聽之，仍候服闋日與幕職官、知縣。」

【宋會要】

天禧元年四月十五日，詔：「自今在京倉場、庫務、坊監監官京朝官、使臣，周親喪給假五日〔三〕，聞哀二日；大功、小功給假三日〔四〕，聞哀一日；緦麻在家聞哀，並給假一日。」從三司使馬元方之請。（以上《永樂大典》卷一九八〇三）

雜服制

【宋會要】

15 天聖五年十月三日，太常禮院言：「自來宗廟祠祭，皆宰臣〔五〕、參知政事行事，每有服制，旋復改差，多致妨闕〔六〕。當院檢會《唐會要》，（正）〔貞〕元六年，詔百官有私喪公除者，聽赴宗廟之祭。初，御史監祭者以《開元禮》凡有緦麻以上喪不得饗廟，移牒吏部，詰以奏差祭官有私喪者。於是吏部奏曰：『準禮，諸侯絕周、大夫絕緦麻者，所以殺旁親，不敢廢大宗之祭事，則緦不祭者，謂同宮未葬，欲人吉凶不相瀆也。魏、晉已降，變而從權，緦以上喪服假滿即吉，謂之公除。凡既葬公除，則無事不可，故江左虞潭、殷仲堪並云既葬公除廢祭者非也〔七〕，故其時公除者則行公祭。蓋大夫不敢以家事辭王事，《春秋》之義也。今國家行公除之令，既以即吉，於祭無妨。今私家之祭則無廢者，公家之祭則猶禁之。是以有司限文，若以服爲禁，則懼虧祭禮；若以例奏差，則懼違令文。先王立禮，所以進人爲善也；立法，所以禁人爲非也。被公除者，人思君親，莫不欲祭。使子得祭其父，孝莫大焉；臣得祭其君，義莫重焉。苟祭而不許，是禁人爲善也。苟私祭不禁，則公祭無嫌。是則垂之空文，不若行其變禮。今請申明舊令，使行之可守。凡有慘服既葬公除及聞哀假滿者，許吉服赴宗廟之祭。其同宮未葬，雖公除者，請依前禁之。庶輕重有倫，以一王法。』從之。又王涇《郊祀録》注：『緦麻已上喪不行宗廟之祭者，以明吉事凶人不干也。貞元六年吏部奏請既葬

〔一〕令：原無，據《宋史》卷一二五《禮志》二八補。
〔二〕恩：原作「意」，據《宋史》卷一二五《禮志》二八改。
〔三〕周：原作「聞」，據《長編》卷八九改。
〔四〕小功：原無，據《長編》卷八九補。
〔五〕宰：原作「幸」，據《宋史》卷一二五《禮志》二八改。
〔六〕妨：原作「防」，據《宋史》卷一二五《禮志》二八改。
〔七〕殷：原作「商」，此乃宋人避諱改，今據《晉書·殷仲堪傳》回改。

公除之後〔一〕，得許權改吉服，以從宗廟之祭，此一時之事，非舊典也。』今當院看詳，律稱：『如有緦麻已上喪遣充掌事者，笞五十，陪從者笞三十。』此則唐初所定〔二〕。至貞元六年吏部起請，皆援引典故，乞『凡有慘服既葬公除及聞哀假滿者，許吉服赴宗廟之祭。其同宫未葬，雖公除者，請依前禁之』。奉詔，百官有私喪公除者，聽赴宗廟之祭。後雖王涇著《郊祀録》，稱是一時之事，非舊典也，又别無詔敕改更，是以歷代止依貞元六年詔命施行。至大中祥符三年，詳定儀注官請依《郊祀録》，緦麻已上不預宗廟之祭。今詳貞元起請證據分明，王涇所説别無典故，望自今後有私喪公除者，聽赴宗廟之祭，庶使舊典克從，免致廢闕。」從之。

元豐三年三月二日，太常禮院言：「國子博士孟開乞以姪孫宗顏爲嫡孫。據令：『無子者聽養同宗之子昭穆合者。』又曰：『子孫繼絶應析户者，非十八以上不得析〔三〕。』則是有以孫繼祖者〔四〕。又晉侍中荀顗無子，以兄之孫爲孫。請如開所乞。」從之。

神宗熙寧二年十一月二十一日，詔同修起居注、直史館蔡延慶許歸後本宗。初，延慶言：「先臣贈太尉齊是臣之伯父，臣祖父以齊未有繼嗣日，令臣出繼。今齊有子延嗣爲光禄寺丞，而臣所生父哀 16 反無繼嗣。」乃下禮官議，而禮官言延慶當歸後本宗故也。

哲宗元祐元年閏二月十八日，禮部言：「故朝請郎致仕李弼賢妻王氏狀：亡夫從祖惟清係繪像臣僚，爲本支無嗣，乞依張知白例推旁支恩。」詔從之，仍令李惟清族中推有義者立爲嗣。

紹聖元年十二月五日，尚書省言：「元祐七年南郊赦書節文，今後户絶之家近親不爲依條立繼者，官爲施行。今户絶家許近親尊長命繼，已有著令，即不當官爲施行。」從之。

政和三年閏四月二十七日，户部尚書劉炳言：「有旨，王彦林以弟彦通與叔母宋氏爲繼絶孫。今户部員外郎蓋侁議，彦通用元豐中孟開以姪孫宗顏爲嫡孫例，事體明甚，大理寺官皆以爲允，獨寺丞吳瓌異議。竊以深文刺骨、離于人心者，非所以爲法；膠執拘滯、泥於故常者，非所以爲禮。法不違於人情，禮固可以義起。君子者，法之原必本于平恕；聖人者，禮之制莫尚乎變通。不明禮法之本原而欲絶人之世，豈先王之用心哉？孔子曰：『繼絶世，天下之民歸心焉。』蓋以其無後而絶，故繼之也。若祖自有子，又嘗娶婦，方得養孫，或有子未娶而亡，亦不得養孫，則天下之絶世將不可勝計。以是爲禮法，不亦可乎？蓋侁議是。若如瓌議，則元豐孟宗顏、紹聖劉守信二家，皆可追奪産業。數十年之間，天下之養孫者，不惟世守其先疇，或已

〔一〕貞元：原作「正元」，據《宋史》卷一二五《禮志》二八改。下同。
〔二〕所：原無，據《宋史》卷一二五《禮志》二八補。
〔三〕上：原脱，據《長編》卷三〇三補。
〔四〕以：原脱，據《長編》卷三〇三補。

經蔭補，若行此議，則鄉里姦民倚法搔擾，長告訐之風，起爭競之俗，非所以綏靖四方也。若曰使皆有繼續，則天下遂無户絶。夫法有養子、養孫，蓋慮天下有絶滅之家也。户絶財産，所得幾何？政和元年，諸路户絶錢萬餘貫而已。使皆知立後，遂無户絶，一歲雖失萬餘緡，聖主之所樂爲也。」從之。

徽宗大觀四年九月十五日，詔：「孔子謂：興滅繼絶，天下之民歸心。王安石子雱不幸無嗣，有族子逮已嘗用安石孫恩例官之。比聞輿訟未已，可仍舊以逮爲雱後，以稱朕善善之意也。」

〔政和〕八年四月二十三日〔一〕，故臨川伯王雱女王氏狀：「伏念父被遇神考，擢寘法從，不幸早世，未立嗣息。大觀間，特詔以族子逮爲後。於政和六年緣其所生父夷身亡，詔令逮歸宗，照管葬事。今已終葬，欲望特令逮仍舊爲先父雱後。」詔從之。

高宗紹興八年十月二日，詔故太尉、鎮洮軍節度使〔二〕、同知樞密院事种師道以再從姪浤爲後，其神道碑令本家陳乞，委官製撰。（以上《永樂大典》卷一九八〇九）

追行服

【宋會要】

17 紹興三十年五月十三日，太常寺看定：「韋評等昨解官持服，今顯仁皇后升祔恩例所得轉官，檢照禮律，即未合祇受。」從之。

元祐六年五月六日，監察御史徐君平言：「父母之喪，無貴賤一也。今大小使臣任管軍、沿邊之類，當行服而不請解官者甚衆。願令並解官持服，著爲令。」從之。其大小使臣除係沿邊等職任并元是軍班换授，及小使臣非奏補，及武舉入官人，並仍舊。

七年二月十一日，詔：「武臣丁憂者見任管軍處，或充路分總管、鈐轄、都監、知州縣、城闕使〔三〕、縣尉、都監、寨主、監押、同巡檢、巡檢駐泊、巡防駐泊及管押綱運〔四〕，大使臣係軍班换授，小使臣非蔭補，并武舉入官者及差使、借差，並不解官。內係沿邊任使并押綱者，給假十五日，餘一百日〔五〕。其應不解官而願解官行服者，除沿邊任使奏候朝旨外，聽之。」

紹聖三年五月八日，詔小使臣丁憂，依元豐舊法，勿令持服。

十一月二十三日，詔準備將領、差使，並依〔沿〕邊將副、城寨使臣條，不許持服。

〔一〕政和：原無。按前條爲「大觀四年」事，而大觀無八年，大觀之後，紹興之前，年號有八年者唯政和，因補。
〔二〕鎮：原無，據《宋宰輔編年録》卷一三補。
〔三〕使：原缺，據《長編》卷四七〇補。
〔四〕管：原作「營」，據《長編》卷四七〇改。
〔五〕餘：原作「除」，據《長編》卷四七〇改。

徽宗元符三年已即位。正月十四日，詔三省集侍從官、禮官議興國三年服是何服紀，令疾速指定聞奏。詳見九月六日指揮。

淳熙四年九月十二日，敕令所言：「臣僚奏，自今右選脩武郎以下如有服制，並合依文臣解官。吏部看詳：『應小使臣外官、宗室任諸路監司、知州軍、軍使、知縣、縣令、縣尉、鈐轄、路分都監、副都監、將副、準備將領差遣，如遇丁憂，乞依文臣解官持服。授訖未上同〔一〕。內極邊去處，並不解官；願解官持服者，具奏聽旨。』詔依，仍下本所修立成法。本所欲於武臣丁憂不解官本條依舊文外，今參酌創修：諸路小使臣任知州及軍使、知縣、縣令、尉丁憂，並解官，內緣邊去處不解，授訖未上同。願解官者具奏聽旨。」從之。

七年四月二十七日，吏部侍郎芮煇言：「吏部選法，小使臣遭喪不解官，給式假，百日爲限。欲除緣邊職任及見從軍與歸正、歸朝、揀汰指使等官，并軍功補授，雜流出身人，依舊以百日爲限外，小使臣如蔭補子弟及取應宗室武舉出身之類，皆合遵三年之制。」從之。既而吏部奏：「所降指揮內蔭補子弟并取應宗室武舉出身人悉遵三年之制，竊慮未盡。今照得，如奏薦、遺表、致仕及捧表、生辰親屬并捧香戚里、宗室女夫、染瘴陣亡、罷省親屬恩澤，應諸色補官宗室并進獻人，並合依已降指揮施行。校尉準此。」從之。

二十八日，詔：「內侍官如丁憂，依舊給式假一百日。」

七月七日，中書門下省言：「昨降指揮，應從軍小使臣自今在職丁憂，與免式假。近緣吏〔部〕奏請，將見從軍與不係從軍之人，例皆給（理假）〔假，理〕宜分別。」詔內外諸軍小使臣在職丁憂，並依上件已降指揮施行。

十年七月二[18]十二日，吏部言：「淳熙條格，小使臣沿邊任使，丁憂不解官，止給式假十五日。淳熙七年四月二十七日，因臣僚奏請，失於照會，一例衮同聲説，給假一百日，遂致抵牾。乞依淳熙條格，止給式假十五日。」從之。

二十七日，詔：「小使臣丁憂，並依舊法。其在淳熙七年四月二十七日指揮之後解官持服人，與依舊法理還磨勘月日。」（以上《永樂大典》卷一九八一二）

成服

【宋會要】

[19]景祐三年五月二十一日，審刑院言：「開封府民單如璧母於姑禫服內爭家財。準《户律》：『諸居父母喪，兄弟別籍異財者，徒一年。』疏云：『謂在二十七月內。』今與有司檢詳典禮，准《五服年月敕》：十三月小祥，除首（經）〔絰〕；二十五月大祥，除靈座，除衰裳，去絰杖；二十七月禫祭，踰月復平常。其單如（壁）〔璧〕祖母禫制未滿。緣三

〔一〕此句原作大字，今依下文例改爲小字。

年之喪止以二十七月爲滿，其二十七月即〔未〕明踰月爲限或須實滿二十七月，乞下太常禮院定奪。」禮官議曰：「謹按《禮記·間傳》云：『再期而大祥〔一〕，素縞、麻衣；中月而禫，禫而纖，無所不佩。』中猶間也，謂大祥祭後間一月而禫也〔二〕。今俗所行禫則六旬既祥〔三〕，縞麻闕而不服，稽諸制度，失之甚矣。今約經傳，求其適中，可二十五月終而大祥，受以祥服，素縞、麻衣。二十六月終而禫服。二十七月終而吉〔四〕，吉而除，徙月樂，無所不佩。求其情可合乎禮矣。《儀禮》云：『又期而大祥，曰薦此祥事〔五〕，中月而禫。』中猶間也，與大祥間一月，自喪至此月二十七月。《禮記》云：『是月禫，徙月樂。』言禫明月可以用樂。參詳典故，三年之喪，十三月爲小祥，二十五月爲大祥，二十六月服素縞，二十七月禫祭，踰月仍復平常。自初喪至此月，首尾二十七月，踰月謂終禫月餘日，次月改朔，是名踰月，即合純吉。請頒天下，以爲定式。」從之。

紹興二十九年九月十三日，持禫服韓仲通言〔六〕：「奉旨差知鎮江府，緣見居禫制，敢冒分符？望追還誤恩。」詔令候從吉日前去之任。（以上《永樂大典》卷一九八〇八）

短喪

【宋會要】

20 元豐八年九月四日〔七〕，承議郎、秘書省正字范祖禹言：「先王制禮，以君服同於父，皆斬衰三年，蓋恐爲人臣者不以父事其君，此所以管乎人情也。自漢以來，不惟人臣無服，而人君遂亦不爲三年之喪。惟國朝自祖宗以來，外廷雖用易月之制，而宮中實行三年之服。且易月之制，前世所以難改者，以人君自不爲服也。今君上之服已如古典，而臣下之禮猶依漢制，是以大行在殯而百官有司皆已復其故常〔八〕，容貌衣冠無異於行路之人。豈人之性如此其薄哉，由上不爲之制禮也。今羣臣易月，而人主實行喪制〔九〕。故十二日而小祥，期而又小祥；二十四日大祥，再期而又大祥。夫練祥不可以有二也，既以日爲之，又以月爲之，此禮之無據者也。古者再期而大祥，中月而禫。禫者，祭之名也，非服之色也。今乃爲之黲服，三日然後禫，此禮之不經者也。既除服，至葬而又服之，蓋不可以無服也。祔廟而後即吉，纔八月矣，而遽純吉，無所不佩，此又禮之無漸者也。易月之制，因襲故事，已行之禮，不可追

〔一〕期：原作「周」，據《禮記注疏》卷五七改。
〔二〕大祥：原作「太常」，據《通典》卷八七改。
〔三〕今：原作「六」，據《通典》卷八七改。
〔四〕終：原脱，據《通典》卷八七補。
〔五〕薦：原作「爲」，據《儀禮注疏》卷四三改。
〔六〕仲：原作「冲」，據《建炎要録》卷一八二改。
〔七〕按：《范太史集》卷一三《論喪服儉葬疏》題下原注作「元豐八年六月七日」。
〔八〕「大行在殯而」原無，「復」原作「服」，據《范太史集》卷一三補改。
〔九〕制：原無，據《諸臣奏議》卷九三補。

也。臣愚以爲宜令羣臣朝服止如今日，而未除衰；至期而服之，漸除其重者；再期而又服之，乃釋衰。其餘則君服斯服可也。至於禫不必爲之服，惟未純吉以至於祥，然後無所不佩，則三年之制略如古矣〔一〕。」詔禮官詳議以聞。其後禮部尚書韓忠彦等言：「朝廷典禮，時世異宜〔二〕，不必循古。若先王之制不可盡用，則當以祖宗故事爲法。今言者欲令羣臣服喪三年，民間禁樂如之，雖過山陵，不去縗服，庶協古之制。緣先王恤典，節文甚多，必欲循古，則又非特如臣僚所言故事而已。今既不能盡用，則當循祖宗故事及先帝遺制。」從之。

元符三年九月一日，以哲宗皇帝陞祔太廟畢，羣臣純吉服如故事。

六日，太常寺言：「謹按《禮記》，事君方喪三年。至漢文以日易月，行公除之制。魏、晉以降，既葬即除。本朝參稽歷代，典禮加隆。太宗皇帝上繼太祖，兄弟相及，雖行易月之制，實服斬衰三年，以重君臣之義。公除以後，庶事相稱，具載國史。今皇帝嗣位哲宗，實承神考之世。正月中，本寺檢用開寶故事〔三〕，爲哲宗合服斬衰重服，已施行訖。今哲宗神主陞祔已畢，百官之服並用純吉，皇帝服御未經討論，宜如太平興國二年故事。」禮部言：「祖宗故事，靈駕進發，皇帝釋縗服，改吉服還内。昨來太常（常）〔寺〕失供具儀注，若據太平興國中宰臣薛居正表，稱『公除以來，庶事相稱，獨茲徹樂，誠未得宜』，即是公除以後，除不舉樂外，釋衰從吉，事理甚明。今已係哲宗祔廟以後，皇帝服御如此，依故事即已踰時，便合改御吉服。今檢會累朝典故：太宗爲太祖之服，太平興國元[21]年十二月甲寅，上服衮冕御乾元殿受朝，仗儀如式，太常樂備而不作。真宗爲太宗之服，靈駕既發，衰服還宫。《會要》云：『雖以易月之制，外朝即吉，而内庭實服通喪也。』仁宗爲真宗之服，禫除祭奠，羣臣奉慰，帝服常服，羣臣並吉服。禮儀院請靈駕進發，皇帝釋衰，改吉服還内，詔可。七月，靈駕進發，内外並吉服。皇帝以純孝之性，不忍（據）〔遽〕易，至於左右内臣，衰服如初。宰臣援引典禮，執奏三四，乃詔内侍省翌日釋服。英宗爲仁宗之服，嘉祐八年四月二十五日大祥，二十七日祥除。太常禮院言：『故事，皇帝釋黲御常服，群臣亦如之。』神宗爲英宗之服，讀哀册訖，上與皇太后奉辭，衰服還宫。哲宗爲神宗之服如前。今皇帝合釋黲，御常服，素紗展脚幞頭、淡黄衫、黑犀帶。請下有司製造。」宰臣韓忠彦等言：「禮本人情，先王曲爲之節；喪從先祖，後世莫得而踰。敢緣舊章，以正大典〔四〕。竊以本朝故事，真廟以來，皆緣父子之相承，故有衰麻之本制。易月雖同于四海，在宫實行于三年。恭惟太宗上繼藝祖，於君臣之服雖重，

〔一〕矣：原作「義」，據《范太史集》卷一三、《宋史》卷一二二《禮志》二五改。
〔二〕世：原作「異」，據《長編》卷三五九改。
〔三〕開寶：原作「實」，據《宋史》卷一二二《禮志》二五改。
〔四〕正：原作「政」，據本書禮二九之八一改。

在兄弟之禮亦明。伏惟皇帝陛下以弟及於泰陵，實子承於神考，天倫之戚，家法斯存。祔祭應除，往古有已行之誼；羣臣既吉，至尊無獨異之文。矧惟聖孝之誠，日奉東朝之養，每親蘭饍，猶御素衣。蓋當有司講禮之初，未及乘輿易服之制。比再閱奉常之議，謂宜如興國之儀。況加隆已遏於八音，願易吉一遵於列聖。伏請皇帝陛下從禮官所議，改用吉服，餘依從官等前議。」詔答曰：「參考僉言，蔽自朕志，仰念繼承之義，宜服三年之喪。嘗告治庭，衆論惟允，難以中道，復議改更。」自是三上表，乃下詔候周期服吉。

建中靖國元年二月三日，詔曰：「朕纂圖宸極，繼及承祧，祗奉泰陵，逷追先服。遘難伊始，敷告具存，而元符末年，異論蜂起，秩宗宰輔，咸有建言，力陳日侍親闈，豈可久衣素韠。援經執禮，引義制情。批訓再三，章却復上。開諭弗已[一]，抗疏愈堅[二]。兹時方侍慈顏，顧念難伸素志，勉從所請，中實盡傷。致養既終，因心可展，奉遵初詔，用慰紹承。已依元降服喪三年之制，其元符三年九月自小祥從吉指揮宜改正，庶盡厚終之義，稱予繼序之誠。布告中外，咸使聞知。」

建中靖國元年七月，大行皇后大祥，皇帝釋服，素紗垂脚幞頭、淡黄袍、緅鞓黑銀帶，文武百官並服素紗垂脚幞頭、黲色公服、黑鞓帶。是日，百官並赴慈德殿陪位。祥祭訖，移班慰上於東廂，及詣内東門進名奉慰。九日禫祭如大祥禮。

崇寧元年二月二十七日，蔡王似奏請爲聖瑞皇太后解官持服。禮部言：「治平四年英宗上仙，昌王請解官行服，不許。及元祐八年慈聖光獻皇后上仙，昌王時封徐王，請解官行服，又不許。今蔡王宜如故事，以日易[22]月，二十七日禫祭畢，以黲服入朝。」詔蔡王園陵回日，黲服入朝，歸第以衰麻終制。

政和三年二月二十一日，武康軍節度觀察留後、提舉太一宫劉安民言：「今月九日，崇恩太后崩，安民係太后叔，欲乞解官持服。」詔不允。

同日，持服人劉景平言：「見持母服間，今月九日崇恩太后崩，景平係太后之弟，欲乞解官持服。」詔從之。（以上《永樂大典》卷一九八〇五）

展日視事

【中興禮書】

《宋高宗小祥乞展日視事》[三]：「天聖元年，真宗小祥，不視事前後各五日。治平元年，仁宗小祥，不視事前後各五日。熙寧元年，英宗小祥，不視事前後各五日。臣伏見陛下聖孝冠古，必行三年之制，歷代帝王所未有也。而

[一] 諭：原作「論」，據本書禮二九之八二改。
[二] 愈：原作「踰」，據本書禮二九之八二改。
[三] 原書未署上奏人，查周必大《文忠集》卷一五一，實爲必大上奏原題原文，僅題首無「宋」字。又原題下注上奏時間爲淳熙十五年九月二十六日。

有司多拘近例，往往未副聖意。緣國初典禮從簡，而紹興八年徽宗小祥，時方用兵，難廢機務，故不視朝前後各止三日。今具天聖、治平、熙寧典禮進呈，欲乞聖慈特賜御批，將來高宗小祥，前後各不視事五日，庶叶三朝舊典，仰符舜孝〔一〕。」（以上《永樂大典》卷一三三九五）

〔一〕舜：周必大《文忠集》卷一五一作「聖」。

宋會要輯稿　禮三七

帝陵〔一〕

宋宣祖安陵〔二〕

[1]太祖乾德元年十二月二十三日，詔改卜安陵，命樞密承旨、內客省使王仁贍爲按行使。仁贍與司天監趙修己言，得河南府鞏縣西南四十里訾鄉鄧封村地吉〔三〕，從之。

二年正月七日，以宰臣范質爲改卜安陵使，翰林學士竇儀爲禮儀使，吏部尚書張昭爲鹵簿使，御史中丞劉溫叟爲儀仗使，皇弟開封尹匡義爲橋道頓遞使〔四〕。後質罷相，命開封尹代，兼轄五使公事。昭致仕，以樞密直學士薛居正代。

十一日，有司請新陵皇堂下深五十七尺，高三十九尺。陵臺三層正方，下層每面長九十尺。南神門至乳臺，乳臺至鵲臺，皆九十五步。乳臺高二十五尺，鵲臺增四尺。神牆高九尺五寸，周回四百六十步，各置神門、角闕。吉仗用大駕鹵簿。凶仗用大升輿、龍輴、鵝茸纛、魂車、香輿、銘旌、哀謚册寶車、方相、買道車、白幰弩、素信幡、錢山輿、黃白紙帳〔五〕、暖帳、夏帳、千味臺盤、衣輿、拂纛、明器輿〔六〕、漆梓宮、夷衾、儀椁、素翣、包牲、倉瓶、五穀輿、瓷甒、瓦甒〔七〕、辟惡車。進皇堂有鐵帳覆梓宮，藉以椶櫚褥，鐵盆、鐵山以燃漆燈。宣祖衮冕，昭憲皇后花釵、翬衣。贈玉、十二神、當壙、當野、祖明、祖思、地軸及留陵刻漏等。

二月十三日，禮儀使言：「宣祖謚册寶舊藏太廟，昭憲皇太后謚册寶遷入安陵，宣祖册寶未審入陵以否。」太常禮院言：「按《晉[2]書》，武帝禪位之年追謚文帝。至太初四年，文帝王太后崩，將合葬，開崇陵，太尉司馬望奉祭，進文帝璽綬於便房神坐。望約此例遷入安陵。」從之。

三月二十六日，啓故安陵，奉宣祖、昭憲皇太后、孝惠皇后梓宮於幄殿。

四月九日，安陵掩皇堂。

真宗咸平三年六月五日，遣內殿崇班麥守恩往保州，奉順祖惠元皇帝、惠明皇后、簡穆皇后神柩於西京白馬寺，令有司議修奉二陵年月。國初加上四祖陵名，欽陵、康陵、定陵並在幽州，惟安陵舊在京城東南隅。又卜改安陵，後三陵尚未修奉。真宗即位，有言順祖、翼祖葬保州者，始舉是禮。

〔一〕原無此題，今添。

〔二〕按，此目之文乃删節本書禮三九「改卜陵」門之文編成。

〔三〕鄧封村：原無「封」字，據《宋史》卷一二二《禮志》二五、楊億《武夷新集》卷一一補。

〔四〕義：原作「藝」，據《宋史》卷一《太祖紀》一改。

〔五〕帳：原作「張」，據《宋史》卷一二二《禮志》二五改。

〔六〕明：原作「盟」，據《宋史》卷一二二《禮志》二五改。

〔七〕瓦甒：原脱，據《宋史》卷一二二《禮志》二五補。

六年二月，太常禮院議康、定二陵制度，請依改卜安陵例，詔比安陵減省制度。康陵比安陵減省外，皇堂深四十五尺，(靈)〔陵〕臺高三十三尺，四面各長七十五尺。神牆高七尺五寸，四面各長六十五步。四神門，南神門外至乳臺四十五步，乳臺高一丈五尺。乳臺至鵲臺五十五步，鵲臺高一丈九尺。簡穆皇后陵比孝明皇后減省，亦同此制。其石作比安陵減三分之一。每陵四神門外，各設獅子二。南神門外宮人二，文武官各二，石羊、石虎各四，石馬各二并控馬者，望柱石二。

景德元年七月二十一日，手詔曰：「康陵、安陵，已經迎奉〔一〕，將修兆域。以園寢之事，邦國大經，開國之初，已曾會議，尋建陵名，尚虛神寢。而有司抗表，屢有所陳，因以二陵〔二〕，尚居清苑。朕以事關宗廟，理合審詳，周訪群言，皆云有據。朕猶存慎重，益廣諮詢，至于命中使以經營，委藩侯而訪 3 察，繼觀來奏，咸曰無疑。復俾大臣，再陳定議，遂有迎奉之請，用慰追遠之誠。既覩僉同，式稽典禮。於是遷之梵剎，營此寢園。今則安厝有期，儀制將舉。朕偶從餘暇，肆閱群編，因覽《太祖實録》〔三〕，明載二陵所在，又不指保州。眷言夙宵，未免疑惑。況奉先之事，垂世大猷〔四〕，務叶禮經，所宜明允。可令中書門下與樞密詳定以聞。」

二十三日，中書門下、樞密院上言：「伏以尊崇祖禰，務極孝思，營奉陵園，必遵典制。今者肇基王業，首舉徽章，欲行四廟之儀，尋建諸陵之號。雖未崇於兆域，已備載於册書。向以攸司，連上封疏。述其忠款，頗陳懇激之言；詢及宰司，亦有僉同之議。恭惟聖慮，務極精詳，密詔求詢，皆有依據。矧重雍之肇啓，當大孝之丕承，咸秩無文，動循故實。特伸迎護〔五〕，將展厝安。而陛下覩信史之所標，指塋域而有異，因垂中詔，俾極參詳。敢抒群心，上酬清問。臣等共議，其迎到神寢，向期下葬，即望權停。所有二陵，伏請量加營繕，務從儉省，葬以衣冠，設其園寢，用伸朝拜之禮，以致尊祖之懷〔六〕。徐俟辯明，續伸遷奉。庶不違於古道，且旁協於人情。狂瞽之言，仰祈聖擇。」從之。

二年正月十八日，詔康陵、定陵宜令藍繼宗罷修。其迎到神柩，遂以一品禮葬于河南府河南縣，爲二位。

二十七日，太常禮院言：「每歲春秋二仲，遣官於西京白馬寺行獻奠之禮。今準詔旨罷修康、定二陵，其獻奠官宜停。」從之。

大中祥符四年 4 正月二十八日，車駕幸汾陰，次西京，遣知制誥錢惟演詣一品墳，以香幣、酒脯祭告。仍詔俟

〔一〕迎：原作「近」，據《宋朝事實》卷一改。
〔二〕因以：《宋朝事實》卷一作「有此」。按「因以」猶言「因而」，自通。
〔三〕祖：原作「宗」，據本書禮三九之二〇改。
〔四〕世：原作「事」，據本書禮三九之二〇改。
〔五〕特：原作「持」，據本書禮三九之二〇改。
〔六〕致：原作「改」，據本書禮三九之二〇改。

朝拜諸陵日，差官以少牢致祭。

太祖永昌陵

【宋會要】

開寶九年十月二十日，太祖崩于萬歲殿。

（是日）〔二十二日〕〔一〕，詔：「大行皇帝山陵有期，準遺詔不勞擾百姓。宜令所司奉承先旨，應緣山陵支費，一取官物供給；工人、役夫並先用官〔錢〕傭顧。」

二十五日，命翰林使、饒州團練使杜彥圭爲山陵按行使，武德使王繼恩副之。

二十七日，命宰臣薛居正撰陵名。

十一月五日，命開封府尹、齊王廷美爲山陵使兼橋道使，翰林學士李昉爲禮儀使，知制誥李穆爲鹵簿使，侍御史知雜事雷德驤勾當儀仗使事。既而又命齊王兼充頓遞使。

宰臣薛居正上陵名曰永昌，詔恭依。

〔十二月〕十四日〔二〕，鹵簿使言：「諸司吉凶仗，周世宗慶陵及改卜安陵人數有異，未審何從。」（照）〔詔〕並依安陵例，用三千五百三十人。

〔太平興國二年三月〕二十日〔三〕，少府監言：「山陵轀輬車并諸色擎舁共五千九百五十六人，請下步軍司差。」從之。

四月五日，以武德使王繼恩兼永昌陵使。

五月一日，賜永昌陵執事官器幣有差。

〔四月〕乙卯〔四〕，葬永昌陵，在河南鞏縣。附宣祖永安陵。

己未，神主將至，群臣出都城奉迎，安於大明殿。自啓攢前三日至奉安神主，皆廢朝。五月己卯，祔廟，亦廢朝，仍禁京城音樂。十月死，次年四月葬。

太宗永熙陵

【宋會要】

5 至道三年三月二十九日，太宗崩於萬歲殿，遺制曰：「山陵制度，務遵儉約。」

四月（五）〔四〕日〔五〕，以越王元份爲山陵使〔六〕，翰林學士承旨宋白爲禮儀使，工部侍郎郭贄爲鹵簿使，侍御史知雜事牛冕爲儀仗使，權知開封府畢士安爲橋道使，邕州觀

〔一〕二十二日：原作「是日」，承上則似二十日，然據本書禮二九之二，此條之上爲「二十二日」條，然後接此條「是日」，則「是日」乃指二十二日，因改。本卷自太祖永昌陵以下諸帝后陵之文乃是《大典》删節本書禮二九、三〇「歷代大行喪禮」及禮三一至三四「后喪」門之文（除「徽宗永祐陵」、「欽宗永獻陵」、「高宗永思陵」及「顯仁皇后園陵」目外）而成，而删存之條，其年月日往往未曾據上文添改，以致每多脱誤。

〔二〕十二月：原無，據本書禮二九之三補。

〔三〕太平興國二年三月：原無，據本書禮二九之四補。

〔四〕按，自「乙卯」以下原接上文抄寫，但下文實乃抄自《文獻通考》卷一二六，非《宋會要》之文，「乙卯」亦爲四月之乙卯（二十五日）。今補「四月」二字，并提行。

〔五〕四日：原作「五日」，據本書禮二九之八改。

〔六〕按，本書禮二九之八無此句，當是據《文獻通考》卷一二六添。

察使劉知信爲脩奉山陵都護，入内副都知衛紹欽爲都監。

二十六日，宰臣呂端上陵名曰永熙。

二十八日，禮儀使言：「永昌陵儀仗用三千五百三十三人，考之《禮令》，全不及大駕鹵簿之半。今若全依《禮令》，則用萬八千九百三十六人，必慮道塗往復爲難。今請除太僕車輅仍舊止用玉輅一、革車五外，凡用九千四百六十八人，合大駕鹵簿半數。」詔依。

（八月）二十五日〔一〕，太常寺言：「將來山陵合排鼓吹、儀仗，及教習挽歌、代哭諸色人等，欲於開寶寺大殿前教習。」從之。命入内副都知衛紹欽爲永熙陵使，内殿崇班楊繼銓副之，仍置衛兵五百人守奉。

十月六日，帝啓奠于梓宮，群臣入臨，升梓宮于龍輴。祖奠徹，帝徒步慟哭，與親王、宗室從至乾元門外幄次。梓宮升轝，設遣奠。

十五日，不視朝，以未掩皇堂。

十八日，永熙陵掩皇堂。

十一月五日，德音：「兩京畿内減死刑，釋杖罪。應沿山陵科率，蠲復賦役。營奉行事官量與恩澤。」

真宗永定陵

【宋會要】 6 乾興元年二月十九日，真宗崩于延慶殿。遺制曰：「山陵制度，務從儉約。」

二十二日，命宰臣丁謂爲山陵使，翰林學士承旨李維爲禮儀使，御史中丞薛映爲儀仗使，樞密直學士李及爲鹵簿使，龍圖閣直學士、權知開封府呂夷簡爲橋道頓遞使，入内内侍省都知藍繼宗爲按行使，内侍省押班王承勛副之，侍衛步軍副都指揮使夏守恩爲山陵修奉都護，西染院副使盧守懃爲都監，入内都知張景宗、押班雷允恭同管勾一行諸司。

二十三日，命宰臣丁謂撰陵名。

（三月）十四日〔二〕，司天監言：「山陵斬草用四月一日丙時吉。」從之。

十六日，山陵按行使藍繼宗等言：「據司天監定奪到永安縣東北六里以來地名卧龍岡，堪充山陵。」詔雷允恭覆按以聞。

二十八日，詔：「應緣山陵一行并逐頓所用錢帛、糧草、諸般動用物色，仰三司、轉運司擘畫般撥，以官物置辦供給，不得科配擾民。仍曉示人户知悉〔三〕。」

四月九日，入内都知張景宗言山陵西北隅可以創造佛寺，就命監修下宮帶御器械皇甫繼明、閤門祇候郭延化兼管勾修創。後賜名永定禪院。

〔一〕八月：原無，據本書禮二九之二二補。
〔二〕三月：原無，據本書禮二九之二三補。
〔三〕悉：原作「委」，據本書禮二九之二三改。

六月五日，命龍圖閣直學士呂夷簡、魯宗道，入内押班岑保正，入内供奉官任守忠，即時乘傳詣永安縣相度皇堂地〔一〕，仍遣司天監主簿侯道寧、周訥隨往，及令夷簡召京城習陰陽地理者三五人偕行。先是，藍繼宗與王承勛按行山陵封域（以）〔已〕定，又命雷允恭覆按。允恭乃與邢 7 中和輩擅移皇堂就東南，地頗峻側。衆知非便，以允恭交結丁謂，莫敢言者。開築之際，土石相半，興作踰月，皇堂内東北隅石脈通泉，夏守恩停役上聞〔二〕。丁謂復言，雖掘見泉水，緣已及元料，請便修築地基。既從之，而内侍毛昌達入奏，具言皇堂爲允恭擅移向東南二十步。即詔中書審議，復請令繼宗、承勛與司天監亟往參定，又命入内押班楊懷玉同之。時謂欲庇允恭擅移之罪，衆皆疑懼不決，遂請命呂夷簡、魯宗道等往視焉。未幾，懷玉言翰林天文詰難中和等〔三〕，稱新移皇堂不及元按行之地〔四〕，夷簡等奏至，請移就元按行處。是日旬假，即内出其狀，令張景宗召馮拯、曹利用而下就謂私第參議同否。始謂志在黨庇，依違群議，至是特出中旨，謂始與同列請從夷簡等奏。仍令王曾往彼責衆狀，如無同異，即興工役。曾至審驗，用元按行地止占新移處西北一角，乃從之。即遣内侍羅崇勳就鞏縣劾允恭擅移之狀，并得隱盜官物金玉萬計，及與謂交搆賄賂之迹。詔杖死允恭，籍没其家，而謂及於貶云。

十六日，王曾等上言：「得司天監主簿侯道寧狀：『按由吾《葬經》，天子皇堂深九十尺，下通三泉；又一行《葬經》，皇堂下深八十一尺，合九九之數。』今請用一行之説。舊開上方二百尺，今請止百四十尺。」並從之。是日，以内殿承制郝昭信〔五〕、入内供奉官羅自賓代雷允恭修壘兆域〔六〕，藍繼宗充山陵修奉鈐轄，内殿 8 承制王克讓同管勾。

二十五日，内降《鎮墓法》、《五精石鎮墓法》、《謝墓法》，令山陵修奉司委在彼祗應人將陰陽文字看詳，如得允當，即依逐件事理，候至時精潔鎮謝。

七月六日，詔陵名曰永定。初，丁謂奉詔撰陵名曰鎮陵。及謂貶，馮拯以三陵名上皆有「永」字，謂不遵先制，故改焉。按宣祖陵止名安陵，永安乃縣名也。又翼祖陵已名定陵，至是追改爲靖陵。

十七日，禮儀院言：「山陵儀仗依永熙陵例。」

（八）〔九〕月十三日〔七〕，禮儀院言：「啓攢宮後，百僚並服初喪服，其間官員有近經轉補或自外代歸〔八〕、未曾給孝服者，止以公服陪位。山陵使以下至永安，並依至道故事，

〔一〕傳：原脱，據本書禮二九之二三補。
〔二〕役：原作「後」，據本書禮二九之二四改。
〔三〕詰：原作「諾」，據本書禮二九之二四改。
〔四〕新：原脱，據本書禮二九之二四補。
〔五〕昭：原作「照」，據本書禮二九之二四改。
〔六〕壘：原作「疊」，據本書禮二九之二四改。
〔七〕九月：原作「八月」，據本書禮二九之二九改。
〔八〕官員：原作「軍員」，據本書禮二九之二九改。

更不朝拜三陵。」並從之。

十五日，山陵使言：「館閣校勘李淑已差至永安縣行事，欲就差管勾隨行章表。」從之。

二十一日，召輔臣赴延慶殿東廡，觀金字模勒先帝《謝天書表》及《政要》十卷，皆將納皇堂故也。

二十四日，天書先發。既旦，帝啓奠于梓宮〔一〕，群臣入臨〔二〕，升梓宮于龍輴。祖奠徹，步從以出正陽門外。梓宮升轝，設遣奠。

十月〔十〕七日〔三〕，命樞密副使張士遜馳往永定陵，掩皇堂日設祭告之禮。

十三日，葬永定陵。

二十四日，德音：「兩京畿内減死刑〔四〕，釋杖罪。沿山陵應奉科率，蠲復賦役。營奉行事官量與恩澤，山陵使以下進勳封有差。」

十〔一〕月二日〔五〕，宴群臣於崇德殿，酒七行，不作樂。以山陵禮畢也。

〔天聖元年〕六月八日〔六〕，永定陵使麥守恩請守陵天武龍衛卒日（贈）〔增〕菽米二升半，奉先 9 卒月增錢二百，俟三年罷給。從之。

十五日，河南府言永定陵占故杜彦珪田十八頃，凡估錢七十萬。詔特給一百萬。

二十二日，永定陵使麥守恩請徙偃師縣巡檢於永定陵，從之。

八月五日，賜永定陵使河南府官房廊錢日四千。

仁宗永昭陵

【宋會要】嘉祐八年三月二十九日，仁宗崩於福寧殿。遺制曰：「山陵制度，務從儉約。」

四月二日，詔：「大行皇帝山陵有期，所司宜奉承先旨，應沿山陵工役，先給錢物顧召，諸費一取官物，不得差科人户。」提舉製造梓宮石全彬進梓宮畫樣，詔令務在堅完，不得過有華飾。三司言，乞内藏錢百五十萬貫、紬絹二百五十萬匹、銀五十萬兩，助山陵及賞賚。從之。

三日，命入内内侍省副都知李允恭充按行山陵使〔七〕，帶御器械張茂則副之。

四日，命宰臣韓琦爲山陵使，翰林學士范鎮爲禮儀使，權御史中丞王疇爲儀仗使，龍（國）〔圖〕閣直學士周沆爲鹵簿使，翰林學士、權知開封府馮京爲橋道頓遞使。

〔一〕奠：原作「尊」，據本書禮二九之三〇改。
〔二〕群：原作「郡」，據本書禮二九之三〇改。
〔三〕七日：原作「十七日」，據本書禮二九之三一删「十」字。
〔四〕死：原作「肉」，據本書禮二九之三一改。
〔五〕十一月：原作「十月」，據本書禮二九之三一補。
〔六〕天聖元年：原無，據本書禮二九之三一補。
〔七〕充：原無，據本書禮二九之三七補。

十五日，發諸路卒四萬六千七百八十人修奉山陵。

十九日，權三司使蔡襄言，山陵一用永定陵制度。詔可。於是右司諫王陶上言：「民力方困，山陵不當以永定陵爲準。」其後京西轉運使吳充、楚建中、知濟州田棐繼上疏，請遵先帝遺制，山陵務從儉約，皇堂上宫除明器之外，金玉珍寶一切屏去。乃詔禮[10]儀院與少府監議，唯省乾興中所增明器而已，其他猶一用永定陵制度。太常禮儀院請三京、諸路軍民至卒哭，東京至祔廟，靈駕所過州縣畢山陵，文武官至三年，乃聽用樂。皆從之。

六月七日，詔皇后送大行靈駕至山陵，既葬三日而返。其後以疾不果行，又令宗室遥郡團練使以上及出嫁郡縣主隨從。

十二日，賜西京公使錢千貫，以山陵所在故也。

八月十三日，詔置永昭陵奉先指揮兵士五百人〔一〕。初，三陵皆置卒五百人，唯定陵後以章獻太后故，別置一指揮。至是，昭陵使甘昭吉以定陵爲例，奏請置守陵奉先兩指揮，而京西轉運司請減定陵卒半以奉昭陵。詔止令選募一指揮，以五百人爲額。

〔十月〕六日〔二〕，帝啓奠于梓宫，群臣入臨，升梓宫于龍輴。祖奠徹，與皇太后步哭以從，出宣德門。梓宫升轝，設遺奠。

十五日，奉安大行梓宫於永昭陵之下宫。

二十七日，永昭陵掩皇堂。

〔十一月〕十二日〔三〕，德音：「兩京畿内減死刑，釋杖罪。沿山陵科率，蠲復賦役。應奉行事官量與恩澤。」

二十日，賜山陵行事官器幣有差。

〔九年〕〔治平元年〕四月十一日〔四〕，增置永昭陵巡檢一員。

英宗永厚陵

【宋會要】

治平四年正月八日，英宗崩於福寧殿。遺制曰：「山陵制度，務從儉約。」

九日，詔：「大行皇帝山陵有期，準遺命，不得勞擾百姓。應緣山陵一行合役工人、役夫，並須先給錢物顧召；諸雜費用，一切官物供給，不得差遣人户，科配[11]州縣。」

同日，命入内内侍省副都知石全育、張茂則都大管勾山陵事，入内副都知李繼和爲山陵按行使，帶御器械李若愚副之。

十日，命宰臣韓琦爲山陵使，龍圖閣直學士李柬之爲禮儀使，知制誥韓維爲鹵簿使，權御史中丞彭思永爲儀仗使，龍圖閣學士、權知開封府傅求爲橋道頓遞使。後思永

〔一〕「十三日」至「五百人」原脱，據本書禮二九之四二補。
〔二〕十月：原無，據本書禮二九之四三補。
〔三〕十一月：原無，據本書禮二九之四五補。
〔四〕治平元年：原作「九年」，據本書禮二九之四五改。

知太平州，以權御史中丞王陶代；陶知陳州，以權御史中丞司馬光代；東之致仕，以知制誥宋敏求代；維知汝州，以龍圖閣直學士張掞代。以侍衛親軍步軍副都指揮使宋守約爲山陵都護，內侍押班張若水爲山陵（軨）〔鈐〕轄。入辭日，守約賜窄衣、金帶、銀鞍轡馬，若水賜窄衣、金束帶。

十八日，三司言：「修奉山陵，欲乞依例於內藏庫給見錢三十萬貫充用。」從之。

二十三日，山陵使言：「嘉祐八年山陵所役卒四萬六千四百四十人，（令）〔今〕只乞差三萬五千人，諸路轉運司和顧石匠四千人〔一〕。」從之。

二十四日，宰臣韓琦上陵名曰永厚，詔恭依。

二十五日，按行使李繼和等上所按地圖，命翰林學士王珪、入內內侍省副都知張茂則覆按之。

二月二十一日，王珪等言，覆定陵地如初按。從之。

二十四日，詔山陵地內有墳墓者，並等第給錢遷葬，無主者以官錢徙於官地而葬之。

三月四日，以入內內侍省副都知石全育爲永厚陵使〔二〕，文思副使王保常副之。

閏三月五日，詔給田十頃，房錢日一千賜永定昭孝禪院。

七日，詔永[12]厚陵別置奉先第七指揮，以五百人爲額。

（二十）〔十二〕日〔三〕，永厚陵封山斬草。

五月四日，賜修奉山陵兵匠緡錢有差。後又賜編欄、巡檢、修道路兵士布衫袴，填隧道兵士緡錢，執儀仗柴炭等。

八月八日，上啓奠於梓宮，百官入臨，升梓宮于龍輴。祖奠徹，步哭以從，出宣德門。梓宮升轝，設遣奠，讀哀册。

〔九月〕十三日〔四〕，德音：「兩京、鄭州、河陽減死刑，釋杖罪；緣山陵科率，蠲復賦役；應奉、行事官量與德澤。」

十六日，詔河南府撥官房錢日一貫三百，充永厚陵酌獻。

十月二十六日，賜《英宗皇帝石記文》于昭孝禪院：「英宗憲文肅武宣孝皇帝生于壬申，蓋天聖十年之正月三日；崩于丁未，蓋治平四年之正月八日；葬于永厚陵，蓋其年之八月二十七日。永厚陵南至永定陵七里一百三十一步，東至永昭陵九十步。其令永定昭孝禪院爲二陵追福，仍賜良田十頃，房錢日一千，歲度童行二名、僧一人紫衣于院。」

元豐四年七月二十四日，保章正馮士安、魏成象等言：「臣聞祖宗朝嘗於永熙陵東西三男位築隄以鎮土，已

〔一〕和：原作「知」，據本書禮二九之四九改。
〔二〕侍省：原倒，據本書禮二九之五〇乙。
〔三〕十二：原倒，據本書禮二九之五〇乙。
〔四〕九月：原無，據本書禮二九之五五補。

獲感應。今可于永厚陵及濮安懿王園東寅、卯、辰三位天柱壽山行鎮土之術，仍乞于鎮土隄逐方位以珍寶玉石爲獸埋之。宜因鄆王舉葬祭告諸陵，斬草之日興動土工，可無妨忌。」詔送提舉司天監所集官定。本所奏(一)，於陰陽書及國音別無妨礙。從之。其鎮土事，令衆官詳定申中書。

神宗永裕陵

13元豐八年三月五日，神宗崩于福寧殿。遺制曰：「山陵制度，務從儉約。」

六日，命入內副都知石得一都大管勾山陵事。

七日，命宰臣王珪爲山陵使，禮部尚書韓忠彥爲禮儀使，兵部侍郎許將爲鹵簿使，御史中丞黃履爲儀仗使，龍圖閣待制、權知開封府蔡京爲橋道頓遞使。

九日，西京左藏庫使、高州刺史竇仕宣爲山陵按行副使。

十九日，禮部言：「大行皇帝山陵，宜依治平四年故事，靈駕所經由地及西京城內，俟神主到京日方許開樂。」從之。

四月八日，詔內侍省內侍押班劉有方都大管勾一行山陵事。

十一日，禮部言：「治平故事，山陵掩皇堂畢，宗正卿行虞祭之禮。官制行，太廟舊儀悉隸太常寺。將來虞祭，乞改太常卿行事。」從之。

十二日，入內副都知石得一等言：「奉詔按行大行皇帝山陵，于永安縣南鳳臺鄉固縣村得地。」詔遣禮部侍郎李常、內侍省押班趙世長覆視(二)。

五月六日，宰臣王珪上陵名曰永裕陵，詔恭依。

十七日，詔右僕射蔡確權領山陵使事，以王珪病故也。

二十八日，命尚書左僕射蔡確爲山陵使。

〔六月〕二十一日(三)，兵部尚書王存爲山陵鹵簿使。

二十六日，詔石得一爲永裕陵使，宋用臣副之。

〔八月〕十二日(四)，步軍副都指揮使、容州觀察使苗授爲山陵都護。

十月一日，禮部言：「靈駕發引，三日一遣使宣問，于皇太后以表，皇太妃以牋。群臣准此。」從14之。

三日，夏國遣芭良巍名濟賴、昴聶張圭正進助山陵馬。

六日，啓奠，升梓宮于龍輴。徹祖奠，太皇太后哭送出垂拱殿門，上與皇太后、皇太妃哭以從，出宣德門。梓宮升轝，上遣奠，中書侍郎、攝中書令張璪讀哀册。

二十四日，葬于永裕陵。

〔十一月〕十日(五)，德音：「應兩京、河陽減死刑，釋杖

(一)奏：原作「奉」，據本書禮二九之五六改。
(二)趙世長：原作「趙世良」，據本書禮二九之五九改。
(三)六月：原脱，據本書禮二九之六〇補。
(四)八月：原脱，據本書禮二九之六二補。
(五)十一月：原無，據本書禮二九之六六補。

罪。緣山陵科率，蠲復賦役。應奉行事官量與恩澤。」

哲宗永泰陵

【宋會要】　元符三年正月十二日，哲宗崩于福寧殿。遺制曰：「山陵制度，務從儉約。」

十三日，命尚書左僕射、兼門下侍郎章惇爲山陵使，尚書吏部侍郎徐鐸爲禮儀使，尚書兵部侍郎黄裳爲鹵簿使，御史中丞安惇爲儀仗使，知開封府吴居厚爲橋道頓遞使。尚書度支郎中王詔兼權京西路轉運使，應奉山陵。四月二十四日，命禮部侍郎趙挺之爲山陵禮儀使，代徐鐸；御史中丞豐稷爲儀仗使〔一〕，代安惇；尚書兵部侍郎陳軒爲鹵簿使，代黄裳。

同日，以入内内侍省副都知吴靖方、入内内侍省押班藍從熙爲都大管勾山陵事，入内内侍省押班馮世寧提舉製造梓宮兼按行山陵使，内侍省内侍押班閻安副之，捧日天武四厢都指揮使賈嵓、内侍省押班宋用臣爲修奉山陵都護。四月二日賈嵓卒〔二〕，以侍衛親軍馬軍都虞候、知代州王崇拯管勾馬軍司〔三〕，充修奉山陵都護，仍令乘驛徑赴山陵所，候事畢赴闕供職。十五日，宋用臣卒，以宣15慶使、入内内侍省副都知梁從政爲修奉山陵鈐轄。

十五日，命宰臣章惇撰陵名。

三十日，太史局言山陵斥土用四月四日吉，從之。詔山陵制度並依元豐八年例施行。

二月二十六日，按行山陵使馮世寧言，於河南府永安縣得地，詔侍從官一人及入内内侍省副都知梁從政覆視。

三月二日，命梁從政爲山陵使，左藏庫使羅允和副之。

二十三日，以檢校司空、保静軍節度使高公繪爲山陵行宫使，侍衛親軍步軍副都指揮使曹誦爲山陵總管，入内内侍省東頭供奉官李遇裁定山陵車馬人從食錢等。

四月一日，宰臣章惇上陵名曰永泰。詔恭依〔四〕。

五月十五日，以羅允和爲永泰陵副使，代藍從熙。

二十二日，罷吴靖方山陵都大管勾，以馮世寧代之。

六月九日，命内侍省押班樂士宣爲山陵行宫四方巡檢。

八月一日，御史中丞豐稷、殿中侍御史龔夬奏：「哲宗皇帝大升轝至鞏縣，陷泥淖中不能出，次日方至幄殿。」詔稷劾治頓遞使以下聞奏。

同日，奉安梓宫于永泰陵之下宫。

九月四日，德音：「兩京畿内、河陽、鄭州管内減死刑，釋杖罪。沿山陵科率，蠲復賦役。應奉行事官量與恩澤。」

〔一〕史：原脱，據本書禮二九之六八補。

〔二〕四月二日：原作「十四日」，據本書禮二九之六九改。

〔三〕王崇拯：原作「王崇極」，據本書禮二九之六九改。按此人，文獻中亦有訛作「極」字者。

〔四〕詔恭依：原無，據本書禮二九之七〇補。

十月二日，御史臺制勘所奏：「橋道頓遞使吳居厚、提舉修治橋道承議郎宋喬年、通直郎盧槩、奉議郎李公年等，爲道路不治，致哲宗皇帝靈駕陷于泥淖，暴露經宿。」詔龍圖閣學士、左中散大夫、新知永興軍吳居厚落職知和州，喬[16]年等各降一官，槩仍衝替。

（八年四月）〔九月〕十一日[一]，左正議大夫、尚書右僕射，兼中書侍郎韓忠彦爲右光禄大夫，知樞密院事曾布爲左光禄大夫，左正議大夫、門下侍郎李清臣爲右光禄大夫，中書侍郎許將爲右銀青光禄大夫，右正議大夫、尚書右丞黄履爲左正議大夫，通議大夫、同知樞密院事蔣之奇爲右正議大夫，宰臣用曾公亮例遷兩官，並以永泰陵復土也。

徽宗永祐陵

【宋會要】

紹興五年四月二十一日，道君太上皇帝崩于金。

八年十一月十三日，太常寺言：「檢會山陵故事，梓宮發引日，皇帝于宣德門外奉辭，百僚于板橋奉辭。其掩皇堂日，奏請神靈上虞主訖，埋重於皇堂隧道。」

九年正月十七日，禮部、太常寺言：「國朝山陵故事，升遐後製皇堂，命宰臣上陵名。昨聞徽宗聖文仁德顯孝皇帝、顯肅皇后升遐，即與國朝故事不同，故未建陵名。今已將及大祥，雖未置皇堂，若不先建陵名，則春秋二仲有妨薦獻行事。欲乞詳酌，不候修製皇堂，先次命宰臣上陵名。自大祥後仲春之月爲始，每遇薦獻及非泛奏告諸陵，添設徽宗聖文仁德顯孝皇帝、顯肅皇后位，以稱欽崇之意。」詔差尚書右僕射秦檜。已而檜言：「臣伏以荆鼎告成，永絶持髯之望；漢陵尚儉，猶勤治霸之圖。茲揭令名，是伸孝志。恭惟徽宗皇帝道該衆妙，心同太虛。視富貴如粃糠，[17]等死生如晝夜。越之南，燕之北，惟推而後行；澗水東，瀍水西，將歸于其室。岡重嶺複，近列聖以相依；地久天長，彌萬年其不朽。徽宗皇帝陵名，伏請爲永固陵。」詔恭依。其後改曰永祐。

紹興九年四月十三日，詔：「將來梓宮至東京，權于龍德宮安奉，於西京修奉陵寢。」

五月六日，宗正少卿、三京淮北宣諭官方庭實言：「比緣使事至西洛，因得瞻覲祖宗陵寢。竊見宣祖皇帝永安陵、太祖皇帝永昌陵、孝明、孝惠、孝章皇后陵，制度極爲簡古。臣以此知太祖、太宗皇帝親歷民間疾苦，念創業之艱難。奉先之孝，所當自竭；而愛惜民力，猶務儉約。是以深仁厚澤，被于四海，使斯民至今不忘宋德。欲將來徽宗皇帝、顯肅皇后山陵，只乞依永安、永昌並孝明、孝惠皇后諸陵制度，並從簡儉。」詔依。

六月七日，宰執進呈禮部、太常寺討論徽宗山陵故事。

〔一〕九月：原作「八年四月」。按本書禮二九之八一，此條下所記乃元符三年九月十一日事，據改。又此條應移到上條前。

上曰：「山陵事務從儉約，金玉之物斷不以一毫置其中。前世厚葬之害，可以爲鑒。」臣檜等曰：「此非陛下博覽今古，灼見利害之實，孰敢輕議？聖諭所及，足爲後世法。」

二十三日，兵部侍郎、兼史館修撰張燾言：「伏見宣諭官方廷實有請，乞將來先帝山陵一依永安陵等制度。臣區區愚忠，願明詔有司，異時永固陵，凡金玉珍寶盡斥不用，播告天下，咸使聞知。如是，自然可保無虞，與天無極。惟陛下精思遠慮，斷而行之。」上嘉納之。

七月五日，詔黄旻充山園陵按行使。

〔十一月〕十五日〔一〕，詔吏部侍郎[18]周綱充按行使，梁邦彦副之。先是，梁邦彦既被差充山園陵按行使，邦彦言：「省記故例，山園陵按行使差近上臣僚充，内侍爲副。事干典禮，付委至重。」詔令禮部、太常討論，至是太常寺言：「太祖(廟)〔朝〕昭憲皇后園陵，命樞密副使趙普爲按行使，内客省使王贇副之。神宗朝慈聖光獻皇后山陵〔二〕，命龍圖閣直學士韓縝爲按行使，入内副都知王中正副之。參用文臣，於體爲重。所有按行使，欲差侍從或前執政。」故有是命。

紹興十二年六月十四日，紹興府申：「繳到知會稽山龍瑞宮事潘道璋陳獻會稽山龍瑞圖本，可以爲攢宮。」詔万俟卨前去按行，俟見得可否，續具奏聞。

七月十一日，詔：「徽宗皇帝、顯肅皇后、懿節皇后攢宫吉地，令臨安府召人陳獻，將來優與酬賞。」

十三日，詔資政殿學士、左朝奉郎、提舉醴泉觀、兼侍讀鄭億年充永固陵攢宮復按使，内侍省押班兼提點吳國長公主宅李珪充永固陵攢宮復按副使。先是，御史中丞兼侍讀、攢宮按行使万俟卨等言：「奉旨前來按行攢宮，道士潘道璋所獻會稽山龍瑞宮地，即與國音姓利相違。泰寧寺青山園地在昭慈聖獻皇后攢宮之東，其地係天柱壽山，低怯，亦不可用。臣等今別按視到昭慈聖獻皇后攢宮西北地段壽命主山三男子孫之位，形勢高大，林木鬱茂，土色黄潤，一帶王氣秀聚。宜于此地卜穴脩製攢宮，庶幾山岡順于國音，風水便于地里，[19]乃爲聖宋萬世之利。又據太常寺禮直官王彦能等狀稱：『元得旨，昭慈聖獻皇后攢宮禁地四至各一百步，若於禁地外別立永固陵攢宮籬寨，即無妨礙。今來西、北百步禁地之外地形低下，不可安穴，分立神圍。欲近北壁偏西五十步内〔三〕，自南分別立永固陵外籬寨〔四〕；次北偏西安穴，隨地之宜，分立神圍，各立内外籬寨。』臣等今按視到上件地段〔五〕，勒判太史局吳師顔等相驗，其地可以使用。所據太常寺禮直官王彦能等狀稱：『若於昭慈聖

〔一〕十一月：原無，據《建炎要録》卷一三三補。
〔二〕光：原作「元」，據《宋史》卷二四二《后妃傳》上改。
〔三〕近：《中興禮書》卷二四三作「于」。
〔四〕分：《中興禮書》卷二四三作「北穴」。
〔五〕「今」原作「令」，又無「按視到上件地段」一語，據《中興禮書》卷二四三改補。

獻皇后攢宮西、北百步禁地之外，别立永固陵攢宮籬寨，緣百步之外地形低下，不可安穴，分立神圍。乞于禁地五十步内分穴，尚離昭慈聖獻皇后神圍五十步外。更乞下太常寺看詳。』本寺今檢會宮陵儀制，永定陵南侵三陵禁地一里九十步。并檢會陵寢地圖，永厚陵東籬寨與永昭陵西禁地相侵，永泰陵東籬寨亦與永裕陵西禁地相侵。今看詳，按視到永固陵攢宮地段，雖在昭慈聖獻皇后攢宮禁地百步之内，若比附上件故事，即于典禮無妨礙，可差官復按之。」故有是命。

八月二日，攢宮修奉都護楊存中等言：「國朝山園陵神臺、神圍，雖各有制度，緣昨來昭慈聖獻皇后攢宮係隨宜修奉，今來永固陵攢宮除神圍籬寨遠近步數〔一〕，依按行使司所標劄遠近步數外，其修奉一節，欲並依昭慈聖獻皇后攢宮制度〔二〕。」詔依。

二十七日，禮部侍郎施（桐）〔坰〕等言：「迎護徽宗皇帝、顯肅皇后、[20]懿節皇后梓宮到龍德宮殿攢，以俟修奉，未有發引月日。況喪事即遠，有進無退，儻或尚淹時月，久稽安奉，不唯於禮非當，亦慮非寧（禮）〔神〕妥靈之義。欲乞隨宜稱禮，以一月爲期，擇日發引掩攢，庶幾梓宮早安窀穸。伏望下太史局，於十月半以前選發引、掩攢日分。」從之。於是太史局選到殿攢日宜用九月九日戊戌，時宜用巽時吉。殿攢方位宜于正東偏北田地，時前祭並吉。啓攢日宜用九月二十六日乙卯，時宜用艮時吉。發引日宜用九月二十六日乙卯，時宜用坤時吉。掩攢宮日宜用十月七日丙寅，興梓宮時宜用乙時吉，掩攢宮時宜用丁時吉。詔依。

同日，詔二十八日、二十九日早晚御膳並進素。

同日，太常寺言：「昭慈聖獻皇后靈駕赴攢宮，發引日，皇帝親行啓奠、祖奠、遣奠禮，讀哀册，奉辭，吉服還内，衰服並焚之。俟至攢宮，有司攝事，行遷奠并掩攢宮之禮。將來梓宮發引至攢宮，欲依故事。」並從之。

十月十九日，詔：「紹興府應辦修奉徽宗皇帝、顯肅皇后、懿節皇后攢宮，有勞民力，理宜寬恤。可依下項：修奉永固陵攢宮佔用過人户山地，仰紹興府委通判躬親前去打量，據地段優支值直，豁除地内合輸税賦，仍與推恩。昨修奉昭慈聖獻皇后攢宮用過人户山地，當時雖已支還價直〔三〕，訪聞止依空閑地段估計，致曾有陳訴。仰守臣相度，特與添還價錢。如有願添還價錢、願補名目者，許經尚書省自陳。其修奉攢宮，紹興[21]府屬縣於民間買到塼瓦、竹木、石段，并排頓犒設買過物色，逐急借用錢物、陳設器皿什物之類，並仰守臣限五日當官逐一支還，毋令欺弊及妄作名目占留。應緣修奉攢宮差顧民户工役，並採取石段、蓋造蓆屋、修治堰閘橋梁道路、搬運塼瓦石段之類，仰

〔一〕今：原作「命」，據《中興禮書》卷二四四改。
〔二〕攢：原作「標」，據《中興禮書》卷二四四改。
〔三〕價：原作「值」，據《中興禮書》卷二四四改。

本府守臣取見逐縣實曾被差應辦人户，酌度工力等第，各具本户下合減放上供苗税數目，申尚書省取旨除放。應梓宫經由去處，應辦官司借人户屋舍，仰計日優支賃直。應合還人户價錢，仰先將本府元樁備錢物支還。如不足，于合發上供經總制錢内貼支，具數申尚書省。其合支還錢物，仰守臣覺察，如有阻節欺弊，按劾聞奏，官當遠竄，人吏決配。仍出榜曉諭，〔許〕人户越訴。應緣修奉應辦事務違慢官吏，見被體量取勘者，並特與放免。應諸處差到修奉工役、逃走兵級，限一月許令首身，與免罪收管。限滿不首，復罪如初。鄰近州縣民間如有應辦過事務，令兩浙轉運司比類條具，申尚書省取旨施行。」

十一月四日，詔：「修奉攢宫掩攢了畢，万俟卨、鄭億年、宋唐卿、李珪各轉兩官；一行官屬、人吏、諸色人，等第推恩有差。」

同日，詔：「橋道頓遞使司官屬排辦並無闕誤，第一等轉一官，減二年磨勘；第二等轉一官資。修堰閘官減半，選人比類施行。」

二十五日，知紹興府樓炤言：「奉詔打量攢宫，用過人户山地共計二百一十九畝五十七步。除數内五 22 十七畝三角一十三步〔一〕，昨係人户潛昊、韓俊良、韓遂良獻充昭慈聖獻皇后攢宫禁地，先支還價錢，每畝三貫五伯文足，今來將上件地段充徽宗皇帝、顯肅皇后神圍並禁地訖。其餘一百六十一畝一角四十四步，係潛昇等九名地段，充懿節皇后神圍安奉神御下宫禁地〔二〕。其合給值直，欲依昨來買過昭慈聖獻皇后攢宫地段價直上各增兩倍，每畝計作一十貫五伯文足。及潛昇地内元有蔭櫎林木大小一千五百七十八株，估值錢一千一百二十二貫一百文足；潛杲地内有大小林木一千一百七十五株，估價錢七百二貫四百七十五文足。欲依數支還。其先用過已買潛昊、韓俊良地五十七畝三角一十三步，每畝價值亦乞依此添給。内韓俊良、韓遂良、潛昇、潛（旻）〔昊〕地段，並依充徽宗皇帝、顯肅皇后、懿節皇后神圍。」詔價錢令紹興府先次支給，韓俊良、韓遂良、潛杲、潛（旻）〔昊〕、潛昇各與補州助教。韓忠恕父宗顔與贈將仕郎〔三〕，以忠恕故父宗顔係敕授揚州助教，乞將所獻地不願添支價錢，别贈故父名目故也。

十三年二月一日，詔：徽宗皇帝攢宫了畢，委後省官看詳陵名〔四〕，令侍從官同共擬定聞奏。既而權户部尚書張澄等言，欲擬「永祐」二字，不犯歷代陵名。詔恭依。先是，有詔於西京修奉陵寢，有司擬陵名永固，既而梓宫權攢紹興府會稽，故改今名。

五月一日，詔：「永祐陵攢宫司都監、巡檢任滿，並 23 依昭慈聖獻皇后攢宫已得旨推恩。」

〔一〕畝：原作「步」，據《中興禮書》卷二四四改。
〔二〕神御：原脱「神」字，據《中興禮書》卷二四四補。
〔三〕恕：原作「怒」，據《中興禮書》卷二四四改。
〔四〕陵：原脱，據《中興禮書》卷二四四補。

欽宗永獻陵

【宋會要】

紹興三十一年，淵聖皇帝凶問至，以六月舉哀成服。七月，宰相陳康伯等率百官詣南郊請謚，廟號欽宗。其餘並如徽宗典禮。

高宗永思陵

【宋會要】

淳熙十四年十月八日，大行太上皇帝崩于德壽宮。遺誥曰：「山陵制度，務從儉約。」

九日，詔：「攢宮遵遺誥務從儉約，凡修營百費，並從內庫及封樁錢物〔一〕，毋侵有司經常之費。諸路監司、州、軍、府、監止進慰表〔二〕，其餘禮物並免〔三〕，仍不得以進奉攢宮爲名，有所貢獻〔四〕。」

十一日，以少保、安德軍節度使、充萬壽觀使、滎陽郡王伯圭爲攢宮總護使，翰林學士、知制誥、兼侍講、兼修國史洪邁爲橋道頓遞使，吏部尚書、兼侍讀蕭燧爲按行使，安慶軍承宣使、入內內侍省押班吳回副之。燧等言：「相視到（太）〔大〕行太上皇帝神穴地段，係在徽宗皇帝攢殿籬圍之外正西北，顯仁皇后攢殿近上正西向南，乞差官覆按施行。」詔户部侍郎葉翥充覆按使。

十一月十一日，命左丞相王淮擬撰大行太上皇帝陵名。明年二月二十八日，宰臣王淮上陵名曰永思，詔恭依。

十六日，詔知臨安府韓彥質同橋道頓遞使措置梓宮渡江。

十二月十八日，攢宮修奉使司言：「攢宮石藏，利害至重。二浙土薄地卑，易爲見水，若不 24 措置，深恐未便。謹別彩畫石藏圖子一本，兼照得厢壁離石藏外五尺，別置石壁一重，中間用膠土打築，與石藏一平，雖工力倍增，恐可禦濕。」從之。

二十二日，詔：「皇堂內椁令有司用沙版隨宜修製，候將來掩皇堂時，先下椁底版，俟進梓宮於椁底版上定正訖，然後安下椁身，次將天盤囊網於椁上安設。椁宮已有牙脚，止用平底，可就脩奉攢宮處製造。」

三十日，檢察宮陵所言：「乞於行在步軍司差撥禁軍一百人，部轄人員、節級在內，赴攢宮上下周圍擺鋪防守巡警。其擘曆并節序特賜、（太）〔大〕禮賞給，及日後有逃亡事故名闕，並依照永祐陵攢宮已得指揮施行。」從之。

孝宗永阜陵

【宋會要】

〔一〕此句文意似未盡，《中興禮書續編》卷三五作「從內庫支降，如或不足，即以封樁錢物帖支」。
〔二〕止：原作「上」，據《中興禮書續編》卷三五改。
〔三〕物：原脱，據《中興禮書續編》卷三五補。
〔四〕有所：原倒，據《中興禮書續編》卷三五乙。

紹(興)〔熙〕五年六月九日〔一〕，至尊壽皇聖帝崩于重華宮重華殿。遺誥曰：「山陵制度，務從儉約。」

〔同日〕〔十二日〕〔二〕，詔大行至尊壽皇聖帝陵名，命少保、左丞相留正擬撰。

十八日，詔：「大行至尊壽皇聖帝山陵，當遵遺誥，務從儉約。凡修營百費，並從内庫支降，如或不足，即以封樁錢貼支，免侵有司經常之費。諸路監司、州府軍監等，止進慰表，其餘禮物並令免進，仍不得以助修奉攢宮爲名。」

八月十三日，攢宮修奉使司言：「修奉攢宮故例，其石藏利害至重。緣二浙土薄地卑，易爲見水，若不預行措置，竊慮水脈津潤，於久未便。乞於厢壁石藏外五尺別置石壁一重，中間用 25 膠土打築，與石藏一平。雖功力倍增，恐可禦濕。」從之。

〔七月〕十六日〔三〕，按行使副孫逢吉、吳回言：「荆大聲等相視大行至尊壽皇聖帝神穴在永祐陵下宮之西南，永思陵下宮之東南，那攢向南石板路上，乞差官覆按施行。」詔權工部侍郎、兼侍講黄艾充覆按使，入内内侍省押班續康伯副之〔四〕。先是，按行使趙彦逾言：「判太史局荆大聲等相視，神穴合在永思之西。緣其地土肉淺薄，雖民有獻者，又皆窄狹，與國音相妨。乞於永思之西向南近上安建。」朝廷未以爲然，彦逾請別命官按行，于是軍器監(薄)〔簿〕、按行使司準備使喚王恬被旨審度相視，迺言乞就昭慈永祐下宮安建，比之大聲所定高六尺三寸。改命孫逢吉按行，乞那攢向南石版路上，比前所定增上一尺，委實高厚，可以安建。既而艾等覆按爲是，迺從之。

〔九月〕二十四日〔五〕，詔右丞相趙汝愚擬撰大行至尊壽皇聖帝陵名。紹熙五年，宰相趙汝愚等上陵名曰永阜〔六〕。

光宗永崇陵

【宋會要】

慶元六年八月八日，聖安壽仁太上皇帝(萠)〔崩〕于壽康宮壽康殿。遺誥曰：「山陵制度，務從儉約。」

(十五)〔十四〕日〔七〕，詔右丞相謝深甫擬撰陵名，深甫上陵名曰永崇。

〔九月〕二十二日〔八〕，禮部、太常寺言：「檢照典故，山陵皇堂、神臺及上宮等不同，今來係修奉(欑)〔攢〕宮，乞依高宗皇帝、孝宗皇帝禮例施行。」從之。

〔一〕熙：原作「興」，據本書禮三〇之一改。

〔二〕十二日：原作「同日」。按本書禮三〇之六，此條之「同日」乃上承「十二日」，此處節引，删去前文，仍舊作「同日」，誤，今改爲「十二日」。

〔三〕七月：原無，據本書禮三〇之一〇補。又，此條當移在上條之前。

〔四〕入内内侍省：原脱一「内」字，據本書禮三〇之一〇補。

〔五〕九月：原無，據本書禮三〇之一二補。

〔六〕按本書禮三〇之一二無「紹熙五年宰相趙」等字，此是《永樂大典》編者安添。

〔七〕十四：原作「十五」，據本書禮三〇之六〇改。

〔八〕九月：原無，據本書禮三〇之六二補。

二十四日，按行使副韓邈、黄鑑言：「判太史局荆大聲 26 等相視得大行太上皇帝神穴，係在永阜陵西、永思陵下空閒地段，委是國音王氣秀聚之地，依得尊卑次序，可以安建。乞差官覆按。」詔吏部尚書、兼侍讀袁説友充覆按使，入内内侍省押班盧安仁副之。既而説友等亦以爲是，迺從之。

十(一)月六日〔一〕，攢宫修奉司言：「今來修奉攢宫，所有下宫俟標定上宫地段畢，依永阜陵禮例，於上宫之後隨地修蓋。」從之。

八日，攢宫修奉司言：「將來鋪砌皇堂石藏，照得高宗皇帝、孝宗皇帝石藏裹明長一丈六尺二寸，闊一丈六尺，深九尺，今乞依上件高低深闊丈尺修奉施行。」從之。

寧宗永茂陵

【宋會要】 嘉定十七年閏八月三日，寧宗皇帝崩于福寧殿。遺詔曰：「山陵制度，務從儉約。」

同日，禮部、太常寺言：「檢會國朝山陵故事，群臣叙班殿庭，輔臣宣制發哀畢，移班謁見帝於殿之東楹稱賀，復奉慰盡哀而退。今欲依上件典故施行。」從之〔二〕。

〔十月〕二十九日〔三〕，按行使副楊燁、鄭倶言：「判太史局周奕等相視得泰寧山形勢起伏，龍虎掩抱，依經書於此創建大行皇帝神穴，亦合隨即補治，乞差官覆按施行。」詔寶謨閣直學士、樞密都承旨聶子述充覆按使，昭慶軍承宣使、帶御器械、符寶郎羅舜舉副之。先是，太史局周奕等于永崇陵之下相視，迫溪，無地可擇，繼至泰寧寺標建，故命使、副覆按。既而子述等言：「恭惟大行皇帝僊馭上賓，神宫定卜，而有泰寧寺者，素擅形勢之區，名爲絶勝之境，岡巒懷抱〔四〕，氣脈隱藏，朝揖分明，落勢特 27 達。是乃天造地設，儲之數百年以俟今日之用。非大臣閲歷之久，主張之力，上以開陳兩宫，下以鎮壓群議，則僧徒寧保其不爲動摇哉！今此神穴坐壬向丙〔五〕，亦與國音爲利益。伏望明飭有司，早嚴修奉。」上謂使、副曰：「泰寧與昭慈相去多少？」使、副奏曰：「昭慈陵側僅一里許，往來最便。」上曰：「甚善。」迺從之。

緣陵裁製上〔六〕

【宋會要】 太祖建隆元年三月十三日，命内侍梁令玢與宗正寺計

〔一〕十月：原作「十一月」，據本書禮三〇之六四删「一」字。
〔二〕「群臣」至「從之」，原脱，據本書禮三〇之八〇補。
〔三〕十月：原無，據本書禮三〇之八三補。
〔四〕巒：原作「蠻」，據本書禮三〇之八三改。
〔五〕壬：原作「任」，據本書禮三〇之八三改。
〔六〕「緣」上原有「宋」字，徑删。後文「緣陵裁制下」同。

度增修安陵陵臺、鵲臺、宮闕，及展引地位，仍先繪圖取旨。

二年十一月二十九日，詔：「安陵在開封縣界，每年二仲朝拜，其縣令、主簿宜兼充陵臺令、丞，至時陪位行禮。」

開寶八年十月，安陵守當高品皇甫玉言，請禁民庶不得近陵闕穿土，及於三五里外葬埋。詔太常禮院詳定，禮院言：「按《喪葬令》，去陵一里内不得葬埋。」從之。

太宗雍熙二年五月，宗正少卿趙安易言：「鞏縣令、丞例兼掌陵寢公事，别無明降勑旨，以此多有虧闕，望别置陵令一員。」詔流内銓自今注鞏縣令兼陵臺令事。

至道三年八月二十三日，詔于永熙陵下宫置殿，奉安太宗聖容。置衛兵五百人守奉，朝暮上食，四時祭饗。

真宗景德元年六月十二日，詔：「先置永安軍士專奉陵寢，頗聞河南府多它役使，宜遣使押赴陵下，仍葺營以居之。守當使臣等先給職田，亦聞以耕種[28]爲名，多占兵充役，宜别加給賜，以田並賜永安院。」

二十一日，詔：「永安縣諸陵園松柏，宜令守當使臣等督課奉陵栢子户，每年以時收栢子，於濱河隙地布種。俟其滋茂，即移植以補其闕。民間園林不得輒有侵取，違者論如律。」先是，帝以園林松栢舊于旁側山林移植，頗甚擾人，故約之。

二年六月九日，修奉園陵藍繼宗等言：「永熙陵神御物素不著籍，請月具帳上于三司。」帝曰：「神御物安得籍于三司？自今歲終具帳上宗正寺，俾檢察之。」

三年正月九日，以諸陵側地形窪下積水，乃遣武勝軍節度使、駙馬都尉吴元扆爲監修諸陵澗道都總管，内侍省左班副都知閻承翰副之。又遣工部尚書王化基先詣奏告。

二月二十一日，吴元扆等言：「近陵域地，頃來民或開掘，望降詔禁止，仍令多植嘉木。新定兆域内居人、官廨、倉庫，請徙置三百步外。」並從之。居人當徙者優加給賜，仍令河南府具闌入兆域條制揭牓告諭。

二十七日，詔諸陵側近林木禁公私樵採，令吴元扆標記合行禁止處告示。

四月十二日，以修塞安陵下撅澗畢工，命知制誥周起祭告三陵，直昭文館陳充祭告嵩嶽。

十月，司天監言：「三陵皇親祔葬稍多，今安王墳後有地，乞因明德皇后園陵，悉遷厝于彼。」帝以其祔葬不可改，命隨明德園陵，卑喪别置兆域。

四年正月二十九日，詔永安鎮特建爲縣，隸河南府，同赤縣，委[29]本府與轉運使割就近税户隸焉。夏秋二税正輸縣倉，不得移撥。常賦之外，免其它役。以永熙陵副使江守訓充三陵副使，仍鑄印賜之。守當都監白承睿充三陵都監〔一〕，賜永安寺僧師號二人，紫方袍五人，仍許歲度僧五人。

七月二日，詔：「訪聞諸陵使、副常遣人出入兆域，芟

〔一〕當：原作「訓」，據《長編》卷六五改。

薙草木，神道貴静，甚非便也。自今令遵典故，每歲春秋二仲巡陵，春除枯朽，秋芟繁蕪，自餘非時薙剪悉罷之。」

六(月)〔日〕，詔曰：「朕以列聖在天〔一〕，因時永感，仰瞻陵域，肇建官司，咨擇朝闕之臣〔二〕，仍兼宰邑之務。式嚴崇奉〔三〕，用著典彝。宜以殿中丞黄昭益知陵臺令、兼永安縣事，仍就陵令公宇增修縣廨。」

大中祥符元年三月二十六日，判宗正寺趙稹上言：「諸陵兆域，先准詔依故事，除春秋二仲外不得非時薙草。緣經涉盛夏，庶草滋長，望許逐時芟治。」從之。

二年四月，京西轉運司言：「准詔相視移兩京驛路由永安縣過，竊恐車馬往來，喧黷陵寢，乞不修移。永安縣租税，准勑只于本縣送納，緣本縣除永安兩指揮外别無屯兵，乞益屯兵。仍下司天監相度置營方位，擇日興工。」從之。

三年二月十日，召(甫)〔輔〕臣至龍圖閣瞻宣祖、太祖聖容〔四〕。既而命内侍省副都知竇神寶扶侍，赴安陵、永昌陵下宫奉安，以天武兵士五十人服儀注衣護送，令内侍朱允中一行都大管勾。三陵副使江守訓請遣僧備道具迎于界上，從之。先是，命允中就繼照堂30傳寫，至是遣使奉安。

四年三月二十六日，詔三陵所管軍士有罪者止得箠罰，當杖者送永安縣。

五月七日，祀汾陰經度制置使陳堯叟言：「永安縣居民闕汲水用，若導南山下青龍澗水泉循山以入縣城，可濟乏闕。」詔諸陵都監江守訓相度，守訓言可以開修，帝以近陵寢，慎於興工，命司天監集官定議。司天監亦稱其便，始從之。

十月，詔河南府預置三陵首冬寒節合燒紙贈上等堪好者架閣收管，候合使時，皇城司據數報府，搬送赴陵。白團紙一千三百五十三束，羅錦七百六十一束，雜綵一千七百一十四束，金銀七千三百四十鋌，金銀錢一千六百二十四瓣，馱馬車檐六千五百一十四事。

五年四月，詔：「汝州秦王等諸墳栢子户數少，可增五户。」

九月十八日，詔：「永安院近在陵邑，如聞士庶之家不敢輒入，宜令度地别構堂皇，許其齋設聚會。」

十月，三陵副使言：「山門、角闕、乳臺、鵲臺勾攔損腐，宜用栢木製换。」帝以用木爲之不久，命悉以塼代之。

七年六月，詔河南府製造永安諸陵所闕祭器。

八年五月七日，詔諸陵寢申防火之禁。

二十五日，詔：「三陵封地，令三陵副使、都監常切檢校，稍有損缺，即勒奉先兵士完葺，逐月條析以聞。仍遣靈臺郎一員往彼祇應擇日，一年與替。三陵副使、都監公宇並在下宫内，慮不謹火禁，可移于宫外。」

〔一〕列：原作「烈」，據《宋朝事實》卷一改。
〔二〕闕：原作「閨」，據《宋朝事實》卷一改。
〔三〕崇：原作「充」，據《宋朝事實》卷一改。
〔四〕太祖：原作「太宗」，據《長編》卷七四改。

九年四月六日，降洛苑使、高州團練使[31]藍繼宗爲如京使，入内殿頭康仁遇及壕寨軍校工匠趙欽以下各降一資。以先修築莊穆皇后陵隧不如法，致其頹壞故也。

天禧元年九月，閤門祗候秦文德言：「奉詔往三陵按視盜發處，今勘得軍賊劉榮等，其干連知情、受贓者兵八人，乞移配遠處。又永安縣去三陵約一十餘里，最處閴靜，望徙本縣尉廨宇於三陵側，及令三陵副使、本縣監押、縣尉每日夜互相警巡。」詔干連知情等八人并刺配遠處牢城，其徙置縣廨，委河南府規度以聞。

二年八月，三陵副使郝昭信等請于永安縣建營，徙軍士二指揮就糧。從之。

仁宗景祐元年五月二十四日，中書門下言：「永定陵歲時薦獻名目稍多，徒取喧黷，不近典禮，此後並乞停罷。」從之。

二年八月二十一日，上封者言：「伏見永定陵青龍山北已斷採樵，山南乞西京禁止採獵，及令于青龍山子孫位上添種林木。」(語)〔詔〕三陵副使等相度以聞。三陵副使張懷則言：「青龍山一帶子孫位栽種林木，見是人户税地，乞取買入官。」(詞)〔詔〕司天監詳定。本監言：「青龍山子孫位離外係民税地，合市入官。」詔河南府優給直收買，如頃畝數多，即許指射官田對换。既而懷則又言：「永定陵東至青龍山脚下二千一百八十步，係人户趙守堅税地，收買入官。」詔河南府依前旨。

四年七月三日，上封者言：「諸陵及會聖宫見占栢子户稍多，並是上等人户，影庇差役，乞行相度[32]減省。」詔三陵栢子户各存留四十人，永定陵五十人，會聖宫一十人，宜令河南府從上等户内減放歸農。

康定二年七月五日，端明殿學士、翰林侍讀學士李淑上言：「昨使永安回，伏見陵邑利害上陳。永安縣本鞏縣之鎮，景德四年始建爲縣，充奉陵邑。其時敕榜，二税不得支撥別處，常(服)〔賦〕外仍免雷同差役。自後(不)惟應(舉)〔奉〕陵宫取索及充栢子户，并匠栽松栢，市笆越、車材、食羊，皆出本縣，惟免支撥，雷同一事。自景祐四年因減定栢子户歸農，除存留數外，依舊應副色役。本府誤認詔語，遂將本縣抽差色役，科折、和買、調率，皆與它邑一例。又應奉陵宫詔葬，凡百費率特倍餘處，民力不易，亦有詣闕列訴。欲乞自今一依景德敕榜處分。諸陵栢子户舊額，安陵、永昌陵、永熙陵各八十人，永定陵一百人，會聖宫二十二人。昨景祐四年七月臣僚上言，四陵各減半，會聖宫只留十人。伏緣陵寢地闊，芟治少人，縱有奉先軍士，多別係役。臣以謂陵邑充奉，耘除園域，縱以一縣奉之亦未爲過，但前占多近上户等，遂至人言。欲乞應栢子户並依舊額添足，凡有闕補，只得差第三等已下户。如此，則地蕪可以修奉，户豪不能庇役。」詔並從之。

慶曆四年五月二十六日，詔西京諸陵所有祠羊毋得抑配人户。

皇祐二年七月二十四日，詔更造諸陵祭器，于陵所置庫貯之。

八月十一日，知河南府張奎言：「本府每33歲櫻筍花果只進永定陵，自今欲並進(之)〔三〕陵。」從之。

英宗治平元年八月十六日，詔修真宗及章穆、章獻、章懿三后陵臺。爲大雨所摧故也。以上《國朝會要》。

緣陵裁製 下

【宋會要】

治平四年神宗即位未改元。正月九日，三司言：「河北等路封樁錢物，欲借爲山陵賞賚。」從之。

閏三月二十一日，詔：「今後諸陵使、副、都監，不得輒離本所迎送往來官員。」

五月六日，三陵副使石守正言：「西路祔葬增廣壙地，內有居民舍屋、丘墓，欲令起移。」詔從之，民田優給其直，丘墓無主者官爲徙之。

神宗熙寧元年九月二十四日，詔：「三陵、永定陵副使、都監，今後年滿得替，只與減二年磨勘。其永昭陵、永厚陵副使、都監，以栽植林木未完，且依舊例，候及十年依此。」

九年五月十四日，同知太常禮院林希言：「伏見陵宮奉祀牙牀、祭器等，祀畢但置於獻殿內，暴露日久，易致腐剥。況諸陵宮門各有東西闕庭，請以東闕庭專藏牙牀、祭器，遇行禮畢即收藏。」從之。

元豐二年十一月二十八日，司天冬官正楊茂先言：「永昭陵東北山口路當三男之位，乞禁民居、耕鑿。」下司天監參定，請如茂先言，乃從之。內有百姓地，給錢，或別給官地易之。

三年正月九日，上批：「聞陵下役兵至今未得特支，及使臣添支亦過時不給〔一〕，致有質賣衣物者。可下京西北路提點刑獄司體量〔二〕，有實，即34劾當職官吏以聞。」

二十四日，詔永昭、永厚陵奉先兵士特免二年差出。

九月三日，詔：「定州東安村宣祖皇帝祖墳，四至各益地五頃，守園人十户。」

六年八月二十一日，禮部言〔三〕：「朝奉郎胡宗炎言：『永安陵畢工，又增修永昌諸陵，竊聞陵寢無修造法，乞寢罷。』準朝旨令本部、太常寺、秘書省、太史局詳議。檢會唐故事，有修營之理，今永安陵下宮修造，更自朝廷詳酌。」詔依前降指揮修造。

七年二月五日，詔諸陵三巡檢下土兵，各以百人爲額〔四〕。

〔一〕臣：原作「官」，據《長編》卷三〇二改。
〔二〕可下京西：原作「又下京西」，據《長編》卷三〇二改。
〔三〕禮部言：原無，據《長編》卷三三八補。
〔四〕爲額：原無，據《長編》卷三四三補。

三月二十二日，詔：「永安縣六陵幹當香火内品等，自來承例遠離陵寢將迎使客，自今一切禁止。非準朝命輒離陵所者，論如擅去官守法。」

元祐元年四月四日，工部言：「京西轉運司奏，北使經由道路近爲浮橋解拆，改入京西路，務要不見山陵。今相度得河陽南至偃師東，由鳳臺、孝義次鞏縣，最爲順便，皆有亭驛，止是望見山陵林木，恐不須迴避。」從之。

五年二月四日，禮部請諸陵修飾前一月申太常寺，俟差官告畢興工。神臺諸殿及廊廡五十工以下，聽本陵擇日，都監監視。從之。

六（十）年十月二十八日〔一〕，詔：「京西南北路提刑司，每歲將朝廷封樁錢物、糧草等依實直紐計，共作二十萬貫，支撥與轉運司，應奉陵寢支費。有餘，許轉運司支用。」

紹聖元年三月十七日，三省、樞密院言：「入内供奉官鄭居簡奏，準差永裕陵酌獻，奉旨因便相視陵寢裏外有無未盡事。尋 35 躬親相視，數内園子外東南王方合封禁地，道路往來絡繹，地面坑埳損缺，若遽欲修崇，而工計浩大，力有未能。若委之有司，先治所急，餘以漸營，可期久利。」詔差高遵惠領陰陽官同往按視，（今）〔令〕河南（官）〔府〕依已降指揮施行。

四月十八日，太府卿高遵惠言：「永裕陵東有路當封禁，今尚有車馬往來，及居民八十餘户當遣。乞下太史局選定日時，下河南府永安縣起移。」從之。

二十四日，三省（言）：「永裕陵三里内係禁山，而民墳一千三百餘，當遷去，以便國音。」上曰：「墳墓甚衆，遽使之遷，得無擾乎？不遷可也。宜再問太史，不（害）〔遷〕亦無所害，則毋令遷。如於國音果非便，多給官錢，以資改（藏）〔葬〕之費。」

二年二月十六日，禮部言：「永定、昭、厚、裕陵使、副、都監三十月滿替，無遺闕，與減磨勘一年八月；監當資序大使臣三年任滿，與減磨勘二年。」從之。

元符元年二月十二日，三省言：「京西路轉運判官周純按視到永裕陵東北角新展禁地長闊步畝，拘占官私田土及標禁妨礙去處，乞下有司再行集議。」詔禮部、祕書省勾集太史、天文局、渾天儀象所官，同定奪以聞。

三月二日，秘書省言：「依敕命勾集到太史、天文局、渾天儀象所官，同定永裕陵禁地，乞選差太史局官三兩員覆按，及相驗禁地内補治。」詔差判太史局官二員，天文局官一員，餘依奏。

五月二十八日，詔永裕陵添展封禁，艮角斜長二百三十五步，至白虎澗 36 西垠。

二年正月二十一日，禮部言：「今後諸陵歲時合係内人朝拜，因事不赴者，於酌獻日辰，本陵官一面酌獻。」從之。

〔一〕六年：原作「六十年」，據《長編》卷四六七删「十」字。

四月五日，提舉補治所言：「永裕陵三男陽氣子孫位合瘞埋玉獸，重疊鎮助。」從之。

五月二日，太常博士周常言：「伏見厚、裕以上諸陵寢中，器物止塗金，衣裳服用無珠玉之飾，蓋先帝時常有訓誡，務在質素。惟裕陵洎宣仁聖烈皇后寢中，所藏珠玉寶器尚多，欲乞收其器服，納諸原廟，以遵遺誡。」詔令逐陵差官齎納奉宸庫。

十三日，朝請郎、充京西轉運判官曾孝廣〔一〕，入內內侍省東頭供奉官、勾當內東門司劉友益，以補治永裕陵畢工轉一官，劉友益仍寄資。

徽宗建中靖國元年二月三日，戶部侍郎王古言：「山園陵支費，舊例儲峙過多，而其用不及十之三，今請倍實支之數以待匱。」從之。

十三日，詔：「將來追尊皇太后靈駕啓行，止用欒家岡舊路，路廣二丈，解拆竿杖而行，依過鄭門例。」初，將作少監李士京請治道廣三丈五尺，毀墳墓六百餘所。上恐擾民，故有是詔。

崇寧二年四月五日，陵井監言：「本監仁壽縣管下永安禪寺并永安鎮、永安院、永安里等四處，合迴避陵名。今相度，欲改永安鎮爲大安鎮，永安禪寺改爲九華禪寺，永安院改爲蘭池院，永安里改爲仁義里。」從之。

大觀元年五月三十日，手詔：「薦獻宗廟陵寢，當極天下之奉。比聞開德府信武殿帟幕歲久不 37 易，河南府會聖宮器皿率皆故弊，至信武殿薦新限以百錢〔二〕。比嘗給十萬緡以供歲用，而菲薄若此，可令監司躬詣省閱以聞。三省具薦獻之數、新舊更易費用之數，立爲成法。」於是三省言：「會聖宮、諸陵旦望節日薦獻，當如景靈宮。其會聖宮制度樸素，宜加修飾。應陳設器皿之類，並三年一易。令提點京西路刑獄及提舉常平司歲給十萬緡充。」

十二月十六日，上批：「訪聞保州墳陵歲時薦獻，器皿之奉，臨祭視成，率皆草具，甚不足以稱孝享之意。可令有司依諸陵例置造頒下，仍委知、通專掌，不許他用，及不得張皇。」

三年正月八日，臣僚上言：「京畿提刑司準朝旨體量鄭州官吏於園陵頓下縱人遊觀，又於幕殿側用妓樂筵會等事，乞重行貶黜。」詔應有罪官吏並先次放罷，令提點刑獄司取勘，限十日具案聞奏。

十五日，詔：「濮安懿王園寢，山川氣象得地之勝，近接陵廟〔三〕，形勢相連，而其子孫祔者不已，穿泄地脈，已踰千數，甚非尊祖奉先之意。可自今宗室更不陪葬，改祔栢谷之原。」

二月十四日，河陽三城節度使王薦言：「臣忝係靖和

〔一〕京西：原倒，據《長編》卷五一〇乙。
〔二〕信武：原作「武信」，據本書禮一三之六乙。
〔三〕近：原無，據《宋大詔令集》卷五〇補。

皇后近屬，欲乞將來寒食節，許詣園陵朝拜。及乞今後每遇寒食節、十月朔，與男並姪男等輪一員詣園陵朝拜。往回並乞理爲在任月日，支破諸般請給等。仍乞依條差破馬遞鋪兵士。」從之。

四年二月十日，陵臺使司言〔一〕：「諸陵、會聖宮供帳、器皿、陳設計數浩大，(38)已分四季檢視。若三年盡數一易，不唯難以辦集，緣已換創新之物亦復虛棄。計量功力，望依舊條，乞令逐時檢視換造，更不三年一易。」從之。

政和二年十月四日，臣僚上言：「近奉詔循行陵寢，契勘諸陵下各有內外巡檢二員，惟會聖宮不曾專置。至今止緣舊例，以〔洛〕〔河〕南洛陽、永安、鞏縣等五縣巡檢下兵級十數人兼守禦而已。臣竊惟會聖宮係崇奉祖宗冠冕之所，借謂宮垣之外別無禁地幾察，遂闕巡邏之官，然七殿供奉神御等物實在諸陵，理合嚴護，豈得不擬諸陵置一巡檢乎？況洛水之北，山勢聳邃，南望諸陵，所距闊遠，防警之力，卒難相及。又浮橋適當宮下，亦緣無專管之官，頗圮弊不葺。伏望睿旨專置會聖宮巡檢一員，仍令兼管宮下浮橋，庶宮之內外有所警衛。」詔置巡檢兩員，餘依奏。

三年三月十七日，大宗正司言：「勘會崇恩太后依例有嘉國夫人並鄆王、蔡國公主、涇國公主、華國公主及西南兩路祔葬諸喪，並合依園陵斬草、大葬日月時刻前去祔葬，合依故例施行。詔依。勘會今來西南兩路合行祔葬，所有剗刷喪數及西南兩路外宗正司一行事務，并裝寫入壙官告、修撰行狀等，欲依大觀二年十月十六日故例施行。」從之。

九月二十六日，詔：「會聖宮陵臺使、副張官置司，總率官屬，專奉陵寢。近年以來，京西漕、憲諸司歲時供億類多稽違，甚者積欠數年，未敷元額，致屢(39)申飭督責。兼陵官多不肅戢，蓋緣使、副位卑權輕，人無畏憚。可在京別置檢察措置一司，專轄使、副洎諸陵大小使臣、人吏等，每歲四季月躬詣點檢不如法式事件。仍以知入內內侍省楊震充，應合條陳事件，仰限半月申尚書省，將上取旨。」

六年十月二十九日，監察御史李回言：「被旨詣諸陵及園廟點檢，竊見濮安懿王園內縛木爲屋，覆以竹席，下設几案，以奉神位，爲奠拜之所。詢諸官吏，云初未嘗有獻堂。望詔禮官詳加考議，以合恩禮之稱。」詔依所請，擇日營繕，以稱禮典。

宣和三年九月十七日，明達、明節皇后陵寺等提舉所言：「奉詔，明達、明節皇后園陵棘寨內擅動土，許人告捕，賞錢五百貫，以犯人家財充，先以官錢代給，罪以違御筆論。」

四年七月十日，永裕陵治溝堰，以曾孝蘊提舉，相視山川形勢，作華觜堰以捍潢潦。以上《續國朝會要》。

高宗紹興元年六月二十一日，攢宮都監兼香火馮覲

〔一〕陵臺：原作「靈臺」，據本書禮一三之六改。

言：「昭慈獻烈皇太后攢宮，候祔廟畢，改作昭慈獻烈皇后攢宮司爲名。生日、忌辰、旦望、節序等，應合排辦事件，並依天章閣見排辦諸后體例。攢宮火禁、門户，並依皇城法，百步内不許損斫窠木，動土服𤬪之類，令修奉所隨宜添置禁止。界至封堠已種窠木遇有死損，合行補種。及攢宮圍牆等經霖雨有損壞，並報所屬排辦，差官奏告。其窠木物料等，報越州收買應副。寶山證慈禪院附近攢宮，每【40】遇生辰節序等，就差本院僧二十一人作道場一永日。其花果、香茶、蠟燭、紙贈、齋襯等錢，從本宮應副。」從之。

七月二十一日，禮部言：「越州寶山證慈禪院已充昭慈獻烈皇太后攢宮修奉香火，未經賜額、度僧。」詔以「泰寧寺」爲額〔一〕，每歲度僧一名。

八月六日，（詔）〔昭〕慈獻烈皇太后攢宮司言：「泰寧寺已改作昭慈獻烈皇太后修奉香火（等）〔寺〕，依諸陵故例，隸屬都監。」太常寺看詳，比附諸陵體例，隸屬昭慈獻烈皇太后攢宮司。從之。

九月二十八日，河南府孟汝唐州鎮撫使司幹辦公事任直清言：「西京係祖宗發祥之地，陵寢所在，去大河不遠，一水之隔，便是虜營，保護灑掃，全藉人力。緣奉先、奉園等指揮官兵元額約七千餘人，自捍禦鬭敵事故陣亡外，見僅千人。望令鎮撫使翟興（邦）〔那〕融錢糧，招填所闕人數。」詔依。其守陵官兵令學士院降敕書撫諭。

二年正月二十九日，（詔）〔昭〕慈獻烈皇后攢宮司言：「諸陵依條例每歲春秋補種諸陵窠木，係入内内侍省降香，學士院修撰表文，太史局選日，河南府排辦千盤食、酒果、蠟燭，差太祝禮生、本陵都監充奏告官行事。今昭慈獻烈皇后攢宮人口依前項條例〔二〕。」從之。

十二月二十五日，昭慈獻烈皇后攢宮司言：「修整圍牆并屋宇疎漏，及補種窠木，依條例奏告了日，下手補種修整。」詔依。其人匠、物料，令紹興府量度應副。自是凡遇補種、修葺，並循此例。

九年十一月十六日，禮部、太常【41】寺言：「永固陵歲中每遇節序、月旦等，合依諸陵禮例，取降香表。乞依春秋二仲薦獻舊例，權于永安寺院設位行禮。」從之。

十年三月十七日，禮部言：「池州銅陵縣丞呂和問進《宮陵儀制》，望付太常寺，以備檢照。仍録一本下永安軍陵臺令司收掌。」從之。

十月五日，河南府言：「近緣蕃賊佔據本府及永安軍等處，今已收復，遂委知軍詣諸陵逐位，檢視得除永定、永昭、永厚、永裕、永泰陵廟並無損動，内永安、永昌、永熙陵神臺釁裂，斫損枳橘栢株，未敢一面擅行補飾。」太常寺看詳，若行補修，合就差所委修飾官奏告行禮。詔令河南府委官如法補飾，不得減裂。

〔一〕泰：原作「奉」，據《建炎要録》卷四五改。
〔二〕「人口」二字疑是「合」字之訛，蓋一字誤拆爲二字。

十三年十月二十六日，禮部、太常寺言：「將來郊祀禮畢，合奏謝諸陵，昭慈聖獻皇后攢宫，永祐陵攢宫，已差官行禮。内諸陵權於臨安府法慮寺設位望祭，仍令大宗正司差南班宗室二員行禮。」從之。

二十年正月二十五日，臣僚言：「陵廟之祭，月薦新，著在令典。方今宗廟久已遵奉，唯是永祐諸陵闕而未講，望令有司討論，舉而行之。」太常寺討論，欲依《政和五禮新儀》典故，令兩攢宫遵依，每月檢舉，差官行禮。其新物，逐官預行關報紹興府排辦。從之。

二十四年十月八日，尚書省言：「永祐陵及昭慈聖獻皇后攢宫，見用幃幕供設之類，皆已故弊，并種植窠木亦多損缺。」詔令紹興府趙士彩躬親前去檢察，應副修葺、换易、補種。

二十七年六 42 月九日，詔永祐陵及昭慈聖獻皇后攢宫檢察承受，以檢察宫陵所爲名。

二十八年十月二十二日，知紹興府王師心言：「本府崇奉昭慈聖獻皇后攢宫、永祐陵攢宫，逐月旦望、節序薦新、春秋奏告等，會計一年合用錢八千四百一十一貫三百文；并逐年修造費用不等，且以酌中一年會計，約用錢五千貫。二項總計一萬三千四百餘貫，而係省所入有限，支遣不行。欲望許於經總制錢内量行取撥應副。其逐月合用生料、酌獻物色，就本府專置司局，選委通判或職官一員主管，庶得如法。」詔如上供錢不足，於經總制錢内貼支。餘依。

二十九年八月五日，詔：「紹興府會稽縣昭慈聖獻皇后、永祐陵攢宫前後買過民地，其人户舊管税賦，切慮州縣尚行催理。可令常平司取見的確買過地段頃畝、合納税賦，照驗簿籍審實，申尚書省除豁。」

三十（九）年九月十五日〔一〕，吏部言：「奉詔，紹興府會稽知縣依倣陵臺令典故，于階銜内帶『兼主管攢宫事務』，量加優異。今欲將會稽知縣闕作堂除，仍許借服色。」從之。

十一月二十九日，主奉益王祭祀居廣言：「春秋二仲望祭諸陵，位牌以白木黄紙爲之，帷（幃）（帟）、椅桌、器皿之屬，大率弊舊，於禮未至。望下有司看詳，粢盛供具之類，别行製造，務合禮度。」從之。

三十一年三月二十四日，檢察宫陵所言：「攢宫修整神帳，還神御出帳，各就本殿向前安奉，合奏告遷。乞依 43 每年補種、修整殿宇等禮例，下紹興府及攢宫司排辦，差官行禮。」從之。以上《中興會要》。

孝宗紹興三十二年即位未改元。六月十三日，登極赦文：「訪聞紹興府攢宫每歲修葺，諸色人户交納竹木，多被攢宫官吏邀阻。自今並晝時受納，如違，許人户越訴，當議重寘典憲。每季朝陵，使命往來，多是縣道差近鄉及沿路

〔一〕三十年：原作「三十九年」，據《宋史》卷一二三《禮志》二六删「九」字。

人户迎送應辦，極爲勞(敝)〔弊〕，仰本府條具合寬恤事件以聞。」繼而本府上言：「會稽縣等十七、十八、十九三都比近攢宫，每歲應辦修奉，理宜寬恤。乞下有司檢照(宋)〔本〕朝陵寢典故施行。」户部檢會到《宫陵儀制》節文，景德四年詔永安縣二税不得支移，常賦外特免雷同差役。　詔會稽縣三都人户准此。

十月六日，禮部、太常寺、檢察宫陵所言：「追册皇后攢堂元攢於南山修吉院。欲改爲攢殿，即佛殿爲神御殿。乞下臨安府給錢别修蓋僧舍，專充資薦道場。興工前依禮例祭告於攢宫。」從之。

九日，檢察宫陵所言：「追册皇后攢宫乞參酌昭慈、永祐陵攢宫體例，置都監一員，提轄守衛軍兵使臣一員，兩攢宫係差巡檢，今止置提轄。并下步軍司差軍兵七十(八)〔人〕守衛。兩攢宫共差三百人。上下宫合用崇奉器皿、什物、供事、衣幃，陳設、簾幕并四季供設御衣等，乞照應體例，報御前局所製造。每遇生忌辰、旦望節序，并日常應合用排辦酌獻食味等，乞從(監)〔臨〕安府排辦供送。修設齋襯錢，亦乞依例下本府，歲供錢二百千赴宫支使。」詔器皿、什物、供事、衣幃、**44**陳設、簾幕、四季御衣等，令文思院製造，餘從之。

十四日，殿中侍御史張震(之)〔言〕：「伏覩已降指揮，追册皇后攢殿上并兩廊，見有士民攢葬去處，給錢起移。竊慮籬牆四至之内，亦必有士庶墳穴，而未有明降指揮。檢會永祐攢宫之役，凡禁地内丘墓幾千穴。臺臣汪澈相視，見得四隅墳冢除挑外，尚存七百六十餘穴。於是澈奏：『檢會《國朝宫陵儀制》所載〔一〕，諸陵封堠界内舊墳，不許開故合祔，願遷出者聽。乞依《宫陵儀制》。』太上皇帝從其所請，恩及朽骨。今來亦乞檢會《宫陵儀制》明下所屬，曉諭民户。」從之。

隆興元年六月二十四日，詔撥賜南山修吉院水陸田，如所占本院地段之數。以本院援紹興府攢宫泰寧寺例爲言，下禮、户部勘當，從所請也。

七月二十五日，臣僚奏：「紹興府諸陵防守官吏務營私計，每歲小修，三歲一大修，率斂民户，取辦(八巴)〔入己〕。微有損漏，即毁拆相連，斤(釜)〔斧〕掘鑿，非安妥神靈之意。創造之(郎)〔初〕，務爲速壞。所須良材若已入賂，則收其下色，科差舟船，至有一舟而載一竹者。臣願痛革積弊，下紹興府專委帥臣及通判躬行閲實，方得修换。已修隨壞，則督役官吏置之典憲。仍乞罷逐年、三年修造之制。」從之。

乾道四年十一月三十日，檢察宫陵所言：「據安穆、安恭皇后攢宫司申：本宫有步軍司差撥到守衛軍兵百人，乞照昭慈、永祐陵攢宫禮例，遇有名闕，止將逐家子弟刺填。」從之。

五年**45**二月十五日，檢察宫陵所言：「兩攢宫各有損

〔一〕國朝：原作「宋」，據周必大《文忠集》卷三〇改。

爛木植，合行修換，有妨逐殿神御，欲權遷出安奉。」太常寺看詳，合先奏告遷，俟修整畢，奏告告遷，還殿奉安。從之。凡修造當奉遷神御者准此。

十二月十八日，詔：「會稽知縣兼陵臺令，到任一考減一年磨勘，任滿日無違闕，再減一年。」初置兼陵臺令，已與堂除，借服色。至是，紹興府再爲陳請，故有是命。

六年八月二十八日〔一〕，樞密院檢詳諸房文字王之奇言：「伏覩歸正官承信郎劉湛、右迪功郎劉師顏父子等保護陵寢忠義事節，臣頃在蜀，已聞其風。按湛子師荀〔二〕、師顏與其親黨幾五十人，絶在異域，迺能深念祖宗德澤，共結一死，以支逆虜之盜伐，連年繫獄，子死婦亡。適遭王師克復其州，偶一二人得脱歸朝。今其事具在有司，皆是虜中鞫勘獄詞真本，逮今累年不報。」詔劉湛特轉二官，劉師顏特與改右承務郎，陞擢差遣。秦世輔特轉一官，陞充正將。仍宣付史館。世輔，湛與共事者。

十二月十五日，詔：「兩浙東路兵馬鈐轄、專一管幹昭慈、永祐陵攢宮修造馮邦正，前後五任修奉攢宮，委有勞績，可特與轉遥郡刺史。」

九年閏正月十八日，詔：「永祐陵攢宮焚修香火泰寧寺，特與每歲度僧一名。」先是，紹興初，本寺得旨歲許度僧二名，後皆住罷。至是，本寺陳請，故有是命。

六月九日，兩浙轉運司幹辦公事、攢宮監修李儼言：「伏見安恭皇后攢宮甫及七年，山坡甃石三 46 經修換，當中八層其危已甚。若從高（拆）〔坼〕裂，去皇堂咫尺，豈免覆壓？若盡去客土，別以粗石築壘，可免仍歲工役。」詔下兩浙漕臣、臨安府守臣相度。既而太史局言：「山（破）〔坡〕開裂處，正是國音天柱主山，及連接青龍陽氣之位，依經止宜補治，不當開掘。」從之。以上《乾道會要》。（以上《永樂大典》卷八一八九）

宋昭憲皇后陵

后陵〔三〕

【宋會要】

47 太祖建隆二年六月二日，皇太后崩于滋德殿。遺令曰：「園陵制度，務從儉省，勉從予志，勿用煩勞。」

十九日，有司言，請以今年十月十六日祔葬安陵。從之。

〔二〕十四日〔四〕，命宰臣王溥爲山陵使，太常卿邊光範

〔一〕按：《宋史》卷一一三《禮志》二六亦繫于乾道六年八月，而《宋史全文》卷二五上則繫於此年十月戊申（二日）。

〔二〕「湛」下原衍「父」字，「師荀」原作「師旬」，據《宋史全文》卷二五上删改。「師荀」顯爲師法荀卿之意。

〔三〕原無此題，今添。按，此門之文亦是《大典》删節本書禮三一至三四「后喪」門之文編成。

〔四〕二十四日：原作「十四日」，據《長編》卷二添「二」字。

爲禮儀使，御史中丞劉温叟爲儀仗使，兵部尚書李濤爲鹵簿使，端明殿學士、知開封府事呂餘慶爲橋道頓遞使。又詔王溥攝太尉，持節導梓宮，題册寶，監鏁玄宮；工部尚書竇儀攝司徒，率捧梓宮官奉升大升輿，又引梓宮即玄宮，又攝司空復土九鍤；左諫議大夫崔頌攝侍中，奏請靈駕御龍輴，及沿路奏進發，及陵所奏翟車進發；中書舍人扈蒙攝中書令讀哀册文，攝禮部侍郎奉謚册寶、哀册等案〔一〕；〔大〕〔太〕常丞呂端、著作郎馮正，右贊善大夫辛文悦、安守鏻輿策舉册；秘書監張鑄授哀册、謚册；太府卿衛融奉幣；太子詹事尹拙攝少府監進龍輴，陳明器、幡翣，又攝將作監捧梓宮登龍輴，兼鏁玄宮；太常少卿馮吉帥執翣者障梓宮；太常丞呂端攝監察御史監鏁玄宮；太常博士和峴、通事舍人王信，並分引行事；尚輦奉御甯仁裕押腰輿，又攝尚衣奉御捧衣箱置輿中〔二〕；宗正卿趙矩充九虞及掩玄宮饗官〔三〕；少卿趙洙祭望栢城及陵左后土；著作郎馮正題虞主；中書舍人扈蒙題神主。

〔九月〕二十七日〔四〕，48 藩侯、郡守以山陵有期，各貢物來助。

十月十五日，帝啓奠于梓宮，百官入臨，升梓宮于龍輴。祖奠徹，帝從出明德門，百官叙班。梓宮升輿，設遣奠。

十六日，葬安陵。

乾德元年十二月二十三日，詔改卜安陵于河南府鞏縣。事見「安陵」門。

〔二年〕四月九日〔五〕，安陵掩皇堂。

孝章皇后陵

【宋會要】

太宗至道元年四月二十八日，開寶皇后宋氏崩。

五月十四日，太常禮院言：「權攢日，請依恭孝太子權殯禮例，輟朝一日，羣臣進名奉慰。」從之。初，議卜陪葬永昌陵，司天言是歲在未，陰陽所忌，故權攢於沙臺。

〔十二月〕二十九日〔六〕，太常禮院言：「來年發引，應經過橋道及十里内神祠，並合差官祭告。園陵畢，神主迴，行九虞祭。」從之。

二年三月二十三日，太常禮院言：「孝章皇后、故許王及夫人李氏、魏王夫人王氏、楚王夫人馮氏、皇太子亡妻莒國夫人潘氏、將軍惟正亡妻裴氏，以來年正月二十日陪葬永昌陵。謹按故事，孝章陵皇堂、陵臺、神牆、乳臺、鵲臺並如孝明園陵制度。其許王贈皇太子，按唐禮合以陵爲名；

〔一〕案：原作「按」，據本書禮三一之三改。
〔二〕捧：原作「奉」，據本書禮三一之三改。
〔三〕官：原作「宮」，據本書禮三一之三改。
〔四〕九月：原無，據本書禮三一之四補。
〔五〕二年：原無，據本書禮三一之七補。
〔六〕十二月：原無，據本書禮三一之一九補。

又緣淳化四年出葬之時，止用親王鹵簿，今請墳高一丈八尺，墓田方九十步。其王氏、馮氏、潘氏，並同親王一品例。裴氏比三品例，墳高一丈四尺，墓田方七十步。其誌文緣既改遷，望重修撰。其許王合用親王鹵簿，緣陪從孝章靈駕，已有中宮鹵簿儀仗前導，更望不施設。其楚 49 王夫人馮氏，仍令依裴氏例，安葬在莒國夫人之下。」從之。

三年正月二日，啓攢，八日發引，並輟視朝，羣臣詣閤門奉慰。

二十日，祔葬永昌陵之北。

元德皇后陵

【宋會要】真宗至道三年十二月五日，制曰：「朕獲纂洪圖，仰懷慈訓，式遵茂典，誕舉徽章。太宗皇帝賢妃李氏輔佐先朝，發揮内則，柔明垂範，圖史傳芳。顧惟涼薄之資，敢忘劬勞之德！追崇禮秩，用慰孝思。追上尊號爲皇太后。」

十七日，太常禮院上言：「準制，追尊故賢妃爲太后，改奉園陵，請令司天監卜地擇日，宗正寺於皇后廟別立廟室。」從之。

〔咸平元年〕二月一日〔一〕，司天監言：「準詔改卜園陵，請以三年庚子三月二十日啓攢宮，二十五日發引，四月八日掩皇堂，祔葬永熙陵。」從之。

三年二月七日，太常禮院言：「啓攢發引赴園陵，合用挽歌，請下文班各撰二首，下太常寺(敎)〔教〕習。」從之。

八日，宗正卿趙安易言：「請因元德皇太后山陵之時，并懿德、淑德、莊懷皇后各就舊位塋園改卜陵臺。」司天監狀：「《葬範》云因凶亦可大葬諸喪。今因園陵增修陵臺，並吉。」詔可。

九日，命宰臣李沆爲園陵使，翰林侍讀學士夏侯嶠爲禮儀使，御史中丞魏庠爲儀仗使，刑部侍郎郭贄爲鹵簿使，工部侍郎、權知開封府錢若水爲橋道頓遞使。初，禮官請如孝章故事差監護使一員，特命五使〔二〕。

十一日，太常禮院言：「靈駕發引，舊例自京至陵 50 下十頓〔三〕。」

四月八日，祔葬永熙陵。初〔四〕，上命使按行園陵地，議立陵名。禮官言：「周顯德末，都省集議，故事：帝后同陵謂之合葬，同塋謂之附葬。漢呂氏陵在長陵西百餘步，以同塋兆而無名號。又唐穆宗二后，王氏生(恭)〔敬〕宗，蕭氏生文宗，並附葬光陵之側〔五〕。今園陵鵲臺在永熙陵封

〔一〕咸平元年：原無，據本書禮三一之二一補。
〔二〕五：原作「三」，據上文改。
〔三〕此處語意未盡，蓋節略太甚，全文見本書禮三一之二二。
〔四〕本書禮三一之二七同條無以下文字。按，下文非《會要》之文，乃抄自《文獻通考》卷一二六，唯開頭添「初上」二字。本書禮二九之二三亦有内容相同之一段文字，乃《宋會要》本文，可參看。
〔五〕光：原作「完」，據本書禮三一之二二改。按光陵乃唐穆宗陵。

地之内，恐不須别建陵號。」從之。

明德皇后陵

【宋會要】真宗景德元年三月十五日，皇太后崩于萬安宫之滋德殿。遺誥曰：「園陵制度，務在儉省，勉從予志，勿事煩勞。」

二十八日，司天監言：「準詔與翰林天文尅擇陰陽官，以諸家葬書同選定園陵歲月、方位。緣今年歲在甲辰，不利動土，須俟丙午年十月方吉。請止於今年閏九月二十二日，就西北壬地權攢。」詔下尚書省集文班百官與翰林學士，并朝官自來與免及不赴集議者，並令赴省詳定以聞。

四月四日，判太常禮院孫何等言：「準詔詳定園陵月日者。伏以宗廟之儀，饗祀爲大，若三年不祭，則闕孰甚焉！今司天監言丙午歲方利大葬，今歲止可於壬地權攢，仍勿動土。臣等再三詢問，復有論列，安敢以禮官、博士之議，拒馮相、保章之説？況事繫園寢，理要便宜。今參詳喪葬之義，古有變禮。合、祔自乎姬旦[一]，始墨由乎晉襄，書之簡編，亦無譏誚。謹按《禮》云：『葬者，藏也，欲人不得見也。』既不欲穿壙動土，則莫若便就司天監所擇 51 地，依《喪記》王后之殯，居棺以龍輴，攢木題湊，象椁上四注，如屋以覆蓋，盡塗之，所合埋重。若不欲入土，即至時焚之[二]。如此，即是用攢禮而存葬名，所冀稍合經典[三]，便可升祔神主。九虞之祭，至日可行；七廟之尊，三年獲薦。」帝曰：「陰陽拘忌，前代不取。今且依典禮而行，不煩定議。」宰臣李沆等奏：「近年皇族繼有悲慘，又母后上仙，聖心過有哀毁，陰陽之説亦有所疑，恐須避忌。若如禮官所請，則於國家之事得合便宜，宗廟之祠亦無曠闕。」從之。

宗正卿趙安易上言：「伏覩衆議，明德皇太后閏九月二十二日於壬地權攢，依禮例埋重，升祔神主。臣今以爲未可埋重，預升祔神主，瀆亂陵廟，唐突祖宗也。況諸廟既及七月，即合依時薦饗。臣當職分，審合奏陳。伏望下尚書都省或御史臺，集京百司官吏[四]、太常禮院等，令檢勘等帳分析[五]，向來祇奉帝后，如委是六室，先止陵，後祔廟，則將來靈座發引，乞約孝章近例，徑於壬地權攢，未立神主，升祔凶儀一切祇奉，俟丙午年靈駕西去園陵，東迴祔廟。如此則免顛倒，不利國家。」詔禮院詳定以聞。判院孫何等言：「據安易狀言『禮云既虞作主。虞者，已葬設吉祭也，明未葬則未立虞主及神主。所以周制但鑿木爲懸重，以主神靈。王后七月大葬，則埋懸重，掩玄宫。凶仗轀輬車、龍輴之屬焚於栢城訖，始可立虞主。吉仗還京，備其九祭，復

[一] 祔：原作「附」，據本書禮三一之三一改。以下徑改。
[二] 焚：原作「蕡」，據《長編》卷五七改。
[三] 經典：原倒，據《長編》卷五七乙。
[四] 吏：原作「史」，據本書禮三一之三二改。
[五] 令：原作「今」，據本書禮三一之三二改。

埋虞主，然後立神主，升廟室。自曠古至[52]皇朝，上奉祖宗陵廟，遵行此禮。何以今日乃違典章，苟且升祔？方權攢妄立神主，未大葬輒埋懸重，柰棺柩未歸園陵，則神靈豈入太廟？祭栢城未焚凶仗，則凶穢唐突祖宗』者。本院先按《晉書》，羊太后崩，廢一時之祀，天地、明堂去樂不上胙。又按《禮》，王后崩，五祀之祭不行，既殯而祭。所言『五祀不行』，則天地之祭不廢。遂議以園陵年月不便，須至變禮從宜。又緣先准禮文，候神主升祔畢方行饗祀，若俟丙午歲，則三年不祭宗廟，於禮文既有所闕，在孝思抑亦不爲。況明德皇太后德配先朝，禮合升祔。遂與史館檢討同參詳，以爲廟未祔則神靈不至，伏恐祭祀難行，攢既畢則梓宮在郊，可以葬禮比附。遂按《禮》云：『葬者，藏也，欲人不得而見也。』既不欲穿壙動土〔一〕，則龍輴攢木題湊，象槨上四注，如屋以覆蓋，盡塗之〔二〕，所合埋重，一依近例，便可升祔神主。中書門下以爲國家之事得合便宜，宗廟之祠免於曠闕，用茲定議，實亦無嫌。議允所奏下有司，尋蒙詔可。伏以宗廟之事，至重至嚴，誠非職司所敢輕議。詳此，蓋安易本不知書，直謂未升祔間，諸廟既及七月，即合依時薦饗，所以妄逞瞽言，謂凶仗爲凶穢，目羣官爲顛倒，指梓宮直名棺柩，令百司分析園陵，浼瀆聖聽，誣罔臣下。又云『昔日覩羣官盡公，奉二帝諸后並先山陵，後祔廟；今日覩羣官顛倒，奉明德皇太后獨先祔廟，後園陵』者。本院詳當時先山陵、後[53]祔廟，蓋爲年月便順，別無陰陽拘忌。孝章皇后乃太宗嫂氏，不妨宗廟祭饗。今既年月未便，禮合從宜。未埋重則禮文不備，未升祔則廟祭猶闕，須從變禮，以合聖情。夫三王不相襲禮，五帝不相沿樂，愚夫則執而守之，妄生異議。況已經中書參定，詔命頒行，兼明德皇太后將赴權攢，而安易所稱『栢城未焚凶仗，則凶穢唐突祖宗』。本院按《檀弓》云：『喪之朝也，順死者之孝心也。』鄭玄注云：『朝謂遷柩于廟〔三〕。』又云：『其哀離其室也〔四〕，故至於祖考之廟而後行。商朝殯於祖，周朝而遂葬。』今亦遥辭宗廟，豈可以禮經所出目爲顛倒，吉凶具儀謂之唐突？又云：『孝章皇后至道元年崩，亦緣有所嫌避，未赴園陵。出京權攢之時，不立神主入廟。直至至道三年西去園陵禮畢，然後奉虞主還京，易神主祔廟，以合經典〔五〕。』本院檢詳當時文籍，孝章爲太宗嫂氏，上僊之時止輟五日視朝，百官不曾成服，已與今來不同，從初亦無詔命令住廟饗。今明德皇太后母儀天下，主上孝極曾、顔，上僊之初，即有遺命權停饗祀。按於禮文，固合如此。安易荒唐庸昧，妄有援引，以大功之親比三年之制，欺罔君上，乃至於斯！本院所議，並明稱典故，旁考時宜，雖曰從權，粗亦稽

〔一〕既：原作「就」，據《長編》卷五七改。
〔二〕盡：原無，據前文補。
〔三〕朝：原無，據《禮記注疏》卷九補。
〔四〕離：原作「難」，據《禮記注疏》卷九改。
〔五〕經典：原倒，據《長編》卷五七乙。

古。在宗廟則不乖祭祀，於園陵則無失便安。昔墨衰起於晉襄，搢紳不議；合（附）〔祔〕出於姬旦，賢達無譏。孝章配世祖於更衣，見稱范史；叔孫作原廟於複道，載美班書。豈不以[54]爲所慮者遠圖，所成者大事？務叶通人之論，不妨近俗之譏。就而酌中，雅合權變，顛倒苟且，孰爲而然！究經詢議，而爽丕式。伏請一依本院元狀施行〔一〕。」詔可。

五月二十五日，按行使劉承珪言：「得司天監史序狀，園陵宜在元德皇太后陵西安葬。其周王壙先葬孝章皇后陵北，亦無妨礙。其地南神門外去永熙陵地百二十一步〔二〕，東神門外去元德陵西〔三〕，於神門外封地侵却十五步，餘二十五步分作兩陵封地。其地西稍高，地勢不平。按一行《地里經》：『地有土庬不平〔四〕，擁塞風水，宜平治之。』正在永熙陵壬地，如貫魚之形。」從之。時又令承珪等并按行安王、周王塋域，帝閲其地圖，謂宰臣曰：「乃以周王祔永熙陵，而安王處于外，少長失序，此尤非便，宜別度地以聞。」

二十七日，以宰臣李沆爲園陵使，翰林學士承旨宋白爲禮儀使，御史中丞呂文仲爲儀仗使，吏部侍郎郭贄爲鹵簿使，翰林學士、知開封府梁顥爲橋道頓遞使。沆卒，宰臣畢士安代；顥卒，光禄卿、權知開封府陳省華代〔五〕。

六月一日，禮儀使言：「請就安肅門外浚儀縣旌孝鄉程趙村沙臺設攢宮，用栢塹籠帳。靈駕由西上閤門、朝堂門、右昇龍門出乾元門、閶闔門，過白鶴橋，出安肅門，至普濟院東。神主迴日入右掖門、右承天門，於萬安宮奉安。」從之。

二年正月十七日，遣西京作坊副使藍繼宗修奉園陵〔六〕。

（八月）〔三年九月〕十四日〔七〕，樞密院上言：「園陵吉凶儀仗步騎五千三十一[55]人，望以拱聖天武軍充〔八〕。」從之。帝慮有司以頓遞廣有須索擾人，乃詔内侍取宮掖諸王院一行人數付御厨、翰林儀鸞司，除本司祇備外，具所須什物畫一以聞，即詔州縣供給。仍諭所至非有宣勑，不得應付，揭榜以示民。後以風雪賜役卒錢，令休息之。

〔十月〕二十九日〔九〕，以掩皇堂不視朝。

（三年五月）〔十一月五日〕〔一〇〕，賜園陵使王旦等器帛有差。應祇奉園陵沿路置頓遞地，復來年夏租，陵所役人並

〔一〕元：原無，據本書禮三一之三四補。
〔二〕熙：原作「西」，據本書禮三一之三四改。
〔三〕去：原脱，據本書禮三一之三四補。
〔四〕土庬：原作「龐」，據本書禮三一之三五改。
〔五〕華：原作「葉」，據本書禮三一之三五改。
〔六〕坊：原作「妨」，據本書禮三一之四〇改。
〔七〕三年九月：原作「八月」，據本書禮三一之四二改。
〔八〕天：原作「大」，據本書禮三一之四二改。
〔九〕十月：原無，據本書禮三一之四二補。
〔一〇〕十一月五日：原作「三年五月」，據本書禮三一之四三改。

優賜之。

莊懷皇后陵

【宋會要】至道三年真宗即位未改元。六月十三日，制曰：「朕仰荷慶靈，嗣守基構。永言懷舊之感，再稽追遠之文。聿舉徽章，用旌幽隧。故莒國夫人潘氏早以華冑，殯于沖人，克遵圖史之規，茂著河洲之德。正名中壼，允極哀榮。可追册爲皇后。」

至道三年正月，陪孝章皇后葬永昌陵西北。

八月三日，朱昂上陵名曰保泰，本廟舞名曰《永和》。從之。

章穆皇后陵

【宋會要】真宗景德四年四月十五日，皇后郭氏崩于萬歲殿之後寢。

二十一日，司天監上言：「選定園陵月日，宜在卒哭之内舉葬，請以五月二十九日啓攢宮，六月八日發引，二十一日掩皇堂。」帝曰：「此亦便於事，雖不取七月之期，於義無嫌。但每事務從簡儉，是所宜也。」乃命内侍左班副都知閻承翰爲園陵按行使，入内副都知藍繼宗副之。承翰等言：「永安縣陵臺側有地三處，司天監並云地 56 位不廣，無可選擇。」帝令附元德皇太后陵安葬，但可安厝，不必更要寬廣。其棺椁等物，無得鐫刻花樣，務令堅固。仍令減省工作，給時服、緡錢、麻屨及公使錢，務令優足。又以密邇諸陵，神貴安静，其役徒不得輒令喧鬧及率衆唱號。當此暑熱，每至日中，各令憩歇。或風雨飄暴，亦須權停。諸陵松栢，無令傷動。兼慮此盛暑，少屋宇憩泊，速諭三司，以船運蔭蓆、竹竿三二萬數往彼。

二十五日，殯於萬安宮之西階。

〔二十八日〕〔一〕，命入内副都知藍繼宗、内殿崇班張繼能、三陵都監康仁遇、高品閻文度同監修園陵，步軍都虞候鄭誠爲都鈐轄，孫正辭副之。

二十九日，以宰臣王旦爲園陵使，翰林學士晁迥爲禮儀使，御史中丞王嗣宗爲儀仗使，工部侍郎魏庠爲鹵簿使，樞密直學士、權知開封府李濬爲橋道頓遞使。

〔七〕〔六〕月二十七日〔二〕，賜園陵大禮使宰臣王旦休假三日，禮儀使而下行事官各三日，應園陵行事官器帛有差。

章懿皇后陵

【宋會要】仁宗明道元年二月二十六日，宸妃李氏薨，攢塗於嘉

〔一〕二十八日：原脱，據本書禮三一之四六補。
〔二〕六月：原作「七月」，據本書禮三一之五二改。

慶院。三月十四日，葬于洪福禪院之西北隅。命翰林學士馮元攝鴻臚卿，與入内内侍省押班盧守懃〔一〕、上御藥張懷德監護葬事，三司使〔二〕、尚書兵部侍郎晏殊撰墓銘。

二年四月(十)五日〔三〕，詔中書門下曰：「朕哀制之中，未遑議政，皇太后謂朕曰：『宸妃早事先帝，尤推懿恭，膺降誕之 57 符，守謙冲之德。至于奉侍陵寢，聿周禫祥，歸奉母儀，克勤輔佐。興居合禮，言動有常。兩朝徽音，九御承憲。奄悲淪謝，俄歷歲華，權厝梵宫，未崇位號。當遵舊典，祇上尊名，别卜寢園，用光世範。況今(太)〔大〕行太后方議山陵，宜因兹時，式便修奉。』朕仰承慈旨，惕念劬勞，愴慕之懷，夙宵罔措，敢忘祇翼，以奉誨言！宜令中書門下依先朝追榮元德皇后禮典，追崇宸妃尊謚，位號，及營奉園陵。」

八日，詔大行皇太后山陵五使，修奉都監、總管〔四〕，並兼園陵之名。命翰林學士馮元議謚號，西京作坊副使張永和爲園陵按行使〔五〕。餘同章獻明肅皇太后。

十月五日，葬于永定陵之西北隅。

章獻明肅皇后陵

【宋會要】仁宗明道二年三月二十七日夜三皷，皇太后崩于寶慈殿，遷座于皇儀殿。遺詔曰：「園陵制度，務遵儉省，勉從吾志，勿事勞煩。」

三月三十日，詔(外)〔升〕園陵爲山陵，命宰臣呂夷簡爲山陵使，翰林學士盛度爲禮儀使，章得象爲儀仗使，權御史中丞蔡齊爲鹵簿使，權知開封府程琳爲橋道頓遞使，入内内侍押班盧守懃、右班副都知閻文應爲山陵按行使，東染院使岑守素爲山陵修奉都監，馬軍副都指揮使高繼勳爲山陵一行都總管〔六〕。守懃等亦兼領園陵之名。

四月十日，太常禮院言：「準詔同司天監詳定山陵制度。皇堂深五十七尺。神牆高七尺五 58 寸，四面各長六十五步。乳臺高一丈九尺，至南神門四十五步。鵲臺高二丈三尺，至乳臺四十五步。」詔下宫更不修蓋，餘依。石門一，合二段，長一丈二尺五寸，闊六尺，厚二尺。越額一，長一丈八尺，高四尺五寸，厚二尺五寸。直額一，長一丈八尺，闊四尺，厚二尺五寸。挾二，長一丈二尺，闊二尺五寸，厚二尺。門砧二，長五尺，闊二尺五寸，厚二尺。門砌三，闊、厚二尺二寸，長六尺，一長三尺。檻鏁柱一，長一丈三尺五寸〔七〕，闊二尺，厚一尺。漆燈盆一，座盆高四尺五寸，

〔一〕盧：原作「慮」，據本書禮三二之一五改。
〔二〕司：原作「宫」，據本書禮三二之一五改。
〔三〕五日：原作「十五日」，據《長編》卷一一二，宸妃追尊爲皇太后在六日，則授意中書之詔必在其前，今定作「五日」。參見本書禮三二之一五校記。
〔四〕總：原作「祕」，據本書禮三二之一五改。
〔五〕西：原作「四」，據本書禮三二之一六改。
〔六〕管：原作「等」，據本書禮三二之四改。
〔七〕寸：原作「尺」，據本書禮三二之五改。

徑三尺；座方二尺五寸，厚一尺。蠟燭臺一〔一〕，座高二尺，徑一尺五寸。宮人二，高八尺，闊二尺五寸〔二〕，厚二尺；土襯二，長四尺，闊三尺五寸，厚六寸；座二，長三尺五寸，闊三尺，厚八寸。文武官四，身高九尺五寸，闊二尺五寸，厚二尺；土襯四，各長四尺，闊三尺，厚六寸；座四，長三尺五寸，闊二尺五寸，厚八寸。羊四，高六尺五寸，闊六尺，厚二尺五寸；土襯四，長七尺，闊三尺五寸，厚六寸；座四，長六尺五寸，闊二尺五寸，厚八寸。虎四，高六尺五寸，闊五尺，厚三尺；土襯四，長六尺五寸，闊四尺，厚六寸；座四，長六尺，闊三尺五寸，厚八寸。馬二，長一丈，頭高六尺，厚三尺五寸；土襯四，長七尺五寸，闊四尺五寸，厚八寸；座二，長七尺，闊四尺，厚八寸。把馬官四〔三〕，高八尺五寸，闊二尺五寸，厚二尺〔四〕；土襯四，長五尺五寸，闊三尺，厚六寸；座四，長五尺，闊二尺五寸，厚八寸。望柱二，長一丈四尺，59 徑二尺五寸；土襯二，方四尺五寸，厚六寸；座二，方三尺。師子八，高六尺五寸，闊五尺，厚三尺；土襯八，長六尺五寸，闊五尺，厚六寸；座八，長六尺，闊四尺五寸，厚八寸。

十一日，小祥，羣臣入臨，釋服奉慰如儀。

十八日，山園使言：「往回程頓，欲依乾興例，自京至陵所十程，自陵所回京五程。」詔可。

二十七日，以宰臣張士遜爲山園使，御史中丞范諷爲鹵簿使。

五月十三日，賜内藏庫錢三十萬給山園用度。

十四日，禮儀使言：「準明德皇太后園陵禮例，儀仗二千三百三十四人，今山園欲如例。」詔可。

六月二十一日，司天監言，宜用十月五日丁丑時安葬吉〔五〕。詔可。

二十五日，賜山園役兵布背搭、手巾。

七月二日，太常禮院言：「山園合用花釵禮衣各一副，請下少府監修製。按乾興禮例，齋郎六十人攝挽郎行事，欲依明德皇太后園陵例不用。」並從之。

九日，太常寺言：「山園各排鹵簿儀仗，合用《導引》、《六州》、《十二時》歌詞六章〔六〕，請下學士撰，付寺教習。」從之。

〔八月〕十四日〔七〕，賜山園役兵、工匠、和顧百姓布袍、袴、頭巾、麻屨。

二十三日，太常禮院言：「山園發引長行所排吉凶儀仗，慮上路交雜，欲望至板橋合爲一處排列，前引莊懿皇太

〔一〕蠟燭臺：原作「臘燈燭臺」，據本書禮三三之二六改。
〔二〕寸：原作「尺」，據本書禮三二之五改。
〔三〕把：原脱，據本書禮三二之五補。
〔四〕尺：原作「寸」，據本書禮三二之五改。
〔五〕丑：原脱，據本書禮三二之八補。
〔六〕六：原作「樂」，據本書禮三二之八改。
〔七〕八月：原無，據本書禮三二之一〇補。

后靈駕先次進發，莊獻明肅皇太后靈駕以次進發。掩皇堂日，各於逐陵排列，候神主至宿頓幄殿，却合爲一處。次日進發，莊獻明肅皇太后神主先行，莊懿皇太后神主以次而行〔一〕。」詔依。

二十八日，禮儀使言：「將[60]來十月五日下事已前，各自丙地幄殿奉還梓宮至隧道前幄帳下，行事臣寮并諸色祗應人等並吉服，候莊懿皇〔太〕后掩皇堂畢，其服孝服者權改吉服立班。題神主畢，却服孝服。俟莊獻明肅皇太后掩皇堂畢，並改吉服。」詔依〔二〕。

九月四日，太常禮院言：「山園五使依乾興例，更不朝拜諸陵。將來靈駕發引，羣臣至板橋奉辭，次日西上閤門進名奉慰。掩皇堂畢，并神主到京，皇儀殿奉安訖，及祔廟禮畢〔三〕，羣臣並詣西上閤門進名奉慰訖，退。五使已下俟掩皇堂訖，進表奉慰。」並從之。

十月五日，葬永定陵之西北隅。

十日，虞主至京，羣臣奉迎于瓊林苑。帝服靴袍，導迎于皇儀殿門〔四〕，奉安于皇儀殿。有詔，賜山園五使休假三日，百官一日。

二十一日，德音：「兩京、畿内釋徒罪。應沿山園科率，並蠲復賦役。」

章惠皇太后陵

【宋會要】仁宗（明道）〔景祐〕三年十一月五日〔五〕，保慶皇太后上僊于保慶殿，遷殯于皇儀殿。

六日，命吏部侍郎、知樞密院事王隨爲園陵監護使，入内都知王惟忠爲園陵都監，入内押班劉從愿爲同都監，侍衛馬步軍副都指揮使鄭守忠爲修奉總管。仍令從愿往永安四陵側近按行園陵。

十一日，大斂，成服，羣臣奉慰。劉從愿言：「同司天監官按行到永定陵都俸地一段，堪充園陵。」詔可。

四年正月十三日，詔二月六日掩皇堂。

〔二月六日〕〔六〕，葬於永定陵之西北隅。

十七日，[61]德音：「兩京、畿内釋杖罪。應沿園陵應奉科率，並蠲復賦役。沿路道場看經僧道並賜紫衣。」

張皇后陵

【宋會要】明道二年十月三十日，詔故美人張氏追册爲皇后。天聖六年九月二十日薨，殯咸宜坊之別第，葬奉先〔院〕西

〔一〕懿：原作「獻」，據本書禮三二之一〇改。
〔二〕詔：原脱，據本書禮三二之一一補。
〔三〕祔：原作「附」，據本書禮三二之一一改。
〔四〕導：原作「遵」，據本書禮三二之一四改。
〔五〕景祐：原作「明道」，據《長編》卷一一九、《宋史·仁宗紀》二改。
〔六〕二月六日：原無，據本書禮三二之二七補。

北隅。

十一月十一日，詔遣内侍相視陵園地步，太常禮院詳定儀式以聞，務從簡儉。

十六日，命内園使、帶御器械岑守素管勾修葺陵園。

景祐(九)〔元〕年正月九日〔一〕，司天監言：「準詔，太常禮院定到陵臺制度，修展牆圍，移正門户，石作牆外據地步置棘園，獻堂安鴟尾，别無妨礙。興修年月，至乙亥年二月八日利便。」從之。

郭皇后陵

【宋會要】仁宗景祐二年十一月八日，金庭教主、冲静元師郭氏薨，治喪于嘉慶院。

二十五日，詔以后禮葬，太常禮院詳定儀式以聞。

二十九日，太常禮院言：「參詳故郭氏出葬日吉凶鹵簿儀仗，欲望比孝章皇后例，墳園陵臺依張皇后例。」

(十二月)〔三年正月〕十八日〔二〕，命知制誥丁度、内侍省内侍押班藍元用同護葬事，建陵臺於奉先院之東北隅。

温成皇后陵

【宋會要】仁宗至和元年正月八日，貴妃張氏薨，治喪于皇儀殿。

七月六日，詔以温成皇后舊宅立廟，參定四時享祀之制。太常禮院言：「檢詳國朝孝惠皇后，太祖嫡配，止即陵
62 所置祠殿以安神主，四時設常饌，無薦饗之禮。今宜就葬所立祠殿，參酌孝惠故事施行。仍請題葬所曰温成園。」復詔詳議以聞。禮院上言：「準詔就葬所立祠殿，請廟南設一門〔三〕，用二十四戟。其殿間室并石埳、神牆制度〔四〕，並乞依皇后廟一室制。」從之。

九月十日，太常禮院言：「葬所請稱温成皇后園陵。」從之。

二十五日，啓攢。

二十七日，詔監護使宰臣劉沆爲園陵監護使，石全彬、劉保信並園陵都監。先是，權御史中丞孫抃〔五〕、侍御史范師道、毋湜言：「劉沆既爲宰相，不當領監護使。」不報。翌日，有是命。後知諫院范鎮言：「臣伏見太常議温成皇后葬禮，前謂之『温成園』，後謂之『園陵』；宰臣劉沆前謂之『監護使』，後謂之『園陵使』。如聞此議，皆出於禮官，禮官前日是則今日非，今日是則前日非，必有一非於此矣。而朝廷略不加問，使中外之共惑之也。夫禮典素定而不可輕

〔一〕元年：原作「九年」。按景祐無九年，又後文提及「乙亥年」，而乙亥爲景祐二年，則此處當爲元年，因改。
〔二〕三年正月：原作「十二月」，據《長編》卷一一八改。
〔三〕請：原作「清」，據本書禮三三之五改。
〔四〕神牆：原作「神主」，據《太常因革禮》卷一〇〇改。
〔五〕中丞：原無，據本書禮三三之五補。

變者也，禮官議論異同如此，是爲禮官而以禮自舞者。古之法吏舞文，而今世禮官舞禮，若不加詰問，恐朝廷典章寖寖弛壞而不可救也。乞下臣章，問禮官前後同異狀，以正中外之惑。」不報。已而又奏[一]：「臣竊聞温成皇后壙中皆以鏤金爲飾，又爲錦繡、珠翠、金玉、衣服、什物，以備焚瘗者甚多。此等事於死有益，於生無損，猶爲不可，況於死無益而於生有損乎？今壙中之飾，已然之事，不可改已，其錦繡、珠翠[二]、金玉之物以備焚瘗者，願發明詔，一切停減，以代下 63 户租賦，非惟上益聖德，亦温成皇后遺惠之無窮也。」

慈聖光獻皇后陵

【宋會要】 神宗元豐(三)[二]年十月二十日[三]，太皇太后崩于慶壽宮。遺誥曰：「園陵制度，務遵儉省，勉從吾志，勿事煩勞。」

二十四日，命韓縝爲山陵按行使，昭宣使、入內副都知王中正副之。

二十五日，詔：「山陵修奉，深慮有司過有煩勞，枉費人力，不能仰承遺誥務遵儉省之意。可豫戒三司，斟酌轉移應付，毋得寬剩計置。除京西路轉運司自合供辦，其諸道非拋降，毋得妄有進助。」

二十六日，大殮，命宰臣王珪爲山陵使，判太常寺陳薦爲禮儀使，御史中丞李定爲儀仗使，知開封府錢藻爲橋道頓遞使，同判太常寺陳襄爲鹵簿使。後襄辭疾，以翰林學士蒲宗孟代之。又命入內副都知李憲爲山陵都大主管，入內東頭供奉官、寄六宅使宋用臣爲都大提舉修奉皇堂。

同日，太常禮院言：「昭憲明德皇太后故事內有年歲深遠，禮制不全，欲乞參詳，比類山、園陵案例申請施行。」從之。

二十七日，命權主管侍衛馬步軍司燕達爲山陵修奉總管，專總禁兵護役，宋用臣專令總役兵修奉，兩司毋得侵越。

十一月二十日，山陵按行使韓縝等言：「永昭陵北稍西地二百十步內，取方六十五步，可爲山陵。」詔依。又以陵域迫隘，問縝可與不可增展。縝言：「若增十步作七十五步爲陵域，合徵火相生及中五之數。」詔增十步。

三年 64 正月二十二日，詔：靈駕發引，行宮四面增差天成一指揮。

[一] 按，此目之文乃節録自本書禮三三，而禮三三之五同條無以下文字。經查，乃抄自《國朝諸臣奏議》卷九四范鎮《上仁宗論温成壙中不當以錦繡珠翠金玉備焚瘗》奏，上奏時間係於至和元年十月。此非《宋會要》之文。「已而又奏」四字乃《大典》編者所添。

[二] 珠：原脱，據《國朝諸臣奏議》卷九四補。

[三] 二年：原作「三年」，據本書禮三二之三〇、《宋史》卷二四二《后妃傳》上改。

二十六日，詔增差禁兵二百人守陵〔一〕。

三月六日，靈駕至陵所。

十日，葬于永昭陵。

二十五日，德音：「兩京、畿内、河陽減死刑，釋杖罪。沿山陵科率，蠲復賦役。應奉行事官量與恩澤。」

二十七日，詔六宅使宋用臣修皇堂有勞，於見寄使額上遷五資。

五月八日，宰臣王珪言，弟尚書職方郎官琉昨主管山陵使司牋表，乞推恩。詔以琉爲蔡河撥發。

宣仁聖烈皇后陵

【宋會要】元祐八年九月三日，太皇太后崩于崇慶宮之壽康殿。遺誥曰：「園陵制度，務遵儉省，勉從吾志，勿事煩勞。」

（八）〔九〕日〔二〕，命宰臣呂大防爲山陵使，户部尚書李清臣爲禮儀使，御史中丞李之純爲儀仗使，權兵部侍郎韓宗師爲鹵簿使，龍圖閣直學士、權知開封府錢勰爲橋道頓遞使，侍衛親軍步軍副都指揮使姚麟爲修奉山陵都護〔三〕，入内内侍省都知張茂則爲山陵都大管勾。

十四日，樞密院都承旨范純禮、入内内侍省押班梁惟簡奏：「臣等準勑差充太皇太后山陵按行使、副，未審陵園依慈聖光獻太皇太后陵作七十五步〔四〕，或只依故事以六十五步標定？」詔依慈聖光獻太皇太后封標。

十七日，詔曰：「朕恭以太皇太后保祖宗之基命，定社稷之永圖，德參二儀，功冠千古。今普天喪恃，四海同哀，雖築陵高於泰山，[65] 備禮殫於萬物，顧無以報，亦未爲多〔五〕。惟遵奉於訓言，益光昭於儉德，以對在天之盛烈，以揚愛物之遺仁。緣山陵非久修奉〔六〕，慮有司過有煩勞，枉費人力，不能仰承遺誥務遵儉省之意。其令尚書户部斟酌應副，毋得寬剩計置。除京西路轉運司自合供辦，其諸道非拋降，毋得妄有進助。咨爾中外，當體朕懷。」

十月七日，尚書户部郎中郭茂恂兼權京西路轉運使，應副山陵事務。

十一日，詔：「正任觀察使已上見無疾病者，宜令隨從靈駕至山陵，餘宗室、宗女、宗婦並特與免行。」

紹聖元年正月一日，羣臣及遼國使、副詣西上閤門進名奉慰。

五日，侍衛馬軍都虞候呂真充靈駕都總管。詔元豐庫支錢十萬緡，絹七萬匹，應奉山（林）〔陵〕支費。從户部請也。又詔賜山陵修奉兵士等特支錢有差。

〔一〕詔增：原脱，據本書禮三二之三九補。
〔二〕九日：原作「八日」，據本書禮三三之八改。
〔三〕「山陵」下原有「使」字，據本書禮三三之九删。
〔四〕未審陵園：原作「來審阮圍」，據本書禮三三之一〇改。
〔五〕爲：原作「惟」，據本書禮三三之一〇改。
〔六〕陵：原作「林」，據《范太史集》卷三〇改。

十八日，賜山陵修奉、提舉、採石官以下錢絹，修奉總管以下銀絹，各有差。

二十九日，山陵使司言：「虞主至京，入瓊林苑，依迎入右掖門例，量排香燈、腰輿、繖扇、細仗導引入苑。」從之。

同日，開封府言：「請依元豐三年慈聖光獻皇后掩皇堂，禁屠宰三日。」從之。

三十日，賜京西轉運司、西京、河陽、鄭州山陵應奉官銀絹有差。

〔三〕〔二〕月一日〔一〕，中書省言：「山陵使司奏，應緣山陵用度，欲依故事，差户部郎官郭茂恂、右通直郎呂由誠會計編録，具册以聞。」從之。

〔五〕〔七〕日〔二〕，葬于永厚陵，掩皇堂。

二十四日，山陵了畢，五使以下管勾等官祔廟畢，宰臣以下 66 應奉行事官，並賜器帛有差。兩該賜者從壹多給〔三〕。

欽聖憲肅皇后陵

【宋會要】徽宗建中靖國元年正月十三日夜，皇太后崩于慈德殿。翌日，召百官入班殿庭，尚書左僕射韓忠彥宣遺誥於殿之西階，曰：「園陵制度，務從儉省，勉從吾志，勿事煩勞。」

十五日，中書省言：「園陵修奉，深慮有司不能仰承遺誥務從儉省之意。」詔令户部並依往例，斟酌的確合用之物〔四〕，不得過有寬剩。除西京轉運司供辦外，不得於別路須索〔五〕。

十六日，詔曰：「恭以大行皇太后逮事英宗，輔佐神考，保佑先帝，遭國變故，首建大策，援立朕躬。艱難之初，暫同聽斷，月日未幾，遽欲復辟。朕固請不獲，勉徇慈旨。退處宸闈，遊心道妙，謙尊鮮儷，冲靜自居。惟功隆德鉅，福被天下，永言圖報，未知所從。今遺命陵號仍重有貶損，曷以仰酬慈德，以慰塞中外之望乎！可詔有司，易園陵曰山陵，餘恭依遺誥施行。」

同日，命尚書右僕射曾布爲山陵使，吏部尚書陸佃爲禮儀使，兵部侍郎何執中爲鹵簿使，吏部侍郎張舜民權儀仗使，給事中、兼權開封府温益權橋道頓遞使。舜民、益候差正官日罷。延福宮使、入内内侍省都知梁從政爲山陵修奉都監，龍神衛四廂都指揮使徐和爲山陵修奉總管，延福宮使、入内内侍省副都知馮世寧爲按行山陵使，入内内侍省押班閻安、入内内侍省東頭供奉官管勾御藥院閻守 67 懃並都大管勾山陵事。尚書都官郎中曾孝序、提調孳生馬

〔一〕二月：原作「三月」，誤，詳見本書禮三三之一九校記。
〔二〕七日：原作「五日」，據本書后妃一之四、《宋史》卷一八《哲宗紀》二改。
〔三〕多：原作「名」，據本書禮三三之二〇改。
〔四〕的確：原倒，據本書禮三三之二二乙。
〔五〕別：原脱，據本書禮三三之二二補。

監高偉並爲採石官。

二十五日，罷梁從政山陵修奉，以閻守懃爲山陵鈐轄，仍許往來照管。

二十七日，命權尚書刑部侍郎岑象求爲覆按山陵使，入内内侍省押班劉瑗副之。

二月五日，詔：「靈駕發引日，宗室節度使以上從行，餘悉免。」三省檢會故事，慈聖光獻皇后山陵，從者二十一人；宣仁聖烈皇后山陵從者六人。近以覃恩，正任員多，而節度使止六人，故有是詔。

二月八日，山陵按行使馮世寧言，得地于河南府永安縣鳳臺鄉，詔遣内侍齎圖示覆按所。

十三日，太常寺言：「大行皇太后山陵一行法物，欲依元豐二年慈聖光獻皇后山陵故事。」

十四日，太常寺言：「故事，葬先輕而後重，祭先重而後輕。追尊皇太后宜以五月六日寅時掩皇堂，大行皇太后宜以巳時掩皇堂〔一〕。」從之。

十九日，封山斬草。

二（日）〔十〕二日〔二〕，詔何執中入國日，令徐勣兼權兵部侍郎，充山園陵鹵簿使。

欽慈皇后陵〔三〕

（三月）〔建中靖國元年正月〕十八日〔四〕，太史局言：「園陵斥土宜用二月十九日，發引用四月十七日，大葬用五月六日。」從之。

二十日，詔皇堂視大行皇太后制度修奉。

二十七日，命權尚書刑部侍郎岑象求爲覆按山陵使，入内内侍省押班劉瑗副之。

四月五日〔五〕，啓菆宮，進大昇轝，發引赴多慶院，俟車駕親詣行禮訖，靈駕赴普安院權奉安。

同日〔六〕，詔以四月四日多慶院追尊皇太后啓菆，須慈德殿大行皇太68后啓菆禮畢乃可出。宜以五日啓菆宮，權赴多慶院宿頓，俟車駕行遣奠禮畢，赴普安院奉安。

二十七日〔七〕，奉安靈駕于永裕之下宮。

〔一〕皇太后：原作「太皇后」，據本書禮三三之二六乙。

〔二〕二十：原作「二日」，據本書禮三三之二六改。

〔三〕原無此題，原稿上條直接「三月十八日」條。然據本書禮三三之三六至四二，以下諸條乃欽慈皇后陵事。蓋原稿此處有脱文，脱去「欽聖憲肅皇后陵」之後半，「欽慈皇后陵」之前半，當是《永樂大典》已脱。今添入「欽慈皇后陵」一題，以示區分。雖其闕文已不可能復原，但本門之文本是節録自本書禮三三，是闕猶未闕也。

〔四〕建中靖國元年正月：原作「三月」，據本書禮三三之三六改。

〔五〕按，據本書禮三三之三六，此條實爲二月十三日之詔文。本爲擬行之計劃，《永樂大典》竟改爲已行之事，非是。

〔六〕按，據本書禮三三之三七，此條「詔以」以下亦爲《宋會要》「二月十三日」條内叙述之文，亦是未來之計劃。《永樂大典》編者不但作爲已行之事，且加「同日」二字，而上一條爲「四月五日」，則是四月五日詔令四月四日當作何事，荒唐之極！

〔七〕按，據本書禮三三之四二，此乃四月事。

同日，靈駕至陵所，羣臣奉慰。

五月六日，葬于永裕陵，掩皇堂，羣臣詣西上閤門奉慰。

欽成皇后陵

【宋會要】

徽宗崇寧元年二月十六日，聖瑞皇太妃朱氏薨。

十（七）〔八〕日㈠，命中書侍郎許將爲園陵監護使，延福宫使、入内内侍省都知馮世寧爲園陵都監，龍神衛四廂都指揮使張存爲園陵修奉總管，尚書禮部侍郎周常爲禮儀使，尚書兵部侍郎鄒浩爲儀仗使，尚書工部侍郎龔原爲鹵簿使㈡，尚書刑部侍郎杜常爲橋道頓遞使，將作監許幾爲提舉採石官。尚書祠部郎中王詔權尚書度支郎中兼京西路轉運使㈢，候園陵事畢還闕。

二十八日，太史局選到追尊皇太后斬草破地宜用四月六日庚寅吉，時宜用當日辰初四刻。先自皇堂下手，刻期趁辦大葬外，神門、（闕角）〔角闕〕等繼續修蓋。從之。

三月二十日，禮部言：「追尊皇太后園陵修奉所狀：『準尚書省劄子，今來園陵皇堂用四十五尺，依朝旨參酌增損丈尺等。其修砌皇堂地宫、鹿巷、厢壁、火口、土闇在四十五尺内，並依去年皇堂故例，開深六十九尺，打築六尺，的用六十三尺。』今來陰陽官胡晟等狀，依經法開掘五十三尺，打築八尺外，的用四十五尺。今來既用石地宫，若依修奉所狀内 69 事理，除别無典禮該載外，取到太史局狀：『看詳胡晟等狀内所定皇堂下深并填築丈尺，即别無妨礙。内看詳神牆高一丈，即未合經法。若用九尺或一丈一尺，及神臺等若依去年故例修製，各别無妨礙。』内參酌增損丈尺名件，即陰陽經書不載，若依所請，即無妨礙。又取到太常寺狀，勘會建中靖國元年園陵神牆用一丈三尺。」詔用一丈一尺，餘依修奉所申。

顯仁皇后園陵

【宋會要】

高宗皇帝紹興二十九年九月二十日，皇太后崩于慈寧宫之慈寧殿。

二十一日，文武百官赴慈寧殿聽宣皇太后遺誥，曰：「園陵制度，務從儉省，毋事煩勞。」

十月一日，禮部、太常寺言：「大行皇太后攢宫已依典故差按行使、副，檢照國朝典故，園陵並係祔葬，止差按行使，不曾差覆按。昨隆祐皇太后攢宫係創始營奉，及顯肅皇后攢宫係與徽宗皇帝同時遷奉，曾差覆按使，事體不同。今來大行皇太后攢宫合祔永祐陵，依典故自不合差覆按

㈠ 十八日：原作「十七日」，據本書禮三三之四四改。
㈡ 使：原脱，據本書禮三三之四四補。
㈢ 「祠部」下原有「侍」字，據本書禮三三之四四删。

使。」從之。以得旨令有司檢照典故，至是討論來上。

四日，太常寺討論大行皇太后攢宮合用典禮下項：

一、國朝典故，園陵皇堂、神臺下深丈尺不同，及園陵上宮合置四神門，南門乳臺、鵲臺、石作宮人等。今來止係修奉攢宮，欲並依昨昭慈聖獻皇后、顯肅皇后攢宮禮例修奉施行。

十二日，按行使葉義問等言：「今相視永祐陵顯 70 肅皇后攢殿正西有地一段，土色黄潤，林木榮盛，宜於此地安穴，堪充修製大行皇太后攢宮，即與國音并陰陽經書並無妨礙。今來永祐陵籬寨内，顯肅皇后神圍正西約一十九步以來，安立大行皇太后神圍，内安穴即無妨礙。所有顯肅皇后攢殿之西，分（擘）〔劈〕大行皇太后神圍外，除豁二十五步安立内籬寨。西外籬寨有三十五步，緣正西俯及居民行路并昭慈聖獻皇后攢宮司防守營寨，其元來西壁内籬寨至大籬寨封堠禁地七十九步，今來止有三十五步。所有增展四壁外籬寨，封堠禁地，更乞申明朝廷，下太常寺看詳施行。」本寺看詳，今若於永祐陵籬寨内顯肅皇后神圍正西按視到大行皇太后攢宮神圍地段，及增展西壁外籬寨、封堠地等，即於典禮別無妨礙。詔依。

同日，禮部、太常寺言：「太史局選到大行皇太后攢宮興工日分，宜用十月十八日戊辰吉，時用其日巳時八刻後丙時吉。又今來於攢宮興工，緣俯近昭慈聖獻皇后攢宮，依禮例合行奏告。」從之。

十八日，禮部、太常寺言：「攢宮橋道頓遞使董苹等言，躬親相視將來大行皇太后梓宮發引門户，太史局官供報狀并圖。一、甲方係國音福德利方，其地係在候潮門之南。看詳此路自水步至江次，經隔清水、渾水閘，地步稍遠，今來冬月，竊慮潮水不應。一、丙方係國音利方，無凶神，其地約在嘉會門左右。看詳此路至江道路稍 71 遠，兼窄狹迂曲，竊慮措置費力。一、乙方不係國音利方，無凶神，其地約在便門之南。看詳此路與今來橋道頓遞司畫到圖兩橋之間開城處相去不遠〔一〕，若令太史局官指定乙方地步，令橋道頓遞司、臨安府從便措置，開城取路，直至跨浦橋次，極爲快便。又緣太史局雖稱其方無凶神，又稱不係國音利方，有此疑慮。今議定所具三路互有利害，緣事干國音，合取自聖裁。」詔用乙方，令太史局日下標定地步，報橋道頓遞使司、臨安府措辦道路。

二十一日，大行皇太后攢宮修奉使司言：「檢照昨顯肅皇后攢〔宮〕故例，其石藏利害至重。緣二浙土薄地卑，易爲見水，若不預行措辦，竊慮水脈津潤，於久未便，輒別彩畫石藏圖子一本。雖功力倍增，恐可禦濕。本司欲依上件故例製造。」從之。

二十六日，禮部、太常寺言：「將來大行梓宮啓攢、發

〔一〕司：原稿本作「司」，又被點去，改作「使」，下文「司」字亦同。按作「司」是，此指官署，非指人，因改。

引、掩攢宮，太史局依奉聖旨，選到啓攢宜於十一月九日己丑，發引宜用十一月十八日戊戌，掩攢宜用十一月二十六日丙午，並用其日辰時八刻後巽時吉〔一〕。」詔大行皇太后發引用十一月十六日，其時刻令太史局選定，餘依本局所申。既而本局選定其日辰時八刻後巽時吉。以宰臣湯思退等奏：「臣等按《統元曆》，發引用十六日丙申吉。又謹按《太祖實録》，建隆二年六月皇太后崩，以丙申成服。《真宗國史》，至道三年十二月丙申，追尊帝母爲皇太后。並嘗用丙申日。」故也。

72 二十九日，詔：「梓宮舟船經由河道，近岸居民屋宇妨礙，時暫去拆及剪伐窠木去處，并攢宮修奉側近侵佔民田，令橋道頓遞使司、修奉使司優計價直，報都大監領所支錢給還。」

〔十一月〕二十六日〔二〕，顯仁皇太后梓宮掩攢。

二十七日，詔：「昭慈聖憲皇后永祐陵攢宮舊用『攢』字。《禮》『菆塗龍輴』〔三〕，『欑』音義一同。本朝明德皇后攢宮係用『欑』字，可令有司依本朝故事改正。」

十二月十八日，詔：「兩欑宮禁地內有遷去士庶墳冢、屋宇及收買士庶田産、山林地段，專委守臣同檢察宮陵所措置告諭，先令合干人估定實直，報檢察宮陵所，於慈寧宮兑便錢內倍數支還，當官給付。仍取人收領，毋令人吏乞覓搔擾。」

〔三十年正月〕二十八日〔四〕，宗正寺主簿、兼權太常丞吳曾等言：「太史局楊彦名狀：『檢照昭慈聖獻皇后欑宮指揮，禁地內有墳四所，令依舊；并永祐陵欑亦依昭慈聖獻皇后已得旨施行，小墳六所不曾改遷。今按視西北及東係是國音，一百一穴依經合行挑去。其餘七百四十六穴相去稍遠，崗壠遮映，欲依前項指揮與免挑移。』臣等今檢照故實，諸陵界內舊墳不許開。今欲依宮陵故實不許開之文。其西北一百一穴，臣等即非陰陽伎術之流，禮經不載，難以定奪。」詔依，餘一百一穴令紹興府更切相度，如係崗壠遮映，稍遠處亦免挑移。

四月二十三日，殿中侍御史汪澈言：「竊惟欑宮之地舊占百步，去冬新立四隅，四隅之內回環 73 不啻二十里，居民悉已遷徙，屋廬悉已毀撤，寸土尺木率歸於官，今皆爲禁地，而士庶丘墓錯雜其中。陰陽家流或謂盡宜挑去，以肅静陵域，且有內將外從、天柱天門、三男方位之説；或謂暫爲欑宮，不必挑去。是以致上貽聖慮，命臣躬親前去看定。臣遵奉睿訓，周視四隅，見得士庶墳塚元計九百三十八穴，除近已挑去一百七十二穴外，有七百六十六穴見存。竊以欑宮經今三十餘年，無有議其非者，今二十里之內乃云盡合挑移，始有紛紛之論。太史局各守其説，皆虛誕淫

〔一〕時吉：原倒，據文意乙。下文即作「時吉」。
〔二〕十一月：原無，據本書后妃一之五補。
〔三〕龍：原作「用」，據《禮記·檀弓上》改。
〔四〕三十年正月：原無，據《建炎要録》卷一八五補。下條亦三十年事。

誣，不可取信。臣請以史傳及祖宗故事明之。秦樗里子死，葬於渭南章臺之東，曰：『後百歲，是當有天子之宮夾我墓。』至漢興，長樂宮在其東，未央宮在其西，武庫正直其墓。且以天子之宮密邇，而當時不聞遷其墓也。以今觀之，一百七十二穴業已挑去而築塞之，無可奈何，而見存七百六十六穴，纍纍相望，雖山林掩蔽，而皆在禁地，若一旦悉令挑去，恐頓泄地氣，兼於人情有所未安。欲下紹興府，專委守臣出榜，備坐《宮陵儀制》內所載曉諭民間。如封界內舊墳有願遷出者，仰召保開説，經府自陳，令巡尉監視，聽其遷出。如不願者，仍舊。」從之。先是，知紹興府王師心稱根刷得欑宮四隅之內有墳冢通約一千餘處，太史局官李繼宗等互説不同，有詔令澈將帶兩次太史局按視人前去看定，至是來上。

憲聖慈烈皇后陵

【宋會要】74 慶元三年十一月六日，壽聖隆慈備福光祐太皇太后崩于慈福宮之慈福殿。遺誥曰：「陵寢制度，務從儉省，毋事煩勞。仍依顯仁皇后故事施行。」

七日，詔：「大行太皇太后陵寢，當遵遺誥，務從儉省。應營奉等費，並以慈福宮錢物支給，免侵有司經常之費。」

九日，禮部、太常寺言：「討論典故，園陵皇堂、神臺下深丈尺不同，上宮合置四神門，南門置乳、鵲臺、石作宮人等。今來係修奉欑宮，乞比附顯仁皇后體例施行。」從之。

十九日，詔：「皇堂內椁，可令有司用沙板隨宜修製。候將來掩皇堂時，先下椁底板，俟進(椁)〔梓〕宮於椁底板上定正訖，然後安下椁身。次將天盤囊網於椁上安設〔一〕。梓宮已有牙脚，止用平底。可就修奉欑宮處製造。」

二十三日，禮部、太常寺言：「大行太皇太后山陵，已差按行使，檢照顯仁皇后祔葬永祐陵典故，即不合差覆按。」從之。

十二月八日，修奉使司言：「今來修奉欑宮，並依顯仁皇后體例施行。所有皇堂石藏，省記得顯仁皇后石藏裏明長一丈四尺八寸八分，闊一丈三寸，深九尺。若依此鋪砌，竊恐至期安下神殺外椁，室分〔二〕窄狹，事屬利害。照得高宗皇帝石藏裏明長一丈六尺二寸，闊一丈六寸，深九尺，欲乞依上件丈尺修奉施行。」從之。

十七日，按行使、副錢象祖等言：「判太史局吳澤等狀：按行大行太皇太后神穴，係在永思陵正北偏西祔 75 欑。相視其地土肉黃潤，三男旺盛，秀氣所聚，委是高阜，依得昭穆次序，可以安建。」從之。

十九日，禮部、太常寺言：「今參酌禮例，條具：一、啓

〔一〕囊：原脱，據本書禮三四之二八補。
〔二〕室分：本書禮三四之二九作「空分」，似是。

欑發引，百僚並服初喪之服〔一〕。一、發引日，總護、頓遞使、都大主管就幄次朝辭〔二〕，餘並免。一、鼓吹、警場、挽郎，於發引前二日係總護、頓遞使同都大主管官、禮部、太常寺官就貢院按閱〔三〕。」並從之。

二十二日，禮部、太常寺言：「今來靈駕前所立重，乞依典禮，將來發引日捧擎至欑宮，令太史局選利方，至掩欑日埋瘞。」從之。

二十八日，按行使司言：「欑宮地段分立神圍，緣永思陵鋪屋窠木等有礙，乞行奏告去拆。」從之。

〔四年二月〕十一日〔四〕，詔將來靈駕發引，帥捧梓宮奉升大昇轝，又引梓宮即欑宮，攝少保復土九鍤，差權工部尚書錢象祖〔五〕。

（十二日）〔三月二十七日〕〔六〕，掩皇堂。（以上《永樂大典》卷八一九二）

〔一〕初：原作「將」，據本書禮三四之三〇改。
〔二〕管：原作「長」，據本書禮三四之三〇改。
〔三〕官：原作「言」，據本書禮三四之三〇改。
〔四〕四年二月：原無，據本書禮三四之三九補。
〔五〕「祖」下原有「按視」二字，據本書禮三四之三九删。
〔六〕按，禮三四無此條，乃《大典》所添，非《會要》文。三月二十七日：原稿作「十二日」，承前條則爲慶元四年二月十二日。按上條十一日云「將來靈駕發引」，不應次日便已「掩皇堂」。據《宋史》卷三七《寧宗紀》一、又卷一二三《禮志》二六均載：慶元四年三月二十七日甲子，憲聖慈烈皇后「權欑於永思陵」。謂入陵權殯畢，與此條云「掩皇堂」實爲一意。據此，「十二日」當作「三月二十七日」，因改。

宋會要輯稿　禮三八

守陵

【宋會要】 1 乾德四年，詔曰：「歷代帝王，或功濟生民，或道光史載，垂於祀典，厥惟舊章。兵興以來，日不暇給，有司廢職，因循曠墮〔一〕。或廟貌攸設，牲牷罔薦；或陵寢雖存，樵蘇靡禁。仄席興念，兹用惕然。其太昊、葬宛丘，在陳州。女媧、葬趙城縣東南，在晉州。炎帝、葬長沙，在潭州。黄帝、葬橋山，在坊州。顓頊、葬臨河縣，在澶州。高辛、葬濮陽頓丘城南，在澶州。唐堯、葬城陽穀林，在鄆州。虞舜、葬九疑山，在永州。夏禹、葬會稽，在越州。成湯、葬汾陰，在河中府。周文王、武王、並葬京兆咸陽縣。漢高祖、長陵。後漢世祖、原陵，在河南府洛陽縣。唐高祖、獻陵，在耀州三原縣東。太宗昭陵，在京兆醴泉縣北九嵕山。十六帝，各給守陵五户，蠲其他役，長吏春秋奉祀，他處有祠廟者亦如祭享〔二〕。商中宗太戊、葬大名内黄縣東南。高宗武丁、葬陳州西華縣北。周成王、康王、並葬京兆咸陽縣。漢文帝、霸陵，在京兆萬年縣東界。宣帝、杜陵，在京兆萬年縣東南。魏太祖、高平陵，在相州鄴縣西南。晉武帝、峻陽陵，在河南洛陽縣東南。後周太祖、成陵〔三〕，在耀州富平縣西北。隋高祖太陵，在鳳翔扶風縣東南。十帝，各給三户〔四〕，歲一饗。秦始皇帝、陵在京兆昭應縣。漢景帝、陽陵，在京兆咸陽縣界。武帝、茂陵，在京兆西平縣。後漢明帝、顯節陵，在河南洛陽縣東南。章帝、恭陵，在河南洛陽縣東南。魏文帝、首陽陵，在孟州首陽山。後魏孝文帝、長陵，在耀州富平縣東南。唐玄宗、泰陵，在同州蒲城縣東南。肅宗、建陵，在京兆醴泉縣。憲宗、景陵，在同州蒲城縣西北。宣宗、正陵，在耀州雲陽縣西北。梁太祖、宣陵，在河南伊闕縣東北。後唐莊宗、雍陵，在河南新安縣東。明宗、徽陵，在河南洛陽縣東北。晉高祖顯陵，在河南壽安縣西北。十五帝，各給二户，三年一祭。周桓王、葬河南澠池縣東北。靈王、葬河 2 南城西南柏亭西周山上。景王、葬河南洛陽縣（大）〔太〕倉中。威烈王、葬河南洛陽城中西北隅〔五〕。漢元帝、渭陵，在京兆咸陽縣。成帝、延陵，在京兆咸陽縣。哀帝〔六〕、義陵，在京兆咸陽縣。平帝、康陵，在京兆咸陽縣。後漢和帝、慎陵，在河南洛陽縣東南。殤帝、康陵，在慎陵塋中庚地。安帝、恭陵，在河南洛陽東北。順帝、憲陵。冲帝、懷陵。並在河南洛陽縣西北〔七〕。質帝、静陵，在河南洛陽縣東南。獻帝、禪陵，在懷州修武縣故濁鹿城西北。魏明帝、平陵，在河南河清縣大石山。高貴鄉公、葬河南洛陽縣瀍澗之濱。陳留王、葬相州鄴縣西。晉惠帝、太陽陵，在河南洛陽縣東南。懷帝、

〔一〕墮：原作「墜」，據《文獻通考》卷一〇三改。按「墮」通「惰」。
〔二〕如：《太常因革禮》卷八〇作「别」。
〔三〕成陵：原作「咸陵」，據《周書》卷二《文帝紀》下改。
〔四〕三：原作「二」，據《太常因革禮》卷八〇改。
〔五〕洛：原作「城」，據《宋大詔令集》卷一五六改。
〔六〕哀：原作「成」，據《宋大詔令集》卷一五六改。
〔七〕西北：原作「東西」，據《文獻通考》卷一二四改。

愍帝、並葬晉州平陽縣。西魏文帝、永陵，在耀州富平縣東南。東魏孝靖帝、葬相州鄴縣西漳水北。唐高宗、乾陵，在乾州奉天縣西北。中宗、定陵，在耀州富平縣西北。睿宗、橋陵，在同州蒲城縣西北。德宗、崇陵，在耀州雲陽縣北。順宗、豐陵，在耀州富平縣東北。穆宗、光陵，在同州蒲城縣北。敬宗〔一〕、莊陵，在耀州三原縣。文宗、章陵，在耀州富平縣西北。武宗、端陵，在耀州三原縣東。懿宗、簡陵，在耀州富平縣西北。僖宗、靖陵，在乾州奉天縣東北。昭宗、和陵，在河南緱氏縣。梁少帝、葬河南伊闕縣。後唐末帝，葬河南洛陽縣東北。已上三十八帝陵，常禁樵採，著于甲令。」其後又詔曾經開掘者，重製禮衣、常服、棺槨重葬焉。東晉以降，六朝陵寢多在金陵、丹陽之間，皆可考識，制書不載者，當時江左未平耳。

熙寧元年七月，知濮州韓鐸言：「堯陵在本州雷澤縣東穀林山，陵南有堯母慶都靈臺廟，請敕本州春秋致祭，置守陵户，免其租，俾奉灑掃。」詔給守陵五户。

三年六月九日，鄭州言：「准詔修葺嵩陵殿宇，緣材植闕乏，乞於元數内量行裁損。」詔依元制修葺。

四年四月二十五日，詔周嵩、慶、懿三陵栢子户止留七户，餘放歸農〔二〕。

十年二月十四日，權御史中丞鄧潤甫言：「訪聞 3 有興利之臣，議將前代帝王陵寢許民請射耕墾，而司農開可之，緣此，唐之諸陵悉見芟刈。國家熙寧令勑，前代帝王陵寢並禁樵採，遇郊祀則勑吏致祭，其德意可謂遠矣。小人掊克，不顧大體。使其所得不貲〔三〕，猶不可爲，況其所獲至淺鮮者哉！欲乞下所屬州縣，依舊禁止樵採、耕墾。其創議之人，亦乞根究紬責。」詔：「唐朝諸陵除依條立定禁止頃畝外，人户見佃地土許依元請射數耕佃〔四〕，仍便充守陵户。其未請佃地土，更不許請射及侵耕。仰州縣常切覺察。」

元豐六年正月十九日，户部言：「永興軍提舉司奏，本路自漢以來帝王陵廟多有損闕。乞將諸陵下閑地收歲入租課，令州縣專掌，遇陵廟屋宇隳弊，許以其錢修葺。仍以一路通融支費。」從之。

（建炎）〔景祐〕四年〔五〕，減栢子户。安陵、永昌、永熙各留四十户〔六〕，永定五十户，會聖宮十户。

修陵

【宋會要】

開寶三年九月六日，河南府、京兆、鳳翔府、耀州上

〔一〕敬宗：原作「恭宗」。按，此是宋人避諱改字，今回改。
〔二〕餘：原脱，據《長編》卷二二二補。
〔三〕貲：原作「訾」，據《長編》卷二八〇改。
〔四〕耕：原作「住」，據《長編》卷二八〇改。
〔五〕景祐：原作「建炎」，據《宋史》卷一二三《禮志》二六改。按，此條蓋《大典》抄《宋史》補入，而又誤寫年號。
〔六〕十：原脱，據《宋史》卷一二三《禮志》二六補。

言：「先准詔檢校歷代帝王陵寢，內周文王、成王、康王、秦始皇、漢高祖、文帝、景帝、武帝、元帝、成帝、哀帝、後魏孝文帝、西魏文帝、周太祖、文帝、唐高祖、太宗、中宗、肅宗、代宗、德宗、順宗、文宗、武宗、宣宗、懿宗、僖宗、昭宗二十八陵曾經開發。」詔每帝製造禮衣一襲〔一〕、常服一襲〔二〕，具棺椁重葬。仍令逐處長吏嚴潔致祭。其禮衣令太常禮院檢討逐朝制 4 度，下少府監修製。當用金寶，以假者代之。製成日，進呈後給付。并下太常禮院，各定儀注以聞。禮院請給通天冠、絳紗袍，詔少府監製造。

四年二月二十八日，詔：「先代帝王陵寢曾經開發者，已令重葬，所役丁夫，恐妨農務，宜以廂軍一千人代之。」

三月，詔：「先代帝王陵寢修創廟宇：太昊，陳州。炎帝，衡州。黃帝，坊州。高陽、澶州。高辛、宋州。唐堯、鄆州。虞舜，道州。女媧，晉州。商成湯，河中府。周文王、武王、漢高祖、並京兆府。後漢世祖、西京。唐高祖耀州。十四帝，各置守陵廟七户。商中宗帝大戊、大(明)〔名〕府。高宗帝武丁、陳州。周成王、康王、漢文帝、宣帝、並京兆府。西晉武帝、西京。後周太祖文帝、耀州。隋高祖、文帝、鳳翔府。秦始皇帝、漢景帝、並京兆府。後漢明帝、章帝、魏文帝、並西京。後魏孝文帝耀州。唐太宗、肅宗、並京兆府。明皇、同州。憲宗同州。宣宗、耀州。後唐莊宗、明宗、石晉高祖並西京。二十四帝，各置守陵廟五户。令逐州檢校掃洒，無得損污，歲添植林木。本縣尉鈐轄，或有損漏，晝時修補，得替批書曆子。」

真宗咸平元年十一月九日，詔歷代帝王陵廟有隳損處，所在計度修葺。

十二月十五日，詔太祖(廟)〔朝〕所修歷代帝王陵廟，常令修葺。

二年十一月七日，郊祀赦書：「五嶽四瀆、名山大川及歷代聖帝明王、忠臣烈士載於祀典者，(要)〔委〕所在精潔致祭，近祠廟陵寢處並禁樵採。如祠廟損壞，長吏躬親點檢，以係省錢修飾，州縣檢校。」自後東封、西祀、聖祖降、恭謝天書、禘祫享明堂、立皇太子、皇帝即位 5 赦文，並用此制。

三年六月，遣內殿崇班麥守恩往保州，奉順祖惠元皇帝、惠明皇后、簡穆皇后神柩於西京白馬寺，選年奉葬，歲時遣官饗奠。

六年，太常議順祖康陵、翼祖定陵，比安陵減省。景德二年，詔從中書門下、樞密院所言，令藍繼宗罷修，遂以一品禮葬，爲二位。

景德元年十月二日，詔：「應前代帝王陵寢及名臣賢士、義夫節婦墳隴，並禁樵採，如有摧毀，官爲修築。無主墳墓碑碣、石獸之類，敢有壞者，論如律。(乃)〔仍〕每歲之

〔一〕襲：原作「幅」，按衣不能稱「幅」。《長編》卷一一此文作「法服、常服各一襲」（「法服」即此處所謂「禮衣」，《文獻通考》作「袞冕服」），據改。

〔二〕常：原作「帝」，據《長編》卷一一、《文獻通考》卷一〇三改。

首，所在舉行此詔。」

大中祥符四年七月二日，詔：「歷代帝王陵寢，申禁樵採，犯者所在官司並論其罪。」

五年八月二日，詔河中府，周朝葬冠劍處，委本府修築，禁其樵採。仍令翰林學士李宗諤撰記刊石。

嘉祐八年十二月十二日，仁宗神主祔廟德音：「兩京前代帝王陵寢及忠臣烈士墳域載圖經者，有壞，速以係省錢修葺，無令侵佔耕墾所禁樵採地分。」治平四年九月，英宗神主祔廟德音亦同。

建炎元年五月一日赦：「應永安軍祖宗陵寢、西京應天禪院、會聖宮影殿、西墳可差西京留守及臺官一員日下前去躬親省視，如合修奉去處，一面措置，仍密具奏聞。南墳委汝州守臣依此。」又詔河南府鎮撫使翟興團結本處義兵〔一〕，保護祖宗陵寢。

禁發陵〔二〕

大中祥符六年六月十四日，河南府言盜發漢睿陵。詔6府縣官吏、巡檢使臣並劾其罪。仍以所盜物計其直，修設齋醮，別造衣冠、明器安葬〔三〕，命内侍主其事。仍遣知制誥劉筠詣陵祭告。因下詔曰：「眷惟前代崇建寢園，凡在部封，宜增嚴衛。矧屢頒於條詔，俾申禁於樵蘇。尚或因循，致茲侵暴。特加告諭，用示軫懷。應京東、京西、河東、陝西、淮南、江南、兩浙、荆湖南北路，有歷代帝王陵寢之處，依景德元年勑禁止樵採，不得侵耕、發掘，違者收捕嚴斷。」（以上《永樂大典》卷八一九八）

〔一〕團：原作「國」，據本書禮三九之一一、《三朝北盟會編》卷一〇三改。
〔二〕禁發陵：此目原標作「發陵」，今據内容補一「禁」字。
〔三〕明：原作「盟」，據《長編》卷九〇改。

宋會要輯稿　禮三九

拜掃

【宋會要】

1真宗景德四年二月四日，車駕朝陵，駐蹕西京，詔隨駕文武臣僚有先塋在洛者，賜告祭拜。其掌事有二員者，令更代而往。

大中祥符四年三月十六日，車駕幸汾陰迴，駐蹕西京，詔文武百官有先塋在近者，並給假拜掃。

六年四月十七日，侍御史知雜段煇言：「羣臣外任官滿，多以焚黄省親爲名，奏牘不待報而去，有累月不赴朝請者，望行條約。」詔自今請半月者聽行，半月以上奏裁。

仁宗慶曆五年三月四日，權御史中丞王拱辰言：「昨經郊禮，蒙恩贈先臣姚官封〔一〕。今遇寒節，欲暫乞假，至尉氏縣焚黄洒掃，節假中却回，暫帶本臺人從隨行。」從之。

皇祐三年九月二十日，翰林學士、兼端明殿學士、翰林侍讀學士李淑言：「亡父先臣若谷墳在河南緱氏縣，今緣孟冬在前，欲乞假〔往〕彼祭掃。」從之。

英宗治平二年二月二十九日，天章閣待制司馬光言：「父母墳墓在陝州夏縣，久不展省，欲乞給假拜掃及焚黄。」從之。

徽宗建中靖國元年二月二十六日，資政殿大學士、提舉中太一宫、兼集禧觀公事黄履〔乞〕給假，暫歸邵武軍展省墳墓。詔令差護卒百人，逐州交替。

高宗紹興九年三月二日，光山軍承宣使、樞密副都〔丞〕〔承〕旨、充金國報謝副使錢愐言：「先臣墳墓在鎮江府丹徒縣，去城不遠，欲望許候使回日，就便前去展省。」從之。

二十五年二月六日，少傅、觀文2殿大學士、充萬壽觀使〔二〕、兼侍讀、提舉祕書省、嘉國公秦熺言：「自蒙擢用以來，未曾展省祖塋，兼臣父有累次封贈三代告，未經焚黄。即目未是開講日分，於職事別無相妨，望給假，量帶人從前去。」詔依，令兩浙、江東轉運司往來應副。

孝宗乾道三年閏七月十一日，持服夏執中言：「安恭皇〔右〕〔后〕掩攢已畢，每遇十月旦并寒食節，乞躬率弟姪并本家内外異姓親屬官、命婦等，詣攢殿燒香。已後節序及因事經過，亦乞徑報宫陵所入詣燒香，庶伸時思追慕之誠。」從之。

淳熙七年三月二十二日，皇子魏王府承受鄧從義言：「得旨，魏王靈櫬就紹興府攢厝，將來如遇本府詣攢所燒香，合用人轎、船隻、般擔人夫及應辦物色等，乞令臨安府

〔一〕姚：按王拱辰父名代恕，見王珪《華陽集》卷三一、歐陽修《歐陽文忠公集》卷二七，此「姚」字疑是「代恕」之誤。

〔二〕壽：原脱，據《建炎要録》卷一六八補。

并紹興府差撥，應辦往回。」從之。

紹熙二年九月十七日，詔韋珪每遇忌辰、四時令節，歸家拜掃，祀畢歸任。今後寒食、至節令歸拜掃，不得過五日。以宰執呈韋璞乞免主管顯仁皇后家廟，上曰：「韋德、韋璞自是難同處，恐韋珪以時節拜掃爲名，要歸本家。」故有是命。（以上《永樂大典》卷一一五八五）

命公卿巡陵

【宋會要】

3 遣官朝拜諸陵。國朝之制，每歲春、秋仲月擇日，遣太常、宗正卿朝拜祖宗及后陵。先齋三日，牲用少牢一獻，國初安陵以太牢奉祠。服本品祭服，唐禮具本品鹵簿，乘輅，後寢。奉御書祝版，逐陵復上起居表。其儀：祭日質明，禮生引奉禮先升奉幣，次卿詣褥位，解劍脱履，升，捧幣跪奠訖，再拜，降復位。次詣罍洗訖，升詣神座前，執爵奠酒，俛伏，興。俟太祝讀文訖，再拜，降階，佩劍納履。（位）〔次〕禮生拜，在位皆再拜。詣焚版幣位，東向，俟焚火半，退。次詣諸陵奉行，皆如儀。後以卿闕，分遣宗正寺、太常禮官、常參官行事。

太祖建隆二年八月六日，以昭憲皇太后在殯，權罷朝拜。

乾德三年九月二十一日，命内人詣鞏縣安陵薦寒衣，遂爲定式。自是寒食亦往。

太宗雍熙二年五月，宗正少卿趙安易言：「臣奉詔朝拜安陵、永昌陵，有司止設酒、脯、香及芟除斧，以未明行事，不設燎燭。又先永昌陵而後安陵，又帝、后二位不徧拜，尤爲闕禮。望下有司討論典禮，以立永制。」

六月二十日，太常禮院言：「準詔檢討公卿朝陵儀注，並不載祭器、禮料〔一〕、祝版明文。今除檢到《開寶禮》公卿行諸陵儀注外，皇帝拜陵即設太牢之饌，宗正行諸陵並無牲牢之饌。今請於太廟薦饗禮例中量事裁減，除不設甑、鍘，牙盤食及太常登歌，及太牢依近例以羊豕代外，餘悉如
4 之。祝文令學士修撰，幄幕、牀榻並令河南府供給。朝拜日，有司預於陵南百步道東設次，具剪除利器，以備灑掃。設宗正卿拜位於兆門外之左，西嚮。又設陵官位於卿之東南，執事官又於其南，俱西嚮北上。設祭器〔二〕、禮料〔三〕、酒饌於兆門内。宗正卿以下各就位，再拜，盥手，奠酒，讀祝册，再拜。安陵奠兩爵，諸陵止一爵。其應灑掃芟除，隨事處分。先赴安陵，次永昌、孝明、孝惠、懿德、淑德皇后陵。又按《唐會要》，每陵支輅兩乘，送之陵所。以卿出城日如常儀，巡謁陵寢率皆乘輅。今朝拜皆攝宗正卿，

〔一〕料：原作「例」，據《宋史》卷一二三《禮志》二六改。
〔二〕祭：原脱，據《宋史》卷一二三《禮志》二六補。
〔三〕料：原作「例」，據《宋史》卷一二三《禮志》二六改。

合用三品鹵簿，如具車輅巡謁，即請用本品朝服、祭服行事。」詔從之。惟不設儀仗，以公服行事。

真宗景德三年五月八日，知制誥周起言：「昨差諸陵奏告，竊見祭器腐壞，欲乞據典禮別造送陵司，以備薦享陳獻者擇方位埋瘞，貴免褻瀆。」詔太常禮院施行。禮院言：「雍熙二年敕，每陵設籩、豆各十二，簠、簋各四，樽、坫、罍、洗、篚、冪、巾、杓、酒爵及祭器牙盤各一，乞下少府監製造供應。」從之。

二十一日，詔：「應臣僚詣陵朝拜者，並於闕庭前下馬，候門開入宮朝拜。」

九月二十五日，詔諸陵置朝拜行事官齋宮〔一〕。

四年九月二日，詔：「如聞諸陵使、副常遣人出入兆域芟薙草木，神道貴静，甚非便也。自今令遵典故，每歲春秋二仲巡陵，春除枯朽，秋芟繁蕪，自餘非時薙翦悉罷之。」

大中祥符三年三月二十三日，駙馬都尉李遵勗請朝拜諸陵，從之。

四年 5 六月二十一日，太常禮院上春秋二仲遣官朝拜諸陵儀注，始令前三日致齋，前一日省牲、習儀，以祭服行事。

九月十四日，詔：「臣僚朝陵所供猪、羊，預於西京置辦，令宗正寺職掌供應。自京給法酒四斗，隨祝匣齎往，務令精潔。」

十月十八日，詔：「寒食初冬，宮人上陵，在路所須之物皆預定數，蓋防擾民。如聞宗〔屋〕〔室〕諸宮歲遣人省墳，所歷州縣過有須索，可切戒之。」

五年九月二十四日，權判宗正寺趙可封言：「朝拜諸陵，西京所供禮料有虧嚴潔，自今望令本府官逐色印封，送祠所。又宗正卿、太祝、奉禮祭服皆少府監旋齎往，望以三副給陵臺令收掌，至時就供。」從之。

六年十二月十七日，權判宗正寺趙世長言：「朝拜十二陵，西京供香粗惡，自今望於内侍省請降真香，遣吏齎送供應。」從之。

七年三月二日，權判宗正寺趙可封言：「朝拜諸陵，點饌後宰牲饌食分送十二陵，本縣遣貧下户以竹擔籠分貯，甚非嚴潔。自今望永安縣置黑漆食櫃十二及鎖鑰，逐陵委守陵使臣封鎖陳設，其舁櫃人以奉先兵士。」從之。

八年十月十三日，詔：「每年寒食首冬，內人及諸宮院遣人赴永熙陵、汝州諸墳洒掃，薦寒衣，逐驛供給頗擾。宜令入内内侍省及諸宮院具所差人數，合破料例，逐頓所供報樞密院，並令自京用車乘齎所費物隨行供給，不得更令逐驛供備。」

十一月十四日，宗正卿趙安仁言：「每歲遣宗正寺官一員致 6 齋三日，具冠劍、祭服朝十二陵，依次行禮。往復百餘里，諸司奔走祇應，多致疲乏。欲望自今令攝宗正

〔一〕宮：原作「告」，據《長編》卷六四改。

卿一員詣永安、永昌、永熙三陵行禮，別命官二員分拜諸陵，庶盡恭恪。又皇帝表三通及御名祝版，盛以漆匣，令驛遞卒擡〔昇〕〔舁〕，未合禮典。請別制長竿檐牀二〔付〕〔副〕以代漆匣，遣寬衣軍士三十二人分番〔昇〕〔舁〕送陵下。」並從之。

九年二月三日，宗正寺言陵廟行禮，闕官應奉。宰臣王旦言：「按令文，宗正卿一員，少卿、丞各二員，主簿一員。今除趙安仁兼卿、趙世長權判寺外，合添差四員，請於京朝官中選宗姓者充。」從之。

十日，詔：「如聞寒食初冬，內人、宮院詣永熙陵洒掃祭奠，驛舍供給，頗至煩擾。自今不得更然，違者坐之。」

八月九日，中書門下言：「仲秋差官朝拜諸陵，朝臣少宗姓者，京官雖有，近陳仲易言，以官輕不可任事，欲且差知雜侍御史趙稹〔一〕。」帝曰：「知雜御史出外，與府縣官相見，官儀甚盛，非便。」乃遣以次官。

天〔僖〕〔禧〕二年七月，宗正寺言：「仲秋遣官朝陵，先準敕差給舍已上，重其祀事。承前曾差侍御史趙湘，今來趨朝，在寺並無朝官，止有京官趙武。」詔武攝宗正丞行事。

四年四月二日，翰林學士錢惟演上言〔二〕：「伏以春秋朝陵，載於舊式，公卿親往，蓋表至恭。歷代以來，國章斯在〔三〕。謹按唐顯慶五年，詔以每年二時，太常少卿分朝諸陵，事重人輕，威儀有闕，乃詔三公行事，太常爲副，仍用鹵簿。及天寶以後，雖罷鹵簿，亦詔 7 巡謁諸陵差三公一人，蓋取朝廷大臣，不必須同國姓。後唐參用太常、宗正卿，晉開運中亦命吏部侍郎李祥〔四〕，其例甚多。竊覩近年以來，止於宗正寺差主判官，人輕官卑，實虧舊制。伏望自今命尚書丞郎及諸司三品，或遇闕官，則命兩省給舍。所冀副陛下至孝之心，成國朝稽古之美〔五〕。」詔太常禮院詳定以聞。禮院言：「歷代行陵，累有沿革，先期制禮，自著明文。謹按《開寶通禮》，云舊禮三公行諸陵，太常卿爲副。今相承命太常、宗正卿，不遣三公。竊詳近制，允叶通規，斯謂不刊，詎可輕議？又大中祥符八年十一月敕：『自今三陵令攝宗正卿一員行禮外，別差官二員分拜諸陵。』請自今三陵依《開寶通禮》差太常、宗正卿行禮，如闕其人，則命尚書省五品以上或〔太〕〔大〕卿監攝事。其分拜諸陵官二員，命郎中以上，或清望官。」從之。

仁宗天聖六年十一月九日，詔：「永安知縣、監押及使臣、簿尉等，每月朔望朝陵，常五鼓離縣，辰時方迴。本縣有倉庫駐泊兵，慮失防護，自今止令知縣、監押一員朝拜。」

七年七月，詔太常禮院：「自今朝拜諸陵，御香、祝版委差去官鈐轄，職掌人躬親管押，沿路嚴潔安置，無令擡擎

〔一〕稹：原作「積」，據《宋史》卷二八八《趙稹傳》改。
〔二〕惟：原作「維」，據《宋史》卷一二三《禮志》二六改。
〔三〕斯在：原脱，據《長編》卷九五補。
〔四〕祥：原作「詳」，據《長編》卷九五改。
〔五〕美：原作「制」，據《長編》卷九五改。

人瀆慢。」

明道二年五月八日，詔每年寒食，遣皇族正刺史已上一員朝拜諸陵。

景祐元年九月七日，詔：「初冬，諸陵舊遣内人往彼，今後依寒食例，亦令皇族正刺史已上一員朝拜。」

十一月二十五日，職方員外郎張保[8]之言：「今後祭告諸陵官，請借奉先兵士當直，香合乞同祝版抍前去〔一〕，及修葺齋宮。」詔當直兵士七人，齋宮破省錢修葺，餘依奏。

五年九月一日，臣僚上言：「春秋朝陵，香合、祝版差天武官擡擎，例各羸老。今後差近上軍分少壯兵士，借儀注衣服。又永昌、永熙陵十二位，添猪、羊各一。」詔香合、祝版差遞鋪擡擎，宗正寺職掌請領儀注衣服，管押陵所與擡擎兵士裝着，至永安交割與奉先兵士。餘依奏。

慶曆二年閏九月十二日，詔今後諸陵通遣宗室遥郡刺史以上朝拜。

三年，又詔寒節、初冬差内諸司使副一人。三年一次遇寒節或初冬，乃令内人往。

皇祐三年六月九日，詔：「春秋朝陵，遣宗正寺官一員往，仍省視禮料，察行事之違失者。其擡擎祝版遞鋪兵士，令請儀仗衣帽，候至陵所一鋪裝着，毋致瀆慢。」

至和元年七月二十四日，詔：「自今遣官朝拜安陵昭憲皇后，如四陵之制，設祝版，幣帛及御封香，其牲牢則依太廟同室之禮。」先是，朝拜儀，諸陵止奠一爵，而安陵奠兩爵，兩贊再拜，但祭饌不兼設。而言者乃云昭憲皇后以合葬永安陵不及時祭，故下是詔。

嘉祐三年五月二十六日，屯田員外郎王覺言：「歲時差官朝饗，先務遊宴，然後行禮，不至齋肅。乞差官赴陵寢，預行誡勵。」詔太常禮院，今後每遇差官往復，先行誡勵，不得先務遊樂，務要端肅。

四年二月五日，詔：「今後皇親朝拜諸陵，不得遊宴爲樂，府[9]縣不得差樂人迎候。」

八年英宗即位未改元。七月五日，詔停八月朝拜諸陵，如乾興故事。以仁宗山陵逼近故也。

英宗治平元年二月二十七日，同判大宗正事、安國公從古言：「準詔朝拜永昭諸陵，乞許男世端隨行。」從之。(已)〔以〕上《國朝會要》。

神宗治平四年即位未改元。十一月二十五日，詔：「今後文臣大兩省、武臣閤門使已上經過陵下，並許朝拜。」

熙寧三年正月二十一日，駙馬都尉王詵言：「寒食節乞詣永安縣朝拜祖宗諸陵。」從之，仍令張敦禮同往。

九年五月九日，詔：「自今諸陵朝拜官，每歲一次於宗正寺、太常禮院官内輪差一員充，仍令因便點檢諸陵器物及應不如法事施行。」

十四日，同知太常禮院林希言：「伏見故事，遣官朝拜

〔一〕抍：此字同「昇」，訓「給予」，與此處文意不合，疑當作「舁」，意爲擡、舉。

諸陵，宣祖、太祖、太宗三陵共遣官一員，真宗及章獻、章懿、章惠三后陵共遣官一員，並以太常、宗正卿充。孝明皇后已下九陵，別遣郎中或清望官二員分拜。太常、宗正卿或闕，即以尚書省四品、兩省五品以上或大卿監〔一〕。又闕，即差以次官。仁宗時，獨永定陵輪差宗正寺及太常禮院官一員，春秋朝享，仍令點檢祠事，以陵臺令陪位。若非時祭告，即止差朝臣。自永昭、永厚二陵復土之後，審官院依諸陵例增差朝臣二員而已。又凡陵宮陳設執事之人，並隸宗正寺及太常寺、禮院，逐時所差朝臣暫令統攝，例多惰慢〔二〕，諸陵祭器、祭服多已損敝，因循久不脩繕。臣以謂方今永厚陵宜如先朝奉永定 10 陵故事，輪差宗正寺及太常禮院官，遍至諸陵點閱祠事，有不如法，按舉施行。行事日，仍以陵臺令陪位。若遇非時祭告，則自如舊例，差朝臣以往。」從之。

元豐三年閏九月十一日，命雍王顥十月朔朝拜慈聖光獻皇太后山陵。

五年六月十八日，詔：「自今臣僚朝拜諸陵，除見任、前任執政官許進湯，餘止奠獻、薦新，不特拜。」

六年二月十六日，詔：「朝拜諸陵，自今各差官，太常寺輪長貳，餘以宗室遙郡防禦使輪充。」以太常博士何洵直言「熙寧祀儀，三陵共差朝拜官一員分拜，非是」故也。

五月七日，詔：「內人朝陵，諸陵使臣毋得差伎樂迎。著《西京令》。」

徽宗政和六年六月二九日〔三〕，中書舍人宇文黃中言：「奉勑爲皇太子納妃，遣臣奏告永裕等陵。因朝謁永裕陵，體問得本陵隄堰正在玉案、覆金山北，每遇有大雨，山川水奔注隄下，須藉命官部轄兵級日夜護固。今夏秋之交，霖潦不時，本陵封地闊遠，雖有巡檢，終慮照管不前。欲望聖慈下總轄司契勘，若未差官，乞早令差往，限日催促赴任。伏乞特降睿旨施行。」從之。

宣和五年六月二十日，臣僚言：「竊見朝廷每有慶事，差侍從官奏告祖宗諸陵，其間有重疊被差，有終身不一到者。欲乞今後初除從官，未曾經差過事，輪差一次，使擢登從列之人得徧詣陵下，以展朝謁之禮，因以瞻仰山川形勢之勝，實臣子之願幸也。」從之。〔已〕〔以〕上《續國朝會要》。

高宗建炎元年五月一日赦：11「應永安軍祖宗陵寢、西京應天禪院、會聖宮影殿、西墳，可差西京留守及臺臣一員〔四〕，日下前去躬親省視，如有合修奉去處，一面措置，仍密具奏聞。南墳委汝州守臣依此。」

三日，詔鄜延路副總管劉光世充省視陵寢使。

八日，詔河南府鎮撫使翟興團結本處義兵，保護祖宗

〔一〕大：原無，據《長編》卷二七五補。
〔二〕惰：厚作「情」，據《長編》卷二七五改。
〔三〕二九日：有誤。按《宋史》卷二一《徽宗紀》三，皇太子納妃在六月二十一日癸未，告陵應在此前，「二九日」疑當作「十九日」。
〔四〕西：原無，據本書禮三八之五、《宋史》卷一二三《禮志》二六補。

陵寢。

十二月三十日，太常寺行司言：「依令，大宗正司差宗室遥郡團練使以上薦獻諸陵，近以闕官，被旨就差諸陵官行禮。所有來年仲春薦獻諸陵，乞依上件體例。其合用香、表，令學士院、入内内侍省預先取降，付東京太常寺，差人賫付諸陵。」從之。時巡幸維揚故也。

四年六月十一日，詔令禮部給降度牒一百道，充祭告諸陵禮料使用。令河南府鎮撫使翟興差來人同表文附帶前去。表文曰：「自頃風塵弗静，九廟播遷，道路多虞，兩京隔闊。乃眷宗祧之奉，既闕於烝嘗；永懷弓劍之藏，孰呵於樵牧！載省艱難之責，徒深祇栗之懷。惟人久厭兵，庶天將悔禍。保貽謀之業，期終返於京都；成復古之功，冀克隆於世祀。威靈如在，瞻慕敢忘！」

七月二十一日，詔樞密院准備差使程實賫御香、祝版詣祖宗諸陵致祭。

紹興元年六月二十九日，太常寺言：「檢會《國朝會要》明德皇后故事，掩攢前一日，皇帝詣攢宫行朝拜之禮。自京城至攢宫，地步不遠。今昭慈獻烈皇太后掩攢宫在越州會稽縣，緣道路相去遥遠，兼涉舟楫，若車駕親詣，即一日之【12】内難以往回。〔今〕參酌，欲依四孟朝獻禮例，差宰執一員，前一日赴攢宫泰寧寺宿齋，至日行朝拜之禮。」詔命同知樞密院李回行禮，入内内侍省取降御封香一合，學士院撰寫表文一通，述以昭慈獻烈皇后掩攢，遣官朝拜之意。越州差太祝一員，以文臣有出身人充，攢宫都監依禮例許令陪位，供養牙盤食、酒菓一位。大祥亦同此儀，命開府儀同三司、醴泉觀使、信安郡王孟忠厚行禮。

九月十四日，起居郎陳與義言：「陛下躬履艱運，駐蹕東南，列聖陵邑，遠在洛師。顧瞻山川，未得時省，雖欲遣使，道路不通，聖懷惟日憤慨。近聞道路少通，差易前日，願詔執事，每半年擇遣使臣兩員，往省諸陵。」詔令樞密院每半年差使臣兩員前去。

二年三月十五日，知紹興府張守言：「頃〔常〕〔嘗〕備位政府，今叨領藩符，伏覩昭慈獻烈皇后攢宫近在本府界，望許至攢宫朝謁。」從之。自是守臣皆從其請。

三年正月二十四日，禮部、太常寺言：「春秋二仲薦獻諸陵，乞於行在法惠寺設位，望祭行禮。」從之。自是每歲薦獻，率循此制。

五月三日，詔令户部支金一百兩，付河南府鎮撫使司幹辦公事任直清附帶前去，充祭告永安軍諸陵〔一〕。

八月二十二日，皇叔祖判〔太〕〔大〕宗正事、嗣濮王仲湜言：「昨權行宗正司令時每季檢察昭慈獻烈皇后攢宫，未審合與不合依例前去？」詔許之。舊例，命嗣濮王檢察，仲湜以初除，故申審焉。其後並循此例，緩【13】急疾故，以次官充代。

〔一〕「諸陵」下，《建炎要録》卷六五有「之費」二字。

四年九月二十日，醴泉觀使、信安郡王孟忠厚請詣紹興府昭慈聖獻皇后攢宮燒香，從之。

九年正月七日，上謂輔臣曰：「祖宗陵寢久淪僞域，今金國既割還故地，便當遣宗室使相與臣僚前去修奉掃洒。」尋命同判大宗正士㒟、兵部侍郎張燾前去河南府祇謁，修奉陵寢。

六月三日，太常丞梁仲敏等言：「春秋二仲，遣宗室遥郡防禦使薦獻諸陵，太常少卿薦獻永祐陵，權宜於行在設位行禮。今道路既通，望依舊制遣官前詣。」詔令西京留守司，候仲秋就便選官前詣諸陵薦獻。

二十一日，上謂輔臣曰：「祇謁陵寢使士㒟、張燾回，言諸陵下石澗水，自兵興以來涸竭幾十五年。二使到日，水即大至。父老驚嘆，以爲中興之祥。」

十一月十二日，詔每季一次取降合賫諸陵香、表，令快行附帶前去西京留守司交割，(官)〔管〕應焚獻。

十四年四月二十四日，判紹興府、信安郡王孟忠厚言：「昭慈聖獻皇后攢宮已許守臣朝謁，所有永祐陵顯肅皇后、懿節皇后攢宮，未敢一面朝謁。」詔許，今後守臣依此。

十七年十月十七日，侍御史余堯弼言：「望舉行舊制，於春秋二仲遣官詣永祐陵攢宮薦獻，兼檢察禁(他)〔地〕。仍於秋季差監察御史按視以聞。」從之。既而禮官修立儀注：前期，太常卿奉香、表至紹興府，於薦獻前三日管押香、表置于腰輿。贊者分引攢宮獻官乘騎以次從行，太常卿後從。至攢宮泰寧寺，管 14 押香表禮直官引香、表腰輿於堂上，贊者引諸獻官於堂上東向立，禮直官引太常卿升堂西向立。禮直官贊揖，在位官躬揖訖，直身立。次贊者引昭慈聖獻皇后攢宮獻官稍前東向對立，管押香表禮直官以表授太常卿，太常卿搢笏接表訖，各執笏，獻官加表於笏上。禮直官贊，各俛伏，興，贊者引獻官退，省視香、表訖，復置於腰輿。從行至齋所，又引以次獻官授香、表如上儀。

二十二年七月二十二日，太常寺言：「仲秋合差太常少卿薦獻永祐陵攢宮，并檢察禁地。緣本寺止有獨員，望依例差官時暫權攝。」詔就差紹興府大宗正丞馮至游。二十九年仲秋，以太常博士杜莘老攝。

二十四年十月二十四日，尚書省言：「永祐陵昭慈聖獻皇后攢宮四處，每歲春秋二仲差太常寺官薦獻、檢察，孟冬委臺官按察，多是隨行人受賂，點檢滅裂。」詔令御史臺、太常寺預行約束，今後因事發覺，送大理寺根治。

二十九年十一月二十七日，遣内侍陳思恭賫御香往昭慈聖獻皇后永祐陵攢宮。

三十年正月二十〔日〕，禮部、太常寺言：「顯仁皇后掩攢祔廟畢，合依昭慈聖獻皇后永祐陵攢宮禮例，每歲春秋二仲遣官薦獻。」從之。以上《中興會要》。

孝宗紹興三十二年即位未改元。六月十三日赦：「每季朝陵，使命往來，合用人夫多是縣道差使近鄉及沿路人户迎送應辦，極爲勞敝。仰本府條具合寬恤事件聞奏，當議施行。」

同日，赦：「勘會昨[15]降赦文，祖宗陵寢，令本路招討使同本處官吏躬親朝謁，如法修奉。可更切遵依已降赦文，務在嚴潔，以稱崇奉之意。」

隆興八年八月二十九日〔一〕，禮部、太常寺言：「準已降旨，依舊制春秋二仲差太常少卿薦獻永祐陵，兼檢察諸陵禁地，禮畢遍詣諸陵周視陵域。應合掃除、芟薙、修治，隨事處分。所有安穆皇后攢宫，乞薦獻回日詣宫朝拜，其合行事件，乞照例報所屬排辦。」從之。自後每歲率以爲例。（以上《永樂大典》卷八一九七）

改卜陵

【宋會要】[16]太祖乾德元年十二月二十三日，詔改卜安陵，命樞密承旨、内客省使王仁贍爲按行使。仁贍與司天監趙修己言，得河南府鞏縣西南四十里訾鄉鄧封村地吉〔二〕，從之。命左衛大將軍王繼濤、衣庫使李光眷總領修奉山陵，供奉孫廷珪勾當修奉上下宫，高品劉仁密監修製儀仗法物。

二年正月七日，以宰臣范質爲改卜安陵使，翰林學士竇儀爲禮儀使，吏部尚書張昭爲鹵簿使，御史中丞劉温叟爲儀仗使，皇弟開封尹光義爲橋道頓遞使〔三〕。後質罷相，命開封尹代，兼轄五使公事。昭致仕，以樞密直學士薛居正代。

十一日，有司請新陵皇堂下深五十七尺，高三十九尺。陵臺三層正方，下層每面長九十尺。南神門至乳臺，乳臺至鵲臺，皆九十五步。乳臺高二十五尺，鵲臺增四尺。神牆高九尺五寸，周回四百六十步，各置神門、角闕。吉仗用大駕鹵簿。凶仗用大升輿、龍輴、鵝茸纛、魂車、香輿、銘旌、哀謚册寶車、方相、買道車〔四〕、白幰弩、素信幡、錢山輿、黄白紙帳、暖帳、夏帳、千味臺盤、衣輿、拂纛〔五〕、明器輿、漆梓宫、夷衾、儀椁、素翣、包牲、倉瓶、五穀輿、瓷甒、瓦甒〔六〕、辟惡車。進（黄）〔皇〕堂有鐵帳覆梓宫，藉以椶櫚褥，鐵盆、鐵山以燃燈。宣祖衮冕，昭憲皇后花釵、翬衣。贈玉，十二神、當壙、當野、祖明、祖思、地軸及留陵刻漏等。詔内侍與少府監同修製。又請令文班官各撰挽歌詞二首，從之。

十六日，少府監請皇堂贈玉、鎮圭、劍佩、[17]旒冕、玉

〔一〕隆興八年：按隆興只二年，「八」疑「元」之誤。
〔二〕鄧封村：原無「封」字，據《宋史》卷一二二《禮志》二五、楊億《武夷新集》卷一一補。
〔三〕光義：原作「太宗名」，今據太宗舊名回改。
〔四〕此下原有「白幰車」，據《宋史》卷一二二《禮志》二五、本書禮三七之一删。
〔五〕拂：原作「佛」，據《宋史》卷一二二《禮志》二五、本書禮三七之一改。
〔六〕瓦甒：原脱，據《宋史》卷一二二《禮志》二五、本書禮三七之一補。

寶並以珉玉、藥玉製，綬以青錦。詔安陵並用于闐玉，孝明、孝惠后陵用珉玉、藥玉。

十八日，禮儀使言：「按《儀禮》『改葬緦』注：『服緦者，妻爲夫，臣爲君，子爲父也。必服緦者，親見尸柩，不可以無服，緦三月而除之。』又《江都集禮》：『服緦，既葬而除，如不會則不服。』又《開元禮》改葬儀云：『主人、衆主人，妻妾、女子俱緦服，餘期親以下皆素服。』又後魏孝明帝改葬文昭皇太后，崔光上言，請至尊〔一〕、皇太子、羣臣並服緦，既葬而除。今請皇帝服緦麻，皇親及文武官護送靈駕者並服緦麻，既葬而除。」詔諸親、群臣先爲孝明皇后制服者，服以會葬。

二月四日，太常禮院言：「改卜陵寢，檢尋禮例，只有祖奠，無虞祭。今詳《開元禮》，凡改葬無祖奠。又《五禮精義》云『改葬無祖奠』者，禮設祖奠，本象平日遠行，自家人相餞之義。今先葬，自家祖禮已行，從墓之墓則無祖也。《開(封)〔元〕禮》：『凡改葬初下柩，於葬所西南設一虞祭。』《五禮精義》云：『改葬行虞祭，於墓而除之。』望依禮文，不設奠，止於陵所各設一虞祭。」從之。

十三日，禮儀使言：「宣祖謚册寶舊藏太廟，昭憲皇太后謚册寶遷入安陵，宣祖册寶未審入陵與否？」太常禮院言：「按《晉書》，武帝禪位之年，追謚文帝。至太初四年，文帝王太后崩，將合葬，開崇陵，太尉司馬望奉祭，進文帝璽綬於便房神坐。望約此例，遷入安陵。」從之。

二十日，少府監言：「改卜安陵及凡陪葬者，將來改斂，其斂衣、斂物【18】有無改作？」太常禮院言：「按《五禮精義》：『改葬則改斂。』又云：『何佟之問，答曰：改葬之禮與始葬不異，几筵宜新，明器壞者宜改造。』其將來斂衣、斂物，並合改造。」從之。

二十一日，以河南府鞏縣令孔美兼安陵臺令。

三月二十六日，啓故安陵，奉宣祖、昭憲皇太后〔二〕、孝惠皇后梓宮於幄殿。

二十七日，(引發)〔發引〕，攝太尉、開封尹光義行遣奠〔三〕，讀哀册。册文曰：「維乾德二年，歲次甲子，三月丁丑朔，二十六日，啓宣祖昭武皇帝舊陵於東京開封縣之近郊。粵四月乙卯，遷座于西京鞏縣南原新卜安陵，禮也。開建建昌，因山卜吉，園陵移奉於近甸，典禮載尊於遠日。鹵簿列而天仗嚴駕，《薤露》奏而哀歌執紼。孝子嗣皇帝臣匡胤追感情至〔四〕，哀號無地，乃命輔臣，虔遵故事，述上聖之遺德，播哀文於永世。其詞曰：西伯運昌，其德皇皇。受命自天，鍾于武王。卜年無疆，邁功成湯。新豐道光，其志洋洋。化家爲國，興于高皇。飛龍四方，紹隆陶唐。美鴻名兮昭章，惟景祚兮延長。爰追遵於遺烈兮，實今古之同芳。赫矣聖祖，炳靈象緯。(元)〔玄〕天至廣，邈乎高視。兩曜至明，弗以光被。崇山千仞，人雖仰止。滄海萬里，時惟未濟。天授兵略，生知武經。一敵其國，萬人之英。交鴻攀鳳，斷兕刳鯨。時哉效用，與世垂名。翼贊前朝，周旋戎事。勤盡其力，忠盡其

〔一〕尊：原作「遵」，據《魏書》卷一〇八之四改。
〔二〕昭：原脱，據《宋史》卷一二二《禮志》二五補。
〔三〕光義：原作「太宗舊名」，今據其舊名回改。
〔四〕匡胤：原作「太祖御名」，今據其名回改。

義。秋霜峻其令，所部竦而畏；冬日和其志，所志安而惠。方擁旄而仗鉞兮，奄捐館而厭世。當師旅之失帥兮，信邦國之殄瘁。嗚呼哀哉！圓蓋西旋，大明沉泉，隱聖人之至德兮，格于皇天；寅賓東出，大明啓晝，隆聖人之寶位兮，明哉元首。《禮》不云有開必先，《書》所謂有開厥後。源浚流長兮理所推，大河連天兮世亦知。功不報於當日兮，鍾千載之昌期；德不耀於饗祚兮，啓萬世之隆基。惟永懷於聖感兮，終罔極於孝思。嗚呼哀哉！舉朝廷之彝儀，制皇王之盛禮。羽葆車蓋陳而備，犧象罇斝列而祭。青青遥山兮愁雲斷，蕭蕭平野兮悲風起。指新陵兮千古逝，惻皇情兮不能已。嗚呼哀哉！洛川南原兮山有嵩，山川王氣兮洛陽東。宫闕崔嵬兮形勝通，土圭測景兮天之中。惟帝運之興隆兮，盛大德而昭融。閟玄宫而永安兮，與覆載而無窮。嗚呼哀哉！」所過州縣吏素服出城奉迎并辭，皆哭。

四月九日，安陵掩皇堂。自發引至是，皆廢朝，禁京城音樂，群臣奉慰。

真宗【19】咸平三年六月五日，遣内殿崇班(麦)〔麥〕守恩往保州，奉順祖惠元皇帝、惠明皇后、簡穆皇后神柩於西京白馬寺，令有司議修奉二陵年月〔一〕。國初加上四祖陵名，欽陵、康陵、定陵並在幽州，惟安陵舊在京城東南隅。及改卜安陵後，三陵尚未修(舉)〔奉〕。真宗即位，有言順祖、翼祖葬保州者，始舉是禮。

十月四日，宗正卿趙安易上言：「伏覩康、定二陵將議修奉，司天選以丙午歲，久闕祭饗，望下禮官議朝拜之禮，及每歲春秋二仲月，遣官詣白馬寺饗奠。」詔禮院詳定以聞。禮院上言：「二陵是追尊帝、后，雖未卜陵寢，而神主祔廟，已具四時之薦，況禮經無朝拜攢宫之説。其歲時遣官饗奠，望依安易所請。」從之。

六年二月，太常禮院議康、定二陵制度，請依改卜安陵例。詔比安陵減省制度。康陵比安陵減省外，皇堂深四十五尺，(靈)〔陵〕臺高三十三尺，四面各長七十五尺。神牆高七尺五寸，四面各長六十五步。四神門，南神門外至乳臺四十五步，乳臺高一丈五尺。乳臺至鵲臺四十五步〔二〕，鵲臺高一丈九尺。簡穆皇后陵比孝明皇后陵減省，亦同此制。其石作比安陵減三分之一。每陵四神門外，各設獅子二，南神門内宫人二，文武官各二，石羊、石虎各四，石馬(馬)各二并控馬者，望柱石二。

景德元年七月二十一日，手詔曰：「康陵、安陵已經迎奉，將修兆域。以園寢之事〔三〕，邦國大經，開國之初，已曾會議，尋建陵名，尚虚神寢。而有司抗表，屢有所陳，因以二陵，尚居清苑。朕以事關宗廟，理合審詳，周訪羣言，皆云有據。朕猶存慎重，益廣諮詢，至於命中使以經營，委藩侯而訪察。繼觀來奏，咸曰無疑。復俾大臣，再陳定議，遂有迎奉之請，用慰追遠之誠。既覩僉同，式稽典禮。於是遷之梵刹，營此寢園。今【20】則安厝有期，儀制將舉。朕偶從餘暇，肆閱羣編，因覽《太祖實録》，明載二陵所在，又不指保州。眷言夙宵，未免疑惑。況奉先之事，垂世大猷，務叶禮經，所宜明允。可令中書門下與樞密院詳定以聞。」

二十三日，中書門下、樞密院上言：「伏以尊崇祖禰，務極孝思；營奉陵園，必遵典制。今者始基王業，首舉徽章，欲行四廟之儀，尋建諸陵之號。雖未崇於兆域，已備載

〔一〕修：原脱，據本書禮三七之二補。
〔二〕四十五：本書禮三七之二作「五十五」。
〔三〕「以」上原有「步」字，據本書禮三七之二、《宋朝事實》卷一删。

於册書。向以攸司，連上封疏，述其忠款，頗陳懇激之言，詢及宰司，亦有僉同之議。恭惟聖慮，務極精詳，密詔詢求，皆有依據。矧重雍之肇啓，當大孝之丕承，咸秩無文，動循故實。特申迎護，將展厝安。而陛下覩信史之所標，指塋域而有異，因垂中詔，俾極參詳。敢抒群心，上酬清問。臣等共議，其迎到神寢，向期卜葬，即望權停。所有二陵，伏請量加營繕，務從儉省，葬以衣冠，設其園寢，用伸朝拜之禮，以致尊祖之懷〔一〕。徐俟辯明，續伸遷奉，庶不違於古道，且旁協於人情。狂瞽之言，仰祈聖擇。」從之。

二年正月十八日，詔康陵、定陵宜令藍繼宗罷修。其迎到神柩，遂以一品禮葬于河南府河南縣，爲二位。

二十七日，太常禮院言：「每歲春秋二仲，遣官於西京白馬寺行獻奠之禮。今準詔旨罷修康、定二陵，其獻奠官宜停。」從之。

大中祥符四年正月二十八日，車駕幸汾陰，次西京，遣知制誥錢惟演詣一品墳，以香幣、酒脯祭告。仍詔俟朝拜諸陵日，差官以少牢致祭。（以上《永樂大典》卷七三四六）

〔一〕尊：原作「遵」，據本書禮三七之三改。

宋會要輯稿 禮四〇

濮安懿王園陵

【宋會要】

1 英宗治平元年五月二十八日，宰臣韓琦等上言：「伏以出於天性之謂親，緣於人情之謂禮。雖以義制事，因時適宜，而親必主於恩，禮不忘其本，此古今不易之常道也。伏惟皇帝陛下奮乾之健，乘離之明，擁天地神靈之休，荷宗廟社稷之重。即位以來，仁施澤浹，九族既睦，萬國交歡。而濮安懿王德盛位隆，宜有尊禮。陛下受命先帝，躬承聖統，顧以大義，後其私親，慎之重之，事不輕發。臣等忝備宰弼，實聞國論，謂當考古約禮，因宜稱情，使有以隆恩而廣愛，庶幾上以彰孝治，下以厚民風。臣等伏請下有司議濮安懿王及譙國太夫人王氏、襄國太夫人韓氏、仙遊縣君任氏合行典禮，詳處其當〔一〕，以時施行。」詔須大祥後議之。

三年三月二十一日，王世寧、張徽言：「奉詔計度園廟，據司天冬官正亢翼等言，濮安懿王園四面地步窄狹，形勢掩抱，林木茂盛，已乘王氣，務貴安靜，不可興作。園之正南偏東丙地，棘寨外有隙地，土地肥厚，水不衝注。內取南北長六十四步一尺，東西六十二步，建廟三間二廈，神門屋二座，及齋院、神厨、靈星門。」以圖來上，從之。

四月三日，禮官言：「建廟合行祭告，而宗樸喪服未除，請權以本房諸弟攝事。其祭告濮安懿王及黄帝〔二〕、后土、十二祇神祝文，並令本宫教授修撰。所2用香幣、酒脯、禮料等，乞下河南府備辦。太祝、奉禮就差永安縣尉、主簿攝；如闕官，即差本府曹官。職掌人等，並西京留司禮院差祗應。今後凡祭告及四仲饗，並依此。」從之。先是，將修廟，下學士院撰祭告祝文，學士馮京言：「本院未有體式，乞下太常禮院議定。」始議祝文云「皇帝某謹遣官恭告于親濮安懿王」，既而以先詔俾王子孫奉祀事，遂議以本宫子弟自告，而命教授修撰祝文。

十九日，提舉修廟所言：「廟室神門合用吻獸，乞定其制。」禮院言：「宜並用獸。所安木主石埳，於室中西壁三分室之一近南去地四尺，開四埳室，以石爲之，其中可容神主(跌)〔趺〕櫝。」並從之。

九月四日，詔奉安濮安懿王神主三獻，內亞獻命西京差通判一員，終獻差朝臣一員攝。自是多用永安知縣攝。四仲廟享並如之。知園令出納神主。仍命知制誥宋敏求題神主及三夫人廟主于園，以二十三日祔饗。

十八日，入內内侍省副都知石全育、三司勾當修造案

〔一〕詳：原作「祥」，據《長編》卷二〇一改。
〔二〕黄帝：原作「皇帝」，據《永樂大典》卷一七〇八五改。

王荀龍言〔一〕：「奉詔增修奉先院夫人任氏墳域，乞詳定制度。」而禮官言：「濮安懿王廟制用一品，夫人任氏神主已祔廟，其墳域制度請從一品。其興工祭告以本宮子弟行禮。」又議任氏墳域所稱：「按《前漢書》悼惠王冢園在齊，是諸侯王皆得稱園。濮安懿王已準先詔以塋爲園，今夫人任氏墳域稱園，合於故事。」並從之。

十一月八日，太常禮院撰到饗禮儀注，每遇四仲時饗，預牒司天監選日，關報3本宮、河南府排辦施行。從之。

神宗熙寧十年十一月十四日，宗室邕州觀察使宗暉權令奉祀濮安懿王神主，其往來祭饗盤纏等，今後並依《禄令》例支給。

元豐二年五月十三日，詔中書曰：「濮安懿王，先帝斟酌典禮，即園立廟，詔王子孫歲時奉祀，義叶恩稱，後世無得議焉。今三夫人名位或未正，塋域或異處，有司置而不講，曷足以彰明先帝甚盛之德，仰承在天之志乎？三夫人可並稱曰『王夫人』，命主司擇歲月遷祔濮園，俾其子孫以時奉主與王合食，而致孝思焉。」初，濮國公宗暉言：「父贈濮王，而母襄國太夫人韓氏墳猶用塋飾，乞下有司議增修，兼乞專隸濮王園廟〔二〕，歲時奉祀。」上批：「依。」所奏未下，而有是詔。

二十五日，太常禮院言：「奉詔，濮安懿王三夫人並稱曰『王夫人』。按唐大中三年，追尊順宗、憲宗謚號，禮官請別造神主及改題。議者以栗主升祔之後，在禮無改造之文，亦無重加尊謚、改題神主之例。以臣等所議，當以新謚典册告于陵廟，正得其宜；神主不改造，不重題，爲得禮。」中書言：「改造、改題，並無所據，酌情順理，題則爲宜。況今士族之家，通行此例。又按乾德二年改謚明憲皇后曰昭憲皇后時，命宗正少卿趙洙改題神主〔三〕。大中祥符六年，改上元德皇太后徽名曰元德皇后，升祔太宗皇帝廟室，亦命左司諫、知制誥路振改題神主〔四〕。今參詳三夫人神主，欲依故事改題，於禮意爲允。及司天4監選用元豐六年癸亥歲四仲月内擇日遷祔吉。」從之，遣寶文閣學士陳薦改題神主。

十一月十一日，詔：「濮安懿王夫人遷葬濮園，其令禮官議所以將奉禮儀以聞。」其後太常禮院言：「請依令用一品鹵簿，依晉國大長公主故事用鼓吹。」從之。仍詔啓菆等禮，止令宗暉祭告，作哀誌、祝文並遷護使代作〔五〕。初，濮安懿王以譙國王氏合葬，而襄國韓氏亦前葬西墳〔六〕，其距濮園猶遠，仙遊任氏乃葬京城東南繁臺村奉先資福禪院之

〔一〕「司」原作「旬」，「案」原作「按」，據《大典》卷一七〇八五改。
〔二〕濮：原無，據《長編》卷二九八、《大典》卷一七〇八五補。
〔三〕洙：原作「沫」，據《長編》卷二九八、《大典》卷一七〇八五改。
〔四〕振：原作「拯」，據《長編》卷二九八改。
〔五〕並遷護使代作：原無，據《長編》卷三〇一補。
〔六〕西：原作「四」，據《大典》卷一七〇八五改。

西偏〔一〕，故還祔焉。

二十七日，詔還祔濮安懿王二夫人，給鹵簿全仗，至國門外減半。以翰林學士章惇爲還護使，入内東頭供奉、幹當御藥院李舜舉爲還護都監〔二〕，賜主奉祠事濮國公宗暉銀二千兩、絹二千疋、錢三千緡以給葬具。

〔十二月〕十一日〔三〕，還護使司請廣濮安懿王園域作三穴，以濮安懿王穴爲尊穴，任夫人葬第二穴，韓夫人葬第三穴。詔濮安懿王墳域勿復廣，任夫人葬甲穴，韓夫人（外）〔升〕祔壬穴。

二十五日，詔：「宗室正任防禦使以上，許從大行太皇太后靈駕，已從濮安懿王夫人者免從。」

三年正月十八日，翰林學士章惇言：「濮安懿王二夫人哀誌，未委依常用石蓋，或用漆匣？」詔造木漆匣，量加裝釘。又言：「導引儀仗内有挽歌人而無挽詞，乞令中書、樞密院、兩制、侍從、兩省、館閣、臺諫官各撰挽詞二首。」從之。上亦製詞四首付之。惇又言：「王夫人改葬，濮國公宗暉等當服緦，若赴慶壽宮臨，即服衰（經）〔絰〕。」詔宗 5 暉等更不赴慶壽宮臨。

二十四日，詔濮安懿王二夫人喪行，贈祭如啓葬禮，令宗暉主之〔四〕。

二月十二日，左諫議大夫、史館修撰安燾知審官東院，爲濮安懿王夫人還護使〔五〕。以章惇除參知政事，故改命燾。

四年七月二十四日，保章正馮士安等言：「乞於濮安懿王園東寅、卯、辰三位行鎮土之術。」詳見「永厚陵」。（以上《永樂大典》卷六七六二）

濮安懿王園廟〔六〕

【宋會要】

6 英宗治平元年五月二十八日，宰臣韓琦等上言：「伏以出於天性之謂親，緣於人情之謂禮。雖以義制事，因時適宜，而親必主於恩，禮不忘其本，此古今不易之常道也。伏惟皇帝陛下奮乾之健，乘離之明，擁天地神靈之休，荷宗廟社稷之重。即位以來，仁施澤浹，九族既睦，萬國交歡。而濮安懿王德盛位隆，宜有尊禮。陛下受命先帝，恭承聖統，顧以大義，後其私親，愼之重之，事不輕發。臣等忝備宰輔，實聞國論，謂當考古約禮，因宜稱情，使有以隆

〔一〕村：原作「封」，據《大典》卷一七〇八五改。

〔二〕爲還：原倒，據《大典》卷一七〇八五乙。

〔三〕十二月：原無。按前條已述及十一月二十七日事，此條不得反爲「十一月十一日」。又下條「二十五日」，據本書禮三二之七，正是十二月事。故此條必脱「十二月」，今補。

〔四〕宗暉：原倒，據《大典》卷一七〇八五乙。

〔五〕還：原作「改」，據《大典》卷一七〇八五改。

〔六〕按，《宋會要》有關濮安懿王園廟之文，《永樂大典》中兩見：一載卷六七六二，即本卷上文禮四〇之一至五頁（題爲「園陵」）；一載卷一七〇八五，即此處禮四〇之六至一二。其中後者較詳，《輯稿》兩存之，今仍舊。《大典》卷一七〇八五，今仍存。

恩而廣愛，庶幾上以彰孝治，下以厚民風。臣等伏請下有司議濮安懿王及譙國太夫人王氏、襄國太夫人韓氏、仙遊縣君任氏合行典禮，詳處其當，以時施行。」詔須大祥後議之。

二年四月九日，乃詔禮官與兩制以上詳議。翰林學士王珪等議曰：「謹案《儀禮·喪服》『爲人後者』傳曰：『何以三年也？受重者必以尊服服之。』『爲所後者之祖父母妻，妻之父母昆弟，昆弟之子若子〔一〕。』若子者〔二〕，言皆如親子也。又『爲人後者爲其父母』傳曰：『何以期？不二斬。何以不二斬？持重於大宗〔三〕，降其小宗也。』又『爲人後者爲其昆弟』傳曰：『何以大功也？爲人後者降其昆弟也。』以此觀之，爲人後者爲之子〔四〕，不敢復顧私親。聖人制禮，尊無二上，若恭愛之心分於彼，則不得專於此故也。是以秦、漢以來，帝王有自旁支入承大統者，或推尊其父母以爲帝后，皆見非當時，取譏後世，臣等不敢引以爲聖朝法。況前代入繼者，多宮車晏駕之後，援立之策或出母后〔五〕，或出臣下。非如仁宗皇帝年齡未衰，深惟宗廟之重，祇承天地之意〔六〕，於宗室衆多之中，簡推聖明，授以大業。陛下親爲先帝之子，然後繼體承祧，（先）〔光〕有天下。濮安懿王雖於陛下有天性之親，顧復之恩，然陛下所以負扆端冕，富有四海，子子孫孫萬世相承者，皆先帝之德也〔七〕。臣等竊以爲濮安懿王宜準先朝封贈期親尊屬故事，尊以高官大國，譙國、襄國、仙遊亦封大國太夫人。考之古今〔八〕，實爲宜稱〔九〕。」於是中書門下奏：「珪等所議，未見詳定濮安懿王當稱何親，名與不名。」珪等復議：「濮安懿王於仁宗爲兄，於皇帝宜稱皇伯而不名，如楚王、涇王故事。」中書門下又言：「《儀禮》、令文及《五服年月敕》，出繼之子於所繼、所生皆稱父母〔一〇〕。又漢宣帝、光武皆稱父爲皇考。今珪等議稱濮安懿王爲皇伯，於典禮未有明據，請下尚書省，集三省、御史臺官議奏。」

六月十三日，詔復集議。

二十六日，皇太后手書以議事詰責執政〔一一〕，且云：「如聞議論不一，宜權罷議，當令有司博求典故以聞。」禮官范鎮等言：「漢之稱皇考，稱帝，稱皇，立寢廟，序昭穆，皆非陛下聖明之所法，宜如前議爲便。」於是侍御史知雜事呂（海）〔誨〕、侍御史范純仁、呂大防彈奏歐陽修首建邪議，韓琦、曾公亮、趙槩傅會不正，固請如王珪等所議。諫官傅堯

〔一〕昆弟：原脱，據《長編》卷二〇五補。
〔二〕若子：原脱，據《長編》卷二〇五補。
〔三〕持：原作「特」，據《儀禮注疏》卷一一改。
〔四〕之：原無，據《長編》卷二〇五補。
〔五〕或出母后：原無，據《長編》卷二〇五補。
〔六〕祇承：原無，據《長編》卷二〇五補。
〔七〕皆、之：原無，據《長編》卷二〇五補。
〔八〕古今：原作「今古」，據《永樂大典》卷一七〇八五乙。
〔九〕實：原無，據《長編》卷二〇五補。
〔一〇〕所生：原作「之生」，據《長編》卷二〇五改。
〔一一〕太后：原作「太子」，據《宋史》卷二四五《濮安懿王允讓傳》改。

俞等皆有[7]言。

三年正月二十二日，内出皇太后手書曰：「吾聞群臣議請皇帝封崇濮安懿王，至今未見施行。吾再閲前史，乃知自有故事。濮安懿王、譙國太夫人王氏、襄國太夫人韓氏、仙遊縣君任氏，可令皇帝稱親，仍尊濮安懿王爲濮安懿皇，王氏、韓氏、任氏並稱后。」事方施行，而英宗即是日手詔曰：「稱親之禮，謹遵慈訓；追崇之典，豈易克當。且欲以塋爲園，即園立廟，俾王子孫主奉祠事。」翌日，誨等以所論列彈奏不見聽，因繳納所受御史告牒，家居待罪。誨等所列大抵以爲，前詔稱「權罷集議」，後詔又稱「且欲以塋爲園」，即追崇之意未已。又誨比與范純仁至中書，執政言禁中商量，非久施行，覩今日太后手書，乃知大臣之謀有素。誨等又言歐陽修與韓琦皆當譴詘，以解天下疑謗。命閤門以告牒還之，及令中書劄子趣使赴臺供職，而(晦)〔誨〕等繳還劄子并前後所奏文狀申中書，堅辭臺職。至二月十四日，帝閲誨等奏，問執政當如何，韓琦對曰：「臣等忠邪，唯陛下所知。」歐陽修曰：「御史以爲理難並立，臣等有罪，即留御史；若以臣等爲無罪，則取聖旨。」帝猶豫久之，乃令出御史，而曰：「不宜責之太重也。」於是誨落御史知雜事，以尚書兵部員外郎知蘄州，純仁以侍御史通判安州，大防落監察御史裏行，以太常博士知歙州休寧縣。馬端臨曰：先是〔一〕，宰臣韓琦等奏，請下有司議濮安懿王及譙國太夫人王氏〔二〕、襄國太夫人韓氏、仙遊縣君任氏合行典禮，詔須大祥後議之。至是進呈，乃有是詔。翰林學士王珪等相顧不敢先，知諫院司馬光獨奮筆立議，略曰：「爲人後者爲之子，不敢復顧其私親。秦、漢以來，有自旁支入承大統，推尊其父母爲帝后，皆見非當時，取譏後世，不敢引以爲聖朝法。臣以爲濮王宜尊以高官大爵，稱皇伯而不名。」賈黯之議亦同〔三〕，王珪敕吏以光手藁爲案。議上，歐陽修以爲自古無以所生父改稱伯者〔四〕，珪等言非是。中書奏，孝宣、光武皆稱父爲皇考。太后聞之，手書詰責輔臣，以不當議稱皇考。上詔：「如聞集議議論不一，宜權罷議，當令有司博求典故，務合禮經。」判太常寺范鎮率禮官上言：「陛下既考仁宗，又考濮王，其議未當。」具列《儀禮》及漢儒議論、魏明帝詔，爲五篇奏之。於是臺官自中丞賈黯以下各有奏。知雜呂誨亦言：「陛下入繼大統，皆先帝之德，當從王珪等議爲定，封濮安懿王大國，諸夫人典禮稱是。」奏皆留中，不報。司馬光又上言曰：「伏見向者詔群臣議濮安懿王合行典禮，王珪等二十餘人皆以爲宜准先朝封贈期親尊屬故事。凡兩次會議，無一人異辭，而政府之意，獨欲尊濮王爲皇考，巧飾詞説，誤惑聖聽。政府言《儀禮》本文、《五服年月敕》皆云『爲人後者爲其父母之服』者，不謂之父母，不知如何立文。此乃政府欺罔天下之人，謂其皆不識文理也。又言漢宣帝、光武皆稱其父爲皇考。臣案宣帝承昭帝之後，以孫繼祖，故尊其父爲皇考，而不敢尊其祖爲皇祖者，以與昭[8]帝昭穆同也。光武起布衣，誅王莽，冒矢石以得天下，名爲中興，其實創業，雖自立七廟猶非太過，況但稱皇考，其謙損甚矣。今陛下親爲仁宗之子，以承大業，傳曰：『國無二君，家無二尊。』若復尊濮王爲皇考，則置仁宗於何地乎？」至是，乃詔立濮王園廟，以宗樸爲濮國公〔五〕，奉濮王祀。先是，太后手書：「濮安懿王、譙國太夫人王氏、襄國太夫人韓氏、仙遊縣君任

〔一〕是：原作「時」，據《文獻通考》卷九五改。

〔二〕氏：原無，據《永樂大典》卷一七〇八五補。

〔三〕「黯」原作「諳」，「亦」原脱，據《永樂大典》卷一七〇八五改補。

〔四〕「父」下原有「母」字，據《永樂大典》卷一七〇八五删。

〔五〕樸：原作「濮」，據《宋史》卷二四五《濮安懿王允讓傳》改。後同。

氏，可令皇帝稱『親』，尊王爲濮安懿皇，譙國、襄國、仙遊並稱后。」上手詔曰：「稱『親』之禮，謹遵慈訓；追崇之典，豈易克當。且欲以塋爲園，即園立廟。」皇太后已賜俞允，仍改封宗樸。侍講呂公著上言：「稱『親』之説，乃漢史皇孫故事。皇孫即宣帝所生父，宣帝爲昭帝後，是以兄孫遙嗣祖統，無兩考之嫌，故且稱『親』。其後既立謚，只稱『悼園』。今陛下以旁支繼大統，建立園廟，以王子承祀，於濮王無絶父之義，於仁宗無兩考之嫌，可謂兼得。其『親』字既稱謂難立，且義理不安，乞寢罷。」不報。

三年正月五日〔一〕，詔濮安懿王子瀛州防禦使、岐國公宗樸候服闋，除節度觀察使留後，改封濮國公，以奉王祀。

是日，中書門下奏，乞避濮安懿王名下一字，詔恭依。仍置園令一人，以大使臣爲之。募兵二百人，以奉園爲額。仍令河南府置栢子户五十人。命帶御器械王世寧、權三司户部判官張徽相度濮安園廟。圖(奉)〔奏〕上，令太常禮院詳定廟饗儀式制度以聞。

三月十七日，手詔曰：「朕近奉皇太后慈訓，濮安懿王令朕稱『親』，仍有追崇之命。朕惟漢史，宣帝本生父稱『親』，又謚曰悼，裁置奉邑〔二〕，皆應經義。既有典故，遂遵慈訓，而不敢當追崇之典。朕又以上承仁考宗廟社稷之重，義不得兼奉私親，故但即園立廟，俾王子孫世襲濮國，自主祭祀。遠嫌有別，蓋欲爲萬世法，豈皆權宜之舉哉？而臺官呂誨等，始者專執合稱皇伯，追封大國之議，朕以本生之親改稱皇伯，歷考前世，並無典據，追封大國則又禮無加爵之道。向自罷議之後，而誨等奏促不已，忿其未行，乃引漢哀帝去恭皇定陶之號，立廟京師，干亂正統之事，皆朝廷未嘗議及者，歷加誣詆，自比師丹〔三〕，意欲搖動人情，衒惑衆聽。以至封還告敕，擅不赴臺，明繳留中之奏於中書，録傳訕上之文于都下。暨手詔之出〔四〕，誨等則以稱『親』立廟皆爲不當。朕覽誨等前疏，亦云生育之恩，禮宜追厚，俟祥禫既畢〔五〕，然後講求典禮，褒崇本親。今(及)〔反〕以稱『親』爲非，前後之言，自相抵牾。繼以堯俞等不顧義禮，更相唱和，既撓權而恃衆〔六〕，後歸過以取名〔七〕。朕姑務含容，屈於明憲，止命各以本官補外。尚慮縉紳之間，士民之衆，不詳本末，但惑傳聞，欲釋羣疑，理當申諭。宜令中書門下俾御史臺出榜朝堂，及進奏院遍牒告示，庶知朕意。」

二十一日，王世寧、張徽言：「奉詔計度園廟，據司天冬官正亢翼等言，濮安懿王園四面地步窄狹〔八〕，形勢掩抱，林木茂盛，已乘王氣，務貴安靜，不可興作。園之正南偏東丙地，棘寨外有隙地〔九〕，土地肥厚，水不衝注。內取南北長 9 六十四步一尺，東西六十二步，建廟三間二厦，

〔一〕按，此條事，《長編》卷二〇七仍繫於正月二十二日。此處月分失次。
〔二〕邑：原作「議」，據《永樂大典》卷一七〇八五改。
〔三〕比：原作「此」，據《長編》卷二〇七改。
〔四〕「暨」原作「槩」，「出」原作「書」，並據《長編》卷二〇七改。
〔五〕俟：原作「矣」，據《長編》卷二〇七改。
〔六〕恃：《長編》卷二〇七作「示」。
〔七〕過：原作「國」，據《大典》卷一七〇八五改。
〔八〕園：原作「西」，據《永樂大典》卷一七〇八五改。
〔九〕寨：原作「塞」，據本卷禮四〇之一改。

神門屋二座，及齋院、神厨、靈星門。」以圖來上，從之。

四月三日，禮官言：「建廟合行祭告，而宗樸喪服未除[一]，請權以本房諸弟攝事，其祭告濮安懿王及黃帝、后土、十二祇神祝文，並令本宮教授修撰。所用香幣、酒脯、禮料等，乞下河南府備辦。太祝、奉禮就差永安縣尉、主簿攝；如闕官，即差本府曹官。職掌人等，並令西京留司禮院差祗應[二]。今後凡祭告及四仲饗，並依此。」從之。先是，將修廟，下學士院撰祭告祝文，學士馮京言：「本院未有體式，乞下太常禮院議定。」始議祝文云「皇帝某謹遣官恭告于親濮安懿王」[三]，既而以先詔俾王子孫奉祠事，遂議以本宮子弟自告，而命教授修撰祝文。

十九日，提舉修廟所言：「廟室神門合用鴟獸[四]，乞定其制。」禮院言：「宜並用獸，所安木主石埳，於室中西壁三分室之一近南去地四尺，開四埳室，以石爲之，其中可容神主趺櫝。」並從之。

九月四日，詔奉安濮安懿王神主三獻[五]，内亞獻命西京差通判一員，終獻差朝臣一員攝。自是多用永安知縣攝。四仲廟饗並如之。知園令出納神主。仍命知制誥宋敏求題神主及三夫人廟主于園，以二十三日祔饗。

十八日，入内内侍省副都知石全育、三司勾當修造案王荀龍言：「奉詔增修奉先院夫人任氏墳域，乞詳定制度。」而禮官言：「濮安懿王廟制用一品，夫人任氏神主已祔廟，其墳域制度請從一品。其興工祭告以本宮子弟行禮。」又議任氏墳域所稱：「按《前漢書》，悼惠王家園在齊，是諸侯王皆得稱園。濮安懿王已準先詔以塋爲園，今夫人任氏墳域稱園，合於故事。」並從之。

十一月八日，太常禮院撰到饗禮儀注，每遇四仲時饗，預牒司天監選日，關報本宮、河南府排辦施行。從之。

神宗熙寧十年十一月十四日，宗室邕州觀察使宗暉權令奉祠濮安懿王神主，其往來祭饗盤纏等，今後並依《禄令》例支給。

元豐二年五月十三日，詔中書曰：「濮安懿王，先帝斟酌典禮，即園立廟，詔王子孫歲時奉祀，義叶恩稱，後世無得議焉。今三夫人名位或未正，塋域或異處，有司置而不講，曷足以彰明先帝甚盛之德、仰承在天之志乎？三夫人可並稱曰『王夫人』，命主司擇歲月遷祔濮園，俾其子孫以時奉主與王合食，而致孝思焉。」初，濮國公宗暉言：「父贈濮王，而母襄國太夫人韓氏墳猶用堊飾，乞下有司議增修，兼乞專隸濮王園廟[六]，歲時奉祀。」上批「依」。所奏未下，而有是詔。

[一] 樸：原作「濮」，據本卷禮四〇之一改。
[二] 留：原無，據本卷禮四〇之二補。
[三] 安懿：原倒，據《大典》卷一七〇八五乙。
[四] 鴟：本卷禮四〇之二作「吻」。
[五] 濮安：原脱「安」字，據本卷禮四〇之二補。
[六] 濮：原無，據《長編》卷二九八補。

二十五日，太常禮院言：「奉詔，濮安懿王三夫人並稱曰『王夫人』。按唐大中三年，追尊順宗、憲宗謚號，禮官請別造神主及改題。議者以栗主升（附）〔祔〕之後，在禮無改造之文，亦無重加尊謚、改題神主之例。以臣等所識，當以新謚典册告于陵廟，正得其宜；神主不改造，不重題，爲得禮。」中書言：「改造、改題，並無所據，酌情順理，題則爲宜。況今士族之家，通行此例。又按乾德二年改謚明憲皇后曰昭憲皇后時，命宗正少10卿趙洙改題神主〔一〕。大中祥符六年，改上元德皇太后徽名曰元德皇后，升祔太宗皇帝廟室，亦命左司諫、知制誥路振改題神主〔二〕。今參詳三夫人神主，欲依故事改題，於禮意爲允。及司天監選用元豐六年癸亥歲四仲月内擇日（選）〔遷〕祔吉。」從之，遣寶文閣學士陳薦改題神主。

十一月十一日，詔：「濮安懿王夫人遷葬濮園，其令禮官議所以將奉禮儀以聞。」其後太常禮院言：「請依令用一品鹵簿，依晉國大長公主故事用鼓吹。」從之。仍詔啓菆等禮，止令宗暉祭告，作哀誌、祝文並遷護使代作〔三〕。初，濮安懿王以譙國王氏合葬，而襄國韓氏亦前葬西墳，其距濮園猶遠，仙遊任氏乃葬京城東南繁臺村奉先資福禪院之西偏，故遷祔焉。

二十七日，詔遷祔濮安懿王二夫人，給鹵簿全仗，至國門外減半。以翰林學士章惇爲遷護使，入内東頭供奉、幹當御藥院李舜舉爲遷護都監。賜主奉祠事濮國公宗暉銀二千兩、絹二千匹、錢三千緡以給葬具。

〔十二月〕十一日〔四〕，遷護使司請廣濮安懿王園域作三穴，以濮安懿王穴爲尊穴，任夫人葬第二穴，韓夫人葬第三穴。詔濮安懿（三）〔王〕墳域勿復廣，任夫人葬甲穴，韓夫人（外）〔升〕祔壬穴。

二十五日，詔：「宗室正任防禦使以上，許從大行太皇太后靈駕，已從濮安懿王夫人者免從。」

三年正月十八日，翰林學士章惇言：「濮安懿王三夫人哀誌，未委依常用石蓋，或用漆匣？」詔造木漆匣，量加裝釘。又言〔五〕：「導引儀仗内有挽歌人而無挽詞〔六〕，乞令中書、樞密院、兩制、侍從、兩省、館閣、臺諫官各撰挽詞二首。」從之。上亦製詞四首付之。惇又言：「王夫人改葬，濮國公宗暉等當服緦，若赴慶壽宮臨，即服衰絰。」詔宗暉等更不赴慶壽宮臨。

二十四日，詔濮安懿王三夫人喪行，贈祭如啓菆禮，令宗暉主之。《宋史》：南渡後，主奉祠事以嗣濮王爲之；園令一員，以宗室爲之；祠堂主管兼園廟香火官一員〔七〕，以武臣爲之。

〔一〕洙：原作「沬」，據《長編》卷二九八改。
〔二〕振：原作「拯」，據《長編》卷二九八改。
〔三〕並遷護使代作：原無，據《長編》卷三〇一補。
〔四〕十二月：原無，今添。説見本卷禮四〇之四同條校記。
〔五〕又：原作「反」，據本卷禮四〇之四改。
〔六〕有：原無，據本卷禮四〇之四補。
〔七〕官：原無，據《宋史》卷一二三《禮志》二六補。

二月十二日，左諫議大夫、史館修撰安燾知審官東院，爲濮安懿王夫人還護使〔一〕。以章惇除參知政事，故改命燾。

四年七月二十四日，保章正馮士安等言：「乞於濮安懿王園東寅、卯、辰三位行鎮土之術。」詳見「永厚陵」。

高宗紹興二年九月九日，皇叔祖嗣濮王仲湜言：「濮安懿王祠堂仲享及忌辰、節序修設酌獻等，全闕祭祀，乞每歲給度牒二十道，充仲享等支用。」詔令禮部每歲給降福建路度牒一十道。

四年十月三日，權知濮安懿王園令士從言〔二〕：「濮安懿王神主、神貌見在廬州〔三〕，正當防秋之時，乞從便迎奉，遷徙往穩便州郡，權行安奉。」從之。

五年二月十五日，嗣濮王仲湜言：「昨被旨迎奉濮安懿王神主、神貌至行在，今已至紹興府，欲權就本處安奉。」從之。

十三年五月二十六日，知大宗正事、權主奉濮安懿王祠事士㚟言〔四〕：「濮安懿王四仲則享神主於永安軍園廟，忌辰、節序則追薦酌獻於睦親宅祠堂，薦生薦熟，各中典禮。昨因多事，前嗣濮王仲湜自行在迎奉神貌、神主，權於紹興府 11 光孝寺法堂奉安，仲享追薦，其獻官、牲牢、禮料並多簡略。乞令有司討論舊制。」行下禮部、太常寺，今參酌，欲令知大宗正事、權主奉濮安懿王祠事士㚟攝初獻，仍差士㚟男二人攝亞獻、終獻。如闕，以本位姪男充攝。其合用牲牢羊、豕各一，籩、豆各十，實設禮料。并初獻合服八旒冕，亞獻、終獻合服四旒冕，奉禮郎、太祝、太官令服無旒冕，並以舊制從事。從之。

二十六年二月二十三日，嗣濮王士俴言：「濮安懿王祠堂外無門牖，内闕龕帳，至於影像，徒掛空壁，而無供具。望下紹興府置造修奉。」從之。

二十九年五月三日，嗣濮王士輵言：「每歲四仲月詣濮安懿王園廟祭享，准令聽以子姪充亞獻、終獻官。雖有姪，並係出官之人，欲將南班充亞、終獻官〔五〕。」禮部、大宗正司及宮院看詳，行在南班官係日奉朝請，兼不時差充五享三獻行事，難以差撥。欲就差紹興府南班官充。從之。

孝宗隆興元年三月七日，嗣濮王士輵言：「竊見濮王神主龕室屋宇昨嘗修造〔六〕，今涉八年，木植朽腐，室壁已損，兼供具、寢帳、茵褥、簾幙之屬，日久寖敝。乞下紹興府修造祠宇，重置供具、茵縟等，務使嚴整。」從之。

乾道元年十一月十七日，士輵言：「濮安懿王園令士程恭奉神主、神貌，并被旨修造園廟龕室屋宇等，躬督工

〔一〕護：原作「户」，據本卷禮四〇之五改。
〔二〕令：原作「陵」，據《建炎要録》卷八一改。
〔三〕廬：原稿抄作「瀘」，又改作「盧」，均誤，兹據《宋史》卷一二三《禮志》二六改。
〔四〕㚟：原作「套」，據《宋史》卷一二三《禮志》二六改。後徑改。
〔五〕終：原無，據《永樂大典》卷一七〇八五補。
〔六〕昨：原作「作」，據《大典》卷一七〇八五改。

役，支費既省，又皆整嚴，乞將兩次差充園令該過年月日，每年對減磨勘。其自轉官後歷過年月，仍乞通理收使，於今官上特與轉行。」從之。

四年三月十三日，士輵言：「濮安懿王祠堂在紹興府報恩光孝寺，昨嘗得旨量行修葺。至今十一年，木植朽爛，窗户損壞。當時屋宇隘窄，設四位，神座迫蹙。其器用、茵縟、簾幙之屬，經十四年，並各破弊。乞令紹興府差官檢計，支降官錢，修蓋置换。」從之。

五年九月十二日，士輵言：「濮安懿王園令昨來陳乞權差士程，今士程已差知西外宗正事，待闕。其園令職事乞令仍舊兼權，闕到日罷。」從之。

七年十一月六日，士輵言：「濮安懿王神主、神貌，每年四季仲饗，差三獻官，其亞獻、終獻依格差子姪，前係紹興府行司差南班官權充。今行司已併歸行在宗正司，其紹興府無南班官可差，乞每遇四仲饗月，就差本位子姪或紹興府見任寄居待闕宗室，依長幼次序，許牒本府逐時權差行事。」從之。

十二月十四日，士輵言：「濮安懿王神主、神貌合差園令一員，見差士程權知。士程見待知西外宗正事，闕將及，乞選武安軍承宣使士石權知園令職事。」從之。

十八日，户、吏、禮部言：「大宗正司準已降旨，紹興府大宗正行司併歸行在，其見任并已差下官屬，並依省罷法。其權知濮安懿王園令士程緣園廟見在紹興府，乞令依舊本府居住，請給於經總制錢内支。」從之。《紹興府前志》：濮安懿王在英宗皇帝時以塋爲園，即園立廟，俾王子孫世襲濮國，自主祭祀，行之累朝。紹興中，以濮邸宗室有在遠未集行在者，故久闕嗣王[一]，止以見在行高者爲主奉濮安懿王祠事，久之乃復除嗣 12 王。濮國既阻絶，廟祏寓會稽之天寧寺。注：今爲報恩光孝寺。蓋以英宗初詔有立廟京師之戒，故止寓會稽，當時講求亦詳矣。十三年，主奉祠事賀王士㚰請即光孝之法堂爲廟，而闢寺西隅南向爲廟門如舊制，置衛甚謹，其香火官吏出入繇別門。園令一人，以濮邸諸王孫充。嗣濮王奉朝請，歲以春秋來薦獻，亦循舊制也。（以上《永樂大典》卷一七〇八五）

秀安僖王園廟

【宋會要】

13 紹(興)〔熙〕元年三月十三日[二]，詔秀王襲封等典禮，令禮部、太常寺討論聞奏。

二十七日，禮部、太常寺言：「檢照治平三年正月五日中書門下省奏，乞避濮安懿王名下一字。今討論，欲依前項典禮，避秀安僖王名下一字。」詔恭依，仍置園廟。

四月六日，詔皇伯少師、安德軍節度使、充萬壽觀使、榮陽郡王伯圭除太保，依前安德軍節度使、充萬壽觀使、嗣秀王，以奉王祀。是日，内降制曰：「門下：明德親族，允

[一] 故久闕：原作「改久」，據《大典》卷一七〇八五改補。
[二] 紹熙：原作「紹興」，據《宋史》卷一二三《禮志》二六改。

爲帝治之先；繼世象賢，無若王封之貴。有嘉伯父，亶謂老成，爰陟公保之班，俾紹宗藩之爵。飭宣制綍，播告朝紳。皇伯少師、安德軍節度使、充萬壽觀使、榮陽郡王、食邑八千户、食實封二千九百户伯圭，秉德端良，持身恭儉，顯矣神明之胄，粹然儒雅之風。濟美不隕其名，休夙承于奕世；因心則篤其慶，睠方厚于慈宸。爵齒寖尊，譽處深著。朕欽承大統，申睦近支，眷惟秀邸之追榮，厥有濮園之故事。考治平、元豐已行之可法，在乾道、淳熙欲舉而未遑。是用亶兩宮之訓以廣恩，稽六經之誼以訂禮。建園立廟，典既極于優隆；裂土分茅，寵宜延於似續。肆命堯家之懿，顯修主祀之恭。併躋論道之聯，仍遂奉祠之逸。序高槐位，肅趨定著之嚴；情洽棣華，娱侍大安之燕。陪加采邑，增衍真畬，以崇屏翰之權，以聳親賢之望。兹爲公道，夫豈予私。於戲！與國咸休〔一〕，庸大本根之庇；嗣慶無怠，益長源委之流。勉迪令猷，永綏多祉。特授太保，依前安德軍節度使、充萬壽觀使，嗣秀王，加食邑七百户，食實封三千户。」

六月十九日，禮部、太常寺言：「秀安僖王許置園廟，檢照濮安懿王園廟，園令官一員，就差兒男權攝。并合差官相度園廟制度：廟室、神門宜並用獸。所安木主石埳，于室中西壁三分之一近南去地四尺開埳室，以石爲之，其中可容神主趺匵。今來秀安僖王及夫人神主，欲乞並依上件典禮。四仲饗廟，三獻官并奉禮郎等，係嗣秀王充初獻，本位兒男攝亞、終獻，其奉禮郎等，乞湖州差官充攝。行禮合用牲牢羊、豕，乞從本府行下湖州排辦；祭器、祭服，乞工部下文思院製造。祭服：初獻八旒冕，亞獻、終獻四旒冕，奉禮郎、太祝、太官令無旒冕。每遇仲饗，本府前期牒報湖州排辦。所有行禮儀注，乞從太常寺參照濮安懿王儀注修定。」並從之。其園廟差御帶霍漢臣同湖州通判一員相度聞奏。

八月二十六日，閤門宣贊舍人帶御械器霍漢臣、通判湖州朱僎言〔二〕：「奉詔相度園廟，同天文官李師信相視得四面地步，山巒奇秀，形勢環抱，林木茂盛，已乘王氣，貴宜安（跡）〔静〕，不可興作。今踏 14 逐園之正北偏西壬地，丈〔尺〕廣闊，土厚草潤，注積淵源，水吉無衝，其地可行修製園廟，即與國音並無妨礙〔三〕。」以圖來上，從之。

十月一日，詔秀安僖王園廟，令湖州措置應辦，委通判一員提督；修造祠堂，令臨安府管認，如法修蓋。

十一月十日，太保、安德軍節度使、充萬壽觀使、嗣秀王伯圭奏：「紹封先世，有合陳乞事：一、照應秀安僖王園廟合差園令一員，已降指揮，許依禮例辟差兒男權攝。臣有次男明州觀察使、提舉佑神觀師揆，乞兼充，仍從例兼秀王位檢察尊長。一、臣四仲月合詣秀安僖王園廟祭饗，并

〔一〕休：原作「修」，據《永樂大典》卷一七〇八五改。
〔二〕僎：原作「撰」，據《永樂大典》卷一七〇八五改。
〔三〕與：原作「無」，據《永樂大典》卷一七〇八五改。

亞、終獻官，並乞從嗣濮王士歆已得指揮，往回免見辭。一、照應秀安僖王園廟係在湖州管下菁山，去城不遠，緣臣舊居及有諸孫皆在湖州居住，兼近城亦别有墳塋，乞遇仲饗，許臣因便暫歸湖州照管。一、本身合幫請受并幹辦使臣、宣借人等請給，乞從節次已降指揮，仍舊于湖州經總制錢内支破。」並從之。

二十一日，禮、工部、太常寺言：「秀安僖王園廟，湖州申乞擬定樣制建造。檢照濮安懿王園廟三間二厦，神門屋二座，齋院、神厨、櫺星門，欲令照應建造。」從之。既而嗣秀王伯圭奏：「伏覩朝廷降下圖本式樣，神門前後獨屋兩座，並無廊廡，竊恐將來祭享，或雨水，難以往來行事。乞减去神門一座，却于廟屋東西各添廊屋，與神門相接。所有齋館、神厨，亦乞於廟之兩邊隨宜蓋造，庶幾良便。」禮、工部、太常寺勘當，從本官所請。又檢照《國朝會要》，廟室神門合用吻獸，今來繳到圖本，内廟内吻依典故並合用獸。並從之。

二十四日，太常寺言：「臨安府申畫到秀安僖王祠堂，櫺星門一座，戟門、祠堂、後堂各三間，後堂挾屋八間，戟門挾屋八間〔一〕，歇泊二位各三間，兩廊二十六間，庫屋、巡房、從人屋一十五間。欲照應造作。」從之。

十二月二十三日，明州觀察使、提舉佑神觀、兼充秀安僖王園令、兼秀王位檢察尊長師揆奏：「差臣兼充秀安僖王園令，係在湖州置司，今有合行陳乞。臣恭遇兩宮聖節，欲乞赴闕隨班上壽，及遇大禮令臣陪祀，父嗣秀王伯圭見奉朝請，乞許時復往來省侍。本身請給、傔糧〔二〕、歲給公使、生日支賜等，乞劄下湖州，於經總制錢内支給〔三〕。」從之。

三年正月一日，皇伯太保、安德軍節度使、判大宗正事、嗣秀王伯圭奏：「建造秀安僖王園廟，近已畢工，所有修製神主儀式，令所司檢照典故修製，委官題寫。」詔差權禮部尚書李巘題寫〔四〕。

二月十四日，伯圭又奏：「秀安僖王祠堂、園廟，乞從濮安懿王例，每三年一次，從本所移牒所屬州府檢計修造。」從之。（以上《永樂大典》卷一七〇八五）〔五〕

〔一〕間：原作「門」，據《永樂大典》卷一七〇八五改。

〔二〕糧：原缺，據《永樂大典》卷一七〇八五補。

〔三〕總：原缺，據《永樂大典》卷一七〇八五補。

〔四〕巘：原作「瓛」，據《宋史》卷一二三《禮志》二六改。

〔五〕按：《大典》卷次，原稿中縫標作「一萬七千八十四」，今檢現存《永樂大典》殘卷，秀王園廟與濮王園廟均在卷一萬七千八十五，據改。

親臨宗戚大臣喪

【宋會要】❶親臨宗戚大臣喪，例詔太常寺擇日駕幸臨奠，皆以其家辭避不行：參知政事鄭聞，淳熙元年拾月薨。皇叔祖少師、嗣濮王士輵，柒年拾月薨。皇兄少傅、永陽郡王居廣，捌年柒月薨。同知樞密院事、兼參知政事謝廓然，玖年六月薨。特進、觀文殿大學士、鄭國公梁克家。拾肆年陸月薨。

慶元陸年捌月拾肆日，太常寺言：「少傅、左丞相京鏜薨，依禮例擇日駕幸臨奠，緣皇帝見在喪次，乞權免。」從之。

開禧貳年五月拾壹日，皇弟少傅、昭慶軍節度使、吳興郡王妻俞氏奏：「故夫抦薨（皆）〔背〕〔一〕，擇日駕幸臨奠。伏念故夫臣抦幸際休明，偶罹短折。方其抱疾之時，疊蒙聖恩宣問存撫；及其身没，又蒙給賜棺斂。全家哀感，莫竭糜捐。今者又將親屈至尊，俯臨私第。雖友愛自天，事皆從厚；而尊卑有分，詎不遑安。臨奠指揮，乞賜追寢。」詔不允。既而力具控辭，從之。

嘉定拾貳年拾壹月貳拾叁日，詔少傅、岳陽軍節度使、永陽郡王楊次山薨，擇日駕幸臨奠。既而皇后奏：「謹令姪谷、石具奏辭免。」從之。

發哀〔二〕

皇伯祖　東平郡王允弼，熙寧二年七月二十一日。感德軍節度使、秦國公承亮。四年三月九日。

皇叔祖　昭信軍節度使、檢校司空、開府儀同三司、漢東郡王宗瑗，元祐三年五月十八日。保信軍節度使、檢校司空、開府儀同三司、安康郡王宗隱，❷五年十二月初一日。鎮安軍節度使、開府儀同三司、嗣濮王宗愈，紹聖二年八月二十一日。河陽三城節度使、孟州管内觀察處置等使、嗣濮王宗悼，三年二月二十四日。武昌軍節度使、開府儀同三司、嗣濮王宗楚，四年六月六日。清海軍節度、廣州管内觀察處置等使、檢校司徒、開府儀同三司、廣州刺史宗祐。元符元年二月十八日。

皇伯　齊王元佐，天聖五年六月十四日。濮陽郡王宗樸，熙寧十年十月七日。襲濮國公宗誼，元豐元年三月二日。鎮安軍節度觀察留後宗衮。三年九月六日。

皇叔　荆王元儼，慶曆四年正月十九日。東平郡王德文，六年六月三日。太尉、成德荆南節度使、開府儀同三司、真定尹、兼江

〔一〕抦：原作「柄」，據《宋史》卷三七《寧宗紀》一改。下同。

〔二〕此門原未另行標目，而於正文前書「發哀皇伯祖」。今詳文意，「發哀」二字當是標目，「皇伯祖」三字乃細目。因改。

陵尹、荆王頵，元祐三年七月四日。淮南荆南節度使、(菅)〔管〕内觀察處置等使、守太師、開府儀同三司、揚州牧、楚王顥，紹聖三年九月二十六日。昭化軍節度使、信安郡王宗粹，宣和二年八月二十日。檢校少傅、奉寧軍節度使仲御。四年五月二十八日。

皇伯母　秀王夫人。乾道二年七月六日。

皇叔母　曹王元偁妻蜀國夫人王氏，天聖二年八月三十日。荆王元儼妻晉國夫人張氏，寶元元年正月十七日。潤王元份妻楚國太夫人李氏。慶曆五年三月十七日。

皇兄　汝南郡王允讓〔一〕。嘉祐四年十一月二十三日。

皇弟　涪陵縣公廷美，太平興國九年正月十六日。兖王元傑，咸平六年八月九日。雍王元份，景德二年八月二十六日。舒王元偁，大中祥符七年四月二十一日〔二〕。徐王元偓，天禧二年五月二十三日。静安軍節度使允迪。慶曆八年三月二十九日。

皇兄弟之妻　皇兄恭孝太子妻韓國夫人田氏；天禧四年五月二十八日。皇弟開封尹晉王夫人符氏，開寶八年十二月二十三日。彭城郡王妻徐國 3 夫人宋氏，咸平二年四月十二日。彭城郡王妻張氏，景德元年八月二十九日。安王妻燕國夫人張氏。天禧元年三月二十七日。

皇姑　齊國獻穆大長公主，皇祐三年三月二十八日。秦國莊孝大長公主，熙寧三年正月十四日。魯國大長公主。元豐六年十二月二十三日。

皇姊　燕國長公主，開寶六年十月十三日。許國長公主，咸平二年四月二十六日。秦國長公主，大中祥符元年五月十九日。晉國大長公主，二年十二月十日。越國長公主。元豐三年六月十一日。

皇子　許王元僖〔三〕，淳化三年十一月十三日。周王祐，咸平六年四月二十六日。豫王昕，康定二年二月二十三日。鄂王曦，慶曆三年正月一日。冀王俊，熙寧十年十一月二日。華原郡王朴。宣和五年十二月二十三日。

皇子婦　興元尹德昭婦夫人陳氏，開寶九年七月五日。襄王婦莒國夫人潘氏。端拱二年五月六日。

皇女　魏國公主，淳化元年十月二十一日。唐國公主，慶曆二年五月六日。楚國公主，五月十八日。越國公主，八月一日。韓國公主，五年四月二十八日。燕國公主。元豐元年二月二十九日。

皇姪　武功郡王德昭，太平興國四年八月二十九日。山南西道節度使、同中書門下平章事德芳，六年三月二十二日。右武衛大將軍、長寧侯德隆。雍熙三年正月二日。

皇姪婦　魏王德昭婦韓國夫人王氏，淳化元年正月二十七日。岐王婦岐國夫人焦氏。四年九月二十九日。

皇姪女　雲陽公主。雍熙四年正月十四日。

皇從兄　衡州防禦使、樂平郡公德恭，景德三年五月十八日。保信軍節度觀察留後德彝，大中祥符八年四月二十四日。武定軍節度使允寧。景祐元年十月二十六日。

〔一〕允讓：原無，據《宋史》卷一二《仁宗紀》四補。

〔二〕二十一：原作「十一」。按，《長編》卷八二、《宋史》卷八《真宗紀》三均載元偁卒於四月二十一日丙子，此當是脱「二」字，因補。

〔三〕僖：原作「禧」，據《宋史》卷五《太宗紀》二改。

皇從弟　左武衛將軍德愿，咸平二年閏三月十三日。右羽林將軍德潤，六年三月六日。右羽林將軍德欽，景德元年六月二十三日。右羽林將軍德存，大中祥符四年六月十三【4】日。右監門衛大將軍允熙。天聖四年五月十五日。

皇從姪　感德軍節度使、同中書門下平章事惟吉。大中祥符三年五月十九日。

妃　宸妃李氏，天聖十年三月二日。貴妃沈氏，熙寧九年十二月二十四日。仁宗貴妃苗氏。元祐六年十月二十六日。

皇外祖母　楚國太夫人吳氏。咸平二年十一月二十五日。

皇舅　右衛大將軍杜審瓊，乾德四年九月二十五日。右驍衛上將軍致仕杜審肇，開寶七年五月十七日。静江軍節度使杜審進，端拱元年六月四日。蔡州防禦使符昭愿，咸平四年五月二十四日。山南東道節度使、同中書門下平章事李繼隆，景德二年二月十二日。殿前都虞候、端州防禦使李繼和，大中祥符元年二月三十日。彰信軍節度使、兼侍中李用和。皇祐二年七月二十七日。

皇舅妻　李用和妻榮國夫人王氏。皇祐三年十一月七日。

皇從母　京兆郡夫人杜氏。開寶三年十月一日。

外戚　護國軍節度使、守太保、開府儀同三司、濟陽郡王曹佾，元祐四年四月七日。檢校太保、開府儀同三司、保平軍節度使、漢東郡王向宗回。政和四年十二月初十日。

乳母　秦國延壽保聖夫人劉氏，咸平元年九月十一日。魏國永聖保壽夫人許氏，寶元二年三月二十七日。秦晉國肅恭賢正夫人林氏。至和二年八月二十九日。

宰臣　右僕射、門下侍郎李沆，景德元年七月十二日。吏部侍郎畢士安，二年十月二十七日。左僕射、門下侍郎向敏中，天禧四年四月十日。司徒、門下侍郎王欽若，天聖三年十二月初六日。工部尚書張知白，六年二月八日〔一〕。司空、同平章軍國事呂公著。元祐四年二月三日。

使相　山南東道節度使、兼侍中慕容延釗，乾德元年十月二十七日。成德軍節度使、侍衛親軍馬步軍【5】都指揮使、兼侍中韓令坤，六年四月六日。樞密使、兼侍中曹彬，咸平二年六月十三日。樞密使、吏部侍郎、同中書門下平章事王（曉）〔曙〕，景祐元年八月十六日〔二〕。彰信軍節度使、同中書門下平章事王隨，寶元二年正月十八日。忠武軍節度使、同中書門下平章事王德用，嘉祐二年三月十七日。武寧軍節度使、兼侍中夏竦，皇祐三年九月十六日。護國軍節度使、同中書門下平章事狄青，嘉祐二年四月二十一日〔三〕。永興軍節度使、兼侍中韓琦。熙寧八年七月十三日。

前宰相　太師趙普，淳化三年七月十八日。太尉王旦，天（熙）〔禧〕元年九月二十六日。太尉致仕呂夷簡，慶曆四年九月十五日。太傅致仕張士遜，皇祐元年二月三日。司徒致仕陳執中，嘉祐四年四月

〔一〕八日：據《長編》卷一〇六，張知白卒於天聖六年二月十七日壬午，不應八日已發哀，疑日分有誤。

〔二〕景祐：原作「景德」，據《宋史》卷二一一《宰輔表》二改。

〔三〕嘉祐二年：原脱。據《長編》卷一八五，狄青卒於嘉祐二年三月二十四日庚子，因補。

九日〔一〕。左僕射、觀文殿大學士賈昌朝，治平二年八月二十七日。司空致仕宋庠，三年五月十二日。太子太傅梁適，熙寧三年三月一日。太傅、兼侍中致仕曾公亮，元豐元年三月二日。鎮江軍節度使、同中書門下平章事致仕陳升之〔二〕，二年四月二十一日。武寧軍節度使、守司徒、開府儀同三司致仕富弼，六年閏六月二十二日。鎮江軍節度使、守司空、開府儀同三司致仕、上柱國、康國公韓絳〔三〕，元祐三年三月九日。觀文殿大學士、守太子太保致仕韓縝，紹聖四年五月十八日。檢校少保、建武軍節度使、開府儀同三司劉正夫，政和七年十月二十日。太保、威武軍節度使、領樞密院、燕國公鄭居中。宣和五年六月二十七日。

執政　參知政事唐介。熙寧二年四月十日。

前執政　太子太師致仕張昪，熙寧十年十二月二日。太子太保致仕張方平，元祐六年十二月初一日。檢校少保、鎮東軍節度使、開府儀同三司蔡卞，政和七年三月二十四日。寧遠軍節6度使、開府儀同三司梁子美，宣和五年五月五日。檢校少傅、鎮洮軍節度使、河北河東路宣撫使种師道。靖康元年十月二十九日〔四〕。《宋史·李若水傳》：靖康元年爲太學博士。開府儀同三司高俅死，故事，天子當掛服舉哀。若水言：「俅以倖臣躐躋顯位，敗壞軍政，金人長驅，其罪當與童貫等。得全首領以没，尚當追削官秩〔五〕，示與衆棄，而有司循常習故，欲加縟禮，非所以靖公議也。」章再上，乃止。

諸國　中書令、秦國公孟昶，乾德三年六月十一日。二王後周鄭王。開寶六年三月十日。

雜録

太宗淳化四年閏十月，涪王廷美女出家而卒，帝手詔宰臣，詢其禮儀、發哀制服。太常禮院言：「按禮例，出家姪女無服。」從之。

真宗咸平元年九月三日，乳母秦國延壽保聖夫人卒，將發哀，且以太宗喪始期，頗疑其事，命有司詳定。而禮官言：「《書》稱『高宗諒闇，三年不言』。孔安國曰：『既卒哭即位，除衰麻，聽於冢宰，以終三年。』至漢文帝即位，乃革三年之制，以日易月，二十七日除服，心喪終制。《開寶通禮》云：『先遭重喪，後遭輕喪，皆爲製服。往則服其輕，反則服其重。』又云：『皇帝爲乳母緦麻三月。』按《喪葬令》，皇帝爲緦麻一舉哀而止。伏以秦國夫人保傅聖躬，綿歷星紀，遽茲淪謝，宜備哀榮。況太宗上仙，已終易月之制，今爲乳母舉哀，合於典禮。」遂從之。

六年八月一日，永樂縣主卒，禮官言：「准禮，皇帝降服大功九月，不視事三日，合擇日成服。按天子絶期，況成

〔一〕九日：據《長編》卷一八九，陳執中卒於四月十九日癸未，疑此「九日」上脱「十」或「二十」。
〔二〕同：原脱，據《名臣碑傳琬琰之集》下卷一五補。
〔三〕絳：原作「緯」，據《宋史》卷一七《哲宗紀》一改。
〔四〕「康」原作「和」，「十月」原作「十二月」，據《宋史》卷二三《欽宗紀》改。
〔五〕當：原作「書」，據《宋史》卷四四六《李若水傳》改刪。

服之日與安王同日，酌情順變，禮從猷降，望罷其禮。」從之。

景德元年四月三日，鄭國長公主薨，禮官言：「降服大功，擇日成服。又緣皇帝爲大[7]行皇太后齊衰三年，從以日易月之制，見居大祥之内，哀服未除。典禮舊章，以輕包重，特酌情順變，禮當猷降。望更不成服，皇親、諸親亦不制服。」帝曰：「宗室諸王皆不制服，情所未忍。至期當遣諸王就其第成服，及令皇后臨奠〔一〕，餘如所請。」

二十一日，皇舅洛苑使、順州刺史李繼恂卒。禮官言明德皇太后心喪之内，請罷成服發哀。從之。

七月四日，宰臣李沆薨，禮官言沆品秩雖應舉哀，又緣國朝以來惟趙普〔二〕、曹彬曾行兹禮，今來事繫特旨。詔特擇日舉哀。自是宰相卒者用此禮。

三年十一月四日，皇姪女隆安縣主卒，禮官請發哀成服，詔停其禮。天禧五年五月宜都縣主卒亦然。

四年正月五日，皇從弟右監門衛大將軍德鈞卒。判太常禮院杜鎬等言：「德鈞本服大功，合舉哀成服。又按典章，雖有斬衰之喪，不廢天地之祭，蓋不以卑妨尊。今者皇帝擇日恭謁陵寢，罷金石之奏，服縞素之衣，蓋欲極追遠之情，隆罔極之感。苟爲大功卑幼更成服舉哀，敦叙之仁於兹雖見，奉先之道有瀆嚴恭。況復乘輿已曾臨哭，臣等參酌，請罷舉哀成服。」從之。

大中祥符二年五月二十五日，楚王子允言妻潘氏卒，禮官請舉哀成服，詔停。

八〔八〕年四月二十四日〔三〕，帝爲皇從弟信都郡王德彝制服發哀〔四〕，以榮王元儼宮遺火，不及成禮。

仁宗乾興元年未改元。七月十三日，禮儀院言：「左監門衛大將軍允言卒，[8]準禮例大功九月合成服，緣大行皇帝尚在殯宮，請罷其禮。」從之。

十二月二十二日，禮儀院言：「密王夫人賀氏卒，於皇帝爲叔母，合擇日成服。緣在服制内，望罷其禮。」從之。

天聖元年五月三日，太常禮院言：「贈侍中劉美妻越國夫人錢氏卒，準《禮令》，皇太后爲親兄弟妻本服大功，合於便殿發哀。緣在真宗大祥内，望罷其禮。」從之。

閏九月十一日，太常禮院言：「武勝軍節度使、兼侍中馮拯卒，《禮令》，皇帝爲一品、二品喪合舉哀成服，又緣見在大祥之内，望罷其禮。」從之。

二年五月十一日，太常禮院言：「皇姑中國大長公主卒，在真宗禫服内，望不成服。」從之。

四年五月十一日，太常禮院言：「定王子允熙卒，年十七歲，爲長殤，降服小功，不應成服。」詔特舉哀。

十年六月十二日，皇從兄建寧軍節度使、樂安郡公惟

〔一〕后：原作「服」，據《宋史》卷一二四《禮志》二七改。
〔二〕普：原作「晉」，據《宋史》卷一二四《禮志》二七改。
〔三〕八年：原作「八八年」，據《宋史》卷八《真宗紀》三刪。
〔四〕德彝：原倒，據《宋史》卷八《真宗紀》三乙。

正薨，禮官言天子爲羣臣二品、宗室大功以上成服，今惟正爲小功親，本宫三品，禮不服之。特詔擇日成服。於是皇帝、皇太后並素服發哀於後苑。

景祐元年正月十六日，太常禮院言：「安國軍節度使、延安郡公允升卒，準《禮令》，皇帝本服大功，合舉哀成服，爲在莊獻明肅皇太后小祥之内，望罷其禮。」從之。

康定二年二月二十日，皇子壽國公昕薨，年二歲。禮官言已有爵命，宜同成人，遂發哀成服。

二年五月四日，安壽公主薨，亦用成人禮發哀。

〔慶曆〕三年正月一日〔一〕，第三皇子曦薨，成服於[9]苑中。既除，以五日宴契丹使，下禮官議。同知太常禮院、大理寺丞、集賢校理陸經言：「天子絶期，今鄂王雖有爵命而不爲殤，皇帝爲制服已除，於禮當作樂。」既宴罷，經復論奏，以鄂王爲無服之殤，宴在以日易月之内，不宜舉樂。帝以經前後反復，又援臣庶之禮非是，經落職監汝州酒税。

皇祐三年九月十六日，爲夏竦成服于苑中。先是，禮院擇日以進，帝謂輔臣曰：「竦嘗事東宫，情所愍傷，若依所擇日則在大宴後，豈可先作樂而後舉哀？」故更用之。

神宗熙寧十年十月二十五日，太常禮院言：「永國公薨，准禮例係無服之殤，無舉哀成服禮。」詔特舉哀成服。

二十八日，太常禮院言：「宜用十一月二日，皇帝爲皇子永國公、太子太師致仕張昇同日舉哀成服，別無妨礙。」從之。

哲宗元豐八年未改元。五月二十八日，禮部言：「王珪薨，合舉哀成服。」詔以大行在殯，罷之。

元祐元年五月八日，禮部言：「王安石薨，在神宗皇帝大祥内，皇帝更不舉哀成服。」從之。

九月七日，詔：司馬光薨，爲在諒闇中，更不舉哀成服。

高宗紹興七年八月二日，禮部、太常寺言：「開府儀同三司、嗣濮王仲湜薨，依條合該申請舉哀成服。緣皇帝見在道君皇帝、寧德皇后服制之内，本寺今檢會太常禮院言：『密王夫人賀氏薨，於皇帝爲叔母，合成服舉哀，緣在真宗服制之内，准典禮更不成服。』所有今來仲湜薨舉哀成服，乞依故事施[10]行。」從之。舊書：凡宗戚、大臣、皇族長幼薨卒，於別殿或後苑設幕舉哀。自建炎至紹興，以具慶之朝，並不舉行此（理）〔禮〕。

孝宗乾道三年四月三日，太常寺言：「依已降旨，皇伯母秀王夫人薨，皇帝於後苑壬地設幕殿，舉哀成服。太史局選用四月六日卯八刻後，御史臺、閤門、太常寺報引宰臣已下文武百官詣崇政殿門外立班，進名奉慰。至日仍不視事。」從之。

淳熙七年二月九日，禮部、太常寺言：「魏王愷薨，皇帝舉哀成服，用二月十日庚時。皇太子服細布幞頭、襴衫，腰圍以布帶。是日，文武百僚進名奉慰。」從之。（以上《永樂

〔一〕慶曆：原脱，據《宋史》卷一〇《仁宗紀》二補。

大典》卷七三八一）

外國發哀

宋朝凡爲外國喪，使者至，有司擇日設次於内東門之北隅，命官攝太常卿及博士贊禮。俟太常卿奏請，即向其國而哭之，五舉音而止。皇帝未釋素服，人使朝見不宣班，不舞蹈，不謝面天顔，引當殿[一]，喝「拜」，兩拜，奏「聖躬萬福」。又喝「拜」，兩拜，隨拜萬歲。或增賜茶藥及傳宣撫問[二]，即出班致詞訖，歸位。又喝「拜」，兩拜，隨拜萬歲。喝「祗候」，退。所有分物，候朝見訖，於幕殿門外喝賜，門謝。如撫問人使，即更喝「拜」，兩拜，隨拜萬歲。喝「祗候」，退。從人引當殿[三]，喝「拜」，兩拜，奏聖躬萬福，又喝「拜」，兩拜，隨拜萬歲，喝「各祗候」，退。所賜分物，亦俟朝見訖門謝。如有舍利，分作兩班。餘同舉哀儀。

真宗大中祥符二年十二月二十四日，雄州言：「得涿州牒，契丹國母蕭氏以此月十二日卒，遣使耶律信寧來告哀。」詔遣官迓之，廢朝七日，擇日制服，命禮官詳定以聞。二十五日，契丹賀正旦使耶律突魯姑等到闕，(到)〔見〕訖還

11 館，令客省使曹利用以涿州牒示之，詔突魯姑等擇日成服。二十八日，信寧奉書馳驛至，命太常博士贊引詣西上閤門，閤門使受書進内。又命户部郎中、知制誥李維假左諫議大夫，洎曹利用館伴。詔中書、樞密院至知制誥以上，就慰突魯姑等於都亭驛廳，皆公服、黑帶，不佩魚。(常)〔嘗〕奉使及接送館伴者，並以借官叙座。二十九日，帝爲契丹國母發哀，羣臣奉慰。其日，耶律信寧自驛赴左掖門幕次[四]。俟開内門，入左掖門[五]，至左昇龍門下馬，入北偏門街下[六]，行至右昇龍北偏門[七]，入朝堂西偏門，至文德殿門上捧書。太常博士二員、禮直官二名，贊引入文德殿西偏門街下[八]，行至西上閤門外階下，面北跪，進書。閤門使一員跪受承進，博士、禮直官退，使、副入西上閤門殿後偏門，由南廊入大寧西偏門街下，行赴内東門幕次。信寧入，中書、樞密院侍立，帝爲舉音、卹問，令突魯姑等就開寶寺設位奠哭，成服。其日所司陳設幕次及香、酒，并行禮褥位，重行北向。及設衰服、絰、杖等。候禮直官引使、副以下詣位，重行北向東上立定。再拜，在位者皆拜訖，禮直官引使、副、班首詣香酒前執盞跪奠，俛伏興，歸位，皆再拜。禮直官揖使、副已下，請成服。俟使、副已下具衰服、絰、杖成服訖，禮直官再引使、副以下，各依位北向重行立定，舉哭盡哀。禮直官引使、副、班首少前，去杖，跪奠酒。三奠訖，執杖，俛伏，興，歸位。焚紙馬，皆舉哭，

[一] 引：原作「近」，據《宋史》卷一二四《禮志》二七改。
[二] 增：原作「曾」，據《宋史》卷一二四《禮志》二七改。
[三] 從人：原作「從之」，據文意改。
[四] 門：原作「明」，據《宋史》卷一二四《禮志》二七改。
[五] 左：原作「玄」，據《宋史》卷一二四《禮志》二七改。
[六] 街：《宋史》卷一二四《禮志》二七作「階」。
[七] 至：原作「出」，據《宋史》卷一二四《禮志》二七改。
[八] 街：《宋史》卷一二四《禮志》二七作「階」。

再拜。拜畢，各還次〔一〕，服吉服歸驛。詔近臣弔慰信寧於驛廳。成服後，在館，大使戴紗冠、銀白成環子，服淺紫窄衣，繫皂束帶。副使裹幞頭，服淺紫公服，繫角帶，不佩魚，紫羅素鞔銀鞍，鞦轡紫羅素裹，無鉸具，去狨座。叄節從人各服淺紫衫，勒帛。掛服，使、副皆粗布頭冠帽、斜巾、方裙、大袖袴、絹襯衫、腰絰、桐杖。上節、中節粗布斜巾、襴衫袴、絹襯衫、腰絰；下節粗布襪子、四褛衫[12]袴、腰絰。

仁宗天聖九年六月二十二日，雄州上言，契丹隆緒卒，遣使耶律乞石來告哀，即遣使往迓之。二十三日，詔曰：「朕以契丹爰自先朝，早修歡好，歲時滋久，使聘交馳。逮朕（績）〔纘〕承，益堅信誓，永保息民之義，克彰修睦之規。訃告忽來，悲傷斯甚。式展敦崇之禮，用申悠永之情。宜特輟朝七日，在京並禁音樂，河北、河東沿邊亦禁七日。擇日備禮，舉哀成服。委太常禮院定儀以聞。」告哀使至日，奉書詣西上閤門，閤門使跪受，博士贊禮。至都亭驛日，令近臣待制以上就驛弔慰。七月一日，乞石至，帝與皇太后發哀苑中，（郡）〔群〕臣詣崇政殿門奉慰。三日，近臣慰乞石于驛廳。

明道元年十一月十九日，延州上言，得夏州報，夏（至）〔王〕趙德明卒。二十四日，帝與皇太后成服于後苑，羣臣奉慰。

慶曆八年二月九日，夏國遣人來告國主曩霄正月二日卒。十日，帝爲發哀於苑中，羣臣奉慰。押伴使任顓請發哀日令西人於閤門（輟）〔綴〕班，庶盡見朝廷推恩之禮。詔可。

至和二年八月二十六日，雄州言契丹宗真八月四日卒。九月三日，遣使耶律元亨來告，帝爲發哀於內東門之別次，羣臣奉慰。詔特輟朝七日，禁在京及河北、河東沿邊州軍音樂七日。雄州自九月十五日於佛寺建道場七晝夜，設闔州大會齋。

嘉祐三年正月二十八日，雄州言契丹國母蕭氏去年十二月二十七日卒。二月二日，契丹遣使蕭福延來告，帝爲發哀于內東門之別次，羣臣奉慰。詔近臣慰福延於驛廳。

神宗熙寧[13]元年正月二十六日，鄜延路經略司言夏國主趙諒祚卒。太常禮院言：「檢會慶曆八年正月夏國主趙元昊卒，輟視朝三日，及擇日舉哀掛服。先朝在諒闇時，遇臣僚喪，並不行舉哀掛服之禮。今乞依例輟朝，所是舉哀掛服，緣皇帝在諒闇之內，於禮合罷。」從之。

九年三月，雄州言大遼國母蕭氏以三月六日（進）〔卒〕。四月六日，賀同天節使耶律測等到闕。對畢，詔以雄州奏大遼國母服藥，特罷垂拱殿宴。及歸館，命客省使張誠一以涿州公牒示之，仍宣諭特輟同天節上壽及罷大宴〔二〕，詔測等擇日成服於開寶寺福聖院。二十七日，遣使耶律孝淳來告。二十九日，上爲發哀於內東門之別次，羣臣奉慰。詔輟視朝七日，以舉哀日爲始。命近臣就慰孝淳於驛廳。

哲宗元祐元年九月二（日）〔十〕四日〔三〕，太常寺言：

〔一〕各：原作「合」，據《宋史》卷一二四《禮志》二七改。
〔二〕論：原作「論」，據《長編》卷二七四改。
〔三〕二十四日：原作「二日四日」，據《長編》卷三八八改。

「夏國主秉常卒，緣在諒闇中，於禮不舉哀掛服。」從之。

徽宗建中靖國元年二月三日，河北沿邊安撫司言：「正月十三日，遼主耶律洪基卒。涿州牒報，已遣長寧軍節度使蕭恭來告哀。」詔以司封員外郎曾孝純、閤門通事舍人王薦迓之。十四日，以遼主訃音，特輟視朝及在京禁樂七日，其河北、河東沿邊州軍禁樂亦如之。擇日備禮，舉哀成服，宜令太常寺詳定以聞。三月四日，遼國告哀蕭恭至，命御史中丞趙挺之假翰林學士及秦州團練使李許館於都亭驛，上爲發哀於內東門之別次，羣臣奉慰。14 命待制以上就慰恭於驛，皆公服，黑帶，佩魚。（以上《永樂大典》卷七三八三）

臨奠

【宋會要】15 國朝凡親王、公主及宰相、使相、樞密使、宣徽使、參知政事、知樞密院、同知院事、副使、駙馬都尉喪，皆即時車駕臨奠。嘗任宰相及致仕者，掌兵觀察使以上，都指揮使至副都指揮使，或亦臨奠。諸王、公主將攢及發引，皆再臨奠。唐禮，所司備小駕鹵簿、儀仗，鼓吹前導，侍中奏中嚴外辦，百官皆素服陪位。皇帝自內乘輿出，千牛將軍四人執戈，一人執桃，一人執茢，前導車駕。將至所幸之第，贊禮者引喪主哭於大門內，望見乘輿止哭，再拜，立於庭。皇帝至幕殿，改素服就臨，喪主內外再拜。皇帝哭，十五舉音，喪主內外皆哭。皇帝詣祭所三奠酒，喪主已下再拜。皇帝退，止哭。從官進名奉慰。皇帝改常服還內。國朝不具其儀，乘輿但素服臨喪，致奠，舉哭，賻賜有差，或詔從官拜奠而還。

太祖乾德四年九月二十五日，幸右衛大將軍杜審瓊第臨奠。瓊，帝之舅，特臨奠也。

開寶五年十月十一日，幸河陽節度使張仁超第臨奠，哭之慟，非常禮也。

六年十月十三日，幸燕國長公主高氏第臨奠，哭之甚哀。

七年八月十九日，幸忠武軍節度使、同中書門下平章事王審琦第臨奠。

太宗太平興國六年三月十二日，幸山南西道節度使、同中書門下平章事德芳第臨奠〔一〕，哭慟。

六月九日，幸宰臣薛居正第臨奠。

七年十月二十〔一〕日〔二〕，幸參知政事竇偁第臨奠。

九年正月七日，幸右僕射石熙載第臨奠，洒涕，左右無不感愴。

二十三日，幸參知政事李穆第臨奠。帝謂近臣曰：

〔一〕德芳：原作「德昭」，據《長編》卷二二改。

〔二〕二十一：原作「二十」，按《長編》卷二三，竇偁卒在二十一日己卯，據補「一」字。

「穆，時之名臣，朕方爾擢用，遽茲淪謝，非斯人不幸，乃朕之不幸。」

端拱元年六月二日，幸静江軍節度使杜審進第臨奠，哭之慟。審進，帝之舅，詔親王、公主就第哭之。

淳化元年十月二十一日，幸魏國公主第臨奠。

真宗咸平元年九月三日，幸燕國公主高氏第臨奠秦國延壽保聖夫人劉氏喪。先是，夫人疾亟，即自宫還於故高氏主第。詔遣東宫及舊給使輩以次奠哭。

二年四月十四日，幸許國長公主第臨奠。

八月(七)〔二十三〕日〔一〕，幸樞密副使楊礪第臨奠。礪僦舍委巷中，乘輿不能入，帝爲冒雨步進焉。

四年五月二十四日，幸蔡州防禦使符昭愿第臨奠。昭愿，懿德皇后之(第)〔弟〕，故優其禮。

六年七月二十五日夕，兖王元傑薨，帝聞之震悼，不俟旦，步及中禁門，乃乘輿輦臨視，雨泣，哀動左右。翌日，再臨哭之。八月八日，又臨幸，悲慟久之。

景德元年四月十四日，幸鄭國長公主第臨奠。

十七日，幸右羽林將軍德欽院臨奠。

七月四日，幸宰臣李沆第臨奠。先是，幸問疾，既還，沆以不起聞，即日復臨奠，哭之慟。

二年七月十五日，幸宣徽北院使雷有終第臨奠。是日，帝幸雍王宫方還，聞有終喪，16即時臨奠。留賜白金三千兩。

八月三日〔二〕，雍王元份薨，遷歛于南宫，帝臨喪奠，哭甚哀。二十五日攢，三年正月十一日再臨哭。

(二)〔三〕年二月十三日〔三〕，樞密使王繼英暴薨〔四〕，帝即幸其第，臨哭久之，賜白金五千兩。

大中祥符元年二月二十五日，幸殿前都虞候、端州防禦使李繼和第臨奠。初，繼和疾亟，帝將親臨其喪，以問宰相，王旦曰：「繼和以品秩言之，實無此禮，陛下敦叙外族，先朝亦嘗臨杜審進之喪，於禮無嫌。」帝然之。翌日，繼和卒，即幸其第，又遣諸王率宗室素服赴第，以申哀悼。

五月十四日，幸秦國長公主第臨奠，親視小歛，哭之慟。十六日大歛，二十五日出殯，再臨哭。

二年十一月二十九日，幸晉國公主第視疾。既還，主以不起聞，帝即臨奠，哭之慟。十二月十七日攢塗，三年正月十一日啓攢，再臨哭。

三年四月三日，幸鎮安軍節度使、同中書門下平章事、駙馬都尉石保吉第臨奠。先是，保吉訃聞，帝欲即日臨喪，有司言將饗太廟，已致齋，於禮非便，請俟祀畢乃往。六月

〔一〕二十三日：原作「七日」。按《長編》卷四五、《宋史》卷六《真宗紀》一俱載此事於八月二十三日癸酉，據改。

〔二〕按，元份之卒，《長編》卷六一作八月四日庚辰，《宋史》卷七《真宗紀》二則作八月二日戊寅，而此作三日，未知孰是。

〔三〕三年：原作「二年」，據《宋史》卷二一〇《宰輔表》一改。

〔四〕英：原作「恩」，據《宋史》卷二一〇《宰輔表》一改。

十三日發引，再臨奠。

五月十八日，幸安定郡公惟吉院臨奠。

六月二十五日，幸翰林侍讀學士、禮部尚書、兼祕書監郭贄第臨奠。詔曰：「朕以贄逮事先朝，屢登顯位，肆沖人之齒胄，資碩學以宣猷。肆朕纂承，益遷華重，踐揚斯久，顧待方深。聞寢疾以云亡，頗傷懷而永歎。追思舊德，宜越常鈞。朕今親臨，以申哀悼，不得爲例。仍付所司。」於是幸贄第，臨哭久之。

四年八月十二日，幸左千牛衛大將軍惟叙院臨奠。有司言，惟叙於帝爲再從姪，無臨喪之禮，詔特行之。

（六）〔七〕年四月〔二〕十五日〔一〕，幸曹王元偁宮臨奠。〔二〕十七日大斂，再臨哭。五月十八日攢塗，故事，諸王初攢再臨奠，是日以夏至祭皇地祇，疑其事，問于禮官。太常禮院言：「按《五禮精義》，有緦喪者，如祭天與祀地祇同日，於禮無嫌，其祀前致齋内望不臨奠。」於是翌日始往。

八年四月十八日，幸保信軍節度觀察留後德彝院臨奠。二十九日攢塗，再臨哭。

六月二十七日，幸昌州團練使惟忠院臨奠。

九年五月十一日，幸資州團練使惟憲院臨奠。

天禧元年二月（二）〔三〕十日〔二〕，幸參知政事陳彭年第臨奠，涕泗久之。帝謂王欽若等曰：「彭年善人，何意遽此淪喪。至於兼才博學，今罕其比。自任左右，服勞夙夜，憂職太深，未嘗休憩。朕每諭其游息〔三〕，然賦性勤謹〔四〕，行之彌篤。不幸而隕〔五〕，得非命歟！」又覩其所僦居室陋湫，歎惜數四。

九月十四日，幸太尉、玉清昭應宮使王旦第臨奠，哭慟。

二（月）〔年〕五月三日〔六〕，幸寧王元偓宮臨奠。

三年六月二十六日，幸長清郡主第臨奠。主，秦王廷美之女〔七〕，帝再從姑。有司言小功禮當降殺，帝特臨奠。

七月十七日，幸殿前司臨奠指揮使、忠武軍節度使曹璨喪。時已命翰林草制，授璨17河陽節度使、同平章事，制入而卒。

仁宗天聖二年五月九日，幸崇真資聖禪院臨奠申國大長公主報慈正覺大師喪。

八月二十六日，幸曹王宮臨奠蜀國夫人王氏喪。

〔五年〕五月二十四日〔八〕，幸楚王元佐宮臨奠。

〔一〕按，《長編》卷八二、《宋史》卷八《真宗紀》三均載元偁卒於祥符七年四月二十一日丙子，本書本卷禮四〇之二亦同（作「十一日」，脱「二」字）。則此處臨奠當是二十五日，大斂當是二十七日，因改補。

〔二〕三十：原作「二十」，據《長編》卷八九改。

〔三〕游：原脱，據《長編》卷八九補。

〔四〕勤：原脱，據《長編》卷八九補。

〔五〕隕：原作「殞」，據《長編》卷八九改。

〔六〕二年：原作「二月」，據《長編》卷九二改。

〔七〕廷：原作「庭」，據《宋史》卷二四四《魏悼王廷美傳》改。

〔八〕五年：原脱。按《宋史》卷九《仁宗紀》一：天聖五年五月「癸亥，楚王元佐薨」，是此脱「五年」二字，據補。

八月二十七日，幸廣親宅臨奠莊宅使承矩喪。

六年正月六日，幸馬軍司臨奠副都指揮使、武昌軍節度使彭睿喪。

二月十七日，幸宰臣張知白第問疾，是夕知白薨。二十一日，皇太后幸其第臨奠。

二月十三日[一]，幸咸寧郡主第臨奠。主，秦王〔庭〕〔廷〕美女，帝再從姑也。

八年九月十六日，幸樞密副使姜遵第臨奠。

九年二月十一日，幸西宅臨奠西染院使從恪喪。

明道二年七月十五日，幸駙馬都尉柴宗慶第臨奠楚國大長公主喪。景祐二年十月二十七日啓攢，再臨奠。

景祐元年正月十八日，幸齊王宮臨奠安國軍節度使、延安郡公允升喪。

八月六日，幸樞密使、同中書門下平章事王〔曉〕〔曙〕第臨奠。

十一月十七日，幸潤王宮臨奠武當軍節度使允寧喪。

三年十二月二十二日，幸知樞密院事李諮第臨奠[二]。

五年四月七日，幸同知樞密院事王博文第臨奠。是日，帝幸金明池，既歸，聞博文卒，中後趣駕臨喪。

八月十六日，幸鎮國軍節度使、駙馬都尉李遵勗第臨奠。

寶元二年三月二十八日，幸奉先資福禪院臨奠魏國肅成賢穆夫人喪。

六月十七日，幸廣親宅臨奠左領軍衛大將軍承鑒喪。

七月一日，幸睦親宅臨奠彰化軍節度觀察留後守節喪。

二日，幸廣親宅臨奠和州團練使承慶喪。

康定元年十一月二十三日，幸參知政事宋綬第臨奠。

二〔月〕〔年〕四月二十四日，幸芳林園臨奠豫王喪。

十二月五日，幸廣親宅臨奠左領軍衛大將軍承睦喪。

慶曆四年正月十二日，幸荆王元儼宮臨奠，哭之慟。二十一日攢塗，三月二十四日啓攢，二十七日發引，再臨奠，再拜哭，登輦又哭久之。

二月九日，幸武成軍節度使、同中書門下平章事、駙馬都尉柴宗慶第臨奠。其家人言宗慶遺言，久受禄賜，家給外並上進。詔以宗慶之後幼弱，其家財官爲檢校，不須進納。以其姪供奉官貽忠、戩二人爲嗣。

五年三月一日，幸睦親宅臨奠汝南郡王母安國夫人李氏喪。

閏五月六日，幸馬軍司臨奠副都指揮使、定國軍節度觀察留後曹琮喪。

六年三月十五日，幸睦親宅臨奠和州防禦使守巽喪。

五月二十四日，幸廣親宅臨奠忠武軍節度使、兼侍中、

[一] 十三日：按日次，疑當作「二十三日」。
[二] 知：原脱，據《長編》卷一一九補。

東平郡王德文喪。

八年三月二十七日，幸燕王宮臨奠安静軍節度使允迪喪。

六月二十七日，幸參知政事明鎬第臨奠。

二十九日，幸司空致事章得象第臨奠。有司言禮例無車駕親奠，帝以得象嘗任首相，特行臨奠之禮。

皇祐元年正月十七日，幸太傅致仕、鄧國公張士遜第
18 臨奠。翌日，帝顧謂輔臣曰：「昨日左右有言庚戌是朕本命日，不宜臨奠，朕以師臣之舊，何所避也。」文彦博曰：「陛下過於唐太宗辰日哭張公謹遠矣。」

二年七月十九日，幸彰信軍節度使、兼侍中李用和第臨奠。

三年三月二十五日，幸魏國大長公主第臨奠。六月六日發引，再臨奠。

十月二十五日，幸隴西郡王李用和第臨奠榮國夫人王氏喪。

十二月二十七日，幸廣親宅臨奠左衛大將軍承衎喪。

四年九月二十一日，幸馬軍司臨奠副都指揮使、耀州觀察使周美喪。

十一月十五日，幸廣親宅臨奠衛州防禦使承炳喪。

五年正月十日，幸觀文殿學士、翰林侍讀學士、尚書右丞丁度第臨喪。

九月四日，幸廣親宅臨奠均州防禦使承裔喪。

六年三月七日，幸楚國太夫人曹氏第臨喪。夫人即温成皇后之母。

嘉祐三年八月二十一日，幸參知政事王堯臣第臨奠。

九月十三日，幸宣徽北院使張堯佐第臨奠。

十一月九日，幸睦親宅臨奠汝南郡王喪。

英宗治平元年五月一日，幸睦親宅臨奠宿州觀察使宗懿喪。

十二月二日，幸（親睦）〔睦親〕宅臨奠延州觀察使從古喪。

二年二月十五日，幸樞密副使王疇第臨奠。前一日疇卒，訃聞，帝即欲臨奠，以命官祈雨致齋，故以是日往。

四月二十二日，幸睦親宅臨奠虔州觀察使宗禮喪。

七月十九日，幸睦親、廣親宅臨奠同安郡王惟正妻榮國夫人史氏、安定郡王承簡妻樂安郡夫人張氏喪。

二十日，幸觀文殿大學士、右僕射賈昌朝第臨奠〔一〕。

神宗熙寧元年正月二十日，幸睦親宅臨奠嘉州防禦使宗述喪。

二月二十七日，幸睦親宅臨奠鎮南軍節度觀察留後、邢國公世永喪。

十月四日，幸廣親宅臨奠保大軍節度使承範喪。

二年四月十一日，幸參知政事唐介第臨奠。

〔一〕朝：原作「期」，據《宋史》卷二八五《賈昌朝傳》改。

七月十日，幸睦親宅臨奠東平郡王允弼喪。

十月十八日，幸荆王宫臨奠博平郡王允弼妻榮國夫人慕容氏喪。

三(月)〔年〕正月九日，幸楚國大長(主宫)〔公主〕第臨奠。三月二十二日葬，再臨奠。

四年正月二十三日，幸廣親宅臨奠横海軍節度觀察留後承衔喪。

三月九日，幸睦親宅臨奠感德軍節度使、秦國公承亮喪。

十二月九日，幸睦親宅臨奠安定郡王從式喪。

五年閏七月二日，幸秀州團練使宗治第臨奠。

六年正月十二日，幸睦親宅臨奠遂州觀察使承錫喪。

六月二十六日，幸睦親宅臨奠寧武軍節度觀察留後、魏國公宗立喪。

八月十一日，幸睦親宅臨奠貴州防禦使宗愨喪。

八年二月二十二日，幸步軍司臨奠副指揮使、威武軍節度觀察留後宋守約喪。

六月二十七日，幸睦親宅臨奠昭化軍節度使、康國公承顯喪。

九年五月四日，幸睦親宅臨奠連州防禦使從賁喪。

七月五日，幸東法濟院臨 19 奠贈侍中向經喪。

十二月十一日，幸沈義倫第臨奠貴妃沈氏喪。

十年七月十九日，幸睦親宅臨奠登州防禦使、韓國公宗績喪。

十月(二)〔七〕日[一]，幸睦親宅臨奠濮安郡王宗樸喪。

十二月三十日，幸睦親宅臨奠建州觀察使宗翰喪。

元豐元年閏正月二十四日，幸太傅、魯國公曾公亮第臨奠，哭。〔葬〕之前一日又臨之，非故事也。

四月二十八日，幸保大軍節度使承選第臨奠。

六月十七日，幸殿前都指揮使、安武軍節度使郝質第臨奠。

三年四月，幸觀文殿大學士、吏部尚書、西太一宫使吳充第臨奠。

五月十七日，蜀國公主薨，帝未朝食，即駕往，望第門而哭之，賜錢五百萬。

七月十一日，幸越國長公主第臨奠。

閏九月六日，幸鎮安軍節度觀察留後宗衮第臨奠，哭之哀甚。

十月九日，幸武寧軍節度使承裕第臨奠。

十二月二十二日，幸寧遠軍節度使、殿前副都指揮使、主管都指揮使楊遂第臨奠，賜金帛三千匹兩。

四年正月十三日，幸明州觀察使宗悌第臨奠。

八月十三日，幸殿前司都指揮使、武寧軍節度使盧政

[一] 七日：原作「二日」，據《長編》卷二八四改。本卷前文禮四一之二亦作「七日」。

第臨奠。
五年正月十二日，幸安化軍節度觀察留後、魯國公宗肅第臨奠。
二月十一日，幸崇信軍節度使、開府儀同三司、華陰郡王宗旦第臨奠。
六月二十三日，幸鎮南軍節度使、開府儀同三司、豫章郡王宗諤第臨奠。
六年正月七日，幸睦親北宅奠故康王宗樸妻越國夫人王氏喪。
二月二十日，幸武信軍節度觀察留後宗達第臨奠，哭之。先是，上欲即幸，會有司以泥淖聞，上命趣治道三日。
七月七日，幸横海軍節度觀察留後宗博第臨奠。
八月一日，幸嘉州刺史任澤第臨奠，以澤仙遊夫人母弟也。
十月二十一日，幸鎮東軍節度觀察留後、會稽郡王世清第臨奠。
十二月二十三日，幸魯國大長公主第臨奠。
七年正月二十二日，幸荆國大長公主第臨奠。
二月十一日，幸彰信軍節度使、開府儀同三司、濟陰郡王宗輔第臨奠。
十八日，幸步軍副都指揮使、邕州觀察使、兼權侍衛馬軍劉永年第臨奠。
六月二十三日，幸武昌軍節度觀察留後、知大宗正事、江夏郡王宗惠第臨奠。
哲宗元祐元年九月一日，正議大夫、守尚書左僕射、兼門下侍郎司馬光薨，太皇太后聞之慟，上亦感涕不已。時方躬祀明堂，禮成不賀，二聖皆臨其喪，哭之哀甚。
（二）〔三〕年三月九日〔一〕，幸鎮江軍節度使、檢校太尉、守司空、開府儀同三司致仕、上柱國、康國公韓絳第臨奠。
三年五月十八日，幸昭信軍節度使、檢校司空、開府儀同三司、上柱國、漢東郡王宗瑗第臨奠。
七月四日，幸荆王頵第臨奠。
二十日，幸殿前都指揮使、武信軍節度使燕達第臨奠。
四年二月三日，幸司空、同平章軍國事呂公著第臨奠。
四月七日，幸護國軍節度使、守太保、[20]開府儀同三司、充中太一宮使、濟陽郡王曹佾第臨奠。
五年三月一日，幸中大夫、同知樞密院事趙瞻第臨奠。
五月四日，幸右光禄大夫、知樞密院事孫固第臨奠。
十二月一日，幸保信軍節度使、檢校司空、開府儀同三司、安康郡王宗隱第臨奠。
六年八月二日，幸太子太傅致仕李端愿第臨奠。
十月二十五日，貴妃苗氏薨，上臨奠。妃，仁宗朝選入宮，嘉祐七年進德妃。哲宗即位，進貴妃。
十一月十七日，幸中大夫、守中書侍郎傅堯俞第臨奠。

〔一〕三年：原作「二年」，據《長編》卷四〇九改。

八年六月十五日，幸建武軍節度使、駙馬都尉李瑋第臨奠。
紹聖元年四月三日，幸檢校司空、太子太保致仕馮京第臨奠。
五月二十五日，幸右光禄大夫、尚書左丞鄧潤甫第臨奠。
二十七日，幸鎮南軍節度使、開府儀同三司、嗣濮王宗暉第臨奠。
七月二日，幸睦親宅臨奠懷王宗暉之妻濮國夫人王氏喪。
二年三月四日，幸武安軍節度使、檢校司徒、開府儀同三司、判大宗正事、嗣濮王宗晟第臨奠。
六月二十九日，幸高陳王第臨奠秦國夫人李氏喪。
八月二十一日，幸鎮安軍節度使、開府儀同三司、嗣濮王宗愈第臨奠。
九月二十日，幸保安軍節度觀察留後、安定郡王世準第臨奠。
三年二月二十三日，幸河陽三城節度、孟州管内觀察處置等使、嗣濮王宗綽第臨奠。
九月二十五日，楚王顥薨，至出殯，車駕凡四臨奠。
四年六月，武昌軍節度使、檢校司徒、開府儀同三司、嗣濮王宗楚薨。上聞之震悼，幸其第臨奠，賜水銀、龍腦以殮。

元符元年二月十八日，幸皇叔祖清海軍節度使、檢校司徒、開府儀同三司、嗣濮王宗祐第臨奠。
四月二日，幸奉國軍節度觀察留後、安定郡王世開第臨奠。
徽宗崇寧元年閏六月四日，幸保平軍節度觀察留後、駙馬都尉王師約第臨奠。
八月一日，幸資政殿學士、中太一宮使章楶第臨奠。
三年十月，貴妃邢氏薨，車駕臨奠。
四年二月七日，幸皇兄彰化軍節度觀察留後孝（欒）〔奕〕第臨奠。
八月，幸殿前都指揮使姚麟第臨奠。
十一月十三日，幸安定郡王世雄第臨奠。
五年四月二日，幸蔡王似第臨奠。
十月六日，幸駙馬都尉郭獻卿第澆奠。
十一月十五日，幸陳王宮臨奠。
十二月十八日，燕王堂殯，幸其府臨奠，次日百官奉慰。
大觀元年三月十六日，幸吳王、楚王第臨奠。
四月十一日，幸特進、觀文殿大學士趙挺之第臨奠。
六月二十七日，幸尚書右丞朱諤第臨奠。
二年二月六日，幸齊安郡王仲損第臨奠。
六月八日，幸鄆國長公主第臨奠。
三年四月二日，幸知樞密院事張康國第臨奠。

九月十八日，幸泰寧軍節度使、檢校太尉、開府儀同三司、嗣濮王宗漢第臨奠。

政和元年十二月六日，幸燕國長公主宅臨奠。

二年正月二[21]十日，幸秦兗國大長公主宅臨奠。

五年十一月十三日，幸柔惠長帝姬第臨奠，賜水銀、龍腦以殮。

七年十一月十六日，幸賜太傅、榮國公何執中第臨奠。

宣和三年二月二十五日，幸樞密鄧洵武第臨奠。

四月二十三日，幸開寶寺奠貴妃劉氏喪。五月内（造）〔追〕册爲明節皇后。

九月二十一日，幸崇德帝姬宅澆奠。

〔五年〕三月三日〔一〕，幸賢德懿行大長帝姬宅澆奠。

七月三日，幸故樞密鄭居中宅澆奠。

欽宗靖康元年十月二十九日，幸檢校少傅、鎮洮軍節度使、河北河東路宣撫使种師道第臨奠。上哭之慟，賜龍腦、水銀以殮。

【續宋會要】〔二〕

高宗皇帝紹興十二年十二月八日，幸秦國大長公主宅臨奠，次幸和衆輔國功臣、太保、護國鎮安保静軍節度使、充萬壽觀使、楊國公劉光世宅臨奠。太常寺比附《政和五禮新儀》，參酌修立臨奠冠服儀注：前期，儀鸞司於受奠者之第大廳東間設御幄，周以簾帷，又於大門内外設從駕臣僚次。其日，皇帝常服，供進紅、黄服，臨時聽旨。自内出，即御座，文武從駕臣寮及侍衛、應奉人起居如常儀。有司進輦，皇帝乘輦以出，侍衛警蹕如常儀。將至，主人服縗，免絰去杖，哭出，于門外立班。如未成服則裹帽收髮，皂衫，紫絹帶，本家人從其後。望見乘輿，止哭，迎駕起居。舍人贊拜，主人以下（堦）〔皆〕再拜訖退，俟宣乃入。從駕臣寮至門外，退就幕次。婦人縗服，起居於堂西階下。俟皇帝乘輦至靈座香案前降輦，或於御幄步至，臨時聽旨。三上香，奠酒訖，乘輦歸幄，南向坐，宣主人入，立於階下，北面。宣問訖，無男子者遣内侍官宣問本家婦人之長者。主人皆再拜訖，退，出外立班。次有司進輦，皇帝乘輦出門，主人以下再拜。皇帝還内如來儀。從之。凡臨奠率用此儀。

二十（七）〔四〕年七月二十七日〔三〕，幸安民静難功臣、太師、静江寧武静海軍節度使、清河郡王張俊第臨奠。詔俊姪右宣義郎子安、秉義郎子文、忠訓郎宗益、忠翊郎宗旦、宗亮，各特（轉與）〔與轉〕一官，並以臨奠推恩也。

二十五年十一月二十日，幸太師、尚書左僕射、益國公秦檜第臨奠。

孝宗皇帝乾道元年二月二十八日，詔：少保、尚書左

〔一〕五年：原無，據《宋史》卷二四八《公主傳》，賢德懿行大長帝姬（英宗女）宣和五年薨，據補。下條鄭居中亦卒于宣和五年。

〔二〕按，「續」字當衍。以下記事跨紹興、乾道，應出自張從祖《總類國朝會要》。

〔三〕二十四年：原作「二十七年」，據《宋史》卷三一《高宗紀》八改。

僕射陳康伯薨，令太常寺擇日駕幸臨奠。既而以康伯子偉節辭避不行。

六月六日，詔：同知樞密院事王剛中薨，令太常寺擇日駕幸臨奠。既而以剛中子景展辭避不行。

二年八月二十二日，詔：少保、新興郡王吳蓋薨，令太常寺擇日駕幸臨奠。既而以其家辭不行。

十一月七日，詔：太傅、和義郡王楊存中薨，令太常寺擇日駕幸臨奠。

七年三月九日，太師、保康軍節度使、（太）〔大〕寧郡王吳益薨，令太常寺 22 擇日駕幸臨奠。既而以其家辭避不行。

雜録〔一〕

太祖乾德四年九月二十五日，皇舅右衛大將軍杜審瓊卒，中書門下（詔）〔召〕禮官訪皇帝臨喪故事。太常禮院言：「按《開元禮》：臨喪，所司備小駕鹵簿、儀仗、皷吹前導。未出宮前，備奏嚴及侍中奏中（言）〔嚴〕外辦，百官素服陪位。皇帝自內乘輿出〔二〕，門下侍郎奏請降輿，千牛將軍四人執戈，一人執（挑）〔桃〕，一人執茢〔三〕。又周顯德二年，樞密使郭仁誨薨，其日周世宗車駕幸其私第。贊禮者引喪主哭於大門內，望見乘輿，止哭再拜，引喪主於庭。皇帝至幕殿，改素服就臨，升殿門，喪主內外再拜。皇帝哭，十五舉音，喪主內外皆哭。皇帝詣祭所三奠酒，喪主以下再拜。皇帝退，止哭，從官進名奉慰。皇帝改常服還內。及五年王朴薨，世宗臨喪，更不具儀。今乞用朴例。」詔可。

仁宗天聖七年正月二十八日，詔：「自今幸臣寮第問疾及臨奠，除宗室外，閤門諸司使副、閤門祗候等並不得至其家堂前。」

慶曆元年七月七日，知制誥吳育言：「大臣宗室喪，自今須大殮成服，然後請車駕臨奠。」事下太常禮院，言：「天子臨喪，禮不可緩，如未時前訃聞即當日出奠，未後即以次日。」從之。

嘉祐元年五月二十五日，樞密使、彰德軍節度使、同中書門下平章事王貽永薨，以帝初康復，不及臨奠，輔臣、宗室至其第奠之。

神宗治平四年未改元。三月二十六日，皇叔祖寧海平江軍節度使、襄陽郡王允良薨，上在諒陰，不能奠，令輔臣詣宮奠之。

十二月九日，詔入內內侍省：「皇親薨，內尊屬正任刺史以上，即幸其宮臨奠；雖尊屬，官未及正任刺史者，更不臨奠。」緦麻已上親，雖非尊屬及官未及正任刺史，本省臨時取旨，多特臨奠。

〔一〕原無此題，以下條目接上文抄録。審其內容，應是「臨奠」目中之雜録，今補二字作小標題。
〔二〕「出」字原誤移于下行「執戈」下，據本卷禮四一之二五移正。
〔三〕「一人執」原脱，據本卷禮四一之二五補。

熙寧七年十二月十八日，詔頒新式，凡臨奠者，賜銀絹：宰臣及樞密使帶使相者，侍中充樞密使、樞密使同平章事同。二千五百兩匹；知樞密院事、參知政事、樞密副使、同知樞密院事，一千五百兩匹；簽書樞密院事、同簽書樞密院事、宣徽使，七百五十兩匹；太師、太尉、太傅、太保、司徒、司空、曾任宰臣者。觀文殿大學士、資政殿大學士，曾任宰臣者。一千五百兩匹；侍衛親軍馬軍步軍都指揮使、副都指揮使，七百五十兩匹；駙馬都尉任使相以下二千兩匹，任節度觀察留後以下一千兩匹。以上致仕並同。入内内侍省取賜。如問疾已賜，即臨奠不賜。

高宗皇帝紹興三年正月十九日，詔：「今月二十五日，車駕幸故致仕慶遠軍節度使邢焕宅臨奠。」已而有司言，方春不宜弔臨，不果行。

二月五日，詔：故端明殿學士、左朝議大夫、簽書樞密院事權邦彦，令太常寺擇日臨奠。已而本家辭免，許之。

七年六月十九日，故知樞密院事沈與求男雲紀言：「奉詔以先臣與求薨，令擇日駕幸臨奠。本家屋宇低小，門巷隘窄，方此[23]大暑之月，恐勞聖體，乞賜特免臨奠。」從之。

九年十一月八日，詔：嗣濮王仲儡薨，令擇日臨奠。已而其子士周言不敢仰勤聖駕，從其請。

十六年正月二十四日，詔：故少保、德慶軍節度使致仕錢愐薨，擇日臨奠。已而妻永嘉夫人郭氏奏，所居僻陋，不敢仰屈至尊臨幸，詔依所乞。

二十一年八月十三日，故太師、通義郡王韓世忠妻魏國夫人茆氏（壯）〔狀〕：「亡夫世忠身薨，恭聞車駕將欲臨奠，經由道路窄隘，不敢仰勤清蹕臨幸，乞賜寢免。」詔依所乞，令三省取（素）〔索〕臨奠劉光世推恩體例取旨。尋詔世忠男彦直、彦質、彦古，孫梃、杖、格、栩、欅，各與轉一官。

二十三年十二月十四日，詔：太傅、昭慶軍節度使、充萬壽觀使、平樂郡王韋淵薨，擇日駕幸臨奠。已而男韋謙等上表辭免，許之。

二十七年四月二日，詔：「尚書右僕射万俟卨薨，其子夷中乞免車駕臨奠，從所請，仍與其家合得恩數。」

十九日，故太保、保寧軍節度使、信安郡王孟忠厚男充言：「奉詔，以先臣忠厚薨，擇日臨奠。緣臣所居隘陋，不足以備法駕之臨，乞賜（請）〔寢〕免。」從之。（以上《永樂大典》卷一六五九〇）

輟朝

【宋會要】

[24]會到太常寺元豐八年三月五日以前輟朝例：見任或曾任宰相、使相以上，王及特進，各二日；東宮三師曾任宰相亦二日；門下侍郎、中書侍郎、左右丞，知、同知樞密院事，開封府牧，觀文殿大學士曾任執政官，太子三師、三

少，節度使，六曹尚書，金紫、銀青光祿大夫，嗣王、郡王，御史大夫，管軍步軍副都指揮使以上，左右金吾衛、左右衛上將軍，開封府尹，輟一日。其職事官守、試者，（非）〔惟〕宗室期及大功親，輟三日，小功緦麻一日，其無服紀者依外官例。以上或有臨時特增日數。其輟朝日遇筵宴日、人使見辭或假故，並合輟以次前殿坐日分。其宗從服屬，係（太）〔大〕宗正司會到修入。內稱「輟視朝」者，從本傳書，日數並從上格。

皇從伯叔祖 皇從伯祖東平郡王允弼，熙寧二年七月，輟三日，菆、葬各一日。皇〔從〕叔祖襄陽郡王允良〔一〕。治平四年三月，輟五日。

皇叔祖 開府儀同三司、嗣濮王仲湜，紹興七年七月，輟二日。檢校少保、嚮德軍節度使、知（太）〔大〕宗正事、嗣濮王仲儡。九年十一月，輟三日。

皇伯叔 皇伯齊王元佐，天聖五年，禮院言齊衰期不視朝三日，特輟朝五日，殯及啓菆、發引、葬，各輟一日。濮陽（群）〔郡〕王宗樸，熙寧十年十月，輟五日。寧州觀察使、安定郡王令話，紹興二年八月，輟一日。寧遠軍承宣使、同知行在（太）〔大〕[25]宗正事、安定郡王令時〔二〕，四年九月，輟三日。華州觀察使、安定郡王令矼〔三〕。六年正月，輟三日。皇叔荆王元儼，慶曆四年正月，輟五日，殯及啓菆、發引、葬，各輟一日。秀州團練使宗治，熙寧五年閏七月，輟朝一日。荆王頵，元祐三年七月，輟五日，大祥又輟一日。楚王顥，紹聖三年九月，輟五日。安德軍節度使、開府儀同三司、充萬壽觀使〔四〕、權主奉濮安懿王祠事士夽，紹興二十一年九月，輟二日。檢校少師、光山軍節度使、開府儀同三司、提舉西京嵩山崇福宮、齊安郡王士㒟〔五〕，二十三年三月，輟二日。崇慶軍節度使〔六〕、嗣濮王士俴。二十六年閏十月，輟一日。

皇伯叔母 皇伯母秀王夫人張氏。乾道三年四月，輟五日。皇叔母密王元偓妻魏國夫人賀氏，乾興元年十二月。曹王元偁妻蜀國夫人王氏，天聖二年八月。荆王元儼妻晉國夫人張氏，寶元元年正月。以上各輟朝三日，殯一日。潤王元份妻安國夫人李氏，慶曆五年二月，輟三日，發引及葬各輟一日。慈州防禦使宗博妻普寧郡君郭氏。熙寧三年十一月，輟一日。

皇姑 申國大長公主報慈正覺大師清裕，天聖二年五月。禮院言，降服大功，請輟三日，特輟五日，殯及葬各輟一日。楚國大長公主，明道二年七月，輟三日。景祐三年葬，輟一日。魏國大長公主，皇祐三年三月。鄭國大長公主，治平四年閏三月。楚國大長公主，熙寧三年正月。並輟五日，殯及葬並各輟一日。魯國大長公主。元豐六年十二月，輟五日，出殯又輟一日。

皇兄 陳王佖，崇寧五年十一月，輟七日。大觀元年三月啓菆，又輟一

〔一〕襄陽郡王允良：原作「襄郡王良允」，據《宋史》卷二四五《周恭肅王元儼傳》補乙。
〔二〕時：原作「時」，據《宋史》卷二七《高宗紀》四改。
〔三〕矼：原作「玒」，據《宋史》卷二八《高宗紀》五改。
〔四〕觀使：原倒，徑乙。
〔五〕㒟：原作「儴」，據《宋史》卷三一《高宗紀》八改。
〔六〕崇：原作「宗」，據《宋史》卷二四五《濮安懿王允讓傳》改。

日。寧國軍節度使安時。紹興十五年閏十一月，輟一日。

皇弟　涪陵公廷美〔一〕，太平興國七年正月。兖王元傑，咸平六年七月。雍王[26]元份，景德二年八月。舒王元偁，大中祥符七年四月。徐王元偓，天禧二年五月。並禮院請輟三日，特輟五日。兖、雍、舒、徐四王殯及啓菆、發引、葬，各輟一日。蔡王似。崇寧五年三月，輟七日。大觀元年三月啓菆，又輟一日。

皇兄弟之妻　皇兄恭孝太子元僖妻韓國夫人田氏。天禧四年。皇弟開封尹晉王夫人符氏，開寶八年十二月。彭城郡王元偓妻徐國夫人宋氏，咸平二年四月。萊國夫人張氏，景德元年八月。安王元傑妻燕國夫人張氏。天禧元年三月。並輟三日。張氏及菆，禮院又請依諸公主例輟一日，並從之。

皇姊妹　皇姊燕國大長公主，開寶六年十月。禮院言降服大功，請輟三日，特輟五日。許國長公主，咸平二年四月，輟三日，發引及葬各輟一日。秦國長公主，大中祥符元年三月，特輟五日，堂菆、發引、權菆各一日。晉國大長公主。二年十二月，特輟五日，堂菆、發引及葬各輟一日。皇妹鄭國長公主，景德元年四月。時在明德皇太后服内，止輟三日，堂菆、外菆各輟一日。蜀國長公主，元豐三年五月，輟三日。嘉國長公主，元祐五年正月，輟三日。潭國長公主，大觀二年薨，不輟。八月菆塗，輟一日。徐國長公主。政和五年十一月，輟五日。

皇子　開封(伊)〔尹〕許王元僖，淳化三年十一月。周王祐，咸平六年四月。並特輟五日，出殯輟(十)〔一〕日。凡出菆及葬廢朝日，皆不奉慰，惟周王權厝，百官赴西上閤門奉慰。豫王昕，慶曆元年二月，輟五日，殯及啓菆、發引、葬各輟又一日。褒王昉，五月，輟二日。鄂王曦，正月，輟三日。皇長子，熙寧二年閏十一月，輟五日。皇第二子，四年五月，輟一日。皇第四子，熙寧七年五月，輟一日。鎮安軍節度使、景國公僩，八年十二月，輟五日，内三日不視事，菆、發引、葬各輟一日。彰信軍節度使、永國公俊，十年十月，輟五日，菆、發引、葬各輟一日。衛王价，元豐元年十二月，廢朝五日，又不視事三日，窆輟朝三日。鄆王僩，四年[27]五月，輟五日。越王茂，元符二年閏九月，輟三日，又不視事三日。樂安郡王楫，崇寧三年五月，輟三日。淮康軍節度使、檢校太尉、定國公栱，政和二年三月，輟朝日未詳。檢校太保、慶源軍節度使、慶國公椿，三年閏四月，輟朝三日。皇太子旉。建炎三年七月，輟一日。

皇子婦　興元尹德昭妻陳氏，開寶元年七月(日)。陳王元祐妻李氏，雍熙二年七月。並輟一日。德昭妻發引及葬，各輟一日。襄王夫人莒國夫人潘氏。端拱二年五月，特輟二日。

皇女　圓明大師，太平興國八年五月。禮院言，圓明大師年十一歲，爲下殤，準禮例降服小功五月，請廢朝一日，特輟二日。魏國公主，淳化元年十一月，特輟三日，葬輟一日。安壽公主，慶曆二年年五月。崇慶公主，五月。寶和公主、鄆國公主，並三年八月。以上各輟二日。隨國公主崇因保祐大師懿安，四年五月，輟二日。五年四月發(發)引，輟一日。齊國公主，五年四月，輟二日，發引又輟一日。楚國公主，嘉祐六年閏八月，輟二日。寶慶公主，熙寧五年七月，輟五日，内四日不視事。六年啓菆，輟一日。延禧公主，元豐元年二月薨，二年四月發引、葬，

〔一〕廷：原作「庭」，據《宋史》卷二四四《魏悼王廷美傳》改。

各輟一日。中國公主，七年五月。莘國公主，四月。忻國公主，八年九月。並輟三日。郕國公主，紹聖三年九月，輟三日，權菆又輟一日。魏國公主，元符二年十月，輟三日。十一月外殯，特不視事。順慶公主，崇寧四年三月。保慶公主，大觀元年閏十月。並輟三日。懿福公主，四年十一月。壽福公主。政和二年三月。並輟朝日未詳。

皇孫 榮國公挺。乾道九年三月，輟一日。

皇孫女 永嘉郡主。紹興二十二年四月，輟一日。

皇姪 武功郡王德昭，太平興國四年八月。興元尹德芳，六年三月。並禮院請輟三日，特輟五日。出殯及葬，各輟一日。右武衛大將軍德隆，雍熙三年正月，輟三 28 日。右屯衛將軍允中，大中祥符五年十一月，輟二日，外菆輟一日。右驍衛將軍孝哲，熙寧十年二月，輟三日。雍王顥第三子。元豐五年十月，輟二日。

皇姪婦 魏王德昭妻韓國夫人王氏，淳化元年正月。禮院請輟二日，詔輟三日。岐王德芳妻岐國夫人焦氏，四年九月。太子左衛率府率允言妻（榮）〔滎〕陽郡君潘氏，大中祥符二年五月。右監門衛將軍允寧妻劉氏，十月。右屯衛將軍允中妻李氏，六年七月。右驍衛將軍允成妻呂氏，七年九月。潘氏，八年四月。濮安懿王夫人王氏。天禧五年三月。並輟二日。

皇姪女 秦王（庭）〔廷〕美第二女，太平興國六年五月。長女雲陽公主，雍熙四年正月。並輟三日。第四女，淳化二年九月，輟一日。昭成太子元僖女永樂縣主，咸平六年八月。楚王元佐女平恩縣主，景德二年六月。隆安縣主，景德三年六月。密王元偓女宜都縣主，天禧五年五月。並輟三日，葬輟一日。雍王顥第七女。元豐十年八月〔一〕，輟視朝日未詳。

皇從伯叔 皇從伯安定郡王從武，熙寧四年十一月。寧武軍節度觀察留後宗立，六年六月。貴州防禦使宗愨，八月。登州防禦使宗僙。十年七月。並輟一日。皇從叔天平軍節度觀察留後德雍，天聖九年八月，輟一日。東平郡王德文，慶曆六年五月，特輟三日，發引輟一日。鎮寧軍節度使、同中書門下平章事允初，治平元年七月，特輟三日，發引及葬各輟一日。筠州團練使宗制，熙寧八年十一月。右領〔軍〕衛大將軍宗史。十年三月。並輟一日〔二〕。

皇從伯叔母 皇從伯郇國公允誠妻霍國夫人康氏，治平三年（年）六月。越州觀察使宗敏妻和義郡夫人陳氏，熙寧 29 五年閏七月〔三〕。文州防禦使宗敏妻高平郡君徐氏，八年六月。武寧軍節度觀察留後宗藝妻遂寧郡君沈氏。十一月。並輟一日。皇從叔滑州觀察使德文妻河南郡君慕容氏，天聖二年七月。禮院言，爲父之同堂兄弟妻卒服小功，請輟一日。從之。曹州觀察使德雍妻，六年十月。紀國公德存妻英國夫人張氏，慶曆二年五月。右領〔軍〕衛大將軍宗史妻宋氏。熙寧元年三月。並輟一日。

皇從姑 秦王女咸寧郡主，天聖七年二月，輟一日，葬輟一日。承慶郡主，嘉祐元年八月，輟一日。二年四月葬，又輟一日。蔡王元偁長女永安郡主，治平二年正月。陳王元傑女江華郡主。三年六月。並輟一日。

〔一〕十年：疑是「七年」之誤，元豐僅有八年。
〔二〕此下原有「皇從伯叔」四字，顯爲衍文，今刪。
〔三〕五年：原重此二字，徑刪。

皇從兄弟　皇從兄衡州防禦使德恭，景德三年正月。保信軍節度使、廣平郡公德彝，大中祥符八年四月。並特輟五日，堂菆及葬各輟一日。左監門衛大將軍、黄州刺史允言，乾興元年七月。濮州防禦使允成，天聖三年五月。並輟三日，菆輟一日。左監〔門〕衛大將軍、滁州刺史允熙，四年五月。禮院言，允熙年十七歲，已在長殤，降服小功，請輟一日，從之。菆輟一日。安國軍節度使、延安郡公允升，景祐五年正月。武定軍節度使允寧，十一月。並輟五日，殯及啓菆，發引及葬，各輟一日。汝南郡王允讓〔一〕，嘉祐四年十一月，輟五日。啓菆，發引及葬，各輟二日。彰化軍節度觀察留後孝奕。崇寧四年正月，輟三日。皇從弟左武衛將軍德愿，咸平二年閏三月。禮院言本服大功，請輟三日，從之。右羽林軍將軍德潤，六年三月。德欽，景德元年六月。右監門衛大將軍德鈞，四年正月。右羽林軍將軍德存，大中祥符四年六月。並輟朝三日，外菆各輟一日。安静軍節度使允迪，慶曆八年三月，輟五日，發引及葬各輟一日。(刑)〔邢〕州觀察使孝永。大觀三年十一月，輟三日。

30 **皇從兄弟之妻**　皇從兄邵州防禦使德彝妻東平郡夫人劉氏，大中祥符四年四月，輟朝三日。雲州觀察使德欽妻博陵郡君白氏，天禧元年五月，輟一日。武信軍節度使德恭妻彭城郡夫人武氏，九月，輟一日。(穎)〔潁〕州防禦使允寧妻廣平郡君宋氏、濮安懿王夫人韓氏，並天聖六年十月。建雄軍節度使允叔妻廣平郡夫人王氏。明道二年六月。並輟一日。皇從弟右衛將軍德鈞妻李氏，景(德)〔祐〕元年九月。耀州觀察使允迪妻陸安郡夫人張氏。景祐三年正月。並輟一日。

皇從姊妹　皇從姊秦王女長清郡主，天禧三年七月。禮院言，本服小功，請輟一日，從之。楚王元佐女金華縣主、天聖四年閏五月。大和縣主、五年二月。壽春縣主，五月。並輟一日，葬輟一日。荆王元儼女安定郡主，三月，輟一日。華王元偁女雲安郡主浄妙大師妙悟，六月，輟一日，葬又輟一日。潤王元份女廣平郡主，景祐三年十二月，輟一日，葬又輟一日。元儼女華原郡主，寶元二年八月，輟一日，殯又輟一日。安鄉郡主，康定元年五月。元佐女樂平郡主。至和二年九月。並輟一日。皇(妹從)〔從妹〕元儼女新興郡主、皇祐四年正月。富平郡主。六月。並輟一日。

皇從姪　右羽林將軍惟能，大中祥符元年五月。禮院言本服小功，請輟二日。菆又輟一日。感德軍節度使、同中書門下平章事惟吉，二年五月。禮院言爲從姪大功九月，請輟三日，又使相合輟二日。詔特輟五日，啓菆、發引、葬各輟一日。按《禮令》，爲同堂兄弟之子服小功，今云服大功，言之謬也。左千牛衛大將軍惟叙，四年八月。右千牛衛大將軍惟和，六年六月。右屯衛大將軍惟忠，八年閏六月。資州團練使惟憲，九年五月。並輟二日，堂菆又輟一日。内殿崇班承則，天禧三年五月。31 禮院言請輟一日，詔不廢朝。樂安郡王惟正，天聖十年六月，輟三日，殯輟一日。東頭供奉官宗直，景祐二年六月。右屯衛將軍宗孟，康定元年四月。宗育，慶曆元年七月〔二〕。太子右衛率府率宗彦，二年七月。克荷，三年五月。左千牛衛大將軍、文州

〔一〕允讓：原無，據《宋史》卷一二《仁宗紀》四補。
〔二〕元年：原作「九年」。按張方平《樂全集》卷三八有宗育墓誌銘，云「康定辛巳秋七月」殁，康定辛巳即康定二年，亦即慶曆元年，據改。

刺史宗敏，皇祐二年二月。右武衛大將軍、雅州刺史宗鼎，四年四月。左武衛大將軍、常州團練使宗道，五年四月。左監門衛大將軍、英州刺史宗魯，閏七月。右監門衛將軍宗邈，至和元年二月。宗沔，二月。左監門衛大將軍、昭州刺史宗默，三月。左屯衛大將軍、筠州團練使宗訥，八月。右衛大將軍、(穎)〔潁〕州防禦使宗顏，九月。右領軍衛大將軍、康州刺史宗師，嘉祐元年十月。左監門衛大將軍、端州刺(史)宗仁，二年正月。右領軍衛大將軍、端州刺史宗詠，三月。左監門衛大將軍、康州刺史宗楷，三月。右武衛大將軍、文州刺史宗迥，五年四月。右監門衛大將軍、石州團練使宗儒，六年十一月。右武衛大將軍、舒州防禦使、清源郡公宗望。八年四月。各輟一日。

皇從姪婦　左羽林軍將軍惟憲妻宋氏，大中祥符三年正月。禮院言，爲堂姪婦緦麻，請輟一日，特輟二日。左千牛衛上將軍惟叙妻馬氏。五年十月。右羽林將軍惟能妻武氏，八年六月。並輟一日。南陽郡王惟吉妻譙國夫人杜氏，天禧四年五月，特輟二日。內殿崇班承則妻劉氏，五年二月。內殿崇班承亮妻薛氏，八月。內殿承旨宗説妻張氏，明道二年六月，輟二日〔一〕。右屯衛將軍宗迴妻安定郡君張氏，景祐三年七月。右千牛衛將軍宗敏妻江夏郡君李氏，寶元二年五月。右屯衛將軍宗懿妻宜春縣君馮氏，康定(九)〔元〕年正月。太子右司禦率[32]府率宗彥妻張氏，慶曆三年七月。左千牛衛將軍宗立妻南陽(郡)君李氏，三年七月。右武衛大將軍宗懿妻京兆郡君潘氏，八年正月。左清道率府率宗景妻李氏，六年五月。右監門衛將軍宗秀妻洛陽縣君韓氏，九月。左羽林軍大將軍、蘄州防禦使宗旦妻河內郡君賈氏，皇祐元年正月。右監門衛將軍宗彥妻金華縣君魏氏，二年五月。右領軍衛大將軍、資州刺史宗肅妻(大)〔太〕原郡君張氏，六月。右監門衛大將軍、嘉州刺史、恩平郡公宗達妻京兆郡君高氏，六月。吉州團練使宗保妻隴西郡君李氏，四年四月。左屯衛大將軍、筠州團練使宗訥妻長樂郡君賈氏，至和元年五月。右監門衛將軍宗粹妻宜興縣君解氏，嘉祐七年四月。金州觀察使宗默妻吳興郡君錢氏。十一月。並輟一日。

皇從姪女　儒州刺史德彝女，咸平五年五月。禮院言堂姪女本服小功，輟一日，從之。魏王德昭女永年縣主，天禧五年十一月，輟一日，葬又輟一日。欽州防禦(史)〔使〕允寧女，天聖五年六月。濮安懿王長女長安郡君，景祐二年十二月。第八女金城郡君，慶曆六年八月。第十五女延德郡君，七年五月。信安郡王允寧女崇安郡君，皇祐二年十一月。允信女景城郡君，十二月。和政郡君，至和元年三月。允成女太和宮道士仙居縣主玉英，二年五月。華原郡王允良女冲秀大師，嘉祐六年三月。允升女安嘉縣主，八月。濮安懿王女金城縣主。七年十一月。並輟一日。

皇從姪孫　供奉官從溥，天禧三年六月。禮院以從溥秩卑，遂不申請。右監門衛率府副率仲甫，慶曆四年六月。右千牛衛將軍仲髦，嘉祐三年[33]十一月。仲寅，四年六月。仲緘，五年六月。仲參，

〔一〕「輟」上似脱「並」字。

九月。右監門衛大將軍仲翹六年五月。右千牛衛將軍仲喜。七年三月。並輟一日。

皇從姪孫女 南陽郡王惟吉女新安縣主。大中祥符八年閏六月。禮院言爲同堂兄弟之孫女緦麻三月，若出適降服，不當輟朝，特輟一日。

皇再從伯叔 皇再從伯嘉州防禦使宗述，熙寧元年正月。右衛大將軍、金州防禦使宗辨，七月。鎮安軍節度觀察留後宗衮，元豐三年閏九月。明州觀察使宗悌，四年正月。安化軍節度觀察留後、魯國公宗肅，五年正月。並輟一日。崇信軍節度使、開府儀同三司、華陰郡王宗旦，二月，輟二日，葬又輟一日。鎮南軍節度使、開府儀同三司、豫章郡王宗諤，六月，輟二日。武信軍節度觀察留後宗達，六年二月。潞州觀察使宗輔，七年二月。武昌軍節度觀察留後、知（太）〔大〕宗正事、封江夏郡王宗惠。六月。並輟一日。皇再從叔左武衛大將軍承亶，治平元年六月，輟一日。建州觀〔察〕使宗翰，十二月。通州防禦使宗蓋，元豐二年七月。横海軍節度觀察留後宗博。六年七月。並輟一日。

皇再從伯叔母 皇再從伯母同安郡王惟正妻榮國夫人史氏、安定郡王承簡妻樂安郡夫人張氏，並治平二年七月。宣州觀察使承雅妻永嘉郡夫人蔣氏，三年八月。並輟一日。新平郡王宗保妻，元豐三年正月。昭信軍節度使宗顔〔妻〕，四年八月。奉國軍節度使、祁國公宗述妻樂安郡君任氏，六年正月。容州觀察使、普寧侯宗儒妻。七年正月。並輟一日。皇再從叔母南陽郡公承亶妻永安郡君安氏，治平三年（年）七月。閬州觀察使寧綽妻〔一〕，34 元豐二年正月。懷州防禦使宗景妻。四年二月。並輟一日。

皇再從兄弟 皇再從兄禮賓副使承則，天聖元年八月。禮院言本服小功，請輟一日。莊宅使承矩，五年八月。南作坊使承壽〔二〕，七年六月。南作坊使、順州刺史承訓，八年四月。西京作坊使承拱〔三〕，九年九月。内園使、果州刺史承偉，景（元）〔祐〕二年四月。左領軍衛大將軍、忠州團練使承鑒，寶元二年六月。和州團練使承慶，七月。左領軍衛大將軍、昭州團練使承雅，十二月。左領軍衛大將軍、彭州團練使承睦，十一月。衛州防禦使承炳，皇祐四年十一月。懷州防禦使承幹，十一月。右衛大將軍、深州防禦使承翊，嘉祐五年七月。保康軍節度觀察留後、徐國公承簡，六年閏八月。博州防禦使承藴，八年二月。宿州觀察使、和國公宗懿，治平元年四月。右羽林軍大將軍、台州團練使宗秀，羽林軍大將軍、慶州防禦使宗慶，並十二月。處州觀察使、成國公宗禮，二年四月。左驍衛大將軍、淄州防禦使宗藝，六月。左武衛大將軍、楚州防禦使宗回。三年二月，並輟一日。皇再從弟左千牛衛將軍承嗣，慶曆元年六月。左衛大將軍、登州防禦使承衎，皇祐三年十一月。左監門衛大將軍、昌州刺史承操，嘉祐三年正月。右屯衛大將軍、霸州防禦使承俊。七年二月。並輟一日。

皇再從姊妹 皇再從姊右監門衛大將軍德鈞女，天聖元年九

〔一〕寧綽：疑當作「宗綽」。
〔二〕南：原無，據《宋史》卷二四四《魏悼王廷美傳》補。
〔三〕拱：原作「供」，據《宋史》卷二四四《魏悼王廷美傳》改。

月。禮院言本服緦麻，出適服絶，特輟一日。咸寧郡公德雍女平原郡君，天聖三年六月。（穎）〔潁〕川郡王德彝女玉田縣主，八年十二月。潭王德芳女華容縣主，十（月）〔年〕六月。德欽女高密縣主，景祐元年二月。德芳女樂35安郡主，慶曆五年六月。德彝女金鄉縣主，至和二年四月。鄖國公德鈞女寶應縣主，十一月。平陽郡王允升第三女興平縣主。治平元年十二月。並輟一日。皇再從妹德彝女長興縣主。嘉祐七年七月，輟一日。

皇再從姪　供備庫副使守廉，天聖三年二月。禮院言本服緦麻，請〔輟〕一日，從之。內園使、康州刺史守約，五年七月。西染院使從恪，九年二月。六宅使從潁，景祐二年二月。如京使從善，七月。左侍禁克禋，八月。並輟一日。彰化軍節度觀察留後、同知大宗正事守節，寶元二年七月，輟一日，葬又輟一日。左領〔軍〕衛大將軍、英州團練使守度，康定元年二月。右千牛衛大將軍克儉，八月。右屯衛大將軍、文州刺史從郁，慶曆元年六月。太子右衛率府率克平，二年閏九月。右千牛衛大將軍克己，三年二月。太子右衛率府率克荷，五月。右武衛大將軍克基，右金吾衛大將軍〔一〕、歸州團練使從煦，並五年六月。左金吾衛大將軍、台州團練使從誨，八月。和州防禦使、（穎）〔潁〕國公守巽，六年三月。太子右清道率府率克協，八年七月。克堪，皇祐元年五月。左金吾衛大將軍、睦州團練使從謹，十一月。左屯衛大將軍、溫州團練使從贄，三年正月。右領軍衛大將軍、復州防禦使從審，五月。左屯衛大將軍、信州團練使從質，四年八月。右屯衛大將軍克溫，五年七月。右羽林軍大將軍克明，至和元年七月。右監門衛將軍克丕、嘉祐二年二月。克肖，四月。克任，七月。左衛大將軍、齊州防禦使、（穎）〔潁〕國公從藹，八月。左衛大將軍克悚，三年五月。右屯衛大將軍克順，左監門衛將軍克諧，並十一月。右屯衛大將軍克咸，四年正月。右監門衛率府率克壯，六月。右神武軍大將軍、36袁州團練使從湜，五年二月。右領軍衛將軍克沖，六年四月。左千牛衛將軍克終，六月。右領軍衛將軍克詢，閏八月。左屯衛大將軍、雄州防禦使、榮國公從信，七年十一月。右千牛衛將軍仲辰，治平二年二月。右監門衛大將軍仲向，三月。右武衛大將軍、岳州刺史仲林。四月。並輟一日。

皇再從姪女　贈汝州防禦使惟和女尼妙惠。天聖元年十月。禮院言本服緦麻，出家降服絶，無輟朝之禮。從之。

皇三從叔祖孫陞等　建寧軍節度使士⿰雩刂，紹興三十二年十月，輟一日。安德軍節度使、同知大宗正事士街，十二月，輟一日。奉國軍節度使、同知大宗正事士銖。乾道九年三月，輟一日。

袒免外稱皇叔祖　定武軍承宣使、安定郡王令德。乾道七年九月，輟一日。

皇三從姑　秦魯國賢穆大長公主。紹興十二年十一月，輟五日。十四年九月葬，輟一日。

皇三從兄弟　皇三從兄左武衛大將軍、建州刺史克闢，嘉祐八年八月。右神武軍大將軍克修，十二月。右武衛大將軍克

〔一〕大：原無，據《宋史》卷二四四《宗室傳》一補。

循，治平元年八月。延州觀察使從吉，十二月。右驍衛大將軍、(祈)〔祁〕州刺史克申，右神武軍大將軍、均州團練使克絢，並二年五月。左神武大將軍、龍州團練使克孚，十一月。右武衛大將軍、雄州團練使仲龐，熙寧元年三月。右千牛衛將軍仲夔，五月。右羽林軍大將軍、石州團練使仲連，二年五月。右武衛大將軍仲訏，八月。右武衛大將軍、復州刺史仲寂，三年六月。右羽林[37]軍大將軍、黎州團練使仲尋，八月。右武衛大將軍、宿州刺史仲嘉，五年四月。右武衛大將軍、道州刺史仲旻，七年十二月。右羽林軍大將軍、解州防禦使仲濬，十年三月。澤州團練使仲點，七月。沂州防禦使仲伋，九月。並輟一日。右武衛大將軍、忻州團練使仲隨，元豐二年八月。右武衛大將軍、登州團練使仲侔，四年五月。右武衛大將軍、舒州團練使仲瓘，七月。(祈)〔祁〕州防禦使仲玘，五年二月。萊州防禦使仲越，五月。忠州防禦使、燕國公仲恕。七年七月。並輟一日。皇三從弟右監門衛大將軍克貴，嘉祐八年九月。克(渙)〔奐〕，治平二年三月。右千牛衛將軍仲徐，熙寧三年五月。右監門衛大將軍仲嶅、十月。仲丁、十年六月。仲佹、八月。並輟一日。仲瑣、元豐四年七月。仲歇、六年八月。仲養、七年五月。仲瓗。六月。並輟一日。

皇三從兄弟 四人。已會玉牒所，云籍内無生年月日，未知孰爲兄孰爲弟。右内率府率仲逢，元豐二年三月。右監門率府率仲歙，八月。右千牛衛將軍仲瞞，五年三月。仲商。七年八月。並輟一日。

皇三從姊妹 二人。亦無生年月日。代州防禦使宗保女，治平四年九月。武勝軍節度觀察留後宗晟女，元豐四年十二月。並輟一日。

皇伯祖母 濮懷王妻濮國夫人王氏〔一〕。紹聖元年七月，輟視朝日未詳。

皇外祖母 楚國太夫人吳氏，明德皇后母，咸平二年十一月，特輟三日。韓國太夫人陳氏。明德皇后之嫡母，四年閏十二月，亦輟三日。

皇舅 右衛大將軍杜審瓊，乾德四年九月。禮院言本服大功，請輟三日，從之。按舊禮，爲舅服緦麻，今云大功，禮院之誤也。右驍衛上將軍致仕杜審肇，開寶七年[38]五月，輟二日。靜江軍節度使杜審進，(拱端)〔端拱〕元年六月，輟二日。蔡州防禦使符昭愿，咸平四年五月，輟二日。洛苑使李繼恂，景德元年四月，輟三日。山南東道節度使、同中書門下平章事李繼隆，二年二月，特輟五日，發引又輟一日。殿前都虞候、端州防禦使李繼和，大中祥符元年二月，輟三日。彰信軍節度使、兼侍中李用和，皇祐二年，特輟五日，葬又輟一日。護國軍節度使、檢校太師、守太保、開府儀同三司、充太一宮使、濟陽郡王曹佾，元祐四年四月，輟朝日未詳。太傅、平樂郡王韋淵，紹興二十三年十二月，輟二日。少保、新興郡王吳蓋，乾道二年八月，輟二日。太傅、(太)〔大〕寧郡王吳益。七年二月，輟二日。

〔一〕「皇伯祖母」原無，「濮懷王」原作「濮安懿王」，緊接上條抄寫。按上條「皇三從姊妹」下明注「二人」，若加王氏則爲三人，不合。且王氏爲外姓，亦不得稱「皇三從姊妹」，故此處必誤。考本卷禮四一之二〇所載，紹聖元年七月卒者爲懷王宗暉之妻濮國夫人王氏。宗暉乃英宗之兄，神宗之伯父，哲宗之伯祖，嗣濮王，同年先王氏卒，追封懷王。故本條之上當是脱「皇伯祖母」一目，正文亦當作「濮懷王妻濮國夫人王氏」。因補改。

皇舅母　靜江軍節度使杜審進妻，太平興國三年九月。禮院言本服緦麻，請輟一日，從之。舊禮，舅母無服，今請輟朝，禮官之誤也。　贈侍中劉美妻越國夫人錢氏，天聖元年五月，特輟三日。　隴西郡王李用和妻榮國夫人王氏，皇祐三年十月，輟三日。　昭德軍節度使、兼侍中曹佾妻秦國夫人張氏，熙寧六年十二月，輟一日。　贈太師高士林妻康國夫人郭氏。建中靖國元年五月，輟朝日未詳。

皇從母　京兆郡夫人杜氏。開寶三年十月，輟一日。

追復皇后　皇后郭氏。景祐三年正月十八日葬，輟一日，仍罷其夕張燈。

妃嬪　貴妃張氏，至和元年正月，特輟一日。　淑妃董氏，嘉祐七年九月，輟二日，葬輟一日。　悟真大師、贈貴妃杜氏，真宗賢妃，慶曆六年八月。禮官言：「準令，內命婦二品以上皆舉哀。今貴妃雖一品，緣入道，難用嬪妃禮〔一〕。」詔罷輟朝、舉哀。　仁宗修儀楊氏，熙寧五年十二月，輟一日。　真宗貴妃沈氏，九年十二月，輟三日。　仁宗貴妃苗氏，元祐六年十月。　仁宗美人楊氏，熙寧四年八月。並輟視朝日未詳。　神宗賢妃武氏，大觀 39 元年七月。　徽宗貴妃劉氏，政和三年七月。並輟三日。　婉儀張氏，紹興十二年二月，輟二日。　修容魏氏，十三年十二月，輟一日。　賢妃潘氏，十八年六月，輟二日。　賢妃慕容氏。二十二年九月，輟三日。

皇后父母　定國軍節度觀察留後向經，皇（父母）〔后父〕，熙寧九年二月，輟三日。　秦國太夫人楊氏，懿德皇后母，端拱二年四月。　萊國太夫人梁氏，彰穆皇后母，大中祥符八年五月。並輟二日。　楚國太夫人曹氏，溫成皇后母，至和元年三月，輟三日。至十月，同父清河郡王張堯封葬，又輟一日。　慶遠軍節度使邢煥，皇后父，紹興二年十二月，輟三日。　昭慶軍承宣使郭瑊。皇后父，隆興二年二月，輟三日。

皇后兄弟　后兄侍衛親軍馬軍都虞候、武勝軍節度觀察留後劉美，天禧五年八月，輟三日。　四方館使、榮州刺史曹傳。慶曆五年五月，輟一日。　后弟西京左藏庫使郭崇信，咸平三年四月。　崇儀使、全州刺史郭崇儼，景德三年正月。　磁州防禦使郭崇仁，景祐二年八月。　萊州防禦使曹億。皇祐三年正月，並輟一日。

皇后姪　蔡州團練使劉從德。天聖十年，特輟三日，葬輟一日。

駙馬都尉　護國軍節度使王承衍，咸平六年七月〔二〕。禮院言，節度使、駙馬都尉皆輟一日，特輟二日。　鎮安軍節度使、同中書門下平章事石保吉，大中祥符三年四月〔三〕。禮院言使相合輟二日，特輟三日。　保平軍節度使、同中書門下平章事魏咸信，天禧元年七月，輟三日。　山南東道節度使吳元扆，大中祥符四年六月〔四〕，輟三日。　鎮國軍節度使李遵勗，寶元元年八月，輟二日。　武成軍節度使、同中書門下平章事柴宗慶，慶曆四年二月，輟三日。　保平軍節度觀察留後王師約，崇（慶）〔寧〕元年閏三月，輟視朝日未詳。　太傅、駙馬都尉、和國公潘正夫。紹興二十三年九月，輟一日。

40 **公主子**　六宅使、平州刺史王世隆，秦國長公主子。景德元年八月。禮院言請輟一日。　六宅使、澄州刺史吳守禮，燕國長公主子。

〔一〕難：原作「雖」，據《長編》卷一五九改。
〔二〕六年：原作「元年」，據《宋史》卷二五〇《王承衍傳》改。
〔三〕三年：原作「二年」，據《長編》卷七三改。
〔四〕大中祥符：原脫，據《長編》卷七六補。

大中祥符七年六月。四方館使、端州防禦使魏昭亮，許國長公主子，天禧二年九月。並輟一日。供備庫使李端憲。端憲非魏國長公主出。慶曆八年三月，輟一日，禮官之失也。

公主女　真寧縣主高氏，太平興國七年十二月，禮院言本服小功，請輟一日。壽光縣主魏氏，咸平二年五月。臨海郡主柴氏，景祐元年七月。長安郡主李氏，四年十二月。延安郡主李氏，皇祐四年正月。恩平郡主柴氏，五年正月。並輟一日。雍國長公主長女。崇寧五年六月，輟視朝日未詳。

乳母　陳國夫人耿氏，太平興國八年正月，特輟朝二日。秦國夫人劉氏，咸平元年五月，特輟朝三日，權殯及葬各輟一日。魏國永聖保壽夫人許氏〔一〕，寶元二年二月，輟三日，葬一日。秦晉國恭肅賢正夫人林氏〔二〕，至和二年八月，輟一日。慶國柔懿淑美保慈夫人吳氏，紹興九年七月，輟三日。壽國柔惠淑婉和懿慈穆育聖夫人王氏，二十年六月，輟五日。崇國慈良保育賢壽夫人周氏。紹興三十二年十二月〔三〕，輟三日。

宗室依服屬合輟朝、本傳不載者一十七人：

皇姪　同州防禦使、馮翊侯孝純，熙寧六年正月。嘉州團練使孝錫。元祐二年八月。

皇再從伯　右金吾衛大將軍、鳳州防禦使宗厚，熙寧四年九月。右龍武軍大將軍、丹州防禦使宗彥，七年四月。代州防禦使、燕國公宗保，十月〔四〕。昭化軍節度使、同中書門下平章事、襄濮國公宗誼。元豐元年二月。

皇三從兄　右武衛大將軍、開州刺史仲行，治平四年八月。右41監門衛大將軍仲夷，熙寧五年正月。右武衛大將軍、廉州刺史仲蒸，五月。右武衛大將軍、昭州刺史仲噲，六年五月。右武衛大將軍、普州團練使仲瑱，七年十月。右武衛大將軍、循州刺史仲勸，八年四月。洛苑使仲峭，七月。右武衛大將軍仲倕，九年五月。滁州防禦使仲滂，元豐元年七月。右武衛大將軍〔五〕、筠州刺史、魏國公仲來，三年十二月。右千牛衛將軍仲考。治平四年五月卒，不見生年月日。

無服紀依外官輟朝者二十二人：保大軍節度使承範，熙寧元年十一月。威德軍節度使承亮，四年四月。安定郡王從式，十一月。昭化軍節度使承顯，八年六月。保大軍節度使承選，元豐元年四月。寧武軍節度使承裕，三年十月。鎮東軍節度觀察留後、會稽郡王世清，六年十月。武(秦)〔泰〕軍節度使宗勝，元祐元年五月。並輟一日。昭信軍節度、開府儀同三司、漢東郡王宗瑗，三年五月。保信軍節度使、檢校司空、開府儀同三司、安康郡王宗隱，五年十二月〔六〕。武安軍節度使、檢校司徒、開府儀同三司、判大宗正事、嗣濮王宗晟，紹聖二年三月。

〔一〕保壽：原作「寶」，據本卷禮四一之四改補。
〔二〕恭肅：原無，據《長編》卷一八〇、《歐陽文忠公集》卷八四補。
〔三〕三十二年：原作「三十一年」，據本書后妃三之三四、《南宋館閣録》卷五改。
〔四〕十月：原作「二月」，據《長編》卷二五七改。
〔五〕右：原脱，據《長編》卷二六八補。
〔六〕十二月：原脱「十」字，據《長編》卷四五二補。

並輟三日。鎮安軍節度使、開府儀同三司、嗣濮王宗愈，八月，輟一日。武昌軍節度使、檢校司徒、開府儀同三司、嗣濮王宗楚，四年六月。清海軍節度、廣州管内觀察處置等使、檢校司徒、開府儀同三司、嗣濮王宗祐，元符元年二月。並輟三日。奉國軍節度觀察留後、安定郡王世開，四月，輟一日。彰信軍節度使、曹州管内觀察處置等使、檢校司空、開府儀同三司、濟陰郡王宗景，卒不載〔一〕。輟朝六日，以葬輟一日。齊安郡王仲損，大觀二年正月。安化軍節度使仲霜，二月。並輟一日。泰寧軍 42 節度使、檢校太尉、開府儀同三司、嗣濮王宗漢，三年九月，輟三日。檢校少傅、太寧軍節度使、開府儀同三司、嗣濮王仲御，宣和四年五月。檢校少傅、定武軍節度使、開府儀同三司、判大宗〔正〕事、嗣濮王仲爰，五年六月〔二〕。崇信軍節度使、開府儀同三司、安化郡王仲營。七年七月。並輟一日。

無服紀依外官合輟朝而本傳不載者二人：永興軍節度使克楊，元符三年七月〔日〕。崇信軍節度使、安定郡王、知大宗正事世雄。崇寧四年十一月。

無服紀依外官不合輟朝而輟者四人：横海軍節度觀察留後承衍，熙寧四年正月。遂州觀察使承錫，六年正月。連州防禦使從賁，九年五月。右羽林軍大將軍、宜州團練使克整。元豐六年十月。並輟一日。

宰相 司空、兼門下侍郎薛居正，太平興國六年六月。禮院請準式輟朝三日，特輟〔三〕〔五〕日。右僕射、兼門下侍郎李沆，景德元年七月。吏部侍郎畢士安，二年十月。並特輟五日，發引輟一日。右僕射、兼門下侍郎向敏中，天禧四年三月。司徒、兼門下侍郎王欽若，天聖三年十二月。工部尚書張知白，六年二月。並特輟三日，葬輟一日。尚書左僕射、兼門下侍郎王珪，元豐八年五月，輟三日。尚書左僕射、兼門下侍郎司馬光，元祐元年九月，輟三日。司空、同平章軍國事呂公著，四年二月，輟三日。太師、尚書左僕射秦檜，紹興二十五年十月，輟三日。尚書左僕射万俟卨，二十七年四月，輟二日。少保、尚書左僕射陳康伯。乾道元年二月，輟二日。

執政 參知政事：左諫議大夫李穆，太平興國九年正月。禮院上言，諫議 43 大夫五品，不輟朝。以穆參預機政，特輟一日。兵部侍郎陳彭年，天禧元年三月。禮部侍郎魯宗道，天〔禧〕〔聖〕七年二月。並輟一日。兵部尚書宋綬，康定元年十二月，輟二日。給事中明鎬。慶曆八年六月，輟二日。樞密使：兼侍中曹彬，咸平二年六月。檢校太傅王繼英，景德三年二月。並輟五日。吏部侍郎、同中書門下平章事王〔曉〕〔曙〕。景祐元年八月，輟三日，葬輟一日。知樞密院、同知樞密院：知樞密院事、户部侍郎李諮，景祐三年十二月。同知樞密院事、給事中王博文。寶元元年四月。並輟一日。樞密副使：工部侍郎楊礪，咸平二年八月。給事中宋湜，三年正月。給事中姜遵，天聖八年九月。給事中包拯，嘉祐七年五月。禮部侍郎王疇。治平二年二月。並輟一日。宣徽南院使：郭守文，端拱二年十一月。天平軍節度使夏守贇，慶曆二年六月。並輟二日。

〔一〕按，《長編》卷四九二載，宗景卒於紹聖四年十月戊戌。
〔二〕六月：原作「五月」，據《宋史》卷二一《徽宗紀》二改。

天平軍節度使張堯佐，嘉祐三年九月。武安軍節度使程戡，治平二年二月。西太一宮使呂公弼〔一〕。熙寧六年三月。並輟一日。

北院使：簽書樞密院事楊守一，端拱元年九月。檢校太保雷有終〔二〕，景德二年七月。奉國軍節度使鄭戩。皇祐元年十一月。並輟二日。

參知政事唐介，熙寧二年四月，輟二日。同知樞密院事趙瞻，元祐〔元〕〔五〕年三月〔三〕，輟一日。知樞密院事孫固，四月。中書侍郎傅堯俞，六年十一月。並輟一日。門下侍郎温益，崇寧二年正月。同知樞密院事安惇〔四〕，四年正月。並輟二日。尚書右丞朱諤，大觀元年六月，輟三日，及葬輟一日。端明殿學士、簽書樞密院事鄭穀，建炎三年七月，在皇太子輟朝日內。簽書樞密院事權邦彦，紹興三年二月〔五〕，輟一日。知樞密院事沈與求，七年六月，輟二日。同簽書樞密院王倫，十五年二月，輟一日。簽書樞密院詹大方，十八年九月，輟一日。同知樞院事王剛中。乾道元年六月，輟二日。

44 三師三公　前司空、趙國公李穀，建隆元年七月。禮院請輟二日，從之。前司徒、汧國公竇貞固〔六〕，開寶二年十月，輟二日。太師、魏國公趙普，淳化三年七月，輟五日。太尉王旦，天禧元年九月，輟三日。太保劉光世，紹興十二年十一月，輟二日。少保、感德軍節度使、充萬壽觀使高世則，十四年十二月，輟二日。少保、德慶軍節度使、開府儀同三司錢愐，十六年正月，輟二日。太傅、咸安郡王韓世忠，二十一年八月，輟二日。太師、清河郡王張俊，二十四年七月，輟三日。少師、信安郡王孟忠厚，二十七年四月，輟二日。少保、崇信軍節度使趙密，乾道元年九月，輟二日。太傅、和義郡王楊存中，二年十一月，輟三日。太傅、新安郡王吳璘。三年六月，輟三日。

前宰相　左僕射致仕沈倫〔七〕，雍熙四年十月。司空李昉，至道二年二月。張齊賢，大中祥符七年六月。並輟朝二日。太尉、許國公呂夷簡，慶曆四年九月，輟三日，葬輟一日。司空、郇國公章得象，八年六月。太傅、鄧國公張士遜，皇祐元年正月。並輟二日。司徒、岐國公陳執中，嘉祐四年四月，輟二日，葬輟一日。司空、鄧國公宋庠，治平三年四月，輟二日，葬輟一日。太子太傅梁適，熙寧三年正月，輟二日。永興軍節度使、兼侍中韓琦，八年六月，輟三日，葬輟一日。太傅、魯國公曾公亮，元豐元年閏正月，輟三日。鎮江軍節度使、同中書門下平章事致仕陳升之，二年四月。觀文殿大學士、

〔一〕按，後文「前執政」目下亦有呂公弼。公弼卒時已非執政，列「前執政」是也。

〔二〕「保」原作「俁」，「終」原作「忠」，據《宋史》卷二七八《雷有終傳》改。

〔三〕五年：原作「元年」，據《長編》卷四三九改。下文孫固之卒亦在五年。

〔四〕安惇：原作「安燾」。按《長編紀事本末》卷一二四引《長編》李燾原注云安燾卒於大觀二年六月十四日，《宋宰輔編年録》卷九亦云安燾卒於大觀二年六月己丑（十日），與此處崇寧「四年正月」不符。且據諸書記載，安燾位至知樞密院事，後罷政，卒於宮觀任上，與本處「同知」之銜更不符。考《宋史·宰輔表》三、《宋宰輔編年録》卷一一，崇寧三年十二月戊午（十九日），同知樞密院事安惇卒。據此可知，此處「安燾」爲「安惇」之誤無疑。蓋卒時已屬年終，故展至四年正月輟朝。

〔五〕三年二月：原作「三十二年」，據《建炎要録》卷六三改。

〔六〕貞：原作「正」，據《宋史》卷二六二《竇貞固傳》改。

〔七〕倫：原作「淪」，據《宋史》卷五《太宗紀》二改。

吏部尚書、西太一宮使吳充，三年四月。武寧軍節度使、檢校太師、守司徒、開府儀同三司致仕富弼，六年閏六月。並輟二日。司空、荆國公王安石，元祐元年四月。鎮江軍節度使、檢校太尉、守司空、開府儀同三司致仕韓絳，三年三月。太子太保韓縝，紹聖四年五月。並輟視朝。降授太子少保、潞國公文彦博，五月，特輟視朝一日。觀文殿45大學士、右正議大夫范純仁，薨日未詳〔二〕，建中靖國元年以葬輟一日。建武軍節度使、開府儀同三司劉正夫，政和七年十月，輟二日。資政殿大學士、左（大）〔太〕中大夫吳敏，紹興三年五月，輟二日。觀文殿學士范宗尹，六年八月，輟二日。少保、鎮南軍節度使、充醴泉觀使、成國公呂頤浩，九年四月，輟二日。少師李綱，十年二月，輟二日。檢校少傅、保信軍節度使、開府儀同三司汪伯彦，十一年九月，輟二日。少師、保信軍節度使、充醴泉觀使張浚，隆興二年九月，輟二日。特進、觀文殿學士沈該。乾道二年七月，輟二日。

僕射 左僕射、資政〔殿〕大學士王曾，寶元元年十一月。觀文殿大學士賈昌朝；治平二年七月。並輟二日。右僕射魏仁浦，開寶二年六月。時親征太原，以方在軍行，不及廢朝。石熙載，太平興國九年正月。禮院言，準令式從二品輟朝二日，從之。宋琪，至道二年年九月。陳堯叟。天禧元年四月。並輟二日。

東宮一品 太子太師：祁國公王溥，太平興國七年八月。許國公呂蒙正；大中祥符四年四月。並輟二日。太子太傅：魯國公范質；乾德二年九月。太子太保：呂端。咸平三年四月。並輟二日。

東宮一品致仕 太子太師：扈彦珂，建隆元年七月。禮院上言：「準《禮令》，一品、二品之喪輟朝二日，致仕官多是優禮，今合同正官。」詔輟一日。薛懷讓，七月。齊國公侯益，乾德三年四月。（輟並）〔並輟〕二日。韓國公王晏，四年十二月，特輟三日。侯章，五年八月。郭從義，開寶四年十二月。並輟二日。李繼勳，太平興國二年八月，輟三日。王彦超，雍熙三年八月。陳堯佐，慶曆四年正月。徐國公張耆，八年六月。並輟二日。祁國公杜衍，嘉祐二年二月，輟二日，葬輟一日。張昪〔三〕，熙寧十年十月，輟二日。（潁）〔潁〕國公龐籍；嘉祐八年三月，不輟。太子太傅：韓國公武行德，太平興國四年十月。李迪，慶曆七年46十月。梁適；熙寧三年正月。並輟一日。太子太保：楊崇勳。慶曆五年閏五月，輟二日。

東宮二品致仕 太子少師：李肅，建隆二年二月。石中立，皇祐元年八月。任中師，二年七月。任布，四年十一月。李柬之；熙寧五年六月。並輟一日。太子太保：李端愿，元祐六年八月，輟二日。柴守禮，乾德五年八月。田敏；開寶四年十一月。並不輟。太子少傅：王易簡，建隆四年五月。辛仲甫，咸平三年四月。孫奭，明道二年六月。晁迥，景祐元年九月。趙稹，寶元元年十月。盛度，康定二年八月。韓億，慶曆四年八月。李若谷，皇祐元年六月。王舉正，嘉祐五年二月。田況，八年二月。孫抃；治平元年十一月。並輟一日。太子少保：馬亮。天聖九年八月，輟一日。

前執政 資政殿大學士、户部侍郎吳奎，熙寧元年八月。宣徽

〔二〕按，《宋史》卷一九《徽宗紀》一載，范純仁卒於建中靖國元年正月癸酉（十二日）。

〔三〕昪：原作「昇」，據《宋史》卷一五《神宗紀》二改。

南院使、檢校太尉、西太一宮使呂公弼，六年三月。並輟二日〔一〕。觀文殿學士、太子少師致仕歐陽修，五年閏七月。太子太師致仕張昪，十年十月〔二〕。並輟二日。資政殿學士蔡挺，元豐二年五月。正議大夫、知隨州薛向，四年三月。觀文殿學士、正議大夫王韶，四年六月。太子太師致仕趙槩，六年正月〔三〕。太子少保致仕元絳，七年六月。太子少保致仕趙抃，七年八月。彰德軍節度使、檢校太師、北京留守王拱辰，八年七月。左武衛大將軍郭逵，元祐三年十二月。吏部尚書曾孝寬，五年八月。太子太保致仕張方平，六年十二月。資政殿學士、新知河南府范百禄，紹聖元年閏四月。資政殿學士、新知定州胡宗愈，閏四月。資政殿學士、充河東路經略安撫使、兼知太原府王安禮，三年九月。資政殿學士王存，建中靖國元年七月。資政殿大學士、提舉中太一宮、兼集禧觀公事黃履，十月。資政殿學士、知大名府李清臣，崇寧元年正月。資政殿學士管【47】師仁，大觀三年六月。檢校少保、鎮東軍節度使、開府儀同三司蔡卞，政和七年三月。寧遠軍節度使、開府儀同三司梁子美，宣和五年五月。並輟一日。檢校少傅、鎮洮軍節度使、河東路宣撫使种師道，靖康元年十月，輟五日。資政殿學士、左太中大夫、提舉臨安府洞霄宮陳與義，紹興八年十二月，輟一日。資政殿學士、左太中大夫馮澥，十年六月，輟一日。資政殿大學士、左中大夫、提舉臨安府洞霄宮顏岐，十一年八月，輟一日。端明殿學士、左中大夫徐俯，十一年十一月，輟一日。端明殿大學士、左正議大夫張守，十五年六月，輟一日。資政殿大學士、左朝奉郎、知建康府楊愿，二十三年二月，輟一日。左中大夫段拂，二十六年二月，輟一日。資政殿學士張綱，乾道二年四月，輟一日。端明殿學士楊椿，三年八月，輟一日。資政殿大學士葉義問。六年九月，輟一日。

尚書　兵部尚書李濤，建隆三年十二月。禮院言三品之喪，請輟一日，從之。工部尚書李昊，乾德二年七月。翰林學士、禮部尚書竇儀，四年七月。翰林學士承旨、户部尚書陶穀，開寶三年十二月。工部尚書扈蒙，雍熙三年九月。張宏，咸平四年三月。禮部尚書王化基，大中祥符四年三月。翰林侍讀學士、禮部尚書郭贄，五年六月。翰林侍讀學士、禮部尚書邢昺，六年六月。户部尚書溫仲舒，七月。樞密直學士〔四〕、禮部尚書張詠〔五〕，八年七月。户部尚書林特，天聖四年五月。禮部尚書任中正，八月。資政殿大學士、禮部尚書范雍，慶曆六年五月。翰林學士承旨、兼端明殿學士、翰林侍讀學士、工部尚書宋祁，嘉祐六年五月。工部尚書余靖，治平元年七月。禮部尚書張存，熙寧四年三月。並輟一日。【48】觀文殿大學士、兵部尚書晏殊，至和二年正月。刑部尚書劉沆，嘉祐五年三月。並輟二日。吏部尚書時彥。大觀元年六月，（並）輟一日。

致仕分司三品　户部尚書致仕顏衎，建隆三年三月。禮院請輟一

〔一〕按，上文「執政」目下云呂公弼輟一日。
〔二〕十年：原作「十一年」，據《宋史》卷一五《神宗紀》二改。
〔三〕六年：原作「元年」，據《宋史》卷三一八《趙槩傳》改。
〔四〕直：原作「真」，據《宋史》卷二九三《張詠傳》、《長編》卷八五改。
〔五〕詠：原作「永」，據《宋史》卷二九三《張詠傳》、《長編》卷八五改。

日，詔不輟。邊歸讜〔一〕，乾德二年九月。秘書監致仕羅周岳，四年四月。並輟一日。劉濤，六年正月。尹拙，開寶四年十月。不輟。左散騎常侍、分司西京歐陽迥，十二月。吏部尚書致仕張昭，五年七月。少府監致仕盧德，六年十二月。户部尚書致仕劉熙古，九年九月。禮部尚書致仕楊昭儉，太平興國二年五月。將作監致仕孔承恭，淳化元年十二月。吏部尚書致仕宋白，大中祥符五年五月。刑部尚書、分司南京薛映。天聖二年七月。並輟一日。

兩省諸司三品 司農卿張仁瑑，建隆元年八月。禮院請輟一日，從之。太僕卿、兼司天監趙修己，二年十二月。大理卿劇可久，三年八月。衛尉卿張保績，十一月。並詔不輟朝。秘書監張鑄，四年六月，輟一日。前左散騎常侍尹日就，乾德二年十二月。鴻臚卿范禹偁，開寶三年正月。並不輟。（大）〔太〕僕卿鄭牧，八月。司農卿衛融，六年九月。國子祭酒毋守素，十一月。光禄卿湯悦，太平興國九年三月。太府卿馬峯，五月。衛尉卿崔仁冀，端拱元年九月。將作監宋雄，景德元年六月。宗正卿趙安易。二年四月。並輟一日。

丞郎以下曾任中書樞密院 尚書左丞呂餘慶，開寶九年四月。禮部侍郎、兼秘書監賈黄中，至道二年正月。翰林侍讀學士、户部侍郎、兼秘書監夏侯嶠〔二〕，景德元年五月。尚書左丞陳恕，六月。御史中丞、尚書右丞、兼宗正卿趙安仁〔三〕，天禧二年五月。資政殿 49 學士、户部侍郎薛奎，景祐元年八月。户部侍郎蔡齊，寶元二年四月。工部侍郎王鬷，慶曆元年二月。資政殿學士、給事中晁宗慤，二年四月。觀文殿學士、尚書左丞張觀，皇祐二年閏十一月。資政殿學士、户部侍郎范仲淹，四年三月。觀文殿學士、兼翰林侍讀學士、尚書右丞丁度，五年正月。觀文殿學士、兼尚書左丞高若訥，至和二年八月。資政殿大學士、尚書左丞吳育，嘉祐三年四月。資政殿大學士、户部侍郎吳奎。熙寧元年八月。並輟一日。

丞郎以下曾任藩邸 翰林侍讀學士、兵部侍郎、兼秘書監楊徽之。咸平三年正月，輟一日。

使相 鳳翔節度使、太保、中書令、太原郡王王景，建隆四年五月。禮院請輟二日，從之。山南東道節度使、兼侍中慕容延釗，乾德元年十二月，輟二日。護國軍節度使、兼侍中楊承信，二年四月。平盧軍節度使、兼中書令郭崇，三年五月。前保大軍節度使、兼中書令李洪義，五年六月。定難軍節度使、太尉、中書令李彝興，八月。成德軍節度使、侍衛馬步軍都指揮使、兼侍中韓令坤，六年四月。永興軍節度使、同中書門下三品吳廷祚〔四〕，開寶四年四月。並輟一日。忠武軍節度使、同中書門下平章事王審琦，七年八月，特輟五日，葬輟一日。前鳳翔節度使、太師、中書令符彦卿，八年六月。武勝軍節度使、兼侍中高懷德，太平興國七年七月。鎮安軍節度使、守中書令石守信，九年六月。並輟三日。武勝軍節度使、同中書門下平章事陳洪進，雍

〔一〕讜：原作「譡」，據《宋史》卷二六二《邊歸讜傳》改。
〔二〕嶠：原作「僑」，據《宋史》卷二九二《夏侯嶠傳》改。
〔三〕安仁：原倒，據《宋史》卷二八七《趙安仁傳》乙。
〔四〕三品：原作「二品」，據《宋史》卷二五七《吳廷祚傳》改。

熙三年三月，輟二日。安遠軍節度使、兼中書令錢惟濬，淳化二年三月，輟二日。武勝軍節度使、兼侍中馮拯，天聖元年 50 閏九月，輟三日，發引輟一日。彰信軍節度使、同中書門下平章事王隨，寶元二年正月。武寧軍節度使、兼侍中夏竦，皇祐二年七月。鎮安軍節度使、兼中書門下平章事程琳，嘉祐元年閏三月。並輟二日。彰德軍節度使、尚書右僕射、兼侍中王貽永，五月，輟三日，葬輟一日。忠武軍節度使、同中書門下平章事王德用，二年二月，輟一日，葬輟一日。護國軍節度使、同中書門下平章事狄青，三年三（年）〔月〕。泰寧軍節度使、同中書門下平章事李昭亮，八年三月。並輟二日。永興軍節度使、兼侍中韓琦。熙寧八年六月，輟三日，葬輟一日。

管軍節度使 殿前都指揮使：鎮寧軍節度使楊信，太平興國三年六月。感德軍節度使白進超，五年正月。河西軍節度使范廷召，咸平四年正月。保静軍節度使劉謙，大中祥符二年八月。忠武軍節度使曹璨，天禧三年七月。並輟二日。保静軍節度使蔚昭敏，天聖二年三月。建雄軍節度使許懷德；嘉祐六年十二月。並輟一日。都虞候：泰寧軍節度使李重勳。太平興國三年三月，輟二日。侍衛親軍馬軍都指揮使：大同軍節度使李德忠，太平興國三年五月。彰國軍節度使康保裔；咸平三年五月。並輟二日。馬軍副都指揮使〔一〕：武昌軍節度使彭睿。天聖六年正月，輟一日。侍衛親軍步軍都指揮使：静江軍節度使李進卿，開寶六年三月。保順軍節度使王隱；大中祥符二年九月。並輟二日。步軍副都指揮使〔二〕：威塞軍節度使馮守信。天禧五年八月，輟一日。殿前副都指揮使、建武軍節度使賈逵，元豐元年十二月。寧遠軍節度使、殿前副都指揮使、主管都指揮使楊遂，三年十二月。殿前副都指揮使、武泰軍節度使、主管都指揮使盧政，四年八月。殿前 51 都指揮使、武勝軍節度使燕達，元祐三年七月。殿前副都指揮使、保康軍節度使、檢校司空苗授，紹聖二年九月。並輟一日。定武軍節度使、檢校司徒、殿前都指揮使姚麟，崇寧四年二月，輟三日。奉國軍節度使、楚泗等州鎮撫使趙立，建炎四年十月，輟一日。保平静難軍節度使、開府儀同三司、四川宣撫使吳玠，紹興九年七月，輟一日。太尉、武當軍節度使、御前諸軍都統制、利州東路安撫使、知興元府楊政。二十七年五月，輟一日。

管軍留後 侍衛親軍馬軍都指揮使、定國軍節度觀察留後曹琮。慶曆五年五月，輟一日。

管軍觀察使 侍衛親軍馬軍都指揮使、耀州觀察使周美，皇祐四年九月，輟一日。侍衛親軍步軍都指揮使、桂州觀察使張潛，寶元二年五月。並輟一日。步軍副都指揮使、邕州觀察使、兼權侍衛馬軍司劉永年。元豐七年三月，輟一日。

節度使 河陽節度使趙晁，建隆元年七月。禮院請準禮例輟一日，從之。前彰信軍節度使藥元福〔三〕，九月，輟一日。前山南東道節度使王鎬，二年四月。永安軍節度使折德扆，乾德二年九月。義

〔一〕馬軍、使：原無，據《長編》卷一〇六補。
〔二〕步軍：原無，據《東都事略》卷四二《馮守信傳》補。
〔三〕藥：原作「樂」，據《宋史》卷二五四《藥元福傳》改。

武軍節度使昝居潤，四年五月。永清軍節度使張光翰，五年正月。建雄軍節度使趙彥徽，六年五月。並輟二日。前橫海軍節度使李方全，六月，輟一日。鎮寧軍節度使張令鐸，開寶三年正月，特輟三日。大同軍節度使孟仁贄，四年四月，輟一日。建武軍節度使何繼筠，七月。前保大軍節度使袁彥，五年七月。並輟二日。河陽節度使張仁超，十月，特輟三日。保信軍節度使尹崇珂，六年六月。武寧軍節度使高繼沖，十一月。並輟二日。52感德軍節度使趙文度，七年四月〔一〕，輟一日。彰信軍節度使韓重贇，七月，輟二日。河中節度使陳思讓，十二月，特輟三日。保靜軍節度使楊重勳，八年七月，輟二日。武寧軍節度使王令斌，九年七月，輟三日。泰寧軍節度使折御勳，太平興國二年閏七月。定國軍節度使馮繼業，九月。保大軍節度使趙贊，十月。靜難軍節度使李克叡，三年五月。保靜軍節度使楊美、忠武軍節度使党進〔二〕，並七月，輟二日。前彰德軍節度使焦繼勳，八月，特輟一日。安化軍節度使沈承禮，八年七月。泰寧軍節度使孫承祐，雍熙二年閏九月。並輟二日。保靜軍節度使崔彥進，端拱元年八月，輟一日。忠武軍節度使潘美，淳化二年五月。鎮安軍節度使崔翰，六月。保康軍節度使劉繼元，十二月。天雄軍節度使劉廷翰，三年六月。定武軍節度使張訓，四年二月。並輟二日。永安軍節度使折御卿，至道元年十二月，輟一日。永興軍節度使田重進，三年二月，輟一日。保靜軍節度使王昭遠，咸平二年十二月。彰德軍節度使張永德，三年九月。並輟一日。武勝軍節度使李至，四年正月。鎮寧軍節度使柴禹錫，景德元年八月。忠武軍節度使高瓊〔三〕，三年十二月。並輟二日。昭德軍節度使葛霸，大中祥符元年十一月。建雄軍節度使王超，六年正月。並輟一日。天平軍節度使周瑩，九年正月，輟二日。彰信軍節度使王能，天禧三年五月。永清軍節度使王守斌，天聖三年十一月。並輟一日。彰武軍節度使曹瑋，八年正月，輟一日。武信軍節度使陳堯咨，景祐元年三月。崇信軍節度使錢惟演，七月。建雄軍節度使高繼勳，三年八月。保靜軍節度使郭承祐，皇祐三年十一月。集慶軍節度使張孜，治平元年正月。振武軍節度使李璋，53熙寧六年十二月。並輟一日。太尉、慶遠軍節度使、充醴泉觀使郭仲荀，紹興十六年正月，輟一日。太尉、建寧軍節度使韋謙，二十六年十月，輟二日。太尉、威武軍節度使、提舉萬壽觀劉錡〔四〕。三十二年二月〔五〕，輟一日。

節度觀察留後 靜江軍節度觀察留後郭廷謂，開寶五年六月，特輟一日。感德軍節度觀察留後安守忠，咸平三年六月。安化軍節度觀察留後孔守正，景德元年五月。建武軍節度觀察留後劉知信，二年九月。彰德軍節度觀察留後馬知節，天禧三年八月。安國軍節度觀察留後郝榮，天聖四年七月。鎮潼軍節度觀

〔一〕七年：原作「十年」，據《宋史》卷四八二《趙文度傳》改。

〔二〕此處原稿「忠」字與「美」相連，其下空一格，則似以「楊美忠」爲人名，今據《宋史》卷二七三《楊美傳》改正。

〔三〕忠：原作「志」，據《宋史》卷二八九《高瓊傳》改。

〔四〕「觀」下原有「使」字，據《宋史》卷三六六《劉錡傳》刪。

〔五〕三十二年二月：原作「二十二年三月」，據《宋史》卷三二《高宗紀》九改。

察留後李端懿。嘉祐五年八月。並輟一日。

統軍上將軍 右領軍衛上將軍王暉，建隆四年四月。禮院請輟二日，詔(上)〔止〕輟一日。前左金吾衛上將軍張從恩，乾德四年五月。右千牛衛上將軍李廷珪，五年二月。並輟一日。左領軍衛大將軍劉重進，六年正月，特輟一日。左千牛衛上將軍白重贇，開寶二年四月。左羽林統軍孟仁裕，九月。左龍武統軍陳承昭〔一〕，十月。並輟一日。右千牛衛上將軍楊廷璋，四年十月，輟二日。左驍衛上將軍楚昭輔，太平興國七年十二月。左衛上將軍向拱，雍熙三年正月。左屯衛上將軍張鐸，七月。左神武統軍孟仁操，八月。右屯衛上將軍伊審徵〔二〕，端拱元年正月〔三〕。右千牛衛上將軍李承矩，二月。吳虔裕，八月。右衛上將軍宋偓，二年五月。右千牛衛上將軍曹翰，淳化三年五月。左龍武統軍孟玄喆〔四〕，十月。右武衛上將軍米信，五年五月。左領軍衛上將軍戴興，咸平二年二月。左屯衛上將軍王漢忠，五年九月。右千牛衛上將軍趙保忠，景德元年六月。左神武統軍錢惟治〔五〕，大中祥符九年七月。並輟一日。左屯 54 衛上將軍薛可言，乾德五年正月。左監門衛上將軍秦習，八月。左驍衛上將軍田景咸。開寶三年三月。並不輟。上將軍致仕：左驍衛上將軍李洪信，開寶八年八月。張美，雍熙二年九月。左千牛衛上將軍解暉，淳化三年七月。左領軍衛上將軍譚延美〔六〕，咸平六年六月。安遠軍節度觀察留後、左驍衛上將軍劉承規，大中祥符六年七月。左屯衛上將軍王嗣宗，天禧五年四月。右屯衛上將軍鄭守忠、慶曆二年閏九月。高化，八年五月。並輟一日。左領軍衛上將軍郭瓊，乾德二年正月〔七〕。王祚，六月。周景。開寶五年六月。並不輟。

諸國奉使附 江南國主李景，建隆二年八月，特輟五日。契丹國母，大中祥符二年十二月，特輟七日，葬輟一日。契丹國主隆緒，天聖九年六月，亦輟七日，禁在京音樂，葬又輟一日。夏國主德明，明道元年十一月，輟三日。夏國主元昊，慶曆八年二月，輟三日。契丹國主宗真，至和二年九月，特輟七日，葬輟一日。夏國主母，嘉祐元年十二月，輟一日，葬輟一日。契丹國母，三年正月，輟三日。夏國主諒祚，熙寧元年正月，輟三日。大遼國母，九年三月，輟七日。僞國主中書令、秦國公孟昶，乾德三年六月，特輟五日。左千牛衛上將軍李煜，太平興國三年七月。左監門衛上將軍劉鋹，五年三月。並特輟三日。武勝軍節度使、太師、尚書令、兼中書令錢俶，端拱元年九月，輟五日。夏國主秉常，元祐元年九月，輟三日。遼使寧昌軍節度使耶律迪。七年正月，特輟一日。先是，太常寺言典故無例，用節度使葬格故也。

内侍 入内内侍省副都知岑守忠。慶曆五年閏五月，輟一日。

特恩 淄州刺史李處耘，乾德四年閏八月。太祖以處耘功參推戴，嘗任宣徽使，特輟一日。應州觀察使李漢超，太平興國二年八月。漢超

〔一〕統：原無，據《宋史》卷二六一《陳承昭傳》改。

〔二〕徵：原作「證」，據《宋史》卷四七九《伊審徵傳》改。按，此是避諱改字。

〔三〕端拱：原作「臨拱」，宋無此年號。《宋史》卷四七九《伊審徵傳》作「雍熙五年卒」，而雍熙五年即端拱元年，因改。

〔四〕玄喆：原作「元喆」，據《宋史》卷四七九《孟玄喆傳》改。

〔五〕惟：原作「唯」，據《宋史》卷四八〇《錢惟治傳》改。

〔六〕領軍衛：原作「領衛」，據《宋史》卷二七五《譚延美傳》補「軍」字。

〔七〕乾德：原作「乾道」，據《宋史》卷二六一《郭瓊傳》改。

守闕南二十餘年，卒於屯所，特 55 輟一日。左龍武軍大將〔軍〕孫行友，六年九月。行友嘗任使相，坐廢累年，禮院言大將軍無廢朝之例，特輟一日。給事中、權判三司侯陟，八年正月，特輟一日。耀州管內觀察使夏隨，康定元年十月，輟一日。宰相陳升之母，熙寧三年十月，特輟一日。嘉州刺史任澤。元豐六年八月。澤乃仙遊夫人之弟，特輟朝一日。

雜録

太祖開寶二年四月二十九日，鎮國軍節度使羅彥瓌卒，時駐蹕并汾，故不輟朝。

六月二十九日，右僕射魏仁浦薨，以軍行不輟朝。

真宗咸平二年五月十五日，駙馬都尉魏咸信女壽光縣主卒，輟朝一日。宰臣言其日百官起居，欲輟次日，從之。縣主，故許國長公主女。太宗友愛加厚，凡公主之女恩秩比王女，故有此禮。帝遵行之，非舊制也。

十二月八日，保静軍節度使王昭遠卒。時車駕北巡，太常禮院上言，行闕廢朝，未有定制，特輟朝參。

三年九月，太常禮院言：「準禮例，諸王啓菆、掩壙日，並輟朝參，掩壙日百官〔奉〕慰。今月二十九日改葬秦王，其日朝參、奉慰望準故事。」從之。

景德元年四月三日，鄭國長公主薨，明德皇太后之喪已制服未除，太常禮院請止輟朝三日。詔：自今月五日至八日，百官並不赴崇政殿朝參。

二年〔正〕〔十〕月〔一〕，吏部侍郎、平章事畢士安薨。太常禮院言：「士安出葬之日與鄆王外菆日同，士安發引日，望特輟朝參，以成禮例。」從之。

三年十月五日，河西軍節度使桑贊卒。太常禮院言，準禮例輟朝一日。崇文院檢討杜鎬等言：「唐太和三年，太常博士崔龜從奏：『輟朝軫悼，所貴及哀。自頃已來，輟朝非 56 奏請之時，備禮於數日之外，雖遵常例，未本人情。』又中書門下覆奏：『古有當祭告喪，義在申情同體，過時而哭，於禮稍乖。禮院所請合輟朝者，各以聞哀之明日，請依者。』又按《禮》云：『輕者包，重者特〔二〕。』蓋重者可以包輕。今緣明德皇后園陵啓菆，前殿不坐。若於其內輟朝，即違輕包之義；苟或過時，又失惻悼本意。伏請依禮，更不輟朝。」詔從鎬等議。

四年正月二十五日，河陽三城節度使、同平章事王顯卒。行在太常禮院言：「準令，使相輟朝兩日。又緣朝拜諸陵，方當行在，酌情順變，事貴從宜。欲望更不行輟朝之禮。」又龍圖閣待制陳彭年檢討故事：「昔唐太宗北征，中書令岑文本卒於扈從，太宗軫悼，不忍聞嚴更之聲，然亦無輟朝之文。今王顯卒於私第，國家方行盛禮，吉凶既難相干，伏請更不輟朝。」從之。

〔一〕十月：原作「正月」，據《宋史》卷七《真宗紀》二改。

〔二〕特：原作「持」，據《禮記·間傳》改。

閏五月，皇從弟右監門衛大將軍德鈞出殯，太常禮院言：「準禮例當廢朝，伏緣莊穆皇后在殯，朔望罷朝，羣臣奉慰，其德鈞出殯，望罷輟朝。」從之。

大中祥符九年五月十九日，太平軍節度使周瑩卒，宰相議輟二十七日、二十八日視朝二日。時景靈宮初成，帝以景靈宮慶成，士庶遊賞，五日之內輟朝非便，遂改自二十九日以後輟二日。

天禧元年十一月二十六日，太尉王旦出葬。太常禮院言：「按禮例，宰相出殯，輟其日視朝。王旦出葬，望準舊制。」中書言：「二十六日冬至，其日皇帝不受朝賀，已有詔命。」57遂不下輟朝之命。議者謂其日當罷百官拜表之禮，時宰臣王欽若與旦不叶故也。

二年七月，太常禮院言：「皇后父永興軍節度使、贈太師、尚書令劉通母故徐國太夫人龐氏，以七月十六日遷葬。按令，皇帝爲皇后父母喪，皆不視事三日，若行遷厝之禮，即無輟朝之例。」詔特輟其日朝參。

乾興元年七月二十三日，太常禮院上言：「左監門衛大將軍允言今月三十日外莚，準禮例(禮)合輟其日朝參，又緣已在旬假之內。」詔特輟二十九日。是年仁宗已即位，未改元。

仁宗天聖六年四月，詔：故宰相張知白以二十日葬發引，輟其日朝參。

寶元二年十月六日，詔罷諸司三品官卒輟視朝。初，光祿卿鄭平卒，禮官舉故事請輟朝，而議者以謂今諸司三品非要官，恩禮不稱，故罷之。

康定二年三月六日，詔以豫王薨輟朝。先是，王薨，依禮輟五日，帝以寒食、旬休(上以)假在五日內，無廢朝之實，至是輟五日。

慶曆四年十月二十三日，同知太常禮院曾公亮言：「朝廷凡爲臣僚之喪行輟朝之禮，如遇假日則輟朝在聞訃數日外，欲申慘悼，誠似過時。唐太和中，博士崔龜從奏：『輟朝之禮，所貴及哀。自頃以來，輟朝非奏請之時，備禮於數日(之)後，雖遵常例，未本人情。』是時中書覆奏，稱古有當祭告喪之儀，若過時而戚，非所以篤君臣之義也。今宜以韓億之喪，特正此禮，凡聞哀之明日，不以假休，並計輟朝之數〔一〕。其日如58值大朝會，或有大政須御前殿，自可略輕而爲重，不輟朝。即值契丹使見辭若春秋大宴已告有司者，不可去樂。」事下太常禮院，言：「看詳公亮所奏，誠於輟朝之間，適宜順變。然慮君臣恩禮之情有所未盡，欲乞除人使見辭、春秋二宴合當舉樂，即於次日輟朝。餘如公亮所奏。」從之。

五年正月四日，(后皇)〔皇后〕兄四方館使、榮州刺史曹傅卒，四月章懿皇太后姪西頭供奉官李瑛卒，並特輟視朝一日。故事，官非三品無謚及輟朝，傅等特以外戚故。

皇祐三年十月二十五日，太常禮院言：「李用和妻卒，

〔一〕計：原作「許」，據《長編》卷一五二改。

檢會乾德六年皇舅杜審進妻天水郡夫人趙氏卒，準禮輟朝一日，詔特輟朝二日。竊緣當時禮例，爲舅之妻本服緦麻三月。今《五服勑》不載舅妻之服，緣有舊例，繫自聖恩。」詔特輟兩日。

四年九月十六日，太常禮院言：「侍衛親軍副都指揮使、耀州觀察使周美卒，準《禮令》，三品以上輟朝，今美係四品。」詔以美久在邊任，曾有戰功，特輟一日。

英宗治平二年正月十四日，太常禮院言：「檢會皇祐元年十二月閤門奏：『宣徽北院使、判并州鄭戩薨，輟今月十三日、十四日視朝。當日四更二點關到閤門，尋行告報，已是五更後，朝臣、軍員皆及朝門。欲乞今後非時輟朝，令禮院於前一日未時已前關報，如至未時後即輟次日。』看詳閤門所請，全乖禮意。欲自今後凡有文武官薨卒合該輟朝者，令本院即時告報諸司，並輟聞哀之明日。如此 59 則得稱禮情。」從之。以上《國朝會要》。

神宗熙寧四年二月十七日，編修中書條例所言：「檢會宗室及臣僚薨卒合輟視朝者，並太常禮院申奏，關牒御史臺、閤門，當日輟朝訖，中書續據狀降敕，虛有行遣。欲今後已輟朝，更不降敕。」從之。

八年二月十二日，太常禮院言：「舊制輟朝者，並以聞哀之明日爲始。若值三大宴及人使辭見，已行告報，即輟次日。其連接假日，亦便以假充數。伏見資政殿學士邵亢薨，合該輟朝一日，依勑條輟聞哀之明日，遂輟正月二十九日視朝。竊詳其日已是前後殿不坐，便充輟朝日數，恐非恩禮大臣之意。欲乞今後凡該輟朝，如值假日，即以次日；如連接假日，即候開假。」從之。

六月，判相州韓琦薨，詔特輟朝三日。二十八日、二十九日輟前殿朝，第三日遇假，合就別日補數。樞密院副都承旨張誠一言：「竊詳太常禮院本謂輟朝一日者，請遷就假開，以示恩禮。今琦薨輟朝，以第三日遇假，復就別日，竊慮更易御服，或有未便。況先於前殿輟朝，已見恩禮，即與輟一日者事體不同。今雖遇假，謂宜亦合通理，乞下太常禮院詳定。」詔從所請。禮院參詳：「自今後應輟朝，並輟前殿正朝，如已輟而遇休假或後殿，即通理爲數。」從之。

哲宗元祐五年五月二十二日，太常寺狀〔一〕：「欲乞今後應輟朝，並輟聞哀之明日。如前殿即輟起居，遇後殿起居或日參並準此。假日及後殿垂簾、假日 60 合入官起居，即輟以次日。」從之。以上《續國朝會要》。《中興會要》無「輟朝雜録」。

孝宗皇帝乾道三年四月一日，太常寺言：「準已降旨，皇伯母秀王夫人薨，輟朝五日，內二日不視事。乞自今月二日爲始輟朝，至六日止，其二日、三日並不視事。」從之。

（以上《永樂大典》卷五三六五）〔二〕

〔一〕常：原脱，據《長編》卷四四二補。

〔二〕《大典》卷次原缺，據《永樂大典目録》卷一五補。

宋會要輯稿　禮四二

國忌

【宋會要】❶宋太祖建隆元年三月十四日，追尊四廟，内出僖祖文獻皇帝十二月七日忌，文懿皇后六月十七日忌，顯祖惠元皇帝正月二十五日忌，惠明皇后五月二十一日忌，翼祖簡恭皇帝四月十二日忌，簡穆皇后十月二十日忌，宣祖昭武皇帝七月二十六日忌。其日禁樂廢務，群臣詣佛寺行香修齋。凡大忌，中書悉集，小忌輪一員赴寺。如車駕省方，即留守自於寺院，仍不得在拜表之所。天下州、府、軍、監亦如之。惟宣祖爲天下大忌，前一日不坐，中書門下、文武百僚詣西上閤門奉慰，移班奉慰皇太后，退赴佛寺行香如儀。車駕省方，在路遇忌日，皆不進名奉慰。

三年五月十一日，太常禮院言：「六月二日明憲皇太后忌，請爲大忌。」從之。

七月二十六日，宣祖忌，以明憲皇太后在殯，令群臣止詣西上閤門奉慰，移班進名慰皇后，不赴佛寺行香。

乾德二年五月十八日，太常禮院言：「三十一日禘饗太廟，其日惠明皇后忌。按唐開成四年正月二十二日祀先農，與穆宗忌同日；太和七年十二月八日蜡百神，與敬宗忌同日〔一〕。詔以近廟忌辰作樂非便，宜令備而不作。竊以農、耤之祭猶避廟忌而不作樂，望依禮例備而不作。」從之。

太宗太平興國二年六月十六日，太常禮院言：「十月二十日太祖忌，請爲大忌；孝明皇后已祔廟，其十二月七日忌亦請升爲大忌。」從之。

淳❷化三年五月二十三日，御史臺言：「今後國忌日，文武百官並早先行拈香畢，赴幕次茶酒，永爲規式。」從之。

真宗至道三年十一月三日，太常禮院言：「懿德皇后已祔廟，其十二月十九日忌亦請爲大忌。」從之。先是，孝明、孝惠、孝章、懿德、淑德神主在別廟，忌日但於佛寺追薦而已。

十二月十一日，太常禮院言：「請定僖祖、文懿皇后、順祖、惠明皇后、翼祖、簡穆皇后忌日依舊行香，太祖、孝明皇后、太宗、懿德皇后忌日，並前一日不坐，至日奉慰行香。宣祖、昭憲皇后忌日，請准太祖、太宗在位之日奉翼祖忌辰禮，前一日更不廢務。」詔恭依。

咸平元年三月五日，太常禮院言：「今月十二日元德皇太后忌，請准禮例前一日不視事，至日群臣進名奉慰，就

〔一〕敬：原作「恭」，據《宋史》卷一二三《禮志》二六改。按，此是宋人避諱改字。

佛寺行香。」詔恭依。元德祔别廟時，追尊之後始立忌。

二十六日，左巡使劉益上言：「太宗忌日，百官未審於何寺行香。」詔詣啓聖院。先是，諸忌分詣大相國寺、太平興國寺、報慈寺行香，時啓聖院初奉安太宗聖容故也。其後諸忌亦止集大相國寺，如殿皆有道場，或集興國寺。

四年三月二日，樞密院言：「準例，春季金明池習水戲，開瓊林苑，縱都人游賞，又大宴明光殿。」帝以是月太宗忌月，令有司訂詳故事以聞。史館檢討石銀等上言曰〔一〕：「按晉穆帝因納后用九月〔二〕，是父康帝忌月，禮官荀訥議，有忌日無忌月，若有忌月，即有忌時、忌歲，益無所據。當時從訥所議。又按唐武后【3】神功元年，清邊大總管建安王攸宜破契丹，詣闕獻捷，軍人入城，例有軍樂，内史王及善以國家忌月，請備而不奏。鳳閣侍郎王方慶奏：『按禮經，但有忌日，無忌月。』遂舉樂。又按憲宗元和九年，太常博士韋公肅言：『禮無忌月禁樂，今太常教坊以正月是國家忌月，停郊廟饗宴之音，外内庶士咸罷晏樂。伏尋經典，竊恐乖宜。』詔依公肅所奏。伏以忌日不樂，嘗載禮經；忌月撤懸，實無典故。況荀訥、王方慶、韋公肅皆前代通儒，咸曾論議，備存方册，足爲依據。其三月春宴及上巳日金明池苑，並合舉樂。」從之。

景德元年三月，明德皇后崩，太常禮院請以其日爲大忌，從之。

四月十日，太常禮院言：「十二日明德皇后禫除，同日翼祖忌，其日皇帝親行禫祭，群臣合詣萬安奉慰。又緣忌辰赴佛寺（同）〔行〕香，欲至日先奉慰，退赴行香。」從之。

十二月十八日，帝北征凱旋。翌日入京師，以懿德皇后忌，詔徹鹵簿、鼓吹，不舉樂。太常禮院議曰：「伏以班師振旅，國之大事；后之忌日，家之私事。今鑾輿凱旋〔三〕，軍容宜肅。昔武王伐紂，在諒闇之中，猶前歌後舞。今詳諒闇是重，遠忌是輕，以此而論，舉樂無爽。況《春秋》之義，不以家事辭王事，鑾輿還京，法駕前導，鼓吹音樂，並請振作。」帝覽奏，猶以爲未可，批其章付中書門下，與樞密院同參詳聞奏。輔臣等言：「伏以績著班師，功成飲至，愷樂咸歌於振旅，聲詩皆詠於動歸。而陛下思酌古今，恐【4】遺典禮，有司盡稽故事，備舉文明。況朝廷舊章，車駕行幸，國忌、假日並皆請停，伏請依禮院所奏施行。」從之。

二年六月十三日，詔：「今後國忌齋設，西京及諸節鎮給錢十千，防、團州七千，刺史州五千。其使鐵錢處，（北）〔比〕折支給，無得率斂〔四〕。」

三年三月十二日，樞密院言：「自來國忌，文武百官並赴佛寺行香，唯樞密使、副使依内諸司例不赴，伏恐有虧嚴肅。今欲每遇大忌皇帝不視事日，隨中書門下赴大相國寺

〔一〕石銀：《宋史》卷一二三《禮志》二六作「杜鎬」。
〔二〕帝：原無，據《宋史》卷一二三《禮志》二六補。
〔三〕旋：原作「旅」，據《宋史》卷一二三《禮志》二六改。
〔四〕斂：原作「歛」，據《長編》卷六〇改。

行香。」從之。樞密使、副使、三司使、副使、翰林、樞密直學士並赴，自兹始也。凡奉慰者，宰臣率百官，樞密使率内職共進名，節度使、留後、觀察使各進名。

二十四日，上封者言：「每歲太宗忌日，文武臣僚、軍員指揮使並赴啓聖院行香，宫禁皇親亦集，輿馬喧雜，似不合禮節。望令前一日樞密率武職，至日宰臣率文班行香，仍候宫禁行禮哭泣聲止，即序班如儀。」帝曰：「隔日序班，於禮非便，當令百官入自南門，宫禁入北門。」

四年三月，詔：「國忌行香，群臣並須赴幕次，就賜茶酒，候宰臣出方得退，乃依官次牽馬入院門。違者人從送開封府勘斷，本官容庇，亦具名聞。」

大中祥符二年三月，駙馬都尉李遵勗言，大忌行香，乞預立班。宰臣言：「佛寺行香，百寮在列，惟駙馬都尉未有至者。」帝曰：「此請甚見恭恪，可降詔從之。」

十月六日，詔曰：「恭以宣祖昭武皇帝、昭憲皇后夙蘊慶雲，克昌基緒，載誕二聖，奄宅萬邦。猥承燕翼之[5]謀，深惟似續之重。每臨諱日，尤切永懷。式陳尊祖之誠，以罄奉先之禮。自今復爲大忌前一日不坐，其日群臣進名行香〔一〕，禁屠宰，著于令式。」

四年三月二十九日，車駕祀汾陰還，駐鄭州，詔以太宗忌辰罷賜酺宴。帝嘗自三月下旬至忌日不舉樂故也。群臣詣行在閤門進名奉慰，行香於開元寺幄殿。

五年十月七日，詔：「樞密使、同中書門下平章事，自今每國忌赴佛寺行香，依宰臣例，左右巡使、兩縣令夾階通揖；及寺庭，綴宰臣，揖百僚。」

十一月六日，知制誥王曾言：「奉詔使契丹，其十二月七日、正月二十五日皆是朝廷忌日，如遇宴席動樂，欲以此辭。」宰臣王旦曰：「曾甚得使臣之體。比來奉使之臣未嘗有請。」帝曰：「然當詢舊來儀制以諭之。」

【宋會要】

天禧元年八月二十八日，西京留司御史臺言：「太（容）〔宗〕聖容奉安應天禪院，自來忌日就廣愛寺行香。將來忌日，欲就本院設齋，詣聖容殿行香，其諸忌仍舊廣愛寺。」從之。

二年九月二十二日，詔京城諸司當祈賽神者，無用十月二十日。時殿前司請以是日祈賽，帝以太祖忌日〔二〕，令從之，因廣條制。

仁宗乾興元年即位未改元。二月二十三日，禮儀院言：「三月十二日元德皇后忌，十五日明德皇后忌，皆在真宗易月禫制之内，其進名行香望權停。」從之。

十一月十四日，禮儀院言：「莊穆皇后（外）〔升〕祔太廟，其四[6]月十六日忌辰，請依禮例前一日不視事，（郡）〔群〕臣進名奉慰，赴佛寺行香，著爲令式。」從之。

〔一〕「日」原作「群」而有殘筆，「香」原作「孝」，並據《宋大詔令集》卷一四三改。

〔二〕此下似有脱文。

天聖元年七月十一日，都官員外郎楊居簡上言：「昨知泗州，刑禁甚衆，每國忌日淹繫百餘人，杖罪望許忌日決罰。」下法官詳議，審刑院上言：「按唐太和七年勑，準令國忌日惟禁飲酒舉樂，至於科罰人吏，都無明文。但緣其日不合釐務，官曹即不決斷刑獄，其小笞責在禮律無妨。衆官參詳前件律條，但未有指定刑名，所以不敢決遣。欲望自今後應雜犯杖罪，並許決遣；應入徒者，即次日。」從之。

三年二月十六日，太常禮院言：「二月十九日真宗忌，準禮例前一日不坐，其日不視事，群臣詣西上閤門、內東門進名奉慰，退赴佛寺行香。」（照）〔詔〕：先帝初忌，前後各三日不視事、不行刑罰，前後各五日禁止音樂。仍令百官赴景靈宮奉真殿行香。自後每真宗忌日，皆約此制，餘如太宗忌日之例。

四年二月十七日，帝問宰臣曰：「祠祭或遇大忌，何如？」王曾對曰：「祀事皆如禮，惟樂懸設而不作。」

六年二月六日，宰臣王曾上言：「真宗忌辰，禁刑、不視事日數太多，慮有妨闕。雖孝思追慕，而歲漸遠，望差減其數。」詔自今前後各兩日不行刑，不視事，仍禁樂。

七年三月一日，東上閤門使李昭亮等言：「伏見真宗忌辰并諸大忌，臣僚有稱患請假，不赴奉慰、行香者，頗（陟）〔涉〕不恭。欲乞今後諸大忌，除寔患請假將治外，不許當日請假一日。如違，閤[7]門具姓名以聞，重行責罰。」從之。

八年十月五日，太常禮〔院〕言：「奉迎太祖御容奉安太平興國寺開先殿，所有忌辰，合依太宗忌辰禮例，群臣赴開先殿行香。緣同日簡穆皇后小忌，請其日先詣開先殿行香訖，移班赴本寺大殿行香，永爲定式。」從之。

九年十一月十二日，上封者言：「伏見國忌行香，不設帝后位次，於禮不恭。望自今於佛殿備設。」從之。

明道二年正月二十一日，詔：「真宗忌辰，前後各兩日不行刑、不視事，禁樂前後各三日，著爲定式。」

九月十五日，引進使李昭亮言：「切見國忌日，依近降勑命，就佛像前別設位牌供養，只以粗惡齋食供奉神位，深成褻（黯）〔黷〕。欲乞今後一依舊例，更不奉安神位，只依舊於佛像前行香讀疏。」從之。

景祐元年二月九日，太常禮院言：「莊懿皇太后二月二十六日忌辰，欲望前後各一日不視事。其日百僚進名奉慰，退赴佛寺行香。」詔前後各兩日不視事，各一日禁屠宰，各三日禁樂。

三月十三日，太常禮院言：「三月二十九日莊獻明肅皇太后忌辰，欲依莊懿皇太后禮例，緣同日太宗忌辰，其日百官於逐處行香，望於慈孝寺賜酒食。」從之。

二年正月二十三日，詔真宗、莊懿皇太后忌辰並爲大忌。

二十五日，太常禮院言：「莊懿皇太后忌辰，群臣欲望依例赴景靈宮廣孝殿行香，永爲定式。」從之。

六月四日，太常禮院言：「詳定文武臣僚等每遇行香，並於相國寺南門入，別無妨[8]礙。」依奏。

三年二月二十五日，（詔）莊獻明肅皇太后忌爲大忌。

四年十月七日，太常禮院言：「莊惠皇太后請如孝惠皇后例，不立忌。」從之。

慶曆六年三月六日，詔：「自今祖宗、元德、章憲明肅、章懿皇后忌辰行香，臣僚並破素食。」從侍御史王平所請。

七年九月六日，判尚書刑部金部員外郎、崇文院檢討孫瑜，太常博士、祕閣校理晁仲衍並衝替[一]，都官員外郎高賦特罰銅三十斤。初，賦爲定州監當，二月十九日嘗過同郡官，遇其令軍士作砌臺之戲。既坐罪十餘年，始求雪於刑部，瑜等因爲奏辨之。帝以其日蓋真宗大忌，怒而重黜之。

二十五日，景靈宮使李用和言：「自來祖宗忌辰例立班，臣僚並破素食壹千二百分。管勾使臣更下寺院造，準備食不少，不曾供應，虛有煩費。望只造一千二百分。」從之。

八年正月十二日，詔：「自來諸州軍每遇朝拜行香國忌日，官吏已下並赴，今後只令知州、通判、職官行香，主兵官員更不赴。」

皇祐三年三月二十四日，詔：「今後應大忌行香，臣僚並破素食。」

四年十二月四日，權知開封府呂公綽言：「相國寺、啓聖院、慈孝寺國忌行香，應皇親、諸臣僚並逐寺院殿門外下馬，惟興國寺未有定制，並入殿庭，就幕次前下馬。欲乞今後興國寺行香及非時開寺，皇親、諸臣僚並依相國寺例，殿門外下馬。」詔御史臺詳定，臺司言：「今後興國寺行香及非時開寺，依相國寺體例，百官並不得乘馬[9]入殿庭。宰臣、樞密、皇親正刺史以上，學士、節度使、大小兩省（侍）〔待〕制以上文武百官，并許入寺東門上下馬。皇親遙郡大將軍以下至率府、副率府，自東門慰班退，於東華門或左掖門上馬。從御街直南赴寺，入南西偏門，至寺庭西門外上下馬。」從之。

五年四月二日，詔：「每遇大忌供食寺院，今後更不支絹，並支與見錢。」

六年正月二十二日，詔太常禮院，孝惠、孝章、淑德、章懷皇后、章惠皇太后、温成皇后皆立小忌，尋罷之。

【宋會要】

嘉祐四年五月二十六日，三司詳定所言：「大小忌辰，宰臣、百官赴寺院行香，翰林司破酒菓外，更令諸禪院供造素食，虛破（物）〔錢〕物，搔擾僧寺。請自今除三月二十九日於啓聖院、慈孝寺行香，於一處破食并酒菓外，自餘忌辰並只破酒菓。」從之。

七年八月一日，詔：「廟祭與忌日同，樂懸而不作，其

[一] 替：原作「簪」，據《長編》卷一六一改。

與別廟諸后忌同者作之。若祠天地、日月、九宮、太一及䄍百神，並作樂。社稷以下諸祠卑於廟，則樂亦不爲。」議具「緣祀裁製」。

英宗治平三年三月二十六日，詔：「仁宗初忌不御前後殿，至四月三日，令開封（初）〔府〕停決大辟及禁屠宰十日。」

三年八月，詔濮安懿王并三夫人忌辰，於景雲院道場供養。

十月，詔濮安懿王忌辰，依諸陵例齋僧。

四年神宗即位未改元。十月四日，太常禮院言：「僖祖文獻睿和皇帝、文懿皇后神主祧遷於西夾室，合依典故。[10]謹按《禮記·檀弓》曰：『舍故而諱新。』注：『爲高祖之父當遷者也。』《唐會要》永徽二年，左僕射于志寧言：『依《禮》舍故而諱新，故謂親盡之祖。今（洪）〔弘〕農府君神主上遷，請依禮不諱。』從之。又元和十年太常禮院言：『睿宗神主祧遷，其六月二十日忌并昭成皇后忌，準禮合廢。』從之。今僖祖皇帝神主祧遷，準禮不諱，其十二月七日僖祖皇帝忌，六月十七日文懿皇后忌，亦請依唐故事廢罷。」詔恭依。

十一日，詔：「應國忌大會齋錢內，貳分給見錢，壹分折絹。」舊給見錢千貫，慶曆後遂折以絹，至（自）〔是〕僧請如舊制，故稍增之。

神宗熙寧元年三月六日，太常禮院言：「仁宗大忌，請前後各三日不視事，應臣僚等見、謝、辭正衙並放，前後各五日禁屠宰，及大辟罪不行刑。」從之。

二年十月十九日，濮國公宗樸言：「濮安懿王并三夫人忌辰，乞依舊齋薦道場。」從之。

（二）〔三〕年正月二十二日，侍御史張紀言：「太祖忌辰，興國寺行香，宰臣、百官出入行馬並至殿庭，上下諠雜，頗失朝儀。請今後凡國忌行香，文武百官並於逐處寺門外上馬，其知雜御史并兩制、皇親武臣正任已上至宰臣，許寺庭門裏上馬。」詔御史臺、閤門詳定。既而請興國寺依開封府編敕，景靈宮於承禧、昌福門出入，啓聖院自來並於大門裏，慈孝寺依久來立牌處上下馬。閤門、御史臺檢舉，違者糾彈之。

三年十一月，編修敕令所删定到：每遇國忌前一日，牒三司取齋錢、香等，閤門輪[11]差軍將於左藏庫請領，送僧録司齋僧。順祖、翼祖、惠明、簡穆皇后四忌，各齋錢二十千、香十兩；僖祖〔一〕、宣祖、太祖、太宗、真宗、仁宗、英宗，昭憲、孝明、明德、懿德、元德、章穆、章憲明肅、章懿皇后十五忌，各齋僧錢二十五千、香二斤。錢並以黃絹充折。仁宗忌齋錢分送道録司。

十二月八日，太常禮院言：「仁宗忌辰，其日不作樂，前後一日不視事。來年英宗忌辰，請準禮例。」從之。

〔一〕僖祖：原無。按下文言「十五忌」，而原稿只十四忌，當是脱僖祖，今補。

元豐元年閏正月二十二日，御史臺、閤門言：「忌日神御殿行香，群臣班殿下，宰相一員升殿跪爐。」從之。先是，三司使李成之言：「伏見神御殿酌獻，設皇帝位於庭下，升降再拜，而忌日兩府例於殿上，未安。」故詔御史臺、閤門詳定，著爲令。

（二）〔三〕年三月十二日〔一〕，元德皇后忌，罷奉慰行香，以慈聖光獻皇后虞主在道也。

十五日，明德皇后忌，罷奉慰行香，以奉安慈聖光憲皇后虞主也。

五年十二月二十四日，御史王桓上言：「啓聖院、相國寺忌辰行香儀，左右巡使、兩赤縣令於中門相向分列，俟宰臣至立位前，直省官通揖〔二〕。按此儀推行雖久，無所據依，大意推崇宰司，故令立班迎候。日者極追遠之奉於景靈宮，禮文咸秩，前事之失，義當是正。方百官就列，祇見祖宗，恐非大小之臣交相致恭之時〔三〕，望寢罷。」從之。

六年五月一日，詔：「大忌日，六曹諸司不爲假〔四〕，執政官早出，諸司官不得隨出。」

七月十三日，詔孝惠、孝章、淑德、章懷四后忌日〔五〕，依大忌例。

八年二月二【12】十二日，禮部言〔六〕：「順祖及惠明皇后遷主，既藏於夾室，罷忌日行香，請倣僖祖忌日於景靈宮天興殿東設幄故事，遇忌日於永昌院佛殿之東張幄，齋設追薦。」詔：「僖祖、翼祖并后六位，遇忌日並於永昌院設幄追薦。」

哲宗元祐元年正月十二日，禮部言：「翼祖皇帝、簡穆皇后神主奉藏夾室，所有翼祖皇帝忌、簡穆皇后忌，伏請依禮不忌。」詔恭依。

二月十二日，詔：「每遇忌辰，臣僚赴西上閤門奉慰訖，詣內東門奉慰太皇太后。」從禮部奏請也。

三年三月二日，以神宗皇帝初忌，不御前後殿六日，開封府停決大辟，禁屠宰十日。

五年正月二十四日，御史臺、閤門言：「孝惠、孝章、淑德、章懷皇后忌辰，於天興殿西夾庫屋設位行禮。」從之。以先帝升祔太廟，而景靈宮未及享故也。

元符三年徽宗即位未改元。二月十一日，三省言：「請於皇太妃忌日前後殿不坐。」從之。輔臣初以崇奉皇太妃於母后有嫌，然難於開陳。及進呈，適符上意。尋詔皇太妃忌日止坐崇政殿，上意推隆太后，猶欲避此，故追改前詔。

建中靖國元年四月一日，禮部言：「將來六月二十八日欽慈皇后忌辰，緣已係三年除服之後，如宣仁聖烈皇后

〔一〕三年：原作「二年」，據《長編》卷三〇三改。
〔二〕官通：原倒，據《宋史》卷一二三《禮志》二六乙。
〔三〕時：原作「誠」，據《長編》卷三三一改。
〔四〕「諸」下原有「不」字，據《長編》卷三三五刪。
〔五〕章懷：原倒，據《長編》卷三三七乙。
〔六〕禮部言：原作「詔」，據《長編》卷三五二、《宋史·禮志》二六改。

故事，合依大忌例，乞頒降天下。」從之。

崇寧四年正月二十六日，（神）〔禮〕部言：「奉（禧）〔僖〕祖神主爲太廟始祖，其（禧）〔僖〕祖忌并文懿皇后忌，至今因循理例，未曾參考奉慰行香之禮。及近降詔旨，翼祖皇帝、簡恭皇后神主、簡穆皇后神主13復還本室，其忌辰亦合依舊。」詔並恭依。

政和元年十一月二日，禮部言：「將來惠恭皇后忌，即乞依章穆皇后故事，内外禁樂一日。」從之。

【宋會要】

宣和三年七月三日，禮部、太常寺言：「祖宗朝諸后神御殿分建於在京寺殿，每遇忌辰，並請寺院行香。至元豐中，廣原廟之制，告遷赴景靈宫諸殿安奉，所有文懿、簡穆、孝惠、孝章、章懷皇后諸位於保寧閣。遇忌辰，張次於閣西，還神位於次，事畢而復。今來明節皇后侯過大祥忌日，就保寧閣張次設位行禮。昨來惠恭皇后、明達皇后忌日，除百官不奉慰，有司不進牌，皇帝不易服外，餘依諸后例。」從之。

四年十二月十日，饒州（奉）〔奏〕：「逐時遇國忌，係在僧寺行香，辦齋一分供獻。今降御筆指揮，並赴聖祖殿，即未審合與不合依僧寺辦齋，於聖祖殿供獻。」詔依舊供獻，諸路依此。

五年六月九日，詔西上閤門，遇欽慈皇后忌，故陳祁王宅内外親屬有職事人，特與給假一日，趁赴行香。

【宋會要】

高宗建炎二年八月十三日，詔：「應諸路州軍見屯軍馬，統兵官每遇朝拜國忌行香，並權特免赴。」

【宋會要】

紹興七年二月一日，禮部、太常寺言：「《國朝會要》：乾興元年三14月十二日元德皇后忌〔一〕，十五日明德皇后忌，禮官言二忌皆在真宗皇帝以日易月禫制之内，其進名、行香望權停。從之。今來二月九日昭懷皇后忌，十六日欽成皇后忌，十九日真宗皇帝忌，其行香緣皆在道君太上皇帝、寧德皇后易月禫制之内，乞依故事權停。」從之。

二十三日，詔：「今後遇道君太上皇帝本命日，更不設獄，如遇忌辰即設。」先是，有詔遇道君太上皇帝本命設獄，至日訃音至，有司申審故也。

【宋會要】

十年十一月二日，禮部言：「章懷皇后、昭懷皇后、昭慈聖獻皇后、顯恭皇后、顯肅皇后五位忌辰，除（昭）〔章〕懷皇后以（後）〔外〕，四位已得旨各設獄二日。所有章懷皇后忌辰，典故别無（設）〔該〕載，今欲比附章懿皇后忌辰設獄一日。」從之。

〔一〕三月十二日：原作「五月十六日」，據本卷前文改。

【宋會要】

十三年正月十一日，御史臺言：「正月十三日，欽聖憲肅皇后忌日，其日立春。準令，諸臣僚及將校立春日賜幡勝，遇稱賀等拜表〔一〕、忌辰奉慰退即戴〔二〕。欲乞候十三日忌辰行香退，即行插戴。」從之。

【宋會要】

二十九年九月二十二日，（部）〔禮〕部、太常寺言：「二十六日顯恭皇后忌辰，係在大行皇太后以日易月服制之內，欲乞依十二年四月二十三日孝章皇后忌辰例，權免百 15 官趁赴行香。」從之。

【宋會要】

三十一年五月二十二日，權禮部侍郎金安節言：「六月二日昭憲皇后忌，淑德皇后忌，懿節皇后忌，并六月十七日文懿皇后忌辰日分，係在孝慈淵聖皇帝以日易月服制之內，百官難以趁赴行香，依禮例合權停。」詔依。

【宋會要】

十二月二十五日，入內內侍省言：「安恭皇后忌辰，準太常寺關差官設獄，於典禮無戾。乞依〔章〕懿皇后例，令御藥院差官施行。」從之。

【宋會要】

孝宗淳熙元年十一月十五日，詔：「文武百官詣景靈宮國忌立班行香，自今如遇宰執俱致齋不及趁赴外〔三〕，於東班從上引官一員陞殿跪爐行香〔四〕，以次官一員詣西班行香。」先是，閤門得旨：「國忌行香，宰執致齋不赴，其西壁武臣闕官押班，已降指揮差使相或太尉、節度使等押班。可令文武班內上一員東壁押班，止令西壁散香，今後準此。」至是，禮部、太常寺重別指定來上，故有是命。

【宋會要】

九年十月五日，侍御史張大經奏：「比來國忌行香日分，合赴官員多託疾在告，以免夙興拜跪之勞。乞自今如遇行香日，有稱疾托故不赴者，從本臺奏彈，乞置典憲。」 16 從之。

十年六月二十三日，臣僚言：「朝散郎、監六部門潘旦每遇行香日分，稱疾託故，乞與旦在外宮觀差遣。」從之。

十四年十月十三日，禮部、太常寺言：「十月二十日太祖皇帝、慈聖光獻皇后忌，係在今來大行太上皇帝以日易月服制之內，百官難以趁赴行香，乞依禮例權停。」從之。

十一月十一日，禮部、太常寺言：「十二月七日僖祖皇帝、孝明皇后忌，係大行太上皇帝以日易月百官釋服之外，其上件忌辰上香日分，百官合服常服、黑帶，趁赴立班。」從之。

十六年七月十四日，禮部、太常寺言：「十月初八日，

〔一〕等：原作「稱」，據《宋史》卷一二三《禮志》二六改。
〔二〕退即：原倒，據《宋史》卷一二三《禮志》二六乙。
〔三〕及：原無，據《宋史》卷一二三《禮志》二六補。
〔四〕爐：原作「驢」，據《宋史》卷一二三《禮志》二六改。

高宗皇帝大祥。國朝故事，大祥後次年，合於曆日内箋注忌辰。」從之。

寧宗慶元元年六月十八日，禮部、太常寺言：「孝宗皇帝立忌，國朝故事，大祥後次年，曆日内箋注忌辰。今乞於慶元三年六月九日曆日内箋注。」從之。憲聖慈烈皇后、慈懿皇后、光宗皇帝、恭淑皇后、成肅皇后崩，禮、寺並如故事申請。

三年十二月十七日，禮部、太常寺言：「仁懷皇后朱氏立忌，乞下太史局，於次年曆日内九月二十五日箋注忌辰。」從之。從后族閤門舍人朱龜年言，上僊乃紹興十三年九月二十五日故也。

六年六月十三日，禮部、太常寺言：「《國朝會要》：元豐三年三月十二日，元德皇后忌，罷奉慰行香，以慈聖光獻皇后虞主在道也。三月十五日明德皇后忌，罷奉慰行香，以奉安慈聖光獻皇后虞主也。今來六月二十八日，欽慈皇后忌辰，緣其日係大行壽仁太上皇后以日易月大祥，皇 17 帝親行祭奠之禮，文武百官並合陪位，即無相妨，於禮别無似此一般典故。今欲比倣文武百官在散齋之内禮例，是日專差侍從官一員，詣景靈宫跪爐行香。其餘宰執、文武百僚，並赴壽康宫慈儀殿陪位。」詔依，跪爐官差權兵部侍郎趙介。

嘉定九年正月二十六日，詔：「憲聖慈烈皇后本以慶元三年十一月二日上僊，其後忌辰乃用六日，今改用二日爲大忌。」（以上《永樂大典》卷一四〇一九）

攢所

景獻太子攢所

【宋會要】1 嘉定十三年八月六日，皇太子薨。七日，禮部、太常寺言：「參酌已行典故：一、皇帝爲皇太子薨服期，六宮並不從服。一、發哀日，於皇太子宮正廳之東設素幄，其幄係青素，令儀鸞司釘設排(辨)〔辦〕。皇帝服皂幞頭、白羅衫、黑銀帶、絲鞋，就幄發哀，令文思院製造。一、是日皇后服素詣宮，隨時發哀，如宮中之禮。一、發哀日，合赴陪位官並常服、吉帶，入麗正門，詣宮幕次。俟時至，易常服，黑帶立班，俟發哀畢易吉服退。一、故例，發哀成服，陪位立班官係用行在職事官，并見任陞朝官已上。一、發哀、小殮、大殮、成服日時，乞令太史局選定。仍各差定時刻擇官，至日前來報時祗應。一、小殮、大殮各祭告皇太子，乞以本宮主管春坊官一員行禮。其餘祭告依例以諸司官行禮。一、乞令臨安府城裏外寺院聲鍾三萬杵。一、合奏告天地、宗廟、社稷、宮觀，所有合排辦事件及差官等，乞令太常寺照例差官排辦。所有奏告日辰，乞令太史局選定，申寺施行。一、發哀日，合赴立班官常服、吉帶，入麗正門，詣本宮幕次，換黑帶。時前皇帝自内服常服至御幄，俟時至，皇帝就幄易皂幞頭、白羅衫、黑銀帶、絲鞋。如有奏事，俟宰執詣幄奏事畢。次御史臺、閤門、太常寺分引立班官入詣殿下立定，俟刻擇官報時及，皇帝就幄内發哀，在位官就位皆 2 發哀。止，皇帝就服皂幞頭、白羅衫、黑銀帶、絲鞋還内，立班官出本宮門，易吉帶退。一、依禮例，自發哀至釋服日，皇帝前後殿不視事。一、行在音樂自發哀權行禁止，俟將來虞祭畢日仍舊舉用。並從之〔一〕。一、成服日，皇帝合服次粗布幞頭、襴衫、腰(經)〔絰〕，以麻皮。絹襯衫，皇后合服次粗布蓋頭、長衫、裙、帔、絹襯服，並白羅鞋。乞下文思院製造，赴御藥院送納。一、文武百官成服一日而除，合服衰服，乾道三年參酌除去冠，合用粗布帶繫腰，布幞頭後幞軟脚，布帶二條，乞從上件已行禮例。其文武合赴及御史臺、閤門、太常寺引班祗應人，並服布幞頭、襴衫，腰繫布帶。一、前項所用衰服，乞令臨安府委官製造，仍關會所屬具數供送給散施行。今來皇太子本宮人並服斬衰三年服，令臨安府計會數目製造施行。一、皇太子宮僚並服齊衰三日服，臨七日而除。一、檢照典故，東宮文武官等釋衰服後藏其服，至葬日却服，葬畢而除。並從之。皇帝成服畢行祭奠禮，參酌合排辦事件：一、

〔一〕並從之：此三字原作正文書寫，因前後皆爲禮部、太常寺條具文字，故改作小注。後同。

合用供養茶酒果香案、香爐、炭火、匙合、湯瓶、注椀、盤盞、茶盞、托奠茶酒盂子、燎草，并合用焚祝板燎草等燈火，並乞從敕葬都大主管所行下諸司排辦施行。一、合用素青御幄，施簾，乞於皇太子宮殿之東隨地之宜釘設，並合用御座黄羅裀褥並奏請紫褥，並乞下儀鸞司排辦施行。一、合用祝文一首，述以皇帝爲皇太子成服訖行祭奠禮之意。乞下學士院預[3]行修撰訖，降付太常寺供應。一、合差讀祝文官一員，乞差官施行。一、合用御封降真香，乞下入内内侍省預先取降付太常寺，至日供應。一、合差侍香并進茶酒、捲簾、舉祝板内侍，乞下入内内侍省差撥。一、合差定時刻擇官一名，乞下太史局，就差都大主管所剋擇官充。一、合差前導太常卿一員，贊引太常卿太常博士一員，乞差本寺官充。一、成服日，行事、陪位官常服、吉帶，入麗正門，詣皇太子宮幕次。俟時至，服衰服立班訖，權退，換常服、黑帶，以俟立班進名奉慰皇帝，次移班進名奉慰皇后訖，出殿門換吉帶退。一、成服行禮儀注：其日時前，文武立班官並常服、吉帶，入麗正門，詣本官幕次，俟時易衰服。御史臺、閤門、太常寺分〔引〕行事、陪位官就位立定，皇帝服皂幞頭、白羅衫、黑銀帶、絲鞋，詣皇太子宮殿之東御幄即坐，簾降。俟太史報時及，禮直官、太常博士引太常卿當幄前俛伏，跪奏『太常卿臣某言，請皇帝爲皇太子薨成服』。奏訖，伏，興。皇帝釋素服，服衰服，文武百官於本宮内外同時易服訖，御史臺、閤門、太常寺報引文武百官入詣皇太子宮門内，隨地之宜立班定。禮直官先引讀祝文〔武〕官詣香案之西東向立，閤門報班齊，在位官皆再拜訖，簾捲，禮直官、太常博士、太常卿前導皇帝出幄，詣香案前，奏請上香、再上香、三上香。内侍進茶酒，又奏請酹茶，三奠酒於茅苴。奠爵訖，奏請少立，讀祝文官[4]東向跪讀祝文訖，奏請皇帝舉哭，在位官皆舉哭。俟哭止，前導官前導皇帝，在位官皆再拜。俟前導歸幄次，文武百官權退，易常服、黑帶，以俟立班進名奉慰皇帝、皇后訖，出本宮門，易吉帶退。」詔並依，内讀祝文官差國子司業、兼權侍立修注官王枈，前導太常卿差太常少卿杜孝嚴，贊引太常卿太常博士差太常博士諸葛安節。

同日，禮部、太常寺言：「檢會乾道三年故事，皇太子遠遊冠、朱明衣隨歛，其衮冕隨葬。欲依上件體例施行。」從之。

八日，詔護喪葬事差刑部尚書徐應龍，都大主管官差入内内侍省押班鄭俁。

同日，右武大夫、保康軍承宣使、入内内侍省押班鄭俁言：「皇太子薨，差都大主管敕葬，隨宜參酌比附，條具申請。數内官吏、諸色祗應人等合用孝贈及節次支賜，并日支食錢及應干支費，乞依昨來敕葬莊文太子體例，於左藏庫取錢二萬貫文、銀五千兩、絹五千匹，仍免三分減一，全支本色。」從之。

九日，詔：皇太子薨，可賜謚景獻。

同日，禮部、太常寺言：「今來皇太子薨，依故事，皇帝服期以日易月，十三日而除，成服後七日而釋。其文武百官成服一日而除。今來已選定八月二十日成服，合至八月二十六日皇帝、皇后釋服。是日更不行燒香之禮，乞從入内内侍省差官一員請降所服衰服，太史局指引利方焚燒。其釋服日依體例班次立班，文武官合詣後殿門外進名奉慰。合[5]赴官並常服、吉帶，入和寧門，至後殿門外易黑帶立班，進名再拜奉慰皇帝，次移班進名再拜奉慰皇后訖，易吉帶出和寧門，退。」從之。

同日，詔：「皇太子薨，將來殯葬，靈柩所出經由門户，令太史局同護喪葬所剋擇官選擇所出門户合利是何方隅，申尚書省。」既而本所請以麗正門東南方創開門户以出靈柩，由嘉會門、姥嶺子、赤山至攢所。

同日，詔：皇太子薨，將來殯葬去處，令護喪葬所就利方及寺院擇地。既而刑部尚書、護喪葬事徐應龍等言：「本所據判局劉居仁、天文官胡居中相視踏逐到莊文太子攢所之東空地一段，堪充皇太子攢堂。應龍等將帶剋擇、禮直官前去相視，上件地段林木茂盛，土肉肥厚，即無水脈，仍於莊文太子欞星門之北同向別置門户，委是利方地段。修製今來皇太子攢堂，應得昭穆尊卑次序，於禮典別無違礙，合隨地之宜，分立牆圍。所有攢堂及屋宇門户等制度，並合照莊文太子攢堂體式修蓋。又據劉居仁等供到皇太子攢穴，用格盤南針定驗得其地係離山，坐丙向壬。若將來開掘神穴，合深九丈，應得天星鳳凰成吉。及勒令臨安府壕寨打量到皇太子新攢地段，標立圍牆，内南北入深一十八丈，東西闊一十六丈。勒畫匠照莊文太子攢所樣製造圖見到，乞下臨安府、兩浙轉運司照應體式（製）〔制〕度起蓋施行。」從之。

十三日，禮部、太常寺言：「皇太子薨，所有[6]生前有賜旌節牌印，依令即合隨葬。」從之。

同日，禮部、太常寺言：「皇太子薨，出葬日，乞依故事，前夕皇帝、皇后詣東宮行燒香之禮，如宮中之儀。俟興靈前，命宰臣一員詣靈柩前燒香，俟讀哀册畢，靈柩進行。將來皇帝行燒香禮，欲從乾道三年故例，權服忌日之服，易以黑鞓犀帶。皇后服素服燒香，並如宮中之儀。宰臣燒香，合用御封降真香，乞令〔入〕内内侍省降付本寺，至日供應。合用宗室使相、南班及本宮官，常服、黑帶陪位。本宮官服衰服。行禮儀注，乞從本寺修定，關報施行。」從之。

十五日，禮部、太常寺言：「皇太子薨，出葬畢，依典故合行虞祭。一、合用虞主禮例，用桑長一尺，方四寸，上項圓徑一寸八分，四厢各刻一寸一分，又上下四方通孔徑九分。其匱底、蓋俱方，底自下而上，蓋從上而下，與底齊。其趺方一尺，厚三寸。欲依禮例，令工部下文思院，更切照應乾道三年已行造作體式修製施行。一、合用大匱一，腰拼一，汲水鐵絡桶一，索全。矮香案一，紫羅衣子全。白羅拭巾一，青羅巾一，各長八尺。行幢一，紫羅衣全。襯藉虞主紫羅褥子一，浴斛一，趺座一，直几一，衣子全。油絹帕二，罩匱紅羅夾帕一。欲令工部行下文思院，疾速修製施行。俟修製虞主并腰拼等畢，前期赴敕葬所交納。一、虞祭共合用牲牢羊、豕各七，并安神禮(等)料，蠟燭、酒果等，乞從太常寺、臨安府收買，下牛羊司入滌養喂，至日差宰手等祇應。一、虞7祭合用祝文七首，并述以行七虞祭之意。安神禮合用祝文一首，述以虞主安奉訖以酒脯行安神禮之意。乞下學士院預先修撰，書寫，降付本寺，至日供應。一、合用白幣八段，令户部下左藏庫支供。一、合用御封降真香八合，令入内内侍省請降。一、浴虞主合用檀、沉、箋、茆香末半兩，并柴五十斤，乞令臨安府排辦。一、虞祭合用香爐、匙合、上香木炭、燈燭、燎草，並乞令主管諸司排辦，内燎草乞(令王)〔令主〕管諸司一面報所經由門户照會放入。一、設虞主行禮處合用幕次椅卓一副，搭席等，乞令臨安府、儀鸞司排辦。一、浴虞主并請神靈上虞主并捧遷官一員，并合差捧腰輿官四員及幹辦照管官一員，並乞差本宫春坊以下充。一、掩攢前浴虞主官先浴虞主訖，俟掩攢畢請神靈上虞主訖，行第一虞祭畢，捧升腰輿回歸，以酒脯行安神禮畢。一、將來行虞祭禮，合用牙床一張，乞下文思院製造，赴太常寺送納。其祭器就用本寺見管供應，禮料具數報臨安府收買排辦施行。一、合差擡擎牙床、祭器兵士一十五人，節級一名，乞依例下殿前司差撥，前期赴寺般擎牙床，祭物詣虞主前祇應。一、虞主回，合用捧擎腰輿輦官并儀物等，並乞就用本宫常儀物、輦官等。一、虞祭行禮儀注，乞令太常寺修定，關報施行。一、所有虞祭行禮官、祇應人等，各合破早晚喫食酒果等，乞從本寺關報臨安府應辦施行。」並從之。

十六日，禮部、太常寺言：「皇太8子薨，合用哀、謚册寶(製)〔制〕度、沿册法物，下工部令文思院依式製造施行。一、將來出葬，其謚册寶乞令文思院計會敕葬所，於前二日進呈畢降出，付敕葬所收管，於前一日交付禮部職掌，於皇太子宫釘設幕次，安設册寶伺候，以俟行禮。其哀册一副，乞令文思院計會敕葬所，於前一日交付本所收掌，於出葬日行禮前交付禮部職掌幕次安設，以俟行禮，及於出葬日令禮部職掌等援衛至葬所交割。一、出葬前一日，奉謚册寶於皇太子靈柩前，欲前二日奏告天地、宗廟、社稷、宫觀，其奏告官乞從太常寺具申差官施行。其餘合排辦事件，乞依自來奏告禮例，關報所屬排辦施行。一、合用擡擎册寶輦官六十人，人員、節級五人在内；擡擎謚册寶、法物天武官六十人，人員五名在内；儀衛皇城司親事官六十人，人員五名在内；街仗司三十人，節級五名在内。欲依例下御輦院、殿前司、皇城司、街仗司依數差撥，前來祇應。一、禮部所差捧册寶、抱蓆褥職掌，并儀衛擡擎輦院親事官，天武官，街仗司合着衣服，除輦官、親事官合着服色乞下本處關借外，其天武官、街仗司合用紫衫、帽子，并儀衛人所執仗子，具差人數，乞下祇候庫關借。其捧册寶職掌合用緋羅寬衫三十五領，乞下祇候庫關借；黑角帶三十五條，幞頭三十五頂，乞下臨安府關借。自來修製册寶，禮部當行人吏行遣催促趁辦，依逐項修9整册寶體例，每人各有日支食錢。依故例捧册寶職掌禮畢，各人支賜絹四匹。今捧册寶職掌所得食錢并禮畢支賜，乞下都大主管所下諸司支給施行。一、所差捧册寶職掌、擡擎儀衛輦官、親事官、天武官、街仗司，各合破敕入宫門號，乞下皇城司關請施行，事畢送納。一、皇太子哀、謚册寶，前一日致齋，幄次内合用點照常料燭三十對并秉燭三對，並乞下文思院依數捍造，應副使用施行。一、今來皇太子哀、謚册寶及宿齋日，欲令文思院逐作各差高手工匠二名，權借入宫門牌號，隨逐册寶在彼，祗備不測修整。一、皇太子薨，禮寺見申請修製謚册寶，候行禮畢，俟將來於靈柩前陳列，付葬所收奉。所有皇太子生前元授册寶，欲依上件體例，俟出葬日於靈柩前謚册寶之前陳列，付葬所收奉。其合用執擎人，欲就前項人内差撥施行。一、將來皇太子哀、謚册寶，宿齋并至日行禮，係兩日應奉祗應。其禮部所差職掌册寶下天武官、輦官、親事官、街仗司，依例各合破早晚折食錢，職掌每人每日五百文，餘各三百文，欲依例支破，於逐人請受文曆内勘支施行。一、將來奉上皇太子謚册寶禮畢，太常寺行遣催促趁辦祗應禮直官、贊者共二十一人，依體例每人各支絹三疋，欲劄下都大主管所，行下支費所支給施行。一、奉謚册寶官於靈柩前行禮畢，合稱『景獻太子之寶』〔一〕。其寶見伺候朝廷行下謚號日，關報文思院鑄造施[10]行。一、出葬日，宰臣詣靈柩前行燒香之禮，陪位宗室使相、南班、本宫官僚及引揖班次，并諸色祗應人應奉，竊慮伺候開門不及，欲興靈駕早二刻開新開門并經由門户，趁赴立班應奉。一、出葬日用元立班官於城外奉辭皇太子靈柩，乞服常服、黑帶。其儀範從太常寺修定，關報施行。行葬訖，易吉帶入皇城門，赴後殿門外易黑帶，進名奉慰訖，易吉帶退。所有都城門外合用幕次、拜席褥、香案、香爐、匙合、炭火、什物等，並乞下臨安府，同儀鸞司預行排辦施行。一、奉謚册寶前一日，宿齋官并應奉職掌、祗應人合破喫食、茶湯酒、幕次、燈燭、(件)〔什〕物等，乞從太常寺依例報臨安府等處，專委官及差衙前管幹排辦施行。」並從之。

十九日，禮部、太常寺言：「皇太子薨，將來掩欑畢，依禮例行七虞祭之禮。俟皇太子虞主回，行安神禮。虞祭并安神禮，合差行禮官一員，欲於禮官内差充。所有奉禮郎、太祝、太官令各一員，從本寺依例輪差太常寺官充，各前一日宿於本司，至日趁赴行禮。」詔依，内行禮官差太常少卿杜孝嚴。

二十四日，詔中書令奉册寶差知樞密院事、兼參知政事鄭昭先，撰謚册文官差簽書樞密院事、兼權參知政事任希夷，書謚册文并篆謚寶文官差户部尚書、兼權吏部尚書薛極。

二十五日，詔内讀謚册文官差吏部侍郎宣繒，讀寶官差權吏部侍右侍郎盛章，舉册官差太常少卿杜孝[11]嚴、司封郎中高文善，舉寶官〔差〕禮部郎中任逢、太常丞臧格。

〔一〕景獻：原作小字「謚號二字」，據前九日條，太子已賜謚「景獻」，因改。

二十六日，詔撰哀册文官差侍右郎中、兼翰林權直林岊，書哀册文官差禮部侍郎楊汝明，讀哀册文官差宗正少卿、兼權直舍人院陳卓，舉哀册官差太常博士諸葛安節、太常寺主簿黄灝。

二十九日，禮部、太常寺言：「九月十一日皇太子出葬，於前一日奉謚册寶行禮，中書令已下行事官，依禮例前一日各宿齋於本司。奉謚寶行禮日，皇帝不視事，百司作休務假。九月十一日皇太子出葬前一日，奉謚册寶行禮。係九月十日。其册寶已令文思院製造，於行禮前一日計會敕葬所進呈畢，降付本司收掌，以俟行禮。上件册寶合經由新開門入出，乞於出葬前三日係九月八日。開新開門，放令一行應辦等人物入出施行。將來出葬日，俟興靈訖，次宰臣詣皇太子靈柩前行禮畢，靈柩進行。其宗室使相、南班官常服黑帶，並赴陪位立班訖，騎從皇太子靈柩至葬所，俟掩欑畢，奉辭訖退。出葬日，皇帝不視事，百司作休務假。其立班官赴嘉會門外立班奉辭訖，入麗正門，赴後殿門外立班，進名奉慰訖退，出麗正門。出葬次日，皇帝不視事，百司作歇泊休務假。出葬前一日，奉謚册寶於皇太子靈柩前行禮。及出葬日，宰臣行禮，宗室使相、南班、本宮官陪位訖，至葬所行掩欑、虞祭禮，并迎虞主回府，各有行禮。其逐處行禮官等，合用拜蓆褥并幕次、什12物，乞令儀鸞司同臨安府預行釘設排辦。其嘉會門外立班奉辭靈柩官，合用露屋，亦令先次措置，絞縛應辦施行。」並從之。

九月一日，兩浙轉運司、臨安府言：「承議郎、特差通判臨安府潘檦等申，從準牒，委提督起蓋皇太子欑所，今據南山法因院住持僧善超狀：『本院今蒙踏逐地段充造皇太子欑所，妨礙去處並行除治，方圓計四十餘畝，盡行投獻，充欑所禁地。竊見本院與欑所並壁，合行充應崇奉香火。』檦等照得所占皆本寺地段，所（坼）〔拆〕皆本寺屋宇，自新欑所去本寺最爲傅近，他寺委難攙奪，合取指揮施行。」詔令法因院崇奉景獻太子欑所香火。

十日，遣攝中書令、知樞密院事、兼參知政事鄭昭先奉謚册寶於故皇太子靈柩前。册文曰：「皇帝若曰：主器莫若長子，蓋聞前聖之格言；壹惠所以尊名，兹率先王之謚典。嗟予上嗣，爲國元儲，何弗弔於旻穹〔一〕，乃不延於永命。肆考爾行，庸篤予恩。故皇太子詢聰叡生知，温文夙就。甫勝衣而進止有度，迨既冠而威儀孔時。端如玉粹以金昭，允若海渟而嶽峙。大矣震雷之洊，煒然離景之重。禮樂不離於斯須，愛敬克勤於終始。翼翼廟朝之上，烝烝宮壺之中。雞寢問安，退每形於喜色；龍樓祗召，進罙竭於小心。務遠佞以去邪，尤崇儒而重道。三善皆得，法靡抗於伯禽；五經精通，禮猶尊於（亘）〔桓〕傅。欵接有加於僚寀，講論必驗於古今。辭章卑《選》序之華，筆13法妙隸書之善。雖處燕閒之際，曾無玩好之娛。有奕其堂，嘗錫

〔一〕弔：此字原殘缺，據原稿又禮四三之八補。

『居仁』之牓；祇若予訓，曲加克己之功。德既懋於在躬，孝宜施於有政。間者兵端妄起，國步多虞，屬方志學之年，首陳更化之策。鉏姦去惡，實啓予衷；易危爲安，大慰人意。即青宮而議事，陪丹扆之眡朝。輔列大臣，蓋踵天禧之故典；參決庶務，聿遵孝廟之宏規。偕予一德之良，致兹百度之理。興滯補弊，率由舊章；登能庸賢，悉從民譽。閱一終而再歲，中外乂寧；凡四薦於貳觴，神示昭格。曷致陰陽之尅〔一〕，端繇夙夜之勞。比嘗少瘳，亟從賓贊之禮；迨夫寖劇，猶惟父母之憂。正四方瞻少陽之輝，乃一夕搶前星之耀。假以九齡之夢，必顯乎周；形于四重之歌，莫班於漢。朝野悉爲之惋愕，疆徼亦動於哀思。悵曷慰於慈懷，爰特頒於顯號。載稽于衆，蔽自朕心。耆意大圖而成功，宜『景』之謂；質知有聖之盡美，宜『獻』以名。揀日惟良，飭禮斯備。今遣攝中書令、通奉大夫、知樞密院事、兼參知政事鄭昭先奉册寶，賜謚號曰景獻太子。惟爾英靈不昧，神理如存，歆兹徽章，服我休命，垂問不朽，與國無窮。嗚呼哀哉！」其日五更，有司詣敕葬所交割册寶幕次，俟中書令已下到位，請捧册寶出幕次，俟中書令已下步從至東宮廳稍西東向褥位權置定，册北寶南，權退。俟有司排辦香火等畢備，先引升（諸）〔詣〕册寶案位立，俟舉册官到位，搢笏跪，舉册匣，興。凡舉册寶皆禮部職掌助舉。 14 先捧册案詣香案前褥位，俟中書令升廳，捧册請舉行。至褥奠册訖，俟讀册官詣册案，舉册官舉〔册〕，讀册官讀册訖，舉册官奠册，次舉册匣。職掌先捧册案詣廳上稍東褥位置定，俟舉册官舉册匣至稍東褥位跪，置於案上，舉册官執笏興，降復位。次舉寶官、讀寶官并職掌行禮，並如舉册之儀訖，班退。至其夜四更興靈前，俟舉哀册行禮俱畢，其謚册、哀册寶俟出葬日，職掌援衛至葬所交割。

十一日，景獻太子出殯，宰臣等詣靈柩前行燒香之禮。舉册官跪舉哀册，讀册官跪讀哀册。文曰：「維嘉定十三年，歲次庚辰，八月戊午朔，初六日癸亥，景獻太子薨於東宮。粤以九月十一日丁酉，出厝于南山莊文太子攢所之東，禮也。蚤蓋宵陳〔二〕，池輴夙祖，雜遝象設，哀鳴些皷。皇帝眄承華而興泗，悼望苑之賓仙，謂暉暉兮春陽，曷杳杳兮秋原。雖易名之永矣，奈割愛之茫然。德烈餘美，詞臣制編。其詞曰：惟天錫羡，惟辟體乾。儲休貳極，胙國億年。黄離積照，幼海澄淵。稽經諏史，踵武系傳。畀齡訪膳，周光重宣。文傅置令，漢嗣仁賢。充哲元良，挺瑞天支。金相玉裕，嶽秀川輝。勝衣既冠，翼翼祇祇。文英獨越，理識冥資。學問苞舉，正邪洞知。絃更政化，策贊時幾。黼扆之斷，風霆奮飛；緄縢之韔，（就）〔乾〕坤清夷。莫猷匪蔡，莫知匪蓍。邦本斯託，宸襟是依。主器備册，重觴侑詞，不矜其盛，益謹其儀。鞠躬問寢，遜志尊師。侍朝拱

〔一〕尅：原作「冠」，據文意改。
〔二〕蚤：似當作「皂」。

立，會議 15 敷施。係心海宇，動色（紳縷）〔坤維〕。齒胄方壯，受禄咸宜。機祲安在，膏肓若疑。交使申禱，騈命挾醫。輦輿戾止，椒殿賁思。載顧載拊，以瘳以熙。來幾可復，往遽奚之。嗚呼哀哉！撫此顥商，記其星誕。常常中府之賜，湑湑内庭之宴。孚尹魚珮，驚迅召之無因；手穎犀盈，嘆閟藏而弗見。嗚呼哀哉！胥江舒練，漢月流波。蘭菊紛砌，蜩蟬抱柯。雲黮黮兮陳幕，飈肅肅兮鳴臯。對銀牓以空揭，摧瑶山其奈何！是邪非邪丹素旐，慘兮戚兮琳琅歌。嗚呼哀哉！卜吉鬛封，栖神甸宇，痛奠徹乎罍罇，葳容啓乎翿羽。宮僚縞送以泣護，行路齎咨而涕雨。逶迆廣陌，號呼鶴馭之徐驅；寥沉紫霄，飄忽鳳笙之凝佇。嗚呼哀哉！背嶢闕以漸遥，憑層軒而遡往。酸笳希兮霜日白，虚衛歸兮焄蒿愴。憶孝敬於平生，恍忠誠於遺響。曷皇情之塞悲，晶英蕤之精爽。嗚呼哀哉！」

十四年七月二日，禮部、太常寺言：「八月六日景獻太子小祥，條具合行事件：一、欲依故事，皇帝前後殿特不視事一日。一、乞依典故，命執政官一員，小祥日赴本府，詣景獻太子神座前行奠酹之禮，用見今本府官僚陪位。一、合用御封降真香，乞下入内内侍省預行請降付太常寺，至日供應。一、合用祝文一首，述以爲景獻太子小祥遣官行奠酹禮之意。乞下學士院修撰，前期降付太常寺，至日供應。一、合差讀祝文官一員，從太常寺照例一面輪（請）〔差〕本寺官充。一、乞依典故，小祥日皇子、國公赴景獻 16 太子府，俟所命官奠酹畢，次皇子、國公詣景獻太子神座前奠酹行禮畢，次本府宮人以下燒香奠酹如家人之禮。一、小祥日奠酹，所有景獻太子神座前合用供養食、香、茶、酒、果、蠟燭等，從本府預行計置供應。其行禮拜薦褥、燎草及待班幕次等，令臨安府、儀鸞司釘設排辦。乞朝廷指揮施行。」詔並依。奠酹官差知樞密院事、兼參知政事鄭昭先。

十五（日）〔年〕九月十五日〔一〕，詔景獻太子已撤几筵，高平郡夫人傅氏可特封信國夫人，仍令主奉祭祀。諸般請給、支賜，並特依宮人禄格則例支破。（以上《永樂大典》卷三九九五）〔二〕

弔儀

外夷入弔之儀

【宋會要】〔三〕 17 乾興元年，真宗之喪，契丹遣殿前都點檢、崇義軍節

〔一〕年：原作「日」，據《宋史》卷一一三《禮志》一六改。

〔二〕按，《大典》卷次原稿標作「三千九百九十四」，查《永樂大典目録》，此卷所收字韻與「攢所」無關，而卷三千九百九十五則收有「攢」字。陳智超《解開宋會要之謎》據此改作卷三九九五，今從之。

〔三〕按，以下所收之文與《宋史》卷一二四《禮志》二七全同，其記事或有年而無月日，或年月日俱無，與《宋會要》記事之體迥異。當是《永樂大典》録自《宋史》，而誤題作《宋會要》。

度使耶律三隱，翰林學士、工部侍郎、知制誥馬貽謀〔一〕，充大行皇帝祭奠使、副；左林牙、左金吾衛大將軍蕭日新，利州觀察使馮延休〔二〕，充皇太后弔慰使、副。右金吾衛上將軍耶律寧、引進使姚居信充皇帝弔慰使、副。並素服由西上閤門入，陳禮物於庭。中書、門下、樞密並立於殿下，再拜訖，升殿，分東西立。禮直官、閤門舍人贊引耶律三隱等詣神御坐前階下，俟殿上簾捲，使、副等並舉哭，殿上皆哭。再拜訖，引升殿西階，詣神御坐前上香、奠茶酒。貽謀跪讀祭文畢，降階復位，又舉哭，再拜訖，稍東立。俟皇太后升坐，中書、樞密院起居畢，簾外侍立。舍人引弔慰、祭奠使、副朝見，殿上舉哭〔三〕，左右皆哭。弔慰使副蕭日新等升殿進書訖，降坐。俟皇帝升坐，中書、樞密院起居畢，升殿侍立。舍人引弔慰、祭奠使、副朝見，皇帝舉哭，左右皆哭。弔慰使、副耶律寧等升殿進書訖，賜三隱等襲衣、冠帶、器幣、鞍馬，隨行舍利、牙校等衣服、銀帶、器幣有差。弔慰使、副蕭日新等復詣承明殿〔四〕，俟皇太后升坐，中書、樞密院俟立如儀。舍人引蕭日新等升殿進問聖候書畢，賜銀器、衣著有差。仍就客省賜三隱等茶酒，又令樞密副使張士遜別會三隱等，伴宴於都亭驛。

英宗即位，契丹使來賀乾元節，命先進書奠梓宮，見於東階。放夏國使人見，客省以書幣入，後弔慰使見殿門外。契丹祭奠使見於皇儀殿東廂，群臣慰於門外。使人辭於紫宸殿，命坐賜茶。故事賜酒五行，自是終諒闇，皆賜茶。

神宗之喪，夏國陳慰使丁努嵬名謨鐸、副使呂則陳聿精等進慰表於皇儀門外，退赴紫宸殿門，賜帛有差。

元祐初，高麗入貢，有太皇太后表及進奉物。樞密院請遵故事，惟答以皇帝回諭勑書。已而宣仁聖烈太后崩，禮部、太常、閤門詳定：高麗奉慰使人於小祥前後到闕，令於紫宸殿門見，客省受表以進，賜器物、酒饌。退，並常服、黑帶，不佩魚。候見罷，純吉服。

淳熙十四年，金國弔祭使到闕，惟皇帝先詣紫宮行燒香禮，及使入門祭訖，皆就幄舉哭外，陳設行事並如先朝舊儀。其奉辭日，有司亦先設神御坐及設香案、茶酒、果食盤臺於几筵殿上〔五〕。宰執升殿分東西立，侍從官於殿下西向立。使、副入門，殿上下皆哭，使、副升殿，哭止。使、副詣神坐前一拜，上香、奠茶、三奠酒畢，拜，興，讀祭文官跪讀祭文，一拜，興，殿上下皆哭。使、副俱降，歸位立，又再拜訖，退。

〔一〕謀：原無，據《宋史》卷一二四《禮志》二七補。
〔二〕馮：原作「憑」，據《宋史》卷一二四《禮志》二七改。
〔三〕哭：原作「哀」，據《宋史》卷一二四《禮志》二七改。
〔四〕承明：原作「承殿」，據《宋史》卷一二四《禮志》二七改。
〔五〕盤：原作「盆」，據《宋史》卷一二四《禮志》二七改。

弔祭

【宋會要】

18淳熙三年五月十四日，安南國王李天祚薨，命廣西提刑廖邁時暫兼權本路轉運副使，充安南弔祭使。絹、布各七百匹，羊七十口，麵七十石，酒七十瓶，紙錢七十束，寓錢七十辦，寓（錁）〔綵〕七十束，寓金銀七十鋌。先是，太常寺言，欲依天聖、至和、熙寧典故，并紹興八年三月二日指揮，絹、布各五百匹，羊五十口，麵五十石，酒五十瓶，紙錢五十束，寓錢五十辦，寓綵五十束，寓金銀五十鋌。得旨，令禮部重別議定以聞。既而尚書趙雄等言：「李天祚承襲踰四十年，率職匪懈。淳熙元年，又因進貢特封安南國王，爵秩、禮數差別。欲將絹、布、羊、麵等，比舊來各加兩等支賜。」故有是命。弔祭使先差本路運副陸濟，以濟身故，改命邁〔一〕。

七年二月十日，賜魏王愷男左千牛衛大將軍攄等詔曰：「咎自菲躬，禍臨次嗣。當春秋之方盛，曾壽考之不延。訃問驚聞，哀懷震怛。重軫遺孤之恤，專馳近侍之臣。寬爾摧傷〔二〕，紓予悼痛。今遣刑部尚書謝廓然致弔，賻贈銀絹各二千五百匹兩。」既而太常寺言：「《國朝會要》即無該載親王賻贈，今檢照大臣薨，合支降法酒五十瓶，秉燭、小燭各五十條，濕香三斤，布二百匹〔三〕，生白龍腦一斤，秉燭、常料燭各五十條，濕香、蠟面茶各五十斤，法酒、法糯酒各五十瓶，米、麵各五十石〔四〕，羊五十口。其饌係合用常饌、祭食、奠酒等。所有祭食，欲比倣牙盤葷19食二十四味。如已起離明州，令所至州縣排辦祭食。」從之〔五〕。（以上《永樂大典》卷一六八九二）〔六〕

〔一〕「邁」下原有「時」字，按上文云命「廖邁時暫兼權」云云，廖邁乃人名，見周去非《嶺外代答》卷二；「時暫」猶言「暫時」，不得以「廖邁時」連讀。蓋《大典》或《輯稿》抄書人誤以「廖邁時」爲人名，于此處妄加「時」字。今刪。

〔二〕「摧」字原僅有右半殘畫，細察猶可辨識，今補。

〔三〕二百：本書禮四四之一作「三百」。按，據禮四四之一，宰相薨，賵贈之物，「濕香三斤」以上爲舊例，「布三百匹」以下爲「新式」。此處混合叙述而不別舊例、新式，故所贈之物有重複者。

〔四〕米：原脱，據禮四四之一補。

〔五〕原稿此下尚有又禮四三之一至一三，與此上禮四三之一至一九重，且爲廣雅書局清本，非徐松原稿，今刪。

〔六〕《大典》卷次原缺，陳智超《解開宋會要之謎》頁一五八據《永樂大典目録》定於卷一六八九二（此卷收「弔」字韻），今從之。

宋會要輯稿　禮四四

賻贈〔一〕

❶國朝凡近臣及帶職事官薨卒非詔葬者，如有喪訃及遷葬，皆賜賻贈，鴻臚寺與入內内侍省以舊例取旨。其嘗踐兩府或任近侍者，多增其數。熙寧七年，命官參酌舊例，著爲新式，付之有司。舊例所載不備，今并其數俱存之新式。所謂三年服：父、母。爲人後者爲所後父并繼母、慈母及所生母三年服同。期年服：第一等，父卒母嫁繼母嫁後者同。及出妻之子爲母及祖父母，嫡孫爲祖、庶孫爲祖後，謂承重者。爲曾祖、高祖後亦如之。及爲祖後者，祖卒則爲祖母，爲曾高祖後者爲曾高祖母亦如之。三年服同。爲人後者爲其父、母，爲所生母服心喪同。妻；第二等，伯叔父母及兄弟及子、長子三年服及女在室同。繼父同居；第三等，高祖父母、曾祖父母、繼父不同居者，及兄弟之子、女在室同。父爲其子之爲人後者，及姑姊妹在室。大功服：從父兄弟、姊妹在室亦同。爲人後者爲其兄弟，及姑姊妹女子、兄弟之女子適人者，無祭主者期年服同。嫡孫、嫡曾孫、嫡玄孫長殤、中殤，嫡孫、嫡曾孫、嫡玄孫期年服同。庶孫、女在室同。子之婦、嫡婦期年服同。兄弟子之婦，及爲人後者爲其姑姊妹在室者，及從父兄弟、姑姊妹子、女子，兄弟之子、女子之長殤、中殤。

宰相薨錢五百貫，絹五百疋，法酒五十瓶，秉燭、小燭各五十條，濕香三斤。新式：絹八百疋，布三百疋，生白龍腦一斤，秉燭、常料燭各五十條，濕香、蠟面茶各五十斤，法酒、法糯酒各五十瓶，米麵各五十碩，羊五十口。樞密使帶使相同。其後龍腦并燭、香、茶、酒之類，皆倣此。母、妻之喪絹五百疋，米、麵各三十碩或二十碩，酒三十瓶或二十瓶，羊三十口或二十口。兄弟、子孫之喪，及姑、姊妹、女之〔在〕室者絹三百疋，酒三十瓶或二十瓶，羊三十口或二十口，米二十石并麵二十石，或無之。殤子、諸姪之❷喪絹百五十疋，酒二十瓶，羊十口。新式：三年服，絹五百疋，酒各三十瓶，米麵各三十石，羊三十口。期年服第一等，絹減一百疋，酒、羊各減三之一；第二等，絹減一百疋，餘同第一等；第三等，絹減五十疋，餘減半。大功服，減五十疋，餘同期服第三等。樞密使帶使相親並同。

參知政事薨錢五百貫，絹五百疋，米麵八十石，酒三十瓶，羊三十口。新式：絹六百疋，布一百五十疋，龍腦一斤，蠟燭各三十條，香、茶各三十斤，酒各三十瓶，米、麵各三十石，羊三十口。知樞密院事、樞密副使、同知樞密院事並同。母、妻之喪絹三百疋，酒二十瓶，羊一十口。男女、諸婦及伯叔姨舅之喪絹二百疋，酒二十瓶，羊十口。新式：三年服，絹三百疋，酒各二十瓶，米、麵各二十石，羊二十口。期年服第一等，絹減五十疋，酒、羊各減半；第二〔第〕〔等〕，絹減五十疋，餘同第一等；第三等，絹減五十疋，餘減半。大功服，絹減五十疋，餘同期服第三等。知樞密院事親同。

樞密使薨錢五百貫，絹五百疋，酒五十瓶，秉燭、小燭各五十條，濕香三斤。新式：絹七百疋，布二百疋，龍腦一斤，燭各十條，香、茶各五十斤，酒各五十瓶，米、麵各五十碩，羊五十口。使相亦同。諸女、諸婦之喪錢一百貫，絹二百疋，酒二十五瓶，羊十口。新式：三年服，絹四百疋，酒各二十

〔一〕天頭原批：「凶禮」。

瓶，米、麵各二十碩，羊二十口。期年服第一（第）〔等〕，絹減一百疋，酒、羊同。三年服；第二等，絹減五十疋，酒、羊各減半；第三等，絹減五十疋，酒、羊同第二等。大功服，絹減五十疋，酒、羊各減半。使相親同。

宣徽使薨錢五百貫，絹五百疋，米、麵八十碩，酒三十瓶，羊三十口。新式：絹五百疋，布一百五十疋，龍腦一斤，秉燭、小燭各三十條，香、茶各三十斤，酒各三十瓶，米、麵各三十碩，羊三十口。簽書樞密院事同。男子、姑、姊妹、姪、外甥之喪絹二百疋，酒二十瓶，羊一十口。堂姪之喪絹百五十疋或百疋，別加錢百貫，酒二十瓶或十瓶，羊十口或五口。姪婦之喪絹百疋，酒十瓶，羊十口。新式：三年服，絹二百五十疋，酒各一十瓶，米、麵各一十石，羊一十口。期年服第一等，絹減五十疋，酒、羊同三年服；第二等，絹減五十疋，酒、羊各減半；第三等，絹減五十疋，酒、羊同第二等。大功服，絹減二十疋，酒、羊各減半。簽書樞密院事同。

遷葬舊自宰相至宣徽使，絹三百疋，酒三十瓶，羊十口。新式：待制以上，三司副使、御史知雜、直舍人院、侍講、侍讀、崇政殿説書、知諫院、修起居注，三司開封府推判官、中書檢正公事、樞密院檢詳文字、三院御史、京朝官以上帶館職、殿前馬步軍都指揮使、副都指揮使，并都虞候、四廂都指揮使及觀察使以上，并正任防禦、團練、刺史、駙馬都尉、中書堂後官、3 樞密院逐房副承旨以上，遷葬父母，並依父母亡例支賜。

三公僕射薨絹三百疋，米、麵八十石，酒三十瓶，羊三十口。新式：太師、太尉、太傅、太保、司徒、司空，絹六百疋，布一百五十疋，香、茶各三十斤，酒各三十瓶，米、麵各三十碩，羊三十口。僕射、觀文殿大學士，絹減一百疋外，餘並同。男女之喪錢百貫，絹百疋，酒十瓶，羊五口。新式：僕射、觀文殿大學士三年服，絹二百疋，酒各十瓶，米、麵各十碩，羊十口。期年服第一等，絹減五十疋，酒、羊減半；第二等，絹減五十疋，酒、羊同；第三等，絹減二十疋，酒、羊各減二。大功服，絹減二十疋，酒、羊同期服第三等〔一〕。太師、太尉、太保、司空、司徒親，新式不載。

東宮三少薨錢五十貫，絹百疋，米、麵二十碩，酒五瓶，羊五口。新式：太子太師、太傅、太保，絹五百疋，布一百五十疋，香、茶各三十斤，酒各三十瓶，米、麵各三十石，羊三十口。太子少師、少傅、少保，絹減半，酒、米、麵、羊各減二十。

三司使、鹽鐵、度支、戶部使卒錢二百貫，絹二百疋，酒二十瓶，羊五口。新式：三司使，絹二百疋，酒各一十瓶，米、麵各一十石，羊一十口。尚書、觀文殿大學士、資政殿大學士曾任宰臣依觀文殿大學士例，翰林學士承旨，翰林、資政殿、端明殿侍讀、侍講，龍圖閣、天章閣、寶文閣學士，樞密、龍圖閣、天章閣、寶文閣直學士，權知開封府，同。祖父及母、妻、男女之喪錢百貫，絹百疋或五十疋，酒十五瓶或十瓶，羊五口。伯叔兄弟之喪錢五十貫，絹五十疋，酒十瓶，羊五口。新式：三年服，絹一百五十疋，酒各五瓶，米、麵各五石，羊五口。期年服第一等，絹減五十疋，酒、羊同；第二等，絹減二十疋，酒、羊各減二；第三等，絹減二十疋，酒、羊同第二等。大功服，絹減二十疋，酒、羊同期服第三等。尚書、觀文殿大學士、資政大學士曾任宰臣依觀文殿大學士例，翰林學士承旨，翰林、資政殿、端明殿侍讀、侍講，龍圖閣、天章閣、寶文閣學士，樞密、龍圖閣、天章閣、寶文閣直學士，權知開封府親，同。

三司副使卒錢百貫，絹百疋，酒十五瓶，羊十口。新式：絹一百疋，酒各五瓶，米、麵各五碩，羊五口。太子賓客、給事中、諫議大夫、中書舍人、知制誥、直學士院、（侍）〔待〕制同。兄弟及子婦之喪錢百貫，酒五瓶，羊五口。新式：三年服，絹八十疋，酒各三瓶，羊三口。期年服第一等，絹減二十疋，酒、羊同三年服；第二等，絹減一十疋，酒、羊同第一等；第三等，絹減一十疋，酒、羊各減一。大功服，三司副使不賜，餘官絹減一十疋，酒、羊同期服第三等。給事中、諫議大夫、中書舍人、知制誥、直學士院、（侍）〔待〕制親，同。

判官及判諸司者卒錢百貫，酒五瓶或三瓶，羊五口。4 新式：

〔一〕「第三等」至「羊同」凡二十四字，原重出，今删。

絹六十疋，酒各三瓶，羊三口。三司判官、主判官、開封府推判官、中書檢正逐房公事、樞密院檢詳逐房文字、知諫院、修起居注、京朝官以上帶館職、崇政殿說書、侍御史、殿中侍御史、監察御史裏行，同。 祖母、母、妻之喪或遷葬錢百貫，亦有特加絹五十疋。 兄弟、兄弟之妻、姑、姊妹、姪之喪錢五十貫。新式：三年服，絹五十疋，酒各三瓶，羊三口。期年服第一等，絹減一十疋，酒、羊各減一；第二等，絹減一十疋，酒、羊同第一等；第三等，絹減一十疋，酒、羊同第二等。開封府推判官、中書檢正逐房公事、樞密院檢詳逐房文字、知諫院、修起居注、京朝官以上帶館職、崇政殿說書、侍御史、殿中侍御史、監察御史裏行親，同。

知開封府卒舊(闕)〔闕〕。新式同三司使。 判官、推官卒錢百貫，酒五瓶，羊五口。新式同三司判官。 母、妻之喪或遷葬錢百貫。 兄弟、姑、姊妹之喪錢五十貫。新式同三司判官親。

翰林學士、侍讀、侍講、樞密直學士卒錢二百貫，絹百疋，酒二十瓶，羊十口。新式同三司使。 母、妻之喪或遷葬錢百貫，絹百疋或五十疋，酒十瓶，羊一十口或五口。 男女、兄弟之妻、姑、姊妹、孫、伯叔、伯叔母之喪錢五十貫，絹五十疋，酒十瓶或五瓶，羊五口。 出嫁女、姪女之喪錢百貫或五十貫，酒五瓶，羊五口。新式同三司使親。

尚書丞郎、給諫、舍人、知制誥、待制以上、宗正卿卒絹二百疋，或一百疋加錢百貫，亦有止絹百疋者；米、麵二十碩或十五碩，或無之；酒二十瓶或十瓶、五瓶，羊十口或五口。新式：給諫、舍人、知制誥、(侍)〔待〕制同三司副使。 父、母、妻、男之喪或遷葬錢百貫或五十貫，絹百疋或五十疋，酒十五瓶或十瓶、五瓶，羊一十口或五口。 諸婦之喪錢百貫，絹五十疋或無絹，酒十瓶或五瓶，羊一十口。 伯叔、伯叔母、兄弟、姪，及姑、姊妹之在室者錢百貫或五十貫加絹五十疋，亦有止絹百疋者，酒十瓶或五瓶，羊五口或三口。 出嫁者錢五十貫，酒五瓶，羊五口。新式：給諫、舍人、知制誥、待制親，同三司副使親。

御史中丞卒錢百貫，絹二百疋，酒十瓶，羊十口。新式：絹一百五十疋，酒各五瓶，米、麵各五碩，羊五口。左右丞、諸行侍郎同。 妻、子、兄弟、姪之喪錢五十貫，絹五十疋，酒五瓶，羊五口。新式：三年服，絹一百疋，酒各五瓶，米、麵各五石，羊五口。期年服第一等，絹減二十疋，酒、羊各減二；第二等，絹減二十疋，酒、羊同第一等；第 5 三等，絹減一十疋，酒、羊同第二等。大功服，絹減一十疋，酒、羊各減一。左右丞、諸行侍郎親同。

知雜御史卒舊(闕)〔闕〕。新式：絹八十疋，酒三瓶，羊三口。龍圖閣侍講、天章閣侍講、直舍人院、朝官以上兼侍讀、中書檢正五房公事親，同。 兄弟之喪錢五十貫，酒五瓶。新式：三年服，絹六十疋，酒各三瓶，羊三口。期年服第一等，絹減一十疋，酒、羊同三年服；第二等，絹減一十疋，酒、羊各減一；第三等，絹減一十疋，酒、羊同第二等。龍圖閣侍講、天章閣侍講、直舍人院、朝官以上兼侍讀、中書檢正五房公事親，同。

卿監、少卿監卒錢百貫或五十貫，絹百疋或五十疋，米、麵各五石，酒五瓶，羊五口。新式：大卿監、少(監)〔卿〕監絹計五十疋〔一〕，酒各三瓶，羊三口。

朝官直館閣、集賢或校理、檢討者卒錢百貫，絹百疋，亦有止錢百貫，或別加酒二十瓶，羊十腔。新式同三司判官、主判官。 父、母、妻之喪或遷葬錢百貫，酒五瓶，羊三口，或不給羊、酒者，亦有給羊、酒而錢止五十貫者。 兄弟、姪、諸婦之喪錢五十貫，酒二瓶，羊三口。新式同。三司判官、主判官親同。

任翰林侍書或御書卒錢百貫，或絹五十疋、錢五十貫，酒五瓶，羊

〔一〕計：疑當作「減」。

十口或五口。新式不賜。

任諸王記室、侍講、翊善、教授者卒錢百貫，酒五瓶，羊五口或三口。新式不載。母、妻、男、女、伯叔母、兄弟之妻、姊妹、姪諸婦之喪錢百貫或五十貫。還葬錢百貫或五十貫。新式不載。

京官任三館校理者卒錢五十貫，酒三瓶，羊三口。新式同。三司判官、主判官同。

任伴讀者卒錢五十貫，酒二瓶，羊二口。新式不載。

節度使卒舊闕。新式：絹五百疋，布一百五十疋，香、茶各三十斤，酒各三十瓶，米、麵各三十石，羊三十口。母、妻、男之喪錢二百貫，絹二百疋，酒三十瓶或二十瓶，羊二十口，亦有止絹二百疋而加米、麵五十石。女及諸婦之喪錢二百貫或百貫，絹百疋，酒二十瓶，羊二十口。兄弟、姑姪及妻父母之喪錢百貫，絹百疋或五十疋，酒十瓶，羊二十口或十口。新式：三年服，絹二百五十疋，酒各一十瓶，米、麵各一十石，羊一十口。期年服第一等，絹減五十疋，酒、羊同三年；第二等，絹減五十疋，酒、羊減半；第三等，絹減五十疋，酒、羊同第二等。大功服，絹減二十疋，酒、羊同期服第三等。

兩使留後卒舊闕。新式：絹二百五十疋，酒各十瓶，米、麵各一十石，羊一十口。觀察使同。妻之喪錢百貫，絹五十疋，酒二十瓶，羊十口。新式：三年服，絹一百五十疋，酒各五瓶，米、6 麵各五石，羊五口。期年服第一等，絹減五十疋，酒、羊同三年服；第二等，絹減二十疋，酒、羊各減二；第三等，絹減二十疋，酒、羊同第二等。大功服，絹減二十疋，酒、羊同觀察使親。

觀察使卒錢三百貫，絹、布各二百疋，酒五十瓶，羊五十口。新式同留後。祖母、妻、男之喪錢百貫，絹百疋或五十疋，麵一十五石或無之，酒三十瓶或五瓶，羊二十口或五口。新式同留後親。

防禦使卒舊闕。新式：絹一百五十疋，酒各五瓶，米、麵各五石，羊五口。客省使以上及正任團練使同。父、母、妻之喪或還葬錢百貫，絹百疋，酒二十瓶或十五瓶、十瓶，羊十五口或十口，麵十五石或十石。新式：三年服，絹一百疋，酒各五瓶，米、麵各五石，羊五口。期年服第一等，絹減二十疋，酒、羊各減二；等二等，絹減二十疋，酒、羊同第（二）〔一〕等；第三等，絹減二十疋，酒、羊各減一。客省使以上及正任團練使親同。

團練使卒錢三百貫或百五十貫、百貫，絹二百疋或百五十疋、百疋，酒三十瓶或二十瓶、十瓶，羊三十口或二十口、十口，米、麵共二十石或無之。新式同防禦使。父母之喪或還葬錢百五十貫或百貫，絹百五十疋或百疋，酒二十瓶，麵十石，羊二十口或十口。妻之喪錢百貫，絹百疋或五十疋，酒二十瓶或十瓶，羊十五口。新式同防禦使親。

刺史卒錢百貫，絹百疋或五十疋，酒十瓶，羊十口。新式：絹一百疋，酒各五瓶，米、麵各五石，羊五口。閤門昭宣使以上及諸司使帶御器械同。父母之喪或還葬錢百貫，絹百疋，酒十瓶，羊十口。妻、男之喪錢五十貫，絹五十疋，酒十瓶或五瓶，羊十口或五口。新式：三年服，絹八十疋，酒各三瓶，羊三口。期年服第一等，絹減二十疋，酒、羊同三年服；第二等，絹減一十疋，酒、羊同第一等；第三等，減絹二十疋，酒、羊各減一。閤門昭宣使以上親同。

侍衛殿前都指揮使卒舊闕。新式：絹六百疋，布一百五十疋，香、茶各三十斤，酒各三十瓶，米、麵各三十石，羊三十口。副都指揮使親同。父母之喪或還葬錢二百貫，絹三百疋，米、麵共五十石，酒三十瓶，羊三十口。子孫及兄弟之喪錢二百貫，絹百疋，或止絹三百疋或二百疋，或錢絹百疋〔一〕，酒三十瓶或二十瓶、十瓶，羊三十口或二十口、十口。新式：三年服，絹三百疋，酒各減二十瓶，米、麵各二十石，羊二十口。期年服第一等，絹

〔一〕「錢」下疑脫「百貫」二字。

減五十疋，酒、羊各減半；第二等，絹減五十疋，酒、羊同第一等；第三等，絹減五十疋，酒、羊同第二等。大功服，絹減五十疋，羊、酒同期年服第二等〔一〕。副都指揮使親同。

副都指揮使卒舊闕。新式同都指揮使。父、母、妻【7】之喪或遷葬錢三百貫，絹二百疋，米、麪共五十石，酒二十瓶，羊二十口。

都虞候卒舊闕〔二〕。父母喪〔三〕錢三百貫，絹三百疋，麪二十石，酒五十瓶，羊二十口。或止錢百貫，絹百疋，酒十瓶，羊十口。遷葬錢百貫，絹百疋，酒二十瓶，羊二十口。妻、子、孫之喪錢百貫，絹百疋，或止二百貫，酒二十瓶或一十瓶、五瓶，羊二十口或十口、五口。新式同都指揮使親。

殿前左右班都虞候、諸班直都虞候卒新式：殿前侍衛親軍馬步軍都虞候，絹二百五十疋，酒各二十瓶或五瓶，羊十口或五口。父、母、妻之喪錢二百貫或百貫，絹百疋或五十疋，或無之，酒十瓶或五瓶，羊十口或五口。遷葬錢百貫，或五十貫而加絹百疋，酒五瓶，羊十口。新式：殿前侍衛親軍馬軍步軍都虞候親，三年服，絹二百疋，酒各一十瓶，米、麪各一十石，羊一十口。期年服第一等，絹減五十疋，酒、羊各減半；第二等，絹減五十疋，酒、羊同第一等；第三等，絹減二十疋，酒、羊各減半。大功服，絹減二十疋，酒、羊同期年服第三等。任防禦使以下不賜。

指揮使卒錢五十貫，酒五瓶，羊五口。新式：（俸）〔捧〕日天武龍神衛四廂都指揮使，絹二百疋，酒各一十瓶，米、麪各一十石，羊一十口。父母之喪及遷葬錢五十貫，或三十貫而加絹二十疋，酒六瓶或五瓶，羊計五口或無之。祖父母之喪錢五十貫或三十貫，絹二十疋。妻喪錢三十貫，絹二十疋或無之，酒五瓶或三瓶。新式：（俸）〔捧〕日天武龍神衛四廂都指揮使親，三年服，絹一百五十疋，酒各五瓶，米、麪各五石，羊五口。期年服第一等，絹減五十疋，酒、羊同三年服；第二等，絹減二十疋，酒、羊各減二；第三等，絹二十疋，酒、羊同第二等。

諸軍廂都指揮使卒錢二百貫，絹百疋，酒二十瓶，羊十口。新式：廂都指揮使絹二百疋，酒各一十瓶，羊一十口。父、母、妻之喪及遷葬錢百貫，絹百疋，亦有止百貫者，酒三十瓶或十瓶，羊十口。新式：廂都指揮使父母，絹一百五十疋，酒各五瓶，羊五口；妻，絹減五十疋，酒、羊同父母喪。

軍都指揮使卒錢百貫或五十貫，絹百疋或五十疋，酒十瓶或五瓶，羊十口或五口。新式：絹七十疋，酒各三瓶，羊三口。父、母、妻之喪及遷葬錢百貫，酒十瓶或五瓶，羊十口或無之。新式：父母，絹五十疋，酒各二瓶，羊二口；妻，絹減一十疋，酒、羊同父母喪。

都虞候卒及父母喪錢五十貫，酒五瓶，羊五口。新式：殿前指揮都虞候，絹一百五十疋，酒各五瓶，羊五口；諸班直都虞候，絹減九十疋，酒、羊各減二；諸軍都虞候、諸班直指揮使，絹減半，酒、羊同；鈞容直指揮使，絹減五疋；殿前指揮使【8】都知，絹減十匹，酒、羊同。遷葬錢五十貫或三十貫。妻喪錢五十貫或二十貫，酒三瓶或無之。新式：殿前指揮使都虞候父母，絹六十疋，酒各三瓶，羊二口；妻，絹減一十疋，酒、羊同。軍都指揮使父母，絹五十疋，酒、羊同；妻，絹減一十疋，酒、羊同。諸班直都虞候父母，絹減一十五疋，酒、羊同；妻，絹減一十五疋，酒、羊同。諸軍都虞候、諸班直指揮使父母，減絹五疋，酒、羊同；妻，減絹一十疋，酒、羊同。鈞容直指揮使父母，絹、酒、羊同諸班直指揮使；妻，絹減五疋。

御前忠佐馬步都軍頭卒錢百貫，絹百疋，酒十瓶，羊十口或五口。在見任者錢或百五十貫，絹或百五十疋，亦有止五十貫、五十疋者。新式：絹八十疋，酒各三瓶，羊各三口。父、母、妻之喪及遷葬錢五十貫，

〔一〕「大功服」至「期年服第二等」：此前原衍此節文字，且無「期年服」三字，今刪前存後。
〔二〕舊闕：按前慣例，「舊闕」下皆注新式，疑此處有脫文。
〔三〕父母喪：此三字原作注文小字，今據前後通例改作正文。

絹五十疋，酒十瓶或六瓶，羊十口或五口，或無之。新式：父母，絹七十疋，酒各三瓶，羊三口；妻，絹六十疋，酒各二瓶，羊二口。

副都軍頭卒錢百貫，酒五瓶，羊五口，亦有錢五十貫、絹五十疋、酒八瓶、羊七口者。新式：絹三十疋，酒各二瓶，羊二口。馬軍步軍都軍頭、副都軍頭同。父〔一〕、母、妻之喪及遷葬錢五十貫，酒五瓶，羊五口。新式：父母，絹二十五疋，酒各二瓶，羊二口；妻，絹減一十疋，酒、羊同。馬軍步軍都軍頭、副都軍（副）〔頭〕親同。

馬軍或步軍都軍頭、副都軍頭卒新式同副都軍頭。父喪或母喪或遷葬錢五十貫，絹五十疋，亦有止錢百貫，或止錢五十貫，或絹五十疋，酒十瓶或五瓶，羊五口。副都軍頭亦有止錢三十貫。妻喪錢三十貫，酒五瓶或三瓶，羊三口。新式同副都軍頭親。

諸衛上將軍卒錢百貫，絹百疋，或止絹二百疋，米、麵二十石或無之，酒十瓶，羊十口。新式不載。

大將軍卒錢百貫，或五十貫，絹百疋或五十疋，酒五瓶，羊五口，亦有加米、麵共二十石者。新式：諸衛大將軍，客省、引進、閤門副使，諸司副使帶御器械，絹八十疋，酒各三瓶，羊三口。妻喪錢百貫，酒六瓶，羊五口。新式不載。

將軍卒錢五十貫，絹五十疋，或止錢一百貫，酒十瓶或五瓶，羊十口。新式：諸衛將軍帶遥郡，絹五十疋，酒各三瓶，羊三口。

橫班諸使卒錢百貫，絹百疋或五十疋，米、麵共二十石或無之，酒二十瓶，羊十口。母、妻卒及遷葬錢百貫或五十貫，絹五十疋，酒十瓶，羊五口。

副使卒錢百貫，絹五十疋，酒五瓶，羊五口。母、妻、女之喪錢百貫或五十貫，亦有加絹五十疋者，酒十瓶或五瓶，羊十口或三口。

東西班諸司副使、通事舍人卒錢百貫或五十貫，絹百疋或五十疋，亦有止錢三百貫或百貫者，酒十瓶，羊十口或五口，9 亦有止絹百疋而米、麵共二十石。婦之喪錢百貫或五十貫，絹五十疋，或止錢百貫或五十貫，酒五瓶，羊五口。遷葬錢五十貫，絹五十疋，或止錢百貫，亦有止五十貫者，酒十瓶或五瓶，羊十口或五口。

內殿承制、崇班及閤門祗候卒錢五十貫，絹五十疋，或止錢百貫，酒四瓶，羊五口。父母喪及遷葬錢五十貫，酒五瓶，羊三口。妻喪錢三十貫，酒五瓶，羊三口。新式：五路沿邊及廣南、川峽親民以上在任者，諸司副使以上知府州，依舊例；知州軍、路分總管、鈐轄、都監、安撫副使、諸司使副，絹八十疋，酒各三瓶，羊三口；內殿承制、崇班，絹減三十疋，酒、羊同。逐州軍總管、鈐轄、知城寨主、都監、軍使、同管勾安撫司公事、都同巡檢使、都巡檢、巡檢，內該説未盡差遣係親民者，同諸司使副，絹加一十疋，酒、羊同；內殿承制、崇班，絹減二十疋，酒、羊各減一。其諸司使副，客省、引進、閤門副使，五路沿邊及廣南、川峽親民以上在任者，諸司副使以上知府州，依舊例，父母絹減十疋，酒、羊同。

入內都知、副都知、押班卒新式：入內內侍省內侍省都都知、入內內侍省都都知、都知、副都知，絹六百疋，布一百五十疋，香、茶各三十斤，酒各三十瓶，米、麵各三十石，羊三十口。押班，絹減三百疋，布減五十疋，羊、茶、酒、米、麵各減一十。供奉官、殿頭，絹四十疋，酒各二瓶，羊二口。高品、高班，絹減一十疋，酒、羊同。黃門，絹二十五疋。祗候殿頭、祗候高品、祗候高班、內品、祗候內品，絹七疋。祗候小院品、貼祗候內品、雲韶部內品、入內內品、把門內品、後苑散內品、北班內品，絹三疋。內侍省內侍左右班都知、左班都知、右班都知、左班副都知、右班副都知，絹三百疋，布一百疋，香、茶各二十斤，酒各二十瓶，米、麵各二十石，羊二十口。押班，絹減半，酒各五瓶，米、麵各五石，羊五口。供奉官、殿頭，絹四十疋，酒各二瓶，羊二口。高品、高班，絹一十疋，酒、羊同。黃門，絹減五疋。高品、祗候高班、內品、祗候內品，絹三

〔一〕父：原脱，據上文文例及注文文意補。

疋。貼祗候內品、內品、後苑內品、勾當事內品、北班內品、散內品、後苑散內品，絹二疋。祖父母喪錢百五十貫或百貫，絹百五十疋或百疋，或五十疋，酒二十瓶，羊十口。遷（喪）〔葬〕錢百貫，絹百疋，酒二十瓶。妻喪錢百貫，絹五十疋，酒十瓶，羊五口。新式：入內內侍省內侍省都都知、入內內侍省都都知、副都知親屬，三年服，絹加二百疋，酒各一十瓶，米、麪各一十碩，羊一十口。期年服第一等，絹減五十疋，酒、羊各減半；第二等，絹五十疋，酒、羊同；第三等，絹減二十疋，酒、羊各減二。押班三年服，絹加二十疋，酒各二瓶，米、麪各五石，羊加二口。期年第一等，絹減二十疋，酒、羊各減二；第二等，絹減二十疋，酒、羊同；第三等，絹減一十疋，酒、羊同。內侍省內侍左右 10 班都知、〔左班都知〕、右班都知、左班副都知、右班副都知，三年服，絹加五十疋，酒各加二瓶，米、麪各加五碩，羊加二口。期年服第一等，絹減二十疋，酒、羊各減一；第二等，絹減二十疋，酒、羊同；第三等，絹減一十疋，酒、羊同。押班，三年服，絹加三十疋，酒、羊同。期年服第一等，絹減二十疋，酒、羊同；第二等，絹減一十疋，酒、羊同；第三等，絹減一十疋，酒、羊各減一。

樞密院都承旨卒舊闕。新式：絹一百五十疋，酒各五瓶，米、麪各五石，羊五口。弟、姪喪錢五十貫，絹五十疋，酒十瓶，羊五口，或止錢百貫。新式：三年服，絹一百疋，酒各五瓶，米、麪各五石，羊五口。期年服第一等，絹減二十疋，酒、羊各減二；第二等，絹減二十疋，餘同；第三等，絹減一十疋外，餘同。

副承旨卒錢五十貫，絹五十疋，酒五瓶，羊五口。新式：承旨、副都承旨，絹一百疋，酒各五瓶，米、麪各五石，羊五口。副承旨、諸房副承旨，絹減二十疋，酒、羊各減二。逐房副承旨，絹減一十疋，餘同。主事令史并守闕，絹一十五疋。書令史，絹五疋。又中書提點五房公事、堂後官（廉）〔兼〕提點五房公事，絹六十疋，酒各三瓶，羊三口。堂後官減半，酒、羊各減一。（至）〔主〕事、絹一十五疋。妻喪及遷葬錢五十貫，酒五瓶，羊三口。新式：承旨、副都承旨親屬，三年服，絹八十疋，酒各三瓶，羊三口。第二等〔一〕，絹四十疋，酒各二瓶，羊二口；第三等，絹三十疋，酒各二瓶，羊二口。副承旨、諸房副承旨，三年服，絹六十疋，酒各三瓶，羊三口。期年服第一等，絹四十疋，酒各二瓶，羊二口；第二等，絹三十疋，酒各二瓶，羊二口；第三等，絹二十疋，酒各二瓶，羊二口。逐房副承旨父母，絹二十疋，酒各二瓶，羊二口。又中書提點五房公事、堂後官兼提點五房公事父母，絹五十疋，酒各三瓶，羊三口。堂後官父母，絹二十疋，酒各二瓶，羊二口。

司天監判監卒錢百貫，絹五十疋或無之，酒八瓶或五瓶，羊五口。新式：判監絹六十疋，酒各三瓶，羊三口。管勾本監公事，絹減二十疋，酒、羊各減一。妻喪或遷葬錢三十貫，絹三十疋，酒五瓶，羊三口。新式：判監父母，絹四十疋，酒各二瓶，羊二口；妻，絹減二十疋。管勾本監公事父母，絹二十疋，酒、羊同判監父母；妻，絹一十疋。

五官正卒錢五十貫，酒五瓶，羊三口，或止錢五十貫。新式：絹一十五疋。殿中丞、太子洗馬同。父、母、妻喪錢一十貫。新式：父母絹一十疋，妻絹七疋。殿中丞、太子洗馬親同。

翰林醫官使、副使卒錢五十貫，絹五十疋，或止錢百貫，酒十瓶，羊五口。新式：醫官使絹五十疋，酒各三瓶，羊三口。醫官副使絹減一十疋，酒、羊各減一。醫官使父母，絹減十疋，酒、羊同。遷葬錢百貫。

尚藥奉御及醫官卒錢五十貫，酒五瓶，羊五口或無之。新式不 11 載。

天文官卒錢五十貫，酒三瓶，羊三口或無之。新式：天文官絹二十疋，酒各二瓶，羊二口。節級、監生、學生，絹三疋。測驗渾儀所管勾測驗渾儀，絹二十疋，酒各二瓶，羊二口。天文官父母，絹一十疋；妻，絹七疋。節級、監生、學生父母，絹二疋。

書琴棋待詔卒錢三十貫，絹二十疋，或止錢五十貫。新式：圖畫院

〔一〕據前後文例，「第二等」前必脱「期年服第一等」及相關内容。

待詔，絹一十五疋。藝學，絹五疋。祇候學生、守闕學生，絹三疋。御書院、學士院書待詔，絹二十疋，酒各二瓶，羊三口。諸色待詔、書藝，絹一十疋。諸色藝學、御書祇候，絹七疋。諸色祇候，絹五疋。玉册官、繫筆祇候、諸色祇應、鐫字祇應，絹三疋。

父母、妻、兄弟之喪錢二十貫或十五貫。新式：圖畫院待詔父母，絹五疋。藝學父母，絹三疋。御書院、學士院書待詔父母，絹一十五疋。諸色待詔、書藝父母，絹七疋。諸色藝學、御書祇候父母，絹五疋。諸色祇候父母，絹三疋。玉册官、繫筆祇候、諸色祇應、(雋)〔鐫〕字祇應父母，絹二疋。

教坊使、副使卒錢五十貫，絹五十疋，酒五瓶，羊五口。新式：使，絹八十疋，酒各三瓶，羊三口。副使，絹減三十疋，酒、羊同。

色長卒錢三十貫。新式不載。

公主男女之喪錢二百貫，絹百疋，酒二十瓶或十瓶，羊十口。婦喪錢百貫，絹百疋，酒十瓶，羊十口。

郡主縣主男女之喪錢百貫，絹五十疋，酒十瓶，羊五口。新式：大長公主、長公主、公主出降親三年服，舅、姑、夫，絹三百五十疋，燭各二十條，香、茶各二十斤，酒各二十瓶，羊二十口。期年服第一等，子長子三年服并女在室同，絹減一百疋，酒、羊各減半；第二等，夫之兄弟之〔子〕女子同，絹減五十疋，酒、羊同第一等。大功服，夫之祖父母，夫之伯叔父母，夫兄弟子之婦，夫兄弟女適人者，庶孫、嫡孫、曾孫、玄孫，並期年服及嫡孫、曾孫、玄孫長殤、中殤同，孫女在室者，夫兄弟之子長殤、中殤、女子同，子長殤、中殤、女子同，子之婦嫡婦期年服同，女適人者，絹減三十疋，酒、羊同第二等。小功服，外祖父母，舅，從母，姊妹之子女子同，庶母慈己者，庶母之乳養己者，子之下殤女(之)〔子〕同，嫡孫之下殤，庶孫之長殤男女同，夫兄弟之子下殤女子同，夫之叔父長殤，夫兄弟之孫，夫從父兄弟之子孫，女適人者，夫之姑姊、娣姒、妯娌，夫之兄弟、嫡孫之婦，絹減二十疋，酒、羊各減半。

駙馬都尉伯叔、伯叔母、姑姊妹、兄弟之妻、姪女之喪錢百貫，絹百疋，酒十瓶，羊五口。

乳母喪錢百貫，絹二百疋，酒三十瓶，羊十口。新式：三年服，絹三百五十疋，燭各二十條，香、茶各二十斤，酒各二十瓶，羊二十口。期年服第一等，絹、酒各減半，羊五口；第二等，絹減三十疋，酒、羊同第一等；第三等，絹減二十疋，酒、羊同第二等。大功服，絹減二十疋，酒、羊各 12 減二。任防禦使以下不賜。

宗室期年使相以上銀二千五百兩，絹二千五百疋。節度使以上各減一千。觀察使以上絹二千疋，正任刺史以上減五百。婦減一千，所生母減二百，出適女減五十，室女減一百，女夫減五十，乳母減二十。大功使相以上銀一千五百兩，絹一千五百疋。節度使以上各減五百。觀察使以上絹一千五百疋，正任刺史以上減三百，率府副率以上減五百。婦減三百，所生母減一百五十，出適女減五十，室女減一百，女夫減四十，乳母減一十。曾孫緦麻使相(卒)〔以〕上銀一千兩，絹一千疋。節度使以上各減二百五十疋。觀察使以上絹一千二百疋，正任刺史以上減二百疋，率府副率以上減四百疋。所生母減一百三十疋，出適女、室女、女夫、乳母遞減一十疋。玄孫緦麻觀察使以上絹八百疋。正任刺史以上減一百疋，率府副率以上減四百五十。婦減一百七十疋，所生母減四十疋，乳母減二十疋。祖免男絹六十疋。出適女減二十疋，室女減二十，男所生母、婦增一十疋。非祖免男絹三十疋。出適女減一十，室女、男所生母、婦，絹一十疋。應賻贈年十一以上即支，知、判大宗正事者加三百。係銀絹者中支，未赴朝者減半。其正任刺史以上，澆奠、不澆奠並依賻贈支。內卑屬三分支二分，宗婦澆奠加一倍，女出家入道依出適例。

特恩加賜者：內客省使王贇建隆二年七月赴揚州，溺死，賜絹三百疋，米、麪各二百石。太子太傅范質乾德二年九月，賜絹五百疋，粟、麥各一百石。僞山南節度使韓保正三年六月，賜帛二百疋，米、麵各三百石。中書令、秦國公孟昶三年六月，賜羅、綾各百疋，絹五百疋，布三百疋，錢五百貫文。武平軍節度使昝居潤四年五月，賜絹百疋，米、麵各五十石，羊五十口，酒五十瓶。太子太師致仕王晏四年十一月，賜絹五百疋，羊五十口，麵五十石，酒五十瓶。彭州刺史王繼濤、耀州刺史高彥暉〔一〕五年七月，各賜其家粟、帛。全師雄作亂於綿州〔二〕，繼濤率兵拒之，身被八創而卒，彥暉與戰於導江而 13 歿〔三〕，故並卹之。建武軍節度使何繼筠開寶四年七月，賜絹五百疋。左諫議大夫邊珝太平興國六年六月，以知開封府卒，賜其家絹百疋、錢二十萬以營葬事。孝明皇后母秦國夫人太平興國中，賜其家錢百貫，絹百疋，麵十石，酒二十瓶，羊十口。雲州觀察使楊業雍熙三年八月，北征陣歿，賜絹、布各百疋，粟一十石。岳州刺史賀懷浦與業同陣歿，賜錢百貫，絹百疋，酒二十瓶，羊十五口。如京使高處恭三年十一月，以弟亡賜錢二百貫，酒二十瓶，羊十口。日騎軍都指揮使安朗〔四〕三年十二月，賜錢三百貫，絹百疋，酒十瓶，羊二十口。饒州觀察使杜彥圭四年正月，賜錢三百貫，絹百疋，布百疋，酒二十瓶，羊十口。右神武將軍、勾當水陸發運王繼昇端拱元〔年〕三月，賜錢百貫，絹百疋，酒十瓶，羊十口。六月，繼昇母亡，又賜錢百貫。越王府記室畢士安元年十一月母亡，常賜外，出殯日別賜錢二百貫。左諫議大夫劉蟠二年六月，賜其家錢十萬，給其葬事。孝惠皇后叔僧歸爽端拱中卒，賜錢五十貫，蠟茶二十斤。供奉官、閤門祇候田承讓淳化元年四月卒，賜錢百貫，絹百疋，酒二十瓶，羊五口。供奉官杜彥昇元年四月，賜錢百貫，絹五十疋，酒一十瓶。皇城使王延德二年十月，以父喪賜錢一百貫，絹二百疋，酒二十瓶，羊一十口。左千牛衛上將軍曹翰三年五月，賜絹二百疋，米、麵共二十石，酒五瓶，羊五口。太師魏國公趙普三年七月，賜其家絹、布各五百疋，米、麵各五百石。靜難軍節度使行軍司馬徐鉉〔五〕三年九月，賜其家錢二十萬以給葬事。容州觀察使劉文裕四年正月，以祖母喪賜錢二百貫，絹百疋，麵十五石，酒三十瓶，羊三十口。昭宣使王繼恩四年六月，以母喪賜錢二百貫文，絹百疋，酒一十瓶，羊二十口。東染院副使劉彥威四年九月遷葬，賜錢百五十貫，酒五瓶，羊五口。左屯衛大將軍孫守彬至道元年三月，賜錢三百貫，酒十瓶，羊一十口。供奉官杜俊元年七月，賜錢百貫，酒五瓶，羊五口。禮部侍郎兼秘書監賈黃中二年二月，以素貧，別賜其家錢三十萬。既葬，其母求入謝，又賜白金三百兩。故饒州防禦使杜彥圭妻至道中卒，賜錢 14 百貫，絹百疋，酒二十瓶，麵十五石，羊十口。故西京作坊使高處俊男至道中卒，賜錢五十貫，絹五十疋，酒五瓶，羊五口。故右諫議大夫劉保勳妻咸平元年二月卒，賜錢一十萬。皇姪惟能妻母、故汝州防禦使武守琪妻咸平中卒，賜錢百貫，絹五十疋，酒十瓶，羊五口。李煜出家女明智大師覺修咸平中卒，賜錢百貫，絹五十疋，茶五十斤，燭五十條。隴州刺史李守恩三年十月知靈州，陷歿，賜其家錢百五十貫，絹百五十疋，米五石，麵十石，酒十瓶，羊十口。又賜其弟守忠及男象之各錢五十貫，絹十疋，米三石，麵五石，酒二瓶，羊二口。閤門祇候曹繼白

〔一〕暉：原作「輝」，據《宋史》卷二五五《高彥暉傳》改。下同。

〔二〕全：原作「金」，據《宋史》卷二五五《高彥暉傳》改。

〔三〕導：原作「道」，據《宋史》卷二五五《高彥暉傳》改。

〔四〕安朗：天頭原批云：「寄案，《大典》一萬九千一百三十二作『安節』。」

〔五〕鉉：原作「鉉」，據《宋史》卷四四一《徐鉉傳》改。

十月，靈州陷殁，賜錢五十貫，絹五十疋，米、麵共十石，酒五瓶，羊五口。內客省使裴濟五年三月知靈州，陷殁，賜其家錢三百貫，絹二百疋，布二百疋，米、麵共四十石，酒三十瓶，羊二十口。閤門祗候王從煦、內供奉官馮文志三月，同濟陷殁，各賜錢百貫，絹五十疋，布五十疋，米、麵共二十石，酒五瓶，羊五口。通判大理寺丞李德昌三月，同濟陷殁，賜錢五十貫，絹、布各三十疋，米、麵共十石，酒五瓶，羊五口。鄧州觀察使錢若水六年十月，賜其母白金三百兩。贈鎮南軍節度使裴濟妻六年十二月卒，賜錢百貫，絹五十疋，酒二十瓶，羊二十口。故西京作坊使杜彥超女六年卒，賜錢五十貫，酒十瓶，羊五口。翰林侍讀學士夏侯嶠景德元年五月，賜其弟白金三百兩，給其葬事。光祿寺丞、直集賢院孫暨三年七月，賜其家錢十萬。三年八月一日，開封府(俊)〔浚〕儀縣尉房初舉賢良方正科〔一〕，中書考試，辭理爲優，未及殿試而卒，帝憫之，特賜錢五十貫以恤其家。齊州團練使何承矩三年十二月，賜其家錢五十萬，絹五百疋。四年七月十六日，江陵府言工部侍郎致仕朱昂卒。致仕官無賻贈之例，帝以昂舊德，深軫念之，特令有司就賜賻贈。故天雄軍節度使劉延翰妻景德中卒，賜錢三百貫，絹二百疋，酒十瓶，羊十口。昭憲皇后父母景德中遷葬，賜西京左藏庫使杜彥遵銀千兩，錢五百貫，絹五百疋，酒八十瓶，羊五十口，燭二百條，茶五十斤，濕香五斤。故保靜軍節度使王昭遠妻景德中卒，賜錢百貫，絹五十疋，酒十瓶，羊十口。主客員外郎王拯天禧元年十一月，賜錢十萬，拯父幼英嘗事藩府故也。15 秘書丞致仕李惟簡四年十一月，賜錢十萬。惟簡，故參知政事穆之子，其妻魏表言家貧不能具葬故也。比部員外郎、知制誥陳知微〔二〕明道二年十月，賜其母絹五十疋并米五十斛。天章閣待制劉隨景祐二年九月，賜其家錢六百貫。秘書監致仕丁謂四年閏四月，賜其家錢百貫，絹百疋。將作監丞張唐卿四年閏四月，賜其家錢五萬，帛五十疋，米、麵各五十石。武勝軍節度使任福慶曆元年十月，詔月給錢三萬，粟、麥共四十石。將作監丞楊寘四年二月，賜其家錢五萬，帛五十疋，米、麵各五十斛。翰林侍讀學士張錫皇祐元年六月，賜其家白金三百兩。翰林學士彭乘元年九月，賜其家白金二百兩。如京使張忠四年八月，以忠廣南戰殁，賜其家白金四百兩，絹四百疋，布二百疋，錢二百貫。如京使、知府州折繼祖嘉祐元年十月，以改葬父賜錢五十萬。端明殿學士、兼翰林侍讀學士、龍圖閣學士李淑四年四月，賜其(次)〔家〕黃金二百兩。天章閣待制李昭遘四年五月，賜其母絹百疋。太常博士致仕胡瑗四年七月，以瑗嘗(待)〔侍〕經筵，賜其家絹百疋。太子少傅致仕王舉正五年二月，賜其家黃金百兩。樞密副使王疇治平二年二月，賜其家白金三千兩。

【續宋會要】〔三〕

衛州通判、虞部員外郎聶儀仲熙寧四年十二月，判大名府韓琦言：「王供埽危急〔四〕，儀仲抱疾馳赴〔五〕，總徒修築，因以病亡。」特賜絹一百

〔一〕房初：《長編》卷六三作「初房」。

〔二〕微：原作「徽」，據《宋史》卷三〇七《陳知微傳》改。

〔三〕原無此書名。天頭屠寄批云：「以下《續宋會要》。」按，原稿此卷前後頁尚有屠寄眉批多處，據《大典》卷一九一三二、一九一三三校字，蓋其時《大典》此二卷尚存，屠寄得以校勘。此處之批語亦應是據《大典》卷一九一三二。今據補（原批在下文「齊恢」條之上，按此所謂《續宋會要》乃指乾道所修《續國朝會要》，起於神宗即位，故移於此）。

〔四〕供埽：原作「拱掃」，據《長編》卷二二八改。

〔五〕儀：原無，據《長編》卷二二八補。

疋。天章閣待制齊恢五年六月，特賜其家絹一千疋。九年，賜孫思恭、王獵家皆如例。大理寺丞、檢詳樞密院吏房文字杜純，權同判刑部杜紘五年六月，以父喪各賜絹一百疋。太子中允、館閣校勘、檢詳樞密院兵房文字黎侁七年五月，賜其家絹百疋。中書吏房習學公事孫諤、張元方九年，以父喪各賜絹五十疋。工部郎中、集英殿修撰吳申十年六月，式外特給絹二百疋。太子太師致仕張昪〔一〕十二月，昪特依見任官例支給孝贈。崇文院校書張載元豐元年五月，賜賻贈視館職給半。陝西都轉運使、尚書屯田郎中、直昭文館皮公弼二年四月，賜其家絹三百疋。【16】尚書祠部郎中、同提點在京倉場劉昭遠八月，賜其家銀、絹各百，以提點沈希言其家貧故也。知瓊州俞瑊三年正月，賜其家銀五百兩，以（木）〔本〕路言瑊在海外六年，不得代而死，故優卹之。梓夔路都監王宣、戎瀘等州同都巡檢使王謹言、瀘州江安縣（注）〔駐〕泊都監郭晏、前瀘州管界同巡檢孫中立、都監司指揮楊永壽、差使王琥、散直盛贇、劉用、押馬殿侍張德、李詢、孫宗旦、孫文秀四月，詔令轉運司致祭，賜其家錢、絹有差，護送家屬至願歸處，無親戚者遣吏齎骸骨及財物，贈官宣勑送其家。宣等與蠻賊乞弟戰于羅牟村，全軍敗歿故也。尚書都官員外郎、通判綿州費琦四年七月，部瀘州夫糧出界瘴死，賜其家銀二百兩。翰林侍讀學士、朝奉大夫、知審官東院錢藻五年正月卒，上遣使視其家屬貧，賜錢五十萬。西京左藏庫使、果州刺史、内侍押班張允誠六年四月，賜錢千緡，絹百五十疋，皇太后賜錢共二百緡，推恩六人。澄海十將馬雅八月，詔支絹百疋，以廣南西路經略司言，雅爲交人所獲，脱身走，與追兵鬭，歸，已推恩遷三官，未受而死，故優卹之。祁州鼓城縣巡檢下指使彭太七年，太因大水收救器甲溺死，詔賜其家銀二百兩。天章閣待制李大臨元祐元年四月，賜其家錢三十萬。龍圖閣直學士、知慶州高遵惠四月，賜白金五百兩。元符三年二月，又賻白金五百兩。《宋史·朱長文傳》：長文未冠舉進士乙科，以病足不肯試吏〔二〕。後爲太學博士，遷秘書省正字。元符初卒〔三〕，哲宗知其清，賻絹百疋。都水使者王令圖二年三月，賜其家見錢五十萬。太中大夫致仕程珦〔四〕五年正月，賜其家絹二百疋。龍圖閣直學士孫覺五年三月，賜其家錢五百緡。天章閣待制、國子祭酒顏復四年，賜其家錢五十萬〔五〕。實録院檢討官黄庭堅六年六月丁母憂，賜絹二百疋。太子太保致仕李端愿八月，賻典加等。宣徽南院使、檢校司空、太子太保致仕馮京紹聖元年四月，賻贈加等。中書舍人朱服二年正月，（復）〔服〕使遼未還，其母亡歿，家貧無殮具，【17】賜絹三百疋。保安軍節度觀察留後、安定郡王世準九月，賜帛千疋，錢一百萬。資（正）〔政〕殿學士、知太原府王安禮三年九月，賜錢五十萬。武昌軍節度使、檢校司徒、開府儀同三（同）〔司〕、嗣濮王宗楚四年六月，賻贈有加。奉國軍節度觀察留後、安定郡王世開元符元年四月，賻贈加等。鳳翔府户曹參軍王之彦六月，之彦赴没煙峽宣勞，致病死，賜其家絹二百疋。皇城使、

〔一〕昪：原作「昇」，據《宋史》卷三一八《張昪傳》改。下同。

〔二〕足：原作「是」，據《宋史》卷四四四《朱長文傳》改。

〔三〕卒：原作「年」，據《宋史》卷四四四《朱長文傳》改。

〔四〕珦：原作「瑀」。天頭原批：「寄按：《大典》一萬九千一百三十二作程珦。」按《長編》卷四三九亦作「珦」，據改。珦即程顥、程頤之父也。

〔五〕五十萬：原作「五千萬貫」，據《長編》卷四四二改。

昌州刺史种朴二年十月，賜賻贈有加。太僕少卿趙屼三月，賜賻絹一百疋。步軍都虞候賈巖四月，賜其家常賻外，賜絹七百疋，以歿於陵所，故(憂)〔優〕卹之。殿中侍御史龔夬十一月丁憂，賜絹三百疋。觀文殿大學士范純仁建中靖國元年正月，賻贈有加。龍圖閣待制傅楫〔一〕崇寧元年三月，賜其家絹三百疋，以楫嘗事上潛藩故也。歸順蕃官懷遠軍節度使瞎征五月，特賜賻贈絹二百五十疋，布五十疋，酒二十瓶，羊十口，米二(二)十石，小麥十石，其子與轉一官。保平軍節度觀察留後王師約閏六月，賜賻贈銀、絹各千兩疋。資政殿學士章楶八月，賻賜優厚。贈龍圖閣直學士鍾傳〔二〕大觀元年八月，賜銀、絹各五百疋兩，仍令所屬應副葬事。知淮陽軍米芾二年三月，賻以百縑。端明殿學士王祖道十月，以祖道開拓封疆，力疾自効，特賜絹五百疋。顯謨閣待制李閌四年，賜其家絹三百疋。顯謨閣直學士致仕胡宗回政和二年五月，贈之加等。顯謨閣直學士致仕賈偉節五年六月，賻贈外賜銀、絹三百疋兩。吏部侍郎致仕霍端友七月，賻贈外賜銀、絹三百疋兩。龍圖閣待制盧航十二月，賻贈外特賜錢三百貫。翰林學士馮熙載六月丁母憂，賜絹四百疋。檢校少保、鎮東軍節度使、開府儀同三司蔡卞七年三月，賻贈外賜銀絹各一千疋兩。前禮部尚書姚祐四月，吏部尚書張克公奏：「祐丁母憂，家貧無以營辦，乞依馮熙載、王黼例，下兩浙運司應副葬事。仍添差男芹兩浙運司，往來照顧。」詔依馮熙載例，特賜絹四百疋，并應副白直人兵。潭州觀察使仲葩六月，賻贈外加 18 賜銀、絹三百疋兩。草土范致虛宣和元年八月〔三〕，以母喪特賜銀絹各一千疋兩。尚書户部侍郎虞奕二年七月丁母憂，特支絹三百疋。徽猷閣待制致仕范坦三年六月，詔賜賻贈。觀文殿大學士張商英四年正月，以先帝簡擢，嘗位宰府，賻贈外特賜銀、絹五百疋兩。寧遠軍節度使、開府儀同三司梁子美五年五月，贈卹加等。禮部員外郎程俱六月，禮部言：「俱到任以來，管勾職事委是究心，今以家難去，無以歸葬。」詔賻贈外特賜絹、銀各一千疋兩。顯謨閣待制潘兑六年四月，賻贈外特賜銀、絹各三百疋兩。徽猷閣直學士韓純彦四月，賻贈外特賜銀、絹各三百疋兩。龍圖閣學士致仕錢昂四月，賻贈外特賜銀、絹各三百疋兩。延康殿學士馬防四月，特賜銀、絹三百疋兩。右文殿修撰致仕孫宗鑑四月，賜銀絹各一百五十疋兩。顯謨閣待制李伯宗〔四〕六月，賻贈外特賜銀、絹三百疋兩。徽猷閣待制畢桓八月，賻贈外特賜銀、絹各三百疋兩。資政殿學士徐勣十一月，賻贈加等。皇叔崇信軍節度使、開府儀同三司、安化郡王仲營七年七月，賻禮有加。知汾州張克戩靖康元年十月，賜贈絹五百疋，銀三百兩。《宋史》列傳：孫洙爲翰林學士纔餘一月，得疾。時參知政事闕，帝將用之，數遣中使、尚醫勞問。入朝期日，洙小愈，在家習肄拜跪〔五〕，僨不能興，竟卒。帝臨朝嗟惜，常賻外賜錢五十萬。又蕭振爲成都守，威行惠孚，後卒于成都，年七十二。死之日，民無老稚相與聚哭於道。遺表至，帝悼惜之，賻銀五百兩，絹五百疋，贈四官。

〔一〕楫：原作「揖」，據《宋史》卷三四八《傅楫傳》改。
〔二〕鍾傳：原作「鍾傳」，據中華書局校點本《宋史》卷三四八《鍾傳傳》改。
〔三〕元年：原作「七年」，據《宋史》卷二一二《宰輔表》三改。
〔四〕伯：原作「百」，天頭原批：「寄案：《大典》卷一萬九千一百三十三作伯宗。」按《宋史》卷三五四《李伯宗傳》亦作「伯」，據改。
〔五〕肄：原作「肆」，據《宋史》卷三二一《孫洙傳》改。

【中興會要】(一)

凡文武臣僚及宗室、公主、(附)〔駙〕馬都尉與其親屬薨卒，皆賻贈，舊書格目載之已詳。建炎有詔，應孝贈並權住支，今所載者特恩焉。詳見《雜録》。

吏部侍郎李若水建炎元年五月，詔：「若水忘身爲國，知死不懼，忠義之節，無與比倫。」賜其家銀、絹五百疋兩。武功大夫、淄州團練使、廣南西路兵馬都監、知融州李拱七月，賜其家銀、絹、錢各一百，以拱領兵京城應援戰歿故也。左正言盧臣中十月，賜其家銀、絹一百疋兩，以臣中知無不言，爲潰兵所害也。龍圖閣待制劉晏[19]四年五月，特依格支賻贈，以晏於宣州討賊，身先士卒，力戰而死，忠義可嘉故也。中侍大夫、奉國軍承宣使、帶御器械、權同主管殿前司公事李質紹興元年正月，賜其家錢五百貫，絹三百疋。知濟州張存(二)四月，賜其家錢三百貫，以存在任日應辦大元帥一行事務無闕誤故也。刪定官孔仲京七月，賜其家錢三百貫，以仲京刪定條令有勞故也(三)。資政殿大學士、太中大夫、提舉臨安府洞霄宮呂好問十月，賜其家絹五百疋，以好問嘗任吏部侍郎、兵部尚書、尚書右丞，除罷恩例、支賜皆辭免，至是家貧不能辦棺殮故也。既而臣僚論(例)〔列〕，有旨減作三百疋。通議大夫、試兵部尚書、兼侍讀胡直孺十一月，賜其家絹二百疋。翊衛大夫、泉州觀察使、神武軍統制陳思恭十二月，賜其家絹三百疋，以思恭討賊立功而死。故贈承事郎陳東十二月，賜其家錢五百貫。中奉大夫、直秘閣、知宣州李彦卿二年三月，賜其家錢一千貫，以招撫使李光言，彦卿潔己公勤，久任沿江差遣，累經寇盜，守禦城池，卒免殘破故也。承議郎、顯謨閣直學士、提舉建隆觀、兼侍讀鄭億年三月，以億年昨被虜未回，其妻韓氏流寓台州身故，賜錢一千貫給其家。左奉議郎、守尚書屯田員外郎汪廷直閏四月，賜其家銀一百兩，以廷直家貧，鄉里遥遠，無力津送故也。淮南東路宣撫使劉光世五月，以聞父延慶喪，詔賜銀、絹一千疋兩。給事中廖剛五月，以剛母亡賜銀一百兩。武當軍承宣使王殖七月，賜其家銀、絹一百疋兩，以殖係秦魏國惠和大長公主之子也。慶遠軍節度使、充醴泉觀使邢焕三年正月，賜其家銀、絹各一千兩疋。端明殿學士、左朝議大夫權邦彦二月，賜其家銀、絹各一千疋兩，以邦彦簽書密院事致仕薨故也。尚書右僕射、同中書門下平章事、兼知樞密院事朱勝非四月，母魯國太夫人楊氏特依格支賻贈。先是，入内内侍省言：依格，在京臣僚親屬薨卒，宰臣三年服父母絹五百疋，酒六十瓶，米三十石，麥十五石，錢三十貫。緣有建炎二年二月十九日詔權住支，故特有是命。大理卿馬咸五月，賜其家錢三百貫。福建路轉運判官呂庭問八月，賜其家銀一百兩。庭問係故相[20]夷簡之後，前任金部郎中，因患乞外補，未朝辭間卒，墳墓田園皆在江北，家貧狼狽，故有是命也。左中大夫、充徽猷閣待制、提舉台州崇道觀洪炎十一月，特賜銀、絹各一百疋兩，給付本家。先是，有詔令州郡量事應副葬事，至是官僚論之，上曰：「炎以文學稱，其死有卹典，蓋用舊制。今既致言者，當罷之。炎，黃庭堅甥也。然其家甚貧，可如胡直孺等例支與銀絹。」資政殿學士、

(一)原無此書名。天頭原批：「以下《中興會要》。」按，此亦是屠寄據《大典》卷一九一三三批，今據補。

(二)張存：天頭原批：「寄案《大典》一萬九千一百三十三作張任。」今按作「存」是，《建炎要録》卷四「濟州守臣張存率官吏士民勸進」，即此人。

(三)按，此條乃屠寄據《大典》卷一九一三三添於天頭(見其眉批)，今移入正文。

左中大夫、知衢州謝克家四年十月，賻贈外更賜其家絹五百疋，以克家嘗任參知政事也。安定郡王令時〔一〕九月，特賜其家銀、絹各一百疋兩。中書門下省檢正諸房公事李大有十月，賜其家銀、絹各一百疋兩。以左司員外郎晏敦復等言，大有點檢明堂大禮事務究心，感疾而死，乞褒贈故也。顯謨閣直學士辛炳五年二月，特賜其家銀、絹各二百疋兩，令福州於上供内支給。以炳曾任中執法，操行清修，貧無以葬故也。贈承信郎、荆州（宣）白身董宣等三名二月，各賜其家絹三十疋，以金人侵犯淮西，血戰歿也。吏部員外郎王純、李元瀹〔二〕、金部員外郎吳并〔三〕三月，詔依屯田員外郎汪廷直例，各賜其家銀一百兩。以純等三人同時身故，户部尚書章誼言其家貧，無以營辦喪事，援例陳乞故也。龍圖閣直學士、左朝請大夫致仕楊時六月，賜其家銀、絹各二百疋兩。大理少卿元衮七月，賜其家銀一百兩。殿中侍御史張絢八月，以祖母安人王氏亡，賜錢三百貫。少保、武成感德軍節度使、淮南東路宣撫使韓世忠八月，以妻秦國夫人梁氏亡，賜銀、絹五百疋兩。中書舍人潘良貴六年正月，以良貴丁父憂，貧無以葬，賜錢五百貫。武勝定國軍節度使、檢校少保、湖北京西路安撫副使岳飛四月，以母亡贈銀、絹一千疋兩。左朝散大夫、充徽猷閣待制、樞密都（丞）〔承〕旨郭執中八月，賜其家銀、絹各二百疋兩，以執中在都督行府供職，往來淮甸措置軍期事務，衝冒暑濕身亡故也。龍圖閣直學士、左朝散大夫耿延禧八月，賜其家銀、絹二百疋兩，以延禧任元帥府屬官也。左承議郎、行（大）〔太〕常博士李弼直八月，賜其家銀一百兩。以太常少卿柯慤 21 言，弼直宣和間任太常博士，緣主張元祐學術坐廢非辜，近自瀘南被旨遠來賜對除受，萬里一身，遽致殞没故也。端明殿學士、降授左太中大夫、提舉江州太平觀董耘七年二月，賜其家銀、絹各二百疋兩，以耘舊係元帥府屬官也。奉議郎、建康府通判楊邦乂〔四〕四月，賜其家銀、絹一百疋兩。建炎三年（度）〔渡〕江，邦乂以死守城，不屈於賊，竟遇害也。知樞密院事沈與求六月，依例支賻贈。兵部尚書呂祉八月，賜其家銀、絹五百疋兩，祉以叛將迫虜渡淮，死於忠義也。嗣濮王仲湜九月，賜其家銀、絹五百疋兩。左朝散郎、充徽猷閣待制、提舉江州太平觀胡安國八年五月，賜其家銀、絹各二百疋兩。知台州鄒炳五月，賜其家絹一百疋。中書言炳忠賢之裔，貧無以歸葬故也。翰林學士朱震六月，賜其家銀、絹各二百疋兩。左通議大夫、提舉亳州明道宮章誼九月，賜其家銀、絹各三百疋兩。起居舍人薛徽言九年正月，賜其家絹一百疋。吏部員外郎黃珪四月，賜其家銀一百兩。保平静難軍節度使、開府儀同三司、四川宣撫使吳玠七月，詔支賻贈絹一千疋。十一日又詔：「吳玠保守四川，忠効顯著，除已褒贈外，可特賜（銀）〔錢〕三萬貫，令四川都轉運司給付其家。」檢校少傅、保信軍節度使、提舉臨安府洞霄宮汪伯彦十一年六月，賜其家銀、絹各一千疋兩，伯彦嘗任尚書右僕射故也。長行兵士白安等一百九十七人七月，各賜其家絹二十疋，以金人侵犯淮西，安等隨逐張俊收復和州等處，立功陣亡故也。資政殿學士、左中大夫、提舉臨安府洞霄宮顏岐十二年八

〔一〕時：原作「時」，據《宋史》卷二四四《宗室傳》一改。
〔二〕李元瀹：原作「李淪」，據《建炎要録》卷八七改。
〔三〕吳并：天頭原批：「寄按，《大典》一萬九千一百三十（二）〔三〕作『吳昇』。」按《建炎要録》卷八一、八三、八七俱作「吳并」，「昇」字誤。
〔四〕乂：原作「義」，據《宋史》卷四四七《楊邦乂傳》改。

月，特依格支給賻贈。以岐嘗任元帥府參議官，歷尚書左丞、門下侍郎故也。 中書舍人王鉌三月，賜其家銀、絹各一百五十疋兩。 徽猷閣待制致仕尹焞十一月，詔令紹興府支賻贈錢三百貫。 左朝請郎、荆湖北路提刑劉冠八月，詔與比附通判以上因幹辦公事致死例，特賜其家銀五百兩。以冠奉旨差往鄂州推勘公事畢，巡歷本路州縣，在路身亡故也。 左朝奉郎、敷文閣待制、提舉江州太平觀李易十三年正月，賜其家錢三百貫。22 右司員外郎游損六月，賜其家錢三百貫。 右通直郎、試尚書兵部侍郎司馬朴九月，賜其家絹、銀三百疋兩，以朴忠蹟顯著故也。 少保、感德軍節度使、充萬壽觀使高世則十四年十一月，賜其家銀、絹各一千疋兩。 德慶軍節度使、開府儀同三司、提舉皇城司錢愐十六年正月，賜其家銀、絹各五百疋兩。 寶文閣學士、右通奉大夫、提舉萬壽觀（使）王㬇十七年十月，賜其家銀、絹五百疋兩。 敷文閣直學士、右中大夫、知廣州王鈇十九年六月，特賜其家銀、絹各五百疋兩，以鈇帥司宣力，染瘴身亡故也。 右武大夫、果州觀察使、添差兩浙東路馬步軍副總管馬秦七月，賜其家銀、絹各五十疋兩。 初以僞知宿州歸（王）〔正〕補官，至是卒。 端明殿學士、左朝奉大夫、提舉江州太平興國宮何若二十年八月，支賻贈外，更與絹五百疋，以若嘗任簽書樞密院事故也。 寶文閣學士、右宣奉大夫、提舉江州太平興國宮楊興祖二十一年八月，賜其家銀、絹各三百疋兩。 平海軍承宣使、知南外宗正事士珸二十二年閏十二月，詔賻贈特與依節度使例。 太尉、武當軍節度使、御前諸軍都統制、充利州東路安撫使、知興元府楊政二十七年四月，賜賻贈銀、絹一千疋兩。 大理少卿陳章九月三日，賜其家銀、絹一百疋兩。 左武大夫、武康軍承宣使、知揚州劉綱三十年十月，賜其家銀、絹一百疋兩。 皇伯故吳王偲女仁壽郡主趙氏八月，賜其家銀、絹一百疋兩。 左朝請郎、太常少卿都民望九月，詔民望任諫官，家貧無以歸葬，特賜銀、絹一百疋兩。 太尉、威武軍節度使、提舉萬壽觀劉錡三十二年閏二月，特賜其家賻贈銀、絹各三百疋兩。《宋史・薛徽言傳》：高宗朝，徽言爲起居舍人。時秦檜與金人議和〔一〕，徽言上疏爭之。一日，檜於上前論和，徽言直前引義固爭，反復數刻，中寒疾卒。高宗念之，賻絹百匹，特與遺表恩。

【乾道會要】〔二〕

文武臣及其親屬亡，合賻贈品秩、數目，見乾道重修格。23 今所書給賜者，皆出特恩。

諫議大夫任古紹興三十二年，以古家無餘貲，賜銀、絹三百疋兩，從宰執請也。 檢校少保、安德軍節度使、龍神衛四廂都指揮使張子蓋隆興元年正月，賜其家銀、絹三百疋兩，仍給本色。時方軍興，例罷臣下支賜，上以子蓋戰功，特有是命。 武節大夫、建康府前軍統領官王珙六月，賜其家銀三百兩，以珙戰歿故也。 檢校少保、威塞軍節度使蕭琦母十二月，賜銀、絹五百疋兩。初，琦歸朝，母在北界，至是聞訃，乃有是命，仍賜設齋錢二千貫。從都督江淮軍馬張浚之請也。 龍圖閣學士、贈端明殿學士張闡二年九月，賜其家銀、絹二百疋兩。 果州團練使、贈寧國軍節度使魏勝十一月，賜其家銀、絹一千疋兩，以勝戰歿

〔一〕金：原作「舍」，據《宋史》卷三七六《薛徽言傳》改。
〔二〕天頭原批：「以下《乾道會要》。」按，此亦是屠寄據《大典》卷一九一三三批，今據補。

故也。少師、觀文殿大學士、魯國公陳康伯乾道元年三月，賜其家銀、絹各二千疋兩，錢五千貫。右僕射蔣芾母四年七月，詔司農寺取小麥十五石，六年九月，又以白粳米三十石，並充賻贈。檢校少保、威塞軍節度使蕭琦閏十一月，以琦卒，(格)〔給〕賜其家，仍給本色。太傅、奉國軍節度使、利州東路安撫使、新安郡王吳璘乾道三年六月，賜其家銀、絹一千疋兩，錢五千貫。諫議大夫單時五年十一月，賜其家銀、絹三百疋兩。武泰軍節度使、侍衛親軍馬軍都指揮使、建康府駐劄御前諸軍都統制、兼知廬州郭振六年十一月〔一〕，賜其家銀、絹三百疋兩，仍給本色。右正言許克昌七年八月，賜其家銀、絹各三百疋兩。國子祭酒芮燁五月〔二〕，賜其家錢五百貫。太子詹事王十朋七月，賜其家銀、絹三百疋兩。兵部侍郎翟紱八年六月，賜其家銀、絹二百疋兩。起居郎劉季裴九年正月，賜其家銀、絹三百疋兩。

賻贈雜録

【宋會要】24太祖建隆元年十月十四日，詔：「應揚州城下役夫內，有死于矢石者，人給絹三疋，仍復其家三年，長吏倍加安撫。尸骼暴露者，仍令使臣收瘞。」

乾德三年五月六日，詔：「諸軍校疾歿者，比各賜物，有絶嗣及孤幼不能申請者，自今命內臣就家賜之。」

真宗咸平六年三月二十五日，宰臣呂蒙正言：「近臣期功之喪所給賻贈，乞令寢罷。」不許。

〔景德四年〕九月十一日〔三〕，翰林學士晁迥等言：「奉勑與龍圖閣待制戚綸議定鴻臚寺賻贈條件。今請應職官喪亡賜賻贈，五品以上，內侍省於學士院請詔書，差官押賜；25六品已下，差官傳宣押賜。臣僚薨亡，如無恩旨勑葬及五服內親喪及遷葬合有賻贈者，下鴻臚寺檢會體例，牒報內侍省取旨。」從之。

十一月三日，詔：「自今將帥偏裨當得賻贈者，令樞密院即日下入內內侍省給賜。」先是，羣臣賻物皆鴻臚寺定例以聞，至有已襄事而未賜者，其軍校賻物亦有所差降，故令促之而復其往例。

二十二日，詔：「應管軍及內職軍員，如戍邊亡歿，合賜賻贈者，並委入內內侍省取旨支賜，更不下鴻臚寺。」

二十九日，入內內侍省言：「今後支賜賻贈，未委依近詔內侍省差官押賜，爲復依舊當省差使宣賜。」詔晁迥等覆加詳定。迥等上言：「近翰林學士李宗諤妹亡，入內內侍省雖引景德元年翰林學士宋白弟亡例爲言，終以無正例不行。今請應五服內親喪亡而無正例者，委鴻臚寺移牒禮院，比類服紀遠近奏取旨；其無例及在外亡歿者，更申中書門下。昨定五品以上詔書押賜，六品以下傳宣押賜，今請除五品以上官正身喪亡即降詔書，自餘親喪亦止傳宣。

〔一〕六年：原脱，據周必大《周文忠公集》卷六三《趙君善俊神道碑》補。
〔二〕按，以下二人亦均爲七年，但應移在「右正言許克昌」前。
〔三〕景德四年：原無，據本卷禮四四之三〇補。

仍並委入内内侍省施行。」從之。仍詔會同鴻臚寺、太常禮院，俱不得過二日〔一〕。

大中祥符九年十二月五日，入内内侍省言：「得鴻臚寺牒，取索景德四年十一月以後賻贈則例。伏緣當省每有賜賚，即旋取旨，今如盡以爲例，授之有司，竊慮非便。望下本寺，如合有給賜者，止具官位報當省取裁。」從之。

仁宗慶曆二年七月九日，詔：「自今陣亡軍校無子孫者，賜其家 26 錢：指揮使七萬，副指揮使六萬，軍使、都頭，副兵馬使、副都頭五萬。」

治平四年神宗即位未改元。四月二十七日〔二〕，樞密院言：「諸司使副至内殿崇班外任與在路身亡，及諸司使副父母亡合該孝贈，自來劄下入内内侍省差使臣取索宣賜。緣逐官未到京，或外處居住者，支賜未得。今後請依孝贈則例，在京亡者入内内侍省宣賜，餘下本任見在處支賜。」從之。

熙寧元年五月二日，詔致仕大將軍已上身亡支賜孝贈，將軍更不支賜。

四年二月十七日，中書門下言：「臣僚有親戚之喪，除二府外合給式假者，聽依條在假，申御史臺，令御史臺奏知。仍勘會合支孝贈施行。」從之。

七年十二月十八日，詔頒新式：諸一喪兩人以上各該支賜孝贈，只就數多者給；官與職各該賻贈者，從多給；差遣權并同權發遣，並與正同。時暫權者不賜。諸兩府、使相、宣徽使并前任宰臣，問疾或澆奠已賜，不願勑葬者，并宗室不經澆奠支賜，雖不係勑葬，並支賻贈。餘但經問疾或澆奠支賜或勑葬者，更不支賻贈。前兩府如澆奠只支賻贈，仍加絹一百，布一百，羊、酒、米、麪各一十。諸支賜孝贈，在京羊每口支錢一貫，以折第二等絹充，每疋折錢一貫三百文，餘支本色。茶、酒、香、燭依式内色額，銀版鋌、雜白絹折第二等布，川路白熟好米、上色白(粇)〔秔〕，每石折支次色小麥五斗，龍腦以次色第一等充。在外米支白(粇)〔秔〕米，麪每石支小麥五斗，如無本色，以本處合支色額充。酒支細色。餘依價錢。絹每疋一貫三百文，布每疋九百文，羊每口一貫三百文，27 龍腦每斤七十六貫，香每斤四百〔三〕，秉燭每條四百文，常料燭每條一百五十文，茶每斤五百文。諸文臣卿監以上，武臣原係諸司使以上，分司、致仕身亡者，其賻贈並依見任官三分中給二，限百日内經所在官司投狀，召命官保關申，限外不給。待制、觀察使以上更不召保。

元豐二年四月七日，詔：「昨安南從軍士卒因病寄留後不知存亡者，除籍給賻。」從廣西經略司請也。

五年十一月十一日，詔：「鄜延路没於王事、有家屬見今在本路欲歸鄉者，給賻外，其大使臣以上更支行李錢百千，小使臣五十千，差使、殿侍三十千。」其餘比類支給。」

哲宗元祐四年七月十二日，詔：「内外文武官及宗室、

〔一〕日：原作「百」，據《長編》卷六七改。
〔二〕天頭原批：「寄案，《大典》一萬九千一百三十三作『二十六日』。」
〔三〕「四百」下當脱「文」字。

内侍官應支賜賻贈，絹、布、米、麥、錢、羊並四分減一。應官員丁憂亡歿，令式無賻贈者，不得引舊例陳乞，所屬亦不得奏請。」從户部之請也。

徽宗宣和三年二月二十八日，〔詔〕：「兩浙、江東遇賊及防托守禦去處，所差人兵、弓手等，如因戰鬬亡歿，仰監司、守臣疾速審實，依條支給孝贈。」

十月二十日〔一〕，詔：「王羲仲已贈徽猷閣待制，所有致仕及遺表恩澤，賻贈，應副葬事，借官屋居住等，依昨朝奉郎、將作監陳奇體例施行。」

七年五月九日，(制)德音：「京東、河北路州縣，應戰没軍人、保甲等未經支賜孝贈者，仰安撫司疾速勘會支給。」

欽宗靖康元年五月九日，制：「應殁於王事使臣、將校、命官等，各特賜與贈恤，其子孫等並與推恩。未給孝贈者，仰所屬疾速支給。」

六月十28八日，詔：「應支賜賻贈並減半，候邊事寧息日依舊。」

【中興會要】〔二〕

高宗建炎三年二月十六日，德音：「應隨從官員沿路遭殺戮及身亡者，仰所在官司保明詣寔聞奏，當議優加贈卹」。

十九日，詔：「除行在一行官吏、軍兵等日支食料等許行支給(付)〔外〕，其餘應干公使、花果、房卧、生(白)〔日〕、身亡孝贈錢物，並權住支。」從户部尚書葉夢得之請也。

四年二月二十三日，德音：「應出戰收捕盜賊戰殁，未經贈卹之人，緣本家無長立兒男，或父母老弱，未曾陳乞，(計)〔許〕所在州縣具名申乞，統制官司保奏，當議依格賻贈，以爲死事之勸。」

三月十六日，詔：「福州將官郝振，依戰殁賻贈例減半。餘路州軍有似此去處，依此施行。」以振領本州將兵戍荆南，(面)〔而〕在路遇賊被害故也。

紹興六年正月一日，臣僚言：「乞將應身亡孝贈權行住支，候邊事〔寧〕息、財賦豐羨日依舊。」從之。

十一年九月九日，詔：「諸宗室環衛官身亡，緦麻親支錢三百貫〔三〕，袒免親支錢二百貫，其餘不係環衛宗室即不許援例。」先是判(太)〔大〕宗正事、齊安郡王士㒟言：「環衛宗室亡殁，例有賻贈，昨已住支。今來右監門衛大將軍、和州刺史仲嵒久疾不起，既殁之後，棺槨衣衾不具，望檢舉祖宗典故，特賜放行賻贈。」有詔支錢三百貫，給付仲嵒本家，其典故令户部檢舉。既而本部看詳：「宗室環衛官身亡賻贈，別無格法，兼官員差借支賜、朝辭分物、身亡孝贈，得旨並各權行住支，候邊事寧息、財賦豐羨日依舊。其宗室服屬環衛官，仲字緦麻親，士字係袒免親。今仲嵒係緦麻親，已支三百貫。欲今後環衛宗室身亡之人，若許行特支錢，比擬仲嵒則例支給。」故有是命。

二十六年六月二十九日，詔：「今後命官實因幹辦公

〔一〕十月：天頭原批：「寄案，《大典》一萬九千一百三十三作『十二月』。」
〔二〕按，屠寄於原稿第一條之末批：「自此以下《中興會要》。」今將書名移於此。
〔三〕三百貫：天頭原批：「寄案，《大典》一萬九千一百三十三作『二百貫』。」

事避逅非理致死者，並遵依舊法，所29有李光申請於紹興條內添注日限指揮更不施行。」命官因幹辦公事身亡，舊法避逅非理致死，謂焚溺墜壓之（之）類，通判以上賜銀五百兩，餘三百兩，職司已上取旨。紹興二年五月，吏部侍郎李光申明，立定折趺骨五十餘日，三十日內身亡之人，並支前項銀數。至是，户部侍郎宋䀘言：「自立定日限後來，多是因他病身故之人子弟規圖賞給，計會所屬，旋作差出名目，陳乞保奏，誠爲欺罔。」故有是命。

孝宗隆興二年三月十一日，宰執進呈監察御史袁綜奏，以病篤，母老子幼，身後失所。上曰：「此不合得恩澤耶？」宰臣湯思退等奏：「袁綜係奉議郎，不得，故有是請。」思退等因奏言其家貧甚，前此右正言都民望死，嘗賜銀、絹。上曰：「恐自此爲例。」思退等奏：「前此任朝官有死者，堂中亦例送錢物，欲以三百千與之。」上曰：「甚好。」思退等退，相與言曰：「上雖微末支賜亦不肯爲例，可謂節儉之至也。」

乾道五年十二月十九日，詔：「修築廬州城，因病亡官兵，就廬州公廳設水陸道場祭供。其家各給錢五千，令逐將隊交領，就其家給散。」（以上《永樂大典》卷一四九〇九）

30 近臣期功之喪所給賻贈，乞令寢罷。不許〔一〕。

景德三年八月一日，開封府浚儀縣尉房初舉賢良方正科，中書考試，辭理爲優，未及殿試而卒，帝憫之，特賜錢五十貫以恤其家。

四年七月十六日，江陵府言，工部侍郎致仕朱昂卒。致仕官無賻贈之例，帝以昂舊德，深軫念之，特令有司就賜賻贈。

九月十一日，翰林學士晁迥等言：「奉勑與龍圖閣待制戚綸議定鴻臚寺賻贈條件。今請應職官喪亡賜賻贈，五品以上，內侍省於學士院請詔書，差官押賜；六品以下，差官傳宣押賜。臣僚薨亡，如無恩旨勑葬及五服內親喪及遷葬合有賻贈者，下鴻臚寺檢會體例，牒報內侍〔省〕取旨。」從之。

十一月三日，詔：「自今將帥、偏（禪）〔裨〕當得賻贈者，令樞密院即日下入內內侍省給賜。」先是，羣臣賻物皆鴻臚寺定例以聞，□襄事而未賜者，其軍校賻物□□□□□□□□□□□□□令是之西復其往例。

二十二日，詔：「應管軍及內職軍員，如□□□□□賜賻贈者，並委入□□□□取旨及□□□□鴻臚寺。」

二十九日，入內內侍省言：「今後特賜賻贈□□□□

〔一〕此條乃真宗咸平六年殘文，已見本卷禮四四之二四。按自此以下二片殘文，據原稿中縫及屠寄眉批，乃録自《大典》卷一萬九千一百三十三。其中大部分與本卷禮四四之一四、一五、二四、二五、二七重複。其重出之條缺誤特甚，今不再一一細校，讀者自可對勘。又按，據屠寄批語，《宋會要》有關賵贈之文，《大典》輯録於卷一四九〇九及卷一九一三二、一九一三三，其中以卷一四九〇九所録較詳，故屠寄取爲底本。卷一九一三二之全部及卷一九一三三之大部被剪去，今已不存，僅餘以下殘文。

近詔内侍省差官押贈□□□賜。」詔晁迥等覆加詳定，迥等言：「近翰□□李宗諤妹亡，入(曰)〔内〕内侍省雖□□□□□學士宋白弟亡例爲言，終以無正例不□。□應五服内親喪亡而無正例者，委鴻臚寺□□□禮院，比類服紀遠近奏取旨；其無例及□□歿者，更申中書門下。昨定五品以上詔書押賜，六品以下傳宣押賜，今請除五品以上□□□喪亡即降詔書，自餘親喪亦止傳宣押賜，牒報〔入〕内内侍省施行。」從之。仍詔會問鴻臚寺、□□□院，俱〔不〕得過二(百)〔日〕。

大中祥符九年十二月五日，入内内侍省[一]。

狀召命官保關申，限外不給。待制、觀察(司)〔使〕以上更不召保[二]。

〔熙寧〕十年六月十七日[三]，詔工部(部)郎中、集賢殿修撰吳申式外特賜絹二百疋。

十二月五日，詔故太子太師致仕張(昇)〔昪〕特依見任官例支給孝贈。

元豐二年四月[四]。 （以上《永樂大典》卷一九一三三）

[一] 此條之後原批：「右條原粘在本卷第二十五後半頁，接『不得過二百』之下。」按，此類批語乃北平圖書館影印本整理者所批，其所稱頁碼即影印本之頁碼。
[二] 此乃熙寧七年十二月十八日條殘文，見本卷禮四四之二七。
[三] 熙寧：原無，據《長編》卷二八三補。
[四] 此條之後原批：「右條原粘在本卷第二十七前半頁，接『元豐二年』上。」

宋會要輯稿 禮四五

宴享

【宋會要】❶太祖建隆元年五月十七日，宴宰臣、節度、防禦、團練、刺史、統軍、諸軍指揮使以上於廣政殿，以忠正軍節度使楊信來朝。自是節度使來朝，宴如儀。

六月十九日，親征澤、潞，宴從官於潞州行宮，以李守節舉城迎降也。

七月五日，次河陽，宴從官於行宮。

二十日，宴侍衛親軍馬步軍都虞候、指揮使韓令坤已下於禮賢講武殿，賜襲衣、器幣、鞍馬有差，賞澤、潞之功也。

八月三日，宴近臣於廣德殿，以江南進奉使龔慎儀來貢。自是江南、兩浙使來朝，皆如此例。

九月十七日，又宴萬春殿。

二十六日，又宴廣政殿。

十一月一日，親征李重進，次宿州，宴從官于行宮。

二十日，平揚州，宴從官于行宮。

十二月十八日，還次宋州，宴從官于行宮。

二年正月二十日，宴近臣于廣政殿。

三月二十五日、閏三月十八日、七月十九日、十月十二日、十二月二十四日，並宴廣政殿。

三年正月五日，宴萬春殿。

五月二十三日、六月十九日，並宴廣政殿。

七月四日，宴萬春殿。

十二月二十五日、四年正月二十一日、二月十一日、三月十一日、五月十八日、十月七日、乾德元年閏十二月十二日、二年正月十一日，並宴廣政殿。

〔乾德二年正月〕二十三日〔一〕，宴萬春殿。

十月十三日，宴西川行營將校于崇德殿。

十一月十三日，宴餞西川行營將校忠武軍節度使王全斌以〔上〕〔下〕於崇德殿，賜金玉帶、衣服、鞍勒馬、戎器有差。

三年四月二十六日，宴崇德殿。

五月十六日，宴近臣及孟昶于大明殿。

二十二日，又宴昶及其子弟。

七月六日，召皇弟開封尹、宰相、樞密使、翰林學士、中書舍人泛舟於後苑新池，張樂宴飲，極歡而罷。

四年四月三日，宴講武殿。

〔一〕乾德二年正月：原無。按上條記至乾德二年正月，下二條亦爲乾德二年事（見《宋史》卷一《太祖紀》），則此條爲乾德二年正月之二十三日無疑，因補。

六年正月二十二日、開寶元年十一月十六日，並宴廣政殿。

開寶二年正月二十一日，吳越進奉使錢惟濬辭，宴于長春殿，賜襲衣、玉帶、金勒鞍馬、器幣、戎仗。

二月十九日，曹彬等先赴太原行營，宴于長春殿。

二十九日，成德軍節度使韓令坤、山南東道節度使慕容延釗辭，宴於廣政殿。自是節度使以上出使赴鎮，宴如儀。

四月五日，親征河東，駐并州，宴從臣於幄殿，張樂。

五月二十四日，宴從臣於行宮。二十八日又宴。

十一月十二日，宴宰臣、節度、防禦、團練使、刺史、統軍、諸軍廂主、軍主、指揮使以上及諸道進奉使於廣政殿，不作樂。時昭憲太后山陵，諸道並遣使貢奉，及禮畢，故特犒之。

三年十一月二十四日，宴宰臣、見任前任節度、防禦、團練使、刺史、統軍、侍衛諸軍將校及外國使于廣政殿，以江南、兩浙、高麗、三佛齊皆遣使朝貢故也。

四年四月十八日，宴從臣于玉津園。

五月十八日，2宴近臣及劉鋹于崇德殿。

八月九日，召宰臣、樞密使、開封尹、翰林學士竇儀、知制誥王(祐)〔祜〕等宴於紫雲樓下，因論及民間事，帝謂趙普等曰：「下愚之民，雖不分菽麥，藩侯不爲撫養，務行苛虐，朕斷不容之。」普等曰：「陛下愛民如此，堯舜之用心，臣等不勝慶幸。」

十一月二十四日，又宴。

十二月五日，江南李煜遣其弟從善，吳越錢俶遣其子惟濬來朝，宴于崇德殿。

八年三月三十日，宴契丹使于長春殿。

九年二月二十一日，吳越國王錢俶與其子鎮東節度使惟濬、平江節度使孫承祐來朝，對于崇德殿，宴長春殿，賜襲衣、玉帶、金器千兩、銀器三千兩、羅綺三千段、玉鞍勒馬一疋，仍賜宅及器皿、幃幄、帟幕等。

三月三日，俶入辭，宴講武殿，賜襲衣、玉帶、錦綺綾絹十八萬五千匹、金器二千兩、銀器三千兩、玉鞍勒馬一疋、散馬百疋。

四月二十八日，諸道節度使辭歸鎮，宴于講武殿，從車駕至(此)西京也。

六月九日，車駕在西京，幸會節園，召從臣張樂宴飲。

八月十五日，侍衛馬軍都指揮使党進等赴河東行營，宴于長春殿。

太宗太平興國元年十二月十一日，宴親王、宰相、節度使、防禦使、刺史、諸軍都指揮使、(都)指揮使於長春殿，不舉樂，以初即位故也。

二年二月十一日，宴中書門下、翰林學士、御史中丞、諸道節度、觀察、防禦、團練使、刺史、兩浙進奉使、契丹國信使及李煜、劉鋹、禁軍都指揮使以上於崇德殿，不舉樂，酒七行而罷，契丹遣使賀登極也。

五月十一日，宴近臣、契丹使於崇德殿，不舉樂，酒九行而罷，契丹遣使貢助山陵也。

九月六日，宴中書門下、翰林學士、諸道節度使、統軍、觀察、防禦、團練使、刺史、劉鋹、李煜及諸軍大校於長春殿。

三年正月十六日，宴親王、宰臣、翰林學士、節度使、統軍、觀察使至刺史、諸軍大校及劉鋹、李煜、契丹使、諸國蕃客於崇德殿，契丹使來賀正故也。自是凡契丹使賀正錫宴，著爲例。景德以後定用正月五日。

二十五日，吳越錢俶來朝，宴於長春殿，親王、宰相、節度使、劉鋹、李煜皆預。

四月八日，又宴崇德殿。

十月八日，召諸王、宰相、淮海國王[一]、節度使、劉鋹、契丹使，宴於後園。

十六日，宴宰相、親王、淮海國王、太子太師、太傅、太保，兩制、節度使至刺史，統軍、上將軍、諸軍大校及契丹、高麗使、諸州進奉使於崇德殿，以乾明節罷大宴故也。

四年正月十六日，以將帥宣徽南院使潘美以下發赴太原行營，召宰相、親王、淮海國王、節度、觀察、防禦、團練使，刺史宴餞于長春殿，賜襲衣、金帶、鞍馬。

二月七日，宴親王、宰相、節度使、刺史、諸衛將軍、諸軍大校、淮海國王、契丹使于崇德殿，以將親征太原罷春宴故也。

五年十二月一日，以巡行河北，宴從官于大名行在。

六年 [3] 八月三日，宴親王、宰相、樞密使副、節度、觀察使、禁軍大校于長春殿。

七年三月二十九日，宴近臣于講武殿，餞西京留守秦王廷美赴任。

九年三月二日，大宴大明殿。帝謂宰臣曰：「天下無事，良辰宴會，無辭盡醉。」飲訖，以虛爵示群臣，凡觴數行。宰臣宋琪言：「飲酒過度，慮至失儀。」帝召權御史中丞滕中正笑而謂曰：「今日宴會，蓋君臣相遇之樂[二]，朕所賜酒，欲以懽洽，苟小有失儀，卿可勿彈舉也。」伶官贊祝聖德，以錫宴之樂爲詞，帝曰：「朕之所樂唯致治而已，殊不在此。」

雍熙三年二月四日，宴近臣于長春殿，餞幽州道都總管曹彬等赴行營。

四年六月二十一日，宴近臣于長春殿，餞并州都總管潘美等赴行營。

淳化四年二月二十二日，詔：「自今後宴文武常參官，其三館、秘閣直官未常參官並令預會。」

十一月十四日，以武寧軍節度使曹彬來朝，宴近臣于

[一] 淮海：原作「淮西」，據《宋史》卷四八〇《世家》三改。淮海國王即錢俶。

[二] 蓋君：原作「盡群」，據《太宗皇帝實録》卷二九改。

長春殿，翰林學士錢若水、樞密直學士張詠皆赴。舊制，每命將出師勞還，宴於便殿，當直翰林學士與文明、樞密直學士皆預座。僕射李昉、尚書扈蒙任翰林學士日常預斯宴。其後閤門使梁迥啓太祖罷之，至是始復，從參知政事蘇易簡之請。

二十六日，詔：「諸州屯兵將校旬設外，宜令州長吏州市牛酒宴犒設〔一〕，務令豐飫，下至小校，皆沾及之。」

至道二年四月三日，宴近臣于長春殿，餞馬軍指揮使李繼隆赴河西行營。

七月七日，宴近臣于崇政殿，餞殿前都指揮使王超赴河西行營。

三年真宗即位未改元。六月十三日，宴輔臣於中書，諸王、節度、觀察使於賜食廳，時太宗喪制終七故也。

十一月九日，宴群臣於崇德殿，酒七行罷，不作樂。真宗自即位，以諒陰故未嘗飲，至是始設會。

真宗咸平元年二月二十二日，宴群臣於崇德殿，不作樂。

七月十三日，宴近臣于崇德殿，餞彰信軍節度使高瓊赴并、代屯所。

八月壬子〔二〕，新授翰林侍讀學士楊徽之等赴館，賜宴于秘閣，兩制、館閣官皆預。

十月二日、十二月十三日，又宴，西南蕃、交州貢奉使皆預，不作樂。二年二月二十五日亦然。

二年七月二十七日，忠武軍節度使傅潛赴高陽關屯所，宴于長春殿，不作樂。

八月七日，宴群臣於廣德殿，始作樂。

十七日，以大閱畢賜近臣飲於中書，諸軍將校於營中，内職於軍器庫，諸班衛士於殿門外。

十一月二十一日，宣徽使周瑩赴北面行營，宴餞于長春殿。

十二月十二日，車駕北征，宴從臣于行宫。

三年正月九日，駐大名，宴從臣於行宫。

十三日，以契丹遁去，宴從臣於行宫。

二十一日，次芳林園，宴從臣於行宫。

六月二十四日，參知政事向敏中爲河北河東沿邊宣撫大使，樞密直學士馮拯、陳堯叟爲副大使，辭，宴餞于長春殿。

四年三4月二十一日，翰林侍講學士邢昺、直秘閣潘慎修淮南兩浙巡撫迴，賜宴于秘閣。

二十九日，詔：「内宴更衣，臣僚無得先退，須宴罷謝恩訖齊出。如違，委外彈奏。」先是，御史臺言：「内宴更

〔一〕「長吏」下「州」字疑誤。
〔二〕按，此條以干支紀日，必非《宋會要》之文。據《長編》卷四五、《玉海》卷三〇，楊徽之除翰林侍讀學士在咸平二年七月，賜宴則在二年八月壬子，並非咸平元年事。蓋《永樂大典》抄自他書，而又未細察其年代，妄插於此。

衣，百官有逕歸及過從於外者，臣等已於春宴前嚴行戒勵，請降勑處分。」故有是詔。

五年正月二十日，宴宗室、侍讀侍講學士、王府官於崇政殿。先是，帝聽政之暇，命邢昺講《左氏傳》，至是畢，故有兹會。賜昺及侍講夏侯嶠等器帛，昺加襲衣、金帶。

二十三日，西南道行營都總管王超赴屯所，宴餞于長春殿。

七月二十四日，永清軍節度使周瑩赴高陽屯所，宴餞于長春殿。

十二月十七日，詔：「每内宴，宗正卿令升殿座，班次依今班儀。」

六年三月七日，宴餞起居舍人、直昭文館种放于龍圖閣，翰林侍講、侍讀學士預。

九月二日，詔曰：「朕痛切友于，時當宴饗。修俎豆之事，禮則有之；聽金石之音，情所未忍。其秋宴宜不舉樂。」先是，七月，安王元傑薨，禮官言安王喪舉哀成服，禮畢服除，宴日用樂無嫌，復下是詔。

十三日，詔軍員赴内宴，須文武班後方得入。

（七年）〔景德元年〕正月一日〔一〕，詔朝元殿上壽，三佛（齋）〔齊〕、大食、蒲端進奉人使已下，在西廊南頭副指揮使之下歇空座。

景德元年十月二日，宴近臣于崇政殿，餞參知政事王欽若判天雄軍，侍衛馬軍都指揮使葛霸充邢洺路都總管，以將親北征也。

二十五日，宴群臣于崇德殿，不舉樂，以明德皇后園陵畢也。舊制，卿、監座于東廂，不升殿。時光禄卿陳省華權知開封府，特升於兩省五品之南，别設位。

十二月二十一日，以北征凱旋賜近臣宴於寇準第，諸帥臣宴射于本司，賜上尊珍膳。

二年正月十三日，宴群臣于崇德殿，不舉樂。

二月二十四日，詔含光殿春宴，占城、大食進奉人使於西廊南頭赴座。

三月九日，賜宰臣、樞密酒果，翰林學士以下宴于本院，館閣官于秘閣，以考校舉人之勞。自是凡貢舉畢皆然，後多辭免。

五月二十日，宴近臣于資政殿，餞右諫議大夫种放賜告游嵩山。帝作七言詩賜放，令屬和，命從臣皆賦。有詔放上道日，兩制、館閣官餞於瓊林苑，放固辭，復賜會於秘閣王欽若之直廬。江少虞《類苑》：景德中，种放賜告暨還嵩山，真宗置酒資政殿餞放，侍臣當直者四人預焉。時所司不宿具，皆相顧不敢坐，上乃親定位次，翰林學士晁迥西向，資（正）〔政〕殿學士王欽若東向，知制誥朱巽南次

〔一〕景德元年：原作「七年」。按咸平止六年，次年正月一日即改元景德。《長編》卷五六：「景德元年春正月丙戌朔，御朝元殿受朝，大赦，改元。」其中所云「御朝元殿受朝」，即此條所云「朝元殿上壽」。史載：咸平六年，三佛齊、大食、蒲端等國來貢，故於次年元正赴朝元殿上壽。此詔當是當日正式行禮之前所降。

迴，待制戚綸次欽若，放北面對，上特示客禮。酒半，上賦七言詩一章賜放，放和，侍臣皆賦，士大夫榮之。

十一月十五日，詔翰林儀鸞御厨司，每內宴差托食天武官、排食院子、兵士、工匠等，除常例差軍員管勾外，別選差指揮使或員僚一名，專令禁止語聲，無令聞及殿庭，違者即付所5屬科罪。仍命廊下管勾使臣檢校。

二十九日，契丹國母遣使來賀承天節，入見，宴于長春殿，酒五行而罷。

十二月四日，命鎮安軍節度使石保吉賜契丹使宴射于玉津園。自是凡契丹使至，皆賜宴射，命節度使或樞密使，天聖後率用管軍者主之。

五日，宴尚書省五品、諸軍都指揮使以上、契丹使於崇德殿，不舉樂。時契丹初來賀承天節，擇膳夫五人齎本國異味，就尚食局造食。詔賜膳夫衣服、銀帶、器帛。以明德太后喪制故也。

八日，契丹使辭，宴于崇德殿。自後契丹使見、辭如此例。

十五日，資政殿大學士王欽若赴上，賜會於秘閣，近臣畢集。翌日，又會館閣群官於秘閣。《麟臺故事》：景德二年五月，以新授資政學士王欽若赴職，宴近臣於秘閣，賜欽若七言詩，令屬和。是月，上親試河北防城進士，賜第畢，賜輔臣酒果，宴翰林學士已下於本院，館閣官於秘閣。

十七日，詔宣徽院：凡有宴會，令入內內侍省差中使六人分朵殿兩廊上，約百官、軍員，無得言笑諠譁。仍差閤門祗候四人往來提舉，違者具名以聞。殿前侍衛馬步軍司各鈐轄軍員，令座次端謹，不得諠笑及先出。

三年正月一日，命資政殿大學士王欽若宴契丹使于都亭驛。自後賀正旦使在館皆然。

四月五日，幸崇文院觀四庫圖籍，宴從臣于（從）〔崇〕政殿。

二十四日，右諫議大夫种放請告歸終南山，詔放及侍講侍讀學士、龍圖閣待制至龍圖閣，〔賜〕宴以寵行。帝作詩賜之。《麟臺故事》：右諫議大夫种放有兄喪，請告歸終〔南〕營葬。是日，召放及侍講侍讀學士、龍圖閣待制至直龍圖閣，賜宴以寵行。上作詩賜放，命侍臣皆賦詩。上曰：「放雖在京轂，而咸（泰）〔秦〕學徒繼踵而至，亦嘉事也。」放頓首謝。翼日，又賜宴于秘閣，館閣羣官皆預，命集賢院學士宋白已下賦詩餞放。

五月十二日，武勝軍節度使吳元扆修奉諸陵迴，宴于長春殿。

七月二十五日，大宴。御厨言：「御膳諸局地頗狹隘，請移諸王幕次于殿門之外。」詔不許，但令（令）於局次之內量設防攔。

九月七日，宴近臣于龍圖閣之崇和殿，餞侍講學士邢昺赴曹州。刑部尚書溫仲舒、宋白、吏部侍郎郭贄預焉。即席賜詩二首以寵其行，命群臣咸賦。

十三日，翰林侍講學士邢昺知曹州，賜宴于宜春苑，兩制、學士、待制皆預。

十月二十四日，宴群臣于崇德殿。自莊穆皇后上仙，至是始用樂。

四年二月十八日，御樓，賜宗室百官宴於都亭驛，翌日如之。自是凡賜酺，皆遣官主之，事畢各賜器幣。

九月三日，大宴，樞密院定交州進奉使峰州刺史黎明昶、副使安南掌書記殿中丞黃成雅悉座于本班。帝以成雅班品稍遠，俾遷之，且訪其禮於輔臣。王旦等曰：「昔子產朝周王，饗以上卿之禮，子產固辭，受下卿之禮而6還。國家惠綏遠方，升其班序，亦無嫌也。」乃詔升成雅于尚書省五品之次。

大中祥符元年正月庚寅〔一〕，有司上《都亭驛酺宴位圖》。

二十八日，詔應致仕官並赴都亭驛酺宴，其御樓日合預座者亦聽。朝臣受命已辭及到闕未見者，並令預會。

二月二日，賜文武百官宴都亭驛，命內侍就賜教坊樂，御製《荷天書降大酺》五、七言詩，咸令屬和。中飲，又命內侍賜上尊酒、果子并花。宗室宴於寧王元偓宮。

三日，宴宗室、內職於都亭驛，近臣於宰臣王旦第。都亭驛用樂，賜詩及酒菓等，並如百官。

四日，宴百官於都亭驛，宗室於玉津園。

五日，宴宗室、內職於都亭驛，近臣於宜春苑。初，有司定止賜百官都亭驛宴二日，帝特命分就私第、禁苑賜會。自是凡賜酺五日，皆用此例。自一日至五日，皆令殿前都指揮使劉謙、馬軍都指揮使曹璨、步軍都指揮使王隱，各會所部將校，及賜諸班直茶酒。先是，遣使臣押賜諸軍宴會，多不從容，即時而罷，又其日使臣亦預座。自是，令樞密院指揮不得赴座，專切管勾，務在豐潔，仍令至晡晚而罷。又分遣中使六人往河北、河東、陝西諸路，賜總管、鈐轄等宴，應官吏並預，而官給其費。

四月九日，知樞密院王欽若、參知政事趙安仁赴泰山經度制置，宴餞于長春殿。權三司使丁謂以計度糧草預焉。賜襲衣、金帶、鞍勒馬。

八月二十七日，詔含光設秋宴，三佛（齋）〔齊〕進奉人使令於西廊南頭赴座。

十月十五日，詔：「諸州旬設駐泊禁軍諸校，其本州軍員皆不獲預，自今宜並及之。」

十一月十日，以封禪禮畢，詔兗、鄆州各賜羊、酒、緡錢，令長吏廣設筵會，以宴官僚。

二十五日，宴近臣、契丹使于長春殿，以將奉册謁廟，不舉樂。契丹使來賀承天節也。

二十八日，東封迴，含光殿宴，詔大食、占城進奉人使并邛部川進奉蠻王於西廊副兵馬使之下一行赴座。

十二月一日，以封禪禮畢，賜諸路總管及鈐轄等羊、酒，令館設官吏將校。

六日，詔崇德殿宴，夏州進奉人使於西廊南赴座，交州進奉人使以次歇空座，進奉押衙、軍將次交州人使赴座，契丹舍利從人於東廊南赴座。

〔一〕按，此條乃抄自《玉海》卷七三，非《會要》文。

二十六日，詔：「軍校赴宴，並令終宴。營在城外者，如至夕，遣內侍持鑰往諸門，俟盡出闔扉入鑰，著爲定式。」

二十八日，詔以南衙爲錫慶院備宴會。先是，酺宴則集於尚書省或都亭驛，誕節齋會則就相國寺。帝以佛舍中烹爟優笑，有虧恭潔，乃令內臣度館宇顯敞者易之。南衙即太宗尹京時府邸，秦王、許王繼居焉。後虛其正位，故以爲院。

(三)〔二〕年三月十六日(一)，御乾元樓觀酺。自是凡五日。是日，宴從臣於樓上，父老、耆官樓下。

十七日，宴文武百官于錫慶院，臣僚有受官未謝者亦赴，宗室于寧王宮，帥臣于本司。

十八7日，宴宗室、內職于錫慶院，近臣于王旦第。

十九日，宴百官于錫慶院，宗室于含芳園。

二十日，宴宗室、內職于錫慶院，近臣于玉津園，帥臣于本司。

四月七日，集賢院學士种放得告歸終南山，詔近臣宴餞于龍圖閣，帝作五言詩賜放，命學士以下即席賦詩作序。龍圖閣直學士杜鎬以不能屬文，遂令援引名臣歸山故事。翌日，內出群臣詩序示宰臣，以晁迥詩、楊億序爲優，因令別自繕寫送放，時論榮之。一云鎬獨誦《北山移文》，意規放也。

五月十三日，宴廣平公德彝等及侍教時大雅於本宮，以講書終篇。

十二月四日，宴契丹賀承天節使于崇德殿，不作樂，以晉國大長主薨罷大宴故也。

三年正月五日，宴契丹告哀使于崇德殿，不作樂，契丹國母卒故也。

六日，賀正使辭，宴如例，以契丹國母喪。自後契丹國有喪，其使者見、辭雖賜酒，皆不作樂，遇輟朝則御便殿。

七月二日，玉清昭應宮紫微殿上梁，宗室、近臣詣宮焚香，仍賜宴飲。

八月二十三日(二)，宴餞汾陰經度制置使、知樞密院陳堯叟于長春殿，副使翰林學士李宗諤預焉。

九月一日，帝幸左承天祥符門觀上梁，遂宴于崇政殿，賜從官襲衣、金犀帶、緡錢有差。陳堯叟、李宗諤、林特在汾陰，遣使就第賜如例。

十五日，宴契丹遺留使於崇德殿，不舉樂。

十月二十日，宴契丹告征高麗使于崇德殿。

十二月一日，陳堯叟來朝，宴于長春殿，特召三司使丁謂預。故事，三司使不預，時謂計度糧草還，故特召。

(一)二年：原作「三年」，據本書禮六〇之三、《長編》卷七一改。以下諸條亦爲二年事。

(二)二十三日：疑誤。據《長編》卷七四載：八月二日戊申，命陳堯叟爲汾陰經度制置使。十九日乙丑，遣入內都知秦翰齎詔往汾陰勞賜陳堯叟等。則十九日之前堯叟等早已至汾陰，不得於二十三日始宴餞。「二十三日」或是「三日」之誤。

四日〔一〕，宴契丹賀承天節使于崇德殿，不作樂，以晉國大長主薨罷大宴故也。

四年正月六日，詔甘州、交州進奉使副，夏州進奉教練使，並令赴崇德殿宴。甘州、交州使升朵殿座，夏州押衙於東廊南頭歇空座。

二月二十一日，駐蹕河中府，御鼓角樓觀酺，凡三日，賜樓名曰「駐蹕宣恩」。是日，宴從臣於樓上，諸蕃朝貢使、父老於樓下。

二十二日，賜親王、輔臣、百官酺宴於行（宫）在尚書省，凡二日。

二十六日，次華陰頓〔二〕，賜酺宴于行宫南垣之望仙亭，賜亭名曰「宣澤」。

二十八日，次湖城頓〔三〕，宴虢州父老於行宫門。

三月二日，駐蹕陜州，賜酺宴於州門樓，賜樓名曰「沛澤惠民」。

十七日，宴宰臣、親王、文武百官于河南府舍。

二十六日，駐鄭州，宴父老于殿門外，不作樂。初，將設酺宴于子城門，賜樓名曰「回鑾慶賜」，尋以甫近太宗忌日，乃詔罷酺，止宴犒。

八月九日，曲宴宗室、輔臣于後苑，賜襲衣、金帶、器幣有差。刑部尚書馮拯以新解政事，特詔預會，賜與同之，以汾陰禮成故也。

〔九月〕二十五日〔四〕，復賜酺宴，文武百官于錫慶院，宗室于相王宮。

二十六日，宴宗室、內職于錫慶院，近臣于王旦第。

二十七日，宴百官于錫慶院，宗室于瓊林苑。

二十八日，宴 8 宗室、內職于錫慶院，近臣于玉津園，帥臣會于本司。

五年九月二十一日，詔內宴，內侍省差使臣於殿上管勾，候宴（畢）起離御座入殿門，諸司方得收什器物。

十月二十六日，以聖祖降臨，宴宗室諸親于萬歲殿。

六年二月六日，御乾元門樓觀酺，近臣咸預。宴畿內父老於樓下。自是凡五日。

七日，宴文武百官于錫慶院，宗室諸親于潛龍園。

八日，宴宗室、內職于錫慶院，近臣于王旦第，帥臣于本司。

九日，宴百官于錫慶院，修玉清宮使丁謂已下于本宮。（凡）自修宮已來，凡遇錫宴，修宮使等洎使臣、軍校、兵校皆別賜會。

〔一〕此條與上文大中祥符二年「十二月四日」條文字全同，且據《長編》卷七二，晉國大長公主薨於二年十一月，特罷十二月初之大宴，則作二年是，本條當刪。

〔二〕華陰：原作「華陽」。按《長編》卷七五云：「己巳（二十五日），次華陰縣。」據改。稱「頓」者，謂止宿之地也。

〔三〕湖：原作「湘」。按《長編》卷七五云：「壬申（二十八日），次湖城縣。」據改。

〔四〕九月：原脱，據本書禮六〇之四、《玉海》卷三〇補。

十日，宴宗室内職于錫慶院，近臣于玉津園，帥臣于本司。其日，又賜太常博士、中書堂後官劉明恕等錢二十千[一]、羊五口、酒十樽，令賜酺日飲會。時明恕等上言：「向來酺宴，樞密院副承旨已下至大理寺法直官皆預，堂後官各有正官，望比類聞奏。」王旦言預宴非便，故特有是命。

三月，詔赴宴臣僚失（理）〔禮〕，閤門、御史臺失於彈劾者，委宣徽院糾察以聞。

四月二日，宴近臣于長春殿，餞迎奉聖像使丁謂，副使（朝）〔翰〕林學士李宗諤預焉。

五月五日，宰臣王旦赴應天府迎奉聖像，宴餞于長春殿。

二十九日，宴近臣于長春殿，以王旦、丁謂使還故也。

六月二十五日，賜輔臣宴于上清宮，以先天節前七日建道場故也。

二十六日，詔：「自今賜宴，如諸司使、副使已下與文武百官同筵，閤門差人赴御史臺同貼定座次。如分兩筵，親王與諸司使、副使已下同筵，即依樞密使與諸司使、副使等同筵例，閤門一例貼定圖子進呈。」

八月六日，詔：「自今臣僚出使，都城外賜筵接送者，其賜酒果使臣令内侍省差殿頭以上，令服韡笏宣賜。」

十日，宴餞奉祀經度制置使丁謂於長春殿，副使翰林學士陳彭年預焉。

九月二十七日，詔以元德皇后升祔，應文武百官、軍員等，候禮畢並於錫慶院賜宴。

十月五日，以升祔元德皇后禮畢，宴文武百官、内職、禁軍都虞（侯）〔候〕已上於錫慶院。

七年正月二十三日，御奉元均慶樓觀酺，從臣預座。宴父老於樓下，賜時服、茶、絹，設山車百戲，聽民縱觀。

二十四日，復御樓宴父老，賜群臣宴於咸平寺[二]。

二十五日，以順祖忌罷酺宴。

六月二十一日，景靈宮朝修使、宰臣王旦入辭，宴於長春殿，不舉樂，以曹王在殯也。賜襲衣、金帶、鞍馬以寵之。

八月九日，王旦使還，復宴于長春殿。

二十五日，真遊殿上梁，詔近臣焚香，因宴于長春殿。

九月七日，詔輔臣、宗室觀萬歲殿上梁，宴于崇德殿西苑門。

十月十一日，詔以玉清昭應宮成，賜在京酺五日，西京、南京三日，諸州一日。京師以十一月十日始，諸州並以十二月内擇日。帝以景靈宮建創以來，中外協力，因命徧頒飲宴。

十9三日，宴輔臣、宗室於崇政殿，賜襲衣、金帶、器幣，射于太清樓下，以奉祀禮成也。初，詔用十二日宴，以向敏中私忌，故就是日。

[一] 二十千：原脱「十」字，據本書禮六〇之五補。
[二] 宴：原脱，據本書禮六〇之六補。

十一月四日，幸玉清昭應宮，宴近臣于集禧殿。

十日，帝御乾元門觀酺者五日。是日，近臣咸與，宴京畿父老於樓下，賜綿袍〔一〕、茶、絹。

十一日，宴百官于錫慶院，宗室于瑞聖園。

十二日，宴宗室、内職于錫慶院，近臣于王旦第。

十三日，宴百官于錫慶院，宗室于瓊林苑。

十四日，宴宗室、内職于錫慶院，近臣于玉津園，帥臣會于本司。

二十九日，宴輔臣於崇政殿，以丁謂來朝。先是，謂請赴承天節上壽故也。

十二月三日，丁謂赴亳州，復宴餞于崇政殿。

八年正月九日，宴近臣于會靈觀，以玉清昭應宮奏告禮畢也。其日，以歲節賜宗室宴于潛龍園，帥臣于本司。

二十一日，賜宰臣向敏中以下宴于會靈觀，以景靈宮興功也。

四月三日，以景靈宮立木，賜宮使向敏中以下宴于會靈觀。

六日，宴近臣于長春殿，以侍衛步軍副都指揮使、振武軍節度使王能來朝。閤門言：「舊制，掌兵帥臣無此禮例，能既赴座，則殿前曹璨等皆當侍立，於能品秩非便。」尋令璨等預座，非常制。自後帥臣掌兵者出入，遂如此例。

五月二十五日，武勝軍節度使、同中書門下平章事寇準赴河南府，步軍副都指揮使王能赴鎮定屯所，宴餞于崇政殿，不作（作）樂，以信都郡王德彝在殯故也。

七月二十五日，宴參知政事丁謂等于玉津園，以修大内畢功故也。

九月十日，大宴，詔注輦使序位如龜茲使例。

九年正月四日，契丹使辭，宴于崇政殿，不舉樂，以孟春（亨）〔享〕廟致齋故也。自是遇致齋皆如之。

六月七日，宴餞兖州景靈宮慶成使〔二〕、宰臣向敏中，宴于長春殿以寵其行。

八月十六日，宴近臣于長春殿，以向敏中使迴。不舉樂，閔雨也。

二十八日，宰臣丁謂面陳：「生日蒙降詔賜生餼酒樂，令就私第宴會，優異之禮，非臣敢當。況禁樂以來，未嘗陪侍遊幸，兼在會靈道場齋宿，望賜寢罷。」從之。王旦曰：「臣等每遇生日，曲蒙恩賜，又遣諸司供帳。況兩制近臣皆有兼掌，並廢務一日，以私妨公，望特寢賜與，所許集會止召親舊。」帝可之。自是賜酒餼如故，惟不設會。

九月十九日，宴餞平江節度使、知昇州丁謂于長春殿，不作樂，大享致齋故也。自是遇大享不作樂如例。

天禧元年正月五日，宴尚書五品、諸軍都虞（侯）〔候〕以上、契丹使于崇政殿，以廟享散齋不作樂。

〔一〕綿：原作「錦」，據本書禮六〇之六改。
〔二〕使：原作「宴」，據《長編》卷八七改。

二月四日，宴百官于錫慶院，又宴宗室于相王宮。

五日，宴宗室、内職于錫慶院，近臣于向敏中第。

六日，宴百官于錫慶院，宗室于瓊林苑。

七日，宴宗室、内職于錫慶院，近臣于玉津園，帥臣各于本司。

十三日，宴餞兗州太極觀寶册使、宰相王旦于長春 10 殿，副使、尚書右丞趙安仁預焉。賜襲衣、金帶，旦加鞍勒馬。

四月九日，王旦使還，復宴于長春殿。

二十九日，宴龍圖閣待制、直閣于秘閣，以待制查道出知虢州，故餞之。

五月二十九日，宰臣向敏中使西京，奉安太祖聖容，宴餞于長春殿，賜襲衣、金帶、鞍勒馬。

七月十九日，向敏中使還，復宴長春殿。

九月十五日，宴近臣于長春殿，餞河陽三城節度使張旻。不作樂，以王旦在殯故也。

二年二月二十八日，侍衛親軍步軍都指揮使、保静軍節度使王能來朝，以疾詔免舞蹈，仍罷賜宴。三月，能赴鎮曹州，止入辭於崇政殿，復罷宴餞。

四月(二)〔四〕日㈠，詔近臣、館閣、三司、京府、諫官、御史詣宜聖殿，朝拜太宗聖容，遂賞花。又至龍圖閣觀書賦詩。時詔諫官魯宗道四人皆赴。

〔九月〕二十四日㈡，宴百官于錫慶院，宗室于通王宮。

二十五日，復御樓宣賜父老㈢，後三日皆然。宴宗室、内職于錫慶院，近臣于向敏中第，帥臣于步軍司。是日，慶雲見于樓上，日生赤黄珥。

二十六日，宴百官于錫慶院。

二十七日，宴宗室于錫慶院，賜輔臣酒果。時將宴于苑中，向敏中等懇辭，故罷之。

三年正月二十四日，宴餞武寧軍節度使、同中書門下平章事張旻於長春殿，不作樂，以旻起復故也。

十一月二十八日，禮儀院言：「自今文武官丁父母憂起復，不赴宴會外，其餘服制式假滿者並赴。」從之。

十二月十四日，翰林學士錢惟演上言：「伏見每賜契丹、高麗使御筵，其樂人白語多涉淺俗。請自今賜外國使宴，其樂人詞語，教坊即令舍人院撰，京府、衙前令館閣官撰。」從之。既而知制誥晏殊等上章，援典故求免(拱)〔供〕撰，遂仍舊令教坊撰訖，詣舍人院呈本。

四年三月十四日，右司諫、直集賢院祖士衡上言：「伏見大宴，皇帝更衣降座，羣臣方退。及再座，群臣升殿，然後皇帝出就御座。群臣謝賜花，止拜于座次。欲望自今每

㈠ 四日：原作「二日」，據《長編》卷九一改。
㈡ 九月：原無，據本書禮六〇之七補。
㈢ 賜：原脱，據本書禮六〇之七補。

更衣，所司揖群臣下殿，以俟皇帝降座。再座，群臣先班于殿庭，俟皇帝升座乃上殿。如賜花則再拜于庭。」從之。

九月，中書、樞密院言：「自今除慶節上壽外，春秋二宴及賜群臣會，請並就錫慶院。」從之。給散酒食如例。

十八日，侍御史知雜劉煇言：「九日恩賜臣并館閣臣僚宜春苑御筵，止有十一人到苑，直史館張復等一十五人不赴。乞今後每遇宴會，稱疾不赴者，並差中使、醫官看驗，如涉虛僞，嚴行朝典。」詔復等特免取問，今後依奏施行。

十月二日，資善堂上梁，皇太子會(官)〔宮〕僚觀之，太子太保王欽若承詔旨預焉。

五日，御正陽門觀酺[一]，宴皇太子、宗室、近臣于樓上，父老于樓下，西南藩進奉使咸預。

六日，宴百官于錫慶院，宗室于涇王宮。

七日，宴宗室、內職于錫慶院，帥臣于步軍司。

八日，宴百官于錫慶院，宗室于瓊林苑。

九日，雨，輟酺，宴帥11臣于殿前司。

十日，宴宗室、內職于錫慶院，近臣于丁謂第。帝自中春不(預)〔豫〕，至是康復，五日御闕門，民庶瞻望威顏，罔不歡忭。

十〔二〕月二十六日[二]，皇太子會師傅于資善堂，賜教坊樂。

二十九日，宴輔臣龍圖閣，以御集殿閣興功也。

五年正月十八日，詔近臣觀天章閣興功，宴于承明殿。

二月十一日，詔近臣觀群玉、蘂珠殿上梁，宴于承明殿。

二十八日，詔近臣觀天章閣上梁，宴于群玉殿。

三月五日，閤門言：「每遇大(輔)〔酺〕，前後殿不座。內客省使至閤門祗候、內諸司使副、宗室將軍已下公服繫鞋，內東門起居；宰臣、親王已下應侍宴臣僚繫鞋，于天安殿門外起居，隨駕登樓。皇親已下并駙馬都尉，中筵後依例不座。勾當賜酺諸司使副於朝元門外，次已辭未發、合赴酺宴團練使以下別班起居，執毬仗供奉官於靈臺北，勾當賜酺內侍使臣於靈臺南，次軍巡使、巡檢、廂都指揮使已下並常起居，次父老起居訖，赴座。」(復)〔從〕之。

七(月)〔日〕，復御樓。自是凡四日宴百官于錫慶院，宗室于涇王宮。

八日，宴宗室、內職于錫慶院。

九日，宴百官于錫慶院，宗室于涇王宮。

十日，宴宗室、內職于錫慶院，近臣于丁謂第，帥臣各宴于本司。

二十〔五〕日[三]，奉御集自玉清昭應宮安于天章閣，賜

[一] 御正陽門觀酺：原無，據本書禮六〇之七補。
[二] 十二月：原作「十月」，據《長編》卷九六補。又《長編》記於二十五日辛丑。
[三] 二十五：原脱「五」字，據《長編》卷九七補（是日庚子）。

輔臣宴于閣下。

四月十四日，皇太子生辰，賜輔臣、宮官宴于資善堂。

五月十九日，以《封禪》、《汾陰迎奉聖像》等記版鏤畢功，賜會于丁謂第，輔臣皆集。

八月十六日，宴近臣于景靈宮園，以萬壽殿成也。

乾興元年仁宗已即位，未改元。十一月二日，宴群臣于崇德殿，不作樂，以真宗山陵禮畢。

十二月三日，以侍衛步軍都指揮使、威塞軍節度使夏守恩自山陵修奉迴，宴于長春殿。

仁宗天聖二年八月一日，宴文武百官、諸軍副指揮使以上于崇德殿，以諒陰畢始聽樂。

三年四月，乾元節錫宴。百官方入，將就班，值大雨，詔罷宴。中書、樞密、兩制、節度、觀察、防禦、團練使、刺史等各賜酒食，文武百官並於朝堂賜酒食，諸軍副指揮使已上許取便請食。命樞密副使張士遜赴都亭驛押伴北朝人使御筵，用教坊樂。

九月二十二日，詔差出外任已朝辭未進發，遇宴並令宣赴。

五年正月六日，皇太后御崇政殿垂簾，契丹賀皇帝正旦使蕭信等辭，賜酒三行而止。復詣崇德殿辭，仍賜宴于本殿。

十三日，皇太后御崇政殿垂簾，契丹賀長寧節使蕭道寧等辭，退詣崇政殿辭皇帝如儀，賜宴于本殿。

八月一日，侍衛親軍馬軍副都指揮使、保順軍節度使、充滑州修河都總管彭睿辭，宴于崇政殿，賜襲衣、金帶、鞍勒馬。

六年四月七日，宣州觀察使、駙馬都尉、知澶州李遵勗辭，宴於長春殿。朝廷優待戚里，出於特恩，非常例。

十一月一日，以滑州 12 天臺埽成，曲宴文武百官、諸軍副指揮使已上於崇政殿。

(八)〔九〕年閏十月二十四日〔一〕，宴近臣于太清樓，餞翰林侍講學士孫奭赴兗州，詔太子少保致仕晁迥預。樓四壁陳御飛白書，賜從官人一軸，別取大字四軸分賜呂夷簡、張耆、孫奭、晁迥。遂宴樓下，教坊奏樂，飲九行。皇太后以巨觥賜從官飲，迥班在一品最南、御史中丞之次，呼迥至榻前，問其年及飲餌之節。迥曰：「臣年八十一歲，所服草藥。衰暮之年，幸逢聖世，兼(勇)〔男〕宗慤叨預近職，父子侍宴，榮幸之極，何以上報！」飲罷，別罷迥〔二〕，命坐，賜襲衣、犀帶、錢三十萬、米百斛、酒二十缾。

明道二年十一月二日，宴近臣于紫宸殿。

景祐二年八月三日，宴宰臣、百官、諸軍副指揮使已上于紫宸殿，酒七行。始作樂。

九月十五日，詔殿庭宴會少闕雨備，令三司製造油屋

〔一〕九年：原作「八年」，按閏十月不在八年，據《長編》卷一一〇改。

〔二〕別罷迥：「罷」字疑誤，或當作「召」。

拂廬。

三年十月三日，殿中侍御史施昌言言：「集英殿殿庭多閒人觀看，頗見諠瀆，請今後選内臣二人殿門辨認，無令違犯。」詔皇城司、入内内侍省申明條約。

五年二月十六日，宰臣王隨言：「清明節私第賜會，乞就會靈觀御筵亭子排設。」從之。

六年三月二十三日〔一〕，中書門下言：「自來宴會及前後殿坐朝，應御座左右并殿庭侍立臣僚等，往來語話，或至諠譁，有司並不彈奏。自今違者，令宣徽使、閤門、御史臺、入内内侍省具姓名以聞。」從之。

慶曆二年四月二十四日，御史中丞賈昌朝言：「今後宴坐臣僚，乞不許三司、御厨、翰林司别將酒饌供應，中宴更不先退。」從之。

四年九月，詔宗室宴于太清樓，遂射于苑中。

五年正月二十五日，宴契丹告西征使于紫宸殿。

四月四日，閤門言：「夏國賀乾元節使赴宴，已許於朵殿上座。所有幕次，集英殿宴，契丹在右承天門裏南廊下，夏國使欲於垂拱殿柱廊西廊下；紫宸殿宴并上壽，契丹使在紫宸門外從西第二位，夏國使欲於垂拱殿柱廊西南廊下。」從之。

十月五日，宴契丹獻戎捷使于紫宸殿。西征所獲馬三百疋、羊二萬口、九龍車一乘。

二十七日，以升祔章獻明肅、章懿皇后禮畢，賜百官宴于錫慶院。

十一月十七日，以講《毛詩》徹，宴近臣、宗室及講讀官於崇政殿，賜花作樂，從官皆獻詩、頌。

六年三月六日，閤門言：「舊例大宴，皇親、駙馬、樞密使副不赴座。今樞密使、同平章事、駙馬都尉王貽永合取旨赴（廊）〔座〕。」

七年正月十八日，侍御史知雜李東之言：「本朝故事，錫宴推恩，赴座臣僚所賜花並戴歸私第，在於行路，實竦榮觀，耀於私門，足爲慶事。自景祐以來，因近上臣僚或威重自處，或輕率自便，纔出殿門，未及行馬，已取賜花授之左右。冬則擁裘而退，夏則頂帽而歸。自兹澆風，襲成慢禮。今除執政大臣并人使遇内宴及御筵並戴花歸第，其餘兩省至百13寮，率皆相仍輕擲賜以爲雅厚。欲乞今後凡預大宴并御筵，其所賜花並須戴歸私第，不得更令僕從待於馬後。仍令御史臺糾舉違犯以（問）〔聞〕。」從之。

八年三月十八日，詔集英殿宴以泥雨不座。今後如遇不座，並依常朝，崇政殿亦不座。

皇祐元年二月十七日，詔近臣赴崇政殿觀三聖御容，遂賜宴。

四月二日，宴契丹告西征使于紫宸殿。

〔一〕六年：按，景祐止五年，五年十一月詔當年改元爲寶元元年，「六年」二字疑衍。

二年三月十三日，契丹遣使耶律益、趙柬之見于紫宸殿，遂宴垂拱殿，以來告西征還。

十月二十一日，宴京畿父老百五十人于錫慶院，時明堂禮畢也。

三年三月十六日，閤門言：「集英殿春宴，勘會唃厮囉進奉人已朝辭未進發，赴與不赴宴者。」詔就驛賜酒食并花。

四年三月十九日，詔座宴軍員如有酒，管軍臣僚令先歸營，閤門放去，更不彈奏。

四月六日，詔唃厮囉、磨氈角等進奉使，並令赴宴。

十月八日，宣徽南院使、荆湖南北路宣撫使狄青辭，宴於垂拱殿。

五年四月三日，狄青還朝，宴于垂拱殿。

十二月二十七日，閤門言：「臣僚每遇筵宴并北朝人使見辭，不得請一日假。如實有患請假將理者，仍關報内侍省，差使臣、醫官看治。」從之。

至和元年六月二十七日，西上閤門使李惟賢言：「大宴日，教坊於殿庭東西排立供奉官班内，假裝排立使臣，牽拽入戲。伏緣東西排立並係侍殿班次，伶人雜之，以爲戲玩，北使諸蕃侍宴觀瞻，恐失朝儀。欲乞令教坊今後更不得於殿廷侍立班内(候)〔假〕裝使臣、行門諸班以爲戲玩，如敢違犯，仰閤門彈奏。」從之。

二年三月八日，翰林侍讀學士、知徐州呂溱辭，特命於資善堂賜宴以餞之。仍詔自今由經筵出者並如例。

九月二日，宴契丹告哀使于紫宸殿。契丹宗(直)〔真〕卒。

十二月十七日，宴契丹(遣)〔遺〕留使于紫宸殿。

嘉祐元年二月六日，宴契丹謝册立使于紫宸殿。

三月二十七日，御史臺言：「每歲上巳、重陽賜會，其推直官、主簿望許隨臺官赴。」從之。

二年三月二十三日，命契丹國信使觀金明池水嬉，賜宴瓊林苑。

四年正月六日，契丹賀正旦使辭，命宰臣韓琦押宴于都亭驛，以未御殿也。先是，去歲十二月，詔明年正旦日食，其日百官毋得拜表稱賀。自今月二十一日不御前殿，減常膳，宴契丹使勿作樂，至是未御殿故也。

六年三月十七日，同知太常禮院晏承裕言〔一〕：「宰臣富弼母喪，君臣之義，哀樂所同，請罷春宴，以表優恤大臣之意。」從之。承裕，弼之妻弟，帝雖用其言，議者皆以爲非。

七年十二月二十七日，詔從臣于天章閣觀三朝瑞物，復宴群玉殿。酒行，帝宣諭曰：「天下久無事，今日之樂，與卿等共之，宜盡醉，勿復辭。」因召宰相韓琦至御榻前，別賜一大巵。又出禁中名花，以金盤貯香藥，令各持以歸。從臣莫不霑醉，14至暮而罷。

〔一〕晏：原作「宴」，據《長編》卷一九三改。

八年英宗已即位，未改元。八月，契丹使辭于紫宸殿，命坐賜茶。故事當賜酒五行〔一〕，自是終諒闇，皆賜茶而已。

英宗治平二年正月三日，賜羣臣及契丹使宴于錫慶院。

三年九月十一日，神宗已即位，未改元。(穎)〔潁〕王上言，請免宴日西厨主樞密使已下會。從之。

四年六月三日，神宗已即位，未改元。大遼國祭奠、弔慰使副蕭禧等入見，命參知政事吳奎賜宴于都亭驛。故事，契丹使見，置酒紫宸殿，以諒闇故就驛賜宴。見、辭亦如之。自是終諒闇，賀登寶位、正旦人使見、辭皆如之。

十月十日，以龍圖閣直學士兼侍讀、刑部侍郎李受致仕，賜會于資善堂。宇文紹奕《燕語考異》〔二〕：宋神宗初，李少保柬之自侍讀致仕，上特召對延和殿，命座賜茶。退，偕講讀官燕餞於資善堂。後數日，李侍郎受繼去，亦用柬之故事，召對賜燕。二人皆英宗經筵舊臣，故禮之特厚，非常例也。

神宗熙寧元年正月一日，大遼國信使賜宴于都亭驛，命樞密副使邵亢主之。故事，正月五日宴國信使于紫宸殿，以近英宗小祥，故止賜宴。自是大祥亦如之。

四月十三日，御史中丞滕甫言：「臣聞君召不俟駕而行，此臣子所以恭其上也。君設宴以召臣，臣托故而不至，甚非恭上之節也。近覩錫慶院御筵臣僚凡八十餘員，請假不赴，雖稱各有事故疾病，然一日之内何其多邪？竊恐錫慶院賜宴，依前畏避暑熱，請告者益多，則宴座稀疎，何以觀示遠人？今後凡遇宴設，文武官非大故及實有疾病，不得投牒請假。如妄託故，仰御史臺覺察。」從之。

二年四月十四日，大遼國使耶律奭等辭于崇政殿，命坐賜茶，命參知政事王安石賜餞宴于都亭驛。先是，詔以河決、地震，方夏大旱，不御前殿，減常膳，罷同天節上壽，仍徹樂，故止賜茶。

五月六日，宴宰臣、百官、宗室于紫宸殿，酒九行。始作樂。

六月四日，宰臣曾公亮西京應天禪院會聖宮奉安仁宗、英宗神御回，宴于垂拱殿。

八月四日，以兩朝實録成，宴近臣于垂拱殿，修撰、檢討官預。

四年正月十四日，幸集禧觀，宴從臣于齋殿。

十月二日，閤門言：「今月一日，文武臣僚各賜時服，内軍員著錦襖子。三日令集英殿宴諸軍副指揮使已上，未委令公服或着錦襖子？依例免杖子赴座。」詔著錦襖子，免杖子赴座。

〔一〕故事當：原作「當故事」，據《長編》卷一九九乙。

〔二〕燕語考異：原作「燕考異」。按《直齋書録解題》卷一一：「《燕語考異》十卷，成都宇文紹奕撰。」此脱「語」字。其書乃考辨葉夢得《石林燕語》，今有清四庫館臣自《永樂大典》輯佚本，附于《石林燕語》各條之下。然下面所引一段實乃《石林燕語》之文，見今本《燕語》卷三，非《考異》之文。《大典》編者蓋以相連而誤引。

七日，中書、樞密院遷居東西府，賜宴宰臣王安石位，兩制、知雜御史已上預焉。

九年三月五日，安南道經略招討使郭逵辭，宴于垂拱殿。

四月二日，閤門言：「近制，大宴不用兩軍妓女隊舞，只用教坊小兒之舞，令宗室遥郡刺史已上赴座，皇伯、叔、兄官未至遥郡亦預。勘會集英殿朵殿座 15 外更接續座於西廊，即與大遼國舍利從人相接，乞止令遥郡團練使已上赴座。」詔從之。皇伯、叔、兄係遥郡團練使已下者，並免侍立。

十日，以大遼國母卒，輟同天節上壽。

十三日，宴罷，參知政事元絳押賜賀同天節使。

五月二日，詔：今後皇親正任並依外官正任座位，與軍廂主歇空照直座。

三日，宴大遼告哀使于集英殿，不作樂。

八月十二日，宴大遼遺留使于紫宸殿，不作樂。

二十五日，詔：大慶、紫宸殿上壽，樞密使、副使、知院、同知院、簽書、同簽書院事、宣徽使、三司使、副使令赴座，其宣徽使上壽及大宴，與免殿下拜，候群臣升殿即隨班。

九月二十五日，詔：今後宴會遇分座，樞密使已下、宣徽使依侍立座次並在西，參知政事並在東。

元豐元年閏正月八日，宣徽北院使王拱辰請以女童代集英殿大宴小兒隊舞。從之。

三月五日，賜使高麗安燾等宴于永寧院。

二年三月二十九日，樞密副都承旨張誠一言：「紫宸殿宴日，唯東廊角門無使臣幾禁，乞自今差兩省使臣二人守察。」從之，仍詔殿後御閣前廊上角門，差行宮殿門使臣一員監守。

四年十二月二十六日，大遼國遣賀正旦使蕭福全、鄭顯入見，賜宴於都亭驛。先是，太常禮院言：「十二月壬申，慈聖光獻皇后禫祭，戊寅遼使見。謹按《禮》曰『是月禫，徙月樂』，又曰『禫而醴酒』。今遼使見在禫祭之後未逾月，於禮可以置酒，而不可以用樂。」詔遼使朝見不置酒，就館賜宴。

五年十一月十三日，宴景靈宮祠官于紫宸殿。

十二月十七日，詔罷賀正遼使見日作樂，以臘享致齋故也。初，閤門言：「甲戌臘享前三日，皇帝不遊幸，不作樂，賀正使賜御筵徹樂，如至和二年、元豐元年故事。」詔以雖有舊例，然虜人素以用樂燕犒爲恩禮之重，三省、樞密院宜更詳度取旨。然卒用例。按《實録》，至和二年四月十一日，契丹母遺歸德軍節度使左驍衛上將軍蕭知微、永州節度觀察留後王澤，契丹〔主〕遺保安軍節度使左監門衛大將軍耶律防、殿中監王懿等賀乾元節，見紫宸殿，遂宴垂拱殿，以雩祀齋禁不作樂。元豐元年故事，《實録》不載。

七年二月二日，文彦博乞免入覲日都城外御筵及見日對御賜宴。詔許免郊勞御筵。

五日，文彦博入覲，宴于垂拱殿。上命酌御樽酒一巵賜彦博，面諭云：「知酒量未退，可飲盡。」彦博再拜以謝。

三月二日，宴文彦博于瓊林苑，賜御製詩，以彦博入覲也。

八年哲宗已即位，未改元。七月二日，詔夏國陳慰使、副赴闕，遇將來坤成節日已放見，勿令與宴。以太皇太后垂簾故也。

哲宗元祐五年二月二十九日，以太師文彦博致仕，詔即玉津園宴餞，宰臣呂(太)〔大〕防主之，三省、樞密院暨侍從官皆赴。其後彦博言：「蒙聖恩候臣出門，於瓊16林苑賜餞送御筵〔一〕。緣前日孫固薨，昔臣與固同在三省供職〔二〕，義均休戚，乞罷。」詔至日三省、樞密院官於瓊林苑宴餞，更不用樂。

八年三月二十二日，詔權罷獨看。故事，大宴前一日御宴殿閱百戲，謂之獨看。以修國史范祖禹言：「是日進呈《神宗紀》草〔三〕，係大宴前一日御集英獨看。恭惟陛下覽先帝史册甫畢，即觀百戲，理似未安。」故有是命。

紹聖三年六月十六日，閤門言，人使見辭紫宸殿，垂拱殿開宴，樞密都副承旨侍立。

二十三日，詔特輟春宴賞花釣魚，以嗣濮王宗綽喪未出殯故也。

四年十二月十日，詔罷獨看。元祐中止權罷，至是罷之。

元符元年五月十一日，以受寶畢宴于紫宸殿，宰臣已下，文臣職事官六曹員外郎、監察御史已上，武臣郎將、諸軍副指揮使已上與坐。

三年正月四日，紫宸殿宴遼國使、副，以上服藥罷，止就驛賜宴。

三月十三日，遼國信使蕭德崇、副使李儼見于紫宸殿，曲宴垂拱殿。（以上《永樂大典》卷一六七四六）〔四〕

徽宗崇寧元年三月一日，詔定王偲遷外第日，宗室正任已上送至第，仍就賜御筵。

大觀元年三月三日，駕幸金明池苑，賜宰臣蔡京已下宴。

政和二年四月初八日，燕宰執、親王于太清樓。

十二月二十三日，宴輔臣于延福宮。

三年八月二十九日，詔修延福宮畢，賜輔臣已下宴于本宮。

九月一日，駕幸延福宮，賜宰臣已下宴。

〔一〕筵：原作「史」，據《長編》卷四四一改。
〔二〕在：原作「再」，據《長編》卷四四一改。
〔三〕呈：原作「主」，據《長編》卷四八二改。
〔四〕按，原稿於禮四五之一六中縫始標「卷一萬六千四十七」，前後二卷之分界不明，姑斷於此。

五年九月十二日，殿中省言：「東上閤門奏，今月八日集英殿宴，教坊未喝酒遍，有尚醖奉御李弼不合赴揭盞位失儀。檢會政和《殿中省通用敕》，諸應奉失設若稽緩者謂如應進酒食而不即進、當撤饌而不即撤之類。杖八十。契勘李弼自來未曾經歷親近差遣，竊慮別致闕誤。」詔依法贖罰訖，對換司圉奉御。

七年二月十三日，賜高麗國進奉使、副李賢諒等御筵，起復宣和殿學士王黼伴賜。

詔飲福宴與春宴同日。

九月十五日，詔夏祭禮畢，飲福宴就用秋宴。按舊會要所載大宴，唯春、秋與南郊、明堂禮成、非時喜慶，則(六)〔云〕「大宴某殿」。又有觀賞，謂之曲宴，別立爲門。其正旦、生辰外國使人見辭宴飲，各隨本門附書之。大宴、曲宴之設，自建炎迄今，雖未嘗舉行，然有宴殿不用文繡之詔與閤門所修儀注，既不指其爲某事宴，則亦不可不附于雜録以見焉〔一〕。

宣和四年八月十九日，幸鄆王第，賜諸王宴。

九月十四日，詔檢校太傅、開府儀同三司梁師成就都亭驛設聽押賜金國人使御筵。

十一月二十四日，金國人使李靖等至，班荆館賜御筵。

二十九日，賜金國人使宴于都亭驛，詔太尉譚稹押筵。

五年二月二十八日，金國人使寧朮割自稱都統軍、知國事，度刺自稱諫議，至國門，賜宴班荆館。

六年十二月二十四日，賜太師蔡京已〔下〕應兩府睿謨殿【17】宴。

七年三月十七日，曲宴公輔、宰執、親王、楚從等於延福之睿謨殿〔二〕，觀牡丹。

十月二日，賜金國人使宴。

高宗紹興二年閏四月三日，高麗遣奉表使、副崔惟清、沈起入見。退，賜酒食于同文館。辭亦如之。

三年十二月二十九日，金國元帥府遣使副王詡、李永壽入見，令客省官賜酒食于殿門外。辭亦如之。

四年十一月十五日，命刑部尚書章誼賜防江諸軍宴于本軍，準備將以上並預坐，每分支錢一十貫。

七年正月八日，宣撫使張俊赴闕奏事，賜御筵于平江府治，官屬、使臣並預，以入内内侍省都知一員主之。

八年正月一日，賜江西將士宴于本軍，以帥臣劉錡主之。防捍勤勞故也。

六月二十三日，金國軍前遣使、副烏陵思謀、石慶充入見，命徽猷閣直學士王倫賜宴于驛，時議講好也。辭亦如之。

九年四月二十六日，宣撫使韓世忠、張俊赴闕奏事，命入内内侍省都知一員賜宴于臨安治，準備將已上與坐，餘使臣並折送。十一年三月十二(月)〔日〕亦如之。

七月七日，賜東京捧表稱賀耆老李茂松等一百八十八人宴于明慶寺，時復河南故疆也。

〔一〕按，此注當是張從祖《總類國朝會要》之注。
〔二〕楚從：疑當作「禁從」。

十二年十二月二十五日，賜宰臣秦檜宴于第，以檜生日故也。自後每歲賜之。

十三年三月三日，詔宴殿陳設止用緋、黄二色，不用文繡，令有司遵守，今後更不製造。

五月十一日，閤門言：「修立到集英殿宴儀注：是日，宰臣以下并應合赴宴文武百僚並分東西入殿庭，相向立定。知閤門官已下，并在内監臨、祗應武功大夫已下，主管鍾鼓院官、樞密院諸房逐房副承旨、逐位酒食使臣、左右軍巡使，於集英殿下北向立定。先需雲殿，入内省官喝排立。皇帝需雲殿駐輦，内侍鳴鞭，鳴鞭訖歸本班起居。本殿排立親從迎駕，自贊常起居，先讀奏目。知閤門官、當祗應舍人，并簿書官、提點承受使臣，翰林司官一班；翰林司官公服、繫鞋，餘並履笏。次内侍都知已下并帶御器械官一班；帶御器械窄衣，（並餘）〔餘並〕公服、繫鞋。次管軍并新舊城裏巡檢、四廂都指揮使以上，逐班常起居。次殿前左右班排立親從並迎駕起居，閤門附内侍進班齊牌。皇帝集英殿坐，殿前指揮使鳴鞭，排立行門禁衛諸班直、親從、托食天武東西班等迎駕，自贊常起居。舍人贊鍾鼓院挈（壼）〔壺〕正已下迎駕，四拜起居。次知閤門官已下并在内監臨、祗應武功大夫已下，主管鍾鼓院官、樞密院諸房逐房副承旨、逐位酒食使臣、左右軍巡使一班，履笏通班常起居。通喚知閤門官，用東階并殿西南立，當祗應官各歸殿上下侍立位，左右軍巡使履笏起居訖分出，繫鞋執杖子東西侍立，餘非應奉官分出。次通喚知閤門官於折檻東西向立，宣贊舍人當殿躬通文武百僚宰臣已下謝宣召赴宴。

18 知閤門官稱通事，舍人應喏直身，通宰臣已下到。知閤門官稱喚通訖，歸上侍立位，舍人虚揖引班。舍人揖躬，舍人直身稱喚訖，宰臣已下應（諾）〔喏〕直身，立宣贊舍人少南面東折，方揖訖，自班後過歸侍立位。舍人分引宰臣已下横行，知閤門官贊大起居訖，舍人引班首出班，俛伏，跪，致詞訖，俛伏，興，歸位。五拜，贊各就坐，兩拜，贊就座。舍人分引殿上官升殿，席前立，朶殿、兩廊官席後立。次教坊使已下通班大起居，次看盞人稍前，兩拜訖，贊上殿祗候，分立兩陛，俟進酒分上殿祗應。進御茶牀，次殿侍酹酒訖，舍人贊天武門外祗候，應喏絶。知閤門官當御前躬奏宰臣已下進酒，引宰臣已下横行進酒。賜酒，八拜就座，並如儀。酒三行，入内省官喝賜酒食。先管軍謝酒食，兩拜。次知閤門官已下，并在内監臨、祗應武功大夫已下，主管鍾鼓院官、樞密院諸房逐房副承旨、逐位酒食使臣等，内侍都知已下，帶御器械官，依合應奉官鬭班謝酒食，兩拜訖，各歸侍立祗應位。次教坊作語揖臣僚，立席後。作語訖，兩拜。至第一段雜劇出，閤門奏再坐時刻。放隊畢，舉御茶牀，皇帝降坐，鳴鞭。宰臣已下退，便戴花訖。前二刻催班立定，閤門附内侍進班齊牌。皇帝需雲殿駐輦，内侍都知已下、帶御器械（言）〔官〕迎駕奏萬福，舍人贊謝花，兩拜。次殿前左右班親從迎駕奏萬福，自贊謝花，兩拜。皇帝集英殿坐，殿前指揮使鳴鞭，排立行門禁衛諸班直親從、托食天武東西班等，并鍾鼓院挈壺正已下迎駕奏萬福，自贊謝花，兩拜。次知閤門官已下并在内監臨、祗應武功大夫已下，主管鍾鼓院官、樞密院諸房逐房副承旨、逐位酒食使臣、左右軍巡使一班。大班新立，宣名奏萬福訖，各歸侍立祗應位。知閤門官奏實赴坐劄子，次宰臣已下宣名奏萬福，謝花，兩拜，贊就坐，分升席後立。次管軍一班宣名奏萬福，謝花，兩拜。次知閤門官已下并在内監臨、祗應武功大夫已下，主管鍾鼓院官、樞密院諸房逐房副承旨、逐位酒食使臣、左右軍巡使、門班謝花，兩拜。次教坊奏萬福，自贊謝花，兩拜。進御茶牀，贊就坐。第一盞畢，宣示盞，逐次宣勸，各兩拜。至角抵官入，舍人通旗鼓節級等兩拜。宴畢，舉御茶牀，引宰臣已下降階橫行，五拜分出。次教坊謝祗應恩，各兩拜。殿上入内省官喝賜茶酒，先教坊，次知閤門官已下，内侍都知已下，帶御器械官、主管鍾鼓院官，在内監臨、祗應武功大夫已下，樞密院諸房逐房副承旨，逐位酒（長）〔食〕使臣等闕班，次排立行門禁衛諸班親從，托食天武東西班、諸司應奉人等謝茶酒，逐班各兩拜。謝訖，殿上知閤門官側奏無事，弱奏。知閤門官不謝茶酒。皇帝起，鳴鞭。」從之。

十二月十三日，詔賜宰臣秦檜曰：「省所奏辭免生日賜宴。朕聞賢 19 （賢）聖之興，必五百歲，君臣之遇，蓋亦千載。夫以不世之英，值難逢之會，則其始生之日，可不爲天下慶乎？式燕樂衎，所以示慶也。非喬嶽之神，無以生申甫；非宣王之能任賢，無以致中興。今日之事，不亦臣主俱榮哉！宜服異恩，毋守冲節。所請宜不允。」

十四年正旦使副完顏畢、馬諤，生辰使副烏延和、孟浩，十五年正旦使副索散温、高慶先見辭，皆以兩府就驛賜宴。

〔十五年〕四月三日〔一〕，遣内侍王晉錫押教坊樂迎引宰臣秦檜入新第，就賜御筵。

五月二十二日，命伴射官賜金國使宴射于教場。凡金國使至，皆賜宴射，命殿前、馬、步三司於諸軍統制、統領、將副、使臣中選善射者，借官主之。至十八年以後，徙于玉津園。

十月三日，賜宰臣秦檜宴于第，時以御書閣榜也。

十九日，金國遣賀天申節使完顏宗永、程寀見于紫宸殿，次宴垂拱殿。辭亦如之。

十六年三月二十三日，賜侍讀、侍講、修注官以下御筵于皇城司。

二十年三月三日，金國遣使、副完顏思恭、翟永固見于紫宸殿，次宴垂拱殿，以報金主登位也。辭亦如之。

二十五年十一月十三日，占城進奉使薩達麻等入見，命客省官賜酒食于殿門外。辭亦如之。

十六日，賜占城進奉使薩達麻等御筵于懷遠驛。

〔一〕十五年：原脱，據《建炎要録》卷一五三補。以下三條亦是年事。

二十六年九月二十四日，交趾進奉使、副李國以等入見，命客省官賜酒食于殿門外。辭亦如之。

二十七日，賜交趾進奉使、副御筵于玉津園。

十二月二十四日，三佛齊進奉使蒲晉等入見，命客省官賜酒食于殿門外。辭亦如之。二十七日，賜三佛齊進奉使蒲晉等御筵于懷遠驛〔一〕。

二十九年，正旦蘇保衡、阿典謙，生辰王可道、王蔚〔二〕，〔是〕〔見〕辭賜宴並如此儀。

十二月二十六日，金國遣賀正旦使、副施宜生、耶律翼見于紫宸殿，宣坐賜茶，命執〔正〕〔政〕賜宴都亭驛。以顯仁皇后未祔廟，不舉樂。辭亦如之。

三十年正月一日，賜金國使宴于都亭驛，命兩府押伴。五日，又賜，命宰臣主之。每歲正月五日宴賀正旦人使于紫宸殿，以顯仁皇后未祔廟，止就驛賜之。

二月六日，金國遣弔祭使、副大懷忠、耨盌温都謙詣顯仁皇后几筵行禮畢，見于垂拱殿。退，客省官賜茶酒殿門外，命兩府伴宴都亭驛，不舉樂。

五月十九日，金國遣賀天申節使、副蕭榮、張忠輔見于紫宸殿，次宴垂拱殿。以顯仁皇后服制，不舉樂。

三十一年，賀正旦使、副僕散權、韓汝嘉見辭亦如之。

五月十九日，金國遣賀天申節使、副高景山、王全見于紫宸殿，次宴垂拱殿。辭日，以聞欽宗訃報罷宴，命兩府賜宴都亭驛。

三十二年三月十三日，金國遣使、副高忠建、張景山見于紫宸殿，次宴于垂拱殿。欽宗服制，不設仗舉樂。以報金〔王〕〔主〕登位也。辭亦如之。

孝宗乾道元年二月二十九日，主管往 20 來國信所言：「今來報問使人到闕，依例赤岸往回，御用鈞容直樂作，教坊時呼在闕。御筵動教坊樂，解換夜筵差化城殿親事官小樂器。」詔合用樂人令臨安府差撥，仍委本府承受官主管教習。凡使人到闕筵宴，凡用樂人三百人，百戲軍七十人，築毬軍三十二人，起立毬門行人三十二人，旗鼓四十人，並下臨安府差。相撲一十五人，於御前等子内差。並前期教習二十日，給食錢，仍差前教坊吏人掌文移，前教坊使、副及使臣掌管儀範節次。

三月十四日，詔：「大金報問使到闕朝見、辭宴，見闕宰臣押班，依例權移親王班首過東壁押班赴坐。遇通喚，令通親王班首某已下。」又詔：「見闕宰臣，令執政官權升立班并子筵高坐。仍令太傅楊存中、少傅吳益立班、坐次權於西壁親王之南。一行使人立班、坐次，令於吳益之南歇空差後；餘使相立班、坐次，權於東壁執政之南。如員多即重行。」

四月二十二日，金國報問使、副朝見於紫宸殿，賜茶

〔一〕蒲晉：原作「蒲俊」，據上文及《建炎要録》卷一七五改。
〔二〕蔚：原作「尉」，據《建炎要録》卷一八二改。

酒。朝辭亦如之。

十月二十日，金國賀會慶節使、副見於紫宸殿，賜茶酒。辭亦如之。自此至九年同。

十二月二十七日，金國賀正旦使、副見於紫宸殿，賜茶酒。辭亦如之。自此至九年同。

二年十月十七日，閤門言：「舊例，金國使人到闕，曾經奉使、接送伴官，並立借官班赴坐。今來權工部侍郎薛良朋差充賀正旦使〔一〕，雖已借權工部尚書，未曾出使，所有使人到闕見、辭宴，立班、赴坐取裁。」詔令立借官班赴坐，今後准此。

六年十二月十八日，禮部、太常寺言：「檢準《國朝會要》，大中祥符九年正月四日，燕契丹使于崇德殿，以孟春饗廟致齋，不舉樂。自是遇致齋皆如之。治平二年十二月十七日，太常禮院言：『參詳每遇元正御殿，雖在正月上辛祠官致齋日內，並當用樂。』從之。昨乾道五年十二月二十七日，賀正旦使人赴垂拱殿宴，在臘饗太廟祠官致齋之內，得旨依例作樂。今來正月五日金國賀正旦使人赴宴，係在上辛祈穀祠官致齋之內，有妨作樂。」詔依治平二年典故。

七年二月二十二日，詔：「魏王愷出鎮，可依元祐五年文彥博例，宴餞于玉津園，令御厨依喜雪御筵體例排辦。」

三月四日，宰執、侍從宴餞魏王于玉津園。

十月六日，詔：「今後筵宴等戴花，帶御器械官并環衛將官未至橫行人，特與依橫行副使支破。」

八年五月十五日，宰執奏事於祥曦殿，上曰：「今歲春夏以來，雨暘時若，歲事可喜。適苑中新荷初展，晚間與卿等小飲少款。」虞允文等皆頓首謝。日晡，宣引至禁中，上遣中使詔宰執乘馬過水殿，允文等固辭，不許。時禁池新荷方盛，香風郁然，上命內侍酌酒，允文等各奉觴稱壽，侍宴踰時而退。

淳熙元年正月五日，金國賀正旦使、副，詔改就驛賜宴。二年同。

21 二年二月二十八日，宣引宰臣、使相以下至後苑，觀步軍司弓弩手射，就宴群臣于凌虛閣下。酒三行，右丞相葉衡率使相以次上壽，再拜退，有旨宣勸在列。已而舞劍者進，其技精絕，上曰：「此軍中之樂。」衡獨班再奉萬年之觴，上喜飲釂〔二〕，命以琉璃鍾宣勸，因徧及群臣，各第其量以賜。上曰：「茲有典故。」越二日〔三〕，選德殿奏謝，上曰：「猶恨不得與卿等款曲。」

五月十一日，曲宴宰執于澄碧軒〔四〕。前一日，有旨曲宴於觀政堂〔五〕，是日泥濘，改就澄碧。上謂右丞相葉衡等

〔一〕朋：原作「明」，據《宋史》卷三三《孝宗紀》一改。
〔二〕喜：原作「嘉」，據《玉海》卷七五改。
〔三〕越：原作「赴」，據《玉海》卷七五改。
〔四〕軒：原無，據《建炎以來朝野雜記》乙集卷三補。
〔五〕政：原脱，據《建炎以來朝野雜記》乙集卷三補。

曰：「諸處麥登場，米價低平〔一〕，可喜。」遂汎問中外事，衡等各以所聞對。上曰：「自三代至漢、唐，治日常少，亂日常多。」又曰：「朕嘗觀《無逸》篇，見周公爲成王歷數商、周之君享國久近，真後世龜鑑，未嘗不以此爲戒。」又語及君臣相遇之難，曰：「如陸贄之於唐德宗〔二〕，可謂不遇。朕嘗觀《奏議》，喜其忠直，次第見於施行〔三〕。」又汎論用人不可分別黨與，上曰：「朝廷所用，止論其人賢否如何，不可有黨。如唐牛、李黨相攻四十餘年不解，皆主聽不明至此。文宗乃言去河北賊易，去朝中朋黨難，朕常笑之。爲人主者，但公是公非，何緣爲黨？」葉衡等同奏曰：「陛下聖明英武，誠非難事。」上曰：「此所謂坐而論道，豈不勝如絲竹管弦？」各起謝，有旨令少憩再追班。至一小亭中，前有大池，瀦水平岸，其下爲石渠貫亭，以函啓閘，奔流入渠，其聲如雷。上曰：「朕于飲食、衣服、宫室，務從簡儉，然所喜者唯此水爾。」群臣再起，奉觴爲壽。上曰：「朝廷所行事，或是或非，自有公議。近來士大夫又好唱爲清議之説，此語一出，恐如東漢激成黨錮之風，深害治體，豈不可戒？」李彦穎奏曰：「爲有是非，故庶人得而議之；若朝廷所行皆是，自無可議。」上曰：「若有不是處，上之人與公卿却當反求諸己，卿等可書諸紳。」龔茂良奏曰：「唐末白馬之禍，害及搢紳，至有清流、濁流之説，亦是激之使然。唯大中至正之道，可以常行。」上曰：「朕常日所行，乃執其兩端，用其中於民。」衡等奏曰：「敢不夙夜祗奉丁寧之戒！」遂再拜謝，上曰：「可更飲盃，卿等仍可以清議之説宣諭從班而下。」

四年十一月一日，宴少保史浩於内苑，乃命宿于玉堂。以浩潛藩（藩）〔舊〕學故也。

五年正月五日，〔宴〕金國賀正旦使、副，是日爲雨沾濕，詔改垂拱殿。六年、八年、十年、十四年同。淳熙十二年，泗州報來歲正旦、生辰，彼此權止一年。淳熙十五年、十六年，以高宗服制罷。

十一年三月二十七日，宴太保史浩於内苑。既而得旨，太保赴宣引内宴時繫鞋公服，趁赴賜宴。

紹熙元年正月五日，大宴宰執以下及金國賀正旦使、副于紫宸殿。其二年以值雨改垂拱殿，三年移宴就驛。（以上《永樂大典》卷一六七四七）

雜宴〔四〕

習射宴〔五〕

【宋會要】

〔一〕低：原作「底」，據《宋史全文》卷二六上改。

〔二〕之：原無，據《宋史全文》卷二六上補。

〔三〕次：原無，據《宋史全文》卷二六上補。

〔四〕此目據眉批移入，原批尚有「宴亭二」三字，今不取。

〔五〕按，徐松原稿於「宋會要」下標有「宴射」之題，此當是《宋會要》原題（宋代文獻如《玉海》等均稱爲「宴射」）。但爲後來整理者圈去，别標「習射宴」一題，此爲《永樂大典》之題（《永樂大典目録》卷四三載《大典》卷一六七五三事目爲「習射等宴」，可見）。

22國朝凡遊幸池苑，詔宗室武臣射，每皇帝中的，從官再拜稱萬歲〔一〕，奉觴、貢馬稱賀。預射官中者，帝爲解之，賜襲衣、金帶、散馬。不解則不賜。苑中射皆有棚，畫暈的。射則用招箭班三十人，服緋紫繡衣、帕首，分立左右，以喝中否。節序賜宴，則宗室、禁軍大校、牧伯、諸司使副皆令習射。蕃國使入朝，亦令帥臣伴，賜射於園苑。

乾德二年正月十六日乙巳〔二〕，幸玉津園，命從臣習射，帝中的者五。三月辛巳、五月十九日癸未，三年七月丁酉，四年二月七日癸卯，幸北園習射。二十三日戊午，召近臣習射苑中。七月己巳，幸開封府尹北園宴射。五月庚午、五年三月丙午、開寶二年九月壬戌、三年七月戊辰、四年三月乙巳，又宴射。

〔開寶〕六年四月四日丁亥〔三〕，召皇弟開封尹、節度石守信等賞花〔四〕，習射於苑中。甲午，召近臣宴射苑中。

五月庚午，宴射苑中。

八年三月二十九日辛丑，召契丹使於講武殿，觀武士習射。戊寅，召近臣宴射苑中。

〔淳化元年〕九月八日〔五〕，召近臣後苑習射，因御崇政殿觀角觝，賜從官飲宴。

雍熙二年九月九日〔六〕，詔親王、節度、觀察、防禦、團練使、刺史及內臣後苑習射，張樂宴飲。

三年二月乙丑，幸新騏驥院迴〔七〕，召近臣宴後苑。上臨池釣魚，令侍臣賦詩。遂御水心殿習射，飲從官酒。

四年三月己卯，登水心殿，張樂習射。

四月丁未，幸金明池觀水戲，因習射，上中的五。賜從官飲。

淳化元年二月己未，宴近臣於後苑，習射，張樂飲酒，詔群臣賦詩。上亦賦一章，賜宰相呂蒙正等。

九月八日辛巳〔八〕，召近臣後苑習射，因御崇政殿觀角觝之戲。

二年三月庚子朔，宴後苑，上臨池釣魚，詔群臣賦詩。

〔一〕再：原作「行」，據《宋史》卷一一四《禮志》一七改。

〔二〕按，本目以下條文，其中有《會要》之文，但多數抄自《玉海》卷七五。細而言之，可分爲極有規律之三類：第一類，純用數字紀日。此類條文大多爲《玉海》所無，或《玉海》雖有其事，而文字不盡同，因此可斷定爲《會要》之文。第二類，純用干支紀日。第三類，數字與干支並用。此二類條文，其文字與《玉海》全同，乃是抄自《玉海》。其中，純用干支者乃《玉海》録自他書，決非《會要》之文。因以下有幾處，先後兩條記同一事，一條用數字紀日，一條用干支紀日，用數字者爲《會要》，則用干支者非《會要》。至於數字與干支並用之條，則可能是《玉海》抄自《會要》而添干支，亦可能是出自他書。

〔三〕開寶：原無，據《玉海》卷七五補。

〔四〕節度：《玉海》今本卷七五作「鄭度」，疑誤。

〔五〕按，此條與下文「九月八日辛巳」條實爲同一事，時在淳化元年，《大典》不察，既重收，又誤置於此，今補四字。又，「九月八日辛巳」條乃《玉海》卷七五原文，此條則多末句，又純用數字紀日，當出《宋會要》。

〔六〕此條亦爲《玉海》所無，應是《宋會要》之文。

〔七〕幸新：原作「辛」，據《玉海》卷七五改。

〔八〕《玉海》卷七五原文作「九月辛巳」，注「八日」。

因習射，上中的四。

乙卯，射瓊林苑。

三年三月丙午，宴後苑，因習射，五發皆中的。

庚申，宴瓊林苑，因習射，中的五。

淳化四年三月甲寅，宴後苑，命群臣賦詩。因習射水心殿，上五發中的。

閏十月辛卯，後苑習射，四中的。

五年三月戊午，同上〔一〕。中的六，張樂飲酒。

至道元年三月壬戌，宴後苑，登水心殿習射〔二〕。

真宗咸平二年九月九日〔三〕，召宗室宴射于苑中，近臣宴張齊賢第，諸將飲射本營。

十三日〔四〕，宴射于後苑，帝中的者十一。

〔三年〕十二月十四日〔五〕，幸殿前指揮使班院閱馬射，又召輓弓至百斤已上者射於御前，引滿命中，帝甚悦。宰臣等曰：「陛下以神武訓兵，士旅精鋭，近古所未有也。」遂宴射於後苑〔六〕，帝七中的。安定郡王元偁、鎮安軍節度使李繼隆、駙馬都尉石保吉〔七〕、勝州團練使德恭皆射中，賜襲衣、金帶、鞍馬，侍臣盡醉。

三年十二月十四日丁巳〔八〕，幸殿前班院閱馬射，遂宴射後苑，上七中的。

四年三月十八日〔九〕，曲宴後苑，射于池上。帝語及大射、投壺、鄉飲酒之禮，因命直館各賦射宮詩，詔群臣極飲，恕其沈醉。

八月壬子，幸御龍營閱射勁弓，賜緡錢有差，遂幸含芳殿宴射〔一〇〕。

八月十一日〔一一〕，幸含芳園宴射。

閏十二月己巳〔一二〕，宴射後苑。

〔一〕同上：原作「同一上」，據《玉海》卷七五删。似此注文亦與《玉海》相同，更可見抄自《玉海》。

〔二〕心：原脱，據《玉海》卷七五補。

〔三〕按，此條與《玉海》不同，且純用數字紀日，應是《會要》文。

〔四〕按，此條《玉海》卷七五作：「（咸平二年九月）癸卯，宴射於後苑，帝中的者十一。」查咸平九年二月庚辰朔，癸卯乃二十四日。此作「十三日」，當是出自《宋會要》。

〔五〕按，此條與下條實爲同一事重收。時爲咸平三年，茲補二字。經查，下條乃《玉海》卷七五之文，此條亦略見於《玉海》卷一四五，但文字不盡同，又純用數字紀日，當是出於《宋會要》。

〔六〕宴：原作「宣」，據《玉海》卷一四五改。

〔七〕「駙」原作「附」，「吉」原作「士」，據《宋史》卷六、卷七《真宗紀》改。

〔八〕《玉海》卷七五原文作「十二月丁巳」，以「十四日」爲注。

〔九〕按，此條《長編》卷四八、《玉海》卷七五所載事均同，但文字不同，當是《宋會要》文。

〔一〇〕含：原脱，據《玉海》卷七五補。

〔一一〕按，此條與上條實爲一事，而用數字紀日，當是《會要》文。《玉海》卷七五亦有此條，云：「咸平四年八月壬子（原注：十一日），幸含芳園習射。」今查，當月庚子朔，壬子乃十三日。《玉海》既據他書記此事於壬子，而又捏合《會要》，誤以壬子爲十一日。此尤可證本書本條爲《會要》文。

〔一二〕此條亦出《玉海》卷七五。

〔五年二月〕二十三日〔一〕，宴射于宜春23苑，帝中的者六。

己丑，幸上清宫，宴射宜春苑，上中的者六。

六年二月十八日戊寅，幸潛龍園宴射，上中的者七。

三月丁未，又射。至祥符九年正月丙午朔，宴射凡八〔二〕。

景德元年十二月戊子，宴從臣于行宫後苑之西亭，因習射，上連中的，群臣奉觴稱賀。李繼隆等相繼而中，上命矢連發，疊中之，咸賜襲衣、金帶、鞍馬，舉酒屬之。

戊戌，北征凱旋。庚子，賜近臣宴于寇準第，諸帥宴射于本司，賜上尊珍膳。

大中祥符元年五月一日〔三〕，幸玉津園水心殿宴射，帝中的者十。又觀衛士騎射於苑南門。

八月十四日〔四〕，幸含芳苑宴射，帝中的者八，疊中者再。

九月乙亥、二年九月乙丑，又宴射于潛龍園。

四年十二月辛亥，幸殿前班觀習射，移幸潛龍園宴射〔五〕。

四年十二月十二日〔六〕，幸殿前班，召從臣觀騎士習射。移幸潛龍苑宴射，帝中的者十一。

五年四月五日〔七〕，幸瓊林苑宴射，帝作五言詩，近臣和。

九月二十五日〔八〕，射于相王宫之西南亭。

六年二月十八日〔九〕，幸潛龍園宴射，帝中的者七。

七年八月八日〔一〇〕，幸瑞聖苑，宴射於水心殿，帝作五言詩賜近臣。

八年三月十日，幸瓊林苑宴射，帝作七言詩，近臣和。

七月二十九日〔一一〕，幸瑞聖苑，宴射於水心殿，帝中的者七，疊雙者一。

十一月五日，召宗室宴射于後苑，帝中的者十二，疊雙者三。

九年三月五日，召宗室宴射于後苑。先是一日，召覲書于玉宸殿，從容移（咎）〔晷〕，不暇宴飲，故復設是會。

〔一〕按，此條與下條實爲一事，下條乃《玉海》卷七五之文，此條則應是《會要》文。時在咸平五年二月，據補四字。

〔二〕按，此條亦出《玉海》卷七五，原書所謂「又射」、「宴射凡八」特指「苑中宴射」，此處照抄，而上無所承，謬！

〔三〕《玉海》卷七五雖有此條，但「五月一日」作「五月庚申朔」，可見《大典》此條非抄自《玉海》，而是抄自《會要》。

〔四〕《玉海》無此條，應是《會要》文。

〔五〕園：原脱，據《玉海》卷七五補。

〔六〕按，此條與上條實爲一事，上條文字與《玉海》卷七五全同，自是抄自《玉海》；此條《玉海》亦於另一處重收，但「十二日」下有「辛亥」，又無末句，當是《大典》抄自《會要》。

〔七〕《玉海》卷七五有此條，但「五日」下有「壬寅」，「近臣」上有「賜」字。

〔八〕《玉海》無此條。

〔九〕十八日：《玉海》作「庚寅」，注以「十八日」。

〔一〇〕以下二條《玉海》有，但添干支。

〔一一〕以下三條《玉海》無。

四月九日〔一〕，幸瓊林苑宴射，帝作七言詩賜從臣。

五月二日，幸玉津園宴射，帝作七言詩，從臣和。

十年閏二月二十九日〔二〕，宴射太清樓〔三〕，命（穎）〔潁〕州防禦使允寧、汝州防禦使濮安官管軍防禦使射弓〔四〕。詔如中的，御前解中，依節度使例賜襲衣、金帶。

祥符太清樓宴射〔五〕

元年三月庚午、二年正月癸亥、三月戊辰、三年閏二月辛未、四年八月庚戌、六年三月丙申、七年三月癸巳、十月丙寅、九年三月丁巳、天禧三年三月十三日庚午，皆宴射于太清樓下。又景德四年三月甲寅宴後苑，射於太清樓下。

祥符水心殿宴射　射堂　宴射賜詩

元年五月庚申朔，幸玉津園水心殿宴射，帝中的者十。又觀衛士騎射于苑南門。

二年五月庚申，幸玉津園，宴射水心亭。

三年閏二月十七日丁卯，幸開封府射堂，命宗室牧伯射〔六〕，帝中的者七。

三月壬辰，幸金明池瓊林苑宴射，上作七言詩賜近臣屬和。

八月十四日庚申，幸含芳園宴射，帝中的者再。

四年十二月十二日辛亥，幸殿前班，召從臣觀騎士習射。移幸潛龍園宴射。

五年四月五日壬寅，幸瓊林苑宴射，帝作五言詩賜近臣和。

六年四月甲戌，幸瓊林苑宴射，上作歌。

丙戌，射于水心殿，上十中的。

七年八月八日辛酉，幸瑞聖苑，宴射於水心殿，帝作五言詩賜近臣。

八年三月十日丙申，幸瓊林苑宴射〔七〕，上中的者六。

九年四月九日壬午，幸瓊林苑宴射，帝作七言詩賜從臣。

五月二日乙巳，宴射玉津園，帝作七言詩，從 24 臣和。

〔一〕以下二條《玉海》有，但添干支，文字不盡同。

〔二〕十年：按大中祥符無十年，此處必有誤，又大中祥符唯三年有閏二月。據下條及《玉海》卷七五載：祥符三年閏二月辛未（二十一日），宴射太清樓下，當即此事。

〔三〕太：原作「王」，據《玉海》卷七五改。

〔四〕「濮安」以下當有誤。

〔五〕按，自此以下四小題及其文全抄或節抄自《玉海》卷七五（僅中間添二條）。因有節抄，故文與題不盡吻合。

〔六〕牧：原脱，據《玉海》卷七五補。

〔七〕苑：原脱，據《玉海》卷七五補。

祥符幸射堂宴射

三年閏二月丁卯，幸開封府射堂宴射〔一〕。又至西堂閱太宗御書圖畫，上作詩，從臣皆賦。

甲戌，增葺射堂爲繼照堂，設帟張樂，許士民游觀三日。至道初，上居府廨，太宗命府東建堂習射。周起奏：「陛下嘗所聽事，臣不敢居。」

天聖八年五月十一日〔二〕，幸玉津園宴射，帝中的者七，從官奉酒、貢馬稱賀。殿前指揮使楊崇勳、馬軍指揮使夏守贇射中，帝爲解箭，賜襲衣、金束帶、鞍勒馬。

景祐二年十月八日，宴射太清樓，帝中的者四。

天聖瓊林苑賜射　玉津園宴射　寶元瑞聖苑射

〔天聖〕八年四月三日乙酉〔三〕，幸瓊林苑，賜從官射于苑亭，遂燕從臣。是日日旁有五色雲〔四〕。

至和二年四月四日壬辰，幸瓊林苑宴射，上中的者十四。已而閱騎士射柳枝。

嘉祐七年三月丁丑，燕瓊林苑，觀衛士射柳枝。

天聖八年五月十一日，幸玉津園宴射〔五〕，上中的者七，從臣奉酒、貢馬稱賀。

九年五月丁巳射。慶曆五年八月又射。

〔慶曆〕四年五月壬申〔六〕，幸玉津觀稻，遂燕從臣，射于園中，上中的者十九。

五年八月丁巳，幸瑞聖園觀刈穀，燕從臣，射于園中，觀騎士射柳枝〔七〕。

慶曆四年九月丁亥〔八〕，召宗室燕太清樓〔九〕，射于苑中。

至和二年四月四日〔一〇〕，幸瓊林苑宴射，帝中的者十四。

神宗熙寧三年四月三日〔一一〕，幸瓊林苑宴射，帝中的者四。

〔一〕射堂：原脱「射」字，據《玉海》卷七五補。
〔二〕以下二條爲《玉海》此細目中所無，且以數字紀日，蓋《大典》録《宋會要》添。
〔三〕天聖：原無，據《玉海》卷七五補。
〔四〕「是日」下原無「日」字，據文意補。
〔五〕園：原無，據《玉海》卷七五補。
〔六〕慶曆：原無，《玉海》卷七五本文亦無，但《玉海》卷七七別有一條云：「慶曆四年五月壬申，幸玉津園觀種稻。」據補。
〔七〕《大典》録《玉海》卷七五以上四細目之文至此止。
〔八〕此條抄自《玉海》卷三〇。
〔九〕樓：原無，據《玉海》卷三〇補。
〔一〇〕此條與上文「至和二年」條所記之事同，但無干支，又「上」作「帝」，當是録自《宋會要》。
〔一一〕此條及下條不見於《玉海》，當是《宋會要》文。

（三年）〔元豐二年〕四月三日〔一〕，幸瓊林苑宴射，上中的，群臣皆賀。迺命群臣射，又特命樞密副都承旨張誠一射。酒罷，御苑門觀軍士射柳枝。帝自即位至是，始再幸池苑，後不復至矣。

元豐三年四月三日辛丑〔二〕，再幸宴射，上中的，群臣皆賀。迺命群臣射。御苑門觀軍士射柳枝。上再幸池苑〔三〕。

孝宗乾道二年二月四日〔四〕，車駕幸玉津園，皇帝射訖，次命皇太子，次慶王，次恭王，次管軍臣僚等射，如是者三。每射四發，上前後四中的。先是，進呈閤門討論宴射舊儀，宰執奏曰：「此乃政和間《五禮新儀》所載，儀式煩苛，費亦不少，祖宗朝儀式又無所該載。」上曰：「祖宗朝想無樂，今當事事節省〔五〕，俟別行擬。」至是，閤門擬定節次：「其日祥曦殿常起居訖，臣僚公服繫鞋。車駕至玉津園，入幄進早膳畢，皇太子以下并從駕臣僚分東西相向立。皇太子、親王、使相、正任管軍並窄衣，宰執、侍從公服繫鞋。班齊，皇帝坐，鳴鞭，臣僚以次逐班奏聖躬萬福，各歸侍立位。皇帝臨軒，有司進弓箭。皇帝射，教坊樂作。初射中，招箭班奏訖，應左右侍立并祗應臣僚階上下就位，並再拜。入内官免拜。皇帝射畢，復坐，以次宣臣僚射。當射官執弓箭階下再拜訖，升階射。如射中，招箭班報中，或傳旨錫賜，降階再拜，謝訖。射訖，侍立位。射皆畢，宣坐賜茶。皇帝起，鳴鞭，群臣並退。」從之。

七年二月十二日，宰執奏對畢，上宣諭曰：「祖宗時數召近臣爲賞花、釣魚宴，朕亦欲暇日命卿等射，小飲。」宰執等遜謝，上曰：「君臣不相親則情不通，早朝早奏，事止頃刻間，豈暇詳論治道？故思與卿等從容耳。」

九年十二月二十二日，宰執進 25 呈臣僚乞令太學生習射藝事，上曰：「向來玉津園宴射，唯武臣射，恐祖宗典故文臣亦當與，可併討論以聞。」次年九月，再幸玉津園，始命文臣葉衡等皆射。

淳熙元年三月十三日庚子〔六〕，禮官言：「按《會要》，游幸池苑賜宴，詔宗室武臣射，無文臣射典故。」於是詔從駕文武臣射，用唐貞觀中賜文武五品以上射於武德殿故事。

九月十八日壬寅，再幸玉津園燕射，賜皇太子已下宴。酒三行，樂作。上臨軒，有司進弓矢，上中的，皇太子進酒，率群臣再拜稱賀〔七〕。宣皇太子射，射中。次宣與射臣僚。文臣葉衡等皆射。上再射，復中的。保信節度鄭藻、起居舍人王卿月、環衛官蕭奪里懶射中，賜襲衣、金帶〔八〕。上賦七

〔一〕元豐二年：原作「三年」二字，據《長編》卷二九七改補。
〔二〕此條與上條實爲同一事，又是抄自《玉海》卷七五。
〔三〕上再幸池苑：原作大字，據《玉海》卷七五改爲小字注。按此注即上條所云「帝自即位至是，始再幸池苑」也。
〔四〕按以下三條《玉海》卷七五雖亦有其事，但文字不同，當是出自《宋會要》。
〔五〕事事：原脱一「事」字，據《玉海》卷七五補。
〔六〕按，自此以下六條又是全抄《玉海》卷七五。
〔七〕拜：原脱，據《玉海》卷七五補。
〔八〕金：原作「命」，據《玉海》卷七五改。

言詩，丞相曾懷已下屬和。還宮，都人聳觀，驩動林野。

二十七日，詔臨安府擇寬閑地建射圃，備百僚習射。

四年三月十日，又射。

紹興十八年五月丙子，金使賀天申節，始宴射于玉津園，遂爲故事。

淳熙二年二月庚辰，宣引輔臣、使相至後苑，觀步軍司弓弩手射。上曰：「近來諸軍射藝頗精。」每射訖，上親視所中箭多寡，并射入鐵簾淺深，賚賜有差。宴群臣于淩虛閣下，丞相葉衡等席于左〔一〕，少保士輵等席于右。酒三行，衡率群臣以次上壽，再拜退。詔宣勸在列。已而舞劍者進，其技精絕，上曰：「此軍中之樂。」衡乞獨班再奉萬年之觴，上喜，飲釂，命以琉璃鍾酌丞相，徧及群臣，仍各第其量以賜。上曰：「茲有典故。」衡奏：「是乃祖宗賞花、釣魚故事。」越二日，選德殿奏謝，上曰：「猶恨不得與卿款曲。」

喜雪宴

【宋會要】

雍熙二年十二月一日，大雨雪。帝喜，御玉華殿，召宰臣及近臣謂曰：「春夏以來未嘗飲酒，今得此嘉雪，思與卿等同醉。」酒數行，又出御製雪詩一首，令侍臣屬和。

端拱二年十二月九日，大雨雪，詔近臣於中書宴飲，令各賦詩，帝製《瑞雪歌》賜之。自後雨雪應時或祈禱獲應，皆召近臣賜宴於中書。

淳化三年十二月八日，大雨雪。帝喜，賜近臣飲宴于中書，詔令盡醉。帝作詩，親八分書以賜之。又詔秘書監李至會館閣官于秘閣飲宴。凡應制賦詩者三十五人。

咸平四年十一月二十日，御龍圖閣曲宴，詔近臣觀太宗草行飛白篆籒八分書、古今名畫。移御崇和殿，閱張去華所著《元元論》及《國田圖》。是日作雪詩一章〔二〕，侍臣即席皆賦。

景德（元）〔二〕年十二月十六日〔三〕，雪。命資政殿大學士王欽若宴館閣群官〔四〕，帝作七言雪詩賜，令屬和。

皇祐四年十二月二十日，賜喜雪宴于中書。初，帝以愆亢責躬減膳，每見輔臣等則憂形于色。宰臣龐籍等因言：「臣等不能燮理陰陽，而上煩陛下責躬引咎，願守散秩，以避賢路。」帝曰：「是朕誠不能感天，惠不能及民，非卿等之過也。」是夕乃得雪，翌日賜宴。

嘉祐三年十二月十六日，賜喜雪宴于中書。先是，帝御延和殿，召從臣觀河南府所進芝草。帝曰：「今日喜雪，
26 大滋宿麥，自勝芝草之瑞也。」乃賜宴于中書。

宣和七年十月十五日，以瑞雪降，賜太宰白時中已下

〔一〕「等」下原有「度」字，據《玉海》卷七五刪。
〔二〕是日作：原作「是是日」，據《玉海》卷三〇改。
〔三〕二年：原作「元年」，據《玉海》卷三〇改。按《玉海》云「十二月十六日庚寅」，查景德二年十二月乙亥朔，十六日正爲庚寅，元年則非。
〔四〕命：原脱，據《玉海》卷三〇補。

輔臣宴。

紹興十三年十二月，雪，賜近臣御筵于尚書省。自是每歲遇雪即賜之。（至）〔自〕十七年止二十五年，皆賜于宰臣秦檜第。

乾道六年十二月一日，以瑞雪應時，宰執率文武百僚詣文德殿、德壽宮拜表稱賀，賜宰執以下喜雪御筵于尚書省。喜雪御筵久不講，至是始復，自是每歲初遇雪即賜。

喜雨宴

【宋會要】淳化五年四月二十三日，以時雨沾足，群臣稱賀。帝謂宰相曰：「司天言熒惑與日同度當旱，今膏澤霶霈，上天之貺也。」命以蒲萄酒、建茶、珍果賜近臣。詔曰：「喜此甘澤，與卿等同慶，無惜醉也。」詳「雨」字下。

觀稼宴

【宋會要】天禧二年十月十一日，詔近臣於玉宸殿觀刈小香占城稻，命賜宴安福殿。

四年七月十一日，詔近臣及寇準、馮拯觀內苑穀，遂宴于玉宸殿。

十月二十九日，詔皇太子、宗室、近臣、諸帥赴玉宸殿翠芳亭觀稻〔一〕，賜宴，仍以稻分賜之。

〔天聖〕八年〔八月〕十一（月）〔日〕〔二〕，幸瑞聖園觀稼，命從臣置酒苑門，作鈞容樂。復移宴於苑殿，作教坊樂，酒五行罷。

慶曆五年九月九日，幸後苑觀稻賞根，曲宴近臣、宗室于太清樓，遂射苑中。

景祐二年六月十九日，幸後苑觀稻并瑞竹〔三〕，宴太清樓。

十月八日，幸後苑觀刈稻，宴太清樓，射于樓下。

〔慶曆〕六年九月十八日〔四〕，幸後苑觀稻賞根，宴近臣太清樓下。

元旦宴

【宋會要】太宗淳化五年正月四日，以歲節賜近臣飲宴于中書。

真宗咸平元年正月三日，賜近臣歲節宴于呂端第。每歲節皆就私第賜宴，自此爲例。

五年正月三日，以歲旦宴近臣于向敏中第，帥臣射于本司，內職射于軍器庫。

六年正月三日，以歲旦宴宗室於含芳園。

（太平）〔大中〕祥符三年正月六日，宴契丹賀正使于崇

〔一〕帥：原作「師」，據《宋史》卷一一三《禮志》一六改。

〔二〕「天聖」、「八月」原脫，「十一日」原作「十一月」，據《玉海》卷一七一補改。

〔三〕竹：原作「行」，據《玉海》卷一九七補。

〔四〕慶曆：原無，據《玉海》卷七七補（《玉海》云「九月乙未」，即十八日）。

政殿，不作樂。以契丹國母喪輟朝，故御便殿。

清明宴

【宋會要】27咸平三年二月二十五日，清明節，宴近臣於張齊賢第，帥臣于本司，内職於軍器庫。自後清明皆賜會。

景德四年三月十日，清明節，宴宗室于瓊林苑，近臣于玉津園。舊止會私第，至是始就園苑，其後亦或復就私第及本宫設會。

大中祥符五年三月八日，清明節，特宴修玉清昭應宫使丁謂以下于本宫。自修宫以後，多特别賜會。

六年二月十八日，清明節，宴近臣于陳堯叟第，宗室于潛龍園。又二日，宴帥臣于本司，内職于軍器庫。凡賜近臣會者，舊止待制以上，三司副使止與判官同會，是歲始復令預焉。

社日宴

【宋會要】太宗淳化五年八月九日，社，詔近臣飲宴於中書，遣内侍以御製詩賜之。

真宗咸平二年八月八日，社，宴近臣於中書。自後社日皆賜之。

四年八月三十日，(杜)〔社〕，宴輔臣於中書，兩制、館閣官於崇文院。

五年二月二日，社，賜近臣飲于中書。又賜殿前都指揮使以下酒食於崇政殿門外，親王酒果，諸司使副(泊)〔洎〕諸班直茶酒。(是自)〔自是〕歲以爲例。

六年八月十九日，社，宴宗室，射於瓊林苑。

景德三年二月二十一日，駐(驆)〔蹕〕西京，以社宴宗室於永芳園，近臣於會節園，又命帥臣、内職飲射。

大中祥符二年八月二十七日，社，宴近臣於樞密院，以宰臣王旦私忌故也。

三年二月二十八日，社，遣中使張景宗賜近臣待制以上宴于王旦第，左右丞、侍郎、給事中、左右諫議大夫皆預。又賜殿前以下射于本司，諸司使以下射于軍器庫。舊制，社日賜宴于中書，不張樂，使、副以下非典事於内庭者不預會，今特恩也。自此遂爲例。

八月二日，社，賜近臣宴於王旦第，帥臣于本司。

三日，宴宗室于宜春園，以二日鄆王忌，故命改日。自是社日，宗室賜會外苑。

仁宗天聖二年二月十三日，社，〔宴〕宗室于太清樓。八月社日，賜會如儀。(大)〔天〕聖後賜會，皆用先朝故事，或宰臣請罷，止命中使分賜酒果。

六年二月二十五日，中書門下言：「宰臣張知白喪，請輟社日賜會。」從之。

八月二十六日，詔河南、江南水災，罷社日賜會宴。

重陽宴〔一〕

【宋會要】

雍熙三年九月重陽節，詔宰臣李昉與樞密使王顯等爲登高之會。昉曰：「陛下春夏已來勤於時政，池館希復御幸，臣等奉職無效，不敢從游宴之樂。」帝曰：「嘉節宴集，未至妨政事也。」因命賜羊、酒于昉第。

至道元年九月重陽，28 賜近臣宴飲於中書，以御製詩賜之。

咸平二年九月重陽節，宴近臣於張齊賢第，諸將飲射于本營，内職射於軍器庫。自是重陽賜會如例。

四年九月重陽節，賜近臣會于呂蒙正第，帝作《重陽》五、七言詩，咸令繼和。

六年九月重陽節，宴近臣于瓊林苑，帥臣射於步軍司，内職射于軍器庫。重陽賜宴就園苑自此。

景德四年九月十五日，以重陽宴宗室于崇政殿，近臣于玉津園，帥臣射于馬軍司，内職于軍器庫。又宴交州使于瓊林苑。

大中祥符元年九月九日，帝謂王旦曰：「重陽佳節，卿等可于園苑遊宴，節清氣爽，各宜盡醉。刑法官、三司判官、直閣以下，雖比來無例，然公事鞅掌，少有暇日，已令各賜筵宴。自今賜近臣宴於玉津園，親王於潛龍園，駙馬都尉於含芳園，殿前都指揮使及諸司使以下於瓊林苑，三館、祕閣及三司判官、審刑院、刑部、大理寺官於宜春園，仍分東南園設會〔二〕。」

八年九月十二日，賜近臣重陽宴于瓊林苑。先是，王旦以攝事致(齊)〔齋〕，故改用是日。

九年九月重陽，以愆雨罷近臣宴會。

天禧三年重陽，宴近臣、帥臣于瓊林苑，宗室于瑞聖園，牧伯、駙馬、内職于玉津園，館閣、三司、法官、京府官于宜春苑。

仁宗天聖三年九月重陽節，詔宗室賜會于定王元儼宫。自後多就宫設會。

五年九月十日，賜重陽宴于諸園苑。九日，以皇再從兄承矩外攢，故改就是日。

慶曆五年，以重陽曲宴近臣、宗室于太清樓，遂射苑中。

皇祐二年九月六日，以郊禮在近，罷重陽賜會。

下元宴〔三〕

【宋會要】

雍熙三年十月下元節，賜輔臣宴于樞密使王顯第。夜分，遣中使就賜御製《雜言》一篇。

〔一〕此目之前原有「下元節」一目，與後文「下元宴」目完全重複，因同在一卷之内，又均出於《大典》之同一卷，今删此存彼。

〔二〕園：原無，據原稿禮四五之三〇複文補。

〔三〕天頭原批：「此條複，删。」按，以時序言，應删前之複文（參前校記）。

四年十月下元節，詔宰臣李昉召輔臣於私第宴飲，仍賜羊、酒。

冬至宴

【宋會要】

淳化二年十一月九日，冬至。十二日，賜近臣飲宴於中書。

咸平元年十一月二十六日，冬至。二十八日，宴近臣于張齊賢第。每冬至賜會私第，遂爲常例。熙寧中，新作東西府，自後歲節、冬至，遂就賜宴於二府。

景德四年十一月六日，以冬至宴寧王以下于玉津園，近臣于王旦第，殿前副指揮使以下射于殿前司，內職射于軍器庫。

大中祥符二年十一月二十九日，賜近臣宴于王旦第。先是，以冬至當賜會，特令就旦生日以寵之。

五年十一月五日，以冬至宴（道）〔近〕臣于向敏中第。皇姪右屯衛將軍允中卒〔一〕，請不張樂，帝曰：「樂以侑食，不可廢也。」命（徒）〔徙〕中旬設會〔二〕。

天禧元年十一月十一日，賜近臣冬至節宴于都亭驛。驛舍賜宴自此始。

慶曆五年十一【29】月六日，冬至，宴宗室于崇政殿。

曲宴

【宋會要】

國朝凡幸苑囿、池籞、觀稼、畋獵，所至曲宴惟從官預。正月宴大遼使、副於紫宸殿，則近臣及刺史、正郎、都虞候以上預。暮春後苑賞花，則三館、秘閣之職皆預。

真宗景德二年十一月二十二日，樞密院言：「崇德殿宴坐次，只貼合升殿坐臣僚，廊下貼契丹從人座，其百官副指揮使並不坐。」詔契丹副使移與大使一行次低坐。

二十六日，詔：「契丹人使入見賜小宴，依曲宴節度使例，臣僚赴座，契丹使、副使殿上賜座；并殿下立班，並依元定去處。其副使與大使更不重行，只于大使一行近後立并座。」

十二月三日，詔契丹人使朝辭，長春殿賜酒，坐次（休）〔依〕朝見日例，上節于殿（開）〔門〕內兩廊下坐，餘人殿門外兩廊下坐。

二十八日，詔契丹人使入見賜小宴，臣僚宰執與坐。

三年十一月十三日，詔契丹賀正人使到闕，正月上旬內選日，於崇德殿賜宴，坐位依去年人使到京崇德殿坐宴，臣僚並赴。

〔一〕中：原作「十」，據《長編》卷七九改。
〔二〕設：原作「誤」，據《長編》卷七九改。

二十七日，詔契丹從人上節都一班入見，中節、下節亦一班入見。長春殿小宴，使、副更不別班謝，綴宰臣一班入，從臣別班入。

仁宗慶曆六年正月二十二日，集賢校理嵇穎言〔一〕：「紫宸殿宴，竊見西遇使者列坐于殿之東序〔二〕，蓋國家撫招外夷，能順皇化，加之禮（過）〔遇〕，以示上仁者也。至於宣傳勸飲，慈惠隆渥，誠得事之宜矣。顧茲遐俗，觀覦縟儀，然階陛之側，祗事之人布立擁映，不能觀矚于殿庭。欲乞今後有西人朝貢在列，即座次之前無得令人映立，俾瞻朝廷之盛容，深慰蕃戎之遠意。」詔依奏。

至和元年八月二十七日，知制誥韓絳言：「頃年以來，國家禮文故事，率多增損廢缺。如宴會遊豫，所以示君惠，悦群情，非徒佚樂而爲也。至於待遇將相，並有寵數，若還拜迎授，見辭勞餞之（內）〔類〕，或當行而輒罷，或假予之非宜，寖乖儀制舊章，遂使恩禮所及，頗失華實之稱。望詔有司，凡關禮儀制〔度〕，務令舉行故事，庶振朝廷熙盛之節。」詔今後如有將相遷拜迎授，見辭勞餞之類，宜令閤門逐旋取旨。

神宗熙寧二年十月二十五日，修定閤門儀制所言：「垂拱殿曲宴，當直翰林學士與觀文、資政殿、龍圖、寶文閣，樞密、直龍圖、天章、寶文閣直學士並赴座，而翰林學士兼他職者不預。蓋國初惟有文明、翰林、樞密直學士，只以當直者赴宴〔三〕，務從簡便。後來增置學士之名甚廣，悉皆赴座，而翰林職名最崇，即須當直者方乃得預。考之官制，似未齊一。欲乞自今曲宴，應翰林學士與雜學士並許令赴。」從之。

紹興十三年十二月二十六日，閤門言：「依儀，使人紫宸殿朝見設仗，合用文武百官赴起居〔四〕。」從之。

30 二十七日，詔：「金國人使朝見訖，垂拱殿茶酒，都管令於東、西廊上第一間歇空稍前坐。今後依此。」

三十日，詔：「金國使人紫宸殿宴，其諸軍統制、統領正任以上合赴坐官，營寨多在城外，令免坐。今後准此。」

十四年五月七日，閤門言：「金國賀生辰使人朝見七拜，朝見謝面天顔并謝湯茶藥等各兩拜，受賜三拜，垂拱殿賜茶酒謝坐兩拜，撫問免拜，仍免進酒，候賜茶酒畢降兩拜。」從之。

八日，詔：「金國使人見辭宴，令閤門提點、同提點、承受兼祗應使臣，于殿上往來祗應。今後筵宴依此。」

十五年五月十四日，詔：「今後遇宴飲，賜臣寮冰盂子，許臣寮從便食飲。」

十二月十一日，詔閤門：「今後遇金國使人見、辭、入

〔一〕嵇：天頭原批：「『嵇』作『稽』。」今不取。
〔二〕西遇：疑當作「西夏」。下文稱「西人」，宋代「西人」常特指西夏。
〔三〕當：原作「常」，據前後文意改。
〔四〕百官：原作「百宮」，據文意改。

賀，赴宴，如使、副有脱落腰帶等，並許引揖通事搢笏應接。」

二十年五月十九日，詔：「金國人使朝見，垂拱殿賜茶酒，如墜落匙筯等失儀，令通事拾起，免問彈。今後依此。」

二十五日，詔閤門：「每遇金國使人赴紫宸殿上壽、見辭（宰）〔宴〕等，如值雨雪泥滑，並令入出垂拱殿門及班門。今後准此。」

二十九年十二月十六日，詔：「金國賀正旦使人見辭賜茶，權令尚書、正侍郎、觀察使以上赴座。」故事，人使見、辭並賜宴，時以顯仁皇后喪制罷宴故也。以上《中興會要》。

孝宗乾道二年十月十三日，詔：「金國使人見辭宴、後殿起居班次等，令于紫宸殿後幄起居。今後准此。」（以上《永樂大典》卷一六七五三）

春宴 〔一〕

【宋會要】 32 太平興國三年三月，大宴大明殿，春宴自兹始也。乾明節在十月，故太宗朝止設春宴。咸平三年九月，大宴含光殿。真宗朝聖節外始備設春、秋二宴，自此爲定制也。

見辭賜宴

【宋會要】 國朝凡宰相、樞密、參知政事、使相、節度、外國使見辭日，皆賜飲。其日宣徽、三司使、學士、節度使、兩使留後、觀察使已上並預。如有節度使進上酒器者，俟第一盞遍，舍人引下殿進奉如儀。或上表辭免，即罷。

見辭免宴

【宋會要】 高宗紹興四年九月二十八日，詔今後將相見辭並免開宴，候車駕還京日依儀制。是時以知樞密院趙鼎都督川陝荆襄諸軍事朝辭〔二〕，閤門循故事申審，故有是詔。（以上《永樂大典》卷一六七五五）

坤成節宴 〔三〕

【宋會要】 33 神宗元豐八年四月十二日，詔：恭以太皇太后七月十六日生辰爲坤成節。

哲宗元祐元年七月坤成節，群臣及遼使詣内東門拜表稱賀，罷上壽賜宴，不作樂。

二年七月坤成節，群臣、遼使詣崇政殿上壽如儀。以大雨罷宴。

〔一〕此目之前，原稿三〇至三一頁有「重陽宴」一目，與前文所收「重陽宴」目完全重複，今删。

〔二〕趙鼎：原作「隨鼎」，據《宋史》卷二一三《宰輔表》四改。

〔三〕此前原標「宴享三雜宴」，今以同在一卷之中，又前已有「雜宴」之目，故不取。

三年七月坤成節，群臣及遼使詣内東門拜表稱賀，罷上壽并宴，以魏王頵在殯故也。

四年七月坤成節，群臣及遼使詣崇政殿上壽如儀。十八日，宴于集英殿。

五年、六年、七年坤成節，群臣及遼使上壽崇政殿，以雨罷宴。（以上《永樂大典》卷一六七五〇）〔一〕

大祀慶成宴

【宋會要】

大中祥符元年十月二十六日，封禪禮畢，宴文武百官卿監以上于穆清殿。是日，東封赦書：「應西京諸州、府、軍、監，並賜酺三日，官給其費。」

十一月二日，御（充）〔兗〕州之子城門樓觀酺，凡三日。賜樓名曰「迴鑾覃慶」。樓前起露臺，列山車、棚車、綵船以載樂，從臣侍座，兖州父老、諸道進奉使、蕃客等宴于樓下，賜父老綿袍、茶、帛有差。

三日，並賜宰臣、親王、百官宴于延聖寺。

七日，東封還，駐鄆州，宴百官于行宮。八日，又宴從臣于升中延福樓。

十二日，次濮州，宴從臣、父老于告成均慶樓。

十四日，次澶州，宴從臣、父老于駐蹕延禧殿。

十五日，駐澶州，賜酺宴于行宮之南綵殿。

十六日，宴知澶州、永清軍節度使周瑩于行宮，又宴從臣、父老于韋城縣行宮南北亭。

十七日，宴從臣、父老于長垣縣行宮東北亭。

二十六日，詔并、代别賜酺三日。時使臣言，前設酺宴不豐，軍校皆不預會故也。

十二月二十五日，詔以（豐）〔封〕禪禮成，賜東京酺五日，以來年二月五日爲始。

二年春，京師愆雨，右僕射張齊賢上言〔二〕：「宴樂，陽事也。甫經上元，將事酺飲，請俟雨足。」乃詔權罷酺宴。及降雨，遂舉前詔，仍以三月十六日爲始。

正月七日，對宗室、輔臣于後苑便殿，賜襲衣、金帶、器幣，遂宴于崇政殿，射于太清樓下，以封禪慶成故也。

咸平二年十一月八日〔三〕，以南郊壇畢〔四〕，宴近臣于李沆第。自後凡大禮畢，皆就私第賜會。

四年十一月十四日，大宴。先是，有司言郊祀禮畢當宴群臣，選用十六日、二十日。帝曰：「故許國長公主以十五日發引在塗，情所不忍。」輔臣曰：「王者禮絶期喪，歷代無所避。月内更無良日，倘賜宴稽遲，恐滯四方使客。」帝曰：「禮所以節人情，和上下，行之即爲例。」遂改用是日。

〔一〕《大典》卷次無缺，按《永樂大典目録》卷四三「坤成節宴」一目在《大典》卷一六七五〇，據補。
〔二〕賢：原作「言」，據《宋史》卷二六五《張齊賢傳》改。
〔三〕前爲大中祥符，此又自咸平起，蓋在《大典》中本屬不同類目。
〔四〕壇：似當作「禮」。

進士宴

【宋會要】大中祥符二年七月十一日，遣入内都知鄧永遷賜新及第進士梁固等34宴于瓊林苑，帝作五言六韻詩賜之。時學士楊億請朝假，諭旨令赴。

修書宴

【宋會要】景德三年十月二十八日，賜監修國史、宰臣王旦等宴于修史院，以始事也。

天聖六年十二月二十三日，賜輔臣、兩制、學士、待制、館閣官宴于崇文院。宰臣韓琦以下刻石記于院之西壁。先是，崇文院白本書歲久多蠹，又散失不完，乃詔館閣各置編定編校官一員，據《崇文院總目》收聚遺逸，刊正謬訛而補寫之。又以黃紙寫别本，以絶蠹敗。至是寫校畢，凡黃本六千四百九十六卷，白本二千九百五十四卷，上之而賜會。

熙寧二年八月四日，以《兩朝實録》成，宴近臣于垂拱殿。修撰、檢討官預。

元豐五年七月二十八日，《兩朝國史》成，宴垂拱殿。

講書宴

【宋會要】真宗咸平五年正月二十日，宴宗室、侍讀、侍講學士、王府官于崇政殿。先是，帝聽政之暇，命邢昺講《左氏傳》，至是畢，故有兹會。賜昺及侍講夏侯嶠等器帛，昺加襲衣、金帶。

大中祥符二年五月十三日，宴廣平公德彝等及侍教時大雅于本宮，以講書終篇。

仁宗天聖五年十月十四日，以講《禮記》畢，詔輔臣、兩制賜宴崇政殿。翌日，兩制、館閣並進詩。

寶元二年十月二十三日，以講《左氏春秋》，讀《正説》畢，曲宴近臣于崇政殿，講讀官仍賜以器幣。

十一月六日，以皇子生，宴輔臣、宗室于太清樓，讀《三朝寶訓》，賜御詩。又出《寶元天人祥異書》示輔臣，其書蓋帝集天帝辰緯雲氣雜占，離爲十卷。

慶曆二年四月二十五日，以説書徹，宴近臣、宗室于崇政殿。

五年十一月十七日，以講《毛詩》徹，宴近臣、宗室及講讀官于崇政殿，賜花作樂，從官皆獻詩頌。

哲宗元祐二年九月十五日，賜宰臣、執政、經筵官宴于東宮，上親書唐人詩分賜之，以講《論語》終故也。翌日，呂公著以下謝賜宴及御書[一]，太皇太后曰：「皇帝天資聰敏，宮中惟好學，昨日所賜，欲卿等知此。」

紹興十六年三月二十三日，賜侍讀、侍講、修注以下御筵于皇城司。二十七年十月十三日，賜于本司，用化成殿等樂，仍遣中使賜香茶，皆以經筵終篇也。

二十三年十月二十一日，經筵講《尚書》終篇。翌日，賜宰執、侍講、侍讀、修注官宴于祕書省。

觀書宴

【宋會要】

太宗淳化元年八月一日，賜宴于祕閣，右僕射李昉、吏部尚書宋琪、左散騎常侍徐鉉及翰林學士、諸曹侍郎、給事、諫議、舍人皆預。出圖籍令衆觀，盡醉而罷。

二日，召權御史中丞王化基及三館學士，賜宴于祕閣。

二35年十二月二十五日，翰林學士承旨蘇易簡于本院會學士韓丕、畢士安，祕書監李至，史館修撰楊徽之、梁周翰，知制誥柴成務、呂祐之、錢若水、王旦，直祕閣潘慎修，翰林侍書王著、侍讀呂文仲等，觀御飛白書。帝聞之，賜上尊酒，太官設盛饌。至等各賦詩以紀其事，宰相李昉、張齊賢，參知政事賈黃中、李沆亦賦詩以貽易簡。先是，帝御飛白書「玉堂之署」四字并三體書詩賜之，易簡會近列同觀，因賜會焉。

三年八月七日，詔輔臣、從官觀新祕閣，賜上尊酒，太官供膳，遣中使齎御飛白書「祕閣」二字以賜李至。宰臣李昉等相率詣便殿稱謝，退就飲宴，三館學士皆預。

咸平五年十月十七日，詔近臣觀書，曲宴于龍圖閣。閣之四壁設五經圖，閣上藏太宗書帖三千七百五十卷。又幸崇和殿，殿之後閣悉藏本朝名臣文集。次御資政殿，殿壁有楊相如《政要論》。帝作七言詩，侍臣皆賦。

景德二年四月二十一日，幸龍圖閣，近臣畢從。又詔直昭文館种放預焉。閱太宗御書[二]，又觀諸閣書畫，宴于崇政殿。帝作五言詩，從臣皆賦，命李宗諤、楊億作序。

大中祥符二年九月二十六日，詔宗室觀書，賜宴龍圖閣。

三年正月二十八日，詔近臣觀龍圖閣太宗御書及四部書籍，又至閣西觀畫。帝顧謂馬知節曰：「聞卿別畫，可盡評之。」知節以古今工拙對，即賜酒于閣下。帝作《觀書》、《開宴》五言詩，令即席皆賦。

八月八日，詔近臣觀書于龍圖閣，觀瑞物于崇和殿，遂宴于資政殿，帝作七言詩，從臣即席皆賦。初觀瑞物，史官晁迥、楊億曰：「此並聖朝受命之符，不可不載于史册，望內降名件付修國史院。」許之。

四年十月二十八日，詔輔臣至苑中山亭觀太宗聖制、

[一] 下：原無，據《長編》卷四〇五補。
[二] 宗：原作「常」，據《長編》卷五九改。

四部群書。又至玉宸殿佛閣焚香，歷東西洞，觀古今書，讀聖製《書籍記》石。帝作五言詩，王旦等即席皆賦。

五年十二月十四日，詔近臣至龍圖閣閲書，開宴，觀新修宣德、述古二殿。又幸資政殿。帝作七言詩，命即席皆賦。

六年七月二十九日，詔輔臣觀粟于後苑御山子，觀御製文，閲御書及《嘉禾圖》，賜飲。是日，皇子從遊。

七年三月十日，詔輔臣于玉宸殿觀太宗聖文神翰，賜宴。又臨曲水浮觴，小黄門奏樂，帝作《觀書》、《流杯》詩二首，侍臣皆賦。

四月十四日，詔宰臣、文武百官詣國子監，觀太宗御集，御書及新刻聖製論辨賜近臣，宴于本監。

八年四月一日，詔輔臣觀書于玉宸殿，吏部尚書王欽若，户部尚書陳堯叟，刑部尚書兼御史中丞馮拯，兵部侍郎趙安仁預焉。始觀太宗御書，移御别殿，觀御製《皇》、《王》、《帝》〔一〕、《霸》及《良臣》、《正臣》、《忠臣》、《姦臣》、《權臣》等論。復幸水軒垂釣，命侍臣賦詩，各賜襲衣、金帶、器幣。

九年二月二十七日，詔近臣于後苑翔鸞閣觀太宗御書，移幸流杯殿泛觴，登象 36 瀛山翠芳亭，遂宴于玉宸殿。殿在苑中，密近宫禁，帝優寵輔臣，每大禮慶成〔二〕，從容一召至焉〔三〕。令兩制皆預，特恩也。

三月四日，詔宗室觀書，宴于玉宸殿。

十一月二十三日，詔輔臣、學士、待制以上，管軍節度使、駙馬都尉、刺史以上，觀書龍圖閣，特詔秘書監楊億、知雜御史吕夷簡、直龍圖閣馮元預宴。帝作《觀書》七言六韻詩二首，分賜輔〔臣〕王旦、宗室元偓以下；又作七言四韻詩三首，分賜學士晁迥、殿前曹(燦)〔璨〕已下。命儒臣即席皆賦。

天禧元年九月二十九日，以壽春郡王讀《論語》第九卷畢，宴王友于資善堂。

二年十一月十三日，詔近臣至後苑太清樓，觀太宗御書及聖製群書，賜宴樓下。

三年九月二十三日，詔宗室、輔臣、學士、三司使副、尚書丞郎、給諫、舍人、待制、直龍圖閣對于清景殿。出賜皇太子御製及國史、實録、太宗御集、四部書示侍從臣，遂宴于殿内。

四年十一月十一日，御龍圖閣，詔近臣觀書，宴于資政殿。

五年四月十六日〔四〕，詔近臣、館閣官詣天章閣觀御書，遂宴于群玉殿。

〔一〕「王」、「帝」二字互倒，據《長編》卷八四、《玉海》卷三二乙。
〔二〕禮：原作「講」，據《長編》卷八六改。
〔三〕召：原作「詔」，據《長編》卷八六改。
〔四〕十六日：《長編》卷九七在十七日壬戌。

四月〔一〕，召近臣、館閣、三司、京府官詣天章閣〔二〕，觀御書、御集，遂宴于群玉殿。

天聖八年八月六日，詔輔臣、兩(朝)〔省〕待制以上、宗室并駙馬都尉天章閣觀御書，元真殿觀瑞穀，賜宴于蕊珠殿。宰臣以下賦詩，教坊作樂，觀優，酒九行罷。

嘉祐七年十二月二十三日，幸龍圖閣、天章閣，召輔臣至待制，三司副使以上，及臺諫官、皇子、宗室、駙馬都尉、管軍臣僚，觀三聖御書。又幸寶文閣。帝親爲飛白書以分賜從臣，仍出御製《觀書》詩一首賜近臣，繼和，遂宴群玉殿。是日，傳詔翰林學士王珪撰詩序，刊石于寶文閣。

賞花釣魚宴

【宋會要】太宗太平興國九年三月十五日，詔宰相、近臣賞花于後園。帝曰：「春氣暄和，萬物暢茂，四方無事，朕以天下之樂爲樂，宜令侍從、詞臣各賦詩。」帝習射于水心亭。宋琪等以應制詩進，帝吟咏久之。學士扈蒙詩有「微臣自愧頭如雪，也向鈞天侍玉皇」，帝笑謂曰：「卿善因事陳情。」蒙頓首謝。

二十九日，詔近臣宴于後苑，帝作詩一章賜侍臣，令屬和。

雍熙二年四月二日，詔輔臣、三司使、翰林、樞密直學士、尚書省四品、兩省五品以上、三館學士宴于後苑，賞花、釣魚，張樂賜飲，命群臣賦詩、習射、賞花。曲宴自此始。

三年二月二十七日，詔輔臣、節度使、三司使、學士、舍人于後園，臨池垂釣，顧謂之曰：「今日風景倍資吟思，可令詞臣各賦花下釣魚詩一章，以『中』字爲韻。」

三月一日，帝謂宰相李昉曰：「春色方盛，朕欲詔群臣後園賞花，而近嘗宴會，又將大宴，不欲數爲樂。卿可召同列及翰林、樞密直學士、中書舍 37 人就第，爲觀花賦詩之會。」仍賜羊、酒。昉曰：「北邊方用兵，陛下宵旰爲念，群臣當夙夜供職以輔帷幄，若爾宴集，誠所未安。」帝曰：「芳辰嘉致，不可虛度，公餘集會，未至過也。」既宴，飲酒酣，各賦《奉詔賞花》詩，帝亦作詩賜之。翌日，學士承旨扈蒙等詣垂拱殿門謝。

四年三月十七日，賞花，宴于後苑。(常)〔帝〕臨池垂釣，顧宰臣李昉等曰：「宴賞何樂如之，可令侍臣各賦《賞花釣魚》詩。」俄出五言御詩一章賜侍臣。晚御水心殿習射〔三〕。翌日，帝依韻和宰臣以下十三人所進詩以賜，又令宰臣更和所進應制詩以獻。

淳化二年三月一日，賞花，宴于後苑。帝臨池釣魚，命群臣賦詩，盡醉而罷。

〔一〕按，此條與上條實爲一事，當是《大典》抄他書添入。
〔二〕官：原無，據《長編》卷九七補。
〔三〕心：原脱，據《玉海》卷三〇補。

三年三月十二日，賞花，宴于後苑，命群臣賦詩。詔光禄寺丞楊億賦詩于御座之側，億先隸秘閣讀書，至是帝記其名，特詔之。新直館韓國華、潘太初並令預。以所賦賞花詩五十二首付史館。先是，國華嘗直史〔館〕，俄充三司判官，循故事不帶館職。至是，因奏事自陳，以諫官兼省職，而宸遊苑中，不得陪館殿臣僚在侍從之列。翌日，並詔守本官直昭文館。告謝之日，適值賞花，並令預宴。國華等皆以判官兼館職，從新制。

淳化五年三月六日，賞花，宴于後苑。帝臨池釣魚，賦詩，命群臣皆賦，應制者三十九人。

至道元年三月十六日，後苑賞花，特召司空致仕李昉坐於尚書之上，仍稍前。帝臨池釣魚，賦詩，命群臣賦詩，應制者五十五人。

咸平三年二月二十九日，賞花，宴于後苑。帝作《中春賞花釣魚》七言詩，儒臣皆賦。遂射于水殿，盡歡而罷。自是遂爲定制。

四年三月十八日，後苑賞花、習射。帝與近臣言及大射、投壺、鄉飲酒之禮，因命直館各賦射宮五言六韻詩。帝歡甚，詔群臣極飲，恕其沉醉。

六年三月十七日，賞花，宴于後苑。帝作《賞花》五言詩，群臣皆賦。

景德四年三月七日，曲宴後苑。初臨水閣垂釣，又登太清樓觀太宗御書及新寫四部群書，又至景福殿，臨放生池，東至玉宸殿，歷翔鸞、儀鳳二閣，命坐置酒。帝作五言詩，從官皆賦，遂宴于太清樓下。

十六日，大宴崇德殿，中飲，詔近臣曲宴于後苑，賞花、釣魚。帝作《賞花》、《千葉牡丹》詩，從官畢賦。詔大理評事宋綬、邵焕預會。綬、焕皆在秘閣肄業故也。《麟臺故事》：景德四年三月甲寅，大宴崇德殿中，召近臣曲宴于後苑，賞花、釣魚。大理評事宋綬、邵焕預會，以皆在秘閣肄業故也。上作《賞花》、《千葉牡丹》詩各一章，從官畢賦。吏部尚書張齊賢、刑部尚書温仲舒、工部尚書王化基以久在外任，求免應制，不許。有頃，射于太清樓下。

大中祥符元年三月九日，宴近臣于後苑，帝作《賞花》七言詩。

三年閏二月二十二日，後苑賞花、曲宴，特詔衛尉卿糾察在京刑獄慎從吉〔一〕、太常少 38 卿知審刑院劉國忠預會。命集賢校理宋綬、晏殊、秘閣校理邵焕作序。

二十七日，詔輔臣至宜聖殿，朝拜太宗聖容。殿東西設道釋像、經藏，帝作《賞景》、《觀花》詩以賜，從官即席賦詩。又御水心殿垂釣，遂宴于金華殿。小苑花木皆太宗命中黄門所植〔二〕，滋茂異常，輔臣素所未至也。

四年三月八日，車駕駐西京，命從臣射于後苑淑景亭，移宴長春殿。帝作《賞花》、《開宴》詩。

五年三月十九日，詔後苑賞花、曲宴，館閣編修、校勘

〔一〕「糾」原作「考」，「吉」原作「古」，據《宋史》卷二七七《慎知禮傳》改。
〔二〕太宗：原作「太常」，據《玉海》卷三〇改。

官並赴。

二十日，賞花後苑，以雨移御崇政殿南軒曲宴。酒三行，命賦詩。有頃，御北殿，賜宴作樂，帝作《賞花》及《喜雨》詩二首，群臣即席和進。

六年三月五日，賞花，宴于後苑。帝作《賞花》、《釣魚》七言詩，從臣皆賦。又詔從臣令觀苑中連理槐、屏風、連理柏，遂射于太清樓下。

七年三月八日，賞花，宴于後苑。登太清樓觀書，射于樓下。特詔知雜御史預會。帝作《賞花》、《觀書》詩二首，從臣畢賦。

九年三月十三日，賞花，宴于後苑，始詔開封府判官預會。自是推官亦詔。時翰林學士錢惟演坐盧澄事落職〔一〕，特詔預。《麟臺故事》：九年三月乙卯，曲宴，賞花于後苑，上作五言詩，從臣咸賦，因射于太清樓下。《宋類苑》：真宗朝歲歲賞花、釣魚，群臣應制。嘗一日臨池久而御釣不食，丁晉公謂應制詩曰：「鶯驚鳳輦穿花去，魚畏龍顔上釣遲。」真宗稱賞，群臣以爲莫及。

天禧三年三月十三日，曲宴後苑，登翔鸞閣，觀太宗御集及聖製。又御儀鳳閣，玉宸、安福殿，遂臨池垂釣，射于太清樓下。帝作《賞花》、《釣魚》五、七言詩，命皇太子書以示近臣，群臣皆賦。前一日，詔翰林學士錢惟演已下被勘，並領預赴〔二〕。

仁宗天聖三年三月二十一日，後苑賞花，臨池釣魚，遂宴太清樓。是日雨霽，花卉盛發，帝屢目從臣賜花勸酒，各令盡醉。《麟臺故事》：天聖三年二月，幸後苑賞花、釣魚，遂宴太清樓。輔臣、宗室、兩制、雜學士、待制、三司使副、知雜御史、三司判官、開封府推官、館閣官、節度使至刺史皆預焉。

四年四月三日，賞花，宴于後苑。帝循欄，命中使選雙並牡丹花剪賜輔臣，仍令以琱盞盛花，遍賜從官。

五年三月十日，後苑賞花、釣魚，宴于太清樓。

六年三月十七日，幸後苑賞花、釣魚，宴射太清樓。帝親令内侍剪牡丹花賜輔臣。

七年閏二月二十九日，後苑賞花、釣魚，宴射太清樓。

八年二月十九日，後苑賞花，釣魚，觀唐明皇山水字石于清輝殿，因命從官皆賦歌，遂宴太清樓。山水字石，先是永興軍輦至，起清輝殿以安之。是日，從臣應制，令中書第所賦優劣，而秘閣校理韓羲辭獨不成，落職，出通判冀州。《麟臺故(書)〔事〕》：天聖八年二月，上幸後苑賞花，宴輔臣、宗室、從官，及三館京官以上亦預。先是，得唐明皇山水字石于永興，寘于清輝殿。是日，命從臣 39 觀之，應制賦詩，上親第其能否。集賢校理王琪詩最蒙稱善，尋下褒詔，而度支員外郎、秘閣校理韓羲詩最惡，乃奪職爲司封員外郎、通判冀州。范蜀公《東齋遺事》：賞花、釣魚賦詩，往往宿製。天聖中，永興軍進山水石，因命賦山水石歌，出于不意，多荒惡者。中坐優人入戲，各執紙筆若吟咏狀。一人忽仆于石上，曰：「數日來作賞花釣魚詩，準備應制，却被這石頭擦倒。」明

〔一〕盧澄：原作「盧職」。按大中祥符九年三月八日壬子，錢惟演以盧澄私謁事罷翰林學士，詳見《長編》卷八六，據改。

〔二〕領：似當作「令」。

日降出其詩〔一〕，令中書銓定，內鄙惡者與外任。《聞見録》：仁宗朝，王安石知制誥。一日，賞花釣魚宴，內侍各以金楪盛釣餌藥置几上，安石食之盡。明日，帝謂宰臣曰：「王安石詐人也。使誤食釣餌，一粒則止矣，食之盡，不情也。」

九年三月十七日，曲宴後苑，賞花、釣魚，命從臣賦詩，限以五言八韻，以「新」字爲韻。移宴太清樓。是日，先賜食于幕次。

明道二年三月十三日，曲宴後苑，賞花、釣魚。

景祐三年三月六日，曲宴後苑，賞花、釣魚。帝賦詩，群臣席上次韻。移宴太清樓。

嘉祐六年三月二十五日，幸後苑賞花、釣魚，遂宴太清樓。出御製詩一首，命從臣和。自西鄙用兵，遂罷賞花賜宴踰二十年。至是，將大宴，以富弼母喪，特罷之，乃賜賞花之會。（以上《永樂大典》卷一六七五一）

宴餞

【宋會要】40 宴餞之儀，太祖、太宗朝，藩鎮牧伯沿五代舊制，入覲及被召〔二〕、使回，客省賫籤賜酒食，節度使十日，留後七日，觀察使五日。代還，節度使五日，留後三日，觀察使一日〔三〕，防禦使、團練使、刺史並賜生料。節度使以私故到闕下，及步軍都虞（侯）〔候〕以上出使回者，亦賜酒食、熟羊。群臣出使回朝，見日，面賜酒食。中書、樞密、宣徽使、使相，並樞密使伴；三司使、學士、東宮三師、僕射、御史大夫、節度使，並宣徽使伴；兩省五品已上、侍御史中丞〔四〕、三司副使〔五〕、東宮三少、尚書丞郎、卿監、上將軍、留後、觀察、防禦、團練使、刺史、宣慶、宣政、昭宣使，並客省使伴；少卿監、大將軍、諸司使以下任發運、轉運、提點刑獄、知軍州、通判、都監、巡檢回者即賜，並通事舍人伴；客省、引進、四方館、閤門使，並本廳就食。群臣賀，賜衣；奉慰，並特賜茶酒或賜食；外任遣人進奉，亦賜酒食或生料。自十月一日後盡正月，每五日起居，百官皆賜茶酒，諸軍分校三日一賜。冬至、二社、重陽、寒食，樞密近臣、禁軍大校或賜宴其第及府署中，率以爲常。

大中祥符五年，詔：自今兩省五品、尚書省四品〔六〕、諸司三品以上官，同列出使，並許釀錢餞飲，仍休假一日〔七〕。餘官有親屬僚友出行〔八〕，任以休務日餞送。故事，樞密、節度使、使相還朝，咸賜宴於外苑。見、辭日，長春殿賜酒五行，仍設食，當直翰林、龍圖閣學士以上、皇親觀察使預坐。

〔一〕其：原無，據《東齋記事》卷一補。
〔二〕覲：原作「勤」，據《宋史》卷一一九《禮志》二二改。
〔三〕「五日」至「觀察使」十六字原脱，據《宋史》卷一一九《禮志》二二補。
〔四〕侍御史中丞：「侍」字當爲衍文。
〔五〕司：原作「丞」，據《宋史》卷一一九《禮志》二二改。
〔六〕書：原脱，據《宋史》卷一一九《禮志》二二補。
〔七〕假：原作「暇」，據《宋史》卷一一九《禮志》二二改。
〔八〕官：原脱，據《宋史》卷一一九《禮志》二二補。

八年四月，侍衛步軍副都指揮使王能 41 自鎮定來朝〔一〕，宴於長春殿。閤門言：「舊制，節度使掌兵，無此禮例。既赴坐，則殿前馬軍都校當侍立，於品秩非便。」遂令皆預位。

中興，仍舊制，凡宰相、樞密、執政、使相、節度、外國使見辭及來朝，皆賜宴内廷或都亭驛，或賜茶酒，並如儀〔二〕。

〔一〕指：原缺，據《宋史》卷一一九《禮志》二二補。

〔二〕此目原缺《永樂大典》卷次，據《永樂大典目録》，應出自《大典》卷一六五五二「餞」字韻「事韻」目。

宋會要輯稿 禮四六

鄉飲酒禮

【中興會要】

1 高宗紹興十三年四月六日，禮部言：「比部郎中林保奏請，乞將所具《修定鄉飲酒矩範儀制》，乞遍下郡國。本部尋行下明州取索昨討論已行儀制，與林保所具規式參酌修具如右，望鏤版頒行。」從之。

主，州以郡守，縣以縣令，位于東南。賓，擇鄉里、寄居年德高及致仕者爲之，位于西北。僎，州以通判，縣以丞或簿，位于東北。介，以次長，位于西南。三賓，以賓之次者爲之，位于賓、主、介、僎之後。又設郡僚之位，東西相鄉。其餘仕與未仕者，皆以齒序位於兩廊。司正，以衆所準服者爲之。相及贊，以士之熟于禮儀者爲之。

先一日，設罇罍爵洗，各如奠謁之儀。又於庠序之廊設主并介、僎、三賓之次。又設席於堂下，凡鄉之仕與未仕者，以齒序立。又設席於庠門之外，自堂下各以序行立于庠門外之席。質明，主人率賓以下，先釋菜於先聖先師，退各就次，以俟肅賓。

肅賓：賓、主以下各就次，候鳴鼓，相者引賓、介以下序立於庠門之外，北面東上。相者引主人出次，僎從至庠門外，速賓及介少前。主人立于門左，西鄉；賓、介進立于門右，東鄉。贊者立于中，唱曰主人拜，賓、介以下答拜；主人揖，賓、介以下皆揖。主人先入門左，僎從。賓揖，介亦入門右。介揖，衆賓皆入門右，贊者先之，相次之。

序賓：主人與衆賓三揖，儀門一揖，殿廟一揖，將下階一揖。皆贊者唱之。至堂下，升階，三遜。主人先升阼階，僎從。立楣下。賓趨升西階，介從。三賓亦升自西階，並立楣下，各南面。司正亦升自西階，立于西階之上，2 東鄉。教授升自東廡，立于東階之上，西向。郡僚分立兩廡。賓東西相鄉，立於堂下。贊者唱曰賓主以下皆再拜，祭酒。拜訖，相者引主人詣罍洗所盥手，洗爵，詣尊所酌酒，如釋奠儀。僎從。復至阼階，祭酒，嘗酒也。奠爵訖。

主獻：相者少立，引主人再詣罍洗所洗觶，飲賓觶也。至酒尊所酌酒實觶〔一〕，授執事者，至賓席前西北鄉立，執事者分立。直觶者立主人之左，直脯醢者立于右。次引賓自西階趨就席。主人跪左，執觶飲賓，賓拜，一拜。跪受飲酬，主人答拜。拜先興，執事者右薦脯醢，賓受訖，興。主人退就席立，僎亦就席立。

賓酬：相者引賓詣罍洗如主人儀，至主人席前，東南鄉，執觶飲主人。主人拜，跪受飲酬、脯醢，賓答拜如主獻儀。

〔一〕酒尊：原作「何尊」，據《宋史》卷一一四《禮志》一七改。

主人酬介：相者引主人再詣洗所，洗觶、飲介觶也。酌酒如前儀，至介席前。次引介自西階趨就席，主人飲介如賓儀。主人復退就席位。

介酬衆賓：相者引介詣洗所如賓儀，介洗三觶，飲三賓也。至衆賓之長席前，相者引衆賓之長自西階趨就介席，跪勸如賓儀。衆賓之長跪受立飲，復位。次引次賓一人至席前，飲如前儀，退。又引次賓一人至席前，介飲亦如之。並復位訖，介至堂下，迎揖衆賓就席，主人就席，僎從，次賓就席，介從；次三賓、教授、司正各就席，次郡僚就席，次衆賓各就席。並相者引之。贊、相及執事者各就席，在堂上者升，在西廡者各就位。修爵無筭。賓主以下坐訖，酒三行。每酒一行，主人揖賓及介，介揖衆賓，並禮生唱之。

沃洗：卒飲，贊者詣主人席前唱曰：請主人沃洗。相者捧觶，請主人酌酒。相者捧觶詣洗所跪，直洗者亦跪受，立飲訖，[3]各就位揚觶。贊者詣席前唱曰：主人以下皆執笏。次引司正出位，贊者曰：請司正揚觶。次引司正取主人觶詣洗觶，至席前跪而揚觶訖，贊者請司正致詞。司正乃言曰：「古者於旅也語，於是道古。仰惟朝廷，率由舊章，敦崇禮教。今茲舉行鄉飲，非專爲飲食而已，凡我長幼，各相勸勉，忠於國，孝於親，内睦於閨門，外比於鄉黨，胥訓告，胥教誨，毋或愆墮，以忝所生。」贊者曰「修爵訖」，司正復位，主人以下復坐。

拜送：相者引主人興，復至阼階楣下，僎從。賓介復至西階楣下立，三賓亦至西階，並南鄉。教授復立東階，西鄉；司正復立西階，東鄉；郡僚復立兩廡，衆賓立于堂下，東西相鄉立。贊者唱曰主人拜，賓介以下再拜。拜既拜訴〔一〕，賓介與衆賓先自西趨出，主人少立，自東出。賓以下立于庠門外之右，東鄉北上；主人立于門外之左，西鄉。僎從。贊者立於中，唱曰主人再拜，賓介以下皆再拜，逡巡而退。

約束凡九事：其一，無士行者不得齒于鄉飲之列。其二，置鄉飲年齒簿。以所生年月日先後爲比。其三，輪請本鄉士大夫老成者與州學教授同主其事，其所立賓及僎、介並與主人謀之，隨宜潤澤之。其四，合赴鄉飲人年七十以上者，教授同掌鄉飲酒官具書以禮敦請之；五十以上及有官者，以咨目列位請之；其餘士人，各自具年甲，報本學編排位次。十九歲以下並侍立，曾得解者許坐。父在坐則子侍立，有官者別席。七十歲以上許免拜。其五，鄉飲所須飲食，器具，敦[4]請鄉之士大夫有功力者各備十位，力可倍者倍之。其六，行禮有期，而有疾故不能者，前期具狀免，擅自不赴者除其籍。其七，不係學籍及齒於鄉飲者不得稱進士。其八，應赴鄉飲人有犯倨傲、戲翫、争訟、喧嘩等，並依學規行罰，有正條者送所屬，仍除其籍。其九，有該載不盡及難舉事件，並各從其鄉之便。

〔一〕拜既拜訴：當有誤。《宋史》卷一一四《禮志》一七述慶元鄉飲之禮無此一句。

十七年正月二十七日，左迪功郎陳介言：「伏覩國家頒降鄉飲酒儀式，諸州遵行，緣初無所行歲數之文，望朝廷明降指揮，令諸州三歲科舉之年行之于庠序。」國子監參詳：「《周禮》州長春秋會民，則一歲再飲；黨正大蜡正齒位，一歲一飲；鄉大夫賓賢能，則三歲一飲。《禮記·鄉飲酒義》曰：鄉人士君子。鄭氏謂：『鄉人，鄉大夫也；士，州長、黨正也；君子，鄉大夫也。鄉大夫、士飲國中，賢者亦用此禮。』則鄉飲酒凡有四事，行之疎數不同如此。漢、晉而下，間或行之。唐貞觀初頒其書於天下，欲每歲行之，其後亦止行於貢士之歲。既歷代舉行歲數不同，欲依請令郡縣於科舉之年行鄉飲酒禮於庠序一次。如願每歲行之者，聽從其便。」從之。

二十六年四月二十七日，新通判撫州張洙言：「昨因臣僚獻言，士人應舉並須先赴鄉飲酒註籍給據，方許赴試，欲以革冒貫者。且鄉飲酒所以明長幼之序，興禮遜之風，當(其)與科舉並行而不相悖。欲望科舉保任，並依舊制，雖不預鄉飲酒者皆許赴。」國子監看詳，欲依所請，5今後科舉依舊法，其鄉飲酒禮願行於里社者，聽從其便，仍不許官司干預。從之。（以上《永樂大典》卷一二〇七〇）

宋會要輯稿　禮四七

優禮大臣

【宋會要】❶太祖受禪，降詔四方，時天雄軍節度、太尉、中書令、魏王符彦卿以累朝宿將，優其禮而不名。彦卿表乞呼名，詔答不允。

太祖建隆二年九月，江南李煜上表進貢，陳叙襲位之意。降詔答之，但呼「國主」而不名，因周朝待江南之禮也。初，周世宗每貽書於李璟，但呼國主，而朝廷因之，令煜襲位，雖始降詔，仍存國主之號。

乾德元年十二月，江南李煜上表乞呼名，詔曰：「王者禮諸侯也，異姓謂之叔舅，詔書賜之不名，載乎禮文，見乎史册。顧惟涼德，慨慕前王，矧彼大邦，宜加異數。國主禮存事上，義執撝謙。請呼君前之名，誠爲忠順；俯同臣下之制，何辨等衰？難議允俞，彌深嘉歎。所請不允。」

開寶四年十一月，江南李煜遣其弟從善以郊禋來朝貢，煜仍上表乞降詔呼名，從之。先是，李璟已來，每上表自稱「唐國主」，印文爲「唐國之印」，周世宗猶答之以書。至太祖受禪，璟死煜立，命改書爲詔，然尚以國主呼之。至是，煜聞廣南已下，頗懼，乃上表稱「江南國主」，改印文爲「江南國印」，仍乞呼名。

九年九月，吴越國主錢俶來朝，特制賜劍履上殿，詔書不名。

太宗太平興國三年四月，俶遣使上言，乞今後所賜詔呼名。詔曰：「卿油幢濟美，鼎鉉銘功，聿傳賜履之榮，實荷專征之寄。先皇帝大詔虎旅，問罪金陵，賴卿忠勞，遽兹戡定。又秉桓圭而入覲，拜文陛以稱觴，尊獎天朝，勤❷勞王室。爰舉不名之典，用旌蓋世之勳。忽爾撝謙，遽形推避。矧惟茂典，出自先朝，顧余沖人，纘承舊服，方優崇於元老，敢廢墜於寵章！所請宜不允。」

九年六月十日，前保義軍節度使杜審進謝許受楚王已下拜禮。

淳化三年四月，賜問太師趙普，璽書不名，辭曰：「皇帝問太師：頃以微痾，懇求引退。朕以居守二宅之重，中書八柄之劇，慮其職務，尚煩耆耋，爰改維師之秩，用諧就第之安，解簿領之糾紛，加藥石之治療。公家之事，不撓於襟靈；師臣之心，益勞於寤寐。必應閒適，已遂康寧。行聞有瘳，與朕相見。今遣使往彼撫問，仍賜飼羊、上樽，具如别録。太師其愛精神，近醫藥，彊飲食，以副朕眷注之意焉。」《宋朝事實》(一)：開寶元年，貶雷德驤官。初，德驤判大理寺，其官屬與堂吏附會宰相，擅增減刑名，德驤憤惋，面白其事，併言趙普强市人第宅，聚斂

(一)按，以下引文不見於今本《宋朝事實》，而見於呂中《宋大事記講義》卷二。

財賄。上怒曰：「鼎鐺猶有耳，汝不聞趙普吾社稷之臣乎！」以判大理寺而敢於言大臣之短，不惟養後日敢言之風，亦可以無大臣專權之禍。漢高帝聞蕭何多買田宅之污，則有械繫元勳之辱，此漢一代所以有誅戮大臣之禍。我太祖聞趙普彊市人第宅之事，則有「鼎鐺有耳」之責，此本朝所以有進退大臣之禮。

真宗大中祥符八年二月，制皇兄楚王元佐特加天策上將軍，仍賜劍履上殿，詔書不名。

九年，宰臣王旦以疾求罷，入謁滋福殿，帝曰：「朕方以大事托[3]卿，而卿疾如是。」乃命皇太子拜旦，旦因進曰：「太子盛德，必任陛下事。」

乾興元年二月，皇叔涇王進封定王，加贊拜不名。先是，詔中書門下别定接見皇叔涇王儀，禮院言：「漢章帝詔沛、濟南、東平、中山王贊拜皆勿名。晉康帝即位，詔武陵王晞贊拜不名。今參詳，涇王朔望每殿庭朝會及起居，並依故事賜贊拜不名；皇帝於内中見王，即依先帝見大長公主儀式。」從之。至是又再帖入恩制行下。

天聖五年十二月，制皇叔定(皇)〔王〕賜詔書不名。

八年十二月，制皇叔鎮王賜劍履上殿，詔書不名。以上《國朝會要》。

哲宗即位，元豐八年三月二十六日，詔皇叔泰寧鎮海等軍節度使、守司空、開府儀同三司、雍王顥，保信保静等軍節度使、守司空、開府儀同三司、曹王頵，賜贊拜不名，五日一朝，見於内中如見大長公主之儀。四月二十六日，雍王顥、曹王頵上表辭，詔不允。

哲宗元符三年正月九日，保平奉寧等軍節度使、守司空、開府儀同三司、申王佖改永興成德等軍節度使〔一〕、京兆真定尹，遷守太傅，進封陳王，賜贊拜不名。

徽宗宣和七年十二月二十六日，詔：「越王、燕王，屬近行尊，其賜入朝不趨，贊拜不名。」以上《續國朝會要》。《中興》、《乾道會要》無此門。

太宗端拱元年七月秋〔二〕，大熱，太宗以宰相趙普耆年，詔許每日長春殿對罷便歸私第頤養，候涼赴中書視事。普頓首謝。

淳化三年七月七日，詔遣左正言張[4]秉齎太師趙普生辰器幣、鞍馬，就西京賜之。國朝故事，非同平章事者無生辰國信之例，帝以普勳舊，故特異其禮。

真宗大中祥符三年六月二十四日，翰林侍讀學士邢昺病篤，真宗親臨問。國朝故事，非宗戚將相無省病臨喪之行，惟昺與郭贄以恩舊特用此禮，儒者榮之。

五年八月，以左僕射張齊賢爲特進、守司空致仕。及中謝，方拜而仆，遽止之。既命坐，令益坐墪爲三以寵之〔三〕。及歸西京，入辭，帝憐其衰羸，命不拜，聽二子掖而升殿。

〔一〕佖：原作「秘」，據《長編》卷五二〇改。

〔二〕按，以下又自太宗起，當是《大典》中分屬另一類目。

〔三〕坐墪：原作「塾」，據《長編》卷七八改。

天禧三年二月十四日，彰德軍節度觀察留後馬知節將赴知貝州，特免其朝辭，召對便坐，掖而升殿。

四年五月，新授左屯衛上將軍致仕王嗣宗求入面辭，及爲拜跪稍難，乞免舞蹈，令其子扶掖升殿。從之。

仁宗慶曆三年正月，制宰臣呂夷簡進司空、軍國重事，候疾損（目）〔日〕三五日一入中書。夷簡累以疾求罷，朝廷異數留之也。

至和元年十月，詔樞密使王德用高年，入朝謁，其特免拜。

十二月，知并州韓琦以疾乞太醫齊士明，而翰林醫官院言士明當診御脈，不可遣。仁宗立命内侍竇昭挾齊士明往視之，以示優寵也。

英宗治平元年閏五月，進宰臣韓琦等官〔一〕。英宗御延和殿，召琦等入謝，琦等以方辭避不敢入，帝固召之。既視事入，復出御延和殿以俟。琦等遂入謝，命坐賜茶，優遇大臣也。《珍席放談》〔二〕：英宗嗣位，韓忠獻當國，策立之宗工也。永昭禮成，丐辭機政再三，遣使諭留，避請弗已。上親染5宸翰貺之曰：「卿有大德於朕，有大功於社稷，方倚老成，共圖新政，卿何嫌何疑，遂欲去位？卿若不起，朕將親往公所。」翌日，遂出輔政如初。台宰乞罷，眷禮之厚未有此比也，士論不以爲恭而以爲宜然。蓋大臣有非常之業，然後可當非常之恩矣。以上《國朝會要》

神宗治平四年未改元。正月十七日，詔皇伯祖東平郡王允弼、皇叔祖襄陽郡王允良〔三〕：「古之王者禮近屬，推恩以廣愛於天下。有伯祖、叔祖，居朝以藩屏于王室，重惟先帝，常所尊遇。朕新紹基構，思廣親親之道，匪用優待，何以旌別！其只朝朔望，以表異數。」

熙寧元年二月九日，詔判河陽富弼移判汝州，從其請也。因令朝見訖赴任，許肩輿至殿門，令其子扶掖入見，仍免拜起。

元豐三年三月二日，詔以光禄大夫、行尚書工部侍郎、同中書門下平章事、監修國史吴充爲行吏部尚書、觀文殿大學士、西太一宮使，仍詔大朝會許綴中書門下班，依知大藩例支添給。

六月十一日，詔寶文閣學士、右諫議大夫、兼侍讀陳薦久苦足疾，除將來親祠明堂外，諸祠攝事免一年。

閏九月二十三日，賜御筵於都城門外餞送文彦博，令中書、樞密院臣寮同赴，上自爲詩賜之，仍命參知政事章惇爲之序。詔曰：「卿在祖宗朝，蚤冠三事，懷忠奮策，迄有大勳。來覲外廷，相成宗祀。崇進公品，往莅洛師。錫燕賜詩，昭示殊禮。仍敕近輔，序而識之，庶傳無窮，著見賢業。6其承朕志，體服眷恩。今賜卿詩、序，至可領也。」先是，三年九月四日，召河東節度使、守司徒、兼侍中、判大名府文彦博陪祠，是月二十六日，制守太尉、開府儀同三司、

〔一〕地脚原批：「以上十六字，寄據《大典》一萬四百五十四補。」

〔二〕席：原作「度」。按北宋高晦叟撰《珍席放談》，今有四庫全書所輯《永樂大典》本，據改。但此條四庫本失收。

〔三〕句中兩「祖」字原脱，據下文補。允弼、允良爲神宗祖允讓之堂兄弟。

太原京兆尹、判河南府、潞國公、充河東永興軍節度、管內觀察處置等使。彦博固辭兩鎮，乃加食邑千户、食實封四百户。

六年十月九日，詔：「江夏郡王、知大宗正宗惠年高，艱於趍拜，應太廟祠事宜並免。濟陽郡王曹佾，將來大禮上二帝徽號，止令赴宿衛。」

哲宗元祐元年閏二月三日，詔新除觀文殿大學士、判陳州蔡確如前宰相儀。

四月二日，命入内内侍省押班梁從吉齎詔賜守太師致仕文彦博曰〔一〕：「卿踐更二府，弼亮三朝，名聞四夷，功在天下。注想元老，渴見儀刑〔二〕。宜疾其驅，副我虚佇。詔書到日，卿可肩輿赴闕〔三〕，并男貽慶、居中隨侍。」令河南府津置行李。

六日，詔守太師致仕文彦博赴闕，獨班起居，減拜，肩輿至下馬處，子弟一人扶掖。出入儀制，依見任宰臣。

十五日，詔賜文彦博曰：「朕紹承皇緒，臨御寶圖，涉道未明，罔知攸濟。乃睠元老，弼亮三朝，功被生民，名重當世，天錫眉壽，既艾而昌。宜還師臣，輔我大政。已降制授太師、平章軍國重事。可一月兩赴經筵，六日一入朝，因至朝堂與執政商量事；如遇有軍國機要事，即不限時日，並令入預參決。其餘公事，只委僕射以下簽書發遣。俸賜依宰臣例。」

十七日，詔太師文彦博到闕朝見日，7 止令四拜起居，所有謝對衣等禮數，並特免拜。

十八日，宰臣司馬光特賜告治疾，給俸如故。

十九日，詔：「新除尚書左僕射司馬光見爲足瘡在假，聞自今年四月不請諸般請受，可勿住支。仍録此付光。」

二十一日，守太師文彦博特許用宰臣使相出使到闕例書判。

三十日，河東節度使、守太師、開府儀同三司致仕、潞國公文彦博進對，命其子承議郎、權發遣提舉三門白波輦運貽慶扶掖上殿，賜貽慶金紫章服。《邵氏聞見録》：文潞公判北京，有汪輔之者新除運判，爲人辨急。入謁，潞公方坐廳事，閲謁刺，置案上不問〔四〕，入宅久之乃出，輔之已不堪。既見，公禮之甚簡〔五〕，謂曰：「家人頃令沐髮，忘見，運判勿訝。」輔之沮甚。舊例，監司至之三日，府必作會，公故罷之。移文定日檢按府庫，通判已次白公，公不答。是日家宴〔六〕，内外事並不許通〔七〕，匙鑰不可請。輔之怒〔八〕，破架閣庫鎖，亦無從檢按也。密劾潞公不治。神宗御批輔之所上奏付潞公，有曰「侍中舊德，故煩卧護北門，細務不必勞心。輔之小臣，敢爾無禮，將别有處置」之語。潞公得之，不言。一日，會監司曰：「老謬無治狀，幸諸君寬之。」監司皆愧謝，出御批以示輔之，輔之皇恐

〔一〕吉：原作「古」，據《長編》卷三七四改。
〔二〕刑：原作「形」，據《長編》卷三七四改。
〔三〕闕：原作「關」，據《長編》卷三七四改。
〔四〕「案」原作「按」，據文意改；「上」原作「下」，據《聞見録》卷一〇改。
〔五〕簡：原脱，據《聞見録》卷一〇補。
〔六〕宴：原作「晏」，據《聞見録》卷一〇改。
〔七〕許：原作「虚」，據《聞見録》卷一〇改。
〔八〕「輔」上原有「稱」字，據《聞見録》卷一〇删。

逃歸，託按部以出。未幾，輔之罷。嗚呼！神宗眷遇大臣，沮抑小人如此，可謂之聖也。《文昌雜録》：元豐甲子二月五日，太師致仕文公自西京造朝脩謝，對于垂拱，詔是日特開宴。酒五行，命御藥院内 [8] 侍梁從政特以大觴酌御樽酒以賜之，且命飲，侍臣拭目以觀，恩禮之隆遇焉。《邵氏聞見録》：神宗元豐四年，召北京留守文潞公陪祀南郊。會更官制，自司徒〔一〕、侍中拜太尉，罷侍中，爲開府儀同三司、判河南府，陛辭。先是故參知政事王堯臣之子同老以至和中潞公與劉相沆、富韓公弼、王參政堯臣共乞立英宗爲皇嗣章草進呈〔二〕，明其父功。帝留之禁中，面問潞公，公對與同老合。乃加潞公兩鎮節使，官其子宗道爲承事郎。潞公力辭兩鎮，止受食邑。劉沆贈太師、中書令兼尚書令、兖國公，子僅自祠部員外郎爲天章閣待制。王堯臣贈太師、中書令，賜謚文忠，子同老自祠部員外郎充祕閣校理。富公進司徒，子紹京除閤門祗候。富公之客李偲問公曰：「公治平初進户部尚書，屢辭，今進司徒，一辭而拜，何也？」公曰：「治平初乃某自辭官也，今自潞公以下皆遷，某豈敢堅辭〔三〕，妨他人也？」蓋潞公與荆公論政事不合，出判北京，七年不召，自此帝眷禮復厚矣。

五月七日，詔：「尚書左僕射司馬光足疾已平，惟妨拜跪，可不候參假，放正謝，免造朝，許肩輿三日一至都堂聚議，或門下、尚書省治事。」光言：「臣近奉旨許肩輿至内東門外，令男康扶掖至小殿引對，特免起居，禮數愈重，尤不敢當。乞俟垂簾日於延和殿引見，并乞乘轎至下馬處，遇拜扶掖，候安日復舊。」詔令乘轎至崇政殿，垂簾日引對。

十二日，詔奉議郎、[9] 祕書省正字司馬康以扶侍父延和殿進對，賜緋章服。

六月二十一日，宰臣司馬光言：「請自今遇延和殿垂簾日，赴起居奏事。」從之，仍以足瘡詔許乘轎，起居特免拜，及令男康扶掖入殿。《文昌雜録》：司馬公光拜門下侍郎，辭避甚確，累遣御藥院近侍召受告身，隻日特垂簾，促令告謝，押赴門下，公即歸私第。又遣入内都都知張茂則宣召供職〔四〕。國朝故事，惟宰相或間遣御藥院近臣傳旨，都知累朝未嘗遣也。召受告身，隻日特開延和，又遣都知宣召，皆非舊例，恩禮之隆，今昔絶擬。

十一月二十九日，詔北使朝辭日，太師文彦博免起居。

二年四月八日，詔太師、平章軍國重事文彦博可自今後每十日一赴朝參，因至都堂議事，仍一月一赴經筵。以彦博累章乞致仕，故有是命。

六月三日，詔護國軍節度使、濟陽郡王曹佾坤成節獻壽崇政殿，特綴宰相班，減拜。

八月二十一日，詔新知鄧州、資政殿大學士韓維知汝州。維解機政出守，而其兄絳言其病悴，請汝以便醫，故有是命。

二十四日，詔賜文彦博、呂公著曰：「朕聞几杖以優賢〔五〕，著之典禮；耋老無下拜，書於《春秋》。魏太傅鍾繇以足疾乘車就坐，自爾三公有疾，以爲故事，而唐司徒馬燧亦以老病自力對於延英，詔使無拜。今吾耆老大臣，四朝之舊，德隆而望重，任大而憂深者，惟卿與公著而已。方資

〔一〕司：原作「可」，據《聞見録》卷三改。
〔二〕宗：原作「宋」，據《聞見録》卷三改。
〔三〕豈：原作「宣」，據《聞見録》卷三改。
〔四〕都都知：原脱一「都」字，據《文昌雜録》卷六補。下同。
〔五〕几：原無，據《長編》卷四〇四補。

其著龜之告，豈責以筋力之禮？今後入朝，凡有拜禮，宜並[10]特免。卿其專有爲之報，略無益之儀，毋或固辭，以稱朕意。」

二十八日，文彥博上章辭不拜恩命，詔曰：「朕優禮師傅，達德齒之尊，以亟拜爲可略，古之道也；卿謹嚴朝廷，明君臣之分，以不拜爲未安，禮之節也。道並行而不悖，義有重而難移。勉徇所陳，不忘嘉歎。所請宜允。」仍詔公著以步履稍難，自今每遇入朝，特許令男一人入殿扶掖。先是，詔彥博等毋拜，既而固辭，不允。翰林學士蘇軾言：「禮經八十拜君命，一坐再至。所謂君命者，傳命而拜，非朝見也，然且不免。周天子賜齊桓公胙，命曰：『伯父耋老，無下拜。』公曰：『天威不違顏咫尺。』下拜登受。所謂無下拜者，無拜於堂下，非不拜也，然且不敢。鍾繇以足疾乘車就坐，疑若不拜，然亦無明文。君前乘車，豈足爲法？而馬燧延英不拜，蓋是臨時優禮，無今後遂不拜之文。祖宗舊例，如呂端之流以老病進對，亦止於臨時傳宣不拜。今來彥博、公著今後免拜旨揮，自是朝廷優賢貴老，度越古今，無可議者。但有司合守典禮，兼恐彥博、公著終不敢當，不若允其所請。若聖上優閔老臣，眷眷不已，遇其朝見，間或傳宣不拜，足以爲非常之恩。所有不允批答，臣未敢撰。」從之，故有是詔。

(二)〔三〕年正月二十九日〔一〕，詔鎮江軍節度使、開府儀同三司、守司空致仕韓絳辭日，令男宗師扶掖入殿。

四月五日，詔司空、同平章軍國事呂公著一月三赴經筵，二日一朝，因至都堂議軍[11]國事。遇入都堂議事，勿限時出省，常行文書免簽書，及附近東西府公廨，聽執政就議事。

徽宗政和五年三月十四日，手詔：「比覽元豐訓詔，得故相韓琦、文彥博至和、嘉祐定策之勳，功在社稷，久而彌彰，追往念功，惻然永歎。琦以其子贈至極品，止循常格，未加褒異；彥博罪籍未除，舊官未復。琦可封郡王，彥博可除罪籍，復舊官，悉與所得恩例。付國史院記載其實。」

六年四月八日，詔何執中已除太傅致仕，特許旦望赴朝參，所有請給、應(彼)〔破〕使臣人從等，所服帶、打繖、上下馬處等恩數，可並依舊〔二〕。

〔宣和元年〕九月十六日〔三〕，詔鄭居中已除少傅、威武軍節度使、佑神觀使、充神霄玉清萬壽宮使，進封崇國公，所有應干恩數、請給并差破使臣〔四〕、人吏、諸色祇應人等，並依宰臣例施行。朝堂立班在少宰之下，從吉日令東上閤門降告訖朝見上殿〔五〕。冬祀陪祠，仍許令先次赴受誓戒。

〔一〕三年：原作「二年」，據《長編》卷四〇八改。下條亦三年事。
〔二〕天頭原批：「以上《大典》一萬四百五十四同。」
〔三〕宣和元年：原無，據《宋史》卷二一《徽宗紀》三補。
〔四〕破：原作「廣」，據原稿禮四七之一四複文改。
〔五〕天頭原批：「寄案：原本『告訖朝見』作『吉詣廟見』，今據《大典》一萬四百五十四校改。」

以上《續國〔朝〕會要》。

高宗紹興二十年十二月二十一日，詔閤門傒太師秦檜赴朝參日，許令肩輿至合上下馬處，仍令二孫扶掖起居。以上《中興會要》。

孝宗紹興三十二年未改元。十一月十四日，左中奉大夫、充敷文閣待制辛次膺召赴行在〔一〕，引見進對，以足疾詔毋拜。

二十九日，詔參知政事張燾朝謁，許乘轎入出皇城門，至宮門內上下馬處，許帶火踏子入出。以燾病特降是詔。

十二月三日，詔參知政事張燾、辛次膺許請朝謁，帝朝等 12 假〔二〕，依時入局治事。如有面對，於午後令內殿引見。

隆興二年閏(三)〔十一〕月三日〔三〕，詔少保、觀文殿大學士、充醴泉觀使、福國公陳康伯，內殿起居畢，上殿賜坐。奏事訖，更不降階，止便就坐賜茶，下階免謝坐。又詔陳康伯爲病權令乘肩輿入皇城，至殿門外，差知班扶掖赴殿內起居。候上殿，即差舍人扶掖至榻前。《宋史》：陳康伯被召再相，至闕下，詔子安節、壻文好謙掖以入，減拜賜坐。間日一會朝，許肩輿至殿門，仍給扶，非大事不署。

五日，詔陳康伯餘疾未平，尚妨拜跪，可隔日一朝，每日赴都堂治事。應非取旨并常程事，並權免簽押。

二年十一月十日，詔參知政事周葵爲墜馬有傷〔四〕，免乘騎，權令乘轎入內趁赴朝參。以上《乾道(要會)〔會要〕》〔五〕。

（以上《永樂大典》卷三一八七）

13〔政和六年四月〕二十七日〔六〕，詔：太師蔡京三上章乞致仕，自今特許三日一造朝，仍赴都堂及輪往逐省治事。

五月一日，詔太師蔡京令遇朔望許朝，三日一知印當筆，不赴朝日許府第書押，不押敕劄，不書鈔。

六日，尚書省言：「奉御筆，太師蔡京自今特許三日一造朝，仍赴都堂及輪往逐省通治三省事，以正公相之任，事畢從便歸第。未審三日一朝，除與不除假故。如不係朝日分，遇車駕朝獻、行幸、筵宴、慶賀、聽御札〔七〕、拜表行香、按視及虜使見辭并非次宴集之類，合與不合趁赴。」奉御筆合趁赴，內申明假故一節，閤門供對已進呈，合除假外，詔實理三日趁赴。

〔一〕天頭原批：「寄案：《大典》一萬四百五十四作『次應』。」今按，當作「膺」。

〔二〕帝朝：似當作「常朝」。

〔三〕十一月：原作「三月」，據《宋史》卷三三《孝宗紀》一改。

〔四〕葵：原作「蔡」，據《宋史》卷二一三《宰輔表》四改。

〔五〕原稿「乾道會要」之後又批有「續會要」三字，爲屠寄筆迹，不知何意，今不取。

〔六〕政和六年四月：原無。按，以下爲《大典》卷一〇四五四所收，卷三一八七所無之文。原稿此條之上有「打繳上下馬處等恩數可並依舊」十餘字，已被屠寄鈎去。此乃上文禮四七之一一政和「六年四月八日」條末句殘文，可見本條乃政和六年四月事，今補六字。又，此條天頭有屠寄批語：「此二段接上『可並依舊』條下。」

〔七〕札：原作「禮」，據文意改。

七年十一月六日〔一〕，詔：「太師、魯國公蔡京告老乞骸，章數十上，議難固違，可細務特免僉書，五日一朝，赴都堂治事。」

宣和元年四月九日，太師、魯國公臣蔡京言：「昨蒙寬假，許朝五日，止省大事，而臣年餘七十，禮當謝事。今三省録黄畫旨，又進文字與六曹奏鈔、敕命行下，猶繫臣名銜，著『不押免書』字，豈有身不任事，事非己出，繫名其上？虚負天下之責，靦顔慚怍，罔知所措。」奉御筆，有繫書一節可從所請【14】外，餘並依前後累降詔旨，無復別有陳請。

二年六月八日〔二〕，太師、魯國公蔡京奏：「臣以衰病，三上章陳乞致仕，伏蒙聖慈賜臣御筆，至比迹於周公，顧臣何人，敢當此禮！緣臣自被識拔，承輔軒陛垂二十年，辨釋讒謗，脱於患禍，天地父母之施，蓋無以過。又使間朝五日，疲老餘生，遂得休佚，三省職事，許不省治。而恩禮頻煩，有加無替。聯姻國戚，子尚王姬，賜予寵賚，略無虚日，輕舟小輦，鳴鑾七幸，婢妾僕皂，皆被恩榮。眷禮若此，安敢言去！偶緣比來體虚心弱，暑氣所傷。七十謝事，禮不可踰，加以四年，已爲貪冒。况又病疾寖深，不能自已，臣不敢再上表章，謹令男攸持此劄子，請對投進。」詔可依所乞，守本官致仕，依舊神霄玉清萬壽宫使，在京賜第居住，其恩禮俸給之屬及見破官吏、人從等並依舊，仍朝朔望。

六年閏三月十一日，詔太子詹事耿南仲拜跪艱難，止令趁赴朔望起居。

十二月二十日，制太師、魯（周）〔國〕公致仕蔡京可落致仕，領三省事，五日一赴朝請，至都堂治事。以上《續宋會要》。

（以上《永樂大典》卷一〇四五四）

〔一〕天頭原批：「此三節補入高宗紹興二十年上。」

〔二〕此前原整理者删去一條，且批云：「複，校銷。」按，所删之條即本卷禮四七之一一宣和元年「九月十六日」條。

宋會要輯稿　禮四八

禡祭〔一〕

【宋會要】

1 太宗太平興國五年十一月十日〔二〕，帝親征河東。出京前一日，遣右贊善大夫李斡、潘慎修出郊用少牢祭蚩尤〔三〕、禡牙。又令著作佐郎李巨源就北郊望氣壇，用香、柳枝、燈油、乳粥、酥蜜〔四〕、餅果祭北方天王。

真宗咸平四年七月十六日，詔太常禮院定禡祭儀〔五〕，付河北三路總管。祭日，所司除地爲壇，四方各五十步，設兩壝，繞以青繩，張幕，置軍牙六纛神位版〔六〕。版方七寸，厚三分。祭用剛日，具常饌，牲用太牢。以羊豕代。其幣軍牙以白，六纛以皁，各長一丈八尺。都總管爲初獻，以次將官爲亞獻、三獻，皆戎服。清齋一宿，將校陪列。禮畢焚其幣，釁鼓以一皮〔七〕。《禡牙文》：「維年月日，某官某乙敢以牲牢告于軍牙之神曰：五材並用，誰能去兵；四夷不庭，必將右武。是故我國家鑿門命將，授鉞出征，驅桓桓之師，整堂堂之陣，式遏亂略，龔行天誅，大庇生民，撫寧方夏。爰以剛日，告于明神。神其奮發威靈，導迎吉氣，使飈馳霆擊，所向無前，履險摧堅，一月三捷。助貔貅之賈勇，勦豺狼之沓貪，盡焚虜庭，大空漠北，飲馬瀚海，勒石燕然。役不踰時，兵無血刃，殲厥醜類，惟神之功。急急如律令。」《祭六纛文》：「維年月日，某官某乙謹以牲牢致祭于六纛之神：夫四夷猾夏，《虞典》所以明五刑；十乘啓行，《周禮》所以申九伐。蠢茲獯虜，盜有燕陲，爲讎大邦，荐擾邊鄙，使燧火不得徹警，戰士勞於被堅。未焚老上之庭，猶遣輪臺之戍。帝赫斯怒，命將出征。虎賁鼓勇於顔行，天威震曜於夷落。乘匈奴之運盡，建戎旆以長驅。是用昭告于爾大神，神其假太乙之威靈，奮長庚之芒角，使星狼戢耀，旄頭不明，助漢將於九天，滅陰山之胡國。渠魁斯獲，懸首槀街，醜類畢殲，築尸京觀。乞靈徼福，式佇神休。尚饗。」

高宗紹興三十一年十月二十六日，太常寺言：「朝廷興師，欲依典故行禡祭，用祝文，述以金人敗盟，朝廷不得已而興師，冀獲陰助，勦除妖孽，以速萬全之意。以甲丙戊庚壬剛日行禮〔八〕，獻官以大將軍、招討使充；奉禮郎、太祝、太官令各一員，以所在州縣官充。」從之。（以上《永樂大典》

〔一〕天頭原批：「軍禮。」按，此門之文，本書禮一四之三九有複文，出《續會要》。

〔二〕太宗：原作「太祖」，據下年號改。

〔三〕「修」下原有「就」字，據《宋史》卷一二一《禮志》二四刪。

〔四〕蜜：原作「密」，據《文獻通考》卷八九改。

〔五〕詔：原作「設」，據《宋史》卷一二一《禮志》二四改。

〔六〕六纛：《宋史》卷一二一《禮志》二四作「大纛」。

〔七〕皮：《宋史》卷一二一《禮志》二四作「牢」。

〔八〕丙：原作「戊」，據本書禮一四之三九改。

卷一七五九〇㈠

諭降㈡

【宋會要】2太宗太平興國四年二月二日，詔親征太原。

五月四日，帝自草詔賜劉繼元，諭以速降，必保終始富貴。

五日，幸城南，督諸將急攻之。城欲壞，帝恐屠其城，因麾衆少退。是夕夜漏上十刻，劉繼元遣僞客省使李勳上表納欵，束身請罪。帝喜，賜勳襲衣、金帶、銀器、錦綵、塗金鞍勒馬等，即命通事舍人薛文寶齎詔書入城宣諭。

六日，夜漏未盡，幸太原城北連城，盛陳兵衛，張樂，宴從官於城臺。遲明，繼元率僞官屬等，皆白衣紗帽，俯伏待罪臺下。遣閤門使宣詔釋罪，賜繼元襲衣、玉帶、金銀鞍勒馬三匹、金器五百兩、錦綵二千段、銀器五千兩，僞官各賜衣服、金銀帶、器幣。帝親勞之，繼元叩頭言曰：「臣聞車駕親臨，即願束身歸罪，致鑾輿暴露，臣尚敢以孤壘拒戰，蓋亡命卒懼死劫臣，不許降耳。」先是，軍中有亡命投繼元者，繼元悉以隸親衛，帝命籍之，得八百人，斬於纛下。其降卒數萬人，盡賜以衣服、錢帛，分隸諸軍。

七日，文武從官詣行宫稱賀，肆赦。

五月二十九日，授繼元特進、檢校太師、右衛上將軍、上柱國、彭城郡公、食邑三千户。僞官二十四人，悉命以官。時方在軍中，故多不備禮。（以上《永樂大典》卷七六七〇）

㈠按《大典》卷次，原標作「一萬六千五百九十七」。查《永樂大典目録》，此卷爲「縣」字韻，事目爲「歷代置縣」，顯然與禡祭無關。應爲「一萬七千五百九十二」，此卷正爲「禡」字韻、「禡・事韻」目。今改。

㈡原無「諭」字，據正文内容及《大典》卷七六七〇事目補。

宋會要輯稿　禮四九

尊號

【宋會要】❶僖祖諱朓〔一〕，漢京兆尹廣漢之後。生于燕薊，仕唐，歷永清、文安、幽都三縣令。建隆元年三月，追尊曰文獻皇帝，廟號僖祖。諡議翰林學士竇儼撰，册文中書舍人扈蒙撰。大中祥符五年閏十月，加諡曰文獻睿和。册文樞密使、同中書門下平章事王欽若撰。

順祖諱珽，僖祖子，歷藩鎮從事，兼御史中丞。建隆元年三月，追尊曰惠元皇帝，廟號順祖。諡議翰林學士竇儼撰，册文中書舍人趙逢撰。大中祥符五年閏十月，加諡順祖惠元睿明皇帝。册文參知政事陳彭年撰〔二〕。以上《國朝會要》。《續會要》云册文樞密使陳堯叟撰。

翼祖諱敬，順祖子，歷營、薊、涿三州刺史，周顯德中贈左驍衛上將軍。建隆元年三月，追尊曰簡恭皇帝，廟號翼祖。諡議翰林學士竇儼撰，册文中書舍人趙逢撰。大中祥符五年閏十月，加諡簡恭睿德皇帝。册文參知政事王曾撰。

宣祖諱弘殷，翼祖子，母曰簡穆皇后劉氏。仕周爲龍捷左厢都指揮使〔三〕、岳州防禦使。顯德三年七月二十六日崩，贈武清軍節度使。建隆元年三月，追尊曰昭武皇帝，廟號宣祖。諡議翰林學士竇儼撰，册文中書舍人扈蒙撰。大中祥符五年閏十月，加諡昭武睿聖皇帝。册文宰臣王旦撰。

册尊號 雜録附〔四〕

國朝之制〔五〕，皇帝登位，應群臣章表但稱曰皇帝。至南郊歲，既降御札，即文武百官詣東上閤門三上或五上表，請上尊號，降詔批答，多謙抑不許。如允所請，即奏命大臣撰册文及書册、寶。其册中書省造，用珉玉，簡長尺二寸，闊一寸二分，厚五分。簡數從文之多少，聯以金繩，首尾結帶，前後四枚，刻龍縷金，若捧護之狀。藉以錦縟，覆以紅羅泥金夾帕。册匣長廣取容册，塗以朱漆，金裝，隱起突龍鳳，金鏁軨鐍。匣上又以紅羅綉盤龍蹙金帊覆之。承以金裝長竿牀，金龍首，金魚鉤。藉匣以錦緣，席錦褥，又紐紅絲爲條以縈匣。册案塗朱漆，覆以紅羅銷金衣。其寶門下省造，用玉，篆文，廣四寸九分，厚一寸二分。填以金盤龍鈕，繫以暈錦大綬、赤小綬，連玉環。玉檢高七寸，廣二寸四分，皆飾以金，裹以紅錦，加紅羅泥金夾帕。納於小盝，

〔一〕朓：原作「眺」，據《宋史》卷一《太祖紀》一改。天頭原批：「自『（禧）〔僖〕祖』至『王旦撰』，已載入『帝號』。」
〔二〕彭年：原脱，據本書帝系一之一補。
〔三〕捷：原作「揵」，據《長編》卷一改。
〔四〕此題及題注原寫於正文中，可見爲《宋會要》原題。
〔五〕天頭原批：「『國朝之制』以下他處複出。」按，今未見有複出。

以金裝，內設金牀暈錦褥，飾以雜色玻瓈、碧鈿石、珊瑚、金精石、瑪瑙。又盝二重，皆裝以金，覆以紅羅綉帊。載以腰輿，又行馬，并飾以金。又香鑪寶子、香匙、灰匙、火筯、燭臺、燭刀，皆以金爲之。其受册多用祀禮，畢日御正殿行禮。禮畢，有司以册書詣閤門，奉進入內。

尊號 一㈠

太祖建隆四年八月二十四日，宰臣范質率文武百僚詣東上閤門拜表，請上尊號曰「應天廣運仁聖文武至德皇帝」。表三上，詔答允。

乾德元年十一月十六日，郊祀禮畢，有司宿設於崇元殿，諸衛各帥其屬勒所部屯門，殿庭列仗衛。文武群官、宗[2]親、客使等應合集者，並就集朝堂次，各服其服。太尉以册捧置于案，吏部侍郎一員押；其册案四人對捧。中書門下奏差五品、六品清資官充舉册官，先入立於殿西階下。司徒以寶捧置於案，禮部侍郎一員押。捧寶官準上。舉寶官先入立於殿西階下。皆承之以匣，覆之以帕。俱詣殿門外之東、太尉之前。太樂令帥工人入就位，協律郎入就舉麾位，諸侍衛之官各服其服。中書門下、翰林學士、兩省、御史臺、供奉官立於殿階下香案前左右，如常入閤之儀。侍中版奏請中嚴，近仗就陳於閤外，符寶郎奉寶俱詣閤，奉迎如常儀。帥贊者各入就位，所司贊群官各服朝服，（諸）〔宗〕親、客使俱出次，通事舍人各分引就位。其三品以上應北面位者，各殿門外東西序立以俟。侍中版奏外辦，所司承旨索扇。扇上，皇帝服衮冕，御輿以出，曲直華蓋，侍衛警蹕如常儀。皇帝將出，仗動，協律郎跪，俛伏興，舉麾鼓柷，太樂令合奏《隆安》之樂。皇帝出，自西房即御座，南向坐。扇開，協律郎偃麾戛敔，樂止。凡樂皆協律郎舉麾鼓（祝）〔柷〕而後作，偃麾戛敔而後止。下皆準此。符寶郎奉寶置於御座前如常儀。禮官、通事舍人分引太尉已下文武群官應北面位者，自殿門東西各就北面橫行位。太常卿於册案前導至丹墀西階上少東，北向，置册案訖，凡太尉行皆舉麾，奏《正安》之樂，至位立定偃麾，樂止。下皆準此。太尉、司徒、太常卿、吏部禮部侍郎各入本班立定。其舉册、捧册寶官立以俟。凡典儀有詞贊者，皆承傳。典儀曰「再拜」，應在位者皆再拜舞蹈，三稱萬歲。又再拜起居訖，又再拜訖，分班東西序立。禮官、通事舍人前引太常卿，隨吏部侍郎押册案，以次序而行，太尉從之。凡太尉、司徒行，並禮官、通事舍人贊引。下皆準此。禮部侍郎次押寶案而行，司徒從之。相次詣西階，至解劍褥位。其讀册中書令、讀寶侍中，候册案將至階下，各隨左右解劍先升，皆於前楹間第一柱北，東西相對立以俟。太尉東向解劍脱舄置於褥訖，册案先升，太尉從册案以升。其册函蓋先置於階下别案上㈡。其寶案東向立，俟中書令讀册將畢，禮部侍郎押寶案升階。侍郎押册升進至褥位，當御座前訖，太尉搢笏，北面，捧册案稍前跪置訖，執笏，俛

㈠ 以下爲嘉業堂整理者批於天頭之題，嘉業堂本即依此編排。

㈡ 「别」下原有「寶」字，據文意删。

伏，興，少退，東向立。中書令進當册案前，俛伏，興，跪稱「攝中書令具官臣某讀册」。奏訖，搢笏。册文曰：「攝太尉、守司徒、兼侍中臣范質等謹再拜稽首上言曰：惟天爲大，惟堯則之。又曰舜有天下，無爲而理。是以古之言道德者莫先於二帝〔一〕，一則曰『聰明文思』，一則曰『温恭濬哲』。英聲茂實，意無欲而自彰；景福洪休，心無求而自至。巍巍蕩蕩，無得而言〔二〕。伏惟皇帝陛下高明博厚，宣慈惠和，純粹之德全，孝友之行著。惟精惟一，知微知彰〔三〕。向者龍尚處於潛3淵，日未離於暘谷。歷試之際，志在扶危，險阻艱難，何往而不濟？躍馬陷高平之陣，麾戈佐淮甸之征。喋血鏖兵〔四〕，一月三捷，勞旋飲至，論功莫二。洎乎天監厥德，用集大命，人祇協應，風雨咸若。鼎運初建，國步猶梗。始則賊筠犯順，長戟指闕〔五〕，并人連禍，寇我北鄙，於是有太行之行。重進怙亂，棄德崇姦，幅員千里，生民被毒，於是有廣陵之役。千乘萬騎，如霆如雷，詢彼仇方，震疊區宇，翠華宵至，堅城旦下，連平二孽，有同符契。累朝以來，出師誅暴〔六〕，未有若兹之奇速也。頃者華風不競，中國政微，五嶺三江，置諸蠻外，殊文異軌，六紀于兹。肇啓聖謀，驅攘寇亂，荆湘底定，南土晏然。燕薊之戎，汾晉之孽，燕巢幕上，朝不謀夕。邊事少間，理道無壅。嚴恭寅畏，一日萬機，勤於已而泰於人，儉於躬而豐於物。明四目而高視，達四聰而遠聽。不侮鰥寡，恤天窮也；信及豚魚，遂物性也。惜力念耕耘之苦，推食閔介胄之勞。法家之流，既峻且密，乃詔大理，重正刑名，俾盡哀矜，務從寬簡。減盜竊之罪，緩鹽麴之禁，好生之德，通於神明。若乃昧爽丕顯，坐以待旦，商湯之戒慎也；側身損己，長轡遠御，漢文之化導也；循名責實，信賞必罰，建武之法制也；果敢決斷，從善如流，貞觀之風烈也。帝王之道，於兹備矣；太平之業，於兹成矣。由是祇見清廟，致其孝享，圜丘展禮〔七〕，對越上聖。一獻而天帝降祉，再獻而神人以和，三獻而萬禄攸報。祥風拂袂，休氣繞壇，熙熙怡怡，群心胥悦。國家大慶，衆庶共之，肆赦覃恩，俾民更始。與天合道謂之應天、大無不覆謂之廣、遠無不至謂之文、施濟衆謂之仁，智周萬物謂之聖，化成天下謂之文，保大定功謂之武，其德無際謂之至德〔八〕。臣等不勝大願，謹奉玉册玉寶，上尊號曰『應天廣運仁聖文武至德皇帝』。伏惟垂日月之明，鑒億兆之情。凝旒端扆，昭受鴻名。如山嶽之固，若松柏之堅。乾健不息，品物咸亨。承天之祐，萬壽千齡。臣質等誠懽誠願，頓首頓首，謹言。」讀訖，其册函對舉案

〔一〕古：原作「故」，據《宋文鑑》卷三二改。
〔二〕無：原作「可」，據《宋文鑑》卷三二改。
〔三〕知彰：原作「之彰」，據《宋文鑑》卷三二改。
〔四〕喋：原作「蹀」，據《宋文鑑》卷三二改。
〔五〕指：原作「之」，據《宋文鑑》卷三二改。
〔六〕誅：原作「徐」，據《宋文鑑》卷三二改。
〔七〕丘：原作「兵」，據《宋文鑑》卷三二改。
〔八〕際：原作「濟」，據《宋文鑑》卷三二改。

者。奉空案侍郎引(詔)〔退〕,復西階下東向立。執笏,俛伏,興。又搢笏,捧册於褥,東迴册函北向進,跪置於御座前訖,執笏興。中書令、舉册官俱降,還侍立位。太尉降階,納舃帶劍訖,東向立以俟。禮部侍郎次押寶案升,其寶函蓋先置於階下別案上。司徒隨案升進。至褥位,司徒搢笏,北面跪,捧寶案稍前跪置訖,執笏,俛伏,興,少退立。侍中進當寶案前,俛伏,跪〔稱〕「攝侍中具官臣某讀寶」。奏訖,搢笏,其寶函對舉案者,舉空案侍郎引退,就西〔階〕下東向立。讀訖,執笏,俛伏,興。又搢笏,捧寶於褥,東迴寶函北向進,跪置於御座前册之南訖,執笏興。侍中、舉寶官俱降,還侍立位。太常卿降自西階,俱復本班。司徒就解劍褥位,納舃帶劍訖,復東向位文武官横行。禮官、通事舍人 4 贊引太尉、司徒進詣香案前褥位立定,典儀曰「再拜」,在位官皆再拜。禮官、通事舍人引太尉詣西階下,東向,解劍脱舃,升進,當御座前跪賀,稱「文武百僚攝太尉具官臣某等稽首言」。其詞中書門下撰。賀訖,俛伏,興,降自西階,納舃帶劍,詣階間位立定。典儀曰「再拜」,太尉及群官俱再拜舞蹈,三稱萬歲。又再拜訖,侍中升自東階,進當御座前承旨,退臨階,西向稱「有制」。典儀曰「再拜」,太尉及群官在位者俱再拜訖,宣曰:「朕以鴻儀昭舉,保命會昌,迫於群情,祇膺顯號。退循寡昧,惕懼增深。所賀知。」宣訖,降還侍立位。典儀曰「再拜」,太尉及群官在位者俱再拜,舞蹈,三稱萬歲。又再拜訖,太尉、司徒退就侍立位。通事舍人分引應北面位官各分班東西立定,侍中升自東階,進當御座前,跪奏稱:「攝侍中具官臣某等言,禮畢。」奏訖,俛伏,興,降還侍立位。所司承旨索扇,扇上,協律郎俛伏,興,舉麾鼓(祝)〔柷〕,太樂令奏《隆安》之曲。皇帝降座,御輿入自東房,侍衛警蹕如來儀。扇開,樂止,侍中版奏解嚴。中書侍郎帥奉案官升殿,跪捧册置於案。次門下侍郎帥捧案官升殿,跪捧寶置於案訖,禮官、通事舍人贊引詣東上閤門(狀進)〔進狀〕。所司承旨放仗,文武百僚並再拜訖退,如常儀。是後受册如儀。

六年八月十九日,宰臣趙普等拜表請加上尊號曰「應天廣運聖文神武明道至德仁孝皇帝」,表三上,詔答允。

開寶元年十一月二十四日,郊祀禮畢,帝御乾元殿受册。册文曰:「攝太尉、左僕射、兼門下侍郎、同中書門下平章事、昭文館大學士臣趙普等謹再拜稽首上言:臣(問)〔聞〕惟天生民,奠寰區者司牧;惟睿作聖,法高明者哲王。稽汗簡之嘉猷,顯凝旒之能事。是以有虞納麓,昭濬哲之重華;文命導川,大勤勞於神禹。自時厥後,率由舊章。笙鏞謌大寶之尊,粉繢飾太平之運。滄海善下,共稱百谷之王;皜日無私,更表大明之號。在昔建隆御曆,蒼璧嚴禋,公王蹋地以拜章,華夏瞻天而稽顙。順古道而憲章文武,薦鴻名而法象乾坤。雖檢玉繩金,盡其美報;而天功帝力,未稱聖明。載誦文思,增上徽號。伏惟應天廣運仁聖文武至德皇帝陛下〔一〕，握圖御宇，定鼎開基，以睿謨英斷靖中原，以厚德深仁寧諸夏，一時震極，四海會同。詰旦視朝，念九功之惟叙；中宵不寐，將百姓以爲心。誠明而有感則通，側陋而無幽不燭。天祚明德，報之豐年。蠻夷納貢於藁街，鱗羽登歌於寢廟。荐發中旨，乃命有司，考曲臺之舊儀，展圜丘之盛禮。詔蹕而蒼龍在馭，燔柴而風伯清塵。遐陬無不來，文物無不備。雷霆耀武，畏天威而孰敢不從；日月垂文，供王祭而罔有後至。樂六變而天神降，禮三獻而地祇升。眚災而陰隲下民，告類而昭事上帝。巍巍王業，蕩蕩皇風，大哉如日月之明矣，動天之5德〔二〕。若乃其智如神，唐堯之美也；克諧以孝，虞舜之至也。生長萬物之謂道，臨照四方之謂明，合文武之英聲，廣神聖之至德，參成具美，用慶大和。臣等不勝大願，謹奉玉册玉寶，上尊號曰『應天廣運聖文神武明道至德仁孝皇帝』。伏惟允億兆之懇，受軒昊之名。體坤厚之載物，法乾元之利貞。二儀合德，九曲重清。自天祐之，允塞皇明。臣普等誠懼誠願，頓首頓首，謹言。」禮畢，賜百僚食于明堂。

開寶四年八月二十一日，宰臣趙普等上表，請加尊號曰「應天廣運興化成功聖文神武明道至德仁孝」，表三上，詔答不允。

九年正月二十六日，皇弟晉王率群臣上表，請加尊號曰「應天廣運一統太平聖文神武明道至德仁孝皇帝」，以汾晉未平，燕薊未復，不欲稱一統太平，詔答不允。

二月五日，晉王等復上表請上尊號曰「應天廣運立極居尊聖文神武明道至德仁孝」，表三上，詔允所請，候郊禋畢受册。及禮成，有司將奉寶、册行禮，復詔止之。

尊號二

太宗諱炅，宣祖第三子，母曰昭憲皇后杜氏。晉天福四年己亥歲十月七日，生於開封府浚儀縣崇德坊護聖營官舍。開寶九年，詔以其日爲乾明節，淳化元年改壽寧節。初名匡乂，建隆元年改名光義，爲殿前都虞候、睦州防禦使。八月，遷泰寧軍節度使。二年七月，加同中書門下平章事、開封尹。乾德二年六月，加兼中書令。開寶六年七月，封晉王。九年十月二十日即位，改今諱。年三十六。

太平興國三年八月二十三日，齊王廷美率宰臣文武百僚拜表，請上尊號曰「應運統天聖明文武皇帝」，表三上，詔答允。

十一月十五日，郊祀禮畢，帝御乾元殿受册。册文曰：「皇弟攝太尉、齊王臣廷美等再拜稽首上言：臣等聞太上立德，不言而至德孔彰；大道無名，可久則鴻名自至。亦猶聖人之乘實運，至公以御瑶圖，建立之功既高於萬代，居尊之號合冠於百王。近古以來，徽章宛在。伏惟皇帝陛

〔一〕仁：原作「神」，據《長編》卷九改。
〔二〕此句似有脱誤。

下清寧誕聖，融結資華。玉理殊庭，聳天人之瑞表；彤雲紫電，總王者之祥符。苞九德以在躬，括五行而挺秀。爰自上天凝命，下武膺期。如瑞日之升中，洪纖畢照；若慶雲之在上，品彙皆蘇。諸侯繇是以駿奔，萬國於焉而麏至。乃崇文德，乃炫武功。當乙夜以觀書，則權衡周、孔；乘秋風而教戰，則僕御韓、彭。我武於是惟揚，皇威以之大震。遂使北戎慕化，(疑)〔款〕玉塞以來庭；東越知歸，覲瑶階而獻地。萬里之車書載混，一家之正朔大同。加以聖政惟新，休嘉荐至，九域播歸禾之頌，三農符望歲之心。闕里諸生，但佇泥金之禮；康衢童子，咸諠擊壤之謠。太平之盛業斯隆，大定之丕圖永固。所以藩衛邦伯，不謀而同辭；文武庭臣，相趨而動色。咸以爲乾剛坤厚，比睿德以何階；堯步舜趨，望洪光而靡及。況屬嚴禋之盛禮，6 適期茂對於圜靈，若非祖述皇猷，範圍帝載，纂鴻龐之懿號，賁焕赫之尊稱，則何以顯日月之清明，慶地天之交泰！於是由中及外，同夤協恭，扣紫殿以虔祈，拜彤庭而上請，勤拳懇倒，至於再三。陛下猶歸德於天，推而弗有，辭不獲已，始曰俞哉。夫光宅中區，大荒諸夏，副萬靈之忺戴，允六合之歸尊，可不謂之應運乎？握紀承乾，披圖御極，體北辰之列象，正南面以垂衣，可不謂之統天乎？聖者比二儀之覆載，明者法兩曜以照臨，化成萬物之謂文，底定八紘之謂武。合以爲號，無得而踰。臣等不勝大願，謹奉玉册玉寶，上尊號曰『應運統天聖明文武皇帝』。伏惟陛下順高穹之休命，揚景耀之祥光。明明在位，永永當陽。軼遐齡於軒昊，掩至化於成康。如天不息，萬壽無疆。臣廷美等誠懽誠忭，頓首頓首，謹言。」

六年十月八日，宰臣趙普等拜表請加上尊號曰「應運統天睿文英武大聖至明廣孝皇帝」，表三上，詔答允。

十一月十七日，郊祀禮畢，帝御乾元殿受册。册文曰：「攝太尉、守司徒、兼侍中臣趙普等再拜稽首上言：臣等聞天本無私，冠三才而爲號；道惟不宰，首四大以垂名。矧乃皇王受圖，天人合契，應千載會昌之運，遂群生欣戴之心。儻未極於尊稱，諒有虧於古典。況今皇猷允塞，帝範昭融，當聖德之既升，豈鴻名之可卻？(武)〔式〕揚徽烈，斯謂至公。伏惟應運統天聖明文武皇帝陛下，太極儲英，上天凝命。茂日躋之聖德，允協靈心；順天啓之休期，丕承帝緒。自嗣三靈之眷祐，實符萬物之謳歌。惟彼并門，久孤皇化。前朝薄伐，未遂於翦除；先帝龔行，尚存其芽孽。及陛下瑶圖演慶，革輅親征，太阿之靈劍纔麾，大鹵之堅城遽拔。三十年之狡穴，自此全平；八百載之洪基，由兹更盛。四海之車書既混，一家之正朔大同。允謂宸功，咸欽帝力。尚或憂勤庶政，兢畏萬機，當秘(大)殿延英，則惟思納諫；及靈臺觀象，則先議進賢。百職允釐，九功惟叙。故得民歌治世，俗慶中居，巍巍蕩蕩，無得而踰。於是文武百僚談睿德於內，方岳庶尹詠皇風於外。至於齯齒鮐背之老，雕題辮髮之流，皆願增舜日之洪光，報堯天之廣覆。若非輝今越古，加莫大之崇名，編玉篆金，獻居尊之懿號，則何以顯君親之至德，表臣子之深誠！　中外周寅，表章三上，陛下儀天運德，法地流謙，稽乎允恭，期于克謹，辭不獲已，乃屈己以俞之。夫經緯乾坤，範圍軒皞，蹈百王之茂躅，淹三代之英聲，可不謂之睿文乎？力殄并汾，德柔吳越，混寰區而敷大化，謁郊廟以獻成功，可不謂之英武乎？道合穹旻，功侔造化，邁重華之濬哲，軼唐帝之文思，可不謂之大聖乎？鑒并軒臺，明通羲《易》，達四聰於廣聽，覽萬象於重瞳，可不謂之至明乎？尊祖所以配天，備物於焉饗帝，蒸蒸之德上【7】格於圜靈，翼翼之心亟行其昭事，可不謂之廣孝乎？臣等不勝大願，謹奉玉册玉寶，上尊號曰『應運統天睿文英武大聖至明廣孝皇帝』。伏惟陛下順億兆之情，享三五之名。法天之大，如日之明。廣春臺而熙庶彙，開壽域以泰群生。乾坤在宥，業業持盈。千齡萬祀，永保亨貞。臣普等誠懽誠願，頓首頓首，謹言。」

九年九月十五日，宰臣宋琪等上表，請加尊號曰「應運統天睿文英武大聖至仁明德廣孝」，表三上，詔答不允。

端拱二年十二月十三日，詔曰：「朕嘗覽群書，備觀前古，居尊之號，近代方行。向者群后同辭，封章見請，虔懇斯至，避讓無由〔一〕，勉從將順之心，遂極尊崇之稱。每一自念，深用憮然。豈敢以謙德自私，必將以古道爲法。其自前所加尊號悉宜省去，四方所上表惟稱皇帝。凡百官臣寮，當體朕意。」翌日，宰臣呂蒙正等奏曰：「陛下神功聖德，輝映古今，在於尊稱，止可增益，忽奉詔旨省去〔二〕，中外無不驚駭。」帝曰：「至於皇帝二字，亦不可兼稱，此蓋起於秦始皇，後代因之不改。朕比欲止稱王，又以諸子封王，無以自別。朕志先定，卿等無復言。」

十七日，復拜表上尊號曰「法天崇道文武皇帝」，詔除「文武」二字外，所請宜依。

淳化元年正月一日，帝御乾元殿，具仗衛受朝賀，宣制畢，受册。册文曰：「攝太尉、中書侍郎、兼户部尚書、同中書門下平章事、監修國史臣呂蒙正等再拜稽首上言：臣等聞厥初生民，置之司牧，非上聖莫能膺景命，非至德無以臻大和。然則考茂實而建尊稱，順人心而答天貺，皇帝之道，典册具存。以畋以漁，庖犧之名著矣；爲耜爲耒，神農之號彰焉。大功不有而自歸，多福不求而自至，休嘉之應，徽美之來，不可得而辭也。伏惟皇帝陛下剛健中正，聰明文思，神用則極深而（妍）〔研〕幾，聖智則察（徽）〔微〕而知遠。德合造化，謀先鬼神。志本乎堯仁，行基乎舜孝。而自纘臨大寶，十有四年，聖政克勤，大猷斯建。惟小心而守位，常恭己而臨朝。敷布惠和，滌蕩瑕穢。恃險弗率者懲之以威武，於是乎有汾晉之蒐；輸忠來附者勸之以恩禮，於是乎莫閩吳之域。服大裘而郊上帝，嚴配之道昭矣；藉千畝

〔一〕由：原無，據《宋大詔令集》卷三補。
〔二〕忽：原作「勿」，據《長編》卷三〇改。

而祀先農，化俗之勤至〔矣〕。墜典畢舉，庶政咸修，蠻夷戎狄罔不懷，鳥獸魚鱉罔不若。越裳慕義，獯鬻畏威。刑罰省而氛祲消，德教彰而符瑞集。然猶觀書(二)〔乙〕夜，聽政未明，萬機靡倦於緝熙，百職彌精於訓乂。治道大備，寰區永安。垂拱之教隆，經緯之功著。非夫寬明博厚，濬哲溫恭，震耀耿光，式敷神化，孰能若斯之盛歟！乃者爰自素秋，稍愆時雨，雖爽崇朝之潤，未爲多稼之災。陛下寅畏而責躬，憂勞而減膳，恭默思道，惻隱居尊。精虔之意上通，高明之應如響，時律未暮，膏澤已周。雖復返桑穀之祆祥，退星辰之次舍，方我聖感，彼未足稱。是[8]宜增懿號而舉徽章，顯休符而昭盛德。而陛下忽降明命，省去鴻名，略功業而弗居，守慈儉而自損。中外傾聽，彷徨失容。雖懇疏屢陳，而德音不易，俾奉前詔，深鬱群情。僉曰人祇之望不可違，古今之典不可廢。建龐鴻之號，亦未足以形容；體謙退之懷，則願從於簡約。於是稽首勤請，至于三四，陛下不得已而俞之。夫覆燾無私，法乎天也；清淨之治，崇乎道也。臣等不勝大願，謹奉玉册玉寶，上尊號曰『法天崇道皇帝』。伏惟陛下合建行之度，契冲用之方。至化不宰，丕基永昌。遠馭乎四海，高視乎百王。混書軌，垂衣裳。撫我休運，萬壽無疆。臣蒙正等誠懽誠願，頓首頓首，謹言。」時趙普以疾告，故册文止以蒙正爲首。禮畢，御大明殿，群臣上壽。

【宋會要】

淳化三年九月二十五日，宰臣李昉等上表，請加尊號曰「法天崇道明聖仁孝文武」，表五上，詔答不允。帝謂近臣曰：「時和民安，即朕所願，溢美之號，何足尚焉！」

至道元年十二月二十二日，宰臣呂端等上表，請加尊號曰「法天崇道上聖至仁」，復面奏：「陛下減損尊號，歲月滋深，今嚴禋在近，內外臣庶請加徽號，累承詔命，未賜允從。望上從天意，下順人心，萬方幸甚。」帝曰：「朕以近歲陰陽愆伏，盜賊犇衝，今夏以來農田頗稔，故卜來歲上辛親祀泰壇，預爲蒼生祈豐年爾，於朕躬無所冀也。」表五上，繼以面請，終不允。

至道三年三月二十九日，崩于萬歲殿。年五十九。十月十八日，葬永熙陵，在河南府永安縣。謚曰「神功聖德文武」，廟號太宗。謚議翰林學士承旨宋白撰，册文參知政事李至撰，哀册文宰臣呂端撰。大中祥符元年十一月，加「大中至仁應道神功聖德文武大明廣孝」。謚議宰臣王旦撰，册文參知政事趙安仁撰。五年閏十月，加今謚。册文樞密使、同中書門下平章事王欽若撰。

尊號　三

【宋會要】

真宗諱恒，太宗第三子，母曰元德皇后李氏。開寶元年戊辰歲十二月二日，生于開封府第。至道三年，詔以其日爲承天節。初名德昌，太平興國八年十月授特進、檢校太保、同中書門下平章事，封韓王，改名元休。端拱元年二月，加兼侍中、江陵尹、荊南節度使，進封襄王，改名元侃。淳化五年九月，加檢校太傅、開封尹，進封壽王。至道元年八月，立爲皇太子，改今諱。三年三月二十九日即位。年三十。

咸平二年八月五日，宰臣張齊賢等拜表，上尊號「崇文廣武聖明仁孝皇帝」〔一〕，表五上，詔答允。

十一月七日，郊祀禮畢，帝御朝元殿受册。册文曰：「攝太尉、兵部尚書、平章事張齊賢 9 等再拜稽首上言曰：臣等聞承天序以臨民，播神功而育物，符命昭晰，道德敷聞，非鴻名無以表其尊，非顯號無以明乎大。蓋王者法輿蓋於天地，聖人運舒慘於生成。上以答宗廟之靈，下以副人神之望。伏惟皇帝陛下握圖御極，觀妙宅中，纘二聖之丕休，兼列辟之通術。制事以簡，御衆以寬。天成歲功，人〔尊〕〔遵〕日用。奉宗祏盡尊尊之禮〔二〕，叙昭穆示親親之慈。至於蠲庸調之逋懸，削條章之靡密，窮神設教，便俗立防，内訪公卿，外咨嶽牧。嗇夫相慶，畝有餘糧；廷尉上言，府無積牘。乘秋講武，築臺觀兵，視學崇儒，右文宣化。霏煙翥野，協氣凝霄〔三〕，昭格之功，與時俱茂；耀臨之德，惟天比隆。此所謂神明胥悦，天人交應者也。由是夷夏臣庶，不謀而集，咸以爲嘉運累洽，洪猷允塞，宜受尊稱，以符至公。群懇翕然，疏封五上，輿情難奪，帝命乃俞〔四〕。夫昭德塞違，柔遠綏近，成均講道，宣室禮賢，七萃訓戎，五營練卒，邊城弛柝〔五〕，絶域銷烽，大聖以協三靈，大明以熙百度，仁以克己復禮，孝以奉先承統，該總徽美，焕盈宇宙〔六〕。臣等不勝大願，謹奉玉册玉寶，上尊號曰『崇文廣武聖明仁孝皇帝』。伏惟陛下膺寶命於中夏，答祺祥於上玄。跨越文景，焜煌羲軒。百祉斯永，九齡克延。無疆之慶，億萬斯年。臣齊賢等誠歡誠慶，頓首頓首，謹言。」

大中祥符元年六月二十九日，宰臣王旦等拜表請加上尊號曰「崇文廣武儀天尊道寶應章感聖明仁孝皇帝」。表五上，詔答允，候封禪還京日受册。

十二月四日，帝齋於長春殿。五日，御朝元殿受册。册文曰：「攝太尉、工部尚書、平章事臣王旦等再拜稽首上言：臣等聞陟圜丘而禪方澤〔七〕，所以勒崇垂鴻〔八〕；鏤金板而書玉牒，所以飛聲騰實。非蒼靈交感無以兆丕應〔九〕，非函夏宅心無以建顯號。故齊聖合德，必有以發揮；天意人欲，不可以推拒。至於踐八九之遐迹，兼三五之徽稱，擁百神之休，爲列辟之首者，何莫由於斯道也〔一〇〕。伏惟崇文廣武聖明仁孝皇帝陛下，德寓天覆，英威霆斷，宅中黄而握

〔一〕仁：原作「神」，據《宋史》卷六《真宗紀》一改。
〔二〕祏：原作「祐」，據《宋大詔令集》卷五改。
〔三〕霄：原作「宵」，據《宋大詔令集》卷五改。
〔四〕命：原作「俞」，據《宋大詔令集》卷五改。
〔五〕柝：原作「拆」，據《宋大詔令集》卷五改。
〔六〕煥：原作「渙」，據《宋大詔令集》卷五改。
〔七〕圜：原作「喬」，據《宋大詔令集》卷五改。
〔八〕勒：原作「勤」，據《宋大詔令集》卷五改。
〔九〕以：原脱，據《宋大詔令集》卷五補。
〔一〇〕由：原作「大」，據《宋大詔令集》卷五改。

秘紀，席蘿圖而操絶瑞，撫臨寰海，十有二載。清心而思道，正身以率下。茂陶唐欽明之姿，敦有虞忠利之教。體禹之勤儉而未嘗滿假，法湯之寬仁而濟之勇智。周武慈和而人神胥悦，漢高豁達而小大畢力。矧復講求令典，咨度善言，建大中於民極，形敦叙於内治。物色遺彦，體貌宗工〔一〕，重慎一成之文，辯明三至之謗。仁風博暢，王度清夷。乃者邊候弗寧，疆吏致告，戎衣徂征，武節猋厲，揚威以靖亂，修盟而繼好。包束干戈，示不復用，撫和荒遠，如樂之諧。此漢宣之功光祖宗也。先園俯邇，時思罔極，案曆修謁，奠獻悲涕，覽松檟而勤止，閱脂澤而僾然，此顯宗之孝通神明也〔二〕。故得淵監儲祉，祺祥昭答。齋居乙夜，示肸蠁之期；露門清旦，垂圖書之10錫。況施殊尤，眷命深厚。爰徇臣民之請，乃修曠絶之禮。協吉日，歷岱宗〔三〕，親至上封，謁欵太一。陳信辭於金策，銘休功於翠崖。彰帝王之盛節，爲天下之壯觀，誠千載之一時也。於是群卿庶尹，虎臣爪士，閭里耆艾，夷邸酋渠，咸伏闕而言曰：陛下膺圖纂服，紹休聖緒，昭姓考瑞，繼成先志，誠宜述宣鴻德，著於徽册，端委法座，祇受尊名。兹事體大，不可闕也。陛下猶撝挹冲讓，至于五請，始曰俞哉。夫體元則大之謂儀天，抱一守柔之謂尊道，寳命玄應之謂輔德，明章通感之謂合符。臣等不勝大願，謹奉玉册玉寳，上尊號曰『崇文廣武儀天尊道寳應章感聖明仁孝皇帝』。伏惟陛下總清明之妙用，賾希微之至言〔四〕。生成而不宰，勞謙而益尊。永錫難老，垂裕後昆。增重九鼎，比隆黄軒。臣旦等誠懽誠忭，頓首頓首，謹言。」

咸平五年八月一日〔五〕，宰臣吕蒙正等上表，請加尊號曰「崇文廣武應道章德聖明仁孝」，表五上，詔答不允。

景德二年九月十一日，宰臣寇準等上表，請加尊號曰「崇文廣武應乾尊道聖明仁孝」，表三上，詔答不允。

大中祥符元年十二月四日，以東封禮畢，受册，特命擇日。前二日，百官習儀。前一日，致齋，其陳設如元會儀。知樞密院事王欽若等言：「陛下受册尊號，百辟就列稱慶，臣與三司使、諸司使副已下侍立殿上。唯至尊初坐至禮畢再拜，並不稱賀，逢兹盛事，何以自安？俟上册禮畢，太尉等歸位，臣於殿上率侍立内諸司使副、内臣已下致詞稱賀。」帝召王旦問其事，旦曰：「然殿上難以舞蹈。」遂從欽若所請，不令舞蹈。

大中祥符元年十二月〔六〕，加號「崇文廣武儀天尊道寳應章感聖明仁孝」。册文宰臣王旦撰。

〔一〕工：原作「公」，據《宋大詔令集》卷五改。
〔二〕顯：原作「孝」，據《宋大詔令集》卷五改。
〔三〕岱宗：原作「代崇」，據《宋大詔令集》卷五改。
〔四〕賾：原作「頤」，據《宋大詔令集》卷五改。
〔五〕按，上條爲祥符元年十二月，此條又自咸平五年起，且所叙事有重複，如祥符元年十二月四日、五日條。疑是出自不同版本之《會要》，張從祖合編《合要》時未加整合，或《大典》抄自《會要》之不同門類。
〔六〕據上文，乃十二月五日事。

三年七月二十四日，宰臣王旦等上表，請加尊號曰「崇文廣武儀天尊道寶應章感欽明上聖至德仁孝」，表五上，詔答不允。

五年閏十月十二日，宰臣王旦等拜表，請加上尊號曰「崇文廣武感天尊道應真佑德上聖欽明仁孝皇帝」，表五上，詔答允，俟尊册聖祖畢受册。

五年閏十月二十四日，有司上言：「舊制，皇帝册、寶並以金裝，宗廟以銀裝鍍金。今緣奉上聖祖徽册，欲依宗廟册用銀裝。」詔聖祖、聖祖母寶册法物並以金裝，皇帝尊號寶、册以銀鍍金裝。

十一月十七日，中書門下言：「奉詔，聖祖寶、册俟新宮成日，親詣宮奉上。臣等與禮官參議，欲先擇日備禮奉上尊號寶、册。」又請許中外上表稱新上尊號，並不允。

九年八月二十一日，以將上玉皇聖號南郊恭謝，群臣復五上表固請，詔允。

天禧元年正月十一日，恭謝禮畢，帝御天安殿受册。册文曰：「攝太尉、司徒、兼門下侍郎、平章事臣王旦等再拜稽首上言曰：臣等聞太上元始，道之宗也，應物而强名；穹昊清明，天之體也，因時而表德。惟重熙之嘉會，集三靈[11]之休應，廣大悠久，法象昭著，增簡册之徽烈，繫天人之合符。伏惟崇文廣武儀天尊道寶應章感聖明仁孝皇帝陛下，睿智淵凝，聖謨天遠〔一〕，恭默而敦敏，文明而柔克。恢太平大定之業，慎持盈守成之戒。孝德本乎善繼，時雍始於敦叙。興禮樂以布王澤，則異俗咸懷〔二〕；輯典章以恢邦教，乃時文載郁。萬方在宥，百志惟熙，海外暢清夷之風，寰中歸仁壽之域。向以乾符紛委，坤珍紹至，故升中于天而禮岱社，報本於地而饗汾脽〔三〕。廣虞巡之咸秩，舉漢祠之合祛〔四〕，馨德格于上下，介福浹於遐裔。既而作靈宫以模太紫，爲至神之攸處；推尊名以周群嶽，實前載之未有。是以穹靈乃顧〔五〕，高真荐降，協夢雲紀，覿神汾水，啓仙源於太古，諭寶曆於無疆。而復景亳鳴鸞，祈神而濟物；睢陽按蹕，尊祖而建都。寅奉明威，昭報繁錫。稽得一善成之道，崇生三爲大之名。徽章極於範圍，盛則踰於載籍。溥天率土，鼓舞稱慶。由是圓首方足，不謀而同，以爲神況益章，清寧之所輔，帝緒自遠，商周之莫京。常善是經，邦國之大賚〔六〕；盛美純備，兆庶之欣戴。竊惟稱謂，未昭懿鑠，敢稽古訓，式道群心。詔旨下臨，深形謙拒，至于五請，始奉帝俞。夫克世丕基，惟新受命，感天也；膺籙協期，躋俗歸厚，應真也；燕翼有初，蕃衍惟永，佑德也；高視繩契，爲之稱首，上聖也；齋明虛受，克念則哲，

〔一〕遠：原作「運」，據《宋大詔令集》卷五改。
〔二〕異：原作「易」，據《宋大詔令集》卷五改。
〔三〕脽：原作「睢」，據《宋大詔令集》卷五改。
〔四〕祛：原作「答」，據《宋大詔令集》卷五改。
〔五〕穹：原作「圖」，據《宋大詔令集》卷五改。
〔六〕「常善」二句：《宋大詔令集》卷五作「賞善建圖，邦國之大業」。

欽明也。矧以獻歲初吉，奉册於殊庭；次辛協辰，升煙於吉土。方交舉於盛節，宜誕膺於茂典。率籲衆懇，俯伏堯闕。復露章五上，冀行前詔。陛下不獲已而從之。臣等不勝大願，謹奉玉册玉寶，上尊號曰『崇文廣武感天尊道應真佑德上聖欽明仁孝皇帝』〔一〕。伏惟陛下總列辟之令猷，紹九皇之至德，保佑黎獻，錫羡千億，與天比崇，萬壽無極。臣旦等誠懽誠忭，頓首頓首，謹言。」

三年七月二十四日，宰臣向敏中等拜表，請加上尊號曰「體元御極感天尊道應真寶運文德武功上聖欽明仁孝皇帝」，表三上，詔答允。

十一月十九日，郊祀禮畢。二十五日，帝詣玉清昭應宫恭謝還，御天安殿受册。册文曰：「攝太尉、中書侍郎、兼吏部尚書、平章事臣寇準等再拜稽首上言：臣聞陟泰壇〔二〕，肆禋饗，邦國之大事也；崇丕稱，表茂功，帝皇之盛節也。惟天祐聖，故珍符休命必務昭答；惟人戴君〔三〕，故鴻徽鉅典必從其欣贊。我國家奮淳耀之烈，襲神靈之系。於皇聖祖，紹天闡繹，首中古之號，詒萬世之法。藝祖、文考，創業垂統，爰舉盛禮，乃受丕名。肆重熙之在曆，本善述以昭孝。奉若成憲，斯惟至公。伏惟崇文廣武感天尊道應真佑德上聖欽明仁孝皇帝陛下，濬明在躬，剛健成德。垂策以司契〔四〕，順斗而布度。具用中之大智〔五〕，講長世之善經。慎罰實慈，劭農抑末，卑服彰乎克儉，旰食勤乎屢省。五兵載戢而殊方即叙，至12神廣運而洪化浮流〔六〕。保合太和，安綏有截，二十三載於兹矣。曩者霄極儲祉〔七〕，真籙應期，登封告成，刻號昭姓。寖尋汾畤，大報於坤元；推尊嶽靈，並躋於帝籙。聲明焯耀，福瑞紛沓。既而秘感冥應，飛軿旁戾。悟鴻源之濬邈，承淵宗之右序。乃復嚴師曲里，欽衆妙之本；設都睢水，表興王之壤。卜郊吉土以謝況穹厚，薦册珍館以歸美真聖。禮樂之文著矣，天人之際交矣。方且凝神於蠖濩，繹照乎靚淵，遠猷是經，小心弗匱。崇建上嗣，億寧大本，萬邦斯正，重暉克明。載懷虔鞏，益嚴昭事，諏天正之吉日，展陽位之上儀，祗薦馨香，肅恭配侑。中外臣庶，遐邇一心，相與抃舞昌期，形容景鑠，願增隆顯之號，以暢鴻明之美。陛下淵穆勤讓，至于三四，確請者五，始曰俞哉。夫得一體元，順乾則也；握圖御極，恢景命也；克昌寶運，隆聖緒也；炳焕之文，昭其德也；保定之武，成厥功也。臣等不勝大願，謹奉玉册玉寶，上尊號曰『體元御極感天尊道應真寶運文德武功上聖欽明仁孝皇帝』。伏惟陛下奉丕天之律，研至道之精。時乘在宥，日

〔一〕真：原作「直」，據《宋大詔令集》卷五改。
〔二〕陟：原作「涉」，據《宋大詔令集》卷六改。
〔三〕戴：原作「載」，據《宋大詔令集》卷六改。
〔四〕策：原作「榮」，據《宋大詔令集》卷六改。
〔五〕具：原作「怯」，據《宋大詔令集》卷六改。
〔六〕浮：原作「淳」，據《宋大詔令集》卷六改。
〔七〕霄：原作「宵」，據《宋大詔令集》卷六改。

愼持盈。爲列辟之稱首，流無疆之淑聲。千禄百福，錫羡莫京。臣準等誠懽誠抃，頓首頓首，謹言。」時向敏中疾告，册文〔上〕〔止〕以寇準爲首。

三年十一月〔一〕，加號「體元御極感天尊道應真寶運文德武功上聖欽明仁孝。」册文宰臣寇準撰。

乾興元年二月一日，内出御札曰：「乃者迫以群情，屢增顯號，事違率籲，勉徇昌言。今則載協剛辰，肇新元曆，及此布和之令，伸于克己之懷。自今中外所上表章，其省尊號。」二日，宰臣丁謂等再表請復尊號，詔不允。四日，復請上「應天崇道欽明仁孝」之號，詔允之。會晏駕，不果奉册。先是，宰臣議於舊號擇十字或八字，内出此號，蓋屈己從人之至也。

二月十九日，崩于延慶殿，年五十五。謚曰文明章聖元孝，廟號真宗。謚議翰林學士承旨李維撰，册文宰臣王曾撰，哀册文宰臣馮拯撰。天聖二年十一月，加謚曰文明武定章聖元孝。謚議翰林學士承旨李維撰，册文宰臣王欽若撰。慶曆七年十一月，加今謚。謚議翰林學士張方平撰，册文宰臣陳執中撰。

尊號 四

仁宗諱禎，真宗第六子，母曰章懿皇后李氏。大中祥符三年庚戌歲四月十四日生，乾興元年，詔以其日爲乾元節。初名受益。七年三月，授左衛上將軍，封慶國公。八年十二月，遷特進、忠正軍節度使、檢校太尉，兼侍中，封壽春郡王。天禧元年二月，加兼中書令。二年二月，遷開府儀同三司、守太保，兼中書令、行江寧尹、建康軍節度使，進封昇王。八月，立爲皇太子，改今諱。乾興元年二月十九日即位。年十三。

天聖二年七月十八日，宰臣王欽若等拜表，請上尊號曰「聖文睿武仁明孝德皇帝」，表五上，詔答允。

十一月十三日，郊祀禮畢，帝御天 13 安殿受册。册文曰：「攝太尉、守司徒、兼門下侍郎、同平章事、昭文館大學士臣王欽若等上言：臣等聞大寶昌符，昊穹所以昭聖；鴻名顯號，億兆所以推尊。於鑠有宋，肇開炎曆，三聖繼統，八紘歸化。功再造於寰海，德冠崇於往初。莫不順考前規，率循大卞。膺群倫之欣戴，受典册之焜煌。繩武垂鴻，爲萬代法。伏惟皇帝陛下性與道秘，體含乾剛。凝六氣之粹和，合五精之題序。春秋鼎盛，輝光日新。爰初受命，屢啓藩國。佩瑜玉以常從，侍東箱之聽斷。察壽街之牘，幽隱必聞；詢膳宰之言，清温無爽〔二〕。及夫震闈載闢，宗正是司，居一有之元良，繫天下之根本。寅奉謨誥，洪宣國經。内竭力以承顔，外協心而敷化。烝烝盡其懽養，乾乾荷其永圖。乃膺審訓，以陟元后。於是酌典憲，修維綱，黜憸士，進方直。奉文母於長樂，罄其肅恭；接碩臣於延英，

〔一〕按，此條事與上條同，蓋抄自《會要》另一門類。以下亦有類似情況。
〔二〕清温：原作「清温」，據文意改。

納其忠謹。淑慎機務，憂勞隱微。刑以防邪而蠲其靡密，賞以聳善而杜其覬覦。序進群才，申嚴百職。勸農桑而抑末，屏雕纂以崇儉。勤小毖之求助，定彝倫而建極。矧乃行敦天至，感倍時思，易月雖遵於舊章，號旻蓋守於經禮。吉蠲茂于宗祏，崇建加于寢園。惇堯族以斯和，合姬宗而維睦。乘茵步輦，息三面之畋遊；虎觀雲臺，集六儒之講誦。導聲訓以歸厚，飭編齊之向方。繇是表裏協恭，歲時大順，三邊絶警〔一〕，五稼屢豐。卜天正之上元，舉國陽之肆類。中外臣庶，藁街夷酋，咸以爲景運襲熙，大猷踵武，宜享尊稱，(周)〔用〕光先烈。陛下虔恭抑畏，載執勞謙，百辟抗封，至于五上，沛然宸恩，始降帝命。夫惟睿作聖，所以膺會昌也；懿文經武，所以紹洪業也；顯仁翼明，所以佑中夏也；孝爲(絶)〔純〕德，所以形萬方也。臣等不勝大願，謹奉玉册玉寶，上尊號曰『聖文睿武仁明孝德皇帝』。伏惟陛下俯黔首之歸往，荷蒼靈之眷懷，丕昭盛容，膺受多福。然後執一以綏俗，持盈而守邦，崇信忠賢，率由典常，濟柔克於高明，阜烝民於惠康。保神祖二宗之茂緒，以永于無疆。臣欽若等誠歡誠抃、頓首頓首，謹言。」

天聖五年七月二十一日，御札：「今年南郊，文武百寮毋得上表請加尊號。」翌日，輔臣以御札不得上表請加尊號，因上章引咎乞罷免，詔答不允。

八年七月十七日，宰臣呂夷簡等上表，請加尊號曰「聖文睿武體天欽道仁明孝德」。表三上，詔答不允，復降手詔賜輔臣，述謙愨奉天、不受加號之意，於是遂罷。

明道元年十二月十一日，宰臣呂夷簡等拜表，請加上尊號曰「睿聖文武體天法道仁明孝德皇帝」，表五上，詔答允。

二年二月十一日，籍田禮畢，帝御天安殿受册。册文曰：「攝太尉、門下侍郎、兼吏部尚書、同平章事、昭文館大學士臣呂夷簡等再拜稽首上言曰：臣等聞穹昊之垂景命、啓昌圖，必有明君哲后大庇於方夏；臣 14 庶之陶至化、沐利澤，必有鴻名懿號歸美於尊極。至公之議，庸可避卻？蓋上下交感之理，本於自然；古今不易之規，斯爲成憲。迄於近世，彌炳大猷。炎德初基，藝祖興運，造邦戡難，不憚濡足。神宗纂治，以聖繼聖，功德宏偉，充格天地。(泊)〔洎〕於文考，内平外成，重熙累洽，禮樂大備。莫不勉膺徽册，俯徇群請，超越於前載，烜赫於無窮。洪惟聖文睿武仁明孝德皇帝陛下，本神靈之系，憑積累之厚，德茂廣淵，體包濬哲，神機英略，先物造微，綏靖庶邦，維御群品。慈者道之寶，乃扇暍而泣辜；儉者德之基〔二〕，故澣衣而菲食。寅畏天命，尊聖哲之言，則責躬罪己，彌災救患；善守歡盟，遵講修之義，則玉帛交聘，邊候不聳。惟刑之恤，榜箠之法悉除；得士者昌，薪槱之詠斯洽。乾乾翼翼，一紀于

〔一〕警：原作「驚」，據《宋大詔令集》卷六改。
〔二〕「儉」原作「險」，「基」原作「恭」，據《宋大詔令集》卷六改。

兹。故得桀驁之俗〔一〕，慕華風而面内；肖翹之類，被嘉氣以樂生。矧復歲時大順，禾稼屢稔，綿寓致覆盂之安，比屋饗登臺之樂。乃詢輿議，乃訪辰猷，講希世之儀，舉盛德之事。仲春令序，土膏脈起，將耕千畝之籍，式展三推之制。抑末敦本，務穡勸分，丕昌先烈，緝隆墜典。繇是彤庭文武之列，藁街夷貊之長，班白之老，緇黄之衆，望中宸而旅拜，伏上閤以刺奏。僉曰將陳盛禮，願進丕名，仰稱謂之未隆，在賓實之曷副！陛下再形冲挹，深自抑損，封章五上，中外一辭，矜其懇惻，始賜俞允。夫端拱穆清，洞别邪正，虚懷納忠亮之言，當朝絶險膚之譖，則睿聖之智彰矣。博觀圖史，深鑒治亂，務農去劍戟之用，柔遠示干羽之化，則文武之業盛矣。若乃高明居上，陰隲在下，陛下恭己南面，含氣蒙福，神道設教，不言而信，不曰體天乎？希夷之域，清净爲宗，陛下虚中觀妙，執象抱一，無爲而治，不令而行，不曰法道乎？復又傾廩粟以救民，開篋書而辯謗，仁明之至也。奉慈宸而盡禮，饗太室以致恭，孝德之著也。臣等不勝大願，謹奉玉册玉寶，上尊號曰『睿聖文武體天法道仁明孝德皇帝』。伏惟陛下因率籲之心，見推尊之美，修誠應物，持盈守位，保自天之丕祐，饗卜世之遐曆，既壽而康，申錫無疆。臣夷簡等誠懽誠忭，頓首頓首，謹言。」

明道二年二月〔二〕，加號「睿聖文武體天法道仁明孝德」。册文宰臣呂夷簡撰。七月，詔省「睿聖文武」字。

七月二十五日，詔曰：「比年以來，蝗旱作沴，郡國交奏〔三〕，日月相仍，豈朕德之不明，將天時之適爾？夙夜循省，咎實在予。嚮緣大禮之成，勉徇群公之請，增予以『睿聖』之號，加予以『文武』之稱。内惟菲涼，非所堪克。其去『睿聖文武』四字，仍擇日告于天地宗廟。」

景祐二年七月十七日，宰臣呂夷簡等拜表，請加上尊號曰「景祐體天法道欽文聰武聖神孝德皇帝」，表五上，詔答允。

十一月十五日，郊祀禮畢，帝御大慶殿受册。册文曰：「攝太尉、尚書右僕射、門下 15 侍郎、同平章事〔四〕、昭文館大學士臣呂夷簡等再拜稽首上言曰：臣等聞以至公御衆者，必有至公之議歸之；以盛德居上者，必有盛德之事尊之。歸之不可却其誠，尊之無可略其美。亦猶雲蒸雨施，天地之訢合也；宮動商應，律呂之相召也。推於至理，本乎自然。是以輝赫之儀，不戒而備；鴻懿之號，不謀而同。眇覿茫昧之初，逮于繩契之際，司牧所暨，稱謂必彰。窺莫大之跡，稽審諦之義，功由號顯，號以德隆。放勳重華，敷命文武，其來尚矣，庸可已乎！粵自炎德肇興，真人協應，傳繼之盛，夐出百王，莫不憲古御今，詒謀垂裕，乘熙洽之會，順愛戴之心，典册備物，爲萬世法。恭惟體天法道

〔一〕驁：原作「鶩」，據《宋大詔令集》卷六改。
〔二〕按，此條事亦與上下條重複。
〔三〕郡：原作「群」，據《東都事略》卷五《本紀》五改。
〔四〕平：原作「日」，據《宋大詔令集》卷六改。

仁明孝德皇帝陛下〔一〕，啓千齡之初旦，恢億載之遠圖，天贊慶靈，日躋濬哲。包乾剛以行健，懋皇極而建中。旰食視朝，夕惕保位，十四載於兹矣。至如執其精一，察諸危微，聲身律度，垂伯禹之戒，惛怛忠利，廣有虞之道。振舉〔二〕廢墜，講求希闊，則躬執黛耜，修耕籍之儀；屏絶玩好，虔聳祠祀，則精擇美璞，爲祼瓚之器。鄙申韓之法，非取繁華；宗黄老之言，務專清浄。裁雅音而度曲，摛宸藻以成章。聿新鍾律，恭薦郊廟。又若廓則哲之明而納忠去讒，辯邪正之跡〔三〕；坦含垢之量而念功忘過，無喜愠之色。虛心應物，屈己從人。前疑後丞，以熙其庶績；左嘉右肺，以達其下情。靡示驕矜，詎聞滿假。嘗謂復一日之禮，歸仁是念；宥萬方之罪，在予可愧。間以螽螟爲孽，禾稼罕登，挹損徽名，寅畏靈譴，協氣旋應，上瑞聿臻。惟德動天，其應如響。尚執撝冲之旨，預申敦諭之言，而中外震悚，官〔四〕師怫鬱〔四〕。丕天之典，未許於必行；率土之濱，遂稽於勤請。今屬懿綱載肅，治具畢張，綿寓安寧，含生茂遂，諏升陽之穀旦，展肆類之上儀，懷柔百神，配侑三聖。繇是廣庭〔五〕紳冕之列〔五〕，荒服鞮譯之人，麟趾茂親，虎旅雄師，鮐背鯢齒之老，黄冠緇服之流，僉謂美報方畢，繁祉具膺，懇陳難奪之言〔六〕，願復歸尊之號。傾葵向日，雖極於輿情；鏤玉填金，未昭於丕矩。旅庭刿奏〔七〕，五上一辭。陛下克謹勞謙，勉從衆欲。夫祇適天命，修明憲度，而皇猷無外，光被四表，欽文之謂也。講修鄰好，戡濟暴亂，而睿智獨運，明見萬里，聰武之謂也〔八〕。廣淵之德，時憲以立教，知幾之妙，惟變而不測，聖神之謂也。紀元標慶，翕受厖禧，臣稱景式，是爲冠首。臣等不勝大願，謹奉玉册玉寶，上尊號曰『景祐體天法道欽文聰武聖神孝德皇帝』。伏惟陛〔上〕〔下〕回衆心之率籲，念神器之攸重，知之非艱，言（恩）〔思〕可復，安危在馭下，治亂在任人。然後鑄劍戟以去兵，垂衣裳而致治，萬壽無疆，百世永昌，聖子神孫，穆穆皇皇，永綏祖宗之休命。臣夷簡等誠懽誠抃，頓首頓首，謹言。」

五年七月二十一日〔九〕，宰臣吕夷簡等拜表，請加上尊號曰「寶元體天法 16 道欽文聰武聖神英睿孝德皇帝」〔一〇〕。表五上，詔省「英睿」字，餘允所請。

景祐五年七月二十一日，宰臣張士遜等上表，請加尊號

〔一〕天：原作「元」，據《宋大詔令集》卷六改。
〔二〕舉：原作「發」，據《宋大詔令集》卷六改。
〔三〕邪：原作「雅」，據《宋大詔令集》卷六改。
〔四〕官：原作「宫」，據《宋大詔令集》卷六改。
〔五〕庭：原作「延」，據《宋大詔令集》卷六改。
〔六〕奪：原作「琇」，據《宋大詔令集》卷六改。
〔七〕庭：原作「情」，據《宋大詔令集》卷六改。
〔八〕武：原作「明」，據《宋大詔令集》卷六改。
〔九〕本條與下條爲同一事，蓋爲兩種《會要》之文。本條曰「宰臣吕夷簡」，下條曰「宰臣張士遜」，必有一誤。考《宋史》卷一〇《仁宗紀》二，景祐四年四月甲子，吕夷簡罷相，五年三月戊戌，以張士遜爲相，則當以下條爲正。
〔一〇〕寶元：據下條，應作「景祐」，改元後始改爲「寶元」。

曰「景祐體天法道欽文聰武聖神英睿孝德」〔一〕。表五上，詔去「英睿」二字，餘如所請，郊禮畢受册。是年十一月十八日，改寶元元年，以「寶元」易「景祐」字。

寶元元年十一月十七日，郊祀禮畢，帝御大慶殿受册。册文曰：「攝太尉、門下侍郎、兼兵部尚書、同平章事、昭文館大學士臣張士遜等再拜稽首上言：臣等聞王者受命〔二〕，上繫歲端，故謹五始之元以立極；天子至尊，孚令臣下〔三〕，故總萬國之號以歸美〔四〕。蓋夫據圖籙之正，握璣衡之寶，必有典册備物，表功于無窮。既以本顧諟之旨〔五〕，又以納輸戴之誠〔六〕。奉時若古，允繇斯準。神宋肇運，祖宗重熙，統一增洪，克燀焞燿，善襲詒法〔七〕，茲謂至公。恭惟景祐體天法道欽文聰武聖神孝德皇帝陛下，乾健離文，雷動淵默。清明顒昂，天光見乎表；濬哲幾敏，德音應乎遠。紹服嘉靖，勵精持循，偃兵講和，垂裳思治。乃質故載，酌先規，覽權綱，核名實。諗墜緒之舊，靡不緝求，昌謨之助，罔有攸伏〔八〕，隆儒視學，探書受道。奮辭摛藻，星漢昭回；提毫拂素，龍鸞點絢。匪徒作者之壼，寔有化成之益。四見郊畤，中履農甸，祈報之誠達〔九〕；陟配三后，並假二廟，尊親之孝展。考禮均樂〔一〇〕，聲容以諧；簡政詳刑，威賞自得。原缺〔一一〕。定著科令，辯章憲度。論才懋官則髦士進〔一二〕，推恩卹後則世禄蕃。惡比周之蠹，則斥憸譖，近端良；遴左右之選，則圖宿艾〔一三〕，延讜直。敦族糾愛，合小宗於朱邸；練師選將，制新書於金匱。勤邦絶橫賦之暴，馭吏得善使之方。舜孳禹勤，敢或逸豫〔一四〕。仍歲康稔，膾庾饒衍。邊亭晏如，物靡疵癘〔一五〕。懷生蚩蚩，不識烽燧之警。誦弦舞戚，比屋知教。獻琛贄玉，裔夷面内。屬陽升日至，帝饗習吉，靈歡交，瑞策舉。繇是卿尹群辟，藩嶽師帥，洎于百夫之長，要荒之酋，都鄙之耋，緇黄之侶〔一六〕，率籲言而窺景鑠。咸願采《春秋》之一元，《樂經》之英華，《洪範》之思睿，擬議徽懿，裒合尊稱。陛下高居怵然，推而弗有；諸臣扣閽五請，始遷恩報可。猶以祗昔徽昵，略褒節而揭初曆。至哉聖人，紓己徇下，損滿敦挹之

〔一〕「聰」原作「昭」，「聖神」原脱，據上條及下條改補。
〔二〕受：原作「孚」，據《宋大詔令集》卷六改。
〔三〕孚：原作「受」，據《宋大詔令集》卷六改。
〔四〕總：原作「聰」，據《宋大詔令集》卷六改。
〔五〕旨：原作「自」，據《宋大詔令集》卷六改。
〔六〕誠：原作「衆」，據《宋大詔令集》卷六改。
〔七〕詒：原作「治」，據《宋大詔令集》卷六改。
〔八〕罔有：原作「無」，據《宋大詔令集》卷六改。
〔九〕達：原脱，據《宋大詔令集》卷六補。
〔一〇〕考：原脱，據《宋大詔令集》卷六補。
〔一一〕按《宋大詔令集》卷六無缺。
〔一二〕論才懋官：原作「懋官詔第」，據《宋大詔令集》卷六改。
〔一三〕宿：原作「肅」，據《宋大詔令集》卷六改。
〔一四〕豫：原作「預」，據《宋大詔令集》卷六改。
〔一五〕疵癘：原作「庇厲」，據《宋大詔令集》卷六改。
〔一六〕侶：原作「旅」，據《宋大詔令集》卷六改。

旨〔一〕，固已比皇勳，鋪帝猷，不矜不怠〔二〕，自我折中。臣等不勝大願，謹奉玉册玉寶，上尊號曰『寶元體天法道欽文聰武聖神孝德皇帝』。伏惟陛下儆置器之安，思守文之難，翕對丕名，楙恢令聲，畏天保民，遹觀厥成。於皇萬年，如日之升，本支綿綿，福(作)〔祚〕莫京。臣士遜等誠懽誠忭，頓首頓首，謹言。」

康定元年二月二十一日改元詔曰：「嚮徇群請，加上徽名，因以建年之元，冠于丕稱之首。特從損挹，且志兢修。自今上表，尊號勿復稱『寶元』二字。」

皇[17]祐二年三月十一日，手詔：「將來祀明堂禮畢，群臣毋得上尊號。」先是，慶曆元年七月十七日、四年十月四日、七年三月二十三日，皆嘗詔南郊群臣勿上尊號。至是，帝又謂輔臣曰：「遇大禮而每請加上徽號，豈稱朕所以奉神昭孝之意？」宰臣文彦博對曰：「陛下嚴父以配上帝，則臣子亦有愛戴君父之心。」伏奏至于三四，帝固拒之，乃降手詔。

五年七月十六日，詔以「民力尚困，農望屢愆，間有水旱之災，加以螟螣之害，方圖大報，以佇善祥，無假虚稱，以重不德。其將來南郊，文武臣僚毋得請上尊號」。

嘉祐四年六月七日，宰臣富弼等上表，請加尊號曰「體天法道欽文聰武大仁至治聖神孝德」，表五上，詔答不允。

嘉祐七年七月七日，詔曰：「季秋令月，其日辛亥，事天事親，卜用惟吉。凡明祀之所舉，當致力而無懈。至於狥虚名以從衆之欲，增徽稱以溢朕之美，既非交神之道，又非求己之實。徒自崇大，無益祇畏。其將來大饗明堂，百寮毋得上尊號。」(以上《永樂大典》卷一七二八七)

尊號五

【宋會要】

[18]英宗諱曙，濮安懿王第十三子〔三〕，母曰王夫人任氏。天聖十年壬申歲正月三日，生於宣平坊宅。嘉祐八年，詔以其日爲壽聖節。景祐二年，養於禁中。明年，授太子左監門率府副率，賜名宗實，累遷右千牛衛大將軍。寶元二年，出居睦親宅。嘉祐六年十月，以右衛大將軍、岳州團練使起復，遷秦州防禦使〔四〕、知宗正事，固辭不拜。七年八月，立爲皇子，改今諱。遷齊州防禦使，封鉅鹿郡公，入居皇子位。八年三月二十九日即位。年三十二。英宗治平二年七月二十一日，宰臣韓琦等上表，請上尊號曰「體乾膺曆文武睿孝」，表五上，詔答不允。以上《國朝會要》。

治平三年十一月二十五日，宰臣韓琦等拜表，請上尊號曰「體乾膺曆文武聖孝皇帝」，表五上，詔答允。

四年正月一日，具儀衛於大慶殿庭，帝不豫，攝太尉宰

〔一〕旨：原作「二者」，據《宋大詔令集》卷六改。
〔二〕怠：原作「忘」，據《宋大詔令集》卷六改。
〔三〕十三：原作「十一」，據《宋史》卷一三《英宗紀》、《隆平集》卷一、《東都事略》卷七改。
〔四〕秦州：原作「泰州」，據《宋史》卷一三《英宗紀》改。

臣韓琦奉玉册玉寶授閤門使，閤門使授内常侍，由垂拱殿以進。册文曰：「攝太尉、尚書左僕射、兼門下侍郎、同平章事、昭文館大學士臣韓琦等再拜稽首上言：臣等聞天道育萬物而不責其報，然飛走之微必時而有薦者，以知其本也；君德被萬寓而不有其名，然臣辟之衆必崇而有號者，以獻其誠也。故報雖不責薦，而知其本者天必饗；名雖不有號，而獻其誠者君不違〔一〕。是以上下之情通，而古今不能以易也。恭惟皇帝陛下自然之性，得堯之仁；不聞而式，紹文之聖。總百行而無不備，探六藝而無不達。粤在宗邸，德充而晦，令聞莫遏，四海係心。譬夫大明將升，光氣前發，萬目瞻望，不可韜戢。及乎膺受聖託，纂隆皇緒，信默三祀，動謹先法。奉養長樂，孝惟克諧。内嚴宫闈而細大必修，外正紀綱而頹墜皆舉。攬威柄以歸己，斡神化而獨運。下暨鰥寡，悉安其生〔二〕，至于昆蚑，莫不被澤。其九族之睦也，俾先乎知道〔三〕；其百揆之叙也，本精乎任人。若夫延見邇臣，咨訪不倦，有虞之好問也；抑損浮費，用度日約，大禹之克儉也。緝熙光明而德行以顯，周成之保邦也；綜核名實而賞罰必信，漢宣之圖治也。並會衆美，嗣興太平。故自舟車所通，日月所照，皆奉順聲教，無敢弗虔，固足以恢四聖之閎休，極百王之盛節者矣。迺者肇禋吉土，始見清廟，祭而受福，慶將逮下，下之報上，安可無述？臣等所以合中外之志，叩閽屢瀆，請上丕稱，以形容於萬一。而陛下持《易》之謙，執道之契，德貫二儀而不自滿，功偕八世而無所矜，冲然弗居，可詔不下。自是輿情鬱悒〔四〕，更相責誚，以謂睿聖之烈赫赫如此，而不能發揚而增大之，是不若飛走知本之著也〔五〕。今三朝之吉，19 萬玉來會，重譯有貢，八音在庭，臣等幸於此時，冀畢前懇，封奏五上，莫匪傾竭，陛下猶敦諭數四，不得已而俞之。夫道濟群生而不言所利，體乾也；躬饗大命而若固有之，膺曆也；化成天下而輝光日新，文也；守在四夷而兵革不試，武也；日用而百姓不知，聖也；親寧而萬國以歡，孝也。臣等不勝大願，謹奉玉册玉寶，上尊號曰『體乾應曆文武聖孝皇帝』。伏惟陛下無前之蹟，本忘其名；徇衆之欲，勉而是承。斯亦踵祖宗之舊，而慰乎夏夷之情。惟持其盈，以守其成。壽考萬年，以安以榮。臣琦等誠懽誠忭、頓首頓首，謹言。」册入太和門，樂作。進册寶訖，内侍傳制曰：「朕以歲元肇始，寶運會昌，迫以群臣，祗膺顯號，退省寡昧，惕懼增深。」群臣再拜退，復詣閤門拜表稱賀。

治平四年正月八日，崩於福寧殿，年三十六。謚曰「憲文肅武宣孝」，廟號英宗。謚議翰林學士承旨張方平撰，册文宰臣曾公亮撰，哀册文宰臣韓琦撰。

〔一〕違：原作「遺」，據韓琦《安陽集》卷四一改。
〔二〕悉安：原作「而悉」，據《安陽集》卷四一改。
〔三〕俾：原作「本」，據《安陽集》卷四一改。
〔四〕輿：原作「興」，據《安陽集》卷四一改。
〔五〕若：原作「能」，據《安陽集》卷四一改。

治平四年正月十日，神宗即位未改元。制曰：「自昔聖王之有天下也，繼世以治世，示建統之正，尊親之所親，爲立孝之始。朕以菲質，逖承丕造，恭聞顧命，祇循大卞，稽諸歷古，具存典禮。皇太后以坤厚之德載函夏，以柔明之道儷皇家。祖朝推内助之賢，先帝嚴毋儀之奉。懿猷徽範，刑〔一〕於邦國。逌兹冲眇〔二〕，躬獲纘承，踐祚之初，禮章懋舉，謹以徽稱，仰事寶慈。謹上尊號曰太皇太后，其合行册禮，令有司檢詳典故以聞〔三〕。」

三月四日，太常禮院言：「太皇太后、皇太后、皇后合行册禮，伏請依嘉祐八年故事，候三年喪畢施行。」詔俟至時檢舉以聞。

熙寧二年正月十四日，命參知政事趙抃撰册文并書。

四月十一日，中書省言：「太皇太后、皇太后、皇后受册前一日例進册，今與習儀同日，欲候習儀退，然後進册入内。」從之。

二十六日，上詣文德殿跪奉太皇太后玉册，授攝太尉、宰臣曾公亮。册文曰：「嗣皇帝臣頊謹稽首再拜言曰：臣聞昔之善爲國者，未有不先事親，以孝治爲風化，充擴於區宇之間。生靈之屬，罔不悦服，遂格於丕乂之盛，此尤可景也。洪惟皇宋應寶録，開炎曆，五聖重光，逾百年於兹，而小子獲纘令緒。常懼厥德之弗稱，故夙夜寅畏，厲精萬務，期措斯世於泰寧之域，不累祖宗昌明之鴻業，蓋庶幾於孝道者也。顧惟眇躬，荷我聖祖母愛育之厚，慈訓之深。比者肇禋圜丘，而上帝嘉饗，海内蒙福，亦惟我聖祖母保佑之力。祇戴恩施，念殫天下之物無可以將美報之意，是用稽參典禮，允協群情，而求其劇隆之徽稱，以章懿鑠，不勝大願。謹遣攝太尉、尚書左僕射、兼門下侍郎、同中書門下平章事、集賢殿大學士臣曾公亮，攝司徒、樞密副使、尚書吏部侍郎臣韓絳，奉玉册金寶，上尊號曰太皇太后。恭惟太皇太后淑嘉[20]之質體夫巽順，静正之性稟於坤元，進陛中闈，翊輔仁帝，修陰教以熙内治，杜私恩以全外家。逮我英考嗣統之始，勉從確請，參決繁機，謙不臨朝，亟圖還政。此其識慮之遠，聲烈之大，夐出前古，而流爲萬世之軌法。惟末小子，又欽承撫誨之巨賜，宜乎誕受丕册，以符中外之望。於戲！顯名之並於日月，永命之參於天地，兹足以慰夫惓惓至養之心。臣頊誠懽誠抃，頓首頓首，再拜謹言。」金寶授攝司徒、樞密副使韓絳。禮畢，群臣稱賀。

二十八日，詔太皇太后、皇太后、皇后受册排列仗衛，依御殿例支賜。治平定儀，册寶升大慶殿西階，穿殿過，出殿後門，至内東門。今禮院誤云由大慶殿西，不穿殿過，詔釋其罪。

〔一〕刑：原作「形」，據《宋大詔令集》卷一一改。
〔二〕眇：原作「耿」，據《宋大詔令集》卷一一改。
〔三〕故以：原倒，據《宋大詔令集》卷一一乙。

【宋會要】

神宗諱頊，英宗長子，母曰宣仁聖烈皇后高氏。慶曆八年戊子歲四月十日，生於睦親宅。治平四年，詔以其日爲同天節。是年八月，授太子右内率府副率，賜名仲鍼。累遷右千牛衛上將軍。嘉祐八年四月，遷安州觀察使，封光國公。九月，遷特進、檢校太傅、忠武軍節度使，同中書門下平章事，封淮陽郡王，改今諱。治平元年六月，進封（穎）〔潁〕王。三年十一月，立爲皇太子。四年正月八日即位。年二十〔一〕。

神宗熙寧元年七月九日，宰臣曾公亮等上表，請加尊號曰「奉元憲道文武仁孝」，表三上，詔答不允。

熙寧二年四月一日，宰臣富弼等復上此尊號，又不允。

四年六月九日，宰臣王安石等上表，請上尊號曰「紹天法古文武仁孝」，表三上，詔答不允。

七年七月七日，宰臣韓絳等上表，請上尊號曰「紹天憲古文武仁孝」，表三上，詔答不允。

十年七月十六日，宰臣吴充等上表，請上尊號曰「奉天憲古文武仁孝」，表三上，詔答不允。

元豐三年七月十三日，詔曰：「朕惟皇以道，帝以德，王以業，各因時制名，用配其實，何必加崇稱號以自飾哉？秦、漢以來，尊天子曰皇帝，其亦至矣。朕承祖宗之休，宅士民之上，凡虚文繁禮悉已革去，而近司群辟猶或時以稱號見請。雖出于歸美報上之忠，然非朕所以若稽先王之意。今後每遇大禮，罷禮部表上尊號。」

元豐八年三月五日，崩於福寧殿，年三十八。謚曰英文烈武聖孝，廟號神宗。謚議翰林學士鄧潤甫撰，册文宰臣韓縝撰，哀册文宰臣蔡確撰。

元豐八年三月七日，制曰：「王者之臨御也，稽於古以爲天下法，奉其親以爲天下先，靡違兆民，協於一德。永惟寶命，誕集我家，肆于沖人，獲紹洪業。妥綏四海，亶緊宗廟之靈；裁決萬微，實賴西朝之聖。欽聞遺訓，俾正隆名，敢忘大章，用迪前 21 烈。皇太后儷乾之極，體坤之元，明哲同符乎姜、任，恭儉遠過於陰、馬。輔佐英祖，内治流聞；擁佑先朝，母儀備至。迨于寡昧，夙荷芘憐，提携拊循，教誨成就。於戲！極九州之養，曷盡孝誠；加萬世之名，庶承慈範。謹上尊號曰太皇太后。」四月四日，群臣賀尊太皇太后，拜表如儀。時哲宗即位未改元。

八日，禮部言，尊太皇太后册，請三年喪畢行禮。從之。

元祐二年二月六日，命尚書右僕射呂公著撰册文，中書侍郎呂大防書册。

三月五日，太皇太后手詔曰：「祥禫既終，典册告具，而有司遵用章獻明肅皇后故事，予當受册於文德殿。雖皇

〔一〕二十：原倒，據《皇宋十朝綱要》卷八乙。

帝盡孝愛之意，務極尊崇〔一〕；而朝廷有損益之文，各從宜稱。仰惟章獻明肅皇后輔佐真廟，擁佑仁皇，茂業豐功，宜見隆異。顧予涼薄，絶企徽音，稽用舊儀，實有慚德。所有將來受册，可止就崇政殿。」前此，有司舉章憲故事，内出御批云：「顧予涼薄，豈敢上比章獻明肅皇后，將來受册，可止就崇政殿。宜叙述此意降詔。」迨學士院草詔進入，又降御批云：「所進詔本旨意，稍涉今是，即有昔非，中只叙述太皇太后顧德不及章獻，不敢依御文德殿故事，宜三省改進入。」故降是詔。後數日，執政奏事延和殿，太皇太后諭曰：「性本好静，昨止緣主上冲幼，權聽政事，蓋非得已。況母后臨朝，非國家盛事，文德殿天子正朝，豈女主所當御！」宰臣呂公著等言：「陛下執謙好禮，冠映古今，加以思慮精深，非臣等所及。」

四月十八日，太皇太后手詔曰：「有司奏，受册當依典故在從吉之後。夫典册備物以致隆名，國之盛禮也，行於和平之日，懼不克稱，況今旱暵爲虐，苗稼將槁，民則何罪，咎實在予。雖側躬永思，損膳自戒，尚慮無以塞責消變，而有司乃於此時欲以隆名盛禮加我，是重予之不德。所有將來行受册禮，宜權停罷。」

五月十八日，太師文彦博等言：「伏奉詔旨，以時雨愆期，太皇太后陛下憂閔元元，側身修道，躬自貶薄，以奉天戒，權停受册之禮。誠心上徹〔二〕，昭貺隨答，協氣來臻，時雨溥霔。内自畿甸，外及州郡，二麥既登，秋稼有望〔三〕。陛下勤民克己如此，上天降鑒應誠若彼，臣等不勝忻幸。竊惟尊號册禮，一朝大典，正名定位，義不可後。譬如萬物之於乾坤，人子之於父母，豈可須臾而不稱哉？而乃稽留盛禮，不使時上，仰無以稱穹昊之眷顧，俯無以徇億兆之愛戴。臣等不勝大願，謹據太史局選定八月四日舉行儀範，崇上徽號。」詔不許。自是三請，乃從之。

九月六日，發册寳於大慶殿。册文闕。

紹聖二年九月，加謚曰「紹天法古運德建功英文烈武欽仁聖孝」。謚議翰林學士蔡（扑）〔卞〕撰，册文宰臣章惇撰。崇寧三年十一月，改謚曰「體天顯道帝德王功英文烈武欽仁聖孝」。謚議翰林學士承旨張康國撰，册文宰臣蔡京撰。政22和三年十一月，加上今謚。謚議翰林學士强淵明撰，册文太師蔡京撰。

尊號七

【宋會要】

哲宗諱煦，神宗第六子，母曰欽成皇后朱氏。熙寧九年丙辰歲十二月八日生，元豐八年，詔以其日爲興龍節。初名傭。十年十二月十一日，授天平軍節度使、檢校太尉，封均國公。元豐五年八月三日，改彰武軍節度使〔四〕，加開府儀同

〔一〕尊：原作「遵」，據《長編》卷三九六改。
〔二〕上：原作「止」，據《長編》卷四〇一改。
〔三〕秋：原僅存左旁，據《長編》卷四〇一補。
〔四〕彰武：原作「元豐」，據《宋史》卷一七《哲宗紀》一改。

三司，進封延安郡王。八年三月二日，立爲皇太子，改謚憲元繼道世德揚功欽文睿武齊聖昭孝皇帝〔一〕。是月五日即位。年十歲。

元祐元年十二月六日，詔曰：「朕惟先帝臨御天下十有九年，威加四夷，澤被萬物，功德可謂博矣。然群公卿士每上徽號，則拒而不受，其謙厚不伐至矣。朕以眇然之身，紹承統緒，夙興夜寐，不敢遑寧。今近司稽用典故，以爲喪禮之除，百官當崇上徽稱，此豈朕所以銜訓嗣事、紹休前人之意哉！將來服除，依元豐三年詔書，更不上尊號。」先是，中書省檢會故事，將來服除，百官合拜表上尊號，故有是詔。

四年三月十八日，詔：「今後每遇大禮，依元豐三年詔書，更不上尊號。」

元符三年正月十二日，崩於福寧殿，年二十五。謚曰「欽文睿武昭孝」，廟號哲宗。謚議翰林學士承旨蔡京撰，册文知樞密院事曾布撰，哀册文宰臣章惇撰。崇寧三年十一月，加上謚曰「憲元繼道顯德定功欽文睿武齊聖昭孝」。謚議翰林學士承旨張康國撰，册文宰臣蔡京撰。政和三年十一月，改今謚。謚議翰林學士承旨白時中撰，册文太師蔡京撰。

尊號 八

徽宗諱佶，神宗第十一子，母曰欽慈皇后陳氏。元豐五年壬戌歲十月十日生。元符三年，詔以其日爲天寧節。六年正月賜名。十月，授鎮寧軍節度使、檢校太尉，封寧國公。八年三月，加開府儀同三司，進封遂寧郡王。紹聖三年三月，改平江鎮江等軍節度使，進封端王。五年三月，加守司空，改昭德彰信等軍節度使〔二〕。元符三年正月十二日即位。年十九。

徽宗崇寧三年七月九日，詔曰：「朕以寡昧，紹承基圖，革去虛文，每虔先訓。歲當郊祀，已戒前期，近弼乃言，欲加稱號。顧德弗類，既非克堪，矧在元豐，已嘗詔罷，亦何勞於辭費，徒有見於禮煩。誕舉舊章，深嘉爾志；率時昭考，當體朕懷。其三省、樞密院陳請大禮年上尊號更不受，群臣亦不須上表。」

大觀元年六月二十六日，詔曰：「朕惟唐虞建德，禹湯懋功，雖正帝王之名，而簡大配天，靡崇虛飾，處謙去泰，朕甚慕焉。粤在季秋，大修宗祀，輔臣有請，願舉尊稱。雖事上之恭，載嘉乃志；而浮實之美，惟聖弗居。宜體至懷，毋重辭費。仍自茲始，勿循舊章。布告(成)〔臣〕工，咸諭朕意。其三省、樞密院陳請大禮年上尊號更不受，群臣亦不須上表，今後更不檢舉。」初，三省、樞密院以故事陳請 [23] 大禮年當率文武百寮拜表請上尊號，故有是詔。

〔一〕「改謚」至「皇帝」：按此句有誤，時哲宗尚未即位，何來「改謚」？據本書帝系一之一三等處所載，此爲徽宗政和三年所改哲宗謚號。按文意、文例，此處應作「改今諱」。

〔二〕昭：原作「詔」，據《宋史》卷一九《徽宗紀》一改。

宣和五年七月十九日，太傅、楚國公王黼等上表，請上尊號曰「繼天興道敷文成武睿明」，凡三上表，詔答不允。自是内外群臣、皇子鄆王楷以下，太學諸生、耆老等上書以請者甚衆，上皆不從。

六年七月五日，詔：「内外臣僚今後勿得以上尊號爲請，如違，以違御筆論。」以上《續國朝會要》。

宣和七年十二月二十三日，内禪，上尊號曰「教主道君太上皇帝」。

靖康二年二月，北狩。紹興五年四月二十一日崩。年五十四。七年六月，上尊謚曰「聖文仁德顯孝」，廟號徽宗。謚議翰林學士朱震撰，册文參知政事陳與義撰，哀册文宰臣秦檜撰。十二年八月，梓宮還臨安。十月七日，權攢永祐陵。在紹興府。十一月，加上今謚。謚議直學士院秦梓撰，册文宰臣秦檜撰。

尊號九

欽宗諱桓，徽宗長子，母曰顯恭皇后王氏。元符三年庚辰歲四月十三日，生於坤寧殿。靖康元年，詔以其日爲乾龍節。是年七月，賜名亶，授檢校太尉、山南東道節度使，封韓國公。建中靖國元年六月，遷興德軍節度使、開府儀同三司，進封京兆郡王。崇寧元年二月，改賜名烜。十一月，改今諱。大觀二年正月，遷司空、武昌軍節度使，進封定王。政和三年正月，加太保。五年二月，立爲皇太子。宣和七年十二月，除開封牧。是月二十三日即位。年二十六。

靖康二年四月，北狩。建炎元年五月，遥上尊號曰「孝慈淵聖皇帝」。紹興三十一年五月十九日崩，年六十一。謚曰「恭文順德仁孝」，廟號欽宗。謚議翰林學士何溥撰，册文知樞密院事葉義問撰。

尊號十

高宗，徽宗皇帝第九子，母曰顯仁皇后韋氏。大觀元年丁亥歲五月二十日，生于宫中。其日爲天申節。八月，授定武軍節度使、檢校太尉，封蜀國公，賜名構。二年正月，加鎮海軍節度使、開府儀同三司，封廣平郡王。政和三年正月，進檢校太保。宣和四年三月〔一〕，進拜太保、遂安慶源軍節度使，封康王。靖康元年二月，遷太傅、静江奉寧軍節度使、桂州牧、兼鄭州牧。三月中改除集慶建雄軍節度使、亳州牧、兼平陽牧。十一月，遷安國安武軍節度使、信德牧、兼冀州牧。是月，爲兵馬大元帥，行事並從便宜。二年五月一日，即位于南京。年二十一。

高宗紹興十八年六月二十二日，宰執進呈禮部、太常寺言，書簿一千三百餘人造表，乞上尊號。上謙抑不受，因敕有司仍後不得收接。乾道六年十二月一日加上尊號。

〔一〕按趙構封康王，《建炎要録》卷一、《東都事略》卷一二、《宋史》卷二四《高宗紀》一、《宋史全文》卷一六上等均記於宣和三年十二月，唯《中興小紀》卷一作四年三月，與此同。

紹興三十二年六月十一日〔一〕，太上皇帝內降詔曰：「朕宅帝位三十有六載，荷天之靈，宗廟之福，邊事敉寧，國威益振。惟祖宗傳序之重，兢兢焉懼不克任，憂勤萬機，弗遑暇佚，思欲釋去重 24 負，以介壽臧。蔽自朕心，亟決大計。皇太子賢聖仁孝聞於天下，周知世故，久係民心，其從東宮，付以社稷。惟天所相，非朕敢私。皇太子可即皇帝位，朕稱太上皇帝，退處德壽宮，皇后稱太上皇后。應軍國事並聽皇帝處分。朕以澹泊爲心，頤神養志，豈不樂哉！尚賴文武忠良，同德合謀，永底于治。」

是日，太上皇帝先御紫宸殿，有司設仗殿下，文武百官班于殿庭。起居畢，宰臣陳康伯等升殿(奉)〔奏〕對畢，太上皇帝曰：「朕在位三十六年，久欲閑退，卿等宜勉輔太子。」康伯等復奏曰：「皇太子仁聖，天下共知，今聞謙遜太過，未肯即御正殿。」太上皇帝曰：「朕已再三敦勉之矣。」康伯等再拜辭。太上皇帝還內，群臣移班殿門外聽宣(昭)〔詔〕畢，入班殿庭。少頃，上自內服履袍，內侍扶掖至御榻側，拱手立。應奉官以次稱賀，內侍固請皇帝就坐，上固辭。內侍扶掖至于七八，上略就坐，復興。宰臣百寮稱賀，上側立如初。宰臣陳康伯等升殿奏：「願陛下即御坐以正南面，上副太上皇帝傳授之意。」天顏愀然曰：「君父之命，出於獨斷，此大位懼不敢當，尚容辭避〔二〕。」康伯等因再拜賀。奏事畢，退，上即還內。太上皇帝命駕德壽宮，上服赭袍、玉帶，步出祥曦殿門，冒雨扶駕勿肯止。太上皇帝麾謝再三，且令左右扶掖以還。太上皇帝曰：「此唐文武太宗，吾付託得人，斯(爲)〔無〕憾矣。」群臣皆稱萬歲。百官扈從太上皇帝至德壽宮，退。有旨，太上皇帝、太上皇后合上尊號，即詔有司集議以聞。

紹興三十二年七月一日，詔尚書左僕射陳康伯撰太上皇帝冊文，兼禮儀使，參知政事汪澈書冊文兼篆寶，知樞密院事葉義問撰太上皇后冊文，同知樞密院事黃祖舜書冊文，入內內侍省押班徐伸爲都大主管。

同日〔三〕，禮部太常寺言：「檢准《國朝會要》尊號冊寶制度，太上皇帝冊當用珉玉，簡長尺有二寸，廣一寸二分，厚半寸，(闊)〔簡〕數視文之多寡。寶用玉，廣四寸九分，厚一寸二分，填以金，盤龍紐〔四〕。餘制具《國朝會要》。太上皇后尊號冊寶，乞參照紹興十一年奉上慈寧殿冊寶制度修製。」從之。

淳熙十四年十月八日，帝崩于德壽殿，年八十一。謚曰「聖神武文憲孝」，廟號高宗。謚議翰林學士洪邁撰，謚冊文右丞相周必大撰，哀冊文左丞相王淮撰。（以上《永樂大典》卷一七二八八）

〔一〕天頭原批：「紹興以下重複。」按指此下三條與本書禮四九之二五、二七重複。
〔二〕容：原作「伏」，據《建炎以來朝野雜記》乙集卷一改。
〔三〕同日：按本書禮四九之二七複文作「九日」。
〔四〕龍：原作「以」，據本書禮四九之二七複文改。

【宋會要】(一)

25 紹興三十二年六月十一日，太上皇帝內降詔曰：「朕宅帝位三十有六載，荷天地之靈，宗廟之福，邊事敉寧，國威益振。惟祖宗傳序之重，兢兢焉懼不克任，憂勤萬機，弗遑暇佚，思欲釋去重負，以介壽臧。蔽自朕心，亟決大計。皇太子賢聖仁孝聞于天下，周知世故，久係民心，其從東宮，付以社稷。惟天所相，非朕敢私。皇太子可即皇帝位，朕稱太上皇帝，退處德壽宮，皇后稱太上皇后。應軍國事並聽皇帝處分。朕以澹泊爲心，頤神養志，豈不樂哉！尚賴文武忠良，同德合謀，永底于治。」

是日，太上皇帝先御紫宸殿，有司設仗殿下，文武百官班于殿庭。起居畢，宰臣陳康伯等升殿奏對畢，太上皇帝曰：「朕在位三十六年，久欲閑退，卿等宜勉輔太子。」康伯等復奏曰：「皇太子仁聖，天下共知，今聞謙遜太過，未肯即御正殿。」太上皇帝曰：「朕已再三敦勉之矣。」康伯等再拜辭。太上皇帝還內，羣臣移班殿門外聽宣詔畢，入班殿庭。少頃，上自內服履袍，內侍扶掖至御榻側，拱手立。應奉官以次稱賀，內侍固請皇帝就坐，上固辭。內侍扶掖至于七八，上略就坐，復興。宰臣百寮稱賀，上側立如初。宰臣陳康伯等升殿奏：「願陛下即御坐以正南面，上副太上皇帝傳授之意。」天顏愀然曰：「君父之命，出于獨斷，此大位 26 懼不敢當，尚容辭避(二)。」康伯等因再拜賀。奏事畢，退，上即還內。太上皇帝命駕德壽宮，上服赭袍、玉帶，步出祥曦殿門，冒雨扶駕弗肯止。太上皇帝麾謝再三，且令左右扶掖以還。因顧上曰：「此唐文武太宗，吾付託得人，斯無憾矣。」左右皆稱萬歲。百官扈從太上皇帝至德壽宮，退。有旨，太上皇帝、太上皇后合上尊號，可令有司集議以聞。

（三十二年）〔二十三日〕(三)，宰執、侍從、臺諫、兩省官、禮官集議于尚書省。翌日，尚書左僕射陳康伯、知樞密院事葉義問、參知政事汪澈、同知樞密院事黃祖舜、翰林學士洪遵、尚書禮部侍郎黃中、中書舍人史浩、敷文閣待制知臨安府趙子潚、敷文閣待制樞密都承旨徐嘉、權尚書戶部侍郎吳芾、權尚書禮部侍郎呂廣問、權尚書兵部侍郎陳俊卿、權尚書刑部侍郎路彬、權尚書工部侍郎許尹、權尚書工部侍郎張闡、太常少卿王普、禮部員外郎劉儀鳳、太常丞吳龜年、太常博士林栗、楊民望、太常寺主簿嚴抗等言：「臣等切惟至德之世，如容成、大庭、赫胥，皆洪荒杳邈，莫得而詳。自《詩》《書》所載，其甚德者堯、舜，迹其所以致之之效，蓋能以天下遜。考之于古，皆以耄期而倦勤，天下後世猶爲美談。恭惟太上皇帝撥亂反正，身濟大業，中興之功煌煌乎不可掩已。方時敉寧，國威復振，上之五緯循度，下

(一) 此下原有標目「尊號」，天頭原批：「接前。」今刪。
(二) 容：原作「伏」，據《宋史全文》卷二三下改。
(三) 二十三日：原作「三十二年」，據《中興禮書》卷一八一改。

而百穀登衍。大功崇成，退卻不居，以春秋鼎盛之年，脱屣萬乘，粃糠唐虞，古今一人而已。夫[27]五帝之壽，惟堯最高，百王之聖，惟堯獨冠。今茲高世之舉，視堯有光，謂宜以『光堯壽聖』爲號，庶幾揚鴻烈而章緝熙，仰副太上皇帝巍巍甚盛之德。恭請上太上皇帝尊號曰『光堯壽聖太上皇帝』，太上皇后尊號曰『壽聖太上皇后』。」詔恭依。

二十九日，詔曰：「朕聞天子必有所尊，莫大事親之道；聖人何加于孝，敢伸歸美之誠。酌前代之宏規，尊本朝之盛典。太上皇帝聰明淵懿，敦敏徇齊，積三紀之勤勞，倦萬機之繁劇，遂以大寶，付之眇躬。祈天莫控于忱衷，即日勉承于景命。雖極二儀之大，無以昭揖遜之公；罄四海之豐，無以効旨甘之奉。用鋪張于至德，仍訂正于舊章，虔上鴻名，蓋恢孝治。太上皇帝宜恭上尊號曰『光堯壽聖太上皇帝』，太上皇后宜恭上尊號曰『壽聖太上皇后』。仍令禮部、太常寺疾速討論禮儀，條具申尚書省取旨，副朕所以圖報大恩之意。播告中外，咸使聞知。」

七月一日，詔尚書左僕射陳康伯撰太上皇帝册文、兼禮儀使，參知政事汪澈書册文兼篆寶，知樞密院事葉義問撰太上皇后册文，同知樞密院事黄祖舜書册文，入内内侍省押班徐仲爲都大主管。

九日，禮部太常寺言：「檢准《國朝會要》尊號册寶制度，太上皇帝册當用珉玉，簡長尺有二寸，廣一寸二分，厚半寸，簡數視文之多寡。寶用玉，廣四寸九分，厚一寸二分，填以金，盤龍鈕。餘制具《國朝會要》。太上皇后尊號册寶，乞參照[28]紹興十一年奉上慈寧殿册寶制度修製。」從之。

八月九日，太常寺具奉上册寶差官窠目，詔差官如後：攝太傅奉上册寶，尚書左僕射陳康伯。攝侍中奉太上皇帝寶并讀寶及奉太上皇后寶，知樞密院事葉義問。攝中書令奉太上皇帝册并讀册及奉太上皇后册，參知政事史浩。攝侍中詣太上皇帝御坐前承旨宣答及奏禮畢，同知樞密院事黄祖舜。前導禮儀使并奏禮畢，翰林學士承旨洪遵。押册案吏部侍郎二員，權吏部侍郎凌景夏、權吏部侍郎徐度。押寶案禮部侍郎二員，禮部侍郎黄中、權禮部侍郎呂廣問。奏中嚴外(辨)〔辦〕禮部侍郎二員，兵部侍郎周葵、知臨安府兼權户部侍郎趙子潚。殿中監，中書舍人劉珙。前導册寶太常，太常少卿王普。舉册官四員，右諫議大夫任古、左司員外郎余時言、殿中侍御史張震、右司員外郎馬騏。舉寶官四員，右正言袁孚、監察御史芮曄、監察御史周必大、監察御史陳良翰。押樂太常卿，樞院檢詳諸房文字林安宅。奏解嚴禮部郎中一員，禮部員外郎劉儀鳳、起居舍人洪邁。太常博士三員，贊引太傅、太常丞吴龜年。贊引前導禮儀使、太常博士林(粟)〔栗〕。贊引太常卿，太常博士楊民望。協律郎，太常寺主簿嚴杭〔一〕。大慶殿前導皇帝行禮并德壽宮進中嚴外辦，領閤門事兼(各)〔客〕省四方館事鄭藻、知閤門事兼客省

〔一〕嚴杭：疑當作「嚴抗」。嚴抗，湖州長興人，紹興十五年進士。歷官嚴州州學教授，至諫議大夫。見《景定嚴州續志》卷三、《萬姓統譜》卷六七、雍正《浙江通志》卷一二五。「嚴杭」不見於記載。

四方館事劉允升。大慶殿進中嚴并德壽宮前導皇29帝行禮，知閤門事兼客省四方館事成彥忠。大慶殿進解嚴。知閤門事兼客省四方館事張說。

同日，詔奉上太上皇后册寶行禮，差德壽宮内侍官：奉册置於坐前張去爲，奉寶置於坐前董仲永，讀册陳子常，讀寶梁康民，尚宮奏請前導兼奏禮畢張安中。

十二日，御藥院奏：「奉上册寶日，太上皇帝並合服通天冠、絳紗袍。竊慮行禮日近，製辦不及。」詔太上皇帝受册寶日，恭請服履袍。

十三日，以奉上尊號册寶，遣官奏告天地、宗廟、社稷、景靈宮、宮觀、諸陵攢宮。

同日，禮部、太常寺言：「將來大慶殿、德壽宮行禮，百官並朝服立班。緣祇候庫所管夾羅朝服，近朝饗太廟，權拆作單羅，今尚秋暑，乞且令服著，禮畢却行修整。所有百僚、禁衛等，乞至日並免逐處起居。值雨，許持雨具，導從官免步導。」從之。

同日，太常少卿王普言：「近例，主上行禮，史官讀册，内侍贊曰『高宣御名勿興』。竊謂『御』字不當稱於所尊之前，兼每册必贊，幾于煩瀆。今乞前期誡諭讀册官，更不須贊。」從之。

十四日，奉上太上皇帝、太上皇后尊號册寶，前二日習儀。前一日，有司設御幄于大慶殿御幄後之西，皇帝未御殿，於此易服。設寶册幄于大慶殿當中南面，前一日安設册寶于此，行禮日從此奉册寶置殿下位。又設權置册寶幄于殿門外。册寶出殿門，于此權置。設皇帝褥位(二)[三]：一于殿上册寶幄之東，皇帝出御幄立於此，以俟册寶降階。一於30殿下當中面册，皇帝從册寶降階，于此立并拜。一於殿下當中南向。皇帝以册寶授太傅訖，立于此，俟册寶出殿門。又設置册寶褥位十二：四于殿下西階之西，東向，册北寶南；册寶初降階，置于此。四于殿下南向，册東寶西；皇帝至殿下面册褥位立定，即置寶册于此，以俟授之太傅。四于殿下東階之東，西向，册南寶北。太傅授册寶訖，置于此。太傅、侍中、中書令、吏部禮部侍郎、舉册舉寶官、太常卿、太常博士，各有位于殿之東西階下。太常展宮架之樂。樂備而不作。是日，列黃麾儀仗、鼓吹、禁衛于殿庭内外訖，前導官、禮儀使、閤門官、太常博士分立于御幄之左右，百官各朝服入就位，東西相向立。太傅、中書令、侍中、吏部禮部侍郎、舉册舉寶官、太常卿俱詣殿下西階東向位。至少頃，皆自西階陞殿，立于册寶幄之西，東向。太常博士、太常卿立于西階之上，東向。皇帝服履袍入御幄，易通天冠、絳紗袍。閤門官、禮部侍郎奏中嚴外辦，太常博士引禮儀使奏請皇帝恭行發太上皇帝、太上皇后尊號册寶之禮。前導官導皇帝出御幄，殿中監跪進大圭。皇帝執大圭，殿中監進大圭訖，詣東階上西向立，以俟禮畢授大圭。詣殿上册寶幄前褥位西向立。舉册官入幄，舉太上皇帝册，中書令奉册興，凡舉册寶、置册寶皆搢笏授人，勿跪。吏部侍郎押册案。次舉寶官、舉寶侍中奉寶興，禮部侍郎押寶案。次舉册官舉太31上皇后册，吏部侍郎押册案；舉寶官舉寶，禮部侍郎押寶案。凡舉册寶等，皆禮部職掌助舉。侍中、中書令奉册寶降自西階，太常博士、太常卿前導皇帝步從至殿下褥位，東向置定。侍中、中書令已下各詣西階下褥位，東向立。皇帝至殿下面册褥位立，舉册寶官舉册寶，吏部、禮部侍郎押册寶案，太常博士、太常卿導至殿下南向褥位置定。舉册寶、押册寶官、太常博士、太常卿皆退，詣東階下西向褥位。禮儀使奏請皇帝拜，典儀曰再拜，贊者承傳，在位官各再拜。內應行事、執事、應奉官不拜。德壽宮並准此。舉册官前舉册興，吏部侍郎押册案，先詣皇帝褥位前置定。中書令前奉册進行，置于案，吏部侍郎、中書令退復西向位。舉册官少立，太常博士引太傅詣受册褥位，東南向，側身俛伏跪。舉册官跪舉册，皇帝搢大圭，跪捧册，授太傅。太傅受册，皇帝執大圭，俛伏，興。太傅興，舉册官舉册興。太傅奉册于殿東階下褥位，西向跪，置册于案。太傅受册，禮部先舉册案詣殿東階下褥位置定。（實）〔寶〕案同。舉册官退，立于册案之後，太傅立于册案之側，西向。次舉寶官舉寶，禮部侍郎押寶案，先詣皇帝褥位前置定。侍中奉寶進行，置于案。太傅詣受（册）〔寶〕褥位，東南側向，皇帝以寶授太傅，太傅奉寶至于東階西向褥位，如發册儀。次發壽聖太上皇后册、寶，皆如上儀訖，太傅已下並退，詣殿東階下褥位，西向立。皇帝詣[32]殿下當中南向褥位少立，舉册、舉寶官前舉册寶興，吏部、禮部侍郎押册寶案，太常博士、太常卿前導，太傅、侍中、中書令後從。册寶出大慶殿正門，至殿門外，權置幄內。有司捧册寶置于腰輿，太傅以下各易常服。初，册寶出，禮儀使奏禮畢，皇帝陞自東階，至御幄，殿中監跪受大圭，皇帝入御幄，簾降。閤門官、禮部郎中奏解嚴，皇帝服履袍還內，文武百寮以次退，易常服。非導從册寶、從駕臣僚，並先赴德壽宮。次德壽宮奏上册寶，前期有司設大小次于德壽宮大門內及殿東廊上，設權安册寶幄于大門內。設皇帝褥位二：一于殿上，當中北向；一于太上皇帝御坐之東，西向。設置册寶褥位四於殿下當中。又設册寶褥位五，四于殿上稍東重行，一于殿上當中，俱北向。行禮官殿上下階有位，設宮架之樂如大慶殿之儀。大慶殿禮畢，禮部率輦官捧擊册寶進行，儀仗、鼓吹、儀衛等以次援衛。鼓吹備而不作。太常博士、太常卿、舉册舉寶官、吏部禮部侍郎步導，太傅、侍中、中書令步從至和寧門外，太傅已下皆上馬，導從至德壽宮門外，步導、步從至册寶幄次，權行安設訖，太傅已下退，易朝服，以俟行禮。皇帝服履袍，乘輦至德壽宮，入大次，儀仗、鼓吹、儀衛等分列于宮門內外，文武百僚入就位，東西相向立。太傅已下奉册寶至殿下褥位置定，侍中已下各就位，太傅詣本班西向立。閤門官、禮部郎〔中〕奏中嚴[33]外辦，皇帝服通天冠、絳紗袍出大次，殿中監跪進大圭。皇帝執大圭，將至小次，釋大圭，入小次。禮儀〔使〕奏請皇帝恭行奉上太上皇帝、太上皇后尊號册寶之禮，皇帝出小次，執大圭，陞自東階，至殿上褥位，西向立。太上皇帝服履袍即御坐，皇帝詣北向褥位立。禮儀使奏請拜，皇帝再拜，躬奏聖躬萬福，又再拜訖，皇帝詣西向褥位立。太傅已下横行，北向立，再拜。太傅不離位，奏聖躬萬福，內前導官、應奉官並免起居。又再拜訖，太傅詣殿西階下東向褥位，百官分班，東西相向立。次舉册官前舉册興，吏部侍郎押册案，先詣御坐前褥位置定，少退，東向立。太傅舉册陞殿，太常博士、太常卿前導，中書令後從，至殿上褥位，北向跪，以册置于案。太常博士、太常卿降階復位立，太傅詣殿上前楹間北向立，舉册官舉册，中書令北向跪，讀册。册文曰：「皇帝臣昚謹稽首再拜言曰：臣聞推成功而不有者，必享天下之鴻名；嗣大曆于無疆者，盍盡天下之美報。永惟神心密運，妙用莫測。如天地之大，不可以形容；日月之明，不可以摹寫。而仰乾符之昭答，俯輿情之樂推，有可以鋪張揚厲，庶幾强名其萬一者，在于臣子，曷可已哉！是必表盛節，建顯號，繩金鏤玉，極其尊崇，然後爲稱。恭惟太上皇帝陛下剛健中正，徽柔懿恭，孝悌通于神明，誠信格于高厚。垂衣拱手于一堂之上，緩步闊視于萬古之先。中興之功，不可概 34 舉。若乃憲天聰明，克邁乃訓，《説命》之典學也；內修政事，外攘夷狄，《車攻》之復古也；綜核名實，信賞必罰，本始之制度也；總攬權綱，沉幾先物，建武之風烈也。是以方艱難之初，則明廟謨，擴雄斷，以撥亂反正，而置九鼎于奠安；及底定之後，則偃金革，興文教，以持盈守成，而措八紘于嘉靖。至于宵衣旰食，憂勤三紀，雖法宫之親事，實黄屋之非心，則又超然遠覽，奮然獨斷，而以宗廟社稷付于冲人。歷觀上世，未有以春秋鼎盛之年，當安平無事之日，脱屣萬乘于雍容揖遜之間，而盡善盡美若陛下者，開闢以來，一人而已。昔者堯之爲君，光宅天下，允恭克遜，壽高于五帝，聖冠于百王，載籍之傳，昭若雲漢。今陛下不以臣爲不克負荷，使受此丕丕基，方且優遊退處無爲之地，於萬斯年，既壽且聖。以今準古，視堯爲有光矣。末予小子，懼德弗類，無以答揚丕顯休命，用稽典禮，仰薦徽稱。臣不勝大願，謹奉玉册玉寶，上尊號曰『光堯壽聖太上皇帝』。欽惟光堯壽聖太上皇帝陛下，遊心太古，玩意穆清，御姑射之豐年，臨建德之樂國。千二百歲，陋廣成子之修身；萬八千年，應天皇氏之紀曆。永膺多福，垂裕後昆，實我國家無窮之休。」讀訖，俛伏，興。舉册官奠册，舉册興，中書令奉册，吏部侍郎押册案，先詣御坐之東褥位北向置定，降階復位。中書令進册置于案訖，中書令、舉册官俱降階復位。次太傅降階，詣太上 35 皇帝寶案之後立。次舉寶官舉寶，禮部侍郎押寶案，太傅奉寶，侍中後從，陞殿，侍中讀寶。寶以「光堯壽聖太上皇帝之寶」爲文。讀訖，置寶于案，皆如上儀。俱降階復位。次太傅已下奉太上皇后册寶，詣御座之東北向褥位置訖，降階，各歸班立。初，太上皇后册寶陞殿，侍中陞殿，詣折(楹)〔檻〕東，西向立，皇帝詣北向褥位。禮儀使奏請拜，皇帝再拜，俛伏，跪奏：「皇帝臣昚稽首言：光堯壽聖太上皇帝陛下寶册告成，鴻名肇正，與天同壽，率土均歡。」俛伏，興，又再拜。侍中承太上皇帝旨，退，西向宣答曰：「皇帝孝通天地，禮備古今，勉受鴻名，良深感慰。」皇帝又再拜，退詣西向褥位。太傅已下横行北向立，再拜。太傅稍前，俛伏，跪奏：「文武百僚攝太傅、尚書左僕射臣陳康伯等稽首言：伏惟光堯壽聖太上皇帝陛下肅臨寶殿，誕受丕稱，鴻惟天父之尊，普（尉）〔慰〕帝臣之願。」俛伏，興，太傅復位，在位官皆再拜舞蹈。又再拜訖，侍中詣太上皇帝御坐前，躬承旨退，詣折檻前西向宣曰：「有制。」太傅已下躬再拜。宣曰：「倦勤滋久，佚老是圖，勉受嘉名，但增感（尉）〔慰〕。」宣訖，退詣折檻東，西向立。太傅已下皆再拜舞蹈，又再拜訖，侍中奏禮畢，太上皇帝入宮〔一〕。

乾道六年十一月九日，詔：「大禮慶成，光堯壽聖太上皇帝、壽聖太上皇后合加上尊號，可令有司集議以聞。」既而舉用唐典故，詣德壽宮上表陳請，不復集議。

十四日，臣僚上言：「謹案《大唐詔令》，凡 36 上太上皇帝尊號，係人主率百官上表陳請，今宜參用唐制，以稱陛下事親盡敬之意。」詔恭依。上表儀注：皇帝履袍詣德壽宮，奉表牋入宮，如宮中之儀。文武百官班于殿下，再拜訖，移班稍東，又再拜，退。

二十一日，詔尚書右僕射虞允文書撰太上皇帝册文，兼禮儀使，參知政事梁克家書撰太上皇后册文兼篆寶，入内内侍省押班趙志忠爲主管。

同日，上帥文武百僚詣德壽宮上表，恭請加上光堯壽聖太上皇帝尊號。表文曰：「臣眘言：伏爲郊祀大禮慶成，謹帥羣臣詣德壽宮，恭請加上光堯壽聖太上皇帝尊號者。伏以事親如事天，宜盡推尊之義；得名必得壽，式昭歸美之誠。既丕（藏）〔蕆〕於精禋，敢敬加于顯號。臣眘誠惶誠懼，頓首頓首。切以逖觀治古，無若帝堯，明俊德而於變時雍，立蒸民而莫匪尔極。雖神化要道，問朝野而不知；然濟衆施仁，格上下而光被。分羲和之職則日月星辰順其序，重岳牧之任則華夏蠻貊罔不從。陶成比屋之封，坐底垂裳之治。放洪勳而不宰，仰後聖以同符。恭惟光堯壽聖太上皇帝陛下，性本欽明，政全哲惠，駿命受九圍之式，中興恢三紀之餘。冠德百王，方隆謙而退託；脱屣萬乘，乃觀妙于希夷。自遂燕（超）〔逸〕，就安至養，俾涼菲獲承於令緒，實晨昏祗奉於詒謀。念殫竹帛之書，莫效涓埃之報。屬此慶成泰時，福介慈庭，不勝率土之歡心，願衍鴻名于盛際〔二〕。謂莫神于天而憲之 37 惟聖，謂莫大于道而體之則純。是皆廣運之成能，庶可增崇于高致。恭請加上尊號曰『光堯壽聖憲天體道太上皇帝』。伏望俯垂睿照，曲狥羣情。雖乾坤浩浩之仁，形容莫可；而臣子惓惓之情〔三〕，悃愊冀伸。謹奉表陳請以聞。」奉答詔不允，詔曰：

〔一〕入：原作「還」，據《中興禮書》卷一八一改。
〔二〕衍：原脱，據《中興禮書》卷一八二補。
〔三〕「子」原作「之」，「情」原作「請」，據《中興禮書》卷一八二改。

「傳曰事父孝故事天明，事母孝故事地察，蓋惟聖人乃能與于此。屬聞壬午日至，郊見上帝，景氣晏温，神光燭壇，非天地明察之效歟！而乃不有其美，親帥羣臣，加鴻名于父母，此帝王之高行，古今之盛禮也。夫子之愛親，既殫誠恪；親之于子，何事辭遜？然而怡神閒燕，無累于物，其可掠美以自尊乎？宜悉兹懷，毋重請也。」

二十五日，上帥文武百僚上光堯壽聖太上皇帝第二表。表文曰：「臣昚言：近帥羣臣上表，恭請加上尊號曰『光堯壽聖憲天體道太上皇帝』，伏奉答詔，未賜俞允者。伏以因吉土而享于郊，具獲博臨之貺；有天下而尊於父，敢懷專饗之私？嘗備罄于忱詞，何未回于淵聽。臣昚誠惶誠懼，頓首頓首。臣聞天不可度，而猶稱覆燾之仁；道不可名，而亦述希夷之旨。蓋積累衆多之志，或形容萬一之功。事既並時，名斯賓實。恭惟光堯壽聖太上皇帝陛下，中興復古，大德庇民。視敝屣于寰中，共仰有虞之聖；遺玄珠于水際〔一〕，孰明黄帝之心〔二〕。猥以沖人，紹于大寶，每親承于訓戒，思祇竭于嚴恭。比奉國常，洊修郊類，景靈于假廟之夕，星明于升壇之初。匪涼德 38 之致然，繫聖謩而底此。用披丹悃，請益鴻名，蓋上合于天心，亦下符于民願。切窺周誥，尚守堯辭。惟君親之美未昭，豈臣子之心可已！伏望下允俞之令，安延企之情。如此，則帝命式于九圍，靡違昭假；德教加于百姓，獲盡愛欽。得請是期，輸誠罙切。謹再奉表陳請以聞。」奉答詔允。詔曰：「再覽來章，具孚至意。惟雲陽奉玉，本躬致于精禋；則宣室受釐，尚何嫌于專饗。乃侈乾坤之貺，用爲父母之光。顧方自樂於沖虚，兹用力辭于稱謂。而勞煩警蹕，勤動搢紳，必欲加巍巍蕩蕩之名，蓋將致尊尊親親之誼。實我家之盛典，度載籍之前聞。使綿區形孝治之風，而信史紀聖人之行。勉抑執謙之志，良深溢美之慙。」

六年十二月一日，詔曰：「享帝者聖人爲能，既深慙於涼德；事親者天子之孝，當益播於鴻名。參古今甚盛之規，侈家國非常之慶。光堯壽聖太上皇帝與天同大，體道之尊；壽聖太上皇后如月之明，以慈爲寶。久非心於黄屋，方自得于大庭。言念眇沖，親膺傳授，黽勉屢周于歲籥，寅恭三欵于陽陔〔三〕。祖宗遺我以閎休，高厚畀予以景貺。匪仰遵于慈訓，疇克對于昌期！宜極推崇，豈容滿假〔四〕。矧未央爲壽，適符漢祖之九年；而興慶歸尊，且著唐宗之再請。用涓穀旦，交舉曠儀，俯同中外之懽心，並衍尊親之榮號。累章繼上，俞旨甫頒。雖蕩蕩民無能名，豈易測知於聖德；然業業日致其孝，庶幾殫竭于忱 39 誠。以承有羨之休，以對無疆之壽。光堯壽聖太上皇帝宜加上尊號曰『光堯壽聖憲天體道太上皇帝』，壽聖太上皇后宜加

〔一〕玄珠：原作「元珠」。按，此用《莊子·天地篇》赤水遺玄珠之典，因改。
〔二〕黄：原作「皇」，據《中興禮書》卷一八二改。
〔三〕陔：原作「陵」，據《中興禮書》卷一八二改。
〔四〕豈容：原作「取懷」，據周必大《文忠集》卷一〇四改。

上尊號曰『壽聖慈明太上皇后』。其令有司詳具儀注，朕當親帥百官詣德壽宮奉上册寶。告于普率，共此榮懷。」

二十一日，禮部尚書劉章等言：「紹興三十二年德壽宮加上尊號，行事官朝服赴大慶殿，發册禮畢易常服，導騎從赴德壽宮，仍易朝服行禮。切緣希闊之典，事大體重，其導從與行禮事體一同，乞並用朝服。」從之。繼太常寺又申明，俟朝服拜牋賀太上皇后訖，方易常服。

七年正月一日，皇帝詣大慶殿行發尊號册、寶之禮畢，詣德壽宮殿上奉上光堯壽聖憲天體道太上皇帝册、寶。册文曰：「皇帝臣昚謹稽首再拜言曰〔一〕：臣聞天不言所利，聖人不居其功，極高明，備光大，窮天下之辨，莫能形容也。聖人法天，天法道，道可常名乎？天不期大報，而大報必歸之天；聖人不期顯號，而顯號必加之聖人。聖人之心與天合，聖人之道，天之道也。大報之禮，天且弗違，如之何其辭顯號哉！恭惟光堯壽聖太上皇帝，動與天同功，靜與天合德。其動也，無疆惟憂，亦無疆惟休。皇綱糾棼，維而張之；世路棘艱，砥而直之。雷風之所震疊，雨露之所濡沐，聖文神武，兩盡其極。薄海內外，教不肅而成，政不嚴而治，非與天同功乎？其靜也，全天之功，與四海九州更始，輕徭賦，簡刑罰，歸馬放牛，包干戈而不[40]用，視八紘如一家，視萬乘如弊屣，熙然而春，肅然而秋，動者植者，生生化化，而莫窺其朕，非與天合德乎？動而功，靜而德，合而言之道也。泰定其宇，清明其躬，卻智去故，退藏于密，油油然與造化爲友，帝力所加，問之朝野而不知，道之至也。巍巍乎有成功，蕩蕩乎民無能名，自陶唐氏以來，陛下一人而已。越予沖人〔二〕，祗承慈訓，夙夜不敢康，乃十一月壬午，循堯之道，類帝禋宗，曾雲往來，星象晦明，陟降泰壇，克成熙事。事天有大報矣，事親獨無顯號乎？夫極高明者莫如天，備廣大者莫如道，不識不知，順帝之則，不曰憲天乎？無思無爲，感而通天下之故，不曰體道乎？臣不勝大願，謹奉玉册玉寶，上尊號曰『光堯壽聖憲天體道太上皇帝』。欽惟陛下執神之機，御氣之辯，沉潛先物之智以不言者，燕佚後天之年。爲衆父父，沛滂衍渥，敷錫我子孫黎民。」寶以「光堯壽聖憲天體道太上皇帝之寶」爲文。

八日，上宣諭宰執曰：「前日奉上册寶，太上聖意甚喜，來日朕過宮侍宴，邦家非常之慶，漢、唐所無。」虞允文等曰：「漢、唐君臣父子之間，慙德多矣。今日堯父舜子，曠古所未有，豈漢、唐可同日而語哉！」

二月五日，中書門下省言：「修製加上尊號册寶，行禮畢，都大主管所并承受諸司一行被差官吏等並無遺闕，欲依紹興三十二年體例等第推恩。」詔第一等轉一官，礙止法人依條回授；第二等減三年磨勘；第三等減二年[41]磨勘；快行、親從、親事官與轉一資，白身人候有名目日

〔一〕昚：原作「御名」，今據其名回改。
〔二〕予：原脱，據《中興禮書》卷一八三補。

收使。

皇帝朝〔一〕　紹興三十二年六月十一日，詔以十二日朝見德壽宮，令有司速具以聞。于是禮部、太常寺具上儀注，前期有司設大次于德壽宮門内，小次于殿東廡。其日皇帝出即御坐，從駕臣僚、禁衛等起居如常儀。皇帝乘輦將至德壽宮，文武百僚詣宮門外迎駕起居。前導官太常卿、閤門官、太常博士、禮直官先入詣大次前，分左右立。皇帝入大次，文武百僚入班殿庭。前導官導皇帝入小次，俟太上皇帝即御座，前導官導皇帝升殿再拜。皇帝稍前，躬奏聖躬萬福，復位。再拜訖，皇帝詣太上皇帝御座之東，西向立，前導官立於殿上，百官再拜舞蹈。班首不離位，奏聖躬萬福。又再拜，卷班出，前導官以次退。從駕官歸幕次，以俟皇帝駕還。皇帝入見太上皇后，如宮中之儀。朔望准此。從之。自後皇帝詣德壽宮如行宮中之禮，即不集百官陪位。

十二日，上詣德壽宮起居。先是，上欲以是日率百官朝太上皇帝于德壽殿，以雨百官免入見，上就宮中行禮。

十三日，詔：「朕欲每日一朝德壽宮，以修晨昏之禮。昨面奉慈訓，謂恐廢萬機，勞煩羣下，不蒙賜許。禮官宜重定其期，如前代朝朔望，甚爲疎闊，朕不敢取。」于是禮部、太常寺言：「謹按《漢書》，高皇帝五日一朝太上皇。乞依此故事，每五日一次皇帝詣德壽宮朝見太上皇帝、太上皇后，並如宮中之禮。」從〔42〕之。

同日，詔：「自今車駕詣德壽宮，惟經過官司起居，餘並免。」時上方欲講屢朝之儀，慮百司奔走廢職，故〔有〕是詔。凡車駕詣德壽宮，從駕臣僚並逐幕次賜食，以後並同。

十八日，上始御後殿。宰臣陳康伯因奏：「臣等以十六日朝德壽宮，太上皇帝宣諭：『車駕每至宮，必于門外降輦，已再三勉諭，既行家人之禮，自宜至殿上降輦。』令臣等奏稟此意。」上曰：「昨太上皇帝有旨，令朕不須五日一朝，只朝朔望。朕于子道，問寢侍膳，尤宜勤恪，聖訓丁寧，朕心未安。卿等宜令有司詳議以聞，如宮門降輦，在臣子于君父禮所當然，朕端不安。」繼而禮部、太常寺言，除朝朔望外，乞於每月初八日并二十二日詣德壽宮起居，如宮中之儀。從之。自後皆遵此制。如值雨及盛暑祁寒，臨期承太上特旨，方免到宮。

十月二十二日，會慶節，百官稱賀訖，上詣德壽宮起居。自後同此。詳見「誕聖節」門。

十二月十八日，禮部言：「將來正月初八日，車駕詣德壽宮起居，緣是日係忌辰，乞改用初十日。」從之。自後當詣宮日或值忌辰及忌前，並改用別日。至乾道七年二月七日，太上皇帝降旨，自後如遇似此日分日，並免到宮。

〔一〕此三字原作正文書寫，緊接上文。按文應是細目，今分出。然省下文之内容乃是孝宗朝德壽宮，與尊號無關。《大典》此文本在卷七六六四「太上皇」目，此則尚可，後來整理者編入「尊號」門，則不妥。

隆興元年五月二十一日天(中)〔申〕節，上詣德壽宮起居上壽。自後同此，詳見「天(中)〔申〕節」門。

二年正月九日，詔：「恭承太上皇帝聖旨，今後遇十五日免到宮。」既而宰臣湯思退奏：「近見指揮，今後月望日免到宮。」上曰：「再三奏請，太上不 43 許，緣與皇后望日到宮相妨耳。」

乾道元年十月十七日，以皇太子受册畢，上請德壽宮起居稱謝。七年三月册命皇太子稱謝同此。

二年十月三日，上詣德壽宮進太上皇帝《聖政》。詳見「進書」門。

七年七月九日，宰執奏對畢，上宣諭曰：「前日過德壽宮侍燕，太上飲酒歡甚，宮中熙熙，和而有禮。本朝家法，前世所不及也。已爲卿等求得御書，俟請寶來，即賜卿等。」虞允文等頓首謝。

八月二十八日，宰執奏對畢，上宣諭曰：「朕近日過德壽宮，太上頤養愈勝，天顔充悦，朕退輒喜不自勝。」允文奏曰：「神器之重，得所付託，聖懷無事，自應如此。」上然之。

光宗紹熙五年七月五日甲子〔一〕，百官以禫祭畢集于重華宮。趙汝愚、陳騤、余端禮詣梓宮前焚香畢，中使宣引詣憲聖慈烈皇后簾前起居。恭奉皇后聖旨〔二〕，皇帝以疾至今未能執喪，御筆自欲退閑〔三〕，皇子嘉王可即皇帝位，尊皇帝爲太上皇帝。（以上《永樂大典》卷七六六四）

【宋會要】

44 孝宗淳熙十六年二月二日，皇帝吉服御紫宸殿，有司設仗殿下，文武百僚並常服吉帶，班于庭。起居畢，宰臣周必大等陞殿奏事，退，皇帝還內。百僚移班殿門外，內降詔曰：「朕以菲質，循堯之道，(競)〔兢〕業萬機，歷歲彌長。賴兩儀九廟之德，邊鄙不聳，年穀順成，底于小康。爰自宅憂以來，勉親聽斷，不得日奉先帝之几筵，躬行聖母之定省，固已慊然于懷。況乎春秋寖高，思釋重負。皇太子惇仁孝聰哲〔四〕，久司匕鬯，軍國之務，歷試參決，宜付大寶，撫綏萬邦，俾予一人獲遂事親之心，永膺天下之養，不其美歟！皇太子可即皇帝位，朕移御重華宮。」宣詔訖，入殿庭立班。上自內出，至御榻側拱手立。應奉官以次稱賀，內侍固請就坐，上固辭。內侍扶掖至于七八，上略就坐，復興。次宰臣率百僚稱賀，上側立。禮畢，三省、樞密院奏事，上立聽之。班退，皇帝命賀重華宮，上相繼乘輦，宰臣以下扈從如常儀。移時，上還內，有旨：「仰惟君父，專意奉親，決策內禪，天地大恩，無以報稱。形容盛德，典禮具

〔一〕「甲子」二字當爲《大典》據諸史添。
〔二〕皇后：據《兩朝綱目備要》卷三，當作「太皇太后」。
〔三〕欲：原作「遇」，據《兩朝綱目備要》卷三改。
〔四〕惇：原作「燉」，據《咸淳臨安志》卷二改。

存，而聖意謙抑，諭使勿請。雖慈訓不敢固違，然臣子歸尊，詎豈容已。謹上皇帝尊號曰『至尊壽皇聖帝』，皇后尊號曰『壽成皇后』，擇日奉表陳請。」

五日，禮部、太常寺言：「已降指揮，擇日詣重華宮，奉表恭請上尊號，依禮例合係學士院修撰表箋，述以皇帝率百僚詣重華宮恭請奉上尊號之意。擇日皇帝率百僚詣重華宮，皇帝奉表箋入宮，如宮中之儀。百僚殿下兩拜，移班再拜訖，退。候奉詔允，仍依禮例令學士院降詔，擇日宣佈。」從之。

六日，皇帝帥文武百僚詣重華宮起居，上表恭請上至尊壽皇聖帝尊號。表文曰：「臣(燉)〔惇〕言：謹帥群臣詣重華宮，恭請上至尊壽皇聖帝尊號者。伏以聖人得道之真，有不可形容之妙〔一〕；臣子尊親之至，欲少伸歸報之誠。輒籲衆言，仰干崇聽〔二〕。竊以洪荒之代，尚存盧、赫之名；揖遜之朝，猶著勳、華之號。雖曰事殊而世遠，亦皆實副而美彰。矧在我家，具存景鑠。恭惟皇帝陛下以英睿之斷整齊乾坤，以慈愛之心涵育夷夏，積憂勤於九閏，恢統緒於十朝〔三〕。重熙累洽之功，揜漢、唐而不論；高世絶俗之行，有曾、閔之所難。方將畢商宗三祀之宅憂，遽乃奉長樂萬年之至養〔四〕。逍遥塵垢之外，與造物游；止息混元之宫，爲天下父〔五〕。顧惭眇質，嗣守丕圖，戴大造而益深，懼鴻徽之未闡。考之經則壽寔先於五福，質之傳則聖寔冠於群倫。參往哲之格言，合有生之公願，恭請上尊號曰『至尊壽皇聖帝』。雖持蠡抱管，莫窺測於毫分；而鏤玉泥金，冀鋪張於萬一。伏望曲垂睿照，亟發俞音，上以侈宗社無疆之休〔六〕，下以遂臣民歸尊之志。謹奉表陳請以聞。」上箋恭請上壽成皇后尊號，箋 45 文曰：「臣(燉)〔惇〕言：謹帥群臣詣重華宮，恭請上壽成皇后尊號者。伏以坤配乾而曰至，乃成覆載之功；月遡日以爲明，遂廣照臨之德。況等尊于聖父，宜並受於顯名。酌古成規，爲今鉅典。恭惟皇后殿下性躬仁儉，道合静專。當舜紹堯之初，著虞嬪之懿行；以婦承姑之盛，邕摯仲之徽音。宣陰教於六宮，正表儀於萬國。付託之重，雖祇稟于睿謨；擁護之恩，寔助成于神斷。顧惟菲質，獲奉慈顔，倘無歸美之辭，曷侈事親之孝！壽祺方永，有光五福之疇；成德既彰，高掩二《南》之化〔七〕。龜筮協吉〔八〕，中外合謀，恭請上尊號曰『壽成皇后』。伏望俯諒忱辭，亟頒俞旨，順歡心於四表，享榮奉於萬

〔一〕「伏以」二句：「道」上原有「天」字，「不可」原作「不容」，據《五百家播芳大全文粹》卷一上删改。
〔二〕干：原作「于」，據《五百家播芳大全文粹》卷一上改。
〔三〕統：原作「繞」，據《五百家播芳大全文粹》卷一上改。
〔四〕遽乃：原脱，據《五百家播芳大全文粹》卷一上補。
〔五〕之宫爲天下父：原作「造物游止息氵」，據《五百家播芳大全文粹》卷一上改。
〔六〕上：原作「止」，據《五百家播芳大全文粹》卷一上改。
〔七〕化：原作「北」，據《五百家播芳大全文粹》卷一上改。
〔八〕吉：原作「言」，據《五百家播芳大全文粹》卷一上改。

年[一]。編之詩書，亶爲盛事，在於臣子，不勝至情[二]。謹奉牋陳請以聞。」奉答詔不允，詔曰：「人之至親，莫親於父子。爲天子父，尊之至也，虛言無實之名，予何取焉！孔子曰『若聖與仁，則吾豈敢』，華封之祝曰『使聖人壽』。夫聖，孔子不居。康衢之所以（頒）〔頌〕其君，亦曰壽耳，而乃親率百僚，願加此號，歸尊于父母，此孝道之極，顧何德以堪之。已嘗諭意，勿復有請。」

七日，上帥文武百僚再詣重華宮起居，恭請上至尊壽皇聖帝尊號。表文曰：「臣某言：近帥群臣上表，恭請上尊號曰『至尊壽皇聖帝』，伏奉答詔，未賜俞允者。伏以比輸微悃，請勒鴻名。天聽甚高，尚閟矜從之旨；物情既鬱，不勝懇切之私。理有未安，義當再瀆。竊以尊之至者號宜稱，道之備者美自彰[三]。遹觀古初，載在圖牒[四]，曷嘗不揚景鑠以崇盛德，備顯策以昭殊休！酌歷代之成規，考本朝之大典，驗休祥於天意，察愛戴于人心。邇遐合辭，幽顯同願。恭惟皇帝陛下誠贊化育，孝通神明。欲畢素冠，力行於通制；釋去重負，專心於事親。使千載因陋之習，遂洗於一朝；而匹夫罕能之行，乃見於萬乘。舉此大節，已冠百王。而況化極於範圍，仁漸于動植，武功底于保定，文治洽于綏懷。夫必得其壽，則陛下宜享其休；不居其聖，而陛下則有其實。合此二美，稽于衆言。强施繪畫之工[五]，曷模臨照[六]；妄持淺近之見，寧測高深。豈謂陛下退託愈堅，執謙釆損，竊窺訓誥，尚靳允俞，凌兢失圖，跼蹐無措。伏望沛然改慮[七]，監此丹衷。使臣子微誠得少施於毫末[八]，則國家盛事可誇耀于簡編。荐此控陳，期于得請。謹再奉表陳請以聞。」上牋再恭請上壽成皇后尊號，牋文曰：「臣某言：近帥群臣上牋，恭請上尊號曰『壽成皇后』，伏奉至尊壽皇聖帝答詔，未賜俞允者。伏以謙雖盛德，過謙或至於過中；父有常尊，事父當均于事母。方鴻徽之載衍，乃挹損而弗居。謹竭丹誠，荐干崇聽[九]。恭惟皇后殿下道隆坤載，行冠閫彝，輔佐慈皇，修明內治。以孝奉承于長樂，曲盡愉怡；以恩顧復于眇沖，助成揖遜。名號欲伸於歸美，形容未及于毫分。豈謂殿下卑以自持，卻而 46 不受。使人子尊親之意，苟抑遏而弗伸；則國家曠代之儀，將因循而莫舉。伏望勉從愚請，俯慰衆心。言順事成，丕顯一朝之盛；天長地久，永延萬世之休。謹再奉牋陳請以聞。」奉答詔不允，詔曰：「名者實之賓，實大則名顯；號者功之表，功盛則號隆。有其實固欲辭其名，無其

[一]享：原作「亨」，據《五百家播芳大全文粹》卷一上改。
[二]情：原作「請」，據《五百家播芳大全文粹》卷一上改。
[三]備：原作「美」，據《五百家播芳大全文粹》卷一上改。
[四]牒：原作「諜」，據《五百家播芳大全文粹》卷一上改。
[五]強：原作「疆」，據《五百家播芳大全文粹》卷一上改。
[六]模：原作「謀」，據《五百家播芳大全文粹》卷一上改。
[七]慮：原作「盧」，據《五百家播芳大全文粹》卷一上改。
[八]誠：原作「成」，據《五百家播芳大全文粹》卷一上改。
[九]干：原作「于」，據《五百家播芳大全文粹》卷一上改。

功安可享其號？況心存于恭默，志在于沖虛，溢美之言，適增予愧。勿勤再請，祗益煩勞。」

十日，上帥文武百僚再詣重華宮起居，恭請上至尊壽皇聖帝尊號。表文曰：「臣某言：（臣）〔近〕帥群臣再恭請上尊號曰『至尊壽皇聖帝』，伏奉答詔，未賜俞允者。伏以祗率舊章，請崇丕號，荐蒙慈訓〔一〕，未諒愚誠。辭已迫而復陳，聽愈高而難動。籲天徒切，蹐地靡寧。臣聞事貴適其中，名欲當于實。得其中則事可久，是以聖人不肯違；有其實而名自彰，是以聖人不苟避。恭惟皇帝陛下豐功偉業，卓冠古今，睿斷神謨，開闔宇宙。欲承顔長樂之養，遂脱屣萬乘之高〔二〕。『壽』以見臣子區區善頌之情，『聖』乃總帝王蕩蕩難名之道。順陛下之謙德，初無侈大之辭；酌本朝之成規，又非創見之事。豈謂陛下過爲挹損，深自退藏，守獨善而咈衆心，崇小遜而遺大體。制度倘失之簡，何以昭神功；名號不副其尊，何以示天下？使臣忠誠莫遂，孝治有虧，負愧懷慚，廢寢忘食。伏望上觀天意，下察人心，遠稽前王，近法文祖，亟頒温詔，毋守牢辭。則典禮順從，侈宏休于載籍；神明歡悦，贊寶筴於萬年。謹再奉表陳請以聞。」上牋再恭請上壽成皇后尊號，牋文曰：「臣（燉）〔惇〕言：近帥群臣上牋，再恭請上尊號曰『壽成皇后』，伏奉至尊壽皇聖帝答（告）〔誥〕，未賜俞允者。伏以荐陳封奏，請勒鴻休，愚誠雖切於懇祈，慈聽未聞于動寤。徊徨無措，進退莫安。臣聞有德必有名，乃古今之通誼；事母猶事父，豈人子之異情〔三〕！恭惟皇后殿下廓仁愛恭儉之心，體静專柔順之道。上之承事長樂極其孝，下之保佑眇躬盡其恩〔四〕。內之輔助聖皇，見于夙夜之警戒；外之風化天下，著於朝夕之憂勤。景鑠鴻徽，流風懿行，雖殫筆舌，莫罄形容。徒以繼承之始初，欲伸歸報之萬一。因已行之盛典，固非創爲；寓善頌之忱辭，初無溢美。而殿下執謙冞甚，固拒弗俞。襲中宫之舊號〔五〕，則何以表慈闈之尊；拒衆心之屢請，則無以慰人子之願。神祇觖望，中外懷疑。伏望察臣迫切之詞，諒臣勤拳之意。則坤儀光大，永同太極之高；孝治興行，丕顯我家之盛。謹再奉牋陳請以聞。」奉答詔允，詔曰：「函封疊上，誠請益堅。謂行浮於名，乃君一執謙之德；而尊歸於父，亦我家故事之常。萬乘之貴，不可以屢勤；群言之迫，不可以固拒。成聖子事親之孝，形四方廣愛之風。勉徇至情，更慚虚美。」

同日，右丞相周必大等言：「昨面奉至尊壽皇聖帝聖旨，將來慈福宫上皇太 47 后尊號，依舊用『壽聖』二字。乞學士院降詔，就此月十一日宣布，餘令有司續行討論。」詔恭依。附慈福宫尊號。

〔一〕蒙：原作「家」，據《五百家播芳大全文粹》卷一上改。
〔二〕屣：原作「簁」，據《五百家播芳大全文粹》卷一上改。
〔三〕人：原作「臣」，據《五百家播芳大全文粹》卷一上改。
〔四〕眇：原脱，據《五百家播芳大全文粹》卷一上補。
〔五〕宫：原作「官」，據《五百家播芳大全文粹》卷一上改。

十一日，文武百僚赴文德殿，聽宣布恭上皇太后尊號詔，曰：「侈國家之盛事，宜勒鴻徽；居天下之極尊，必崇丕號。皇太后道配太極，母臨三朝，揄懿鑠於簡編，有大勳于宗社。含洪博厚，既全育物之慈；恬淡冲虛，自享延年之福。顧惟眇質，祗燕孫謀，致榮養于北宮，闡洪休于重慶。惟壽因聖顯，孰加舊日之隆名；而母以子彰，寔出至尊之本意。上以（照）〔昭〕慈父事親之孝，（不）〔下〕以副冲人歸美之誠。皇太后宜恭上尊號曰『壽聖皇太后』，餘令有〔司〕討論以聞。」附慈福宫尊號。

同日，詔曰：「朕寅奉燕謀，祗承鴻業。天所覆，地所載，既全付而有歸；父之尊，母之親，豈欽承之敢後？昭國家之盛典，溢中外之歡聲。皇帝陛下睿智如神，聰明協帝。赤符紹統，憂勤馴致於三登；黄屋非心，授受率循於一道。皇后殿下德全柔順，性本静專。壼範有常，克迪厚倫之化；母慈篤愛，助成與子之謀。挈神器以親傳，宴大庭而偕永。顧惟菲質，莫報深恩。順色承顔，方備殫於至養；蜚英騰茂，宜並上於徽名。雖承温諭之崇謙，莫遏群情之歸美。訂義遠參於至德，裁儀近法於淳熙。日月之明，固照臨之難寫；乾坤之大，庶幾之可言言（一）。忱請疊陳，俞音甫拜。撰告克從於龜筮，勒成有爛於瑶琨。率百官若帝之初，丕講非常之禮；於萬年受天之祐，聿迎滋至之休。孚我愛欽，告于溥率。俾邦榮之咸賴，庶孝治之愈隆。皇帝宜恭上尊號曰『至尊壽皇聖帝』，皇后宜恭上尊號曰『壽成皇后』。其令有司詳具儀注，朕當親率群臣詣重華宫奉上册寶。」

四月五日，將作監言：「今來修製奉上尊號玉寶，欲乞依例下禮官討論範樣大小、分寸制度。所（以）〔有〕珉玉册三副、玉寶一鈕、金寶二鈕并沿册寶法物，亦乞下太常寺專差知次第禮直官一名，赴文思院指説合用名件、色額、樣制，以憑製造，務合典禮。」從之。

同日，太常寺言：「修製至尊壽皇聖帝尊號册寶，檢照制度禮例，册用珉玉，簡長一尺二寸，闊一寸二分，厚五分，簡數從文之多少，聯以金繩。寶用玉，廣四寸九分，厚一寸二分，填以金，盤龍鈕。壽聖皇太后、壽成皇后尊號册、寶，乞參照淳熙十二年加上壽聖齊明廣慈備福太上皇后尊號册、寶（製）〔制〕度修製。」從之。

七月十九日，詔修製奉上壽聖皇太后、至尊壽皇聖帝、壽成皇后尊號册寶行禮，都大主管官差通侍大夫、保寧軍承宣使、入内内侍省都知劉慶祖，仍詔依都大主管所爲名。

八月九日，禮部、太常寺言：「壽聖皇太后金寶一鈕，乞以『壽聖皇太后寶』六字爲文；至尊壽皇聖帝玉寶一鈕，乞以『至尊壽皇聖帝之寶』八字爲文；壽成皇后金寶一鈕，乞以『壽成皇后之寶』六字爲文。」詔恭 48 依。

九月二十一日，詔壽聖皇太后、至尊壽皇聖帝書撰册

（一）此句疑當作「豈庶幾之可言」。

文官，禮儀使，並差右丞相留正；壽聖皇太后、至尊壽皇聖帝篆寶文官，并壽成皇后書撰册文官，並差知樞密院事、兼參知政事王藺；壽成皇后篆寶文官，差同知樞密院事葛邲。

十一月四日，詔恭上壽聖皇太后、至尊壽皇聖帝、壽成皇后尊號册、寶，用正月一日。

二十三日，禮部、太常寺言：「將來恭上壽聖皇太后、至尊壽皇聖帝、壽成皇后尊號册寶，參照禮例，前期集合赴行禮、陪位等官并應奉官，並赴大慶殿習儀，次習重華宮奉上尊號册寶儀。奉上尊號册寶前一日，禮儀使宰臣於皇城司，其餘行禮等官並於麗正門外(侍)〔待〕漏院等處宿齋〔一〕。」從之。

二十五日，禮部、太常寺言：「檢準淳熙《儀制令》節文，諸大慶大禮，發運、監司、提點坑冶鑄錢司同。諸州長吏奉賀表。所有將來正月一日奉壽聖皇太后、至尊壽皇聖帝、壽成皇后尊號册寶禮畢，係大慶典禮，合依上條施行。」從之。

十二月六日，詔攝太傅奉上尊號册、寶，差右丞相留正；攝侍中奉至尊壽皇聖帝寶并讀寶，及奉壽聖〔皇〕太后寶，壽成皇后寶，差知樞密院事、參〔知〕政事王藺；攝中書令奉至尊壽皇聖帝册并讀册，及奉壽聖皇太后册、壽成皇后册，差同知樞密院事葛邲；侍中詣至尊壽皇聖帝御(前)〔座〕前承旨并奏答及奏禮畢，差户部尚書葉翥；前導禮儀使并奏禮畢，權吏部尚書鄭僑。押册案吏部侍郎三員，權兵部尚書兼知臨安府張杓、吏部侍郎余端禮、禮部侍郎李巘。押寶案禮部侍郎三員，給事中胡晉臣、中書舍人羅點、右諫議大夫何澹。奏中嚴外辦禮部侍郎二員，權吏部侍郎陳騤、權刑部侍郎吳博古。進接圭殿中監，國子祭酒兼權中書舍人沈揆。導册寶太常卿，將作少監、直學士院倪思。(與)〔舉〕册官六員，起居郎諸葛廷瑞、祕書省著作郎兼權起居舍人莫叔光、殿中侍御史范處義、右正言黃掄、監察御史計衡、林大中。舉寶官六員，太常少卿丘崇、宗正少卿耿秉、祕書監楊萬里、大理卿王尚之、司農少卿韋璞、中書門下省檢正諸房公事王回。押(藥)〔樂〕太常卿，左司郎中岳霖。奏解嚴禮部郎中，左司郎中沈詵、大理少卿呂公進。太常博士三員，贊引太傅、樞密院檢詳諸房文字楊經。贊引前導禮儀使、將作監兼權吏部郎官蘇山。贊引太常卿，考功郎中樓鑰。協律郎一員，吏部郎中陳揚善。大慶殿并重華宮進中嚴外辦二員，知閤門事兼客省四方館事譙熙載、權知閤門事兼客省四方館事劉弢。大慶殿并重華宮前導二員，知閤門事兼客省四方館事兼樞密副都承旨吳瓌、權知閤門事兼客省四方館事韓侂(省)〔胄〕。大慶殿并重華宮進解嚴。閤門宣贊舍人、點檢閤門簿書公事、充宣調令張進之。

同日，【49】禮部、太常寺言：「奉上尊號册寶前三日，遣官奏告天地、宗廟、社稷、景靈宮、宮觀、諸陵攢宮，其應合排辦事件，乞並依自來奏告禮例施行。」從之。

九(月)〔日〕，御史臺、閤門言：「奉上尊號册寶，依禮例

〔一〕宿齋：原作「宿衛」，據本卷後文禮四九之八四改。

文武百僚陪位。緣重華宮殿内地步窄隘，欲乞宰執、侍從、兩省、臺諫、橫行以上，并應奉官于殿下立班，餘官于殿門外隨宜趲那。」從之。

十二（月）〔日〕，禮部、太常寺言：「將來奉上尊號册寶行禮，皇帝致詞賀至尊壽皇聖帝，侍中承旨宣答；次宰執、文武百僚致詞稱賀至尊壽皇聖帝，侍中承旨宣答；次宰執率文武百僚拜牋賀壽聖皇太后、壽成皇后。所有稱賀并宣答詞，並乞令學士院修撰，其牋乞令禮部修撰。依禮例，儀仗導引，其用鼓吹合有導引曲，其用宮架樂合用樂章，乞從本寺具節次申學士院製撰，前期降付本寺教習。」從之。

十七日，都大主管所言：「奉上壽聖皇太后、壽成皇后尊號册、寶行禮，奉册置于座前甘昪、霍汝弼，讀册吳回，讀寶張宗尹，尚宮奏請前導閤禮，承旨宣答王公昌，司言前導盧安仁，前導皇帝行禮梁彬老、世榮、符思永。」從之。

尊號 十二

光宗，孝宗皇帝第三子，母曰成穆皇后郭氏。紹興十七年丁卯歲九月四日，生于藩邸宮中。其日爲重明節。二十年正月，賜名惇，授右内率府副率。三十年四月，授榮州刺史。三十二年九月，授鎮洮軍節度使、開府儀同三司〔一〕，進封恭王。乾道七年二月，立爲皇太子。四月，領臨安尹。九年四月，以屢辭，迺免。淳熙十五年正月，參決庶務。先是，有詔曰：「地居子職，所當幹蠱以振民；位正儲儀，尤藉撫軍而監國。禮經具在，史（諜）〔牒〕可尋。朕祗迪燕詒，敢云暇豫。痛矣非常之變，割于罔極之悲。三年天下之通喪，方謹苴麻之制；百官族人之命戒，勉從素幄之權。諒陰既爽于不言，恭默更妨于思道。皇太子春秋鼎盛，夙夜嚴祗。久宣北極之輝，蚤辨南陽之牘。遠稽（正）〔貞〕觀，決庶務於承華；近法天禧，見輔臣于資善。庶其習貫，助我財成。皇太子可令參決庶務。」至是每隔日與宰執並公裳繫鞋相見議事，如有差擢，内自寺監丞，外自守臣以下，悉與宰執同議，除授訖以聞。守臣上殿參辭，除侍從外權免，並於議事堂納劄子，擇其可施行者，同宰執將上取旨。十六年二月二日，受内禪，即皇帝位。年四十。紹熙五年七月五日，遜位于寧宗皇帝，退處壽康宮。慶元二年十月三日，上尊號曰「聖安壽仁皇帝」。册文參知政事謝深甫撰。六年八月八日，崩于壽康殿，年五十四〔二〕。謚曰「憲仁聖哲慈孝」，廟號光宗。謚議起居舍人、兼權中書舍人、兼權直學士院（郡）〔邵〕文炳撰，謚册文右丞相謝深甫撰，哀册文知樞密院事、兼參知政事何澹撰。嘉泰三年十一月八日，加謚曰「循道憲仁明功茂德温文順武聖哲慈孝」。謚議中書舍人、兼直學50士院顔棫撰，册文知樞密院事、兼參知政事許及之撰。

紹熙元年正月一日，恭請上壽聖皇太后、至尊壽皇聖

〔一〕儀：原作「議」，據《宋史》卷三六《光宗紀》改。
〔二〕五十四：原作「五十二」，據《宋史》卷三六《光宗紀》改。

帝、壽成皇后尊〔號〕册寶，前二日習儀。前一日，有司設御幄於大慶殿御幄後之西，皇帝未御殿，於此易服。設册寶幄于大慶殿當中南向。設皇帝褥位三：一于殿上册寶幄之東，西向；皇帝出御幄立於此，以俟册寶降階。一於殿下當中，面册；皇帝從册寶降堦，於此立并拜。一於殿下當中，南向。皇帝以册寶授太傅訖立于此，以俟册寶出殿門。又設以册寶授太傅褥位一於殿下當中，横陳。又設置册寶褥位一十二：六於殿下，南向，册東寶西；皇帝至殿下(而)〔面〕册褥位立定，即置寶册于此，以俟授之太傅。六於殿下東階之東，西向，册南寶北。太傅受册寶訖置于此。太傅、侍中、中書令、吏部禮部侍郎、舉册舉寶官、太常卿、太常博士，各有位於殿之東西階下。太常展宫架之樂。是日〔一〕，百官朝服集于大慶殿門外，列黄麾儀仗、鼓吹、禁衛於殿庭内外訖，前導官、禮儀使、閤門官、太常博士分列于御幄之左右，百僚入就殿下位，東西相向。吏部禮部侍郎、舉册舉寶官、太常卿、侍中、中書令、太傅俱詣殿下西階東向位立。少頃，皆自西階陞殿〔二〕，立於册寶幄之西，東向。太常博士、太常卿立於西階上之西，東向。皇帝服靴袍入御幄，易通天冠、絳紗袍。閤門官、禮部侍郎奏中嚴外辦，太常博士引禮儀使奏請皇帝恭行奉上壽聖皇太后、至尊壽皇聖帝、壽成皇后尊號册寶之禮。前導官導皇帝出御幄，殿中監跪進大圭。皇帝執大圭，殿中監進大圭訖，詣東階上西向少立，以俟禮畢授大圭。詣殿上册寶幄前褥位，西向立。舉册官入幄，舉壽聖皇太后册輿，中書令奉册，吏部侍郎押册案。舉寶官入幄，舉壽聖皇太后寶輿，侍中奉寶，禮部侍郎押寶案〔三〕。次舉至尊壽皇聖帝册寶，次舉壽成皇后册寶，皆如上儀。太常博士、太常卿前導册寶進行，協律郎舉麾，《正安》之樂作。凡舉册寶并置册寶於(於)案，皆禮部職掌助舉。前導官前導皇帝步從，侍中、中書令奉册寶降自西堦，至殿下當中褥位，南向置定。偃麾，樂止。凡樂皆協律郎跪俛伏，舉麾興，工鼓柷而後作，偃麾戛(故)〔敔〕而後止。侍中、中書令以下各詣殿東階之東褥位，西向立。皇帝至殿下，面册褥位立。禮儀使奏請皇帝拜，典儀曰再拜，贊者承傳，在位官皆再拜。内應行事、執事、應奉官不拜。重華宫並準此。舉册官詣壽聖皇太后册案之左右，東西相向，舉册興。吏部侍郎押册案，先詣皇帝褥位前置(立)定，退立于東階下，西向。中書令詣前，奉册進行，《禮安》之樂作。至皇帝褥位前，置册於案，中書令退，復西向位。舉册官少立，太常博士引太傅詣受册褥位，東南向，側身俛伏跪。舉册官跪舉册，皇帝搢大[51]圭，跪奉册，授太傅。太傅受册，皇帝執大圭，俛伏，興。太傅興，舉

〔一〕日：原作「以」，據本書禮四九之三〇紹興三十二年奉上光堯壽聖太上皇帝册寶儀注改。

〔二〕西：原作「自」，據本書禮四九之三〇紹興三十二年奉上光堯壽聖太上皇帝册寶儀注改。

〔三〕禮部：原作「部部」，據本書禮四九之三〇紹興三十二年奉上光堯壽聖太上皇帝册寶儀注改。

册官舉册輿〔一〕。太傅奉册於殿東堦下褥位，西向跪，置册于案，樂止。凡太傅受册寶，皆禮部先奉册寶案詣殿東堦下褥位，西向置定。舉册官退，立于册案之後，太傅立於册案之側，西向。舉寶官舉寶，禮部侍郎押寶案，先詣皇帝褥位前置定。侍中奉寶進行，置於案，太傅詣受寶褥位，東南側向。皇帝以寶授太傅〔二〕，奉寶至於東堦西向褥位，如發册儀。次發至尊壽皇聖帝册寶及壽成皇后册寶，並如壽聖皇太后册寶之儀。太傅以下並退，詣殿東堦下褥位，西向立。皇帝詣殿下當中，南向褥位少立，舉册官、舉寶官前舉册寶輿，吏部、禮部侍郎押册寶〔按〕〔案〕，《正〔案〕〔安〕》之樂作。太常博士、太常卿前導，太傅、侍中、中書令後從，册寶出大慶殿正門，樂止。有司奉册寶置於要舁。初，册寶出，禮儀使奏禮畢，皇帝陞自東階，將至御幄，殿中監跪受大圭。皇帝入御幄，簾降。閤門官、禮部郎中奏解嚴，皇帝服靴袍還内，文武百僚以次退，易常服。非導從册寶、從駕臣僚並先赴重華宫。

次重華宫〔奏〕〔奉〕上册寶。前期，有司設大小次于重華宫大門内及殿東廊上，設權安册寶幄於大門内。設皇帝褥位二：一於殿上當中，正向；一於至尊壽皇聖帝御座之東，西向。設置册寶褥位六於殿西階下，東向。册北寶南。又設册寶褥位七，六于殿上東，重行，一於殿上當中，北向。行禮官殿上下皆有位。設宫架之樂如大慶殿之儀。大慶殿禮畢，禮部率輦官捧擎册寶進行，儀仗、鼓吹、禁衛等以次援衛。太常博士、太常卿、舉册舉寶官、吏部禮部侍郎步導，太傅、侍中、中書令步從。至和寧門外，太傅以下皆上馬，導從至重華宫門外，步導從至册寶幄次權行安設訖，太傅以下退，易朝服，以俟行禮。皇帝服靴袍，乘輦至重華宫，入大次。儀仗、鼓吹、儀衛等分列於宫門内外，文武百僚入就殿下位，東西相向立。吏部禮部侍郎、舉册官、舉寶官、太常博士、太常卿、侍中、中書令、太傅，俱詣册寶幄前位立。舉册官入幄，舉壽聖皇太后册輿，中書令奉册，吏部侍郎押册案。舉寶官入幄，舉壽聖皇太后寶輿，侍中奉寶，禮部侍郎押寶案。次舉至尊壽皇聖帝册寶，次舉壽成皇后册寶，如上儀。以次進行，宫架作《正安》之樂。至殿西階下褥位置定，册北寶南。樂止。侍中以下各就位，太傅詣本班西向立。禮部侍郎奏請中嚴外辦，皇帝就次服通天冠、絳紗袍，出大次，殿中監跪進大圭。皇帝執大圭，將至小次，禮儀使奏請皇帝恭行奉上壽〔聖〕皇太后、至尊壽皇聖帝、壽成皇后尊號册寶之禮。皇帝出小次，執大圭，陞自東階，至殿上褥位，西向立。至尊壽皇聖帝自宫服靴袍出，宫架作《乾安》之樂，陞御座，樂止。皇帝詣北向褥位立，禮儀使奏請拜，皇帝再 52 拜，躬奏聖躬萬福。又再拜訖，皇帝

〔一〕舉册官舉册輿：原作「舉官册舉輿」，據本書禮四九之三一紹興三十二年奉上光堯壽聖太上皇帝册寶儀注改。

〔二〕授：原作「受」，據本書禮四九之三一紹興三十二年奉上光堯壽聖太上皇帝册寶儀注改。

詣西向褥位立，太傅以下横行北向立，再拜。太傅不離位，奏聖躬萬福。内行事、應奉官並免起居。又再拜訖，太傅詣殿西階下褥位，百官本班東西相向立定。次舉册官前舉册興，吏部侍郎押册案，先詣至尊壽皇聖帝御座前褥位置定，少退，東向立。太傅奉册陞殿，宫架作《聖安》之樂。太常卿前導，中書令後從，至殿上褥位北向跪，以册置於案，樂止。太常博士、太常卿降階復位立，太傅詣殿上前楹間北向立。舉册官舉册，中書令北向跪，讀册。册文曰：「皇帝臣某謹稽首再拜言：臣聞隆天厚地之恩，不可得而報；備道全德之妙，不可得而名。大哉聖人，兼全乎天地之恩，究極乎道德之妙，出人間世，覆育萬物。凡厥有生，欲效衆美，以報所不可報之恩；若稽于古，宜宣令聞，以名所不可名之妙。昔者大舜有大焉，以所得於天者還以覆燾於人，以所受於前者還以揖遜于後。無爲而治，不有其功，顯號徽稱，勛華一體。由今視昔，以舜紹堯，千載不約而同符，二《典》豈容于專美。俯從衆志，仰贊丕休。恭惟皇帝陛下體濬哲文明之資，新篤實輝光之德，行堯之道，與天同功。在(仁)〔位〕二十有八年，上而五星順軌，八風序位，拜況于郊，發祥隤祉；下而年穀順成，民生自遂，蠲租減賦，恩澤滲漉。内則修明法度，總攬權綱，明足以灼見而邪枉不容；外則閲實邊防，謹守信誓，仁足以包荒而兵革不試。其著見有常者儉也，朴素無華，愛惜民力，而財用給；其躬行不匱者孝也，始終一致，形爲教化，而風俗厚。誠通乎天，事出乎斷。方且舉行曠典，表率萬邦，爲匹夫之所甚難，陋諸儒之所未正。脱屣萬乘，專意東朝，敵慈福以問安，即重華而燕處。頤神昭曠，觀妙希夷。既與夫造物者游，孰肯以天下爲事。全以所覆，畀之冲人。諦觀睿謨，申用家法，而臣深虞寡昧，莫克奉承。欲報天地之恩而恩(而)〔不〕可報，欲名道德之妙而妙不可名。報不可報，而寓其心之微；名不可名，而忘其言之淺。言念有天下尊歸于父，所以推其本原。爲天子父，尊之至也，又以表其極致，庶幾形容乎不可報之恩。涉三皇之登閎，而壽與之俱崇；歷五帝之寥廓，而聖與之並驅，庶幾窺測乎不可名之妙。譬之海嶽，納以涓涘，延光于將來(來)，比榮乎前美。臣不勝大願，謹奉玉册玉寶，上尊號曰『至尊壽皇聖帝』。伏惟陛下研幾繫表，探(頤)〔賾〕環中，御六氣之和，叶三靈之泰，式安清浄，致福邦家，寔億萬世宗社無疆之休。臣某誠歡誠忭、稽首再拜，謹言。」讀訖，俛伏興。舉册官奠册，舉册興。中書令奉册，吏部侍郎押册案，先詣御座之東褥位，北向置定，降階復位。中書令進册置于案訖，中書令、舉册官降階復位。次太傅降階，詣至尊壽皇聖帝寶案之後立。次舉寶官舉寶，禮53部侍郎押寶案，太傅奉寶，侍中後從陞殿，侍中讀寶。寶以「至尊壽皇聖帝之寶」爲文。讀訖，置寶於案，皆如上儀。俱降階復位。次太傅以下降階，奉壽聖皇太后册寶、壽成皇后册寶詣御座之東北向褥位置定，降階各歸本班立。初，壽聖皇太后、壽成皇后册寶陞殿，侍中陞殿，詣折檻東，西向立。

皇帝詣北向褥位，禮儀使請拜，皇帝再拜，俛伏跪，奏：「皇帝臣某稽首言，伏惟至尊壽皇聖帝陛下誕膺寶册，丕顯鴻名，天地申休，邦家胥慶。」俛伏興，又再拜。侍中承至尊壽皇聖帝旨，退，西向宣答曰：「皇帝愛欽備至，典禮肇新，勉受尊名，深慙溢美。」皇帝又再拜，退詣西向褥位。太傅以下横行北向立，再拜。太傅稍前，俛伏，跪奏：「文武百僚攝太傅、右丞相臣留正等稽首言，伏惟至尊壽皇聖帝陛下光臨華殿，誕受尊名，慶浹三宮，歡騰萬國。」俛伏興，太傅復位，在位官皆再拜舞蹈。又再拜訖，侍中詣至尊壽皇聖帝御座前承旨，退詣折檻前，西向宣有制。太傅以下再拜，宣曰：「寶册前陳，簪紳並集，勉膺丕號，式副群情。」宣訖，退詣折檻東，西〔向〕立，太傅以下皆再拜舞蹈。又再拜訖，侍中奏禮畢，至尊壽皇聖帝降座，宮架作《乾安》之樂，還宮。

内侍捧壽聖皇太后、至尊壽皇聖帝、壽成皇后册寶入宮，皇帝詣宮中行奉上壽聖皇太后、壽成皇后册寶之禮。其日先設壽聖皇太后座于慈福殿，設壽成皇后座於重華宮本殿，皆南向，各設皇帝褥位，如重華宮前殿之儀。殿上行禮畢，舉册寶内侍舉壽聖皇太后册寶興，舉册寶（安）〔案〕内侍舉案，先詣慈福宮壽聖皇太后座前褥位西向置定。都大主管官前導册寶進行，宮架作《正安》之樂。皇帝後從，舉册寶内侍置册寶於案，樂止。皇帝詣壽聖皇太后座前北向褥位，内侍引司言，司言引尚宮，尚宮引壽聖皇太后出閤，宮架作《聖安》之樂。陞座，樂止。尚宮奏請皇帝再拜，躬身奏萬福，又再拜訖，退詣西向褥位立。舉册内侍舉册興，宮架作《聖安》之樂。舉册案内侍舉册案置於壽聖皇太后座前褥位，北向置定，内侍進册於案，樂止。舉册内侍跪舉册，讀册内侍跪讀册。册文曰：「皇帝臣某謹稽首再拜言：臣聞全坤元之德，然後可以正天下之母儀；備皇極之福，然後可以享天下之至養。監觀三五，以至于今，厚德難全，福亦罕備。若任（似）〔姒〕享年之見永〔一〕，見子孫奕世以相傳，慶洽三宮，歡均率土。我家盛事，曠古未聞。然則因鴻名，登寶册，不一書而垂光于無窮者，其可後哉！恭惟皇太后殿下含法育物，博厚承天。樂得賢才，贊起中興之治；躬行節儉，助成王化之基。正位中宮，二十餘載。明明我祖，將倦于勤；丕丕慶基，遂禪于内。皆夙夜相成之道，爲邦家萬世之計。方避成功於十亂，從燕游於大庭，毓德乎沖虚，頤神乎澹泊。如川方至，54 景福駢臻；如月之常，陰功愈盛。共爲子職，至尊日侍於慈顔；衍及孫支，菲質嗣登於大寶。襲宮闈之重慶，會海宇之丕平，百穀順成，三靈協序。大造固難于摹寫，元功必擬於形容。惟壽居福先，《洪範》首陳於箕子；而聖爲道備，《思齊》寔啓於文王。蓋嘗三上於徽稱，今復一新於大典。正東朝之顯號，因聖父以推尊，上合天心，下符人望。臣不勝大願，謹

〔一〕「見」字疑因下句而衍。

奉玉册金寶，上尊號曰『壽聖皇太后』。伏惟殿下後天難老，應地無疆。業業親庭，長致重華之孝；孜孜王業，永綏燕翼之謀。垂裕後昆，卜年千億。臣某誠歡誠抃，稽首再拜，謹言。」讀訖，舉册內侍官奠册，并册案退，各復位。次舉寶並如上儀。寶以「壽聖皇太后寶」爲文。皇帝復詣北向褥位立，尚宮奏請拜，皇帝再拜，俛伏，跪奏：「皇帝臣某稽首言，伏惟壽聖皇太后殿下慶集重闈，祥開萬壽，欽崇顯號，良切懽悰。」俛伏興，又再拜。內侍承壽聖皇太后旨，退，西向答曰：「皇帝肇講禋容，勉膺崇號，具孚誠意，徒有愧懷。」皇帝又再拜，退，詣西向褥位立。內侍奏禮畢，壽聖皇太后降座，宮架作《坤安》之樂。入閤，樂止。

皇帝次詣重華宮壽成皇后行殿，奉上册寶之禮。有司舉讀册寶，册文曰：「皇帝臣某謹稽首再拜言：臣聞人倫之懿，莫若文王。王季維父，肇啓丕慶；大任維母，克濟休德。《皇矣》之所誦歎，亦既美矣；必若《思齊》推本厥始，然後爲至也。惟我至尊壽皇聖帝春秋鼎盛，功業方茂，未倦于勤，海內靖(謚)〔謐〕，群生鬯遂，響于佚樂〔一〕。乃篤志慕親，決策與子，孝安宗(祐)〔祏〕，仁覆區寓。則亦惟我聖母保佑冲人，迄底于成，盡慈親之愛；翊輔至尊，爰定大計，贊嚴君之斷。肆茲寡昧，纂紹熙洽。德媲文王，而邦家之祉有光於周，於皇休哉！竊伏思念，惟末小子，極天下之養，伸人子之心，以對上帝，以刑四海。曾是節溫清，備甘旨，以爲足哉？抑亦裒神人之驩，酌古今之制，敷張景鑠，崇揭顯號，庶幾倦倦懇懇之萬一焉。惟乾弗言所利，而大哉之元物資以始，惟坤以順承天，而至哉之元物資以生，作《易》者皆不得以嘿隱。顧惟我家無疆之休，既講縟儀，舉鉅典于重華之前殿矣。洪惟聖母，體順而方直，積厚以光大。淑善之性，得之生禀，而謹儀節以自度；徽嘉之行，足爲世法，而親圖史以自鑒。用能惠于上下，肅于內外，化流郡國，澤被民物，若古摯氏，爲宋壽母。頌其純嘏，則如月之弦方進于望；贊其備德，則如地之載不遺夫物。其於彰鴻名，侈休稱以多祐，以全具美者，詎可獨後！臣不勝大願，謹奉玉册金寶，上尊號曰『壽成皇后』。伏惟允答群志，誕受丕册，儼尊位于太極，紹令聞于慈福。雖賡二《南》之詩，不足于歌詠，而續長樂之注，莫勝於紀述也。臣(燉)〔惇〕誠歡誠抃，稽首再拜，謹言。」寶以「壽成皇后之寶」爲文。皇帝致詞稱賀，臣(燉)〔惇〕稽首言：「伏惟(一)壽 55 成皇后殿下號崇坤極，禮舉春朝，壽祉采增，歡情莫喻。」內侍承旨宣答，壽成皇后教旨：「皇帝茂蔵縟儀，來崇顯號，愛欽備至，愧喜良深。」皆如慈福宮禮。皇帝退，易靴袍至重華殿東堦下，閤門官、禮部郎中奏解嚴，內侍官轉進，宰執率文武百僚詣重華宮殿下稍西〔二〕，拜牋賀壽聖皇太后，又移班拜牋賀壽成皇后如儀訖，退。儀仗、鼓吹、

〔一〕響：似當作「饗」，同「享」。

〔二〕稍：原作「稱」，據本書禮五〇之一〇紹熙四年奉上壽聖隆慈備福皇太后尊號册寶儀注改。

儀衛以次退。應從駕臣僚俟從駕還内。

四日，爲恭上尊號册寳禮畢，文武百僚(諸)〔詣〕文德殿拜表稱賀。

二月五日，詔奉上尊號册寳禮畢，主管諸司所差一行官吏，依淳熙十二年例等第推恩。内都大主管官楊皓乞不推恩，承受鄭邦美特與階官上轉行兩官〔一〕，諸司劉用之特與階官上轉行一官，餘一官特與帶行遥刺，張彦臣、李唐卿特與見(令)〔今〕官上轉行兩官，贊引使臣齊聞韶令轉一官，特與依王彦明例帶行遥郡刺史。其餘礙止法人依條回授，内白身人候有名目特作一官資收使。

皇帝朝〔二〕　淳熙十六年二月三日，禮部、御史臺、閤門、太常寺言：「依禮例，皇帝合率文武百僚詣重華宮朝見，條具儀注：　前期有司設大次於重華宮門内，小次于殿東廊，西向。　其日俟皇帝出即御座，從駕臣僚起居班次並如閤門儀。　皇帝降御座，乘輦將至重華宮，御史臺、閤門報引文武百僚詣宮門外迎駕起居訖，如值雨或霑濕，權免起居。入赴玉華殿下，分東西相向立。　前導官太常卿、閤門官、太常博士、禮直官先入詣大次前分左右立定，俟皇帝詣重華宮大次，降輦入次，前導官導皇帝入小次，簾降。　御史臺、閤門、太常(寺)〔卿〕引文武百僚北向立定，俟出宮，行門、禁衛等迎駕四拜起居，管軍、知閤門官、御帶、環衛官、當祇應宣贊舍人以下并前導官並(駕)〔迎〕駕四拜起居訖，各歸侍立祇應位。　俟陞御座小次，簾捲，前導官導皇帝陞殿東階，詣殿上折檻褥位，北向奏請拜。　皇帝再拜訖，前導官導皇帝稍前，躬奏聖躬萬福訖，導皇帝復歸褥位立。　又奏請拜，皇帝再拜訖，導皇帝詣御座之東褥位，西向立。　前導官於殿上隨地之宜少立，殿下揖文武百僚躬。　典儀曰再拜，贊者承傳曰再拜，文武百僚皆再拜訖，且躬身。　班首不離位，奏聖躬萬福訖，典儀曰再拜，贊者承傳曰再拜，文武百僚皆再拜訖，直身立。　俟降御座，皇帝從入，捲班出。　前導官以次退，從駕官歸幕次，以俟從駕還内。　其不係從駕官，各赴逐(慕)〔幕〕次迎駕，奏萬福，以俟皇帝還内如來儀。」從之。

四(月)〔日〕，皇帝詣重華宮起居。是年二月十七日、二十一日、三月十八日、四月十日、閏五月二十七日、六月十八日、七月十三日、十月二十四日、十一月十二日、十二月十七日，紹熙元年正月十日、十四日，二月十一日、三月十六日、五月十七日、六月二十六日、七月二十四日、八56月十日、二十三日，二年正月十四日、二月二十一日、三月二十六日、八月二十三日，三年正月九日、四月十七日，四年三月九日、十二月五日同。

六日，皇帝帥文武百僚詣重華宮奉表牋，恭請上尊號。七月十日並如之。

十三日，詔：「恭承至尊壽皇聖帝聖旨，今後車駕詣重華宮起居，如遇忌辰并忌前一日，並免到宮。」

三月十八日，詔：「已降指揮，遇一、五〔日〕車駕詣重

〔一〕邦：原作「拜」，據《周文忠公集》卷一一四改。

〔二〕按，此亦不當編入「尊號」門，《大典》已如此。

華宮起居。恭承至尊壽皇聖帝聖旨，可依紹興三十二年例，每月用旦望、初八日、二十二日，今後準此。」

十二月二十三日，皇帝詣重華宮奉表，恭請至尊壽皇聖帝聽樂受册。

紹熙元年正月一日，皇帝帥文武百僚詣重華宮，行恭上尊號册寶稱賀禮。

三月六日，壽成皇后生辰，車駕詣重華宮上壽。二年如之。

八月十七日，車駕詣重華宮，恭進至尊壽皇聖帝《玉牒》、《日曆》。

十月十二日，車駕重華宮起居進香。二年、三年亦如之。

二十二日，會慶聖節，皇帝帥文武百僚詣重華宮上壽。二年如之。

十一月十七日冬至，皇帝帥文武百僚詣重華宮行朝賀禮。

三年十二月五日，皇帝詣重華宮，恭進至尊壽皇聖帝《玉牒》、《聖政》、《會要》。

四年十一月二十日，皇帝詣慈福宮，行奉上尊號册寶稱賀禮。

奉上祖宗徽號〔一〕 淳熙十四年十一月三日，禮部、太常寺言：「檢會祖宗故事，帝后謚號其間一字相連。今來大行太上皇帝將欲議謚，所有徽宗皇后謚號，合依典故改謚以從。欲令禮部、太常寺討論，條具以聞。」奉旨恭依。今討（討）論，乞於十一月八日尚書省集議大行太上皇帝謚號日，一就集議。既而吏部尚書蕭燧等集議，易懿節皇后謚曰憲節皇后，詔恭依。議曰：「褘衣久閟，驚駒隙之易移；慈扆上賓，愴龍髯之忽墜。禮無專謚，義盍正名。恭惟懿節皇后沙麓紀祥，河洲協德。天作之合，既輔佐於潛闈；王假有家，用儀刑於内壼。翟車從狩，驍馭旋歸。方深故劍之求〔二〕，遽起逝川之嘆。儷椒塗而正位，嚴寶册以追尊。屬升祔之有期，豈易名之敢後？行爲可則，蓋全四善之儀；禮以自防，繇迪二《南》之化。肆褒大美，式訂徽稱。謹按《謚法》：有善可紀曰憲，能固所守曰節。僉言既同，敢詔億世。請改上懿節皇后尊謚曰憲節皇后。謹議〔三〕。」册文參知政事黄洽撰，參知政事留正書〔四〕，寶文參知政事蕭燧篆，謚議中書舍人兼直學士院李巘撰。

十五年三月四日，中書舍人、兼（直）學士院、兼修國史李巘奏：「差臣撰謚議，議曰：臣聞天道之大〔五〕，惟厚載克承，故足以妙萬殊之元；皇德之尊，惟内治克順，故足以

〔一〕天頭原批：「附奉上祖宗徽號。淳熙十四年起。」按，宋人用語中，「尊號」與「徽號」不盡相同，「尊號」多指帝后生前所加稱號，「徽號」則主要指帝后之謚號或尊神之美號。此目之文亦應歸入謚號一類。

〔二〕劍：原作「斂」，據《中興禮書續編》卷五〇改。

〔三〕「請改」至「謹議」：原脱，據《中興禮書續編》卷五〇補。

〔四〕正：原作「守」，據《宋宰輔編年録》卷一八改。

〔五〕天：原作「大」，據《中興禮書續編》卷五〇改。

恢百世之則。慈觀風化之本〔一〕，夙著壼闈之規。實茂攸存，號榮不朽。迹行論謚〔二〕，既啓於先朝〔三〕；祔室定名，盍從於昭考。蓋我家之鉅典，列聖之舊章，不可損已。恭惟大行太上皇帝紹開中興，身濟大業，仁涵義怭，文輯武熙，欽明同堯父之勛，嘉靖57邁商宗之烈。儀刑四海，詒燕億年。懿節皇后俔天有初，遡日惟舊。奎嬪王邸，淑嬡聞乎河洲〔四〕；繼正后儀，艱難愴乎騠馭〔五〕。厥既勒丕文而節惠，修別祭以寧神，歷歲臻茲，流聲逾邁。先帝奄遺尊養，痛切墮弓，爰及柔靈，偕登肅廟。粵稽掌故之載，參訂易名之辭，使體協而事該，義隨而理順，於以極顯揚之制，宣雍睦之風。芳躅徽音，憲法斯在。迺有珮環之度，箴史之儆，正其容也；蘋蘩之潔，褘褕之飾，嚴其禮也；澣濯之儉，琴瑟之友，夙夜是戒，憂勤是思，厲其行也。集是衆善，揭之令名，易『懿』爲『憲』，以從先帝之盛美，不亦允乎！況夫契闊之間，險阻之際，凜焉處之以正。其在謚典，『能圖所守曰節』，今仍舊謚〔六〕，冠之以『憲』，其孰曰不宜？請改上懿節皇后尊號曰憲節皇后。」

四月九日，命丞相王淮攝太傅，奉上册寶于廟室。册文曰：「孝子嗣皇帝臣（慎）〔昚〕再拜稽首言曰〔七〕：伏以天地同於生育，而地辟乎下，以承天爲順；日月同於照臨，而月生於西，以遡日爲明。載稽定位之初，爰及垂象之大。惟后配帝，猶陰儷陽，以類相從，厥則不遠。肆謚者行之跡，而名者實之賓。行著乎實者〔八〕，雖一定而莫增；謚存乎名者，或因時而有改。此禮經所謂稱也，在前代莫不由之〔九〕。恭惟懿節皇后姜子媲芳，蔣茅襲慶。儉約處己，柔明宅心。風述有齊，夙知祀事之奉；雅歌思媚，方觀婦順之昭。遭世和平，同國福祉。顧思念憂勤之已至，諒消息盈虛之有時。天寔爲之，事其適爾〔一〇〕。屬重輝於火德，旋正位于長秋。儀物一新，霜露屢變〔一一〕。何仙遊之寖邈〔一二〕，而駒隙之莫追。雖美號嘗訂於紹興〔一三〕，而時祀已祔于別室。是皆權制，未正彝章。比者慈皇上賓，禮官裒議〔一四〕。謂孝爲德至，自漢唐蓋已相沿；而德乃世修，在典謨唯取其盛。今則即南郊而祇請，紹萬世以信傳。奕廟載成，清祏斯設，悼今追昔，酌事從宜。兼懿而言，乃不專壹

〔一〕本：原作「木」，據《中興禮書續編》卷五〇改。
〔二〕迹：原作「亦」，據《中興禮書續編》卷五〇改。
〔三〕先：原作「光」，據《中興禮書續編》卷五〇改。
〔四〕洲：原作「州」，據《中興禮書續編》卷五〇改。
〔五〕乎：原脱，據《中興禮書續編》卷五〇補。
〔六〕仍：原作「乃」，據《中興禮書續編》卷五〇改。
〔七〕再拜稽首言曰：原脱，據《中興禮書續編》卷五二補。
〔八〕著：原作「者」，據《中興禮書續編》卷五二改。
〔九〕之：原作「定」，據《中興禮書續編》卷五二改。
〔一〇〕爾：原作「邇」，據《中興禮書續編》卷五二改。
〔一一〕屢：原作「婁」，據《中興禮書續編》卷五二改。
〔一二〕遊：原作「逝」，據《中興禮書續編》卷五二改。
〔一三〕訂：原作「行」，據《中興禮書續編》卷五二改。
〔一四〕裒：原作「褒」，據《中興禮書續編》卷五二改。

惠之義，取憲而易，抑以示正名之常。式播徽音，益刑内治。謹遣攝太傅、特進、左丞相、兼提舉編修玉牒、監修國史、日曆、提舉勅令所、魯國公、食邑一萬五千户、食實封五千七百户王淮奉册寶，改上尊謚曰憲節皇后。伏願英靈對越，肹蠁來思，神寧而懽心孚，禮行而慈服見。依歸有所，保惠無疆。嗚呼哀哉！謹言。」

紹熙二年八月十四日，詔高宗皇帝依典故合加上謚號，令禮部、太常寺討論聞奏。

十九日，詔曰：「門下：朕恭惟高宗皇帝受命中興，功德隆盛，垂精三紀，百度畢修，仁天智神，法堯授舜。詒聖謀於宏遠，措神器於鞏安，宜極顯揚，傳之後世。迺繇初謚，累年于兹，鴻徽之號，未獲加上。朕承壽皇付托之重，夙夜業業，懼無以彰祖廟之美，備追崇之典。歷觀古昔，有大德者必得其名，鋪張闡繹，久而益著。矧兹懿鑠，登閎炳燿，冠乎百王，是敢昭衍形容，勒兹寶册，祗荐于廟，俾增億載之光，符四 58 海之願，以伸朕尊奉休烈之志。高宗皇帝謚號見今六字，宜加上十字爲十六字，如祖宗故事。令宰執、侍從、兩省、臺諫、禮官集議，仍令禮官詳具典禮以聞。」已而特進、左丞相留正，知樞密院事葛邲，參加政事、兼同知樞密院事胡晉臣，户部尚書、兼給事中葉翥，權禮部尚書李巘，吏部侍郎羅點、陳騤，中書舍人倪思，權户部侍郎丘崈，權刑部侍郎馬大同，祕書監、兼權兵部侍郎耿秉〔一〕，太常少卿張叔椿，起居郎、兼權中書舍人莫叔光，起居舍人黄裳，侍御史林大中，左司諫謝源明，右正言胡瑑，監察御史郭德麟、何異，太常丞汪逵，宗正丞、兼權禮部郎官陳士楚，太常博士章穎，主簿黄灝赴尚書省集議，加上高宗聖神武文憲孝皇帝徽號曰「高宗受命中興全功至德聖神武文昭仁憲孝皇帝」〔二〕。詔恭依。

九月十六日，禮部、太常寺言：「今來加上高宗皇帝徽號，依國朝禮例，於郊祀大禮前三日發册寶及奉上行禮，于發册寶前一日宿齋。今欲乞於十一月二十三日，皇帝宿齋于文德殿，宰執宿(衛)〔齋〕于皇城司，其餘行事官于麗正門外待漏院，百官宿齋於本司。二十四日，皇帝服通天冠、絳紗袍，御大慶殿，奉册寶拜訖，次授奉册寶(册)使，詣太廟本室奉上行禮。」從之。

二十一日，詔左丞相留正撰册文，知樞密院事葛邲書册文，參知政事、兼同知樞密院事胡晉臣篆寶。

二十七日，禮部、太常寺言：「高宗皇帝徽號寶，欲以『高宗受命中興全功至德聖神武文昭仁憲孝皇帝之寶』爲文〔三〕。」從之。

同日，禮部、太常寺言：「今來集議高宗皇帝徽號訖，候撰到議文，依禮例奉册寶使率行事官并文武百僚詣高宗

〔一〕侍郎：原脱，據樓鑰《攻媿集》卷三六補。
〔二〕中興：原作「中書」，據《宋史》卷三二《高宗紀》九改。
〔三〕「聖」字原重，據《宋史》卷三二《高宗紀》九删。

皇帝本室奏請，并奏告諸室，合差讀奏請徽號議文官一員。」詔差起居郎莫叔光。

同日，禮部、太常寺言：「奉上高宗皇帝徽號行禮，合差都大主管官一員。」詔差中侍大夫、奉國軍承宣使、入内内侍省副都知鄧從訓，（乃）〔仍〕以都大主管所爲名。

十月二日，太常寺言：「加上高宗皇帝徽號，依禮例發册寶及陪位官並服朝服，奉上册寶行禮官服祭服，陪位官服朝服。」從之。

同日，禮部、太常寺言：「依禮例，奉册寶使持節奉册寶詣太廟行禮，合用節，乞下文思院製造。」從之。

五（月）〔日〕，宰臣留正等請加上高宗聖神武文憲孝皇帝徽號曰「高宗受命中興全功至德聖神武文昭仁憲孝皇帝」。議文曰：「臣聞上聖之道不一端而盡，盛美之名不一言而足。大哉，上聖之道乎！崒乎山嶽無以比其高，浩乎江河無以比其博，參天地，並日月，恢廓炳燿，有不可得而擬象者。仁者見之謂之仁，智者見之謂之智，蓋即其著形於事爲之際而因以指名之。至於道備美全，周浹妙用，精微廣大，無往而不該，要豈一端之所能拘哉！惟其不可以一端拘，而必求夫鋪張揚59厲之義，則尊名而爲謚，表功以爲號，勒徽顯之典，飾追崇之禮，奮景炎，播芳烈，詔萬世，垂不朽，安得不包舉衍繹，極其備至？故闡端於前以昭其形容之體，述成於後以致其褒讚之詳，使光明儁偉，愈久而愈著，愈增而愈隆。皇乎卓哉，誠帝王之巨麗，古今之至公也。恭惟高宗皇帝躬睿哲之資，履艱難之運，奮聰明英挺之略，廓溥博淵泉之度，總萬善之元，冠羣倫之至。聲蜚實茂，遠跨乎五三載之所傳。粤自光撫丕圖，系統接緒，植僵起仆，耆定混寓，顧豈無所本而然者。天啓之睨，人贊之謀，承父兄付屬之指，順邇遐就望之心。珍符寶應，顯畀殊祥；火德神墟，參啓休運。於是乘時而龍躍，覽輝而鳳翥。旄頭所指，僭叛殄平。小大内外，靡不尊崇而愛戴焉。昔者帝堯膺皇天之眷命，乃能奄有四海，爲天下君；而皇祖之興，所以獲天命之瑞者，視堯有光焉。繇是而循靖黎庶，建設都邑，荆幡偃而弗用，潢池肅警，眷熙海涵〔一〕，義罨仁洽，斯足以見萬邦協和之風矣。飭身修行，虔恭寅畏，蚤夜汲汲，莫或怠遑，使三光全，陰陽調，玉燭温明，水旱不害，昆蟲草木，闓懌蕃茂，斯足以知欽曆象、謹人時之驗矣。至若立極以示人，固性以率下，表之以道德，陶之以禮義，寬平舒愉，生育長養，垂髫戴白，安土樂業，非化民之慈歟？淵謀長策，洞契事機，駕馭豪勇，收還兵柄，謹重名器，總攬政權，銷患制治，表裏清（謚）〔謐〕，非先務之智歟？歷觀興君，未有明謨睿斷、殊尤卓絶若是其偉者也。方且謙温欽翼，持守平泰，業盛而不伐，德尊而不驕，覽損益之戒而却紛華之務，探易簡之理而成清净之化，順物自然，無容心焉。非其蕩蕩難名、至大而不可及歟？故乃度越於百

〔一〕「眷熙」不詞，疑當作「春熙」。

王，光榮於六藝，廣熙明而垂奕葉，執粹精而鑒太清，事事物物，條舉繩振，寬猛之政和，變通之利盡，動静闔闢，包函總括，無一而不協於理。發號施令，大信也；制禮作樂，盛節也；省刑約法，廣恩也；蒐賢網能，至術也。班治顯設，培植輔翊之具，甄灼彪柄，兼施並用。同上下於一致，混華夷於一家。聲流而愈宏，威憺而彌遠。象譯通於窮荒，烽燧滅於遐徼。財賦溢於府庫，而歛不加於民；户口殖於宇縣，而人不匱於用。介胄無暴露之苦，而邊圉之備修；冠帶有作成之幸，而學校之規立。躬臨儒館以崇其業，日開講幄以尊其聞。芝車耕藉而農功勸其勤，革輅勞軍而士氣增其勇。毁玩好之珍而本務無所蠹，禁金翠之飾而儉德無所虧。以至郊（立）〔丘〕立而誠感於三神，明堂開而孝刑於萬國。太寢綿百世之祀，原廟飭四時之獻。而又舉東朝之故實，奉慈闈之歡顔，温清定省以盡其誠，甘珍芳旨以備其養，固足以厚人倫，廣孝愛，通神明，厲風俗，垂軌範而詔方來，著典籍而被金石。凡所施設，見於三十六載之60間，累積厚久，前代鮮儷焉。及乎德既隆矣，功既成矣，乃懷倦勤之意，審受守之公，黄屋非心，脱屣高蹈，親舉神器，屬之明聖。天順人協，日光物〔一〕，覩宏摹於億載，夸盛事於千古。曼壽尊榮，裒對茀祉，儲休錫羡，施及無疆。洋洋乎茂烈，其疇能擬之哉！夫上承乾顧，紹有大寶，是受命也；應期戡難，再造帝室，是中興也；天覆宏溥，四表咸賴，是全功也；廣運克遜，超軼古初，是至德也；幾沈於先，謀詒於後，昭之謂也；澤在於民，利及於遠，仁之謂也。合聖神文武憲孝之號而申衍鴻徽，顯揚該備，稽之僉言，參之令典，質之天地，薦之宗廟，名賓於實，議盡於心，群工列辟，孰不欣然而和、翕然而丕應乎！請上徽號曰『高宗受命中興全功至德聖神武文昭仁憲孝皇帝』。」詔恭依。議文，禮部尚書、兼直學士院李巘撰。

二十八日，太常寺言：「將來奉上高宗皇帝徽號，合用儀仗、導引排立。昨紹興十二年徽宗皇帝加上徽號册寶儀仗尚未足備，不曾排設，今欲參照淳熙十五年迎奉聖神武文憲孝皇帝虞主還德壽宫并神主祔廟，排設細仗五百人導引奉。」從之。

二十九日，詔左丞相留正爲奉册寶太傅，知樞密院葛邲爲奉寶、讀寶侍中，參知政事兼同知樞密院事胡晉臣爲奉册、讀册中書令，户部尚書葉翥、禮部尚書李巘舉〔册〕，吏（郎）〔部〕侍郎羅點、陳騤舉寶，户部侍郎丘崇進接大圭，刑部侍郎馬大同奏中嚴外辦，中書舍人倪思御前奏中嚴外辦，起居郎莫叔光禮儀使前導皇帝行禮，起居舍人黄裳奏解嚴，侍御史林大中御前奏解嚴，太常少卿張叔椿贊引奉册寶使并奉上行禮，太常寺主簿黄灝贊引前導禮儀（司）〔使〕，左司諫謝源明充押（藥）〔樂〕太常卿，右正言胡琢充光禄卿，監察御史郭德麟充奉禮郎，太常丞汪逵充協律郎，監

〔一〕「物」下當脱一字。

察御史何異充太祝，太常博士章穎充太官令。

同日，詔閤門官差保康軍承宣使、知閤門事、兼客省四方館事、兼樞密副都承旨吴瓌〔二〕；左武大夫、福州觀察使、知閤門事、兼客省四方館事譙熙載前導皇帝行禮；武功大夫、和州防禦使、權知閤門事、兼客省四方館事韓侂胄進中嚴外辦；武德郎、權知閤門事、兼客省四方館事劉弢進解嚴。

十一月二十四日，皇帝御文德殿，命宰臣留正上高宗皇帝徽號册寶于太廟。册文曰：「孝孫嗣皇帝臣謹稽首再拜言：臣聞一氣肇判，蓋高者天也。天爲(郡)〔群〕文之祖，故極其形容者，以氣而言謂之昊，以仁而言謂之旻，至于正色則蒼蒼而不知其極。惟天爲大，則之者堯也。堯爲五帝之盛，故極其推尊者言其德曰聰明，曰欽明，仁曰如天，智曰如神，及其成功，則蕩蕩而民無能名。噫，使天可知其極，則覆物也淺矣；堯可得而名，於光宅天下也幾希。此天之所以爲天，堯之所以爲堯也，奮乎[61]百世之上。百世之下與天同功，于堯有光者，惟我皇祖俯仰其無所愧乎！恭惟高(祖)〔宗〕聖神武文憲孝皇帝勇智錫於天，剛健新其德，四七際以應運，二百載而中天。往者艱難之初，昭我信順之助，讖紀靖康之號，神開顯慶之祥。一馬渡江，江漢於焉底定；六龍轉海，海波晏然不驚。故能上當天心，再造區夏。修車備器，如宣王之復會東都；息馬投戈，如光武之系隆我漢。講求自治之策，遂同一視之仁。外之罷教坊，内之省嬪御。委明珠於巨壑，焚翠飾於通衢。反馴象於安南，却羡金於川(淡)〔峽〕。盛德之事，亘古罕聞；太平之期，及身親見。於是藩飾治具，修明政經，款圜丘，嚴宗祀，興太學，求遺書，耕籍田，正經界，凡稽古禮文之事與因時損益之宜，焕然爲之一新，卓乎不可(歧)〔跂〕及矣。既安已治，其倦于勤。顧黄屋以非心，眷重華之協帝，行堯之道，薦舜于天。觀謳歌獄訟之歸，享壽富康寧之福。功成不處，道大難名。彼論創守之難者，不知中興王業之尤難；稱揖遜之盛者，不知爲天下得人之爲盛。今將形容功德之大者，祇益繪畫天地之愧云。臣夙荷詒謀，覲承慈訓。文王之祉施孫子，亶惟家法之相傳；孝宣之功光祖宗，率自臣工之歸美。揚厲無前之跡，對越在天之靈。乃因卜郊，恭上徽册。謹遣特進、左丞相、兼提舉編修玉牒、監修國史日曆、提舉編類聖政、清源郡開國公、食邑七千五百户，食實封二千四百户留正奉玉册玉寶，加上徽號曰『高宗受命中興全功至德聖神武文昭仁憲孝皇帝』。仰惟明明我祖，永永萬年，配天其休，與宋無極。謹言。」

十二月二日，奉上高宗皇帝徽號册寶禮畢，宰執率文武百僚詣文德殿，重華宮拜表稱賀。

三年正月二十八日，詔加上高宗皇帝徽號册寶禮畢，依紹興十二年奉上徽宗皇帝徽號體例推恩，第一等轉一

〔二〕瓌：原作「懷」，據本卷禮四九之四八改。

官，第二等減三年磨勘，第三等減二年磨勘，第四等犒設一次。內都大主管鄧從訓、主管諸司李唐卿、毛居實、承受王德謙，於見今官上轉行遥郡，依舊寄資。

五年六月十二日，禮部、太常寺言：「大行至尊壽皇聖帝尊謚及廟號，乞令有司依典禮集議，請于南郊。」詔恭依。

十八日，三省言：「檢會祖宗故事，帝后謚號其間一字相連，昨淳熙十四年大行太上皇帝初上高宗皇帝謚號，懿節皇后即從『憲』字。今來大行至尊壽皇聖帝將欲議謚，所有安穆皇后、安恭皇后謚號，合依典故改謚，欲令禮部、太常寺討論，條具以聞。」詔恭依。

紹熙五年十月十一日，禮部、太常寺言：「已降指揮，安穆皇后、安恭皇后改謚册寶，若俟將來大行至尊壽皇聖帝神主祔廟畢行奉上之禮，祔日合迎奉安穆皇后、安恭皇后神主同時升祔廟室。乞於奉上大行至尊壽皇聖帝謚册寶前，命太傅奉安穆皇后、安62恭皇后改謚册寶先告太廟，及告于大行至尊壽皇聖帝靈座。至奉上大行至尊壽皇聖帝謚册寶日，先奉大行至尊壽皇聖帝謚册寶于重華殿行奉上禮畢，次奉安穆皇后、安恭皇后改謚册寶于本室行禮。」從之。

十八日，簽書樞密院事京鏜上孝宗哲文神武成孝皇帝謚議。議曰：「臣聞帝王之出治，豐功茂烈生則著見於天下，而其流傳於後世者，則待節惠之名，要皆取其盛者而傳之。文王一怒而安天下〔一〕，非無武也；武王告（武）成而作《洪範》，非無文也。取其盛者傳之，則備道全美，可以一言定也。甚哉，孝之大也！虞舜之大，武王之達，自漢歷唐，無不謚帝爲孝。本朝累聖相承，皆用舊典，若夫集孝道之大成，則未有如大行之盛者也。恭惟大行至尊壽皇聖帝緝藝祖之武，重光堯之華，以天縱之能，日新之德，臨御天下二十有八載，巍巍煌煌，不可備述。若形容天地，繪畫日月，則不容無辭。方在初潛，龍德尚隱，學聚問辨，師教不煩，日就月將，君德昭著。虔鞏勞謙，共爲子職，日趨朝謁，威儀雝肅。雖莫窺其涯涘，而中外屬心，天人協應。光堯內禪，高視唐虞。嗣位以來，勵精庶政，召收故老，尊禮元臣，臨朝若神，待物如春。崇節儉以革奢汰之風，振紀綱以起偷惰之習。事無小而不察，人無微而不記。機務雖繁，酬酢無壅。立法定制，動爲後則。以科舉爲未盡，則立待補之法以蒐遺才；以武舉爲未盛，則優入仕之級以收智勇。年勞並用以裁濫賞，而不致於累遷；銓闈加嚴以抑任子，而又爲之限節。改秩必使之作邑，謂舉以親民而使之治民；御史必取之賢宰，謂受人之察而後可以察人。以周行速化，必使試郡而後爲郎；以延閣清華，必俟有功而後除職。監司守將，必延見而臨遣，癃老昏繆之人不得而隱藏；姦贓之吏，必窮治而斥逐，清介廉潔之士則從而拔用。朝士闕官乃除，遂無待次之淹；要郡留闕選才，遂無輕授

〔一〕安：原脱，據《攻媿集》卷四九補。

之冗。黜贓吏之世賞，進軍功於流内。長慮卻顧，守之至堅。故雖日不暇給，而四方靡然向化矣。于時疆埸未寧，戎車方駕，激厲將士，嚴備邊陲，張皇六師，明見萬里。中原起來蘇之望，殊鄰多歸附之民。撫而有之，還以爲用。天威既振，戎虜畏讋，雖犁庭掃閭，未快初志，而信使復通，減幣殺禮，至今無烟火之警。苟非雄斷遠略，何以臻此！臨政既久，治道愈明，物來能名，事至輒斷〔一〕。精神之運，上際下蟠於天地之間〔二〕；智慮所關，六通四闢於帝王之德。行公道以銷黨偏之蔽，推平心而絶喜怒之私。間有水旱之變，應天以實，而禮文尤備。州縣之奏恐其不速，蠲復之數恐其不多，傾(困)〔囷〕倒廩以濟其急，賞勸罰憧以勵其餘。民不知其有災，歲亦隨以登熟。幸太學，幸祕省，廷策貢士，布文教以振士風；御鞍馬，親弓矢，申嚴軍法〔三〕，立武事 63 以張國威。内外小大之臣，無不列之屏以待黜陟〔四〕；山川險要之地，無不指諸掌以立防閑。治具畢張，化風已成，方且玩意希夷，而無奉道之過〔五〕，遊心寂寞，而無佞佛之迹。作敬天之圖，兢懼愈深；闢延和之殿，諏訪愈切。躬講讀之勤，設遺補之官。其於保治，有始有卒。至於脱屣萬乘，燕居重華，授受之際，尤爲雍容。嗚呼！身退而道彌高，尊極而用彌儉，是宜萬有千歲，永處慈宸；而厭代登遐，歸于帝鄉，此群臣萬姓所以攀號擗踴，泣盡而繼之以血也。遠日有期，恭定尊謚，請之南郊，以詔萬世。謹按《謚法》曰：能官賢才曰哲，帝德廣運曰文，應變無方曰神，保大定功曰武，持盈守滿曰成，慈惠愛親曰孝。迹夫知人而善任使，文武各有其用，非所謂能官賢才乎？修德以來遠人，矢文以洽四國，非所謂帝德廣運乎？酬酢以周萬機，圖回以盡衆智，非應變無方乎？妙韜略而不用，極聰明而不殺，非保大定功乎？守基圖之廣大，延國祚於綿遠，非持盈守滿乎？若夫孝道之盛，非惟臣子所不能稱贊，雖考之《謚法》，求之六家，語其甚盛者，『慈惠愛親』而已，是則未足以彰大行之孝也。報本反始而奉郊禋，尊祖敬宗而事廟饗，惟高宗爲天下而得人，太后盡母道以愛子。而大行天賦至性不可解於心，備四海九州之養，謹五日一朝之儀，委曲周盡，猶恐不及。兩宫九閏，終無間言，固已風動四方，震服夷虜。高宗屬疾，則衣不解帶，躬自嘗藥；及棄天下，則勺水不入于口，倚廬有過於哀。鄙漢文之短喪，陋晉武之無斷，身服苴麻，禮盡苦塊，行有匹夫之所難，哭則哀動於左右。虜使來弔，止許朝于喪次，顔色之戚，哭泣之哀，虜使退而嘆曰：『皇帝聖孝乃如此！』或進諭解之言，則流涕被面，曰『大恩難報』。群臣感泣，莫敢仰視。易月之制既終，因山之役既畢，孺慕無已，追遠弗勝，遂舉大

〔一〕輒：原作「轍」，據《攻媿集》卷四九改。
〔二〕際：原作「察」，據《攻媿集》卷四九改。
〔三〕嚴：原脱，據《攻媿集》卷四九補。無此字則失對。
〔四〕列：原作「烈」，據《攻媿集》卷四九改。
〔五〕奉：原脱，據《攻媿集》卷四九補。

寶，以昇聖子。不曰倦勤，不曰求逸，惟曰『不得日奉先帝之几筵，躬行聖母之定省』；又曰『俾予一人獲遂事親之心，永膺天下之養』。於是御素服於乘輿，尊几筵於内殿，退處堊室以終三年之喪。哀疚不忘，齋潔自若，欽事慈福，温清無違。嗚呼，茲豈非集孝道之大成，又豈『慈惠愛親』之所能盡也！大行至尊壽皇聖帝，宜天錫之曰『哲文神武成孝皇帝』，廟號孝宗。」

二十三日，給事中、兼直學士院、兼實録院同修撰樓鑰上成穆皇后、成恭皇后謚議。議曰：「臣聞帝王之興，皆有天命，夫婦大倫，尤非偶然。曰天作之合，曰天立厥配，正始之道，王化之基，於是乎在焉。矧汾陽大家，多爲后族〔一〕，唐室憲宗則有懿安之盛，皇朝真廟則有章穆之賢〔二〕。姓系相承，是生聖女，慶鍾戚閈，寔媲壽皇。生不及褘衣之榮，殁而膺寶册之禮。久安别廟，將奉太宫，宜改尊稱，以從帝謚。恭惟安穆皇后柔明懿淑，慈順温恭。蚤[64]儷王藩，克盡婦道。設桑弧於門左，屢占熊夢之祥；帶弓韣於禖前〔三〕，每啓燕祠之瑞。云何不淑，遽奄九原。追烈祖之御天，眷元妃而追册。欲歌流荇，傷不見于令姿；正號長秋，遂疏恩於幽穸。固已嚴烝嘗之奉，崇節惠之名，綿慶祚于三朝，介洪休於萬世。重華厭代，方服大喪；吉竁因山，行當升祔。念今日遺弓之痛，既切于神孫；愴昔時故劍之求，用承於先志。爰因安穆之懿，式遵成孝之規。謹考《謚法》：婦德均一曰成，德化肅雍曰穆。安穆皇后窈窕好逑，有關雎之美，用心專一，有鳲鳩之德，非婦德均一乎？孝欽以奉舅姑，和平以儀閨門，非德化肅雍乎？伏請改上謚號曰成穆皇后〔四〕。」「臣竊惟至尊壽皇聖帝臨御之初，仰奉高皇，首隆孝治，正家刑國，百度具舉，而中闈久虚，陰教斯闕，乃奉親命，乃諏卜吉，考正古制，閎建長秋。安恭皇后淑範懿德，冠于後宫，君子好逑，遂正乎内。坤承乾而時行，月遡日以爲明。褘褕盛服，助成九廟之奉；櫛縰具禮，欽承兩宫之養。母儀既尊，后德有輝。而曾未數歲，祲纏椒掖，方隆大練之飾，終符素柰之祥。求賢審官，未展周南之志；感今懷昔，空形宋文之策。固已極褒崇之典，議安恭之謚，祭于别廟，迨今二十有八年矣。壽皇上賓，萬國起號弓之慕；孝孫盡禮，七月庀因山之役。有司奏請，定謚南郊，二后在天，皆應改號，以從成孝之名。謹考之謚典曰：夙夜警戒曰成，謙而好禮曰恭。安恭皇后共蘜館之職以贊親耕之勤，謹雞鳴之戒以勉相成之道，禁切外家，不干裏謁〔五〕，茲不曰夙夜警戒乎？躬節儉之德，服瀚濯之衣，卻貢獻之珍麗，遵圖史之箴規，茲不曰謙而好禮

〔一〕后：原作「合」，據《攻媿集》卷四九改。
〔二〕真：原作「貞」，據《攻媿集》卷四九改。
〔三〕禖：原作「棋」，據《攻媿集》卷四九改。
〔四〕「伏請」原無，「穆」原作「移」，據《攻媿集》卷四九補改。
〔五〕干：原作「忏」，據《攻媿集》卷四九改。

乎？伏請改上謚號曰成恭皇后〔一〕。」

二十九日，命右丞相趙汝愚攝太傅，奉上孝宗哲文神武成孝皇帝謚册寶于廟室。册文曰：「孝孫嗣皇帝臣某。〔臣聞〕道之大者，擬議之所不能加；尊之極者，形容之所不能盡。然天地之德非可俄度，而總其大曰生；帝王之美非可易言，而極其至惟孝。誠以萬善之本〔二〕，孝爲之先，理無不該，治所從出，建人文而立極，包衆甫以用中。巍巍煌煌，充滿天地，生闡丕憲，没垂閎休，振古無倫，不可尚已。恭惟大行至尊壽皇聖帝以天縱不世出之資，輔高明大有爲之志，神武甚類於藝祖，至仁克叶於高宗。在位二十八年，紀綱法度，慶賞刑威，文物典章，源流品式，焕乎三辰之明，藹乎韶濩之音，截然風霆之震驚，沛然雨露之滲漉。雖精神之運微妙難測，而出治之迹較然可紀。方在冲幼，岐嶷徇齊，儼如神人，已係群望。就傅王邸，睿質日躋，沉潛聖經，反復舊史，發爲言訓，有老師宿儒之所不及。洎膺付託，光御曆服，當宁太息，風揮日舒，蒐延畯明，昭發猷念。勤勞夙夜，以恢康濟久大之圖；明厲奮決，以起偷憻苟安之習。智出庶物，不流於滿假；65 思周萬機，罔病於叢脞。規爲建置，常欲凌厲漢、唐而紹休祖宗。故推對越之誠，首輯敬天之圖；充惻怛之念，洊頒卹民之詔。總章圜丘之迭舉，而報本之義盡；儒館辟廱之親臨，而右文之化展。重惜名器也，雖宮闈之恩澤屢減損而不卹；務公賞刑也，雖勳戚之抵冒必詰責而無赦。貢稱羡餘則卻之，法奏祥瑞則删之。復六察之彈糾，不止於檢簿書之稽違；清三省之煩苛，貴在乎明朝廷之體要。課儒生以金穀，懼空言之無補；角進士以弧矢，慮戎備之或忘。申飭閹人，毋預軍政；體貌大臣，常延便坐。嚴更迭之法以練才實，躬臨遣之煩以達壅蔽。權任所寄，誕謾敗事者必謫；瞀御之臣，請託爲姦者必戮。孜孜汲汲，日不遑暇。群工奔走率職〔三〕，而庶事秩然舉矣。至于躬服儉素，研精典學。聲色靡曼，未嘗留意，成湯之弗邇也；雙日休暇，閒坐書筵，孔子之時習也。反安南之象，則《旅獒》之不蓄；觀御苑之麥，則《無逸》之先知。乾文參乎典謨，宸畫麗乎河漢。儲宫入侍，每迪以剛健；安康下降，必訓以温柔。旁采崔寔之達權，深嘉陸贄之忠藎。言動以爲法則，身聲以爲律度。厥惟始初，遭虜匪茹，赫然震怒，（焱）〔猋〕厲武節。念版圖之未歸，痛陵寢之弗祀，大講岐陽之蒐，翼申有扈之伐。而敵釁未啓，雄圖終鬱。雖宿恥之猶在，顧大誼之已明。此則有開於後來，將纘聖志而成之也。歷考自昔，粤帝與王，雖謹於初，鮮不終怠，而大行臨御既久，日新又日新，每深苞桑之戒，居軫朽索之懼。尊賢勵德，晚而彌篤，洋洋風聲，軼乎疆外。用能太和熏塞，方内底寧，肖翹跂行，罔不

〔一〕伏請：原脱，據《攻媿集》卷四九補。
〔二〕善：原作「全」，據本書禮三〇之二〇改。
〔三〕工：原脱，據本書禮三〇之二〇補。

咸遂。神明未衰，王化方洽，洒舉神器以授聖子，揖遜之盛，光於有虞。方且獨超希夷，爲衆父父，玩其清浄，福我邦家，而生民無禄，昊天不弔，奄棄大養，欻乘白雲。率土崩心，際天雨泣。末予小子，追念烈祖之訓，縈縈在疚，罔知攸濟。王公卿士，諏經訂禮，以謂因山匪遠，升祔有期，當崇徽稱，庸詔罔極。夫惟懿鑠，豈易管窺，亶是孝思，寔高載籍。承顏之敬，綿九閏而益共[一]；致養之隆，極九州而未已。和氣愉色，根本自然，纖介不形，淳篤天至。逮執喪紀，古制是遵。漢文弗思而輕變，晉武雖行而未盡。仁殫義備，如自聖明，固已挽百代之澆風，示一王之丕式矣。夫舜之獨稱大，武王、周公之獨稱達，豈其他聖賢皆不然，蓋即其特盛者而名之也。粵兹(諫)〔誄〕行，稽謀于天，鏤之玉簡，薦之清廟，於以揚厲景烈，宣明至公，貫顯幽而無慚，亘今古而如在。謹遣攝太傅、光禄大夫、右丞相、提舉編修玉牒、提舉實録院、提舉編修國朝會要、天水郡開國公、食邑六千五百户、食實封二阡户趙汝愚奉玉册玉寶，上尊謚曰『哲文神武成孝皇帝』，廟號孝宗。伏惟威靈在天，膺受容典，於萬斯年，永幬厥後[二]。嗚呼哀哉！謹言。」册文右丞
66 相趙汝愚撰，知樞密院事、兼參知政事陳騤書，寶文參知政事余端禮篆。

同日，命右丞相趙汝愚攝太傅，奉上成穆皇后改謚册寶于廟室。册文曰：「孝孫嗣皇帝臣某。伏以謚有名有法，名以禮飾，變而從宜，法以義制，合而取重。乃更號祇叶一[三]，非敢瀆告于有神。恭惟安穆皇后兆祥汾水，和裕淑均。惠問亶敷，選聘惟允。有煒嬪則，靡踰中矩。左右怡懌，用媚于皇姑。越初烈祖在藩服，克小大祇業，誕顯播孝，(周)〔用〕迪簡高宗，用決大策，惟后勸相厥功多[四]。烏虖！夙夜篤慶，尚惟有周姜任，較兹勤績，式猶弗若。矧茂毓明聖，保佑劬瘁，睿質用日躋，迄紹天繼統，厥繇以綿遠，垂無疆休，亦惟我祖后德。烏虖！被褘翟，儀坤宫，母萬方，傳子暨孫，輯福時億，是稱是宜，而命不融，咸弗克躬有。皇祖晝哀，追命錫榮，著踐祚始。肆聖父在御，思報罔極，班爵元舅如母在。矧惟冲人，曾弗及事，其敢曰功德本始，代父嚴報于今兹。屬時皇祖將建陵廟，(郡)〔群〕工以國舊典來詔，曰降祔陟配，惟先帝后時舉，惟嗣孝孫作册。嗚虖欽哉，眇質其曷勝！惟地承天，月受魄自東方，罔不從厥所配。后謚繫之帝，歷漢至今鮮改，其曷敢不法象諏采，以申贊于幽靈。謹遣太傅、光禄大夫、右丞相、提舉編修玉牒、提舉實録院、提舉編修國朝會要、天水郡開國公、食邑六千五百户、食實封二千户趙汝愚奉册寶，上尊謚曰『成穆皇后』。伏惟歆受景鑠，覃祉衍澤，聿綏有邦，亦俾在後之侗，世揚前人光勿替。謹言。」册文右丞相趙汝愚撰，知樞密院事、兼參知政事陳騤書，寶文參知政事余端禮篆。

[一] 九：原脱，據本書禮三〇之二二補。
[二] 幬：原作「疇」，據本書禮三〇之二二改。
[三] 「乃更」句：疑有脱誤。
[四] 勸：原作「勵」，據文意改。

同日，命右丞相趙汝愚攝太傅，奉上成恭皇后改謚册寶于廟室。册文曰：「孝孫嗣皇帝臣某。伏以坤承乎天，四德之名匪異；后統于帝，壹惠之典當同。蓋廟有從享之文，禮無專謚之法，諏之經訓，其後順德常之道歟！漢光烈之於光武，唐文德之於文皇，洎我本朝，益隆彝訓。『昭憲』之號，仰叶於安陵；三后之稱，悉符於章聖。所以媲德齊美，永嚴宗祊。皇皇乎，飾終遠之大瑞，不可踰已。恭惟安（安）〔恭〕皇后躬閑和之則，備（姚）婉嫕之儀，早鍾曾沙之祥，夙契俔天之異。粤自初載，來相宗藩，潛龍天飛，進儷宸極。輔翊宵旰，濟登休明。肅環珮以自持，援圖史以爲鑒。煩撋著于《葛覃》，柔順形乎《采荇》。懷文掞藻，嫺沙靚深〔一〕。四教孔昭，六宫承式。撫綏諸御，均貫魚之寵也；檢柅近親，防躍龍之汰也。無險詖之心，志乎賢也；有警戒之道，憂乎慢也。至若齊明夙夜，祇荐烝嘗，職謹絲枲，教先穜稑。保佑聖子，母慈之聿昭；供養東朝，婦道之彌著。仁孝順治，彝以明〔二〕，始於宫闈，達于天下，亶惟內助，寔基王化。雖四妃之翊嚳，二娥之隆嬀，不是過也。芳猷未究，淑命不融，彤史徒輝，濯衣久閟。惟乾道之祼，方祖載之辰，固已考寔于容67臺，揭名於太室矣。乃今烈祖祔〔三〕，丕展上儀，命于圓穹，錫謚『成孝』〔四〕，登配之號，宜繫于尊，以『成』易『安』，厥有前憲。謹遣攝太傅、光禄大夫、右丞相、提舉編修玉牒、提舉實録院、提舉編修國朝會要、天水郡開國公、食邑六千五百户、食實封二阡户趙汝愚奉册寶，上尊謚曰『成恭皇后』。伏惟哲靈如在，歆受忱誠，於斯萬年，永燕清祏。謹〔言〕。」册文右丞相趙汝愚撰，知樞密院事、兼參知政事陳騤書，寶文參知政事余端禮篆。

尊號 十三

寧宗，光宗皇帝第二子，母曰慈懿皇后李氏。乾道四年戊子歲十月十八日夜分，生于恭王府。其日爲瑞慶節。先是，三年十二月立春日，慈懿皇后嘗夢一大日墜于庭，以手奉之，已而有娠。及生，祥光遶室。五年正月，賜名擴，授右千牛衛大將軍。淳熙五年十月，授明州觀察使，封英國公。十二年三月，授安慶軍節度使，進封平陽郡王。十六年三月，拜少保、武寧軍節度使，進封嘉王。紹熙五年五月，孝宗皇帝違豫，上請於光宗，躬往省侍，日以爲常。孝宗病日臻，上涕泣而出，左右驚問，上言與淚俱，孝誠篤至，見者無不敬嘆。六月九日戊戌夜漏未盡數刻，重華宫提舉關禮等四人詣宰執私第，告孝宗皇帝大漸。厥明，左丞相留正、知樞密院〔事〕趙汝愚、參知政事陳騤、同知樞密院事余端禮赴後殿起居，傳奏請過宫，光宗以疾不出。憲聖慈

〔一〕沙：疑是「淑」之誤。
〔二〕此句似有脱字。
〔三〕祔：此下疑脱「廟」字。
〔四〕成孝：原作「成考」，據前《孝宗謚册文》，其謚號爲「哲文神武成孝」，作「考」誤，因改。

烈皇后御批：「壽皇已升遐。」正等赴重華宮聽宣遺誥，舉哀。十三日壬寅，孝宗皇帝梓宮大斂畢，正、汝愚、騤、端禮赴几筵殿燒香，就具劄子奏憲聖慈烈皇后(迄)〔訖〕，赴簾前奏今日成服事。中使傳旨，問欲如何。汝愚欲請簾前奏，端禮謂正等，自有唐肅宗朝群臣發哀太極殿故事，宜援此附奏，乞憲聖慈烈皇后降旨，仍請憲聖慈烈皇后代行奠禮。於是慈福宮提點王公昌承附奏傳，奉憲聖慈烈皇后聖旨，皇帝以疾，聽就內中成服，憲聖慈烈皇后代行奠禮如宮中之儀，宰執率百官就重〔華〕殿成服。正等同奉聖旨，具奏光宗，得旨依，乃率百官成服，進(進)名奉慰憲聖慈烈皇后、成肅皇后、光宗皇〔帝〕、慈懿皇后。初，孝宗聖體違豫，光宗以疾間於過宮，中外莫知，人心疑慮。十八日丁未，正、汝愚、騤、端禮劄子奏：「臣等伏見近日中外人情不安，臣等朝夕思所以爲鎮壓之計，莫先於重國本。竊見皇子嘉王仁孝夙成，學問日進，宜早正儲位，以安人心，建萬世無窮之基。臣等不勝惓惓。」又小貼子：「臣等今早求對，本欲面奏，未蒙宣引，謹用繳奏，伏乞出自睿斷施行。」二十四日癸丑，奉光宗御批：「甚好。」二十五日甲寅，正、汝愚、騤、端禮擬指揮進入，欲依已得指揮，立皇子嘉王爲皇太子，乞御筆批依，付學士院降詔施行。是晚，奉光宗御批：「歷事歲久，念欲退閑。」正等繼此屢請奏事，光宗以疾不得見。七月一日庚申，重華宮朝 68 臨畢，丞相留正仆地傷足。三日壬戌，正出國門。四日癸亥，張宗尹、關禮等傳奉憲聖慈烈皇后聖旨，來早於梓宮前垂簾引執政。是日，上謁告不赴朝臨。汝愚移簡宮僚彭龜年，問王躬無他，來日禫祭重事，王不可不出。五日甲子，百官以禫祭畢集于重華宮，汝愚、騤、端禮詣梓宮前焚香畢，中使宣引詣憲聖慈烈皇后簾前起居，同奏事。恭奉憲聖慈烈皇后聖旨：「皇帝以疾，至今未能執喪。御筆自欲退閑，皇子嘉王可即皇帝位，尊皇帝爲太上皇帝〔一〕，皇后爲太上皇后。」亦恭奉光宗皇帝詔曰：「朕承列聖之洪圖〔二〕，受壽皇之內禪，撫有四海，于今六年。夫何菲涼，屢愆和豫，遽罹禍變，彌極哀摧。雖喪紀自行於宮中〔三〕，而禮文難示於天下。矧國事之重，久已倦勤，荷祖后之慈，曲加矜體。皇子嘉王仁孝之德，中外所推，居恒小心〔四〕，未嘗違禮，嗣膺大寶，茲謂得人。朕退安燕頤，遂釋重負，何止徇宅憂之志，抑將綿傳祚之休。皇子嘉王可即皇帝位，朕移御泰安宮。播告遐邇，咸使聞知。尚賴忠良，共思翼贊。故茲詔示，想宜知悉。」憲聖慈烈皇后聖旨，令上入重華殿後，汝愚、騤、端禮於几筵殿傳宣關禮、張宗尹，扶掖上入簾。憲聖慈烈皇后面諭再三，上俯伏涕泣，懇辭不已。關禮、張宗尹共掖上至殿廡素幄，傳憲聖慈烈皇后聖旨，令汝愚、騤、端禮更切勸請。汝愚、騤、端禮

〔一〕帝：原作「后」，據《宋史全文》卷二八改。
〔二〕列聖：原作「烈世」，據《四朝聞見録》卷四改。
〔三〕雖：原缺，據《四朝聞見録》卷四補。
〔四〕恒：原作「有」，據《四朝聞見録》卷四改。

具以宗社大計奏請，上遜避愈堅。汝愚、騤、端禮即同奏曰：「今中外人心不安，若陛下但執謙德，如宗社何？」關禮等屢以黃袍被聖躬，上屢卻之。既聞汝愚等奏，拭淚勉從，然猶偏倚御座。汝愚、騤、端禮再拜起居，上答拜。（如）〔汝〕愚、騤、端禮復奏曰：「陛下已登大寶，乞正君臣之禮。」上然後坐，汝愚、騤、端禮復再拜起居，上立受。汝愚、騤、端禮遂傳宣殿帥郭杲、步帥閻仲起居訖，中官扶導上詣梓宮前謝，禮如宮中之儀。次汝愚率百官起居，退，上遂行禫祭禮。中外聞之，懽懌踊躍。時年二十七。在位三十一年。

慶元二年十月三日，恭上太上皇帝尊號曰「聖安壽仁太上皇帝」，册文參知政事謝深甫書撰，篆寶參知政事何澹。太上皇后尊號曰「壽仁太上皇后」。册文參知政事何澹書撰，篆寶僉書樞密院事葉翥。詔曰：「傳歸於子，惟聖人斯能增揖遜之光；名成於親，在王者宜必極尊崇之禮。朕欽承慈訓，獲纘丕圖。雖曰紹堯，豈以位而爲樂；庶幾如舜，常惟順以解憂。內單竭於恂忱，外闡揚于徽美。太上皇帝聖而益聖，安所當安。靜處無爲，既茂於壽祉〔一〕；廣施博愛，久藹著於仁聲。太上皇后力贊大庭，燕居少廣。龐鴻錫祐，永延偕老之齡；慈仁育恩，脗合資生之載。雖至妙寔難于測識，然數端或擬於形容。念未央、長樂之儀，方將修講；宜隆興、紹熙之典，首務尊行。爰輯議於廷紳，用勒成於寶册。問安侍膳，益修五日之恭；備行嗣音，並揭兩宮之儀。俟吉辰而恭上，先涣汗之誕敷。建顯號而 69 施尊名，于以迓萬年之福；有至德而廣要道，于以致四海之刑。諒聞播告之修，共協榮懷之慶。」（以上《永樂大典》卷一七二九一）

70 慶元元年十月七日，禮部、太常寺言：「奉詔：『朕自承大統，稽之典禮，壽聖隆慈備福太皇太后、壽成皇太后、太上皇帝、太上皇后合上尊號，令前期集議以聞。』乞用此月十三日宰執、侍從、臺諫、兩省官於尚書省集議。」從之。於是右丞相余端禮等言：「恭依集議，加上壽聖隆慈備福太皇太后尊號曰『壽聖隆慈備福光佑太皇太后』，壽成皇太后尊號曰『壽成惠慈皇太后』，太上皇帝尊號曰『聖安壽仁太上皇帝』，太上皇后尊號曰『壽仁太上皇后』。」詔令學士院用十一月十七日降詔。

十一月五日，宰臣余端禮奏，太上皇帝尊號「聖安壽仁」四字。上曰：「《書》有『安』字，乃堯之德，又有安康之意，此已盡善，無毫髮可疑矣。」上又曰：「昨日聞太上不肯入煖室，只用單羅帳。天氣正嚴凝，夜間霜露下時寒氣尤甚，朕聞之驚愕，寢食不安。」上憂形于色。端禮奏曰：「陛下聖孝如此，至誠足以感動太上皇。爲天子父，以天下養，可謂尊榮，却未能自享此樂，只是心氣未寧，不知可密遣人安排夾帳得否。」上曰：「禁中門户，太上親自扃鑰，如何修內司人入得？」端禮奏曰：「宮嬪中恐有可用人，聖旨宣諭

〔一〕「茂」下脱一字，與下聯失對。或可補「膺」字。

排得否？」上曰：「亦無緣得人去，深恐易得感冒，醫人又不得診視，只是供藥，必不對病。朕朝夕憂懼。」端禮等奏曰：「願陛下少寬聖慮，但此念常不忘，太上心君纔清明，即無他矣。」

二年八月二十六日，禮部、太常寺言：「檢準淳熙《儀制令》節文，諸大慶大禮，發運、監司、提點坑冶鑄錢司同。諸州長吏奉表賀。將來十月三日奉上壽聖隆慈備福光佑太皇太后、壽成惠慈皇太后、聖安壽仁太上皇帝、壽仁太上皇后尊號册寶禮畢，係大慶典禮，乞〔依〕條施行。」從之。

九月十九日，詔奉上壽聖隆慈備福光佑太皇太后、壽成惠慈皇太后、聖安壽仁太上皇帝、壽仁太上皇后尊號册寶：太傅，右丞相京鏜。侍中讀寶并奏寶，知樞密院事鄭僑。中書令奉册并讀册，參知政事謝深甫。侍中承旨宣答及奏禮畢，參知政事何澹。前導禮儀使并奏禮畢，簽書樞密院事葉翥。押册案吏部侍郎四員，兵部尚書張叔椿、翰林學士傅伯壽、權吏部尚書許及之、吏部侍郎錢象祖。押寶案禮部侍郎四員，吏部侍郎楊輔、右諫議大夫劉德秀、中書舍人謝原明、國子司業兼中書舍人高文虎。奏中嚴外辦禮部侍郎二員，權户部侍郎張抑、起居郎兼權刑部侍郎張孝伯。殿中監，起居舍人胡紘。前導册寶太常卿，祕書監胡璟。舉册官八員，太常卿沈詵、司農少卿兼中書門下省檢正諸房公事陳杞〔一〕、殿中侍御史姚愈、大理少卿周珌、張濤、監察御史張伯垓、呂棐、左司郎官鄭公顯。舉寶官八員，右司員外郎衛涇、樞密院檢詳諸房文字張 71 貴謨、尚左郎官張釜、考功郎中黄唐、右曹郎中趙彦括、金部郎中趙師炳、倉部郎中王齊與、度支郎官趙彦勵。押樂太常卿，刑部員外郎朱翱。奏解嚴禮部郎中二員，刑部員外郎陳研、户部員外郎楊文昺。太常博士三員，工部員外郎馬覺、著作郎兼禮部郎官顏棫、宗正丞兼侍左郎官劉誠之。協律郎，太常丞張震。大慶殿并壽康宫前導皇帝行禮，知閤門事謝淵、吳琰。進中嚴，權知閤門事兼樞密副都承旨（載）〔戴〕勳。進外辦，權知閤門事譙令雍。進解嚴及壽康宫進外辦，權知閤門事趙嗣祖。進解嚴。權知閤門事韓侂冑。

十月三日，奉上壽聖隆慈備福光佑太皇太后、壽成惠慈皇太后、聖安壽仁太上皇帝、壽仁太上皇后尊號册寶。前二日習儀。前一日，有司設御幄於大慶殿御幄後之西，東向，隨地之宜。設册寶幄大慶殿當中，南向。設皇帝褥位三：一於大慶殿上册寶幄之東，西向；一於殿下當中，面册；〔一於〕殿下當中，南向。又設以册寶授太傅褥位一於殿下當中，横鋪。太（當）〔常〕設宫架之樂於大慶殿庭。協律郎位於宫架西北，東向；押樂太常卿位於宫架之北，北向。設文武百僚次於大慶殿門外，又設文武百僚次於慈福宫、壽康宫之内外，設太傅受册寶褥位於大慶殿下發册寶褥位之前，東南側向。又設置册寶褥位一十六，内八於殿下南向，册東寶西。八於殿下東階之東，西向。册南寶北。又設太傅位於殿下西階之西，東向。侍中、中書令位於太傅之後，東向北上。吏部、禮部侍郎位於侍中、中書令之南，

〔一〕陳杞：原作「陳祀」，據本卷後文禮四九之八六改。

稍東向北上。舉册、舉寶官位於其後，重行，東向。設太常卿、太常博士位又於其後。又設太傅位於殿下東階之東，西向。侍中、中書令位於太傅之後，西向南上。吏部侍郎位四：一於壽聖隆慈備福光佑太皇太后册寶之後，一於壽成惠慈皇太后册寶之後，一於聖安壽仁太上皇帝册寶之後，一於壽仁太上皇后册寶之後，並西向。又設舉册官位八：二於聖壽隆慈備福光佑太皇太后册案之後，二于壽成惠慈皇太后册案之後，二於聖安壽仁太上皇帝册案之後，二於壽仁太上皇后册案之後。又設禮部侍郎位四：一於壽聖隆慈備福光佑太皇太后寶案之後，一於壽成惠慈皇太后寶案之後〔一〕，一於聖安壽仁太上皇帝寶案之後，一於壽仁太上皇后寶案之後。俱重行，西向。又設舉寶官位八：二於壽聖隆慈備福光佑太皇太后寶案之後〔二〕，二於壽成惠慈皇太后寶案之後，二於聖安壽仁太上皇帝寶案之後，二於壽仁太上皇后寶案之後。俱重行，西向。設太常卿、太常博士位又於其後。設文武百僚位於宮架之北，東西相向。又設大次於壽康宮大門之內，設小次於殿南廊上，北向。設權安册寶幄次於慈福宮〔三〕、壽康宮大門【72】之內及和寧門外，各隨地之宜。又設聖安壽仁太上皇帝御座於壽康殿上當中，西向。設皇帝褥位二：一於殿上當中，東向；一於聖安壽仁太上皇帝御座之南，北向。太常設宮架之樂於慈福殿門之外，北向，隨地之宜。協律郎位于宮架西北，東向；押樂太常卿位於宮架之北，北向。又設宮架之樂於壽康殿門之內外，東向，隨地之宜。協律郎位於宮架北，東南向；押樂太常卿位於宮架之東，東向。設置册寶褥位四於慈福殿上，隨地之宜。又設褥位四於壽康殿北階下，南向，册東寶西。以東爲上。又設册寶褥位五：四於殿上稍東，南向，重行；一於殿上當中，東向。設太傅舉册寶位於壽康殿上前楹間。又設讀册寶位於册寶西，當中，東向。又設吏部、禮部侍郎位二於殿上，在北稍西，南向。又設太傅位于殿下北階之北，南向。侍中、中書令位於太傅之後，南向東上。吏部、禮部侍郎位於殿下北階之北，各於册寶案之後，南向。舉册、舉寶官位俱重行〔四〕，南向。太常卿、太常博士又於其後。設文武百僚位于殿下宮架之東，南北相向。儀仗、鼓吹列於大慶殿門外，禁衛等列於殿庭，至夜，權退。文武百僚集於大慶殿門列幕次，各服朝服。儀仗、鼓吹列於殿門外，禁衛等列于殿庭，樂正帥工人以次入。閤門、太常寺分引前導官、禮儀司、閤門官、太常博士并禮直官，分立於御幄前之左右，押樂太常、協律郎入就位，文武百僚入就殿下，東西相向立定。管軍、御帶等窄衣執骨朵，大慶殿東朵殿侍立。都大主管官往來照管。吏部禮

〔一〕壽成惠慈皇太后：原作「壽仁太上皇后太后」，據前後文改。
〔二〕佑：原作「祐」，今統一作「佑」。
〔三〕慈：原作「福」，據《宋史》卷三七《寧宗紀》一改。
〔四〕此處不明舉册寶官位置，參前述大慶殿設位，「位」下當補「於其後」三字。即位於侍郎之後。

部侍郎、舉册舉寶官、太常卿、侍中、中書令、太傅俱詣殿下西階之西褥位，東向立。少頃，侍中、中書令、吏部禮部侍郎陞殿西階，詣册寶幄之西，重行，東向立。舉册、舉寶官升殿西階，於吏部、禮部侍郎之後東向立。太常卿升殿，詣西階上之西，東向立。皇帝自内服靴袍入御幄，易通天冠、絳紗袍。閤門官、禮部侍郎奏請中嚴，少頃，又奏外辦。太常博士引禮儀使當幄前俛伏跪，禮儀使臣葉翥奏請皇帝恭行奉上壽聖隆慈備福光佑太皇太后、壽成惠慈皇太后、聖安壽仁太上皇帝、壽仁太上皇后尊號發册寶之禮。奏訖，俛伏，興，還位。前導官前導皇帝出御幄，殿中監跪進大圭，禮儀使奏請皇帝執大圭。殿中監進大圭，詣東階上西向少立，以俟禮畢受大圭。前導官前導皇帝詣殿上册寶幄前褥位西向立，舉册官入幄，跪舉壽聖隆慈備福光佑太皇太后册，興。中書令舉壽聖隆慈備福光佑太皇太后册，吏部侍郎押册案。舉寶官入幄，跪舉壽聖隆慈備福光佑太皇太后寶，興。侍中舉壽聖隆慈備福光佑太皇太后寶，禮部侍郎押寶（位）〔案〕。舉册官入幄，跪舉壽成惠慈皇太后册，興，吏部侍郎押册案。舉寶官入幄，跪舉壽成惠慈皇[73]太后寶，興，禮部侍郎押寶案。舉册官入幄，跪舉聖安壽仁太上皇帝册，興，吏部侍郎押册案。舉寶官入幄，跪舉聖安壽仁太上皇帝寶，興，禮部侍郎押寶案。舉册官入幄，跪舉壽仁太上皇后册，興，吏部侍郎押册案。舉寶官入幄，跪舉壽仁太上皇后寶，興，禮部侍郎押寶案。太常卿前導册寶進行，協律郎跪，俛伏，舉麾興，工鼓（祝）〔柷〕，《正安》之樂作。凡舉册寶并置册寶于案，皆禮部職掌助舉。前導官前導皇帝步從，侍中、〔中〕書令奉册寶降自西階，至殿下當中褥位，南向置定，偃麾戛敔，樂止。凡樂皆協律郎跪俛伏，舉麾興，工鼓（祝）〔柷〕而後作，偃麾戛敔而後止。侍中、中書令、吏部禮部侍郎、舉册舉寶官退，詣殿東階之東褥位，西向立。太常卿俱詣殿東階之東褥位，西向立。前導官前導皇帝至殿下面册褥位立，禮儀使奏請拜，皇帝再拜，在位官皆再拜訖，應行事、執事、應奉官不拜。壽康宮並準此。舉册官詣壽聖隆慈備福光佑太皇太后册案之左右，東西相向跪，舉壽聖隆慈備福光佑太皇太后册，興。吏部侍郎押册案，先詣皇帝褥位前置定，吏部侍郎退立於東階下，西向。中書令詣壽聖隆慈備福光佑太皇太后册位之北，南向。舉册進行，作《禮安》之樂。至皇帝褥位前南向，皆跪，置（於）〔册〕于案。中書令（典）〔興〕，退詣殿東階下，西向立。舉册官興，立。太常博士引太傅詣受册褥位東，南向側身，俛伏跪。舉册官跪舉册，禮儀使奏請皇帝跪，捧册授太傅，太傅受册。又奏請皇帝俛伏興，太傅興，舉册官舉册興。太傅奉册於殿東階下，詣壽聖隆慈備福光佑太皇太后册褥位西向跪，置册於案，樂止。凡太傅受册寶，皆禮部先舉册寶案詣殿東階下褥位，西向置定。舉册官興，退立於册案之後，太傅興，立於册案之側，西向立。舉寶官詣壽聖隆慈備福光佑太皇太后寶案之左右，東西相向跪，舉壽聖隆慈備福光佑太皇太后寶，興。禮部侍郎押寶案，先詣皇帝褥位前置定。禮部侍郎退，立於東階下，西向。侍中詣壽聖隆慈備福光佑太皇太后寶位之北，南向，奉寶進行，作《禮安》之樂。至皇帝褥位前，南向，皆跪，置寶於案。侍中興，退詣殿東階下，西向立。舉寶官興，立。太常博士引太傅詣受寶褥位，東南向，側身俛伏跪，舉寶官跪舉寶。又奏請皇帝跪，捧寶授太傅，太傅受寶。又奏請皇帝俛伏興，太傅興，舉寶官舉寶興。太傅奉寶於殿東階下，詣壽聖隆慈備福光佑太皇太后寶褥位，西向跪，置寶於案，樂止。舉〔官〕〔寶〕官興，退立於寶案之後。太傅興，立於寶案之側，西向立。舉册、舉寶官舉壽成惠慈皇太后册寶并聖安壽仁太上皇帝册寶、壽仁太上皇后册寶，吏部、禮部侍郎押册寶案，侍中、中書令奉上壽成惠慈皇太后册寶、聖安壽仁太上皇帝册寶、壽仁太上皇后册寶，[74] 皇帝捧壽成惠慈皇太后册寶、聖安壽仁太上皇帝册寶、壽仁太上皇后册寶授太傅，並如壽聖隆慈備福光佑太皇太后册寶之儀。太傅以下並退，詣殿東階下褥位，西向立。前導官前導皇帝詣殿下當中南向褥位立，舉册官、舉寶官詣册寶位，俱跪舉册寶，興。吏部、禮部侍郎押册寶案，太常卿前導册寶由宮架東進行，《正安》之樂〔作〕。太傅、侍中、中書令後從，册寶出大慶殿正門，樂止。次輦官捧擎册寶於殿門外，捧册寶置於腰舁。初，册寶出大慶殿正門，太常博士引禮儀使詣皇帝褥位前北向俛伏跪，禮儀使〔奏〕葉翥奏禮畢，伏，興，復位。前導官前導皇帝升自東階，將至御幄，禮儀使奏請皇帝釋大圭，殿中監跪受大圭訖，皇帝入御幄。閤門官、禮部郎中奏解嚴，皇帝服靴袍還内如來儀。文武臣僚以次退。内合導從册寶官并從駕臣僚，並俟導從册寶并從駕，其不該導從駕官並先出和寧門，赴慈福宮。

俟慈福宮、壽慈宮恭行加上尊號册寶畢，皇帝自慈福宮服靴袍，乘輦至壽康宮大次，降輦入幄，儀仗、鼓吹、儀衛等分列於壽康宮門之内外，樂正帥工人以次入。文武百僚就次，各服朝服。前導官、禮儀使、閤門官、太常博士、禮直官分立於大次前之左右，押樂太常卿、協律郎入就位，文武百僚入就殿下，南北相向立定。吏部、禮部侍郎、舉册官、舉寶官、太常博士、太常卿、侍中、中書令、太傅，俱詣册寶幄次前，隨地之宜立定。舉册官入幄，跪舉聖安壽仁太上皇帝册，興，中書令奉册，吏部侍郎押册案。舉寶官入幄，跪舉聖安壽仁太上皇帝寶，興，侍中奉寶，禮部侍郎押寶案。舉册官入幄，跪舉壽仁太上皇后册，興，吏部侍郎押册案。舉寶官入幄，跪舉壽仁太上皇后寶，興，禮部侍郎押寶案。禮直官、太常博士、太常卿前導册寶進行，入殿門，作《正安》之樂，太傅後從。至殿北階下褥位置定，册東寶西。樂止。侍中以下各就位〔立〕定，太傅詣本班北向立定。皇帝就大次服通天冠、絳紗袍，閤門官、禮部侍郎奏請中嚴〔一〕，少頃又奏外辦。前導官前導皇帝出大次，至壽康殿

〔一〕中：原作「申」，據通例改。

門，殿中監跪進大圭，禮儀使奏請皇帝執大圭。將至小次，禮儀奏請釋大圭，殿中監跪受大圭。入小次，太常博士引禮儀使當次前俛伏跪，禮儀使臣葉翥奏請皇帝恭行奉上聖安壽仁太上皇帝、壽仁太上皇后尊號册寶之禮，俛伏，興，還侍立。前導官前導皇帝出小次，殿中監跪進大圭，禮儀使奏請皇帝執大圭。前導官前導皇帝升自南階，至殿上褥位北向立。聖安壽仁太上皇帝服靴袍出宮，作《乾安》之樂。禁衛諸班親從等自贊常起居。聖安壽仁太上皇帝升御座，樂止。前導皇帝詣褥位東向立，禮儀使奏請皇帝再拜，奏聖躬萬福。禮儀使又奏請皇帝再拜訖，前導皇帝詣聖75安壽仁太上皇帝御座之南褥位北向立，太傅以下横行東向立定，太傅以下皆再拜。内行事、應奉官並免起居。班首不離位，奏聖躬萬福訖，再拜。太傅詣殿北階下褥位南向立，次分班南北相向立定，舉册官詣聖安壽仁太上皇帝册案位前，跪舉册，興。吏部侍郎押册案升北階，奉册寶行禮等官升降皆自北堦。先詣聖安壽仁太上皇帝御座前褥位東向置定，吏部侍郎少退，稍北南向立。太常博士引太傅奉册升，作《聖安》之樂，中書令從升。太常卿前導册升殿，至殿上褥位東向跪，以册置於案，樂止。太傅以下興，太常卿降階復位立。太傅詣殿上前楹間東向立，舉册官跪舉册，中書令進當册案之西，東向跪，讀册。册文曰：「皇帝臣擴謹稽首再拜言曰：臣聞乾爲天、爲(若)〔君〕、爲父，惟天爲大，不可强名。昔者作《易》，以乾爲首，推尊乎天，稱贊彌顯，元功妙用，斯不容揜。大哉聖人，與天爲徒。應人間世，爲天下君；退藏於密，爲天子父。聖人之不可名，天之不可名也。仁人事親，如其事天，蓋即推尊乎天者以盡推尊之實，稱贊乎天者以極稱贊之美，則揚鴻休，建顯號，庶幾乎形容萬分一，其敢不自竭！恭惟太上皇帝出入神聖，與天同德；成順致利，與天同功；兼聽廣覽，隆寬盡下，與天同量。(君)〔若〕乃用賢去佞，洞照群情，則日月其明也；省刑薄賦，滲漉函生，則雨露其澤也。誕敷詔旨，敷布寬大，奮發威斷，斥逐姦回，則風雷其號令也；聖學緝熙，上監成憲，宸翰昭回，下飾萬物，則雲漢其文章也。方膺駿命，纂鴻圖。聖作明述，守一道之傳；問安侍膳，奉兩宮之歡。臨朝願治，宵衣旰食，圖回庶政，憂勤六載。致沖和之少爽，遂静退而高蹈。迺以神器，畀于菲躬。若稽往(諜)〔牒〕，歷選群辟，堯授舜於既老之後，舜授禹於倦勤之餘，未有以春秋之鼎盛，當規摹之日(親)〔新〕，而脱屣超然，曾無攖拂。既以揖遜受之於前，復以揖遜傳之於後，全懿鑠於三朝，掩高躅於千古，皇乎盛哉！臣以寡昧，親承付託，極天下養不足以爲報，惟是載揚縟典，仰贊徽稱，名所難名，庸見歸美，所以詔當世而傳無窮也。夫治臻乎熙洽之盛而成功不居，德充乎光輝之大而允恭克遜，非聖而益聖乎？由仁義而行，而無行之之迹，盡人物之性，而得性之妙，非安所當安乎？壽居五福之一，仁爲五常之先，優遊所以長受命，安樂所以致延年，不曰壽乎？外而能愛以結人心，内而能静以循天理，不曰仁乎？臣不勝大願，謹奉玉册玉寶，上尊號曰『聖安壽仁太上皇帝』。欽惟陛下遊心塵外，玩意寰中，高乎太極而先天弗違，閲乎衆甫而後天難老。膺受多福，燕及後人，以永億載萬年之休。」讀訖，俛伏，興。舉册官奠册，舉册興，中書令奉册，吏部侍郎押册案，先詣聖安壽仁太上皇帝御座之南褥位，東向置76定。吏部侍郎降堦，復位立。中書令進册於聖安壽仁太上皇帝御座之南褥位，置册於案訖，中書令、舉册官各興，俱降堦復位立。太傅降堦，詣聖安壽仁太上皇帝寶案之後立。舉寶官跪舉寶，興。禮部侍郎押寶案，先詣聖安壽仁太上皇帝御座前褥位東向置定。禮部侍郎退，稍北南向立。太常博士引太傅奉寶升，作《聖安》之樂，侍中從升。太常卿前導寶升殿，至殿上褥位東向跪，以寶置於案，樂止。太傅以下興，太常卿降階，復位〔定〕〔立〕。太傅詣殿上前楹間，東向立，舉寶官跪舉寶，侍中進當寶案之西，東向跪，讀寶。寶以「聖安壽仁太上皇帝之寶」爲文。讀訖，俛伏，興。舉寶官舉寶興，侍中奉寶，禮部侍郎押寶案，先詣聖安壽仁太上皇帝御座之南褥位東向置定。禮部侍郎降堦，復位立。侍中進寶於聖安壽仁太上皇帝御座之南褥位，置寶於案訖，侍中、舉寶官各興，俱降階復位立。太傅降階，詣壽仁太上皇后册寶之後立，舉册、舉寶官跪舉壽仁太上皇后册寶，興。中書令、侍中奉册寶，吏部、禮部侍郎押册寶案，先詣聖安壽仁太上皇帝御座之南褥位，東向置定。太常博士引太傅從册寶升殿，作《聖安》之樂。太常卿前導册寶升殿，詣聖安壽仁太上皇帝御座之南褥位，東向跪，置册寶於案訖，樂止。中書令、侍中、舉册舉寶官興，太傅、侍中、中書令以下俱降階，各歸班立。初，壽仁太上皇后册寶升殿，侍中升殿北堦，詣折檻稍南，北向立。太常博士引禮儀使、閤門官前導皇帝詣聖安壽仁太上皇帝御座前褥位，東向。奏請皇帝再拜，俛伏跪，奏：「皇帝臣擴稽首言：伏惟聖安壽仁太上皇帝陛下寶圖授禧，玉册揚休，仰介壽祺，共覃榮慶。」俛伏，興。又奏請皇帝再拜訖，侍中、參知政事何澹詣聖安壽仁太上皇帝御座前躬承旨，退於皇帝褥位前，北向宣答曰：「皇帝道篤事親，志勤歸美，夤登尊顯，深諒欽誠。」侍中退詣折檻稍南，北向立。又奏請皇帝詣聖安壽仁太上皇帝御座之南褥位北向立，太傅以下横行東向立，太傅以下皆再拜訖，太傅稍前，東向俛伏跪，文武百僚並躬身。太傅奏：「攝太傅、右丞相臣京鏜等稽首言：恭惟聖安壽仁太上皇帝陛下介壽慈宸，歸尊寶册，三宮同慶，萬國齊歡。」奏訖，俛伏，興，文武百僚直身立，太傅復位。太傅以下皆再拜，舞蹈，〔又〕再拜訖，侍中、參知政事何澹詣聖安壽仁太上皇帝御座前躬承旨，退詣折檻前，北向宣曰：「有制。」太傅以下再拜，躬身宣：「琨瑶鏤瑞，簪韡來儀，有繹慶辭，尤加美報。」宣訖，退詣折檻南，北向立。太傅以下皆再拜，舞蹈，又再拜訖，侍中詣聖安壽仁太上皇帝御座前俛伏跪，侍中臣何澹奏禮畢，〔俛〕伏，興，退復位。聖安壽仁太上皇帝還宮，作《乾安》之樂。樂止，內侍官捧聖安壽仁太上皇帝冊寶入宮。

77 次皇帝詣宮中奉上壽仁太上皇后冊寶。其日先設壽仁太上皇后座於本殿，南向；設皇帝褥位如壽康殿上之儀。殿上行禮畢，內侍捧壽仁太上皇后冊寶興，舉冊寶案內侍舉壽仁太上皇后冊寶案，先詣壽仁太上皇后座前稍南在東褥位，西向置定，都大主管官前導冊寶進行，作《正安》之樂。內侍前導皇帝後從冊寶入宮，舉冊寶內侍置冊寶於本殿冊寶案，樂止，興。都大主管官退。內侍前導皇帝詣壽仁太上皇后座前褥位北向立。內侍引司言，司言引尚宮，尚宮引壽仁太上皇后出閤，作《坤安》之樂。升座，樂止。皇帝再拜奏萬福，又再拜，退，詣壽仁太上皇后座之東褥位，西向立。舉冊內侍跪舉冊，（內侍跪舉冊）興，作《聖安》之樂。次舉冊案內侍舉冊案，置於壽仁太上皇后座前褥位，北向置定。內侍進冊於案，樂止。舉冊內侍興，少立。次讀冊內侍北向立，舉冊內侍跪舉冊，讀冊內侍跪讀冊。冊文曰：「皇帝臣擴謹稽首再拜言曰：臣聞萬物所資以生者坤也，坤有生萬物之功，故盡萬物而不足以報，必極其德之至者而名言之。含洪光大，柔而剛，靜而方，順而正，皆坤德也。以言其持載則悠久而無疆，以言其愛育則長養而無外，茲其德之至者乎！惟我宋再受天命，堯、舜與禹，道高揖遜；姜、任與姒，功懋贊襄。昆虫草木，罔不嘉賴，德參坤元，固已無間。至若蚤叶吉於洛陽，繼呈祥於甲觀，正長秋之尊位，配前殿之多儀，則我文母寔兼有焉。答鴻恩，建大號，以顯揚生生不窮之盛美，在予沖人，曷敢不極其至哉！恭惟太上皇后殿下瑞應塗山，秀鍾沙麓，升自勳閥，上媲聖父。居處肅毅，舉動齊莊。時在龍潛，躬履帝武，首毓陋質，丕承天休，必誠必親，護視教載。逮我慈尊，受禪烈祖，警戒勵《雞鳴》之操，憂勤懷《卷耳》之思，不矜褕翟之華，親服練繒之制。陰教明而六宮風動，母儀備而彤管日新。太上起倦勤之心，從容參與子之議，遂令寡昧，獲紹丕圖。夫難名者生育之恩，莫酬者授受之助。天啓聖善，成始成終，慈篤義隆，亶何以報！雖曰備九州之榮養，謹一月之四朝，儼極未央，聯輝丹禁，寢門密邇，安問旁午，愛慕之意已乎，而歸美之誠未盡也。載諏穀旦，懋蕆縟儀，率籲群情，並隆徽稱。齊大明而久照，坐少廣以延年，非悠久無疆之壽乎？賓老氏之慈而慈幼，極母懷之愛而愛物，非長養無外之仁乎？壽以仁得，仁以壽彰，壽高而仁益隆，仁隆而壽益固，天人相因，至理可必。臣不勝大願，謹奉玉冊金寶，上尊號曰『壽仁太上皇后』。伏惟殿下對亨嘉之會，輯純懿之祉。調虞慈扆，觴玉巵於萬年；詒燕後昆，綿瓜瓞於百世。繼自今賓實之名，大書特書而未已，皇乎休哉！」讀訖，舉冊內侍奠冊，舉冊并冊案退，各復位。讀冊內侍俛伏，興，退復位。次舉 78 寶、讀寶內侍舉寶案、讀寶等，作樂、止，並如上儀訖，寶以「壽仁太上皇后之寶」爲文。退。前導皇帝詣壽仁太上皇后座前褥位，北向立，尚宮奏請拜，皇帝再拜，俛伏跪，奏：「皇帝臣擴稽首言：伏惟壽仁太上皇后殿下同膺壽祉，齊貢號榮，縟典誕登，歡情胥浹。」俛伏，興。又奏請拜，皇帝再拜，躬身，内侍詣壽仁太上皇后座前躬身，承壽仁太上皇后旨退，西向答曰：「皇帝輯華號册，報美親闈，備篤愛欽，唯增融懌。」又奏請拜，皇帝再拜訖，退詣壽仁太上皇后座之東褥位，西向立。内侍詣壽仁太上皇后座前俛伏跪，奏禮畢，俛伏，興。壽仁太上皇后降座，作《坤安》之樂，入閤，樂止。皇帝退，易靴袍，以俟出宮還内。初，皇帝於宮中行奉上壽仁太皇太后尊號册寶禮畢，於壽康殿南階下，閤門官、禮部郎中奏解嚴，内侍轉進，宰執率文武百僚就朝服詣壽康殿下拜牋，賀壽仁太上皇后，如拜表之儀訖，退。儀仗、鼓吹、儀衛以次退訖，應從駕臣僚免奏萬福，俟從駕還内。習儀、行禮日各不視事，百司休務。

六日，文武百僚詣文德殿拜表稱賀。

十二月一日，詔：聖安壽仁太上皇帝加上尊號册寶禮畢，其合該推恩人，並特與轉一官資，令提舉官先次開具職位、姓名申尚書省。

十三日，詔：已降指揮，修製奉上尊號册寶了畢，内都大主管官王德謙合該轉兩官，可將一官於見今官轉行，一官依條回授。

皇帝朝 紹熙五年七月七日，詔令禮部、御史臺、閤門、太常寺條具朝見泰安宮禮儀以聞。於是禮部、太常寺議定，依禮例用一、五日車駕詣泰安宮朝見起居，如宮中之禮，即不集百官陪位、立班。是日從駕官回，作歇泊假。從之。

二十一日，皇帝率文武百僚詣文德殿，奉表牋稱賀太上皇帝、太上皇后。

慶元元年正月五日，車駕詣慈福宮、壽慈宮、壽康宮起居。恭承太皇太后聖旨，自今後止遇旦、望、初八日、二十二日過宮。

二月二十一日，宰執進呈次，趙汝愚等奏，來日車駕（過當）〔當過〕宮，萬一雨作，亦須一出。上曰：「已是每月省了兩次，何可不出？」

九月七日，重明節，上詣壽康宮起居。時以孝宗服制免上壽。

二十三日，太上皇后生辰，上詣壽康宮起居。

〔三〕〔二〕年六月二十一日〔一〕，太皇太后聖旨：今後車駕止須旦、望過宮。既而宰臣京鏜等奏：「過宮一月四次，已爲定制，陛下聖德日新，豈容於孝宗終制之後，遽減省過宮日分？恐外間便有妄議。」上曰：「本是四日，今減兩日，莫若且存舊制。」鏜等奏：「若存舊制，一月之間或出或不

〔一〕二年：原作「三年」。按下條所記事《宋史》卷三七《寧宗紀》一繫於慶元二年十月三日戊申，而三年十月無奉上册寶事，則知此當作「二年」，據改。

出，卻在陛下。」於是即時批出：「奉太皇太后聖旨，每遇旦、望日過宮。朕深思之，禮不可闕，奏知太皇太后，仍舊制。」

十月三日，皇帝率文武百僚詣慈福宮、壽慈宮、壽康宮行恭上尊號册寶稱禮。

四年十二月十二日，宰執進呈次，京鏜等奏：「至節 79 後未到壽康，乞十五日定過，向去元日是正旦禮數耳。」上曰：「然。是日雖壽仁有旨免，亦須過去。」

五年正月二十九日，詔：「恭承皇太后聖旨，今後車駕詣慈福宮几筵前燒香，壽慈宮、壽康宮起居，如遇忌辰并忌前衣服不便，並免到宮。」

六年二月二十三日，皇帝詣壽康宮恭進聖安壽仁太上皇帝《玉牒》、《聖政》、《日曆》、《會要》。

慶元(二)〔六〕年十一月一日〔一〕，詔：「奉大行聖安壽仁太上皇帝謚册寶，攝太傅，右丞相謝深甫；奉謚册寶，知樞密院事，兼參知政事何澹；讀寶，攝侍中簽書樞密院事陳自强；讀謚册，攝中書令禮部尚書張釜；舉册，禮部侍郎陳宗召、太常少卿俞豐；舉寶，軍器監兼權禮部郎官王炎、太常博士陸峻。」

同日，起居舍人、兼權中書舍人、兼權直學士院邵文炳上光宗(顯)〔憲〕仁聖哲慈孝皇帝謚議。議曰：「臣聞至大而不可名者天，至盛而不容述者聖。聖人之道，實原於天，而功德之盛，與天同大。堯舜相繼，勛華並稱，逮文命之祗承，昭神禹之授受。心傳微妙，精一執中，廣運而神，誠難俄測。而帝舜兩申命於惟賢，孔子三致意於無間〔二〕，於是禹之爲大，古今同辭，流永揚休，相爲先後。亦猶欽明文思，温恭濬哲，隨事以著，推類以言，合衆美而歸全，猶可得而髣髴也。繄我神宋，同符帝王。太祖肇基，太宗踐祚，傳緒十葉，炎圖中興。巍乎大哉，時乃天道，法堯蹈舜，跨商軼周。稽三聖之傳，揭二《典》之範，鋪張丕績，視禹益光，則固有在乎今日也。恭惟大行聖安壽仁太上皇帝，躬上聖之資，際重熙之運。粤自朱邸，升儲青宮，雞鳴問寢而子道克全，龍潛進修而君德滋懋。淵泉溥博以時出，聰明聖智而能知。剖明訟牘，已得於尹正之始；諳知物情，(彼)〔復〕見於參決之初。中外(恩)〔思〕慕而屬心，聖父臨朝而嘉嘆。天人協應，内禮增華，欽奉燕謀，潤色鴻業。嚴兩宮之尊奉，益供進之常儀。述壽皇已行之規，期於必遵，以見繼承之實；念祖宗已成之憲，自有深意，以塞更張之源。先器識而務典實，則鑒取士之家法；貴久任而重數易，則循命守之聖謨。尊老臣以悦重華，揚寶册以慶慈福〔三〕。業業孜孜，守以一道也。畏天變之上形而感動於六事之陳，欲人心之無怨而察聽於土木之役。戒言瑞物而思豐登之樂

〔一〕六年：原作「二年」，據以下所叙爲光宗卒後事，光宗卒于慶元六年八月，此「二年」爲「六年」之誤，今改。

〔二〕意：原作「志」，據本書禮三〇之六四所載同一文改。

〔三〕福：原作「惠」，據本書禮三〇之六五改。

業，厲精治道而卻歌頌之宣功。不貴奇珍而杜遠方之求，不殖貨利而務節用之本。行所無事，則以心不私而能公；道運無迹，則審器日用而不匱。休務之假益減，治事之日益增，則克勤于邦；會計始于宮掖，恩澤損於椒房，則克儉于家。亹亹穆穆，進以無疆也。建大中而消朋黨，好正直而尚公平。以任賢使能爲致治之要，以更出迭入爲用人之法。語近臣以遏絶僥倖，飭監司以發擿姦贓。清介純實則列置禁塗，博洽純正則輔導王府。講筵取經學該通[80]之老，館閣儲議論平正之人〔一〕。擇邊帥于大臣詳議之餘，得殿巖于參稽公論之素。訪舊弼以來讜論，擢御史以獎直言。訪問而致譖愬之不行，虛懷而使所陳之得盡。採封事之議以伸四方敢言之氣，講景命之書而寤近習移人之非。論寬恤之可行即行而不當具文，謂懋賞之當與即與而不可不信。于以謹黎獻之時與，而嘉言之罔伏也。念户口之雖衆而民生寔艱〔二〕，審窖藏之非地而民憂無蓄。雨暘形于憂喜，水旱欲以實聞。賑卹牧養必責以盡心，勸課農桑必儆以無擾。嚴郡邑名舍實取之禁，廣諸道預備先具之儲。經總之繁多，綱運之折閱，科罰對減之色目，預買畸零之取贏〔三〕，蠲減代輸，一於從予〔四〕。立法惡其太重，疑刑務從厥中。情犯之適輕，則開其自新；流徙之抵遠，則示以不殺。春夏之際，俾非重事而勿拘；盛暑慮囚，俾必前期而及遠。覽囹圄空虛之奏，則喜形於奬諭；聞肌體或傷之罪，則言寓于哀矜。于以見政在于養民，而刑期於不犯也。以義武寓兵之法爲近古，以兩淮藩籬之本爲在民。軍政欲修，指統帥副貳分治之爲非〔五〕；守禦有地，視重屯列戍增損之當異。將臣屢戒於掊克，歸正常務於撫存。招生部以結蕃戎，創神勇以收子弟。柔遠能邇，敷文德也。群臣進對〔六〕，商略大事，率言簡而理得；諸儒講論，反覆折衷，皆心會而意明。傳聞失實，知非王霸之圖；細故從事，識非大體之務。臨照百官而深辨邪正，明見萬里而曲盡事情〔七〕。由思而睿，惟幾康也。臨御六載之間，規橅百王之上〔八〕。九功之所以著，庶績之所以凝。端由學聚問辨，成篤實輝光之新；日就月將，大緝熙光明之盛。重離之繼照而薄海咸仰〔九〕，天鑒之下濟而品物流形。何千萬年，俾昌而熾。而乃履乾之正，體道之宗，玩意希夷，脱屣高蹈，肆舉

〔一〕議：原作「儀」，據本書禮三〇之六五改。
〔二〕之：原無，據本書禮三〇之六六補。
〔三〕預：原作「欲」，據本書禮三〇之六六改。
〔四〕一於從予：本書禮三〇之六六作「必歸於一」。按「一於從予」謂一切以與民（有利於民）爲準，文意更勝。予，與也。《漢書·馮野王傳》：「賞疑從予。」
〔五〕帥：原脱，據本書禮三〇之六六補。
〔六〕群：原作「郡」，據本書禮三〇之六六改。
〔七〕「里」原作「理」，「曲」原作「典」，據本書禮三〇之六六改。
〔八〕橅：原作「撫」，據本書禮三〇之六七改。
〔九〕照：原作「昭」，據本書禮三〇之六七改。

神器而親授聖子〔一〕，俾功太極而頤燕壽康〔二〕。爲天子父以極其尊，享天下養以致其樂。歲受内朝之稱慶，日顧寢門之問安。歡欣穆愉，慈愛備至。遽聞憑几導揚之命，俄趣乘雲上賓之遊。兹皇帝所以興哀無時，孝思罔極，擗踊追慕，悼心悲摧，愴昊天之不辰，痛飈馭之莫返〔三〕，而三靈改色，臣庶攀號，泣盡而繼之以血也。禹陵獻卜，會稽是瞻，因山有期，羨封夙戒。參酌古今，攷訂六家，將飭攸司，勒崇丕册，庶幾有以冠徽稱而詔萬世。謹按《謚法》：聖能法天曰憲，施仁服義曰仁，通達先知曰聖，能官賢才曰哲，視民如子曰慈，繼志述事曰孝。迹夫至公無私以應物，自强不息以進德，非聖能法天乎？濟衆而均于一視，博愛而事得其宜，非施仁服義乎？極深研幾而融照萬微，窮理盡性而超卓獨見，非通達先知乎？明于知人而務取所長，量材授任而各得其用，非能官賢才乎？惻怛欽衈而軫懷如傷，撫綏和柔而燕及遠迩，非視民如子乎？81授受一轍而允執厥中，孝理天下而率由舊章，非繼志述事乎？萬善具備，全德丕顯，固已被四表而宅天下，至海隅而及萬邦。宣昭洪輝，揚厲景鑠，疑非愚臣之所及，而天下之所得私。若昔成式，天子之謚則請之南郊。况我慈皇堯舜之道既原于天，彝倫之疇復畀于帝，爲綱爲紀，克允成功〔四〕，赫奕煒煌，配天無極，申以節惠，於昭至公，對在天之靈，無俯仰之愧。大行聖安壽仁太上皇帝尊謚，宜以天命錫之曰『憲仁聖哲慈孝皇帝』，廟號光宗。」

十四日，命特進、右丞相謝深甫攝太傅，奉上光宗（壽）〔憲〕仁聖哲慈孝皇帝謚號册寶于廟室。册文曰：「孝子嗣皇帝臣擴。臣聞堯舜之道禹傳之，而揖遜之懿同乎三聖；堯舜之治禹繼之，而垂拱之盛同乎三朝。以言其德則冠百王，以言其功則被萬世。立極垂統，憂深慮遠，迺以神器親授與子。是以表行賓實，因名爲謚，生則以禹稱之，没則以禹號之，歷數千載，莫之與京，惟我烈考，無間然矣。恭惟大行太上皇帝亶明明英睿之姿，厲亹亹圖回之志。爲聲爲律而輔以稽古，爲綱爲紀而本以守謙。毓德震宮〔五〕，推戴已久；繼明離照，謳歌皆歸。精一執中，妙於心傳；曆數在躬，得於面命。禹之懋德丕績，終陟元后也。簡樂之尹正而深識民情〔六〕，議事之參決而洞達國體。踐祚之初，天德清明，號令之發，竦動群聽，惠澤之霑，滲漉函生〔七〕。戒百官之貪濁而嚴糾劾，戒長吏之更易而重久任。蠲三輔

〔一〕授：原作「愛」，據本書禮三〇之六七改。
〔二〕太：原作「大」，據本書禮三〇之六七改。
〔三〕飈：原作「飃」，據本書禮三〇之六七改。
〔四〕克：原作「成」，據本書禮三〇之六八改。
〔五〕震：原作「振」，據本書禮三〇之七〇改。
〔六〕簡樂：本書禮三〇之七〇作「神臯」。按「簡樂」不誤，《咸淳臨安志》卷五二載，光宗領臨安尹，奏疏有「訟簡刑清百姓和樂」之語，後人作堂，摭「簡樂」二字以名之，此用其典。蓋《永樂大典》編者不明此義而改彼處爲「神臯」。
〔七〕漉：原作「鹿」，據本書禮三〇之七〇改。

預買丁庸之賦，損四川鹽酒折估之額。輕徭役，謹刑罰。禹之德惟善政，政在養民也。條列五事，守孝宗所尚之規，申飭三省，遵孝宗已行之法〔一〕，即祇承于帝也。廣豐年之平糴以厚儲積，行歉歲之賑貸以救流徙，即思溺由己也。旁開求言之路，日引輪對之班，詔執政舊臣之論事〔二〕，諭宰輔侍從之入奏，即聞善言則拜也。薦舉賢畯，命于近列，斥逐嬖倖，奮自威斷，即稱善人不善人遠也。減休務之假，增治事之日，警怠忽〔三〕，察偷惰，克勤于邦者也。恩澤裁損，不私於椒塗，會計節省，必始于宮掖，克儉于家者也。勸講經籍，發明百篇之義，遊戲翰墨，備具八法之體，《洛書》之錫也。承三宮之歡，極四海之養，欵郊丘，饗宗廟，致孝之道也。若乃焦勞思治，致爽冲和，爰念退閑，遜于大位。褰裳高蹈，頤神澹泊，與天爲徒，宜享康寧，永躋上壽，遽乘白雲，返于帝鄉。嗟夫！臨御六年之間，垂模億載之遠〔四〕，有典有則，貽厥子孫。道在敬承，罔敢失墜。載惟一家父子之親傳，三世聖明之相繼，體堯蹈舜，壹似乎禹。今也弓劍之藏，復歸禹穴〔五〕，原始要終，若合符節。嗚呼，豈偶然哉！臣以涼德，嬛然在疚，即遠有期，攀號莫及，敢紀鴻名，圖報罔極。然巍巍之治莫可擬議，非渾渾之書豈能形容。管窺蠡測，姑述見聞。是用稽謀于衆，請命于天。憲垂百代之後，仁[82]居五常之先，惟睿作聖，惟明作哲，首三寶以爲慈〔六〕，冠百行而爲孝，誕輯衆美，具揚丕鑠。至於德之著者光于上下，功之顯者光于祖宗，若帝與王，莫能兩盡，由今準古，厥光大矣。謹遣攝太傅、特進、右丞相、提舉編修國朝會要、提舉編修勑令、岐國公、食邑八千六百户〔七〕、食實封三千二百户謝深甫，舉玉册玉寶，上尊號曰『憲仁聖哲慈孝皇帝』，廟號光宗。伏惟皇矣威靈，克配彼天〔八〕，於萬斯年，以顧越我國家。謹言。」册文右丞相謝深甫撰書，寶文簽書樞密院事陳自强篆。

嘉定三年七月七日，詔光宗皇帝依典故合加上謚號，令禮部、太常寺討論聞奏。

十七日，詔曰：「禮將舉於南郊，報敢忘於先帝？惟豐功盛烈，既亘古以獨隆；則顯號尊名，宜與天而同大。恭惟光宗憲仁聖哲慈孝皇帝道高往聖，德被生民。惟一惟精，授受仰同於堯舜；克勤克儉，儀刑本自於家邦。仁風播乎八紘，利澤周乎四海。雖大美固難于摹寫，然徽稱宜極於形容。顧予眇躬，嗣有丕祚。向焉越紼而行事，禮文遂致于闊踈；今也燔柴之有期，典故盍先於講究。上考紹熙之制，近用慶元之規。揚偉績而鋪宏休，務增光於既

〔一〕遵：原作「尊」，據本書禮三〇之七〇改。
〔二〕舊：原作「勑」，據本書禮三〇之七〇改。
〔三〕警：原作「驚」，據本書禮三〇之七〇改。
〔四〕模：原作「摹」，據本書禮三〇之七〇改。
〔五〕穴：原作「冗」，據本書禮三〇之七〇改。
〔六〕首：原作「道」，據本書禮三〇之七〇改。
〔七〕「食邑」上原衍「國」字，據本書禮三〇之七〇删。
〔八〕彼：原脱，據本書禮三〇之七〇補。

往，蜚英聲而騰茂實，冀垂耀於無窮。光宗皇帝謚號見今六字，宜加十字爲十六字，如祖宗故事，令宰執、侍從、臺諫、兩省官、禮官集議，仍令禮官詳具典禮以聞。」既而特進、右丞相陳自强，知樞密院事、兼〔參〕知政事許及之，參知政事袁説友，簽書樞密院〔事〕費士寅，吏部侍郎、兼權吏部尚書張伯垓，户部侍郎李大性，中書舍人王容、顔棫，權吏部侍郎曾喚，權户部侍郎王蓮，權兵部侍郎宇文紹節，權刑部侍郎李景和，權工部侍郎李寅仲，太常少卿陸峻，起居郎、兼給事中蕭逵，起居舍人、兼直學士院莫子純，侍御史張澤，禮部郎官陳峴，右正言楊炳，監察御史林行可、商飛卿，太常丞章燮，太常博士葉時，太常寺主簿王庭芝集議，加上光宗憲仁聖哲慈孝皇帝徽號曰「光宗循道憲仁明功茂德温文順武聖哲慈孝皇帝」。詔恭依。

八月五日，詔右丞相陳自强奉册寶攝太傅，知樞密院事、兼參知政事許及之撰册文，參知政事費士寅書册文，〔册〕〔同〕知樞密院事張孝伯篆寶。

同日，禮部、太常寺言：「今來集議光宗皇帝徽號，候〔選〕〔撰〕到議文，依禮例奉册寶太傅率行事官并文武百僚詣光宗皇帝本室奏請，并奏告諸室，合差讀奏請徽號議文官一員。」詔以起居郎、兼給事中蕭逵充。

同日，攝太傅右丞相陳自强等上光宗循道憲仁明功茂德温文順武聖哲慈孝皇帝徽號議。議曰：「臣聞上天之德廣大精微，有不容測識之理，而高明剛健之稱，經得而名者，以其迹也。邃古之初，混茫幽昧，有不可形容之事，而炎農羲昊之號，史得而紀者，以其實也。聖帝明 83 王，天德地業，造道之妙，該美之全，同符乎三王，録功乎五帝，擬議者無所容其喙，鋪張者無所措其詞。然而馨烈播乎一時，令聞垂乎萬代，禮官博士考古而訂議，聖子神孫勒崇而垂鴻，宗廟有待而後尊，功德賴之而益顯，詎非美因迹著，名以實彰，固典禮之所不容缺，而臣子之所當盡心者歟！矧夫謳歌歸于吾子，揖遜踵乎重華，付託得人，始終無間，宜乎纘茂昭孝，明發興懷，思所以颺洪輝，申景鑠，被之金石，炳諸典謨，於昭前聞，允在今日。上哉夐乎五三，六經載籍之傳不可加已！恭惟光宗皇帝聰明本乎天縱，睿哲得于生知，齊聖而廣淵，温恭而〔而〕允塞。粤在蚤歲，洎于初潛，莊重夙成，言笑不妄，内外〔稟〕〔凜〕畏，宫府肅然。種稻田以審知民情，親儒生以商略前史。祁寒隆暑，講講有常〔一〕，聖經賢傳，咨訪靡懈。洪惟孝廟，灼知天心，蔽自宸衷，靡因群議，迺重光單閼之歲，親諭輔臣，謂他時親御戎輅以撫六師，監國之任，蚤定惟先，則所以察之者熟，而屬之者厚矣。遂開青宫，肇慶儲嗣，元良以正，羽翼以成。日輪星輝，彪炳明潤，社稷長遠，本原在斯。迺尹京邑以首諸夏，開議堂以翊萬微。明謹庶獄而囿空之効彰，剖灼群疑而乾健之剛著。迺受内禪，臨慶基，發德音，敷曠澤，風飛

〔一〕講講：疑是「講讀」。

而雷厲，天施而地生。下明詔以求直言，愈故老以咨大政〔一〕。整齊綱紀，訓勅臣工，刑政修明，規模宏遠。遐觀方册，伊昔帝王，慈莫大乎陶唐，孝莫崇乎虞舜。亞斯之世，鮮克兼之。惟帝嗣位，深念邦本〔二〕，廣求民瘼，減近甸之重斂，損江右之急征。蘇羸飫飢，施舍已責，民人樂業，田里晏安，愛民之至，視堯無間焉。温凊承顔，怡愉養志，叠三宫之册，躬五日之朝，四世團欒，一心恭順，聲明輝耀，文物焜〔煌〕，事親之篤，視舜有光焉。懿哉鑠乎，（被）〔彼〕漢文節儉示減租之仁，唐宗父子侈興慶之朝，比兹褊矣。若乃隆寛盡下，褒直勸忠，百辟周行，諫官御史，連疏交章，抵觸忌諱，敵己以下，聽受猶難，而親降色詞，玉音嘉奬，不啻不敢含怒，其量洪矣。屏憸遠壬，放佞黜邪，掖庭宫寺，聲勢隆赫，稍有專恣，譴逐隨之，而抑遠權倖，尊禮廟堂，不使大臣怨乎不以，其斷明矣。躬御革輅，閲武近郊，（技）〔拔〕擢偏裨，戒飭將帥，繕器除戎，築城固壘，武備修矣。詔舉賢良，親策多士，召封迩列，遞宿玉堂，光寵儒紳，賚貺宸翰，文治舉矣。宫闈之間，服御朴素，衣不文繡，飾無金珠，聲色屏遠，女謁不興，非恭儉之化乎？褒德録賢，念功懷舊，覽觀盟府，煙閣圖形，追奬直臣，太常錫謚，非忠厚之治乎？湛恩龐洪，膏澤沕潏，符瑞紹至，年穀屢豐。內之則奉觴稱壽，父祖子孫，恩意懽洽；上之則郊天祭地，上下神祇，景貺駢臻；近之則家給人足，刑法以清；遠之則弓櫜矢箙，邊鄙不聳。禮備樂具，治定功成。方且脱屣萬幾，搴裳神器，84親（礼）〔札〕宸翰，囑之大臣，有疾弗豫，自欲退閑。乃命嗣皇，授以大寶。方大庭之頤燕，俄荆鼎之趣成。乘雲上賓，攀髯靡及。威靈有赫，英烈如存，福禄滂洋，燕及孫子。巍巍乎，皇皇哉，越契踰繩，按經眇古，功德茂盛，不能盡宣，其疇能宣之哉！夫華協于帝，恭己無爲，循道也；恢洪祖業，潤色增光，明功也；汲汲爲學，業業致孝，茂德也；小心翼翼，光被四表，温文之謂也；保大定功，遵養時晦，順武之謂也。合『憲仁聖哲慈孝』之號，是宜管闚蠡測，參舉憲（憲）章，奮日月之絶末炎以展采錯事〔三〕，薦之郊廟，以章光宗之洪業休德，用永永億萬世。請上徽號曰『光宗循道憲仁明功茂德温文順武聖哲慈孝皇帝』。」

六日，詔加上光宗皇帝徽號都大主管官，差宣正大夫、寧遠軍承（旨）〔宣〕使、入内内侍省副都知盧安仁，仍以都大主管所爲名。

同日，禮部、太常寺言：「光宗皇帝徽號寶，欲以『光宗循道憲仁明功茂德温文順武聖哲慈孝皇帝之寶』爲文。」詔恭依。

同日，禮部、太常寺言：「今來加上光宗皇帝徽號，依禮例郊祀大禮前三日發册寶及奉上行禮。於發册寶前一

〔一〕愈：疑誤。
〔二〕邦：原作「拜」，據文意、字形改。
〔三〕此句似有脱誤。

日，皇帝宿齋于文德殿，宰執宿(衛)〔齋〕於皇城司，其餘行事官于麗正門外待漏院，百官宿齋於本司。至日皇帝服通天冠、絳紗袍，御大慶殿奉册寶，授奉册寶太傅，詣太廟本室奉上行禮。」從之。

同日，禮部、太常寺言：「依禮例，奉册寶使持節奉册寶詣太廟行禮，合用節，乞下文思院製造。」從之。

七日，禮部、太常寺言：「加上光宗皇帝徽號，依禮例，發册寶及陪位官並服朝服，奉上册寶行禮官服祭服，陪位官服朝服。」從之。

九日，禮部、太常寺言：「昨奉上孝宗皇帝徽號，以册寶告廟，更不改題神主。將來奉上光宗皇帝徽號，乞依禮例施行。」從之。

九月十九日，禮部、太常寺言：「奉上光宗皇帝徽號，合用儀仗導引排立，欲照淳熙十五年迎奉聖神武文憲孝皇帝虞主還德壽宮并神主祔廟，排設細仗五百人導引應奉。」從之。

二十四日，詔將來奉上光宗皇帝徽號：奉册寶攝太傅，右丞相陳自强。奉寶讀寶侍中，知樞密院事、兼參知政事許及之。奉册讀册中書令，參知政事費士寅。舉册，兵部尚書錢象祖、吏部尚書張伯垓。舉寶，吏部侍郎湯碩、户部侍郎李大性。進接大圭，吏部侍郎曾喚。奏中嚴外(辨)〔辦〕，禮部侍郎宇文紹節。御前奏中嚴外(辨)〔辦〕，户部侍郎王蓮。禮儀使前導皇帝行禮，同知樞密院事張孝伯。奏解嚴，刑部侍郎李景和。御前奏解嚴，中書舍人顏棫。贊引奉册寶太傅并奉上(禮行)〔行禮〕，工部侍郎、(并)〔兼〕太常少卿李寅仲。贊引前導禮儀使，起居郎、兼給事中蕭逵。押樂太常卿，右諫議大夫張澤。光禄卿，侍御史陸峻。奉禮郎，右正言楊炳。協律郎，監察御史林行可。太祝，監察御史商飛卿。太官令，祕書監、兼 85 權中書舍人李大異。大慶殿發册寶前導皇帝行禮，知閤門事蘇師旦、李安禮。進中嚴并外辦牌，知閤門事鄭蓋。進解嚴牌。知閤門事張時修。

十一月八日，命右丞相陳自强攝太傅，奉上光宗循道憲仁明功茂德温文順武聖哲慈孝皇帝徽號册寶于廟室。册文曰：「孝子嗣皇帝臣擴。〔臣〕聞古者帝王，德參天地，天地不可以繪畫，帝王孰得而形容？然太極既分，天地設位，而大哉乾，至哉坤爲可稱，語其德則剛健中正，直方光大，非一言之可名。鴻荒以降，帝王有述，而大哉堯、君哉舜爲可紀，語其德則聰明文思，濬哲文明，非一辭之能盡。緊我祖宗之具美，遠追堯舜而同符。家法繼承，皇綱接統。藝祖顧命而不私於與子，高宗内禪而獨斷於傳賢。孝宗從與子而薦於天，諸邸特惟賢而不以長。豐功大業，與古匹休，顯號鴻名，於斯爲盛。恭惟光宗憲仁聖哲慈孝皇帝受舜之薦，若禹之傳，擬而議之，不可尚已。迹夫岐嶷之姿，天日之表，神靈而徇齊；師保之訓，禮樂之教，温文而恭敬。學緝熙而日就，德罔覺而日新。尹正京邑，則軫民情之利病，閔農事之艱難，如(正)〔貞〕觀決庶務于承華之時；參決議堂，則定國論之是非，判人材之邪正，如天禧見輔臣於資善之日。以君臣父子之懿，爲謳歌獄訟之歸。奉五日之朝，則誠孝不替於日三；際一時之盛，則曆數式綿于時萬。中天之運啓，而新會元之曆；輿地之圖覽，而慨建隆之勳。謹内修，嚴外治，則固形勢以爲本根；開衆正，卻群僞，則革偏黨以護元氣。守臣上殿，丁寧訓諭，以愛民爲本；使臣臨遣，委曲戒（飾）〔飭〕，以察吏爲先。哀矜庶獄，省刑薄斂，而好生之德下洽于民心；不貴異物，務農重穀，而豐年之報上符于天意。故得五緯不忒，三光以平，澤南洽而無波濤之驚，威北暢而絶煙火之警。猶且專翊善之職以崇國本，增冑監之養以固宗藩。隆始初，具品式，懲苟且於一時；明憲度，哀寬卹，示章程於萬世。終日乾乾，而尚慮治道之未進；小心翼翼，而惟恐親意之或違。積兹憂勤，深自抑畏。屬孝祖棄天下之養，方慈父服宫中之喪，遽非黄屋之心，乃以鴻圖而授。雖宏遠之摹未究，而甚盛之德蔑加。欲盡形容，秖同繪畫。臣猥以眇質，獲承慶基，惟祖父之是循，每羹牆之必見。一意遹祇於詒燕，十年粗底於和平。對越在天之靈，再展郊丘之敬。謹遣特進、右丞相，提舉國史院、提舉實録院、提舉編修國朝會要、提舉編修玉牒、提舉編修勅令、清源郡開國公、食邑六千三百户、食實封二千四百户陳自强，奉玉寶玉册，加上徽號曰『光宗循道憲仁明功茂德温文順武聖哲慈孝皇帝』。仰惟於赫皇考，啓佑後人，光于祖宗，永有區夏。謹言。」册文知樞密院事、兼參知政事許及之撰，參知政事費士寅書，寶文同知 86 樞密院事張孝伯篆。

慶元三年七月十二日，詔孝宗皇帝合加上謚號，令禮部、太常寺疾速討論聞奏。

二十六日，詔曰：「禮莫重於始郊，孝莫嚴於尊祖。雖神功聖德，曾無地以寄言；然茂實徽名，肆因天而請謚。屬紫壇之肇祀，宜清祏之勤崇。恭惟孝宗哲文神武成孝皇帝躬上哲之（恣）〔姿〕，紹中興之運。望如雲而就如日，華既重堯；勤于邦而儉于家，道爰授禹。九域涵濡於帝澤，八荒震讋於皇威。蕩蕩巍巍，夐高於前古；承承繼繼，光啓於後人。朕遠摭有唐之彝，近襲紹熙之矩，將以體太上追思之重，合天下稱願之公。顧累千百言，曷究形容之美；然彌億萬載，庸增舄奕之休。欽柴行即於璧丘，刊玉恭先於寶册。貽孫謀以燕翼，誕昭有永之傳；揚鴻烈而緝熙，丕顯無窮之號。孝宗皇帝謚號見今六字，宜加上十字爲十六字，如祖宗故事。令宰執、侍從、臺諫、兩省、禮官集議，仍令禮官詳具典禮以聞。」已而右丞相京鏜，參知政事、兼知樞密院事謝深甫，參知政事何澹，簽書樞密院事葉翥，吏部尚書、兼侍讀、兼給事中、兼修玉牒許及之，兵部尚書、兼侍講劉德秀，刑部尚書、兼侍讀李沐，工部尚書錢象祖，户部侍郎、兼詳定勅令官張抑，禮部侍郎、兼侍讀、兼實録院同修撰、兼吏部侍郎楊輔，中書舍人、兼侍講謝源明，中書舍人、兼國子祭酒、兼直學士院、實録院同修撰高文虎，右諫議大夫、兼侍講姚愈，權吏部侍郎、兼侍讀、兼實録院同修撰黄由，權户部侍郎陳杞，權兵部侍郎王溉，權刑部侍郎張孝伯，權工部侍郎、兼實録院同修撰胡紘，太常少卿何異，起居郎、兼實録院檢討官張貴謨，起居舍人、兼實録院檢討官衛涇，殿中侍御史、兼侍講張釜，右正言劉三傑，監察御史沈繼祖、湯碩，太常丞、兼户部郎官張震，太常博士汪義和，著作佐郎、兼實録院檢討官、兼皇弟吳興郡王府教授、兼權禮部郎官、兼翰林權直陳宗召，太常寺主簿張巖，赴尚書省集議，加上孝宗哲文神武成孝皇帝徽號曰「孝宗紹統同道冠德昭功哲文神武明聖成孝皇帝」。詔恭依。

八月九日，詔加上孝宗皇帝徽號，將來群臣詣太廟本室奏請，并發册寶及奉上行禮，都大主管官以内侍省都知甘昺充。

二十七日，禮部、太常寺言：「加上孝宗皇帝徽號，依禮例於郊祀大禮前三日發册寶及奉上行禮，合於發册寶前一日宿齋。乞於十一月一日，皇帝宿齋于文德殿，宰執宿（衛）〔齋〕于皇城司，其餘行事官於麗正門外待漏院，百官宿齋於本司。十一月二日，皇帝服通天冠、絳紗袍御大慶殿，奉册寶拜訖，次授奉册寶太傅，詣太廟本室奉上行禮。俟太廟奉上禮畢，是日内有差充太廟、前二日朝獻景靈宮行事執事官，趁赴景靈宮省饌立班訖，次文武百官並赴大慶
87 殿，以俟立班，奏請皇帝致齋。餘依大禮已定儀注施行。」從之。

九月十四日，禮部、太常寺言：「今來集議孝宗皇帝徽號訖，候撰到議文，依禮例奉册寶太傅率行事官并文武百僚詣孝宗皇帝本室奏請，并奏告諸室，合差讀徽號議文官。」詔差起居郎張貴謨。

二十一日，中書舍人、兼國子祭酒、兼直學士院、兼實録院同修撰高文虎，上孝宗紹統同道冠德昭功哲文神武明聖成孝皇帝徽號議。議曰：「臣聞備道全美者，上聖之成能；有德必名者，盛帝之高致。道造乎妙，德臻乎隆，極天地之際蟠，同日月之常久。崇深閎奥，莫探其原；廣大精微，靡殫其藴。然而史鼇皇王之叙，典垂勛華之稱者，詎非美以事昭，名以象示歟！然則奮景炎，摛鴻鑠，振芳烈，彰緝熙，黼藻形容，鋪張揚厲，寫之琬琰而有補，被之金石而無窮，兹揭謚尊名、表功勒號所繇作也。況乎纘堯之緒，賡文之聲，父子一時，基業萬世。思所以宣華闡祕，騰茂揚翹，使光明顯休，沕潏曼羨，彌測而彌遠，益傳而益新，蕤于簡編，炳然潤色。屬我皇上，敷賁大猷，苞舉至公，率籲衆志，言颺而天人合，謀飭而上下孚。皇乎休哉！神聖之顯符，古今之懿範也。恭惟孝宗皇帝欽明而文思，濬哲而温恭。剛健充于日新，智勇全乎天錫。識照範圍而不以察，行該倫制而不自矜。巍巍乎，蕩蕩乎，固已配五帝，冠三王，開闢以來未之聞也。粤稽藝祖，肇造皇家，傳位于昆，弗私其子。仁流義衍，慶發祥鍾，啓佑後人，詒孫燕翼，挺生睿質，與祖同符。洪惟高宗，灼見天命，中奮宸斷，丕建帝儲，蚤禮慶基，光系大統。天地社稷，罔不懌寧；華夏山

川，罔不依戴。炎圖赫奕，寶系延洪。而歸尊慈闈，業業致孝；厲精治道，兢兢靡違。功業所就之言，軼乎漢祖；付託得人之善，邁乎唐宗。鉅宋之休，其盛矣乎！伊昔書契，斷自典謨，德始乎明，孝崇乎大者，特虞舜耳。維祖御極，奉親盡道，繼志而述事，遵制而揚功，視舜益隆焉。畏天有訓，敬天有圖，水旱攸聞，憂懼儆戒，而乾坤清（謚）〔謐〕，躔象澄輝，陰陽序調，年穀豐美，非察天之寶歟〔一〕！承顔順志，侍（善）〔膳〕問安，寶册荐登，慶觴屢舉，而勇於退處，永言孝思，典章禮儀，冠絕隆古，非事親之篤歟？磨厲人才，親加臨遣，歷治中外，蒐舉事庸，而郎陟郡勞，臺登縣蹟，武優轉級，職待有勳，非亮功之命歟？深詔使軺，申飭守令，損租減税，發廪貸民，而表廉律贓，去苛禁暴，户增地闢，迩悦遠來，非厚生之效歟？逷觀天謀，深念邦本，其明謨遠略，英度忱機，鋭於有爲，勤于自治，皇威之所震疊，聖慮之所圖回，籠絡群材，鞭策斯世，如恐不及者。悼三川之遐阻，痛中原之羶腥，霧掃飈清，犂庭擣（亢）〔穴〕，帝意固有在矣。醜虜畏（恒）〔怛〕，使介順恭，平國書之儀，殺歲幣之目。功烈盛大，祚祐鞏安。於戲偉哉！聖既濟於高明，88學既典於終始，而謙虚退託，益廣訪詢，黽勉勤勞，復詳論繹，非訓典不道，惟藝略是親。闢御延和而日近臣鄰，宿直玉堂而夜咨儒雅。校文輯史，考傳詁經，每躬斷之至繁，亦研覃而不懈。故述作之制，則製贊以美孝德之感，作賦以闡造化之工，歌詩以發恢規之雄，述論以飭用人之道，旨義渾噩，表裏六經。筆法之妙，則明堂以嚴宗祀之恭，經閣以崇奎章之奉，賜書以懋進士之訓，詩篇以侈臣工之榮，鉤珥（照）〔昭〕回，超冠八法。皇靈恢于漸被，人文著乎化成。至若御館弗親，聲色弗御，聽朝日昃，覽書宵分，其勤至矣。服有（瀚）〔澣〕濯，飾無金翠，庭絕横賜，府流羡緡，其儉彰矣。旌别文武，洞料事幾，權輿兵謀，周知險阨，其明遠矣。任用臺諫，獎厲忠規，遏斥僞浮，屏絕私黨，其斷精矣。若乃臨策貢士，命舉賢良，東觀閲書，西雍講禮，足以宣其文；甄拔將校，砥練師屯，細柳按軍，射殿閲士，足以鬯其武；圜丘展禋，合宫配祀，太室獻祼，原廟薦新，足以廣其誠；祇承文母，日事東朝，親奉旨甘，躬致定省，足以殫其愛。至于篤親睦族，尚仁也；念舊重老，尚義也；枝禮協樂〔二〕，尚儀也；蒐文崇藝，尚教也。臨御滋久，聽治益精，人間區分，事皆隨決。精神所運，群臣莫望于清光；念慮所關，至計迫存於恢復〔三〕。是以任用之際，每期于事功；訓飭之嚴，必經於邊備。政歸綜核，下亡具文。躋世于晏雍，措國於康乂。二十八年之間，規摹之登閎，樞機之周密，紀綱制度肅其叙，聲明文物昭其華，足以增光祖宗，垂業億嗣。及乎治既成矣，効既豐矣，終堅奉親之志，立決與

〔一〕寶：疑當作「實」。
〔二〕枝：疑當作「校」。
〔三〕迫：疑當作「追」。

子之圖。頤燕大安，虞侍長樂，親舉神器，授之重明。天錫昌祺，神効康祉，尊榮曼壽，福禄燕寧。方當玩志希夷，遊心沖漠，侍瑶池之樂，賦静齋之安，而乘雲莫留，終天罔及。賴威靈之如在，暨仁澤之方深，侈于繼承，自我烈祖，倚歟赫哉！勳德淵茂，不能盡宣，後有作者，弗可及已。夫系唐纘堯，本支百世，是紹統也；下武繼文，父作子述，是同道也；以舜禪禹，始終至孝，是冠德也；武宣信威，天聲燀赫，是昭功也；光被四表，照臨百官，明之謂也；道育萬物，聰冠群倫，聖之謂也。合『哲文神武成孝』之號，蠡測大美，繪飾景光，參稽輿謀，揆勺憲典，質之天地，薦之廟宫，垂之千萬祀，用章孝廟之休烈洪業，與宋無極。請上徽號曰『孝宗紹統同道冠德昭功哲文神武明聖成孝皇帝』。」

二十八日，禮部、太常寺言：「奉上孝宗皇帝徽號，合用(仗儀)〔儀仗〕導引排立，其儀仗乞令兵部差撥。及用鼓吹，乞下殿前步軍司差撥雜攢樂人充。」從之。

十月三日，詔十一月二日奉上孝宗皇帝徽號：奉册寶太傅，右丞相京鏜。奉寶讀寶侍中，參知政事、兼知樞密院事謝深甫。奉册讀册中書令，參知政事何澹。舉册，吏部尚書、兼給事中許及之、兵部尚書劉德 89 秀〔一〕。舉寶，刑部尚書李沐、權工部尚書錢象祖〔二〕。進接大圭殿中監，户部侍郎張抑。奏中嚴外辦，禮部侍郎楊輔。御前奏中嚴外辦，吏部侍郎謝源明。禮儀使前導皇帝，簽〔書〕樞密院事葉翥。(奉)〔奏〕解嚴，權户部侍郎陳杞。御前奏解嚴，吏部侍郎黄由。贊引奉册寶太傅并奉上行禮，起居郎張貴謨。贊引前導禮儀使，太常少卿何異。押樂太常卿，右諫議大夫姚愈。光禄卿，殿中侍御史張釜。奉禮郎，右正言劉三傑。協律郎，權工部侍郎胡紘。太祝，監察御史沈繼祖。太官令。中書舍人高文虎。

五日，禮部、太常寺言：「昨奉上高宗皇帝徽號，以册寶告廟，更不改題神主。將來奉上孝宗皇帝徽號，乞依禮例施行。一、今來奉上孝宗皇帝徽號册寶禮畢，乞俟郊祀大禮畢擇日，宰執率文武百僚詣文德殿，次詣壽康宫，拜表稱賀。」並從之。

十一月二日，命右丞相京鏜攝太傅，奉上孝宗紹統同道冠德昭功哲文神武明聖成孝皇帝徽號册寶于廟室。册文曰：「孝孫嗣皇帝臣擴。臣聞堯舜爲五帝之盛，舜之繼堯則愈盛而不可及。故經傳所稱，必極其至，德曰大德，功曰大功，孝曰大孝，智曰大智，論其樂則曰盡善而又盡美，無非殫稱述之詞，極形容之意，以發揚其甚盛之美。萬世之下，巍巍煌煌，猶想見其如天之無不幬，如地之無不載者，豈無自哉！惟宋中興，聖作明述，揖遜授受，如舜繼堯。故承堯之運，循堯之道，重堯之華，稽古盛際，若合符節。然則建顯號，施尊名，揚厲昭揭，以詔無窮者，宜推崇無上，不一而足也。恭惟孝宗哲文神武成孝皇帝聖旨本於

〔一〕兵部：原作「尚部」，據本書禮五七之二一、選舉一二之三改。

〔二〕工部：原作「兵部」。按：據本書禮四九之八六、選舉一二之二三，慶元三年七月至四年三月間錢象祖官權工部尚書，則此處「兵部」當作「工部」，因改。

天縱〔一〕，精一得於心傳。粤自君德之潛，夙繫人心之望。逮親承神器之重，迺光紹正統之隆。謳歌來歸，信順協助。仰父子之相授，視唐虞而有光。清明之初，率循是務，憂勤念慮，宵旰圖回。闢數路以蒐攬人材，虚一心以延納忠讜。省費節用而率下以儉，輕刑蠲賦而撫民以仁。振舉紀綱，愛惜名器。賞罰必行，春生秋殺；號令必信，雷厲風飛。長轡遠馭，期於規恢；明謨雄斷，見於奮發。屬戎虜之犯順，命王師而徂征。指日奏功，聞風慕義。擣巢穴，復境土，志雖未遂；殺禮文，減金幣，威則已伸。于今邊陲，蔑聞烽警。至于欵郊丘，饗宗(祐)〔祏〕，幸館學，閲將士，御華光而親講讀，創延和而勤諮詢。文事武備，並舉交修。時和歲豐，重熙累洽。方且作敬天之圖，見(見)祇敬之弗怠；哀卹民之書，示寬卹於無窮。居安思危，長慮卻顧。是以二十八載致治之盛，掩乎五三六經載籍之傳。若乃道盡事親，誠篤致孝，備四海九州之養，謹五日一朝之儀，常若靡皇，久而益敬。當思陵之厭代，居黝廬而執喪。甫畢橋山，旋安清廟，遂以天下，畀于上皇。奉几筵如平日之誠，服苴麻終三年之制。鄙(文)漢文倡易月之失，陋晉武惑除服之非，斷以力【90】行，自我作古。謹終追遠，處北宮而靡寧；送往事居，奉東朝而彌謹。雖務哀情之過，抑圖慈抱之寬。此聖人之德無以加，自開闢以來未之有也。臣惕惟菲質，欽紹丕基。燕翼孫謀，嘗承訓飭；潤色祖業，敢後顯揚？第惟乾坤之難名，亦豈繪畫之能盡？敬因蒼璧禮天之始，肅陳白玉鏤牒之文。謹遣金紫光禄大夫、右丞相、提舉編修玉牒、提舉實録院、提舉編修國朝會要、提舉編修勅令、豫章郡開國公、食邑六千一百户、食實封二千户京鏜，奉玉册玉寶，加上徽號曰『孝宗紹統同道冠德昭功哲文神武明聖成孝皇帝』。仰惟皇矣烈祖，顧于我家，申錫無疆，克昌厥後。謹言。」册文，參知政事、兼知樞密院事謝深甫撰，參知政事何澹書，寶文，簽書樞密院事葉翥篆。

同日，詔：「大行太皇太后母儀四朝，所有謚號字數，令侍從、兩省、臺諫及禮官先次集議以聞。」

十二月九日，宰執進呈大行太皇太后改謚『憲聖慈烈』，上曰：「聞『文烈』乃吴乞買謚〔二〕。」京鏜等奏：「本朝宣仁高太(皇)〔后〕謚『聖烈』，今以此二字拆開。」

同日，吏部言：「已降指揮，集議大行太皇太后謚號，并一就集議欽宗皇后朱氏謚號。於十一月二十七日，集監察御史以上官及禮官赴尚書省集議畢，上大行太皇太后謚曰『憲聖慈烈皇后』，欽宗皇后追謚曰『仁懷皇后』。」詔恭依。

奉上祖宗徽號　慶元四年正月三日，著作佐郎、兼翰林權直、兼權禮部郎官陳宗召上仁懷皇后謚議。(謚)〔議〕曰：「臣聞儷尊媲極者，宮壼之令猷；紀行垂休者，邦家之

〔一〕聖旨：疑是「聖德」之誤。

〔二〕吴：原作「昊」，據《金史》卷三《太宗紀》改。按吴乞買乃金太宗之名，其謚號中有「文烈」二字。

彝典。繇周而始，易名之法既傳；暨漢以來，崇徽之號斯顯。矧柔儀體乎順静，懿德履乎艱難，往躅雖遥，遺芳可述。倘非揆之禮制，告之廟宫，表之以尊稱，揚之以丕册，其何以昭淑則而詔無窮哉！恭惟欽（尊）〔宗〕皇后稟粹明之資，全莊栗之行。繞龍之夢，兆乎初生；見晝之光，曄乎衆睹。蓋曾妙之積瑞，而俔天之休符也。若昔欽成，克佐神祖，逮事聖烈，寔生哲宗，母德但隆〔一〕，慶源增衍。比及政和之盛，有嚴儲貳之升，即后族之流輝，選閨儀而作合。屬承大統，始正中闈。懋明内治之功，協贊邦圖之重。致警戒之道，以求靖乎多虞；服（瀚）〔澣〕濯之衣，以率先於諸御。外家居第，（靖）〔請〕勿繕修；戚閈（憂）〔優〕恩，獨深裁抑。有言必及於大計，軫慮不忘乎生民。至發掖庭之舊藏，以厲將士之死力。況甲觀夙開於履武，而青宫終任於撫軍，皆淵猷慧聞之所鍾，信隱德陰功之已厚。適陪巡狩，備極憂勤，迺能順消息盈虚之宜，達幽明死生之變。應權星而東没，隨朏魄以西沈。彤管空留，玉衣何適！望蒼梧之野，莫返於陟方；遵鮒隅之山，諒嚴於同壤。駒陰迅其如鶩，騩馭邈乎益遐。蓋已超迹于太虚，棲神於邃及矣。皇帝紹延鴻之丕祚，緬在昔之芳規，載惟永獻之靈，久飭太宫之饗，清（祐）〔祏〕猶虚於昭 91 配，卹章永備於追崇。迺命群臣，參稽古誼，誕敷節惠，用妥神遊。視唐室之睿真〔二〕，徽音遠邁；偕我家之憲聖，升祔維時。名實既符，情文斯稱。謹按《謚法》：恭寬敏惠曰仁，克己復禮曰仁，德禮不易曰懷，執義揚善曰懷。惟欽宗皇后具全懿鑠，允協前經，宜恭承祖宗之命，上尊號曰『仁懷皇后』。」

同日，著作佐郎、兼翰林權直、兼權禮部郎官陳宗召上憲聖慈烈皇后謚議。議曰：「臣聞周家肇造，施祉子孫〔三〕，思齊嗣徽，詒謀燕翼。于時聿來胥宇〔四〕，自滸及岐，寔惟大姜，艱難經始；然而閲母儀於四世，擁聖禮於三朝，則莫之聞也。漢室重興，系隆基統，性仁躬儉，甄睨振炎。于時征伐將兵，徙渭旋洛，寔惟光烈，勤勞叶圖；然而侈尊養於九齡，衍號榮於七册，則莫之見也。惟天眷顧宋德，惟宋迓續天休，端瑞坤元，於赫景運，立憲垂則，再造有家，秉惠著慈，丕佑累聖，功茂德盛，不能盡宣。巍巍乎，煌煌乎，弗可及已！緊欲篤追遠之志，焕賁崇之彝，則謚以彰功，名以賓實，誠邦家之景鑠，古今之豐規。允屬明時，發揚大美，天人協契，咸在兹歟！恭惟大行太皇太后淑哲而聰文，儉恭而仁聖，德足以配乾之運，明足以儷日之常。言動雍容，肅然法度，威容端穆，蔚有禮儀。昔者神羊告符，絳輝貫室，灼知帝意，垂羡皇圖。蓋自高宗規恢復古，則啓贊謨斷，同乂艱難。航海之初，扈兵失軌，后擐戎服，射中數人，悉就梟擒，事克康濟。外虞迄靖，内政畢修，祗奉慈寧，日

〔一〕「但」字疑誤。
〔二〕真：原作「貞」，據《新唐書》卷七七《代宗睿真皇后沈氏傳》改。
〔三〕祉：原作「造」，據本書禮三四之三一改。
〔四〕聿：原作「以」，據本書禮三四之三一改。

精寢膳，藥皆親餌，帶鮮釋衣。言婉詽周，進賢是勸，誠明慮遠，贊巽惟先，頤懌大庭，全享曼壽。亦粵孝宗，禮膺寶祚，夙勤保養〔一〕，特著恩仁。助決高皇，親傳神器。天日之表，慈訓所形，黄屋非心，並安至養。甘旨必奉，燕虞必躬。芙蓉幸游，大安侍宴，四登瑶册，歲介玉卮。退處重華，密拱長樂〔二〕，事親之篤，邃昔所無。至于上皇，祗承畀付，參定文命，光授神孫，賁事層闈，疊隆顯號，時則有『慈福』之稱〔三〕。逮聖上遹駿巽謨，飾御簾帷，備勤擁立，曾孫有慶，天下以寧，時則有『光佑』之號。若乃大練澣服〔四〕，斥翠賤璣，《葛覃》之儉也；選采嬪媛，登御掖闈，《關雎》之風也；開寤淵衷，援據前古，《雞鳴》之戒也；閔勞臣下，甄别勛勤，《卷耳》之義也。而又研繹詩雅，基化二南，璿闈邃深，牓以『賢志』，成誦《通鑑》，陳戒后家，晼戚勸趨，厲以學行，其思遠矣。遊心藻墨，耽樂典文，寶畫銀鉤，儷美堯翰；凝神澹漠，咀味道真，鳳篆龍編，日虔仙籍，其志崇矣。故輔治南内凡二十年，婦順宣明，陰教敷鬯，承祀宗廟，潔共粢盛，助篤求才，政銷私謁，而内治彰。優遊東朝三十有五年，天貺叢臻，人心驩贊。養有聖子，禪有重孫，慶衍祥流，禮明物盛而全福備。方當綿萬年之曆，來五日之儀，行地無疆，鞏宋罔極，遽興厭世，不返乘風。漢殿深沉，迴閟含飴之樂；〔瑶〕池杳渺，空傳飛鶴之迎。然92而齍用廣儲，豫裁陵役，卻藥輟進，務全護醫，若德與仁，亦至矣乎！仰聖上之懷思，期恩慈之報稱，中禁舉爲期之制，外庭從易月之宜。廼詔司存〔五〕，飭豐卹典，媲垂簾而質謚，即因山而圖陵，有以見維則之繩，謹終之厚矣。竊觀世有后德，莫如聖朝。若章獻明肅則擁祐仁皇，同決幾政；若慈聖光獻則援立英宗，傳序神廟；若宣仁聖烈則決策泰陵，臨朝九載；若欽聖獻肅則預立哲后，宅勤帘帷；若昭慈聖獻則基命中興，載定宗社。至于贊堯禪舜，以武繼文，戮力一心，垂摹四世，時維太后，視前增輝。輯懋飾終之經，肇閟易名之義，宜鋪張而揚厲，俾碩大而光明。謹按《謚法》：聖能法天曰憲，通達先知曰聖，視民如子曰慈，安民有功曰烈。夫叶扶炎正，共致太平，苞偃干戈，黼黻禮樂，非憲之大歟？蚤贊巽禮，申衍孫謀，允玩冲虚，躬享康祉，非聖之至歟？備嘗艱險，鞏成至功，涵澤深長，躋民仁壽，非慈之盛歟？基圖有永，宗廟再安，肅擁重闈，本枝百世，非烈之偉歟？嗚呼！道大者莫容管窺，德隆者尤難藻繪。伊欲合典墳而齊久，被金石以宣聲，庸建塗山之勳，式昭媧石之造〔六〕。俯欽明命，恭獻斐辭，闡繹號文，受成廟祏〔七〕，于以

〔一〕夙：原作「風」，據本書禮三四之三一改。
〔二〕拱：原作「供」，據本書禮三四之三二改。
〔三〕時：原脱，據本書禮三四之三二補。
〔四〕澣：原作「瀚」，據本書禮三四之三二改。
〔五〕廼：原作「延」，據本書禮三四之三二改。
〔六〕式：原作「戎」，據本書禮三四之三三改。
〔七〕祏：原作「佑」，據本書禮三四之三三改。

昌億祀之慶，于以媚在天之靈。大行太皇太后請謚曰『憲聖慈烈皇后』。」

二月六日，詔奉上孝宗皇帝徽號册寶禮畢，依紹熙二年奉上徽號體例等第推恩。第一等特轉一官，内都大主管甘昺特與見今官上轉行，承受官李大謙特與帶行遥刺。

八日，命右丞相京鏜攝太傅，奉上憲聖慈烈皇后謚號册寶于廟室。册文曰：「孝曾孫嗣皇帝臣擴。臣聞生而得名，既極天下之美；没而定謚，宜超禮典之常。况垂範於層闈，爰勒崇於永世。恭惟大行太皇太后延陵開裔，秦仲起家，善積餘慶，祥當女貴。神羊紀「侍康」之夢〔一〕，紅光昭誕聖之符〔二〕。惟我高皇，艱難締建，靡行不從，有事必咨。果應俔天之求〔三〕，以翊興王之業。柔順麗乎中正，逸樂念乎憂勤。脱簪珥而納箴規，躬繒練而倡純儉。事姑盡孝，故能得其歡心；逮下以仁，故能均其恩意。動容有度而中珩珮之節，出言有章而藹彤史之載。游戲翰墨則妙奪《蘭亭》之蹟，玩味經史則尤精《通鑑》之書。湯沐請還於縣官，私謁不行於宮掖。厲外家以講學，毋使得戚里之名；牓便坐爲『賢志』，以自見輔佐之義。清浄守老聃之訓，監戒存列女之圖。豈徒周室之姜、任，實乃女中之堯、舜。二王建邸，當璧未分〔四〕。逮帝心之倦勤，咨聖德而内禪。外罕聞於大議，中獨贊於神謨。旋儷極於北宮，以怡神於少廣。思陵厭代，孝廟執喪，將移御於重華，復助成於與子。從容所決〔五〕，固已著塗山翼夏之績；倉卒而斷，抑又有女媧立極之功。頃烈祖之上賓，屬聖父之違豫，志安社稷，策定簾幃。高懷曲狥於慈尊，神器猥傳於 93 眇質。懇辭雖切，擁佑采堅。恩與天隆，孝方日致，身享曾孫之養，位居太母之元。實茂而聲愈宏，仁高而壽益永。將修陽復之慶，忽爽節宣之宜。視夜旦以爲常，卻藥餌而弗御。霓旌來導，鶴馭難留，痛切三宮，悲纏萬宇。載惟終始，獨備哀榮。正長秋之位，則歲浹再旬；受長樂之朝，則數周三紀。母儀坐閲於四世，聖筭宏開於九帙。兩霈如天之慶澤，七登鏤玉之彌文。披載籍則靡聞，考皇家而創見。信乎備生人之全福〔六〕，極天下之至美矣。顧大德雖泯於不言，而遺烈具存於公議。參稽故實，度越彝章，易名聯五后之芳，因山視長陵之制。彰一時之保護，揭千載之儀型。謹遣金紫光禄大夫、右丞相，提舉編修玉牒、提舉實録院、提舉編修國朝會要、提舉編修勅令、豫章郡開國公、食邑七千一百户、食實封二千四百户京鏜奉册寶，上尊謚曰『憲聖慈烈皇后』。伏惟儼若明靈，膺兹盛禮，齊放勛在天之駕，扶炎宋

〔一〕侍：原作「待」。按《宋史》卷二四三《憲聖慈烈吴皇后傳》：「（父）近嘗至一亭，扁曰『侍康』，……人謂『侍康』之徵。」據改。按「康」謂康王，即高宗。
〔二〕誕：原作「詔」，據本書禮三四之三八改。
〔三〕俔：原作「視」，據本書禮三四之三八改。
〔四〕璧：原作「壁」，據本書禮三四之三八改。
〔五〕容：原作「宫」，據本書禮三四之三八改。
〔六〕生：原作「全」，據本書禮三四之三八改。

無疆之統。謹言。」冊文簽書樞密院事葉翥撰，參知政事何澹書，寶文參知政事、兼知樞密院事謝深甫撰。

四月十日，命右丞相京鏜攝太傅，奉上仁懷皇后謚冊寶于廟(堂)〔室〕。冊文曰：「哀姪曾孫嗣皇帝臣擴。伏以禮有易名而表行者，欲極其義以推稱；禮有遺變而缺文者，必待其時而後舉。昔在欽宗皇后，適丁靖康之難，遂曠長秋之居，從狩朔庭，諱問隔絶。顧眇躬之嗣統，奉宗廟而有嚴，肅瞻祖室之靈，尚虚帝后之祔，每親祼獻，畫然疚懷。念歲月之屢遷，悼典彝之未講。今以太皇厭代，慈福治喪，議發禮官，允協衆志，因時追奉，其敢或違！然以事之既遠，則定制必酌其宜；名之未彰，則稱美必賓其實。于稽節惠之法，以盡形容之辭。恭惟欽宗皇后淑哲挺生，夙有神異，懿範備具，得之天資。迹貴閥之慶源，出欽成之后族。被服禮法於閨門之内，增益聞見於圖史之間。是宜聘爲元妃，作合欽廟。逮正椒塗之位，載新玉冊之儀。躬自節儉，取則《葛覃》；志在憂勤，允符《卷耳》。動可形於風化，嗣葢稔於徽音。方將極輔佐之勞，盡相成之道，而乃履運中否，屬時靡寧。事不顧於私門，則家廟力辭而弗建；恩過裁於戚里，故親屬先抑而居卑。至于捐宮帑繒帛之儲，爲軍士衣披之賜，義共國家之難，意圖社稷之安。豈謂鑾輿播遷，翟車隨遠。當周室中興之日，冀蒼梧或返之期。邈不得(門)〔聞〕，言之何忍！前考睿真之故事，具有唐朝之(金)舊章，依倣而行，情文惟稱。嗚呼！彤管之煒，僅得紀述於儷極之初；褘衣是陳，徒能討論於悼往之制。既有司之訂禮，將清祏之升神，爰念當時扶持國步之孔艱，修明陰教之甚備，蚤發祥於甲觀，終絶望於大寧。天道茫茫，莫可推測，苟不興思以述前迹，撰德以詔無窮，則一代之典，不幾于有遺闕歟！於是博咨卿士，受命 94 前宗，殫其名言，庶得髣髴，以告幄座，以寓哀情。謹遣太傅、金紫光禄大夫、右丞相、提舉編修玉牒、提舉實録院、提舉編修國朝會要、提舉編修勑令、豫章郡開國公、食邑七千一百户、食實封二千四百户京鏜奉冊寶，上尊號曰『仁懷皇后』。伏惟明靈在天，永膺廟饗，光賁史(諜)〔牒〕，於萬斯年。謹言。」冊文簽書樞密院事葉翥撰，參知政事何澹書，寶文參知政事、兼知樞密院事謝深甫篆。

六年七月二十日，起居舍人、兼權中書舍人、兼權直學士院(郡)〔邵〕文炳上慈懿皇后謚議。議曰：「臣聞皇天監諟萬邦，將祚有德，以永熙運，必生淑哲，齊聖並明。化始于宮闈而治形于海宇，慶閎于當世而聲施於方來。伏思三代之興，獨塗山、娀、㜪、太姜、任、姒，載在簡冊，號稱盛休，豈非爲天所相、德行純備者，其生也有數歟？於皇我宋，世有哲王，率以正身齊家守爲成憲，故天立厥配，昭哉后範，助隆帝業，冠軼前古。至若作合初載，則誕開世嫡，以係天下之本；正位長秋，則明章内治，以成天下之風；燕居慈闈，則克儷極尊，以享天下之養。嬪則之禮備，母道之教彰，美具善并，咸極其會，是又弗可及者已。繄欲侈徽音於既往，播馨烈於無窮，則崇節惠之公，建殊常之號，協謀衆志，受成太宮，用當乎靈心，用傳乎古義，不可闕也。恭惟大行壽仁太上皇后端莊而順静，温裕而慧明。先太尉楚王實事高宗〔一〕、孝宗皇帝，馳驅百戰，號時虎臣。載肅戎昭，填撫疆埸。爲國戡難而有不專殺之仁，爲君盡忠而有不求報之義。儲慶委祉，是生淑姿，以洪厥家，以瑞我宋。奉神明之祚，誕聖哲之君。巍巍乎，其兼三代之懿也！粤昔夢因之祥〔二〕，赤光照室，(視)〔倪〕天之表，異人告符，毓粹閨門，振芳胄緒。不煩姆保之訓而無違德，不待環珮之響而無惰容。天畀厥休，實鍾渭涘。我太上皇帝潛曜朱邸，陰儀遡升，正諸少陽，元妃受册，時則行昭服(瀚)〔澣〕，誠助主鬯，稱詩率禮，法度相成，以修于婦之道。惠問孚於帝室，景貺迓於穹蒼。甲觀開祥，申固景命。逮六龍在御，天德出寧，垂意太平，積精政事，時則作配皇極，齊體紫宸。深惟王風，實繇正始，致夙宵之警戒，參念慮之幾微，惟德澤是培，惟節儉之迪。功宏于厚載而不見其迹，禮昭於善物而不知其勞。亦將以嗣曾壼之令猷，成河洲之美化。孝宗皇帝嘗臨未央，覩其瘁勤，形於言動，載嘉后職，喜溢天語，内助之盛蓋可知矣。于時革禁掖之靡飾，損椒塗之服御，新女史之法(誠)〔誡〕，崇婦官之陰教。宫室不求於雕麗，鐘鼓不聞於宴私。潔豐粢盛，躬視滌濯，所以嚴九廟之祀者罔弗備；敬共定省，親調滑甘，所以贊兩宫之奉者罔弗虔。戒踰閾之言，則肅清閨闥而險謁不萌；守惡盈之訓，則檢裁外家而毫髮無假。禕(揄)〔褕〕有肅，遵禮節也；箴圖布列，勤鑒觀也；穜 95 稑獻種，劭農務也；繭館親蠶，勸女功也。履綦貴而躬煩辱之事，當平世而厲憂勤之思。壼政穆宣，德教鬯達，用能輔成太上之興理，以紹孝宗之垂休。逮神器之傳，將畀聖子，從容贊決，翊成夫計，保佑啓迪，助閎詒謀。内禪定於宫中而四方晏如，靈長之業益固且安者，繄母訓是賴。太上褰裳高蹈，端處大庭，超心道微，儲思於真一之境。皇帝欽承付託，尊崇盡禮，嚴四海〔之〕丕奉，飭五日之親朝。稱玉巵，鏤寶牒，寔同壽母，均極怡愉。榮懷所覃，際天薄海，固已慶不可逢之嘉會矣。而慈殿之邃，密拱帝宸，承順顔色，以適起居，在視寒煖，以奉饔膳，調娱清閒之燕，綏妥中外之情，蓋無所不盡其至。蘂章籍籍，玩繹精專，琳宇梵宮，賜予周匝，所以密徼蔭佑，導迎茀祉，上介慈皇曼壽之福，下副聖子寧親之懷。龍樓問安，母贊父教，祖宗法度，必戒遵承。華夷撫寧，動植遂茂，陰功隱德，所被洪矣。至於服賤纖麗之巧而好樂乎綈紵，器斥瑰奇之玩而盥濯乎陶瓦，字下而加厚，視窮而興惻，威怒之教不施於臣妾，衣食之惠每逮於鰥嫠，若斯之倫，何可殫數！歷觀古今之記，竊考妃后之事，未有殊尤絶迹可加於兹也。是宜膺福善之報施，樂撫運之熙明，坐

〔一〕太尉：原作「太帥」，據《宋史》卷四六五《李道傳》改。道即慈懿皇后之父。

〔二〕夢因：疑當作「夢日」。下文載謚册文云「乃開承日之夢」，是也。

少廣以凝神，與太極而同體，含飴載懌，受嘏亡疆。夫何上天降凶，慈壼結祲，感炎歊之沴〔一〕，愆冲嗇之和。皇帝孝根于心，憂形於色，護諸醫而療疾，禱群望以求哀，藥必親嘗，衣不解帶。而柔徽遽訣，冥數莫回。飇馭何之，痛甚白雲之遠；容衣雖在，恍驚丹旐之飛。駒景易移，龍輴久殯，將肅攢塗之啓，以須祖載之期。披紼既陳，池荒欲舉，有嚴仙寢，遂畢羨封，此兆姓所以悼心，三靈爲之變色。有司繇是稽若舊典，勒崇丕册。懿哉鑠虖，幾有以炳淑靈而昭全德也。謹按：視民如子曰慈，温柔聖善曰懿。乃若母儀兩朝，撫育函夏，哀矜惻隱，軫懷如傷，博施爲心，寶儉爲德，厚澤所被，合於坤元，不曰『慈』乎？挺生聖嗣，訓教恩勤，燕翼是裨，計慮深遠，衆美備具，一誠始終，仰增前輝，俯垂後範，不曰『懿』乎？惟號謚之建尚矣，皇后之謚則請于宗廟。矧慈衷之淵奥，仁德之龐鴻，皆非愚臣所能勝識，槩述大行，寔稽民言。惟神靈之所顧歆，幽明之所合契，用昭示千萬世，永爲不朽之稱，以振耀于丕鑠。大行壽仁太上皇后尊謚，宜以祖宗之命，錫之曰『慈懿皇后』。」

八月八日，禮部、太常寺言：「八月十三日，迎奉大行太上皇后謚册寶告廟訖，太傅以下從册寶徑赴大行太上皇后几筵殿，上于靈座。」從之。

十三日，命特進、右丞相謝深甫攝太傅，奉上慈懿皇后謚册寶于廟室。册文曰：「孝子嗣皇帝臣擴。臣聞難名者坤元之至德，莫報者母育之深恩。既乖終養之誠，宜極追崇之禮。始稽謀於群彥，繼請命于大宮，于以易名，斯 96
爲美報。恭惟大行太上皇后維莘毓秀，指李呈祥。生而異表之俔天，夜有神光之照室。早從勳閥，擇配濬源，馨香奉蘋藻之羞，進止中珩璜之節。乃開承(之日)〔日之〕夢，乃儷前星之輝。絶險詖而不忘乎憂勤，服(瀚)〔澣〕濯而自安於恭儉。丕統既傳于聖父，柔儀肇建於長秋。修内治而無惰容，抑外家而有常制。崇本躬先蠶之祀，禔身鑒列女之圖。以大姒而興周，人仰嗣徽之烈；若塗山之翼夏，獨參與子之謀。雍容享至尊之稱，佚樂同大安之奉。時繙經而膳素，日弄孫以含飴。調娱兩宮，歡洽一意。上承太極，曲盡小心。嘗藥餌以忘疲，散金錢而植福。迄臻平泰，加霈黎(烝)〔蒸〕。偕老萬年，喜玉卮之稱慶；常朝五日，欣綵服之問安。屬當夏清之辰，俄感炎歊之沴〔二〕，竟罹邦釁，奪我慈闈。理莫詰于高穹，數不登于下壽。未央興悼，廣寓纏悲。況在眇冲，夙依聖善，痛仙遊之已邈，竭孺〔慕〕以何追！惟賓實于一言，則流芳於千古。昔三寶聞之老氏，無越於慈；而聖德見于文王，必兼乎懿。合此二行，勒諸堅珉，上焉昭揭於母懷，下以章明于婦順。謹(特)〔遣〕特進、右丞相、提舉實録院、提舉編修國朝會要、提舉編修勅令、申國公、食邑七千六百户、食實封二千八百户謝深甫，奉玉

〔一〕歊：原作「敲」，據文意改。
〔二〕歊：原作「敲」，據文意改。

册金寶，上尊謚曰『慈懿皇后』。伏惟英靈如在，容物方新，永振休聲，垂裕後嗣，俾我有宋，世世無斁。謹言。」册文〔知〕樞密院事、兼參知政事何澹撰書，寶文簽書樞密院事陳自强篆。

二十七日，禮部、太常寺言：「大行聖安壽仁太上皇帝尊號册寶見在壽康宮，乞依典禮，俟將來神主祔廟日，將尊號册寶陳於仗内，迎奉赴太廟，於册寶殿奉安。」從之。

十月五日，詔大行太上皇帝廟號：集議、率〔郡〕〔群〕臣請謚于南郊攝太傅，右丞相謝深甫；讀謚議，權吏部侍郎、兼給事中費士寅；舉謚議，尚左郎官閭丘泳，軍器少監兼權考功禮部郎官王炎；奉禮（部）〔郎〕，太常少卿俞豐；太祝，太常博士陸峻；太官令，太常寺主簿王涇。

同日，詔大行聖安壽仁太上皇帝謚册寶詣壽康殿行奉上之禮，都大主管官依例就差主管喪事官充。

嘉定十七年閏八月三日，崩于福寧殿。年五十七。詔曰：「朕承十二聖之丕基，歷三十一年之久。允賴天地之佑，祖宗之靈，海内乂安，年穀豐衍。北方故壤，浸復版圖；中原遺黎，咸懷内附。而朕夙夜祗懼，不敢荒寧，宵衣御朝，感寒致疾，迄今大漸，不得負扆以見群臣。皇子與莒神受英奇〔一〕，天鍾睿哲，春容朝謁，休問日彰，授以宗祧，天人允叶。可於柩前即皇帝位。然嗣君夙居外邸，未熟萬機，皇后左右朕躬，歷年滋久，秉心公正，務在進賢，任、姒之稱〔二〕，聞于天下。可尊爲皇太后，權同聽政。應軍國事務，並聽皇太后處分，必能祗荷寵休，奉若成憲〔三〕，佐中興之運，副率土之心。更賴左右宗工，文武列辟，輔其不逮，惟懷97永圖。皇帝成服三日聽政，喪紀以日易月。群臣共爲寬釋，勿過摧傷。百官入臨，並隨地之宜〔四〕。諸道州府長吏以下三日釋服，在京禁音樂百日，在外一月，無禁祠祀、嫁娶，沿邊不用舉哀。内外諸軍並令支賜〔五〕，並聽皇太后、皇帝處分。於戲！念有生之必死，如晝夜相代之常；惟付託之得人，乃宗社無窮之計。咨爾有衆，體予至懷。故兹遺詔，想宜知悉。」

寶慶元年三月十二日，葬永茂陵。在紹興府會稽縣。謚曰「仁文哲武恭孝」，廟號寧宗。謚議禮部侍郎、兼直學士院程珌撰，謚册文參知政事宣繒撰，哀册文右丞相史彌遠撰。

三年九月，加謚曰「法天備道純德茂功仁文哲武聖睿恭孝」。謚議翰林學士、知制誥程珌撰，册文參知政事、兼同知樞密院事宣繒撰。（以上《永樂大典》卷一七二九二）

〔一〕與莒：本書禮三〇之七九作「御名」。按，據《宋史》卷四〇《寧宗紀》四、卷四一《理宗紀》一，「與莒」爲理宗原名，然此時已改名「昀」，似不當再稱「與莒」，此或是後人誤添。
〔二〕姒：原作「似」，據本書禮三〇之七九改。
〔三〕成：原作「承」，據本書禮三〇之七九改。
〔四〕地：原作「帝」，據本書禮三〇之七九改。
〔五〕軍：原作「運」，據本書禮三〇之八〇改。

宋會要輯稿 禮五〇

后妃尊號

【宋會要】❶太祖建隆元年二月三日，太常禮院上言：「伏以王者立顯親之殿，所以尊母儀；開長樂之宮，所以伸子道。稽諸歷代，實有彝章。伏惟帝母南陽郡太夫人象協陰靈，功深厚載。塗山助夏，道冠於三王；文母興周，名存乎十亂。徽號未正，闕孰甚焉。謹按《漢書》，帝祖母曰太皇太后，帝母曰皇太后。陛下膺圖資始，孝治攸先，宜彰墜燕之祥，式表濯龍之貴。伏請上尊號曰皇太后。」詔曰：「恭依典禮，仍令所司候追册四親廟禮畢，擇日備禮奉册。」後不果行册禮。

太宗至道三年四月一日，制曰：「王者膺顧託之重，居宸極之尊，稽考舊章，宣明孝治，用尊尊之義，慰烝烝之心。風化攸先，莫尚於此。顧惟眇質，獲嗣慶基，仰奉慈顏，敢忘前訓！洪惟大行皇帝皇后坤元表德，壼範流芳，輔佐先朝，厥功斯茂。俾陳典禮，式薦徽稱。謹上尊號曰皇太后，令所司擇日備禮奉册。」宰臣等詣崇政殿門拜表稱賀，又詣内東門拜表賀皇太后。

真宗乾興元年二月十九日，制尊皇后爲太后。

仁宗天聖二年七月十八日，宰臣王欽若等拜表，請上尊號曰「應元崇德仁壽慈聖皇太后」，表五上，詔答許之。八月七日，命宰臣王曾撰册文，參知政事魯宗道書册、寶。

八〔月〕〔日〕，翰林學士承旨李維等上皇太后於崇政殿受册儀注。帝曰：「恭上皇太后尊名，斯爲盛禮，然於内殿受册，豈朕推奉母儀之意？」乃下詔曰：「朕仰承基構，獲奉宗祊，期德洽於民心，在孝治於天下。恭惟皇太后祗膺遺訓，總覽鴻機〔一〕，邦國用康，品物咸乂。將舉禋燔之禮，爰尊巍煥之稱。躬率羣倫，式揚盛烈。覽攸司之草具〔二〕，於内殿以陳儀，顧容典以未安，俾臣庶之曷仰？矧以簪紳就列〔三〕，金石在庭，闡不世之令猷，播綿區之歡頌，宜臨顯位，恭上徽名。所冀協衆多愛戴之誠，副沖眇推崇之意，永爲丕矩，勉務遵行。將〔來〕所上皇太后尊號宜就文德殿，發策仍就天安殿。」

十一月十三日，郊祀禮畢，帝御天安殿受册，百僚稱賀畢，再序班。侍中奏外辦，禮儀使奏請發皇太后尊號册寶。

〔一〕機：原作「基」，據《宋大詔令集》卷一四改。
〔二〕草具：原作「藏制」，據《宋大詔令集》卷一四改。
〔三〕列：原作「烈」，據《宋大詔令集》卷一四改。

皇帝服承天冠、絳紗袍以出，殿中監進圭。禮儀使與閤門使前導，皇帝隨册寶降西階，内臣主當職掌捧至殿庭，置於東向褥位。禮儀使奏請皇帝再拜，在位官皆再拜。應行事公卿執事者不拜。再拜訖，太尉、司徒就受册寶位，皇帝搢圭，跪捧册授太尉。太尉搢笏，東向側身跪受。册文曰：「嗣皇帝臣禎謹再拜稽首言：恭以爲天下之母者，愛育之功博；居域中之大者，覆載之道均。乃有飾盛禮以推崇，因强名而丕顯。以恩則尊親偕極，以義則中外一辭，表德垂鴻，非可以闕。況乎寧保基緒，撫覽權綱，格萬宇之治平，副輿情之輸戴，式隆稱號，以播休鑠。伏惟皇 2 太后陛下聰明淑哲，淵穆懿恭，襲御龍之遐源，啓曾沙之瑞命。輔佐先聖，輯睦藩房，申翊宫朝，協敷閫教。服圖史之至戒，慕黄老之微言。及正位承天，居尊治内，勤儉之化式於中闈，和平之風被於四表。王基允固，睿問載融。曩者號弓在辰，仍（凡）〔几〕有命，粤以大寶，付於菲躬。煢煢哀荒，懼罔攸濟，實賴慈陰，以授洪圖。上奉顧託之明，俯慰邇遐之望。詳録機務，諮謀政經，憲祖宗之舊章，厲官師之凝績。本乎子物之惠，濟乃守成之業。方今蠻夷欵附，封宇靖安，百度聿修，六氣是若，肇禋肆類，克展上儀。饗是休嘉，率由保翼。故得公卿庶尹，藩嶽守臣，武旅戎酋，緇黄耆艾，咸謂周有《思齊》之什，播於聲歌，漢有《長樂》之謠，垂於竹帛。斟酌前訓，擬議盛猷，允非鴻名，莫揚茂烈，綿代曠典，自我而著。猶且推美而弗有，約己以至謙。連袂叩閽，露章五請。臣得以因人之欲〔一〕，拜疏於内〔二〕，甫迴冲慮，乃循公言。夫含章履順之謂應元，詒訓逮下之謂崇德，體仁所以膺壽臧之福，宣慈所以隆聖善之懿。不勝大願，謹與百僚庶士奉玉册〔三〕、琮寶，上尊號曰『應元崇德仁壽慈聖皇太后』。伏惟懋協歡心，誕膺洪册，承七廟之流祥，受九旻之敷錫，擁佑家邦，祉祚無極。臣禎誠歡誠忭，頓首頓首，謹言。」又捧寶授司徒如授册儀。皇帝歸御幄，改常服，乘輿赴文德殿後幄。百官班退，並赴朝堂幕次。太尉、司徒奉册寶至文德殿門外幄次奉安，文武羣官、宗室、客使並集於文德殿。中書門下、翰林學士、兩省、御史臺並立於殿階下香案前。侍中奏中嚴外辦，皇太后服儀天冠、衮衣以出，奏《隆安》之樂，行障、步障、方團扇侍衛。垂簾，即御座，南向，樂止。太常卿前導册案至殿西階下，太常卿以下各歸位。典儀曰再拜，在位者皆再拜，分班東西序立。吏部侍郎押册案，禮部侍郎押册升進，至褥位當御座前訖，太尉跪奉册案稍前。中書令讀册訖，奉册亟北向，進置於御座前訖，中書令、舉册官俱降還位。太尉降階，納舄帶劍訖，侍中押寶案，司徒捧寶，侍中讀寶，並如讀册之儀畢，置於御座前册之南訖，司徒、太尉詣香案前分班東西序立。尚宫詣皇帝

〔一〕得：原作「等」，據《宋大詔令集》卷一三改。
〔二〕疏：原作「跪」，據《宋大詔令集》卷一三改。
〔三〕與：原作「以」，據《宋大詔令集》卷一三改。

座前，奏請皇帝詣皇太后御座前行稱賀之禮。皇帝服鞾袍，簾内詣皇太后御座前，奏請再拜訖，跪賀曰：「嗣皇帝臣（禛）〔禎〕言：皇太后陛下顯崇徽號，昭煥寰瀛，伏惟與天同壽，率土不勝欣忭。」俛伏，興，又再拜。尚宫詣御座承旨，答曰：「皇帝孝思至誠，貫於天地，受茲徽號，感慰良深。」宣答訖，皇帝再拜，歸御幄。太尉率文武百僚詣皇太后御座前稱賀，侍中承旨宣答訖，在位官俱再拜。禮畢，奏《隆安》之樂。皇太后降座還幄次，樂止。侍中奏解嚴，所司放仗，文武百僚並再拜訖，退。皇帝、皇太后還内，應内外命婦稱賀皇太后、皇帝於内殿，在外命婦 3 及兩京留司官並奉表稱賀。

明道元年十二月十一日，宰臣呂夷簡等拜表請加上尊號曰「應元齊聖顯功崇德慈仁保壽皇太后」，表五上，詔答許。

二年二月九日，太廟恭謝禮畢，帝詣天安殿庭跪奉皇太后玉册，授攝太尉宰臣呂夷簡。册文曰：「嗣皇帝臣（禛）〔禎〕謹再拜稽首言：恭惟荷神器之重者，必能充其道；措天下之治者，乃可饗其尊。雖復虔鞏大猷〔一〕，抑畏先憲，用藏功表，迹隱言外。至於體乾之健，則四德隨具；法坤之順，則萬物自光。乃知聖人施尊名，建顯號，有以答四海之望，未始闕三神之歡。況夫有親之慈〔二〕，有國之典，有億衆之勤請，有沖人之奉承，則鴻徽景爍，揭無垠而耿千古，不得爲身專辭也。伏惟應元崇德仁壽慈聖皇太后陛下，徇齊懿淑，欽明敦大，葛覃表乎成德，俔天稟乎睿姿〔三〕。内輔先帝，布昭陰教，柔風彷彿，太和絪緼。惟深以鈎天下之志，彌簡而知天下之阻〔四〕。及真廟馮几〔五〕，綴衣在庭，遵揚審訓，參録庶務。時惟寡薄，嗣膺神統，懼德弗類，惟天難諶，實荷寶慈，佐佑丕業。於是進耆哲，黜憸壬，鼓清風，皁羣品，蒸雲以濡之，揭日以照之。回霜收雹，恤獄（行）〔犴〕之苦；金聲玉振，制條令之當。不愛牲牷以裕於神，不刓印鈕以寵其勳〔六〕。好直而無翳陳，育材而善多士。浣衣訓儉，程書戒勤。出入十年，上下一德。乃至師兵不試，方陲無警。一介之使，朝服以至穹居；丈餘之組，馳軺而撫西夏。蕩然王德，無思不服。遂能内外有謐，憲度具張。俗去奇（袤）〔衺〕，民復敦龐。簫勺之和，極天而蟠乎地；義慈之愛，浹肌而淪於髓。祓其癘疵，内之仁壽。百昌蕃蕪而競乎昏作，三辰陽明而順乎發斂。使眇眇之質，託王公之上，無遺德〔七〕，無愆令，重雍越成，以緝熙於光明〔八〕。諒非諄誨，疇臻於此！（此）曩以崖略上德，形容丕

〔一〕虔：原作「處」，據《宋大詔令集》卷一三改。
〔二〕慈：原作「惡」，據《宋大詔令集》卷一三改。
〔三〕稟：原作「表」，據《宋大詔令集》卷一三改。
〔四〕阻：《宋大詔令集》卷一三作「限」。
〔五〕几：原作「玉」，據《宋大詔令集》卷一三改。
〔六〕鈕：原作「劍」，據《宋大詔令集》卷一三改。
〔七〕德：原脱，據《宋大詔令集》卷一三補。
〔八〕以：原作「於」，據《宋大詔令集》卷一三改。

稱，大功日新，輿議未愜。方今欵謁廟祏，祗見祖宗，馨香升聞，休嘉震動。而廊廟文武，相臣將臣，卿尹帥校，家陪耆艾，仙釋之浄衆，要荒之渠長，藹然咸造，以義固争。僉曰德物不膺，無以賁天命；謝生不懷，無以綏萬國。況即舊典，創新制，則因而易明；略小節，著大美，惟稱而後可。竊訂茂實，以增聖號。陛下方復允恭克讓，㧑謙終吉，連袂五請，始曰俞哉。夫高明資始，是之謂應元；思睿周達，是之謂齊聖；鼓舞範圍，是之謂顯功；敷施邁種，是之謂崇德；睦族濟衆，是之謂慈仁；祈年思永，是之謂保壽。臣不勝大願，謹遣攝太尉、太廟藉田大禮使、門下侍郎、兼吏部尚書、同中書門下平章事、昭文館大學士、監修國史呂夷簡，上尊號曰『應元齊聖顯功崇德慈仁保壽皇太后』。伏惟欽受洪册，昭迪成功。揖道觀妙，授天比崇。邁任姒之踵武，襲黄老之淵宗。乂安鼎祚，以攄無窮。臣（禛）〔禎〕誠歡誠忭，頓首頓首，謹言。」金寶授司徒。禮畢，羣臣稱賀。

嘉祐八年四月五日，4 英宗即位（未）改元。制曰：「王化之隆〔一〕，所先者孝治；邦典之重，莫大乎尊親。言念眇躬，獲承聖緒，況欽聞於顧命，俾祗奉於母儀，敢率舊章，式陳顯册。大行皇帝皇后配德宸極，比大坤維，柔範藹於宫闈，徽音流乎天（寓）〔寓〕。輔佐先帝，肅雍罔違；撫毓冲人，愛慈至厚。奉加徽稱，仰慰慈顔。謹上尊號曰皇太后，其合行册禮〔二〕，令有司檢詳典故以聞。」

五月十二日，禮院言：「皇太后、皇后册禮，請俟三年喪除行禮。」從之。

治平二年九月十八日，命參知政事歐陽修撰册文并書。

十一月十六日，郊祀禮畢，帝詣文德殿庭跪奉皇太后玉册授攝太尉宰臣韓琦。册文曰：「嗣皇帝曙謹稽首再拜言曰：臣聞昔者明王之以孝治天下者，非家至而日見之也，蓋有要道焉。推所以行於己者爲天下率，盡所以奉其親者爲天下先，而四海靡然其承風矣。洪惟有宋，受命造邦，百年四聖，而小子獲承之，以繼我仁考之遺休餘烈。方與羣公卿士夙夜以思，勉其不逮，庶幾如我仁考付畀之意，以申罔極欲報之心，固慄慄祗懼、不敢遑寧者也。顧惟眇末之質，提攜鞠育，慈仁咻煦，至於有成，自我聖母。嗣位之始，哀迷在疚，而憂勞艱難，一日萬務，協和綏靖，保佑扶持，功施邦家，亦惟我聖母。永惟至恩大德，無物可稱，是用稽參典禮，率籲羣心，合志一辭，懇懇惓惓，不勝大願。謹遣攝太尉、尚書右僕射、兼門下侍郎、同中書門下平章事、昭文館大學士、監修國史、兼譯經潤文使臣韓琦，攝司徒、樞密副使、尚書禮部侍郎臣胡宿，奉玉册金寶，上尊號曰皇太后。恭惟皇太后聖善明哲，柔閒静專。粵自正位中

〔一〕隆：《宋大詔令集》卷一三作「基」。
〔二〕其：原作「某」，據《宋大詔令集》卷一三改。

宮，内助先帝，陰禮修而教行，儉德著而下化。遂及萬國，先於正家。逮夫玉几受遺，屬時多難，勉徇勸請，權同聽決。而明識遠慮，動懷謙畏，深鑒漢家母后之失，訖不踐於外朝。及歸政冲人，合於《易》之進退不失其正之聖，是爲全節鉅美，固已超出前古而垂法後世。宜乎盛烈播於聲詩，尊名光於典册。惟末小子，獲奉温凊。嗚呼！罄九州之富以爲養，未足以盡於孝心；饗萬壽之福而無疆，其永承於慈訓。臣曙誠歡誠忭，稽首再拜，謹言。」金寶授攝司徒、樞密副使胡宿。禮畢，羣臣稱賀。

治平四年正月十日，神宗即位未改元。制曰：「聖人之制世馭俗也，莫大乎孝治；先王之正國安人也，必先於禮經。矧惟帝母之尊，夙毗王國之化。朕紹膺寶祚，祇遹聖謨，恭遵憑几之言，深惟置器之重。遵行典册，仰奉徽名。大行皇帝皇后柔範布於中宫〔一〕，陰教播於天下，輔佐先帝，賢德内修，撫愛朕躬，慈訓備至。恭加懿號，允迪先猷。謹上尊號曰皇太后，其合行册禮，令有司檢詳典故以聞。」

熙寧二年正月十四日，命參知政事唐介撰册文并書。

四月二十六日，上詣文德殿跪奉皇太后玉册，5 授攝太尉、樞密使文彦博。册文曰：「嗣皇帝臣頊謹稽首再拜言曰：臣聞子親生之，而恩咻仁煦，至於有成，其義若天覆無窮極。矧眇躬所毓，以提以護，乃至託王公之上而獲承祖宗之餘烈，親德所載，不以極隆而愈重歟！欲報之懇，顧天下無物以稱其大，是用率籲衆志，順稽典禮，一辭欣合，不勝至願。謹遣攝太尉、樞密使、劍南西川節度使、守司空、兼侍中臣文彦博，攝司徒、右諫議大夫、參知政事臣趙抃奉玉册金寶，上尊號曰皇太后。恭惟皇太后静專柔明，亶協坤體，以承天之順，内助英考。惇儉德以爲陰教之冠，而世莫不矜式；杜私恩以保外家之貴，而俾福之長享。懿鑠遠慮，高出前古。肆小子纘服，惟慈訓是稟，夙夜寅畏，不敢墜繼承之業。比見上帝，告成大禮，仰惟我聖母保佑之力。於戲！奄有九州之富，而莫大之德不足報萬一；孝刑四海之廣，而因心之篤不足見彷彿。惟是尊名徽册，合乎萬壽之無疆。末予小子，永惟左右之是奉，兹惓惓之願。臣頊誠懽誠忭〔二〕，頓首再拜，謹言。」金寶授攝司徒、參知政事趙抃。禮畢，羣臣稱賀。

哲宗元豐八年三月七日，即位未改元。制曰：「王者之治國也，莫重於禮文；人子之事親也，莫先於孝敬〔三〕。矧正母儀之位，實基王化之綱。顧惟冲人，祇紹大統，奉愛同之遺訓〔四〕，崇儷極之徽名，申敕攸司，答揚盛典。大行皇帝皇后化刑四國，教被六宮。輔佐先朝，秉齊明之德；撫循

〔一〕中：原作「公」，據《宋大詔令集》卷一三改。
〔二〕頊：原作「曙」。按「曙」乃英宗名，而此爲神宗所上册文，顯誤，據上文改。
〔三〕敬：原作「至」，據《宋大詔令集》卷一三改。
〔四〕愛：原作「受」，據《宋大詔令集》卷一三改。

菲質，致均一之仁。恭迪聖猷，奉加美稱。謹上尊號曰皇太后。」四月四日，羣臣賀尊皇太后，拜表如儀。

八日，禮部言：「皇太后册，請三年喪畢行禮。」從之。

元祐二年二月六日，命門下侍郎韓維撰册文并書。

九月七日，發册寶於文德殿。册文闕〔一〕。

徽宗崇寧二年二月七日，制曰：「朕獲承至尊，嗣有令緒。顧我烈考，寔能配天，念兹哲宗，弗克與子，遂揚末命，肆及眇躬。載惟付託之大恩，實有諮謀之初議，誕揚顯册，播告治朝。元符皇后劉氏端一誠莊，柔明懿淑。謹鳴玉珮環之度，廣友琴流荇之仁。天下從風，則有化家邦之道；禁中定策，則有安社稷之功。宜極褒崇，以彰報稱；尚循近比，乃復曠時。適憲府之建言，俾曲臺之論定。蓋以弟及之義，實從於兄，母貴之因，亦繫其子。既册命已加於獻愍，則典章當視於慈徽。用斟酌於情文，爰進陞於位號。備增儀物，崇建宮庭，以盡友恭之心，以明繼述之志。於戲！禮由義起，率因事以制宜；名與功偕，斯顯庸而揆實。惟德尊者物必稱，而施重者報亦隆。其茂對於閎休，以永綏於遐福。可進號太后，仍令有司擇日備禮册命。」

四月二十五日，詔太后受册寶（信）〔儀〕，並依皇后禮制。仍以五月二十八日，上御文德殿，遣攝太尉宰臣蔡京、攝司徒門下侍郎許將，持節册命太后。册文曰：「皇帝若曰：爲天6下國家者，蓋親親而貴貴。親親有仁而褒以恩，貴貴有禮而叙以位。此帝王之通制，而古今之共繇者也。義有所起，朕其可忘？咨爾元符皇后劉氏，夙以内德，事我昭考，而徽懿莊淑，積有顯聞。化行恭儉，祥發震育。乃正坤極，以母天下，憂勤輔佐，帝實允賴。（建）〔迺〕授神器，屬於朕躬，而導揚末命，乃實與焉，厥功茂矣。朕躬念先朝弗克與子，唯獻愍之贈既視青宮，而《春秋》之意母以子貴，遂進厥號，於事爲稱。斟酌其中，斷自朕心，蓋以對越在天之神，而成朕友恭敦報之志也。況復羣議來上，僉謀率同，諏辰孔嘉，儀物具備。今遣攝太尉、右光禄大夫、守尚書左僕射蔡京，攝司徒、左銀青光禄大夫、守門下侍郎許將，持節册命爾爲太后。夫以貴名縟典，夐無比隆。惟益惠迪，以茂膺斯命。惟受兹福，尊榮顯融，以克保綏於永年。惟益卲乃德，以儀刑六宮，光於家邦。尚俾永世有譽而無斁，豈不偉歟！」

哲宗元豐八年三月七日，制曰：「朕蒙休先帝，羡錫我家，欽聞憑几之音，付畀承祧之託。眷言邦媛，久侍宸闈，俾序進於寵名，敢忽忘於天下！德妃朱氏發祥慶系，協德後庭。祗慎兩宮，不遺於盥饋；帥循四德，居念於保阿。實生冲人，獲紹正統，申隆懿號，用契舊章。謹加號曰皇太

〔一〕按，韓維《南陽集》卷一五有其文，撰文時間爲元祐二年八月五日。

妃〔一〕。」四月四日，羣臣賀尊皇太妃，拜表如儀。八日，禮部言：「尊皇太妃册，請三年喪畢行禮。」從之。

元祐二年二月六日，命尚書左丞李清臣撰册文。九月七日，發册寶於文德殿。册文闕〔二〕。

淳熙十四年十月十二日，詔上皇太后尊號。詔曰：「王者丕揚孝道，稽古聖之格言；尊奉母儀，憲累朝之茂典。蓋所以廣思齊之化，崇內治之風。矧祇迪於遺謨，俾率循於天下，敢當昧旦，亟正鴻名。壽聖齊明廣慈備德太上皇后順則乾元，章明坤載。佑我昭考，周旋五紀之間；拊予沖人，紹承四海之重。至德光乎嬀汭，仁恩播於周京。徽稱之崇，慈闈有耀。謹上尊號曰皇太后，合行典禮，令有司檢詳典故以聞。」先是，十月八日，提點德壽宮張宗尹、王寔言：「德壽宮提點等處應得舊例，并合經由本官裁處事務〔三〕，並奏取皇太后聖旨施行。如干預外庭事，乞取旨施行。」從之。

十一月二十二日，禮部、太常寺言：「今檢照國朝典故，神宗朝元豐八年四月八日，禮部言：『尊皇太后册，請三年喪畢行禮。』從之。今來上皇太后尊號，合行典禮，乞依上件典故，候三年喪畢行禮。」詔恭依。

紹熙元年正月一日，詔壽聖齊明廣慈備德太上皇后，恭上尊號曰「壽聖皇(皇)太后」。册寶禮例詳附重華宮尊號門。親屬與本殿官吏等各推恩有差。

四年八月七日，詔：「壽聖皇太后聖壽無疆，來歲八十，邦家大慶，可令有司討論典禮來上。」

十七日，禮部、太常寺言：「奉詔討論壽聖皇太后慶壽典禮，參照淳熙十二年禮例，先加 7 上尊號，後行慶壽禮。今欲以九月十二日，宰執、侍從、臺諫、兩省官集議尊號於尚書省，議畢，令學士院降詔，以九月二十四日宣布。加上尊號册寶，欲用十一月冬至。行慶壽禮用新歲元日。」並從之。

二十八日，禮部、太常寺言：「今來加上壽聖皇太后尊號册寶，并沿册寶法物制度，令工部下文思院，參照昨逐次加上壽聖皇太后尊號册寶制度修製施行。」從之。行禮服御、百僚服色、發授册寶、宿衛儀仗、宮架樂、鼓吹，並如逐次上尊號之制。詳見重華宮尊號門。

九月二日，詔：「將來修製加上壽聖皇太后尊號册寶行禮，都大主管官差降授武顯大夫、明州觀察使、新除入內內侍副都知楊舜卿，仍以都大主管所爲名。」

十六日，詔加上壽聖皇太后尊號册寶，攝太傅并禮儀使及撰册差右丞相葛邲，太傅、禮儀使，尋以邲免，改命左丞相留正。

〔一〕號：原作「上」，據《宋大詔令集》卷一七改。

〔二〕按，劉摯《忠肅集》卷一有《奉敕擬上皇太妃册文》，時爲元祐二年。蓋先命李清臣撰，後又改命劉摯撰，但不知是否爲正式行禮時所用之册文。

〔三〕官：似當作「宮」。

攝侍中并書册差知樞密院事趙汝愚，攝中書令奉册并篆寶差參知政事陳騤，前導禮儀使并奏禮畢差同知樞密院事余端禮。

同日，右丞相葛邲，知樞密院事趙汝愚，參知政事陳騤，同知樞密院事余端禮，翰林學士李巘，權兵部尚書羅點，權刑部尚書京鏜，户部侍郎趙彦逾，禮部侍郎倪思，權吏部侍郎沈揆，權工部侍郎謝深甫，太常少卿薛叔似，起居郎樓鑰，起居舍人陳傅良，侍御史張叔椿，左司諫章穎，右正言黄艾，監察御史曾三復、楊大瀍、黄度，宗正丞、兼權禮部郎官鄭公顯，太常博士邵康，太常主簿張貴謨等，集議於尚書省，請加上壽聖皇太后尊號曰「壽聖隆慈備福皇太后」。詔恭依。

二十四日，詔曰：「門下：朕纘熙洽之圖，遵愛欽之訓。躬修孝養，展誠意於重闈；咨舉慶儀，介壽祺於八帙。爰輯僉辭之進，預申顯號之登。壽聖皇太后妙廣坤元，崇昭母道。堯門啓瑞，翊成立極之勳；京室揚徽，懋迪思齊之行。方安冲澹，深享延長。欣日御於常珍，期仰陳於善頌。承聖父寧親之樂，衍皇家奕世之休。欲闡尊榮，敢稽褒讚？惟慈是實，隆實冠於千齡；以福爲名，備蓋彰於百順。將選迎長之吉，用伸奉上之恭。緊盛典之具行，諒歡心之咸得。壽聖皇太后宜加上尊號曰『壽聖隆慈備福皇太后』。其令有司詳具儀注，朕當親帥羣臣詣慈福宫奉上册寶。」

二十五日，禮部、太常寺言：「將來加上壽聖皇太后尊號，欲乞是日迎奉册寶至重華宫，以俟内侍官舉册寶，入詣慈福宫行禮。」從之。

二十九日，禮部、太常寺言：「加上壽聖皇太后尊號金寶一鈕，欲以『壽聖隆慈備福皇太后寶』爲文。」從之。

十一月八日，詔奉上册寶，依禮例用鼓吹導引，更令臨安府差樂人一百人，自祥曦殿門外作樂，導引册寶至重華宫。

同日，詔：「今月二十日車駕詣慈福宫奉上尊號册寶畢，從駕臣僚并儀衛等[8]並簪花，從駕還内。」

九日，詔加上尊號册寶，差行禮官：押册案吏部侍郎一員，工部尚書趙彦逾。押寶案禮部侍郎一員，翰林學士、兼侍讀李巘。奏中嚴外辦禮部侍郎二員，權兵部尚書、兼權吏部尚書羅點，侍御史張叔椿。進接圭殿中監一員，權刑部尚書、兼侍講京鏜。導册寶太常卿，權工部侍郎、兼權給事中謝深甫。舉册官二員，起居郎、兼權中書舍人樓鑰，起居舍人、兼權中書舍人陳傅良。舉寶官二員，右司諫章穎，右正言、兼侍講黄艾。奏解嚴禮部郎中二員，監察御史曾三復、楊大瀍。太常博士三員，贊引太傅、太常丞、兼權都官郎官呂棐。贊引前導禮儀使、太常主簿張貴謨。贊引太常卿，太常博士邵康。押樂太常卿，太常少卿詹體仁。協律郎，監察御史黄度。前導皇帝行禮，知閤門事、兼客省四方館事、兼樞密副都承旨吳環，知閤門事、兼客省四方館事譙熙載。進中嚴，知閤門事、兼客省四方館事韓侂胄。進外辦兼進解嚴。權知閤門事、兼客省四方館事劉(玫)〔弢〕。

同日，詔差行禮内侍官：讀册，王俞。讀寶，楊詔先。尚宫奏請前導，謝恕。承旨宣答，王湊。司言前導，劉信之。前導奏請皇帝行禮，黄汝霖、徐考叔、蔣安常、楊榮顯。進接大圭，李大謙。前導壽聖皇太后，張延禮、吴思義。舉册，何靖、羅元、譚堯弼、任嘉謀、張從政、劉世修。舉寶，張謙、張評、陸洵、李樞。舉册案，任資深、李掄、任邦俊、于忠正。舉寶案，吴惟忠、鄺安祖。贊引。張玠。

十七日，爲加上壽聖皇太后尊號册寶，行禮前三日奏告天地、宗廟、社稷、宫觀。

二十日，加上壽聖隆慈備福皇太后尊號册寶。前一日，有司設御幄於大慶殿御屏風後之西，行發册寶之禮。儀注備載于重華宫尊號門。其日早，慈福宫設壽聖隆慈備福皇太后座於慈福殿，南向。俟大慶殿前發册寶禮畢，禮部率輦官捧擎册寶進行，儀仗鼓吹振作，儀衛等以次援衛，太常博士、太常卿、舉册舉寶官、吏部禮部侍郎步導，太傅、侍中、中書令步從。至和寧門外，太傅以下皆上馬，導使至重華宫門外，步導、步從至重華宫殿門外，權置定。儀仗、鼓吹、儀衛等分列於宫門之内外，樂正帥工人以次入。贊者引押樂太常卿、協律郎入就位。舉册官舉册興，中書令奉册；舉寶官舉寶興，侍中奉寶。吏部侍郎押册案，禮部侍郎押寶案，先詣殿上褥位北向置定，少退立。太常博士、太常卿前導册寶進行，入殿門，宫架作《正安》之樂。太常博士引太傅後從至殿下，樂止。册寶陞殿，宫架作《聖安》之樂。置册寶於案訖，樂止。中書令、侍中、舉册舉寶官、太傅以下並少立，舉册寶内侍舉册寶興，舉册寶案内侍舉案先入，詣慈福宫壽聖隆慈備福皇太后座前東褥位，西向置定。太傅以下俱降階歸幕次，以俟拜牋表。都大主管官前導册寶進【9】行，宫架作《正安》之樂。舉册寶内侍置册寶於案，樂止。俟皇帝至重華宫殿上降輦，入詣慈福宫，易服通天冠、絳紗袍，内侍跪進大圭。皇帝執大圭，詣壽聖隆慈備福皇太后座前北向褥位立。内侍引司言，司言引尚宫，尚宫引壽聖隆慈備福皇太后出閤，宫架作《坤安》之樂。陞座，樂止。皇帝再拜，躬奏萬福，又再拜訖，退詣座之東褥，西向褥位立。舉册内侍舉册興，宫架作《聖安》之樂。次舉册案内侍舉案置於壽聖隆慈備福皇太后座前褥位，北向置定。内侍跪進册於案，樂止。次讀册内侍北向立，舉册内侍跪舉册，讀册内侍跪讀册。册文曰：「皇帝臣（燉）〔惇〕謹稽首再拜言：臣聞維宋受乾命，德茂坤極，咸以顯聞，克配祖烈，率時令範，詒憲有家。亦維累聖承緒，章明孝治，崇闈懿鑠，以濟登兹。肆皇祖紹隆炎運，則有淑哲，與聖作合，積仁流澤，燕及世嗣，亶時休哉！若昔文王，大姜之孫，大任之子。《詩》美大任，上嘉大姜，列在《周雅》，傳誦不泯。矧我大母，壽綿八袠，身見三世，再逢揖遜，四上寶册，稽諸往牒，邈無前聞。衍徽稱，舉褥儀，於以侈大慶而章盛德，其可已乎！恭惟壽聖皇太后莊正静淵，恭儉仁惠，夙有全行，儷尊匹休。厥初中興，外虞略平，内治當飭，時則助我皇祖，躬帥九御，祗奉慈寧，夙夜輔佐，訖底綏靖。帝勛已成，神器有託，時則贊我皇祖，法堯禪圖，脱屣萬乘，高蹈少廣，宴樂大庭。重華御邦，日嚴至養，調虞其間，兩宮愉怡。以恩以禮，有慈有孝。越兹沖人，獲以菲質，誕受舜禪，尊若彝訓，亦克用乂。揆厥所元，繄聖祖母保佑是賴，其曷敢弗欽！永惟愛篤者報宜厚，道大者名必閎，洒考國章，率籲衆志，將以元日上萬歲壽於東朝。先卜初陽，奮揚馨烈，庶以慰億兆人之望。臣不勝大願，謹奉玉册金寶，加上尊號曰『壽聖隆慈備福皇太后』。夫老氏三寶，慈居其先；戴經百順，福欲其備。竊惟殿下與坤元合德，而無一物之不成，不曰慈之隆乎？與太極同體，而無一事之不順，不曰福之備乎？萃厥二美，固已揭之宮名，昭示天下矣。今者申輯閎休，增崇丕號，又孰有大於此者乎？伏願殿下對越嘉會，昭迪令猷，協海宇之懽心，襲宮闈之重慶，永膺壽（嘏）〔嘏〕，綏於聖父，以施於孫子，同垂萬世無疆之休，豈不韙歟！臣誠歡誠忭，稽首再拜，謹言。」讀訖，俛伏，興。舉册内侍奠册，舉册興，并册案退，各復位。次舉寶内侍舉寶興，宫架作《聖安》之樂。舉寶案内侍舉案置於壽聖隆慈備福皇太后座前，北向褥位置定。内侍跪進寶於案，樂止。次讀寶内侍北向立，舉寶内侍跪舉寶，讀寶内侍跪讀寶。寶以「壽聖隆慈備福皇太后寶」爲文〔一〕。讀訖，皆如上儀，退復位。皇帝詣壽聖隆慈備福皇太后座前，北向褥位立，尚宮奏請拜，皇帝再拜，俛伏，跪奏：「皇帝臣（燉）〔惇〕稽首言：伏惟壽聖隆慈備福 10 皇太后殿下深仁衍慶，顯號增崇，家國均歡，古今盛美。」俛伏，興，又再拜。内侍承壽聖隆慈備福皇太后旨宣答曰：「皇帝來陳寶册，昭衍尊名，聖孝日崇，寶增丕慶。」皇帝又再拜，退詣座之東，西向褥位立。内侍詣壽聖隆慈備福皇太后座前跪奏禮畢，壽聖隆慈備福皇太后降座，宫架作《坤安》之樂。入閤，樂止。内侍前導皇帝退，釋大圭，内侍跪受大圭訖，皇帝易靴袍，詣重華宫賀至尊壽皇聖帝、壽成皇后，如宫中之儀。次宰執率文武百僚詣重華殿下稍西，拜牋賀壽聖隆慈備福皇太后。次移班拜表，賀至尊壽皇聖帝。次移班拜表，賀壽成皇后訖，退，儀仗、皷吹、儀衛以次退。應從駕臣僚俟從駕還内。

二十四日，宰執率文武百僚詣文德殿拜表稱賀。

二十九日，詔修製加上壽聖隆慈備福皇太后尊號册寶禮畢，依淳熙十二年、紹熙元年奉上尊號册寶體例等〔第〕推恩，内白身人候有名目日特（非）〔作〕轉官收使。都大主管官楊舜卿、承受官張彦臣合轉兩官，吏部奏以礙止法，詔各與轉行一官。餘該册寶轉兩官人準此。

五年六月十六日，内降詔曰：「門下：朕纘列聖之緒，罔敢弗欽；奉重闈之尊，惟懼不稱。比以慈宸之孝，未崇祖后之隆名，兹舉舊章，實循大卞。壽聖隆慈備福皇太后功侔太極，德配高皇。蚤輔中興之勳，母儀四海；洊參内禪之烈，福備三朝。顧惟菲躬，嘗加徽稱，敢揚玉几之命，

〔一〕寶：原脱，據本卷禮五〇之七「二十九日」條補。

載〔藏〕〔蕆〕瑶編之儀。謹上尊號曰『壽聖隆慈備福太皇太后』，合行典禮，令有司檢詳典故以聞。」

慶元二年十月三日，恭上壽聖隆慈備福太皇太后尊號曰「壽聖隆慈備福光佑太皇太后」。冊文右丞相京鏜書撰，篆寶知樞密院事鄭僑。詔曰：「朕躬修孝道，務協禮經。奉三朝母儀之崇，必極推尊之典；合萬國人心之願，少伸歸美之誠。增衍鴻名，預頒明詔。壽聖隆慈備福太皇太后道先太極，德廣重坤。胥宇同功，丕贊中興之業；補天契妙，（婁）〔屢〕參內禪之謨。冲虛自適於性貞，安樂方延於壽祉。屬聖父倦勤之際，命菲躬嗣服之初，率慈訓之稟承，荷深仁之覆護。雖殫至養，念莫報於隆恩；茂闡徽音，宜亟加於顯號。以著輝光之盛，以昭保祐之休。尚需吉制之行，首備縟儀之舉。邦家之慶，臣子攸同。」

同日，奉上壽聖隆慈備福光佑太皇太后、壽成惠慈皇太后尊號册寶。前一日，有司設御幄於大慶殿御幄後之西，行發册寶之禮。儀注備載于壽康宮尊號門。其日早，慈福宮設壽聖隆慈備福光佑太皇太后座於本殿，南向；壽慈宮設壽成惠慈皇太后座於本殿，南向。俟大慶殿行發册寶禮畢，禮部率輦官於大慶殿門外，捧擎壽聖隆慈備福光佑太皇太后、壽成惠慈皇太后、聖安壽仁太上皇帝、壽仁太上皇后册寶進行，儀仗、鼓吹振作，儀衛等從行。太常 11 博士、太常卿、舉册舉寶官、吏部禮部侍郎步導，太傅、侍中、中書令步從至和寧門外。壽康宮册寶於和寧門外幄次權行安設訖，內儀仗、儀衛各分一半，於幄次前排立。太傅以下皆導從。慈福宮、壽慈宮册寶，都大主管官往來照管。至慈福宮門外，步導、步從至慈福宮殿門外權置定，儀仗、鼓吹、儀衛等分列於慈福宮門之內外，樂正帥工人入。押樂太常卿、協律郎入就位，舉册官跪舉壽聖隆慈備福光佑太皇太后册興，中書令奉册，吏部侍郎押册案（外）〔升〕西階，奉册寶行禮等官（外）〔升〕降皆自西階。先詣殿上褥位北向置定，少退立。舉寶官跪舉壽聖隆慈備福光佑太皇太后寶興，侍中奉寶，禮部侍郎押寶案，先詣殿上褥位北向置定，少退立。舉册官跪舉壽成惠慈皇太后册興，吏部侍郎押册案，先詣殿上褥位北向置定，少退立。舉寶官跪舉壽成惠慈皇太后寶興，禮部侍郎押寶案，先詣殿上褥位北向置定，少退立。禮直官、太常博士、太常卿前導册寶進行，入殿門，作《正安》之樂。太常博士引太傅從（從）至殿下，樂止。册寶（外）〔升〕殿，作《聖安》之樂。至殿上，跪置册寶於案訖，樂止。中書令、侍中、舉册舉寶官興，太傅以下並少立。舉册寶內侍跪舉慈福宮册寶興，舉册寶案內侍跪舉册寶案興，先入詣慈福宮壽聖隆慈備福光佑太皇太后座前稍南在東褥位，西向置定。舉册寶內侍跪舉壽慈宮册寶興，舉册寶案內侍跪舉册寶案興，先入詣壽慈宮壽成惠慈皇太后座前稍南在東褥位，西向置定。太傅以下俱降階，各歸幕次，以俟拜牋。都大主管官前導册寶進行，作《正安》之樂。册寶入宮，舉册寶內侍各置册寶於逐殿册寶案，樂止。興。都大主管官往來照管。俟皇帝自後殿服靴袍出，乘輦出和寧門，將至慈福宮，文武百僚迎駕，奏聖躬萬福訖，權退，如值雨（露）〔霑〕濕，權免册寶下，行禮官免奏聖躬萬福。以俟立班拜牋。俟皇帝至慈福宮殿上降輦，入詣慈福宮，服通天冠、絳紗袍，内侍前導皇帝，内侍跪進大圭。皇帝執大圭，詣壽聖隆慈備福光佑太皇太后座前褥位北向立。内侍引司言，司言引尚宫，尚宫引壽聖隆慈備福光佑太皇太后出閤，作《坤安》之樂。升座，樂止。皇帝再拜訖，奏萬福訖，又再拜訖，退詣壽聖隆慈備福光佑太皇太后座之東褥位（西）向立。舉册内侍跪，舉册興，作《聖安》之樂，舉册案内侍舉册案置於壽聖隆慈備福光佑太皇太后座前褥位北向置定，立。内侍跪進册於案，樂止。舉册内侍興，少立，讀册内侍北向立，舉册内侍跪舉册，讀册内侍跪讀册。册文曰：「皇帝臣擴謹稽首再拜言曰：臣聞章獻有保護仁皇之恩，故尊稱上於明道臨政之始；昭慈有親立光堯之績，故鴻名揭於建炎登極之初。蓋不能忘者宗社蒙賴之訓，12不容已者國家推崇之典。矧我太母，貺施於冲人者靡不備至，視章獻、昭慈有光焉。自纘紹丕圖，欲少伸報效，而縟儀未舉，顯號未增，寧非今日之曠禮歟！恭惟壽聖隆慈備福太皇太后德全淑哲，性秉柔明。沙麓儲靈，夙符夢月之兆；洽陽鍾氣，蚤示俔天之祥。來嬪高宗，爲宋聖后。方化龍渡江，時未底於寧謐，則同濟於艱難；及息馬論道，邦已臻於嘉靖，則相成於警戒。逮三聖法堯蹈舜，倦勤與子，則又密參内禪之謨。迹其均苦淡，更險夷，以丕贊中興，則啓夏之塗山也；調滑甘，承顔色，以祇奉慈寧，則媚姜之大任也。恭儉而寡嗜好，謙肅而多誦讀，則漢之光烈、明德也；獻規而有雅體，著論而抑外家，則唐之太穆、文德也。至於年過八袠而福本彌固，身歷四朝而母儀益彰，三逢揖遜之盛時，六受尊崇之大典，九州四海極其奉養，三宫四殿侍其調虞，則又窮古亘今，見所未有。臣猥以眇質，獲侍重闈，誕膺聖父神器之傳，悉本太母慈訓之稟。故踐位以來，大懼涼薄無以欽承畀付之重，寡昧無以仰答生成之隆，輒遵昭代之憲章，博採羣工之頌述，發揚景鑠，衍著徽稱，以殫臣子之微誠，以侈邦家之大慶。雖洪造不容於摹寫，然閎休或可以鋪張。永惟高世懿行，輝映簡編，將赫赫明明而不泯，不曰『光』乎？啓後大功，乂安宗祏，將繼繼承承而不替，不曰『佑』乎？臣不勝大願，謹奉玉册金寶，加上尊號曰『壽聖隆慈備福光佑太皇太后』。欽惟殿下福兮方至之川，壽兮不老之椿，與乾坤以齊久，居宇宙而獨尊。億載萬年，永保我子孫黎民。」讀訖，俛伏，興。舉册内侍奠册，舉册興，并册案退，復位。讀册内侍退，復位；舉寶内侍跪，舉寶興，作《聖安》之樂，舉寶案内侍舉寶案置於壽聖隆慈備福光佑太皇太后座前褥位北向置定，立。内侍跪進寶於案，樂止。舉寶内侍興，少立，讀寶内侍北向立，舉寶内侍跪舉寶，讀寶内侍跪讀寶。寶以「壽聖隆慈備福光佑太皇太后寶」爲文。讀訖，俛伏，興。舉寶内侍奠寶，舉寶興，并寶案退，復位；讀寶内侍退，復位。次前導皇帝詣壽聖隆慈備福光佑太皇太后座前褥位北向立，尚宮奏請拜，皇帝再拜，俛伏，跪奏：「皇帝臣擴稽首言：伏惟壽聖隆慈備福光佑太皇太后殿下燕詒德遠，翼擁恩深，疊貢號徽，永綿福佑。」俛伏，興。又奏請拜，皇帝再拜訖，内侍詣壽聖隆慈備福光佑太皇太后座前，承壽聖隆慈備福光佑太皇太后旨，退，西向答曰：「皇帝陳儀祲縟，登號輝華，備體愛欽，益深喜懌。」又奏請拜，皇帝再拜訖，退詣壽聖隆慈備福光佑太皇太后座之東褥位，西向立。内侍詣壽聖隆慈備福光佑太皇太后座前俛伏，跪奏禮畢。奏訖，俛伏，興。壽聖隆慈備福光佑太皇太后降座，作《坤安》之樂。入閤，樂止。内侍前導皇帝退，釋[13]大圭。内侍跪受大圭訖，皇帝詣壽慈宮。内侍前導皇帝，内侍跪進大圭。皇帝執大圭，詣壽成惠慈皇太后殿行加上尊號册寶，並如慈福宮之禮。稱賀致詞：「皇帝臣擴稽首言：伏惟壽成惠慈皇太后殿下層闈並壽，鏤册貢徽，家國榮懷，天人叶喜。」宣答詞曰：「壽成惠慈皇太后聖旨：皇帝八鑾節衛，百禮崇容，來奉慈徽，深嘉恭愛。」禮畢，宰執率文武百僚常服詣慈福殿下拜牋，賀壽聖隆慈備福光佑太皇太后。移班拜牋，賀壽成惠慈皇太后，如拜表之儀訖，太傅以下行禮官并儀仗、鼓吹、儀衛等先赴和寧門外幄次前，俟太傅以下行禮官换朝服訖，導從册寶至壽康宮幄次，權退。應從駕臣僚免奏萬福，以俟從駕至壽康宮，行奉上尊號册寶之禮。

二十二日，詔壽聖隆慈備福光佑太皇太后加上尊號册寶禮畢，本殿官吏并親屬並特與轉一官資，令先次開具職名申尚書省。

三年三月十六日，詔壽聖隆慈備福光佑太皇太后册寶禮畢，親屬内姪女咸安郡夫人吳氏、咸寧郡夫人姪婦新安郡夫人雷氏、韓氏，並加封國夫人；妗淑人趙氏加封郡夫人；姪婦三人、姪孫女一十三人、曾姪孫女二人，親屬韋氏、潘氏、陸氏、張氏、左氏、王氏、周氏、周氏、張氏、王氏、吳氏、吳氏，内已有封號特與加封，未經封號並與初封。

慶元二年十月三日，恭上壽成皇太后尊號曰「壽成惠慈皇太后」。册文知樞密院事鄭僑書，撰，篆寶參知政事謝深甫。詔曰：「朕祗膺慈訓，嗣守慶基。尊奉重闈，務愛欽之備至；增崇丕號，在典禮以必嚴。爰協僉辭，茂揚懿鑠。壽成皇太后德全博厚，性本静專。佐内治於熙朝，是基王化；贊親傳於奕世，允賴母儀。方安色養之榮，冞介壽祺之永。惕惟菲質，實荷深恩，顧殫歸報之誠，益盡推崇之美。曰『惠』以顯乎至順，曰『慈』以昭乎至仁。奉寶册以進登，將行吉旦；輯廷紳而播告，（慈）〔兹〕用先期。緊孝道以式孚，庶歡心之咸得。」

嘉泰二年十二月四日，恭加上壽成惠慈皇太后尊號「壽成惠聖慈祐太皇太后」。册文右丞相謝深甫撰，參知政事陳自强書，篆寶參知政事張（嚴）〔巖〕。詔曰：「朕欽承聖緒，獲奉重闈。誦萬有千歲壽母之詩，仰孫謀之詒燕；稽五三六經載籍之誼，鏤寶牒以垂鴻。軼邃古之彌文，赫丕天之大律。嗣涓穀旦，前詔多方。壽成惠慈太皇太后衍慶曾沙，怡神少廣。萬國咸蒙於子惠，聖以何加；三朝寅仰於母慈，祐于我後。逢堯、舜、禹之内禪，邈姜、任、姒之徽音。天地有美而不言，詎可一詞而盡；甲子既周而復始，有開七袠之祥。顧眇躬夙荷於深恩，極天下莫伸於美報。若稽邦憲，宜衍號榮。詔掌故以陳儀，輯頌臺而訂議。陋漢家長信之故事，蔑覩於徽稱；因慶元初載之隆名，愈騰於茂實。恪伸丹懇，恭稟俞音。洋洋乎帝者之上 14 儀，亶增光於祖烈；欣欣然百姓有喜色，諒參穆於輿情。以迎滋至之休，以篤無疆之祐。咨爾衆庶，體予愛欽。壽成惠慈太皇太后宜恭上尊號曰『壽成惠聖慈祐太皇太后』。其令有司詳具儀注，朕當親率羣臣詣壽慈宮奉上册寶。」

雜録

紹熙五年八月十一日，皇太后該遇大禮、聖節、生辰，各合得親屬恩澤，令有司依格放行。

慶元二年十月(十)三日〔一〕，奉上壽成惠慈皇太后尊號册寶。儀注載於慈福宮。册文曰：「皇帝臣擴謹稽首再拜言曰：臣聞隆古之君曰堯、舜、禹，同道相禪而不同姓；宗周之后曰姜、任、姒，同德相繼而不同時。《書》紀其盛，《詩》詠其美，後代仰望，不可及已。逮我國家，遠過於是。中興以來，父子揖遜，今歷四朝，姑婦並處，今見四世。皇乎哉！視《書》所紀爲盛之極，擬《詩》所詠爲美之至者也。顧惟冲菲，親紹丕祚，虞侍慈闈。方兹包衆甫，行鴻名，以尊崇我重慶之懿，曷敢不推原極盛至美之所由來哉！恭惟壽成皇太后殿下道柔而正，德静而方，席慶華宗，儷尊烈祖。躬節儉之本，服澣濯之衣。后家之恩，法所宜優也，力請裁削，至於再三；后膳之品，禮所宜備也，深務抑損，期於寢免。惟是輔佐君子，夙夜謙勤，修陰教以厚人倫，倡内則以基王化。家齊國治，大業升平。首贊宸謀，蚤傳聖嗣。陪重華之清燕，承慈福之歡顔。婦範母儀，具全家法；誠裹孝行〔二〕，動協禮經。天錫壽期，如川方至。臣初受内禪，斷於太上，成於太皇，亦惟我太后同力，是保是佑。恩隆德博，盡萬物不足以報，乃涓良月，乃舉褥容，徽稱載新，庶幾揚厲之萬一焉。夫坤道尚順，惟順故惠；家道尚愛，惟(受)〔愛〕故慈。《虞書》以惠爲吉，豈非天下之所同慶乎？老氏以慈爲寶，豈非天下之所同貴乎？臣不勝大願，謹奉玉册金寶，加上尊號曰『壽成惠慈皇太后』。伏惟殿下對此熙洽，安於壽慈，受四海之至養，膺一時之上儀。日奉皇姑，雍睦愉怡。萬有千歲，我子孫其永賴之。」寶曰「壽成惠慈皇太后寶」。

二十二日，詔壽成惠慈皇太后加上尊號册寶禮畢，本

〔一〕三日：原作「十三日」，據《宋史》卷三七《寧宗紀》一删「十」字。
〔二〕誠裹：似當作「誠衷」。

殿官吏并親屬並特與轉一官資，令先次開具職位、姓名申尚書省。

三年正月十八日，宰執進呈內批：「壽成皇太后外親盧璋等補承信郎，謝氏等封恭人。」京鏜等奏：「壽聖外親止補進義校尉，婦人止該初封。」上曰：「如此則反重矣。」遂降旨依太皇太后外親例。

四年十二月十三日，詔壽成惠慈皇太后親妹嘉國淑惠柔懿莊順夫人謝氏，特轉嘉國淑惠柔懿莊順恭溫夫人。

五年正月九日，詔安慶軍承宣使，提舉佑神觀吳回差充壽慈宮提舉。

十月二十一日，詔慈福宮提舉所、提點所并提轄造作見祗應使臣、人吏、諸色人，並係已經裁減人數，將來撤几筵畢，各依元名色，並就改差充壽慈宮祗應，理任、（清）〔請〕給、酬獎、差取，15並依德壽宮、重華宮、慈福宮前後已得指揮體例施行。

六年閏二月二十六日，車駕詣壽慈宮起居進香。

三月六日，壽成惠慈皇太后生辰，車駕詣壽慈宮起居上壽。

八月十五日，內降詔曰：「朕仰承慶緒，祗奉層闈。道極愛欽，本列聖相傳之懿；禮嚴尊奉，冠累朝最盛之稱。肆舉徽章，式循天下。壽成惠慈皇太后英娥媲德，任姒傳音。恭儉流風，夙助重華之化；慈仁垂裕，密參太極之功。燕頤衍慶於三宮，贊禮增輝於再世。比載瞻於北內，盍加異於東朝。爰稽長信之隆名，丕顯壽康之末命。庶崇彝訓，益展孝誠。謹上尊號曰『壽成惠慈太皇太后』，合行册禮，令有司檢詳典故以聞。」

十月十一日，禮部、太常寺言：「奉詔壽成惠慈皇太后謹上尊號曰『壽成惠慈太皇太后』，册禮乞依淳熙十四年禮例，候三年喪畢行禮。」詔恭依。

嘉泰元年六月三日，詔壽成惠慈太皇太后姪女謝〔氏〕特封壽國夫人。

十一月一日，詔鎮江府顯親勝果寺係壽成惠慈太皇太后功德寺，特與蠲免科敷借借〔一〕，及官員指占安泊，仍關州縣不許差使墳寺占破擺鋪軍兵、宣借兵士等人。

二年八月二十八日，詔壽成惠慈太皇太后加上尊號，令有司前期參照典禮集議以聞。先是，慶元六年十月有上尊號之旨，適以光宗尚在殯攢，禮寺言國朝典故，候三年之制畢行禮，至是復有此詔。

九月十三日，宰執進呈次，右丞相謝深甫等奏：「太皇太后加上尊號，合以『惠慈』二字加作四字。禮官所擬，惟有『惠聖慈祐』四字可以形容太皇太后聖德。」上曰：「『聖』字爲重。」深甫等奏：「誠如聖訓。禮官擬到尊號乞留中，取聖裁。」次日，深甫等奏：「昨日所擬太皇太后尊號，未知

〔一〕借借：疑當作「措借」。陳傅良《止齋集》卷二七《繳奏紫霄宮免科敷等事狀》：「御筆指揮，特與蠲免科敷措借。」

執合聖意？」上曰：「『惠聖慈祐』字既典重，且便稱呼。」深甫等又奏：「臣等恭依聖旨，集議加上壽成惠慈太皇太后尊號『壽成惠聖慈祐太皇太后』。」詔恭依，令學士院降詔，擇日宣布。

十二月二日，詔右丞相謝深甫撰册，參知政事、兼知樞密院事陳自强書册，參知政事張巖篆寶。

四日，詔〔將〕來加上壽成惠慈太皇太后尊號册寶：攝太傅奉上册寶，右丞相謝深甫。攝侍中奉寶，參知政事、兼知樞密院事陳自强。攝中書令奉册，參知政事張巖。前導禮儀使并奏禮畢，同知樞密院事袁説友。押册案吏部侍郎，吏部尚書、兼給事中費士寅。押寶案禮部侍郎，吏部侍郎張伯垓。奏中嚴外辦禮部侍郎，祕書監、兼權吏部侍郎曾（瑍）〔暎〕。御前奏，中書舍人王容。前導册寶太常卿，兵部侍郎虞儔。舉册，起居郎、兼權刑部侍郎林采、起居舍人曾炎。舉寶，殿中侍御史張澤、右正言鄧友龍。押樂太常卿，太常少卿薛紹。奏解嚴禮部郎中，監察御史李景和。御前奏，監察御史朱欽則。太常博士贊引太傅，宗正少卿顏棫。贊引前導禮[16]儀使，司農卿、兼權户部侍郎葉簑。贊引太常卿，太府少卿、兼權户部侍郎王蓬。協律郎，軍器少監、兼知臨安府李澄。大慶殿前導行禮、進中嚴外辦兼進解〔嚴〕。權知閤門事張時修。

同日，詔差壽慈宮内侍奉册置於座前吳回，奉寶置於座前王思誠，讀册宋安世，讀寶何儼，尚宮奏請前導楊旦。

同日，上帥文武百僚詣壽慈宮恭請，如壽成惠慈太皇太后。前一日，設御幄於大慶殿御屏風後之西，設册寶幄於大慶殿當中，南向。設皇帝褥位三：一於殿上册寶幄之東；一於殿下當中，面册；一於殿下當中，南向。又設以册寶授太傅褥位一於殿下當中。太常設宮架樂於殿庭，協律郎、押樂太常卿有位於宮架之西。（設）又設置册寶褥位四：二於殿下，南向；册東寶西。二於殿下東階之東，西向。册南寶北。太傅、侍中、中書令、吏部侍郎、舉册舉寶官、太常卿、太常博士各有位於殿之東西階下。是日，儀仗、鼓吹列於殿門外，禁衛等列於殿庭，前導官、禮儀使、閤門官、太常博士分立於御幄前之左右，皆自西階陞，立於册寶幄之西，東向。皇帝服靴袍入御幄，易通天冠、絳紗袍。閤門官、禮部侍郎奏請中嚴外辦，太常博士引禮儀使奏請皇帝恭行發壽成惠聖慈祐太皇太后尊號册寶之禮。前導官導皇帝出幄，殿中監跪進大圭。皇帝執大圭，殿中監進大圭訖，詣東階上西向少立，以俟禮畢授大圭。詣殿上册寶幄前褥位西向立。舉册官入幄舉册，中書令奉册，吏部侍郎押册案。次舉寶官入幄舉寶，侍中奉寶，禮部侍郎押寶案。凡舉册寶并置册寶於案，皆禮部職掌助舉。太常博士、太常卿前導册寶，侍中、中書令奉册寶降自西階，皇帝步從至殿下褥位，南向置定。侍中、中書令、吏部侍郎、舉册舉寶官，各詣東階下褥位西向立。太常博士、太常卿前導皇帝至殿下面册褥位立。禮儀使奏請皇帝再拜，典儀曰再拜，贊者承傳，在位官皆再拜訖，内應行事、執事、應奉官不拜。舉册官前舉册，吏部侍郎押册案，先詣皇帝褥位前置定。中書令前奉册進行，置於案，吏部侍郎、中書令退復西向立。舉册官少立，太常博士引太傅詣受册褥位東南向側身，俛伏，跪，舉册官跪舉册。皇帝搢大圭，跪捧册授太傅，〔太傅〕受册。皇帝執大圭，俛伏，興。太傅興，舉册官舉册興，太傅奉册於殿東階下褥位，西向，跪置册於案。太傅受册寶，皆禮部先舉册寶案詣殿東階下褥位，西向置定。舉册官退立册案之後，太傅立於册案之側，西向。次舉寶官舉寶，禮部侍郎押寶案，先詣皇帝褥位前置定。侍中奉寶進行，置於案，禮部侍郎、侍中退立於殿東階下，西向立。舉寶官少立，太常博士引太傅詣受寶褥位東南向側。舉寶官舉寶，皇帝搢大圭，跪捧寶授太傅。太傅奉寶於東階西

17 向褥位，置寶於案。太傅已下並退，立於殿東階下褥位，西向。皇帝詣殿下當中南向褥位少立，舉册舉寶官舉册寶興，吏部、禮部侍郎押册寶案，太常博士、太常卿前導册寶，太傅、侍中、中書令後從册寶出大慶殿正門，至殿門外，捧册寶於腰舁。初，册寶出，禮儀使奏禮畢，皇帝陞自東階。至御幄，禮儀使奏請皇帝釋大圭，殿中監跪受大圭。皇帝入御幄，簾降，閤門官、禮部郎中奏解嚴，皇帝服靴袍還内，文武百僚以次退。內合導從册寶官并從駕臣僚，並俟導從册寶并從駕其不該導從駕官並先赴壽慈宮。

次詣壽慈宮奉上册寶。前期，有司設壽成惠聖慈祐太皇太后座於壽慈殿南，設大小次於壽慈宮大門内及殿廊，又設權置册寶幄於大門内，皇帝褥位二於殿上，稍東北向。行禮官殿上下皆有位，宮架樂如大慶殿之儀。大慶殿禮畢，禮部率輦官捧擎册寶進行，儀仗、鼓吹振作，儀衛等以次援引從行。太常博士、太常卿、舉册舉寶官、吏部禮部侍郎步導，太傅、侍中、〔中〕書令步從。至和寧門外，太傅以下皆上馬導從。都大主管官往來照管。至壽慈宮門外，步導、步從至册寶幄次權設訖，儀仗、鼓吹、儀衛等分列於宮門之内外，文武百僚入就位，東西相向立。舉册官舉册，中書令奉册，吏部侍郎押册案。奉册寶行禮等官皆陞自西階。舉寶官舉寶，侍中奉寶，禮部侍郎押寶案。並先詣殿上褥位北向置定，少退立。太常博士、太常卿前導册寶進行，入殿門，太傅後從至殿下。册寶陞殿，置册寶於案，中書令、侍中、舉册舉寶官、太傅以下並少立。舉册寶内侍舉册寶，舉册寶案内侍舉册寶案，先入詣壽慈宮壽成惠聖慈祐太皇太后座前褥位，西向置定。太傅已下俱降階，各歸幕次，以俟拜牋。都大主管官前導册寶進行，册寶入宮，舉册寶内侍置册寶於册寶案。皇帝至壽慈宮殿上降輦，入詣壽慈宮，服通天冠、絳紗袍。内侍前導皇帝，跪進大圭。皇帝執大圭，詣壽成惠聖慈祐太皇太后座前褥位北向立。内侍引司言，司言引尚宮，尚宮引壽成惠聖慈祐太皇太后陞座。皇帝再拜，稍前，躬身奏萬福。又再拜，退詣西向褥位立。舉册内侍舉册，次舉册案内侍舉案置於壽成惠聖慈祐太皇太后座前褥位，北向置定。内侍進册於案，舉册内侍舉册，讀册内侍跪讀册。册文曰：「皇帝臣擴謹稽首再拜言曰：臣聞周稱賢后，太姜爲冠。於昭文王，太姜之孫，原所以聖，積厚

流遠。詩雅登載，思媚有光，傳誦徽音，于今不泯。矧我大母，卓乎遠過。逢四朝父子之內禮，見四世婦姑之並處，身備衆美，壽開七袠，猗歟盛哉！顧惟冲人，欽紹鴻業，親奉燕謀，謹五日之朝，備四海之養。嘗僅舉於縟儀，未大彰於懿鑠，詎可不形容萬分一，以推繹其所自乎！恭惟壽[18]成惠慈太皇太后性淑而行方，道大而德博。祥啓沙麓，慶占渭陽。天作之合，儷尊烈祖。敬順繇乎天稟，節儉本乎躬行。不侈鼎俎之同庖，而惟澹泊之適；不矜褘褕之盛服，而惟澣濯之安。請損外家之優恩，務絶內朝之私謁。惟以警戒，見於輔佐。閫則修而風動，彤史煥而日章。家道既正，天下已平。當慈極之勤勤，贊睿謨而揖遜。神器有託，迺陪高蹈，齊大安之冲適，奉長樂之怡愉。上恭下惠，表裏邕穆。亦閱累閏，曾無間然。婦道母儀，亶昭著以全盡；神休帝祉，宜繁衍以駢臻。申錫壽祺，後天難老，將巧曆不能定其筭數也。臣祗獲守文，居慚繩武。顧繼承之德薄，戴保祐之恩隆。揆厥所元，曷爲效報！俶踐新陽，載諏良日，循紹熙初舉之彝典，衍慶元再上之隆名，庶幾鋪張揚厲，以見歸美之意焉。夫聖，盡倫也，必厚人倫以爲大；由惠以致聖，則惠廣而聖益盛，不曰惠而聖乎？祐者助也，必自天助以爲吉；由慈以獲祐，則慈廣而祐益隆，不曰慈而祐乎？臣不勝大願，謹奉玉册金寶，加上尊號曰『壽成惠聖慈祐太皇太后』。伏惟殿下安坐少廣之居，長受大慶之禮，與太極合德而尊尊莫尚，與坤元同功而生生不窮。聿懷多福，施於孫子，以永億萬年無疆之休。臣擴誠歡誠忭，稽首再拜，謹言。」讀訖，舉册內侍奠册，讀册，舉册并册案退。舉寶內侍讀寶等，並如上儀。皇帝復詣北向褥位立，尚宮奏請皇帝再拜，俛伏，跪，奏：「皇帝臣擴稽首言：壽成惠聖慈祐太皇太后殿下衍慶重闈，應榮顯册，神人闓懌，福祉函蒙。」俛伏，興，又再拜。內侍承壽成惠聖慈祐太皇太后旨退，西向宣答曰：「皇帝鳴鸞飭衛，鏤玉揚徽，勉覿祲容，第慚溢美。」皇帝又再拜訖，內侍奏禮畢，壽成惠慈祐太皇太后降座，皇帝退，釋大圭，內侍官跪受大圭。皇帝行禮畢，次御史臺、閤門、太常寺引宰執率文武百僚詣壽慈殿下拜牋，賀壽成惠聖慈祐太皇太后訖，退。儀仗、鼓吹、儀衛以次退。應從賀臣僚免奏萬福，以俟從駕還內。

閏十二月十五日，詔壽成惠聖慈祐太皇太后加上尊號册寶禮畢，壽慈宮提舉所等處并本殿官吏、諸色人等，及親屬并外宅，已降指揮各行推恩。內轉一官資礙止法人，許令依條回授；白身人候有名目日，特作一官資收使。

壽康宮：紹熙五年七月，詔以太上皇后宅爲泰安宮。移寓有日，上以太上玉體未安，懼有勞動，迺於大內因太上常御之所建泰安宮，遂以東華門裏後苑畫方等蓋造殿廊五十〔二〕，有四門，入出東華門，改宮名爲壽康。（以上《永樂大典》卷一七二九七）

〔二〕畫方：似當作「畫坊」。

宋會要輯稿　禮五一

徽號一〔一〕

朝謁太清宮〔二〕

【宋會要】

1 真宗大中祥符六年七月十九日，亳州團練使高漢美遣判官李好問與父老、僧道、舉人趙永等三千三百六十人詣闕，請車駕朝謁太清宮。對于從政殿，賜酒食、緡錢遣之。二十七日，宰臣率文武百官上表陳請，詔答之。

八月一日，内出御劄曰：「朕以眇躬，纘承大寶，荷降康於穹壤，膺錫類于祖宗。明發之心，常增于厲翼；大同之俗，獲固於隆平。蓋積累之善祥，豈涼薄之能致？而自欽承瑞命〔三〕，祇奉元符，陟云岱而上封〔四〕，款魏脽而大報〔五〕，再臨鞏洛，躬祀寢園。天監孔章，民和旁洽。暨太宮之歸格，乃宣室以疑神。屬以上真，荐迴嘉貺。洪惟寶緒，逖悟于有開；復念休期，肇隆于無斁。故將叶吉春序，卜勝神皐，恭建壇壝，親謝天地。竊思三才之始，是謂道尊；百化之先，允惟教父〔六〕。顧譙都之舊壤，峙曲里之珍祠。炎漢庇民，薦芬馨而祇肅；有唐繼孝，奉寶綬而尊崇。俾浹宇之咸康，實上清之幽贊。當乘法馭，順拜殊庭。方冀詢謀，未遑誕告。而景亳耆耋，趍丹闕而獻封；外朝官師，伏彤庭而抗疏。願修盛節，允契素懷。是用祇考元辰，緬遵令典。彼渦之曲，既奉於蕭薌；在國之陽，復薦于圭幣。朕以來年春親詣亳州太清宮，行朝謁之禮。咨爾蕆事〔七〕，及夫撰儀，勿曠攸司，各揚乃職。祀禮所用，必極于豐崇；乘輿所須〔八〕，務敦于簡儉。應干費用，並從官給。一路但增修館驛，以備行宮。所用什物，亦官自營辦〔九〕，不得輒有科率及差役丁夫〔一〇〕。諸路長吏不得擅離本任〔一一〕，來赴行在，及以修貢爲名，輒有率斂。兩京諸路起居章表，附驛以聞。」

六日，詳定所言：「皇帝親詣亳州太清宮行朝謁之禮回，恭謝天地前，所有玉清昭應宮合行朝謁。」詔恭依。

〔一〕按，以下尊奉上聖、祖宗各事，其中僅二事爲上徽號，《大典》總納入「徽號」目，不確。但不便改動，姑仍之。

〔二〕原稿以「朝謁太清宮上玉皇聖帝徽號上皇地祇徽號」三子目與正文連書。今以第一子目單列爲標題；第二、三子目後文自有，此處刪去。

〔三〕瑞命：原作「端委」，據《宋大詔令集》卷一二三改。

〔四〕封：原作「對」，據《宋大詔令集》卷一二三改。

〔五〕「款」原作「疑」，「脽」原作「睢」，據《宋大詔令集》卷一二三改。

〔六〕惟：原作「推」，據《宋大詔令集》卷一二三改。

〔七〕爾：原作「示」，據《宋大詔令集》卷一二三改。

〔八〕輿：原作「興」，據《宋大詔令集》卷一二三改。

〔九〕辦：原作「辨」，據《宋大詔令集》卷一二三改。

〔一〇〕有：原作「以」，據《宋大詔令集》卷一二三改。

〔一一〕吏：原作「表」，據《宋大詔令集》卷一二三改。

八日，以參知政事丁謂爲奉祀經度制置使，判亳州，翰林學士陳彭年爲副使，權三司使林特計度糧草，命工部侍郎趙安仁、翰林學士晁迥、陳彭年、王曾同詳定儀注。前監察御史薛田免持服，通判亳州。太常博士劉楚、殿中丞集賢校理宋綬，並簽書亳州判官公事，綬兼掌表奏。以殿中丞、通判單州劉慶知真源縣。

十一日，內出御劄曰：「二儀剖判，實本於鴻濛；萬化弛張，聿宗於清浄。蓋體包於羣有，遂功冠於三才。洪惟教父之尊，克總帝先之妙。洞希夷之壼奧，挻參午之純精。自神降于靈區，乃慶流於遠裔。皇圖是啓，天秩斯隆。逮鍾累洽之期，益盛欽崇之禮。顧循菲德，夙慕真風，承穹厚之眷懷，恢祖宗之緒業。元符錫祚，荐披黃紫之文〔一〕；毖祀潔誠，屢展禋燔之制。丹輿來格，寶訓克昭。此皆上帝之所降衷，至真之所敷佑。載懷道蔭，敢怠夤威！旋(田)〔申〕飭于庶工，命考儀於往册，俾涓令序，躬達明馨。重念
2 戩福是膺，徽章可舉。雖沖虚不宰，固絶於强名〔二〕；而肹蠁無方，豈忘於昭事？式隆稱謂，以極推崇。咨爾攸司，肅將大典。謹奉上真元皇帝聖號曰『太上老君混元上德皇帝』，擇日備禮奉册。」

十三日，詔禁奉祠一路粘竿、彈弓、罝網諸捕獵之具，太清宮園林五里内禁樵採。應修飭行宮橋道，不得侵佔田疇，蹂踐禾稼，犯者重寘其罪。

十五日，詳定所言：「朝謁太清宮，牙盤、籩豆、簠簋、祭饌物，請用去年十一月三日朝元殿恭謝玉皇禮例，太清宮庭并天書幄用登歌四架，玉清昭應宮太初殿下設宮架二十(虞)〔虡〕，太初殿上及明慶殿上各設登歌二架。」並從之。

十六日，詔亳州罪人至死者，送鄰州裁斷。

十七日，宴餞丁謂於長春殿，陳彭年預焉，各賜詩寵行。及行，又命相王元偓餞于都門外。

十九日，命趙安仁撰太上老君混元上德皇帝册文及書寶。

二十四日，詔奉祀一路諸色人不得以伎巧雕繪寶裝物來獻。

二十五日，禮儀院言：「按唐太清宮令，奠獻老君用碧幣，同人靈，故不用玉。今詳太上老君宜同天神用玉，若依昊天上帝例，合用四圭有邸。昨薦獻聖祖文帝用四圭有邸。」詔用蒼璧，太清宮用竹册一副。

二十八日，詔車駕所歷州縣，悉于城外經過，毋令毁拆門户，遇墳冢則避之。禁亳州婦人至真源縣及太清宮。

同日，禮儀院言：「朝太清宮用一獻飲福。」詔特備三獻，以盡嚴恭。

三十日，詔奉祀後役卒、工人日給緡錢，兩月一給麻屨。

〔一〕披：原作「振」，據《宋大詔令集》卷一三五改。
〔二〕名：原作「明」，據《宋大詔令集》卷一三五改。

九月六日，丁謂言：「圉城頓室宇隘陋〔一〕，其扈從羣官至時請依東封翔鑾頓、西祀硤石頓例，放迎駕起居，先一日發(付)〔赴〕太康縣。」從之。

十六日，陳彭年言：「太清宫行禮日，鄭州知州及亳州經省試舉人、本宫道士，望並令陪位。又本宫殿室内無奉安寶册之所，請于殿庭天寶臺下封藏，仍令禮儀院詳定制度。又行禮日，諸宫觀尊像請遣官薦獻，真源觀靈寶天尊、三清，先天觀元始天尊，並用碧幣；洞霄宫聖母太后用白幣；廣靈宫玉皇大帝用蒼幣。仍用大祀禮。本宫元中大法師，經籍度三師、真武將軍、張天師，洞霄宫龍女，各用兩籩兩豆。又還京謁玉清昭應宫，請依謁太廟禮例，至外門勘契。」並從之。

十七日，命入内都知鄧永遷齎詔撫問丁謂已下，並賜茶藥。十月，再遣副都知張繼能犒賜，及軍校、役夫緡錢衣物，并賜輦運、馬遞卒緡錢。

二十四日，丁謂等言：「太清宫封藏太上老君寶册，請用玉匱各一副，長廣一尺，高如之，檢厚一寸二分，長廣如匱。刻金繩道五，封處深二分，方取容受命寶。請下中書門下省修製。石匱三層，各長五尺三寸，闊四尺三寸。下層高二尺，刻牙道一周，闊四寸，深五分，中容玉匱處鑿深一尺二寸，長二尺五寸，闊一尺三寸。中層高一尺，南北刻金繩[3]道三，相距各五寸，闊一寸，深五分，繫金繩處各深四分。方取容天下同文寶，四角安牙道。上層爲盝頂蓋，蓋下刻用印處。請下三司製造。」

同日，禮儀院言：「朝謁太清宫日，老君殿内列子而下四真人，唐明皇、文宗二帝，請依從祀例設位兩廊，遣官分薦。」並從之。

二十五日，禮儀院言：「朝謁太清宫日，薦獻飲福請用《太安》之樂，其降聖已下樂並同朝元殿恭謝玉皇例。」從之。

十月六日，禮儀使言：「將來行事官有先詣太清宫者，請令擇嚴潔公宇，用官高一員攝太尉，立班讀誓如儀。又車駕前告太廟、出京日、太清宫行禮日，並用鑾駕儀仗四千人。周繞宫垣別用黄麾仗三千人。至真源縣中路，離真源縣日止，中路頓並用鑾駕儀仗二千二十人。太清宫前一日遣官奉上寶册，用黄麾仗二千人。内鼓吹四百人。寶册安玉輅中，太尉持節上册寶，用本路儀仗車輅。車駕告宫廟及朝謁、恭謝，(黄)〔皇〕帝飲福(清)〔酒〕，令尚食奉御進上樽酒，庶叶禮文。」並從之。

七日，詔曰：「朕欵謁靈宫，虔修真祀。饗獻之禮，備考於典章；警蹕所經，務崇於嚴肅。屏兹聲樂，庶極齋明。朕自離京，奉祀以前不舉樂，經州縣無令樂人迎候。」

〔一〕圉城：原作「圍城」。按，據下文，此地在太康縣，應作「圉城」，即隋唐之圉城縣，宋代爲圉城鎮，其地在雍丘縣（今河南杞縣）之西南、太康縣（今河南太康）之西北。《元豐九域志》卷一屬雍丘，蓋真宗時屬太康，爲開封至亳州真源縣（今河南鹿邑縣）所經。

八日，詔定鑾駕内導駕官從人：親王、中書、樞密院、使相、宣徽、三司使已上四人，學士、尚書丞郎、節度使已上三人，給諫、知制誥、待制、三司副使、卿監、金吾大將軍、内職崇班已上二人，少卿監已下、供奉官以上一人。

九日，以宰臣王旦爲奉祀大禮使，向敏中爲儀仗使，樞密使、同中書門下平章事王欽若爲禮儀使〔一〕，陳堯叟爲鹵簿使，參知政事丁謂爲橋道頓遞使。以王旦爲天書儀衛使，王欽若爲同儀衛使，丁謂爲副使，兵部侍郎趙安仁爲扶侍使，入内副都知張繼能爲扶侍都監。詔朝謁太清宮，天下禁屠宰十日，以明年正月十四日爲始。

十三日，禮儀院言：「告玉清昭應宮日，太初、明慶殿親行禮，二聖神御殿親焚香，紫微已下諸殿遣官以素饌薦獻，集靈殿、翊聖閣遣官焚香，著爲永式。」詔令近臣分獻。

十六日，朝謁玉清昭應宮。

十七日，命直集賢院石中立〔二〕、初暐〔三〕、錢易、集賢校理晏殊修車駕所過圖經，以備顧問。

二十一日，詔扈從羣官、諸色人不得隳壞百姓廬舍什物，傷踐苗稼，仍各謹火禁，無致他虞。

二十八日，命給事中、知制誥錢惟演押當太上老君寶册，先車駕二日進發。

同日，禮儀院言：「車駕所經山川，前代帝王、名臣、(列)〔烈〕士十里内神祠，所歷橋梁，並本處遣官祭之。内有功德赫奕者，請命使致祭。」從之。

二十九日，詔改亳州太清宮洞玄真人號曰洞元真人。

十一月六日，賜真源縣行宮名曰奉元，殿曰迎禧，殿後亭曰觀妙。

十九日，詔車駕巡幸，其近京州軍兵甲寇盜事，令東京留守提舉之。京東西、4 江淮南諸路，即以藩鎮知州領之。

十二月五日，令扈從諸軍分爲十番，有司預給春衣。

十日，以兵部尚書寇準權東京留守，禮部侍郎馮起權判留司御史臺，左諫議大夫陳象輿權判留司三館，三司度支副使趙湘、户部副使李士龍權同管勾留司三司事，内侍都知閻承翰、崇儀使藍繼宗、入内押班周懷政、内殿崇班周文質同管勾大内公事，權殿前都虞候高翰爲京舊城内都巡檢使，蔡州團練使荆嗣、東染院使韓景祐爲同巡檢使，權步軍都虞候蔚昭敏爲新城内都巡檢使，捧日左廂都指揮使張旻、禮賓副使岑保正爲同巡檢使，蔚昭敏仍權勾當留司殿前馬步軍司事〔四〕。

十二日，以右諫議大夫、權三司使事林特爲行在三司使，殿前都指揮使曹璨、馬軍副都指揮使張旻兼行在馬步

〔一〕使：原作「事」，據《宋史》卷一〇四《禮志》七改。
〔二〕集：原作「入」，據《長編》卷八一改。
〔三〕初暐：按此時有直集賢院祁暐，《宋史》卷四五六有傳，疑「初」即「祁」之訛。
〔四〕蔚：原作「翰」，據前文改。

軍司事，鹽鐵判官直集賢院楊侃、權度支判官曹谷、户部判官袁成務並爲行在三司判官，四方館使楊懷(中)〔忠〕、樞密副都(丞)〔承〕旨張質爲車駕前後行宮四面都巡檢，宮苑使郭崇仁、内藏庫使劉贇明、衣庫使楊崇勳、莊宅使王懷節、崇儀使梁昭信爲同都巡檢，莊宅副使王承祐〔一〕、禮賓副使郭守信、侯紹隆、内殿崇班閤門祗候劉美爲攔前收後巡檢，入内都都知秦翰、都知鄧永遷、軍器庫使安守中爲行宮使，翰仍同昭宣使趙承煦、樞密院諸房副承旨尹德潤提舉往來頓遞事，綾錦使楊保用〔二〕、洛苑使張景宗、内侍省右班副都知竇神寶整肅行在禁衛。

十五日，奉天書于崇德殿道場，帝齋于殿之後閣。翌日四鼓，奉天書于朝元殿，帝服衮冕行酌獻之禮。質明，扶侍使奉天書(外)〔升〕玉輅，出乾元門，至玉清昭應宮，奉安于太初殿。帝服通天冠、絳紗袍，乘金輅出乾元門，詣玉清昭應宮，改服衮冕，升殿薦獻。又詣明慶殿告饗聖祖大帝。改服靴袍，朝拜二聖殿，分遣近臣酌獻諸殿，遂詣太廟薦告六室，以亳州所貢靈芝列于宮廟之庭。

二十一日，帝謂輔臣曰：「向東封、西祀，皆遣使馳書諭契丹。(令)〔今〕朝謁太清宮，去京師非遠，更不遣使，重於煩費。宜令國信使晁迥以此意諭之。」

二十五日，以翰林學士王曾攝御史大夫爲考制度使，侍御史知雜段曄攝中丞副之，知制誥錢惟演、直(使)〔史〕館姜嶼编排迎駕父老及州縣繫囚，右諫議大夫慎從吉、直史館劉鍇詳定詞狀。

七年正月六日，禮儀使言：「準禮例，自京至太清宮，所經縣鎮先車駕三日禁止坊市哭泣。」從之。

十五日，儀衛使等具鼓吹、仗衛、道門威儀、(坊教)〔教坊〕樂，奉天書升玉輅。少頃，帝乘輦出乾元門，留司百官、京畿父老奉辭于南薰門外。改御逍遥輦進發。夕次咸平縣，賜僧道、父老時服、茶絹。自是所過皆然。自咸平縣歷(圍城)〔圉城〕、太康縣、鹿邑縣至真源縣，凡五置頓。

十六日，命陳彭年 5 赴太清宮醮告。

十七日，王旦告至於太清宮。

十九日，至真源縣西五里大次，帝服鞾袍，乘大輦至奉元宮。是夕，帝齋于迎禧殿。

二十一日，帝服通天冠、絳紗袍，於迎禧殿庭奉太上老君混元上德皇帝加號册寶，再拜。攝太尉王旦(旦)奉以陞玉輅，持節乘車，具本鹵簿詣太清宮。攝中書令丁謂讀册文，册文曰：「嗣皇帝臣某謹再拜稽首言：伏以先天地，母萬物，大道强名而混成；一希夷，總衆妙，元聖無私而獨運。肆結繩之上世，逮凝旒而應期。必敦清浄之風，乃洽淳熙之化。伏惟太上玄元皇帝神凝氣祖，粹藴帝先。絶學以闡真宗，襲明而開道奥。聖母發祥於夢日，宣父興歎於

〔一〕王承祐：原作「王丞祐」，據《長編》卷七九改。
〔二〕錦：原作「綿」，按宋職官有「綾錦使」而無「綾綿使」，因改。

猶龍。微言闡幽〔一〕，大象垂教。二儀長久，本清浄而不居；兆庶樂康，資恬淡而無欲。首出萬古，式是百王。天付烝民，運興有宋。烈祖之開創，神宗之治平，率慈儉爲永圖〔二〕，遵樸素爲常道〔三〕。慶鍾長發，猥及眇躬。寶籙（威）〔葳〕蕤，惟新於元命；玉音昭晰〔四〕，親覯於神期。諭皇世之有開，示高真之幽贊。上帝克享，妙本是依。仰止靈區，虔申順拜；周爰徽稱，益表欽崇。夫恍惚無形，生三爲大，茲之謂混元；淵默守中，吹萬自化，茲之謂上德。雖善貸常存于不有，而可名恭薦於至誠。謹遣攝太尉、右僕射、兼門下侍郎、平章事王旦奉玉册玉寶〔五〕，上徽號曰『太上老君混元上德皇帝』。伏以因大成而曲全，循尊道而貴德〔六〕。儲祉善建，保鴻基之配天；降鑒勤行，佑冲人之治國。萬方富壽，世祚千億，愛養蒸黎〔七〕，永永無極。謹言。」夜漏上五刻，天書扶侍使奉天書赴太清宮。自行宮夾路設籠燈燎臺，左右執炬以間之，參映儀衛，照灼如晝。二鼓，帝服通天冠、絳紗袍，乘玉輅，具法駕繼進，駐大坎。

二十(三)〔二〕日三鼓，奉天書升殿，服衮冕行朝謁之禮。相王元偓爲亞獻，榮王元儼爲三獻。帝還大次，太尉奉加號册寶于玉匱。纏以金繩，封以金泥，印以受命之寶〔八〕；納於醮壇石匱，填以石泥，印以天下同文之寶。將作監領徒加石蓋其上。羣臣稱賀於大次。分命輔臣薦獻諸殿。少頃，帝復（諧）〔詣〕先天觀元始天尊殿、廣靈宮玉皇大帝殿、洞霄宮先天太后殿，焚香再拜。復至上清宮，周覽靈井瑞檜。至真武殿，赤蛇見于龕間。詔曰：「恭惟祕館，式展慶祠，精意允孚，蕃釐總萃。乃眷（齊）〔齋〕心之宇，斯爲集福之庭。是宜肅按冲科，改營仙室。法清都之偉制，增大壯之新規。庶延飈欻之游，用介蒼黔之祉。奉元宮宜改曰明道宮，奉安玉皇大帝像。」又詔亳州、應天府各賜酺三日。公宇門樓，亳州以「奉元均慶」，應天府以「重熙頒慶」爲名。賜丁謂以下襲衣、金帶、器幣有差。

二十三日，發衛真縣，改真源縣〔九〕。次亳州城之西，設朝真迴蹕樓，帝駐輦觀樂，賜物有差，即詣新立聖祖殿朝拜。

二十五日，詔亳州士庶不得上太清宮老君殿、洞霄 6 宮先天太后殿、廣靈宮玉皇殿。周設欄楯，務存嚴肅。官吏非致祭亦如之。改亳州城西門曰朝真，北門曰均禧。又詔沿路置頓侵占民田者，並據頃畝之數免二年租稅，須永

〔一〕微：原作「徽」，據《宋大詔令集》卷一三五改。
〔二〕率：原脱，據《宋大詔令集》卷一三五補。
〔三〕樸：原作「襆」，據《宋大詔令集》卷一三五改。
〔四〕昭：原作「照」，據《宋大詔令集》卷一三五改。
〔五〕玉寶：原脱「玉」字，據《宋大詔令集》卷一三五補。
〔六〕尊：原作「遵」，據《宋大詔令集》卷一三五改。
〔七〕愛：原作「受」，據《宋大詔令集》卷一三五改。
〔八〕受命：原作「金綬命」，據《太常因革禮》卷七六改。按《玉海》卷八四云「凡寶用玉」，非金製。
〔九〕改真源縣：按此四字應作小注，謂改「真源」爲「衛真」。

占者厚給其直。

二十八日，次應天府。天書升輦，五色雲如花木，又黃雲如人連袂狀，翊輅而行。扶侍使趙安仁請播爲樂章，以備酌獻。從之。翌日，帝服靴袍朝拜聖祖殿。詔號曰鴻慶宮〔一〕，仍奉安太祖、太宗聖像。

二月一日，改南京南門曰崇禮，雙門曰祥輝，外西門曰迴鑾。

二日，皇子自上都來迎于襄邑縣。

五日，帝至自亳州，權東京留守寇準率留司百官迎對于太一宮西之幄殿。有司以衛真靈芝二百輿洎白鹿前導天書而入，帝服靴袍，乘大輦，備儀衛還宮。賜扈從文武官休假三日，輔臣二日。

八日，帝作《奉祀禮成還京歌》賜近臣。

三月十三日，丁謂、陳彭年請以奉祀沿路聖製刻石，分立於太清、明道二宮洎亳州、南京。詔從之，仍命謂書。

十月十六日，詔奉祀陪位官勒名于《太清宮頌》碑陰，天書儀衛使、奉使五使、儀仗導駕官勒名於明道碑陰，扈從官勒名於《南京頌》碑陰。

八年四月十五日，命王旦撰《亳州明道宮記》，向敏中撰《太清宮頌》，王欽若撰《崇真橋記》，陳堯叟撰《靈津橋記》，丁謂撰《應天府安蹕橋記》，王嗣宗撰《陳留縣凝祥橋記》，知亳州李迪撰《明道宮觀妙亭記》。

上玉皇聖祖徽號

真宗大中祥符五年十月二十四日，對輔臣於滋福殿。帝曰：「朕此月十七日夜夢景德四年先降神人，復傳玉皇之命，云：『先令汝祖趙某授汝天書，此月二十四日再得見汝，如唐朝恭奉玄元皇帝。』翌日，夜復夢神人言：『天尊報皇帝，至日吾座西，當斜設六位以候吾。』朕即依所告，於延恩殿恭設道場。是日五鼓一籌，先聞異香，少頃，黃光滿殿，掩蔽燈燭。俄見靈仙儀衛，所執器物皆有光明。天尊至，朕再拜於殿下。頃之霧氣漸濃，須臾霧散，由西陛以升，見侍從在東陛。天尊就座，有六人揖天尊而後座。朕欲拜此六人，天尊令揖，不拜。揖訖，天尊令朕前，謂朕曰：『吾人皇九人中一人也，是趙之始祖，有功於世。再降，乃軒轅皇帝。凡世所知少典之子，非也。母感電夢天人，生於壽丘。於後唐時，奉玉皇帝命〔二〕，七月一日下降，總治下方，主趙氏之族，今已百年。』朕有所請問，皆垂答諭。朕因垂涕上問太祖、太宗在天聖號，答云：『人世不可輕語。』又云：『皇帝善爲撫育蒼生，毋怠前志。』朕再拜，天尊衆真皆離座，乘雲而去。」王旦等曰：「陛下款奉上真，親承寶訓，茲□殊異，簡册所無。」再拜稱賀。即召旦等至延

〔一〕曰：原無，據《宋大詔令集》卷一四三補。
〔二〕命：原無，據《宋史》卷一〇四《禮志》七補。

恩殿，歷觀臨降之所。

二十五日，内降御劄，以天尊臨降布告天下，命參知政事丁謂、翰林學士李宗諤、龍圖閣直學士陳彭年與太常禮院檢討官詳定崇奉儀制以聞。

7 二十六日，羣臣詣崇德殿稱賀，賜酒五行而罷，宴宗室諸親于萬歲殿。帝作《九天司命天尊降臨》七言詩賜近臣，繼和。

閏十月五日，制曰：「先天者大道，總衆妙以爲宗；無方者至神，感精衷而斯應。朕嗣守丕業，惕厲一心，祇荷殊休〔一〕，紹膺秘檢。奉符云岱，報本汾脽，祕祀交修，鴻儀克舉。凌兢既積〔二〕，顧諟非常。遽奉真遊，仰聞諄誨。啓洪源於古始，隆多祚於本支。永惟長發之祥〔三〕，敢罄歸尊之志。虔遵寶訓，聿薦徽名。咨爾有司〔四〕，肅揚令典。謹上九天司命保生天尊聖號曰『聖祖上靈高道九天司命保生天尊大帝』，擇日備禮奉册。」

六日，命宰臣王旦撰聖祖册文。

九日，詳定所言：「準制奉上聖祖徽號。按唐《郊祀録》，薦獻玄元皇帝青詞，云『嗣皇帝臣某』。今請應上聖祖青詞，並依稱謂。伏緣聖祖居上真之位，不用祀文，自今除道場外，非時奏告止用青詞。」詔恭依。又詔天下州府軍監並於天慶觀置聖祖殿，其尊像侍從，令玉清昭應宫定式付之。

十一日，制曰：「大道之始，實本於混元；二儀之生，肇從於太極。伊先天之孕粹，由太電以發祥。靈感誕昭，仙源斯啓〔五〕。進崇祖德，已焕於徽章；欽奉母儀，敢宣於慈教。恭薦隆號，式達至虔。謹奉上聖祖母懿號曰『元天大聖后』，擇日備禮奉册。」

十二日，詳定所言：「聖祖母未有宫殿，望遣官於兖州曲阜縣壽丘奏告。」從之。

十三日，詳定所言：「按唐天寶四年敕，太清宫告獻，行禮官用朝服，改祀版爲青詞。自今玉清昭應宫薦獻告聖祖，除已奉敕用青詞外，其奏告大事望服朝服，常時奏告則公服。其青詞，如設醮則令道士讀之，薦獻則命太祝。」並從之。

十八日，命宰臣向敏中撰聖祖母册文。

二十三日，詔聖祖、聖祖母徽號册寶法物，並飾以金。舊制，皇帝册寶飾以金，宗廟飾以銀。及是，有司請聖祖册寶如宗廟之制，帝崇奉聖祖，志存謙抑〔六〕，故有是詔。

十一月八日，詔聖祖、聖祖母册寶文，並令户部侍郎、參知政事丁謂書，寶文曰「天寶」。

〔一〕荷：原作「賀」，據《宋大詔令集》卷一三五改。
〔二〕既：原作「即」，據《宋大詔令集》卷一三五改。
〔三〕祥：原作「詳」，據《宋大詔令集》卷一三五改。
〔四〕爾：原作「示」，據《宋大詔令集》卷一三五改。
〔五〕源：原作「緣」，據《宋大詔令集》卷一三五改。
〔六〕抑：原作「於」，據《長編》卷七九改。

十一日，中書門下言：「準制加上聖祖、聖祖母徽號。恭以清都錫佑，紫禁延真，述聖胄之有開，表蕃釐之紛委。鴻名仰漸，聿申尊祖之心；徽謚載增，用達奉先之志。方咨令典，俟舉鴻儀。爰奉德音，別營秘宇。考室之制，倘未畢于僝功；奉册之辰，慮難成于備禮。臣等參詳，聖祖寶册，欲望俟宮成備禮；聖祖母寶册，俟仙源縣太極觀成日，命使奉上。」詔可，「聖祖寶册，朕親詣宮奉上」。

六年二月四日，帝御滋福殿，召宗室、近臣觀聖祖天尊大帝降延恩殿及衆真列侍圖。

七年九月一日，對輔臣於滋福殿。帝曰：「自元符之降，四海安寧，朕欲昭答羣昊，與天下臣庶同上玉皇聖號。來日吉辰，止就此殿設聖像，朕親授中書門下，擇日降制。」王旦等曰：「陛下特出清衷，仰答天貺，**8**盛事冠古，非攸司謀慮所及，臣等不勝大慶。」因請奉聖號匣安於朝元殿後天書刻玉幄次。從之。

一日㈠，帝詣滋福殿玉帝像焚香，奉聖號匣，再拜以授輔臣王旦等，奉置逍遥輦，安于朝元殿幄次。

八日，帝服靴袍，奉玉〔皇〕聖號御劄于崇德殿庭，設香案再拜，授樞密使，奉赴文德殿宣付中書門下。御劄曰：「穹昊蓋高，允昭於下濟；妙道爲大，實著于强名。而況端拱璿樞，裁成寶曆，總九陽之政令，布萬民之福禧。俯致隆平，方膺于聖蔭；仰崇稱謂，洪闡于神功。所以伸有國之至虔，謝蒸黎之介祉。伏維玉皇大帝宅尊紫宙㈡，制治清都，居二儀之先，爲萬物之主。至仁不載，覆冒于羣倫；妙用無方，監觀于浹宇。是謂莫闚其際，曷得而踰者也㈢。顧以眇沖，纘兹基緒。元符敷錫，祇受于眷懷；懿典昭揚，欽隆于保佑。勒封梁祉，報本郊丘。百禮咸宜，八紘狎至㈣。僊宗薦降，諄誨密彰。大庇家邦，寵綏海域。故得俗登仁壽，歲洽順成，七政以齊，百嘉並鬯。慶懷生之多幸，咸美應之有孚。天造降衷，雖巍巍之罔報；夙興厲志，庶翼翼之獲伸。由是度越前聞，肇新實號。將以祇率億兆，虔叩希夷，内傾齋慄之心，上達高明之聽，與天下臣庶上玉皇大帝聖號。謹以來年正月一日，躬申薦告，其册寶朕親撰文及書。天下亦以此日奏告㈤，仍定儀式頒下。其奉上册寶委中書門下命禮官參詳儀注，別擇吉年，恭行大典。咨爾有位，體于朕懷。」宣訖，左右正言捧案，禮部侍郎奉以出，安于朝元殿。

十五日，羣臣以上玉皇聖號，詣閤門拜表稱賀。

十二月十八日，以宰臣王旦爲奉告大禮使，向敏中爲儀仗使，樞密使、同中書門下平章事寇準爲鹵簿使，參知政事丁謂爲禮儀使，樞密副使王嗣宗爲橋道頓遞使。故事，

㈠ 一日：疑是「二日」。
㈡ 宙：原作「胄」，據《宋大詔令集》卷一三五改。
㈢ 「踰」原作「諭」，「也」原無，據《宋大詔令集》卷一三五改補。
㈣ 狎：原作「押」，據《宋大詔令集》卷一三五改。
㈤ 此句「天」與上句「書」原互倒，據《宋大詔令集》卷一三五乙。

禮儀使爲四使之首，贊導行事，敏中以衰疾，故易謂，以便於陟降〔一〕。

二十九日，帝服靴袍，奉玉皇聖號表案安于文德殿，齋于長春殿。

八年正月一日，帝詣玉清昭應宮，率天下臣庶奉表奏告，上玉皇大帝聖號曰「太上開天執符御曆含真體道玉皇大天帝」。又奉刻玉天書案于寶符閣，以皇帝御容侍立于側。帝升閣酌獻，復朝拜明慶、二聖殿。禮畢還宮，常服御崇德殿，文武羣臣稱賀。

九年五月一日，制曰：「朕獲以菲德，夙紹慶基〔二〕，法前王昭事之心，荷穹昊維新之命。祕圖申錫，靈浸鴻均；封祀紹修，誠明合荅。遘仙宗之降格〔三〕，示寶系之綿長〔四〕。錫祚蕃滋，輪祥紛沓。爰於前歲，特發精虔，式瞻霄極之尊〔五〕，虔上帝真之號。仍期奉册，别擇吉年。屬明律之再更〔六〕，果揆辰而有得〔七〕。今以來歲元日，適叶上辛，願同億兆之誠，共薦穹崇之稱。信辭真迹，匪懈于躬親；金簡玉文，庶垂於永久。舉冠絶未行之事〔八〕，報高明洪覆之恩。謹以來年正月一日 9 詣玉清昭應宮，與天下臣庶恭上玉皇大帝聖號寶册。凡百有司，各供其職。」

八月四日，詔諸州應緣來年正月一日恭上聖號道場，拜表官吏有服制者，並預行禮，不得慘服。

十月一日，詔曰：「乃者蒼昊顧懷，真游降格。側聆諄誨，逖悟仙源，允昭積累之祥，洞協希微之應〔九〕。宗祊蒙佑，遐邇均歡〔一〇〕。是用率籲羣誠，歸尊大帝。揆首春之穀旦，薦徽册于真宮。適戒先期，已申誕告。重念荅太霄之洪覆，既竭寅恭；崇聖祖之丕名，合遵嚴奉。爰因吉序，並展威儀。謹以來年正月二日詣景靈宮，奉上聖祖天尊大帝徽號。咨爾中外，體茲意焉。」

十二月十三日，詔曰：「朕躬詣殊庭，奉薦丕稱。顧茲版位之設，當于玉册之前，方内罄于夤威，固莫遑于寧處。宜伸抑畏，用表欽崇。其玉清昭應宮太初殿奉上玉皇大天帝聖號寶、册，丹墀版位宜設于龍墀，亞獻、三獻宜設于沙墀。俟奉寶、册畢薦獻，即依舊制。」

二十七日，有司奉玉皇寶〔一一〕、册、衮服、聖祖寶、册、仙衣，二聖絳紗袍至長春殿，中書、樞密院、修奉寶册副使迎拜庭中〔一二〕，道門威儀、禁衛援護，安于崇德殿。翌日，奉天

〔一〕便：原作「使」，據《長編》卷八三改。
〔二〕紹：原作「昭」，據《宋大詔令集》卷一一八改。
〔三〕遘：原作「搆」，據《宋大詔令集》卷一一八改。
〔四〕系：原作「素」，據《宋大詔令集》卷一一八改。
〔五〕式：原作「或」，據《宋大詔令集》卷一一八改。
〔六〕明律：原作「鳴津」，據《宋大詔令集》卷一一八改。
〔七〕得：原作「德」，據《宋大詔令集》卷一一八改。
〔八〕「絶」原脱，「未」原作「朱」，據《宋大詔令集》卷一一八補改。
〔九〕希：原作「帝」，據《宋大詔令集》卷一三六改。
〔一〇〕邇：原作「爾」，據《宋大詔令集》卷一三六改。
〔一一〕奉：原作「奏」，據《長編》卷八八改。
〔一二〕「修」上原有「奉」字，據《長編》卷八八删。

書置天安殿，玉皇寶、册、衮服、二聖絳紗袍于文德殿，内出紫微大帝絳紗袍、七元輔弼紅綃衣、翊聖保德真君皁袍，安于滋福殿，帝齋于崇德殿。

二十九日，奉聖祖寶、册、仙衣安于文德殿。是夕，帝齋于天安殿後室。翌日四鼓，帝詣天安殿酌獻天書。五鼓，儀衛使奉以赴玉清昭應宫之集禧殿，又奉寶、册、衮服、仙衣赴玉清昭應宫之宣儀殿、景靈宫之别殿。大駕赴玉清昭應宫。

天禧元年正月一日，儀衛使已下奉天書升太初殿，中書令已下奉聖號（寶）、册、衮服升丹墀之東（握）〔幄〕，百官朝服班于殿庭，貢舉人、僧道、耆老分（别）〔列〕于宫門外。帝服衮冕升殿，恭上玉皇大天帝聖號寶、册、衮服。册文曰：「嗣天子臣恒謹再〔拜〕稽首上言：臣聞曰至曰妙，道之精也；爲昊爲蒼，天之大也。雖上德不德〔一〕，曷可以詳言；而常名非名，於是乎丕顯。所以居上者受之而弗拒，居下者奉之而歸尊，蓋三才之至公，億齡之巨典也。伏維玉皇大帝剛健純粹，高明博臨，生造化之先〔二〕，居正真之首。九陽有命，恭己而財成；萬寓無疆〔三〕，克仁而大庇。若乃廣運之聖，不測之神，總治百靈，統齊七政。茫茫率土，祇若於監觀；蠢蠢流形，欽承於覆冒。是以自翕闢之始，浹融結之區，照日月之輝，沐雷雨之澤。爲物爲變之類，麗天麗地之儔。道蔭誕敷，故諧其茂遂；皇靈昭著，故積其贅威。宜乎有國者兢兢而不忘，乾乾而内罄也。臣顧惟眇質，獲紹睿圖，繼祖考之慶基，守區宇之大器。向以干戈倒載，符瑞交臻，荐告休期，叠頒祕籙。云岱之岳，紀號而勒崇〔四〕；河汾之丘，省方而報本。承仙宗之降格，述寶訓之開先。由是盛則隆興，純禧紛委，嘉生並育，善氣 10 彌充〔五〕，俗還於醇和，路盈于雅頌。豈云寡昧，能致於昇平；蓋自顧懷，茂彰于保佑。夫杳冥之況，既表于殊尤；菲薄之懷，敢忘於勵翼！於是舉邦國未行之事，報太紫曲成之仁，祇率輿民，奉崇實號。『太上』者首出庶物，『開天』者資始六合，『執符御曆』者冠于司牧，『含真體道』者契于自然。瞻玉宸之崇高，思璿霄之尊極，合爲丕稱，奉于清都。臣不勝大願，謹率天下臣庶，奉玉册玉寶，恭上聖號曰『太上開天執符御曆含真體道玉皇大天帝』〔六〕。伏維允彰鴻祐，俯照至精，永流介福，下及懷生。翼翼小心，誕膺於乃睠；昭昭嘉應，永保於咸亨。臣恒皇恐再拜，謹言。」奠玉幣、薦饌、三獻、飲福、登歌、二舞、望燎，如祀昊天上帝之儀。禮畢，詣二聖殿奉上絳紗袍，奉幣進酒，分遣攝殿中監上紫微大帝絳紗袍、七元輔弼真君紅綃衣、翊聖保德真君

〔一〕雖：原無，據《宋大詔令集》卷一三六補。
〔二〕生：原作「主」，據《宋大詔令集》卷一三六改。
〔三〕疆：原作「强」，據《宋大詔令集》卷一三六改。
〔四〕勒：原作「勤」，據《宋大詔令集》卷一三六改。
〔五〕充：原作「克」，據《宋大詔令集》卷一三六改。
〔六〕執：原作「報」，據《長編》卷八三改。

皁袍，遣官分獻諸殿閣。帝改服袍，詣紫微殿寶符閣焚香，羣臣詣集禧殿門拜表賀。正旦，天書赴景靈宮，大駕次至，齋于明福殿。

二日，帝服衮冕，詣天興殿，奉上聖祖天尊大帝册、寶、仙衣。册文曰：「嗣皇帝臣恒謹再拜稽首上言曰：粤以生三爲大，實本乎道樞；得一以靈，聿資乎神教。洪惟聖祖，降自先天。位冠真階，功宣民極。施及中古，再撫庶邦〔一〕。修德振兵，舉賢播穀。順風而訪道，迎日以授時。大勳布昭，淳化宣洽。乘王氣于五勝，司命紀于九清〔二〕。陟降霄宸，財成品彙。復膺帝命，垂庇皇宗。昭啓孫謀，永綏天禄。曩以祕文申錫，靈眷是將，協謀告期，奉符拜貺。今復警于宵寐〔三〕，彰厥休徵，紆乃雲軿，戾于禁闥。衆真翊導，尊儀粹和。躬聞至言，獲知洪緒。俯循冲菲，祗荷顧懷，欽膺錫羡之祥，丕闡莫京之胄。璿源惟永，寶曆無疆。純嘏荐臻，感慶交集。是用敷求令典，申薦徽名，稽衆妙之淵宗，述無方之況施。本支所系，仰祖德之有開；天極至崇，儼帝宸而增焕。表兹崇尚，以答高明。謹奉玉册玉寶，恭上徽號曰『聖祖上靈高道九天司命保生天尊大帝』。伏維鑒德霄垠，貽休宗稷，永隆孚祐，誕集祺祥。丕冒羣倫，翕然蕃祉。謹言。」奉天書薦獻，悉如玉清昭應宮之儀。帝又服靴袍詣保寧閣焚香。車駕還内，羣臣入賀于崇德殿，賜酒五行。契丹使預焉。

二十六日，命宰臣王旦爲兗州太極觀奉上寶册使，景靈宮副使、尚書右丞兼宗正卿趙安仁副之，龍圖閣待制李虛己押册、寶，集賢校理(宗)〔宋〕綬押仙衣。

二月十七日，帝齋于長春殿。

十八日，有司於文德殿設聖祖母元天大聖后版位，帝服通天冠、絳紗袍，行酌獻之禮。拜授册、寶于王旦，仙衣于趙安仁，旦等跪受，奉以升輅，具鹵簿儀衛〔四〕，夕次于瑞聖園。翌日，援護而行。册文曰：「嗣皇帝臣恒再拜稽首上言曰：恭以大道無形，爲一氣之祖；至神毓粹，居二儀之先。洪維靈懿無方，柔明有赫，總妙本 11 而資始，啓真緒以肇基。顧以冲人，嗣守鴻構，夙持勵翼，思致治平。乃者曾宇監觀〔五〕，秘符申錫，佑綿長之祚，示清静之方。瑞命殊尤〔六〕，景貺紛屬。由是勒封云岱，展事汾(睢)〔脽〕。既明察以交修，復休祺而荐至。仙馭告期于中禁，睟儀來自于太霄。法從儼其音容，諄誨受于清密。諭感祥于大電，聆育聖于高丘。厚德浮光，濬源長發〔七〕。猥紹詒謀之

〔一〕撫：原作「無」，據《宋大詔令集》卷一三六改。
〔二〕紀：原無，據《宋大詔令集》卷一三六補。
〔三〕宵：原作「霄」，據《宋大詔令集》卷一三六改。
〔四〕具：原作「其」，據《長編》卷八九改。
〔五〕宇：原作「宙」，據《宋大詔令集》卷一三六改。
〔六〕殊：原作「珠」，據《宋大詔令集》卷一三六改。
〔七〕源：原作「原」，據《宋大詔令集》卷一三六改。

慶〔一〕，敢忘克荷之艱？饗是休嘉〔二〕，永懷欽奉。惟祖德之盛，爰上丕稱；而母儀之尊，未崇顯號。斯所以順稽鉅禮，式耀徽章，允罄精衷，肅伸昭報。謹奉玉册玉寶，恭上懿號曰『聖祖母元天大聖后』。恭惟誕膺茂典，丕赫殊祥，垂佑後昆，永錫繁祉。謹言。」

三月九日，兖州奉册禮畢，羣臣入賀，賜（欽）〔飲〕于崇德殿。

徽宗政和六年四月二十九日，詔曰：「朕德不類，獲承至尊〔三〕。惟天之大，微妙玄通〔四〕，深不可識，夙夜祗慄，恐不足以體法而順承之。永惟玉皇大天帝、昊天上帝主宰萬化，名殊實同，而昔之論者析而言之，不能致一，故於徽稱，闕而未備。今興建明堂，以享以配，而名實弗稱，震于朕心，大懼無以承天之休，欽帝之命。謹涓吉齋明，恭上尊號曰『太上開天執符御曆含真體道昊天玉皇上帝』。其令有司備禮奉上玉寶玉册，以稱朕意。」

五月二十八日，詔：「已親製玉皇册文，書于玉册，以九月朔躬詣和陽宮奉上，於本宮奉安，不當更差册寶使。册自內出，奉安在禁中，無升輅、恭謝、致齋之禮。可差官撰文，前期奏告，如常儀。百官朝服，奠獻、登歌並如祀上帝儀。內奠鎮圭於繅藉，改用元圭。素饌。其儀注、樂章，令有司撰定。禮畢，次日稱賀。」

八月二十九日，書藝局奉册寶至延福宮權奉安，守衛如儀。

九月朔日黎明，有司陳細仗于延福殿門之外，軍將等援衛，以次導引進行。內侍捧舁至和陽宮門外，以俟行禮。前期，尚舍設御幄于玉虛殿之東；設皇帝位于東陛上，西向；設權置玉册、玉寶位於殿上聖像前近南稍東，西向；册北寶南。設（黄）〔皇〕帝上册寶褥位于昊天玉皇上帝香案之南，北向。置册寶褥位在前。亞獻、終獻及行事官各以次設位。列陪祠文武官於執事官之南，東西相向。設玉幣玉以蒼璧，幣以蒼色。篚於昊天玉皇上帝香案前之左；設籩豆、簠簋、尊罍于聖像前；設道衆供奉盥洗盤匜位於皇帝之前北面，匜居盤西。吏部侍郎并執巾者位其北，南向。（緒）〔諸〕行事及陪祠官各服其服入就位。皇帝服靴袍，乘輿赴御幄。禮儀使俛伏跪，奏請是後奏請皆俛伏跪，皇帝執圭、搢圭、奠圭、奠玉幣、再拜、盥帨、執爵、奠爵、飲福、前導行禮還位，並禮儀使贊相（真）〔其〕儀。皇帝行恭上昊天玉皇上帝尊號之禮。皇帝服衮冕以出，殿中監跪進大圭，皇帝執圭，宮架樂作。至東階下，樂止。升自東階，登歌樂作。至位西向立，樂止。禮儀使奏請「有 12 司謹具，請行事」，宮架樂作，文舞六成止。皇帝再拜，在位者皆再拜。册寶入門，宮架樂作。中書侍郎前引册案，中書舍人捧册案，右弼後從；門下侍郎前引寶案，給事中捧寶

〔一〕詒：原作「紿」，據《宋大詔令集》卷一三六改。
〔二〕饗：原作「嚮」，據《宋大詔令集》卷一三六改。
〔三〕獲：原作「護」，據《宋大詔令集》卷一三六改。
〔四〕玄：原作「元」，據《宋大詔令集》卷一三六改。

案，右輔後從。至殿東階下，樂止。登歌樂作，升自東堦，權(致)〔置〕褥位，樂止。左輔以下立於册寶之後，重行，西向，以北爲上。皇帝搢大圭，盥手，帨手，執大圭，詣昊天玉皇上帝香案前，搢大圭，三上香。執大圭，再拜，在位皆拜。右弼詣昊天玉皇上帝香案前奏言：「嗣天子佶謹以九月朔恭上昊天玉皇上帝册寶。」御製册文曰：「嗣天子臣佶謹再拜稽首上言：臣聞太極之初，希微混冥，未始有象，不可致(喆)〔詰〕，蓋無得而名。是生兩儀，高卑以陳，始制有名，强而字之曰道。道無乎不在，形而上者曰天，神而應物曰帝。生而不有，爲而不恃，長而不宰，萬物作而不辭。故莫神于天，莫大于帝，兩者同出而異名。名雖不能盡道，而道所由以顯，則名其可不賓于實？臣獲以眇末，嗣有令緒，夤威寶命，懼不足以輔相財成。若古在昔，惟典神天，雖天子必有尊，而尊無二上。循考典禮，有昊天、玉皇之異。齋明夙夜，感於明神，形於朕兆，謂名稱不同，當協于一。謹與四海含生，萬邦黎庶，對越靈承，面稽天若，循沿舊號，合爲一帝。恭謂明威在上，監觀在下，感而遂通，神而不測，非形容擬議可既，然自我民視，亦自我民聽。躬以玉册玉寶，稽首再拜，上聖號曰『太上開天執符御曆含真奉道昊天玉皇上帝』。惟天難諶，惟德是輔，蓋高聽卑，昭格不違，永保于無疆之休。臣佶惶恐再拜，謹言。」退復位，中書舍人捧册案，右弼、中書侍郎從至褥位。皇帝搢大圭，奉册跪置褥位訖，〔執〕大圭，俛(代)〔伏〕興，少退立。中書舍人跪舉册，右弼詣册案前俛伏側跪，讀册文訖，中書侍郎前引右弼押當，詣殿室奉安，登歌樂作。每奉安册寶並登歌樂作，至奉安訖樂止。册案將入殿室，給事中捧寶案，左輔、門下侍郎從至褥位。皇帝搢大圭，奉寶跪置褥位訖，俛伏興，少退立。給事中舉寶，左輔讀寶，給事中捧寶案，詣殿(寶)〔室〕奉安，皆如上儀。皇帝詣香案前褥位，登歌樂作。搢大圭，詣昊天玉皇上帝香案前跪，奠元圭於繅藉。執大圭，俛伏興。搢圭，奠玉幣，執圭，再拜。內侍舉元圭以授殿中監，禮部、户部尚書各奉俎豆，宮架樂作。奠訖，樂止。皇帝搢大圭，盥手、帨手、洗爵、拭爵訖，執大圭，登歌樂作。詣昊天玉皇上帝香案前，搢大圭，執爵祭酒三。執圭，俛伏興，再拜訖，樂止。亞獻盥帨訖，武舞，宮架樂作。行禮畢，樂止。終獻行禮如上儀。皇帝詣飲福位，登歌樂作。皇帝再拜，搢大圭，跪受爵，祭酒三，啐酒奠爵，受搏黍豆，再受爵飲福訖，奠爵。有司徹俎豆，禮直官曰「賜福酒」，行事，陪祠官再拜送神，宮架樂作，一成止。皇帝詣望燎位，南向立，禮直官曰「可燎」。俟火燎 13 半柴，禮儀使(奉)〔奏〕禮畢，皇帝還御幄，宮架樂作。釋大圭，入幄，樂止。服靴袍，乘輿還內如來儀。三清并别殿聖像，並差官分詣燒香。

九月一日[一]，詣玉清和陽宮上昊天玉皇上帝尊號寶册。

[一] 此條與前條實同一事，蓋出處不同，《大典》並録於此。

上皇地祇徽號

徽宗政和六年十一月二十四日，詔曰：「王者父天而母地，乃者祇率萬邦黎庶，强爲之名，以玉册玉寶昭告於上帝。至哉坤元，萬物資生，直方以大，未有稱謂，非所以顯微闡幽〔一〕，通神明之德。朕夙夜祇慄，罔敢怠忽。若稽在昔，夏日之至，于國之北，將求神於澤中之丘。雖名不足以盡道，而道隱于無名，則名不可已也。夫順承于天，傚法于下，厚德載物，含洪光大，地德也。謹以是德上徽號曰『承天效法厚德光大皇地祇』〔二〕，以盡兢兢業業母事之禮，令有司擇日恭上。」其儀注、樂章，並依奉上昊天玉皇上帝（奠）〔尊〕號例。

二十五日，詔：「已降詔命，恭上地祇尊號。永惟地道，上順承天，皇天后土，陰陽之理也。舊地祇未有后土之稱，可於尊號內加『后土』二字〔三〕。」

二十七日，詔〔四〕：「『承天效法厚德光大后土皇地祇』一十三字，未審徽號文以如何爲上下之序？」詔依此序爲文。

七年二月六日，奉上地祇册寶都大管勾所奏：「奉上皇地祇册寶開壇坎，據禮直官高舜元狀：勘會若殿之西北別無空閒地步，乞于殿西堦之東開，合於壇坎之南空留二丈已來設褥位。所有擇日，欲三月內。其壇坎合用方深四尺，可容章籠置幣。」詔用殿前坎壇。

五月二日，皇帝詣玉虛殿奉上「承天效法厚德光大后土皇地祇」徽號〔五〕。其所用之禮，以壇坎易燎柴，設望壇位，玉以黃琮及兩圭有邸，幣以黃色，舞以八成，其餘並同奉上昊天玉皇上帝尊號之儀〔六〕。

徽號二

迎奉聖像〔七〕

真宗大中祥符五年七月五日，修玉清昭應宮使丁謂言：「本宮將來正殿設玉皇大天帝像，又于別殿設聖祖天尊大帝、太祖皇帝、太宗皇帝像，營繕將就，請命良工鑄造尊像。」詔江淮發運使李溥於江浙訪鑄匠，相度地位鎔範。俄而溥奏於杭、蘇二州訪得鑄匠，乞就建安軍西北小山鑄寫。詔可。

六年三月二十二日，李溥言玉皇大帝、聖祖天尊、太祖

〔一〕顯微闡幽：原作「微顯闡微」，據《宋大詔令集》卷一三七改。
〔二〕效：原作「郊」，據《宋大詔令集》卷一三七改。
〔三〕於：原作「以」，據《宋大詔令集》卷一三七改。
〔四〕此「詔」字誤，此爲有司之請示，下乃爲詔答。
〔五〕天：原脱，據上文及《宋史》卷一〇四《禮志》七補。
〔六〕尊：原作「虚」，據《宋史》卷一〇四《禮志》七改。
〔七〕按，以下二目之文，現存《永樂大典》卷一八二二四亦載，此目作「奉迎聖像」。

皇帝、太宗皇帝四殿聖像鎔範已成。

二十四日，以修玉清昭應宮使、參知政事丁謂爲迎奉聖像使，修玉清昭應宮副使、翰林學士李宗諤副之，北作坊使、淮南江浙荆湖都大發運使李溥爲都監，集賢校理宋綬掌迎奉聖像使表奏。

二十六日，詳定所言：「迎奉聖像，合用儀仗、鼓吹三千三百餘人。」從之。

四月二十一日，宰臣王旦爲迎奉聖像大禮使〔一〕，向敏中爲禮儀使，樞密使王欽若爲儀仗使，陳堯叟爲鹵簿使，參知政事丁謂爲橋道頓遞使。

二十六日，詔聖像所經州府官吏賜宴 14 設。

五月七日，詳定所言：「朝拜聖像，皇帝服衮冕。準《月令》，孟夏初衣暑服，孟冬始裘。尚衣庫衮冕皆仲冬親饗圜丘所服夾衣，今方盛暑，未稱禮容，欲望依衮冕制度改製單衣，庶協時令。」從之。

十一日，詔曰：「欽承寶命，虔範睟容，方涉夷塗，即臨珍館。特廣車輿之飾，用申迎奉之儀〔二〕。肇創嘉名，庶彰懿則。其玉皇大帝聖像車恭以迎真輅爲名，聖祖天尊大帝車恭以迎聖輅爲名，太祖皇帝車以奉聖輅爲名，太宗皇帝車以奉宸輅爲名。」

十二日，以聖像至京，遣官告天地、宗廟、社稷。

十四日，有司具大駕鹵簿、儀仗、鼓吹、僧道威儀，夾汴奉迎聖像。宗室班迎于故驛，羣臣班迎于通津門外七里曲，還詣昇平橋朝拜。是日，聖像降舟，升輅，奉安于幄殿，帝齋于長春殿。

十五日，帝服通天冠、絳紗袍，乘大輦，備鑾駕，出乾元門而西，自右掖門直南街，東至幄殿，降輦。以聖像在昇平橋之綵殿，故避御道焉。頃之，改乘小輦，至開封府前之大次，服衮冕，詣綵殿酌獻玉皇、聖祖、太祖、太宗之聖像，升歌飲福，一如郊廟之禮，而俎用乳。禮畢，改服靴袍，乘大輦，由宮城西出天波門，至玉清昭應宮門外幄，以俟有司奉聖像由宮城東出景龍門，至玉清昭應宮東門。文武羣臣班迎聖像入東門，帝迎拜。有司奉安于綵殿，帝徧詣焚香再拜。禮畢，還宮。翌日，羣臣詣長春殿稱賀。

二十七日，以聖像至京，命左司諫、知制誥路振，刑部郎中、龍圖閣（侍）〔待〕制查道奏告諸陵。

二十八日，賜大禮使已下休假二日。

玉清和陽宮奉安聖像

徽宗政和三年四月二十四日，以福寧殿東今上誕聖之地作玉清和陽宮，凡爲正殿三，挾殿六。前曰「玉虛」，以奉三清、玉皇、聖祖、北極天皇、元天（太）〔大〕聖后、后土等九位；東挾曰「三光」，以奉十一曜；西挾曰「宰御」，以奉南

〔一〕聖：原脱，據《宋史》卷二八二《王旦傳》、《永樂大典》卷一八二二四補。

〔二〕迎：原作「近」，據《宋大詔令集》卷一四九改。

北斗。中曰「泰時」，以奉太一；東挾曰「靈一」，以奉天蓬、天猷、翊聖、真武；西挾曰「正一」，以奉正一靜應真君。後曰「景命萬年」，以奉皇帝本命；東挾曰「峻極」，以奉五岳；西挾曰「三洞瓊文」，以奉《道藏》。

四年，宮成，總屋一百四十二區。詔以四月一日奉安神像于逐殿，命太師蔡京充禮儀使，保靜軍節度觀察留後楊戩充都大主管官。其日，設大祠禮料、素饌及道門威儀，赴太清樓權奉安處。陳教坊、鈞容樂、黃麾細仗於清陽門外，俟時告遷神像升綵殿腰舁。禮儀使後從至玉虛殿下，跪奉請降綵殿，升玉虛殿側坐，以俟奉安。時至前一日，皇帝齋于內殿。尚舍預設御幄于玉虛殿東。又設皇帝位于東階上，西向。設望燎位于殿之東，南向。太常設燎柴于殿之東南。大晟陳登歌之樂於殿上前楹間稍南，北向；設宮架於庭中，立舞表於酇綴之間。設奉幣爵、受幣爵、讀祝官位於殿上，東西相向。設協律郎位，一於殿上前楹間稍西，15一於宮架西北，俱東向。大樂令位於登歌樂簴北，大司樂位於宮架北，良醞令於酌尊所，俱北向。設陪位官位於殿庭，東西相向。設籩豆簠簋之位於逐神像前，左有十二籩，右有十二豆，俱爲三行。俎二，在籩、豆之間。簠二，簋二，在籩、豆外。又設尊罍位于逐神像前，又設內侍供奉皇帝盥洗盤匜位于皇帝位前。捧盤內侍在執匜內侍之西，皆北向〔一〕；奉爵官、執巾內侍在捧盤之北，皆南向。行禮前，行事官及陪位望參官各服其服，光祿卿入實籩豆簠簋俎，良醞令入實尊罍，樂正帥工人〔二〕、二舞以次入。陪位官入就位，禮直官并行事官入詣殿庭，北向再拜訖，各就行事位。禮儀使、太常博士立于御幄前。皇帝自內殿服靴袍，乘輿入幄次。俟時將至，禮儀使詣神像前俛伏跪，(奏)〔奉〕神像升正座訖，禮直官、太常博士引禮儀使詣幄前，奏請皇帝行奉安之禮。自是皇帝行禮拜跪、執圭、搢圭、奠圭、釋圭、受(弊)〔幣〕、奠酒、望燎、禮畢及進止前導，皆禮儀使贊相其儀。皇帝服袞冕以出，近侍從升。禮儀使前導，殿中監跪進大圭，少監副之。皇帝執大圭，宮架樂作。至東階下，樂止。升東階，登歌樂作。至位西向立，樂止。以俟時至遷正位訖，禮儀使前奏「有司謹具，請行事」，宮架樂作，六成止。皇帝再拜，在位皆再拜。內侍奉盤匜，皇帝搢大圭，盥帨，執大圭，登歌樂作。皇帝搢大圭，執元圭，詣神像前北向跪，奠元圭於繅籍。執大圭，俛伏興。搢大圭，三上香。有司進幣，皇帝受幣奠訖，執大圭，再拜，樂止。詣次位上香、奠幣，並如上儀。皇帝還位，登歌樂作。至位西向立，樂止。內侍奉盤匜，皇帝搢大圭，盥帨，登歌樂作。奉爵官進爵，皇帝洗爵，拭爵，樂止。執大圭，登歌樂作。奉爵官奉爵詣尊所〔三〕，良醞令酌酒，皇帝詣神像前北向，搢大圭，跪。奉爵

〔一〕皆：原作「堦」，據《永樂大典》卷一八二二四改。
〔二〕正帥：原作「工帥」，據《永樂大典》卷一八二二四改。
〔三〕下「奉爵」原脱，據《永樂大典》卷一八二二四補。

官跪，以爵酒進，執爵三奠酒，執大圭，樂止。內侍舉祝版，讀祝官東向跪讀。皇帝再拜，內侍奉祝版置于神像前。詣諸次位行禮〔一〕，並如上儀。奉幣爵、受幣爵、讀祝版官並降西階，東向立。皇帝還位，登歌樂作。至位西向立，樂止。送神，宮架樂作〔二〕，一成止。皇帝將詣望燎位，登歌樂作，降自東階，樂止。宮架樂作，至位南向立，樂止。皇帝還位，禮直官曰「可燎」，東西各以炬火燎半。禮畢，皇帝還幄次，宮架樂作。釋大圭，殿中監跪受以還有司，皇帝入幄次，樂止。皇帝服靴袍，乘輿還內，如來儀。

四年正月十九日，詔歲中及大禮開建道場日數並仍舊制，天寧節七晝夜，老君生日、年交、保夏、大禮前預告、大禮畢恭謝，各二晝夜。

五月二十四日，詔今後遇旦、望、冬至、年節、天寧節，車駕並詣宮燒香。

五年二月四日，詔二月十五日太上老君誕日，於玉清和陽宮設道士登歌樂，皇帝行酌獻之(理)〔禮〕。其日早，皇帝入玉清和陽宮，歸小次，俟設饌等畢，讀祝道士詣殿庭北向 16 三禮，升詣香案之右，東向立。自是前導及執事攝官并奏請行禮等，並以道士充。前導皇帝服靴袍，登東階，登歌《乾安》樂作。詣殿上西向褥位立定，樂止。降真，《誠安》樂作，一成止。奏請皇帝再拜訖，樂作。皇帝盥帨，詣香案前褥位北向，三上香，執事者跪進幣，皇帝跪受幣，奠幣，執事者受幣。皇帝再拜訖，歸褥位，樂止。少頃，《真安》樂作，皇帝盥帨爵訖，執事者受爵，赴著尊所。攝太官令實爵，皇帝詣香案前褥位北向立，執事者以爵坫跪進。皇帝跪受，執爵三獻酒，執事者受爵，皇帝俛伏興，少立。攝太祝東向讀祝文訖，置于案，皇帝再拜訖，還褥位，西向立。送真，《欽安》樂作，一成止。皇帝詣望燎位，《乾安》樂作。至南向褥位，樂止。執事者取祝文幣帛，俟火燎半，奏禮畢，皇帝還位。

十八日，詔今後降聖節，可依太上老君生日例排辦行禮，仍令本宮一月前檢舉以聞。

七年五月十六日，詔改玉清和陽宮以玉清神霄宮爲名。

宣讀天書

真宗大中祥符元年正月三日，對輔臣於崇政殿之西序。帝曰：「朕寢殿中帟幕皆用青絁，旦暮非張燭莫能辨色。去年十一月二十七日夜將半，方就寢，忽光明滿室，驚視之次，見神人星冠絳衣，告朕曰：『來月三日，宜於正殿建黃籙道場一月，將降天書《大中祥符》三篇，勿泄天機。』朕竦然起對，忽已不見，命筆識之。自十二月朔，即蔬食齋戒于正殿，依道門科儀結綵壇九級，建道場以佇神貺〔三〕，

〔一〕諸：原脫，據《永樂大典》卷一八二二四補。
〔二〕作：原作「止」，據《永樂大典》卷一八二二四改。
〔三〕貺：原作「祝」，據《宋史》卷一〇四《禮志》七改。

雖越月未敢罷去。適皇城司奏，左承天門屋南角有黃帛曳于鴟尾之上，即遣中使視之。迴奏云，帛長二丈許，緘一物如書卷，纏以青縷三道，封處隱隱有字〔一〕。朕思之，蓋神人所謂天降之書也。」王旦等曰：「此蓋陛下至誠事天地，大孝奉祖宗，恭己愛人，夙夜求治，以致殊鄰修睦，獷俗請吏，干戈偃戢，年粟屢豐，皆陛下兢兢業業〔二〕、日慎一日之所致也。臣等嘗謂天道不遠，必有昭報。今者神告先期，靈文果降，實昭上穹佐德之應。」皆再拜稱賀。又曰：「然未知天書所諭之事，啓封之際，宜屏左右。」帝曰：「既有天命，固當祇受，適恐皇城司遽便收進，已便止之。朕當躬詣焚香拜受。朕自得神人所諭之言，尋雕木爲輿殿〔三〕，飾之以金寶，將以奉安天書。所云屏人以啓封，雖神人云勿泄天機，朕以上天所貺，當與衆共之。」旦復曰：「蓋未測書意，不欲顯示於衆。」帝曰：「天若譴示闕政，當與卿等祇畏改悔；若告戒朕躬，朕亦當側身自修。豈宜隱之而使衆不知也？當即啓讀，但慮文莫能辨，須訪明習篆籀者以從。」旦曰：「陛下肅奉天命，非臣等所能測也。」帝即步至承天門瞻望再拜，內臣周懷政、皇甫繼明對捧而下，王旦跪奉而進。帝再拜受之，親奉安於輿殿。初，輔臣請以道衆前導，帝曰：「朕齋戒既久，止欲與卿等嚴導以表精虔。」遂奉引而行，帝却繖 17 蓋，徹警蹕，至朝元殿之丹墀。旦自輿殿捧天書，帝跪受訖，付陳堯叟啓封。帛上有文曰：「趙受命，興於宋，付於恒。居其器，守於正。世七百，九九定。」既去帛，緘書甚密，紙堅潤，不與常類。抉以利刀〔四〕，久而方啓。啓訖，跪進，帝亦跪捧，復(受)〔授〕堯叟，命讀之。其書黃字三幅〔五〕，詞類《尚書·洪範》、老子《道德經》。始言帝能以至孝至道治世〔六〕，次諭以清淨簡儉，終述世祚延永之意。讀訖，帝復跪捧，以所緘之帛蘊之，盛以金匱，置于輿殿。再拜訖，奉引升自東階，安於道場中，復然香再拜。禮畢，帝御殿之北廡，召旦等謂曰：「朕德薄，何乃天降明命，昭晰若此！」旦等曰：「昔龍圖授羲，龜書錫禹，非常之應，惟聖主得之。陛下應天立極，振(右)〔古〕稱首，上帝所以申錫秘檢，示治國大中之道，萬世一時也。」咸再拜稱賀。是夕，命王旦宿齋中書，晚詣道場上香。旦趍往，而帝已先至。

四日，文武百官、諸軍將校、諸方番客入賀。是夕，帝齋于長春殿，輔臣宿于本司，道衆聲讚於朝元殿，教坊奏法

〔一〕字：原脱，據《長編》卷六八補。
〔二〕兢兢：原作「赫赫」，據《長編》卷六八改。
〔三〕輿殿：《長編》卷六八無「殿」字。下文同。
〔四〕抉：原作「厥」，據《宋史》卷一〇四《禮志》七改。
〔五〕三幅：原作「二幅」，據《長編》卷六八、《宋史》卷一〇四《禮志》七改。按前云「大中祥符三篇」，蓋幅爲一篇也。
〔六〕至孝：原作「致孝」，據《長編》卷六八改。

曲于庭〔一〕。翌日，所司設大次于朝元殿之西廊，列黃麾仗，自殿至閣門，羣臣序立。帝服靴袍，太常卿贊導升殿，焚香酌獻於三清、天書之前。登歌作樂既畢，執事者奉天書輿殿降自西階，出朝元門，由右昇龍門歷文德殿，威儀樂部奉引，帝步導入東上閤門，避黃道而行。既入門，從官皆退，唯中官執事還（官）〔宮〕，帝前導如初。

四月一日，天書再降内中功德閣。天禧元年正月二十七日，始下詔以四月一日天書再降内中功德閣日爲天祺節。

六月八日，封祀制置使王欽若言〔二〕：「六日，泰山西南垂刀山上有紅紫雲氣如橋梁之狀，漸成花蓋，至地而散。其日，木工董祚於靈液亭北見黃素曳於林木之上，有字而不能識，遂言於皇城（吏）〔使〕王居正。居正見其上有御名，馳告李（紳）〔神〕福、曹利用等，達於欽若。欽若遂率官屬，以道門威儀迎置公舍。七日早，自公舍奉導至社首山〔三〕，欽若跪授中使，馳捧赴闕。」奏至，帝御崇政殿，促召輔臣，謂之曰：「朕五月十七日夜，忽夢前所覩神人言：『來月上旬，當賜天書於泰山，宜齋戒祗受。』朕雖荷降告，亦未敢宣露，惟密諭王欽若等，凡有祥異即上聞。今得其奏，果與夢協。上天眷佑，丕應彰灼，祗畏惕厲，惟懼不稱。」王旦等曰：「陛下至德動天，感應昭著，臣等不勝大慶。」再拜稱賀。帝曰：「靈文非久到闕，奉迎之禮，宜加詳定。」旦等曰：「正月奉迎天書已定儀注，今望約而行之。」帝曰：「向者降於内庭，故不別設儀仗，今自外而至，禮當嚴至。可且置于含芳園正殿，擇日具儀衛奉迎。」旦等復曰：「至日欲具黃麾仗，道門威儀，百官並放朝參，出城班迎。入内日亦準是。」從之。即命旦爲奉迎天書導衛使，丁謂爲扶侍使，藍繼宗爲都監。

十日，天書至自泰山，扶（持）〔侍〕使而下具儀衛奉迎，安于含芳園之18西門，命王旦詣園齋宿，晨夕焚香，道衆作法事。

十一日，羣臣詣含芳園門迎導天書升園之正殿，帝齋於長春殿。翌日，備鑾駕赴含芳園，改服通天冠、絳紗袍，百官朝服序班。帝出大次，於殿下北面再拜訖，導衛、扶（持）〔侍〕使自殿上奉天書而下，置帝前，再拜而受，付陳堯叟啓封跪讀。其文曰：「汝崇孝奉吾，育民廣福，錫爾嘉瑞，黎庶咸知。秘守是言〔四〕，善解吾意。國祚延永，壽曆遐歲。」讀訖，召百官示之，復奉以升殿，焚香酌奠。車駕先還，俟於朝元殿之幄次，導衛使等奉至，帝迎拜前導，避黃道而行，由東上閤門入内。

〔一〕法曲：原作「發曲」，聲之誤也。按法曲爲唐宋樂部之一，陳暘《樂書》卷一八八有「法曲部」一節，述之甚詳。《宋史》卷一〇四《禮志》七云：「奉安天書朝元殿，庭中奏法曲。」正與此相類，據改。

〔二〕祀：原作「記」，據《宋史》卷一〇四《禮志》七改。

〔三〕「導」原作「道」，「社」原作「杜」，據《宋史》卷二八三《王欽若傳》改。

〔四〕守：原作「定」，據《長編》卷六九改。

四年正月二十一日，奉聖製《天書誓文》赴玉清昭應宮。先是，帝謂王旦等曰：「朕以上穹敷佑，靈文三錫，夙夜兢勵，盡志欽奉。且慮歲月寖久，子孫輕怠，故作此文，刻石寘于天書閣下。」

七年五月十一日，詔模刻天書，奉安於玉清昭應宮，命宰臣王旦爲天書刻玉使，樞密使、同中書門下平章事王欽若爲刻（土）〔玉〕副使，兵部侍郎趙安仁、翰林學士陳彭年爲同刻玉副使，入内押班周懷政爲都監。

八月七日，有司備仗衛、道門威儀、教坊樂，刻玉都監自内中奉天書升輦，刻玉使已下班迎，赴朝元殿。帝服靴袍，行酌獻之禮，百官陪位，奉安于刻玉殿，令刻玉使日赴焚香，副使已下日一員涖事。

天禧元年正月六日，詔曰：「顧以眇躬，獲紹隆構，仰慶靈之積累，荷穹昊之監觀。祕籙垂文，珍圖錫祚，告卜世卜年之業，諭時萬時億之祥。載惟涼薄之姿，寅奉殊尤之貺，每增夕惕，祗荅天祺。登岱畎以垂鴻，巡魏（睢）〔脽〕而有穀。而又颷輪臨暨，濬發於仙源；曲里朝修，崇嚴於道蔭。曠典以之交舉，厚福由是咸懷。遂同海域之心，恭上紫清之號。揆首春之穀旦，陳徽册之威儀。獲造殊庭，薦稱神祖〔一〕。導珍符而展采，膺瑞曆以建元。乃至潔祀大宮，升禋吉土〔二〕，式罄奉先之孝，克伸大報之忱〔三〕。福貺來同，感悦交集。夙宵内省，夤畏靡遑。思與官師，共遵天誨。體清虚之妙本，存悠永之真風。是用順考靈辰，宣揚祕牒〔四〕，共守建中之道，愈欽皇極之規〔五〕。謹以今年正月十五日，行宣讀天書之禮。繄爾宰府，體兹意焉。」

十二日，帝齋于長春殿，親王、近臣、御史中丞、知雜、尚書省四品、諸司三品、宗室團練使已上、藩侯觀察使已上、管軍防禦使已上，並齋於朝堂及本司。以王欽若爲宣讀天書禮儀使。

十三日，有司于天安殿設次，奉玉皇聖像于中位，置寫本天書于東，聖祖版位于西。命儀衛使王旦等建金籙道場三晝夜。

十四日，詔皇姪守節已上，駙馬都尉王貽清、李遵勗，並升殿陪位預聽。

十五日三鼓四籌，帝服通天冠、絳紗袍，詣天安殿道場焚香再拜，西向而立。羣官朝服升殿，攝中書令任中正詣玉皇前跪奏：「嗣天子臣恒，謹與宰臣等宣讀天書，講求聖
19 意，虔思睿訓，撫育生民。」儀衛使王旦跪取左承天祥符門天書置案上，攝殿中監張景宗、張繼能捧案，攝司徒王

〔一〕稱：原作「珍」，據《宋大詔令集》卷一三六改。
〔二〕吉：原作「告」，據本書瑞異一之三三改。
〔三〕報：原作「執」，據本書瑞異一之三三改。
〔四〕「是用」二句：「用」原作「周」，「秘牒」原脱，據《宋大詔令集》卷一三六改補。
〔五〕欽：原作「清」，據《宋大詔令集》卷一三六改。

曾、攝司空張知白跪展天書〔一〕，攝太尉向敏中宣讀。每句畢，即詳繹其指〔二〕，言上天訓諭之意。攝中書令王欽若執筆抄録。宣讀畢，攝侍中張旻跪奏：「嗣天子臣恒敢不虔遵天命！」儀衛使跪納天書于匣中。又跪取功德閣天書、泰山天書宣讀，如上儀。王欽若跪進所録天書意，帝跪受訖，登歌酌獻。禮畢，奉天書還内〔三〕。

朝謁上帝祖宗聖容

國朝玉清昭應宮、景靈宮、太平興國寺、啓聖院奉安祖宗聖容，每歲正月、十月望，皇帝朝拜，行酌獻之禮。親祠前一日，詣玉清昭應宮太初殿、明慶殿、景靈宮天興殿玉皇、聖祖〔前〕行薦獻之禮。又奉先寺慶基殿宣祖聖容，集禧觀崇禧殿祖宗聖容，慈孝寺崇真殿真宗聖容，彰德殿章獻明肅皇后聖容，普安禪院隆福殿元德皇后聖容，重徽殿明德皇后聖容，萬壽觀廣愛殿章睿皇后聖容，每大禮慶成恭謝或祈禱朝謁，皆詣行禮。

真宗咸平五年正月六日，詣啓聖院、永隆院朝拜太宗聖容，詔自今遂爲定制。其儀：前一日，有司設大次于殿之東序，從官序班殿前，北向。太常卿于大次前跪奏，請行朝謁之禮，前導皇帝升殿，詣東陛褥位再拜，從官皆再拜。皇帝三上香，侍臣進酒，皇帝跪，三奠訖，復再拜，從官亦再拜。禮官贊導歸大次，復跪奏禮畢。禮生引宰臣升殿酌獻訖，降階，與從官已下並再拜退。從官就幕次賜蔬食。故事，祖宗每歲上元歷幸佛寺，然後御樓觀燈。帝自畢諒陰，以啓聖院太宗降誕之地，聖容在焉，不欲爲遊幸之地，故前期恭請朝〔詣〕〔謁〕。後定以正月十一日。

大中祥符七年十月十日，玉清昭應宮成，詔自今每歲正月望詣宮行朝拜之禮，皇帝親祠前二日行薦獻之禮。

九年五月二十三日，景靈宮成，詔每歲十月望詣宮朝拜，如玉清昭應宮正月望朝拜之儀。皇帝親祠前二日，行薦獻之禮。其儀：禮儀使一員；贊導皇帝行事侍中二員，一詣罍洗捧匜沃盤，一捧盤承水；門下侍郎一員，請罍洗，進帨巾太常博士一員；引禮儀使尚食奉御一員；酌酒侍臣二員，一俟尚食奉御酌酒畢接盞跪進，一俟皇帝受盞訖接盞置聖像前。

十月三日，禮儀院言：「正月天書降，用上元日朝拜玉清昭應宮。十月聖祖降，擇日朝拜景靈宮。」詔以下元日朝拜，著爲定式。

仁宗天聖元年正月十三日，命參知政事魯宗道詣啓聖院太宗神御前行薦獻之禮。時帝在諒闇，故令近臣攝事，自後不親朝謁皆如例。

二年三月九日，詔舊例每歲十月望詣景靈宮天興殿朝

〔一〕空：原作「司」，據《宋史》卷一〇四《禮志》七改。
〔二〕繹：原作「思」，據《宋史》卷一〇四《禮志》七改。
〔三〕「奉」下原有「寫帝」二字，據《宋史》卷一〇四《禮志》七删。

拜，今後仍詣奉真殿朝謁真宗聖容。

八年十月十二日，太平興國寺開元殿奉安太祖聖容。詔每歲上元日[20]朝謁，如啓聖院之儀。

明道二年十月二十九日，景靈宮廣孝殿奉安莊懿皇后聖容。

英宗治平二年四月十七日，景靈宮孝嚴殿奉安仁宗聖容。

熙寧二年正月二十五日，景靈宮英德殿奉安英宗聖容。每歲下元日朝謁，如奉真殿儀。

神宗熙寧元年正月十一日，分命參知政事趙概、趙抃朝拜太平興國寺、啓聖禪院神御殿。故事，上元皆車駕躬詣，時在諒陰故也。

三年正月十日，以秦國大長公主喪，詔罷朝謁神御殿，命輔臣行禮。

四年正月十一日，幸太平興國寺，詣開先殿，次幸啓聖禪院，詣永隆殿，皆行朝謁之禮。賜從官食，坐，賜茶畢，還宮。

五年正月十一日，詣太平興國寺、啓聖禪院朝謁太祖、太宗神御殿。六年正月十三日、七年正月十一日、八年正月十一日、九年正月十一日、十年正月十一日，元豐元年正月十一日、二年正月十一日，並如上儀。

十年十二月十七日，詔今後正月十一日，依禮例詣太平興國寺等處朝謁，及依例差行事公卿，並只進擬施行。

元豐三年正月十一日，以大行太皇太后梓宮在殯，詔罷朝謁祖宗神御，遣參知政事蔡確詣太平興國寺、知樞密院事馮京詣啓聖禪院行朝拜禮。

十二月十四日，以太皇太后喪服未除，詔權罷來年正月十一日太平興國寺、啓聖禪院神御殿、十四日集禧觀朝謁，並遣官分詣行禮。

四年十月八日，以太皇太后喪服未除，詔罷望日朝拜景靈宮，依例差官分詣行禮。

五年十月，景靈宮成，應宮觀寺院神御並迎奉入內，奉安于天元等十一殿。國朝玉清昭應宮奉玉皇、聖祖及太祖、太宗、真宗聖容，又景靈宮及諸寺觀奉帝后神御者，皆以時親行朝拜酌獻之禮。玉清昭應宮、景靈宮、太平興國寺、啓聖禪院以正月或十月望，餘無定日。親祠前一日，詣玉清昭應宮太初殿、明慶殿、景靈宮天興殿薦獻，餘悉以大禮畢恭謝，或祈禱亦親至焉。自天聖七年玉清宮火，親祠前朝獻止詣天興殿。及祖宗神御皆奉安於景靈宮，而他處朝謁悉罷。

高(宋)〔宗〕建炎三年二月二十三日，詔奉迎祖宗神御已到行在，候奉安畢，就孟夏酌獻日，親行朝謁之禮。

閏八月十六日，承議郎周元曜言，自京師太廟迎奉藝祖以下神位九室前往杭州，詔令宰執率百僚朝謁兼辭〔一〕。

〔一〕謁：原作「詣」，據《建炎要録》卷二七改。

十一月十九日，詔京師迎奉到御容，迎赴天慶宮。

四年二月二十日，太常寺言：「祖宗大忌，係於温州天慶宮設位行香。今已迎奉到章武殿、會聖宮神御，於本宮聖祖殿權奉安訖，今後遇忌辰，並於神御殿行香。」從之。

五月一日，太常寺言：「依令，孟夏朝獻景靈東、西宮。其平江府、温州天慶觀見安奉神御，緣今車駕巡幸，未係駐蹕，乞差逐州知、通於孟夏月擇日逐處分詣行 21 禮。」從之。其後福州、湖州亦有奉安神御，每遇四孟，入内内侍省取降御封香，知、通分行朝獻之禮。

九月六日，申王孫故鼎州兵馬都監叔熊女趙氏進英宗皇帝御容一軸，詔令繳進。紹興元年十一月十四日，又進太宗御容一軸，係判南衙日服色，伏乞宣取。詔令赴内東門司投進。

紹興元年四月二十六日，都大監領喪事所言：「得旨傳寫大行隆祐皇太后御容三軸，内一軸天章閣，一軸内中欽先孝思殿，一軸下宮崇奉。」從之。

十月二十五日，詔開封府祥符縣進士徐濤進三朝御像，令禮部支降兩浙東路空名度牒五道。濤自南京前來投進，故有是命。

十一月二十六日，武德郎、兼閤門宣贊舍人、權江西兵馬副都監李山進收得太祖、太宗、真宗、仁宗御容四軸，詔令江西安撫大使李回差官保護赴行在。

二年二月十四日，江南東路節制軍馬使司主管機宜文字周方平言：迎奉信州民間收到太祖、太宗、真宗、仁宗四朝御容，若到行在〔一〕。詔於天章閣奉安。

五月十八日，詔道君太上皇帝道貌御容，令浙西安撫大使司差官迎奉赴行在。時楚州據僧報果於衛州得之，至是來上，見權安奉於鎮江府故也。

七月二日，太常寺言：「樞密副承旨幕幃迎奉太祖〔二〕、真宗御容，欲於天章閣安奉。」從之。

八月二十八日，使臣二人迎奉到太宗御容；九月九日，南京弩手戴立迎奉到真宗御容；十二年三月十四日，江南西路馬步軍副總管、御前統制軍馬劉詔迎奉到太祖御容。並送天章閣收奉。

三年十二月十一日，迪功郎凌濬進太上道君皇帝御容，詔送天慶觀收奉。

四年十月十八日，詔令信安郡王孟忠厚迎奉昭慈聖獻皇后御容前去穩便州軍，差内侍官照管，遇歲時酌獻，依攢宮體例。時以軍興權宜，已而事息，復回臨安。

六年三月三十日，詔布衣孟端弼進太祖皇帝、太宗皇帝御容二軸，已迎奉赴天章閣，令户部支賜絹五十匹。

四月十四日，禮部言：「金州收得太祖皇帝御容，已於天慶觀聖祖殿奉安，不敢擅自迎奉前去。」詔令本州專差武

〔一〕若：似當作「已」。
〔二〕幕：疑當作「慕」，爲姓氏。

臣一員迎奉前來，不得沿路搔擾。

五月十五日，太常寺言：「辨驗蘇曄收到太祖皇帝、太宗皇帝繪像，乞依近例令天章閣收奉。」從之。

十一月二十五日，江南西路都轉運使趙子潚言：「故翰林侍讀學士王洙孫男楚老，進祖先在日有太祖皇帝、太宗皇帝、真宗皇帝、仁宗皇帝四聖御容繳納。」詔令江西轉運使於見管銀絹各支一百匹兩。

七年五月十八日，行在龍圖、天章、寶文、顯謨、徽猷閣(下)〔奏〕：「降下道君太上皇帝、寧德皇后御容，其崇奉禮儀，欲依見崇奉祖宗神御，每遇旦、望、諸節序、生忌辰，合行酌獻之禮。」從之。

九年五月十一日，同簽書樞密院事、22充東京留守、兼權開封尹王倫等言：「東京天章閣欽先孝思殿御容先在啓聖院權行安奉，未審合與不合(近)〔迎〕奉赴行在。」詔令留守司將畫像差官迎奉赴行在所，其雕塑木石聖像，依舊安奉，候汴水通日取旨。

四月二十三日[一]，親從承局邢道收得太祖皇帝、太宗皇帝、真宗皇帝御容，親從額外指揮使王琪收得太祖皇帝御容，前來投進。詔令入内内侍省差天章閣官辨驗，如委是御容，即仰臨安府奉迎進入。

九月五日，左朝奉郎鄭億年言，昨被驅虜到東都日，收得祖宗諸后御容五十六軸。詔令臨安府奉迎入内。

十年三月十四日，禮部、太常寺言：「塑製徽宗皇帝、顯恭皇后、顯肅皇后神御畢，依例合詣神御前行朝獻之禮。欲乞車駕自常御殿乘輦詣天章閣兩神御殿，行朝獻之禮。」從之。

十二年八月十九日，迎護徽宗皇帝顯肅皇后懿節皇后梓宮禮儀使司言，内迎奉到祖宗御容三匣，係同梓宮船進行。緣見服緦麻，難以朝拜。太常寺看定，欲令禮儀使差屬官先次迎奉赴天章閣收奉。從之。

十六年十二月十七日，眉州報恩光孝禪寺僧道求獻太祖皇帝御容，詔令户部支賜絹二十匹。

十九年正月二十九日，從義郎趙子嵡投進太祖皇帝御容一軸，赴天章閣收奉。詔令户部支賜絹二十匹。

祭鼐鼎 祀(實)〔寶〕成宮 奉安神霄飛雲鼐鼎

徽宗崇寧三年二月，以隱士魏漢津言，備百物之象，鑄鼎九。四年三月告成，詔於中太一宮之南爲殿以奉安。各周以垣，上施睥睨，墁以方色之土，外築垣環之，名曰九成宮。中央曰帝鼐，其色黃，祭以土王日，爲大祠，幣用黃，樂用宮架。北方曰寶鼎，其色黑，祭以冬至，幣用皂。東北方曰牡鼎[二]，其色青，祭以立春，幣用皂。東方曰蒼鼎，其色

[一] 按，上條「五月十一日」不誤（見《建炎要録》卷一二八），則此條之「四月」疑誤。

[二] 牡：原作「壯」，據《宋史》卷一〇四《禮志》七改。

碧，祭以春分，幣用青。東南曰岡鼎，其色緑，祭以立夏，幣用緋。南方曰彤鼎，其色紫，祭以夏至，幣用緋。西南曰阜鼎，其色赤，祭以立秋，幣用白。西方曰晶鼎，其色赤，祭以秋分，幣用白。西北曰魁鼎，其色白，祭以立冬，幣用皂。八鼎皆爲中祠，樂用登歌，饗用素饌。其樂舞，帝鼐奏《嘉安》之曲，迎神、送神奏《景安》，初獻升降奏《正安》，亞獻、終獻奏《文安》，文舞〔曰〕《帝臨嘉至之舞》，武舞曰《神娭錫羨之舞》。八鼎皆奏《明安》之曲，迎神奏《凝安》，初獻升降奏《同安》，亞獻、終獻奏《成安》。

四年正月十七日，詔於帝鼐之宮立大角鼎星之祠，以導迎景貺。

八月二十日，奉安九鼎。翌日，車駕幸九成宮酌獻。

大觀元年十一月十四日，鄭居中等言：「奉詔，亳州太清宮道士王與之進《黄帝崇天祀鼎儀訣》〔一〕，令臣等參詳，可與不可施行。臣等竊考其説，皆本於天元玉册、九宫太一，與魏漢津制度相合。其間論五運六氣盛衰勝復，以五行相尅制，亦合於漢津所授上帝錫夏禹隱文。乞修爲祭 23 鼎儀範，時出而用之。今修成《鼎書》十七卷、《祭鼎儀範》六卷，乞頒降每歲祀鼎常典，付有司施行。」内出手詔曰：「鼎之爲物久矣，其義莫傳。比覽居中等所上，（調）〔綱〕羅遺失，稽參制度，合若符契，燦然可觀。其論《易卦》，謂應鼎星之象。《易》莫非象也，有取象於天，有取象於地，有取象於人，皆象其一物而已。至鼎則備天地人之象，故《易》於《鼎》獨曰『象』者此也。可令改正，餘依所請。」先是，議者請用王與之所獻《黄帝崇天祀鼎儀訣》并上帝錫夏禹隱文〔二〕，同修爲《祭鼎儀範》。内出手詔曰：「九鼎以奠九州，以禦神姦，其用有法〔三〕，後失其傳。閲王與之所上祀儀，推鼎之意，施於有用，蓋非今人所能作。去古綿邈，文字雜揉，可依所請，擇其當理合經，修爲定制，頒付有司。」乃命居中等刊修，至是書成來上，故有是詔。

十二月二十四日，臣寮言：「陛下肇建九宫，增修祀典，迎氣用律，以召至和，而逐鼎樂章尚未修定。乞詔有司考四時之氣候，察五行之盛衰，撰譜製詞，各從其方，以鎮九州。」内出手詔曰：「九鼎以奠九州，祀事所用樂曲，亦當各隨其方，不可概以一律。可依所請，命學士院撰進。」

政和六年九月十三日，以奉安（定）〔九〕鼎，詔差太師蔡京爲禮儀使，提舉官楊戩就充都大管幹。

二十八日，詔帝（鼎）〔鼐〕神像依選定十月十三日卯時上車出城，宫門權行奉安。

十月十九日，赴天章閣西位奉安。

二十四日，詔誠感殿長生大君神像，可遷赴天章閣西位鼎閣奉安。

〔一〕道士：原無，據《宋史》卷一〇四《禮志》七補。
〔二〕黄：原作「皇」，據前文改。
〔三〕有：原作「其」，據《宋史》卷一〇四《禮志》七改。

十一月三日，詔帝鼐改爲隆鼐，正南彤鼎爲明鼎，西南阜鼎爲順鼎，正西晶鼎爲蘊鼎，西北魁鼎爲健鼎，正北寶鼎依舊，東北牡鼎爲穌鼎〔一〕，正東蒼鼎爲育鼎，東南岡鼎爲潔鼎，鼎閣爲圜象徽調之閣。閣上神像，左周鼎星君，中帝席星君，右大角星君；閣下鼎鼐神像，各守逐鼎排列。

十二月二十六日，駕詣鼎閣，奉安隆鼐等神像。翌日，車駕詣閣燒香，百官陪位，仍以其日爲休務假。

七年正月二十一日，手詔：「隆鼐、八鼎，舊九成宫逐時換水，用禮制大樂祭告。隆鼐、八鼎各有殿閣，内隆鼐係大祠，於閣下安設宫架；餘八鼎係中祠，於殿上安設登歌。今鼎鼐共置一閣，令尚書省下有司參定。」太常寺、大晟府言：「每歲祠祭鼎鼐，隨時更律，各用章曲節奏。今參酌宫架樂仍舊列於殿庭，其登歌樂虡欲並於殿上前楹之間北向安設，逐鼎各用樂章。」從之。

五月六日，太常寺言：「將來夏至，依《五禮新儀》祀明鼎，行事官吏前一日早赴圜象徽調閣省饌，至日行禮。緣在皇城内，車駕已赴夏祭齋宫，乞下皇城司經由門户，照會出入及將帶燈燭等物。」從之。

重和元年十二月二日，手詔：「九鼎新名，乃狂人妄有改革，皆無稽據，宜復舊名，圜象徽調閣仍舊。」

祀寶成宫

大觀三年四月，詔以鑄鼎之地作（作）寶 24 成宫，總屋七十一區。中置殿曰神靈，以祠黃帝；東廡殿曰成功，祀夏后氏；西廡殿曰（特）〔持〕盈，祀周成王及周公旦、召公奭；後置堂曰昭應，祀唐李良及隱士嘉成侯魏漢津。

政和三年八月三日，禮部、太常寺言：「寶成宫特置爲祠黃帝、夏后氏、周成王、周公旦、召公奭、唐李良及魏漢津，每歲欲於大樂告成崇政殿元進樂日，秋八月二十五日舉祀事〔二〕。祀黃帝依感生帝、神州地祇爲大祠，幣用黃，樂用宫架，祝文依祀聖祖稱『嗣皇帝臣名』〔三〕。其樂舞迎神奏《寶安》，初獻升降、奠幣奏《正安》，復位奏《肅安》，奉饌奏《嘉安》，酌獻登歌奏《歆安》，亞、終獻奏《文安》，徹饌登歌奏《豐安》，望燎奏《正安》，文舞曰《治安慶昌之舞》，武舞曰《丕顯神功之舞》。其成功、持盈二殿，禮用中祀，幣各用白。昭應堂禮用小祀，並以素饌。」從之。

奉安神霄飛雲鼐鼎〔四〕

政和八年二月，詔左右街道録院差威儀道士二百人，於今月十日赴禮制製造所，迎導神霄飛雲鼐鼎赴上清寶（録）〔籙〕宫神霄殿奉安。先是，七年七月，詔禮制製造所鑄造太極飛雲洞劫之鼐、蒼壺祀天貯醇酒之鼎、山嶽五神之

〔一〕牡：原作「壯」，據《宋史》卷一〇四《禮志》七改。
〔二〕二十五日：《宋史》卷一〇四《禮志》七作「二十七日」。
〔三〕祝：原作「祀」，據《宋史》卷一〇四《禮志》七改。
〔四〕鼎：原無，據正文補。

鼎、精明洞淵之鼎、天地陰陽之鼎、混沌之鼎、浮光洞天之鼎、靈光晃耀鍊神之鼎、蒼龜火蛇蟲魚金輪之鼎。自十月十日始鑄，至是奉安。（以上《永樂大典》卷一七三〇二）